RECUEIL

DES

ACTES DE HENRI II

ROI D'ANGLETERRE ET DUC DE NORMANDIE

CONCERNANT

LES PROVINCES FRANÇAISES ET LES AFFAIRES DE FRANCE

PUBLIÉ SOUS LA DIRECTION

DE M. H. D'ARBOIS DE JUBAINVILLE
MEMBRE DE L'INSTITUT

PAR

M. LÉOPOLD DELISLE
MEMBRE DE L'INSTITUT

INTRODUCTION

PARIS
IMPRIMERIE NATIONALE

LIBRAIRIE C. KLINCKSIECK, RUE DE LILLE, 11

MDCCCCIX

CHARTES ET DIPLÔMES

RELATIFS

À L'HISTOIRE DE FRANCE

CHARTES ET DIPLÔMES

RELATIFS

À L'HISTOIRE DE FRANCE

PUBLIÉS PAR LES SOINS

DE L'ACADÉMIE DES INSCRIPTIONS

ET BELLES-LETTRES

PARIS

IMPRIMERIE NATIONALE

LIBRAIRIE C. KLINCKSIECK, RUE DE LILLE, 11

MDCCCCIX

RECUEIL
DES
ACTES DE HENRI II
ROI D'ANGLETERRE ET DUC DE NORMANDIE

CONCERNANT

LES PROVINCES FRANÇAISES ET LES AFFAIRES DE FRANCE

PUBLIÉ SOUS LA DIRECTION

DE M. H. D'ARBOIS DE JUBAINVILLE
MEMBRE DE L'INSTITUT

PAR

M. LÉOPOLD DELISLE
MEMBRE DE L'INSTITUT

INTRODUCTION

PARIS
IMPRIMERIE NATIONALE

LIBRAIRIE C. KLINCKSIECK, RUE DE LILLE, 11

MDCCCCIX

AVANT-PROPOS.

La collection des anciens actes diplomatiques de la France, dont l'Académie des Inscriptions et Belles-Lettres a entrepris la publication, doit comprendre, à côté des pièces royales, les actes émanés des princes qui ont gouverné et administré des provinces, plus ou moins étendues, sur lesquelles le roi, quoique suzerain, n'a exercé, pendant plusieurs siècles, qu'une autorité purement nominale.

Tel fut, au xie siècle et au xiie, l'état de la Normandie, dont l'administration fut absolument du ressort des successeurs de Rollon. Les actes auxquels ceux-ci ont attaché leurs noms forment une série aussi importante que celle des actes royaux de la même époque, et ils se rapportent à des territoires plus considérables que les domaines soumis directement au roi.

Les actes du gouvernement des ducs de Normandie qui nous sont parvenus pourraient remplir quatre volumes : un pour les premiers ducs jusqu'au milieu du xiie siècle; deux pour Henri II, roi d'Angleterre, et un pour les fils de Henri II, Richard Cœur-de-lion et Jean Sans-terre.

L'intérêt des chartes de Henri II a attiré de bien bonne heure mon attention. C'est en me faisant lire les chartes de ce prince, copiées en tête du Cartulaire de Saint-Sauveur-le-Vicomte, que mon premier maître Duhérissier de Gerville, correspondant de l'Académie des Inscriptions, m'initia, en 1845, à la paléographie, m'inculqua le goût de l'histoire de Normandie et me révéla l'existence de l'École des chartes. Les années suivantes (1846-1851), pendant et après mon séjour à l'École, je consacrai tout le temps dont je pouvais disposer à

AVANT-PROPOS.

la recherche, à Paris et en Normandie, des anciennes chartes normandes et des actes de Philippe Auguste.

En 1852, quand j'entrai à la Bibliothèque nationale, sous les auspices de mon illustre maître Benjamin Guérard, la direction de mes études fut complètement changée. Le jour même de mon installation au Département des manuscrits, Guérard, nouvellement nommé conservateur, me fit entrevoir ce qui était en souffrance et ce qu'il comptait entreprendre, sans espérer pouvoir l'achever, pour améliorer le régime du Département des manuscrits. Les instructions confidentielles qu'il daigna me donner et que confirma, peu d'années après, son ami et successeur Natalis de Wailly, ont été ma règle de conduite pendant les cinquante-trois années que j'ai eu l'honneur de servir la Bibliothèque.

Je dus alors laisser de côté mes recherches normandes, qui ne furent cependant jamais abandonnées, grâce surtout à la collaboration, aussi fructueuse que modeste, de la compagne de ma vie, qui s'associa de grand cœur à tous mes travaux.

Après avoir quitté la Bibliothèque, en 1905, passant la revue de mes papiers, je fus tout surpris de trouver mes vieux dossiers relatifs aux chartes de Henri II singulièrement grossis de pièces copiées pendant les cinquante années précédentes. Je conçus aussitôt le projet de les utiliser et de les mettre en état de figurer dans la collection de l'Académie.

Je commençai par aller collationner sur place les documents que j'avais recueillis en Normandie et en Anjou de 1845 à 1852, et par me procurer la photographie de la plupart des actes de Henri II qui sont en original dans nos archives et nos bibliothèques.

Cette révision terminée, j'ai abordé l'examen des chartes, qui, sauf de très rares exceptions, sont toutes dépourvues d'indications chronologiques. J'en ai fixé approximativement la date, en tenant surtout

AVANT-PROPOS.

compte d'un élément, dont l'importance n'avait pas été encore remarquée, le changement de protocole effectué au cours de 1172 ou 1173. Outre la chronologie proprement dite, j'ai dû traiter dans l'Introduction d'autres questions de diplomatique : l'organisation de la chancellerie, le style et le sujet des actes en général, la forme et l'agencement des différentes parties de ces actes, la valeur de pièces qui, tout en présentant des anomalies, peuvent et doivent même être considérées comme authentiques, les signes auxquels se reconnaissent les pièces fausses ou falsifiées. Deux chapitres concernent les actes rédigés au nom du prince Henri Plantegenêt avant son avènement au trône d'Angleterre et ceux du jeune Henri, fils de Henri II, associé, avec le titre de roi, à la royauté de son père. Un dernier chapitre est réservé aux noms des témoins et au parti qu'on en peut tirer pour donner plus de précision à la date de certains actes, en combinant cette donnée avec la situation, en Angleterre ou sur le continent, de la localité d'où la charte a été expédiée.

Le texte de la plupart des chartes qui entreront dans un volume de texte est à peu près définitivement établi. Un certain nombre de pièces devront être encore revisées sur les manuscrits et les éditions qui nous en ont conservé la teneur. Ce qui pourra en retarder encore l'impression, c'est la nécessité d'y joindre une annotation topographique et la table des noms de lieux, de personnes et de sujets. En tout état de cause, l'Académie est assurée d'avoir à sa disposition tous les matériaux que j'ai réunis en vue de l'édition des actes de Henri II : photographies, copies, notes et tables provisoires.

L'Académie n'a pas hésité à comprendre dans son recueil les actes de Henri II relatifs aux provinces et aux affaires de France. La publication en est d'autant plus légitime qu'elle a été annoncée en 1813, au nom de notre compagnie, par un de nos plus savants et laborieux devanciers, dom Brial, qui, après avoir émis le regret de ne pouvoir

IV AVANT-PROPOS.

publier dans le Recueil de nos historiens qu'une trentaine de lettres de Henri II, se consolait à la pensée que les chartes laissées de côté trouveraient place dans la Collection des Chartes de la France abandonnée pendant les vingt-cinq années précédentes [1].

Espérons que l'engagement pris il y a près d'un siècle dans un recueil de l'Académie ne tardera pas à être réalisé. Le volume qui paraît aujourd'hui, accompagné d'un atlas de trente planches, sera suivi à bref délai d'un volume de textes à peu près en état d'être remis aux imprimeurs et dont la correction des épreuves, quoi qu'il arrive, ne présentera guère de difficultés; à mes copies de toutes les chartes originales dont j'ai pu constater l'existence en France et en Angleterre, j'ai pu joindre des reproductions photographiques qui méritent une entière confiance.

Les résultats que j'ai obtenus sont dus, pour la France, à mes collègues et amis les bibliothécaires et les archivistes de Paris et des départements, pour l'Angleterre, à M. Warner, conservateur des manuscrits du British Museum, à sir Henry Churchill Maxwell Lyte, garde du Public Record Office [2], et au Rev. H. Salter, qui m'a procuré la photographie de plus de cent chartes originales de Henri II dispersées dans les cathédrales et les collèges du Royaume-Uni [2].

La bibliographie qui occupe les pages suivantes fournit le moyen de recourir aisément aux livres imprimés et aux manuscrits qui sont brièvement indiqués dans cette Introduction. — Tous les manuscrits cités sans titre ou sans indication du dépôt où ils sont conservés appartiennent à la Bibliothèque nationale.

[1] «Ea locum obtinebunt aliquando in collectione chartarum ad res francicas pertinentium.» *Recueil des Historiens*, t. XVI, p. 633.

[2] Le catalogue des chartes originales du British Museum et du Public Record office a paru en 1907 dans la *Bibliothèque de l'École des chartes*, t. LXVIII, p. 272-314. — Le catalogue des photographies du Rev. Salter est dans le même recueil, année 1908, t. LXIX, p. 541-580 et 738-740.

BIBLIOGRAPHIE [1].

I. — MANUSCRITS.

Ardenne (Abbaye d'), dioc. de Bayeux.
Cartulaire d'Ardenne du xive siècle. — Archives du Calvados.

Bayeux (Église de).
Livre noir écrit au xiiie siècle, conservé à l'Évêché de Bayeux. — Publié par l'abbé Bourrienne, en 1902 et 1903, pour la Société de l'Histoire de Normandie.

Bayeux (Léproserie de). — Voir Saint-Nicolas de La Chesnaie.

Blanchelande (Abbaye de), dioc. de Coutances.
Copie de la table d'un cartulaire fait en 1271. Bibl. nat., ms. français 4902.

Bolleville, dioc. de Coutances.
Cartulaire de la léproserie de Bolleville, xve siècle. — Ms. addit. 17307 du Musée britannique.

Bourg-Achard, prieuré, dioc. de Rouen.
Copie partielle d'un cartulaire datée de 1788.
Bibl. nat., ms. latin 9218.
Voir une notice de M. Louis Passy, dans la Biblioth. de l'École des Chartes, 1852 et 1863, t. XXII et XXIII.

Bourges (Église cathédrale de Saint-Étienne de).
Cartulaire rédigé dans la première moitié du xiiie siècle par Étienne de Gallardon, rédacteur du Registre E de Philippe Auguste.
Bibl. nat., ms. latin 1274 des Nouv. acq.
— Voir la description, accompagnée de facsimilés, que j'en ai donnée dans la Bibliothèque de l'École des Chartes, t. LX, 1899, p. 5-44.

Bourgogne (La Collection de), à la Bibliothèque nationale, contient une importante série de chartes originales venues de l'abbaye de Cluni.

Bourgueil (Abbaye de), dioc. d'Angers.
Extraits des Archives, par Gaignières, Bibl. Nat., ms. latin 17127.

Caen (Abbaye de Saint-Étienne de), dioc. de Bayeux.
Copie d'un fragment de l'analyse d'un ancien cartulaire, dans le ms. 1656 de la Bibliothèque Sainte-Geneviève; ce fragment a été publié par M. Étienne Deville dans les t. XIV-XV de la *Revue catholique de Normandie*.

Caen (Abbaye de la Trinité de).
Cartulaire de la fin du xiie siècle ou du commencement du xiiie, contenant beaucoup de textes relatifs à l'Angleterre.
Bibl. Nat., ms. latin 5650.

Cartæ antiquæ. Sous cette dénomination sont conservés au Public Record Office les copies des anciens actes royaux qui furent renouvelés, à titre d'inspeximus, à la chancellerie des successeurs de Henri III. Une série spéciale de rôles était affectée à ce

---

[1] Ne sont pas compris dans ce relevé les noms de fonds d'Archives auxquels ont été empruntées les chartes isolées, qui ont toujours été citées avec l'indication des dépôts auxquels elles appartiennent.
Les recueils de pièces, tels que les Cartulaires, sont classés suivant l'ordre alphabétique des noms des établissements auxquels les chartes se rapportent, et souvent par voie de rappel avec renvoi aux noms des éditeurs des recueils, ou *vice versa*.

genre de rajeunissement des chartes. En tête d'un de ces rôles, portant au commencement la cote KK, et qui contient sept chartes accordées aux lépreux de Jérusalem, les cinq premières par Henri II, les deux autres par Richard Cœur-de-lion, on lit ces mots : « Hee sunt carte, confirmationes et protectiones quas magister et fratres leprosorum Sancti Lazari de Jerusalem petunt a domino rege confirmari. » J'ai obtenu la photographie des fragments de ces rôles indiqués par le Rev. Eyton.

La tenue du rôle spécial ne dispensait pas de copier sur le rôle général des Chartes le texte des chartes rajeunies, après que ce texte avait été mis en état de recevoir le sceau et qu'on y avait ajouté une note mentionnant l'acquit des droits de chancellerie. Il s'en trouve un grand nombre d'exemples dans les trois premiers volumes publiés du *Calendar of the Charter Rolls*.

CERISI (Abbaye de), dioc. de Bayeux.
Traduction moderne, en français, d'un important Cartulaire qui devait avoir été rédigé au XIII° siècle. Archives de la Manche. J'en possède une copie faite par feu mon ami l'archiviste Dubosc. Cette copie est destinée à la Bibl. nat.

CHAISE-DIEU (Prieuré de), dioc. d'Évreux.
Cartulaire consistant en un cahier de papier, sur 80 pages duquel on a copié, au XVII° ou XVIII° siècle, les anciennes chartes de ce prieuré. — Archives de l'Eure.

CHARTRES (Église de).
Deux exemplaires du Livre des privilèges. XIII° siècle. Bibl. nat., mss. latins 10094 et 10095. Ils ont servi à l'édition du Cartulaire par É. de Lépinois et L. Merlet.

CLUNI (Abbaye de), dioc. de Mâcon.
Cartulaire D, rédigé au XIII° siècle.
Bibl. nat., ms. latin 766 des Nouv. acq. Editeurs des chartes de Cluni : BERNARD et BRUEL, DUCKETT.

COUTANCES (Chapitre de).
Cartulaire, ayant formé le second article d'une série de trois registres, dont les deux autres ne sont plus représentés que par des tables. Ce cartulaire, rédigé vers le milieu du XIV° siècle, contient environ 300 pièces. Il est passé récemment des Archives de l'Évêché dans celles du Département.

DEVILLE (Achille).
Copies de chartes de la Haute-Normandie. Bibl. nat., mss. latins des Nouv. acq., n°° 1243-1246. Voir plus loin, p. XVI, au mot LÉCHAUDÉ D'ANISY.

DIEPPE (Le Coutumier de), rédigé en 1396, par Guillaume Tieullier.
Archives de la Seine-Inférieure.
L'édition que M. Coppinger a donnée de ce curieux document, en 1884, ne contient pas le texte des anciennes chartes qui forment la seconde partie du manuscrit; on les chercherait en vain dans l'exemplaire de la Bibliothèque nationale (8° F 3506).

ENVERMEU (Prieuré de Saint-Laurent-d'), dépendance de l'abbaye du Bec).
Copie moderne d'un cartulaire rédigé au XV° siècle. — Bibl. nat., ms. latin 10058.

EU (Comté d').
Cartulaire contenant des chartes émanées des comtes d'Eu, en faveur de divers établissements; recueil formé au XIII° siècle.
Bibl. nat., ms. latin 13904.

ÉVREUX (Chapitre de l'église d').
Cartulaire I, du XIII° siècle, et Cartulaire II, du XV° siècle. — Archives de l'Eure.

FÉCAMP (Abbaye de), dioc. de Rouen.
Cartulaire du XIII° siècle.
Biblioth. de Rouen, n° 1210.
Copie de ce cartulaire, faite au XV° siècle; venue de la bibliothèque de sir Thomas Phillipps.
Bibl. nat., ms. latin 2412 des Nouv. acq. Autre cartulaire du XIII° et du XIV° siècle. Archives de la Seine-Inférieure.
Trois chartes originales de Henri II pour l'abbaye de Fécamp ont été acquises par la Société de la Bénédictine, à Fécamp.

FONTENAI-LE-MARMION (Seigneurie de).
Cartulaire du XIV° siècle, aux Archives de

Monaco. — Il a été publié en 1895 par feu Gust. Saige.

FONTENEAU (Collection de Dom).
La collection que Dom Fonteneau avait formée sur l'histoire du Poitou et des petits pays voisins, et qui était passée vers 1781 entre les mains de Dom Mazet, fut acquise en 1817 par la Bibliothèque de Poitiers. Elle comprend 29 volumes de copies de chartes, dont la table a été publiée en 1839, avec un supplément paru en 1855, par la Société des antiquaires de l'Ouest. La Bibliothèque nationale a fait copier par M. Paul de Fleury celles de ces chartes qui n'étaient pas déjà représentées dans ses collections. Les copies de M. de Fleury sont classées sous les numéros 18376 et suivants du fonds latin.

FOUCARMONT (Abbaye de), dioc. de Rouen.
Cartulaire, en tête duquel, sur le verso du feuillet de garde, on lit cette inscription : « Summa omnium cartarum voluminis hujus D et IIII^{xx}. Actum est hoc anno Domini M° CC° XL° tercio, mense octobri. »
Bibliothèque de Rouen, ms. 1224.
Copie moderne par le docteur de Bouis. Bibl. nat., ms. latin 238 des Nouv. acq.

GAIGNIÈRES (Collection de Roger de).
Cette collection, dont les éléments ont été malheureusement disséminés dans les différentes parties de la Bibliothèque nationale, est peut-être la source où j'ai puisé le plus de textes pour le recueil des actes de Henri II. Gaignières avait à peu près copié toutes les anciennes chartes des églises où il avait réussi à pénétrer, dans l'Île-de-France, la Picardie, la Normandie, le Pays Chartrain, la Touraine, le Maine et l'Anjou. On ne s'explique pas qu'un homme réduit à ses seules ressources ait pu amasser en peu d'années de tels trésors.

GRENIER (La collection de Dom), à la Bibliothèque nationale, contient les documents que les bénédictins de la congrégation de Saint-Maur avaient recueillis pour servir à l'histoire de la Picardie. Elle se compose de 265 volumes, sans compter 73 volumes de chartes originales qu'on y a ajoutées.

HOUSSEAU (Collection de Dom).
Cette collection, composée de documents que plusieurs bénédictins de la congrégation de Saint-Maur avaient rassemblés pour servir à l'histoire de la Touraine et de l'Anjou, est conservée à la Bibliothèque nationale, en trente volumes.
Voir l'ouvrage de Mabille, Catalogue analytique des diplômes, chartes et actes relatifs à l'histoire de Touraine contenus dans la Collection de Dom Housseau.
Tours, 1863, in-8°.

INSPEXIMUS (Chartes d') ou de VIDIMUS. — Voir plus haut au mot CARTÆ ANTIQUÆ.

JUMIÈGES (Abbaye de), dioc. de Rouen.
Grand cartulaire, rédigé au commencement du XIIIe siècle. In-folio, 311 p. à deux colonnes.
Archives de la Seine-Inférieure.
Petit cartulaire sur papier, XIVe-XVe s. Mêmes archives.

LA CHAISE-DIEU. — Voir CHAISE-DIEU, p. VI.

LA COUTURE du Mans. — Cartulaire du XIIIe siècle.
Bibliothèque du Mans, ms. 198.
Employé pour la publication du Cartulaire des abbayes de Saint-Pierre-de-La-Couture et de Saint-Pierre de Solesmes, par les Bénédictins de Solesmes.
Le Mans, 1881, in-4°.

LA HAIE aux Bonshommes, dioc. d'Angers.
Cartulaire de cette maison. Fin du XVe siècle. — Bibliothèque d'Angers, n° 856.

LA ROË (Abbaye de), diocèse d'Angers.
Cartulaire du XIIe siècle.
Archives de la Mayenne.
Édition photographique publiée par l'abbé Angot. — Au Département des manuscrits de la Bibliothèque nationale.
Édition typographique par Planté, voir plus loin, p. XVII.

LA RUE (Collection de l'abbé DE). — Voir plus loin, au mot STAPLETON.

LA TRAPPE (Abbaye de).
Cartulaire du XIIIe siècle.

BIBLIOGRAPHIE.

Bibl. nat., ms. latin 11060.
Édition du comte de Charencey, voir plus loin, p. xiv.

LE BEC, abbaye du dioc. de Rouen.
Fragments de Cartulaires, aux Archives de l'Eure et à la Bibliothèque nationale, ms. latin 1771 des Nouv. acq.
Une compilation de Dom Bénigne Thibault (ms. latin 12884 de la Bibl. nat.) intitulée « Chronicon Beccense auctum et illustratum », et disposée suivant l'ordre chronologique, contient l'analyse détaillée d'un grand nombre de chartes du Bec.
Une autre compilation de D. J. Jouvelin-Thibault, moins développée, se trouve dans le ms. latin 13905.

LÉCHAUDÉ D'ANISY (Collection).
Au commencement du règne de Louis Philippe, l'attention des antiquaires français fut attirée sur les ressources que les archives de nos anciennes provinces, et principalement les archives de la Normandie, devaient fournir pour l'histoire de l'Angleterre [1]. La Commission des Archives de la Grande-Bretagne avait décidé de faire rechercher et transcrire pour le Public Record Office les documents relatifs à l'Angleterre qui pouvaient exister dans les dépôts de Paris et des départements, et, pour mieux atteindre le but qu'elle se proposait, elle s'assura le concours de deux membres de la Société des Antiquaires de Normandie, Deville, de Rouen, et Léchaudé d'Anisy, de Caen. Le premier fut chargé d'explorer la Haute Normandie, pendant que le second fouillerait les Archives du Calvados, de l'Orne et de la Manche. Le résultat de la mission qui leur avait été confiée fut envoyé au Record Office, et les copies qu'ils avaient exécutées ont été mises à profit en 1878 par le Révérend Eyton [2], et, un peu plus tard, elles ont servi de base à l'ouvrage de M. J. Horace Round [3]. Un double des copies envoyées à Londres, resté entre les mains de Deville et de Léchaudé d'Anisy, a été acquis par la Bibliothèque Nationale [4]. Le recueil de Deville remplit quatre volumes du fonds latin des Nouvelles acquisitions, n°s 1243-1246 [5]; le recueil de Léchaudé d'Anisy, beaucoup plus considérable, se trouve dans les n°s 10063-10080 de l'ancien fonds latin.

LE LIGET, chartreuse du dioc. de Tours.
Cartulaire du xiv° siècle. — Aux Archives d'Indre-et-Loire.

LE MANS, chapitre cathédral.
Cartulaire du chapitre, dit le *Livre blanc*, xiii° s.
Bibliothèque du Mans, ms. 259. — Un fragment du même Cartulaire forme le ms. latin 17754 de la Bibl. nat.
Édition de Lottin, sous ce titre : Chartularium insignis ecclesiæ Cenomanensis quod dicitur Liber albus capituli. — Le Mans, 1869. In-4°.
Voir la notice que j'ai publiée en 1870 dans la Bibliothèque de l'École des Chartes, t. XXXI, p. 194-210.

— Chapelle de Saint-Pierre-de-la-Cour au Mans.
Recueil formé par Gaignières (ms. latin 17123 de la Bibl. nat.), auquel j'ai fait des emprunts importants pour les Preuves de la préface du t. XXIV du *Recueil des Historiens de la France*. (Chronologie des baillis et des sénéchaux.)
Fragment d'un cartulaire publié en 1904 par Menjot d'Elbenne, dans le premier fascicule du tome IV des *Archives historiques du Maine*.

---

[1] Voir plusieurs des ouvrages de Ch. Purton Cooper, indiqués sous ce nom dans le *Catalogue général de la Bibliothèque nationale*, t. XXXI, col. 979-981.
[2] Voir plus loin, p. xv.
[3] Plus loin, p. xvii.
[4] Voir Delisle, *Manuscrits latins et français ajoutés aux fonds des Nouvelles acquisitions, 1875-1880*, partie 1, p. 218.
[5] Delisle, *Inventaire des manuscrits 8823-11503 du fonds latin*, p. 59-60.

MANUSCRITS.

Le Mont-Saint-Michel, abbaye du dioc. d'Avranches.

Cartulaire rédigé au xii° siècle par les soins de Robert de Torigni.

Ce manuscrit, orné de peintures, est le plus beau cartulaire de la Normandie. Il est à la Bibliothèque d'Avranches.

Le Noir (Collection de Dom).

Cette collection, propriété de la famille de Mathan, conservée au château de Semilli, ne se compose guère que de copies ou analyses de pièces relatives aux fiefs de la Normandie. Elle contient cependant la copie d'un cartulaire de l'abbaye de Lire, jadis au Collège de Clermont, où j'ai rencontré une charte de Henri II que je n'avais pas trouvée ailleurs.

Le Plessis-Grimoult, prieuré du dioc. de Bayeux.

Cartulaire en trois volumes, contenant plus de 1,400 chartes, que des tabellions transcrivirent en 1483 sous forme authentique.

Archives du Calvados.

Le Ronceray d'Angers, abbaye dédiée à Notre-Dame.

Cartulaire en six rouleaux, du xii° siècle. Bibliothèque d'Angers, ms. 844-848 B.

Publié par Marchegay : Archives d'Anjou, t. III. Angers, 1854, in-8°, avec une table publiée en 1900.

L'Estrée (Abbaye de), dioc. d'Évreux.

Cartulaire écrit au xvi° siècle, composé de 106 feuillets, contenant 197 pièces.

Archives de l'Eure.

Le Valasse, abbaye du diocèse de Rouen.

Cartulaire du xvi° siècle, en cinq volumes. Archives de la Seine-Inférieure.

Lire (Abbaye de), dioc. de Lire.

Cartulaire jadis conservé au Collège de Clermont. Voir même page, col. 2, au mot **Le Noir**.

Longues (Abbaye de), dioc. de Bayeux.

Cartulaire écrit vers l'année 1270, composé de 59 feuillets, contenant 190 chartes.
— Archives de l'évêché de Bayeux.

Luce (Siméon).

Copie d'anciennes chartes des Archives de la Seine-Inférieure et de la Manche, copiées en vue du Recueil des chartes et diplômes de l'Académie des Inscriptions.

Archives de l'Académie.

Marmoutier. Abbaye du diocèse de Tours.

Extraits des Archives faits par Gaignières, en quatre volumes.

Bibl. nat., ms. latin 5441.

Le prodigieux travail de Gaignières, qui a porté sur l'ensemble du chartrier de Marmoutier, et celui de Baluze et de plusieurs bénédictins de la congrégation de Saint-Maur, notamment Dom Anselme Le Michel, dom Claude Chantelou et Dom Edmond Martène, nous ont, dans une notable proportion, dédommagés de la dispersion et de la destruction partielle des archives du grand monastère, dont beaucoup de pièces se retrouvent dans plusieurs de nos Archives départementales.

C'était antérieurement au règne de Henri II que les abbés avaient fait composer des cartulaires spéciaux pour chacune des provinces où s'étaient fondés, comme par enchantement, de nombreux prieurés comparables à des abbayes, en Touraine, en Anjou, en Bretagne, en Normandie, dans le Maine, le Dunois et le Vendômois.

Martène (Dom Edmond).

Histoire manuscrite de Marmoutier, avec les Preuves contenant une grande quantité de pièces justificatives.

Bibl. nat., mss. latins 12876-12880.

Merlet (Lucien).

Copies de chartes des Archives d'Eure-et-Loir copiées en vue du Recueil des Chartes et Diplômes.

Archives de l'Académie.

Monnais (Prieuré de), ordre de Grammont, dioc. d'Angers.

Cartulaire de ce prieuré.

Archives de Maine-et-Loire.

MONTEBOURG (Abbaye de), dioc. de Coutances.
Cartulaire de l'année 1274.
Bibl. nat., ms. latin 10087.

MOREAU.
La Collection Moreau, ou le Cabinet des chartes, se compose des documents qui sont arrivés au Département des manuscrits de la Bibliothèque Nationale lors de la suppression du bureau qui avait fonctionné à la chancellerie du royaume, au XVIII° siècle, en vue des grandes publications entreprises par le Gouvernement sur l'histoire de France, notamment la publication des Chartes et Diplômes.

MORTAIN (Les religieuses de), ou de l'Abbaye blanche, dioc. d'Avranches.
Voir plus loin au mot SAVIGNY.

MORTEMER (Abbaye de), dioc. de Rouen.
Cartulaire du XII°-XIII° siècle.
Bibl. nat., ms. latin 18369.
Notice sur ce cartulaire par Ch.-V.-M. Langlois, dans le *Bulletin de la Société des Antiquaires de Normandie*, 1885, t. XIII, p. 94-118.

NORMANDIE (Cartulaire de), ou C. normand.
Recueil formé au XIII° siècle et contenant surtout des chartes relatives au bailliage de Caen. Bibl. de Rouen, ms. 1235.
La table des pièces contenues dans ce recueil se trouve en tête de mon Cartulaire normand, t. XVI des Mémoires de la Société des Antiquaires de Normandie, p. VII.

OURSCAMP (Abbaye d'), dioc. de Noyon.
Cartulaire du XIV° siècle.
Archives de l'Oise. — Publié en 1865, par Peigné Delacourt, pour la Société des Antiquaires de Picardie.

PHILIPPE D'ALENÇON (Cartulaire de), ou de l'archevêché de Rouen, 1359-1374.
Archives de la Seine-Inférieure.

PHILIPPE AUGUSTE (Registres de).
Reg. A. — Ms. 2796 du fonds Ottoboni au Vatican, que j'ai fait reproduire en phototypie : *Le premier Registre de Philippe Auguste. Reproduction héliotypique du manuscrit du Vatican*, Paris, 1883, in-4°.

Reg. B. — Registre JJ 8 des Archives nationales.
Reg. C. — Registre JJ 7.
Reg. D. — Registre JJ 23.
Reg. E. — Registre JJ 26. — Sur l'origine de ce volume et celle du registre F, qui en est une copie, voir le travail indiqué ci-dessus, p. V, au mot BOURGES.
Reg. F. — Ms. latin 9778.
Reg. G. — Ms. perdu, mais représenté par un texte (peut-être incomplet), appelé *Reg[istrum] domini regis de Cadomo* dans le Terrier de Pierre du Thillai. Voir la Bibliothèque de l'École des Chartes, 1859, t. XX, p. 122.

PONT-AUDEMER (Léproserie de Saint-Gilles de), dioc. de Rouen. — Cartulaire du XIII° siècle.
Bibl. de Rouen, ms. 1232.

PORT (Célestin).
Copies d'anciennes chartes des Archives de Maine-et-Loire faites en vue du Recueil des chartes et diplômes de l'Académie des Inscriptions.
Archives de l'Académie.

PRÉAUX (Abbaye de Saint-Pierre de), dioc. de Lisieux.
Cartulaire du XIII° siècle.
Archives de l'Eure.
Copie de ce cartulaire, exécutée au XV° siècle, et venue de Cheltenham. — Bibl. Nat., ms. latin 1920 des Nouv. acq.

ROUEN (Église de).
Cartulaire consistant en 208 feuillets et contenant 363 chartes, dont les 58 premières ont été copiées au commencement du XIII° siècle; le reste du volume ne doit être que de la fin du siècle.
Bibliothèque de Rouen, ms. 1193.
Copie moderne de ce ms. à la Bibl. nat., ms. latin 1363 des Nouv. acq.

— Cartulaire de l'archevêque Philippe d'Alençon (1359-1374).
Archives de la Seine-Inférieure.

SAINT-AMAND DE ROUEN (Abbaye de).
Cartulaire du XIII° siècle.
Archives de la Seine-Inférieure.

MANUSCRITS.

SAINT-ANDRÉ en Gouffern. Abbaye du dioc. de Séez.
Cartulaire de la fin du XIII° siècle, contenant 625 actes.
Archives du Calvados.

SAINT-AUBIN d'Angers (Abbaye de).
Cartulaire écrit au XII° siècle, que M. Bertrand de Broussillon a employé pour son édition. — Bibliothèque d'Angers, ms. 820.

SAINT-BERTIN. Abbaye du dioc. de Saint-Omer.
Cartulaire du XIII° siècle. — Bibliothèque de Saint-Omer, n° 144. — Voir plus loin, p. XV, au mot HAIGNERÉ.

SAINT-ÉTIENNE de Caen. Voir CAEN, p. V.

SAINT-ÉVROUL. Abbaye du dioc. de Lisieux.
Cartulaire en deux volumes, du XIII° siècle. — Bibl. nat., mss. latins 11055 et 11056.
C'est à tort que, dans le Catalogue des Cartulaires de M. Stein (p. 464), le tome II de ce cartulaire est indiqué comme paraissant manquer.

SAINT-FLORENT de Saumur. Abbaye du dioc. d'Angers.
Cartulaire noir de la seconde moitié du XI° siècle. — Bibl. nat., ms. latin 1930 des Nouv. acq. — M. Omont a donné une page de ce cartulaire en fac-similé phototypique dans son Catalogue des mss. de la Collection Phillipps, qui ont été acquis en 1908 par la Bibliothèque nationale.
Les autres cartulaires, du XII° et du XIII° siècle (Livre blanc, Livre d'argent et Livre rouge), sont aux Archives de Maine-et-Loire.
Marchegay, dans plusieurs de ses opuscules, a inséré le texte d'un certain nombre de chartes empruntées aux différents cartulaires de Saint-Florent.

SAINT-GEORGES de Boscherville, ou Baucherville, dioc. de Rouen.
Cartulaire du XIII° siècle.
Bibliothèque de Rouen, n° 1227.

SAINT-IMER (Prieuré de), dioc. de Lisieux, dépendance de l'abbaye du Bec.

Cartulaire moderne, rédigé au XVIII° siècle par l'abbé de Roquette. — Bibl. nat., ms. latin 2097 des Nouv. acq.
Publié par M. Bréard, pour la Société de l'histoire de Normandie.

SAINT-JUST (Le Livre de).
Mémorial de la Chambre des comptes, perdu depuis longtemps, mais dont la table a été publiée par Marnier, dans les *Mémoires de la Société des antiquaires de Normandie*, 2° série, t. VIII, 1™ partie, p. 17.

SAINT-LAUD d'Angers.
Cartulaire conservé dans la bibliothèque de feu le marquis de Villoutreys. Voir ma notice dans la Bibliothèque de l'École des Chartes, t. LIX, 1898, p. 533.
Publié par Planchenault. Voir plus loin, p. XVII.

SAINT-LÔ (Abbaye de), dioc. de Coutances.
Cartulaire soigneusement rédigé pour les Archives de la Manche par l'archiviste N. Dubosc, d'après les pièces conservées dans ces Archives.

SAINT-NICOLAS DE LA CHESNAIE, léproserie de Bayeux.
Cartulaire du XV° siècle.
Bibliothèque de Bayeux, n° 1.

SAINT-OUEN de Rouen (Abbaye de).
Le Livre des jurés, de la fin du XIII° siècle. — Archives de la Seine-Inférieure.

SAINT-SAUVEUR-LE-VICOMTE (Abbaye de), dioc. de Coutances.
Cartulaire du XIII° siècle.
Archives de la Manche.
Copie moderne de ce manuscrit.
Bibl. nat., ms. latin 17137.

SAINT-SERGE D'ANGERS (Abbaye de).
Extraits par Gaignières du premier cartulaire, qui est perdu. — Bibl. nat., ms. latin 5446.
Second cartulaire, ms. du XII° siècle. — Musée Dobrée à Nantes. — Analysé par l'abbé G. Durville, Catalogue de la Bibliothèque du Musée Thomas Dobrée, t. I, p. 58-200.

BIBLIOGRAPHIE.

SAINT-WANDRILLE (Abbaye de), dioc. de Rouen.

Cartulaire du XIIIe siècle, aux Archives de la Seine-Inférieure.

SAINT-YMER. Voir SAINT-IMIER, p. XI.

SALTER (Le Rev. H.)[1].

Photographies de chartes originales du roi Henri II, conservées dans diverses archives de l'Angleterre, au nombre de 117. Ces pièces se rapportent aux établissements dont les noms suivent :

Chapitre de Cantorbéry. — Cathédrale d'Ely. — Abbaye de Kirkstall. — Chanoines « de Landa ». — Cathédrale de Lincoln. — Hôpital de S. Bernard de Montjou. — Prieuré de Neuwingtou-Longueville. — Abbaye d'Osency. — Abbaye de S. Florent de Saumur. — Abbaye de S. Valeri-sur-Somme. — « Salopesberiensis ecclesia ». — Prieuré de Sandfort. — Prieuré de Stanley. — Abbaye de Warrington. — Église de Westminster. — Prieuré de Wroxhall.

Le catalogue de ces chartes a été publié dans la Bibliothèque de l'École des Chartes, 1908, t. LXIX, p. 541.

SAVIGNI (Abbaye de), dioc. d'Avranches.

Le cartulaire, conservé aux Archives de la la Manche, volume in-folio, contenant 679 chartes, et dont l'exécution remonte à la fin du XIIe siècle ou aux premières années du XIIIe, doit être cité, pour la disposition des pièces, la correction du texte et la fermeté de l'écriture, comme un des meilleurs types de cartulaire cistercien. Il s'ouvre par un prologue dans lequel le rédacteur indique en termes très clairs le plan qu'il a suivi :

« Opus siquidem istud in septem partibus distribui, et ei singularum cartarum capitula censuimus preponi, ut per distinctionum partes brevissimas et numerorum capitulis adjacentium notas, que desiderat lectoris diligentia absque gravi labore possit invenire. Prima autem parte continentur cartæ possessionum in episcopatu Abrincensi; secunda Baiocensi; tercia Constanciensi; quarta Redonensi; quinta Cenomanensi; sexta continet cartas diversorum episcopatuum, et generales confirmationes regum et archiepiscoporum; septima privilegiorum transcripta Romanorum pontificum. »

Le fonds des chartes originales de Savigni remplit aux Archives nationales les cartons L 966-978. Mais des pièces en ont été distraites, pour être rattachées à la série K. De plus, on y a mêlé des chartes qui appartenaient au fonds des religieuses de Mortain ou de l'Abbaye Blanche. Enfin, les cotes en ont été plusieurs fois changées depuis que j'ai pris mes copies, de sorte que mes renvois ne correspondent pas toujours à l'état actuel.

Outre ce qui constitue aux Archives nationales le fonds de Savigni, on en trouve encore de notables morceaux dans la Collection de Leber à la Bibliothèque de Rouen (ms. n° 3122) et dans les Archives de la Manche.

SÉEZ. Abbaye de Saint-Martin de Séez.

Cartulaire écrit au XIIe et au XIIIe siècle, intitulé à la fin : « Explicit Liber albus cartarum Sancti Martini Sagiensis ».

Archives de l'évêché de Séez.

Copie moderne à la Bibliothèque d'Alençon.

SILLI (Abbaye de), dioc. de Séez.

Cartulaire du XIIIe siècle, contenant environ 680 chartes.

Bibl. nat., ms. latin 11059.

STAPLETON (Collection).

Collection de chartes tirées des Archives du Calvados, par l'abbé de La Rue, acquise par Thomas Stapleton et aujourd'hui conservée chez lord Beaumont, au château de Carlton. La copie ou l'analyse de ces chartes se trouve à la Bibliothèque nationale sous le n° 1428 du fonds latin des Nouvelles acquisitions, et j'en ai donné la liste en 1880

---

[1] Shirburn vicarage, Wallingford, Oxon.

dans le Catalogue des manuscrits du fonds de La Trémoille, p. 49.

TEMPLARII et Hospitalarii. Registrum munimentorum in Anglia inceptum anno Domini 1442. — British Museum, Cotton, Nero, E. VI.

TIRON, abbaye.
Cartulaire de la fin du XII⁰ siècle. — Archives d'Eure-et-Loir.
Publié par Lucien Merlet en 1883 pour la Société archéologique d'Eure-et-Loir.

TROARN (Abbaye de), dioc. de Bayeux.
Cartulaire, dit le *Livre blanc*, rédigé en 1339 et commençant par une table intitulée : « Hec est ordinatio hujus libri qui vocatur Liber ecclesiarum Troarnen[sium] ».
Il y a nombre de pièces extraites d'un ancien cartulaire, dont la perte est fort regrettable.
Bibl. nat., ms. latin 10086.
Cartulaire dit le *Livre rouge*, copié dans la seconde moitié du XV⁰ siècle, contenant environ 432 pièces, et au commencement duquel on lit : « Le chartrier blanc a en soy sept vingt neuf feuillets ».
Archives du Calvados.

VENDÔME (Abbaye de la Trinité de), dioc. de Chartres.
Les cartulaires ou fragments de Cartulaires de cette abbaye, qui étaient à Cheltenham dans la bibliothèque de sir Thomas Phillipps, et qui ont été employés pour l'édition de M. l'abbé Métais, sont aujourd'hui à la Bibliothèque nationale, savoir :
1° Sous le n° 940 du fonds latin des Nouv. acq., deux feuillets du XII⁰ siècle, jadis 17712 de Phillipps ;
2° Sous le n° 1935 du même fonds, le premier cartulaire, du XI⁰ siècle, jadis 2970 de Phillipps ;
3° Sous le n° 1936 du même fonds, le second cartulaire, du XII⁰-XIII⁰ siècle, jadis 2971 de Phillipps.
Voir le Catalogue de M. Omont, p. 43, 69, 70, et 91.

II. — IMPRIMÉS.

ANGERS. La cathédrale. — Voir URSEAU, plus bas, p. XVIII.
—— Le Roncerai. — Voir MARCHEGAY, p. XVI.
—— Saint-Aubin. — Voir BERTRAND de Broussillon, p. XIII.
—— Saint-Jean. — Voir PORT, p. XVII.
—— Saint-Laud.—Voir PLANCHENAULT. p. XVII.
—— Saint-Serge. — Voir DURVILLE, p. XV.

ANGOT (L'abbé). — Voir plus haut, p. VII, au mot LA ROË.

BENEDICT of Peterborough, Benedictus abbas. — Voir plus bas, p. XV. GESTA regis Henrici II. (Rolls series.)

BERNARD (Aug.) et Al. Bruel.
Recueil des chartes de l'abbaye de Cluny. Paris, 1870-1903. In-4°, 6 vol. (Collection de documents inédits.)

BERTRAND DE BROUSSILLON (Comte).
Cartulaire de l'abbaye de Saint-Aubin d'Angers. Angers, 1903. In-8°, 3 vol. (Société d'agriculture, sciences et arts d'Angers.)

BIRCH (Walter de Gray). On the Great Seals of William the Conqueror. 1870. In-8°. (From the Transactions of the Royal Society of Literature, vol. X.) Avec un addendum.

—— On the Great Seals of King William II. S. d. In-8°.

—— The Great Seals of King Henry I. In-8°, p. 233-262. (Journ. of British Arch. Assoc., 1873, vol. XXIX.)

—— On the Great Seals of King Stephen. (Transactions of the Royal Soc. of Lit., vol. XI.)

BIBLIOGRAPHIE.

Birch. A Fasciculus of the Charters of Mathildis, Empress of the Romans. S. d. in-8°.

—— On the Seals of King Henry the second and of his Son the so called Henry the third. (Trans. of the R. Soc. of Lit., vol. XI.)

—— Catalogue of Seals in the Department of Manuscripts in the British Museum. Lond., 1887-1898. In-8°, 5 vol.

Bourrienne (L'abbé).
Antiquus cartularius ecclesiæ Baiocensis. Livre noir. Rouen, 1902-1903. In-8°, 2 vol. (Société de l'histoire de Normandie.)

Bréard (Ch.).
Cartulaire de Saint-Ymer en Auge et de Bricquebec. Rouen, 1908. In-8°. (Société de l'Histoire de Normandie.)

Brewer. — Voir Giraldus Cambrensis.

Brussel (N.).
Nouvel Examen de l'usage général des fiefs en France. Paris, 1727. In-4°, 2 vol.

But (Adrien de).
Cronica abbatum monasterii de Dunis. Brugis, 1839. In-4°.

Calendar of Charter Rolls. London. In-8°.
Les trois premiers volumes.
(Publication du Public Record Office.)

Canterbury (Christ church). The Letter Books.
— Voir Sheppard, p. XVIII.

Charencey (Comte de).
Cartulaire de l'abbaye de Notre-Dame de La Trappe. Alençon, 1889. In-8°.

Chartres (Notre-Dame de).
Cartulaire. — Voir Lépinois (de).

Cologne (Merchants of). — Voir Twiss.

Copinger. — Coutumier de Dieppe, 1884. — Voir plus haut, p. VI, au mot Dieppe.

Delaville-le-Roulx.
Cartulaire général de l'Ordre des Hospitaliers de Saint-Jean de Jérusalem. Paris, 1894-1904. In-fol., 4 vol.

Delisle (L.).
Cartulaire Normand de Philippe Auguste, Louis VIII, saint Louis et Philippe le Hardi. Caen, 1852. In-4°. (Extrait du tome XVI des Mémoires de la Société des antiquaires de Normandie.)

—— Examen de treize chartes de l'Ordre de Grammont. Caen, 1854. In-4°. (Extr. des Mémoires de la Société des antiquaires de Normandie, t. XX, p. 171-221.)

—— Inventaire des manuscrits 8823-11503 du fonds latin de la Bibl. nat. Paris, 1863. In-8°. (Extrait de la Bibliothèque de l'École des Chartes, 5° série, t. III et IV.)

—— Magni Rotuli Scaccarii Normanniæ, de anno Domini ut videtur 1184, Fragmentum. Cadomi, 1851. In-8°. (Extrait des Mémoires de la Société des antiquaires de Normandie, 1851, t. XVI.)

—— Manuscrits latins et français ajoutés au fonds des nouvelles acquisitions, 1875-1891. Paris, 1891. In-8°, 2 vol.

—— Mélanges de paléographie et de bibliographie. Paris, 1880. In-8°.

—— Voir Robert de Torigni.

Demay.
Inventaire des sceaux de la Normandie. Paris, 1881. In-4°.

Dewitte. — Voir plus loin, au mot Haigneré.

Douët d'Arcq. Collection de sceaux [des Archives nationales]. Paris, 1863-1868. In-4°, 3 vol.

Dubosc (N.).
Cartulaire de la Manche. Abbaye de la Luzerne. Saint-Lo, 1878. In-4°.

Duckett (Sir G. F.).
Charters and Records among the Archives of the ancient abbey of Cluni. London, 1888. In-8°, 2 vol.

Dugdale (William).
Monasticon anglicanum. A new edition. London. 1817-1830. In-fol., 8 vol.

IMPRIMÉS

Du Monstier (A.).
Neustria pia. Rothomagi, 1663. In-fol.

Durville (L'abbé G.).
Catalogue de la bibliothèque du Musée Thomas-Dobrée, t. I, Nantes, 1904. In-8°.
Ce volume contient, p. 58-200 une longue analyse du Cartulaire de Saint-Serge d'Angers.

Expugn. Hib. Expugnatio Hibernica. Voir Giraldus Cambrensis. Opera.

Eyton (The Rev. R. W.).
Court, Household and Itinerary of King Henry II. London, 1878. In-4°.

Fleury (Gabriel).
Cartulaire de l'abbaye cistercienne de Perseigne. Mamers, 1880. In-4°.

Fontenai-le-Marmion.
Cartulaire. — Voir Saige, plus loin, p. xviii.

Gervasius Cantuariensis. Historical Works. Edit. W. Stubbs. Lond., 1879-1880. In-8°, 2 vol. (Rolls series.)

Gesta regis Henrici secundi, known commonly under the name of Benedict of Peterborough. Edit. W. Stubbs. London, 1867. In-8°, 2 vol. (Rolls series.)

Giraldus Cambrensis. (Giraud de Cambrie, G. le Cambrien.) Opera.
I-IV. Edit. J. S. Brewer.
V-VII. Edit. Rev. James F. Dimock.
VIII. Edit. George F. Warner.
London, 1861-1891. In-8°, 8 vol. (Rolls series.)

Gloucestble (S. Petri) Cartularium. — Voir Hart, à la même page.

Grasilier (L'abbé Th.).
Cartulaire de l'abbaye royale de Notre-Dame de Saintes. Niort, 1871. In-8°.

Grellet-Balguerie.
Cartulaire du prieuré conventuel de Saint-Pierre de La Réole en Bazadais, du ix° au xii° siècle. 1865. (Archives historiques du dép. de la Gironde, t. V, 1864, p. 99-186.)

Guérard (B.).
Cartulaire de Saint-Père de Chartres. Paris, 1840. In-4°, 2 vol. (Collection de documents inédits.)

Gurney (Daniel).
The Record of the House of Gournay. London, 1848. Avec supplément daté de 1858. In-4°.

Haigneré (L'abbé D.). Les Chartes de Saint-Bertin, d'après le grand Cartulaire de Dom Ch. Jos. Dewitte (648-1770). Saint-Omer, 1886-1899. In-4°, 4 vol.

Hardy (Thomas Duffus). Rotuli Normanniæ in turri Lond. asservati. 1200-1205. Lond., 1835. In-8°.

— Rotuli chartarum, 1190-1216. Lond., 1837. In-fol.

— Rotuli litterarum clausarum, 1204-1224. Lond., 1833. In-fol.

— Rotuli litterarum patentium, 1201-1216. Lond., 1835. In-fol.

Hardy (Sir Thomas Duffus).
Descriptive Catalogue of mss relative to the history of Great Britain. Lond., 1862-1871. In-8°. 3 vol. (Rolls series.)

Hart.
Historia et Cartularium monasterii S. Petri Gloucestriæ. Edit. W. H. Hart. Lond., 1863-1867. In-8°. 3 vol. (Rolls series.)

— Chartulary of the abbey of Ramsey. Édit. W. H. Hart et Rev. Ponsonby Annesley Lyons. Lond., 1884-1893. In-8°. 3 vol. (Rolls series.)

Howlet.
Chronicles of the reign of Stephen, Henry II and Richard I. Edit. R. Howlett. Lond., 1884-1890. In-8°. 4 vol. (Rolls series.)

Hearne.
Liber Niger Scaccarii. Editio altera. Lond., 1774. In-8°. 2 vol.

HISTOIRE (L') de Guillaume Le Maréchal, poème français, publié par Paul Meyer. Paris, 1891-1901. In-8°. 3 vol. (Société de l'Histoire de France.)

JAMES (Montague Rhodes).
A descriptive Catalogue of the manuscripts in the library of Gonville and Caius College. Vol. I. Cambridge, 1907. In-8°.

JERSEY.
Rolls of the assises. — Voir SOCIÉTÉ JERSIAISE.

JOHANNES SARISBERIENSIS.
Opera, ed. Giles. Oxonii, 1848. In-8°. 5 vol.
— Migne, *Patrologia latina*, vol. CXCIX.

LAPPENBERG, Urkundliche Geschichte des Hansischen Stahlhofes zu London.— Voir TWISS (Sir Travers), plus bas, p. XVIII.

LA ROE (Abbaye de).— Voir PLANTÉ, plus bas, p. XVII.

LAYETTES du Trésor des Chartes. — Voir TEULET, plus bas, p. XVIII.

LÉCHAUDÉ D'ANISY.
Inventaire des anciennes chartes des Archives du Calvados. Caen, 1834. — Voir même page, col. 2, Mémoires de la Société des Antiquaires de Normandie.

LÉPINOIS (É. DE) et L. MERLET.
Cartulaire de Notre-Dame de Chartres, d'après les cartulaires et les titres originaux. Chartres, 1862-1865. In-4°. 3 vol. (Société archéol. d'Eure-et-Loir.)

LE PRÉVOST (Aug.). Mémoires et Notes pour servir à l'histoire du département de l'Eure. Évreux, 1862-1869. 3 vol. in-8°.

LES VAUX DE CERNAY. — Voir MERLET, même page, col. 2.

LOTTIN. — Voir plus haut, p. VIII, au mot LE MANS.

LUARD (H.-R.).
Annales monastici. Lond., 1864-1869. In-8°. 5 vol. (Rolls series.)

LUCHAIRE (Ach.).
Études sur les actes de Louis VII. Paris, 1885. In-4°.

LYTTELTON (Lord).
History of the Life of the King Henry the second. London, 1767-1771. In-4°. 4 vol.

MADOX (Thomas).
Formulare anglicanum. London, 1702. In-fol.

—— The History and antiquities of the Exchequer. London, 1711. In-fol.

MARCHEGAY.
Cartulaire de l'abbaye du Ronceray, Angers, 1854. In-8°. Table par Eug. Vallée. Angers, 1900. In-8°. (Tome III des Archives d'Anjou.)

MARTÈNE (Dom E.).
Thesaurus novus anecdotorum. Par., 1717. In-fol. 5 vol.

MÉMOIRES de la Société des Antiquaires de Normandie. Année 1834, tomes VII et VIII. Caen, 1834. In-8°. 2 vol., avec atlas de 30 planches.
Ces deux volumes sont consacrés à l'inventaire des anciennes chartes des Archives du Calvados. J'ai rarement renvoyé aux citations qui s'y trouvent des chartes de Henri II conservées dans ces archives.

MENJOT D'ELBENNE (Vicomte).
Éditeur d'un fragment du Cartulaire du chapitre de Saint-Pierre-de-la-Cour au Mans.
— Voir, plus haut, p. VIII, au mot LE MANS.

MERLET (Lucien).
Cartulaire de l'abbaye de la Sainte-Trinité de Tiron. Chartres, 1883. In-4°.
(Publication de la Société archéologique d'Eure-et-Loir.)

—— Cartulaire de N.-D. de Chartres. — Voir LÉPINOIS (DE).

MERLET (Lucien) et A. MOUTIÉ.
Cartulaire de l'abbaye de N.-D.-des-Vaux de Cernay. Paris, 1857-1858. In-4°. 2 vol.

IMPRIMÉS.

MÉTAIS (L'abbé Ch.).
Cartulaire de l'abbaye cardinale de la Trinité de Vendôme. Vendôme, 1893-1904. In-8°. 5 vol.

MÉTAIS. (L'abbé Ch.).
Cartulaire saintongeois de la Trinité de Vendôme, 1893. In-8°. (Tome XXII des Archives historiques de la Saintonge et de l'Aunis.)

MEYER (Paul). — Voir HISTOIRE de Guillaume Le Maréchal.

MOUTIÉ.
Cartulaire des Vaux de Cernay. — Voir MERLET.

OURSCAMP (Cartulaire d'). — Voir PEIGNÉ-DELACOURT.

PALEOGRAPHICAL Society (Les recueils de THE), et de THE NEW PALEOGRAPHICAL Society.

PEIGNÉ-DELACOURT.
Cartulaire de Notre-Dame d'Ourscamp. Amiens, 1865. In-4°. (Publication de la Société des antiquaires de Picardie.)

PÉRARD (Estienne).
Recueil de plusieurs pièces curieuses servant à l'histoire de Bourgogne. Paris, 1664. In-fol.

PETRUS BLESENSIS.
Opera. Ed. Giles. Lond., 1847-1848. In-8°. 4 vol.

—— Migne, Patrologia latina. Vol. CCVII.

PIPE ROLLS.
The Great Rolls of the Pipe for the second, third and fourth years of the reign of King Henry the second, A. D. 1155, 1156, 1157, 1158. Edit. Rev. Joseph Hunter, London, 1844. In-8°.

—— Les rôles des années suivantes, depuis la cinquième année du règne (1158-1159), jusqu'à la vingt-sixième (1180-1181), ont été publiées séparément, depuis 1881 par The Pipe Rolls Society.

PIPE ROLLS.
Introduction to the study of the Pipe Rolls. Lond., 1884. In-8°.

PLANCHENAULT.
Cartulaire du chapitre de Saint-Laud d'Angers. Angers, 1903. In-8°. (Société d'agriculture, sciences et arts d'Angers.)

PLANTÉ (Jules).
Cartulaire de l'abbaye royale des chanoines de Saint-Augustin de Notre-Dame-de-La-Roë. Mamers. 1888. In-8°.

PORT (Célestin).
Cartulaire de l'hôpital Saint-Jean d'Angers. Angers. 1870. In-8°.

RADULFUS DE DICETO.
Opera historica. Edit. Rev. W. Stubbs. Lond., 1876. In-8°. 2 vol. (Rolls series.)

RAMSEY (Cartulaire de). — Voir plus haut, p. xv, au mot HART.

RAOUL de Dicet. — Voir RADULFUS.

REPORT (First) of the Royal Commission on Historical manuscripts. Lond., 1870. In-fol. — Fourth. London, 1874. In-fol.

REPORTS (Appendix to) from the Commissioners... respecting the Public records of Kingdom. 1819. In-fol.

RILEY.
Chronica monasterii S. Albani. Edit. H. T. Riley. Lond., 1863-1876. In-8°. 13 vol. (Rolls series.)

ROBERT DE TORIGNI.
Édit. L. Delisle. Rouen, 1872 et 1873. (Société de l'Histoire de Normandie.)

—— Edit. R. Howlett. Dans le t. IV des Chronicles of the Reigns of Stephen, Henry II and Richard I. (Rolls series.)

ROBERTSON.
Materials for the History of Thomas Becket. Edit. Rev. James Chaigie Robertson and Jos. Brigstocke Sheppard. Lond., 1865-1885. In-8°. 7 vol. (Rolls series.)

ROGERI DE HOVEDEN Chronica.
Edit. William Stubbs. Lond., 1868-1871.
In-8°. 4 vol. (Rolls series.)

ROUND (J. Horace).
Calendar of Documents preserved in France illustrative of the history of Great Britain and Ireland, vol. I, 918-1206. Lond., 1899. In-8°.

RYMER.
Fœdera. New edition. Lond. 1816. In-fol. 3 vol. en six parties, plus le commencement du tome IV. L'édition a été arrêtée à l'année 1383.

SAIGE (Gustave).
Cartulaire de la Seigneurie de Fontenay-le-Marmion, provenant des Archives de Matignon. Monaco, 1895. In-4°.

SAINT-VICTOR DE PARIS (Recueil épistolaire de l'abbaye de).
Ce recueil, publié par Du Chesne, dans le tome IV des Hist. Franc. scriptores (p. 557-762), et reproduit en partie dans le Recueil des Historiens (t. XVI, p. 2-170), nous a été conservé par un manuscrit de l'abbaye de Saint-Victor, qui est passé au XVII° siècle dans la bibliothèque de Petau, et de là dans celle de la Reine de Suède. Il est aujourd'hui au Vatican, sous le n° 179 du fonds de la reine de Suède. — Il figure en ces termes sur le catalogue des manuscrits de Saint-Victor, dressé vers la fin du XV° ou le commencement du XVI° siècle par Claude de Grandrue (Bibl. nat., ms. latin 14767) :
« JJ. 22. Quedam epistole Alexandri tercii, cum pluribus aliis diversorum et de diversis, inter quas multe concernentes primum statum hujus monasterii Sancti Victoris. Cujus libri folium decimum incipit : *dicatur idem rex*; centesimum : *ecclesia retinere volebat laborat*; ducentesimum : *quando veniet*; sexagesimum nonum : *congregatione constat*. A. *ei quem genuit*. B. *arridebat aprica*. C. 274 et usque 276. »
Le savant préfet de la Vaticane a bien voulu copier à mon intention le double de cet article de catalogue, tel qu'il est inséré dans le ms. 379 du fonds de la Reine. — Voir aussi une note de Luchaire dans la *Bibliothèque de la Faculté des lettres de Paris*, t. VIII, p. 32-39.

SAINTES (Notre-Dame de). — Cartulaire. — Voir, p. xv, GRASILIER.

SANCTI ALBANI Chronica. — Voir, p. XVII, RILEY.

SCACCARIUM NORMANNIÆ. — Voir DELISLE, STAPLETON.

SCEAUX. — Voir BIRCH, DEMAY, DOUËT D'ARCQ.

SCHEPPARD.
The Letter books of Christ Church Canterbury. Edit. Jos. Sheppard. Lond., 1887-1889. In-8°. 3 vol. (Rolls series.)

SOCIÉTÉ JERSIAISE.
Rolls of the Assises held in the Islands in the second year of the reign of the king Edward II, A. D. 1309 Jersey, 1903. In-4°.

SOLESMES (Les Bénédictins de).
Cartulaire de Saint-Pierre de La Couture. — Voir plus haut, p. VII, au mot LA COUTURE.

STAPLETON (Thomas).
Magni Rotuli Scaccarii Normanniæ sub regibus Angliæ. Londini, 1840-1844. In-8°, 2 vol.

STEVENSON (Rev. Joseph).
Chronicon monasterii de Abingdon. Lond., 1858. In-8°. 2 vol.

TARDIF (Jules).
Monuments historiques [des Archives nationales]. Paris, 1866. In-4°.

TEULET.
Layettes du Trésor des chartes. Paris, 1863-1902. In-4°. 4 vol. : I et II, par Teulet; III, par Jos. Tardif; IV, par Élie Berger.

THOMAS BECKET. — Voir ROBERTSON.

TWISS (Sir Travers).
The early Charters granted by the Kings

of England to the merchants of Cologne. Lond., 1881. In-8°.

URSEAU (Ch.).
Cartulaire noir de la cathédrale d'Angers reconstitué. — Paris et Angers, 1908, in-8°.

VENDÔME (Abbaye de). — Voir MÉTAIS, plus haut, p. XVI.

WARNER (George F.) et Henry J. ELLIS. Fac similes of royal and other charters in the British Museum. Lond., 1903. In-fol.

INTRODUCTION.

I

IMPORTANCE DES SUSCRIPTIONS DES ACTES DE HENRI II POUR EN ÉTABLIR LA CHRONOLOGIE.

I. La chancellerie de Henri II. – Multiplicité des actes qui en sont sortis. – Rareté de ceux qui subsistent. — Henri II a gouverné le duché de Normandie pendant quarante années, de 1150 à 1189, et le royaume d'Angleterre pendant trente-cinq, de 1154 à 1189. Les actes qui, pendant cette longue période, ont été expédiés en son nom, pour l'Angleterre et pour les provinces françaises placées sous sa domination, sont tous rédigés sur le même plan, d'après des formules identiques, arrêtées avec une irréprochable justesse, dans un style simple, précis, correct et remarquablement uniforme, à l'exception d'un petit nombre de pièces auxquelles les officiers royaux n'ont pas seuls mis la main.

La chancellerie de Henri II devait avoir une organisation analogue à celle qui était déjà en vigueur sous les prédécesseurs de ce roi. Les usages qu'on y suivait s'étaient peu à peu fixés pendant les règnes des premiers rois de la dynastie normande; mais les développements qu'ils reçurent dans la seconde moitié du XIIe siècle et auxquels ne furent point étrangers les chefs de la dynastie des Plantegenêts, le comte Geoffroi et l'Impératrice Mathilde, témoignent du degré de perfection qu'avait atteint l'administration anglo-normande, tant elle était fortement centralisée, malgré les sérieux embarras que devaient causer les déplacements continuels de la maison du roi, tantôt en Angleterre, tantôt sur le continent [1].

---

[1] Pierre de Blois, dans le beau portrait qu'il a tracé de Henri II (*Opera*, éd. Giles, t. I, p. 195, et Robertson, t. VII, p. 572), signale ainsi les perpétuels déplacements de Henri II : «Non enim sicut alii reges in palatio suo jacet, sed per provincias currens explorat facta omnium, illos potissime judicans quos constituit judices aliorum.» — Un premier

I. BASE DE LA CHRONOLOGIE DES ACTES.

A cette époque, l'activité de la chancellerie est vraiment admirable. Les actes qui en sont sortis nous sont connus par un nombre très restreint d'exemplaires, que nous ont transmis, en original ou en copie, les archives d'établissements civils ou religieux ou de grandes familles féodales. Cela ne peut pas donner la moindre idée de la somme de travail exécutée par les clercs du roi. A peine avons-nous quelques exemples des brefs ou mandats relatifs à la comptabilité; il a cependant dû exister des milliers et des milliers de pièces de ce genre. Deux exemples d'un seul genre de brefs suffiront pour montrer quelle en était la multiplicité.

En dehors des dépenses ordinaires, les mêmes chaque année, auxquelles les fermiers des domaines royaux et ducaux devaient faire face, il leur était interdit de solder des dépenses accidentelles, même les plus minimes, sans avoir reçu un bref ou mandat spécial, qui indiquait l'objet de la dépense, le nom du créancier et le chiffre de la somme à payer. Les comptables devaient produire ces brefs quand ils faisaient vérifier annuellement leurs comptes par l'Échiquier.

Voici, d'après un Pipe Roll[1], un extrait du compte que rendit en 1175 le fermier du domaine de Southampton. Il ne produisait pas moins de treize brefs ou mandats, correspondant à une quinzaine de payements faits presque tous aux maîtres des vaisseaux employés à faire passer les messagers et les gens du roi d'Angleterre en Normandie :

In liberatione esnacche ad transfretandum thesaurum, quem Andreas clericus duxit in Purificatione, 7 l. et 10 s., per breve Ricardi de Luci[2].

Et in custamento thesauri illo itinere et quodam alio, 3 s. et 3 den. Et in liberatione esnacche quando transfretavit in Quadragesima contra regem, 7 l. et 10 s., per breve regis.

---

essai d'Itinéraire de ce roi a été publié en 1867 par William Stubbs, comme appendice à la préface du tome II de l'édition des *Gesta Henrici II*. Un travail beaucoup plus détaillé est celui que le Rév. R. W. Eyton a fait paraître en 1878 sous le titre de *Court, Household and Itinerary of king Henry II* (vol. in-4° de XII et 344 p.). — C'est surtout dans l'itinéraire de Jean Sans-terre, dressé par Thomas Duffus Hardy, en tête des *Rotuli chartarum*, qu'on peut se faire une idée de la vie nomade des premiers Plantegenêts.

[1] *Roll of the Pipe*, XXI H. II, p. 200.

[2] Ici, Richard de Luci, ou Lucé, joue le rôle de lieutenant du roi ou de vice-roi. Voir Eyton, p. 320, qui l'indique comme ayant tenu cette place à plusieurs reprises, de 1169 à 1178.

Et in liberatione navis Willelmi de Baiona, que portavit thesaurum, quem Walterus de Constanciis et Henricus de Aveneio duxerunt ultra mare, 25 sol., per breve Ricardi de Luci. Et eidem Henrico 20 sol. de liberatione sua, per idem breve. Et in custamento ducendi eundem thesaurum de Windresores ad Sudhantonam, 18 d., per idem breve.

Et in liberatione esnacche quando transfretavit cum Mauricio de Creon, 7 l. et 10 s., per breve regis. Et in liberatione III aliarum navium ad opus Willelmi de Humetis et Hamonis Pincerne et Willelmi de Vou, 100 s., per idem breve.

Et pro locando 1 sornet ad significandum regi rumores Anglie, 1 marcam, per breve regis. Et pro 1 navi locanda ad portandum Hamonem de Valoniis et Willelmum de Bosco et Petrum de Lincolnia, 40 sol., per idem breve.

Et in liberatione navis quam Willelmus de Vernun et filius ejus habuerunt, 40 sol., per breve regis.

Et in liberatione navis quam Engelrannus de Humetis habuit, 35 sol., per breve regis.

Et in liberatione navis quam Osbertus de Camera et Johannes Cumin-habuerunt, 30 sol., per breve regis.

Et in liberatione navis quam abbas de Reddonis et nuncii Ricardi et Gaufridi, filiorum regis, et Herveus panetarius habuerunt, 25 sol., per breve regis.

Et in liberatione navis et custamento ejus quam Ricardus Ruffus duxit, 25 s. et 9 d., per breve regis.

Et Philippo armigero regis 1 marcam, ad pascendum equos regis, per breve regis.

Et in minutis passagiis, per brevia regis, 4 l. et 3 s.

Et pro IIII miliariis de franca petra ad capellam regis in castro Wintonie, et in custamento ducendi eandem petram ad Wintoniam, 6 l. et 2 s. et 8 d., per breve regis.

La comptabilité des finances du duché de Normandie était organisée d'après les mêmes principes et sur le même plan que celle des finances du royaume d'Angleterre. Aucun payement n'y était effectué, aucune dépense n'y était allouée au comptable sans avoir donné lieu aux mêmes formalités qu'en Angleterre. Il y avait pour la province le même luxe d'écritures que pour le royaume. La formule *per breve regis* n'est guère moins rare dans le peu qui nous reste des Grands rôles de l'Échiquier normand que dans les Pipe Rolls du royaume. Nous ne possédons pas un seul exemple des milliers de brefs qui ont été ainsi expédiés par le roi, ou au nom du roi, pour le service provincial de la trésorerie. On pourra calculer quel en a été le nombre, en jetant les yeux sur un seul passage du compte rendu, en 1180, par le maire de Rouen pour la ferme de la vicomté de Rouen, qui, plus tard, sous le règne de

I. BASE DE LA CHRONOLOGIE DES ACTES.

saint Louis, était appelée la vicomté de l'eau [1]. On y voit énumérés vingt-trois payements mandatés par le roi, avec indication de la nature de chaque dépense [2] :

Bartholomeus major et Hugo Wastel reddunt compotum, pro se et pro tota communia Rothomagi, de 578 l. 13 s. et 4 d. de remanente veteris firme de Rothomago.

Engerranno Portario, ad operationes castri de Bellovidere, 230 l., per breve regis.

Theobaldo Diviti, pro vinis ad opus regis, 120 l., per breve regis.

Eidem reddunt compotum de 3,000 l. de nova firma vicecomitatus Rothomagi et modiationis et molendinorum et canardorum et escaietarum infra civitatem recuperatarum per juream, etc.

Martino de Hosa, ad operationes castri de Neelfa et Novi Castri, 40 l., per breve regis.

In conredio ducis Burgondie et comitis de Bar apud Gisortium, 14 l. et 12 d., per breve regis.

Teobaldo Frogeri, 80 l., pro 10 tonellis vini ad opus regis, per breve regis.

Herberto Trenteinnes, 45 l., pro 12 tonellis vini ad opus regis, per breve regis.

In roba 15 sociorum comitis Teobaldi et in hernesio duorum novorum militum, 280 l. et 20 s., per breve regis.

Pro plumbo quod rex dedit abbati de Clarevalle portando a Rothomago ad Parisius, 13 l. et 15 s., per breve regis.

Pro venatione regis, portanda de Rothomago ad Parisius, 10 l., per breve regis.

Pro 20 baconibus liberatis Willelmo Guernon, ad munitionem castri de Neelfa, 10 l. 10 s. et 4 d., per breve regis.

Pro bolgis et bahurdis et sella summarii et frenis et capistris ad capellam regis, 70 s. et 2 d., per breve regis.

Pro vino ad perimplendum tonellos regis et portandum de Rothomago ad Cadomum, 6 l. et 8 s. et 3 d., per breve regis.

Pro 30 marcatis vasselle quam rex dedit duci Burgondie et comiti de Bar, 79 l. et 7 s., per breve regis.

Pro bolgis et bahurdis et sellis et aliis necessariis ad summarios de camera regis et quadrigis, 14 l. et 3 s., per breve regis.

Pro summario et hernesio ejusdem ad portandum vaissellam regis, 6 l., per breve regis.

---

[1] « Exceptis omnibus aliis que spectant ad vicecomitatum aque Rothomagensis » (Charte de novembre 1262, dans *Layettes du Trésor des chartes*, t. IV, p. 49).

[2] *Rot. Scacc. Norm.*, t. I, p. 69. — Comparez les comptes rendus en 1195 par Raoul de Cotevrart pour la commune de Rouen (*ibid.*, p. 153), et en 1198 par le maire Mathieu Le Gros, Raoul Groinnet et Raoul de Cailli (*ibid.*, t. II, p. 303).

Pro quadriga ferrata et batis et bocellis et bahurto et tractis et frenis et capistris ad tres equos ad pincernariam regis, et in conredio Willelmi de Sparsis Fontibus et Stephani quadrigarii, 25 l. 15 s. et 9 d., per breve regis.

Pro tribus tonellis vini missis in Leons ad opus regis, 19 l., per breve regis.

Pro presentis regis portandis de Rothomago ad Parisius ad regem Francorum, 4 l., per breve regis.

Comiti Willelmo de Maguevilla, per Sehorum Canem et Bodin, ad faciendas liberationes servientibus Flandrie, 140 l., per breve regis.

Ricardo Crasso, pro roba ad opus regis, 17 l. 14 s. et 8 d., per breve regis.

Pro duobus tonellis ad opus regis, 17 l. 14 s. et 8 d., per breve regis.

Pro duobus tonellis vini portandis a Rothomago ad Bonam Villam, 32 s., per breve regis. Pro tonellis vini regis apportati de Francia, collocandis in cellario regis, 19 s., per idem breve.

In quietancia vini monacorum de Cantuaria de duobus annis, 32 l. 11 s. et 4 d., per breve regis.

D'après ces exemples, à quel chiffre arriverait-on si on pouvait supputer les dépenses effectuées pendant trente-cinq années dans l'immense étendue des états de Henri II? Encore ne s'agit-il ici que d'une minime partie de la correspondance financière, celle qui a trait à l'ordonnancement des dépenses. A peine avons-nous des exemples de la correspondance militaire, et de celle que nécessitaient les rapports avec les princes étrangers, avec les grands vassaux, avec les officiers préposés à la tenue de la maison du roi, à l'administration des villes, des châteaux, des ports et des forêts, avec les membres du haut clergé et avec les clercs chargés de missions spéciales à l'intérieur des états et dans les pays étrangers!

Un mot seulement sur la correspondance militaire, qui a dû occasionner l'expédition d'une multitude de brefs, parfois expédiés d'urgence, ne fût-ce que pour la mobilisation des troupes. Nous en avons un exemple remarquable, qui se rapporte à Richard Cœur-de-Lion, mais qui est du temps de Henri II. On ne saurait douter que le père n'était pas moins que son fils en mesure de convoquer rapidement les gens d'armes dont il avait besoin pour étouffer une révolte ou repousser une invasion tout à fait imprévue.

Voici ce qui eut lieu au début du dernier soulèvement de Richard Cœur-de-Lion, comte de Poitou, contre son père, au printemps de 1189. Dans une seule nuit passée à Amboise, Richard fit écrire plus de deux cents mandements. Ce détail est consigné dans l'*Histoire de Guillaume le Maréchal*, t. I, p. 297 et 298, vers 8247 et suivants :

> Si lur voix bien dire et retraire
> Que il (Richard) aveit la nuit fait faire
> Letres bien 11 cenz paire ou plus;
> Mais si angossos nel vit nuls
> Com il esteit d'enveier querre
> Sa gent par trestute sa terre,
> E cels qui à lui se teneient
> Et son afaire mainteneient.

Henri II était certainement en mesure de convoquer avec non moins de diligence les chevaliers qu'il avait à opposer à l'armée du prince révolté.

Nous ne possédons que de rares exemples des conventions ou transactions (*finis, finalis concordia, finalis conventio*) que les parties faisaient homologuer par des chartes royales et dont le nombre, surtout en Angleterre, ne tarda pas à devenir considérable, parce que ce genre d'homologation fournissait le meilleur moyen d'assurer l'authenticité des actes, et que, d'ailleurs, dans beaucoup de cas, les parties ne pouvaient pas, sans encourir des amendes [1], se dispenser de remplir une formalité qui donnait lieu à de nombreuses écritures : procès-verbaux, ou actes synallagmatiques [2], copies sur rôle officiel,

---

[1] Ricardus Burnulfi reddit compotum de 20 libris quia fecit concordiam de judicio ferri sine assensu justicie. *Rot. Scacc. Norm.*, t. I, p. 26.

De Rogero de Monasteriis 7 l., quia interfuit concordie de morte Simonis Bisel. *Ibid.*, p. 32.

Robertus Canutus reddit compotum de 20 libris pro concordia facta cum fratre suo sine licentia. *Ibid.*, p. 76.

[2] Voir un peu plus loin, p. 10, le procès-verbal tiré du Cartulaire de Ramsey. — On considère comme un des plus anciens exemples connus de *finis* celui que je reproduis d'après l'édition de M. Warner dans les *Facsimiles of Royal and ancient charters*, n° 55 :

« Hec est finalis concordia que facta fuit apud Oxeneford, in curia regis, coram Ricardo Giffard et Rogero Filio Reinfridi et Johanne de Caerdif, justiciis regis, [ad] proximum festum apostolorum Petri et Pauli postquam dominus rex cepit liganciam baronum Scocie apud Eboracum (1176), inter canonicos Oseneie et Ingream et tres filias ejus, scilicet Gundream et Isabellam et Margaretam, de terra de Oxeneford, unde placitum fuerat inter eos in curia regis, scilicet quod Ingrea et tres filie sue prenominate clamaverunt predictis canonicis quietam terram illam in Oxenford de se et de heredibus suis, pro xx solidis quos canonici illis dederunt, et omne jus quod in eadem terra habebant quietum illis clamaverunt.

« CIROGRAPHVM. »

confirmations sous forme de chartes royales. S'il nous est parvenu peu de chartes d'homologation, nous possédons beaucoup d'insertions sur les rôles [1] et beaucoup de mentions de sommes inscrites sur les comptes de l'Échiquier anglais [2] et de l'Échiquier normand [3], comme payées par les parties qui avaient conclu des accords, ce qui laisse entrevoir la quantité de chartes expédiées pour l'homologation d'accords.

Que de chartes et de lettres Henri II a fait expédier en faveur des établissements ecclésiastiques, cathédrales ou collégiales, abbayes ou prieurés, hôpitaux ou léproseries, pour leur concéder ou confirmer des domaines, des privilèges et des droits de toute nature! Ce qui nous en est arrivé n'est rien en comparaison de ce qui devrait exister, si les archives de ces établissements avaient été soigneusement constituées et administrées, et si les révolutions, les accidents de tout genre et l'incurie des gardiens n'en avaient pas fait disparaître la meilleure partie. Quelques exemples peuvent faire apprécier l'étendue des pertes que de ce chef nous avons à déplorer.

Le rédacteur du Cartulaire de l'église de Bayeux a pu faire entrer dans son recueil plus de vingt chartes accordées à cette église par Henri II. Les cathédrales voisines n'ont pas dû en recevoir un moindre nombre. Or, pour Cou-

---

[1] Il faut voir les volumes suivants compris dans la série in-8° des *Publications of the Record Commissioners* :
Rotuli de oblatis et finibus in turri Londinensi asservati, tempore regis Johannis, accurante Thoma Duffus Hardy, 1835. — *Excerpta e rotulis finium* in turri Londinensi asservatis, Henrico III rege, 1216-1272. Cura Caroli Roberts ed. 1835 et 1836. Deux vol. — *Fines sive Pedes finium, sive finales concordiæ* in curia domini regis. 7 Richard I–16 John (1195-1214). Edente Josepho Hunter. Deux vol. — *Rotuli Normanniæ*, vol. I (1835); le rôle qui occupe les pages 1-22 est consacré aux « fines » de Normandie de l'année 1200-1201.

[2] Radulfus Filius Rogeri reddit compotum de 20 libris, pro conventione Warneri avunculi sui habenda. *Pip. xiv H. II*, p. 85.

Walterus Percehaie reddit compotum de 5 marcis, pro concordia duelli de terra. Robertus de Bræideshala debet 5 marcas, pro concordia ejusdem duelli. *Ibid.*

Willelmus de Liega reddit compotum de 10 libris, pro concordia inter eum et Rogerum de Mueles. Rogerus de Mueles reddit compotum de 100 solidis pro eadem concordia. *Ibid.*, p. 135.

Mauricius de Pola reddit compotum de 40 solidis, pro fine duelli versus Robertum Marmiun. *Ibid.*

[3] Dans mon exemplaire des *Rotuli Scaccarii Normanniæ* se trouve une table manuscrite renvoyant aux passages où se trouvent les expressions « Concordia combustionis, C. dotis, C. duelli, C. insulti, C. judicii ferri, C. meslee, C. mehaimi, C. mortis, C. partis, C. proportionis, C. plage, C. roherie, C. terre, C. facta sine licencia », etc.

I. BASE DE LA CHRONOLOGIE DES ACTES.

tances, nous en connaissons trois. Il n'y en a aucune ni pour Lisieux, ni pour Avranches, ni pour Séez.

Nous n'avons pas de constatations plus satisfaisantes à présenter sur les archives monastiques. Si pour l'abbaye de Montebourg, établissement d'une importance secondaire, nous possédons seize chartes de Henri II, les plus grandes et les plus fameuses abbayes de Normandie ne fournissent qu'un nombre insignifiant de chartes émanées de ce roi : quatre à Jumièges, trois à Saint-Wandrille, deux à Saint-Ouen de Rouen. C'est seulement par quelques unités que sont représentées les chartes de vassaux ecclésiastiques ou laïques, de favoris, d'officiers et de simples clercs, qui recevaient des terres ou des pensions comme récompenses de leurs services.

Au cours de recherches poursuivies pendant près de soixante années, je suis parvenu à recueillir un peu plus de 570 pièces concernant les rapports de Henri II avec la France, la plupart relatives au gouvernement et à l'administration de la Normandie et de l'Anjou, sans compter les chartes émanées de Henri duc de Normandie, avant la mort du roi Étienne. Il ne faut peut-être pas estimer à plus d'un millier le nombre de celles qui se rapportent à l'Angleterre[1]. Ce ne doit pas être, à beaucoup près, la centième partie des chartes qui ont été expédiées au nom de Henri II.

Quant au nombre des actes qui sont parvenus en original, je ne puis parler que de ceux qui rentrent dans le cadre de notre recueil et que, sauf de rares exceptions, j'ai tous vus une première fois de 1847 à 1852, et revus ou fait photographier pendant ces trois dernières années. Le nombre s'en élève à plus de cent trente, y compris plusieurs pièces sur lesquelles il n'y a point traces de sceau et qui sont peut-être simplement des copies contemporaines. Encore n'ai-je pas cru devoir tenir compte ici des pièces expédiées au nom du prince Henri, avant qu'il eût été reconnu roi d'Angleterre en 1154. Les pièces originales de Henri II que je suis arrivé à voir ou à faire photographier

---

[1] Le nombre des pièces analysées par le Rév. Eyton ne doit guère dépasser 400; il y en a environ 130 qui figurent dans notre recueil et que le savant anglais a tirées des copies que Deville et Léchaudé d'Anisy envoyèrent, il y a près de soixante-dix années, à l'ancienne Commission des Archives. J'ai compté un peu plus de 140 chartes du roi Henri II dans le *Calendar* de M. Horace Round, qui a travaillé non seulement sur les recueils de Deville et de Léchaudé d'Anisy, mais encore sur des pièces conservées à la Bibliothèque nationale et dans les dépôts de la Normandie et de l'Anjou.

EXEMPLAIRES ORIGINAUX DES ACTES.

dans les Archives françaises[1] se répartissent comme il suit : 13 aux Archives nationales; 5 à la Bibliothèque nationale; 29 aux archives de la Manche; 27 aux archives de la Seine-Inférieure; 25 aux archives du Calvados; 8 aux archives de l'Eure; 4 aux archives de l'Orne; 1 aux archives du Pas-de-Calais; 1 aux archives de Seine-et-Oise; 1 aux archives de l'Aube; 1 aux archives d'Indre-et-Loire; 13 aux archives de Maine-et-Loire; 1 à la bibliothèque d'Angers; 1 aux archives municipales de Saint-Omer; 13 dans des collections particulières.

J'ai pu mettre à contribution une notable partie des chartes originales conservées en Angleterre. Grâce à la grande obligeance de M. Warner, conservateur des manuscrits du Musée britannique, et de sir Henry Churchill Maxwell-Lyte, garde du Record Office à Londres, qui m'ont procuré la reproduction photographique de 74 pièces. — Je dois au Rév. H. Salter, du Shirburn vicarage, la photographie de plus de cent chartes tirées de dépôts anglais : bibliothèques diverses, archives de cathédrales, de corporations et de collèges, surtout de ceux qui ont hérité des *alien priories*.

C'est donc sur le vu de plus de trois cents pièces originales qu'ont été établies les règles diplomatiques proposées dans mon Introduction à cette collection de chartes de Henri II.

Le recueil, tel que je l'ai formé, donnera lieu à des rapprochements et des comparaisons qui pourront jeter quelque lumière sur divers points de notre histoire administrative au temps de Philippe-Auguste.

II. ABSENCE DE TOUTE DATE CHRONOLOGIQUE DANS LES ACTES DE HENRI II. — Quand on veut étudier les actes d'un souverain, il faut, dans la limite du possible, les disposer suivant l'ordre chronologique. C'est le seul moyen de les présenter sous leur véritable jour, d'en comprendre la portée et d'en tirer tous les renseignements qu'on peut leur demander pour l'histoire du règne et pour

---

[1] Le travail de reproduction a été opéré d'après les indications et sous la direction des archivistes, que je ne saurais assez remercier de leur collaboration : MM. Ch. de Beaurepaire, Paul Chevreux et Vernier, à Rouen; Besnier, à Évreux et à Caen; Duval, à Alençon; Dolbet, à Saint-Lô; Saché, à Angers; L'Hermitte, au Mans; Déprez, à Arras. Les photographies des chartes du Calvados sont dues au généreux concours d'un habile amateur, M. Magron; celles des chartes de la Manche m'ont été offertes par le fils de l'archiviste. — Un atlas de reproductions phototypiques par Berthaud sera joint à notre Recueil.

I. BASE DE LA CHRONOLOGIE DES ACTES.

la connaissance du jeu des institutions. Mais quand on s'attaque aux actes de Henri II, on est tout d'abord arrêté par un obstacle qui, au premier abord, paraît à peu près insurmontable. Tous ces actes, à fort peu d'exceptions près, sont absolument dépourvus d'indications chronologiques. C'est là un fait aussi facile à constater que difficile à expliquer. Rien n'est plus étonnant qu'une omission de ce genre dans une chancellerie aussi bien organisée que celle de Henri II. Toutes les pièces qui en sortaient, les plus solennelles, celles qui conféraient de grands privilèges, celles qui réglaient à perpétuité les rapports du souverain avec ses sujets et garantissaient la jouissance de droits de toute nature, les chartes, les lettres patentes, les moindres brefs, prescrivant, souvent d'urgence, l'exécution d'une mesure administrative, tout était expédié sans porter aucune indication chronologique. Ainsi l'exigeait le protocole. Je puis citer une particularité qui montre avec quel soin les clercs de la chancellerie évitaient de mettre une date sur une charte royale.

Rien n'est plus commun dans les procédures anglo-normandes du XIIe siècle que les accords ou transactions (*fines*) conclus à la cour du roi pour mettre fin à des débats judiciaires souvent fort compliqués[1]. De là des procès-verbaux, ou actes synallagmatiques, des transcriptions sur rôles, et des homologations par chartes royales.

Le Cartulaire de l'abbaye de Ramsey[2], pour une même affaire, nous a conservé le procès-verbal et l'homologation par charte royale de l'accord final (*finalis conventio*), conclu l'an 33 du règne de Henri II (1187-1188), dans la cour du roi à Clarendon, au sujet d'une terre qui avait donné lieu à un procès entre l'abbaye de Ramsey et Geoffroi Péché.

Voici le procès-verbal en regard de l'homologation :

PROCÈS-VERBAL.	CONFIRMATION DU ROI.
Hec est finalis conventio facta in curia domini regis apud Clarendone, anno tricesimo tertio regni regis Henrici secundi, coram domino rege et Johanne, filio ejus, et Randulpho de Glanville, et Huberto decano Eboracensi, et Radulpho archidiacono He-	H., Dei gratia rex Anglorum et dux Normannorum et Aquitanorum et comes Andegavorum, archiepiscopis, episcopis et abbatibus, baronibus, justiciis, vicecomitibus et omnibus ministris et fidelibus suis, salutem. Sciatis me concessisse et presenti carta

[1] Voir un peu plus haut, p. 5. — [2] *Chartulary of the ancient benedictine Abbey of Ramsey*, t. I, p. 121 et 122.

refordie, et Roberto de Witefeld, et Rogero Filio Reinfridi, et Roberto de Inglisham archidiacono Gloecestriensi, et Jocelino archidiacono Cicestrensi, et magistro Thoma de Husseburne, et Michaele Belet, et aliis baronibus et fidelibus domini regis, qui tunc ibi presentes erant, inter Robertum abbatem Ramesiensem et ejusdem loci conventum, et Gaufridum Pecché, de tota terra quam ipse Gaufridus tenuit in villa de Oura de predicto abbate et conventu, et unde placitum fuit inter eos in curia regis, scilicet quod predictus abbas et conventus concesserunt eidem Gaufrido totam terram illam de Oure, cum piscariis et aliis pertinentiis suis, tenendam de eo et de ejusdem conventu, tota vita sua, pro septem libris annuatim inde reddendis ad hos terminos, ad Pascha septuaginta solidis et ad festum sancti Michaelis septuaginta solidis, ita quod, post mortem ipsius Gaufridi, redibit tota terra illa, cum piscariis et aliis pertinentiis suis, ad dominium ipsius abbatis Ramesiensis et ejusdem loci conventus, sine ullo retenemento et reclamatione heredum ipsius Gaufridi et heredum Hamonis Pecché. Juravit etiam idem Gaufridus quod nullum queret ingenium vel artem, unde predictus abbas et ejusdem loci conventus aliquid de predicta terra vel piscariis vel aliis pertinentiis suis amittant.

mea confirmasse conventionem factam inter Robertum abbatem Ramesiensem et ejusdem loci conventum, et Galfridum Pecché, de tota terra quam idem Galfridus tenuit in villa de Oure, de predicto abbate et conventu, unde placitum fuit inter eos in curia mea, scilicet quod predictus abbas et conventus Ramesie concesserunt predicto Galfrido predictam terram de Oure, cum piscariis et aliis pertinentiis suis, tenendam de eis tota vita sua, pro septem libris annuatim inde eis reddendis, scilicet ad Pascha septuaginta solidis, et ad festum sancti Michaelis septuaginta solidis, ita quod post mortem ipsius Gaufridi redibit predicta terra de Oure, cum omnibus pertinentiis suis, in dominium abbatis et conventus Ramesie, sine ullo retenemento et reclamatione heredum ipsius Galfridi et posterorum Hamonis Pecché. Et ipse Galfridus juravit in curia mea apud Clarendone quod non vastabit terram illam, nec in virgultis nec in edificiis nec in aliis pertinentiis suis, ea occasione quod terra illa redibit ad prefatum abbatem et conventum post mortem suam, et quod non queret artem nec ingenium per quod abbas ille et conventus aliquid de terra illa vel de pertinentiis suis amittant, quia audivi coram me, per cartam regis Henrici, avi mei, quod exitus illius terre debet poni in operatione illius ecclesie Rameseie, et in elemosinis ejusdem ecclesie.

Quare volo et firmiter precipio quod hec conventio inter eos facta firma et stabilis permaneat.

Testibus : Johanne filio meo, Ranulfo de Glanville, Huberto decano Eboracensi, Rogero Filio Reynfridi, Hugone de Morwic, Hugone Bardolfi, dapiferis. Apud Clarendone.

On voit que le texte de la charte confirmative, sauf quelques lignes du commencement et de la fin, est identique au texte du procès-verbal. La seule différence, c'est que la date de 1187, consignée dans le procès-verbal, est tout à fait omise dans la charte d'homologation. Ainsi, le clerc qui a expédié cette charte avait sous les yeux le procès-verbal; il l'a transcrit mot pour mot, se bornant à mettre à la fin de la charte les noms des témoins qui étaient en tête du procès-verbal, et à supprimer la date *Anno tricesimo tertio regni regis Henrici secundi*, par laquelle débute le procès-verbal. Le greffier de la cour avait bien eu soin de consigner la date sur le procès-verbal de la transaction, mais le notaire de la chancellerie se garda de reproduire cette date sur la charte exécutoire, qui devait être remise à la partie intéressée, en même temps que le procès-verbal.

III. Indice chronologique fourni par la formule de suscription. — Ainsi, les chartes de Henri II sont dépourvues de dates chronologiques; mais les noms des témoins, souvent nombreux, qui étaient à la cour près du roi quand l'ordre était donné d'expédier les chartes, y sont soigneusement énumérés suivant un ordre hiérarchique, de sorte que ces noms peuvent servir et ont souvent servi à déterminer les limites de la période au cours de laquelle une charte a été dressée. J'aurai à revenir sur l'usage qui peut être fait de ces listes, concurremment avec les dates de lieu et plusieurs autres particularités, pour fixer l'époque à laquelle doit être rapportée l'expédition des chartes. Mais il faut commencer par présenter une observation qui s'applique à toutes les chartes de Henri II, et qui fournit un élément de classement chronologique d'une rigueur absolue, dont on ne paraît pas avoir jusqu'ici soupçonné la grande valeur.

Personne ne peut avoir lu un certain nombre de chartes de Henri II sans avoir remarqué que dans les unes il s'appelle *H. rex Anglorum* (le plus souvent *Angl.*), et dans les autres *H. Dei gratia rex Anglorum* (le plus souvent *Angl.*).

J'ai toujours été étonné de voir ainsi désigner officiellement le même souverain de deux manières différentes. Pour une chancellerie aussi régulièrement organisée que celle de Henri II, une telle variété dans le titre donné au souverain, par les actes mêmes du souverain, me paraissait aussi étrange que si dans les actes dressés au nom de Louis XIV, le roi avait été indifféremment désigné par les mots : *Louis, par la grâce de Dieu roi de France*, ou *Louis roi*

LES FORMULES H. REX ET H. DEI GRATIA REX.

des François. Mais c'est seulement dans ces derniers temps que j'ai été amené à rechercher la cause de cette singularité, persuadé qu'en pareille matière une telle fluctuation ne devait pas s'être produite accidentellement dans une chancellerie aussi bien administrée que celle de Henri II [1]. J'ai assez vite reconnu que cette dualité dans la façon de qualifier l'auteur des chartes, quand elles émanent d'un souverain tel que Henri II, ne pouvait s'expliquer ni par l'emploi de formules spéciales dans le corps des chartes, ni par des différences dans la manière de sceller, ni par le rang des destinataires ou des bénéficiaires dans la hiérarchie ecclésiastique ou féodale, ni par la nature des sujets auxquels les documents se rapportent. Qu'il s'agisse de traités, de privilèges, de sauvegardes, de concessions perpétuelles ou viagères, de confirmations ou d'homologations, de décharges, de mandements ou brefs administratifs ou judiciaires, et même de lettres missives, nous voyons que, dans tous les documents pouvant être rattachés à chacune de ces nombreuses catégories, les clercs de la chancellerie font indifféremment parler *H[enricus] rex Anglorum*, et *H[enricus] Dei gratia rex Anglorum*. En veut-on un exemple? Voici deux lettres de sauvegarde accordées à la même abbaye [2], rédigées dans des termes à peu près identiques, et qui sont écrites, l'une au nom de *H[enricus] rex Anglorum*, l'autre au nom de *H[enricus] Dei gratia rex Anglorum* :

H., rex Anglorum et dux Normannorum et Aquitanorum et comes Andegavorum, justiciis et ministris suis Anglie et Normannie, salutem. Sciatis quod abbatia de Monte Burgi et omnes res ei pertinentes in manu et protectione mea sunt. Et precipio

H., Dei gratia rex Anglorum et dux Normannorum et Aquitanorum et comes Andegavorum, Willelmo de Curceio et omnibus baillivis suis Normannie, salutem. Sciatis quod abbatia de Monteborc et monachi et omnes res et possessiones eorum

---

[1] Comme exemple de la minutie des règles observées dans les chancelleries du moyen âge bien organisées, je me permets de citer une assez curieuse particularité, bien qu'elle soit d'une époque postérieure au règne de Henri II. Je l'emprunte au protocole d'Odart Machesse, secrétaire du roi Charles VII en 1446. Il s'exprime ainsi au sujet de la collation des lettres royales : « Et doit prendre garde le notaire qui les signe qu'elles soient bien orthographiées, car souventes fois on les trouve mal escriptes et mal pointées. Item nota que ce mot FAITES, quand il vient du verbe et qu'on en diroit en latin *faciatis*, il doit estre escript sans c; mais, quand il vient du participe, et qu'on diroit *comme telle chose est FAICTE*, on le doit écripre par c et T. » (Ms. français 5024, fol. 53 v° et 9. Passage cité par M. Henry Debraye, dans une thèse soutenue à l'École des chartes en 1904.)

[2] Cartulaire de Montebourg, chartes 23 et 25.

vobis quod faciatis ei habere juste et plenarie et quiete et honorifice omnes libertates et consuetudines suas quas habuit tempore regis Henrici, avi mei, sicut carta ejusdem regis Henrici testatur. Teste Willelmo filio Hamonis. Apud Wintoniam.

sunt in mea custodia et protectione. Et ideo volo et precipio quod predictam abbatiam et monachos et omnes res ad ipsos pertinentes manu teneatis et protegatis, neque de aliquo tenemento quod tenuerint, quando ultimo transfretavi, ponantur in placitum quandiu ero in Anglia, nisi per preceptum meum. Et si quis eis forisfacere presumpserit, plenariam inde justiciam eis sine dilatione exhibeatis. Teste Alveredo de Sancto Martino. Apud Cesaris Burgum.

Ce n'est donc ni la forme ni le sujet de la charte qui déterminait le choix de l'une ou de l'autre des formules dont il s'agit, et l'état de la question, tel qu'on l'a envisagé jusqu'à présent, a été assez exactement défini par Giry, quand il a dit que le titre attribué à Henri II dans la suscription des chartes de ce prince était : *Henricus rex Angl. et dux Norm. et Aquit. et comes Andeg.*, et que la formule *Dei gratia* s'y rencontrait « accidentellement[1] ». Pour être tout à fait dans le vrai, il aurait dû dire que la formule *Dei gratia* se rencontre dans la suscription, non pas *accidentellement*, mais *fréquemment*, puisque le nombre des chartes à la formule *Henricus Dei gratia rex*... doit être à peu près égal au nombre des chartes où elle fait défaut. Notre recueil contient environ 280 chartes qui contiennent la formule *Henricus rex*, et 260 la formule *Henricus Dei gratia rex*.

Il faut donc renoncer à découvrir la cause de l'emploi de chacune des deux formules dans la forme ou le sujet des chartes. C'est d'un autre côté qu'il faut chercher la solution du problème. Thomas Duffus Hardy ne l'a-t-il pas fait entrevoir dans l'Introduction aux Rôles des chartes de Jean Sansterre, publiée en 1837 [2] ?

Après avoir dit que Henri II, dans la suscription de ses chartes, se qualifiait *Henricus rex Angl. et dux Norm. et Aquit. et comes Andeg.*, il prévient le lecteur que ce roi, sur la fin de son règne, ajoutait la formule *Dei gratia*, de manière à faire commencer la pièce par ces mots : *Henricus Dei gratia rex*

---

[1] « La formule *Dei gratia* se rencontre déjà, mais accidentellement, sous Henri II et ses prédécesseurs. » *Manuel de diplomatique*, p. 796.

[2] *Rotuli chartarum in Turri Londinensi asservati*, vol. I, pars I, ab anno 1199 ad annum 1216, p. XVI.

Angl. et dux Norm. et Aquit. et comes Andeg. Cette remarque a été répétée en 1838 par sir Harris Nicolas [1].

La voie était ouverte : j'y suis entré, et je crois qu'elle m'a conduit à un résultat dont personne, je l'espère, ne pourra contester l'exactitude. On va voir comment j'ai été amené à poser cette double règle de critique :

Les actes de Henri II qui commencent par les mots HENRICUS REX ANGLORUM appartiennent aux dix-huit premières années du règne de ce prince (1155-1172-3).

Les actes dont les premiers mots sont HENRICUS DEI GRATIA REX ANGLORUM ont été rédigés pendant les dix-sept dernières années du règne (1172-3-1189).

Le changement de style s'est effectué après le mois de mai 1172, et au plus tard vers le commencement de l'année 1173.

Pour faire accepter ma proposition, je devrai entrer dans des détails dont la longueur sera justifiée par la nécessité d'établir sur une base inébranlable la chronologie des actes d'un règne qui intéresse également l'histoire de France et celle d'Angleterre.

La valeur du nouveau critérium que je propose d'adopter pour aider au classement chronologique des actes de Henri n'a pas été reconnue par M. Round, qui m'a combattu dans un écrit intitulé : *The Chronology of Henry II's charters* [2], qui a paru au courant de l'été 1907, et auquel j'ai immédiatement répondu par une lettre adressée à M. Round, sous le titre de : *Les formules* REX ANGLORUM *et* DEI GRATIA REX ANGLORUM [3].

Comme principe général, j'ai soutenu que, pour la diplomatique des chancelleries du moyen âge, dont il subsiste un assez grand nombre de pièces originales, la critique doit s'établir exclusivement sur l'ensemble des pièces parvenues jusqu'à nous en exemplaires originaux. En ce qui touche la critique des actes de Henri II, je n'admets que de très rares exceptions à la règle générale, et j'explique ces exceptions par des circonstances particulières dans

---

[1] *The Chronology of history,* p. 368.
[2] Reprinted from THE ARCHAEOLOGICAL JOURNAL, vol. LXIV, n° 254, p. 62-79. — Au cours de son mémoire, M. Round a bien voulu me signaler quelques erreurs de détail. Je me suis fait un devoir de le remercier et j'aurai ici l'occasion de rectifier mes erreurs.

[3] Chantilly, août 1907. In-8°, 13 p. avec le fac-similé d'une charte préparée en dehors de la chancellerie. — Ma brochure a été fidèlement analysée par M. Reginald L. Pool, dans *The English historical Review,* de janvier 1908. Elle a été reproduite en 1907 dans la *Bibliothèque de l'École des chartes.*

I. BASE DE LA CHRONOLOGIE DES ACTES.

lesquelles certaines chartes ont été rédigées et écrites avant d'être livrées au fonctionnaire de la chancellerie chargé d'y faire apposer le sceau royal.

IV. CHANGEMENT DU PROTOCOLE DE LA CHANCELLERIE AU MILIEU DU RÈGNE. — On vient de voir que, suivant Thomas Duffus Hardy, la formule *Henricus Dei gratia rex* se rencontre dans des actes de Henri II expédiés sur la fin du règne. Il faut vérifier jusqu'à quel point l'assertion est juste, et rechercher à quel moment s'introduisit cette formule. Fut-elle employée concurremment avec l'autre formule *Henricus rex*, ou bien fut-elle, à une date déterminée, officiellement et absolument substituée à la première? J'ai cru pouvoir résoudre le problème en mettant à part un certain nombre de pièces, à l'expédition desquelles ont pris part, comme témoins, des personnages dont les historiens, d'accord en cela avec des documents diplomatiques, nous ont annoncé la date de la mort ou de la retraite, ou bien celle de l'appel à une fonction, ou de la promotion à une dignité. Nous devons apprendre ainsi quel était le protocole suivi à une époque nettement déterminée.

J'ai formé un premier groupe de chartes dans lesquelles figurent, presque toujours à titre de témoins ou de destinataires, quatre personnages qui ont brillé aux premiers rangs de la cour de Henri II uniquement pendant les huit premières années du règne : Robert du Neubourg, sénéchal de Normandie, Thibaud, archevêque de Cantorbéry, Thomas Becket, chancelier du roi, successeur de Thibaud sur le siège de Cantorbéry, et Philippe d'Harcourt, évêque de Bayeux.

1° Robert du Neubourg, sénéchal de Normandie, mourut le 30 août 1159 dans l'abbaye du Bec, où il s'était retiré un mois avant sa mort. Les chartes dans lesquelles il intervient sont au nombre de trente-huit.

2° Le nom de Thibaud, archevêque de Cantorbéry, mort en avril 1161, se trouve dans huit chartes.

3° Celui du chancelier Thomas revient dans soixante-dix-sept; toutes sont antérieures à la fin de l'année 1161 ou au commencement de 1162, date à laquelle il passa en Angleterre, et resta éloigné de la cour du roi, qui ne quitta la France qu'au mois de janvier 1163.

4° Quant à Philippe d'Harcourt, évêque de Bayeux, mort en 1163, j'ai relevé son nom dans trente-cinq chartes.

CHANGEMENT DE FORMULE AU MILIEU DU RÈGNE.

Voilà, défalcation faite des doubles emplois, cent onze chartes de Henri II qui sont incontestablement des huit premières années du règne. Ce total de cent onze articles fournit quatre-vingt-dix-huit exemples de la formule H. REX ANGL., et treize de la formule H. DEI GRATIA REX ANGL. D'où il faut conclure que la formule officielle et protocolaire employée à la chancellerie royale au commencement du règne était HENRICUS REX.

Je dois expliquer pourquoi je n'ai pas cru devoir tenir compte ici des treize chartes contenant la formule H. DEI GRATIA REX ANGL. Ces treize pièces appartiennent au groupe des chartes qui mentionnent le chancelier Thomas; huit[1] ne sont connues que par des exemplaires de seconde main (copies ou éditions modernes), dans lesquels les mots *Dei gratia* ont bien pu s'intercaler indûment sous la plume de scribes entraînés par l'habitude de les faire toujours précéder le mot REX.

Je ne conteste pas l'authenticité ni même l'intégrité des autres cinq chartes qui portent dans notre Recueil les n°s 6, 7, 30, 74 et 58.

Je n'ai pu voir ni l'original ni une copie photographique du n° 58, charte du prieuré du Plessis Grimoult, qui fait partie des collections de Stapleton au château de Carlton. Elle est comprise dans un recueil de pièces que l'abbé de

---

[1] En voici la liste, avec les n°s que les pièces portent dans notre Recueil :

24. Charte pour les abbayes de Sablonceaux et de Fontaine-le-Comte. — Vidimus de 1320. C'est, d'ailleurs, probablement le texte primitif qui, rédigé à Bordeaux, s'éloigne en plusieurs endroits des habitudes suivies à la chancellerie royale.

44. Charte pour l'établissement, dans l'île d'Erm, de chanoines appartenant à l'abbaye du Vœu à Cherbourg. — Acte inséré dans le procès-verbal d'une enquête faite en 1309.

60. Charte pour l'abbaye de Saint-Évroul. — Texte abrégé dans les *Cartæ antiquæ* du Record Office.

68. Charte pour l'abbaye de La Chaise-Dieu. — Copie moderne, d'après un vidimus de 1279.

97. Charte pour l'abbaye du Vœu. — Vidimus de 1396.

98. Charte pour l'abbaye de Montierneuf. — Vidimus de 1305. La rédaction est tout à fait étrangère aux habitudes de la chancellerie royale.

99. Charte pour l'abbaye de Saint-Julien de Tours. — Vidimus de l'année 1295 et confirmation du roi Philippe de Valois en 1330. Texte tout à fait en dehors des règles de la chancellerie.

123. Charte pour l'abbaye de Foucarmont. — Cartulaire de Foucarmont, fol. 35 v°. Ce Cartulaire, d'une exécution matérielle très soignée, n'est pas toujours correct. La copie de la charte, qui porte indûment la formule *Henricus Dei gratia rex*, contient une autre faute : *T. canonico* au lieu de *T. cancellario*; il y avait sur la pièce originale *T. canc.*

I. BASE DE LA CHRONOLOGIE DES ACTES.

La Rue avait, paraît-il, été autorisé par le préfet Caffarelli à faire sortir des archives du Calvados.

Les n°⁸ 30 et 74, le premier inséré dans le cartulaire de Savigni (n° 568), le second en original aux Archives nationales (K. 24 $^{8-4}$), appartiennent à une catégorie de chartes préparées en dehors de la chancellerie royale dont je m'occuperai dans le chapitre VIII.

Quant aux n°⁸ 6 et 7, insignes privilèges, datés de Westminster, accordés par le roi, tout au commencement du règne, à l'abbaye de Fécamp, et dont l'ensemble de la rédaction est conforme aux habitudes de la chancellerie, il convient d'y signaler l'élégance de la calligraphie et surtout le soin qu'on a pris d'y rappeler la parenté de l'abbé avec le roi : *ego rex Henricus concedo Henrico, abbati Fiscannensi, cognato meo*... Il y a là une anomalie que je ne me charge pas d'expliquer, mais qui ne m'empêche pas de prétendre que les quatre-vingt-dix-huit exemples relevés dans notre Recueil sont amplement suffisants pour montrer que, pendant la première période du règne (1154-1162), la suscription protocolaire était *H. rex Anglorum*.

Afin de contrôler les résultats obtenus sur les chartes normandes, j'ai examiné les chartes de Henri II expédiées du temps du chancelier Thomas Becket, qui sont disséminées dans les huit volumes in-folio du *Monasticon anglicanum*[1]. Il n'y en a pas moins de trente-sept. Trois seulement sont rédigées au nom de *Henricus Dei gratia rex Anglorum*. Toutes les autres sont au nom de *Henricus rex Anglorum*. On peut ne pas faire entrer en ligne de compte les trois actes qui commencent par la formule *Dei gratia rex*, car ils sont fournis par des copies relativement modernes.

Tenons donc pour établi qu'au commencement du règne de Henri II la formule initiale des actes royaux était *Henricus rex Anglorum*.

Voyons maintenant quel était l'usage suivi à la fin du règne, et examinons

---

[1] L'insuffisance de la table du *Monasticon anglicanum* me détermine à indiquer ici la place occupée dans l'ouvrage anglais par les chartes de Henri II que Thomas Becket a souscrites :

T. I, p. 391, 432.
T. III, p. 20 (n°⁸ XXXVIII et XL), 41, 88, 459, 548.
T. IV, p. 17, 538, 623.
T. V, p. 101, 150, 179, 385, 447, 479, 535.
T. VI, part I, p. 93, 116, 157, 166, 189, 286, 446, 467, 470.
T. VI, part II, p. 639, 938, 1004.
T. VI, part III, p. 1276 (n°⁸ LIV, LV, LVI, LVII, LX, LXIII), 1296.

CHANGEMENT DE FORMULE AU MILIEU DU RÈGNE.

les chartes au bas desquelles ont été inscrits les noms de fonctionnaires dont l'entrée en exercice est postérieure à 1177. J'en ai choisi quatre, dont la notoriété ne laisse rien à désirer, et je n'ai pris que des textes où le nom est suivi de la désignation de la fonction. Ce sont :

Guillaume Fils de Raoul, sénéchal de Normandie à partir de 1177.
Guillaume du Hommet, connétable de Normandie à partir de 1179.
Jean Fils de Luc, évêque d'Évreux à partir de 1181.
Gautier de Coutances, évêque de Lincoln en 1183, et depuis 1185 archevêque de Rouen.

Le premier de ces personnages m'a fourni 26 exemples, le deuxième 32, le troisième 12, et le dernier également 12, soit un total de 92, que, par suite de doubles emplois, il faut ramener à 68.

Toutes les chartes de ce groupe, qui appartiennent aux douze dernières années du règne (1178-1189), nous offrent sans exception la formule *Dei gratia rex*. Il est donc certain qu'à la fin du règne la formule protocolaire était *Henricus Dei gratia rex*, tandis qu'au commencement (1154-1162) elle avait été *Henricus rex*.

Les observations que j'ai faites sur la période intermédiaire (1163-1178) m'ont amené à couper cette période en deux sections à peu près égales.

A la première section, j'ai rattaché une trentaine de chartes portant le nom de Geoffroi Ridel, qualifié tantôt de chancelier, tantôt d'archidiacre de Cantorbéry; il avait succédé en 1162 comme chancelier à Thomas Becket, et il fut promu à la dignité d'évêque d'Ély en 1173. J'y ai joint les chartes dans lesquelles Rotrou de Warwick intervient avec le titre d'évêque d'Évreux, titre qu'il échangea en 1165 contre celui d'archevêque de Rouen. Toutes ces chartes[1] contiennent, comme celles de la première période, la formule *Henricus rex Anglorum*. Il serait donc inutile d'objecter que plusieurs sont peut-être antérieures à 1162; ce qui est certain, c'est qu'aucune n'est postérieure à 1173, de sorte qu'elles forment avec les quatre-vingt-quatorze chartes ci-dessus énumérées un bloc homogène attestant que la formule HENRICUS REX ANGLORUM a été en usage depuis l'avènement de Henri II jusqu'en 1173.

Il ne reste plus en souffrance qu'une assez courte période, commençant en

---

[1] La charte n° 297 A fait seule exception; on verra un peu plus loin que cette anomalie apparente confirme la règle que j'ai cru pouvoir poser.

I. BASE DE LA CHRONOLOGIE DES ACTES.

1173 (peut-être aux derniers mois de 1172) et se prolongeant jusqu'en 1178. Le point initial doit être la date de la nomination du chancelier Raoul de Wanneville, qui précéda ou suivit de très près l'élection de Geoffroi Ridel à la dignité d'évêque d'Ély, au mois de mai 1173. Raoul de Wanneville conserva les fonctions de chancelier jusqu'en 1182, date de sa nomination aux fonctions d'évêque de Lisieux[1]. Les six chartes qui le mentionnent sans lui donner le titre d'évêque contiennent toutes, à l'exception d'une seule[2], la formule Henricus Dei gratia rex. Elles s'ajoutent donc aux quatre-vingt-douze chartes indiquées un peu plus haut comme appartenant aux douze dernières années du règne.

Si on trouvait que le nombre de six est insuffisant pour apprécier l'usage suivi à la chancellerie depuis 1173 jusqu'en 1178, je ferais observer qu'il faut le grossir d'une vingtaine d'unités[3], parce que, en bonne justice, il faut faire entrer en ligne de compte une trentaine de chartes qui débutent par les mots Henricus Dei gratia rex et dont la plupart, sinon toutes, appartiennent aux dernières années de la vie de Richard du Hommet, connétable de Normandie, mort en 1178.

Je considère donc comme mathématiquement démontré qu'à la chancellerie de Henri II les chartes royales ont été expédiées : de 1154 à 1173, au nom de Henricus rex Anglorum, et depuis 1173, au nom de Henricus Dei gratia rex Anglorum.

V. La date du changement du protocole fixée entre mai 1172 et mai 1173. — Le changement du titre officiel d'un des plus puissants souverains de l'Europe au XIIe siècle est à coup sûr un événement mémorable, et nous sommes en droit de nous étonner qu'aucun historien du temps, ni aucun historien moderne, n'ait cru devoir le signaler. Mais ce qui est le plus étonnant, c'est que la formule *Henricus Dei gratia rex* n'ait pas été employée dans

---

[1] Le temps que dura l'exercice des chanceliers Geoffroi Ridel et Raoul de Wanneville sera fixé dans le chapitre relatif à l'histoire des chanceliers, p. 92 et s.

[2] Cette charte (n° 417), datée de Lillebonne et relative à une exemption de droits de péage, est insérée dans le Cartulaire de Saint-Georges, au fol. 62 v°. L'omission des mots *Dei gratia* n'est pas la seule faute que le copiste ait commise : il a appelé le chancelier *Robertus de Warnevilla* au lieu de *Radulfus de Warnevilla*.

[3] N°s 307, 308, 313, 317, 325, 327, 328, 335, 337, 338, 347, 348, 350, 354, 358, 359, 360, 362, 365, 366.

CHANGEMENT DE FORMULE EN 1172 OU 1173.

les suscriptions des actes de Henri II dès le commencement du règne. Cette formule est, en effet, celle qui a été gravée sur tous les sceaux dont Henri II s'est servi depuis son avènement au trône jusqu'à sa mort [1].

Plus une telle particularité est extraordinaire, plus il importe de fixer aussi rigoureusement que possible à quelle date le changement de protocole s'est opéré, et c'est afin d'y parvenir que j'ai cru devoir soumettre à un examen tout spécial une charte de Richard de Bohon, évêque de Coutances, pour le prieuré de Bohon, et six chartes de Henri II dans lesquelles interviennent Raimond, comte de Toulouse, et deux des principaux ministres du roi, Richard d'Ilchester et Geoffroi Ridel, personnages dont la carrière fut aussi brillante à la Cour que dans l'Église, comme l'a très heureusement dit un contemporain, Raoul de Dicet [2] : « Sicut in palatio regis fuere primi, precellentes, precipui, sic in Ecclesia levitici ordinis sorte pariter insigniti. »

Prenons ces sept chartes en suivant l'ordre chronologique :

1. *Charte de Richard de Bohon, évêque de Coutances, pour le prieuré de Bohon.* — On verra à la page 23 que l'authenticité de cette charte est incontestable.

Dilectis in Christo sancte matris Ecclesie fidelibus universis ad quos presentes littere pervenerint, Ricardus, Dei gratia Constantiensis episcopus, in Domino salutem. Notum vobis facimus quod Engerramus de Campo Rotundo contendebat adversus dominum suum Engelgerum de Bohun et calumpniabatur pro ecclesia de Capella, quam idem Engelgerus prioratui suo monacorum de Bohun dederat, et Engerramus dicebat suam esse et de presentatione sua et de feudo suo quod tenebat de eo in Capella. Tandem, per amicos et prolocutores, coram nobis compositum est amicabiliter inter eos in hunc modum. Engerramus donationem hanc concessit, ipse et uxor sua, cum qua feudum illud acceperat, et filii eorum, Willelmus primogenitus et Gaufridus clericus, et super sanctum evangelium unusquisque eorum confirmavit in perpetuum, et calumpniam omnem inde propositam abjuravit, nulla re alia sibi aut posteris suis inde retempta, nisi quod, ex presentatione venerabilis filii nostri Roberti, tunc prioris monacorum de Bohun, et assensu sui capituli, donavimus prescriptam ecclesiam cum pertinentiis suis omnibus in perpetuam elemosinam predicto clerico nostro Gaufrido Filio Engerrami, tenendam de illo priore et successoribus ejus, integraliter liberam et quietam, pro xv quarteriis frumenti ad mensuram ville de Capella, annuatim reddendis in festo sancti Michaelis, et coram nobis juravit ei

---

[1] La question des sceaux de Henri II sera examinée plus loin dans le chapitre VI. — [2] T. I, p. 395.

fidelitatem et annuam istam pensionem, et post decessum ejusdem Gaufridi, quocunque decesserit a seculo, sive morte vel mutatione habitus in religionem, vel si fuerit convictus aut confessus alicujus criminis (quod absit), tota ecclesia ista redeat in proprietatem monacorum de Bohun, salvo jure Constantiensis ecclesie, et consuetudinibus episcopalibus. Ipse etiam Engelgerus sepedictam ecclesiam quietavit et liberam reddidit, in presentia nostra, de auxilio regis et suo, in quibus computabatur pro xxx. acris terre. Testibus : Petro abbate Exaquii, Willelmo abbate Sancti Laudi, Alveredo cantore, Savario, Willelmo, Ricardo, Roberto, archidiaconis, Willelmo archid[iaconi] filio, Roberto de Sancto Laudo, Petro, Ranulfo, Roberto de Piro, Gilleberto et Willelmo fratribus, magistro Thoma, Willelmo filio decani, Rogero, canonicis nostris, cum priore Walkelino [et] Thoma, monachis suis, Alano clerico de Magnevilla, Willelmo de Port capellano monachorum, Willelmo Geron, Roberto Salsart, Ricardo Ferrant, Willelmo Pisce; de laicis : Ingelgero, Thoma et Ricardo de Groceio, fratribus, Radulfo de Bohun, Jordano de Maisnilio Am[ato], Hugone de Burgo, Pagano et Hugone Carbonelliis, Radulfo de Sancta Maria, Gaufrido de Sancto Georgio, Hugone Male Herbe, cum Engerramo de Campo Rotundo [et] fratribus suis Henrico, Willelmo; Ricardo et Willelmo de Mosteros, Rogero de Monasteriis, Roberto de Cigné, Thoma de Bricavilla, Ricardo de Maisnildo et aliis multis.

Actum est hoc anno ab incarnatione Domini M. C. LXXII, vi idus martii, Constanciis, in capitulo, sub regibus nobilissimis nostris patre et filio Henrico utroque, patre pacificante Yberniam, filio existente in Normannia, nostroque et capituli nostri sigillo confirmatum.

L'acte a été passé, dans le chapitre de Coutances, « l'an de l'incarnation 1172, le 6 des ides de mars, sous le règne des deux très illustres rois Henri, le père et le fils, alors que le père pacifiait l'Irlande et que le second résidait en Normandie ». Ainsi s'exprime le rédacteur de l'acte. La charte est donc du 10 mars 1172, et je puis ajouter que c'est bien le 10 mars de l'année 1172, suivant notre manière de compter; les Anglo-Normands faisaient alors généralement commencer l'année à la fête de Noël.

Qu'il s'agisse bien ici de l'année que nous comptons 1172, c'est ce qui est surabondamment établi par le synchronisme que le rédacteur du document a pris soin de noter. Au mois de mars de l'année 1172, le roi Henri II était bien occupé à pacifier l'Irlande, suivant l'expression de l'auteur de la charte. Nous savons[1] que le 17 avril 1172 il quitta cette île, où il était arrivé six mois auparavant, et qu'il débarqua le même jour à Portfinnan en Angleterre. Nous savons aussi que, comme l'indique la charte, le jeune roi

[1] Eyton, p. 163 et 166.

Henri était alors en Normandie, d'où il partit en août 1172, pour aller, avec sa femme Marguerite, faire renouveler à Winchester, le 27 de ce mois, la cérémonie de son couronnement.[1]

La charte de Richard, évêque de Coutances, que nous allons voir expressément visée dans la confirmation du roi (*sicut carta Ricardi, Constantiensis episcopi, cum sigillis predictis, testatur*), est donc incontestablement du 10 mars 1172.

Elle constate de quelle façon se termina un litige portant sur l'église de La Chapelle-[Enjuger] et détermine les droits respectifs qu'avaient sur cette église Enguerran de Camprond, Enjuger de Bohon, seigneur de La Chapelle, et le prieur de Bohon, représentant l'abbé de Marmoutier.

Les destinées de cette charte, qui tiendra désormais une place importante dans les études de diplomatique anglo-normande, sont assez curieuses pour être ici racontées. L'original en fut soigneusement conservé pendant six siècles et demi dans les archives de l'abbaye de Marmoutier. Après la suppression du monastère, le feudiste chargé d'organiser les archives du département d'Indre-et-Loire, conformément à un principe suivi dans quelques départements, mit à part les dossiers concernant les prieurés que l'abbaye de Marmoutier avait possédés dans un grand nombre de diocèses du nord et de l'ouest de la France. Il estimait que la place de ces dossiers était marquée dans les archives des départements où s'était trouvé le siège des ci-devant prieurés. En conséquence, il envoya le dossier du prieuré de Bohon à l'administration du département de la Manche, laquelle refusa d'acquitter le prix du port, de sorte que les précieux parchemins dont il se composait, mis au rebut, ont disparu. L'archiviste d'Indre-et-Loire a consigné le fait sur son registre, pour ne pas encourir la responsabilité de la perte des chartes des prieurés de Bohon, de Héauville, de Sacey et de Mortain.

Heureusement, la charte de l'évêque Richard relative au prieuré de Bohon avait attiré, au XVIIe siècle, l'attention de l'incomparable Gaignières, qui avait jugé utile d'en faire entrer dans ses collections une bonne copie, avec le dessin des sceaux qui en garantissaient l'authenticité[2]. C'est ainsi que, grâce à Gai-

---

[1] Eyton, p. 168.

[2] Ms. latin 5441, t. II, p. 31. — Une copie de la charte a été aussi envoyée par un bénédictin de Marmoutier, dom Eyme, au Cabinet des chartes, Collection Moreau, vol. 78, fol. 76.

gnières, nous possédons une copie très fidèle de la pièce qui nous sert aujourd'hui à résoudre un intéressant problème de chronologie.

2. *Homologation par Henri II de la charte précédente.* — Le roi avait été saisi de la charte de l'évêque de Coutances aussitôt après son retour en Normandie, où il était débarqué à Barfleur tout au commencement du mois de mai. Quelques jours après son débarquement, il se rendit à Caen, où il eut une conférence avec les légats du pape [1], et ce fut pendant son séjour à Caen qu'il vit ou fit voir aux clercs de la chancellerie la charte de Marmoutier et qu'il ordonna de l'homologuer. La charte d'homologation, qui reproduit textuellement les termes de l'accord, nous est parvenue dans les mêmes conditions [2] que la charte de l'évêque de Coutances :

H., rex Anglorum et dux Normannorum et Aquitanorum et comes Andegavorum, archiepiscopis, episcopis, comitibus, baronibus, justiciis, vicecomitibus, ministris et omnibus fidelibus suis, francis et anglis, salutem. Sciatis me concessisse et hac presenti carta mea confirmasse concordiam que rationabiliter facta fuit inter Ingelgerum de Bohun et Engelrannum de Campo Rotundo et monachos Majoris Monasterii de Bohun, de ecclesia Sancti Petri de Capella, sicut carta Ricardi Constanciensis episcopi, cum sigillo Rotrodi Rotomagensis archiepiscopi, et sigillo capituli Sancte Marie de Constanciis, testatur. Quare volo et firmiter precipio quod concordia illa firmiter et stabiliter teneatur, sicut carta Ricardi Constanciensis episcopi, cum sigillis predictis, testatur, et sicut concessi et hac carta mea confirmavi. Testibus : Jocelino episcopo Saresberiensi, et Ricardo archidiacono Pictavensi, et Reginaldo archidiacono Saresberiensi, comite Willelmo de Mandevilla, Willelmo de Sancto Johanne, Willelmo de Curci dapifero, Hugone de Croissi. Apud Cadomum.

Que l'homologation soit à peu près de la même date que l'accord du 10 mars 1172, c'est ce qui résulte de la mention d'un des témoins qui assistèrent à l'expédition de la charte royale : *Ricardus archidiaconus Pictavensis.* Il s'agit là de Richard d'Ilchester, qui cessa d'être archidiacre de Poitiers

---

[1] L'auteur des *Gesta Hen. II* (t. I, p. 41) mentionne l'entrevue de Caen aussitôt après le débarquement du roi : « Applicuit in Normanniam apud Barbefluctum, et invenit apud Cadomum predictos cardinales... »

[2] Nous en avons deux copies, venues, l'une de Gaignières (ms. latin 5441, t. II, p. 29), et l'autre du bénédictin qui travaillait pour le Cabinet des chartes (Collection Moreau, vol. 78, fol. 68).

CHANGEMENT DE FORMULE EN 1172 OU 1173.

quand il fut intronisé sur le siège épiscopal de *Winchester, au mois de mai 1173.* Il est donc certain que la formule *Henricus rex Anglorum* était encore en usage à une date comprise entre le 10 mars 1172 et le mois de mai 1173.

Je considère donc comme superflu de démontrer que cette formule a été employée par la chancellerie de Henri II au cours des années 1170 et 1171, ce qui pourrait être établi à l'aide de chartes expédiées en faveur des abbayes de Baugerais [1], de Lonlai [2], de Savigni [3] et de Montebourg [4].

3. *Charte de Henri II pour une cousine de Geoffroi Ridel.* — Richard d'Ilchester, dont il vient d'être question à propos de la charte du prieuré de Bohon, et son ami Geoffroi Ridel, furent, comme je l'ai déjà dit, deux des plus influents ministres de Henri II. Richard d'Ilchester, archidiacre de Poitiers, s'est signalé par son hostilité contre l'archevêque de Cantorbéry, et Geoffroi Ridel, archidiacre de Cantorbéry, avait succédé à Thomas Becket dans les fonctions de chancelier. Tous deux, le 17 mai 1173, échangèrent leur titre d'archidiacre contre celui d'évêque. Richard fut appelé à gouverner le diocèse de Winchester, et Geoffroi celui d'Ély [5]. Ils portèrent le titre d'élus de Winchester et d'Ély depuis le jour de leur élection (mai 1173) jusqu'au jour de leur installation (13 octobre 1174) [6]. C'est antérieurement à cette période, c'est-à-dire antérieurement au mois de mai 1173, que doit être

---

[1] Charte datée de Châtillon en Berri, dont l'original a figuré dans une vente faite à Paris en 1894.

[2] Charte datée de Ger. Ms. latin 10071, fol. 193.

[3] Charte datée du même lieu. Cartul. de Savigni, charte 566.

[4] Charte datée de Cherbourg. Cartul. de Montebourg, charte 673.

[5] « Wintoniensis, Helyensis, electi sexto decimo kalendas junii, die scilicet Ascensionis... ». R. de Diceto, t. I, p. 368. — A la veille de l'élection, les deux archidiacres, par ordre du roi, passèrent d'Angleterre en Normandie, comme on le voit dans le Pipe Roll de l'an 1172-1173 (p. 14 de l'édition), où sont inscrites les sommes payées par le fermier de Southampton pour l'affrètement des bâtiments qui firent passer en Normandie les gens du roi : « In liberatione IX navium que debuerunt transfretare cum Ricardo de Luci, et Ricardo Pictavensi archidiacono, et Gaufrido Cantuariensi archidiacono, et aliis baronibus, precepto regis, 13 l. 15 s., per breve Ricardi de Luci. — In liberatione esnacce quando transfretavit cum thesauro ad Ascensionem, quem Balduinus clericus duxit, 7 l. 10 s., per breve regis. »

[6] « Wintoniensis, Helyensis, episcopi,... sicut una hora communiter consecrati, sic in uno eodemque die suis sollempniter sunt in sedibus constituti, III° idus octobris. » R. de Diceto, t. I, p. 395.

I. BASE DE LA CHRONOLOGIE DES ACTES.

rapportée une charte par laquelle le roi Henri II avait confirmé l'assignation de dot que *Galfridus Ridellus, Cantuariensis archidiaconus*, avait faite à sa cousine Gallienne La Blonde, quand elle épousa Robert de L'Ile.

H., Dei gratia rex Anglorum...
Sciatis me dedisse et presenti carta confirmasse donationem quam Galfridus Ridellus, Cantuariensis archidiaconus, fecit Roberto de Insula et Galliene, cognate sue, filie Willelmi Blundi..., ad se maritandum prenominato Roberto...

Testibus : Rogero archiepiscopo Eboracensi, Arnulfo episcopo Lexoviensi, Willelmo de Curci dapifero, Willelmo Filio Hamonis, Willelmo de Cainet.

Apud Argentomum [1].

Voilà un exemple de la formule *Henricus Dei gratia rex Anglorum* antérieur au mois de mai 1173 et postérieur à celui du mois de mai 1172, qui vient de nous être fourni par la charte du prieuré de Bohon.

4. *Charte de Henri II pour l'abbaye de Fontevrault*. — Ce n'est pas sans hésitation que j'ai cité la charte relative au mariage de la cousine de Geoffroi Ridel, comme exemple de l'emploi de la formule *Dei gratia rex* avant le mois de mai 1173. Cette charte, en effet, n'est point arrivée jusqu'à nous en original; nous ne la connaissons que par une copie conservée au Record office dans la série des *Cartæ antiquæ*. Mais, heureusement, elle n'est pas seule à montrer que la formule *Dei gratia rex* a été en usage à la chancellerie de Henri II au commencement de l'année 1173. Comme preuve de cette assertion, je puis citer une autre charte de la même date, dans laquelle Henri II est appelé *H. Dei gratia rex Anglorum*. C'est une charte relative au minage de Saumur, que Gaignières [2] a copiée d'après l'original, et dont je reproduis les passages qui viennent à l'appui de ma thèse :

H., Dei gratia rex Anglorum et dux Normannorum et Aquitanorum et comes Andegavorum, archiepiscopis, episcopis, abbatibus, comitibus, baronibus, justiciis, vicecomitibus, seneschallis, prepositis et omnibus ministris et fidelibus suis, salutem.
Sciatis me concessisse et presenti carta mea, confirmasse Deo et Sancte Marie et ecclesie Fontis Ebraudi et sanctimonialibus ibidem Deo servientibus omnia subscripta que, in

---

[1] Rymer, dernière édition, t. I, part I, p. 42. Cette charte, datée d'Argentan, fait partie de la collection des *Cartæ antiquæ* du Record Office; le Rév. R. W. Eyton (p. 111) l'a indûment classée à l'année 1167.

[2] Ms. latin 5480, t. I, p. 75.

presentia mea, in liberam et perpetuam elemosinam fuerunt eis data et concessa. Ex dono Pagani de Mange et Dionisie, uxoris sue, concedentibus filiis suis Willelmo et Philippo, terciam partem omnium reddituum ipsorum in minagio Salmuri...

Testibus : R. comite Sancti Egidii, et Hamelino comite Warenne, et vicecomite de Torennia, Stephano de Turonis seneschallo Andegavensi, Hugone de Creissi, Willelmo Filio Radulfi, Hugone Galler., Johanne Rainardi.

Apud Fontem Ebraudi.

Le premier des témoins de cette charte est Raimond V, comte de Toulouse, qui, au commencement de l'année 1173, vint à Limoges, à la cour de Henri II, et qui rendit son hommage au roi le dimanche 25 février 1173 : « dominica qua cantatur *Invocavit me*, factum est hominium istud v kalendas martii. » Ainsi s'exprime Geoffroi de Vigeois[1], et c'est en 1173. que le dimanche où se chante *Invocavit me*, c'est-à-dire le premier dimanche de carême, tomba le 5 des calendes de mars. Il faut donc placer aux environs de la fin de février la date de la charte du minage de Saumur, dans laquelle Raimond V intervient comme témoin et dans laquelle nous voyons la suscription *H. Dei gratia rex*.

5. *Charte de Henri II pour maître Gautier de Coutances*. — J'ajouterai encore trois chartes portant la formule *Henricus Dei gratia rex* et qui appartiennent à la période comprise entre le mois de mai 1173 et le mois de novembre 1174, puisque Richard d'Ilchester et Geoffroi Ridel y figurent en qualité d'évêques élus de Winchester et d'Ély.

La première, concernant la concession de la chapellenie de Blythe à maître Gautier de Coutances, a été expédiée de Stokes-Bay, petite localité du Hampshire, où le roi n'avait guère l'occasion de s'arrêter, sinon quand il devait s'embarquer ou qu'il venait de débarquer à Portsmouth. Aussi l'Itinéraire dressé par le Rév. Eyton[2] la mentionne-t-il seulement une fois à l'occasion du passage de Henri II en Normandie dans l'été de 1177. La charte accordée à Gautier de Coutances prouve que le roi s'y arrêta aussi pendant un des deux séjours qu'il fit en Angleterre, au cours des années 1173 et 1174.

---

[1] *Recueil des historiens*, t. XII, p. 443 A. C'est à tort que les éditeurs ont proposé la leçon *viii kalendas*, c'est-à-dire le 22 février.
[2] P. 216.

28 I. BASE DE LA CHRONOLOGIE DES ACTES.

Le voyage de 1173 est attesté par le Pipe Roll de la 19ᵉ année du règne : on y voit mentionnées, au compte du fermier de Southampton, la traversée du bâtiment qui alla en Normandie à la rencontre du roi, et la dépense de la maison royale pendant quatre jours dans la ville de Northampton[1].

Quant au second voyage, l'auteur des *Gesta Henrici II* nous apprend que Henri II s'embarqua à Barfleur le 7 juillet 1174, qu'il débarqua à Southampton le lendemain lundi, et qu'au retour il se rembarqua le 7 août à Portsmouth pour prendre terre le lendemain jeudi 8 août à Barfleur en Normandie[2]. Nous savons même que, pendant son mois de séjour en Angleterre, il vint à Huntingdon voir un ingénieur qui dirigeait la construction de machines de guerre[3].

La charte dont il s'agit est ainsi conçue :

H., Dei gratia rex Anglorum et dux Normannorum et Aquitanorum et comes Andegavorum, archiepiscopis, episcopis, abbatibus, comitibus, baronibus, justiciis, vicecomitibus et omnibus ministris et fidelibus suis, francis et anglis totius Anglie, salutem.

Sciatis me concessisse et dedisse in liberam elemosinam et presenti carta confirmasse dilecto clerico meo magistro Waltero de Constanciis capellaniam de Blia, cum omnibus pertinenciis suis, in ecclesiis et capellis et terris et decimis et in omnibus aliis ad eam pertinentibus, tenendam quamdiu vixerit in habitu clericali, sicut aliquis predecessorum suorum ea melius et liberius et integrius tenuit aliquo tempore. Quare volo et firmiter precipio quod magister Walterus de Constanciis habeat et teneat bene et in pace, libere et quiete et integre et honorifice predictam capellaniam, cum omnibus pertinentiis et libertatibus et liberis consuetudinibus suis, in bosco et plano, in pratis et pasturis, in aquis et molendinis, et vivariis et piscariis, in ecclesiis et capellis et terris et decimis, in viis et semitis et in omnibus aliis locis et aliis rebus ad eandem pertinentibus capellaniam, sicut aliquis predecessorum suorum eam melius et liberius et integrius ante eum habuit et tenuit.

---

[1] « In liberatione esnacce quando transfretavit in Normanniam contra regem. » *Pipe Roll* XIX *H. II*, p. 55. — « Pro corredio regis apud Norhantonam per IIII dies. » *Ibid.*, p. 33. — Cf. Eyton, p. 173.

[2] « Circa octabas apostolorum Petri et Pauli..., usque ad Barbefluctum, ubi naves suæ congregatæ erant, transvolavit, et statim, navibus ascensis, in crastino applicuit in Angliam apud Suthamtonam feria secunda, VIII idus julii. — ... Postpositis quibusdam negotiis suis, ad mare transvolavit, et navibus adscensis apud Portesmutam, in crastino applicuit apud Barbefluctum in Normannia, scilicet VI idus augusti, feria quinta. » *Gesta Henrici II*, t. I, p. 72-74.

[3] « Yvoni ingeniatori, I marcam ad locandos carpentarios ad faciendas machinas, quando rex venit ad Huntedoniam, per breve regis. » *Pip.* XX *H. II*, p. 82.

LA NOUVELLE FORMULE ADOPTÉE EN 1172-3.

Testibus : R. archiepiscopo Eboracensi, R. Wintoniensi, G. Elyensi, electis, comite Reginaldo Cornubie, Ricardo de Luci, Reginaldo de Curtenaio, Willelmo de Albigneio, Unfrido de Bohun, Roberto Marmion, Hugone de Creissi, Willelmo de Lamvalleio, Thoma Basset.

Apud Stokes juxta mare.

Cette charte est copiée dans le Cartulaire de la cathédrale de Rouen sous le numéro 152.

6. *Charte de Henri II pour l'abbaye de Reading.* — C'est aussi d'Angleterre, du château de Windsor [1], que fut expédiée en faveur de l'abbaye de Reading une charte portant la souscription de Geoffroi, non encore sacré évêque d'Ély.

H., Dei gratia rex Anglorum et dux Normannorum et Aquitanorum et comes Andegavorum, justiciis, vicecomitibus et omnibus ballivis suis in quorum balliis monachi de Radingis terras habent, salutem.

Precipio vobis quod custodiatis et manuteneatis et protegatis terras et homines et omnes res et possessiones monachorum de Radingis, sicut meas proprias, ita quod nullam molestiam vel injuriam aut gravamen eis faciatis nec fieri permittatis, quia omnia sua sunt in manu et custodia et protectione mea. Et prohibeo ne de ullo tenemento quod in dominico suo teneant, ponantur in placitum nisi coram me vel coram capitali justicia mea.

Teste G. electo Elyensi episcopo.

Apud Windesoram.

Un exemplaire de cette charte est au Musée britannique [2]. Elle a été publiée par M. W. de G. Birch [3] sous la date de 1174-1189; mais elle doit être de l'année 1173 ou 1174.

7. *Charte de Henri II pour Richard du Hommet, connétable de Normandie.* — J'arrive à la dernière charte dont j'invoque le témoignage pour montrer que

---

[1] La charte dont il est ici question doit avoir été faite pendant le séjour que le roi fit à Windsor en 1174 et que mentionne le Pipe Roll de la 20ᵉ année (p. 10) : « Pro ducendo thesauro tribus vicibus, semel ad Windr., bis ad Wintoniam. »

[2] Additional charter, 19592.

[3] W. de G. Birch, *On the seals of king Henry the second*, p. 27 (extr. des *Transactions of the R. Society of literature*, vol. XI, new series). — L'éditeur date cette charte de 1174-1189.

l'adoption du nouveau protocole était un fait accompli en 1173-1174. C'est une confirmation des biens que le connétable Richard du Hommet possédait de toute ancienneté en Angleterre[1]; mais elle n'est certainement que de l'année 1173-1174, puisqu'elle a été expédiée pendant un séjour que le roi faisait à Caen, accompagné de l'évêque élu de Winchester.

H., Dei gratia rex Anglorum et dux Normannorum et Aquitanorum et comes Andegavorum, archiepiscopis, episcopis, abbatibus, comitibus, baronibus, justiciis, vicecomitibus et omnibus ministris et fidelibus suis Anglie et Normannie, salutem.

Sciatis me concessisse et dedisse et presenti carta confirmasse Richardo de Hum[etis], constabulario meo, et heredibus suis, pro suo servitio, Stamfort, cum omnibus pertinenciis castelli et burgi, excepto servitio abbatis de Burgo et Guillelmi de Lanvallé. Dono etiam eis et confirmo Katen[am], cum pertinenciis suis, et Dodintonam, cum pertinenciis suis, et de feodo comitis Gifardi Risembergam et Sirigeham, cum pertinenciis suis, et in Normannia Meisy, cum omnibus pertinenciis suis, et haiam de Lutemare, cum pertinenciis suis, tenenda in feodo et hereditate, sibi et heredibus suis, de me et heredibus meis. Quare volo et firmiter precipio quod Richardus de Hum[etis], constabularius meus, et heredes sui hec prenominata habeant et teneant de me et heredibus meis, cum omnibus pertinenciis suis, in bosco et plano, in pratis et pasturis, in aquis et molendinis, in stagnis et vivariis, in viis et semitis, et in omnibus aliis locis et aliis rebus ad ea pertinentibus, bene et in pace, libere et quiete, integre, plenarie et honorifice, cum omnibus libertatibus et liberis consuetudinibus suis.

Testibus : Rotrodo archiepiscopo Rothomagensi, Henrico episcopo Baiocensi, Arnulfo episcopo Lexoviensi, Frogero episcopo Sagiensi, R[icardo] electo Wintoniensi, Johanne decano Sarisberiensi, Willelmo de Curci dapifero, Jordano Taissun, Fulcone Paenello, Johanne de Solineio, Roberto Bertram, Hugone de Gund[evilla], Ricardo Filio comitis, Hugone de Cressy, Roberto de Stutevilla, Roberto de Briecuria.

Apud Cadomum.

Suivant le *Calendar* de Round (n° 530), cette charte serait en original aux Archives du Calvados; mais elle n'est représentée dans ce dépôt que par un vidimus de Jean, duc de Normandie, daté de 1347, comme a bien voulu m'en avertir mon confrère l'archiviste M. G. Besnier. La plus ancienne copie que nous en possédions est celle que contiennent les registres C, D et E de Philippe-Auguste.

[1] *The Great rolls of the Pipe for the II, III and IV years of the reign of king Henry second*, p. 24, 83 et 136.

LA NOUVELLE FORMULE ADOPTÉE EN 1172-3.

Le hasard fera peut-être trouver une charte de Henri II qui sera reconnue appartenir à l'année 1172 ou 1173 et qui permettrait de resserrer encore les limites extrêmes de la période au cours de laquelle s'est effectué le changement de protocole.

S'il était permis de tenir compte, pour tous les détails, des lettres missives qui ont été transmises par les historiens ou par les compilateurs de recueils épistolaires, on pourrait dès maintenant serrer, de plus près encore, les limites de cette période. Dans le recueil des lettres de Jean de Salisbury[1] sont entrées deux lettres de Henri II postérieures au 22 mai 1172, puisqu'il y est question de l'absolution du roi solennellement donnée ce jour-là dans la ville de Caen, et dans ces deux lettres paraît la formule *Henricus rex*. Il en est de même de la lettre insérée dans le même recueil épistolaire, par laquelle le roi implore l'intervention du pape dans la révolte de ses fils, ce qui est du commencement de l'année 1173[2]. La suscription de cette lettre, qui a été insérée dans le recueil épistolaire de Pierre de Blois, contient aussi la formule *Henricus rex*.

Je n'ai pas voulu citer comme exemple de l'emploi de la formule *Henricus rex* au commencement de l'année 1173 la lettre de Henri II relative à l'élection de Richard d'Ilchester à l'évêché de Winchester. La citation qu'en a faite le jeune roi Henri[3] peut avoir été faite de mémoire et n'est peut-être pas textuelle.

VI. Ressources fournies par les formules de suscription pour dater les chartes de Henri II. — Il est donc surabondamment prouvé que les chartes de Henri II se partagent en deux séries bien distinctes : d'une part, les chartes expédiées pendant les dix-huit premières années du règne, de 1155 à 1172-3 : elles sont caractérisées par l'emploi de la formule *Henricus rex Anglorum*; d'autre part, les chartes des dix-sept dernières années, de 1172-3 à 1189; on les reconnaît à l'emploi de la formule : *Henricus Dei gratia rex Anglorum*.

---

[1] Epist. 289 et 290, *Rec. des historiens*, t. XVI, p. 487.

[2] Epist. 136, *Rec. des histor.*, t. XVI, p. 649. Le premier événement connu de la révolte est la fuite clandestine de Jean Sans-terre à la cour du roi de France, où sa présence fut constatée le 8 mars 1173, et où il fut immédiatement rejoint par ses frères. Voir *Gesta Henrici II*, t. I, p. 42.

[3] Dans la longue lettre publiée par dom Brial, *Recueil des historiens*, t. XVI, p. 645, d'après un ms. de S¹-Victor, qu'avait vu dom Martène.

I. BASE DE LA CHRONOLOGIE DES ACTES.

Maintenant que la date du changement de protocole est bien établie, pouvons-nous en indiquer la cause? S'est-il produit en 1172 un événement qui ait pu occasionner le changement?

Au premier abord, on est frappé de la coïncidence de ce changement avec l'amende honorable à laquelle Henri II fut obligé de se soumettre pour être absous de participation au meurtre de l'archevêque de Cantorbéry.

L'amende honorable fut reçue par les cardinaux dans la cathédrale d'Avranches le 27 septembre 1172, et c'est seulement quelques mois après que nous constatons pour la première fois l'emploi de la formule *Henricus Dei gratia rex Anglorum*. Henri II, après avoir fait sa soumission à l'Église, a-t-il trouvé à propos de reconnaître, dans les actes de son gouvernement, qu'il tenait son pouvoir royal de la toute-puissance divine? Je laisse la question indécise. En tout cas, il faut prendre en considération le fait qu'au moment même où le nouveau protocole fut adopté, la direction de la chancellerie fut confiée à un nouveau titulaire, comme on le verra dans le chapitre relatif aux directeurs et aux clercs de la chancellerie.

Je reconnais que l'absence de la formule *Dei gratia* dans la suscription des actes de la première moitié du règne est étonnante d'autant plus qu'on la trouve sur le sceau que Henri II employa pendant toute la durée du règne, et même sur le sceau dont il se servait quand il n'était encore que duc de Normandie [1]. Je renonce donc à expliquer la cause du changement de protocole; je me bornerai à rechercher le parti que les diplomatistes peuvent en tirer pour l'étude des actes de Henri II.

Désormais il suffira de jeter les yeux sur la première ligne d'une charte de ce roi pour reconnaître si elle est antérieure ou postérieure à l'année 1172-3 : elle est antérieure à 1172-3 si elle porte les mots Henricus rex Anglorum, postérieure s'il y a Henricus Dei gratia rex Anglorum. L'application de cette règle permettra de réformer beaucoup des millésimes proposés ou acceptés pour suppléer à l'absence des dates. Un seul exemple suffira pour montrer combien de services peut rendre l'application de la règle qui vient d'être proposée. Je l'emprunte à l'un des plus savants et plus utiles recueils diplomatiques que nous devions à la jeune école historique de la Grande-Bretagne :

---

[1] Voir ce qui sera dit des sceaux dans les chapitres IV et VI.

CONSÉQUENCES DE LA DIVISION DU RÈGNE.

le *Calendar of documents preserved in France illustrative of the history of Great Britain and Ireland*, de M. Horace Round. Sur les 147 actes de Henri II compris dans ce livre, on compte 42 pièces dont la date aurait pu être plus rigoureusement fixée à la simple lecture de la première ligne des actes.

Dans le tableau suivant, à la suite du numéro du *Calendar* et de la date proposée par M. Round, on trouvera la date telle qu'on la peut déduire uniquement de la suscription, même sans tenir compte des particularités qui permettent d'arriver à une plus grande précision, et, dans la dernière colonne, le nom de l'établissement ou du personnage auquel la charte est relative : les mots *antérieur* ou *postérieur à* 1172-3 désignent les actes *antérieurs* ou *postérieurs à une date, encore indéterminée, qui doit être comprise entre le mois de mai 1172 et le printemps de 1173.*

NUMÉROS DU CALENDAR.	DATES DU CALENDAR.	DATES DÉDUITES DE LA SUSCRIPTION.	NOMS DE LA PARTIE INTÉRESSÉE.
24.	1166-1175.	Post. à 1172-3.	Gautier de Saint-Valeri.
25.	1165-1183.	Post. à 1172-3.	Les chanoines de Rouen.
27.	1173-1181.	Ant. à 1172-3.	Les mêmes.
103.	1170-1177.	Post. à 1172-3.	Les tanneurs de Rouen.
137.	Juin 1174 ?	Ant. à 1172-3.	Les bourgeois de Fécamp.
173.	1156-1175.	Ant. à 1172-3.	L'abbaye de Saint-Wandrille.
218.	1166-1183.	Post. à 1172-3.	L'abbaye de Bondeville.
247.	Non daté.	Post. à 1172-3.	La léproserie de Pont-Audemer.
259.	1166-1167.	Post. à 1172-3.	L'abbaye du Valasse.
302.	1170-1175.	Post. à 1172-3.	Jean Fils de Luc, qui devint évêque d'Évreux.
345.	1165-1178.	Post. à 1172-3.	L'abbaye de Préaux.
406.	1156-1175.	Ant. à 1172-3.	L'abbaye de Lire.
458.	1169-1180.	Ant. à 1172-3.	L'abbaye de Saint-Étienne de Caen.
482.	1167-1174.	Ant. à 1172-3.	L'abbaye de Troarn.
492.	1156-1175.	Ant. à 1172-3.	Le prieuré de Brieweton.
529.	1170-1180.	Post. à 1172-3.	L'abbaye d'Aunai.
548.	1169-1184.	Post. à 1172-3.	Le prieuré du Plessis.
550.	1167-1175.	Post. à 1172-3.	Le même.
551.	1170-1175.	Post. à 1172-3.	Hugues Fils d'Osbert.
577.	1169-1175.	Post. à 1172-3.	Les religieuses de Lisieux.
600.	1169-1175.	Ant. à 1172-3.	L'abbaye de Saint-André de Gouffer.
617.	1166-1181.	Post. à 1172-3.	Hugues de Laci.

I. BASE DE LA CHRONOLOGIE DES ACTES.

NUMÉROS DU CALENDAR.	DATES DU CALENDAR.	DATES DÉDUITES DE LA SUSCRIPTION.	NOMS DE LA PARTIE INTÉRESSÉE.
620.	1166-1189.	Ant. à 1172-3.	Haimon le Bouteiller.
894.	Non daté.	Post. à 1172-3.	L'abbaye de Montebourg.
895.	Non daté.	Ant. à 1172-3.	La même.
896.	Non daté.	Ant. à 1172-3.	La même.
910.	1156-1181.	Ant. à 1172-3.	L'abbaye de Saint-Lô.
936.	1156-1161.	Post. à 1172-3.	L'abbaye de Notre-Dame-du-Vœu.
937.	1156-1166.	Post. à 1172-3.	La même.
939.	Non daté.	Ant. à 1172-3.	La même.
948.	Vers 1175.	Ant. à 1172-3.	La même.
963.	1165-1175.	Post. à 1172-3.	Le chapitre de Coutances.
977.	Non daté.	Post. à 1172-3.	L'abbaye de Saint-Sauveur.
978.	Non daté.	Post. à 1172-3.	La même.
980.	1160-1170.	Post. à 1172-3.	La même.
1068.	1167-1175.	Ant. à 1172-3.	L'abbaye de Fontevrault.
1073.	1167-1177.	Post. à 1172-3.	La même.
1074.	1166-1178.	Post. à 1172-3.	La même.
1075.	1166-1178.	Post. à 1172-3.	La même.
1076.	1175-1185.	Ant. à 1172-3.	La même.
1398.	Non daté.	Ant. à 1172-3.	L'abbaye de Cluni.
1428.	Non daté.	Ant. à 1172-3.	Raoul Le Véel [1].

Ces exemples me paraissent suffisants pour justifier l'application de la règle que j'ai cru pouvoir tirer de la différence des suscriptions. Elle épargnera de longs tâtonnements, puisqu'elle permet de reconnaître au premier coup d'œil si la pièce qu'on étudie est antérieure ou postérieure à l'année 1172-3.

Cette règle sera surtout très utile pour la critique des actes dont le texte nous a été transmis par des cartulaires où les copistes ont systématiquement

---

[1] Dans la première édition de ce tableau, que la *Bibliothèque de l'École des chartes* a publiée en 1906, p. 325, j'avais mentionné la charte octroyée à Odouin de Malpalu, panetier du Roi, que M. Round a analysée sous le n° 1280, en la classant à la date de 1156-1157. J'estimais qu'elle était postérieure à 1173, parce qu'elle est rédigée au nom de *H. Dei gratia rex Anglorum*. Aujourd'hui je suis porté à croire que le texte de cette charte, à nous transmis par un vidimus de 1323, et publié dans les *Mémoires de la Société des antiquaires de Normandie* (t. XVI, part. II, p. 4, n° 14), est altéré : le corps de la charte pourrait bien être un morceau de la seconde période du règne de Henri II, auquel aurait été maladroitement soudée la fin d'une charte du roi Henri Ier, comme semblent l'indiquer les noms des témoins.

[2] Ms. latin 9067, fol. 141 v°.

supprimé les noms des témoins. Tel est le Cartulaire de Saint-Pierre de Gloucester [1]; il renferme 34 chartes de Henri II que l'éditeur a désespéré de dater, et qu'il a toutes, à l'exception de six [2], classées sous une rubrique uniforme 1154-1189, l'année du commencement du règne et celle de la mort du roi. S'il avait pu tenir compte de l'absence ou de la présence de la formule *Dei gratia rex*, il n'aurait pas confondu les actes de la première moitié du règne avec ceux de la seconde.

Un petit nombre d'exemples suffira pour montrer à quels résultats conduit l'examen simultané de la suscription, avec le nom des témoins sur la vie desquels des renseignements chronologiques à date certaine nous sont parvenus, avec la date de lieu, qui est toujours exactement énoncée, et avec toute autre particularité mettant sur la voie d'un rapprochement décisif.

Je citerai en premier lieu deux barons normands qui ont été longtemps remarqués au premier rang à la cour de Henri II, Guillaume de Courci et Jourdain Taisson.

Beaucoup de chartes de Henri II sont attestées par le sénéchal Guillaume de Courci, qui a fréquenté la cour du roi depuis l'avènement du roi jusqu'à la mort du sénéchal, arrivée en 1176. De la présence du nom de ce baron au bas d'une charte royale on peut seulement conclure que la charte a été rédigée entre 1154 et 1176. Mais onze de ces chartes débutent par les mots *Henricus Dei gratia rex*. La date de ces onze chartes est donc comprise entre 1172-3 et 1176. Ce point établi, nous pouvons encore resserrer les limites chronologiques qui doivent être assignées à la rédaction de ces chartes, qui toutes ont été faites en Normandie. Or, de 1173 à 1176, Henri II n'a résidé en France que de mai 1173 à mai 1175.

Nous sommes amenés à classer sous la date : *de mai 1173 à mai 1175*, ces onze chartes qui, datées de localités normandes, contiennent à la fois le nom de Guillaume de Courci et la formule *Dei gratia rex* :

Pour l'abbaye de Blanchelande, à *Valognes*. (Copie aux archives de la Manche.)
Pour Gautier de Saint-Valeri, à *Bur*. (Cartul. de l'église de Rouen, chartes 171 et 172.)

---

[1] W. H. Hart, *Historia et Cartularium monasterii S. Petri Gloucestriæ*. Lond., 1867-1868, 3 vol. in-8°.

[2] Ces six chartes portent dans l'édition les n°° 211, 477, 656, 669, 700 et 896. Les autres portent les n°° 78, 155, 158-160, 191, 196, 210, 288, 313, 347, 415, 453, 545, 546, 630, 635, 636, 639-642, 701, 717, 721, 730, 732, 821.

36   I. BASE DE LA CHRONOLOGIE DES ACTES.

Pour Hugues Fils d'Osbert, *à Barfleur*. (Cartul. du prieuré du Plessis, t. III, charte 1435.)

Pour Jean Fils de Luc, *à Bur*. (Cartul. du chapitre d'Évreux, n° 243.)

Pour les religieuses de Notre-Dame de Lisieux, *à Caen*. (Original aux archives du Calvados.)

Pour l'abbaye du Mont-Saint-Michel, *à Valognes*. (Mon édition de Robert de Torigni, t. II, p. 307.)

Pour les religieuses de Mortain, *à Caen*. (Original, Arch. nat., fonds de Mortain.)

Pour Richard du Hommet, *à Caen*. (Vidimus de 1347 aux archives du Calvados.)

Pour l'église Saint-Martin de Tours, *à Caen*. (Original ayant figuré dans une vente faite à Paris le 27 novembre 1888.)

Pour l'abbaye de Savigni, *à Caen*. (Cartul. de Savigni, n° 232.)

Pour l'abbaye du Valasse, *à Rouen*. (Cartul. du Valasse, t. II, fol. 114 v°.)

Il faut assigner la même date, en la précisant même davantage, à un mandement rédigé au nom de *Henricus Dei gratia*, qui fut adressé de Cherbourg à Guillaume de Courci, au moment où le roi se préparait à passer en Angleterre[1]. Le roi s'embarqua à Barfleur le 7 juillet 1174, pour aller réprimer une révolte en Angleterre, et le 8 ou le 9 mai 1175[2], après avoir tenu sa cour de Pâques à Cherbourg, un mois auparavant. C'est, selon toute apparence, à l'une ou à l'autre de ces dates (juillet 1174 ou mai 1175), que le mandement[3] fut expédié.

Ces exemples montrent comment, en rapprochant une des deux formules *Henricus rex* ou *Henricus Dei gratia rex* de noms de témoins ou de destinataires, et de dates de lieu, on arrive à fixer d'une façon très précise la date de documents auxquels il serait impossible, sans ce rapprochement, d'assigner une place tout à fait exacte dans la série chronologique des pièces du même genre.

Jourdain Taisson, un des plus puissants barons de la Normandie, joua, lui aussi, un rôle des plus importants dans l'histoire de cette province du temps de Geoffroi Plantegenêt et de Henri II jusqu'en 1178, année de sa mort[4]. Parmi les nombreuses chartes dans lesquelles il est nommé comme

[1] *Gesta Henrici*, t. I, p. 72.
[2] *Ibid.*, p. 82.
[3] Voir plus haut, p. 13, le texte de ce mandement.

[4] Robert de Torigni, t. II, p. 75. — Sur Jourdain Taisson, voir mon *Hist. de Saint-Sauveur-le-Vicomte*, p. 32 et suiv. et les p. 65-81 des Pièces justificatives.

CONSÉQUENCES DE LA DIVISION DU RÈGNE.

témoin, j'en ai remarqué deux à la formule *Henricus Dei gratia*, qui toutes les deux concernent l'abbaye de Saint-Sauveur-le-Vicomte; elles ont été expédiées l'une à Caen, l'autre à Cherbourg; une de ces chartes est connue par un *inspeximus* du roi Édouard II publié dans le *Monasticon anglicanum*[1], l'autre est en original aux archives de la Manche. Il faut, sans hésitation, les attribuer à la courte période comprise entre 1172-3 et 1178.

Je pourrais encore citer environ 110 chartes royales attestées par Richard du Hommet, connétable de Normandie, dont 11 sont écrites au nom de Henri, duc de Normandie, 60 avec la formule *Henricus rex*, et 42 avec la formule *Henricus Dei gratia rex;* elles doivent se classer, les premières dans la catégorie des années 1150-1154, les deuxièmes dans la catégorie des années 1155-1172-3, les dernières dans la catégorie des années 1172-3-1178.

Je dirai maintenant quelques mots de prélats qui ont exercé beaucoup d'influence dans les conseils de Henri II, et dont les rapports avec la Cour se sont perpétués pendant toute la durée ou au moins pendant une très longue période du règne. Les modifications qui se sont produites dans leurs positions officielles ont amené des changements de titres qui, combinés avec l'emploi de l'une ou l'autre formule, *Henricus rex* et *Henricus Dei gratia rex*, fournissent des éléments très utiles pour établir le classement chronologique. En voici quelques exemples.

Je ne parle pas de Thomas Becket, archidiacre de Cantorbéry, qui, avant de monter sur le siège archiépiscopal de cette cité, fut chancelier royal, de 1155 à 1162. Il a été longuement question de lui au commencement de ce chapitre.

Un contemporain de Thomas Becket, Henri, qui avait débuté dans la vie ecclésiastique comme doyen de la cathédrale de Salisbury, fut sacré évêque de Bayeux en 1165 et conserva cette dignité bien au delà de la mort de Henri II. Son nom se trouve au bas de 67 actes royaux, dont 17 seulement sont à la formule *Henricus rex* et doivent être rangés dans une catégorie embrassant les années 1165 à 1172-3. Toutes les autres entreront dans la série répondant aux années 1172-3-1189.

Rotrou de Beaumont, ou de Warwick, après avoir été évêque d'Évreux de

---

[1] *Monasticon anglic.*, t. VI, part II, p. 1105.

I. BASE DE LA CHRONOLOGIE DES ACTES.

1139 à 1164, occupa le siège archiépiscopal de Rouen, de 1165 à 1182. Les 56 chartes royales qui mentionnent sa présence se divisent naturellement en deux groupes suivant qu'elles débutent par les mots *Henricus rex* ou *Henricus Dei gratia rex*. Les articles du premier groupe, au nombre de 25, sont antérieurs à l'année 1173; ceux du second, au nombre de 31, appartiennent à la série de 1173-1182. On peut arriver à plus de précision en faisant porter l'examen sur d'autres témoins cités en même temps que Rotrou.

Ainsi, dans le premier groupe, celui des actes antérieurs à 1172-3, nous voyons figurer à côté de Rotrou :

  a. Une fois Herbert, évêque d'Avranches (ce qui dénote la période de 1155 à 1161);
  b. Trois fois le chancelier Thomas Becket (période de 1155 à 1161);
  c. Trois fois Philippe, évêque de Bayeux (période de 1155 à 1163);
  d. Une fois Froger, évêque de Séez (période de 1157 à 1164).

Des 31 pièces composant le second groupe des chartes attestées par Rotrou, archevêque de Rouen, de 1165 à 1182, 14 débutent par la formule *Henricus rex* et doivent se ranger sous la date 1165-1172-3; les autres, au nombre de 17, caractérisées par la formule *Henricus Dei gratia*, se rangent sous la date 1172-3-1182. Mais parmi celles-ci on en compte 8 qui contiennent la mention de Gilles, évêque d'Évreux, et 4 la mention de Richard du Hommet. La juxtaposition des noms de Rotrou et de Gilles entraine le classement des 8 chartes sous la date 1172-3-1179, et la juxtaposition des noms de Rotrou et de Richard du Hommet nous autorise à en placer 4 sous la date de 1172-3-1178.

Des 10 chartes de Henri II à l'expédition desquelles assista Gilles, évêque d'Évreux, une seule nous offre dans l'intitulé la formule *Henricus rex;* c'est celle par laquelle l'église d'Ivrande est concédée aux chanoines réguliers de Notre-Dame d'Ivrande. Je la crois d'une des années 1170-1172-3. Les autres, qui contiennent la formule *Henricus Dei gratia rex*, doivent être d'une des années 1172-3-1180.

Il serait inutile de multiplier davantage les exemples qui montrent quels résultats peuvent être obtenus en étudiant simultanément les formules de suscription, les dates de lieu et plusieurs autres particularités sur lesquelles j'aurai à revenir dans la suite de ce travail.

II

DOCUMENTS AUXILIAIRES
SERVANT À PRÉCISER LA DATE DES ACTES DE HENRI II.

Nous avons vu que l'absence de toute date de temps était un caractère essentiel des actes de Henri II, et que l'omission ou l'emploi de la formule *Dei gratia* distingue les actes antérieurs ou postérieurs à l'année 1172-3. Heureusement, dans beaucoup de cas, certaines particularités permettent d'aller plus loin et de fixer, plus rigoureusement, la date qu'il convient de leur attribuer.

Pour atteindre ce but, il faut voir quel parti on peut tirer :

1° De diverses pièces d'archives à date bien déterminée qui se rattachent aux mêmes affaires que certains actes royaux dépourvus de date ;

2° Des Pipe Rolls, c'est-à-dire des comptes des domaines anglais du roi, qui nous ont été conservés, à peu près sans lacunes, pour toute la durée du règne de Henri II, et dont le texte a été publié pour la première moitié du règne (années II-XXII du règne, 1156-1176 de l'Incarnation) [1] ;

3° Des noms des témoins et autres personnages figurant dans les actes royaux ;

4° De l'itinéraire du roi et de la date des événements auxquels il est fait allusion dans les actes royaux ;

5° De notes d'anciens archivistes ou rédacteurs de cartulaires.

Nous allons passer en revue chacune de ces sources d'information.

I. DIVERSES PIÈCES D'ARCHIVES. - CIROGRAPHES. — Les transactions ou accords, dans lesquels le roi intervenait parfois à titre de conseil ou d'arbitre, et dont il devait assurer l'exécution, donnaient lieu à plusieurs actes, et en premier lieu à une sorte de procès-verbal, souvent appelé *Cirographum*. L'accord

---

[1] Les rôles des années 1151-1158 ont été publiés en 1844 dans un volume in-8° de l'ancienne Commission des Public Records ; la suite, années 1159-1176, a paru en 18 volumes, depuis l'année 1884 par les soins de la Pipe Roll Society.

II. DOCUMENTS SERVANT À PRÉCISER LES DATES.

lui-même était appelé *finis* ou *finalis concordia*[1]. Ces deux expressions se trouvent très fréquemment dans les documents normands aussi bien que dans les documents anglais.

Je citerai quelques exemples tirés des *Magni Rotuli Scaccarii Normanniæ* (édition de Stapleton) :

Finis. — Hugo Gernon reddit compotum de 1 bisancio, pro fine suo audiendo. (I, 167.)

De Goberto serviente episcopi Baiocensis, 7 sol. pro 1 bisancio, pro audiendo fine suo versus Rollandum Avenel, de terra apud Landes quam Rollandus ei quietam dimisit. De Radulfo de Monasterio, 7 sol. pro 1 bisancio, pro audiendo fine suo versus Robertum Legelois, fratrem suum. (I, 169.)

De Willelmo de Campo Rotondo, 7 sol. pro 1 bisancio, pro audiendo fine suo de portione hereditatis suæ versus Willelmum Monacum, fratrem suum. (II, 477.)

Concordia. — Ricardus Mihial debet 10 sol., pro concordia versus Robertum de Aligneio. (I, 17.)

De Ranulfo de Carevilla, 20 sol., pro concordia. (I, 29.)

De Michaele de Porta, 4 l., pro concordia. (I, 43.)

Voici les deux plus anciens exemples connus des *Finales concordiæ*. Ils sont l'un et l'autre, dans les collections du Musée britannique, et je les reproduis d'après les facsimiles de M. Warner (n°s 55 et 63) :

Hec est finalis concordia que facta fuit apud Oxeneford, in curia regis, coram Ricardo Giffard et Rogero Filio Reinfredi et Johanne de Caerdif, justiciis regis, ad proximum festum apostolorum Petri et Pauli postquam dominus rex cepit ligaciam baronum Scocie apud Eboracum[2], inter canonicos Oseneie et Ingream, et tres filias ejus, scilicet Gundream et Isabellem et Margaretam, de terra de Oxeneford, unde placitum fuerat inter eos in curia regis, scilicet quod Ingrea et tres filie sue prenominate clamaverunt predictis canonicis quietam terram illam in Oxeneford, de se et de heredibus suis, pro xx solidis quos canonici illis dederunt, et omne jus quod in eadem terra habebant quietum illis clamaverunt[3].

CIROGRAPHUM.

---

[1] Sur la *finalis concordia*, voir Madox, *Formulare*, p. xiii-xviii, et p. 217 et s. — Conf. plus haut, p. 10.

[2] 29 juin 1176, selon Warner, qui renvoie aux *Gesta Henrici*, t. I, p. 95.

[3] Cotton, Ch. xi, 73.

PIÈCES D'ARCHIVES.
CIROGRAPHUM.

Hic est finis factus in curia domini regis apud Westmonasterium, die sabbati in festo apostolorum Philippi et Jacobi, anno regni regis Henrici secundi xxviii[1], coram R. Wintoniensi et G. Eliensi et J. Norvicensi, episcopis, Rannulfo de Glanvilla justicia domini regis, et Ricardo thesaurario domini regis, et Rogero Filio Reinfredi, et Thoma Filio Bernardi, et Willelmo Torel, et Willelmo de Albervilla, et Waltero Filio Roberti, et Gervasio de Cornhilla, et ceteris baronibus et fidelibus domini regis, qui tunc ibi aderant, inter Ricardum priorem et conventum de Rovecestria et Willelmum Filium Radulfi de Wi, de terra predictorum monachorum de Elham, quam ei vendiderant pro xx marcis... Et pro hac quita clamantia dederunt idem prior et conventus eidem Willelmo xxx marcas argenti[2].

Il faut remarquer que le mot CIROGRAPHVM est attribué à chacune de ces deux pièces. Les procès-verbaux des accords devaient en effet se faire en double exemplaire, pour que chaque partie en eût un. C'est sous ce titre que les actes dont il s'agit sont couramment désignés dans les *Magni Rotuli Scaccarii Normanniæ* (éd. de Stapleton) :

Thomas de Agerneio reddit compotum de 1 bisancio, pro habendo testimonio de fine inter eum et Thomam de Gotranvilla, de presentatione ecclesie ejusdem ville, sicut cyrographum inde factum testatur (I, 114).
De Willelmo Witerel, 1 bisancium, pro audiendo dono quod Willelmus Durden fecit ei de tercia parte terre sue apud Nakevillam, sicut cyrographum eorum testatur inter eos. — De Willelmo de Sauceio, vii solidos pro 1 bisancio, pro audienda concordia inter ipsum et Rogerum de Fontibus, de proportione, sicut cyrographum eorum testatur inter eos. — De Bartolomeo de Mocio, 1 bisancium, pro audiendo fine suo versus fratrem suum de porcione terrarum suarum, sicut cyrographum eorum testatur inter eos. (I, 189 et 190.)

Le cirographe pouvait être suppléé ou complété par des chartes de témoins qui certifiaient les conditions de l'accord. On en verra un peu plus loin (p. 44) un exemple fourni par l'accord conclu en 1164 au sujet du patronage de l'église de Ravenoville.

Parfois, quand le roi avait assisté à la conclusion de l'accord, sa présence et celle des dignitaires ecclésiastiques et laïques les plus notables étaient attestées par une charte du témoin le plus qualifié, et cette déclaration pouvait, jusqu'à un certain point, tenir lieu d'un acte rédigé au nom du roi[3].

---

[1] 1ᵉʳ mai 1182.
[2] Cotton, Ch. ii, 3.
[3] Voir ce qui est dit, plus loin, p. 43, de l'accord relatif aux églises de Pontorson.

II. DOCUMENTS SERVANT À PRÉCISER LES DATES.

Les archives de l'abbaye de Fontevrault nous fournissent un exemple bien remarquable de la façon dont le roi pouvait ratifier un accord sans cependant faire expédier une charte de confirmation.

En 1169, un domaine situé aux Loges, aujourd'hui village de Maine-et-Loire, commune de La Breille, avait donné lieu à un litige entre les abbayes de Bourgueil et de Fontevrault. Par ordre de Henri II, Étienne de Marsai, sénéchal d'Anjou, se rendit sur les lieux et procéda à un bornage, qui, agréé par les deux parties, fut constaté dans un procès-verbal, écrit en double copie, sur une longue feuille de parchemin, au milieu de laquelle avait été réservé un blanc assez large pour recevoir, avant la remise aux abbayes intéressées, la légende caractéristique du cirographe ou charte-partie. Ainsi préparé, le double exemplaire du procès-verbal fut soumis à la cour du roi pour obtenir une approbation, sans qu'aucune mention de la demande d'approbation fût consignée dans la pièce envoyée. Malgré ce silence, le motif de l'envoi fut parfaitement compris.

Le roi ne fit pas expédier une charte de confirmation, comme il avait l'habitude de le faire. Se contentant d'une approbation verbale, il ordonna au chancelier de faire écrire en caractères monumentaux sur le blanc réservé au milieu du parchemin, entre les deux copies du procès-verbal, les mots ANNVO-AMEN, puis d'isoler les deux parties du cirographe, pour qu'une des deux abbayes en cause possédât la partie contenant la partie supérieure de la légende cirographique, et que l'autre reçût l'exemplaire ayant en tête la partie inférieure des lettres de cette légende; après quoi le grand sceau royal et ducal fut attaché à chacun des deux exemplaires sur des lacs passés dans quatre incisions ∴ à la hauteur de la légende cirographique. L'acte daté du 29 mai 1169, et encore muni du sceau, est conservé aux archives de Maine-et-Loire; une reproduction phototypique en a été insérée, en 1907, dans la *Bibliothèque de l'École des chartes*[1].

Mais le plus souvent, l'accord était définitivement sanctionné par une charte royale d'homologation. J'en indiquerai un certain nombre, d'après l'ordre chronologique, me bornant à rappeler deux actes sur lesquels j'ai déjà dû m'appuyer dans le chapitre précédent (p. 10 et 24), pour montrer, d'une part,

---

[1] A côté de la page 313.

PIÈCES D'ARCHIVES.

avec quelle fidélité l'homologation reproduisait les conditions de l'accord[1], et, d'autre part, que le protocole n'avait pas encore, peu de temps après le 17 avril 1172, substitué la formule *Henricus Dei gratia rex* à la formule *Henricus rex*[2].

J'arrive aux actes d'homologation, auxquels j'ai joint quelques accords dont l'homologation n'est pas connue, mais à la conclusion desquels le roi a pris part et qui peuvent fournir des jalons pour la chronologie du règne de Henri II.

Je commence par un accord qui fut conclu en 1160 à Rouen au sujet des églises de Portorson.

1. *Les églises de Pontorson.* 1160. — Henri II, après avoir reconstruit le château de Portorson, avait conféré à l'abbé du Mont-Saint-Michel des droits très importants sur les églises de cette localité, comprise dans le territoire de la paroisse de Boucei. De là, vive réclamation du curé de cette paroisse, qui réclamait une indemnité. Les parties intéressées finirent par s'entendre dans une assemblée tenue à Rouen, en 1160, sous la présidence du Roi, assisté de notables prélats et barons. Les conditions de l'accord furent consignées dans une charte du plus qualifié des assistants, l'archevêque de Rouen[3], avec la souscription des témoins les plus considérables rangés suivant l'ordre hiérarchique, comme dans les actes émanés du roi.

Testes autem supradicte transactionis sive concordie sunt dominus noster Henricus rex Anglorum, Philippus Baiocensis, Rotrodus Ebroicensis, Herbertus Abrincensis, Hugo Dunelmensis, episcopi, Thomas cancellarius regis, Ricardus de Hugmeth, Guillelmus Filius Haimonis, et alii multi qui huic negocio interfuerunt.

2. *Le prieuré de Virei.* 1162. — En 1162, entre les moines de Savigni et les héritiers de Renouf de Virei, il fut convenu que les biens attribués au prieuré fondé par ledit Renouf seraient dévolus à l'abbaye de Savigni. Les conditions de la dévolution furent consignées dans une charte de Raoul de Fougères, datée de Fougères en 1162, dont l'original nous a été conservé[4] et qui est transcrit dans le Cartulaire de l'abbaye, sous le n° 533. Aussitôt

---

[1] Charte de l'abbaye de Ramsey, p. 10.
[2] Charte de l'abbaye de Marmoutier et du prieuré de Bohon, p. 24.
[3] N° 100 de notre Recueil. La charte confirmative du roi ne nous est pas parvenue.
[4] Archives nationales, L. 967.

après, la même année, par charte datée de Domfront, Henri II confirma ou homologua la convention en termes identiques à ceux de l'acte dressé à Fougères[1]. La parité des deux textes est suffisamment établie par la façon dont une phrase a été modifiée par suite de la convenance de nommer les anciens propriétaires à côté des nouveaux :

CHARTE DE RAOUL DE FOUGÈRES :

De his autem possessionibus *que monachis Savigneii remanerent istas* propriis DUXI designari vocabulis.

CHARTE DU ROI ·

De his autem possessionibus *quas monachi Vireii possidere solebant, quas et monachi Savigneii a modo possidebunt, iste* DEBENT propriis designari vocabulis.

Le texte de l'homologation a été apporté au roi tout préparé pour recevoir à Domfront l'addition des formules finales et l'apposition du sceau.

3. *L'église de Ravenoville.* 1164. — D'ordinaire, la confirmation des conventions et des accords suivait à bref délai la conclusion des conventions et des accords; mais, par suite de circonstances que nous ne pouvons pas deviner, il a dû parfois s'écouler un certain temps entre les deux opérations, et il serait téméraire de poser comme une règle absolue que la date de l'homologation est toujours très voisine de la date à laquelle l'affaire a été conclue entre les parties. Voici un exemple qui montre que la règle doit être appliquée avec prudence et réserve.

Deux frères, Henri du Neubourg et Robert du Neubourg, étaient convenus, pour mettre fin à un litige, d'abandonner à l'abbaye de Blanchelande l'église de Ravenoville. La cession en fut faite en présence de l'évêque sous forme de don et constatée comme telle dans une sorte de procès-verbal ayant la forme d'un cirographe. Elle fut aussi l'objet de quatre chartes rédigées au nom de l'évêque et de trois chevaliers qui avaient assisté à l'accord, peut-être en qualité d'amis ou d'arbitres. Ces quatre chartes, ou du moins celle de l'évêque[2],

---

[1] L'original de la charte du roi est aux Archives nationales, K. 24, n° 8⁴. Une reproduction phototypique s'en trouve dans la brochure que j'ai publiée en 1907, sous le titre de : Les formules *rex Anglorum* et *Dei gratia rex Anglorum*. Cette charte est copiée dans le Cartulaire de Savigni, n° 532.

[2] La charte de l'évêque mentionne l'intervention des seigneurs en ces termes : « pro Dei amore et venerabilium parrochianorum nostro-

reçurent la date de 1164. Les religieux crurent devoir soumettre l'accord à la sanction royale. L'homologation en fut accordée, sur le vu du cirographe et de la charte de l'évêque. Mais ce serait une erreur de classer l'homologation à la même date que l'accord, soit 1164 ou 1165. La charte du roi [1], en effet, ne saurait être antérieure à 1168, puisque l'un des témoins est « Stephanus, electus Redonensis », et que cet Étienne de Fougères monta seulement en 1168 sur le siège de Rennes, comme l'ami de ce prélat, Robert de Torigni [2], l'a soigneusement noté dans ses annales : « M.C.LXVIII : Stephanus de Filgeriis, capellanus regis Henrici, factus est episcopus Redonensis ».

J'ai tenu à entrer dans ces détails qui nous font bien connaître le système des *fines*, et qui nous montrent que l'homologation n'était pas toujours obtenue immédiatement après la conclusion de l'affaire.

4. *La prévôté de Genest.* 1166. — Les moines du Mont-Saint-Michel constatèrent par une notice l'abandon que Ruallon de Genest leur fit, le 12 juillet 1166, de la prévôté de Genest. En voici les premiers et les derniers mots d'après l'acte original conservé aux Archives de la Manche [3] :

Innotescat universis... quod Ruall[onus] de Genecio renuntiavit in universum prefecture Genecii...

Acta est siquidem hec eadem conventio assensu et consilio domini regis Henrici secundi. Actum publice in capitulo Montis, III idus julii anno dominice incarnationis M°C°LX°VI°, regni vero predicti gloriosi regis Anglorum XI. Testibus : Willelmo de Sancto Johanne, Gisleberto de Camp[ellis], Radulfo de Peterellis, Ricardo de Veimo, Radulfo de Humm[etis], Hugone Bigoto, Ricardo de Bosco, Math[eo].

Le lendemain, 13 juillet, l'accord fut confirmé par une charte royale datée « apud Fulgerias in exercitu », et qui fut transcrite dans le Cartulaire de l'abbaye, au fol. 122 v°, avec addition de l'année de l'incarnation 1166, la 11° du règne.

rum Henrici de Novo Burgo, Radulfi de Haia, Engelgeri de Bohun, Willelmi de Aurea Valle precibus». Les archives de la Manche possèdent la charte de l'évêque et celle d'Enjuger de Bohon. Les chartes de deux autres témoins sont mentionnées dans la table du Cartulaire rédigé en 1271 par les soins de l'abbé Thomas; table dont il y a une copie à la Biblioth. Nat., dans le ms. français 4900 *bis*, fol. 111-159.

[1] N° 180 de notre Recueil.
[2] T. II, p. 2.
[3] N° 162 de notre Recueil.

II. DOCUMENTS SERVANT À PRÉCISER LES DATES.

Les moines du Mont Saint-Michel se firent donner, un peu plus tard, par le roi une autre confirmation de la transaction conclue avec Ruallon de Genest. Cette seconde confirmation[1], datée de Reading, ne fut expédiée qu'après le retour du roi en Angleterre (1170).

5. *Redevance sur une vigne des environs de La Flèche.* Vers 1166? — Dans une séance de la cour du roi et de la reine Aliénor tenue à Angers, peut-être en 1166, un accord, au profit de l'abbaye de Saint-Aubin, fut conclu au sujet d'une redevance assise sur une vigne des environs de La Flèche. Il est bien probable que l'accord fut l'objet d'une homologation; mais je ne le connais que par deux notices[2], dont l'une a la forme d'un cirographe.

Et res et racio postulat ut quidquid memoria dignum agitur litteris commendetur. Noverint igitur presentes et futuri quod Gaufridus filius Guarini de Molnah, quando Johannem clericum, fratrem suum, in ecclesia Beati Albini monachum fecit, quatuor sextarios frumentagii[3] quos prior Sancti Thome de Fissa[4], de quadam vinea que erat ad Borchevrel[5] ei singulis annis reddebat, ...eidem ecclesie perpetuo possidendum in elemosinam dedit...

Prefato autem Gaufrido[6] viam universe carnis ingresso et juxta ecclesiam sepedicti Albini honorifice humato, quidam homo, dictus Harduinus Culfarin, sororius defuncti Gaufridi[7], supradictam elemosinam calumpniari et monachos inde insectare cepit; sed in curia excellentissimi regis Anglorum Henrici et venerabilis regine Alienoris adjudicatum fuit Andegavis quod elemosina supradicta legitima erat et nullatenus violari debebat.

Quo audito, Harduinus elemosinam quam Gaufridus donaverat[8] gratanter concessit et se eam monachis, quoad viveret[9], contra omnes homines defensurum fideliter promisit, videntibus et audientibus istis : Ysembardo priore, Hylario priore de Fissa, Herberto hospiciario, monachis, Hugone de Cleeriis, Rainaldo Rufo, Hugone de Turonis, Chalone preposito Andegavis, Rainaldo de Vool et pluribus aliis.

Quod[10] ut in posterum ratum sit et inviolabile, munitum est cyrographi particione.

---

[1] N° 255 de notre Recueil.
[2] Voir la page suivante.
[3] Un second exemplaire ajoute : *cum quatuor denariis de censa.*
[4] *Prior de Fissa.*
[5] *Borc Chevrel.*
[6] *Jam dicto siquidem Guarino viam carnis universe ingresso, et juxta ecclesiam sepedicti Albini humato.*
[7] *Gaufridi.* Omis.
[8] *Quam Gaufridus donaverat.* Omis.
[9] *Quoad viveret, se conservaturam fideliter promisit.*
[10] Omission de cette phrase finale.

PIÈCES D'ARCHIVES. 47

La première notice est aux archives de la Sarthe, et le texte en a été publié dans l'édition du *Cartulaire de Saint-Aubin* donnée par le comte Bertrand de Broussillon, t. II, p. 250-251.

Il doit exister un exemplaire de la seconde notice, qui était jadis dans la Collection Le Tellier, et qui m'a été communiqué en 1853 par Vrain Lucas. Cette seconde notice, écrite quelque temps après la première, présente des variantes avec un texte indiqué au bas de la page précédente; elle ne contient pas la mention du cirographe, au lieu et place duquel on lit, sur le même feuillet de parchemin, la notice d'une autre donation faite à Saint-Aubin par un autre bienfaiteur et commençant par ces mots :

Item memorie sequentium notandum est quod quidam miles, nomine Chalopinus de Valle, habitum monachi in ecclesia Beati Albini suscepit et in presentiarum ei in elemosinam dedit videlicet decimam terre que est inter duas vias prope Fixam...

J'ai publié le texte de la seconde notice en 1890, dans les *Instructions adressées par le Comité des travaux historiques*, fascicule intitulé *Littérature latine et histoire du moyen âge*, p. 35, n° 17.

6. *Une métairie de Saint-Aubin d'Angers.* — Les conditions d'un accord conclu entre l'abbaye de Saint-Aubin et les frères Mathieu et Guichard de La Jaille sont énoncées dans un procès-verbal rédigé au nom de Henri II, qui est daté de la cour du roi à Angers, le jour des Rameaux 1167, indiction XV[1]. L'homologation ou confirmation de l'accord a donné lieu à l'expédition d'une charte royale libellée dans le style officiel de la chancellerie et portant pour seule date les mots : « apud Andegavim ». La charte d'homologation doit avoir été rédigée en même temps que le procès-verbal; dans aucun cas, elle ne saurait lui être antérieure. Le procès-verbal et l'acte d'homologation doivent donc être du jour des Rameaux 1167, c'est-à-dire du 2 avril. On ne peut pas supposer que nous sommes ici en présence d'une date indiquée suivant le système de comput plaçant à Pâques le changement annuel du millésime, ce qui nous reporterait au 24 mars 1168, millésime auquel ne conviendrait pas

---

[1] Copie de Gaignières, ms. latin 17126, fol. 109; *Cartul. de S. Aubin*, éd. Bertrand de Broussillon, t. II, p. 157, n°ˢ 171 et 172 de notre Recueil.

48 II. DOCUMENTS SERVANT À PRÉCISER LES DATES.

l'indiction XV. D'ailleurs, ce que Robert de Torigni[1] nous rapporte des faits et gestes de Henri II au commencement de l'année 1168 ne se concilierait pas avec la présence de Henri II à Angers pour célébrer la fête de Pâques, 1168 : le jour de Noel, par lequel la cour anglaise commença l'année 1168, c'est-à-dire le 25 décembre 1167 de notre manière de compter, le roi était à Argentan; peu après il alla réprimer la révolte de plusieurs barons du Poitou et s'emparer du château de Luzignan, d'où il se rendit, à l'octave de Pâques (du 1er au 7 avril 1168), dans le Vexin, entre Paci et Mantes, pour conférer avec le roi de France, après quoi il dirigea une campagne ayant pour but la conquête de la Bretagne. Il n'est donc guère possible que le roi ait célébré la fête des Rameaux à Angers le 31 mars 1168.

D'un autre côté, il n'est pas aisé de concilier la présence de Henri II à Angers le jour des Rameaux de l'année précédente (2 avril 1167) avec les affaires dont le roi paraît avoir eu à s'occuper au commencement de cette année. Si Robert de Torigni[2] a été bien informé sur les déplacements de la cour à cette époque, après avoir célébré les fêtes de Noel à Poitiers, Henri II dut se rendre à Rouen avant le carême, qui commença le 22 février, puis, au cours du carême, il eut une conférence à Grammont avec le comte de Toulouse, pour aller ensuite, après Pâques (9 avril), ravager les états du comte d'Auvergne.

Il me paraît cependant bien difficile de ne pas accepter le témoignage du procès-verbal de l'accord conclu à Angers, le 2 avril 1167, et j'en suis venu à me demander s'il y a eu une campagne d'Auvergne en 1167. Ce que Robert de Torigni dit à ce sujet ne se rapporterait-il pas à l'expédition que l'annaliste de Saint-Aubin d'Angers[3] a enregistrée sous l'année 1166 : « Henricus rex Arvernos rebelles adortus est multaque eorum castella et vicos succendit et destruxit ».

Ce qui me semble certain, c'est que l'accord conclu à Angers entre les moines de Saint-Aubin et les frères de La Jaille doit être pris en considération par les historiens qui voudront fixer la chronologie de certains événements de l'année 1167.

[1] T. II, p. 1, 4 et 5. — [2] T. I, p. 362 et 363. — [3] *Chroniques des églises d'Anjou*, p. 40.

PIÈCES D'ARCHIVES.

7. *Rente assise sur le domaine de Crampton.* 1169. — Henri II confirma une charte par laquelle deux chevaliers de l'Avranchin, Guillaume et Robert de Saint-Jean, avaient donné à l'abbaye de Fontevrault une rente de 10 livres d'esterlins, à prendre sur leur manoir de Crampton, du vivant de leur mère, à qui ils en avaient assuré la jouissance viagère, mais il était entendu qu'à la mort de cette dame la rente serait réduite à trois marcs d'argent. Nous avons la charte du roi qui confirme les droits ainsi accordés à l'abbaye. Il est probable que les frères firent deux chartes qui furent remises l'une à la mère, l'autre à l'abbaye ; nous n'avons pas la seconde, mais la première nous est parvenue sous la forme d'une lettre à T.[1], archevêque de Cantorbéry et à Hilaire, évêque de Chichester :

T., Dei gratia Cantuariensi archiepiscopo, et Hilario, eadem gratia Cicestriensi episcopo, et omnibus prelatis sancte Ecclesie omnibusque fidelibus suis francis et anglis, Willelmus de Sancto Johanne et Robertus, frater ejus, salutem. Sciatis nos concessisse matri nostre C. manerium nostrum de Contona, in omni vita sua habere[2], honorifice et libere et quiete, [salvis] omnibus serviciis nobis pertinentibus. His testibus scilicet : Ricardus Constantiensis episcopus, magister Ricardus archidiaconus, et Ricardus de Ha[sia], et Gislebertus de Canpellis, et Tomas de Sancto Pancracio[3]?

La confirmation royale est, elle aussi, adressée à l'évêque de Chichester, mais sans que le nom du prélat soit énoncé. La charte des donateurs contient en toutes lettres le nom de *Hilarius Cicestriensis episcopus*, et, grâce à cette indication, nous savons que la confirmation a été faite, comme la donation, du vivant d'Hilaire, évêque de Chichester, c'est-à-dire au plus tard en 1169.

Une autre charte se rapportait à la donation de Guillaume de Saint-Jean. Quelques années plus tard, ce seigneur avait perdu sa mère et pouvait à lui seul régler les affaires du manoir de Crampton. Se conformant aux volontés de sa mère, il délivra aux religieuses de Fontevrault une charte qui leur assurait une rente de trois marcs d'argent sur le domaine de Crampton. Ce nouveau titre remplaçait pour elles la charte qu'elles avaient reçue lors de la donation primitive ; elles en sollicitèrent et obtinrent la confirmation non seulement par le roi Henri II, mais aussi par le prince héritier[4] qui, faute de

---

[1] Cette initiale désigne-t-elle Thibaud, mort en 1161, ou le célèbre Thomas Becket ?
[2] *Habendum ?*
[3] Copie du secrétaire de Gaignières, ms. latin 5480, t. I, p. 266.
[4] Voir plus loin le chap. VIII.

mieux, devait se contenter de faire homologuer par son chancelier les actes de privilège ou de concession accordés par son père.

8. *La terre de Bretteville-l'Orgueilleuse.* 1171? — J'enregistre ici, à la date hypothétique de 1171, proposée par le Rév. Eyton (p. 158), les deux chartes relatives à la façon dont les religieux de Saint-Étienne de Caen devaient jouir des donations que Renouf, vicomte de Bayeux, leur avait faites du temps de Guillaume-le-Conquérant. Les deux chartes, conservées en original aux Archives du Calvados, ont été rédigées dans les mêmes termes et datées de la même localité, Quevilli, au diocèse de Rouen. Voici la liste des témoins de la charte du roi :

Testibus : Gilleberto episcopo Lundoniensi, Richardo archidiacono Pictavensi, Johanne archidiacono Bathoniensi, Willelmo de Mandevilla comite de Essexa, Willelmo comite de Arundel, Ricardo de Luci, Hugone de Longo Campo, Reginaldo de Curtenai, Randulfo de Glanvilla[1].

La charte du comte de Chester omet le nom de deux témoins qui figurent dans la charte royale (Jean, archidiacre de Bath, et Richard de Lucé), mais elle en mentionne neuf qui ne sont pas nommés dans la confirmation du roi :

Waleranus archidiaconus Baiocensis, magister Radulfus de Tam[esworda], Johannes de Wavreio, Hachet de Ridefort, Randulfus de Grandi Valle, Gaufridus de Constant[iis], Rogerus de Livet, Germanus scriptor regis, et Willelmus clericus meus.

L'avant-dernier de ces noms doit désigner un clerc de la chancellerie royale; la plupart des autres appartenaient sans doute à la maison du comte de Chester.

9. *La forêt de Bivoie.* 1172. — Ici, sous la date de 1172, peut se placer un accord conclu à Saint-Lô, au sujet des droits respectifs de l'abbé du Mont-Saint-Michel et de Guillaume de Saint-Jean sur la forêt de Bivoie. Il est certain qu'une charte d'homologation fut faite en même temps que le double cirographe dressé au nom de l'abbé Robert de Torigni[2]. Ce qui autorise à le

---

[1] N° 276 de notre Recueil.
[2] Le texte des deux cirographes a été publié dans mon édition de Robert de Torigni, t. II, p. 303 et 305.

supposer, c'est que le second cirographe mentionne l'existence de la confirmation scellée au nom du roi et la présence de dix témoins qui suivaient habituellement les déplacements de la cour, en qualité de témoins :

Hec autem concessio facta est Henrico, rege Anglorum duce Normannorum et Aquitanorum et comite Andegavorum, presente et assensum prebente et munimine sigilli sui auctoritate confirmante, presente etiam Henrico filio ejus rege Anglorum duce Normannorum et comite Andegavorum, et assensum suum prebente, presentibus omnibus istis : Engelgero de Bohun, Jordano Taisson, Roberto Bertran, Fulcone Paganello, Willelmo de Humetis, Willelmo de Corceio, Jordano de Humetis, Engerano de Humetis, Thoma de Colunciis, Eudone Filio Ernesii, baronibus.

Ce qui me semble tout à fait décisif, c'est que le second cirographe, celui qui mentionne la confirmation du roi, paraît bien avoir été tracé de la main d'un des écrivains habituels de la chancellerie royale.

10 et 11. *La maison de Geroud Mauclerc, à Rouen.* 1175-1176. — Deux chartes du roi font connaître les conditions auxquelles Gautier de Saint-Valeri, archidiacre de Rouen, tenait à titre d'engagement une maison et un terrain sis à Rouen, qui avaient appartenu à Geroud Mauclerc. Toutes les deux doivent être des années 1175 et 1176, époque à laquelle l'archidiacre prenait des mesures pour assurer ses droits sur les immeubles qui avaient appartenu à Geroud Mauclerc, ce que prouvent deux chartes à date certaine, la première relative à un prêt fait le 23 juin 1175 [1], la seconde mentionnant un payement devant s'effectuer avant la Pentecôte 1177 [2].

La date des deux lettres de Henri II se rapportant aux mêmes opérations peut être rigoureusement fixée. La première de ces deux lettres [3] a pour objet une somme de 20 marcs d'argent qui, dans le règlement de la succession de

---

[1] « ... Walterus de Sancto Walerico accommodavit Petro Filio Richeude, super domum que fuit Geroldi Mali clerici, 12 libras andegavensium... Tali autem pacto factum est vadium quod quicquid Walterus expenderit in operibus et reedificatione predicte domus, vel si combusta fuerit vel aliter destructa, et eam de novo reedificaverit, expense et totum superfactum ei computabuntur... Factum fuit hoc vadimonium in vigilia beati Johannis Baptiste, anno ab incarnatione Domini M° C° LXX° V°. » Cartul. de la cathédrale de Rouen, n° 182, fol. 110 v°.

[2] « ... et 36 libras andegav. pro novis edificiis, infra Pentecosten anno ab incarnatione Domini MCLXXVII. » *Ibid.*, n° 183, fol. 111.

[3] N° 327 de notre Recueil, d'après le Cartulaire de l'église de Rouen.

Geroud Mauclerc, avait été assignée à Gautier de Saint-Valeri. Elle est datée du château de Bur, où le roi se trouva au commencement du mois d'avril pour recevoir la soumission de son fils Henri; elle est souscrite par trois témoins, Rotrou archevêque de Rouen, Henri évêque de Bayeux et le comte Henri de Manneville, qui, tous trois, étaient à Bur, le 1ᵉʳ avril, aux côtés de Henri II, à qui ils garantirent la fidélité du jeune roi[1].

Dans la seconde charte de Henri II[2], il est question de bâtiments que Gautier de Saint-Valeri avait fait ou devait faire construire sur le terrain de Geroud Mauclerc. Or, nous avons une charte du maire et des pairs de Rouen se rapportant à ces nouvelles constructions, à l'occasion desquelles les fils de Geroud devaient acquitter, au plus tard à la Pentecôte 1177, une somme de 36 livres, comme on l'a vu dans une note précédente. Il est assez vraisemblable que l'engagement de faire ce payement fut pris un peu avant 1177, soit en 1176. Or la charte de Henri II (n° 331), qui fait allusion aux nouveaux bâtiments des terrains de Geroud Mauclerc, est datée de Feckenham[3], et nous savons qu'en 1176, Henri II résida à Feckenham[4], où il eut une conférence avec Guillaume, roi d'Écosse, au sujet d'un meurtre commis par Gilbert Fils de Fergus[4]. C'est donc à l'année 1176 qu'il faut rapporter la seconde des chartes de Henri II relative aux immeubles de Rouen sur lesquels Gautier de Saint-Valeri avait des droits à exercer.

12. *Les églises de Gouville et de Quettreville*. Vers 1180. — Grâce à un rapprochement de chartes concomitantes, nous pouvons arriver à dater très approximativement, aux environs de l'année 1180, la confirmation par Henri II[5] d'un accord conclu au sujet de deux églises du diocèse de Coutances, Gouville et Quettreville, litigieuses entre l'abbaye de Savigni et Geoffroi de Montfort. Nous avons, d'une part, deux actes dans lesquels sont indiquées les conditions de l'accord, l'un émané de Philippe, évêque de Rennes, le second de Geoffroi de Montfort, et, d'autre part, l'homologation de l'accord par le roi

---

[1] N° 326 de notre Recueil, d'après une lettre recueillie par Raoul de Dicet, t. I, p. 400.
[2] N° 331.
[3] En 1176, le roi y fit porter du vin pour la dépense de son hôtel : « In custamento et cariagio ducendi vinum quod Alexander de Barentin dixit ex parte regis quod missum fuit ad Fekeam... ». *Pip. XXII H. II*, p. 200.
[4] « Rex circa festum sancti Dionysii venit usque Fecheham, et ibidem venit ad eum Willelmus rex Scotie ». *Gesta Henrici*, t. I, p. 126.
[5] N° 379 de notre Recueil.

Henri II, datée de Valognes. L'homologation a été expédiée en présence d'Onfroi de Bohon, qui mourut peut-être en 1182. C'est là une indication bien vague. Heureusement, les deux actes qui ont précédé la ratification sont beaucoup plus instructifs. La charte de Geoffroi[1] nous apprend que l'accord a été fait en présence de Geoffroi, évêque de Rennes, dont l'épiscopat fut de courte durée, de 1179 à 1181. De plus, la lettre de l'évêque[2] se termine par une longue liste de témoins, parmi lesquels on remarque : Geoffroi, abbé de Mellerai, au diocèse de Nantes, de 1177 à 1192 suivant la *Gallia christiana*[3]; Hamelin, trésorier de l'église de Rennes, cité à la date du 13 janvier 1182[4]; Guillaume Privé, abbé de Saint-Melaine de 1161 à 1180[5]. Nous ne nous éloignerons guère de la vérité en classant la charte d'homologation aux environs de 1180; ce qui s'accorde assez bien avec la date de Valognes mise au bas de la pièce. Henri II dut, en effet, venir plusieurs fois en 1180 dans la ville de Valognes, comme le font voir plusieurs articles de dépense insérés dans le Grand rôle de l'Échiquier de Normandie en 1180[6].

13. *La maison de Gautier de Coutances à Rouen.* Vers 1180. — Par deux chartes passées, l'une devant l'archevêque et plusieurs dignitaires de l'église de Rouen, l'autre, devant Barthélemi Fergant, maire de Rouen, dans une assemblée de la commune, Hawise, femme de Bernard Comin, et leurs enfants, vendirent à maître Gautier de Coutances les droits qu'ils avaient sur une maison ayant appartenu à Raoul Fils d'Étienne. Henri II, par une charte datée de Windsor, ratifia cette vente, qui, disait-il, avait été faite *coram justiciis meis et communia Rothomagi*. Voici en présence de quels témoins fut expédiée la charte de ratification :

Testibus : Ricardo Wintoniensi, Gaufrido Eliensi episcopis, Willelmo de Humetis constabulario, Rogero Le Bigot, Stephano de Toronis senescallo Andegavie, Rannulfo de

---

[1] Cartul. de Savigni, n° 149.
[2] Cartul. de Savigni, n° 193.
[3] T. XIV, col. 868.
[4] Cartul. de Savigni, n° 387.
[5] *Gallia christ.*, t. XIV, col. 774.
[6] « Pro vinis regis adducendis de Andegavi ad Argentomum, et pro 11 tonellis ejusdem vini portandis de Argentomo ad Valonias, 17 l. 2 s., per breve regis. » *Rot. Scacc. Norm.*, t. I, p. 18. — « Pro vi tonellis vini portandis a Cadomo usque ad Valonias et ad Cesaris Burgum, 60 s. et 11 d., per breve regis. » *Ibid.*, p. 31. — « Pro ducendis 34 tonellis vini de Andegavi ad Argentemum, et inde ad Burum et Cadomum et Valonias et Cesaris Burgum... » *Ibid.*, p. 39.

54 II. DOCUMENTS SERVANT À PRÉCISER LES DATES.

Glanvilla, Gaufrido de Pertica, Saiherio de Quinci, Rogero de Stutevilla, Michaele Belet, Willelmo de Bendeng[is]. Apud Windesoram [1].

Sur cette charte a été calquée, en présence d'une partie des mêmes témoins, et notamment de Guillaume du Hommet, une autre confirmation émanée du jeune roi Henri, fils de Henri II [2], et qui, comme la charte du père, rappelle la vente faite *coram justiciis patris mei et communia Rothomagi*.

La date de ces deux chartes doit être fixée à l'année 1180 ou environ; en tout cas, elle est au plus tôt de l'année 1180, puisque l'un des témoins est Guillaume du Hommet, connétable de Normandie. Il était important de bien fixer cette date, pour écarter la thèse émise par M. Round, qui prétendait que les deux chartes étaient de l'année 1175, et, par conséquent, que Barthélemi Fergant était maire de Rouen au plus tard dès l'année 1175, de sorte que, dès 1175, la commune de Rouen aurait reçu son entière organisation [3], ce qui est contraire à la théorie de Giry sur les origines de cette commune.

Je me suis permis de ne pas accepter les yeux fermés une théorie à laquelle M. Round a attaché une certaine importance, puisqu'il a consacré deux pages et demie de sa préface (p. XXII-XXIV) à la soutenir, en regrettant d'avoir à contredire les meilleurs diplomatistes français [4]. L'origine de l'erreur que je dois relever est facile à reconnaître. M. Round, pour prouver que Barthélemi Fergant était maire de Rouen en 1175, a invoqué une charte [5] qu'il croyait être de cette année, mais qui est au plus tôt de la fin de l'année 1179 puisque Guillaume du Hommet, connétable de Normandie, y est nommé parmi les témoins.

Ce qui a contribué à troubler M. Round, c'est d'avoir indûment fait intervenir dans l'affaire une charte du roi relative à Gautier de Coutances, mais tout à fait étrangère à la vente de la maison de Rouen, puisqu'elle a pour objet

---

[1] Cartul. de l'église de Rouen, n°° 87 et 168. — N° 431 de notre Recueil.

[2] Cartul. de l'église de Rouen, n° 167.

[3] «Having dated the above royal charters, we can now assert that these Rouen documents cannot be later than 1175, which carries back the mayoralty of Bartholomew Fergant and the full communal organisation to that date.» Round, p. XXIII.

[4] «In spite of the great and just reputation of French scholars in Diplomatique and in the fact that the archivistes are trained in the École des chartes, the editor has felt compelled to differ, as to the dates of some documents, not only from these skilled officials, but from some of the greatest authorities in France.» P. XXVII.

[5] Cartul. de l'église de Rouen, n°° 86 et 170.

le don fait à Gautier de la chapellenie de Blythe. D'ailleurs, en citant cette charte (p. 7, n° 30), il a commis une inexactitude : il a mutilé le texte du Cartulaire de l'église de Rouen, qui porte, au fol. 100 : *Testibus... Ricardo Wintoniensi, G. Eliensi* ELECTIS, et non pas, comme on lit dans l'édition : *Ricardo Wintoniensi* ELECTIS, le nom de *G. Eliensi* ayant été omis par suite d'un accident, qu'a singulièrement réparé la note ajoutée à propos du mot ELECTIS : *rectius* ELECTO.

Pour fixer l'époque à laquelle Barthélemi Fergant a commencé à être maire de Rouen, il convient de mettre en ligne une charte dont j'ai déjà fait usage (p. 52), et que je publie au bas de cette page [1]. On y peut voir que Barthélemi Fergant était déjà maire de Rouen quelque temps avant l'octave de la Pentecôte 1177, c'est-à-dire avant le 19 juin 1177.

14. *Le prieuré de Lehon.* 1182. — Deux chartes de Henri II [2] ont trait, l'une à la cession du prieuré de Lehon que les moines de Saint-Magloire de Paris firent à l'abbaye de Marmoutier, l'autre au différend qui s'éleva à l'occasion de cette cession entre les moines de Marmoutier et l'évêque de Saint-Malo.

---

[1] « Sciant omnes presentes et futuri quod, in presentia Bartholomei Fergant, qui tunc erat major communie Rothomagensis et parium ipsius civitatis, presente et concedente Bernardo de Sancto Walerico, domino feodi, talis facta est conventio inter Walterum de Sancto Walerico, Rothomagensem archidiaconum, et filios Geroldi Mali clerici, de vadio quod Reinaldus de Sancto Walerico, pater ipsius Walteri archidiaconi, habebat super domum de atrio Sancte Marie, que fuit predicti Geroldi, et de novis edificiis que ipse Walterus fecit in predicto feodo, quod videlicet prefatus Walterus archidiaconus, prece proborum hominum, clamavit eis quietas sex marcas argenti de viginti marchis supradicti vadii, tali pacto quod ipsi filii Geroldi Malclerc redderent eidem Waltero archidiacono quatuordecim marchas pro prenominato debito, et XXX et sex libras andegavensium pro novis edificiis, infra octabas Pentecosten anno ab incarnatione Domini M° C° LXXVII°, tali interposita conditione quod, si XIIII marcas argenti et XXX et VI libras andegavensium ad predictum terminum ei redditas non haberent, quod predictas XX marcas ei deberent integre cum prefatis triginta et sex libris andegavensium. Sciendum est preterea quod computandum remansit quicquid idem Walterus archidiaconus expenderat in lapidee domus reparatione. Testibus Ivone de Veteri Ponte, Rothomagensi archidiacono, Johanne Filio Luce, et Gisleberto nepote episcopi, canonicis, et Waltero de Wassunvilla, presbitero Sancti Hylarii, Guidone de Sancto Walerico, Ansello de Vivario, Guidone Parvo, Waltero Filio Geroldi, Bartholomeo Bataille, Stephano Filio Radulfi Filii Urselini, et Radulfo fratre suo, Anselmo Parcario, et Alexandro de Barentin et aliis pluribus. » (Cartul. de l'église de Rouen, fol. 111, n° 183.)

[2] N°s 440 et 441 de notre Recueil, d'après des copies de Dom Martène.

56 II. DOCUMENTS SERVANT À PRÉCISER LES DATES.

Toutes les deux sont datées de Chinon et sont attestées par les mêmes témoins.

Testibus : magistro Walterio de Constanciis archidiacono Oxoniensi, Willelmo Painel archidiacono Abrincensi, Pari de Rove[cest]er archidiacono, Johanne thesaurario Lexoviensi, Stephano de Turonis senescallo Andegavensi, Willelmo de Ostilleio, Willelmo de Vou.

L'accord avec l'évêque de Saint-Malo a été consigné dans une charte du prélat qui annonce la présence des mêmes témoins que les deux chartes du roi, en y ajoutant, entre autres noms, ceux de Henri duc de Saxe, et de David roi d'Écosse. Ce qui lui donne un prix particulier, c'est qu'elle nous fait connaître en quelle année l'affaire fut réglée à la cour du roi dans la ville de Chinon : « Actum est hoc apud Chainonum, in presentia domini Henrici, illustris regis Anglorum, anno ab incarnatione Domini M. C. LXXXII, sub his testibus, in plenaria curia domino regi Anglie assistentibus.

15. *Les coutumes de Montsoreau.* 1182. — Du même temps que les deux chartes du prieuré de Lehon doit être la charte, également datée de Chinon, par laquelle Henri II confirma l'accord conclu entre l'abbaye de Fontevrault et Guillaume de Montsoreau[1]. La présence des témoins est ainsi annoncée dans la confirmation :

Testibus : Radulfo Andegavensi episcopo, Ricardo comite Pictavensi, et Gaufrido comite Britannie, et Gaufrido cancellario, filiis meis, magistro Gualtero de Constanciis archidiacono Oxenefordensi, Godefrido de Luci archidiacono de Derbi, Ricardo vicecomite de Sancta Susanna, Johanne comite Vindocinensi, Stephano de Turonis seneschallo Andegavie, Guillelmo Filio Radulfi seneschallo Normannie, Reginaldo de Curtenai, Gaufrido Huberti preposito Lauduni, Aimerico de Bernezaio, Hugone Galler., Joisberto de Prescineio, Petro Filio Guidonis, Guillelmo de Ostilleio, Guillelmo Rolland, Bartholomeo Rolland fratre suo preposito Andegavensi, Nicolao de Sancto Paer.

La charte de l'évêque d'Angers, dans laquelle sont relatées les conditions de l'accord, porte les mêmes noms de témoins, avec la date du 24 octobre 1182 :

Actum est anno ab incarnatione Domini MCLXXXII, indictione xv, epacta xiii, concurrente iiii, concurrente decemnovennali v. Data per manum Guillelmi magistri scolarum, viii kalendas octobris[2].

[1] N° 443 de notre Recueil. — [2] Ms. latin 5480, t. I, p. 423.

PIÈCES D'ARCHIVES.

Il est évident que la charte du roi a dû être expédiée en même temps que celle de l'évêque.

16. *Les biens du prieuré de Croth.* 1185. — Une transaction conclue le 19 août 1185 entre l'abbaye de Marmoutier et Simon d'Anet fut l'objet d'une charte de Renaud de Mousson, élu évêque de Chartres, qui est datée du 19 août 1185[1] et qui a pour témoins :

J. (*corr.* Hugone) Dunelmensi, J. Ebroicensi, episcopis, comite Willelmo de Mandevilla, R. comite Legrecestrie, Willelmo comite Saresberiensi, Willelmo de Humetis constabulario, Willelmo filio Radulfi senescallo Normannie, Seerio de Quinci, Hugone de Creissi.

La charte qui confirma la transaction[2] fut expédiée à Ivri par devant les mêmes témoins. Elle doit être de la même date, c'est-à-dire 1185.

II. Les Pipe Rolls. — Les terres ou les revenus assignés en Angleterre à divers concessionnaires laïques ou ecclésiastiques sont soigneusement rappelés sur les Pipe Rolls. Il est très important de noter sur le rôle de quelle année se trouve mentionnée pour la première fois la jouissance du concessionnaire. Ce doit être l'année de la concession, ou l'année suivante, et, si la charte de la concession nous est parvenue, on peut, sans crainte de beaucoup se tromper, la dater en lui assignant la date à laquelle l'attribution du revenu concédé fait sa première apparition sur les rôles.

1. *Manoir de Kilham donné à l'archevêque de Rouen.* 1155. — La charte par laquelle Henri II donna à Hugues, archevêque de Rouen, le manoir de Kilham (Yorkshire), en échange du domaine de Gisors, est en original aux Archives de la Seine-Inférieure[3]. L'échange fut conclu tout au commencement du règne. Nous voyons en effet que l'archevêque touchait les revenus de Kilham pendant les années II, III et IV du règne, c'est-à-dire déjà en 1155-1157[4].

---

[1] « Anno gratie 1185, 14 kal. septembris. » Copie dans le ms. latin 5441, t. I, p. 93, d'après l'exemplaire original.

[2] N° 465 de notre Recueil.

[3] N° 4 de notre Recueil.

[4] « In terris datis archiepiscopo Rothomagensi, Chillun, pro xL libris blanco. » *Pip. II, III et IV H. II*, p. 26, 86 et 145.

58 II. DOCUMENTS SERVANT À PRÉCISER LES DATES.

La charte de donation est datée de Londres; elle a dû être faite dans cette ville à la fin du mois de mars 1155, lors de la réunion d'évêques qui se tint à Londres peu de temps après le couronnement du roi, auquel l'archevêque de Rouen avait assisté.

2. *Manoir de Letcombe donné à l'abbaye de Cluni.* 1155? — Henri II donna le manoir de Letcombe Regis (Berkshire) à l'abbaye de Cluni, comme équivalant à la rente annuelle que le roi Henri Ier servait au monastère. L'acte de donation nous est parvenu [(1)] sous la forme d'une copie contemporaine dépourvue de la liste des témoins et de la date de lieu. Il doit avoir été expédié tout au commencement du règne. En effet, l'abbaye toucha les revenus de ce manoir dès la seconde année du règne, comme le marque le Pipe Roll : « In terris missis extra comitatum...Monachis Cluniaci, 66 l. 13 s. 4 d. numero, in Ledecumba »[(2)]. J'ai donc classé la charte sous l'année 1155.

3. *Rentes sur les manoirs de Lecton et de Radenay données à l'abbaye de Fontevrault.* 1164. — En 1164 commence à être inscrite sur les comptes du fermier des comtés de Buckingham et de Bedford une remise correspondant aux rentes que le roi avait données aux religieuses sur les manoirs de Lecton et de Radenay[(3)]. Il en faut conclure que la donation avait été faite en 1164. Or la charte de concession [(4)], dont il y a aux archives de Maine-et-Loire deux expéditions originales, est datée de Londres, et l'itinéraire dressé par le Rév. Eyton [(5)] nous apprend que Henri II passa toute l'année 1164 en Angleterre.

4. *Manoir de Tarenteford donné au comte de Saint-Paul.* 1169. — La charte par laquelle le roi donna le manoir de Tarenteford à Anselme Camp-d'Avène[(6)], c'est-à-dire à Anselme, comte de Saint-Paul, est incontestablement de l'an-

---

[(1)] Bibl. nat., Collection de Bourgogne, vol. 80, pièce 251. — C'est le n° 9 de notre Recueil.

[(2)] *Pip.* II H. II, p. 34. Le même article de dépense figure sur les rôles des années 3 et 4, publiés dans le même volume que le deuxième rôle, p. 80 et 123.

[(3)] « Et monialibus de Fonte Evraldi, 24 l. et 4 s., in Lehtona, de dimidio anno. » *Pip.* x H. II, p. 30. Pareille mention se trouve sur le rôle de 1165 (p. 22), et sur ceux des années suivantes (1166, p. 11, 1169, p. 102, etc.). On la chercherait en vain sur le rôle de 1163.

[(4)] N° 156 de notre Recueil.

[(5)] P. 67-77.

[(6)] N° 181 de notre Recueil.

née 1169. Nous en avons la preuve dans le Pipe Roll de cette année et dans les rôles suivants, où nous voyons que le revenu de ce domaine fut touché par le même seigneur[1] en 1170, 1171, 1172, 1173 et 1175. Ce fut le comte Hugues, fils d'Anselme, qui reçut les revenus de l'année 1176. Les auteurs de l'*Art de vérifier les dates*[2] ont placé la mort d'Anselme et l'avènement de Hugues IV sous l'année 1174, ce qui cadre parfaitement avec les rôles anglais.

III. LES LISTES DE TÉMOINS. — Quand il s'agit de déterminer la date des chartes de Henri II, on ne saurait accorder trop d'attention aux listes de témoins, souvent très nombreux, qui remplissent les dernières lignes de presque toutes les pièces. Il n'en sera pas question pour le moment, et je me borne à renvoyer à ce qui en sera dit plus loin dans les observations sur les différentes parties des chartes. On trouvera, en outre, à la fin de cette Introduction[3], un catalogue où la plupart des témoins seront identifiés, avec indication de textes faisant connaître l'époque à laquelle ils ont vécu, le rang qu'ils ont tenu à la cour, leur place dans la hiérarchie féodale ou religieuse, les grandes terres qu'ils ont possédées, les fonctions qui leur ont été confiées, les missions qu'ils ont remplies. Ce ne sera encore qu'une ébauche; mais, dans bien des cas, on y pourra puiser des notions sur la carrière des barons, des prélats et des simples clercs qui ont été en rapport avec Henri II et qui ont participé à l'administration de ses états en France et en Angleterre.

Ici je citerai seulement deux exemples pour montrer avec quelle précision peut être fixée la date d'une charte dépourvue de toute indication chronolo-

---

[1] Voici le relevé des articles des Pipe Rolls relatifs à la jouissance des revenus de Tarenteford par les comtes de Saint-Pol : année 1169, xv° du règne, p. 160 : «In terris datis : Anselmo Candaveine, 25 l. de quarta parte anni ante quam haberet Terentefordam, per breve regis. Et ad perficiendum instauramentum de eadem Terenteforda, 23 l. et 6 s. et 8 d., per idem breve.» — Année 1170, xvi° du règne, p. 156 : «Anselmo Candaveine, 80 l. 70 s. numero, in Terentefordia, per breve regis, ad perficiendum 100 l. terre quas rex ei dedit.» — Mentions identiques pour les années 1171 (p. 137), 1172 (p. 134), 1173 (p. 80) et 1175 (p. 208). — Il n'y a point de mention dans le rôle de 1174. — Année 1176, xxii° du règne, p. 205 : «Hugoni filio Anselmi Camdaveine, 80 l. et 70 s. numero in Tarenteforda, ad perficiendum 100 libratas terre quas rex dedit Anselmo patri.»

[2] T. II, p. 774.

[3] Chapitre X.

gique. Je copie les premiers et les derniers mots d'une charte du prieuré de Bromfield, tels qu'ils sont imprimés dans le *Monasticon anglicanum* (t. IV, p. 155).

H., Dei gratia rex Angl. etc. Sciatis me... — T. Hyllario Cicestr. episcopo, Regin. comite Cornubie, Willielmo comite Glouc., Ricardo de Humet. constab. Apud London.

La charte est attestée par Geoffroi, évêque d'Ely; elle est donc postérieure au sacre de ce prélat, qui eut lieu le 6 octobre 1174; d'autre part, elle est au plus tôt du 9 mai 1175, puisque, du 6 octobre 1174 au 9 mai 1175, Henri II ne mit pas le pied en Angleterre. Mais le second des témoins portés sur la liste est celui de Renaud, comte de Cornouaille qui mourut un peu avant Noël 1175. La charte de Blomfield a donc été expédiée à Londres entre le mois de mai et le mois de décembre 1175.

Second exemple. Charte pour l'abbaye de Stratford, dans le *Monast. anglic.* (t. V, p. 588).

H., Dei gratia rex A. et dux N. et Aq. et comes And., archiepiscopis etc. T. Richardo Winton. ep., et G. Elyensi, B. Wigorniensi, et S. Cicestrensi, episcopis, G. filio meo et cancellario, mag. Laurentio Bedefordie archid., mag. Waltero de Const., Godefrido de Lucy, Richardo thesaurario, Ranulfo de Glanvilla, Rogero Bigot, Reginaldo de Curteney, Waltero Filio Roberti, Hugone de Cressy, Hugone de Bello Campo, Reginaldo de Pavelei. Apud Wintoniam.

La charte est attestée par Baudouin, évêque de Worcester. Baudouin ayant été sacré évêque de Worcester le 10 août 1180 et étant passé sur le siège de Cantorbéry au mois de décembre 1184, la charte a été nécessairement rédigée entre ces deux dates. Mais Gautier de Coutances y figure comme simple clerc, ce qui dénote une époque antérieure au 8 mai 1183, jour où Gautier fut élu évêque de Lincoln. Nous voici donc resserrés entre le 10 août 1180 et le 8 mai 1183. Mais la charte est datée de Winchester. Or, du 10 août 1180 au 8 mai 1183 le roi n'a séjourné en Angleterre que depuis le 26 juillet 1181 jusqu'au 3 mars 1182. C'est donc dans cet espace de sept mois que la charte de Stratford a été expédiée. Selon toute apparence, le roi la fit rédiger dans

---

[1] «Paulo ante Natale Domini, eodem anno (1175) obiit Reginaldus, comes Cornubie...» *Gesta Henrici*, t. I, p. 105.

l'assemblée solennelle qu'il tint à Winchester pour la fête de Noël[1]. Ce qui est certain, c'est qu'au moment où la charte fut écrite, Geoffroi, fils naturel de Henri II, avait renoncé à son titre d'élu de Lincoln, pour remplir les fonctions de chancelier de son père, et nous savons de source certaine que ce changement dans la condition de Geoffroi arriva en 1181. Il est donc certain que la charte de Stratford est des derniers mois de l'année 1181, et probablement d'un des jours qui ont précédé ou suivi la fête de Noël.

IV. Itinéraire du roi. Mentions d'événements à date certaine. — Le protocole de la chancellerie, comme on l'a vu, n'admettait pas l'insertion dans les chartes royales de notes chronologiques, pas plus l'année de l'incarnation que celle du règne; mais il exigeait impérieusement que chaque charte se terminât par le nom de la localité dans laquelle elle avait été expédiée : *apud Rothomagum, apud Andegavim, apud Westmonasterium*, etc.

Cette date de lieu ne fournit guère par elle-même le moyen de suppléer à l'absence d'une date chronologique; mais elle est d'une grande utilité quand on peut la combiner avec l'itinéraire qu'a rédigé le Rév. R. W. Eyton[2], en prenant pour jalons principaux les renseignements recueillis par les historiens anglo-normands sur les principaux voyages de Henri II, sur ses entrevues et conférences avec certains personnages, sur sa présence à des assemblées politiques ou religieuses, sur ses campagnes militaires, sur les châteaux qu'il choisissait pour célébrer les fêtes de Noël et de Pâques.

La vie de Henri II était un déplacement continuel. Dans le recueil de chartes que j'ai formé, on ne compte pas moins d'environ 120 villes, châteaux, villages ou abbayes d'où il a daté des chartes[3]. On peut rarement tirer parti du

---

[1] « Anno 1182, Henricus rex Anglie curiam suam tenuit die Natalis Domini, que feria sexta evenit, apud Wintoniam. » *Gesta Henrici*, t. I, p. 284.

[2] *Court, Household and Itinerary of king Henry II, instancing also the chief agents and adversaries of the king in his government, diplomacy and strategy*, by the Rev. R. W. Eyton. London, 1878. In-4°, XII et 344 p. — W. Stubbs, en 1867, avait publié une esquisse de l'Itinéraire, dans le tome II de son édition des *Gesta Henrici II*, t. II, p. CXXIX-CXLVIII.

[3] Telles sont, pour la Normandie et les autres provinces françaises, les localités dont la liste suit, avec le nombre des chartes expédiées de chacune des localités : Alençon, 3; Angers, 16; Argentan, 39; Arques, 2; Auvillar, 1; Barfleur, 10; Baugé, 1; Bayeux, 7; Beaufort, 1; Beauvoir dans le Maine, 2; Bonneville-sur-Touque, 1; Bordeaux, 1;

II. DOCUMENTS SERVANT À PRÉCISER LES DATES.

nom des localités dans lesquelles il a fréquemment résidé à différentes époques de sa vie ; mais il en est tout autrement, quand on se trouve en présence de localités, généralement peu importantes, dans lesquelles la présence du roi n'a été constatée qu'à une ou deux dates déterminées, dans des circonstances tout à fait accidentelles. De la date de ces séjours exceptionnels peut se déduire la date de chartes expédiées de ces mêmes lieux, toutes les fois que d'autres particularités (absence ou présence de la formule *Dei gratia*, noms de certains témoins) ont permis de classer ces chartes dans les périodes auxquelles l'époque des séjours appartient, etc.

En tout cas, l'itinéraire nous fait connaître avec une grande précision la durée des différents séjours que le roi fit en Angleterre et de ceux qu'il fit dans les provinces françaises soumises à son gouvernement. Nous savons, par exemple, que Henri II n'a point mis le pied en Angleterre du 14 août 1158 au mois de janvier 1163. Aucune charte royale datée d'une localité anglaise ne peut donc être classée dans cette période.

Le rédacteur de l'itinéraire a presque toujours trouvé dans les historiens contemporains, pour chacun des voyages du roi, le nom des ports où ont eu lieu l'embarquement et le débarquement. Notons en passant que les ports de l'Angleterre et de la Normandie dans lesquels le roi entretenait des agents sont au nombre de sept ou huit. Deux chartes des abbayes de Saint-Laurent-de-Revesty et de Savigni[1] en énumèrent sept (Southampton, Hastings, Douvre,

Bur, 25; Caen, 36; Carentan, 1; Châtillon-en-Berri, 1; Chéci, 1; Cherbourg, 11; Chinon, 26; Compiègne, 1; Domfront, 11; Étrepagni, 1; Falaise, 6; Fécamp, 1; Fontevrault, 2; Fougères, 2; Ger, 2; Gisors, 5; Guingamp, 1; Hesdin, 1; Ivri, 1; La Flèche, 7; Le Bec, 2; Le Mans, 24; Le Neubourg, 1; Le Pré à Rouen, 1; Le Vaudreuil, 2; Lillebonne, 4; Limoges, 3; Lions, 10; Loches, 1; Loudun, 1; Mayet, 1; Melle, 1; Mirebeau, 1; Montebourg, 1; Montfort-sur-Risle, 5; Mortain, 4; Moutons, 2; Neufchâtel, 1; Neufmarché, 1; Nonancour, 1; Orléans, 1; Ourscamp, 1; Paci, 1; Poitiers, 2; Pont-Audemer, 1; Pontorson, 1; Quevilli, 9; Rouen, 51; Saint-James, 1; Saint-Macaire, 1; Saint-Omer, 1; Saint-Pierre-sur-Dive, 1; Saint-Thuriau, 2; Saintes, 2; Saumur, 7; Séez, 3; Surgères, 1; Tinchebrai, 1; Thouars, 2; Tours, 7; Valognes, 25; Varreville, 1; Villemur, 1.

[1] Nos 38 et 75. — Une charte de Richard Cœur-de-lion, du 4 décembre 1189, en nomme seulement six : « Ricardus, rex Anglorum dux Normannorum et Aqnitanorum et comes Andegavorum, justiciis, vicecomitibus, bailivis et omnibus ministris et fidelibus suis Anglie et Normannie et portuum maris, videlicet Hantonie, Hasting[arum], Dovre, Deppe, Oistreham, Barbeflot, salutem. Mandamus et precipimus quatinus homines et res et equi

Barfleur, Caen, Ouistreham et Dieppe), auxquels il faut ajouter celui de Cherbourg, où Henri II s'embarqua en 1181. Aux témoignages des historiens se joignent quelques renseignements complémentaires fournis par les Pipe Rolls, sur les sommes payées aux maîtres de nef ayant effectué la traversée.

Dans l'Itinéraire proprement dit, le Rév. R. W. Eyton[1] a fait entrer beaucoup de renseignements sur les membres de la famille royale et sur les personnages qui ont eu des rapports avec le roi. Il y a inséré l'analyse d'un assez grand nombre de chartes, dont il a attribué, avec une excessive assurance, la confection à un séjour déterminé, sous une date souvent bien hypothétique, ce qui peut tromper les lecteurs. Les éléments lui ont manqué pour rédiger un travail comparable à l'Itinéraire que sir Thomas Duffus Hardy nous a donné pour Jean Sans-terre et avec celui qui pourrait être dressé pour le règne de Richard Cœur-de-lion. Mais, tel qu'il est, c'est encore un excellent instrument de travail dont j'ai tiré parti.

Je m'en suis beaucoup servi pour fixer, dans les pages qui vont suivre, la chronologie d'un certain nombre de chartes de Henri II, en combinant les données fournies par les dates de lieu, avec les souscriptions des témoins et les allusions à des événements ou faits divers contenues dans le corps des chartes. Je présenterai ces exemples en suivant l'ordre chronologique.

1154. *Siège du château de Torigni.* — Robert de Torigni[2] nous apprend que Henri Plantegenêt avait assiégé à deux reprises le château de Torigni, avant de monter sur le trône, en 1151 et en 1154. L'un de ces sièges est mentionné dans une charte délivrée à Philippe, évêque de Bayeux[3], dont la date doit être de 1154, puisque Henri y prend le titre de duc de Guyenne, titre qu'il n'a pu porter en 1151.

monachorum Majoris Monasterii, ubicumque maneant, quieti sint de theloneo et pontagio et omni consuetudine, ita ut nullus super hoc eos neque homines suos, viso brevi nostro, inde disturbet, super x libris forisfacture. Teste Willelmo Marescallo, IIII die decembris, apud Cantuariam. » Original aux Archives d'Indre-et-Loire.

[1] *Court, household and itinerary of king Henry II.* London, 1878, in-8°.
[2] T. I, p. 254 et 286.
[3] « H. dux Norm. et Aquit. et comes Andeg., Arnulfo Lexoviensi episcopo... — ... Testibus : Roberto, comite Leicestrie et Rogero archidiacono Baiocensi. Apud Torineium. » Livre noir du chapitre de Bayeux, n°s 9 et 26.

1155. Siège du château de Bridgenorth. — Nous avons[1] deux actes datés comme il suit : « Apud Brugiam [2] in obsidione », dans une charte de Jumièges, et simplement « apud Brugiam », dans une charte de Saint-Bertin. Ce siège eut lieu en juillet 1155, et c'est à la suite du siège que Hugues de Mortimer fit sa soumission à Henri II. Le témoignage de Robert de Torigni[3] est à cet égard tout à fait positif : « Mense julio, nonis ejusdem, Hugo de Mortuo Mari pacificatus est cum rege Henrico, redditis castellis Bruge et Wigemore ».

1155. Concile de Winchester. — Deux chartes, l'une pour les Hospitaliers de Saint-Jean de Jérusalem (n° 10), l'autre pour le prieuré de Longueville (n° 11), sont datées « apud Wintoniam in concilio ». Il s'agit là du concile tenu à Winchester au mois de septembre 1155, dont Robert de Torigni[4] parle en ces termes : « Circa festum sancti Michaelis, Henricus rex Anglorum, habito concilio apud Wincestre, de conquirendo regno Hibernie et Guillelmo fratri suo dando, cum obtimatibus suis tractavit. Quod quia matri ejus Imperatrici non placuit, intermissa est ad tempus illa expeditio. »

1156. Passage du roi à Saint-Omer. — Henri II a délivré une charte[5] à un hôpital qui avait été fondé dans le voisinage de Wissant, pour donner l'hospitalité aux pauvres voyageurs qui passaient d'Angleterre en France. Cette charte a été expédiée de Saint-Omer, en présence du chancelier Thomas Becket, c'est-à-dire pendant les premières années du règne. Or nous savons par les récits de Raoul de Dicet qu'au commencement de l'année 1156 Henri II vint débarquer à Wissant pour se rendre à Rouen. C'est évidemment pendant ce voyage qu'il traversa la ville de Saint-Omer et qu'il fit expédier la charte de Saint-Inglevert, que je me crois autorisé, comme le Rév. Eyton[6], à dater de l'année 1156.

1156. Sièges de Chinon et de Mirebeau. — Un notable événement de l'année 1156 est la révolte de Geoffroi Plantegenêt contre son frère le roi

---

[1] N°⁵ 2 et 3 de notre Recueil.
[2] On trouve dans le *Monasticon anglicanum*, t. V, p. 447, une charte de Henri II, pour la fondation de l'abbaye de Stoneley, datée « apud Brugiam, in obsidione ».
[3] T. I, p. 105. Cf. Guillaume de Newbridge, éd. Howlett, t. I, p. 105.
[4] T. I, p. 295.
[5] N° 14 de notre Recueil.
[6] P. 16.

Henri. Deux épisodes de la campagne, qui aboutit à la soumission du révolté, sont particulièrement relevés dans le récit qu'en a fait Robert de Torigni[1], ce sont le siège du château de Chinon et celui du château de Mirebeau.

Nous avons une charte de l'abbaye d'Aunai[2] qui est ainsi datée : « Apud Chinonem in exercitu ». Pareille date se lit sur une charte d'une série du Record Office (*Cartæ antiquæ*, D 42), qui contient une longue liste de témoins[3] et nous fournit ainsi des données précieuses sur l'entourage du roi pendant la campagne de 1156. Une autre charte de la même série (D 16) pour l'abbaye de Chartsey est aussi datée de Chinon, après la réconciliation des deux frères[4].

Quant au siège de Mirebeau, il a servi à dater deux chartes relatives aux droits de l'évêque de Bayeux[5].

1156. *Séjour de Henri II à Limoges.* — Geoffroi de Vigeois[6] dit que le roi Henri II vint à Limoges après être monté sur le trône d'Angleterre, et un chroniqueur anonyme[7] place ce voyage à la deuxième année du règne. Nous avons[8] deux chartes du roi datées de Limoges, qui sont du commencement du règne, puisqu'elles ont pour témoin le chancelier Thomas (1155-1162) et qu'elles contiennent une injonction faite à Robert du Neubourg, antérieurement par conséquent à 1159. D'autre part, Henri, qui était parti en décembre 1154 pour se faire couronner en Angleterre, ne revint sur le

---

[1] T. I, p. 300 et 301 : « Henricus rex Anglorum cepit castrum Mirebellum et Chinonem longa obsidione; Lodhunum vero est ei redditum, quando pacificatus est cum eo Gaufridus frater suus. » — Cf. Guillaume de Newburgh, éd. Howlett, t. I, p. 113 et 114. Voir aussi la Chronique de Tours (éd. Salmon, p. 136) et les Annales de Saint-Aubin (*Chroniques des églises d'Anjou*, p. 38).

[2] N° 17 de notre Recueil.

[3] « T. Willelmo fratre regis, et Ricardo de Humetis constabulario, Roberto Filio Reg., Raginaldo de Sancto Walerico, Warino Filio Geroldi camerario, Mann. Biset dapifero, Henrico de Oilli constabulario, Roberto de Dunstanvilla, Willelmo de Lanvalay, Ricardo de Sancto Remigio, Philippo de Columberiis et Roberto de Watevilla. Apud Chinonem, in exercitu. » Charte pour Henri d'Oxford. — N° 18 de notre Recueil.

[4] « T. R. Rothomagensi archiepiscopo, Toma cancellario, Ricardo de Luci. Apud Chinonem, post pacem factam inter regem et fratrem suum. » — N° 19 de notre Recueil.

[5] « T. Roberto de Novo Burgo. Apud Mirebellum, in obsidione. » Livre noir du chapitre de Bayeux. N°s 12 et 36 de notre Recueil.

[6] *Rec. des hist.*, t. XII, p. 439.

[7] *Ibid.*, p. 121.

[8] N°s 21 et 22 de notre Recueil.

continent qu'au mois de janvier 1156. Les chartes dont il s'agit doivent être de la fin de l'année 1156.

1156. *Célébration de la fête de Noël 1156, à Bordeaux, par Henri II.* — Une charte[1] accordée aux églises de Sablonceaux et de Fontaine-le-Comte est datée de Bordeaux, en présence de Geoffroi, archevêque de Bordeaux. Cette dernière circonstance montre que la charte est antérieure au 18 juillet 1158, jour de la mort du prélat[2]. Il est certain qu'elle est de la fin de l'année 1156. Un chroniqueur anonyme rapporte que Henri II, après avoir rétabli la paix à Limoges, dans l'automne de 1156, alla célébrer la fête de Noël à Bordeaux[3]. Ce n'est pas sans un mouvement d'hésitation que le Rév. Eyton[4] a daté de Noël 1156 le séjour de Henri II à Bordeaux.

1157. *Séjour du roi à Mortain, après un séjour en Angleterre.* — Robert de Torigni rapporte qu'en 1157, au retour d'un voyage en Angleterre, il se rendit à Mortain pour se plaindre des officiers de Southampton qui lui avaient indûment fait payer le droit de pontage. Le roi accueillit favorablement la réclamation et fit expédier une charte prescrivant de laisser jouir les religieux du Mont-Saint-Michel de leur exemption de tonlieu, de passage et de pontage; en même temps il adressa un bref aux officiers de Southampton pour les inviter à rembourser ce qu'ils avaient irrégulièrement fait payer à l'abbé, qui fit transcrire dans le Cartulaire la charte et le bref. L'original de la charte est aux Archives de la Manche[5]. Le Cartulaire de l'abbaye[6] contient à la fois une copie de la charte et une analyse du bref. Les deux pièces sont incontestablement de l'année 1157.

1157. *Embarquement du roi à Barfleur.* — La charte 33 est un mandement adressé au frère du roi Geoffroi, comte de Nantes. Elle doit être de l'année 1156 ou de l'année 1157, puisque Geoffroi s'empara de Nantes en 1156[7],

---

[1] N° 24 de notre Recueil.
[2] *Gallia christ.*, t. II, col. 813.
[3] «Pace inter populum reformata, adiit Burdegalam, ibique Natalis Domini festivitate celebrata...» *Rec. des historiens*, t. XII, p. 121 c.
[4] P. 20.
[5] Voir mon édition de Robert de Torigni, t. II, p. 247.
[6] Fol. 114 et 114 v°.
[7] Robert de Torigni, t. I, p. 298.

et qu'il mourut le 26 ou le 27 juillet 1158[1]. Or elle est datée de Barfleur. Henri II, qui avait pris terre à Witsand le 10 janvier 1156, vint se rembarquer à Barfleur un peu après le 7 avril 1157[2]. Il n'est guère probable qu'il soit venu une autre fois dans ce port de mer pendant les deux dernières années de la vie de son frère. On peut donc placer vers le commencement du mois d'avril 1157 l'expédition de la charte 33.

1158. *Séjour du roi à Woodstock.* — Un mandement de Henri II[3], adressé à Robert du Neubourg, et par conséquent antérieur à 1159, doit être de 1158 parce qu'il est daté de Woodstock et que le séjour du roi en 1158 dans ses maisons de Woodstock, au comté d'Oxford, est attesté par plusieurs articles du Pipe Roll[4] de la quatrième année du règne.

1158. *Séjour du roi à Brockenhurst.* — Le séjour du roi à Brockenhurst (Hampshire) en 1158 est aussi mentionné dans le Pipe Roll de la quatrième année du règne[5]. Il m'a servi à fixer la date de deux chartes de l'abbaye de Saint-Florent, n°s 61 et 62 de notre Recueil.

1158. *Séjour du roi à Clarendon.* — Les deux premiers séjours de Henri II à Clarendon sont indiqués par Eyton[6] sous les années 1158 et 1164. Au premier de ces séjours doit être rattachée une charte de l'abbaye de Saint-Georges, qui fut expédiée en présence du comte P[atrice de Salisbury], de Manassès Biset, de Geoffroi doyen d'Angers, et de maître Auvré, qui étaient à la cour du roi, à Salisbury, très peu de temps avant qu'elle se déplaçât pour venir à Clarendon, où sa présence est attestée par un envoi de cire à l'usage du roi[7].

---

[1] *Ibid.*, p. 311. — Cf. t. II, p. 166.

[2] « Henricus, rex Anglorum, post octavas Pasche, apud Barbefluvium transiit in Angliam. » Robert de Torigni, t. I, p. 305.

[3] N° 57 de notre Recueil.

[4] « In conductu papilionis regis ad Wudestocham, 60 s. 10 s. *Pip. IV H. II*, p. 112. In conductu probatorum regis ad Wudestocham, 4 l. 10 d. *Ibid.*, p. 112. In custamento Girardi probatoris regis, ad conducendum eum ad Wintoniam et Wudestocham, 6 l. *Ibid.*, p. 113. Ad gantas regis portandas ad Wudestocham, 12 s. 8 d.; in venatione regis portanda ad Wudestocham, 5 s., *Ibid.*, p. 115.

[5] « In corredio regis apud Brocheherst, 16 l., per breve regis. » *Pip. IV H. II*, p. 179.

[6] P. 35 et 67.

[7] « In conductu cere regis ad Clarendon, 13 s. 4 d. » *Pip. IV H. II*, p. 113.

II. DOCUMENTS SERVANT À PRÉCISER LES DATES.

1158. *Visité de Henri II à la cour du roi de France.* — Nous savons par Robert de Torigni[1] que Henri II, pendant l'été ou l'automne de 1158, fit une visite au roi de France et qu'il vint à Paris avec une suite peu nombreuse : « evocatus a rege Francorum, cum paucis venit Parisius ». C'est au cours de ce voyage que furent faites deux chartes datées d'Orléans et de Chéci, près d'Orléans[2].

1159. *Traversée du Poitou pour aller attaquer le comte de Toulouse.* — Henri II traversa le Poitou pendant le mois de juin 1159, avant d'aller attaquer le comte de Toulouse; le moine du Bec qui a fait des additions aux Annales de Robert de Torigni[3] nous apprend qu'il partit de Poitiers un peu après la fête de Saint-Jean. Cette indication nous permet de dater rigoureusement des chartes datées de Poitiers (n° 93), de Melle (n° 92) et de Saintes (n° 94). La charte datée de Melle, à l'expédition de laquelle assista Calon, évêque de Poitiers, prouve que ce prélat était encore en vie au mois de juin 1159 : les auteurs de la *Gallia Christiana*[4] n'avaient pas pu préciser l'année de son décès. Calon dut mourir fort peu de temps après le passage du roi dans le Poitou, puisque son successeur entra en fonctions le 26 mars 1160 (1159 v. st.).

1159. *Campagne du Languedoc.* — Le moine du Bec, auquel nous devons d'importantes additions aux Annales de Robert de Torigni[5], nous apprend que Henri II, après l'entrée du roi de France à Toulouse, en 1159, fit le siège de plusieurs châteaux des environs de cette ville et s'en empara. Les noms de deux de ces châteaux, Auvillars et Villemur, nous ont été révélés par la date des nos 94 A et 94 B : « apud Auvillar incastris, apud Vilemur in castris ».

1162. *Translation dans l'abbaye de Fécamp des corps des Richard, ducs de Normandie.* — Deux chartes de l'abbaye de Fécamp se rapportent à la translation solennelle des corps des fondateurs, Richard Ier et Richard II, ducs de Normandie. L'une d'elles, datée de Lillebonne (n° 147), est une concession de sauvegarde pour quiconque devait se rendre à Fécamp afin d'assister à la

---

[1] T. I, p. 312.
[2] Nos 65 et 66.
[3] T. II, p. 173.
[4] T. II, col. 1179.

[5] « Rex Anglorum, suorum principum usus consilio, noluit regem [Francorum] obsidere; sed castella circumposita obsidens, in brevi obtinuit. » Robert de Torigni, t. II, p. 174.

cérémonie[1]. L'autre a été faite à Fécamp, au moment même de la cérémonie ; c'est une donation faite en l'honneur des Richard[2], et l'un des témoins est le cardinal Henri de Pise, qui présida la translation (n° 145).

La fête commémorative eut lieu le 11 mars 1162[3]. C'est à cette année que les deux chartes doivent être rangées sans hésitation.

1163. *Célébration de la fête de Noël à Berkhampstead.* — Sur le compte de la 10ᵉ année de Henri II, le comptable du comté de Hants justifia de dépenses faites afin de porter la vaisselle du roi de Winchester à Berkhampstead pour la fête de Noël, et à Londres, pour la fête de Pâques[4]. On ne connaît jusqu'ici qu'un seul séjour de Henri II à Berkhampstead, et nous sommes fondés à croire qu'il s'agit ici de Noël en l'année 1163, comptée 1164 par les Anglais à partir de Noël 1163. On peut donc classer aux derniers jours de l'année 1163 la charte royale qui fut expédiée de Berkhampstead en faveur des religieux de Saint-Bernard de Montjou (n° 155).

1165. *Séjour du roi à Oswestry (Album Monasterium).* — Le seul séjour de Henri II à Blancmoutier dans le pays de Galles (aujourd'hui Oswestry) que mentionne le Rév. Eyton[6] semble devoir se placer au mois d'août 1165, époque à laquelle le roi avait la garde du château d'Oswestry[6], comme se trouvant dans la seigneurie de Guillaume Fils d'Alain. C'est le motif qui m'a décidé à rapporter hypothétiquement à 1165 une charte de l'abbaye de Préaux[7] qui est datée de Blancmoutier, et que nous savons d'ailleurs avoir été expédiée entre 1164 et 1172-3.

1166. *Hommage rendu au roi par des seigneurs bretons dans le château de Thouars.* — En 1166 Henri II reçut à Thouars l'hommage des seigneurs

---

[1] « Omnes illi qui venerint apud Fiscannum ad levandum comitem Ricardum. »

[2] « Pro honore comitum Ricardorum predecessorum meorum. »

[3] Robert de Torigni, t. I, p. 336, et Annales du Mont Saint-Michel, *Ibid.*, t. II, p. 228.

[4] « Ad portandum vaissellam regis contra Natale de Wintonia ad Berchamstedam, 9 s. 3 d. Ad conducendam archam thesauri ad Pasca de Wintonia ad Lundoniam. » Pip. x H. II, p. 25.

[5] P. 82.

[6] « In custodia castellorum Blanc monasterii et Cluni et Ruffin, 54 l. 15 s., per breve regis. » Pip. x H. II, p. 9.

[7] N° 158 de notre Recueil.

70 II. DOCUMENTS SERVANT À PRÉCISER LES DATES.

bretons qui avaient reconnu son fils Geoffroi pour comte de Bretagne, à la suite des fiançailles de ce prince avec Constance, fille de Conan IV[1]. C'est alors que fut expédiée la charte de confirmation des biens de l'abbaye de Redon[2], en présence de Guillaume Fils de Hamon, sénéchal de Nantes.

A la même date doit être rapportée une charte de l'abbaye de Fontevrault[3], relative au Pont de Cé et datée de Thouars.

1166 et 1168. *Campagnes de Bretagne*. — Plusieurs actes de Henri II ont été expédiés pendant les campagnes dont la Bretagne a été le théâtre en 1166 et 1168. Un peu plus loin, dans les pages consacrées à d'anciennes annotations de chartes, qui méritent d'être prises en considération, je signalerai deux pièces expédiées pendant le siège de Fougères, dont nous avons des copies contemporaines mentionnant la date de l'année et du jour (13 et 14 juillet 1166).

Deux autres chartes ont dû être expédiées au cours de la campagne de 1168, dont un épisode, la destruction du château de Josselin, a été mentionné par Robert de Torigni[4]. Or dans le voisinage et au Nord-Ouest de Josselin se trouve une localité nommée Saint-Thuriau : nul doute que c'est le village d'où Henri II expédia deux chartes [5] destinées à Robert de Basoges et à Alain Le Roux : *Apud Sanctum Touriavum in exercitu*, nos 176 et 177 de notre Recueil.

A cette campagne de 1168 paraît se rattacher une charte datée de Guingamp par laquelle Henri II confirma une donation faite à une abbaye anglaise par le comte Conan[6].

1170. *Maladie du roi à Ger*[7]. — Les historiens de Henri II citent le château de Ger à l'occasion de la maladie qui, au mois de septembre 1171, mit les

---

[1] Robert de Torigni, t. I, p. 361.
[2] N° 165 de notre Recueil.
[3] N° 166.
[4] « Destructo in primis castello Joscelini. » R. de Torigni, t. II, p. 5.
[5] Nos 176 et 177 de notre Recueil.
[6] « Sciatis me concessisse... ecclesie Sancte Marie de Kerkestede et monachis ibidem Deo servientibus duas carucatas terre et dimidiam in villa de Gaituna quas comes Conanus eis dedit in elemosinam, cum ecclesia ejusdem ville... Apud Guinganp. » Original au Musée britannique, Harley charter, 43. C. 25.
[7] Manche, arr. de Mortain.

jours du roi en danger : « Mense septembri [1171] rex Henricus infirmatus est apud motam de Ger. » Ainsi s'exprime Robert de Torigni[1]; ce fut alors, selon toute apparence, qu'il expédia deux chartes, datées l'une (n° 187) « apud Gier », pour l'abbaye de Savigni, l'autre (n° 186) « apud motam de Ger » pour l'abbaye de Lonlai.

1170. *Voyage du roi en Berri.* — La charte de Henri II, pour l'abbaye de Baugerais (n° 185), datée de Châtillon en Berri, et qui est antérieure au changement de protocole, peut bien se placer au mois de novembre ou de décembre 1170, époque à laquelle, suivant l'auteur des *Gesta Henrici*[2], le roi, se disposant à se rendre à Bourges, séjourna à Montluçon : « Rex Anglie suum secum ducens exercitum, circa festum sancti Clementis, venit in Berriam versus Mont Luszun, volens ulterius procedere usque Bituricensem civitatem ».

1171. *Séjour du roi à Pontorson.* — Robert de Torigni[3] a noté dans ses Annales les séjours répétés que Henri II fit dans son château de Pontorson, au cours de l'année 1171, pendant le carême, aux Rogations et à la Pentecôte. C'est pendant un de ces séjours qu'il exempta les bourgeois des droits qui se percevaient dans l'Avranchin et dans les autres domaines royaux[4].

1171? *Séjour du roi à Argentan.* — Henri II confirma à la communauté des chanoines de Rouen l'église de Saint-Martin du Bec qui avait été donnée au chapitre par l'archevêque Rotrou. La charte (n° 291), dont un des témoins est Richard, évêque d'Avranches depuis 1171, et qui est antérieure au changement du protocole (1172-3), est datée d'Argentan. Elle doit donc se placer entre 1171 et 1173. Or nous savons que Henri II séjourna à Argentan plusieurs semaines au commencement de l'année 1171, à la nouvelle du meurtre de l'archevêque de Cantorbéry, et qu'au mois de juillet suivant il convoqua dans la même ville une réunion de barons; mais il put venir encore à Argentan pendant l'année 1172, qu'il passa en Normandie.

---

[1] T. II, p. 21. Cf. *Gesta Henrici II*, t. I, p. 6.

[2] *Gesta H. II*, t. I, p. 10.

[3] T. II, p. 26.

[4] N° 293 de notre Recueil, d'après un registre du Trésor des Chartes.

1171. *Séjour du roi à Varreville et Valognes.* — Le séjour que Henri II fit à Valognes, au mois de juillet 1171, a paru au Rév. Eyton[1] être celui pendant lequel fut expédiée une lettre conférant à Guillaume Fils d'Adelin des pouvoirs étendus pour l'administration de l'Irlande; les témoins de la lettre sont Geoffroi, archidiacre de Cantorbéry, Richard, archidiacre de Poitiers, et le connétable Richard du Hommet. Les deux mêmes archidiacres ont aussi servi de témoins à Varreville, village voisin de Valognes, pour la charte portant confirmation de la donation du manoir de « Uvelai », faite à l'abbaye de Montebourg par Alice de Reviers[2]. Les deux actes ont dû être faits au moment où le roi s'apprêtait à passer la mer; il devait débarquer à Portsmouth le 3 août[3]. Je crois qu'on peut classer au mois de juillet 1171 les deux chartes dont il vient d'être question.

Mai 1172. *Séjour de Henri II à Caen.* — Charte de Henri II pour l'abbaye de Marmoutier, publiée et commentée ci-dessus, p. 24.

1173. *L'hommage du comte de Toulouse à Henri II.* — Les historiens anglo-normands ont noté comme un événement important de l'année 1173 l'hommage que Raimond, comte de Toulouse, vint rendre à Henri II. Le comte et le roi se rencontrèrent à Montferrand en Auvergne, le 12 février, quand fut conclu le traité relatif au mariage du prince Jean, le dernier fils de Henri II, avec Alice, la fille de Humbert, comte de Maurienne[4]. Quelques jours plus tard, le 25 février, Raimond prêta le serment de fidélité qu'il devait au roi d'Angleterre. La cérémonie eut lieu dans le monastère de Vigeois[5]. Raimond comptait bien rester encore un certain temps dans les États du roi d'Angleterre, et il fut convenu qu'il attendrait les octaves de la Pentecôte (3 juin) pour prêter l'hommage que devait recevoir Richard, en qualité de duc de Guyenne[6], et c'est pendant la prolongation de son séjour à la cour royale qu'il crut devoir avertir son souverain des dangers qu'allait lui

---

[1] P. 160. — La lettre relative aux pouvoirs donnés à Guillaume fils d'Adelin est publiée dans le Recueil de Rymer, t. I, part 1, p. 36.

[2] N° 189 de notre Recueil.

[3] *Gesta Henrici*, t. I, p. 24.

[4] Rad. de Diceto, t. I, p. 353.

[5] Gaufr. de Vigesio, dans le *Recueil des historiens*, t. XII, p. 443 A.

[6] Rad. de Diceto, t. I, p. 353 et 354.

faire courir la ligue préparée par les jeunes princes du sang et par la reine Aliénor[1].

Ce fut alors, selon toute apparence, qu'il accompagna le roi dans une visite à l'abbaye de Fontevrault. Ainsi doit s'expliquer l'inscription du nom de «R. comes Sancti Egidii» en tête de la liste des témoins d'une charte de Henri II relative au minage de Saumur, qui est datée de Saumur. Cette charte doit être du mois de mai ou de juin 1173, et je l'ai citée (p. 26) pour montrer que le changement du protocole était adopté en 1173.

1173, avant le mois de mai. *Séjour du roi à Argentan.* — Charte pour Robert de l'Ile, datée d'Argentan. Voir plus haut, p. 26.

Juillet 1173 ou 1174. *Séjour de Henri II à Stokes.* — Charte pour Gautier de Coutances. Voir plus haut, p. 27.

1173 ou 1174. *Séjour de Henri II à Caen.* — Charte pour le connétable Richard du Hommet. Voir plus haut, p. 29.

1174. *Prise de Saintes par le roi.* — La date de la campagne de Henri II en Poitou et en Saintonge, après le soulèvement de ses fils, en 1174, est rigoureusement fixée par les historiens qui ont parlé de cet événement[2]. D'après les détails consignés dans les *Gesta Henrici II* et dans l'ouvrage de Raoul de Dicet, ce fut après avoir célébré à Poitiers la fête de la Pentecôte (12 mai), et aux environs de la Saint-Barnabé (11 juin), qu'il alla mettre le siège devant la ville de Saintes, et qu'il s'empara des fortifications, du capitole et de la cathédrale. Je considère comme ayant pris part à la campagne du Poitou et de la Saintonge, sous les ordres de Henri II, les sujets de ce roi qui ont souscrit une charte expédiée de Saintes en faveur de l'abbaye de Notre-Dame de Saintes[3] : « Testibus Porteclia senescalco Pictavie, Willelmo Mangodi, Hamelino de Mientoir, Gaufrido de Taunai, Teobaldo Chabot, Mauricio

---

[1] Gaufr. de Vigesio, dans le *Recueil des historiens*, t. XII, p. 443 A.

[2] *Gesta Henrici II*, t. I, p. 71. — Rad. de Diceto, t. I, p. 380. — Annales de Saint-Aubin, dans *Chroniques des églises d'Anjou*, p. 43.

[3] *Cartul. de Notre-Dame de Saintes*, éd. Grasilier, p. 75.

74 II. DOCUMENTS SERVANT À PRÉCISER LES DATES.

de Croun, Nivardo de Rochefort. Apud Xanctonas. » On remarquera sur cette liste le nom de Maurice de Craon, auquel fut alors confiée la garde du château d'Ancenis[1].

Le Rév. Eyton[2] a cru pouvoir rattacher à la campagne de Henri II dans le Poitou et la Saintonge en 1174 une charte du roi accordée à Richard de Lucé dont l'original est au Musée britannique[3]. Elle porte pour date *Apud Beauveeir super Moiram*, ce que le Rév. Eyton a interprété par Beauvoir-sur-Mer en Vendée. Au premier moment j'étais porté à adopter l'identification. J'avais cependant beaucoup d'hésitation, ne voyant pas comment BEAUVOIR-SUR-MER avait pu être appelé BEAUVEIER SUPER MOIRAM[4]. Je m'étonnais aussi de trouver la suscription *H. rex Anglorum* dans une charte de l'année 1174. Mes doutes augmentèrent quand je vis la photographie de la pièce originale. En poursuivant mes recherches, je reconnus que j'étais engagé dans une mauvaise voie. Une autre charte de Henri II m'avertit que le Beauvoir où Henri II avait séjourné devait être cherché, non pas en Vendée, mais dans le Maine. Nous avons, en effet, la charte de franchise que le roi accorda *hominibus castelleti mei de Beauvoir super aquam de Moiram in Cenomania*[5]. Nous avons aussi la confirmation de la charte de Henri II par le roi Charles V[6], et nous voyons dans cette confirmation que le *Beauveier super Moiram* du XIIe siècle s'appelait au XIVe siècle BOURG-LE-ROI. Charles V le dit expressément : « Homines castelleti nostri de Beauveir super aquam de Moira, aut aliter, ut dicitur vulgariter, nuncupati de Burgo Regio, qui nunc sunt et qui pro tempore fuerint... »

1174. *Traité entre Henri II et ses fils.* — La réconciliation de Henri II avec ses fils eut lieu en 1174, à la suite de pourparlers qui eurent lieu, entre Tours et Amboise, le 30 septembre, suivant l'auteur des *Gesta Henrici*[7], ou

---

[1] « Andegaviam, Cenomanniam et maxime castellum Ancenis Mauritio de Croun tradidit custodiendum. » Rad. de Diceto, t. I, p. 380.

[2] P. 184.

[3] Publiée dans la *Bibliothèque de l'École des chartes*, 1907, p. 299.

[4] Il existe une autre charte de Henri II datée de *Beauveir super Moiram*. C'est la confirmation d'une donation faite aux Templiers; j'en dois le texte à M. le marquis d'Albon, qui l'a transcrite sur une copie de l'année 1628 conservée aux Archives de la Vienne (H. 116).

[5] Trésor des chartes, reg. XCIX, n° 586. — *Ordonnances*, t. V, p. 150.

[6] *Ibid.*

[7] « Instante festo sancti Michaelis, inter

le 11 octobre, suivant Raoul de Dicet[1]. Peu après furent publiés deux actes relatifs à la conclusion de l'accord : un procès-verbal officiel, daté de Falaise[2], et une circulaire du roi annonçant le rétablissement de la paix[3].

1174. *Traité entre Henri II et le roi d'Écosse.* — La date d'un autre traité conclu vers la même époque, pour la libération du roi d'Écosse, est exactement indiquée par les mêmes historiens. Une première rédaction dut en être faite vers le 1er décembre 1174, à Falaise[4], où le roi d'Écosse était prisonnier, et une seconde rédaction en fut dressée quelques jours après, le 8 du même mois, quand le roi d'Écosse fit hommage à Henri II dans le château de Valognes[5]. Une publication en fut faite en Angleterre, dans une assemblée tenue à York le 10 août 1175[6].

1175. *Séjour du roi à Cherbourg.* — Par une charte datée de Cherbourg[7], Henri II prescrit à Guillaume de Courci et à tous ses baillis de Normandie de protéger les moines de Montebourg et de ne pas les laisser attaquer, tant qu'il serait en Angleterre, pour aucun des biens dont ils étaient en possession lors de sa dernière traversée. La charte commence par la formule *Henricus Dei gratia rex;* elle est donc au plus tôt de l'année 1173 ; d'autre part le principal destinataire est Guillaume de Courci, sénéchal de Normandie, qui mourut en 1176. Or, dans la période comprise entre 1174 et 1176, Henri II a séjourné à trois reprises dans ses états continentaux[8], savoir :

1° Au commencement de l'année 1174 jusqu'au mois de juillet ;
2° Pendant neuf mois, du 8 août 1174 jusqu'au 8 ou 9 mai 1175 ;
3° Pendant douze mois, d'août 1177 à juillet 1178.

La charte dont il s'agit doit être du deuxième de ces séjours, c'est-à-dire

---

Turonim et Ambasium, in crastino Sancti Michaelis, scilicet pridie kalendas octobris, feria secunda. » *Gesta,* t. I, p. 77.

[1] « Inter urbem Turonicam et Ambazium, v° idus octobris. » Rad. de Diceto, t. I, p. 394.

[2] *Gesta Henrici II,* t. I, p. 77. Rymer, t. I, part 1, 30. — N° 307 de notre Recueil.

[3] Rad. de Diceto, t. I, p. 394. — N° 307 A de notre Recueil.

[4] *Gesta Henrici,* t. I, p. 96. Rog. de Hoveden, t. I, p. 80. Rad. de Diceto, t. I, p. 396.

[5] *Gesta Henrici,* t. I, p. 96. Rad. de Diceto, t. I, p. 396. Hearne, *Liber niger,* t. I, p 36.

[6] *Gesta Henrici,* t. I, p. 96. Rog. de Hoveden, t. I, p. 79.

[7] N° 329 de notre Recueil. – Ci-dessus, p. 13.

[8] Voir Eyton, p. 178 et 179, 184-190, et 218-222.

76   II. DOCUMENTS SERVANT À PRÉCISER LES DATES.

d'une époque assez voisine de son embarquement à Barfleur le 8 ou le 9 mai 1175. Le mois précédent il avait célébré la fête de Pâques (13 avril 1175) à Cherbourg. Tout s'accorde donc pour rapporter au mois d'avril 1175 l'expédition de la lettre que le roi adressa à Guillaume de Courci pour l'inviter à protéger l'abbaye de Montebourg.

A l'appui de la date que je propose, vient s'ajouter le nom du témoin qui en attesta l'expédition : Auvré de Saint-Martin, que nous savons avoir accompagné Henri II dans sa tournée en Basse Normandie au printemps de 1175; le 2 avril, il était à l'entrevue de Bur, dans laquelle il se porta garant de la fidélité que le jeune roi Henri promit à son père d'observer à l'avenir. Peu de jours après, le roi vint s'embarquer à Barfleur, et il ne quitta pas cette ville sans avoir confirmé une donation que l'évêque de Bayeux avait faite à Hugues Fils d'Osbert[1].

1175. *Séjour du roi à Woodstock.* — L'itinéraire combiné avec les noms des témoins doit servir à déterminer l'année à laquelle peut être rapportée une charte, même quand elle est datée d'une localité dans laquelle le roi a fait de nombreux séjours. Tel est un mandement en faveur des marchands de Cologne[2], qui a été expédiée de Woodstock dans le comté d'Oxford. Il est rédigé avec la formule *Dei gratia rex*, par conséquent postérieurement à 1172-3, et avec la souscription de Jean d'Oxford, doyen de Salisbury, par conséquent au plus tard en 1175, puisque Jean d'Oxford devint évêque de Norwich en 1175. Or le roi résida en France depuis le mois de mai 1172 jusqu'au mois de mai 1175, faisant à peine une apparition de quelques jours dans le midi de l'Angleterre au mois de juillet 1174, tandis qu'il vint plusieurs fois à Woodstock pendant les vingt-sept mois consécutifs qu'il passa en Angleterre du mois de mai 1175 jusqu'au mois d'août 1177[3]; il fit notamment un séjour assez prolongé dans cette ville en 1175, à en juger par les quantités de vin qu'il s'y fit envoyer pour la dépense de sa maison[4]. J'ai donc rapporté

---

[1] N° 330 de notre Recueil.
[2] N° 334.
[3] Eyton, p. 167, 183, 190, 218.
[4] « Pro locandis carretis ad portandum vinum regis de Oxinforda ad Wodestokam 22 s. 4 d., per breve regis. » *Pip. xxi H. II*, p. 11. — « Pro 30 modiis vini missi regi ad Wudestocham et in custamento ducendi, 16 l. 19 s. 4 d., per breve regis. » *Ibid.*, p. 16. — « Alexandro de Barentin 6 l. 15 s., pro locandis carris

à l'année 1175 le mandement obtenu par les marchands de Cologne (n° 334). Je puis encore faire observer qu'en 1175 le roi fit payer sur la ferme de l'abbaye de Saint-Augustin de Cantorbéry une partie des frais d'un voyage fait par des Allemands en Angleterre [1].

1175. *Séjour du roi à Ludgershall.* — Robert de Torigni[2] s'exprime ainsi dans l'article de sa chronique se rapportant à l'année 1175 :

> Robertus, abbas Montis, scriptor horum temporum, pergens in Angliam, promeruit a domino rege cartam et sigillum omnium elemosinarum ecclesie Montis, que date fuerant predicte ecclesie usque ad presens tempus et dabuntur in futurum.

La charte qui répond rigoureusement à ces conditions est celle qui est datée de Ludgershall au comté de Wilt, et dont il y a aux Archives de la Manche des vidimus des années 1297 et 1315, et des copies à la Bibliothèque nationale[3].

Ludgershall est une des localités dans lesquelles Henri II se fit envoyer des provisions de vin, l'an 22 de son règne, par Alexandre de Barentin[4].

1177. *Présentation à une cure pendant la vacance de l'abbaye de Jumièges.* — Par une charte datée du Mans[5], Henri II donna à un de ses clercs, Richard de Malpalu, l'église de Malleville, dont le patronage se trouvait à sa disposition par suite de la vacance de l'abbaye de Jumièges. Il s'agit là de la vacance qui se produisit après la mort de l'abbé Roger, arrivée le 16 août 1176, pendant que le roi était en Angleterre. Le nouvel abbé fut élu en 1177[6], mais à

---

ad ducendos magnos tonellos ad Wodestokam et ad Clarendonam, per breve regis. » *Ibid.*, p. 187. — Le roi se fit aussi envoyer à Woodstock des objets à son usage personnel : « Pro robba regis de camera ducenda ad Wodestocham, 6 s., per breve regis. » *Ibid.*, p. 198.

(1) « Ad quietandum vadimonium Alemannorum et pro 8 equis ad opus eorum 10 l. 6 s. 8 d., per breve regis. » *Ibid.*, p. 221.

(2) T. II, p. 58.

(3) Ms. latin 10072, fol. 42 et 49, et ms. français 18949, p. 453.

(4) « In custamento et cariagio ducendi vinum quod Alexander de Barentin ei dixit ex parte regis, quod missum fuit ad Fekeam et ad Notingeham et Gaitinton et Wudestoch et Merlebergam et Titegrane et Lutegareshalam, 11 l. 16 s. 4 d., per breve regis. » Pip. xxii H. II, p. 199 et 200.

(5) N° 344 de notre Recueil.

(6) *Gallia christ.*, t. XI, col. 198.

une époque assez avancée de l'année, probablement après le 18 août, date du retour de Henri II en France. Ce ne dut pas être longtemps plus tard qu'il usa de ses droits régaliens pour nommer son clerc Richard de Malpalu curé de Malleville.

1178. *Dédicace de l'abbaye du Bec.* — Une charte de Henri II (n° 368) a pour objet le don d'une rente de 100 livres fait à l'abbaye du Bec le jour où l'église fut dédiée. Robert de Torigni[1] nous apprend que cette cérémonie eut lieu à la mi-carême, 19 mars 1178, et la Chronique du Bec ajoute un détail assez curieux : c'est que le roi, comme souvenir de la donation, remit son chapeau à l'abbé, et que le fils du roi lui offrit son anneau[2]. La charte est donc du mois de mars 1178 : elle indique comme témoins les quatre prélats qui sont désignés par Robert de Torigni comme ayant procédé à la dédicace.

1180. *Célébration de la fête de Noël au Mans.* — En 1180, Guillaume, archevêque de Bordeaux, vint au Mans célébrer la fête de Noël à la cour du roi[3].

A ce moment fut expédiée une charte de Henri II pour l'église de Saint-Martin de Tours, qui est ainsi datée : « Testibus : W. archiepiscopo Burdegalensi, W. episcopo Cenomannensi, R. episcopo Nannetensi, Stephano episcopo Redonensi, Stephano de Turonis senescallo Andegavie, Roberto Marmion, Gaufrido de Perchia[4]. »

1180? — *Séjour du roi à Alençon.* — Une charte expédiée d'Alençon en faveur de l'abbaye de Saint-Amand de Rouen[5] est postérieure à 1179, parce que Guillaume du Hommet y est qualifié de connétable, et antérieure à 1183, parce que maître Gautier de Coutances y figure sans avoir encore le

---

[1] T. II, p. 74.
[2] « Ad dedicationem vero majoris altaris obtulit Henricus rex pater, per capellum suum, redditum annuum centum librarum ; hoc donum patris sui confirmavit Henricus rex junior, astans ibi, per oblationem anuli sui. » Cité dans mon édition de Robert de Torigni, t. II, p. 74, note.
[3] *Gesta Henrici II*, t. I, p. 269.
[4] N° 353 de notre Recueil. — Original, Archives d'Indre-et-Loire.
[5] N° 427 de notre Recueil.

titre d'évêque ou d'archevêque. Pour préciser la date, il faudrait savoir quand Henri II a passé par Alençon entre 1179 et 1183. Si nous recourons au Rév. Eyton (p. 232), nous voyons un séjour de Henri II à Alençon mis, un peu hypothétiquement, vers le 11 avril 1180, au cours du voyage qu'il fit après être débarqué dans un port de Basse-Normandie pour aller célébrer la fête de Pâques au Mans. Le Rév. Eyton justifie cette date en renvoyant aux *Rot. Norm.*, p. 81, ce qui n'est pas exact : c'est à la page 18 (et non 81) du Rôle de l'Échiquier en 1180 que se trouve une allusion à l'arrêt du roi dans la ville d'Alençon : nous y voyons que Henri II fit payer 20 sous pour faire transporter son trésor d'Alençon au Mans[1].

1181. *Séjour de Henri II à Valognes.* — J'ai cru pouvoir dater de la fin de juillet 1181 une charte royale (n° 387) souscrite par Gautier de Coutances, archidiacre d'Oxford, qui fut expédiée de Valognes pour l'abbaye de Saint-Wandrille, et dans laquelle Henri II est amené à parler du séjour qu'il venait de faire à Caen, en traversant la Normandie pour passer en Angleterre[2], Valognes était bien sur sa route pour se rendre de Caen à Cherbourg où il s'embarqua le 26 juillet 1181[3].

1181 ou 1186. *Séjour de Henri II à Valognes.* — En 1181 ou en 1186, à la veille de s'embarquer pour l'Angleterre, dans un port de la Basse-Normandie, Henri II, résidant à Valognes, accorda des lettres de sauvegarde[4] aux moines de Montebourg, de Saint-Sauveur et du Mont-Saint-Michel, spécialement valables pendant la durée du séjour qu'il allait faire en Angleterre.

1182. *Entrevue de Henri II avec Philippe-Auguste à Senlis.* — Raoul de Dicet[5] parle d'une entrevue que Henri II eut à Senlis, après Pâques 1182, avec Philippe-Auguste et Philippe, comte de Flandre. Nous avons, d'autre part,

---

[1] « Pro thesauro regis portando de Alenceon ad Cenomannum, per breve regis. »

[2] « Sicut tenuerunt die qua novissime recessi a Cadomo ad transfretandum in Angliam. »

[3] *Gesta Henrici*, t. I, p. 277.

[4] N°ˢ 384, 385, 386 de notre Recueil.

[5] T. II, p. 10 : « Rex Francorum Philippus, reges Anglorum tam pater quam filius, Philippus, comes Flandrensis... post clausum Pascha Silvanectis convenerunt. » En 1182, Pâques tomba le 28 mars.

80 II. DOCUMENTS SERVANT À PRÉCISER LES DATES.

une charte de Philippe-Auguste qui fut datée de Senlis, entre la fête de Pâques et la Toussaint 1182[1]. C'est alors que le roi d'Angleterre dut aller à Compiègne, et qu'il donna une lettre de recommandation aux religieux de Saint-Corneille[2], qui se proposaient d'aller prêcher dans ses états et d'y recueillir des subsides pour leur maison. Un des témoins de la charte de Henri II est Galeran, précédemment archidiacre de Bayeux, et auquel le roi venait de donner l'évêché de Rochester.

1182. *Séjour de Henri II à Chinon.* — Dans l'été de 1182, Henri II vint en Normandie recevoir son gendre Henri, duc de Saxe, que l'Empereur avait obligé à s'éloigner de l'Allemagne[3]. Ce fut alors que, pendant un séjour à Chinon, le duc de Saxe assista à l'expédition de deux chartes royales relatives au prieuré de Lehon (n°ˢ 440 et 441).

1186. *Embarquement de Henri II à Barfleur.* — A l'embarquement qui eut lieu en avril 1186 dans le port de Barfleur[4], je crois pouvoir rattacher la charte de franchises en Angleterre accordées à Alain de Périers (n° 467) : elle est datée de Barfleur, et l'un des témoins est Raoul, évêque de Lisieux, qui avait été promu à l'épiscopat en 1182.

1187. *Séjour de Henri II à Hesdin.* — L'abbaye des Dunes, au diocèse de Bruges, s'attira la bienveillante attention de Henri II, quand, après être débarqué à Wissant, il traversa la Flandre au mois de février 1187 pour gagner la Normandie[5]. Elle obtint une charte de franchise datée de Hesdin (n° 472), qui doit être du 20 de ce mois ou d'un jour voisin.

1185. *Séjour de Henri II à Saint-Pierre-sur-Dive.* — Par une charte, datée de Saint-Pierre-sur-Dive[6], le Roi détermina dans quelles conditions l'abbaye

---

[1] *Catal. des actes de Phil.-Aug.*, p. 14, n° 55.
[2] N° 438 de notre Recueil.
[3] *Gesta Henrici II*, t. I, p. 288.
[4] *Ibid*, t. I, p. 345.
[5] « XIII kalendas martii transfretavit apud Doveram, transitum habens per Flandriam; qui, die tertia surgens de castello quodam quod vocatur Hesding, venit in Normanniam apud Driencurt. » Rad. de Diceto, t. II, p. 47.
[6] N° 464 A de notre Recueil. Original aux Archives de la Manche.

de chanoines fondée à Saint-Hélier, dans l'île de Jersey, devait être réunie à l'abbaye de Cherbourg, du consentement de l'archevêque Gautier de Coutances. La Chronique de Robert de Torigni[1] nous permet de fixer à l'année 1185 la date de cette charte. Nous y lisons le passage suivant :

> Dominus Walterus, Rothomagensis archiepiscopus, impetravit a domino nostro Henrico, rege Anglorum, ut abbatia Sancti Elerii, que est in insula Gersoii, quam Willermus Filius Hamonis fecerat in eadem insula, consilio et auxilio domini regis, jungeretur abbatie de Voto, que est juxta Cesaris Burgum, quam Imperatrix, mater Henrici regis, edificaverat.

1189. *Séjour de Henri II au Mans.* — Hugues de Nonant, qui porta le titre d'évêque élu de Chester à partir de 1185, fut sacré seulement le 31 janvier 1188. C'est après avoir été sacré qu'il souscrivit une grande charte royale du prieuré de Longueville datée du Mans. Postérieurement au mois de janvier 1188, Henri II ne doit avoir séjourné au Mans que du mois de mars au mois de juin 1189. C'est dans cette courte période qu'il faut classer la grande charte de Longueville[2], comme peut-être aussi une petite charte du même prieuré[3], souscrite par la plupart des mêmes témoins, sans cependant que le nom de Hugues de Nonant y figure.

A la période comprise entre 1185 et 1188 doivent être rapportées les huit chartes que Hugues de Nonant souscrivit avec le titre d'évêque élu[4].

V. NOTES D'ARCHIVISTES OU DE RELIGIEUX SERVANT À PRÉCISER LA DATE D'ACTES ROYAUX. — Les parties intéressées devaient parfois éprouver le besoin de ne pas laisser dans un vague absolu la date des faits constatés par des actes dont le texte n'indiquait aucunement la date; les précautions qu'on prenait à cette intention ne devaient, bien entendu, porter aucune atteinte aux textes officiels et ne devaient en aucune façon présenter le caractère d'une interpolation. On en faisait des copies ou des extraits rigoureusement fidèles, à la fin desquels on ajoutait, tout à fait à part, une mention de l'année et du jour de l'expédition. On trouvait aussi l'occasion de noter dans des annales, ou dans divers

[1] T. II, p. 133.
[2] N° 568 de notre Recueil.
[3] N° 511 de notre Recueil.
[4] N°s 466, 482-488.

II. DOCUMENTS SERVANT À PRÉCISER LES DATES.

manuscrits, l'existence et la date de chartes, non seulement pour rappeler l'origine des biens et des privilèges de la maison, mais aussi pour honorer la mémoire des bienfaiteurs. Aussi nous sont parvenus des renseignements très curieux qui suppléent au silence des chartes et nous révèlent des dates précieuses à recueillir. Le célèbre abbé du Mont-Saint-Michel, Robert de Torigni, s'est particulièrement fait remarquer par le soin qu'il a pris de nous transmettre de précieux commentaires sur différents actes qui témoignent de son talent d'administrateur, comme la continuation de la Chronique de Sigebert atteste son exactitude d'historien. Nous lui devons les plus importantes annotations qui vont être citées comme exemples des renseignements complémentaires dont nous sommes redevables aux anciens archivistes et à d'autres religieux pour l'étude des actes de Henri II. Ici encore je suivrai l'ordre chronologique.

1157. *Exemption des droits de péage accordée à l'abbaye du Mont-Saint-Michel.* — La place qu'un mandement du roi relatif à l'exemption des droits de péage[1] occupe dans les actes des cinq premières années de l'administration de Robert de Torigni[2] nous apprend que ce mandement est de l'année 1157.

1158. *Donation des églises de Pontorson à l'abbaye du Mont-Saint-Michel.* — Robert de Torigni[3] a enregistré dans ses annales, sous l'année 1158, la donation que le roi avait faite à son abbaye des églises de Pontorson : la mention en est faite avec des détails d'une extrême précision, auxquels le texte de la charte ne fait aucune allusion : c'est ainsi que le récit du chroniqueur est seul à nous apprendre où la donation a été faite : *in nova camera abbatis*. La charte[4] cite un jeune témoin, Gervais, clerc du chancelier[5]; outre le nom de ce clerc, la Chronique cite comme ayant assisté à la donation l'abbé Robert, le prieur Renouf, un moine nommé Mainier, et Adam, l'écrivain de l'abbé.

---

[1] N° 31 de notre Recueil.
[2] Cartul. du Mont-Saint-Michel, fol. 112 v°-118. — Robert de Torigni, t. II, p. 247; éd. de Howlett, p. 337.
[3] T. I, p. 316.
[4] N° 64 de notre Recueil, d'après l'original des Archives de la Manche.
[5] Gervais de Chichester, plus loin, p. 92.

1159. *Concession d'un droit de foire à l'abbaye de Saint-Florent de Saumur.* — Une charte a pour objet la concession d'une foire qui se tenait à Saumur à la mi-mars, et dont la moitié des produits appartenait à l'abbaye de Saint-Florent[1]. L'annaliste de Saint-Florent[2] nous apprend que la concession de cette foire avait été accordée à l'abbé Philippe en 1159 : « Anno MCLIX. Hoc anno dominus Henricus rex dedit feriam, que est in maio, Deo et beato Florentio in manu Philippi abbatis ».

1162. *Don d'une forêt à l'abbaye de Fécamp.* — Nous avons la charte par laquelle Henri II donna à l'abbaye de Fécamp la forêt des Hogues[3]. Cette donation a été enregistrée sous l'année 1162 par Robert de Torigni[4] : « Dedit illi ecclesie silvam de Hogis ».

1166. *Confirmation d'un accord conclu au sujet de la prévôté de Genest.* — L'abbé Robert de Torigni a pris soin de faire ajouter dans le Cartulaire du Mont-Saint-Michel[5] la date de la charte de Henri II relative à la prévôté de Genest et au fief de la Boulangerie (*pistrinum*). Grâce à cette indication, nous savons que la charte est du 13 juillet 1166. Henri II, sans entrer dans le détail des affaires, renvoie aux cirographes mêmes, dont il confirme les dispositions : *sicut cyrographa inter eos facta testantur, que coram me lecta fuerunt*. Or les originaux des cirographes, qui ont été lus au Roi, au moment même de l'expédition de la charte de confirmation, sont aux Archives de la Manche[6]. Sur l'un et l'autre se lit le titre CIROGRAPHUM, que rappelle la charte du roi. Il se lit aussi à la fin de la copie de tous les deux qui a été insérée dans le Cartulaire de l'abbaye (fol. 122), en ces termes :

Formam hujus cyrographi habet Ruallendus, signatam sigillo Beati Michaelis. (Charte relative à la prévôté de Genest.)
Scriptum istud habet Gervasius in cirographo suo, signatum sigillo Beati Michaelis. (Charte relative au « pistrinum ».)

---

[1] N° 90 de notre Recueil.
[2] *Chroniques des églises d'Anjou*, p. 192.
[3] N° 145 de notre Recueil. L'original est à la Bénédictine de Fécamp.
[4] T. I, p. 337.

[5] Fol. 122v°. — L'original de la charte du roi est aux Archives de la Manche. Le texte en a été publié dans mon édition de Robert de Torigni, t. II, p. 284.
[6] Imprimés *ibid.*, t. II, p. 282 et 283.

84   II. DOCUMENTS SERVANT À PRÉCISER LES DATES.

Les deux cirographes sont ainsi datés : *Actum publice in capitulo Montis, IIII idus julii, anno dominice incarnationis MCLXVI, regni vero predicti gloriosi regis Anglorum XI°*.

Les deux actes ainsi dressés le 12 juillet au Mont-Saint-Michel furent immédiatement communiqués au roi, qui en fit rédiger le lendemain la confirmation (n° 162); le clerc de la chancellerie les data de Fougères, au cours de la campagne qui amena l'occupation du château de Fougères, en présence de quatre barons normands et de trois clercs attachés à la maison du roi :

> Testibus : Ricardo archidiacono Pictavensi, magistro Johanne Cummino, magistro Radulfo de Tamesword, Ricardo de Hummetis constabulario, Jordano Teisson, Willelmo Filio Hamonis, et Fulcone Paenello et Willelmo de Sancto Johanne. Apud Fulgerias, in exercitu.

Nous savons ainsi à quelle date fut assiégé le château de Fougères et de quels personnages le roi était entouré en 1166, pendant la campagne de Bretagne.

1166. *Rachat de corvées exigées pour l'entretien du donjon de Gavrai.* — Robert de Torigni a pareillement fait ajouter, dans le Cartulaire du Mont-Saint-Michel (fol. 122 v°), à la fin d'une charte du roi relative au rachat des corvées exigées pour l'entretien du donjon de Gavrai [1], une note ainsi conçue, qui ne devait pas exister sur l'original :

> Data per manum magistri Stephani, II idus julii, anno ab incarnatione Domini MCLXVI, presidente universali catholice ecclesie Alexandro papa III, regnante vero glorioso rege Anglorum et duce Normannorum et Aquitanorum et comite Andegavorum Henrico anno XI.

Voici la clause finale de la charte du roi :

> Testibus : Ricardo archidiacono Pictavensi, magistro Johanne Cummin, Willelmo comite de Arundello, comite Eudone, Ricardo de Humetis conestabulario, et Jordano Teissun, Fulcone Paenello, Willelmo de Sancto Johanne, Gaufredo monacho [2]. Apud Fulgerias.

[1] N° 163 de notre Recueil.
[2] Aux noms des témoins qui sont ici mentionnés, il faut ajouter celui du chambellan Guillaume de Tancarville, dont un hommage

En rapprochant cette clause de la note ajoutée dans le Cartulaire, nous voyons que le roi était encore à Fougères le 14 juillet 1166 et qu'il avait autour de lui, outre les témoins cités dans la charte du 13 juillet, des personnages d'une haute distinction, Guillaume, comte d'Arundel, et le comte Eudes de Porhoët, qui devait bientôt se ranger parmi les plus vaillants défenseurs de l'indépendance de la Bretagne.

Les deux chartes du 13 et du 14 juillet 1166, complétées par les notes de Robert de Torigni, fournissent des traits nouveaux pour l'histoire, si parfaitement exposée par le regretté Arthur de La Borderie[1], du projet de conquête de la Bretagne par Henri II, roi d'Angleterre.

1171. *Accord des moines de Troarn avec le comte Jean [de Ponthieu]*. — Un religieux de Troarn, pour rappeler la date d'une charte accordée à son abbaye[2] par Henri II, a inscrit dans le Cartulaire deux vers mnémotechniques qui désignent très clairement l'année 1171 :

> Per decas et monos nostros mutato patronos
> Octoque vicesies et pariter decies.

Il s'agissait d'un accord avec Jean, comte de Ponthieu, représentant les fondateurs du monastère[3].

1171. *Confirmation des biens de l'abbaye de Saint-Sauveur*. — Une charte octroyée à l'abbaye de Saint-Sauveur[3] a été insérée dans le Cartulaire de cette maison avec la date de 1171, qui doit être une addition de l'archiviste ou du rédacteur du cartulaire : « Hec carta facta apud Argentomum, anno Domini M° C° septuagesimo I° ». Le copiste du Cartulaire ne paraît pas s'être astreint à transcrire très fidèlement le texte des chartes originales.

---

fait à l'abbé du Mont-Saint-Michel est ainsi enregistré dans le Cartulaire : « Guillelmus chamberlenus de Tancharvilla, apud Fulgerias, in exercitu in castris regis. » Mon édition de Robert de Torigni, t. II, p. 297 et 298.

[1] *Histoire de Bretagne*, t. III, p. 269 et suiv.
[2] N° 190 de notre Recueil. L'original est aux Archives du Calvados. — La copie contenant le distique est au fol. 17 du Cartulaire blanc de la Bibl. nat. — La date 1171 concorde bien avec les noms des témoins et avec la suscription du roi *H. rex Anglorum*.
[3] N° 191 de notre Recueil, dans le Cartulaire, charte 5.

86 II. DOCUMENTS SERVANT À PRÉCISER LES DATES.

1172. *Charte accordée à l'abbaye de Locmaria.* — Cette charte [1] n'est connue que par un texte analytique, dans lequel un compilateur, contemporain de l'expédition de l'acte, a ajouté, dans les termes suivants, une date et une note additionnelle émanant au moins indirectement d'un témoin oculaire :

> Actum est hoc apud Cenomannis, anno ab incarnatione Domini M. C. LXXII, concurrentes VI, epacte IV.
> Hanc igitur regiam liberalitatem seu munificentiam si quis amodo et deinceps violare temptaverit, rex idem concessit et constituit illum, quicumque fuerit, a Deo et Ecclesia et episcopis qui interfuerunt anathemati subjacere.

1175. *Accord conclu entre l'abbaye du Mont-Saint-Michel et Guillaume du Hommet.* — Dans le Cartulaire de l'abbaye du Mont-Saint-Michel, au fol. 124 v°, en marge de la charte relative à l'*elemosina de Fucherevilla*[2] (accord entre l'abbaye du Mont Saint-Michel et Guillaume du Hommet), on lit cette note : « Anno ab incarnatione Domini M. C. LXXV ». Je crois que cette note mérite d'être prise en considération; la charte à laquelle elle se rapporte a été faite en présence de deux témoins qui disparaissent, l'un en 1178 (le connétable Richard du Hommet), l'autre, en 1176 (le sénéchal Guillaume de Courci). La charte est datée de Valognes, ville où Henri II s'arrêta avant de s'embarquer à Barfleur au commencement de mai 1175.

1177. *Confirmation des privilèges de l'église de Cantorbéry.* — Gervais de Cantorbéry, en publiant une charte de Henri II relative aux privilèges du chapitre de Cantorbéry[3], annonce que le roi la déposa le jeudi saint 1177 sur la tombe de saint Thomas, avec quelques pièces d'or.

1177. *Don fait aux chanoines de Bourges pour la garde de l'héritière de Raoul de Déols.* — La charte de Henri II relative à la garde de la fille de Raoul de

---

[1] N° 296 de notre Recueil, d'après Lobineau, *Histoire de Bretagne*, t. II, p. 308.

[2] N° 328 de notre Recueil. Les caractères de la date peuvent dater du XIIe siècle.

[3] « Contulit hoc anno Henricus novas quasdam libertates ecclesie Christi Cantuarie, unde et ante Pascha, in Cena Domini, Cantuariam peregre profectus, super tumbam sancti Thome, cum nonnullis aureis hanc devote obtulit cartam... » Gervasius Cantuar., t. I, p. 261.

Déols pendant la minorité de cette héritière [1] a subi une modification quand l'acte est entré dans le Cartulaire de l'église de Bourges. Le rédacteur en a fait disparaître la liste des témoins et le nom de la localité où la pièce a été expédiée, pour remplacer ces indications par la date de l'année de l'incarnation. Le chapitre de Bourges devait se rappeler cette date et tenait à en garder le souvenir. Je ne crois pas qu'une charte du roi ait pu se terminer brusquement par ces mots : « Actum anno ab incarnatione Domini M° C° LXXVIII ».

Toutes ces notes, émanées d'archivistes et de religieux attentifs à la conservation de leurs archives, méritent d'être prises en considération. Mais certaines additions du même genre ont pu être écrites après coup et d'après des souvenirs déjà un peu éloignés. Il a donc pu s'y glisser des erreurs, et je dois en citer un exemple, pour montrer qu'il faut se tenir en garde.

On lit dans les Annales de Bermondsey [2], à l'année 1159 : « Et eodem anno Henricus secundus confirmavit donationes ecclesiarum nostrarum, scilicet de Cambirwelle, Bengehoo, Warlyngham et Chelsham, Fifhide et Bedyngtone. » Ce passage paraît bien se rapporter à la charte de Henri II publiée dans le *Monasticon Anglicanum* (t. V, p. 101, n. VII) et qui se termine par ces mots : « Testibus : Theobaldo archiepiscopo Cantuariensi, Thoma cancellario, Manassero Biset dapifero. Apud Westmonasterium. »

Or cette charte ne saurait être de l'année 1159, puisqu'en 1159 Henri II ne séjourna pas en Angleterre.

---

[1] N° 369 de notre Recueil. — Ms. latin 1274 des Nouv. acq. de la Bibl. nat., p. 63. —
[2] *Annales monastici*, éd. Luard, t. III, p. 440.

III

LES CHANCELIERS DE HENRI II.

Une étude diplomatique sur les actes de Henri II serait incomplète si on n'y faisait pas connaître les chanceliers de ce prince et les principaux officiers qui ont travaillé sous la direction des chanceliers. Il est indispensable de réunir ici quelques renseignements sur leur caractère, sur la carrière qu'ils ont parcourue et sur la part qu'ils ont prise à l'expédition régulière des affaires dans toutes les parties des vastes États du premier roi de la dynastie des Plantegenêts[1].

Je ne mettrai pas en tête de la liste un prélat qu'on a parfois considéré comme le premier des chanceliers de Henri II : Néel, évêque d'Ély. Il ne saurait prétendre à ce titre, qu'on a voulu lui attribuer en s'appuyant sur une mauvaise lecture de la charte par laquelle Henri II concéda à Guillaume, comte d'Arundel, le château et l'honneur d'Arundel. La liste des témoins de cette charte, telle qu'elle est publiée dans la dernière édition de Rymer, contient ces mots : « Theo. archiepiscopo Cantuar.; Hill. episcopo Cicestr.; N. episcopo de Ely et cancellario; Hugh., comite de Norff. ». Il y a là une faute de ponctuation. Comme Edw. Foss[2] l'a très bien dit en 1848, il faut certainement lire « N[igello], episcopo de Ely, T[homa] cancellario. » J'ai dû mentionner ici cette rectification, parce que le Rév. R. W. Eyton[3] a considéré Néel, évêque d'Ély, comme le premier chancelier de Henri II.

J'omettrai également le prétendu *magister Rodulfus cancellarius*, qui aurait expédié une charte de Henri II le 7 juin de la cinquième année du règne, en faveur des Bons hommes de Monnais[4]. On verra plus loin, au chapitre IX

---

[1] Un mot suffira pour indiquer les clercs qui ont été employés à la chancellerie du temps que Henri n'était que duc de Normandie. « Matheus, doctor meus, et Mauricius, cancellarii mei clericus (44*). — Mauricius de Sigillo (20*). — Ricardus cancellarius (2*, 6*, 8*, 12*, 21, 38*). — Per Rogerium, archidiaconum [Baiocensem] (55*). — Willelmus cancellarius (13*, 16*, 34*, 48*, 50*, 65*). »

[2] *The Judges*, t. I, p. 166.

[3] P. 2 et 316.

[4] N° 91 de notre Recueil.

concernant les pièces fausses, que la charte de Monnais ne mérite aucune confiance.

Les quatre dignitaires qui ont eu le titre de chancelier ou de vice-chancelier sous le règne de Henri II sont : Thomas Becket, Geoffroi Ridel, Raoul de Wanneville et Geoffroi, fils du roi. A ces quatre personnages, il faut ajouter maître Gautier de Coutances, qui, s'il n'a pas eu officiellement le titre de chancelier, en a exercé les fonctions.

Thomas Becket. 1155-1162. — Le premier et le plus célèbre des chanceliers de Henri II est Thomas Becket, qui dirigea le service, pendant les huit premières années du règne, avec la plus grande distinction et la plus scrupuleuse vigilance. Il était alors archidiacre de Cantorbéry. Il dut entrer en fonctions aussitôt après l'avènement de Henri II.

Thomas Becket paraît ne s'être guère éloigné de la cour du roi tant qu'il fut chancelier, et comme Henri II a quitté l'Angleterre à la mi-août 1158[1] et n'y est rentré que le 2 janvier 1163, jour de son débarquement à Southampton[2], il en résulte que les actes de Henri II datés d'une localité anglaise et souscrits par le chancelier Thomas sont nécessairement antérieurs au mois d'août 1158, puisque Thomas cessa d'être chancelier en 1162.

D'autre part, nous savons que Thomas Becket était en Normandie, à la cour du roi, quand arriva la mort de Thibaud, archevêque de Cantorbéry (18 avril 1161). Quelques mois après, vraisemblablement après la fête de Noël, Henri II le renvoya en Angleterre, dans la pensée de lui assurer la succession de l'archevêque Thibaud[3]. Le candidat du roi fut élu au mois de mai 1162 et sacré archevêque le 3 juin suivant[4]. Il est donc infiniment probable que les actes de Henri II, expédiés des provinces françaises en présence du chancelier Thomas, sont au plus tard de la fin de l'année 1161 ou

---

[1] « Henricus rex mense augusto transfretavit in Normanniam. » Robert de Torigni, t. I, p. 311. — « Vigilia Assumptionis sancte Marie transfretavit in Normanniam. » Additions du moine du Bec, ibid., t. II, p. 167. Des allusions à l'embarquement du roi, qui eut lieu probablement à Portsmouth, se trouvent dans le Pipe Roll de la quatrième année du règne :

« In venatione regis portanda ad Portesmuam, 4 sol. (p. 115); in liberatione sciprorum [esquifs] in passagio regis, 7 l. » (p. 175)

[2] « In Angliam rediens, apud Hamonis portum applicuit viii kalendas februarii. » Rad. de Diceto, t. I, p. 308.

[3] Gervais de Cantorbéry, t. I, p. 169.

[4] Ibid., p. 170.

III. CHANCELIERS DE HENRI II.

du commencement de 1162. J'ai donc rattaché à la période antérieure à l'année 1162 les actes datés d'une localité française et mentionnant la présence du chancelier Thomas.

Le chancelier Thomas est désigné dans les chartes sous des formes diverses : *Thomas, Th., Tomas, T., Thomas cancellarius, Th. canc., Th. cancellarius regis*, parfois tout simplement *Cancellarius*[1].

Dans certains cas, il est témoin unique. Le plus souvent il est en compagnie de plusieurs dignitaires ecclésiastiques ou civils, de barons ou de clercs qui fréquentaient la cour du roi. La place qu'il occupe sur les listes est toujours la même : les archevêques, les évêques et les frères du roi ont seuls le pas sur lui; viennent à sa suite les prélats d'un rang inférieur aux évêques, tels que les archidiacres, les doyens, les trésoriers et les doyens, puis les dignitaires et fonctionnaires laïques et les clercs. Les exemples suivants feront comprendre le système suivi pour l'ordre dans lequel sont nommés les témoins.

Teste cancellario. Apud Rothomagum. (Livre noir du chapitre de Bayeux, n° 31.)

Teste Thoma cancellario. Apud Lemovicas. (Livre noir du chapitre de Bayeux, n° 34.)

Testibus : Thoma cancellario, Rogero archidiacono, Ricardo de Humetis constabulario. Apud Leones. (Livre noir du chapitre de Bayeux, n° 33.)

Testibus : Herberto Abrincensi episcopo, Thoma cancellario regis, Manasserio Biseth dapifero regis, Rogerio de Calleio. Apud Rothomagum. (Vidimus de 1396, Arch. de la Manche, *abbaye de Cherbourg*.)

Testibus : Philippo episcopo Baiocensi, et T. cancellario, et Roberto de Novo Burgo, et Manass. Biset dapifero, et Bernardo de Sancto Walerico. Apud Argentomum. (Vidimus au Trésor des chartes, reg. LXII, pièce 121, *Bourgeois de Domfront*.)

Teste cancellar. Apud Novum Burgum. (Cartul. de L'Estrée, fol. 12, n° 17.)

Testibus : Arnulfo Lexoviensi, Philippo Baiocensi et Ricardo Lundoniensi, episcopis, Willelmo fratre regis, Thoma cancellario, Ricardo de Humetis, Garino Filio Geroldi, Man. Biset, Rodberto de Novo Burgo, Roberto de Dunstanvilla, Jocelino de Baillolio, Nicholao de Stuttevilla. Apud Westmonasterium. (Original, Arch. de la Seine-Inf., *Fécamp*.)

Testibus : cancellario, et Nicolao de Sigillo, et Ricardo de Luci, et Willelmo Maleti dapifero, et Roberto de Sancte Marie Ecclesia, et Hamone Boterello, et Reginaldo de Curtenaio. (Vidimus de 1325, Trésor des chartes, reg. LXII, n° 416. *Lépreux de Pont-Audemer*.)

---

[1] La lettre de l'année 1161 (n° 133 B de notre Recueil), au bas de laquelle se trouvent les mots *per manum magistri Thome cancellarii nostri*, ne doit pas être prise en considération. La fausseté en sera démontrée dans le chapitre IX.

THOMAS BECKET. 91

Collaborateurs de Thomas Becket. — Le principal collaborateur du chancelier Thomas Becket paraît avoir été Geoffroi Ridel, auquel sera consacré l'article suivant (p. 92).

Une charte du commencement du règne, des années 1157-1159, a été expédiée en faveur de l'abbaye de Saint-Étienne de Caen, *per Rogerium de Warwic*, pour faire exécuter une décision de la cour du roi, devant laquelle les moines avaient fait la preuve de leurs franchises, ce qui avait été certifié par une charte du sénéchal Robert du Neubourg[1]. La présence du chancelier Thomas n'est point mentionnée dans l'exécutoire du roi.

Roger de Warwick, qui fut chanoine de la cathédrale de Rouen, figure, en 1179, à la suite du chancelier Raoul de Wanneville, dans le procès-verbal de la translation du corps de saint Romain, célébrée à Rouen le 17 juin 1179[2].

On peut se demander si Roger de Warwick ne serait pas le même que le chapelain Roger, qui fit longtemps partie de la maison du roi[3] et qui figure comme unique témoin dans la charte des moines d'Évron[4] terminée par cette clause : « Teste Rogero capellano. Apud Ebronium. »

Sous les ordres de Thomas Becket devait travailler à la chancellerie un fonctionnaire désigné sous la dénomination de *Nicolaus de Sigillo*. Sa présence est signalée dans une charte de la léproserie de Saint-Gilles de Pont-Audemer[5], tout à côté de Thomas. Il est pareillement nommé dans des chartes délivrées aux chanoines de Lincoln et aux religieuses de Little Mareis[6].

Nicolas du Sceau figure dans le rôle de 1160-1161 comme débiteur envers le roi de deux éperviers[7], et comme chargé de présider à l'envoi en Normandie des biches du roi[8]. En 1173, il eut à lever une imposition dans une partie du royaume[9]. Un article du *Liber niger Scaccarii* peut être cité à propos de Nicolas du Sceau.

Dans le chapitre où nous voyons que le chancelier et le *magister scriptorii*

[1] N° 74 de notre Recueil.
[2] Plus loin, p. 101.
[3] N°⁵ 175, 226, 308, 333, 406, 489.
[4] N° 508.
[5] N° 132.
[6] *Mon. angl.*, t. IV, p. 275, et t. VI, part III, p. 1276.
[7] « Et [debet] pro Nicolao de Sigillo, II accipitres. » *Pipe Roll* VII *H. II*, p. 15.
[8] « In liberatione III navium ad portandas damas regis ultra mare 15 libras, per visum Nicolai de Sigillo. » *Ibid.*, p. 56.
[9] *Pipe Roll* XIX *H. II*, p. 28, 75 et 170.

faisaient partie de la maison du roi et que des allocations leur étaient attribuées par le règlement des dépenses de l'hôtel, il est dit que Henri II avait augmenté les prérogatives dont jouissait « Robertus de Sigillo »[1].

Gervais de Chichester fut un auxiliaire attitré du chancelier Thomas Becket. Robert, abbé du Mont-Saint-Michel, lui concéda l'église de Basinges[2], et une charte du roi, relative aux églises de Pontorson[3], se termine ainsi : « Teste Roberto de Novo Burgo. Apud Sanctum Jacobum. Per Gervasium clericum cancellarii. »

Des chartes royales du temps de Thomas Becket portent la souscription d'un certain Richard, qui est qualifié de *scriptor* ou de *scriba*[4].

Une charte du roi (n° 135), connue seulement par une version moderne insérée dans le Cartulaire de Cérisi, a été expédiée par le chapelain Daniel; le seul témoin mentionné dans l'acte est l'évêque d'Évreux, probablement Rotrou, qui fut élevé en 1164 à la dignité d'archevêque de Rouen. L'acte semble bien pouvoir être rapporté à l'époque où Thomas Becket dirigeait la chancellerie.

On en peut dire autant d'une charte de l'abbaye de Fécamp (n° 39), qui se termine par les mots : « apud Niweham, per Willelmum de Haia ».

Au nombre des clercs qui étaient attachés à la chancellerie du temps de Thomas Becket et de Geoffroi Ridel, son successeur, doit se placer un chapelain du roi qui, dans les chartes attestées par lui[5], est appelé *Gaufridus regis capellanus*, et *Gaufridus Anglicus capellanus*.

II. GEOFFROI RIDEL. — Geoffroi Ridel[6], qui travailla sous les ordres de Thomas Becket, lui succéda à la fois comme directeur de la chancellerie et comme archidiacre de Cantorbéry. Le Rév. Eyton[7] ne croit pas qu'il ait eu officiellement le titre de chancelier, il le considère comme ayant été vice-

---

[1] Ed. Hearne, p. 341.
[2] Orig. Archives de la Manche, n° 129 de notre Recueil.
[3] Orig. Archives de la Manche, fonds du Mont-Saint-Michel. — N° 64 de notre Recueil.
[4] N°° 76, 124, 127
[5] N°° 65, 110, 111, 124, 175, 333.
[6] Ce personnage doit être de la même famille que le *Gaufridus Ridel* qui, dans le dénombrement de ses fiefs, baillé à Henri II, se dit fils de Richard Basset (*Liber niger Scaccarii*, t. I, p. 209), et dont il y a une charte publiée en fac-similé dans le recueil de Warner, n° 42. — « Gaufridus Ridellus » figure dans le Pipe Roll de 1155-1156, p. 7.
[7] P. 151, 174 et 316.

chancelier. Je suis porté à partager l'opinion du Rév. Eyton, et je renonce à faire état d'une charte dans laquelle j'avais, un moment, cru voir le titre de chancelier donné à Geoffroi Ridel.

Il s'agit d'une charte de l'abbaye de Marmoutier, relative au pressoir de Bouër, dans le Maine, qui nous est connue par un vidimus des archives de la Sarthe [1] et par une copie moderne de la Bibliothèque nationale [2]. La date de lieu qui devait terminer la pièce a disparu et la liste des témoins est ainsi conçue :

> Testibus : cancellario Gaufrido Ridel, Guillelmo Martini et magistro Germano, scriptoribus meis, Gaufrido Anglico et magistro Stephano Fulgeriense, capellanis meis, Guillelmo, episcopo Cenomannensi, Gaufrido Andegavensi, Rotrodo Ebroicensi, Petro Filio Guidonis, custode turris Cenomannensis, Guillelmo Filio Haimonis et Guillelmo de Lanvalaio.

J'ai copié cette charte sans y mettre aucun signe de ponctuation après le mot *cancellario*. La question à résoudre consiste à savoir s'il faut insérer une virgule entre les mots *cancellario* et *Gaufrido Ridel*. Sans la virgule, la qualification de *chancelier* peut s'appliquer à Geoffroi Ridel; avec la virgule, elle désigne Thomas Becket qui, dans nombre de listes de témoins, figure sous la simple dénomination de *cancellarius*. Ce qui m'a décidé à attribuer à Thomas Becket la première des souscriptions de la charte de Marmoutier, c'est l'analogie que cette souscription présente avec la souscription de deux chartes originales de Saint-Étienne de Caen, dont j'ai en ce moment la photographie sous les yeux [3] :

> Testibus : ... Thoma cancellario, Gaufrido Ridello... Apud Baiocas.
> Testibus : ... Thoma cancellario, Gaufrido Ridello, Gaufrido capellano, Willelmo Filio Martini... Apud Cadomum.

Je considère aussi comme antérieure à l'abandon par Thomas Becket des fonctions d'archidiacre de Cantorbéry la charte de l'abbaye de Beaubec [4] dont la première souscription est celle de *magister Gaufridus Ridellus*, qui ne prend pas encore le titre d'archidiacre de Cantorbéry.

---

[1] Cité par Round, n° 1183.
[2] Collection Moreau, 80, fol. 178.
[3] N°˚ 108 et 111 de notre Recueil.
[4] L'original de la charte, qui est datée de Rouen, est conservé au Musée britannique, Harley, 111. B. 43.

III. CHANCELIERS DE HENRI II.

Il est donc possible que Geoffroi Ridel n'ait jamais eu officiellement le titre de chancelier, mais il est certain qu'il a dirigé la chancellerie royale depuis la retraite de Thomas Becket (1162) jusqu'au 1er mai 1173, date de l'élection dudit Geoffroi à la dignité d'évêque d'Ély[1]. Il fut aussitôt intronisé, le 17 du même mois[2], quoiqu'il ne dût être sacré que le 6 octobre 1174[3]. Ce qui est certain c'est qu'il a été un administrateur très actif, et tout porte à croire qu'il a mérité les éloges qui lui ont été décernés par l'auteur du *Dialogus de Scaccario*[4].

Le caractère auquel on reconnaît les actes auxquels Geoffroi a pris part comme chancelier, ou faisant fonctions de chancelier, c'est la place à laquelle il est placé sur la liste des témoins. Dans toutes les pièces où la qualification d'archidiacre de Cantorbéry lui est donnée, il n'est primé que dans une charte, où le premier rang a été réservé à l'Impératrice Mathilde, et dans quatre autres où les premières places sont données aux archevêques ou évêques. Geoffroi est le seul témoin d'une charte de sauvegarde accordée à l'abbaye de Fontevrault[5], et quand une charte n'est attestée que par un témoin, cet unique témoin est d'ordinaire un officier de la chancellerie.

En dehors même de la chancellerie, la carrière de Geoffroi a été très remplie, et je ne saurais passer entièrement sous silence la part qu'il a prise au gouvernement des États anglo-normands pendant une trentaine d'années.

Nous le trouvons à la cour du roi au mois de mars 1163[6]. En 1164 il eut à remplir une mission auprès du pape Alexandre III, et, à cette occasion, il est qualifié de *clericus regis*[7]. Il siégeait à l'Échiquier à Westminster en 1165[8]. Dans les troubles religieux qui agitèrent le règne de Henri II, il prit si ouvertement parti contre l'archevêque de Cantorbéry qu'il fut frappé d'excommunication en 1169[9].

Un article du compte de l'année 1168-1169 nous autorise cependant à

---

[1] *Monast. Anglic.*, t. I, p. 463.
[2] Le jour de l'Ascension. *Ibid.*, d'après *Anglia sacra*, t. I, p. 631.
[3] Gervais de Cantorbéry, t. I, p. 251.
[4] Éd. Stubbs, 1874, p. 184.
[5] « Teste Gaufrido, archidiacono Cantuariensi. Apud Salmurum. » Cartul. de Fontevrault, fol. 26 v°.
[6] *Gesta abbatum Sancti Albani*, t. I, p. 153.
[7] Hoveden, t. I, p. 223.
[8] Madox, *Formul.*, p. xix.
[9] Robertson, *Materials*, t. VI, p. 559.

croire qu'à un moment donné il avait sincèrement voulu s'interposer pour amener la réconciliation du roi et de l'archevêque : « Archidiaconus de Cantuaria debet 100 libras pro pleg. Thome archiepiscopi[1]. »

Le rôle qu'il avait joué dans la lutte qui devait se terminer par l'assassinat de l'archevêque ne l'empêcha pas de pouvoir aspirer à l'évêché d'Ély. Aussitôt que la mort de Néel, arrivée le 30 mai 1169, eut rendu le siège vacant, il se fit attribuer la ferme du revenu des manoirs de ce riche bénéfice. Le compte qu'il en rendit en 1170 est ainsi exposé sur le Pipe Roll de cette année [2] :

> Episcopatus de Ely. Galfridus, archidiaconus Cantuariensis reddit compotum de 871 l. et 3 d. de firma maneriorum episcopatus de Ely hoc anno, et de firma hundredi de Ely; et de 17 l. et 7 d. de redditu anguillarum que pertinent ad coquinam episcopi. Summa 888 l. et 10 d.[3].

De semblables comptes furent rendus, dans les mêmes conditions, en 1171 et en 1172. Le compte des reliquats de la ferme fut rendu en 1173 au nom de *Gaufridus Elyensis electus*[4].

Élu évêque d'Ély et intronisé le 17 mai 1173, il ne fut sacré que le 6 octobre 1174 et installé le 13 du même mois[5].

Tout en s'occupant des affaires de son évêché, Geoffroi continua à se tenir à la disposition du roi et remplit avec zèle les missions dont il fut chargé : en 1176 il conduit jusqu'à Saint-Gilles la fille de Henri II, la princesse Jeanne, qui devait épouser le roi de Sicile[6]. Au mois de juin 1177, il est envoyé d'Angleterre en Normandie, et de là à la cour du roi de France[7]. Il siège à l'Échiquier en 1180[8] et, le 1er décembre 1182, il se trouve à la cour du roi, à Westminster[9]. La même année, il est désigné pour veiller à l'exécution de mesures charitables prescrites par le testament du roi[10]. Nous le

---

[1] *Pipe Roll* xv H. II, p. 163.
[2] *Pipe Roll* xvi H. II, p. 95.
[3] *Pipe Roll* xvii H. II, p. 115; anno xviii, p. 115.
[4] *Pipe Roll* xix H. II, p. 132 et 161.
[5] Rob. de Torigni, t. II, p. 37. — R. de Diceto, t. I, p. 368, 392 et 395. — *Gesta Henrici*, t. I, p. 30. — Hoveden, t. II, p. 56. — Gervais de Cant., t. I, p. 243 et 251.
[6] *Gesta Henrici*, t. I, p. 119, 120, 127.
[7] *Ibid.*, t. I, p. 168.
[8] Madox, *Exch.*, p. 744.
[9] *Ibid.*, p. 77, note r.
[10] Testament inséré dans la Chronique de Gervais de Cant., t. I, p. 299.

retrouvons le 30 octobre 1183 à la session de l'Échiquier rassemblé à Westminster[1].

Il mourut à Winchester le 20 août 1189[2].

On connaît un certain nombre des collaborateurs de Geoffroi Ridel.

Collaborateurs de Geoffroi Ridel. — A la fin d'une charte royale, confirmation d'une donation faite à Richard d'Ilchester, sont mentionnés, immédiatement après le chancelier, plusieurs des collaborateurs de Geoffroi : maître Étienne de Fougères, les deux chapelains Geoffroi et Nicolas, et maître Jean Cumin[3]. Ce dernier doit être le futur cardinal, archevêque de Dublin; son nom[4] et celui du chapelain Nicolas[5] se retrouvent parmi les témoins de plusieurs autres actes de Henri II.

Étienne de Fougères. — Étienne de Fougères, clerc très lettré[6], qui fut élevé en 1168 à la dignité d'évêque de Rennes, et qui mourut en 1178, occupa, du temps de Geoffroi Ridel, un des postes les plus en vue dans les bureaux de la chancellerie. Il y était entré du temps de Thomas Becket. C'est, je crois, en qualité de rédacteur qu'une charte expédiée en 1161 ou 1162 pour les chanoines de Saint-Barthélemi de Londres[7] le désigne dans une note ainsi conçue : *Per manum Stephani de Fulgeriis.* Des notes analogues se trou-

---

[1] Madox, p. 57, note *b*.
[2] *Gesta Henrici*, t. II, p. 78.
[3] « Testibus : Gaufrido archidiacono Cantuariensi, Gaufrido capellano regis, et magistro Stephano de Fulgeriis, et Nicholao capellano, magistro Johanne Cumin et magistro presbitero (*sic*) comitis Hugonis (*sic*) de Norfolco, Man. Biset dapifero, Willelmo Malet, Goscelino de Baliolo, Alano Filio Jordani, Ricardo pincerna. Apud Wintoniam. » *Monast. anglic.*, t. VI, p. 436.
[4] N°⁸ 162, 163, 436 et peut-être 553.
[5] N°⁸ 226, 228, 292, 333, 377 et 489.
[6] Voir *Hist. litt. de la France*, t. XIV, p. 10. — *Gallia christ.*, t. XIV, col. 750. — A. de La Borderie, *Hist. de Bretagne*, t. III, p. 255-268. — Voir aussi les ouvrages cités dans la *Bio-bibliographie* du chanoine Ul. Chevalier, t. I, col. 1377. Il faut surtout y ajouter la très importante étude que M. Ch.-V. Langlois a consacrée au *Livre des manières*, dans le volume intitulé : *La Vie en France au moyen âge d'après quelques moralistes du temps* (Paris, 1908), p. 1-29.
[7] Au Record Office, *Cartæ antiquæ*, L (citation du Rév. Eyton, p. 53). — A la même période de la vie d'Étienne appartient la charte de Guillaume Longue-épée pour les religieuses de Notre-Dame de Mortain, au bas de laquelle est la souscription de : « magister Stephanus Filgeriensis ». (*Rotuli Scaccarii Norm.*, t. II, p. ccxv.)

vent à la fin des chartes des abbayes de Foucarmont[1], de Saint-Florent[2], de Fécamp[3] et de Furness[4]. A deux chartes du Mont-Saint-Michel (n°⁵ 162 et 163), le copiste du Cartulaire[5] a ajouté la note *Data per manum magistri Stephani*, avec la date 1166.

Le rang qu'Étienne avait occupé dans les services de la maison du roi est indiqué par une charte de Marmoutier[6], qui énumère ainsi, avant les évêques, le chancelier, les écrivains ou notaires et les chapelains : « Testibus : cancellario, Gaufrido Ridel, Guillermo Martini et magistro Germano scriptoribus meis, Gaufrido Anglico et magistro Stephano Fulgeriense capellanis meis ».

Une charte de l'abbaye de Saint-Edmondbury, datée de Porchester, nous apprend qu'Étienne était chantre de Mortain, probablement en 1166[7]. Le titre de chantre de Mortain lui est aussi donné dans la charte par laquelle le roi octroya les coutumes de Verneuil aux bourgeois de Pontorson[8].

Aussitôt nommé évêque de Rennes, en 1168, avant même d'être sacré, Étienne intervint comme témoin en qualité de *electus Redonensis*[9]. Il joue le même rôle après son sacre, comme l'attestent plusieurs chartes, les unes antérieures au changement du protocole[10], les autres postérieures[11]. En 1172 il se

---

[1] « Per manum Stephani de Fulgeris scriptoris. Apud Rothomagum. » Charte du temps du chancelier Thomas, en original aux archives de la Seine-Inférieure.

[2] Charte du pont de Saumur : « Per manum magistri Stephani capellani ». Livre rouge de S. Florent, fol. 24; Livre d'argent, fol. 40. La souscription est omise dans le vidimus que Teulet a publié (*Layettes du Trésor des chartes*, t. I, p. 87).

[3] Cartulaire à la Bibliothèque de Rouen, fol. 6 v°.

[4] Charte de l'abbaye de Furness, dans *Monast. anglic.*, t. V, p. 248.

[5] Fol. 122 v°.

[6] Collection Moreau, vol. 80, fol. 178. La présence simultanée du chancelier [Thomas] et de Rotrou, évêque d'Évreux, prouve que la date de la charte est au plus tard de 1161.

[7] « Magister Stephanus de Fulgeriis, precentor de Moretonio. » Chron. de Joscelin de Brakelond, citée par Eyton, p. 50 et 92.

[8] « Stephano, capellano regis et cantore Moretonii. » N° 173 de notre Recueil.

[9] Charte de l'abbaye de Blanchelande, aux Archives de la Manche.

[10] Cartulaire du prieuré du Plessis, t. I, n° 849. — Charte de Saint-Martin d'Angers; original, Arch. d'Indre-et-Loire.

[11] Charte pour les chanoines de Saint-Martin de Tours; original aux Archives d'Indre-et-Loire. — Charte de la commune de La Rochelle; *Biblioth. de l'École des chartes*, 1858, t. XIX, p. 156. — Cartul. de l'abb. de Préaux, fol. 28 v°. — Charte pour les religieuses de Lisieux; original, Arch. du Calvados. — Charte pour les chapelains de Saint-Laud d'Angers; Biblioth. d'Angers, ms. 680.

trouva au Mans avec les deux légats, maître Albert, cardinal de Saint-Laurent *in Lucina*, et Téotin, cardinal de Saint-Vital[1]. La même année il ajoute sa confirmation à un accord conclu au profit de l'abbaye de Saint-Aubin d'Angers[2].

Dans les actes émanés d'Étienne de Fougères à l'époque où il était évêque de Rennes, il est à remarquer que, sans doute par un sentiment d'humilité, il s'appelait simplement prêtre de l'église de Rennes : « Ego Stephanus, Dei gratia Redonensis ęcclesię presbiter et regis capellanus ». Il prend les mêmes titres en 1169 dans une charte du prieuré de Fougères[3], ainsi que dans deux chartes accordées à l'abbaye de Savigni[4] en 1170 et 1174.

Guillaume Martin et Germain. — A la fin d'une charte de Marmoutier[5], tout à côté de Geoffroi Ridel, sont inscrits Guillaume Martin et maître Germain, que le roi qualifie de « mes écrivains » (*scriptores mei*). Le premier n'est-il pas le Guillaume, chapelain, dont le nom suit celui du chancelier dans une charte de l'abbaye du Valasse[6]? Quant à l'autre, c'est le clerc qui est appelé « Germanus, scriptor regis » dans une charte de Hugues, comte de Chester[7], et qui dut écrire une charte accordée à l'abbaye de Saint-Étienne de Caen, pour confirmer une concession faite à cette abbaye.

Raoul Fils d'Urselin. — Il faut aussi, je crois, ranger parmi les actes de l'administration de Geoffroi Ridel une charte d'exemption de droits de tonlieu accordée à l'abbaye du Val-Notre-Dame, près Pontoise : elle mentionne un officier de la chancellerie dont je n'ai pas rencontré ailleurs le nom, Raoul Fils d'Urselin : « Teste Manasse Biset, dapifero. Per Radulfum Filium Urselini[8] ».

Gautier de L'Ile. — Un des auxiliaires de Geoffroi Ridel était un certain « maître Gautier », qui paraît avoir été le porte-scel en 1166, au moment où

---

[1] Charte de Locmaria; Lobineau, *Hist. de Bretagne*, t. II, p. 308.
[2] « Stephanus, Redonensis ecclesie presbiter et regis Anglie capellanus, hanc convenientiam confirmo. » *Cartul. de S. Aubin*, éd. de Bertrand de Broussillon, t. II, p. 149.
[3] Original aux Archives d'Ille-et-Vilaine.
[4] Cartul. de Savigni, n°ˢ 305 et 342.

[5] Collection Moreau, vol. 80, fol. 178. — N° 111 A de notre Recueil.
[6] Cartulaire du Valasse, t. II, fol. 114 v°. — N° 320 de notre Recueil.
[7] Voir ce qui est dit dans le chapitre II (p. 50) de la charte relative à Bretteville-l'Orgueilleuse.
[8] N° 243 de notre Recueil.

le roi était le plus irrité contre Thomas Becket. On lui reprocha de n'avoir pas arrêté un courrier qui portait des dépêches du pape à l'archevêque de Cantorbéry. De ce chef, il encourut la disgrâce du roi, qui lui retira le sceau des mains, mais qui le lui rendit un peu plus tard [1]. Ce doit être le « magister Walterus de Insula », qui figure à côté de deux chapelains du roi, au bas d'une charte de Henri II pour l'église du Mans [2]. Nous savons, par une lettre de Jean de Salisbury [3], que maître Gautier de l'Ile était à la cour du roi en 1166.

Les comptes des années 1172-1174 mentionnent la pension que maître Gautier touchait sur les revenus de l'abbaye de Hide, près de Winchester [4].

Les articles suivants des Pipe Rolls prouvent qu'il avait une charge dans la maison du roi :

1173. Magistro Waltero de Insula, 60 marcas, ad portandum regi in Normannia (a. xix, p. 186.)

1176. Pro vino quod Stephanus de Turonis misit domino regi ponendo in cellario apud Hantoniam et ducendo apud Clarendonam et Wintoniam et Londinum, 67 s. et 2 d., per breve regis et per visum magistri Walteri de Insula... (a. xxii.)

Maître Gautier de l'Ile ne doit pas être confondu avec un *Walterus de Insula* qui vivait à la même époque et dont le nom revient plusieurs fois dans les Pipe Rolls; celui-ci, du consentement de son fils Geoffroi, fit une donation à l'abbaye de Quarr [5].

III. RAOUL DE WANNEVILLE (1173-1182). — A Geoffroi Ridel, monté sur le siège épiscopal d'Ély en 1173, succéda Raoul de Wanneville [6], sacristain

---

[1] S. Thomas, recueil de Giles, t. IV, p. 185 et 261 (cité par Eyton, p. 100, note).

[2] *Livre blanc de l'église du Mans*, p. 5, n° VIII.

[3] Édit. Giles, t. I, p. 219. — Il existe des lettres de Jean de Salisbury adressées à maître Gautier de l'Ile; *ibid.*, t. I, p. 332, et t. II, p. 20.

[4] *Pipe Rolls* XVIII H.II, p. 4; XIX, p. 56; XX, p. 137.

[5] Madox, *Formul.*, p. 189, n° 316.

[6] *Gesta Hen. II*, t. I., p. 278. — Rad. de Diceto, à l'an 1173, t. I, p. 367 : « Radulfus de Warnevilla, Rotomagensis sacrista, thesaurarius Eboracensis, constitutus est Angliæ cancellarius. Qui modum vivendi, parum a privato dissimilem, quem prius semper habuerat, non immutavit, malens Waltero de Constanciis, canonico Rotomagensi, vices in curia regis committere, quam circa latus principis

13.

100   III. CHANCELIERS DE HENRI II.

de l'église de Rouen, qui conserva les fonctions de chancelier jusqu'en 1182, date à laquelle il fut nommé évêque de Lisieux.

Le nom de ce dignitaire se présente sous la forme *Wannevilla, Wennevilla, Wandevilla, Warneville, Wernevilla*[1].

Un peu avant l'année 1162, Raoul était trésorier de l'église de Rouen, et il prit à ferme un manoir anglais du chapitre[2]. En 1175 un des comptables anglais lui paya une somme de 100 livres[3].

Raoul de Dicet signale l'insouciance et la parcimonie dont il fit preuve pendant qu'il occupait le poste de chancelier[4].

Des reproches beaucoup plus graves furent adressés à Raoul de Wanneville par Pierre de Blois, qui s'indignait d'actes d'avarice et de dureté qui contrastaient avec la largesse de son prédécesseur à la chancellerie[5].

Raoul donnait toute sa confiance à Gautier de Coutances, qui devait être son lieutenant, et dont il favorisa les intrigues tendant à supplanter Arnoul, évêque de Lisieux, dans les bonnes grâces du roi[6].

Parmi les actes du chancelier Raoul qui nous sont parvenus, il en est un dont les archives de la Seine-Inférieure possèdent l'original et qui, rédigé de concert avec Guillaume de Malpalu, justicier du roi, et Barthélemi, maire de Rouen, est important pour l'histoire des débuts de la mairie de cette ville[7].

---

militantes, expensis profusioribus, lautioribus mensis, ad sui gloriam nominis propagandum, per dies singulos invitare. » — Raoul de Wanneville appartenait sans doute à la même famille qu'un certain « Adam de Wannevilla », peut-être justicier du roi, qui fut témoin d'une charte de Robert, doyen de Rouen, pour les lépreux du Mont-aux-Malades. Arch. nat., S. 4889, n° 6.

[1] Cette dernière forme est donnée par une charte de Richard Cœur-de-lion, qui est en original au Trésor des chartes (J. 655, n° 1) et qui doit être des premiers mois du règne de Richard.

[2] « Ego Radulfus, Rothomagensis ecclesie thesaurarius... De manerio autem de Killon, quod a capitulo Beate Marie anno Verbi incarnati M°C°LX°II° usque ad IIII annum... suscepi tenendum... » Cartul. de la cathédrale de Rouen, fol. 50, n° 55.

[3] « Randulfo de Wandevilla (*al.* de Wadnevilla) cancellario, 100 libras. » *Pipe Roll xxi H. II*, p. 171.

[4] Plus haut, p. 99, note 6.

[5] « Decessor equidem tuus gratia hospitalitatis munificæ et effusæ liberalitatis magnificentia celeberrimos famæ titulos acquisivit; sed quantum memoria illius ascendit in gloriam, tantum damnatissimum nomen tuum in confusionem et opprobrium te dejecit. » *Petri Blœsensis Epistolæ*, ep. xci, dans la Patrologie de Migne, vol. CCVII, col. 289. Il doit s'agir d'Arnoul, évêque de Lisieux.

[6] *Arnulfi Epistolæ*, éd. Giles, p. 286.

[7] « Radulfus, H. regis Anglorum cancellarius, Willelmus de Mala Palude, justiciarius

Raoul assista le 17 juin 1179 à la translation du corps de saint Romain dans la cathédrale de Rouen[1]. Le procès-verbal de la cérémonie, qui le cite avec le titre de *cancellarius regis*, mentionne immédiatement après lui maître Pierre de Blois et Roger de Warwick; les trois personnages forment un groupe de témoins qui a le pas sur l'évêque de Waterford et sur un groupe de six abbés, ce qui me porte à croire que Pierre de Blois et Roger de Warwick figurent à cette place en leur qualité d'officiers de la chancellerie.

En 1180, Raoul était fermier de certains domaines normands de la Couronne, et les comptes qu'il rendit en cette qualité sont inscrits au Grand rôle de l'Échiquier[2].

Au dire de Robert de Torigni[3], Raoul résigna son titre de chancelier en 1182 et reçut en compensation des revenus considérables. Un peu aupara-

(sic) domini regis, et Bartholomeus, major communie Rothomagensis, omnibus ad quos littere presentes pervenerint, salutem. Noverit universitas vestra quod Walterus de Castellione et Emma, uxor ejus, filia Vicecomitisse, dotalitium ejusdem Emme, scilicet decem marcas auri, in domo que fuit Radulfi Filii Stephani, mariti sui, magistro Waltero de Constanciis, thesaurario Rothomagensi, vendiderunt, nobis presentibus, et in presentia quoque nostra partem ultimam precii receperunt, ita quod predictus thesaurarius quiete et integre domum illam, sub predicta summa sibi obligatam, possidebit, sicut predicta Emma eandem a marito suo recepit, donec ab heredibus predicta summa, scilicet x marcarum auri, sibi persolvatur. Fidem quoque predictus Walterus de Castellione dedit, pro se et pro uxore sua, que pregnans erat, quod, si quis moverit adversus dominum thesaurarium super hoc questionem aliquam vel calumpniam, pro posse suo guarantizabunt. Quod ut ratum permaneat et inconcussum, presens scriptum sigillis nostris fecimus communiri. Testes interfuerunt Hubertus Lexoviensis canonicus, magister Theobaldus Turonensis canonicus, Ricardus de Mala Palude, magister Odo de Constanciis, Willel-

mus de Mara, Robertus de Mara frater ejus, Gillebertus Rainfredi, Walterus Filius Geroudi, Nicholaus Groinnet, Hugo et Galfridus filii Vicecomitisse, Clarenbaudus Rufus et alii quam plures, tam clerici quam laici, testimonium debentes veritati. » — Cette charte est connue par l'original et par trois copies qui sont dans le Cartulaire de la cathédrale, fol. 68 v°, 108 v° et 109; n°ˢ 84, 176 et 177.

[1] La Roque, *Hist. de la maison de Harcourt*, t. III, p. 143.

[2] « Radulfus cancellarius reddit compotum de 40 libris de remanente denariorum Warini de Land. fugitivi... — Idem debet 13 libras de remanente veterum placitorum de Valle Rodolii de tempore Willelmi de Curceio.. —Idem debet 50 libras de remanente compoti sui de tallagio Vallis Rodolii... — Radulfus cancellarius debet 8 libras et 7 solidos et 3 denarios de parte sua de remanente compoti de modiatione Rothomagi de tercio anno... — Radulfus cancellarius reddit compotum de 29 libris de reguardo foreste de Bort. » — *Rotuli Scacc. Norm.*, t. I, p. 96 et 97.

[3] « Radulfus de Vennevilla archidiaconus Rothom. renunciavit cancellario regis. » T. II, p. 102.

vant, le roi, au moment de s'embarquer à Cherbourg pour retourner en Angleterre, le 26 juillet 1181, l'avait désigné pour occuper le siège épiscopal de Lisieux[1], en remplacement d'Arnoul, qui avait encouru la disgrâce du roi, et l'élection se fit au cours de l'année 1182[2]. Un dignitaire de la cathédrale de Lisieux, l'archidiacre Jean d'Alençon, connu pour avoir expédié en 1190 un certain nombre de chartes de Richard Cœur-de-lion, l'a ainsi qualifié dans une charte de l'abbaye de Saint-Pierre-sur-Dive : « Radulpho[3], patre nostro, bone fame et pie recordationis Lexoviensi episcopo ».

Raoul ne se contenta pas d'administrer son diocèse jusqu'au jour de sa mort en 1191 ou 1192. Il se fit nommer trésorier du roi à Rouen, et à ce titre il versa, en 1185, 1,700 livres d'esterlins entre les mains du commissaire du comte Guillaume d'Arundel pour payer les travaux considérables exécutés aux châteaux de la marche du Vexin[4].

J'ai recueilli, parmi les pièces d'origine normande, six pièces émanées de Henri II au bas desquelles est le nom de Raoul de Wanneville[5]. Il y est toujours en tête de la liste des témoins, où il ne cède le pas qu'à des évêques et à l'abbé du Bec. Il est témoin unique de la charte de sauvegarde accordée à l'abbaye du Valasse. Tout cela est bien conforme à ce que nous avons constaté au sujet des autres chanceliers.

Je ne fais pas entrer en ligne de compte la charte des privilèges de la

---

[1] Rob. de Torigni, t. I, p. 278. Cf. Hoveden, t. II, p. 260.
[2] Rob. de Torigni, t. II, p. 107.
[3] Ms. français 18952, fol. 28 v°.
[4] « De thesauro Rothomagi, de focagio 1700 l. sterlingorum, per Radulfum Lexoviensem, thesaurarium regis, et Herbertum de Argent. » *Rot. Scacc. Norm.*, t. I, p. 110.
[5] « T. R. Rothom. archiep., Egidio ep. Ebroic., R. canc., Jo. decano Sarisb., R. decano Ebroic., R. comite Legrec., R. de Canvilla, Sim. de Tornebu. Apud Chevilli. » (N° 319.)
« T. Rotr. archiep. Roth., Egidio Ebroic. ep., Rog. abb. Becci, R. canc., Will. de Mandevilla, Ric. de Homet constab., Regin. de Cortenaio, Rob. Marmion... Apud Rothomagum. » (N° 358.)

« T. Rad. de Wannevilla. Apud Cadomum. » (N° 395.)
« T. Rad. de Wand'villa cancellario, mag. Walt. de Costentiis Oxin. archid., Will. Painel Abrinc. archid., comite Joh. Vindoc., Rob. de Stottevilla, Will. Filio Rad. sen. Norm.,... Apud Juliam Bonam. » (N° 416.)
« T. Roberto de Warnevilla canc., Walt. de Constanciis, Sehier de Quenci, Rob. de Stotevilla. Apud Juliam Bonam. » (N° 417.) — Cette charte n'est connue que par une copie dans laquelle le mot *Roberto* a été substitué par erreur à *Radulfo*.
« T. Rad. de Wannevilla canc., mag. Walt. de Constanciis, Seherio de Quenci, Hug. de Cresseyo, Ragin. de Pavilleyo. Apud Juliam Bonam. » (N° 418.)

GEOFFROI FILS DU ROI.

maison de Monnais (n° 91), que j'ai publiée et critiquée dans mon *Examen de treize chartes de l'ordre de Grammont*[1]. La fausseté en est de toute évidence, puisqu'elle porte la date : *Datum apud Cenomannim, per manus Radulfi cancellarii, septima die junii, anno quinto regni nostri*. Henri II n'indiquait pas en quelle année de son règne il expédiait ses chartes, et le chancelier qui était en charge la cinquième année du règne était Thomas Becket.

C'est probablement du temps de Raoul de Wanneville que les fonctions de « sigillator » à la cour de Henri II étaient remplies par un certain « Adam a Gernemute », dont le nom nous a été conservé par Gautier Map[2]. Il est cité en 1174 dans le Pipe Roll de l'année 1173-1174, p. 45.

GEOFFROI FILS DU ROI. — Ce personnage, dont la carrière fut très accidentée, était fils naturel de Henri II. Il ne faut pas le confondre avec le fils légitime du même roi, qui portait le même nom et qui fut duc de Bretagne[3]. Gautier Map, dont le témoignage est assez suspect, a prétendu qu'il était né d'une courtisane publique[4]. Quoi qu'il en soit, il a été traité avec beaucoup d'égards et de sympathie par Giraud le Cambrien, qui a écrit de lui une très intéressante biographie[5]. Ce qui est certain, c'est qu'il a été tout particulièrement l'objet de la bienveillance de Henri II et de Richard Cœur-de-lion.

Geoffroi était encore tout jeune et n'avait pas même reçu l'ordre de la prêtrise quand il fut nommé évêque de Lincoln, en 1173[6]. L'année suivante, il se rendit à Rome pour faire confirmer son élection. Revenu en Angleterre, il fit son entrée dans la cathédrale le 18 juillet 1175[7]. Il alla ensuite achever ses études à Tours[8].

Quelques années plus tard, il reconnut lui-même qu'il ne pouvait guère

---

[1] *Mémoires de la Société des antiquaires de Normandie*, 2ᵉ série, t. X, p. 171-221.
[2] *De Nugis curialium*, V, VI, éd. Wright, p. 231.
[3] La confusion des deux Geoffroi, fils de Henri II, a été commise par l'éditeur du *Cartulaire des Vaux de Cernay*, t. I, p. 21.
[4] *De Nugis curialium*, V, VI, éd. Wright, p. 228 et 235.
[5] *De vita Galfridi archiepiscopi Eboracensis*, dans les œuvres de Giraud le Cambrien, t. IV, p. 357 et suiv.
[6] Raoul de Dicet, t. I, p. 368. — Rob. de Torigni, t. II, p. 37.
[7] Raoul de Dicet, t. I, p. 392, 393.
[8] « Misit eum rex Turonim, ut scholas ibi exerceret et discerret. » *Gesta Henrici II*, t. I, p. 93.

convenablement occuper le poste qui lui avait été confié. Nous possédons la lettre par laquelle il renonça aux droits que son élection pouvait lui conférer. Cette renonciation fut annoncée en 1181, mais la lettre par laquelle la renonciation devint officielle et définitive paraît n'être que de l'année 1182[1].

Le roi lui procura un riche dédommagement, et lui assigna le poste de chancelier, en joignant à cette dignité les archidiaconés de Lincoln et de Rouen, la trésorerie d'York et les deux châteaux de Baugé en Anjou et de Langeais en Touraine[2]. Il se distingua de ses frères par sa piété filiale et par la correction de son attitude au milieu des plus tristes défaillances[3].

Le tableau de sa conduite pendant les derniers jours de Henri II est vraiment touchant, et le récit qu'en a fait son biographe[4] est une page d'histoire remarquable. Le roi, sur son lit de mort, le désigna pour le siège archiépiscopal d'York, qu'il occupa pendant plus de vingt ans.

Il ne doit être ici question que des fonctions de chancelier dont il fut chargé après la retraite de Raoul de Wanneville. Il prend déjà le titre de *regis filius et cancellarius* en 1181 dans la lettre où il annonce qu'en raison de son jeune âge et de son peu d'expérience il n'est pas digne de l'épiscopat[5].

Peut-être Geoffroi avait-il un emploi à la chancellerie avant d'avoir abandonné son titre d'évêque. Ce qui semble l'indiquer, c'est une charte paraissant remonter à l'année 1181, où Geoffroi, évêque élu de Lincoln, figure à une place qui convient parfaitement à un officier de la chancellerie, immédiatement avant maître Gautier de Coutances, qui était précédemment et qui resta encore quelque temps attaché à la chancellerie[6].

Geoffroi est encore cité comme témoin, avec la qualification de *filius et cancellarius meus*, dans la confirmation que le roi Henri II, d'accord avec ses fils Richard, Geoffroi et Jean, accorda aux religieuses de Fontevrault pour la donation d'une rente de 100 livres que la reine Aliénor leur avait assignée

---

[1] *Gesta Henrici*, t. I, p. 271. — Gervais de Cantorbéry, t. I, p. 297. — Gautier Map, *De Nugis curialium*, V, VI, p. 235.

[2] *Gesta Henrici*, t. I, p. 272. — Robert de Torigni, t. II, p. 98 et 102. — Giraud le Cambrien, *Vita Galfridi*, éd. Wharton, t. II, p. 380. — Gautier Map (*De Nugis*, V, VI, p. 237) : « Die cessionis prædicti viri beatili- cavit eum dominus rex cancellaria sua, sigillumque suum appendit collo. »

[3] *Gesta Henrici*, t. II, p. 51 note.

[4] Voir l'opuscule de Giraud de Cambrien, cité dans l'avant-dernière note.

[5] *Gesta Henrici*, t. I, p. 271.

[6] Charte pour Jean Fils de Luc. N° 383 de notre Recueil.

GEOFFROI FILS DU ROI.

sur le minage de Poitiers[1]. L'absence du nom du fils aîné Henri doit-elle faire supposer que la charte est postérieure à la mort de ce prince (11 juin 1183)?

J'ai reconnu une quinzaine de chartes royales dans lesquelles l'intervention du chancelier est formellement annoncée. En voici le relevé avec renvoi aux numéros qu'elles portent dans notre Recueil.

383. Jean Fils de Luc, qui devait être bientôt évêque d'Évreux. — « Gaufridus Lincolniensis electus. » — Argentan.
432. Le prieuré du Plessis. — « G. cancellario filio meo. » — Bur.
434. L'abbaye de Saint-Étienne de Caen. « Gaufrido cancellario filio meo. » — Rouen.
437. Testament du roi. — Waltham.
443. L'abbaye de Fontevrault. — « Ricardo comite Pictavensi, et Gaufrido comite Britannie, et Gaufrido cancellario, filiis meis. » — Chinon.
452. L'abbaye de Valmont. — « Gaufrido filio meo. » — « Apud Selvi castrum. »
453. L'abbaye du Vœu à Cherbourg. — « Gaufrido filio meo. » — Northampton.
481. L'abbaye de Cluni. — « Gaufrido filio meo et cancellario. » — Winchester.
488. L'abbaye de Vendôme. — « Cancellario filio meo. » — Mayet.
543. L'abbaye de Fontevrault. — « Gaufrido filio et cancellario meo. » — Alençon.
545. L'abbaye des Vaux de Sernai. — « Gaufrido cancellario, filio meo. » — Gisors.
546. Le chapitre du Mans. — « Gaufrido cancellario filio meo. » — Le Mans.
547. La chartreuse de Liget. — « G. cancellario meo. » — Le Mans.
548. L'abbaye d'Aunai. — « Gaufrido filio meo. » — Mortain.
556. L'abbaye de Silli. — « G. cancellario et filio meo. » — Apud Andegavim.
560. Le Prieuré de Sainte-Barbe. — « Galfrido cancellario filio meo. » — Bur.
570. Le Prieuré de Longueville. — « Gaufrido cancellario. » — Le Mans.

Je termine ces notes relatives au fils de Henri II par une charte qu'il fit expédier, peu de temps après avoir été élu archevêque d'York[2] et dans laquelle il donne un souvenir à son frère le jeune roi Henri, enterré dans la cathédrale de Rouen :

Gaufridus Dei gracia Eboracensis electus, universis sancte matris Ecclesie filiis, salutem. Noverit universitas vestra nos concessisse, et presentis scripti munimine confirmasse,

---

[1] N° 543 de notre Recueil. — [2] L'élection se fit le 10 août 1189. *Gesta Henrici*, t. II, p. 77.

concessionem et donationem quam dilectus frater noster Johannes comes Moretonii, precibus et voluntate karissimi fratris nostri Ricardi illustris regis Anglorum, et dilecte domine nostre A. Anglorum regine, et pro salute anime sue et patris et fratris nostri Henrici regis junioris, qui in ecclesia Rothomagensi habet sepulturam, fecit domino Waltero Rothomagensi archiepiscopo, et successoribus suis et ecclesie Rothomagensi, super capellania de Blia, cum pertinenciis suis, in puram et perpetuam elemosinam possidenda, sicut in carta ejusdem domini regis et in carta domini Johannis comitis continetur.

Testibus hiis : magistro Simone de Apulia cancellario Eboracensi, G. de Muscamp archidiacono de Cliveland., magistro Roberto de Buketorp, magistro Willelmo Normanno, Radulfo capellano, Petro Radulfi[1].

Cette charte fut renouvelée par le prélat un peu plus tard quand il eut été confirmé en qualité d'archevêque d'York et primat d'Angleterre[2].

V. GAUTIER DE COUTANCES VICE-CHANCELIER. — Le dernier des fonctionnaires de la chancellerie dont il me reste à parler est Gautier de Coutances. Il n'eut pas le titre de chancelier, mais il fut certainement l'un des plus actifs, des plus distingués et des plus influents fonctionnaires de l'administration pendant l'exercice des chanceliers Raoul de Wanneville et Geoffroi Fils du Roi, dont je viens de parler. Il fut en même temps un clerc lettré, qui a légitimement obtenu une place dans l'*Histoire littéraire de la France*[3], et un prélat dont le nom est mêlé à toutes les plus notables affaires religieuses qui agitèrent l'Angleterre et la Normandie sous les règnes de Henri II, de Richard Cœur-de-lion, de Jean Sans-terre et de Philippe-Auguste. Mais il ne saurait être ici question ni du lettré, ni du prélat; je dois m'occuper uniquement du fonctionnaire politique, et presque uniquement de la place qu'il a tenue à la chancellerie de Henri II. Je dois cependant donner sur la première période de sa vie quelques détails nécessaires pour fixer la date de certains actes à l'expédition desquels il a présidé.

Gautier de Coutances n'était point d'origine normande, comme le nom semblerait l'indiquer; il était anglais, natif de Cornouaille. Jean de Schaley[4]

---

[1] Original aux Archives de la Seine-Inférieure, G. 4040.
[2] Round, *Calendar of Documents in France*, t. I, p. 17, n° 62.

[a] T. XVI, p. 535-560. (Article de Dom Brial.)
[4] Vie des évêques de Lincoln, dans les Œuvres de Giraud le Cambrien, t. VII, p. 199.

le dit expressément : « Walterus, de Constantiis dictus, sed re vera de Cornubia natus. » Ce témoignage est confirmé par un catalogue des archevêques de Rouen, remontant au commencement du xiiie siècle[(1)], et dans lequel Gautier est ainsi mentionné : « Hic genere anglicus Cornubiensis ».

À la même famille devait apparfenir Jean de Coutances[(2)], qui, après avoir, comme Gautier, pris place dans le chapitre de Rouen, devint évêque de Worcester en 1196, et probablement encore un maître Eudes de Coutances, qui, lui aussi, pouvait avoir des attaches avec le chapitre de Rouen[(3)].

Il semble bien avoir eu pour frère ou beau-frère un justicier royal, Roger Fils de Rainfroi, dont le neveu Robert Fils de Baudouin Fils de Gervais indique son degré de parenté avec Gautier[(4)]. C'est de ce Robert, neveu de Gautier, qu'il est question dans une lettre adressée à Barthélemi évêque d'Exeter[(5)].

Les études que Gautier de Coutances avait faites, probablement à l'Université de Paris, lui avaient valu le grade de maître, et il est constamment qualifié de *magister* dans tous les actes antérieurs à sa nomination à l'épiscopat.

S'il fallait s'en rapporter à une charte de l'abbaye de Savigni, dans laquelle figure « magister Walterus de Constanciis, Oxenefordie archidiaconus », et qui est datée de 1157, il faudrait admettre que dès lors Gautier de Coutances était au service de Henri II; mais cette charte est un faux maladroitement fabriqué au xive siècle. La fausseté en sera démontrée dans le chapitre IX de cette Introduction.

L'arrivée de Gautier à la cour ne peut guère être antérieure à l'année 1173; elle doit à peu près coïncider avec la nomination de Raoul de Wanneville au poste de chancelier[(6)]. C'est sur le Pipe Roll de l'année 1173-1174 que nous le voyons pour la première fois figurer comme attaché à la maison du roi. Cette année et la suivante il surveilla le transport du trésor royal en Nor-

---

[(1)] Ms. 20 de la bibliothèque d'Alençon, fol. 55. Ce manuscrit est en déficit; je l'avais vu en 1853.

[(2)] Voir le chap. IX.

[(3)] Charte de Raoul de Wanneville, citée plus haut, p. 101, note.

[(4)] On lit dans une charte de Robert, Fils de Baudouin, pour l'abbaye de Tavistock : « per voluntatem avunculorum meorum, scilicet Rogerii Filii Reinfredi, et magistri G. de Constantino sigillarii domini regis. » *Monasticon angl.*, t. II, p. 499, n° XI.

[(5)] Petri Blesensis *Opera*, éd. Giles, t. I, p. 251.

[(6)] Voir le texte de Raoul de Dicet publié plus haut, p. 99.

108 III. CHANCELIERS DE HENRI II.

mandie⁽¹⁾, et au cours de 1175-1176 il eut à s'occuper de la réception des envoyés du roi de Sicile⁽²⁾.

Dès l'année 1174, il occupait une place importante dans la maison du Roi. On le trouve à un des rangs les plus honorables sur la liste des témoins qui figurèrent officiellement à la publication du traité conclu vers le 1ᵉʳ décembre de cette année, entre Henri II et Guillaume, roi d'Écosse⁽³⁾.

Il était dès lors, et peut-être déjà depuis quelque temps, garde du sceau. L'auteur des *Gesta* lui donne le titre de *sigillifer regis*, en 1177⁽⁴⁾; de même le Pipe Roll de 1180⁽⁵⁾; il est qualifié de *sigillarius regis* en 1180 par Raoul de Dicet⁽⁶⁾ et de *archisigillarius* par Giraud le Cambrien⁽⁷⁾; l'auteur des *Gesta Henrici*⁽⁸⁾, sous l'année 1177, l'appelle *vicecancellarius regis*, et l'historien de l'abbaye de La Bataille va jusqu'à lui appliquer le titre de *cancellarius*, à l'occasion d'un renouvellement de charte de Guillaume le Conquérant opéré peu après l'année 1175 par ordre de Henri II⁽⁹⁾.

La correspondance d'Arnoul évêque de Lisieux⁽¹⁰⁾ nous apprend que Gautier avait à sa disposition le sceau dont la garde était dans ses attributions.

Quel que fût le crédit dont Gautier de Coutances jouissait à la cour, il n'a jamais officiellement porté le titre de chancelier. Deux chartes de Henri II, pour des maisons de l'ordre de Grammont⁽¹¹⁾, dans lesquelles figure comme témoin *Gauterius de Constanciis, cancellarius meus*, ne doivent pas être prises en considération. On sait à quels légitimes soupçons ont donné lieu beaucoup des anciennes chartes de l'ordre de Grammont.

Si Gautier de Coutances n'a pas eu officiellement le titre de chancelier, on

---

⁽¹⁾ «In liberatione navis Roberti de Baiona 40 s., que transfretavit cum thesauro quem Walterus de Constantiis et Willelmus Picot et Hugo filius Hervei, homines camere, duxerunt. 40 s.» *Pipe Roll* xx *H. II*, p. 135. «In liberatione navis Willelmi de Baiona que portavit thesaurum quem Walt. de Constant. et Henr. de Aven. duxerunt ultra mare, 25 s.» *Pipe Roll* xxii *H. II*, p. 200.

⁽²⁾ «Magistro Waltero de Const., archid. de Oxineford., 8 m. ad procurandos nuntios regis Sicilie.» *Pipe Roll* xxii *H. II*, p. 47 et 198.

⁽³⁾ Rymer, nouv. édit., t. I, p. 1, 30.

⁽⁴⁾ *Gesta Henrici*, t. I, p. 136.

⁽⁵⁾ *Pipe Roll*, cité par Eyton, p. 231.

⁽⁶⁾ T. II, p. 4. — Cf. la charte de l'abbaye de Tavistock citée à la page précédente.

⁽⁷⁾ *Vita Galfridi*, éd. Wharton, t. II, p. 399.

⁽⁸⁾ *Gesta Henrici*, t. I, p. 168.

⁽⁹⁾ «Waltero de Constanciis, tunc cancellario suo, postmodum Lincolniensi episc.» *Chronicon monast. de Bello*, éd. Brewer, p. 105. Conf. Melville Madison Bigelow, *Placita anglo-normannica* (Lond., 1879), p. 221.

⁽¹⁰⁾ Éd. Giles, p. 221, 266, 273 et 286.

⁽¹¹⁾ Nᵒˢ 399 et 421 de notre Recueil.

peut affirmer qu'il a plus d'une fois rempli les fonctions de la charge au temps des deux titulaires, Raoul de Wanneville et Geoffroi Fils du Roi. Les preuves de son intervention dans l'expédition de beaucoup d'actes royaux sont évidentes, et je vais en énumérer un certain nombre.

On a vu plus haut comment il est possible de distinguer, dans les listes des témoins d'un acte, le nom du chancelier ou du clerc de chancellerie qui a présidé à l'expédition de l'acte, en tenant compte de certaines formules, et de l'ordre dans lequel se présentent et se succèdent les noms des témoins. D'après ce principe je puis citer un certain nombre d'actes dont Gautier de Coutances a exécuté, dirigé ou surveillé la rédaction.

On peut ainsi, sans crainte d'erreur, attribuer à des clercs déterminés la rédaction des actes terminés par la formule *per manum N.*, ou par le mot *Teste* suivi d'un seul nom.

Les quatre actes suivants doivent, par ce motif, être portés au compte de Gautier de Coutances :

1° Charte par laquelle Henri II confirme à la cathédrale de Chartres les biens qu'elle possédait en Normandie; elle se termine par la souscription : « Data per manum magistri Walteri de Constantiis »[1];

2° Mandement adressé aux officiers du roi à Neufchâtel de Drincourt, portant cette attestation unique : « Teste magistro Waltero de Constantiis »[2];

3° Charte pour l'hôpital de la Madeleine de Rouen, revêtue d'une attestation identique[3];

4° Charte pour l'abbaye de Saint-Wandrille : « Teste magistro Waltero Constantiensi archidiacono Oxenefordie »[4];

Sont également susceptibles d'attributions de ce genre certains actes dans lesquels les listes de témoins contiennent des noms de clercs placés à un rang honorable, immédiatement après les princes de la maison royale, les archevêques, les évêques et parfois les abbés, avant les prélats d'ordre inférieur

---

[1] N° 382 de notre Recueil : ms. lat. 2231 des nouv. acq.
[2] N° 408 de notre Recueil : Cartul. de la cathédrale de Rouen, à la Bibl. de Rouen, n° 52, fol. 49 v°.
[3] N° 392 : Original, aux Archives des hospices de Rouen, la Madeleine, série A.
[4] N° 387 : Cartul. de l'abbaye de Saint-Wandrille, Archives de la Seine-Inférieure, fol. 309 v°.

III. CHANCELIERS DE HENRI II.

(archidiacres, doyens, etc.), les barons, les dignitaires laïques et les étrangers au personnel ordinaire de la cour du roi. A ce titre, je considère Gautier de Coutances comme le rédacteur, l'inspirateur ou le reviseur d'actes appartenant :

Les uns à la période pendant laquelle Raoul de Wanneville était chancelier :

1° Charte de l'abbaye de Saint-Georges de Baucherville : « Testibus : Rad. de Wand'villa cancellario, magistro Waltero de Costentiis Oxinefordie archidiacono, Willelmo Painel Abrincensi archidiacono, comite Johanne Vindocinensi... » Cartul. de S. Georges, fol. 66[1].

2° Charte de la même abbaye : « Testibus : Roberto de Warnevilla cancellario, Waltero de Constanciis, Sehier de Quenci... » *Ibid.*, fol. 62 v°[2].

3° Charte de l'abbaye de Saint-Victor en Caux : « Testibus : R. de W. cancellario, mag. Walt. de Const., Seherio de Quenci. » Reg. LXI du Trésor des chartes, n° 530[3].

Les autres à la période de Geoffroi Fils du Roi :

1° Charte de Fontevrault : « Testibus : J. Aconensi episcopo, Gaufrido cancellario filio meo, magistro Waltero de Constanciis, Reginaldo de Cortenay... » Archives de Maine-et-Loire, fonds de Fontevrault, minage de Saumur, fol. 3[4].

2° Charte du prieuré du Plessis : « Testibus : H. Baiocensi episcopo, G. cancellario filio meo, magistro Waltero de Constanciis Oxoniensi archidiacono, Radulfo archidiacono Herefordie... » Cartul. du Plessis, t. II, charte 853[5].

3° Charte de Saint-Étienne de Caen : « Testibus : Gaufrido cancellario filio meo, magistro Waltero de Constanciis, comite Willelmo de Mandevilla... » Extrait de Gaignières, ms. latin 17135, p. 9[6].

4° Charte des chanoines de Waltham, citée par le Rév. Eyton, p. 244[7].

5° Testament du roi, daté de Waltham[8].

Je pourrais encore ajouter plusieurs actes dans lesquels Gautier de Coutances, sans être qualifié chancelier, figure en tête de la liste des témoins, ce qui convient bien à un remplaçant du chancelier. Je laisse de côté plus de trente chartes de notre Recueil qui contiennent la souscription de Gautier,

---

[1] N° 416 de notre Recueil.
[2] N° 417.
[3] N° 418.
[4] N° 443.
[5] N° 432.
[6] N° 434.
[7] D'après la pièce M des *Cartæ antiquæ*.
[8] N° 437.

Un des clercs attachés à la personne de Gautier, et dont il voulut récompenser les services, nous est connu : il se nommait Richard de Malpalu et appartenait à une riche famille de la bourgeoisie rouennaise[1]. Le roi le pourvut en 1177 de l'église de Malleville, dont le patronage appartenait à l'abbaye de Jumièges[2].

Nombre de missions furent confiées à Gautier de Coutances pendant qu'il était, à vrai dire, le chef de la chancellerie. En 1177, il est envoyé près du comte de Flandre[3]; la même année, à la cour de Louis VII[4]; en 1180, à celle de Philippe-Auguste[5], et de nouveau à la même cour en 1186[6]. Il ne croyait pas déroger à sa dignité en se chargeant d'exploiter certains domaines royaux. En 1179-1180, il était fermier des manoirs de l'honneur d'Arundel[7].

Le Roi lui donna un témoignage de sa confiance en le prenant en 1182 pour un des témoins de son testament[8].

Le meilleur de son temps et de son activité était consacré au service du roi; mais il n'oublia jamais l'éducation première qu'il avait reçue dans les écoles; son grade de maître en théologie le mit à même d'obtenir des bénéfices lucratifs, et grâce à la faveur royale il put s'élever aux plus hautes dignités ecclésiastiques dans les Etats de Henri II.

Il n'était sans doute que chanoine de Rouen quand il entra au service du roi, mais il ne tarda guère à devenir trésorier de la cathédrale de Rouen et archidiacre d'Oxford[9]. Chanoine et archidiacre de Lincoln dès l'année 1173 ou 1174, il se fit donner par le roi la jouissance viagère de la chapellenie de

---

[1] Richard de Malpalu est témoin d'une charte émanée du chancelier Raoul de Wanneville et de Guillaume de Malpalu, justicier du roi, publiée un peu plus haut, p. 101 et 102, d'après l'original.

[2] Cartulaire de Jumièges, p. 144, n° 228. — N° 344 de notre Recueil.

[3] *Gesta Henrici*, t. I, p. 136.

[4] *Ibid.*, p. 168. — Le passage de Gautier en France est ainsi noté dans le Pipe Roll, cité par Eyton (p. 215) : « In liberatione navis Radulfi Vituli junioris, ad opus Walteri archidiaconi Oxinefordensis, 50 sol. »

[5] Raoul de Dicet, t. II, p. 4.

[6] *Ibid.*, p. 43.

[7] « Walterus de Constanciis reddit compotum de 41 l. et 14 s. et 1 d., de firmis maneriorum honoris de Arundel, quæ missa fuerunt ad firmam per justicias. » *Pipe Roll* XXVI H. II, dans Madox, *Exchequer*, p. 135, note n.

[8] Gervais de Cantorbéry, t. I, p. 298.

[9] Il était archidiacre d'Oxford en 1176 quand il fut chargé par le roi de recevoir les envoyés du roi de Sicile. « Magistro Waltero de Constantiis, archidiacono de Oxineforda, 8 marcas, ad procurandos nuntios regis Siciliæ. » *Pipe Roll* XXII H. II, p. 47. Voir aussi dans ce même volume la page 198.

Blythe, au comté de Nottingham, chapellenie dont la propriété lui fut donnée par Jean Sans-terre, comte de Mortain, avec l'assentiment de Richard Cœur-de-lion, en 1189, et que le bénéficiaire transforma aussitôt en une collégiale placée sous la dépendance du chapitre de Rouen[1].

Les intrigues auxquelles donna lieu la disgrâce d'Arnoul, évêque de Lisieux, et qui avaient pour but de faire attribuer à Gautier le siège du prélat disgrâcié[2], n'aboutirent pas, mais Gautier n'attendit pas longtemps le dédommagement auquel il croyait avoir droit. En 1183 il fut élevé à la dignité épiscopale: élu évêque de Lincoln le 8 mai, ordonné prêtre par l'évêque d'Évreux le 4 juin, sacré peu après dans l'église de Saint-Lo d'Angers, il s'installa le 11 décembre dans sa cathédrale[3].

L'année suivante, le Roi voulut lui voir occuper le premier poste dans la hiérarchie ecclésiastique de la Normandie, et il usa de toute son influence pour le faire élire archevêque de Rouen. Il réussit dans son entreprise, et Gautier put être installé au commencement de mars 1185[4]. Le pape Luce III avait confirmé son élection le 17 novembre 1184[5].

Gautier n'avait pas attendu son élévation à l'archevêché pour s'assurer la possession à Rouen d'une résidence répondant à l'importance des affaires qu'il

---

[1] Les chartes relatives à cette fondation sont dans le Cartulaire de la cathédrale de Rouen; l'analyse en est insérée dans le Calendar de Round, p. 12 et 13, n°⁸ 46-52.

[2] Voir plusieurs des pièces comprises dans le recueil des lettres d'Arnoul publié par Giles, et notamment, celle qui est à la page 220.

[3] Gesta Henrici, t. I, p. 299, 304, 307. — Raoul de Dicet, t. II, p. 14, 15 et 21. — Robert de Torigni, t. II, p. 119. — Les actes de Gautier de Coutances, en qualité d'évêque de Lincoln, doivent être assez rares. Il y en a un au Musée britannique qui a été reproduit en facsimile dans le Recueil de Warner, n° 54.

[4] Robert de Torigni, t. II, p. 127. — Raoul de Dicet, t. II, p. 21 et 33. — Un auteur, Guillaume de Neubridge (éd. Hearne, t. I, p. 281) prétend que Gautier hésita à accepter l'archevêché de Rouen, parce que les revenus en étaient inférieurs à ceux de l'évêché de Lincoln. — Une enquête insérée dans un registre de Philippe-Auguste nous fait connaître avec quelle insistance le roi pesa sur les membres du chapitre: « Rex elegit Galterum de Constantiis et duos alios episcopos de Anglia, volens quod idem Galterus esset archiepiscopus; capitulum vero pro posse suo regi contradixit. Tandem canonici videntes regem turbatum, interrogaverunt eum utrum hoc vellet fieri de jure regio vel precibus. Rex vero dixit: « Volo et precor ut ita fiat. » Capitulum vero, acquiescens voluntati regis, receperunt Galterum prenominatum et eum constituerunt archiepiscopum. » Gallia christ., t. XI, instr., col. 27.

[5] Lettre datée de Vérone; Jaffé-Loewenfeld, n° 15117.

avait à expédier. Deux ou trois ans auparavant, pendant les premiers mois de 1180, ou entre le 26 juillet 1181 et le mois de mars 1182, le roi, par charte datée de Windsor, confirma les conditions auxquelles Gautier de Coutances avait acquis de vastes terrains bâtis dans la ville de Rouen[1].

Je ne mentionnerai plus qu'un trait de la vie de Gautier de Coutances : en 1189 il mit entre les mains de Richard Cœur-de-lion l'épée et l'étendard du duché de Normandie[2]. Je n'ai pas à m'occuper du rôle qu'il a joué sous les successeurs de Henri II. Il mourut en 1207.

[1] Cartul. de la cathédrale de Rouen, Biblioth. de Rouen, fol. 106 v°, n° 168 : « domum que fuit Radulfi Filii Stephani, in Rothomago super Grandem Pontem, cum gardino et proprisio...; domum Iboldi de Grandi Ponte, cum virgulto ejusdem domus.... ».

[2] « Rothomagum veniens, ab archiepiscopo Rothomagensi tam ensem quam vexillum de ducatu Normannie, proceribus multis presentibus, in ecclesia beate Virginis, ante majus altare suscepit. » Raoul de Dicet, t. II, p. 67.

IV

DIPLOMATIQUE DU DUCHÉ DE NORMANDIE
DEPUIS LA MORT DE HENRI Ier JUSQU'À L'AVÈNEMENT DE HENRI II AU TRÔNE D'ANGLETERRE (1135-1154).

Dans un ouvrage à peu près exclusivement consacré à la diplomatique des actes de Henri II concernant les provinces françaises soumises au gouvernement de ce roi, il est impossible de laisser de côté les actes du même genre expédiés pendant les dix-neuf années qui suivirent la mort du roi Henri Ier, à partir de décembre 1135 jusqu'à l'automne 1154. La succession de Henri Ier fut alors l'objet d'une lutte ardente et longtemps indécise, entre le neveu de Henri Ier, Étienne de Blois, d'une part, et, d'autre part, le petit-fils du même Henri Ier, Henri Plantegenêt, dont les parents, l'Impératrice Mathilde, fille de Henri Ier, et Geoffroi, comte d'Anjou, le second mari de l'Impératrice, soutinrent énergiquement les droits et finirent par les faire reconnaître, d'abord sur la Normandie, puis sur le royaume même d'Angleterre.

Je réunirai dans ce chapitre les observations que j'ai cru devoir présenter sur les actes des princes qui ont dirigé le gouvernement de la Normandie pendant les années 1136-1154, c'est-à-dire la période qui a suivi la mort de Henri Ier, roi d'Angleterre. C'est pendant cette période, si profondément troublée par la guerre civile, que se forma à l'art du gouvernement un jeune prince, et à vrai dire un enfant, qui devait être un des plus grands monarques du XIIe siècle, et qui, fidèle aux traditions créées par les premiers rois anglo-normands, porta l'administration de ses États à un degré de perfection qui a fait la force de l'Angleterre pendant le moyen âge et qui n'a pas été sans exercer une sérieuse influence sur le développement des institutions françaises, quand de riches provinces, comme la Normandie, le Maine et l'Anjou, habituées de longue date à un régime régulier et à une centralisation sagement entendue, furent incorporées dans les États de Philippe-Auguste. C'est pour

LE ROI ÉTIENNE.

donner une base solide à l'étude de cette évolution, qu'il importe de recueillir, de classer et d'étudier les documents de l'administration anglo-normande qui nous sont malheureusement parvenus en trop petit nombre.

Actes du roi Étienne relatifs au duché de Normandie. — A la mort de Henri Ier, les États de ce prince, en Angleterre et en France, furent le théâtre d'une guerre civile et de désordres anarchiques qui désolèrent le pays pendant près d'une vingtaine d'années[1]. La lutte s'engagea entre les partisans d'Étienne de Blois, neveu du roi défunt, et ceux d'un petit-fils Henri, enfant issu du mariage de l'Impératrice Mathilde, fille du roi Henri, avec Geoffroi comte d'Anjou; l'enfant était encore au berceau, lors de la mort de son aïeul, mais vingt ans plus tard, il devait monter sur le trône d'Angleterre et se ranger, sous le nom de Henri II, parmi les plus puissants monarques de l'Europe.

Étienne prit les devants : il réussit à s'emparer du gouvernement de l'Angleterre et fut couronné à Westminster le 22 décembre 1135. C'est seulement au commencement de l'année 1137 qu'il mit le pied sur le sol de la Normandie pour y réclamer ses droits à la succession de son oncle. Le pays était plongé dans la plus profonde anarchie, et la campagne qu'entreprit Étienne fut loin d'aboutir à un résultat définitif. Rappelé en Angleterre pour faire face à une redoutable opposition, il laissa à ses partisans le soin de le faire reconnaître comme duc de Normandie.

L'Angleterre fut alors le principal théâtre d'une lutte acharnée, à laquelle l'Impératrice prit personnellement une part très active. Étienne n'eut plus guère le moyen d'intervenir dans les affaires de la Normandie. Il semble même n'avoir pas attaché une grande importance à son titre ducal.

Dans les suscriptions de ses actes, il s'intitule bien rarement *dux Normannorum*. J'ai eu grand peine à en trouver trois exemples, et il n'y en a qu'un seul cité dans les ouvrages des Bénédictins[2], de Natalis de Wailly[3] et de Thomas Duffus Hardy[4]. Il est vrai qu'Étienne a fait graver au revers de son sceau

---

[1] Sur l'état de la Normandie pendant le règne d'Étienne de Blois, il faut voir Orderic Vital, éd. Le Prévost, t. V, p. 56 et suiv.; l'histoire du duc Geoffroi, par Jean, moine de Marmoutier (*Chronique des comtes d'Anjou*, p. 294 et suiv.); Robert de Torigni, t. I, p. 206 et suiv.

[2] *Nouveau traité de diplom.*, t. V, p. 814.
[3] *Éléments de paléogr.*, t. I, p. 293.
[4] *Rotuli chartarum*, p. xvi.

la légende : + STEPHANUS DEI GRATIA DUX NORMANORUM[1], et qu'à deux reprises il a déclaré avoir souci de la prospérité de son duché de Normandie[2]. Dans un certain nombre d'actes, il s'adresse à ses féaux de Normandie, en même temps qu'à ceux d'Angleterre. Il est considéré comme duc de Normandie par Hugues, archevêque de Rouen, qui le mentionne ainsi dans deux chartes des années 1137 et 1143, pour le prieuré de Sainte-Barbe en Auge et l'abbaye de Corneville.

Datum Rothomagi, anno Verbi incarnati MCXXXVII, Innocentio II universalis Ecclesie episcopo, Francorum rege Ludovico, duce Normannorum rege Anglorum Stephano[3].
Actum est hoc anno Verbi incarnati MCXLIII, regnante rege Francorum Ludovico, principante in Normannia rege Anglorum Stephano, pontificatus vero nostri anno XIII[4].

Le chancelier de l'archevêque de Rouen, qui imitait les grandes bulles pontificales, dut modifier la formule précédente quand Henri Plantegenêt eut été effectivement reconnu duc de Normandie :

Actum est Rothomagi anno ab incarnatione Domini M° CC° (sic), regnante in Francia glorioso rege Ludovico, principante in Normannia duce Henrico[5].
Actum hoc anno incarnati Verbi M° C° LIII°, regnante in Francia illustri rege Ludovico, principante in Normannia nobilissimo duce Henrico[6].

Pour justifier ce qui vient d'être exposé sur la façon dont Étienne de Blois

---

[1] Birch, *Seals in the British Museum*, t. 1, p. 9. — Le sceau d'Étienne a été reproduit par M. W. de G. Birch, *On the great seals of king Stephen* (from the Transactions of the Royal Society of Literatur, vol. XI, new series). — Il a été gravé, d'après un mauvais exemplaire, dans le tome I, part. 1, de la nouvelle édition des *Fœdera*. A ma connaissance il n'en existe pas d'exemplaire en France. Dans la collection sigillographique des Archives nationales le roi Étienne n'est représenté que par des moulages venus d'Angleterre.

[2] « Pro statu et incolumitate regni et ducatus mei. » Charte datée de 1136 (v. st.), dans le Cartul. de Montebourg, charte 30. — « Pro salute mea et incolumitate regni mei Anglie et ducatus Normannie ». Charte de 1137, dans le Cartul. de Mortemer, fol. 24.

[3] Original, Archives du Calvados, n° 6 du fonds de Sainte-Barbe. — Ms. latin n° 10074, fol. 87 v°.

[4] *Gallia christiana*, t. XI, instr., col. 23. Pièce indiquée à l'an 1114 dans la *Table chronol.* de Bréquigny (t. II, p. 442), d'après La Roque (*Hist. de la maison de Harcourt*, t. III, p. 36).

[5] Cartul. de Saint-Gilles de Pont-Audemer, fol. 10-12.

[6] Charte originale de l'abbaye de Savigni relative à la terre d'Escures, aux Archives de la Manche. — Cartul. de Savigni, charte 203.

LE ROI ÉTIENNE.

usa de son titre de duc de Normandie, je citerai textuellement les passages de ses chartes qui peuvent jeter quelque jour sur la question.

1. S., rex Anglorum, archiepiscopis, ep., abb., com., bar. et omnibus filiis sancte Ecclesie per Angliam et Normanniam constitutis, salutem. Sciatis me concessisse et confirmasse Deo et ecclesie Sancte Marie de Monteburgi..., pro anima patrum et antecessorum meorum, et salute mea et uxoris et fratrum et filiorum meorum, et pro statu et incolumitate regni et ducatus mei, omnes has subscriptas elemosinas quas antecessores mei et alii fideles eidem contulerunt ecclesie... Testibus : R. episcopo Baiocensi, et A. episcopo Constantiensi, et G. comite Metlenti, et G. comite Gloecestrie, et R. de Curci, et W. de Monte Ficheti, et R. Malet, et Willelmo Glat., et Rogero Vic., et Radulfo et Ricardo fratre suo de Haia. Apud Baiocas, anno incarnationis dominice M. C. XXXVI, regni vero mei secundo. (Cartulaire de Montebourg, charte 30.)

2. S., rex Anglorum, archiepiscopis, ep., abb., com., just., vic., bar. et omnibus fidelibus suis tocius Anglie et Normannie, salutem. Sciatis me concessisse Deo et ecclesie S. M. Ebroicensis... terram de Branfort in Sudfolk... T. A. episcopo Carl., et H. de Corci, G. comite de Metlento, et Umfr. de Buhon, et R. comite Legrecestrie, et R. Aveuello. Apud Ebroicas. (Premier Cartul. de l'église d'Évreux, charte 20.)

3. S., rex Angl., H. archiepiscopo Rothomagensi, et ep., abb., com., bar., just. et omnibus fidelibus suis tocius Normannie, salutem. Sciatis quia concessi et confirmavi ecclesie Sancte Marie Ebroicensi... ecclesias de Nonancort...; et similiter omnes ecclesias Vernolii. T. Adel. episcopo Carl., et G. comite de Metllento, et R. comite Legrecestrie, et H. de Soilli, nepote regis, et Umfr. de Buhon, et R. Avenello. Apud Ebroicas. — (Même Cartul., charte 21.)

4. S., rex Anglorum, H. archiepiscopo Rothomagensi, et episcopis, abb., et com., et just., et bar., et omnibus fidelibus suis tocius Normannie, salutem. Sciatis quia volo et concedo et confirmo quod una feria sit in castello meo de Nonancort omnibus annis... T. A. episcopo Carl., et H. de Soilli, et G. comite de Metllento, et R. comite Legrecestrie, et Umfrido de Buhon. Apud Ebroicas. — (Même Cartul., charte 22.)

5. S., rex. Angl., archiepiscopis, episcopis, abbatibus, comitibus et omnibus filiis et fidelibus sancte Ecclesie per Normanniam constitute, salutem. Sciatis quia, in presencia Hugonis Rothomagensis archiepiscopi, et Johannis Lexoviensis, et A. Ebroicensis, et J. Sagiensis, et Al. Constanciensis, episcoporum, et omnium baronum meorum subscriptorum communi consilio et assensu, hoc de occisoribus qui homines in treviis et pace Ecclesie occidunt et trevias infringunt statutum et firmatum est, quod, si occisorem illum aliquis duello appellare voluerit, duellum illud in curia mea tenebitur; et si inde convictus fuerit, episcopus ille in cujus diocesi hoc factum est emendam suam, id est ix librarum, de pecunia convicti, per manus justicie mee habebit; si vero de pecunia illius ad illas ix libras perfi-

ciendas non suffecerit, totum illud minus episcopus habeat, ita quod nichil inde ad opus meum accipietur, donec episcopi totam emendam habeant, si pecunia illa ad hoc suffecerit; si vero defuerit qui occisorem illum duello probare velit, ipse occisor in ecclesia Dei per judicium Ecclesie se purget, et si convictus ibi fuerit, idem fiat de emenda episcoporum et mea sicut scriptum est superius. Si quis occisorum et infractorum justicie subterfugerit, et de terra mea exierit, de emenda idem erit; et si mecum pacem fecerit, emenda episcopi in pace quam fecero non erit, set reddet eam episcopo vel pacem inde cum eo faciet.

Testibus : episcopo Carlol., et G. comite de Mellento, et Unfrido de Buhon, et Roberto Avenello.

Apud Ebroicas. — (Même Cartul., charte 31.)

6. S., rex Anglorum, archiepiscopo Rothomagensi, et episcopis, et abb., et com., et just., et vicec., et ministris et omnibus fidelibus suis Normannie, salutem. Sciatis quoniam Robertus Filius Goinfridi in perpetuum concessit sancto Johanni et canonicis suis de Falesia... tenere totam terram et quicquid ipse Goisfridus, pater suus, eis in vita sua dederat... Test. : Johanne episcopo Lexoviensi, R. cancellario, Rob. de Corci, Ing. de Sai, R. de Falcanvilla, Erneis Multone, Gerv. Cornet, Will. Francigena, et Vitale Filio Amerlandi et fratribus suis. Apud Falesiam. — (Vidimus du xve siècle, Archives du Calvados.)

7. S., rex Anglorum, archiepiscopo Rothomagensi, et episcopis, abb., com., just., vicec., bar. et omnibus fidelibus suis et ministris Normannie, salutem. Sciatis me concessisse Deo et ecclesie mee de Mortuo Mari in Leons..., pro anima regis Henrici, fundatoris illius ecclesie, et pro animabus patrum et parentum meorum et uxoris et filiorum et fratrum meorum, et pro salute mea, et incolumitate regni mei Anglie et ducatus Normannie, omnia illa que rex Henricus ei dedit et concessit... T. : A. episcopo Carl., et Maltilli regina uxore mea, et Galeranno comite de Metllent, et R. comite Legrecestrie, et Willelmo de Reumara, et Hug. de Gornaco, et Ricardo Filio Ursi, et Will. Pevrel de Dovera, et Walchelino Maminot, et Ingelranno de Guascolio. Apud Leones actum. — (Cartul. de Mortemer, fol. 24.)

8. S., rex Anglorum et dux Normannorum, archiepiscopis, episcopis, abbatibus, comitibus, baronibus, justiciis, vicecomitibus, ministris et omnibus filiis et fidelibus sancte Ecclesie per Angliam et Normanniam constitutis, salutem. Notum sit omnibus vobis quod concedo et confirmo auctoritate hujus presentis privilegii mei ea omnia que Odo Stigandus et homines sui dederunt ecclesie Sancti Martini et Sancte Barbare de Escageolet, sicut in hoc et Guillelmi regis, avi mei, et Henrici regis, avunculi mei, privilegiis continentur... Hec omnia rex Henricus concessit. Postea vero, anno secundo regni mei, incarnationis vero dominice M. C. XXXVII, hec omnia suprascripta concessi, et omnia subscripta que Rabellus antea eis et alii fideles dederunt confirmavi. Testibus : R. cancellario, et R. comite Gloecestrie, et G. comite de Mellento, et Guh. de Alneto, et Willelmo de Albineio pincerna, et Hugone Bigoto, et Roberto Maleto, et Roberto de Curci, et Ricardo Filio Ursi, et Wil-

LE ROI ÉTIENNE.

lelmo Maledocto, et Johanne marescallo. Apud Pontem Aldomari. — (Original Archives du Calvados, fonds de Sainte-Barbe, n° 5. Copie, ms. lat. 10074, fol. 86.)

9. S., rex Angl., archiepiscopis, ep., abb., com., bar., vic. et omnibus fidelibus suis tocius Anglie, salutem. Sciatis me concessisse et confirmasse martiribus Christi infirmis fratribus de Ponte Audomari ecclesiam de Luissis..., sicut G. comes de Mellent, cui manerium illud dederam, me requisivit. Hoc autem feci pro anima avunculi mei regis Henrici, qui locum illum fundari et edificari persuasit, et pro animabus predecessorum meorum et pro salute mea et successorum meorum in regno Anglie... (Cartul. de S. Gilles de Pont-Audemer, fol. 22.)

10. S., rex Angl., archiepiscopis, ep., abb., com., just., vicec., bar. et omnibus fid. suis per Angliam constitutis, salutem. Sciatis quod ego Stephanus, rex Anglorum et dux Normannorum..., pro statu tocius regni mei, reddidi et concessi in perpetuum elemosinam illam quam rex Henricus, avunculus meus, dederat Deo et ecclesie Sancte Marie de Fonte Ebraudi..., scilicet c marcas argenti singulis annis ad victum [sanctimonialium] in quadragesima...;— Subscriptorum attestatione subsigno, scilicet Matildis, regine, uxoris mee, Eustachii, filii mei, Hugonis archiep. Rothom., Johannis ep. Lexov., Henrici Winton. ep., fratris mei, comitis Theobaldi, fratris mei, Galeranni comitis Mellenti, Roberti comitis Legrec., Rad, comitis capellani, comitis Theobaldi, Rob. de Novo Burgo, Anselli de Triannello, Hilduini de Vendopere, Amalrici de Musten[one], Gauterii de Bern.; Engelranni de Sai, Rogerii de Fiscanno, Oimelini de Argent[omo], Roberti de Sauquevilla, Hugonis de Deserto. Actum est hoc apud Rothomagum, anno ab inc. Domini M.C.XXXVII. — (Copie d'après l'original, ms. latin 5480, t. I, p. 276.)

11. S., Dei gratia rex Angl. et dux Norm., Hugoni Rothomagensi archiepiscopo, episcopis, abb., com., bar., vicec., et omnibus in Normannia commorantibus, tam futuris quam presentibus, salutem. Quoniam Altissimus dominatur in regno hominum et cui voluerit dabit illud, pro ejus honore et mea salute, consilio et assensu principum et fidelium meorum, statui et firmavi tibi, Hugoni archiep., tuisque successoribus, et omnibus episcopis Normannie, jura omnia episcopalia et synodalia reddi, et de his qui treviam Dei infringunt et in trevia Dei homines occidunt, similiter statui quemadmodum rex Henricus, avunculus meus, teneri mandavit. T. : Hugone [corr. Henrico] ep. Wintoniensi, B. ep. Sancti David, R. ep. Batoniensi, Willelmo Martel, G. de Pomereia. Apud Wintcham [Wintoniam?]. — (Cartul. de l'église de Rouen, chartes 39 et 80.)

12. S., rex Angl., episcopo Norwicensi et justic. et vicecom., et bar., et ministris, et omnibus fidelibus suis francis et anglis de Normannia et Sufolkia, salutem. Sciatis me dedisse... canonicis Sancte Marie Ebroicensis medietatem tocius redditus et exituum manerii de Branford... Test. : T. archiepiscopo Eboracensi, et R. cancellario, et R. comite de Pertica, et Rann. de Baiocis, et Rich. de Aquila. Apud Oxeneford. (Premier Cartul. de l'église d'Évreux, charte 23.)

13. S., rex Angl., episcopo Norwicensi, episcopo Eliensi, et justic., et bar., et vicecom., et omnibus ministris et fidelibus suis francis et anglis de Sudfolc, salutem. Sciatis me reddidisse et concessisse Audino episcopo Ebroicensi manerium de Branfort et sochemannos de Claidon hundr. et de Bosemere hundr., quos rex Henricus ei dederat... Testibus : R. cancellario, et R. de Fisc[anno], et R. de Ver, et Willelmo Martel. Apud Wesm[onas - terium]. — (Même Cartul., charte 24.)

14. S., Dei gratia rex Anglorum, archiepiscopis, episcopis, abb., com., just., vicec., bar., ministris et omnibus fidelibus suis totius Anglie et Normannie et Bolonie, salutem. Sciatis me concessisse... fratribus in Claro Maresco Deo servientibus, in Bethio totam terram, etc. T. : Roberto de Gandavo cancellario, et Willelmo Martet (Martel?), et Ingelranno de Sai, et Turgiso de Alrincis (Abrincis?) et Roberto de Valderi. Apud Geldeford. — (*Gallia christiana*, t. III, instr., col. 117.)

ACTES DE HENRI PLANTEGENÊT AVANT SON AVÈNEMENT AU TRÔNE D'ANGLETERRE.
— Le 5 mars 1133, dans la ville du Mans, du mariage de Geoffroi le Bel, comte d'Anjou, avec Mathilde, fille de Henri Ier, roi d'Angleterre, et veuve de l'empereur Henri V, naquit un enfant qui, sous le nom de Henri II, devait monter sur le trône d'Angleterre, être le chef de la puissante dynastie des Plantegenêts et jouer un des rôles les plus brillants dans l'histoire du XIIe siècle. A peine âgé de six ans, le petit prince dut intervenir dans la confirmation d'un acte solennel dressé au Mans devant le portail de l'église Saint-Pierre de la Cour, pour régler la question du vinage de Saumur. La charte-notice en fut rédigée par le prieur de Loches, Thomas notaire du comte d'Anjou. L'instrument fut aussitôt porté à Carrouges, en Normandie, et mis sous les yeux du petit Henri, à qui on fit tracer une croix près de la croix de sa mère et de celle d'un de ses jeunes frères. Tous ces détails sont consignés dans un procès-verbal que nous ont conservé deux des cartulaires de Saint-Florent de Saumur, le Livre d'argent et le Livre rouge :

Hec concessio facta est Cenomannis, ante januas Sancti Petri de Curia, anno ab incarnatione Domini M° C° XXXVIII, primo anno regni Ludovici, Philippi filii... Hec carta data est per manum Tome prioris Lochensis, notarii comitis.

Signum	Matildis			Signum	Henrici
comi	tisse			comi	tis filii
		Signum	Welmi (*sic*)		
		comitis	filii		

HENRI, DUC DE NORMANDIE.

Corroboratio hec signorum suppositorum facta est apud Carrogium, Normannie oppidum, a Matildi comitissa et duobus filiis suis, Henrico et Guillelmo, presente patre ipsorum, consule Goffredo...

Il est peu de souverains qui aient travaillé de si bonne heure à préparer des matériaux que les diplomatistes des temps modernes devaient s'empresser de recueillir.

Nous avons à enregistrer environ quatre-vingts actes de la jeunesse de Henri Plantegenêt, c'est-à-dire des années qui devaient s'écouler avant son avènement au trône (décembre 1154). Il les passa presque toutes dans les provinces qui étaient échues en France à ses parents : le Maine, la Touraine, l'Anjou et la Normandie. Il séjourna en Angleterre une première fois pendant quatre années (1142-1146), puis pendant quelques mois de l'année 1149 et peut-être de l'année 1150, enfin de janvier 1153 à avril 1154.

C'est au cours du second voyage, 22 mai 1149, que le roi d'Écosse l'arma chevalier.

Les chartes émanées de Henri Plantegenêt avant l'avènement de ce prince au trône d'Angleterre se partagent en quatre groupes bien distincts, correspondant à des événements politiques qui se succédèrent rapidement pendant une assez courte période, de 1150 à 1154.

1150. — A la fin de cette année le jeune prince revient d'Angleterre et est mis par son père en possession du duché de Normandie, qui lui appartenait du droit de sa mère, l'Impératrice. Sur ce point nous avons le témoignage de Robert de Torigni[1], qui s'exprime ainsi au commencement des annales de 1151 : « Jam anno preterito Henricus, filius ducis, de Anglia redierat, et pater suus reddiderat ei hereditatem suam ex parte matris, scilicet ducatum Normannie[2]. »

1151. — Le 7 septembre de cette année, Geoffroi, duc de Normandie et comte d'Anjou, mourut à Château-du-Loir. La date est expressément indiquée

---

[1] T. I, p. 253.
[2] Gervais de Cantorbéry rapporte cet événement au mois de janvier [1151] : « Henricus autem, filius Ganfridi, comitis Andegavie ducisque Normannie, et Matildis Imperatricis, jam miles effectus, in Normanniam transfretavit in principio mensis januarii. » Éd. Stubbs, t. I, p. 142.

par Jean de Marmoutier[1], et l'anniversaire de Geoffroi se célébrait le 7 septembre dans la cathédrale d'Angers[2] et dans les abbayes de Saint-Serge[3] et de Fontevrault[4]; il est marqué au 8 septembre dans un obituaire du Mans[5]. Avant de mourir, Geoffroi avait pris des dispositions pour assurer à son fils aîné la paisible jouissance du comté d'Anjou : « Ante mortem, Henrico, duci Normannie, primogenito suo, concessit comitatum Andegavensem[6]. »

La date exacte à laquelle Henri Plantegenêt prit le titre officiel d'abord de duc de Normandie, puis de duc de Normandie et comte d'Anjou, est formellement énoncée dans une charte de sauvegarde qui fut solennellement expédiée à Bayeux, au mois de novembre 1151, pour l'abbaye de Savigni :

Hec autem mea constitutio ac confirmatio facta est anno ab incarnatione Domini M° C° quinquagesimo primo, anno scilicet ducatus mei Normannie II°, anno vero comitatus mei Andegavie I°, mense novembri, apud Baiocas. Test. : Phil. Baioc. ep., et Ric. decano, et Mauricio de Sigillo, et Herb. capellano, et Guill. Filio Hamonis, et Guill. de Paceio, et Gaufrido de Sabluil, et Jord. Taisson, et Guill. Patricio, et Petro de S. Hylario, et Gisleb. de Saieio, et Ric. de Homez, et Joh. de Soligneio, et Garino Filio Giroudi, et Rog. de Goviz, et Guill. filio ejus, et Rag. Malfillastre, et Guill. de Curceio, et Rob. de S. Remigio, et Ric. et Joh., fratribus ejus, et multis aliis[7].

Pareillement, la prise de possession du duché de Normandie est comptée à partir de l'année 1150 dans la date d'une confirmation des biens de l'abbaye de Savigni, expédiée de Domfront en 1157 :

Hec autem mea concessio atque confirmatio facta est anno ab incarnatione Domini M° C° L° VII°, anno scilicet regni mei Anglie III, ducatus vero Normannie VIII... Testibus : Nigello episcopo Eliensi, et Hilario episcopo Cicestrensi, et Herberto Abrincensi episcopo, et Ernulfo Lexoviensi episcopo, et Thoma cancellario, et Gaufrido et Guillelmo, fratribus regis, et comite Raginaldo, et Roberto de Novo Burgo tunc dapifero Normannie, et Ricardo de Humez constabulario, et Ricardo de Luceio, et Jordano Taxone, Manassero Biset dapifero, et Garino Filio Giroldi camerario, et Guillelmo Filio Haimonis, et Petro

---

[1] *Chroniques des comtes d'Anjou*, p. 292.
[2] D'après l'obituaire, *Chroniques des églises d'Anjou*, p. 191, note.
[3] Ms. latin 5446, p. 331.
[4] Ms. latin 5480, t. II, p. 102.
[5] Édition de la Société des Archives historiques du Maine (1906), p. 237. A l'occasion de la sépulture du comte dans la cathédrale, le duc Henri donna au chapitre une rente de 100 sous due par les pelletiers du Mans.
[6] Robert de Torigni, t. I, p. 256.
[7] Cartul. de Savigni, n° 565.

de Sancto Hylario, et Hasculfo de Soligneio, et Fulcone Pagenello, et Guillelmo Avenello, et Hugone Rufo, et Rogero de Milleio, et Henrico de Domno Fronte, et Guillelmo Rufo, et Fulcone cambiatore. Apud Danfrontem[1].

1152. — Au mois de mai, le duc Henri épousa Aliénor, duchesse de Guyenne et comtesse de Poitou, la femme divorcée de Louis VII, roi de France. Le divorce avait été prononcé au mois de mars 1152, et, deux mois après, le nouveau mariage fut conclu; suivant Robert de Torigni[2], il fut célébré aux environs de la Pentecôte, qui arriva, en 1152, le 18 mai. La cérémonie dut avoir lieu tout près de cette date. En effet, dans une charte accordée le 27 mai à l'abbaye de Saint-Maixent, Aliénor déclare que dès lors elle était unie au duc Henri : « ... Ego Alienors, Dei gratia ducissa Aquitanorum et Normannorum..., juncta vero Haierico, duci Normannorum, comiti Andegavorum... Hec autem carta data est Pictavi, per manum Bernardi, cancellarii mei, anno 1152[3]. » Bien peu de temps après, elle faisait écrire une charte destinée à l'abbaye de Fontevrault qui se terminait par une date ainsi conçue : « Fait dans le chapitre des religieuses, l'an 1152, alors que le roi Louis régnait sur les Français, et que Henri gouvernait les Poitevins et les Angevins[4]. »

En conséquence, Henri Plantegenêt, qui, pendant les dix-huit premières années de sa vie, était simplement qualifié d'après le nom de son père *filius comitis Andegavorum*, commença à prendre les titres de *dux Normannorum* à la fin de l'année 1150. À ce titre il ajouta celui de *comes Andegavorum* à partir du mois de septembre 1151, puis celui de *dux Aquitanorum* à une date postérieure au mois de mai 1152.

De là, répartition en quatre séries distinctes des actes dans lesquels Henri figure avant d'être monté sur le trône d'Angleterre :

1° Actes dans lesquels il agit simplement comme fils du comte Geoffroi, jusqu'en 1150;

---

[1] Cartul. de Savigni, n° 569.
[2] T. I, p. 260.
[3] Dans mon édition de Robert de Torigni, t. I, p. 26, note. Conf. A. Richard, *Chartes de Saint-Maixent*, t. I, p. 353, et *Hist. des comtes de Poitou*, t. II, p. 109.

[4] « Anno ab incarnatione Domini 1152, regnante Ludovico rege Francorum,... et Henrico Pictavorum et Andegavorum imperium gubernante. » — Cette charte est publiée plus loin, p. 127, d'après l'original qui appartenait, en 1870, à M. Hucher.

IV. DIPLOMATIQUE NORMANDE, 1133-1154.

2° Actes dans lesquels il est qualifié duc de Normandie, de la fin de 1150 au mois de septembre 1151;

3° Actes dans lesquels il est qualifié duc de Normandie et comte d'Anjou, de septembre 1151 à mai 1152, et même, comme on va le voir, jusqu'à une date encore indéterminée de l'année 1153;

4° Actes dans lesquels il est qualifié duc de Normandie et de Guyenne et comte d'Anjou.

Il n'a jamais pris le titre de comte du Maine, ni celui de comte de Poitou, quoiqu'il ait possédé et gouverné ces deux provinces.

Reprenons chacune des catégories d'actes antérieurs à la fin de l'année 1154.

1. *Actes de Henri, fils du comte Geoffroi.* — La liste des actes du prince Henri contient en premier lieu six pièces rédigées au nom de Henri, fils du comte Geoffroi, qui, toutes, doivent être au plus tard de l'année 1150. Dans la suscription des deux premières de ces pièces, le nom du jeune prince n'apparaît qu'associé à celui du père ou à celui de la mère : *G. dux Normannorum et comes Andegavorum, et H. filius ejus* (charte pour l'abbaye de Fécamp)[1]; — *M. imperatrix, Henrici regis filia et Anglorum domina, et Henricus, filius comitis*[2] *Andegavorum* (charte pour Honfroi de Bohun)[3]. La minorité du jeune Henri aurait-elle inspiré des craintes sur la validité d'un acte dans lequel il aurait agi sans l'intervention de son tuteur ou de sa tutrice?

Trois autres chartes peuvent être citées comme offrant la trace de la part réelle ou nominale qui lui revenait dans l'administration de la Normandie avant que son père, à la fin de l'année 1150, lui eût remis les biens héréditaires de sa mère, ce qui lui conférait le droit d'être appelé duc de Normandie.

L'acte solennel par lequel le duc Geoffroi confirma tous les biens et toutes les dignités de l'abbaye de Fécamp a été libellé au nom de Geoffroi et au

---

[1] Original aux archives de la Seine-Inférieure.

[2] W. de Gray Birch, *A Fasciculus of the charters of Mathildis, empress of the Romans*, n° 29.

[3] L'édition de M. Birch, à qui j'emprunte cette charte, porte *comes*, au lieu de *comitis*. Henri n'a jamais eu le titre de comte d'Anjou sans pouvoir le faire précéder du titre de duc de Normandie.

HENRI, DUC DE NORMANDIE. 125

nom de son fils Henri qui ne portait encore aucun titre : « Gaufridus, dux Normannorum et comes Andegavorum, et Henricus filius ejus... Sciatis quia ego et Henricus filius meus concedimus et auctoritate sigilli nostri confirmamus Henrico abbati Fiscanni et ecclesie Fiscannensi omnes consuetudines suas et dignitates.... »[1].

Une autre charte de Geoffroi, ayant pour objet le payement des pensions allouées à l'abbaye de Saint-Wandrille sur différents revenus du duché de Normandie sous le règne du roi Henri Ier, a été expédiée conformément à l'avis et avec l'assentiment du fils de Geoffroi : « consilio et concessu Henrici, filii mei »[2].

Par une troisième charte, Geoffroi notifie à Henri, son fils aîné, un accord intervenu entre l'abbaye de Saint-Julien de Tours et celle de Vendôme[3].

2. *Actes dans lesquels le prince Henri est dit duc de Normandie.* — Des actes de cette catégorie, qui ont été expédiés depuis la fin de l'année 1150 jusqu'au commencement de septembre 1151, un seul doit être l'objet d'une observation, c'est celui dans la suscription duquel le nom de Henri, duc de Normandie, n'apparaît qu'à la suite du nom de la mère, l'Impératrice Mathilde : *M. imperatrix, Henrici regis filia, et Henricus, ejus filius, dux Normannorum* (charte pour les lépreux de Beaulieu, près Chartres)[4].

3. *Actes dans lesquels le prince Henri est dit duc de Normandie et comte d'Anjou.* — Dans cette catégorie, dont tous les actes sont postérieurs au commencement de septembre 1151[5], nous rencontrons encore une charte où le nom de Henri, duc et comte, ne figure que précédé du nom de l'Impératrice

---

[1] Original, Archives de la Seine-Inférieure.

[2] Cartulaire de Saint-Wandrille, aux Archives de la Seine-Inférieure, fol. 309 v°, pièce cotée T. l. VIII.

[3] « G. Andegavorum comes, H. primogenito suo. » Ms. latin 5419, p. 101.

[4] Original aux Archives d'Eure-et-Loir. — Publié p. 126, col. 1. Dans l'adresse, à la ligne 4, le mot *abbatibus* aurait dû être mis avant *comitibus*.

[5] Il semble bien que, dans les actes du prince Henri, le titre de *comte d'Anjou* n'ait pas dû être ajouté à celui de duc de Normandie avant le mois de septembre 1151, et je suis porté à croire qu'il y a une faute de copie, 1150 pour 1151, dans deux chartes de l'abbaye de Mortemer, datées de Rouen 1150, qui se trouvent aux p. 47 et 53 du Cartulaire de Mortemer et qui sont émanées de « Henricus, dux Normannorum et comes Andegavorum ».

et, ce qui est tout à fait extraordinaire, c'est que cette pièce, qui provient comme la précédente de la léproserie de Beaulieu, est une réplique exacte de la charte que je viens de signaler. Le corps de l'acte est identique; les seules différences qu'on y puisse relever c'est que, dans la suscription, le titre *comes Andegavorum* a été ajouté à celui de *dux Normannorum* et que les témoins ne sont point les mêmes. Pour montrer l'identité de ces deux textes, je dois les publier ici en regard l'un de l'autre, en distinguant par dès caractères italiques la différence de la suscription et celle de la liste des témoins. Les deux chartes sont des originaux d'une authenticité indiscutable. J'en ai dû la communication à M. René Merlet, archiviste du département d'Eure-et-Loir.

M., Imperatrix, Henrici regis filia, et Henricus, ejus filius, dux Normannorum, Hugoni archiepiscopo Rothomagensi, episcopis, comitibus, abbatibus, baronibus, justiciis Normannie, et omnibus fidelibus per Normanniam constitutis, salutem.

Sciatis nos reddidisse et concessisse in perpetuam elemosinam Deo et sancte Marie Magdalene de Bello Loco Carnoti, et infirmis ibidem Deo servientibus, pro salute patrum nostrorum atque matrum et nostra, et remissione peccatorum nostrorum, et statu et incolumitate ducatus Normannie, necnon et pro anima regis Henrici et aliorum parentum nostrorum, unoquoque anno, x libras rothomagensium, quas prefatus rex Henricus eis dedit et concessit et carta sua confirmavit.

Precipimus igitur vicecomiti nostro Rothomagensi, quicumque ille fuerit, quod eas ipsis, *de vicecomitatu nostro Rothomagensi*, singulis annis *ad Purificationem sancte Marie*, sine disturbatione et omni occasione, super nostram forefacturam, habere faciat.

Et hanc nostram redditionem et concessionem prememorate ecclesie fratribusque infirmis sine fine mansuram, et a Deo nobis collata potestate inviolatam, permanere hac carta nostra confirmamus.

M., Imperatrix, Henrici regis filia, et Henricus, ejus filius, dux Normannorum *et comes Andegavorum*, Hugoni archiepiscopo Rothomagensi, episcopis, abbatibus, comitibus, baronibus, justiciis Normannie et omnibus fidelibus per Normanniam constitutis, salutem.

Sciatis nos reddidisse et concessisse in perpetuam elemosinam Deo et Sancte Marie Magdalene de Bello Loco Carnoti, et infirmis ibidem Deo servientibus, pro salute patrum nostrorum atque matrum et nostra, et remissione peccatorum nostrorum, et statu et incolumitate ducatus Normannie, necnon et pro anima regis Henrici et aliorum parentum nostrorum, unoquoque anno, x libras rothomagensium, quas prefatus rex Henricus eis dedit et concessit et carta sua confirmavit.

Precipimus igitur vicecomiti nostro Rothomagensi, quicumque ille fuerit, quod eas ipsis, *de redditibus vicecomitatus nostri Rothomagensis*, singulis annis, *ad festum sancti Michaelis*, sine disturbatione et omni occasione, super nostram forefacturam, habere faciat.

*Et hanc nostram redditionem et concessionem prenominate ecclesie fratribusque infirmis sine fine mansuram, et a Deo nobis

Testibus : Arnulfo episcopo Lexoviensi, Raginaldo de Sancto Walerico senescallo, *Alexandro de Bohun*, Godardo de Vallibus, *Umfredo filio Odonis constabulario*, Willelmo Filio Hamonis, Amfredo Filio Rualdi. Apud Rothomagum.

collata potestate inviolatam, permanere hac carta nostra confirmamus.

Testibus : Arnulfo episcopo Lexoviensi, *Ricardo episcopo Constantiensi, Philippo episcopo Baiocensi, Walerano comite Mellendino, Rodberto de Novo Burgo*, Raginaldo de Sancto Walerico senescallo, Willelmo Filio Hamonis, *Stephano de Bello Campo*, Godardo de Vallibus, Amfredo Filio Rualdi. Apud Rothomagum.

Au premier abord, il semble que la formule de la suscription *Henricus dux Normannorum et comes Andegavorum* n'ait dû être employée dans les actes du prince que pendant la période comprise entre la mort de Geoffroi, comte d'Anjou (septembre 1151), et le mariage de Henri avec Éléonore, duchesse de Guyenne, à la suite duquel Henri entra en possession du duché de Guyenne. Mais Henri prit-il aussitôt le titre de *dux Aquitanorum?* C'est là une question qu'il est très important d'examiner.

Avant tout, il ne faut pas oublier que, dans une excellente dissertation de l'année 1884, M. Élie Berger[1] a établi d'une façon définitive que le roi de France, Louis VII, a continué à prendre le titre de *dux Aquitanorum* jusqu'au cours de l'année 1154; les neuf chartes qu'il a produites à l'appui de sa thèse ne laissent à cet égard aucune prise à la critique.

On peut aussi remarquer la façon dont Aliénor qualifie son second mari dans une charte de l'année 1152[2], dont l'original nous est parvenu : *Henricus,*

---

[1] *Bibliothèque de l'École des chartes*, 1884, t. XLV, p. 305-313.

[2] Voici la copie de cette très curieuse charte que j'ai copiée le 4 avril 1870 sur l'original appartenant alors à M. Hucher, du Mans : « Sciant universi sancte matris Ecclesie filii, tam presentes quam futuri, quod ego Alienord[is], gratia Dei Pictavorum comitissa, postquam a domino meo Lodovico, videlicet serenissimo rege Francorum, causa parentele disjuncta fui; et domino meo Henrico, nobilissimo Andegavorum consuli, matrimonio copulata, divina illustratione tacta, sanctarum virginum Fontis Ebraudi congregationem visitare concupivi, et quod mente habui, opitulante gratia Dei, opere complevi. Veni enim, Deo ducente, apud Fontem Ebraudum, et capitulum supradictarum virginum ingressa sum, ibique corde conpuncta, laudavi, concessi et confirmavi quicquid pater meus et antecessores mei Deo et ecclesie Fontis Ebraudi dederant, et precipue illam elemosinam quingentorum solidorum Pictavensis monete, sicut dominus meus, Ludovicus, Francorum rex, tunc temporis maritus meus, et ego quondam dederamus, secundum quod sua et mea scripta pre-

nobilissimus Andegavorum consul, et *Henricus, Pictavorum et Andegavorum imperium gubernans*. Elle-même, dans la suscription de la charte, s'appelle simplement *Alienordis, gratia Dei Pictavorum comitissa*.

L'historien des comtes de Poitou, M. Alfred Richard[1] a judicieusement fait observer que les droits de Henri sur le duché de Guyenne ne furent pas immédiatement reconnus, après le second mariage d'Aliénor, par tous les vassaux de cette princesse.

Mais, ce qui va jeter un jour inattendu sur la question, c'est l'itinéraire de Henri que les annales de Robert de Torigni permettent de suivre sans lacune pendant l'année qui précéda et les deux années qui suivirent le divorce et le second mariage d'Éléonore.

Le duc Henri, aussitôt après la mort de son père, avant la fin de l'année 1151, alla en Anjou et s'y fit reconnaître comme le maître du pays[2]. Ce fut au printemps suivant que, résolu à revendiquer les armes à la main le trône occupé par Étienne de Blois, il commença à préparer une campagne en Angleterre, dont son grand-oncle Renaud, comte de Cornouaille, était venu l'entretenir pendant le carême[3]. Le projet du passage en Angleterre fut discuté dans une assemblée réunie à Lisieux après la clôture des fêtes de Pâques, c'est-à-dire après le 6 avril 1152[4]. Le mois suivant, le duc Henri allait épouser la femme divorcée du roi de France, Aliénor, duchesse de Guyenne et com-

locuntur et ostendunt, omni prorsus occasione remota et absque ulla contradictione, deinceps im perpetuum habendam similiter concessi. Hujus rei testes sunt : Saildebroil dapifer meus, Josbertus Absque terra, Paganus de Rocha Forti, et frater ejus Nivardus, Ugo de Longo Campo, Petrus Roognardus, Robertus de Monte Forti, Radulfus de Faia, magister Matheus. Actum est hoc in presentia domine Mathildis abbatisse, in communi capitulo sanctimonialium, anno ab incarnatione Domini MCLII°, regnante Lodovico rege Francorum, Gisleberto Pictavorum episcopo, et Henrico Pictavorum et Andegavorum imperium gubernante. » — Jadis à cette charte était attaché un sceau allongé et pointu, aujourd'hui disparu, que Gaignières a fait dessiner et sur lequel on voyait repré-sentée une dame tenant une fleur de lis à sa main droite, et un oiseau sur son poing gauche. Légende : ALIENOR[DIS] DVCISSE AQVITAN... — Aucun exemplaire de ce sceau ne paraît plus exister.

[1] *Hist. des comtes de Poitou*, t. II, p. 116.
[2] Robert de Torigni, t. I, p. 258.
[3] *Ibid.*, t. II, p. 260. Le carême de l'année 1152 dura du 19 février au 29 mars.
[4] « Post clausum Pascha, Henricus dux Normannorum et comes Andegavensium, apud Luxovias congregatis comitibus Normannie et aliis primoribus, de itinere suo in Angliam cum illis tractavit. Venerat enim in quadragesima pro eo Rainaldus, avunculus ejus, comes Cornubie. » Robert de Torigni, t. I, p. 260 et 261.

HENRI, DUC DE NORMANDIE.

tesse du Poitou. Le mariage eut lieu dans les États de la princesse, aux environs de la Pentecôte, *circa Pentecosten*, dit Robert de Torigni[1], c'est-à-dire vers le 18 mai, et à coup sûr avant le 27 de ce mois, date d'une charte dans laquelle Éléonore se dit *juncta Haierico duci Normannorum*[2]. Un mois plus tard, après la Saint-Jean (24 juin 1152), Henri s'était rendu à Barfleur, prêt à s'embarquer pour l'Angleterre, quand une attaque soudaine du roi de France l'obligea, le 16 juillet, à se défendre contre l'ancien mari d'Aliénor et le retint en France jusqu'à la fin de l'année[3]. Ce fut seulement au commencement de janvier 1153 que Henri put prendre la mer à la tête d'une flotte de 36 nefs, et débarquer en Angleterre[4], où il resta jusqu'aux environs de Pâques (4 avril) 1154[5].

Le prince Henri ne revint pas en Angleterre du vivant du roi Étienne, avec lequel il s'était réconcilié le 6 novembre 1153[6]. Peu de semaines après la mort du roi Étienne, survenue le 25 octobre 1154, Henri s'embarquait à Barfleur et descendait sur la terre anglaise le 7 ou le 8 décembre, pour aller se faire sacrer à Westminster le 19 décembre 1154.

Il est donc établi que le prince Henri, depuis la mort de son père (septembre 1151) jusqu'à la mort du roi Étienne (octobre 1154), n'a séjourné en Angleterre que depuis le mois de janvier 1153 jusqu'au mois d'avril 1154. Or, parmi les actes faits au nom de *Henricus dux Normannorum et comes Andegavorum*, il s'en trouve quatre qui sont datés de localités anglaises :

Henricus, dux Normannorum, comes Andegavorum..., pro Rodberto, filio comitis Legrecestrie. Apud Briston. (Original, *Trésor des chartes*, Conches et Breteuil, n° 1, J 219.)

Henricus, dux Norm. et comes Andeg... Pro S. Maria de Becco et S. Maria Magdalene de Golcliva. Apud Bristolliam. (*Calendar of Charter Rolls*, t. II, p. 362.)

Henricus, dux Norm. et comes Andeg. Pro Ranulfo, comite Cestrie. Apud Divisas. (Ori-

---

[1] T. I, p. 260.

[2] Cette charte est citée par A. Richard, dans son *Histoire des comtes de Poitou*, t. II, p. 109.

[3] Robert de Torigni, t. I, p. 261-270.

[4] «Henricus, dux Normannorum, infra octavas Epiphanie (7-12 janvier 1153) transiit in Angliam cum xxxvi navibus.» Robert de Torigni, t. I, p. 271. — L'arrivée de Henri en Angleterre est fixée au 6 janvier 1153 par Gervais de Cantorbéry (t. I, p. 151) : «Venit in Angliam, in initio mensis januarii, die scilicet dominice Apparitionis.»

[5] «Circa Pascha Henricus, dux Normannorum, transfretavit in Normanniam.» Robert de Torigni, t. I, p. 288.

[6] *Ibid.*, p. 280. — Suivant Gervais de Cantorbéry (t. I, p. 156) l'accord fut définitivement conclu à Winchester à la fin du mois de novembre 1153.

ginal au Musée britannique. Fac-similé dans le Recueil de l'ancienne Commission des *Public Records*, pl. XLVII, fig. 2.)

Henricus, dux Norm. et comes Andeg. Pro abbatia de Flexleia. Apud Evesham. (*Monasticon anglic.*, t. V, p. 590.)

Voilà donc quatre chartes de Henri datées de localités anglaises, postérieurement à la mort du comte Geoffroi et qui portent la suscription *H. dux Norm. et comes Andeg.*, sans addition du titre *dux Aquit.* L'authenticité et la sincérité de ces pièces sont hors de contestation : deux d'entre elles étant conservées en original, l'une aux Archives nationales, l'autre au Musée britannique. Ainsi, la chancellerie du prince continua la suscription *dux Norm. et comes Andeg.* au moins pendant les premiers temps du séjour de la cour ducale en Angleterre, c'est-à-dire jusqu'au mois de janvier 1153. Je ne puis pas indiquer l'époque exacte à laquelle elle fut modifiée et remplacée par ces mots : *dux Norm. et Aquitanorum et comes Andeg.* Ce fut probablement dans le courant de 1153, mais à coup sûr après le mois de janvier de cette année, et probablement au plus tard en mai : nous avons, en effet, une lettre datée de Leicester, dans laquelle Henri prend le titre de duc de Guyenne, et nous allons voir quelques lignes plus bas que le prince passa les fêtes de la Pentecôte en 1153 à Leicester.

4. *Actes dans lesquels Henri est dit duc de Normandie et Guyenne et comte d'Anjou.* — La nouvelle formule de suscription *Henricus dux Normannorum et Aquitanorum et comes Andegavorum* fit son apparition pendant le séjour de Henri en Angleterre, dont il vient d'être question (1153 ou 1154).

Je puis citer six chartes expédiées de localités anglaises au nom de Henri duc de Normandie et Guyenne et comte d'Anjou :

Pro ecclesia de Redmore. Apud Coventriam. (*Monast. anglic.*, t. V, p. 447.)
Pro ecclesia de Wolverhamptona. Apud Dudeleg. (*Ibid.*, t. VI, part III, p. 1446.)
Pro S. Petro de Gloucestria. Apud Gloucestriam. (*Cartul. S. Petri de Gloucestria*, t. II, p. 34.)
Pro abbatia de Bitlesden. Apud Legestriam. (Original au Musée britannique, fonds de Harley, charte 84. C. 3.)
Pro ecclesia Sancti Ceadde. Apud Warwik. (*Calendar of Charter rolls*, t. II, p. 346.)
Pro S. Petro Cluniacensi. Apud Westmonasterium. (Original à la Bibliothèque nationale, charte cotée Cluni 247, dans le vol. 80 de la Collection de Bourgogne.)

Dans l'avant-dernière de ces charles il est question d'un séjour que le duc avait fait, à Leicester, à la Pentecôte 1153 : « quicquid assarsatum fuit ab olim usque ad Pentecosten quo fui apud Legrecestriam, anni videlicet incarnationis Domini millesimi centesimi quinquagesimi tercii ».

Il faut donc fixer à la fin de l'année 1153 ou aux premiers mois de 1154 l'usage de faire entrer dans la suscription des actes de Henri Plantegenêt la mention du titre de duc de Guyenne, usage qui s'est perpétué dans la chancellerie royale d'Angleterre jusqu'au moment où Édouard III prit le titre de roi de France.

On a vu un peu plus haut que Louis VII cessa également en 1154 de se qualifier duc de Guyenne en tête de ses actes : il y a là une remarquable coïncidence, et il est très vraisemblable que la convenance de laisser au possesseur réel de la Guyenne le droit exclusif de se qualifier duc de Guyenne fut plus ou moins explicitement reconnu dans les conférences qui eurent lieu au mois d'août 1154 pour la conclusion d'un traité de paix entre Louis VII et Henri Plantegenêt. L'abandon par le roi de France du titre de duc de Guyenne put être pris en considération, quand il fut stipulé dans le traité qu'une indemnité de 2,000 marcs d'argent serait payée au roi de France [1].

Je serai très bref au sujet du style des actes de Henri Plantegenêt antérieurs à son avènement au trône. On y trouve bien déjà, dans quelques-uns, trace des caractères qui distinguent les actes de la période postérieure : la précision, la sobriété et l'emploi de formules qui ne tarderont pas à devenir d'un usage constant sous la plume des clercs attachés à la chancellerie royale d'Angleterre; mais on y rencontre aussi, dans plus d'une circonstance, la persistance du goût de la phraséologie et de la forme matérielle des chartes-notices qui tiennent une si grande place au xe et au xie siècle dans les archives des églises de l'Anjou, de la Touraine, du Maine et du Poitou. J'en citerai seulement un exemple antérieur de six mois à l'avènement de Henri au trône royal. C'est une grande pancarte sur laquelle sont réunies plusieurs chartes

---

[1] Robert de Torigni, t. I, p. 285. — Voir ce que dit à ce sujet M. Alfred Richard, *Histoire des comtes de Poitou*, t. II, p. 119, note.

des comtes d'Anjou pour l'abbaye de Fontevrault, avec un *post-scriptum* ajouté au bas et conçu dans les termes suivants :

... Et ego Henricus, Dei gratia dux Normannorum et Aquitanorum comesque Andegavorum, anno ab incarnatione Domini M CLIII, xii kalendas junii, concessi et confirmavi apud Fontem Ebraudi omnes donationes et confirmationes prescriptas ab avo meo factas. Testibus his : Engelbaudo Turonensi archiepiscopo, Phylippo Baiocensi, Arnulfo Luxoviensi, episcopis, Matheo Sancti Florentii, Bernerio Nogeriensi, abbatibus, Guillelmo fratre meo, Gaufrido de Rancone, Guidone de Sabloio, Ricardo de Homez, Guillelmo Filio Hamonis, Jordano Taxone, Fulqoueio Paganelli, Hugone de Pocé.

Fulconis † comitis. Crux † Heliæ.
Si † billa. Go † fredi primogeniti.
Crux † Henrici ducis
Normaniæ et Aquitanorum
comitisque Andeg[avorum].

Cette pièce est aux Archives nationales sous la cote L. 1018, dossier 1, pièce n° 3. Elle y est sans doute arrivée en compagnie de deux autres grandes pancartes, et la réunion des trois pièces constitue un des plus curieux morceaux qui aient été distraits du chartrier de Fontevrault.

La pancarte qui se termine par la confirmation du duc Henri est ainsi décrite dans un volume des Archives de Maine-et-Loire qui date du xvii siècle et qui est intitulé au dos : *Fontevrault, Extrait des cartulaires, chartes, obituaires, registres...* (p. 355) :

Scellé de trois sceaux. Le premier en laqs de soye rouge, qui est mi-rompu, où paroist la moitié de la figure d'un homme à cheval, ayant un guidon en la main droite; l'escriture d'autour le sceau effacée. Le second sceau, de cire blanche, en lacs de cuir, est tout entier, fait en rond, fort espoix, auquel est la figure d'un homme à cheval, ayant un habillement de teste pointu comme une mitre, et un guidon pareil à l'autre, dont la figure est en manque, et autour du sceau : SIGILLVM FVLCONIS ANDEGAVORVM. Le dernier [sceau] est osté. Il semble que le dernier article, de Henry, duc de Normandie, a esté adjousté, pour estre d'escriture plus récente.

Les Archives nationales[1] possèdent un exemplaire du sceau dont Henri se servait quand il était duc de Normandie et comte d'Anjou. Sur la face il est

---

[1] Trésor des chartes, Conches, n° 1, J. 219.

représenté à cheval, une épée à la main, en qualité de duc de Normandie ; au revers, il est à cheval, mais armé d'une lance ; de la légende du revers on voit encore à peu près le dernier mot : ANDEGAVORUM. Gaignières avait vu dans les archives de Fontevrault deux exemplaires de ce sceau [1] et les avait fait dessiner ; grâce à lui, nous en connaissons à peu près en entier les légendes : sur la face on lisait : + HENRICUS... DUX NORMANNORUM..., et sur le revers : HENR... S DEI GRATIA... [AN]DEGAVORUM...

Il y a encore à la Bibliothèque nationale [2] une charte délivrée à l'abbaye de Cluni par le prince Henri pendant qu'il était duc de Guyenne. Malheureusement le sceau en est très mutilé, et les deux légendes en ont disparu. Sur les deux faces, le personnage est représenté à cheval ; mais je n'ose pas dire que ce soit le type déjà employé quand le prince n'avait pas encore pris le titre de duc de Guyenne. C'est cependant assez probable : le dessin de Gaignières convient assez bien aux débris d'un sceau que possède le Musée britannique et qui a été délivré par le duc Henri après qu'il avait pris le titre de duc de Guyenne [3].

Je termine ce que j'ai à dire sur les chartes de Henri, duc de Normandie, par la liste des plus notables témoins qui les ont souscrites. La plupart de ces noms se retrouvent au bas des chartes qui furent expédiées par la chancellerie royale pendant la première période du règne de Henri II. Cette concordance justifie sur plus d'un point le classement chronologique que j'ai adopté pour plusieurs chartes de cette période.

Absalon Roinardus, Rougnart.
Alexander de Bohon.
Amfredus Filius Rualdi.

Arn. Lexov. episcopus.
Brientius de Martiniaco, constabularius.

---

[1] Ms. latin 5480, t. I, p. 72 et 258 ; ms. latin 5441, t. I, p. 258.
[2] Collection de Bourgogne, vol. 80, pièce cotée Cluni 247.
[3] « H. dux Norm. et Aquit. et comes Andeg., omnibus archiepiscopis, ep., com., bar., just., vicec. et omnibus amicis et fidelibus suis Norm. et Angl., salutem. Sciatis me concessisse et confirmasse donationem illam quam Ernaldus de Bosco fecit Deo et monachis de ordine Cisterciensi de manerio de Betlesdena..., cum omnibus libertatibus et liberis consuetudinibus eisdem terris pertinentibus, sicut alie ecclesie ejusdem ordinis, sive in Anglia sive in Normannia, melius et liberius tenent... Apud Legecestriam. » Harley Charters, 84. C. 3. Publié dans le mémoire de M. Birch *On the seals of King Henry the second* (p. 6), avec des renseignements sur les fragments de sceau qui subsistent.

Burchardus de Mareil.
Durandus Burellus.
Engelgerus de Bohou.
Engerrannus de Guascueil, Wascoeil.
Engerranus Portarius.
Engerrannus de Sayo.
Fulqoueius Paganelli.
Garinus Filius Giroudi.
Gaufridus de Bruecuria.
Gaufridus de Cleers.
Godardus de Vallibus.
Gosbertus, Josb. Sine terra.
Goslenus, Joslenus de Turonis dapifer comitis Andegavensis.
Guferius, Gofferius de Brueria.
Guido de Sableio, Sabuleio.
Henricus de Ferreriis.
Henricus de Novo Burgo.
Herveius de Novilla.
Hubertus dapifer.
Hugo de Cleers.
Hugo de Dovera.
Hugo de Piris, Pirariis.
Hunfridus de Bohon dapifer.
Jocelinus de Baillolio.
Johannes de Soligneio.
Jordanus Taisson, Taxo.
Manasserus Biset.
Matheus (magister) doctor meus.
Mauricius capellanus.
Nicolaus de Stotevilla.
Odo hostiarius.
Osbertus de Calleio.
Osbertus de Hosa.
Paganus de Clara Valle, Claris Vallibus.
Patricius comes Sarisberiensis.

Petrus de Sancto Hilario.
Philippus de Columbers.
Pipinus de Turonis.
Radulfus de Pomeria.
Raginaldus Cornubie comes.
Raginaldus de Sancto Walerico senescallus.
Richardus cancellarius.
Richardus de Haia.
Richardus de Homez.
Richardus de Luci.
Ridellus de Relleio.
Robertus de Curci dapifer.
Robertus de Dunstanvilla.
Robertus Filius Ernesii.
Robertus Gloecestrie comes.
Robertus de Juveneio.
Robertus de Novo Burgo.
Robertus de Wenneval.
Rogerius de Govitio.
Rogerius comes de Herefort.
Rogerius de Pauliaco.
Simon de Castellione camerarius.
Thomas decanus de Lochis.
Wachelinus Maminot.
Waleranus Mellenti comes.
Walterus Giffart comes de Lougavilla.
Willelmus de Angervilla.
Willelmus cancellarius.
Willelmus de Crivecuer.
Willelmus Cumin.
Willelmus Filius Hamonis, Hamundi.
Willelmus Filius Johannis.
Willelmus Gloucestre comes.
Willelmus de Rolmare conestabularius.
Willelmus de Vernone.

Après avoir parlé des actes de la jeunesse du prince Henri, il serait difficile de ne pas dire quelques mots des actes de ses parents, qui ont participé, pour lui et avec lui, au gouvernement et à l'administration des provinces anglo-françaises.

GEOFFROI, COMTE D'ANJOU.   135

ACTES NORMANDS DE GEOFFROI, COMTE D'ANJOU. — Geoffroi Plantegenèt, comte d'Anjou, au nom de sa femme, l'Impératrice Mathilde, fille de Henri Ier, roi d'Angleterre, et au nom de leur fils Henri, qui fut depuis roi d'Angleterre, finirent par faire reconnaître leurs droits à la succession de Henri Ier, et Geoffroi, pendant les derniers temps de sa vie, put fièrement ajouter à son titre de comte d'Anjou le titre de duc de Normandie. C'est seulement en 1145 qu'il acheva la conquête de la province, en se rendant maître du château d'Arques, la dernière place qui lui eût résisté. Le fait est attesté par une notice du Cartulaire de Saint-Laud d'Angers :

... Hec acta sunt in ecclesia Sancti Laudi, ante altare Beate Marie in crypta, videntibus et audientibus Briencio de Martigneio, Hugone de Poceio, Pippino preposito, Josleno Turonensi, Turpino, Nicholao Lusco, Simone de Castillione, Fulcone camerario, Herberto abbate Sancti Nicolai, Hamelina abbatissa Beate Mariæ, anno ab incarnatione Domini M CXLV, ipso comite ducatum Normannie in pace habente, eo scilicet anno quo idem dux Normannie Archas castrum acquisivit, quod solum ei de toto ducatu resistebat[1].

Nous voyons le titre de duc de Normandie donné dès l'année précédente (1144) à Geoffroi dans une charte d'Ulger, évêque d'Angers :

Anno M C XLIIII, regnante apud Francos Ludovico, Gaufrido juniore Andegavensi comite et Normannie duce, filio Fulconis comitis[2].

La même année 1144, Hugues, archevêque de Tours, le cite comme exerçant sa domination sur les Normands, les Angevins, les Manceaux et les Tourangeaux :

Gaufrido, filio Fulconis, Jherosolimorum regis, Normannis, Andegavensibus, Cenomannicis et Turonensibus dominante [3].

La première année du duché de Geoffroi devait être à cheval sur les deux années 1144 et 1145. En effet, une charte du même Ulger se termine par une date ainsi exprimée :

Anno ab incarnatione M C XLV, super Francos regnante Ludovico, Ludovici Pii filio, Gaufrido, Imperatricis marito, duce et comite, super Normannos et Andegavenses dominante, primo scilicet anno ducatus sui, in festo sanctorum Petri et Pauli[4].

[1] Collection de D. Houssseau, vol. V, n° 1711.
[2] Cartul. de Marmoutier, ms. lat. 5441, t. I, p. 401.
[3] Collection Moreau, vol. 61, fol. 63.
[4] *Cartul. de La Coature*, éd. des Bénédictins, p. 62, n° LXII.

Des chartes qui précèdent il résulte que Geoffroi Plantegenêt ajouta seulement en 1144-1145 le titre de duc de Normandie à celui de comte d'Anjou, bien qu'il fût entré en campagne, aussitôt après la mort de Henri Ier (1135), pour prendre possession du royaume d'Angleterre et du duché de Normandie, au nom de sa femme et de son fils. Quoiqu'il eût assez vite recueilli beaucoup d'adhésions sur divers points de la province, et qu'il eût souvent agi en qualité de duc, il ne crut pas opportun de prendre le titre de duc avant l'année 1144. La meilleure preuve qu'on en puisse donner, c'est qu'au bas d'une notice concernant une franchise reconnue en 1143 au prieuré des Alleux : « imperio Gaufridi, comitis Andecavensis, filii Fulchonis, Jherosolimitani regis », on a ajouté ces mots : « Ego Gaufridus, comes Andecavorum, hoc concessi. Post adeptum vero Normannie ducatum, dux et comes, sigilli mei impressione idem confirmavi. » La différence des écritures, à partir des mots « Ego Gaufridus comes... », prouve que le post-scriptum a été écrit après coup et l'observation en a été faite par une note de Dom Maur Audren[1].

Parmi les chartes rédigées au nom de Geoffroi, duc de Normandie et comte d'Anjou, que nous possédons en original, je citerai les suivantes :

Pour l'abbaye de Savigni, aux Archives nationales, L. 967.

Pour les lépreux de Rouen, *ibid.*, S. 4889. 3.

Pour l'abbaye de Fécamp, aux Archives de la Seine-Inférieure.

Pour les religieuses de l'abbaye Saint-Désir de Lisieux, aux Archives du Calvados.

Pour l'abbaye de Lessai, aux Archives de la Manche.

Certaines chartes de Geoffroi sont rédigées dans un style bref et impératif, tout à fait comparable à celui que nous sommes habitués à trouver habituellement, un peu plus tard, dans celles de son fils. En voici un exemple vraiment typique :

G., dux Norm. et comes And., vicec[omitibus] Rothomagensibus, salutem. Precipio quod tradatis leprosis Rothomagensibus xL solidos rothomagensium singulis mensibus, sicut rex H. eis dedit et carta ejus testatur. Teste Roberto de Novo Burgo. Apud Rothomagum[2].

---

[1] Ms. lat. 17126, p. 148. — La pièce soi-disant originale est aux Archives de Maine-et-Loire (H 197). L'archiviste, M. Saché, n'y a remarqué aucune trace de sceau.

[2] Original dont le sceau était sur simple queue. Archives nationales, S. 4889, n° 3. Les vicomtes de Rouen auxquels le mandement est adressé sont les fermiers de la vicomté ou du domaine de Rouen. Entre autres exemples, voir *Rot. Scacc. Norm.*, t. I, p. 72 et 75.

GEOFFROI, COMTE D'ANJOU.

Entre les chartes du père et celles du fils, il y a de telles analogies qu'on peut hésiter sur l'attribution à proposer pour des chartes du Livre noir de Bayeux dans lesquelles la place de l'initiale est restée en blanc. On en peut juger par les huit pièces dont je donne un extrait et qui doivent être de Geoffroi. J'ai cru voir sur les marges les vestiges de lettres G que le copiste a tracées en encre très pâle, ou au crayon, pour avertir l'enlumineur qu'il devait remplir chacun des blancs en y inscrivant des G, initiales du nom *Gaufridus*.

1. — ... dux Normannorum et comes Andecavorum, omnibus baronibus suis, justiciis, baillivis et omnibus fidelibus suis Normannie, salutem. Volo et precipio quod Philippus Baiocensis episcopus teneat omnes terras suas.... — Teste comite Mellenti. Apud Rothomagum. (Livre noir du chapitre de Bayeux, n° 16.)

2. — ... dux Normannorum et comes Andegavorum, Raginaldo de Sancto Walerico, Roberto de Novo Burgo et omnibus justiciis[1] suis de Normannia, salutem. Volo et concedo quod ecclesia Beate Marie Baiocensis et Philippus episcopus et successores ejus habeant et teneant leugatam de Cambremario, ita bene et integre et honorifice sicut Odo episcopus eam tenuit... — Testibus : Hugone Rothomagensi archiepiscopo, Ricardo cancellario, Raginaldo de Sancto Walerico, Roberto de Novo Burgo. Apud Rothomagum. (*Ibid.*, n° 17.)

3. — ... dux Normannorum et comes Andegavorum, justiciis suis et baronibus de Normannia, salutem. Sciatis quod Ricardus de Hummez juravit episcopo Baiocensi Philippo fidelitatem sicut domino suo, coram me, Baiocis... Teste ipso comite. Apud Baiocas. (*Ibid.*, n° 18.)

4. — ... dux Normannorum et comes Andegavorum, Raginaldo de Sancto Walerico, Willermo de Vernone, Roberto de Novo Burgo et omnibus justiciis et proceribus suis Normannie, salutem. Sciatis quod ego concedo et confirmo ecclesie Sancte Marie Baiocensis et Philippo episcopo et omnibus successoribus ejus omnes terras et consuetudines quas Odo episcopus habuit in episcopatu Baiocensi... Testibus : Hugone Rothomagensi archiepiscopo, Ricardo cancellario nostro, Raginaldo de Sancto Walerico, Roberto de Novo Burgo. Apud Rothomagum. (*Ibid.*, n. 19.)

5. — ... dux Normannorum et comes Andegavorum, Engeugero de Buhun, salutem. Mando et precipio quod dimittas episcopo Baiocensi in pace feudum militis quod Robertus Marmion de ipso tenebat... Teste Pagano de Claris Vallibus. Apud Cenomannum. (*Ibid.*, n° 24.)

[1] Le ms. porte : *justiciariis*.

6. — ... dux Normannorum et comes Andegavorum, G. de Sableio et R. de Curceio, justiciis suis, salutem. Mando vobis quod sine mora recognosci faciatis, secundum asisiam meam, de feodo Guillelmi Bersic et de servitio ejusdem, quis inde saisitus erat tempore regis Henrici... — Teste Pagano de Claris Vallibus. Apud Cenomannum. (*Ibid.*, n° 25.)

7. — ... dux Normannorum et comes Andegavorum, Hugoni Dei gratia Rothomagensi archiepiscopo, et omnibus episcopis Normannie, et omnibus baronibus, salutem. Christianorum principum, etc... (*Ibid.*, n° 39.)

8. — ... dux Normannorum et comes Andegavorum, Philippo Dei gratia Baiocensis ecclesie episcopo, et Ricardo decano, totique ejusdem ecclesie capitulo, salutem. Notum vobis fieri volumus quod ecclesiam de Heriz... Sancte Marie Baiocarum... confirmamus... Teste Roberto de Novo Burgo. Apud Argentomum factum est hoc anno M. C. XLVII. (*Ibid.*, n. 99.)

C'est en dehors de la chancellerie de Geoffroi qu'a dû être rédigée, à la date du 28 octobre 1150, une charte dont la suscription porte : « Ego Gaufridus comes Andegavorum et Cenomannorum, Fulconis Jerusalem regis filius »[1].

Geoffroi s'est successivement servi de deux sceaux. Sur celui qu'il avait quand il n'était que comte d'Anjou, il était représenté à cheval, un gonfanon à la main. Légende : + SIGILLUM GOFFREDI MARTELLI ANDEGAVORUM COMITIS. Gaignières nous a laissé un dessin de ce sceau[2] qu'il avait trouvé appendu à une charte de l'abbaye du Mont-Saint-Michel.

---

[1] *Liber albus capituli Cenomann.*, p. 4, n° vi. — Je laisse aussi de côté des chartes de Geoffroi dans lesquelles le titre de duc de Normandie lui est donné, mais dans lesquelles ne sont pas suivies les habitudes de la chancellerie normande. Telles sont deux chartes de l'abbaye de Vendôme (insérées dans le Cartulaire de l'abbaye de Vendôme écrit au xii° siècle et récemment entré à la Bibl. nationale [latin, nouv. acq., n° 1936]). Ce sont d'ailleurs des notices dont voici les dates et les souscriptions :

I. « Actum publice apud Balgiacum in curia Goffredi, nobilissimi Normannorum ducis et Andeg. comitis, anno ab inc. Domini 1146, idus aprilis, feria secunda (13 avril 1146). — Ego Goffridus, Dei gratia Normannorum dux et Andegavensium comes, hanc querelam judicio terminari precepi, judicium audiens approbavi, cartam inde fieri mandavi, factamque nostro sigillo confirmavi, precipiens dapifero Balgiacensi atque preposito ut in adquirenda decima semper monachis adjutores existant nulloque modo eam auferri, vel minui permittant. » (Feuillet coté II°LII.)

II. « Actum Vindocini, in camera, vii kal. marcii, die dominica anno ab inc. Domini 1147 (23 février 1147). — Ego Goffredus, Dei gratia Normannorum dux et Andeg. comes, ut hoc firmum in perpetuum staret, hanc cartam fieri precepi, factam legi, lectam sigillo meo confirmari feci. » (Feuillet coté II°LII.)

[2] Ms. latin 5430A, p. 138. La charte est aux Archives de la Manche, mais dépourvue du sceau.

L'IMPÉRATRICE MATHILDE.

Le second sceau de Geoffroi est à double face : d'un côté, il porte un gonfanon, en qualité de duc de Normandie. De l'autre côté, il est armé d'une épée. Demay[1] en a vu au Musée de Rouen un exemplaire assez fruste, au bas d'une charte de l'abbaye du Bec. Un exemplaire un peu moins détérioré existait dans les archives de Marmoutier, lors de la visite de Gaignières[2].

Je ne saurais dire si c'était le même sceau qui avait été appendu après coup à la charte de Saint-Aubin d'Angers datée de l'année 1143 et citée un peu plus haut. D. Maur Audren avait lu sur le sceau : S. GOFFREDI DEI GRATIA... NORMANN..., et sur le contre-sceau : GOFFREDUS DEI GRACIA... GAVORUM. A la fin du xviie siècle, la charte, encore munie du sceau, faisait partie d'une liasse de titres relatifs au prieuré des Alleux [3].

ACTES DE MATHILDE L'IMPÉRATRICE. — Le duc et comte Geoffroi Plantegenêt fut puissamment secondé par l'intelligence, l'activité et le courage de sa femme l'Impératrice Mathilde, et c'est à elle qu'il faut rapporter l'honneur d'avoir préparé le règne de Henri II. Au lendemain de la mort de Henri Ier, elle accourut en Normandie, et se mit en possession des places fortes d'Argentan, d'Exmes et de Domfront[4]. Elle s'y établit en maîtresse du pays[5], et c'est dans le château d'Argentan qu'elle donna le jour, en août 1136, à son troisième fils, Guillaume[6], depuis surnommé Longue épée. En 1139, l'Angleterre étant devenue le principal théâtre de la guerre entre les prétendants au trône, Mathilde passa la mer; débarquée à Arundel, probablement le 31 septembre 1139 [7],

---

[1] *Inventaire des sceaux de la Normandie*, p. 4, n° 20. — Ce sceau est figuré dans la *Sigillographie des seigneurs de Laval*, par A. Bertrand de Broussillon et P. de Farcy, p. 10 (Appendice au tome V de la Commission historique de la Mayenne).

[2] Ms. latin 5441, t. IV, p. 115.

[3] Ms. latin 17126, p. 148.

[4] Orderic Vital, t. V, p. 56. — Robert de Torigni, t. I, p. 199.

[5] De son vivant, l'Impératrice eut la jouissance de la vicomté d'Argentan. C'est en qualité de dame d'Argentan qu'elle fit expédier trois chartes en faveur de l'abbaye de Silli (Cartul.

de Silli, p. 1-3); l'une de ces chartes est adressée « vicecomiti et ballivis suis Argentomagi », et une autre « fidelibus suis de vicecomitatu Argentomagi ».

[6] Robert de Torigni, t. I, p. 202.

[7] C'est la date adoptée par M. Round (*Geoffrey de Mandeville*, p. 55). Cet auteur a consacré (*ibid.*, p. 278-283) une dissertation spéciale à la discussion de cette date. Orderic Vital (édit. de la Société de l'Histoire de France, t. V, p. 121) dit que le passage de Mathilde en Angleterre eut lieu pendant l'automne. Suivant Robert de Torigni (t. I, p. 215), ce fut au mois d'août.

elle se jeta au plus fort de la mêlée et combattit vaillamment, tantôt victorieuse, tantôt vaincue, mais toujours admirée pour son courage, son adresse et sa clairvoyance, toujours confiante dans le succès final. Elle revint en Normandie vers la fin du mois de février 1147 et vécut assez longtemps pour voir réaliser les plus ambitieuses espérances qu'elle avait pu concevoir en songeant à l'avenir de son fils.

Pendant les huit années de sa lutte en Angleterre[1], elle ne put pas s'occuper des affaires de la Normandie; mais la part qu'elle y prit, soit pendant les trois années qui suivirent la mort de Henri Ier, soit après son retour d'Angleterre, jusqu'à sa mort, arrivée le 10 septembre 1167, nous est attestée par un certain nombre de chartes qui méritent d'être mises à côté des chartes de son fils. J'ai déjà eu l'occasion de citer les deux chartes qu'elle fit expédier conjointement avec son fils, l'une avant, l'autre après la mort de son mari. Dans la suscription de ces deux pièces et de toutes celles qui se rapportent à la Normandie, elle est qualifiée de *Imperatrix, Henrici regis filia*[2], jamais on ne lui donne les titres de *Normannorum ducissa*, ou *Andegavorum comitissa*. Mais elle tint une grande place dans l'administration du duché de Normandie pendant la minorité de son fils, et même après le couronnement de ce prince comme roi d'Angleterre. On en pourra juger par les chartes qui vont être énumérées et auxquelles doivent s'ajouter les deux chartes des lépreux de Beaulieu, près de Chartres, expédiées au nom de Mathilde et à celui du prince Henri, qui ont été publiées plus haut[3].

1. M., Imperatrix, regis Angl. filia, omnibus suis Anglie, tam sancte Ecclesie quam secularis potestatis, prelatis et subjectis. Sciatis me gratuito concedere et confirmare ut elemosine que in Anglia date sunt ecclesie Sancti Nicolai Andegavensis sint stabiles a quocumque fuerint ei date... Presentibus tunc Henrico filio meo, et abbate Johanne, quo intercessore istud concessi, et Gaufrido Filio Garini, et Rich. capellano, et Falcomaro Cavilla, et Sansone camerario, et Geroldo Govesla (?), et Herberto clerico, et Willelmo de Angerivilla, cum multis aliis[4]. — (*Monast. anglic.*, t. VI, part II, p. 1104.)

[1] « Imperatrix autem jam Anglicanæ discordiæ tædio affecta, ante quadragesimam in Normanniam transfretavit. » Gervais de Cantorbéry, éd. Stubbs, t. I, p. 133. En 1147, le jour des Cendres coïncida avec le 5 mars.

[2] Dans la suscription de chartes qu'elle expédia pendant son séjour en Angleterre, aux titres de *imperatrix* et de *regis filia*, elle ajouta celui de *Anglorum regina* ou *domina*. Voir Round, *Geoffroy de Mandeville*, p. 55-80 et 300-303.

[3] Page 126.

[4] Cette charte, dont les formules ne sont

2. M., Imperatrix, H. regis filia et Anglorum domina, archiepiscopis, etc. Sciatis me reddidisse et concessisse comiti Gaufredo Essexe omnia tenementa sua... Et do ei totam terram Eudonis dapiferi in Normannia et dapiferatum ipsius... — (Madox, *The history of the Exchequer*, éd. in-4°, t. I, p. 50, note o.)

3. M., Imperatrix, H. regis filia et Anglorum domina, archiepiscopis, episcopis, abbatibus, comitibus, baronibus, vicecomitibus, ministris et omnibus hominibus suis, francis et anglis, totius Anglie, salutem.

Sciatis me concessisse et confirmasse Deo et sancte Marie de Osenesa, et canonicis ibidem Deo servientibus, in perpetuam elemosinam, pro salute domini mei et mea et liberorum nostrorum, et pro anima Henrici regis patris mei, et pro anima Matildis regine, matris mee, et aliorum antecessorum nostrorum, ecclesiam Sancti Georgii que est in castello Oxeneforde, cum omnibus pertinentiis suis, scilicet ecclesiam Sancte Marie Magdalene que est in vico extra portam de Nort, et terram de Waltona, ex utraque parte vie per quam itur de Waltona ad castellum, sicuti Walterus archidiaconus eam tenet, et terram de Cudeslawia et de Coveleia cum ecclesia, et terram de Stowia et de Mortona cum ecclesia et capella; et terram de Wytona et de Sanford, et duas hidas de Ernicota, cum omnibus aliis rebus ad predictam ecclesiam Sancti Georgii pertinentibus, in decimis, in hominibus, in domibus, in terris et pratis et pascuis, in bosco et plano, sicut prefata ecclesia tenuit a tempore eorum qui eam fundaverunt, et sicut Henricus de Olleio et Johannes de Sancto Johanne coram me concesserunt et cartis suis confirmaverunt. Quare volo et firmiter precipio quod prefata ecclesia et canonici predictas tenaturas habeant et teneant bene et in pace et honorifice, libere et quiete, cum socha et saca et tol et theam et infangenthef et cum omnibus aliis consuetudinibus et libertatibus quas habuerunt tempore H. regis patris mei. T. Rob. Filio regis fratre meo, et Rob. Filio Martini, et Joscelino de Baillolio, et Ern. de Hesding'. Apud Divisas. — (Christ.-Church. Oxford. Photographie du Rév. H. Salter, n° XVI.)

4. M., Imperatrix, regis Anglorum filia, Ricardo vicecomiti et ministris suis et omnibus fidelibus suis de Argentomo, salutem. Sciatis me dedisse et concessisse Roberto Loricario... mansuram terre que est in vico Cadumensi... T. Raginaldo fratre meo, et Guidone de Sableolo, et Alex. de Bohun. Apud Argentomum. — (Original, Ms. latin 10083, fol. 3.)

5. M., Imperatrix, regis H. filia, F. de Tenechebrai, salutem. Mando tibi... quod permittas senioribus de Savigneio habere et tenere suam fabricam... Teste Roberto de Curceio. Apud Falesiam. — (Cartul. de Savigni, charte 280.)

guère conformes au protocole officiel, a peut-être été rédigée par un moine de Saint-Nicolas, au moment où l'Impératrice se disposait à passer en Angleterre. On ignore à quelle date, entre 1138 et 1141, Jean cessa d'être abbé de Saint-Nicolas.

IV. DIPLOMATIQUE NORMANDE, 1133-1154.

6. M., Imperatrix, H. regis filia, Os. de Hosa constabulario Cesaris Burgi, salutem... Apud Pratum[1].

7. M., Imperatrix. (Pro fratribus Hospitalis Jerusal.) T. : Will. Filio Hamonis, Hugone medico, Stephano de Bello Campo, Amfredo Sib., Rog. Filio Ricardi de Argent[omo]. Apud Rothomagum. — (Original, Arch. nat. S. 5057, n° 44.)

8. Notum sit presentibus et futuris quod ego M., Imperatrix, H. regis filia, do et concedo et carta mea confirmo abbatie Sancti Georgii de Bauquervilla elemosinam illam quam Roscelinus Filius Claremboudi eidem abbatie... dedit, scilicet terram de Longo Campo, que est in oralli[a] foreste de Roumara... T. Godardo de Waus, Rob. Filio Henrici, Bernerio Commin. Apud Pratum. — (Cartul. de S. Georges de Baucherville, fol. 62.)

9. M., Imperatrix, H. regis filia, omnibus fidelibus suis, normannis, francis et anglicis, sal. Sciatis quod concedo elemosinam quam Oelardus de Cleis dedit Deo et ecclesie Sancti Johannis de Fulcardi Monte..., totum feodum suum de Garini prato... T. Rog. de Cailli, Will. de Helion, Galtero de Giernis, Galtero Filio Ernaldi. Apud Rothomagum, anno ab incarnatione Domini MCLV. — (Cet acte sera publié dans le chapitre V.)

10. M., Imperatrix, H. regis filia, archiepiscopis, ep., abb., com., bar., justic., vicec., min. et omnibus fid. suis Argentomi et totius Normannie, sal. Sciatis me concessisse... monachis Sancti Andree de Goffer juxta Falesiam..., pro anima domini mei Gaufridi comitis Andegavensis, et pro salute mea et filii mei Henrici ducis Normannie..., XLVI sol. et VI den. romesinorum, quos annuatim reddere consueverant vicecomiti de Argentomo de gravaria de Monte Guarulfi... T. Huberto de Wall., Will. de Heliun, Heberto clerico, Hugone medico, Rogero capellano. Apud Rothomagum. — (Original, Arch. du Calvados.)

11. M., Imperatrix, H. regis filia... [Monialibus Beate Marie de Bondevilla dat XXX acras terre in foresta de Romara.] His testibus: Huberto de Vallibus, Will. de Heliun, Steph. de Bello Campo, Rob. Filio Heimerici, Rob. de Hornai. Apud Rothomagum[2]. — (Original, Arch. de la Seine-Inf.; copie dans le Cartulaire de Bondeville, p. 11.)

12. M., Imperatrix, H. regis filia, archiepiscopis... et omnibus fidelibus suis, anglis et normannis, tam presentibus quam futuris, sal. Sciatis me et Henricum regem, filium meum, fundasse abbatiam S. Marie de Voto... T. Hug. archiep. Rothom., Phil. Baioc., Arn. Lexov.,

---

[1] Voir ce qui sera dit de cette pièce un peu plus loin, p. 143. — Voir aussi, p. 169.

[2] Je laisse de côté une prétendue charte de l'Impératrice Mathilde touchant le don fait, à l'abbaye de Bondeville, d'un fief tenu par Hugues de Belleville « in parrochia de Bellavilla ». Cette pièce, d'une insigne fausseté, est à la p. 43 du Cartulaire de Bondeville, et M. Round l'a enregistrée sans observation sous le n° 216 de son Calendar. Je l'ai laissée de côté.

Rotrodo Ebroic., episcopis, Guillelmo (corr. Galeranno) comite Mellenti, Gualtero comite Giffardo, Rob. de Novo Burgo, Godone (corr. Godardo) de Vals, Guill. de Herlouino. Apud Rothomagum. — (*Neustria pia*, p. 852.)

13. M., Imperatrix, H. regis filia, archiepiscopo Rothom., ep., abb., just. et omnibus suis fidelibus de terra Normannie, sal. Sciatis quod ego terram quandam pro xl libris emi, quam Deo et ecclesie Sancte Marie de Noa et monachis ibidem Deo servientibus, ad construendum ejusdem loci cenobium... T., Rog. archid. Brionnii, Will. Malo nepote, Rog. de Hotot, Hug. de Bachepuiz, Rob. de Altaribus, Will. de Brochenneio, Mauricio de Bonavilla, Rob. Estur, Rad. de Cressenneio, Thoma Sessario, Anchithillo (?) de Guarembolvilla. Apud Pratum. — (Original communiqué en 1906, par M. Henri Vierray.)

Une de ces chartes, le n° 6, mérite d'être examinée avec un soin tout particulier. L'original, conservé aux Archives de la Manche, est écrit sur un petit morceau de parchemin mesurant à peine 118 millimètres sur 42. Le texte en est ainsi conçu :

M., Imperatrix, H. regis filia, Os[berto] de Hosa, const[abulario] Ces[aris] Burgi, salutem. Precipio quod sine dilatione saisias abbatem Ces[aris] Burgi, et canonicos[1] [ibidem] Deo servientes, de terra elemosine de Bellimonte, sicut eam. ////////nt [2] ep[iscopu]c Saresb[eriensis], Thoma capellanus com[itis] And[egavensis], et Hugo .... c]apellanus. T[estis] Clar. clericus. Apud Pratum [3].

Au commencement de chacune des lignes 3, 4 et 5, une déchirure a fait disparaître six ou huit lettres.

Au bas de l'acte a été découpée une très étroite queue, sur laquelle est écrite l'adresse : *Os.d'.Hos.*

La pièce semble bien avoir été pliée et avoir été expédiée sous forme de lettre close, genre d'actes d'une extrême rareté au temps de Henri II [4].

La nature et le ton impératif de la pièce dénotent un acte gouvernemental, adressé à Osbert de La Heuse, auquel avait été confiée l'adminis-

---

[1] La charte porte nettement *et incanonicos* ou *et aicanonicos*.

[2] Déchirure du parchemin qui a fait disparaitre une dizaine de lettres, commencement d'un mot terminé par les deux lettres *nt*, peut-être *disracionarant*.

[3] Une phototypie de cette charte a été publiée dans la *Bibliothèque de l'École des chartes*, année 1907, en regard de la p. 313, fig. 3.

[4] Voir ce qui sera dit plus loin (p. 179) des lettres closes dans le chapitre V.

tration de Cherbourg et de la partie septentrionale du Cotentin pendant presque toute la durée du règne de Henri II. Osbert de La Heuse dut être installé à Cherbourg peu de temps après que cette place eut fait sa soumission au comte Geoffroi en 1143, et il y resta en fonctions jusqu'au temps de sa mort, vers 1185.

Il sera question dans le chapitre V (p. 176) de la part que l'Impératrice prit à l'administration du duché de Normandie après l'avènement de Henri II au trône d'Angleterre.

V

OBSERVATIONS SUR LES ACTES DE HENRI II EN GÉNÉRAL.

Il semble bien que les actes expédiés à la chancellerie royale d'Angleterre, du temps de Jean Sans-terre, se partageaient en trois classes. A l'enregistrement des pièces de chacune de ces classes était affecté un rôle distinct, sur lequel étaient copiés les actes rattachés à la classe correspondante. De là trois séries de documents : *Rotuli chartarum*, *Rotuli litterarum patentium*, *Rotuli litterarum clausarum*. Chaque classe devait se distinguer par la façon dont étaient scellées les pièces qui en faisaient partie. Les sceaux des chartes étaient sans doute fixés sur des lacs de soie ou des cordonnets; ceux des lettres patentes sur des doubles queues de parchemin; ceux des lettres closes sur de simples queues, ou peut-être sur une des deux petites queues découpées au bas du parchemin et servant à fermer les lettres. Peut-être y eut-il aussi pour la correspondance privée et administrative des lettres ou mandements qui recevaient l'empreinte de signets ou cachets consistant souvent en pierres gravées.

Je n'ai pas fait sur ces différentes espèces d'actes du temps de Henri II des observations assez probantes pour me croire autorisé à leur appliquer les règles qui étaient en vigueur à la chancellerie de Jean Sans-terre.

Ce qui me paraît vraisemblable, c'est que, du temps de Henri II, on distinguait, suivant le caractère et l'importance des actes, trois catégories : en première ligne les actes scellés sur des lacs de soie ou des cordonnets (probablement les chartes proprement dites), puis en second lieu les actes scellés sur double queue de parchemin, et enfin les actes scellés sur simples queues, ou au bas desquels ont été découpées deux languettes de parchemin. Selon toute apparence le terme de CHARTE était réservé aux actes de la première catégorie, qui sont généralement souscrits par un assez grand nombre de témoins.

Nous ne possédons pas assez d'actes originaux pour distinguer, dans beaucoup de cas, les chartes, les lettres patentes et les lettres closes, et, dans les

V. OBSERVATIONS GÉNÉRALES SUR LES ACTES.

observations qui vont suivre, j'emploierai le mot charte avec l'acception la plus générale qui lui ait été donnée.

I. Caractères extrinsèques. — Je ne m'arrêterai guère à ces caractères, qu'on ne peut guère apprécier que sur le vu des exemplaires originaux.

Je n'ai à peu près rien à dire sur le parchemin employé à la chancellerie, sinon que, à en juger d'après les dimensions très exiguës de beaucoup de pièces et l'absence de marges blanches, l'administration en était très parcimonieuse. Il faut citer comme un cas tout à fait exceptionnel la gigantesque charte expédiée en double exemplaire[1], où sont énumérées dans le plus menu détail les propriétés de l'abbaye de Saint-Étienne de Caen. La justification en est si serrée et la longueur des lignes en est telle que, pour en rendre la lecture possible, on a partagé la page en deux colonnes par un étroit espace laissé en blanc. On en peut apprécier les dimensions extraordinaires en jetant les yeux sur l'édition du texte que le P. Arthur Du Monstier a insérée en 1663 dans la *Neustria pia*[2], où elle occupe onze pages et demie in-folio, soit plus de 600 lignes. Un des exemplaires originaux a 81 centimètres de hauteur, et l'autre 76 millimètres, plus un repli de 27.

Cette disposition d'une charte sur deux colonnes est assez rare, et le chartrier de Saint-Étienne de Caen nous en offre un second exemple. Cette autre charte[3] a été, comme les deux exemplaires de la charte gigantesque, écrite en dehors des bureaux de la chancellerie, par un écrivain qui semble avoir voulu exécuter un chef-d'œuvre de calligraphie. À voir la petite charte, on se croirait en présence d'une page de cartulaire écrite avec le plus grand soin. Le travail a été exécuté entre les années 1156 et 1161, et, pour donner à la pièce un air tout à fait coquet, le scribe a détaché les deux mots de la date *apud Baioc.*, pour les tracer au milieu de la marge inférieure et au-dessus de l'élégant cordonnet qu'on a fait passer par des incisions symétriquement pratiquées avant l'apposition du sceau[4].

---

[1] Nos 111.A et 111.B de notre Recueil.
[2] P. 628-638.
[3] N° 108.
[4] La rareté des chartes écrites sur deux colonnes me détermine à citer ici une charte qui a l'apparence de présenter cette disposition; un blanc, large de quelques millimètres, a été soigneusement ménagé au milieu de chaque ligne; mais il faut lire les deux moitiés de ligne sans avoir égard au blanc qui les sé-

Je viens de parler de pièces qui me paraissent n'avoir pas été écrites dans les bureaux de la chancellerie. Il y avait, en effet, dans ces bureaux, une écriture d'un genre particulier, dont les traits sont aisés à reconnaître et à laquelle étaient habitués les scribes de l'administration. Comme particularités caractéristiques, il faut signaler la hauteur démesurée des hastes, notamment celle de la partie droite des *a*; il y a une tendance très accusée à multiplier les grandes lettres au commencement des mots, et à les faire dépasser de beaucoup le niveau normal, même quand elles appartiennent au type minuscule, et qu'elles n'ont aucun droit à la hauteur des lettres à haste comme les *b*, *h*, *l*, etc. Le trait vertical des *r* minuscules se prolonge par une queue au-dessous du niveau normal des lignes. Il y faut aussi noter le développement excessif des *s* allongés, même à la fin des mots. Sous la plume de certains scribes, la queue des *g* minuscules se prolonge en un long et double trait, horizontal, formant boucle non fermée, tout à fait proche du niveau inférieur de la ligne d'écriture.

Çà et là peuvent se distinguer quelques vestiges d'habitudes particulières aux écoles anglo-saxonnes.

L'examen de l'écriture des chartes de Henri II qui nous sont parvenues en original est donc fort utile en certains cas pour trancher des questions d'authenticité et d'originalité.

Je suis bien loin cependant de prétendre que toutes les chartes de Henri II doivent nous offrir ce qui peut être considéré comme l'écriture ordinaire de la chancellerie, celle de la main officielle, (*the official court-hand, a cramped english court-hand, a chancery hand*, comme disent les éditeurs de la Société paléographique de Londres).

On rencontre un assez grand nombre de chartes originales écrites en caractères ordinaires (minuscules ou cursifs tirant sur la minuscule), qui sont

---

pare. Il est probable que l'espace a été laissé en blanc au milieu des lignes pour permettre de plier la charte sans exposer l'écriture à la moindre détérioration. C'est une charte de l'abbaye de Saint-Hubert, émanée, en 1154, de Hugues, comte de Rouci. L'original en est conservé aux archives du grand-duché de Luxembourg; le texte en a été publié par Kunt dans l'édition des *Chartes de l'abbaye de Saint-Hubert*, t. I, p. 117. J'en ai vu la photographie dans la thèse manuscrite que M. de Roussen de Florival a soutenue à l'École des chartes, en janvier 1907, sur les anciens comtes de Rouci.

V. OBSERVATIONS GÉNÉRALES SUR LES ACTES.

d'une incontestable authenticité, surtout quand, à défaut du sceau, ils en ont conservé les attaches ou des traces d'attache non suspectes.

En effet, le roi, dans ses incessants voyages, n'avait pas toujours sous la main ses secrétaires habituels, et, quand il séjournait dans une abbaye ou dans le château d'un de ses vassaux, il devait recourir à la plume d'un religieux ou d'un clerc qui n'appartenait pas à sa maison et qui ne connaissait pas toutes les règles du protocole officiel. Dans un des chapitres suivants, j'aurai à examiner plusieurs chartes qui, écrites en dehors de la chancellerie, renferment des anomalies, et qui n'en doivent pas moins être considérées comme authentiques, parce que les anomalies sont imputables à l'inexpérience des écrivains. J'y signalerai notamment aux Archives nationales[1] une longue charte de l'abbaye de Savigni, qui a dû être écrite en entier par un copiste de livres de bibliothèque, à l'exception des dernières lignes contenant la liste des témoins et la date de lieu, qui ont dû être ajoutées par un clerc de la chancellerie quand la pièce fut complétée par l'apposition du sceau royal.

Le Rev. H. Salter, qui, après avoir photographié plus de cent chartes originales de Henri II, a acquis une grande expérience de l'écriture de cette catégorie de chartes, admet que des actes émanés de Henri II ont été écrits, non par les clercs du roi, mais par des scribes au service des bénéficiaires[2].

Aussi, pour donner une base solide à mes observations, et surtout à des comparaisons entre pièces conservées dans des dépôts éloignés les uns des autres, je suis parvenu à me procurer l'image photographique de presque toutes les chartes originales de Henri II qui existent en France et je crois être arrivé par là à distinguer ce qui a été écrit dans les bureaux officiels, non seulement les chartes ou lettres proprement dites, mais encore d'autres

---

[1] K 24, n° 8¹. — N° 144 de notre Recueil. Un fac-similé phototypique de cette charte a été inséré dans l'opuscule que j'ai publié sous le titre de Les formules Rex Anglorum et Dei gratia rex Anglorum : Lettre à M. J. Horace Round (Chantilly, août 1907, in-8° de 13 pages et une planche). Cet opuscule a été reproduit dans la Bibliothèque de l'École des chartes, année 1907.

[2] I have been comparing the hand writing in the charters of Henry II. I have not advanced for as yet; but it seems to me that there was more uniformity after 1173, for instance the writer of Salisbury M (le copiste d'une charte cotée M, qui fut expédiée de Winchester pour Robert Fils de Robert Fils de Harding) seems to me to be the writer of some of the Canterbury charters, of two in the Bodleian, and two or more at New College. Before 1173 it seems to me that in most cases the writing must have been not by the king's clerks, but by the recipient's clerk. — Voir plus bas, p. 190.

CARACTÈRES EXTRINSÈQUES.

documents de l'administration royale[1]. A côté de ces documents, tirés d'archives ou de bibliothèques françaises, j'ai placé la photographie des chartes originales du British Museum et de celles du Record Office[2], auxquelles est venu s'ajouter un certain nombre de pièces tirées de dépôts particuliers[3]. Un choix de ces pièces sera reproduit en phototypie dans l'atlas joint au présent ouvrage.

Malgré les habitudes de régularité et d'uniformité auxquelles étaient astreints les clercs de la chancellerie royale, il faut bien reconnaitre qu'ils ne se préoccupaient guère de la façon dont devaient être figurés les noms d'hommes et les noms de lieux. On ne s'étonnera pas de trouver dans des chartes très soigneusement écrites les formes *Fulco, Guillelmus, Ricardus, Rogerius, Chino, Fons Ebraldi*, etc., se rencontrant à côté des formes *Falcho, Folqueius, Willelmus, Richardus, Rogerus, Chinonum, Fontebraldus, Fons Evraudi*, etc.

J'ai sous les yeux la photographie d'une charte de l'abbaye de Fécamp[4],

---

[1] Je citerai comme exemples deux fragments des Pipe Rolls, l'un de l'année 1156, l'autre de l'année 1159, qui ont été donnés en phototypie, le premier dans le recueil de la Société paléographique (2ᵉ série, n° 42), l'autre dans l'*Introduction to the Study of the Pipe Rolls* (London, 1884, in-8°), et un rôle de 1185, qui a été publié en fac-similé par « The London School of economics and political Science » : *The Receipt Roll of the Exchequer for Michaelmas term xxxi Henry II, a. D. 1185* (London, 1899; in-folio); outre 6 feuillets préliminaires et un index de 6 pages, le volume se compose de 31 planches phototypiques et de 31 feuillets de déchiffrement.

[2] En publiant dans la *Bibliothèque de l'École des chartes* (1907, p. 272-311) l'analyse de ces chartes, avec quelques observations, j'ai remercié les deux savants à l'obligeance desquels j'ai dû cette très intéressante communication, M. George F. Warner, conservateur des manuscrits du British Museum, et Sir Henry Churchill Maxwell Lyte, député à la garde du Public Record Office.

[3] J'ai surtout des obligations au Rév. H. Salter, du Shirburn vicarage, qui ambitionne si légitimement le titre de Photographe de la république des lettrés : voici ce qu'il m'écrivait, au début de nos relations, en m'adressant dernièrement la photographie d'une vingtaine de chartes de Henri II : « There is an inscription on the walls of the Bodleian : *Prosit reipublicæ literatoram*. I hope you will allow that the charge of the photographer who photographed the Bodleian Charters may be a present from a member of the *plebs* of that republic to one of its consuls or proconsuls. » Mon correspondant est beaucoup trop modeste : il a droit à un grade élevé dans le corps des diplomatistes.
— Un catalogue, qui aura un supplément, des 109 chartes dont je dois la photographie au Rév. H. Salter est imprimé dans la *Bibl. de l'École des chartes*, année 1908, p. 541-580.

[4] Charte 6 de notre Recueil. L'original est conservé aux Archives de la Seine-Inférieure. C'est une confirmation générale, non détaillée, des possessions, terres, coutumes et dignités de l'abbaye de Fécamp.

V. OBSERVATIONS GÉNÉRALES SUR LES ACTES.

admirablement écrite, très probablement par une main saxonne[1], et datée de Westminster, dans laquelle je lis ces variantes du nom latin de Fécamp : à la ligne 3, *ecclesie Fiscanensi*; à la ligne 5, *ecclesiam de Fiscāno*; à la ligne 7, *ecclesia Fiscamñ*.

Je ne saurais entrer dans l'examen détaillé de diverses particularités graphiques qu'on rencontre dans quelques actes de Henri II, et qui, pour la plupart, tiennent aux habitudes personnelles d'un écrivain : tel celui qui a copié l'expédition originale de la grande charte de l'abbaye de Saint-Sauveur (n° 349). Ainsi il y a inséré un certain nombre de mots sous la forme française : *le werec, pratum del parc, juxta maresc, ad suum herbergement*. Il figure la préposition *cum* par les deux lettres *co* surmontées d'un trait abréviatif.

Généralement les noms d'hommes et de lieux ne se présentent dans les actes de Henri II que sous une forme latine. Les formes françaises y sont très rares. Il en est tout autrement si on opère pour les documents relatifs à l'administration financière du duché. C'est par centaines, peut-être par milliers, qu'on y compte des articles renfermant des noms à forme française, qui peuvent jeter quelque lumière sur le vocabulaire du parler normand dans la seconde moitié du XII° siècle.

Pour en donner une idée, voici une trentaine de noms, tous relevés sur deux pages du rôle de 1180, relatives au Bessin[2] :

Gisleb. Malet.
De Essartiers.
Rad. Lotrel.
Rog. Lovel.
Rog. la Mesange.
Rad. Bote vilain.
Gaufr. Peignied.
Gaufr. Sor.
De Auhier.
Joh. Fessout.
Ansk. Mulet.
Will. Formil.
Tomas Behin.
Rob. Fol adoube.
Ric. Trait saiete.

Osb. Saintier.
Forbeor.
Rad. Barfot.
Tomas l'Aloe.
Will. Que je ne ment.
Will. Pachet.
Tomas Malore.
Arn. Bedel.
Jord. Bel guet.
Herv. Mal cael.
Sal. Testu.
Rob. Farain.
Nic. Crapin.
Rob. Esperon.
Serl. Pichenot.

[1] A la ligne 6, le nom du roi Édouard est écrit *Ædwardi*.

[2] Stapleton, *Rotuli Scaccarii Norm.*, t. 1, p. 2 et 3.

CONCESSIONS. 151

II. CARACTÈRES INTRINSÈQUES DES DIFFÉRENTS GENRES D'ACTES. — Les caractères extrinsèques des actes de Henri II ne nous ont guère arrêté. Le texte même de ces actes nous entraînera dans de plus longs détails. Il faudra examiner avec quelques développements les différentes espèces d'actes, d'après l'objet auquel ils se rapportent, abstraction faite de la forme matérielle sous laquelle l'expédition originale en a été faite. Il ne sera donc guère tenu compte de la division en *chartes, lettres patentes* ou *lettres closes*. L'expression CHARTE sera souvent employée, comme je l'ai dit, conformément à l'usuelle et large acception du mot.

Avant d'étudier le fond même des différents actes de Henri II, il suffira de quelques mots pour caractériser le style des rédacteurs attachés officiellement à la chancellerie royale.

Ce qui frappe à la lecture des actes de Henri II, c'est une rigoureuse fidélité à suivre un formulaire officiel, un emploi constant des mots propres, une régularité absolue dans la disposition des différents éléments de la pièce, une extrême concision, un abandon complet de tout ornement oiseux, une incomparable netteté dans les instructions et les ordres donnés. De là une solide et sévère élégance, qui dénote un assez haut degré de culture chez les clercs attachés à la chancellerie, ce qui s'accorde bien avec ce que nous savons du talent dont beaucoup d'auteurs anglo-normands nous ont laissé des exemples dans leurs écrits en prose ou en vers : le goût de l'exactitude se fait sentir dans les moindres détails et rappelle bien la méthode des grands annalistes anglais de la même époque. Ces qualités se retrouvent dans les différents actes qui vont être passés en revue.

Le style est correct et se fait remarquer par sa clarté et sa précision. Le roi parle généralement au singulier. Dans presque toutes les chartes, les phrases essentielles commencent par les mots : *Scialis me*... *Quare volo et precipio*... *Prohibeo*...

III. CHARTES DE CONCESSION OU DE CONFIRMATION. — Le plus grand nombre des actes de Henri II que renferment nos archives sont les pièces qu'on a eu le plus d'intérêt à conserver, parce que beaucoup de ces pièces ont été, jusqu'à la fin de l'ancien régime, le fondement de la richesse et des privilèges du clergé et de l'aristocratie du moyen âge. Elles ont trait aux

152   V. OBSERVATIONS GÉNÉRALES SUR LES ACTES.

concessions ou confirmations de terres, de franchises et de droits de toute nature.

Dans les provinces françaises soumises à la domination des Plantegenêts, il est peu de chapitres ou d'abbayes qui n'aient obtenu de Henri II la confirmation de leurs biens et de leurs privilèges, de sorte qu'en réunissant toutes les chartes de confirmation on aura un tableau à peu près complet de la fortune des grands établissements religieux de la Normandie, du Maine, de la Touraine, de l'Anjou et du Poitou pendant la seconde moitié du xiie siècle. D'ordinaire, la phrase qui, dans ces chartes, fait suite à la suscription commence par le mot SCIATIS : *Sciatis me concessisse..., Sciatis quod... Sciatis dominam matrem meam...* L'objet de la concession est indiqué d'une façon souvent sommaire, mais toujours très nette. En voici deux exemples :

H., Dei gratia rex Anglorum et dux Normannorum et Aquitanorum et comes Andegavorum, archiepiscopo Rothomagi, episcopis, abbatibus, comitibus, baronibus, justiciis, vicecomitibus, et omnibus ministris et fidelibus suis Normannie, salutem.

Sciatis me concessisse et presenti carta confirmasse abbacie de Longis et monachis ibidem Deo servientibus terram de Pupevilla, quam Randulfus Druel eis dedit in perpetuam elemosinam.

Quare volo et firmiter precipio quod predicti monachi habeant et teneant terram illam, cum omnibus pertinentiis suis, bene et in pace et libere et quiete et integre et honorifice, cum omnibus libertatibus et liberis consuetudinibus suis.

Testibus : Henrico episcopo Baiocensi, Rogero de Arri, Roberto de Stutevilla, Willelmo de Curtmurlone, Hamone Pincerna.

Apud Burum[1].

H., rex Anglorum et dux Normannorum et Aquitanorum et comes Andegavorum, archiepiscopis, episcopis, abbatibus, comitibus, baronibus, justiciis, vicecomitibus, ministris, ballivis et omnibus fidelibus suis, francis et anglicis totius Anglie et Normannie, salutem.

Sciatis me concessisse et presenti carta confirmasse ecclesie Sancti Martini et Sancte Barbare de Eschaiolet, et canonicis in eadem Deo servientibus, in perpetuam elemosinam, quicquid eis rationabiliter datum est, sicut carta regis H[enrici], avi mei, et carta Rabelli camerarii et ceterorum donatorum suorum testantur. Ex dono Odonis Stigandi, terras et prata, cum decima parrochie predicte ecclesie adjacentis, et totius dominici sui quod est apud Mansum Odonis, tam in terris quam in vineis et molendinis, virgultis et velleribus et vitulis et agnis et caseis et porcis et piscibus, et piscariam inter Mansum Odonis

---

[1] N° 497 de notre Recueil.

CONCESSIONS. 153

et Eschaiolet. Ex dono Willelmi de Mirebel, etc. (*Suit une longue énumération des biens donnés à Sainte-Barbe en Auge.*)

Quare volo et firmiter precipio quod predicti canonici omnia hec predicta habeant et teneant bene et in pace, et rationabiliter, libere et quiete, plenarie, integre et honorifice, cum omnibus pertinentiis suis, in bosco et plano, in pratis et pascuis, in aquis et molendinis, in vivariis et piscariis, in viis et semitis, et in omnibus aliis locis et aliis rebus, cum omnibus libertatibus et liberis consuetudinibus ad ea pertinentibus, sicut carta regis H., avi mei, et carta Rabelli camerarii, et ceterorum donatorum suorum carte testantur.

Testibus : Thoma cancellario, et Ricardo de Humetis conestabulario et Ricardo de Luci. Apud Rothomagum [1].

Pour le détail, la charte de concession ou de confirmation renvoie en termes généraux aux chartes primordiales, émanées des donateurs ou propriétaires antérieurs ou anciens suzerains; les auteurs des chartes sont parfois désignés par leur titre ou par leur nom.

Sicut Ricardi, ducis Norm., predecessoris mei, carta testatur et confirmat, et sicut carte regum Ædwardi et Willelmi et regis Henrici, mei avi, testantur et confirmant... (N° 6.)
Sicut carta regis Willelmi testatur et confirmat...; et quia inspexi diligenter cartas regis Willelmi et aliorum predecessorum meorum... (N° 8.)
Sicut carte donatorum et carte regum Angl. Willelmi, proavi mei, et Henrici, avi mei, testantur...: (N° 26.)
Sicut carta ejus (patris mei) et carta fratris mei testantur... (N° 33.)
Sicut carte donatorum eis rationabiliter testantur... (N° 49.)
Sicut carta Mathildis Imperatricis, matris mee, confirmat et testatur... (N° 82.)
Sicut carta patris mei testatur. (N° 151.)
Sicut carta Ricardi de Redveriis eis illam confirmat. (N° 152.)
Sicut carte donatorum suorum testantur et sui legales testes. (N° 175.)
Sicut comes Conanus eam illi dedit et carta sua confirmavit. (N°ˢ 176, 177.)
Sicut cirografum inter eos factum testatur. (N° 178.)
Sicut carta mea testatur. (N° 154.)
Sicus carta regis Henrici, avi mei, testatur. (N° 187.)
Sicut carta tua testatur. (N° 245, c'est un mandement adressé à l'évêque de Coutances.)
Sicut carta comitis Conani, quam inde habent, testatur. (N° 375.)
Sicut carta ejusdem Johannis [de Soligneio], quam inde habent, testatur. (N° 460.)
Sicut ipsa regina [Alienor] eis dedit et carta sua confirmavit. (N° 465.)
Sicut carta ipsius regis Henrici, avi mei, testatur. (N° 470.)
Sicut carta ejusdem comitis [Auberti, comitis Marchie,] testatur. (N° 540.)

[1] N° 115 de notre Recueil.

154   V. OBSERVATIONS GÉNÉRALES SUR LES ACTES.

Ces exemples montrent que le renvoi aux chartes confirmées se faisait en quelques mots, sans détails pouvant servir à une identification. Je crains que la confirmation d'un acte de fondation de l'abbaye de Fontenai, au diocèse de Bayeux, ait subi une interpolation. Je me demande si le texte original de la confirmation contenait la description des chartes de fondation, telle que le P. Arthur Du Monstier l'a publiée dans la *Neustria pia* (p. 80) :

> Sicut continetur in carta fundatoris et aliorum antecessorum predicti Jordani Turonis (*corr.* Taxonis), que incipit *Quisquis Deo* etc., et in carta confirmationis, quam predicti abbas et conventus habent a Willelmo, tunc duce Normannie, super predictis donationibus, que incipit *In nomine sancte et individue Trinitatis* etc.; que carte crucibus sunt signate, secundum antiquam consuetudinem.

La charte de concession n'était souvent qu'une sorte d'ampliation d'un acte judiciaire dont la chancellerie prenait soin de définir le caractère :

> Sicut jurata fuit tempore Gaufridi, comitis, patris mei, et precepto ipsius, et sicut carta sua et mea testantur... (N° 15.)
> Sicut eam dirationavit in curia mea, coram justiciis meis et in curia archiepiscopi Rothomagensis. (N° 79.)
> Sicut eum disrationavit in curia patris mei, et postea in curia mea coram episcopo Baiocensi Philippo et coram Roberto de Novo Burgo, apud Rothomagum... (N°85.)
> Sciatis quod diracionatum est in curia mea, Andegavis, jure et judicio quod nullus potest habere pressorium in Boeria nisi monachi vel per monacos Majoris Monasterii... (N° 115. A.)
> Consuetudines pontis Saeii, sicut recordate et divise fuerunt, coram Gosleno de Turonis, dapifero meo, et Hugone de Cleers et B[r]ientio de Martineio et Symone de Castellione, et sicut carta ejusdem Gosleni testatur. (N° 166.)
> Conventio illa firmiter et inconcusse teneatur, sicut inter eos facta est, et in presentia mea recordata et concessa, et cyrographo inter eos facto confirmata. (N° 272.)

Dans une des confirmations citées un peu plus haut[1], Henri II, ne se contentant pas d'un simple renvoi aux chartes de Guillaume le Conquérant et de

---

[1] « Et quia inspexi diligenter cartas regis Willelmi et aliorum predecessorum meorum. » (8.) — Une charte de Henri II pour l'abbaye de Lincoln, paraissant dater de 1163, contient ces mots : « Sicut carta Willelmi, regis Anglię, antecessoris mei, quam vidi, testatur ». C'est le n° 48 des chartes photographiées par le Rév. H. Salter.

ses autres prédécesseurs, déclare qu'il les a examinées avec soin avant de les confirmer; il n'est pas possible d'admettre que le contenu de toutes les chartes ainsi visées ait été réellement vérifié par Henri II, ou même par les officiers de la chancellerie sous les yeux desquels les originaux passaient, et que ceux-ci fussent en mesure de certifier que les donations avaient été faites raisonnablement, c'est-à-dire légitimement, par des personnes ayant le droit de disposer des biens donnés. On pourrait cependant supposer que la vérification avait été faite, quand on voyait très fréquemment les chartes dont il s'agit présentées au nom du roi comme se rapportant à des donations raisonnables et raisonnablement faites, c'est-à-dire par des donateurs ayant le droit de disposer des biens donnés. Il n'en était pas toujours ainsi, et si les bénéficiaires lisaient attentivement leurs chartes, ils devaient voir que la confirmation n'entraînait en aucune façon la garantie du roi. La donation était confirmée telle que la charte du donateur l'avait indiquée : *Sicut carta donatoris testatur*, mais cette charte devenait nulle s'il était reconnu que l'auteur avait disposé d'un bien dont il n'était pas légitime propriétaire.

Malgré tout, on attachait de l'importance à obtenir une confirmation royale, dût-elle être dépourvue de la mention *rationabiliter factam*, comme le montre un incident qui se produisit au commencement du règne de Jean Sans-terre.

Le 9 avril 1201, un certain Geoffroi Fils de Richard Fils de Landri se fit confirmer par Jean Sans-terre 30 acres de terre que Hugues de Montfort lui avait données dans la forêt de Beaulieu. Le clerc qui a enregistré l'acte de confirmation sur le Rôle des chartes[1] a fait suivre sa copie d'une note pour avertir que les mots *rationabiliter* et *rationabilem donationem* n'avaient pas été insérés dans la charte, sur un ordre exprès du roi, parce que Hugues de Montfort n'avait pas le droit de faire cette donation[2].

Les mots *rationabiliter* et *rationabilem*, qu'on rencontre dans un assez grand nombre de confirmations royales, ne sont donc pas des formules insignifiantes,

---

[1] *Rotuli chartarum Johannis*, éd. Th. Duffus Hardy, p. 92, col. 2.

[2] Voici le texte de cette note : «Nota quod in hac carta confirmationis non ponitur rationabiliter, neque rationabilem donationem, ex speciali precepto domini regis, quia donatio facta fuit de dono Hugonis de Monte Forti, qui nichil juris habuit dandi».

156 V. OBSERVATIONS GÉNÉRALES SUR LES ACTES.

et je dois en réunir ici un certain nombre d'exemples pour montrer comment elles étaient employées :

Sciatis me concessisse et in perpetuam elemosinam confirmasse Deo et ecclesie Sancti Florencii de Salmur et monachis ibidem Deo servientibus omnes donationes que eis rationabiliter facte sunt, sicut carte et scripta donatorum testantur. (N° 48.)

Sciatis me concessisse et presenti carta confirmavisse monialibus de Moritonio xxv sextarios frumenti in decima de Lengrunne, quos Rogerus Bacon eis rationabiliter dedit. (N° 217.)

... Quicquid... barones et fideles mei Normannie eis [monachis Sancti Andree de Goffer] rationabiliter dederunt, sicut donatorum carte testantur. (N° 96.)

... Confirmasse Deo et capelle Omnium Sanctorum de Aillio et capellanis Deo ibidem servientibus quicquid eis rationabiliter datum est in elemosina... (N° 250.)

... Omnia illa que comes Willelmus Pontivi, fundator ejusdem ecclesie, et alii eis [monachis Sancti Andree de Guffer] in perpetuam elemosinam rationabiliter dederunt... (N° 264.)

... Confirmasse ecclesie Sancti Stephani de Cadomo, et monachis ibidem Deo servientibus, concessionem quam Hugo, comes Cestrie, eis rationabiliter fecit, coram me, assensu et concessu meo, de donatione quam Randulfus, vicecomes Baiocensis, antecessor suus, eis fecit de tota terra sua quam ipse Randulfus habebat in Britevilla Orgoiliosa... (N° 276.)

... Confirmasse concordiam que rationabiliter facta fuit inter Ingelgerum de Bohun et Engelrannum de Campo Rotundo et monachos Majoris Monasterii de Bohun de ecclesia Sancti Petri de Capella... (N° 297.)

Il reste encore une remarque à présenter sur les chartes de confirmation. Les pièces de ce genre se terminent par une conclusion consistant en une phrase plus ou moins développée dont les premiers mots sont toujours uniformément : *Quare volo et firmiter precipio*. Le roi y recommande que les bénéficiaires de la confirmation soient maintenus avec une libérale bienveillance dans la jouissance de leurs privilèges et de leurs droits de propriété. Je cite comme exemple la conclusion d'une confirmation que les religieux de Fécamp obtinrent la première année du règne pendant un séjour du roi à Westminster :

Quare volo et firmiter precipio quod abbas et ecclesia Fiscannensis a modo predictas terras, cum omnibus earum appenditiis, teneant bene et in pace, libere et quiete et honorifice, cum omnibus legibus et libertatibus et liberis consuetudinibus et quittanciis, placitis et querelis et causis omnibus, absque omni subjectione et dominatione baronum vel principum et omnium aliorum, et absque omni inquietatione cujuslibet secularis vel judiciarie potestatis vel imminutione dignitatis, sicut res ad fiscum dominicum pertinentes... (N° 7.)

Une autre formule très détaillée a été fréquemment employée depuis l'avènement de Henri II au trône jusqu'aux derniers temps de sa vie. Je l'emprunte à deux chartes, l'une de l'abbaye de Troarn, qui est au plus tard de l'année 1157, l'autre de l'abbaye de Lessai, qui ne saurait être antérieure à l'année 1185 [1].

(*Charte de Troarn.*) Quare volo et firmiter precipio quod predicta abbatia de Troarno et monachi in eadem Deo servientes omnia predicta, que eis rationabiliter data sunt, habeant et in perpetuam elemosinam teneant, cum omnibus libertatibus et liberis consuetudinibus et quietanciis suis, prenominatis terris et ecclesiis et tenementis pertinentibus, cum quibus predicti donatores ea unquam melius et liberius tenuerunt, in bosco et plano, in pratis et pascuis, in terris, ecclesiis et decimis, in aquis et molendinis, in viis et semitis, in vivariis et piscariis, in omnibus rebus et in omnibus locis, ita bene et in pace et libere et quiete et honorifice, sicut predicti donatores ea tenuerunt, et sicut carte donatorum et carte regum Angl. Willelmi, proavi mei, et Henrici, avi mei, testantur eis et confirmant, et sicut abbatia et monachi predicti ea unquam melius, liberius, quietius et honorificencius tenuerunt, tempore prenominatorum antecessorum meorum regum Angl. (N° 26.)

(*Charte de Lessai.*) Quare volo et firmiter precipio quod prefata ecclesia et monachi in eadem ecclesia Deo servientes habeant et teneant omnes prenominatas donationes bene et in pace et quiete, integre, plenarie, cum omnibus libertatibus et liberis consuetudinibus ad eas pertinentibus, in ecclesiis et decimis, in bosco et plano, in pratis et pasturis, in aquis et molendinis, in vivariis et stagnis et in piscariis, in viis et semitis, et in omnibus aliis locis et rebus ad eas pertinentibus, cum omnibus libertatibus et liberis consuetudinibus, sicut carte donatorum testantur. (N° 487.)

IV. CHARTES D'HOMOLOGATION. — Sous le règne de Henri II, l'usage de faire homologuer par le roi les conventions, les accords et les transactions prit un grand développement dans les états des Plantegenêts. La fiscalité y trouva un

---

[1] Les chartes de ce genre abondent, surtout à la fin du règne. Telles sont celles de Préaux (483), de Valmont (533), de Saint-Lô en Cotentin (542), d'Aunai (548), de Bondeville (553), de Barberi (554), de Foucarmont (558), de Sainte-Barbe (560) et de Longueville (568). — Les chartes de S.-Étienne de Caen (111. A et B) sont un véritable cartulaire.

158   V. OBSERVATIONS GÉNÉRALES SUR LES ACTES.

moyen de procurer des sommes considérables au trésor du roi. Cette formalité, devenue en quelque sorte obligatoire, et à laquelle on ne pouvait pas se soustraire dans beaucoup de cas, donna naissance à un nombre considérable d'actes royaux, d'un type particulier, se rattachant à la famille des pièces appelées *fines*.

Je n'en parle pas ici ; ils ont été étudiés dans le chapitre II, avec les documents à l'aide desquels la chronologie de certaines chartes de Henri II peut être établie d'une façon rigoureuse. On a pu voir que les actes d'homologation, rapprochés d'actes privés relatifs aux mêmes affaires, fournissent d'excellents jalons pour fixer la chronologie de l'ensemble des actes royaux.

V. RECOMMANDATIONS POUR LA PROMPTE EXÉCUTION DES ORDRES DU ROI. — Au corps de l'acte, comprenant le dispositif et l'ordre d'exécution, s'ajoutent souvent, surtout dans les chartes de concession et de confirmation, diverses recommandations sur les mesures à prendre pour assurer la prompte et libérale exécution des ordres du roi. Ces recommandations prennent place immédiatement avant les clauses finales, c'est-à-dire avant la liste des témoins et la date de lieu. J'en réunis ici les exemples les plus caractéristiques :

Interim et sine dilatione reddas plenarie omnia catalla que de his feodis cepisti quando fui ad Baiocas ad asisiam meam. (N° 211.)
Plenariam eis (canonicis Augi) inde sine dilatione justiciam faciatis. (N° 493.)
Plenariam eis (monachis Lyrensibus) inde sine dilatione justiciam fieri faciatis. (N° 499.)
Sine dilatione plenariam justitiam exhibeatis. (N° 501.)
Id eis (servientibus hospitalis Rothomagi) sine dilatione emendari faciatis. (N° 513.)

Henri II entend que ses ordres soient ponctuellement exécutés; il ne veut pas être exposé à de nouvelles réclamations, et il désire bien ne plus entendre parler de l'affaire au sujet de laquelle il vient de s'expliquer. Il ne se lasse pas de le répéter :

Ne a modo clamorem audiam pro penuria recti. (N° 62.)
Justiciis et ministris de Costentino... Precipio vobis quod juste manu teneatis et conservetis abbatiam de Monte Burgi et omnes res suas, et faciatis ei habere omnes consuetudines et libertates suas, in bosco et in plano, et nominatim sicut carta Henrici regis, avi mei, et

carta patris mei testantur, et teneat ista bene et in pace et libere et juste, sicut melius et liberius et justius tenuit tempore Henrici regis, ne super hoc inde clamorem audiam pro penuria recti. (N° 204.)

Si quis autem super hoc eis (monachis de Lira) vel hominibus vel rebus suis forisfacere presumpserit, vos eis plenariam justiciam sine dilatione faciatis vel fieri precipiatis, ne inde amplius clamorem audiam pro defectu justicie. (N° 209.)

Et tantum inde faciatis ne oporteat eos (canonicos Rothomagi) michi inde querimoniam facere. (N° 447.)

Pour prévenir les infractions, il prenait souvent la précaution de ne pas terminer ses chartes sans rappeler le taux de l'amende dont devait être punie la contravention appelée *le forfait du roi*. Le coupable avait à payer une amende de 10 livres, et rien n'est plus ordinaire à la fin de nos chartes que la mention du forfait du roi et de l'amende de 10 livres [1].

Et defendo super x libras forisfacture ne aliquis super hoc eis (monialibus Sancte Trinitatis) injuriam vel contumeliam faciat. (N°⁵ 52 et 54.) — Et defendo super x libras forisfacture ne aliquo nomine super hoc injuriam vel contumeliam eis (monialibus Sancte Trinitatis) faciat. (N° 53.)

Precipio super forifacturam meam ne quis, super his (monachis Mortui Maris) aut super alia re que eis a me collata fuerit aut concessa, eos inquietare vel quamcumque molestiam eis inferre presumat, quia tam ipsos quam que ipsorum sunt in mea manu retinui, et in mea defensione illos habeo et semper habere volo, nec portare ullatenus possem si quis eos vel bona ipsorum vexaret, turbaret, seu quoquo modo minueret aut libertates a me concessas interdiceret. (N° 71.)

Et prohibeo ne quis eos (monachos Sancti Andree de Goffer) injuste disturbet super x libris forifacture, quia ipsi et omnes res sue sunt in mea propria manu et custodia, sicut mea propria elemosina. (N° 96.)

Precipio ut omnia sua (leprosorum Deppe) sint in patrocinio castellani Archiarum, ne quis eis injuriam vel contumeliam faciat super decem libris de forefacto. (N° 106.)

Et prohibeo super forisfactum meum, ne quis eum (Radulfum Vitulum) vel res suas propter aliquam consuetudinem disturbet. (N° 198.)

Et prohibeo ne illi (monachi Sancti Stephani Cadomi) vel servientes eorum super hoc injuste disturbentur, super decem librarum forisfactura. (N° 219.)

Et ideo prohibeo ne ipsi (canonici de Blanca Landa) super hoc disturbentur super forisfacturam meam. (N° 267.)

---

[1] Sur l'amende de 10 livres qu'encouraient les violateurs de la paix de Dieu, voir la charte du roi Étienne citée plus haut, p. 117.

160 V. OBSERVATIONS GÉNÉRALES SUR LES ACTES.

L'amende est portée à 50 livres dans une charte du Coutumier de Dieppe [1], mais le copiste a pu ne pas reproduire exactement le texte original.

Nous trouvons mentionnées des amendes s'élevant à un taux exagéré, comme 100 livres d'or, 100 onces d'or et 100 livres d'argent :

> Et si aliquis super hoc aliquid presumpserit, ego capiam emendationem quam comes Ricardus instituit, videlicet auri libras centum, ut confusus discat improborum temeritate non esse violanda que ob amorem Dei majorum statuerit auctoritas. (N° 6, charte de l'abbaye de Fécamp.)
>
> Si quis autem contra hec precepta mea ire temere presumpserit, vel molestiam aut gravamen aliquod priorisse aut monialibus aut suis fecerit, volo et precipio quod pena de centum unciis auri ab eo sumatur, et priorisse predicte et monialibus suis detur, vel tantum in meo carcere teneatur, donec ad plenum priorisse predicte et suis monialibus satisfiat. (N° 306, charte pour le prieuré de Saint-Paul-hors-Rouen.)
>
> *Si quis* autem hanc libertatis nostre diffinitionem minuere vel in aliquo temerare presumpserit, in presenti principali fisco centum libras argenti persolvet, et in futuro divinum judicium non evadet. (N° 58, charte du prieuré du Plessis, rédigée en dehors de la chancellerie.)

Ce sont là des réminiscences des temps passés, formules comminatoires à peu près oubliées dans la seconde moitié du XIIe siècle [2].

On en peut dire autant à la lecture de malédictions et d'imprécations qu'on est assez étonné de voir sous la plume d'un clerc écrivant au nom de Henri II :

> Qui dolo vel invidia presenti donationi et elemosine contradixerint, vel sese aliquo modo opposuerint, Dei omnipotentis et gloriose virginis Marie et omnium sanctorum et nostram incurrant iram et maledictionem. (N° 288, charte de l'abbaye de Fontevrault.)
>
> Si quis eas in aliquo infringere aut perturbare attemptaverit, omnipotentis Dei, beate Marie et omnium sanctorum indignationem et gravissimam in die magni judicii sentiat, ac nostram simul censuram et maledictionem incurrat et habeat. (N° 372, charte des religieux de Bois-Rahier.)
>
> Si quis vero hanc prescriptam donationem meam infringere vel cassare attemptaverit,

---

[1] « Et prohibeo ne quis ei vel heredibus ejus vel hominibus eorum injuriam vel contumeliam faciat, super forefactum quinquaginta librarum ». (N° 200. Charte pour Gautier Cochie.)

[2] Peut-être aussi doit-on s'étonner de voir la menace d'une amende de 10 marcs d'argent dans une charte de Henri II pour l'abbaye de Marmoutier : « Si quis attentaverit facere pressorium in Boeria, amodo et deinceps, condempnabitur in x marcas argenti reddendas ballivo meo de Castro Novo (à Tours), et ipse ballivus pressorium destruet. » (N° 115. A.)

vel aliquo modo minuere presumpserit, omnipotentis Dei malivolentiam, iram et indignationem incurrat et meam. (N° 429, charte de l'hôpital d'Angers.)

Et si quis de heredibus meis vel aliquis alius hanc elemosinam infringere presumpserit, maledictionem omnipotentis Dei et meam incurrat. (N° 486, charte des lépreuses de Quevilli.)

Il est vrai que les deux premières de ces chartes sont, sinon fausses, du moins gravement altérées; mais la charte de l'hôpital d'Angers nous est parvenue en original et ne saurait donner lieu au moindre soupçon. Celle de Quevilli me paraît aussi tout à fait digne de confiance.

C'est pour n'avoir plus à s'occuper du litige en question qu'en nommant un commissaire chargé de régler l'affaire, le roi l'autorisait, pour le cas où il ne pourrait aboutir, à transmettre le mandat à des officiers d'un ordre supérieur, plus qualifiés pour prendre des mesures efficaces et définitives. Ainsi, l'abbaye de Saint-Georges de Baucherville ayant droit à la franchise d'une nef dans le port d'Étretat, le roi manda aux prévôts du lieu de la faire jouir de cette franchise, et à leur défaut il chargea de cette mission Renaud de Gerponville, et à défaut de celui-ci, qui devait être un vicomte, il ordonnait de faire intervenir sa justice, c'est-à-dire le sénéchal de la province.

Je cite le bref qui fut expédié à cette occasion [1] : c'est un remarquable modèle de précision :

H., rex Anglorum et dux Normannorum et Aquitanorum et comes Andegavorum, prepositis de Strutato, salutem.

Precipio quod abbatia Sancti Georgii habeat juste navem suam quietam et ceteras quietancias suas, sicut habuit tempore regis Henrici, avi mei. Et nisi feceritis, Reginaldus de Gerpunvilla faciat; et nisi fecerit, justicia mea faciat.

Texte Manassero Biset, dapifero.

Apud Rothomagum.

Très nombreuses sont les commissions rédigées dans des termes analogues. J'en indique seulement quelques exemples :

Predicto episcopo Baiocensi plenam justiciam sine dilacione facias. Quod nisi feceris, justicia mea Normannie faciat fieri. (N° 15.)

Et nisi feceris, Robertus de Novo Burgo faciat. (N° 21.)

[1] N° 241 de notre Recueil.

Nisi hec feceris, Robertus de Novo Burgo faciat fieri. (N° 22.)
Nisi feceritis, justicia mea faciat fieri. (N°ˢ 34, 104, 112, 151.)
Et nisi feceritis, domina et mater mea Imperatrix faciat fieri. (N° 39.)
Et si quis super hoc aliquam eis fecerit injuriam, plenariam eis sine dilacione faciatis justiciam, et nisi feceritis, justicia mea Normannie faciat. (N° 236.)
Et nisi feceritis, justicia mea Normannie faciat. (N°ˢ 494, 509.)
Et nisi feceris, justicia mea faciat fieri. (N° 539.)

VI. Réserve de cas dont le roi seul ou le sénéchal peut connaître.

Une clause qui trouve surtout sa place à la fin de beaucoup d'actes est une recommandation expresse de réserver au roi personnellement ou au chef justicier (*capitalis justicia*), c'est-à-dire au sénéchal en chef, la connaissance des procès intentés aux personnages ou aux établissements privilégiés. Cette réserve, sorte de *committimus*, est énoncée tantôt d'une manière absolue, tantôt elle est limitée à une certaine durée. Elle se borne parfois à suspendre la procédure tant que l'affaire n'aura pas été portée à la connaissance du roi. Pour des affaires relatives aux provinces continentales, il faudra attendre que le roi soit revenu d'Angleterre.

J'en cite quelques exemples, et je pourrais en multiplier le nombre.

Precipio quod monachi Fiscannenses vel eorum homines non respondeant de aliquo tenemento suo vel aliqua alia re nisi coram me vel coram capitali justicia. (N° 8.)
Nemo ponat eos (monachos Cluniacenses) neque homines suos in placito nisi coram me, quoniam de corona mea est et elemosina. (N° 9.)
Et prohibeo ne de aliqua possessione sua trahantur (monachi de Belbec) in causam nisi coram me vel coram justicia mea capitali. (N° 202.)
Nullus eos (tanatores Rothomagi) vexet nec disturbet, nec in placitum ponat de officio eorum nisi coram me. (N° 343.)
Et de nullo tenemento quod in dominico suo teneant (monachi Sancte Marie de Voto [Le Valasse]) ponantur in placitum nisi coram me. (N° 396.)
Prohibeo ne de ullo tenemento quod in dominico suo teneant (monachi Savigneii) ponantur in placitum nisi coram me vel coram capitali justicia mea. (N° 409.)
Et prohibeo ne prenominate sanctimoniales (Sancti Amandi) de aliquo tenemento suo ponantur in placitum nisi coram me. (N° 427.)
Prohibeo ne de ullo tenemento quod in dominico suo teneant (monachi Savigneii) ponantur in placitum nisi coram me vel coram capitali justicia mea. (N° 436.)
De nullo tenemento suo quod habent (monachi Troarni) in Normannia ponantur in placitum nisi coram me. (N° 476.)

CAS RÉSERVÉS.   163

Et prohibeo ne de ullo tenemento quod in dominico suo teneant (leprosi de Monte Rothomagi) ponantur in placitum nisi coram me vel capitali justicia mea. (N° 492.)

Nisi per breve meum in placitum mittat. (N° 192, charte de Cérisi.)

Neque de aliquo tenemento quod tenuerint (monachi Montis Burgi) quando ultime transfretavi ponantur in placitum quandiu ero in Anglia nisi per preceptum meum. (N° 329.)

Prohibeo ne ipsa abbatia vel abbas (de Monte Burgi) aut monachi de ullo dominico tenemento suo ponantur in placitum nisi per preceptum meum quamdiu in Anglia moram fecero. (N° 384.)

De nullo tenemento suo quod in pace tenuerunt (monachi Sancti Salvatoris) quando novissime transfretavi in Angliam ponantur in placitum antequam rediero nisi coram me vel capitali justicia mea. (N° 385.)

Teneant (monachi Sancti Wandregisili) omnia tenementa sua... libere et integre, sicut tenuerunt die qua novissime recessi a Cadomo ad transfretandum in Angliam, et de nullo tenemento suo quod tunc tenuerunt ponantur in placitum nisi coram me. (N° 387.)

Non ponantur (monachi Sancti Salvatoris) in placitum de tenemento quod tenuerunt antequam ultimo in Angliam transfretaverim, quamdiu ero in Anglia, nisi per preceptum meum. (N° 468.)

Teneant [monachi Troarni] omnia tenementa sua et omnes res et possessiones ita bene et in pace et integre sicut tenuerunt quando novissime transfretavi a Normanna in Angliam, et de nullo tenemento suo quod tunc tenuerint ponantur in placitum, nisi coram me. (N° 498.)

Le roi enjoignait à tous ses officiers de veiller sur les biens des établissements privilégiés avec autant de soin que sur les biens même de la couronne :

Precipio quod prenominatam abbatiam [Cluniacensem] et omnes domos et prioratus et res et possessiones ad ipsam pertinentes custodiatis et manuteneatis et protegatis sicut res meas proprias... (N° 481.)

Precipimus et volumus ut ipsi leprosi [Baiocenses] et omnes res eorum sicut res nostre proprie in pace conserventur et ab omnibus tueantur. (N° 495.)

Castellano suo et bailivis suis de Drincort, salutem. Precipio vobis quatinus manuteneatis et promoveatis res et possessiones et homines et omnia que ad ecclesiam Rothomagensem spectant sicut res meas dominicas... (N° 408.)

Il voulait que les ayants droit pussent jouir de leurs églises et de leurs terres aussi paisiblement et aussi honorablement qu'au temps de son aïeul Henri Ier :

Sciatis me concessisse abbati de Sancto Bertino ecclesiam de Trullega,... Quare precipio firmiter quod predictus abbas et monachi de S. Bertino predictam ecclesiam cum pertinentiis

21.

164 V. OBSERVATIONS GÉNÉRALES SUR LES ACTES.

suis teneant bene et in pace, quiete et honorifice, sicut eam aliquis melius et liberius tenuit tempore regis Henrici, avi mei. (N° 3.)

Sciatis me concessisse Sancte Marie de Rothomago manerium de Binthewarda, sicut rex Henricus, avus meus, illud unquam melius et liberius habuit in dominico suo. (N° 5.)

Sicut comes Eustachius illud melius et liberius et quietius tenuit tempore Henrici regis, avi mei. (N° 37.)

Monachi Sancti Remigii de Remis teneant omnes terras et tenuras suas sicut eas tenuerunt die qua rex Henricus, avus meus, fuit vivus et mortuus. (N° 43.)

VII. MANDEMENTS ADMINISTRATIFS ET JUDICIAIRES. — Une autre classe d'actes de Henri II qui a été peut-être encore plus nombreuse que la précédente, et dont il subsiste beaucoup d'exemples, consiste en mandements destinés à notifier les intentions ou volontés du roi et à faire exécuter des actes administratifs et des décisions judiciaires. D'ordinaire ces mandements commencent brusquement par les mots *Precipio quod*, ou encore *Volo et precipio quod*, et sont conçus en termes très brefs, sur un ton tout à fait impératif, qui pourrait être qualifié de *imperatoria brevitas*. Il suffit habituellement d'un seul nom de témoin pour les authentiquer. On peut apprécier ces caractères par quelques exemples et par de très courts extraits :

H., rex Angl. et dux Norm. et Aquit. et comes Andeg., justiciis suis de Beissin et prepositis suis de Baiocis, salutem. Precipio quod Philippus, canonicus Baiocensis, clericus meus, et homines sui qui in prebenda sua manent, habeant easdem libertates et consuetudines justas quas sui antecessores habuerunt tempore regis Henrici, avi mei, et quas habent ceteri canonici et eorum homines in prebendis suis. Teste Cancellario. Apud Rothomagum. (N° 27.)

H., rex Angl. et dux Norm. et Aquit. et comes Andeg., Osberto de Hosa et justiciis Normannie, salutem. Precipio quod monachi Sancte Marie de Monte Burgi habeant et teneant bene et in pace et juste terram presbiteri Thome et ecclesiam de Benedicta Villa, sicut diracionaverunt judicio curie mee. Et prohibeo ne super judicium curie mee inde injuste in placitum ponantur. Teste Thoma, cancellario. Apud Vasinias. (N° 130.)

H., rex Angl. et dux Norm. et Aquit. et comes Andeg., Willermo Puinant et Radulpho Bigot, salutem. Precipio quod Nicholaus, prior de Plaiseiz, teneat in pace et juste et quiete elemosinam de Malestrea [1], quam Alve[re]dus Bigot dedit ei, et nullus ei inde super hoc injuriam faciat. Et nisi feceritis, justicia mea faciat. Teste Philippo episcopo Baiocensi. Apud Argentomum. (N° 134.)

[1] Malestrée, nom d'une franche vavassorie située sur le territoire de Lassi, commune du canton de Condé-sur-Noireau, dans le Calvados.

MANDEMENTS.

H., rex Angl. et dux Norm. et Aquit. et comes And., justiciis et ministris suis totius Normannie, salutem. Precipio quod monachi Sancti Stephani de Cadumo teneant bene et in pace et juste quietancias suas et libertates et domos et redditus de Rothomago et de Abrincis et de Diva, sicut carta Roberti de Novo Burgo testatur quod disracionaverunt eas in curia mea coram eo et baronibus meis. Et apud Cadomum teneant easdem quietancias in domibus et aliis rebus, sicut carta Ebroicensis episcopi testatur quod eas raciocinaverunt in curia mea. Et nullus eis inde faciat aliquam injuriam vel contumeliam. Teste Philippo Baiocensi episcopo. Per Rogerium de Warwic. Apud Cadumum. (N° 137.)

H., rex Angl. et dux Norm. et Aquit. et comes Andeg., senescallo de Nonancourt, salutem. Scias quod monachi de Strata et omnes tenure et possessiones eorum sunt in mea manu et custodia et protectione. Et ideo precipio tibi quod nullam eis vel rebus suis facias injuriam vel fieri permittas. Et nisi feceris, justicia mea faciat. Teste Cancellario. Apud Cadomum. (N° 112.)

Precipio quod omnes res monachorum de Troarno... sint quiete de theloneo... (N° 27.) — Precipio quod navis et omnes homines et omnes res Sancti Audoeni de Rothomago sint omnino quieti ab omni theloneo... (N° 45.) — ... Hugoni de Poceio, salutem. Precipio tibi firmiter ne manum mittas in pascuis unde monachi de Sancto Florentio saisiti fuerunt in curia mea... (N° 62.)

... Constabulario et ballivis suis de Cesaris Burgo. Precipio vobis quod sine dilatione plenum rectum teneatis priori et canonicis Sancte Marie de Voto juxta Cesaris Burgum... (N° 494.) — ... Justiciis et baillivis suis Normanie, et J., comiti Augi, et comiti Giffardo, salutem. Volo et precipio quod ecclesia de Fiscanno sine dilatione saisiatur de tota terra illa quam Nicolaus de Cruel eidem ecclesie dedit... (N° 39.)

VIII. Brefs d'ordonnancement. — Aux mandements administratifs se rattache un genre de pièces dont l'absence sera remarquée dans notre recueil et qui doit exciter nos plus vifs regrets. Les archives financières des provinces continentales des Plantegenêts ont à peu près complètement disparu. A peine en subsiste-t-il quelques épaves se rapportant à la Normandie. Ce qui en a été sauvé se réduit aux comptes généraux du duché (*Magni Rotali Scaccarii Normanniæ*) pour les années 1180, 1195 et 1198, et à quelques fragments des rôles de 1184, 1201 et 1203, conservés en Angleterre au Record Office; le tout a été intégralement publié, en 1840 et 1844, par Thomas Stapleton[1], et réimprimé, en 1847 et 1850, par la Société des antiquaires de

---

[1] *Magni Rotuli Scaccarii Normanniæ sub regibus Angliæ*. Londini, sumptibus Soc. Antiq. Londinensis, 1840 et 1844. In-8°. Deux volumes.

V. OBSERVATIONS GÉNÉRALES SUR LES ACTES.

Normandie [1], avec un supplément au rôle de 1184 [2], égaré dans un dossier des Archives nationales. Il ne reste absolument rien de la plus importante série de ces archives, celle des lettres d'ordonnancement ou des brefs, pour employer l'expression du temps.

La formule de ce genre de lettres, au temps de Henri II, nous est fournie par le bref que ce roi adressa à son trésorier et à ses chambriers pour faire payer une rente aux Chartreux :

H., Dei gratia rex Anglorum, et dux Normannorum et Aquitanorum, et comes Andegavorum, R., thesaurario, et Willelmo Malduit et Warino Filio Giroldi, camerariis suis, salutem.

Liberate de thesauro meo xxv marcas fratribus Cartusie, de illis L marcis quas do eis annuatim per cartam meam.

Teste Willelmo de Sancte Marie Ecclesia.

Apud Westmoster [3].

Si le texte des brefs d'ordonnancement pour la Normandie a complètement disparu, nous en avons, jusqu'à un certain point, l'équivalent pour les années dont les Grands Rôles nous sont parvenus. Les receveurs des domaines ducaux, en dehors des sommes répondant aux dépenses normales de chaque année, ne devaient rien laisser sortir de leurs caisses sans avoir reçu un ordre du roi, indiquant la somme à payer, le nom du créancier et l'objet de la dépense. A la reddition des comptes, la cour de l'Échiquier n'allouait aucune des dépenses accidentelles sans que le comptable eût représenté le bref d'ordonnancement. Aussi, chaque article du compte, se terminant par la formule sacramentelle *per breve regis*, nous offre-t-il la substance d'un bref expédié au nom du roi. De cette façon, nous pouvons restituer, au moins en substance, une très notable quantité de brefs relatifs à l'administration de la Normandie et aux rapports de Henri II avec la France.

Prenons le fragment du Rôle de l'année 1184 qui est aux Archives nationales. Il s'ouvre par les comptes du receveur de la vicomté d'Argentan, et le premier

---

[1] Tomes XV et XVI des Mémoires de cette Société.

[2] Il en existe un tirage à part sous ce titre *Magni Rotuli Scaccarii Normanniæ de anno ut videtur M.C.LXXXIV fragmentum detexit edidit-* que Leopoldus Delisle. Cadomi, 1851, in-8°, 53 p. Ce fragment sera publié plus loin (p. 334), au commencement du chapitre X.

[3] Madox, *The History of the Exchequer*, p. 268, note 9.

chapitre, outre les dépenses normales et ordinaires, mentionne 17 dépenses accidentelles, qui ont été justifiées dans les moindres détails par trois brefs du roi. Plusieurs articles de dépense se rapportent au séjour à Argentan du duc de Saxe, alors exilé d'Allemagne :

Pro vinis regis adducendis de Andeg. usque Cadomum, 95 l. 3. s. 4 d., per breve regis. — In reparandis domibus regis [in] castro de Argentomo, 4 l. 14 d., per idem breve. Rogero de Maisie, 10 l. de dono regis, per breve regis. — Pro papilione regis ducendo de Argentomo usque Vernolium et Andegavim, 22 s. 6 d., per idem breve. Ernaldo, balistario ducis Sauxonie, 100 s., de dono, per breve regis. — In expensa Reginaldi de Fulgeria, 18 l. 10 s., per idem breve. — Henrico de Abovilla et sociis ejus, 50 s., per idem breve. — Pro equo locando ad portandum Alanum Wastehose de Argentomo ad Beccum, 12 d., per idem breve. — In expensa filii Willelmi de Sancto Mauro, 7 s. 5 d., per idem breve. — Rainero Aucupi et sociis ejus, 50 s. per idem breve. — Gaufrido Filio Petri, 15 l., de dono, per idem breve. — Ricardo de Curceio, 4 l., de dono, per idem breve. — Johanni, armigero, et Bodino et sociis eorum, 24 l., ad expensas equorum regis, per idem breve. — Philippo de Fornellis, 20 l. de dono, per idem breve. — Willelmo Filio Ernisii, 100 s., de dono, per idem breve. — In conredio Johannis filii regis, 50 l., per idem breve. — Hugoni de Amelaincort et Adelelmo de Fontibus, 50 l., de dono regis, per idem breve. — Adelais, uxori Ricardi de Sifrevilla, ad nutriendum filium marescalli ducis Sauxonie, 100 s., per idem breve.

Voilà donc dans trois brefs la mention de dix-sept chefs de dépense.

Un peu plus loin il est question du payement de sergents qui étaient revenus de la campagne de Limoges, dans laquelle le fils aîné de Henri II trouva la mort.

In liberatione servientum red[e]untium de Lemovico apud Sagium, 53 s., per breve regis.

Il y a certainement plusieurs centaines de brefs de Henri II représentés en substance dans les Rôles de l'Échiquier de Normandie, et c'est par milliers qu'il faudrait compter ceux qui sont analysés dans les Pipe Rolls et qui concernent les payements faits par les comptables anglais. Je dois faire remarquer que nombre de ces derniers payements se rattachent aux affaires de France ou à des personnages français.

Le hasard des recherches m'en a fait rencontrer quelques-uns dont j'ai pu faire usage pour l'annotation des pièces comprises dans le présent Recueil.

V. OBSERVATIONS GÉNÉRALES SUR LES ACTES.

J'en citerai ici seulement deux exemples. L'un nous fait connaître une ambassade que le roi Louis VII envoya en 1165 à la cour d'Angleterre.

L'abbé de Saint-Germain-des-Prés qui en fit partie est ce Hugues de Monceaux, qui, la même année 1165, tint sur les fonts baptismaux le fils du roi Louis VII, le futur Philippe Auguste[1] :

In corredio abbatis de Sancto Germano de Pratis et militum de Templo, 33 s. 8 d., per breve regis, quando venerunt de rege Francie. (*Pipe* xi *H. II*, p. 68.)

L'autre exemple consiste en détails sur la vie d'une princesse française dont nos historiens ont bien peu parlé : la sœur de Philippe Auguste, belle-fille de Henri II, Marguerite, d'abord mariée à Henri Court-mantel, puis à Bela, roi de Hongrie :

Pro roba filie regis Francie et familie ejus, 26 l. 17 s. 5 d., per breve regis. (1170. *Pipe* xvi *H. II*, p. 15.)

In corredio filie regis Francie et familie ejus, 71 l., per breve regis. (1171. *Pipe* xvii *H. II*, p. 19.)

Margarete, filie regis Francie, 20 marcas, per breve regis. — Et in pannis servientum filie regis Francie, et pro ii palefridis, et i summario et apparatu eorum, ad opus ejusdem filie regis, 15 l. et 19 s. et 8 d., per breve regis. Et in corredio ipsius apud Wintoniam et Portesmue, in passagio suo, 10 l. 18 s. 4 d., per breve regis. (*Ibid.*, p. 34.)

In corredio filie regis Francie, a festo sancti Michaelis preterito usque ad diem veneris in septimana Pasche, 58 l. 3 s., per breve regis. (*Ibid.*, p. 40.)

In passagio esnecce cum filia regis Francie, 7 l. 10 s., per breve regis. Et pro una navi ad equos ipsius, 30 s., per idem breve. (*Ibid.*, p. 42.)

Pro roba ad opus filie regis Francie, 27 l. 18 s. 3 d., per breve regis. (*Ibid.*, p. 147.)

Pro ii tapetis et iii pannis sericis et i penna varia et i electa sabel[ina], ad opus filie regis Francie, 7 l. 16 s. 8 d. (*Ibid.*, p. 147.)

Pro i pellicia varia ad opus filie regis Francie, 20 s., per breve regis. (*Ibid.*, p. 148.)

Et pro iiii ulnis et dimidia escarlati et pro i pena varia et pellicia et i sabelina et xxxii ulnis linee tele, ad opus filie regis Francie contra Pascha, 4 l. et 5 s. et 6 d., per breve regis. — Et pro iii ulnis de biso, ad opus cujusdam pueri sui, 3 s. et 6 d., per idem breve. (1176. *Pipe* xxii *H. II*, p. 198.)

Pro roba regine, filie regis Francie, ad equitandum, 9 l. 11 s. 10 d. (1172. *Pipe* xviii *H. II*, p. 33.)

In expensa regine filie regis Francie, 20 l., per breve regis filii regis. (*Ibid.*, p. 79.)

---

[1] *Gallia christiana*, t. VII, col. 442.

Pro uno summario et coffris et 1 tapeto et pro II urceolis et 1 pixide et II candelabris et II pelvibus et 1 thuribulo et 1 texto, et his omnibus argenteis, ad obsequium capelle regine filie regis Francie, et pro 1 palefrido ad opus Willelmi, clerici ejusdem regine. (*Ibid.*, p. 84.)

Des rôles étaient destinés à recevoir la copie des brefs *de Liberate*. Le plus ancien connu, datant de la deuxième année du roi Jean (1200-1201), a été publié en 1844 par T. Duffus Hardy [1].

IX. BREFS DE RÉGENCE. — BREFS D'OUTRE-MER. — Henri II, au cours de ses voyages, qui ne s'interrompirent à aucune époque de son règne, reconnut à certains moments la nécessité de se faire remplacer, pour quelques actes de gouvernement, par des personnages auxquels il accordait toute sa confiance. Le Rév. Eyton [2] a dressé la liste de ceux qui, selon lui, eurent à exercer ces fonctions et qu'il désigne sous le titre de « vice-rois ». Ce sont :

La reine Aliénor, en 1158.
Robert, comte de Leicester, en 1162 et 1165-1167.
Richard de Lucé, en 1169, 1172-1174 et 1178.
Renouf de Glanville, en 1180-1188.

A ces noms il faut ajouter celui de l'Impératrice Mathilde, pour différents actes qu'elle accomplit en Normandie avant et après l'avènement de son fils au trône d'Angleterre [3]. J'en ai cité (p. 140) quelques-uns, dans un chapitre antérieur, relatif à la Diplomatique du duché de Normandie depuis la mort de Henri I*er* jusqu'à l'avènement de Henri II au trône d'Angleterre. Il me reste à parler du rôle de régente que l'Impératrice Mathilde remplit en Normandie au commencement du règne de Henri II son fils, pendant les séjours du roi en Angleterre.

L'IMPÉRATRICE MATHILDE. — Le document que j'invoque pour justifier l'attribution du titre de régente à l'Impératrice est une charte de Henri II relative à l'exercice des pouvoirs délégués à sa mère à une date comprise entre les années 1155 et 1158.

Nicolas de Criel renonça aux prétentions qu'il avait élevées sur une terre de l'abbaye de Fécamp; pour donner à ce désistement un caractère exécutoire il

---

[1] *Rotuli de Liberate ac de misis et præstitis, regnante Johanne.* London, 1844. In-8°.
[2] P. 320, col. 2.
[3] Voir plus haut, p. 138-143.

170 V. OBSERVATIONS GÉNÉRALES SUR LES ACTES.

fallait obtenir un mandement adressé aux justiciers royaux et féodaux, ainsi qu'aux seigneurs suzerains; le mandement fut expédié d'Angleterre, où le roi résidait alors, sur le vu d'une lettre par laquelle Hamon, abbé de Bordesley, rendait compte de la renonciation de Nicolas de Criel, et cette lettre de notification était adressée au roi, à l'Impératrice Mathilde et à Hugues, archevêque de Rouen. On savait qu'en l'absence du roi l'Impératrice pouvait le remplacer dans certains cas, et on ne se trompait pas : les ordres donnés par le roi aux justiciers se terminent par cette phrase : « Eadem ecclesia teneat totam terram illam bene et in pace et quiete, salvo jure meo et eorum qui domini sunt terre illius, ET NISI FECERITIS, DOMINA ET MATER MEA IMPERATRIX FACIAT FIERI[1]. » Il est évident que l'Impératrice exerçait une sorte de régence en Normandie pendant que son fils était en Angleterre. Le titre de *domina Anglorum* lui avait été donné quand, pendant la minorité de son fils, elle croyait pouvoir exercer la régence du royaume d'Angleterre [2].

Une charte de l'abbaye de Foucarmont n'est guère moins suggestive. N'est-ce pas une régente qui, dans les termes qu'on va lire, notifie en 1155, à tous ses féaux, normands, français et anglais, un engagement pris par Oelard de Clais vis-à-vis des moines de Foucarmont, et qui impose à Oelard l'obligation de restituer aux religieux une somme de 9 livres en monnaie de Beauvais, s'il ne pouvait pas leur garantir la possession du fief de Varimpré?

> M., Imperatrix, H. regis filia, omnibus fidelibus suis normannis, francis et anglicis, salutem. Sciatis quod concedo et sigilli mei privilegio ratam et stabilem esse jubeo elemosinam quam Oelardus de Cleis dedit Deo et ecclesie Sancti Johannis de Folcardi Monte, in mei presentia, videlicet totum feodum suum de Garini Prato proprium, ad solum campartum, et in eodem proprio et in reliquo toto feodo suo duas partes decime. Quod si elemosinam istam supradicti loci fratribus warantizare non poterit, novem libras helvacensium, quas de eadem habuit ecclesia, restituat. His testibus : Rogerio de Cailli, Willermo de Helion, Galtero de Giesmis, Galtero Filio Ernaldi. Apud Rothomagum. Anno ab incarnatione Domini M° C° LV° [3].

On en peut dire autant d'un mandement de l'Impératrice, daté d'Oxford, et adressé aux barons de l'Échiquier pour leur faire allouer, dans les comptes

---

[1] N° 39 de notre Recueil.
[2] Voir plus haut, p. 140.
[3] Original ou exemplaire contemporain, qui me fut communiqué en 1856 par feu Henri Duplès Agier. — Cartulaire de Foucarmont, fol. 87.

BREFS DE RÉGENCE.

du vicomte et du prévôt d'Oxford, la décharge d'une somme dont était grevée une terre des chanoines d'Oseney :

M. Imperatrix, regis H. filia, baronibus de Scaccario, salutem. Mando vobis et precipio quod computetis quoque anno vicecomiti et preposito de Oxeneforda in firma de Oxeneforda vi sol. et vi den. preter quadrantem, de terra canonicorum de Oseneia, quoniam eos illis quietos clamavi in perpetuum, et ecclesie sue eos in perpetuam elemosinam dedi.
Teste Nigello episcopo Elyensi, et Roberto de Oilli.
Apud Oxenefordam [1].

LA REINE ALIÉNOR. — Henri II, pendant le séjour qu'il fit en Normandie au commencement de son règne, au mois d'août 1157 jusqu'à la fin de l'année 1162, ne cessa point de s'occuper des affaires de son royaume; mais il en confia, au moins pour une minime partie, la régence à sa femme.

(*Année 1156.*) In negociis regine, 68 s. 4 d., per breve regine et justicie. (P. 4.)
In perdonis Willelmo, fratri regis, 62 s. 8 d., per breve regine. (P. 9.)
In perdonis, per breve regine, eidem Johanni [de Bidun]. (P. 23.)
In donis, per breve regine, Huberto de Vall., 40 marcas argenti. (P. 30.)
In transfretationibus, per breve regis et regine, 10 l. 5 s. (P. 53.)
In corredio regine, 41 l. 8 s. 7 d., per breve ejusdem regine. (P. 54.)
In negocio regine, per Radulfum, hominem suum, 5 s., per breve ipsius regine. (P. 57.)
In soltis Willelmo Trenteger[ons], 15 marcas, per breve regine, teste comite Reginaldo. (P. 60.)

(*Année 1158.*) In corredio regine, 28 l., per breve regine. (P. 157.)
Regine, per breve ipsius, 80 l. blanc., et 17 l. et 10 s. numero. — Regine, per breve ipsius, 88 l. 2 s. 9 d. numero. (P. 158.)
Ad opus regine, 40 s., per breve ipsius, Joscelino de Baillolio. In passagio sororis regis, 2 marcas argenti, per breve regine. In sellis et lorreins (*sic*) regis, 115 s., per breve regine, per Spilemannum. (P. 175.)

(*Année 1159.*) In corredio regine, per breve ipsius, Radulfo de Hastingis, 7 l. 6 s. 8. d.; et pro materia regis paranda et conduc[enda], 8 l. 16 s. 6 d. (P. 35.)
Radulpho de Hastingis, 6 l. 13 s. 4 d., ad corredium regine, per breve ipsius. Et Hugoni de Plugenoi et Joscelino, 11 l. 6 s. 8 d., ad corredium filii regis, per breve regine. (P. 43.)

---

[1] Archives de Christ Church à Oxford. Photographie du Rév. H. Salter, n° xv.

172   V. OBSERVATIONS GÉNÉRALES SUR LES ACTES.

In conductu thesauri, 68 s. Et in corredio regine, 57 l. 13 s. 8 d., per breve ipsius. Et in liberatione hominum de esnecca, 102 s. 8 d., et Johanni de Dol, 16 l. 13 s. 4 d., per breve regine, de dono. (P. 45.)

Radulpho de Hastingis, 30 l., ad corredium regine, per breve ipsius; et Hugoni de Plugenoi, 25 l. 10 s., ad corredium Henrici, filii regis. — In liberationibus militum de Waletona, 4 l. 11 s. 6 d., per breve regine. (P. 58.)

Abbati de Bello, 22 s. 3 d., per breve regine. (P. 60.)

(*Année 1160.*) Pro vino regine, 4 l. 16 s. 4 d., per breve ipsius. (P. 13.)

Regine, per breve ipsius, 20 l. ad corredium, et pro conducendo vino regine ad Warengefordam, 4 s. (P. 16.)

In corredio regine, per breve ipsius, 6 l. 13 s. 4 d. (P. 20.)

In corredio regine, per breve ipsius, 23 s. 3 d. — Et in conductu vini regine et onerando et deonerando, 7 l. 3 d. — Et pro vino regine empto, 61 s. 1 d. — Et in conductu vini ad Warengefordam, per breve regine, 4 s. 6 d. — Et in conductu vini de Britannia, 104 s. 2 d. — In passagio regine extremo[1], 16 l. 12 s. 6 d. — In corredio regine, per breve ipsius, 13 l. 6 s. 8 d. bl. (P. 23.)

Idem vicecomes [Wirecestrescire] debet 50 marcas, de dono comitatus, sed sunt in respectu, per breve regine. Idem vicecomes debet 20 l., de dono burgi, qui similiter sunt in respectu. (P. 24.)

Idem vicecomes [Gloecestrescire] debet 80 marcas, de dono comitatus, et sunt in respectu, per breve regine. (P. 29.)

Regine, 10 marcas argenti, per breve ipsius. (P. 32.)

Militibus de Hereford, 60 l., per breve regine. (P. 35.)

Et Odoni ostiario, 10 l., ad opus regine, per breve ipsius. (P. 36.)

Et in soltis : Willelmo Cade, 7 l. 11 s. 7 d., per breve regine; et in reparatione domorum regis de Wachefeld, 106 s. 8 d.; et in custamento prisonum, 40 s.; et pro feno ad parcum, 26 s. 8 d. (P. 37.)

Regine, per breve ipsius, 25 l. 4 s. 7 d. — Regine, 20 l. 19 s., per breve ipsius (P. 41.)

Regine, per breve ipsius, 4 l. — Regine, per breve ipsius, 29 s. 8 d. — Regine, per breve ipsius, 23 s. 8 d. — Regine, 9 s. 3 d., per breve ipsius. (P. 42.)

(*Année 1163.*) In corredio infantum regis, 11 l. 10 s., per breve regine. (P. 54.)

Si j'ai relevé avec une minutie peut-être exagérée la plupart des mentions d'actes de la reine Aliénor que mentionnent les premiers Pipe Rolls, c'est pour

---

[1] Sur le même rôle (p. 47) il se trouve un autre article conçu dans les mêmes termes : « In passagio regine extremo, 7 l. 10 s. »

en montrer le peu d'importance, de façon à prouver que les pouvoirs donnés par le roi à la reine, sa femme, devaient être fort restreints, puisque Aliénor s'est à peu près bornée à ordonnancer ses dépenses personnelles.

Il faut cependant reconnaitre que le Rév. Eyton a eu raison de placer Aliénor en tête de sa liste des vice-rois qui ont pris part au gouvernement de l'Angleterre pendant que Henri II, au commencement de son règne en 1158 et 1159, était absent du royaume. A ce moment Aliénor a expédié en son nom personnel des chartes qui ont tous les caractères d'actes d'administration royale.

Tel est l'ordre adressé aux vassaux de l'abbaye de Malmesbury[1] pour les inviter à acquitter les services que, dans une assemblée tenue à Worcester, en présence du roi et du grand justicier, ils avaient été reconnus obligés de rendre à l'abbaye. L'acte de la reine est daté de Westminster, avec la souscription d'un témoin, Robert, comte de Leicester, qui fut grand justicier du royaume.

Telle est aussi une charte délivrée à Mathilde, comtesse douairière de Chester[2], qui fut expédiée de Salisbury en présence de Joscelin de Bailleul.

Telle enfin la confirmation d'un accord conclu en présence de la reine, entre Robert Flambard et Garnier de Lisors[3]. L'acte est daté de Salisbury et attesté par cinq témoins, dont les noms figurent souvent au bas des chartes de Henri II : Joscelin, évêque de Salisbury, le comte Renaud de Cornouaille, Renaud de Varenne, Joscelin de Bailleul et Robert de Denestanville.

Mais ce qui est tout à fait décisif, c'est un mandement qu'Aliénor adressa aux vassaux de l'abbaye d'Abingdon :

Alienor, regina Angl., ducissa Norm. et Aquit. et comitissa Andeg., militibus et hominibus qui de abbatia de Abbendona terras et tenuras tenent, salutem.

Precipio quod juste et sine dilatione faciatis Walkelino, abbati de Abbeudona, plenarie servitium suum, quod antecessores vestri fecerunt antecessoribus suis tempore regis Henrici, avi domini regis, et nisi feceritis, justitia regis et mea faciat fieri.

Teste Jocelino de Baillol.

Apud Wintoniam.

Per breve regis de ultra mare[4].

[1] Analysé par le Rév. Eyton, p. 40, d'après un cartulaire.

[2] Analysé par le Rév. Eyton, p. 42, d'après les archives du duché de Lancastre.

[3] Pièce du Record Office, *Cartæ antiquæ*, n. 25, analysée par le Rév. Eyton, p. 43.

[4] *Chronicon monasterii de Abingdon*, t. II, p. 225. — L'auteur des *Gesta Henrici* (t. II,

174   V. OBSERVATIONS GÉNÉRALES SUR LES ACTES.

Je dois encore citer l'intervention de la reine Aliénor, vers l'année 1160, pour terminer un différend pendant entre Nivard de Rochefort et Emma de Laval, abbesse du Roncerai[1].

ROBERT, COMTE DE LEICESTER. — Sur le Pipe Roll de l'année 1163 sont marqués deux ordonnancements faits par le comte de Leicester, l'un pour la réception des envoyés du roi de Norvège, l'autre pour l'envoi en Normandie des chevaux du roi; celui-ci a été expédié de concert avec Richard de Lucé.

> In liberationibus nuntiorum regis de Norwega, 14 l., per breve comitis Legrecestrie. (P. 68.)
>
> Ad corredium equorum regis, et in conductu eorum ultra mare, 9 l. per breve comitis Legrecestrie et Ricardi de Luci. (P. 54.)

Outre ces deux articles, je dois citer la mention qui se trouve textuellement répétée sur les Pipe Rolls de sept années consécutives (1168-1174) :

> Adam de Cunegesforda debet 64 l. 13 s. 4 d. de misericordia, sed rex habet inde pleg[ios], per breve comitis Legestrie, per breve regis, de ultra mare[2].

D'après le Rév. Eyton (p. 320), Robert, comte de Leicester, aurait agi comme vice-roi en 1162 et 1165-1167. C'est en cette qualité qu'il a expédié un bref à Renaud de Varenne pour faire rendre justice à Robert de Mandeville[3].

Je ne saurais dire s'il faut appliquer au comte de Leicester la mention de

p. 74) se sert d'une expression analogue pour désigner l'acte en vertu duquel Aliénor exerça une sorte de régence en Angleterre après la mort de Henri II : «domina Alienor regina, mater [Ricardi] ducis Normannie, per mandatum illius de ultra mare, ...reginalem curiam circumducens... ».

[1] «Notum sit omnibus Nivardum de Rupe Forti clamorem fecisse domne Regine de monialibus Beate Marie Andegavis... Regina, audito clamore, terminum posuit... » Marchegay, Cartularium B. M. Andeg., p. 124, n° CLXXXVI.

[2] Anno XIV, p. 18; XV, p. 96; XVI, p. 5; XVII, p. 5; XVIII, p. 26; XIX, p. 21; XX, p. 40.

[3] «R., comes Legrecestrie, Reginaldo de Warenna, salutem. Precipio quod sine dilatione plenum rectum teneas Roberto de Mandevilla de terra que fuit Willelmi de Mandevilla, fratris ejus, de Diganeswell cum pertinentiis suis, quam clamat tenere de te. Et nisi feceris, Robertus de Valoniis faciat. Et nisi fecerit, ego faciam fieri. Teste Gaufrido L'Abbe. Per breve regis de ultra mare.» Madox, *The History of Exchequer*, in-4°, t. I, p. 34, note 4, d'après l'original conservé à Westminster.

deux brefs d'outre-mer cités dans le Pipe Roll de 1159-1160 (p. 15) au compte du fermier du comté d'York.

<small>Robertus de Ross. debet 533 l. 6 s. 8 d., sed sunt in respectu donec rex redeat in Angliam, per breve regis de ultra mare. — Comes Albemarle debet 400 marcas, sed sunt in respectu, per breve regis de ultra mare.</small>

RICHARD DE LUCÉ tint une des premières places dans les conseils de Henri II, si bien que le Rév. Eyton[1] le présente comme ayant rempli les fonctions de vice-roi, en 1169, 1172-1174 et 1178. Gervais de Cantorbéry en parle à deux reprises comme d'un premier ministre du royaume :

<small>(Année 1166.) Mandans Ricardo de Luci, qui prefecturam agebat in Anglia...[2].</small>

<small>(Année 1173.) Erat enim predictus Ricardus in regno potentissimus, utpote prefectus Anglie, qui sub rege regni negotia disponebat[3].</small>

Dès l'année 1163 nous avons vu[4] Richard associé au comte de Leicester pour faire solder la dépense des chevaux envoyés outre-mer, c'est-à-dire en Normandie, pendant le séjour du roi en Normandie ou en Irlande; ce fut sur ces mandements que plusieurs receveurs de l'Angleterre payèrent des sommes dues à des créanciers de la couronne :

<small>Roberto Filio Simonis, et Randulfo de Bredeleia, et Roberto de Hascebi, et Turstino de Norburc, et Willelmo de Hauvilla et Ade de Bedeford, 10 l., ad pannos, per breve Ricardi de Luci[5].</small>

<small>Willelmo de Lanvalei, 27 s. 2 d., ad emendationem domorum regis de castello Wintonie, per breve Ricardi de Luci[6].</small>

<small>In operationibus domus super Rupem apud Clarendonam, 41 s. 8 d., per breve Ricardi de Luci[7].</small>

<small>Ad emendos pannos 163 coterollorum qui fuerunt in servitio regis in Hibernia, per breve Ricardi de Luci[8].</small>

RENOUF DE GLANVILLE. — J'emprunte au Rév. Eyton les articles relatifs aux ordonnancements que fit Renouf de Glanville pour différentes dépenses

---

[1] P. 320.
[2] T. I, p. 200.
[3] Ibid., p. 241.
[4] Plus haut, p. 174.
[5] Pipe XVIII H. II, p. 78, 79.
[6] Ibid., p. 84.
[7] Ibid., p. 124.
[8] Ibid., p. 144.

V. OBSERVATIONS GÉNÉRALES SUR LES ACTES.

des années 1180, 1184 et 1187, notamment pour les préparatifs du mariage du comte de Flandre avec une fille du roi de Portugal :

(*Année 1180.*) In carriagio thesauri ultimo missi Londoniam, et pro forellis et aliis necessariis thesauri, 22 s. 3 d., per breve Ranulfi de Glanvilla. — In passagio falconariorum et austrucariorum regis per Willelmum de Gerponvilla, 6 l. 15 s. 3 d.; per breve Randulfi de Glanvilla[1].

(*Année 1182.*) Radulfo Filio Stephani, 20 l., ad corredium regine, per breve Ranulfi de Glanvilla.

Willielmo de Gerpunvilla, ad liberationes vi austrucariorum qui transfretaverunt ad regem, 4 l., per breve Ranulfi de Glanvilla [2].

(*Année 1184.*) In emendacione esnecce regis, et pro funibus ac aliis necessariis quando transfretavit in Hyspaniam pro comitissa Flandrie, 169 l. 15 s. 9 d., per breve Ranulfi de Glanvilla. — Et Alano Trenchemer ad procurationem nautarum qui venerunt ad Sudhantonam ad transfretandum in Hyspaniam in servicio regis, 40 s., per breve Ranulfi de Glanvilla. — Et Alano Trenchemer et sociis suis ad procuracionem suam dum fecerunt moram apud Sudhantonam et ad warnisturam emendam ad portandam secum in esnecca et aliis II navibus quas rex misit in Hyspaniam pro comitissa Flandrie, petitione comitis, 78 l. 4 s. 2 d., per breve Ranulfi de Glanvilla. — Et pro conducendis nautis ad transfretandum in Hyspaniam in servicio regis, per breve Ranulfi de Glanvilla [3].

(*Année 1187.*) Et Johanni, filio regis, 50 marcas ad perficiendas 100 marcas, quas rex dedit ipsi Johanni in transfretatione sua, per breve Ranulfi de Glanvilla. — Pro onerando et deonerando thesauro et pro lumine dum thesaurus moram fecit apud Hantonam ante transfretationem regis, 7 s. — Et pro locandis tribus navibus ad passagium Hugonis episcopi Lincolnensis et Willelmi de Sancte Marie Ecclesia et Willelmi Turpin, cum haruasio et equis regis, 6 l., per breve Ranulfi de Glanvilla. — Et 14 servientibus de marchis Walie qui transfretaverunt ad regem, 13 marcas, de prestito super liberationem suam a secunda dominica mensis junii (14 juin 1187), per breve Ranulfi de Glanvilla. — In liberatione Rothomagum ad regem et redeundo, 132 l. 7 s., per breve regis. — In conredio comitis de Hanonia ibidem in veniendo ad regem et redeundo, 51 l., per breve regis. » (*Rot. Scacc. Norm.*, t. I, p. 116. — « Pro II anchoris ad navem Willielmi de Braiose, quando transfretavit in Hyspaniam, 4 l., per breve regis. » (Eyton, p. 255.) — Il s'agit ici du mariage du comte de Flandre avec Mathilde de Portugal.

---

[1] Rév. Eyton, p. 231.
[2] *Ibid.*, p. 247.
[3] *Ibid.*, p. 255. — Le roi donna lui-même des ordres pour payer le voyage, aller et retour, du comte de Flandre et du comte de Hainaut qui vinrent à sa cour en Normandie, et il fit acheter deux ancres pour la nef qui transporta Guillaume de Briouse en Espagne. « In corredio comitis Flandrie apud Drincort, in veniendo

LETTRES MISSIVES. 177

esnece quando transfretavit post Pascham cum thesauro, 7 l. 10 s., per breve Ranulfi de Glanvilla. Et pro locanda navi Sansonis Wascelini, ad ducendum harnasium clericorum thesaurarii et camerarii qui transfretaverunt cum thesauro, 5o sol., per idem breve. Item in liberatione esnece quando transfretavit cum thesauro circa festum sancti Johannis, 7 l. 10 s., per breve Ranulfi de Glanvilla. Et pro locanda una navi Vitalis ad deferendum harnasium Willelmi de Glanvilla et clericorum thesaurarii et camerariorum, qui transfretaverunt cum eodem thesauro, 5o s., per idem breve. Et pro locanda navi Hugonis de Hanton ad deferendum thesaurum in Normanniam, 5o sol., per breve Ranulfi de Glanvilla. In liberatione esnecce que transfretavit cum thesauro post festum sancti Barnabe, 7 l. 10 s., per breve Raoulfi de Glanvilla [1].

X. LETTRES. — Parmi les actes dont il est question dans les pages précédentes, beaucoup pourraient être qualifiés de lettres. J'ai cru cependant qu'il fallait mentionner à part des pièces qui par certains côtés peuvent être englobées dans la catégorie des lettres missives. Comme telles, j'en citerai deux très courtes, qui, tout en commençant par le salut ordinaire du début de tous les actes royaux : *salutem*, se terminent par le souhait banal de la correspondance : *Valete*.

La première est adressée par le duc Henri, en 1151 ou 1152, à l'archevêque, aux justiciers et aux prud'hommes de Rouen. Elle est relative à une maison de l'aître de Notre-Dame de Rouen :

H., dux Normann. et comes Andeg., H[ugoni], Rothomagensi archiepiscopo, et omnibus justiciis suis Rothomagensibus et probis hominibus Rothomagensibus, salutem.

Sciatis quod concessi G. Malo Clerico terram Reinaldi de Sancto Walerico, de atrio Sancte Marie, et prece et concessu Reinaldi, pro servitio suo, ad faciendam domum suam de petra et fusto ad placitum suum.

Testibus : Godardo de Vallibus, et Warino Filio Geroldi, et teste Willermo Filio Hamonis.

Apud Rothomagum.

Valete [2].

La deuxième lettre est une circulaire adressée à tous les sujets du roi,

[1] Rév. Eyton, p. 277-279.
[2] Cartulaire de l'église de Rouen, fol. 110, n° 180. — On connaît si peu de chartes de Henri II ayant la forme de lettre missive que j'ai cru pouvoir citer ici celle qui est relative au terrain de l'aître de Notre-Dame de Rouen, bien qu'elle soit antérieure à l'avènement au trône, mais seulement d'une année.

178   V. OBSERVATIONS GÉNÉRALES SUR LES ACTES.

en deçà et au delà de la mer, pour leur notifier les franchises de l'abbaye de Saint-Sauveur-le-Vicomte :

> H., Dei gratia rex Anglorum et dux Normannorum et Aquitanorum et comes Andegavorum, archiepiscopis, episcopis, abbatibus, comitibus, baronibus, justiciis et omnibus ministris et fidelibus suis totius terre sue citra mare et ultra, salutem.
> Sciatis quod abbatia Sancti Salvatoris est libera ab omnibus rebus, et per totam terram meam Anglie et Normannie habet quitanciam de omnibus in civitatibus, in castellis, in nundinis, in portubus maris, et de pontagio.
> Apud Hantoniam. — Valete [1].

J'aurai peu à dire des véritables lettres missives ou lettres closes qui seront bien peu représentées dans notre Recueil, tandis que nous en possédons un si grand nombre pour les temps postérieurs. C'est par milliers qu'il faut compter les lettres closes des rois d'Angleterre parvenues jusqu'à nous dans la série des *Rotuli litterarum clausarum* du Record Office. Pour le règne de Jean Sans-terre, sir Thomas Duffus Hardy en a publié plus de 8,000 dans le volume in-folio intitulé *Rotuli litterarum clausarum*, vol. I (Lond., 1833). Cette série de rôles est cependant loin d'être complète.

L'administration de Henri II n'était guère moins régulière et compliquée que celle de son fils le roi Jean. Elle comportait certainement l'emploi fréquent de lettres closes.

Les historiens du XIIe siècle ont inséré dans leurs ouvrages un certain nombre de lettres politiques écrites au nom de Henri II. Il en existe aussi plusieurs dans les recueils épistolaires, tels que ceux de Pierre de Blois et de Jean de Salisbury, qui ont été conservés en qualité d'*Artes dictaminis*, destinés à fournir aux écoliers des modèles de style et à former des *dictatores*.

Le nombre des lettres de Henri II qui nous sont ainsi parvenues est tout à fait minime, et nous pouvons craindre que leur texte ait subi quelques modifications. D'ailleurs il n'y a là rien qui représente la correspondance administrative et d'ordre privé qui a dû donner naissance à beaucoup de lettres expédiées de façon à ne pouvoir être lues que par le destinataire. On peut donc affirmer que Henri II a écrit ou fait écrire beaucoup de lettres closes. Quelle

---

[1] N° 528 de notre Recueil.

en était la forme? Je crois pouvoir répondre à cette question, au moins pour un certain nombre de cas. En feuilletant mon recueil de photographies de chartes originales de Henri II, j'ai été frappé d'une particularité à laquelle on n'a peut-être pas accordé une attention suffisante. Il s'y trouve des mandements au bas desquels on a découpé, dans toute la longueur du parchemin, une double bandelette laissée adhérente par le talon au mandement lui-même, absolument comme les simples queues, sur lesquelles nous sommes habitués à voir un sceau ou une trace de sceau. J'en ai fait l'observation sur la photographie de chartes conservées au Musée britannique et dans les archives de la Seine-Inférieure, du Calvados et de la Manche. En examinant attentivement ces pièces, j'ai aperçu des traces de pliure et j'ai bien regretté de n'avoir pas assez minutieusement examiné les pièces de ce genre quand j'ai visité les dépôts où se trouvent en original des chartes de Henri II. J'ai appelé sur ce point l'attention de plusieurs archivistes, et j'en ai reçu des réponses qui ne laissent aucun doute sur le caractère des doubles bandelettes ou queues dont il s'agit. Elles ont servi à fermer la lettre, et parfois à recevoir une adresse.

C'est ce que l'archiviste de la Manche, M. Dolbet, a remarqué sur un mandement adressé au connétable de Cherbourg, non pas au nom de Henri II, mais à celui de sa mère, l'Impératrice Mathilde. L'une des bandelettes adhérentes à la pièce porte en caractères très fins les mots *Os. de Hosa*, adresse très abrégée, qui se lit plus complètement à la première ligne du mandement *Os. de Hosa, constabulario*.

J'en ai publié le texte (p. 143), dans le paragraphe relatif aux chartes de l'Impératrice, et j'ai fait remarquer que la pièce a été pliée, de façon que le pli remis au messager mesurait seulement 42 millimètres sur 15. On l'a fermé en croisant les deux bandelettes, et pour en assurer le secret on a dû apposer un cachet, probablement l'empreinte d'une pierre gravée.

Une vérification encore plus décisive a été faite par M. Besnier, archiviste du Calvados, sur un mandement du fonds de l'abbaye de Troarn[1], conçu dans les termes suivants :

H., rex Anglorum et dux Normannorum et Aquitanorum et comes Andegavorum, vicecomiti et ministris de Warevilla, salutem.

[1] N° 218. A de notre Recueil.

180   V. OBSERVATIONS GÉNÉRALES SUR LES ACTES.

Precipio vobis quod sine dilatione et juste faciatis habere ple‖narie abbati et monachis de Truharcio salem suum de Warevilla et de Salinelis, ‖ sicut melius et plenius habuerunt tempore regis H. avi mei, et non patiamini quod aliquis ‖ eis inde aliquam injuriam vel contumeliam faciat. Et nisi feceritis, justicia mea ‖ faciat. T. Ric. de Luceio.

Apud Cadomum.

Le mandement une fois écrit, on a découpé une double bandelette au bas du parchemin, et on a croisé cette double bandelette pour maintenir la pliure de la pièce, mais comme le mandement s'adressait à plusieurs fonctionnaires et ne contenait rien de secret, on a disposé la fermeture de façon que la pièce pût être ouverte sans briser le sceau, et l'adresse fut écrite, non pas sur la bandelette, mais au verso de la pièce sur une place que cette bandelette laissait libre.

C'est ainsi qu'on lit au verso, en caractères du temps, *Ministris Wareville*, adresse collective, au lieu de l'adresse un peu plus spécialisée : « Vicecomiti et ministris de Waravilla » qui se lit à l'intérieur, en tête du mandement.

Il existe donc des exemples de lettres closes du temps de Henri II et l'usage de ces lettres existait déjà plus anciennement à la chancellerie anglaise. J'ai sous les yeux la photographie d'une charte de Henri Ier munie de la double bandelette, laquelle est au Record Office à Londres[1].

Je suis bien loin cependant de prétendre que tous les actes des rois anglais au bas desquels a été découpée une double queue soient de véritables lettres closes. Je me reproche de n'avoir pas suffisamment examiné ces doubles queues et de n'avoir pas vérifié si, au dos des mandements, il n'y avait pas des adresses analogues à celle que M. Besnier a découverte au verso de la charte des officiers royaux de Varaville, et dont il m'a donné la photographie.

XI. CHARTES EXPÉDIÉES EN MULTIPLES EXEMPLAIRES. — Les chefs des établissements qui avaient à sauvegarder des intérêts multiples dans plusieurs provinces de France et d'Angleterre étaient souvent obligés de produire leurs

---

[1] « H. rex Angl., omnibus vicecomitibus et ministris in quorum ministerio canonici de Sancta Trinitate de Lund. terras habent, salutem. Precipio quod tota terra et homines ipsorum canonicorum de Sancta Trinitate sint in pace et quieti de placitis et querelis et sciris et hundredis et hustingis et omnibus aliis rebus, exceptis murdris et tesauris. T. R. de Ver. Apud Burnam. » Ancient Deeds A. 14588. La charte est datée de Westbourne (Sussex).

LETTRES MISSIVES. — MULTIPLES EXEMPLAIRES.   181

titres dans des localités plus ou moins éloignées du siège principal de l'établissement [1]. Ces déplacements de pièces, souvent munies de sceaux fragiles, les exposaient à des accidents dont les conséquences auraient pu être très graves. Pour les prévenir, on réussit parfois, probablement moyennant finances, à obtenir des expéditions multiples de chartes importantes [2]. Ainsi saint Anselme se fit donner quatre exemplaires de la confirmation des privilèges de l'archevêché de Cartorbéry par Henri Ier [3], et l'historien de l'abbaye de La Bataille a pris soin de noter que l'abbé Eude se fit livrer par le chancelier trois expéditions d'une charte de Henri II, toutes les trois munies du sceau royal [4].

Nous possédons dans nos archives ou bibliothèques quelques-unes de ces chartes expédiées en double exemplaire, et en première ligne la gigantesque charte écrite sur deux colonnes, par laquelle Henri II confirma, au plus tard en 1161, dans le plus menu détail, toutes les possessions de Saint-Étienne de Caen, avec l'indication de la provenance de chacune d'elles [5]. Ces deux pièces, qui ont conservé quelques fragments de leurs sceaux, et dont l'authenticité est indiscutable, sont au nombre des plus curieux documents de diplomatique anglo-normande que possèdent les Archives du Calvados.

Deux exemplaires de la confirmation par Henri II des franchises dont devaient jouir les domaines de l'abbaye du Bec en Angleterre sont arrivés jusqu'à nous. Le premier est au Musée britannique [6], et a été publié en fac-similé

---

[1] C'est par suite de la nécessité de porter en Angleterre une charte de Jean Sans-terre, datée du 25 juin 1201, que les religieuses de Fontevrault ne mirent aucun retard à s'en procurer une copie certifiée par Guillaume des Roches, sénéchal d'Anjou :
« Ego W., senescallus Andegavie, quoniam necesse erat monialibus Fontebraldi ut cartam sive autenticum hujus transcripti pro negotiis suis in Angliam mitterent, transcriptum carte regis Johannis sigilli nostri auctoritate confirmamus. Actum anno dominice incarnationis 1201. » (Copie venue de Gaignières dans le ms. latin 5480, t. I, p. 285.)

[2] Sur les caractères des duplicata, copiés les uns par des « écrivains de livre », les autres par des « écrivains de charte », il faut voir les observations de M. Warner, dans *Fac-similes of Royal and other Charters in the British Museum*, charte 6.

[3] « Ista est quadruplicata Anselmo archiepiscopo, latine et anglice. » *Monast. anglic.*, t. I, p. 109.

[4] « Exegit abbas a cancellario et obtinuit ut sibi tres cartas, unam eandemque formam, secundum præceptum regis, continentes, scribi regisque sigillum singulis faceret apponi. » Melville Madison Bigelow, *Placita anglo-normannica* (Lond., 1879), p. 222.

[5] N° 111 de notre Recueil. Sur ce double exemplaire, voir plus haut, p. 146.

[6] Topham charter, 10.

dans le recueil de la Société paléographique[1], où il a été judicieusement classé par les éditeurs à l'année 1174. Le second est à la Bibliothèque Bodléienne[2]; une excellente copie figurée m'en a été donnée en 1883, par John Wordsworth, aujourd'hui évêque de Salisbury.

La charte des coutumes du Pont de Sai[3] est un troisième exemple de charte de Henri II expédiée en double exemplaire. Un des exemplaires est aux Archives nationales[4], l'autre aux archives de Maine-et-Loire, dans le fonds de Fontevrault.

Il existe deux exemplaires originaux de la grande charte originale de Henri II pour le prieuré de Longueville[5], l'un à Rouen, l'autre à Oxford[6].

Les archives du New College à Oxford contiennent en double exemplaire original une charte de Henri II en faveur d'un hôpital dépendant de la maison de Montjou.

XII. CHARTES VIDIMÉES. — Je n'ai point rencontré d'acte de Henri II qui ait été transcrit du vivant de ce roi, de façon à donner à la copie un caractère d'authenticité, c'est-à-dire sous la forme du *vidimus*, tel qu'il a été communément employé depuis le XIIIe siècle. Je me suis même demandé si le XIIe siècle a connu une formule équivalant à celle que nous a rendue familière la lecture des documents postérieurs.

J'ai cité un peu plus haut une charte de l'année 1200 qui en est un des plus anciens exemples, sans avoir encore reçu la forme sacramentelle. Je ne pouvais pas laisser de côté cette question; j'ai en effet recueilli et je dois discuter ici trois actes de Henri II dont le fonds répond assez bien à l'idée que nous nous faisons du vidimus : c'est de cette façon que sont arrivées à notre connaissance trois chartes relatives aux moines de Saint-Julien de Tours, au monastère des religieuses de Saint-Paul-hors-Rouen, et à l'abbaye de Saint-Évroul.

Malheureusement les exemplaires originaux font défaut, et le texte qui nous en est parvenu est loin d'être entièrement satisfaisant, comme je vais essayer de le démontrer.

[1] N° 194 de notre Recueil.
[2] N° VI des *Chartæ antiquæ* de Douce.
[3] N° 342 de notre Recueil.
[4] L. 1018, n° 3; jadis L. 1603.
[5] N° 11 de notre Recueil.
[6] N° 481 A.

Charte de Saint-Julien de Tours. — Les copies modernes que nous en avons dérivent de vidimus des années 1295 et 1330. Nous sommes en présence d'une charte de Guillaume le Conquérant datée de 1063, laquelle aurait été textuellement insérée en 1160 dans une confirmation de Henri II.

Je n'ai pas à examiner le texte de la charte de Guillaume le Conquérant; mais je ne crois pas pouvoir admettre la sincérité de celle de Henri II dans laquelle les anomalies surabondent : présence de l'invocation : *In nomine sancte et individue Trinitatis;* — emploi dans la suscription de la formule : *Dei gratia rex Anglorum;* — présence d'une date d'année ; — indication d'une catégorie de témoins qui ne figurent guère dans les chartes de Henri II : *presente Garino abbate, Guidone baialo, Acardo Runceville priore; de famulis Teobaudo Girardi, Rabaste, Gosleno.* Il serait bien étonnant que l'abbé de Saint-Julien eût fait venir avec lui jusqu'à Lions-la-Forêt une partie du personnel de l'abbaye de Saint-Julien de Tours et du prieuré de Roncheville. (N° 99 de notre Recueil.)

Charte de Saint-Paul-hors-Rouen. — Ici nous avons affaire à une charte de Henri Ier, roi d'Angleterre, relative aux privilèges des religieuses de Saint-Paul, que Henri II transcrit et confirme, en y ajoutant des développements très circonstanciés sur les usages forestiers et sur le droit de chasse, le texte en est inséré dans les registres E et F de Philippe Auguste.

On trouvera très étrange que Henri II entre dans un menu détail sur l'exercice du droit de chasse et qu'il menace d'une amende de 100 onces d'or les malveillants qui troubleraient les religieuses dans la jouissance de leurs droits.

Et si bestia silvestris, qualiscunque sit, capta fuerit infra metas priorisse memorate, ipsa et moniales sue illam bestiam habebunt in pace et quiete et sine molestia alicujus, videlicet de via que est inter ecclesiam predictam et prioratum Sancti Michaelis de Sancto Audoeno Rothomagi usque in medio Secane in latitudine, et de pomerio abbatis Sancte Trinitatis de Monte, usque in finem terre de Merdepluet in longitudine, secundum quod terra sua se proportat in villa de Merdepluet. Si quis autem contra hec precepta mea ire temere presumpserit, vel molestiam aut gravamen aliquod priorisse aut monialibus aut suis fecerit, volo et precipio quod pena de centum unciis auri ab eo sumatur, et priorisse predicte et monialibus suis detur, vel tantum in meo carcere teneatur, donec ad plenum priorisse predicte et suis monialibus satisfiat. (N° 306 de notre Recueil.)

Si la menace d'une amende de 100 onces d'or peut s'expliquer par la survivance d'une vieille formule comminatoire, on chercherait vainement dans les chartes de Henri II une délimitation de terrain analogue à celle qui est ici assignée aux religieuses de Saint-Paul pour la jouissance de leurs droits sur le gibier.

Charte de Saint-Évroul. — Ici encore c'est une charte de Henri Ier dont le copiste du Cartulaire de Saint-Évroul (t. I, fol. 21 v°, pièce 20) n'a transcrit que la suscription, suivie simplement des mots : *Et cetera ut superius,* ce qui est un renvoi à une copie complète de cette charte de Henri Ier transcrite au folio 21 du Cartulaire, sous le n° 19. En tête du n° 20, le copiste a transcrit les premières lignes de la charte de Henri II :

H. Dei gratia rex Angl., dux Normannie[1] et Aquit., et comes Andeg., archiepiscopis, episcopis, abbatibus, comitibus, vicecomitibus, baronibus, justiciis, ballivis, ministris et omnibus fidelibus suis, salutem. Sciatis me vidisse et audisse cartam Henrici, avi mei, illustris regis Anglorum et ducis Normannorum, in hiis verbis.

On doit remarquer ici l'emploi de la formule : *me vidisse et audisse,* qui est tout à fait conforme à la pratique habituelle du XIII° siècle.

Le copiste du cartulaire a négligé de transcrire la fin de la charte de Henri II.

Je ne suis donc pas certain que la chancellerie de Henri II ait employé ce que les diplomatistes peuvent appeler la forme classique du vidimus [2].

Il est toutefois certain que, dès son temps, des mesures furent prises pour que le prince régnant fût nominativement associé par des reproductions textuelles à des mesures édictées par ses prédécesseurs. Nous en trouvons la preuve dans ce que le chroniqueur de l'abbaye de La Bataille, sous l'année 1175, dit à propos de la confirmation des privilèges accordés à cette abbaye par le fondateur Guillaume le Conquérant. Le témoignage intéresse trop directement les études diplomatiques pour n'être pas mis ici sous les yeux du lecteur :

Rex [Henricus], ad hec vocato Waltero de Constanciis, tunc cancellario suo, postmodum Lincolniensi episcopo, et post modicum Rothomagensi archiepiscopo, jussit cartam novam

---

[1] Le mot est en toutes lettres dans le Cartulaire.

[2] Sur les plus anciens exemples de vidimus qu'on ait cités, et dont aucun n'est du XII° siècle, voir le *Manuel de diplomatique,* par Giry, p. 20-26.

CHARTES INNOVÉES.

nominis et sigilli regii secundum formam carte veteris fieri, precipiens carte nove imponi se confirmationem illam fecisse, pro amore Dei et petitione Odonis abbatis... Et quoniam in cartis et munimentis a diversis personis, diverso tempore, super eodem negotio datis, solet in posterioribus priorum mentio fieri, ita ut quod posterius est videatur precedentium exigere testimonium hujus modi verbis : *sicut carta illa vel illius N. testatur,* jussit rex ne clausula illa insereretur, sed aliam, antea inusitatam, ipse dictavit, et super his que viderat in persona propria testimonium perhibens, carte precepit imponi hoc modo : *Quoniam inspexi cartam Willelmi proavi mei,* in qua prescripte libertates et quietancie et libere consuetudines ab eo prefate ecclesie concesse continebantur... [1].

XIII. CHARTES RENOUVELÉES OU INNOVÉES. — Les raisons qui ont motivé l'expédition à plusieurs exemplaires de chartes importantes ont déterminé, dans les conditions ci-dessus indiquées, les parties intéressées à en provoquer le renouvellement ou le rajeunissement. C'était, à vrai dire, une seconde édition, dans laquelle le texte du corps de l'acte ne subissait aucune modification; on se bornait à l'encadrer entre des formules initiales et finales, appropriées à l'époque du renouvellement. Nous verrons un peu plus loin que l'opération s'appelait *innovation,* du temps de Richard Cœur-de-lion.

C'est ainsi qu'une concession faite à l'abbaye de Cluni par Henri Plantegenêt, en qualité de duc de Normandie, à la veille de monter sur le trône d'Angleterre [2], a été transformée, une quinzaine d'années plus tard, en charte royale, où rien ne fait soupçonner que c'est, en réalité, la copie d'une charte ducale [3]. Je donne les deux textes en regard l'un de l'autre, prenant soin d'imprimer en caractères italiques ce qui est propre à chacun d'eux.

CHARTE DE 1154.	CHARTE DE 1170-1172-3.
H., Dei gratia *dux Normannorum et Aquitanorum et comes Andegavorum,* archiepiscopis, episcopis, comitibus, baronibus, justiciis, vicecomitibus et omnibus fidelibus suis, francis et anglis totius Anglie, salutem.	H., *rex Anglorum* et dux Normannorum et Aquitanorum et comes Andegavorum, archiepiscopis, episcopis, *abbatibus,* comitibus, baronibus, justiciis, vicecomitibus et omnibus fidelibus suis, francis et anglis totius Anglie, salutem.
Sciatis quod ego concedo et confirmo Deo et ecclesie Sancti Petri Cluniacensis,	Sciatis quod ego concedo et confirmo Deo et ecclesie Sancti Petri Cluniacensis,

---

[1] *Chronicon monasterii de Bello,* édit. J. S. Brewer, p. 165.

[2] N° 61* de notre Recueil.

[3] N° 292 de notre Recueil.

et monachis ibidem Deo servientibus manerium de Leddecumbe, in perpetuam elemosinam, pro salute *Henrici regis*, avi mei, et omnium antecessorum meorum, et pro propria salute mea; quod manerium Stephanus rex dedit et assedit eis pro centum marcis, quas *prefatus Henricus rex* solebat dare annuatim eidem ecclesie Cluniacensi. Quare volo et firmiter precipio quod predicta ecclesia et monachi idem manerium bene et in pace *et* libere et quiete et honorifice in perpetuum teneant, cum omnibus pertinentiis suis, in bosco et plano et pratis et pasturis et aquis et molendinis et hominibus et tenuris eorum, et cum omnibus libertatibus suis, sicut unquam melius et plenius et liberius tenuit illud *Henrichus rex* in manu sua. *Testes: Teobaldas archiepiscopus Cantuariensis, Henricus episcopus Wintoniensis, Richardus episcopus Lundoniensis, Robertus episcopus Lincoliensis, Joscelinus episcopus Saresberiensis, Willelmus comes Gloocestrie, Rainaldus comes Cornubie, Robertus Legrecestrie, Richardus de Humet, Richardus de Luci, Willelmus Martel, Manesses Biset dapifer.*

Apud Westmonasterium.

Original, Collection de Bourgogne, vol. 80, n° 247.

et monachis ibidem Deo servientibus, manerium de Leddecumba, in perpetuam elemosinam, pro salute *regis Henrici*, avi mei, et omnium antecessorum meorum, et pro propria salute mea; quod manerium rex Stephanus dedit et assedit eis pro centum marcis quas *predictus rex Henricus* solebat dare annuatim eidem ecclesie Cluniacensi. Quare volo et firmiter precipio quod predicta ecclesia et monachi idem manerium bene et in pace, libere et quiete et honorifice, in perpetuum teneant, cum omnibus pertinenciis suis, in bosco et plano et pratis et pasturis et aquis et molendinis et hominibus et tenuris eorum, et cum omnibus libertatibus suis, sicut unquam melius et plenius et liberius tenuit illud rex *Henricus* in manu sua. *Testibus : F. episcopo Sagiensi, R. episcopo Nannetensi, Reginaldo archidiacono Sarisberiensi, Nicolao capellano, Ricardo de Humetis constabulario, Unfrido de Bohun, Reginaldo de Curtenai, Gilleberto Malet, Stephano de Turonis, Willelmo de Statevilla, Reginaldo de Paveilli, Willelmo de Ostilli.*

Apud Chinon.

Original, Collection de Bourgogne, vol. 81, n° 261.

Peu après, en 1175 ou 1176, les moines de Cluni éprouvèrent le besoin de posséder de nouveaux exemplaires de la charte de confirmation du manoir de Letcombe. La chancellerie reçut l'ordre de leur donner satisfaction. De là, une copie littérale de la charte de 1170-1172-3, à laquelle on ne fit subir que deux changements : à la première ligne, on remplaça les mots: *H., rex Anglorum*, par les mots : *H., Dei gratia rex Anglorum*, et aux noms des témoins qui avaient souscrit la charte de 1170-1172-3 à Chinon on substitua les noms des prélats et des barons qui se trouvaient à la cour du roi à Northampton quand fut écrite cette troisième édition de la charte de concession du manoir de Letcombe: *Testibus: R. Wintoniensi, G. Elyensi et Johanne North-*

wicensi, episcopis, et H. episcopo Dunholmensi, comite Willelmo Arundell., comite Willelmo de Maundevilla, Ricardo de Lucy, Ricardo de Caunvilla, Radulpho de Glaunvilla, Hugone de Cressy, Th. Bardulf, Bertramo de Verdono, Willelmo Filio Radulfi, et Radulfo Britone. Apud Norhamptonam. Les noms des témoins prouvent que la troisième édition de la confirmation est postérieure à l'année 1175.

Je ne sais pas si l'original de la charte de 1175-1176 subsiste encore; mais le texte nous en a été conservé dans deux exemplaires d'un inspeximus confirmatif scellés du sceau de Henri III [1].

Une autre charte de Henri, duc de Normandie, expédiée en 1151 pour l'abbaye de Savigni, a été renouvelée, mot pour mot, sous la forme d'une charte rédigée au nom du roi Henri et qui est de l'an 1157 [2].

A côté de ces chartes innovées des abbayes de Cluni et de Savigni, je puis citer un autre exemple d'innovation de charte faite au nom de Henri II pour l'abbaye de Newhouse.

C'est un privilège que Henri II, au commencement de son règne, en 1164 au plus tard, avait accordé à l'abbaye de Newhouse, et qui fut renouvelé une douzaine d'années après, très probablement en 1175. Les deux textes ont été publiés en regard l'un de l'autre dans la *Bibliothèque de l'École des chartes* [3]. Ils sont identiques. On s'est borné à supprimer dans le second le nom de l'abbé de Newhouse, qui avait dû disparaître entre les années 1164 et 1175, puis à remplacer les noms des témoins de la première charte par les noms de personnages qui étaient à la cour en 1175. L'identité des deux textes est telle qu'à la première ligne de l'un et de l'autre on rencontre une pareille anomalie : *rex Anglie* au lieu de *rex Angl.* ou *rex Anglorum*. Dans tous les deux on lit *H. rex* tandis que dans le second la formule *H. Dei gratia* s'imposait. Il y a plus, l'écriture de la charte de 1175 est identique à l'écriture de la charte de 1164. On peut s'en assurer en confrontant le fac-similé des deux pièces sur une planche de notre atlas.

De ces différentes particularités, qui se retrouvent encore sur une troisième charte de Newhouse [4], il résulte que ces trois pièces ont été écrites par un re-

---

[1] Bibl. nat., Collection de Bourgogne, vol. 81, chartes cotées 318 et 319. — N° 340 de notre Recueil.

[2] N°ˢ 20' et 30 de notre Recueil.

[3] *Bibliothèque de l'École des chartes*, année 1907, p. 301-303 d'après les originaux du fonds harléien, au Musée britannique.

[4] *Ibid.*, p. 281.

ligieux ou un clerc chargé des intérêts de l'abbaye et que la chancellerie a été autorisée à les authentiquer par l'apposition du sceau royal.

Je dois parler maintenant d'un privilège accordé à l'abbaye de Saint-Valeri-sur-Somme, dont quatre exemplaires sont conservés au New-College d'Oxford, parmi les titres de cette abbaye relatifs au prieuré de Takeley dans le comté d'Essex. J'en ai dû la connaissance et la photographie à l'obligeance du Rév. H. Salter [1].

L'origine des biens que l'abbaye de Saint-Valeri possédait en Angleterre remonte à la conquête normande, comme l'attestent un article du Domesday Book [2] et une charte de saint Anselme [3], qui nous est parvenue, munie du sceau du prélat. Les conquérants avaient voulu commémorer le souvenir de leur embarquement sous les murs de l'abbaye de Saint-Valeri.

Sous le règne de Henri Ier, l'abbé de Saint-Valeri eut assez de crédit pour se faire délivrer un privilège solennel qui assurait à ses moines fixés en Angleterre la jouissance de leurs terres, l'usage de leurs bois, l'exemption de certaines charges, et l'exercice des droits de juridiction dans l'étendue de leurs domaines. Tel fut l'objet d'une assez longue charte qui a été renouvelée à di-

---

[1] N[os] X, XI, 46 et 93 de Salter.

[2] « Terra Sancti Walerici, hundredum de Berlava ». *Domesday Book*, édit. de 1783, t. II, p. 20 (fol. 20 v° du ms. original).

[3] « Quoniam edax oblivio et temporum volubilitas solet exterminare et de medio tollere quod bene canonicæque patratum est, curavimus aliquid memoriæ tradere quod sancte valeat ecclesiæ prodesse. Ego igitur Anselmus, Dei gratia Cantuariensis archiepiscopus et Angliæ primas, volo et auctoritate apostolica confirmo quidquid monachi Sancti Walarici habent in Anglia ex dono regis Willelmi, illius scilicet Willelmi qui Anglos sibi subjugavit, et baronum ejus, qui secum venerunt et in elemosina aliquid eidem sancto dederunt, vel Deo annuente habituri sunt. Habent siquidem præfati monachi in Exsexia XII hidas ex dono Willelmi regis, et in Cantebrugescira II hidas et dimidiam, et xx acras, ex dono Guidonis de Reimecurt. Hoc inquam ita confirmo ut quicumque istud donum amaverit, servaverit et defenderit cœlestem obtineat benedictionem; et contra si quis inminuerit aut contra monachos insurrexerit et aliquam violentiam eis pro hoc intulerit, nisi ab hac resipiscat presumtione, cujuscunque conditionis dignitatisve sit, maledictionem cum Dathan et Abiron sortiatur, anathema sit. Hoc quoque feci domni Arnulfi, abbatis supradicti Sancti, humili peticione, et multorum sancte ecclesiæ fidelium consilio et ammonitione. Et ut istud ad quoscunque hec carta pervenerit ratum habeatur, proprio sigillo signavi et munivi. » (Original à Oxford, New College, n° 300 des titres de Takeley.) — Le sceau, assez mal conservé, devait, d'après un moulage du Musée britannique, porter la légende : SIGILLVM ANSELMI GRATIA DEI ARCHIEPISCOPI.

La liste des abbés de Saint-Valeri, insérée dans la *Gallia christiana*, ne contient pas le nom d'Arnoul.

CHARTES INNOVÉES. 189

verses reprises, en termes identiques, dans le cours du xiie siècle. On en connaît quatre expéditions, deux du temps de Henri Ier et deux aussi du temps de Henri II.

Voici les premières et les dernières lignes de chacune des expéditions.

1. *Première charte de Henri Ier.*

Henricus, Dei gratia rex Anglie, archiepiscopis, episcopis, abbatibus, comitibus, baronibus, justiciis, vicecomitibus et omnibus ministris et fidelibus suis, salutem.

Sciatis nos concessisse et presenti carta confirmasse Deo et ecclesie Beati Walerici et monachis ibidem Deo servientibus, in perpetuam et liberam elemosinam, omnes terras et teneuras suas, et omnes decimationes dominiorum^e suorum, et omnes donationes que donate sunt eis in elemosinam vel donabuntur, videlicet Thacheleiam...

....

Volumus igitur et firmiter precipimus quod predicti monachi hec omnia predicta in omnibus libertatibus et liberis consuetudinibus et quietanciis predictis, bene et in pace, libere et quiete et integre habeant in perpetuum et honorifice teneant.

Testibus : Rogero episcopo Saresberie, et Walderico et Reginaldo de Sancto Walerico⁽¹⁾.

2. *Seconde charte de Henri Ier.*

Henricus, rex Anglie, archiepiscopis, etc., comme dans la charte précédente.

Sciatis nos concessisse, etc., comme dans la charte 1. (Il y a seulement *decimas* au lieu de *decimationes*.)

Volumus igitur, etc.; comme dans la charte 1.

Testibus Rogero Saresberiensi episcopo, et Alexandro episcopo Lincolniensi, et Gaufrido cancellario meo, et Milone Cloecestrie.

Apud Londonias.

3. *Première charte de Henri II*, 1163.

Henricus, Dei gratia rex Anglie, dux Normannie et Aquitanie, comes Andegavie, archiepiscopis, etc.; comme dans la charte 1.

Sciatis nos concessisse, etc.; comme dans la première charte de Henri Ier, sauf que la charte de Henri II porte *tenementa* et *decimationes*, au lieu de *teneuras* et *decimas*.

Volumus, etc., comme dans la charte 1.

Testibus : Ricardo de Luci, Thoma Cantuariensi archiepiscopo, Gilleberto Londoniensi episcopo, Hugone Dunnelmensi episcopo, Bartholomeo Exoniensi episcopo.

Apud Westmonasterium.

⁽¹⁾ Cette charte a été publiée dans le *Monast. anglic.*, t. VI, part II, p. 1106, d'après un inspeximus de Henri III. Les éditeurs la donnent comme émanée de Henri II.

190   V. OBSERVATIONS GÉNÉRALES SUR LES ACTES.

4. *Seconde charte de Henri II.*

Henricus, Dei gratia rex Angl. et dux Normannie et Aquitanie et comes Andegavie, archiepiscopis, etc., comme au n° 1.

Sciatis nos concessisse, etc., comme dans la charte 1. Il y a *teneuras* dans le n° 4, et les mots *et omnes decimationes dominiorum suorum* y sont omis.

Volumus igitur, etc.; comme au n° 1.

Testibus : R. episcopo Wintoniensi, Walterio de Constanciis, et Bernardo de Sancto Walerico.

Apud Westmonasterium.

Ces quatre chartes, quant au dispositif, représentent un texte unique. Elles ne diffèrent que par la suscription, la liste des témoins et la date du lieu d'expédition. Je n'ai à présenter d'observations que sur les deux dernières rédigées au nom de Henri II. Elles contiennent des anomalies nombreuses : le nom de *Henricus* écrit en toutes lettres; les formes *Anglie, Normannie, Aquitanie, Andegavie*, au lieu de *Anglorum*, etc., la formule *Dei gratia* dans un acte de 1163, et l'expression *Sciatis nos* au lieu de *Sciatis me*[1]. Évidemment elles n'ont pas été écrites par un officier de la chancellerie, et je ne serais pas étonné que le texte primitif ait été lui-même préparé en dehors de la chancellerie. — Voir plus haut, p. 148.

Le dispositif de l'acte se termine par une clause que je ne me rappelle pas avoir rencontrée dans d'autres chartes de Henri II. Le roi déclare nulles les aliénations qui auraient été faites *per non sapientes abbates.*

Nec quicquam teneatur de donationibus que facte sunt per non sapientes abbates de terris et tenementis Sancti Walerici, nisi confirmatione conventus et sigilli ejus appositione.

Voilà exactement, mot pour mot, ce que portent les quatre chartes. La seule variante à noter, c'est que deux fautes d'orthographe qu'on trouve dans la seconde charte de Henri Ier, *confirmassione* et *apposissione,* se retrouvent dans la seconde charte de Henri II, preuve évidente que celle-ci a été copiée sur l'autre. L'écriture de ces chartes n'est point de la main d'un des clercs habi-

---

[1] Ces anomalies se trouvent encore dans une troisième charte de l'abbaye de Saint-Valeri, datée de Westminster, en présence de Renouf de Glanville. N° 92 du Rév. Salter.

CHARTES INNOVÉES.

tuels de la chancellerie, et ce qui contribue à le démontrer, c'est que le copiste était peu familier avec les institutions anglaises. On le voit par la façon dont il a altéré quelques termes juridiques[1] qui reviennent souvent dans les chartes anglaises :

1. Charte de Henri Ier, dépourvue de date et qui n'a peut-être pas reçu de sceau : *cum socca et sacca et tol et cheam et infongenethief et hutfongen; et hamsoca infra burgum et extra.*

2. Charte de Henri Ier, datée de Londres : *cum socca et sacca et tol et theam et infangenef' et hutfangenef' et hansocca infra burgum et extra.*

3. Charte de Henri II, datée de Westminster, vers 1163 (n° 153.A de notre Recueil) : *cum soca et saca et theam et infangenetheo et hamfocca infra burgum et extra.*

4. Charte de Henri II, datée de Westminster, vers 1175 (n° 332 de notre Recueil) : *cum socca et sacca et tol' et theam et infangenef' et hutfangen' et hansocca infra burgum et extra.*

Malgré tout, l'authenticité n'est pas douteuse : les deux chartes de Henri II ont reçu le sceau royal, et, ce qui est bien remarquable, c'est que la clause relative aux aliénations par les *non sapientes abbates* a fait l'objet d'un petit mandement (n° 114-D de notre Recueil), dans lequel on reconnaît les caractères de l'écriture officielle, et au bas duquel a été découpée la double queue dont j'ai parlé (p. 142 et 176), à propos du sceau des mandements ou lettres closes.

H. rex Angl. et dux Norm. et Aquit. et comes And., justiciis et vicecomitibus suis Anglie, salutem.

Prohibeo ne quicquam teneatur de donacionibus que per non sapientes abbates facte sunt de terris Sancti Walerici nisi precepero nominatim.

Teste Reg. de Sancto Walerico.

Apud Rothomagum.

Ainsi, les chartes de l'abbaye de Saint-Valéri nous montrent bien comment, déjà sous les règnes de Henri Ier et de Henri II, les privilèges royaux étaient rajeunis par voie d'innovation, pour employer le mot en usage à la chancellerie de Richard Cœur-de-lion.

---

[1] Voir Du Cange, aux mots *Hamfare*, *Hutfangthefe*, *Infanc*, *Sac*, *Soca*, *Theam* et *Tol*.

Ce renouvellement de chartes ne fut probablement que d'un usage accidentel sous le règne de Henri II. Les cas qui viennent d'être indiqués n'en doivent pas moins être rapprochés de la décision qui fut prise par Richard Cœur-de-lion, en 1198, pour obliger les détenteurs de chartes par lui précédemment octroyées à les faire remplacer par de nouveaux exemplaires, scellés d'un nouveau sceau, faute de quoi les anciens perdaient toute valeur [1]. Ce procédé d'*innovation*, pour nous servir du terme employé à la chancellerie, était une mesure purement fiscale. Le témoignage d'un contemporain ne laisse à cet égard aucun doute. Voici comment s'exprime l'annaliste de Waverley :

> Anno 1198 præcepit idem rex omnes cartas in regno suo emptas reformari et novi sigilli sui impressione roborari, vel omnes cassari, cujuscunque dignitatis aut ordinis essent, qui vellent sua protectione defensari, vel universa bona sua confiscari [2].

La charte renouvelée au nom du roi Richard était la copie de la charte primitive jusques et y compris la liste des témoins et la date de la charte primitive, suivies d'un appendice indiquant les témoins et la date du renouvellement. Comme exemple je transcris les dernières lignes d'une assez longue charte par laquelle Richard avait confirmé différents biens de l'abbaye de Fontevrault le 15 octobre 1189, et qu'il renouvela le 9 octobre 1198 :

> Testibus : Hugone episcopo Dunelmeusi, Ricardo Londoniensi, Godefrido Wintoniensi, Huberto Sarisberiensi, electis, Willelmo comite de Arundel, Willelmo de Sancto Johanne, Gaufrido Filio Petri, Hugone Bardulfo, Willelmo Ruffo, Michaele Belet. Datum apud Arundel, per manum Willelmi de Longo Campo, cancellarii nostri, Elyensis electi, xv die octobris, regni nostri anno I.
> Is erat tenor carte nostre in primo sigillo nostro, quod quia aliquando perditum fuit, et dum capti essemus in Alemannia, in aliena potestate constitutum, mutatum est. Hujus autem innovationis testes sunt hii : Hubertus Cantuariensis archiepiscopus, magister Maugerus Ebroicensis et Vivianus Dorob[ernensis], archidiaconi, Juhellus capellanus, Henricus de Cortenai et plures alii. Datum per manum Th. de Heiden, tunc agentis vicem cancellarii. Apud Rupem Andeliaci, ix die octobris, anno x regni nostri [3].

[1] Voir la dissertation de Deville sur les sceaux de Richard Cœur-de-lion, dans les *Mémoires de la Société des antiquaires de Normandie*, t. V, 1828-1829, p. 63-89. — Conf. *Biblioth. de l'École des chartes*, 3ᵉ série, t. III, p. 107.

[2] Luard, *Annales monastici*, t. II, p. 251.

[3] Je cite cette charte innovée d'après une copie de Gaignières qui contient un dessin du sceau. Ms. latin, 5480, t. I, p. 281-284. Sur les sceaux de Richard Cœur-de-lion, voir W. de Gray Birch, *Seals in the British Museum*, t. I, p. 13.

CHARTES INNOVÉES.

Sceau au revers duquel Richard est représenté avec un écu à trois lions passants, ce qui caractérise le second sceau de Richard.

On a publié ou cité un certain nombre de renouvellements de chartes de Richard Cœur-de-lion; mais je ne crois pas qu'on ait signalé de chartes munies du premier sceau, au dos desquelles ait été ajoutée la mention du renouvellement. J'en ai rencontré une aux archives de Maine-et-Loire, celle du 24 juin 1190, portant donation à l'abbaye de Fontevrault d'une rente de 35 livres sterling à prendre sur l'Échiquier de Londres. Elle se termine ainsi :

> Testibus : Pagano de Rochefort senescallo Andegavensi, Philippo de Colombiers, Gaufrido de Cella, Willelmo de Montsorel, Ricardo de Canvilla et pluribus aliis. Datum per manum Johannis de Alençone, Lexoviensis archidiaconi, vicecancellarii nostri, anno 1, xxiii die junii, apud Chinonem.

Le sceau, apposé sur un cordon creux de soie, est brisé; heureusement Gaignières l'a fait dessiner quand il était intact et les caractères distinctifs du premier sceau y paraissent bien nettement : sur la face, les deux branches de genêt à droite et à gauche du trône; au revers, l'écu du cavalier, au lion rampant[1].

Je n'ai pas songé lors de mon dernier voyage à Angers à collationner dans le fonds de Fontevrault l'original de la charte innovée; mais j'ai eu le plaisir d'y voir dans l'été de 1852, en compagnie de mon ami Marchegay, l'original de la charte du 24 juin 1190, et d'y lire au dos ces mots qu'on y a vraisemblablement tracés en 1199 :

> Innovationis testes sunt magister Maugerus Ebroicensis, Simon Wellensis, archidiaconi, Willelmus de Stagno, Henricus de Poterna. Datum per manum, etc. Apud Leones, viii die octobris, anno x.

XIV. Minutes, copies ou états des actes expédiés. — Je ne saurais dire comment et dans quelle mesure les bureaux administratifs du temps de Henri II conservaient, soit par des minutes ou copies, soit par de simples notes, le souvenir des affaires qu'on y avait traitées et des solutions que ces affaires avaient reçues. Malgré les embarras qu'entraînaient l'étendue des états en deçà

---

[1] Ms. 5480, t. I, p. 272.

V. OBSERVATIONS GÉNÉRALES SUR LES ACTES.

et au delà de la Manche, la difficulté des communications et surtout le déplacement continuel du roi et de la cour, il est impossible de supposer qu'il n'existait pas des centres administratifs, tels que Westminster, Caen, Rouen, et Angers, où résidait un personnel à poste fixe. Ce n'est pas seulement sous les règnes de Richard Cœur-de-lion et de Jean Sans-terre qu'on a dû reconnaître la nécessité d'archives régulièrement constituées.

En ce qui touche la Normandie, je ne vois à citer qu'une charte antérieure à l'année 1172-3 [1] dans laquelle soit mentionnée la tenue d'un rôle sur lequel avait été consignée la reconnaissance des privilèges des bourgeois de Fécamp :

H., rex Anglorum, dux Normannorum et Aquitanorum et comes Andegavorum, justiciis suis Normannie, salutem.

Precipio quod, sicut recognitum est quod habere debeo summarium unum ad eundum in exercitum de hominibus Fiscannensibus, de gilda mercatorum, cum omnibus instrumentis et apparamentis ad summarium pertinentibus [2], et quod ipsi homines habere debent mercaturam suam in terra et in mari, et nominatim de makerello, quod ita teneatur, secundum quod recognitum est et in rotulo meo scriptum.

Teste Osberto de camera.

Apud Bonam Villam super Tolcam [3].

Le « rôle royal » sur lequel avait été consigné le privilège accordé aux bourgeois de Fécamp devait être un rôle analogue à ceux qui existaient au temps de Jean Sans-terre, et dont celui de l'année 1200-1201 nous est parvenu sous le titre suivant : « Hic est rotulus cartarum et cyrographorum Normannie, factus tempore Guarini de Glapion, tunc senescalli Normannie, anno secundo regni regis Johannis [4]. »

---

[1] M. Round (n° 137) assigne hypothétiquement à cette charte la date de juin 1174, s'appuyant, je crois, sur un séjour du roi à Bonneville-sur-Touque fixé par le Rév. Eyton (p. 179) au 24 juin 1174. Mais la charte des bourgeois de Fécamp est antérieure à 1172-3, puisque la suscription porte H. rex Anglorum. Elle date d'un séjour plus ancien à Bonneville, que le Rév. Eyton n'a point connu, peut-être à celui que le roi y fit, au plus tard en 1161, quand il y expédia, en faveur d'Osbert de Cailli, une charte à laquelle Thomas Becket fut témoin et qui est en original aux Archives nationales (J. 212, n° 1).

[2] Cette obligation des bourgeois de Fécamp est rappelée dans le Rôle de l'Échiquier normand, en 1198. Rot. Scacc. Norm., t. II, p. 445 : « Henricus de Ponte Audemari reddit compotum de x libris pro I summario cum apparatu quem burgenses Fiscanni debent regi quando exercitus Normannie submonitus est. »

[3] Cartul. de l'abbaye de Fécamp, à la bibliothèque de Rouen, fol. 15 v°, n° 42.

[4] Publié en 1835 par Sir Thomas Duffus

Une somme de 8 sous est portée en 1203 sur le compte du fermier de la prévôté de Vire, laquelle avait été payée pour l'enrôlement d'un accord[1].

Le gouvernement anglo-normand, qui avait fait exécuter au XIIe siècle un cadastre tel que le Domesday Book, devait avoir dès lors un service d'archives bien organisé.

Hardy, *Rotuli Normanniæ in turri Londinensi asservati*, p. 1-37.

[1] «De Willelmo de Logis et Willelmo de Apentiz 8 sol. pro fine suo inrotulando.» *Rot. Scaccarii Normanniæ*, éd. Th. Stapleton, t. II, p. 532.

VI

OBSERVATIONS SUR LES PARTIES PROTOCOLAIRES DES ACTES.

Dans les pages précédentes, il n'a été question que de la partie essentielle des actes, de ce qui en constitue le corps et en fait connaître l'objet général ou particulier. Il faut maintenant en étudier les clauses protocolaires du commencement et de la fin.

I. Début des actes. — Rien de plus simple que le commencement des actes de Henri II. Ils débutent tous par une suscription, qui n'est ni précédée d'invocation religieuse, ni accompagnée de préambule ayant le caractère d'un exercice littéraire ou d'une profession de foi.

Le Recueil d'actes de Henri II que j'ai formé ne contient que deux pièces munies d'invocations : ce sont deux chartes intéressant les abbayes de Savigni[1] et de Saint-Julien de Tours[2]. L'une et l'autre ont été rédigées en dehors de la chancellerie.

Le même goût de simplicité a fait renoncer aux fleurs de rhétorique qui s'épanouissaient ailleurs dans des préambules. On a renoncé aux développements sur l'obligation d'accomplir des actes de bienfaisance et de libéralité, et sur la nécessité de venir en aide à la mémoire par l'usage de l'écriture.

Les sentiments de piété du roi sont suffisamment attestés par ses libéralités aux églises, par son perpétuel souci de faire prier pour les morts, et aussi par l'emploi, d'ailleurs rare, de l'expression *pro amore Dei*[3]. La charte relative aux turcies de la Loire porte l'empreinte d'une vraie commisération pour les victimes des inondations : « Et primo quia ego ipse vidi et comperi dolores et dampna que Ligeris in Valeia faciebat, propter hoc, tanquam pietate commotus...[4]. » Mais les chartes ne sont guère des documents psychologiques.

---

[1] « In nomine Domini nostri Jesu Christi », après l'adresse, n° 30.A de notre Recueil.

[2] « In nomine sancte et individue Trinitatis », avant le nom du roi, dans le n° 99.

[3] N°ˢ 321, 324, 348, 421, 438, 448, 516 de notre Recueil.

[4] N° 244. Cette charte contient après le salut une invocation : *Sciatis quod, in nomine.*

II. Titre donné au roi dans la suscription. — Ayant d'abord à nous occuper de la suscription, dans laquelle il faut distinguer le nom et le titre du roi, l'adresse des destinataires et la forme du salut, il faudra déterminer à quelle date Henri II a commencé à porter le titre de roi.

Ce nom et ce titre occupent dans les actes tout ou partie de la première ligne et y paraissent dans un état d'extrême simplicité. Jamais on n'a laissé les calligraphes y faire assaut d'habileté en traçant de grandes lettres allongées, si grêles et si étroitement serrées les unes contre les autres que la lecture en est difficile. Dans nos chartes normandes, je n'ai rencontré qu'une dérogation à cette règle ; une confirmation générale des biens de l'abbaye de Foucarmont[1], expédiée en présence du chancelier Thomas Becket, commence par ces mots : « H. REX ANGLORVM ET DVX NORM. ET AQVIT. ET COMES AND »., écrits en caractères allongés, grêles et pressés les uns contre les autres. Pareille particularité ne s'observe que dans une des chartes du Musée britannique, le privilège de l'abbaye de Westminster, daté de Douvres[2], dont la suscription est à peu près entièrement tracée en lettres allongées : « HENRICUS DEI GRATIA REX ANGLORUM ET DUX NORMANNORUM ET AQUITANORUM et comes Andecavorum ».

D'ordinaire la première ligne, toute entière en caractères minuscules, débute par l'initiale du nom du roi, un H. oncial, d'assez petite taille, suivi d'un point ou encadré entre deux points. J'ai noté comme exceptionnel le cas de la grande charte n° 11 (confirmation des biens du prieuré de Longueville), dont les deux exemplaires originaux, conservés à Rouen et à Oxford, contiennent le nom du roi écrit Henric⁹. Ce nom se présente sous la forme abrégée Henr. dans la charte de Saint-Étienne de Caen (n° 108), qui est l'œuvre d'un habile calligraphe. Dans la charte 144, le mot Henricus est écrit en toutes lettres, ce qu'on remarque aussi dans une charte de l'abbaye de Furness, classée au Record Office sous le numéro 32 des Chartes royales du duché de Lancastre, et dans trois chartes de l'abbaye de Saint-Valeri[3] faisant partie des archives du New College à Oxford ; dans deux de ces dernières chartes, l'initiale H est une capitale. Un privilège octroyé à l'abbaye de Shrewsbury, du temps du

---

[1] N° 124.

[2] Cotton, VI, 5. — La ligne 1 finit par les syllabes AQVITA.

[3] Ces trois chartes, photographiées par le Rév. H. Salter, forment les n°⁸ 153. A, 332. A et 339. B de notre Recueil.

chancelier Thomas Becket, commence par le mot HENRICVS, en lettres majuscules, sans abréviation [1].

A la suite du nom vient le titre du roi, tantôt *Rex*, tantôt *Dei gratia rex*. Je n'ai pas à revenir sur l'emploi de ces deux formules qui furent en usage à la chancellerie, la première depuis l'avènement de Henri II jusqu'en 1172-3, la seconde depuis 1172-3 jusqu'à la fin du règne. Cette question a été élucidée dans le premier des chapitres précédents, mais je n'ai rien dit de la date exacte à laquelle Henri II a pu commencer à prendre le titre de roi. C'est là une question délicate, qu'il serait impossible d'élucider sans jeter les yeux sur des incidents postérieurs ou antérieurs au règne de Henri II.

Voyons ce qui s'est passé en 1189.

A la mort de Henri II, arrivée le 6 juillet 1189, Richard Cœur-de-lion, son successeur, attendit le 3 septembre, jour de son couronnement à Westminster, pour prendre le titre de roi. Après s'être fait couronner à Rouen, comme duc de Normandie, le 20 juillet, il alla s'embarquer à Barfleur pour passer en Angleterre et ceindre la couronne royale.

Pendant son séjour à Barfleur, il eut à faire expédier une charte pour déterminer les droits de Gérard de Canville et de Nicole, sa femme, sur les domaines de la famille de La Haie. La charte fut délivrée en présence de Jean Sans-terre, comte de Mortain, et de plusieurs des seigneurs de la cour. Elle porte pour suscription ces mots : *R. Dei gratia* dominus Anglie *et dux Normannie et Aquitanie et comes Andegavensis.* C'est là un témoignage assez important pour que le texte de la pièce en soit inséré ici tel que William Hardy [2] l'a publié en 1838 d'après l'original conservé au Record Office, parmi les titres du duché de Lancastre :

R., Dei gratia dominus Anglie et dux Normannie et Aquitanie et comes Andegavensis, archiepiscopis, episcopis, abbatibus, comitibus, baronibus, justiciis, vicecomitibus et omnibus baillivis et fidelibus suis, salutem.

Sciatis me concessisse et presenti carta mea confirmasse Gerardo de Canvilla et Nicolae, uxori sue, et heredibus eorum, totum jus et hereditatem quam habere debent in Anglia et in Normannia de hereditate ipsius Nicolae, cum custodia et constabularia castelli Lincolnie, et cum omnibus redditibus et rectitudinibus et libertatibus quas habere debent,

---

[1] Bibliothèque Bodléienne, n° 86 de la série du Shropshire. — [2] *Archæologia*, t. XXVII, p. 112.

sicut Robertus de Haia et Ricardus de Haia, vel aliquis antecessorum ipsius Nicolae, ea justius et melius et liberius et integrius tenuerunt. Postea concessi eis Puppevillam et Warrevillam, sicut jus suum, cum omnibus pertinentiis ad ipsa maneria pertinentibus, exceptis ccc libratis terre andegavensium quas dedi de maneriis illis Ricardo de Humeto. Quare volo et firmiter precipio quod jam dicti Gerardus et uxor ejus et heredes eorum omnia predicta habeant et teneant bene et in pace, libere, quiete, integre, plenarie et honorifice, cum omnibus libertatibus et liberis consuetudinibus suis.

Testibus : Johanne fratre meo, comite Moritonii, Willelmo de Humeto constabulario, Hugone de Gurnai, Henrico de Novo Burgo Walkelino de Ferariis, Radulfo Taissun, Willelmo de Sancto Johanne, Roberto de Harecurt, Willelmo de Diva, Hugone Bard[ulfo], marescallo meo. Data per manum Willelmi cancellarii mei, apud Barbefl[uvium].

En Angleterre, avant l'arrivée de Richard, qui débarqua à Portsmouth, le 13 août, la reine mère Aliénor exerça une sorte de régence, en vertu d'un bref d'outre-mer, et son premier acte eut pour objet la mise en liberté des prisonniers et les mesures à prendre pour faire prêter à tous les vassaux du royaume le serment de féauté lige à sire Richard, seigneur de l'Angleterre : *Et juret unusquisque liberorum hominum totius regni quod fidem portabit domino* RICARDO, DOMINO ANGLIE, *filio domini regis Henrici et domine Alienor regine, de vita et membris suis et honore terreno, sicut ligio domino suo, contra omnes homines et feminas qui vivere poterant et mori, et quod ei justitiales erunt, et auxilium ei prestabunt ad pacem et justitiam suam per omnia servandam*[1].

De son côté, la cour de France ne reconnut pas Richard comme roi d'Angleterre avant le jour du couronnement. Une lettre de recommandation que Philippe Auguste et la reine Isabelle écrivirent en faveur des moines de Cantorbéry est adressée : *Ricardo duci Normannie*[2].

De ces trois faits il résulte évidemment que Richard Cœur-de-lion n'a point officiellement pris ou reçu le titre de roi avant d'avoir été sacré, ce qui eut lieu deux mois après la mort de Henri II, et c'est ici qu'il convient de faire remarquer avec quelle précision sont rédigés les récits de l'auteur des *Gesta Henrici*.

Il rapporte à Richard, comte de Poitou, les événements antérieurs au

---

[1] *Gesta Henrici*, t. II, p. 74 et 75. — L'édition des *Gesta* porte *servanda*; mais dans l'édition de la Chronique de Roger de Hoveden (t. III, p. 5) se trouve la leçon *justitium suam servandam*.

[2] *Epistolæ Cantuarienses*, éd. Stubbs, p. 305.

200 VI. OBSERVATIONS SUR LE PROTOCOLE DES ACTES.

couronnement du duc de Normandie dans la cathédrale de Rouen, le 20 juillet :

Comes Ricardus Pictavensis honorifice retinuit omnes servientes regis patris suis... — Johannes, filius regis, venit ad *comitem Ricardum, fratrem suum*... — *Comes Ricardus* in Normanniam rediens venit Rotomagum... [1].

Après le 20 juillet, notre annaliste ne met plus en scène que Richard, duc de Normandie :

Qui (Gaufridus, archiepiscopus Eboracensis), missis clericis suis in Angliam, cum litteris predicti *Ricardi, Normannie ducis*... — Deinde supradictus *dux Normannie*, tertio die postquam factus est dux... — In eodem colloquio, *Ricardus dux Normannie* promisit se daturum regi Francie 4,000 marcarum esterlingorum... — Prefatus *dux* venit usque Barbefluctum... [2].

Mais ce qu'il importe le plus de faire observer, c'est que, dans la charte octroyée à Gérard de Canville, Richard Cœur-de-lion se qualifie de SEIGNEUR DE L'ANGLETERRE par la grâce de Dieu : *Dei gratia dominus Anglie*, et que la régente Aliénor recommande aux fonctionnaires de faire prêter à tous les vassaux serment de féauté lige à Richard, SEIGNEUR DE L'ANGLETERRE, *Ricardo, domino Anglie*, fils du roi Henri et de la reine Aliénor.

Le titre de *dominus Anglie* était donc celui que portait en Angleterre l'héritier du trône pendant le temps écoulé entre la mort de son prédécesseur et la cérémonie du sacre[3].

Richard Cœur-de-lion n'est pas le seul à avoir porté le titre de seigneur de l'Angleterre : sa grand' mère, l'Impératrice Mathilde, s'est qualifiée de DAME DE L'ANGLETERRE, du moment où elle espérait arracher la couronne à Étienne de Blois. On voit au Musée britannique une charte originale de l'abbaye de Reading, émanée de l'Impératrice Mathilde, dont la suscription est conçue en ces termes : *Mathildis Imperatrix, Henrici regis filia, et* ANGLORUM DOMINA, *archiepiscopis, episcopis, comitibus, baronibus, justiciariis*[4], *vicecomitibus,*

---

[1] *Gesta Henrici*, t. II, p. 72 et 73.
[2] *Ibid.*, p. 73-75.
[3] Voir sir Thomas Duffus Hardy, *Rotuli chartarum*, t. I, p. XVII.

[4] Cette charte (au Musée britannique, n° 19577 du fonds additionnel), relative à la concession de Blewberry, porte en toutes lettres la leçon *justiciariis*.

TITRE DONNÉ AU ROI.

prepositis, ministris et omnibus fidelibus suis, francis et anglis totius Anglie, salutem[1].

Les archives de Christ Church à Oxford[2] renferment aussi une charte de l'église d'Oseney qui commence par ces mots : *M. Imperatrix, H. regis filia, et* ANGLORUM DOMINA, *archiepiscopis, episcopis, abbatibus, comitibus, baronibus, vicecomitibus, ministris et omnibus hominibus suis, francis et anglis totius Anglie, salutem*.

Henri II dut, lui aussi, être le « seigneur de l'Angleterre » pendant le temps qui s'écoula entre la mort du roi Étienne (25 octobre 1154) et la cérémonie du sacre (19 décembre 1154).

Malheureusement je ne connais pas d'acte du prince Henri qui puisse être classé comme appartenant à cette courte période. Je n'accorde aucune confiance à une lettre qui semble être de cette date et dont M. le marquis d'Albon a bien voulu me communiquer un texte très incorrect, tel qu'il se trouve au Musée britannique[3] dans un cartulaire du XVe siècle, contenant les anciens titres relatifs aux biens des Templiers et des Hospitaliers en Angleterre.

Le voici, avec les corrections proposées par mon savant correspondant :

T., Dei gratia Cantuar. arch[iepiscopo], Johanni (Ilario), eadem gratia Cicestrensi episcopo, Philippo (Philippus?), pari gratia Baioc[ensis] episcopo (episcopus?), salutem.

Notum sit omnibus, tam presentibus quam futuris, quod ego concessi et in perpetuam elemosinam dedi ecclesiam de Suntynges, cum omnibus pertinentiis, quantum ad me pertinebat, fratribus Templi, et quicquid in eadem habebant Rogerus et Gebgerboldus sacerdotes, tam in decimis quam elemosinis. Et hanc donationem feci apud Rothomagum, in presentia regis Henrici, qui adhuc erat comes, et in presentia episcopi Cicestrensis, et Willelmi de Braosa, et Willelmi de Harecourt. Propterea paternitatem vestram suppliciter exoro, ut eam eisdem confirmetis, eandemque in pace tenere faciatis.

Teste Simone de Turnebu, Willelmo de Mennevilla[4].

---

[1] *Fac-similes of Royal and other charters in the British Museum*, vol. I, charte 22.

[2] Photographie du Rév. H. Salter. Voir plus haut, p. 140.

[3] Cotton, Nero, E. VI, fol. 154 v°.

[4] Le même cartulaire des templiers et des hospitaliers contient deux autres chartes relatives à la même donation. L'intervention du prince Henri y est indiquée dans les termes suivants : « Teste Henrico duce Normannorum, cujus rogatu hanc donationem eis fecimus »; — Hujus vero donacionis et concessionis testes sunt Henricus dux Normannorum, Matill. Imperatrix, mater ejus. »

VI. OBSERVATIONS SUR LE PROTOCOLE DES ACTES.

La mention de la présence du *rex Henricus qui adhuc erat comes* est tout à fait inadmissible. C'est évidemment une simple notice, faite après coup, sous forme de charte par un clerc de commanderie du Temple, peu au courant de l'histoire et des usages des Plantegenêts.

Ainsi je n'ai pas la preuve que Henri ait pris le titre de *dominus Anglie*, mais je considère comme infiniment probable que, pendant les mois d'octobre à décembre 1154, il a gouverné et administré sans avoir pris le titre de Roi.

Examinons maintenant la question de savoir si, sous le règne de Henri II la règle protocolaire comportait l'emploi de la formule *rex Anglorum* ou *rex Anglie*.

L'une ou l'autre formule serait également acceptable, s'il fallait tenir compte des copies et des éditions que nous connaissons. Mais ici, comme dans la plupart des problèmes de paléographie diplomatique, il faut s'en rapporter au témoignage des chartes originales[1]. Toutefois, avant d'aborder l'examen de ces chartes, il est bon de constater l'usage qui fut en vigueur sous les prédécesseurs de Henri II. Tous les princes qui ont gouverné le royaume d'Angleterre depuis la conquête normande ont officiellement porté le titre de *rex Anglorum*. Pour en être convaincu il suffit de jeter les yeux sur les sceaux qu'ils ont employés :

Guillaume le Conquérant :

Hoc Normannorum Willelmum nosce patronum,
Hoc Anglis regem signo fatearis eundem.

Guillaume Le Roux : *Willelmus Dei gratia rex Anglorum.*

Henri Ier : *Henricus Dei gratia rex Anglorum. — Henricus Dei gratia dux Normannorum.*

Étienne : *Stephanus Dei gratia rex Anglorum. — Stephanus Dei gratia dux Normannorum.*

Henri II : *Henricus Dei gratia rex Anglorum. — Henricus Dei gratia dux Normannorum et Aquit. et comes Andeg.*

---

[1] Je ne crois pas qu'on puisse attribuer un sens différent aux deux formes : *rex Anglie* ou *rex Anglorum*. Voir Round, *Geoffrey of Mandeville*, p. 70.

On peut encore citer la légende du sceau dont Henri Court-mantel se servait quand il était roi associé à son père : *Henricus rex Anglorum, dux Normannorum et comes Andegavorum.*

La suscription des chartes ne devait pas différer ; mais les scribes ont le plus souvent abrégé la finale des mots *Anglorum, Normannorum, Aquitanorum, Andegavorum;* le plus souvent ils ont écrit *Angl., Norm.* ou *Normann., Aquit.* et *Andeg.;* toutefois il existe plusieurs pièces sur lesquelles les mots sont écrits en entier. J'en puis indiquer deux. La première est le privilège de Saint-Pierre de Westminster, que j'ai cité un peu plus haut[1]. L'autre est un acte solennellement expédié « per manum Stephani de Fulgeris scriptoris ».

Étienne de Fougères fut un secrétaire de Henri II, qui devint évêque de Rennes, c'était un lettré qui a mérité d'avoir son nom inscrit dans nos annales littéraires du xII° siècle. La charte est une confirmation générale des biens de l'abbaye de Foucarmont (n° 124), et je crois qu'on peut bien la qualifier de solennelle, non seulement parce qu'Étienne de Fougères l'a exceptionnellement souscrite de son nom, qu'elle a été expédiée en présence du chancelier, copiée avec un soin particulier et une remarquable élégance, mais surtout parce que, contrairement à un usage constant, les premiers mots, comme j'ai déjà eu l'occasion de le faire observer, sont calligraphiés en majuscules.

Par ces raisons, je crois que la charte de Foucarmont mérite d'être prise en sérieuse considération et qu'on peut l'invoquer pour faire admettre comme protocolaire dans les suscriptions de chartes de Henri II la forme *Anglorum,* et par voie d'assimilation les formes *Normannorum, Aquitanorum* et *Andegavorum.*

D'autre part, je n'ai jamais rencontré à la même place dans une charte originale les mots *Anglie, Normannie, Aquitanie* et *Andegavie.* En effet, je ne tiens pas compte d'une charte de Saint-Étienne de Caen (n° 108), qui commence par ces mots ainsi écrits : *Henr. rex Angl. et dux Normannie et Aquitanie et comes Andeg.* Cette charmante charte est une pièce calligraphiée, divisée en deux colonnes comme une page de cartulaire, et l'inexpérience du scribe s'est manifestée dès le premier mot tombé de sa plume : il n'a point figuré le nom du

---

[1] P. 197.
[2] La question des titres de Henri II a été à peine effleurée dans le mémoire de M. Walter de Gray Birch, intitulé : *Index of the styles and titles of sovereigns of England*, p. 63. (*Index Society, Publications*, 1879, IV.)

roi par l'initiale .*H.* mais par la première moitié du nom *Henr.* C'est aussi par suite de son inexpérience qu'il a écrit *Normannie* et *Aquitanie.*

Je dois ajouter que le titre *rex Anglorum* se trouve sur nombre de pièces rédigées au nom des personnes qui devaient être le plus familiarisées avec les usages de la cour.

1159. Accord entre les abbayes de Vendôme et de Saint-Julien de Tours : « Henricus rex ANGLOR. dux NORMANNOR. et AQUITANOR. et comes ANDEGAVOR. » (Original jadis communiqué par M. Hucher.)

S. d. Charte de « H. Pincerna » : « Pro anima Henrici regis ANGLOR. secundi. » (Original, Archives de la Manche, fonds de Savigni.)

1185. Acte solennel émané de Richard, évêque de Winchester : « partes suas pia sedulitate interponente Henrico rege ANGLOR. secundo... — Regni regis ANGLOR. Henrici secundi XXXI. » (Fac-similé de l'original dans le recueil de Warner, n° 67, pl. XLIII.)

La dénomination officielle de Henri II était donc bien *Henricus rex Anglorum;* mais il faut bien reconnaître que, si le protocole n'admettait pas le titre de *Henricus Anglie rex,* cette dénomination était d'un usage courant du vivant de Henri II, et que, si le titre officiel n'était point douteux, le souverain était bien connu sous une autre dénomination que celle du protocole.

J'ai relevé la forme *Henricus Anglie rex* dans nombre de documents originaux du temps de Henri II.

Avant 1164. Légende du sceau de Guillaume Longue-épée : « ✠ WILLELMUS FRATER HENRICI ANGLIE REGIS. » (Collection Moreau, vol. 130, fol. 97.)

1165. Charte de Gautier, fils de Robert : « Anno MCLXV ab incarnatione Domini nostri Jhesu Christi, XI° anno secundi Henrici regis Anglie. » (Fac-similé dans le Recueil de la Société paléographique de Londres, planche 193.)

S. d. Charte de Godard de Vaux : « Ad salutem regis Anglie Henrici secundi. » (Original, Archives de la Seine-Inférieure, fonds de Fécamp.)

1169. Procès-verbal d'un bornage fait par le sénéchal d'Anjou : « Ante dominum Henricum regem Anglie. » (Archives de Maine-et-Loire, fonds de Fontevrault.)

1169. Stephanus, Dei gratia Redonensis ecclesie presbiter et regis Anglie capellanus. (Archives d'Ille-et-Vilaine, fonds du prieuré de Fougères.)

1174. Même texte dans une autre charte de l'abbaye de Savigni. (Archives nationales, L. 966.)

S. d. Charte de l'abbaye de Marmoutier : « Stephanus de Marchais, domini Henrici regis Anglie.... » (Collection Moreau, vol. 71, fol. 218.)

Les contemporains de Henri II, pour empêcher que ce prince fût confondu avec son grand-père le roi Henri Ier, l'ont appelé *Henricus secundus* et cette dénomination est entrée dans différents actes écrits de son vivant. J'ai déjà cité deux actes dans lesquels il est ainsi nommé. Je puis encore en signaler cinq autres.

1160. Charte de Hugues, archevêque de Rouen : « In presentia regis Anglorum secundi Henrici...; donum primi et secundi Henrici, regum Anglorum. »(N° 100 de notre Recueil.)

S. d. Hec autem conventio recognita fuit et concessa coram rege Henrico secundo et coram domina Imperatrice, apud Pratum. » (N° 167 de notre Recueil.)

S. d. Charte de Bernard de Saint-Valeri : « Concessi domino meo Henrico secundo, regi Anglie, sedem abbatie de Godestow. » (*Monast. anglic.*, t. IV, p. 364.)

1176. Acte de procédure : « Anno ab incarnatione Domini MCLXXVI, anno autem regni Henrici regis secundi... » (Fac-similé dans le recueil de Warner, n° 57.)

1182. Charte de Jean, évêque d'Évreux, pour l'abbaye de Saint-Ouen : « Hoc diffinitum fuit coram nobis vi kl. julii, anno incarnati Verbi M CLXXXII°, Henrico secundo in Anglia regnante, Normannie et Aquitanie ducatus et consulatum Andegavii (*sic*) possidente... (Collection Moreau, vol. 85, fol. 181.)

1182. Accord sous forme de cirographe conclu à Westminster dans la cour du roi : « Anno regni regis Henrici secundi xxviii. » (Recueil de Warner, n° 63.)

1185. Accord conclu à Douvres, en présence du roi : « Regni regis Anglorum Henrici secundi xxxi. » (*Ibid.*, n° 67.)

C'est aussi pour éviter une confusion avec le roi Henri Ier que Henri II a été distingué par l'addition de l'épithète *junior* au nom de *Henricus*, et dans les textes anglo-normands de la seconde moitié du xiie siècle, les mots *Henricus rex junior* désignent, non pas Henri Court-mantel, fils de Henri II, mais Henri II. C'est ce qu'on trouve assez fréquemment dans le Cartulaire de l'abbaye d'Abingdon[1], et aussi dans ceux de Saint-Aubin[2] et de Saint-Pierre de Préaux[3]. Henri, abbé de Fécamp, dans une charte de l'année 1154, relative au Mont-aux-malades[4] appelle le nouveau roi *Henricus junior*.

Mais le surnom qui a été donné de préférence à Henri II par ses contemporains était celui de Fils de l'Impératrice (*Filius Imperatricis*), et ce surnom est inscrit dans le texte officiel du traité conclu en 1175 avec le roi d'Écosse.

Hec est conventio et finis quem Willelmus rex Scotie fecit cum domino suo Henrico rege Anglie, Filio Matildis Imperatricis[5].

Il est aussi surnommé Fils de Mathilde sur le Rôle des fiefs du duché de Normandie qu'il fit dresser en 1172 :

Idem [episcopus Lexoviensis] habet II milites, de dono regis Henricii Filii Mathildis, scilicet in Mesnilio Odonis et in Corbespina[6].

Un simple mot sur des titres qui ont été indûment attribués à Henri II.

L'addition des mots *comes Moritonie* aux titres ordinaires de Henri II me semble être une maladroite interpolation dans une charte de l'abbaye de Lonlai[7], dont nous ne connaissons que des copies modernes.

Il faut aussi considérer comme anormal le titre de *comes Cenomanensis* inséré dans la suscription d'une lettre adressée à Alexandre III[8]. La lettre nous est parvenue incorporée au milieu des lettres de Pierre de Blois. Le compilateur du recueil a bien pu ajouter les mots *et Cenomanensis* à la suite de *comes Andegavensis*.

Je citerai un peu plus loin (p. 311) une charte octroyée à l'abbaye de Lonlai par « Henricus rex Angl. dux Norm. et Aquit., comes Andeg. *Cenommanie et Turonic.* » Mais je signalerai dans cette pièce plusieurs traces de fausseté ou d'interpolation.

---

[1] *Chronicon monasterii de Abingdon*, éd. Stevenson, t. II, p. 189, 210, 215, 216, 227.

[2] Éd. Bertrand de Broussillon, t. II, p. 66.

[3] « Anno 1158 dominice incarnationis, regni autem Henrici regis junioris quarto. » Cartul. de Préaux, fol. 120, n° 371.

[4] N° 1 de notre Recueil.

[5] *Gesta Henrici*, t. I, p. 96.

[6] *Recueil des historiens*, t. XXIII, p. 694. B. — Le procès-verbal d'un accord conclu à la fête de Noël, dans le château de Caen, en 1182, contient les mots : « in curia domini regis Henrici filii Matildis Imperatricis ». N° 445. A de notre Recueil.

[7] N° 541 de notre Recueil.

[8] *Rec. des histor.*, t. XVI, p. 649.

ADRESSE DES ACTES.

En 1160, le rédacteur d'une notice du cartulaire du Roncerai (n° 98 A. de notre Recueil), à laquelle le roi a fait apposer son sceau, a ainsi qualifié Henri II : *Henricus rex Anglie et dux Normannorum et Aquitanorum, comes vero Andecavorum et Nannetensium.* Par cette qualification, qui n'a rien de protocolaire, on a voulu commémorer un événement de l'année 1158 : au mois de septembre, Henri II, après la mort de son frère Geoffroi (26 juillet 1158), se fit reconnaître comte de Nantes et de la région voisine connue sous le nom de Mée[1].

Autrefois on a cru que Henri II, dans certaines circonstances, avait joint à son titre de *rex Angl.* le titre de *dominus Hibernie.* Aujourd'hui il est généralement admis que le titre *dominus Hibernie* n'a été porté par les rois qu'à partir de Jean Sans-terre.

Mais on trouve encore dans la dernière édition du *Monasticon anglicanum,* et même dans des ouvrages postérieurs[2], sous le nom de Henri II, un certain nombre de chartes dont la suscription est au nom de *Henricus rex Angl., dominus Hibernie.*

Les chartes ainsi libellées sont certainement de Henri III, et, si le texte en a été publié en entier, elles doivent contenir à la fin une date du jour et de l'année du règne, ce qui ne se voit jamais dans les chartes de Henri II.

III. L'ADRESSE. — Dans les actes de Henri II, le titre donné au roi : *rex Anglorum et dux Normannorum et Aquitanorum et comes Andegavorum,* est immédiatement suivi d'une adresse, dont, le plus souvent, les éléments primordiaux et essentiels se ramènent à ces mots disposés suivant un ordre immuable :

a. Les gens d'église : *archiepiscopis, episcopis, abbatibus;*

b. Les membres de la noblesse : *comitibus, baronibus;*

c. Les fonctionnaires : *justiciis, vicecomitibus;*

d. L'ensemble des agents du roi et des féaux, c'est-à-dire des sujets : *et omnibus ministris et fidelibus suis.* Les officiers et agents d'ordre secondaire sont très souvent dénommés *baillivi* et très rarement *servientes.*

---

[1] Robert de Torigni, t. I, p. 312, avec la continuation du moine du Bec (*ibid.*, t. II, p. 169).

[2] A. Van Lokeren, *Chartes et documents de l'abbaye de Saint-Pierre-au-Mont-Blandin à Gand*, t. I, p. 175, n° 308.

VI. OBSERVATIONS SUR LE PROTOCOLE DES ACTES.

Pour montrer que cette formule était la plus généralement employée à la chancellerie, j'ai vérifié dans notre Recueil qu'elle se trouve soixante-cinq fois dans une série de cent actes prise au hasard, celle qui contient les actes cotés 301-400.

Les développements et les modifications que reçoit cette formule ont pour but de déterminer si le roi s'adresse à l'ensemble de ses sujets, ou bien uniquement aux sujets de l'Angleterre, — à ceux des provinces continentales, — à ceux d'une province déterminée, — ou d'une circonscription administrative. Parfois l'adresse vise une des catégories de dignitaires, d'officiers ou d'agents visés par la nomenclature ci-dessus indiquée; parfois elle fait connaître nominativement le corps ou le personnage, à qui un ordre est donné ou une mission confiée.

Dans la désignation des catégories, l'ordre hiérarchique est toujours scrupuleusement observé.

Je dois donner quelques exemples des différents cas contenus dans notre Recueil [1] :

Adresses au public en général. — Omnibus ad quos presens scriptum pervenerit (369). — Omnibus presentes litteras inspecturis vel audituris (515). — Omnibus sancte matris Ecclesie fidelibus (129). — Omnibus sancte Dei Ecclesie filiis (164). — Omnibus Christi fidelibus (294). — Omnibus hominibus ad quos littere pervenerint, cujuscunque terre sint (147).

Adresses à tous les sujets du roi. — Archiepiscopis, episcopis, abbatibus, archidiaconis, decanis, comitibus, baronibus, justiciis, vicecomitibus, ministris et omnibus hominibus et fidelibus suis, tam clericis quam laicis totius terre sue citra mare et ultra (437). — Omnibus fidelibus suis (28, 65, 84). — Omnibus hominibus et amicis et fidelibus suis, tam presentibus quam futuris (76). — Omnibus ministris et fidelibus suis tocius terre sue (12, 30, 74, 101).

Très souvent le roi s'adresse en même temps à ses sujets de nationalité française et à ceux de nationalité anglaise, sans qu'il soit d'ordinaire fait mention des sujets d'une seule nationalité. — Fidelibus suis francis et anglis (7, 8, 9). — Fidelibus suis francis et anglis tocius Anglie (10, 13). — Fidelibus suis francis et anglis totius Anglie et Normannie (67).

Adresses aux sujets du roi en Angleterre ou à ceux d'Angleterre et de France. — Omnibus fidelibus Anglie (56). — Fidelibus suis Francie et Anglie (3).

[1] Les chiffres imprimés entre ( ) renvoient aux n⁰ˢ des pièces de notre Recueil.

ADRESSE DES ACTES.

Adresses aux sujets ou fonctionnaires d'Angleterre[1] *et à ceux de provinces françaises.* — Fidelibus suis totius Anglie et Normannie (11, 40, 49, 73, 78, 108). — Omnibus filiis sancte Ecclesie per Angliam et Normanniam constitutis (29). — Fidelibus suis Anglie, Normannie et Aquitanie, tam presentibus quam futuris (517). — Omnibus ballivis suis totius Anglie et Normannie et Andegavie et Turonie et Aquitanie (186).

Adresses spéciales à la Normandie. — Omnibus fidelibus suis de Normannia (68, 85, 103, 109, 118). — Omnibus baillivis suis Normannie (57). — Justiciis, vicecomitibus, constabulariis et omnibus ministris et fidelibus suis totius Normannie (444). — Archiepiscopo Rothomagensi, episcopis, abbatibus, comitibus, baronibus, justiciis, vicecomitibus, ministris et omnibus fidelibus totius Normannie[2] (105). — Archiepiscopo Rothomagensi et omnibus episcopis Normannie (70).

Haute Normandie. — Majori et communie de Rothomago (331). — Justiciis et vicecomitibus Rothomagensibus (136). — Forestariis de Roumara (125). — Ballivis de Pavelleio (242). — Forestariis et omnibus ministris suis de Cauz (220). — Vicecomitibus Deppe (258). — Baillivis suis de Archis et de Drincort (447). — Capellano suo et baillivis suis de Drincort (408). — Prepositis de Strutato (241). — Ballivis suis de Monte Forti (240). — Senescallo de Nonancourt (112).

Moyenne Normandie. — Ministris et fidelibus de Argentomo (96, 104, 126). — Justitiis, vicecomitibus et ministris suis et fidelibus de vicecomitatu de Argentomo...... — Ministris et fidelibus suis de Oximisino (232). — Justiciis et ballivis suis de Uismes et de Auge (263). — Vicecomiti Oxim. (509). — Justiciis suis de Beissin et prepositis de Baiocis (122). — Ministris et omnibus ballivis suis de Baiocassino et forestariis de Verneio (34). — Ministris suis de Beiesino (236).

Basse Normandie. — Episcopo Constantiensi (180). — Episcopo Abrincensi et episcopo Constantiensi (187). — Justiciis et vicecomitibus et ministris suis de Costentino (113, 204). — Justitiis, vicecomitibus et baillivis suis de Costentino (322). — Constabulario et baillivis suis de Cesaris Burgo (494). — Osberto de Hosa, constabulario suo de Cesaris

---

[1] Je laisse de côté les adresses aux différents dignitaires et fonctionnaires de l'Angleterre. — Je note en passant une adresse de Henri, duc de Normandie, aux Gallois en même temps qu'aux Anglais et aux Français : « Omnibus fidelibus suis francis et anglis et walensibus totius Normannie et Aquitanie et Wallie. » *Calendar of Charter Rolls*, t. II, p. 362. — Une charte du temps du chancelier Thomas Becket, datée d'Argentan (n° 101 a de notre Recueil), porte cette adresse; « Fidelibus de Hereforcyra, francis et anglicis et walensibus ». — Une charte expédiée en faveur de Gautier L'Orfèvre est adressée « omnibus fidelibus suis francis, anglis et hiberniensibus »; c'est une charte des archives de Cantorbéry, datée de Nottingham, n° 88 des pièces photographiées par le Rév. H. Salter.

[2] Cette formule, avec quelques variantes, a été fréquemment employée.

VI. OBSERVATIONS SUR LE PROTOCOLE DES ACTES.

Burgo (204, 214). — Forestariis suis de Monte Burgi (216). — Ballivis suis ferie de Monte Martini (508). — Bertrando de Verdun et ministris suis de Ponte Ursonis (520). — Justitiis et ministris suis de Moretonio (212).

Adresses spéciales à l'Anjou, au Maine et à la Touraine :

Anjou. — Archiepiscopo Turonensi, episcopis Cenomannensi et Andegavensi, et omnibus fidelibus suis totius terre patris sui (178). — Episcopo Andegavensi et justiciis et baillivis suis totius Andegavie (220). — Fidelibus suis totius Andegavie et Turonie (244). — Dapifero suo de Andegavia et ministris et omnibus hominibus et fidelibus suis Andegavie (166). — Ministris suis Andegavie, et nominatim prepositis et burgensibus Lodunii (207).

Maine. — Episcopo Cenomannensi et omnibus ministris et omnibus fidelibus suis Cenomannie (182). — G[alfrido], Nannetensi comiti, et Guidoni de Cortirant dapifero, et forestariis et omnibus ministris suis Cenomannie et Andegavie (33). — Willermo, Cenomannensi episcopo, et capitulo Beati Juliani Cenomannensis (77). — Episcopo Cenomannensi et episcopo Sagiensi... et fidelibus suis Cenomannie et Normannie (275).

Touraine. — Archiepiscopo Turonensi..., et omnibus fidelibus suis Turonie, et Andegavie et Cenomannie (312). — Ballivis et omnibus fidelibus de Turonia (128). — Ministris et fidelibus suis Turonie et Normannie (185). — Prepositis et baillivis de Lochis et de Monte Basonis (321).

Adresses spéciales à la Guyenne, au Poitou et à la Saintonge. — Omnibus baillivis et fidelibus suis totius Aquitanie (143). — Omnibus dapiferis et ministris et fidelibus Aquitanie (66). — Ministris suis totius Anglie, Normannie, Aquitanie et Andegavie (200). — Archiepiscopo Burdegalensi..., omnibus ministris et fidelibus suis totius Pictavie (352). — Fidelibus suis Andegavie, Pictavie et Xantonie (410). — Ministris et fidelibus suis Xantonensibus (93). — Senescalco Pictavie et omnibus ministris et fidelibus suis Aquitanie et precipue Xanctonie (304). — Prepositis de Pictavi et de Chiseio et de Rochella, et ceteris prepositis et servientibus suis de Aquitania (24).

Adresses spéciales à la Bretagne. — Omnibus ministris suis Britannie et nominatim de Rathel (290). — Prepositis et ministris suis Normannie et Andegavie et Aquitanie et Pictavie et Britannie (407). — Episcopo Nannetensi et dapifero et ministris suis et omnibus fidelibus suis totius Medie (165).

Adresses à des catégories de dignitaires et de fonctionnaires ajoutées à celles que mentionne la formule généralement employée pour l'adresse :

Archidiaconi et decani. — ... archiepiscopis, episcopis, abbatibus, archidiaconis, decanis, comitibus ... (409, 437, 443, 444, 492, 499).

ADRESSE DES ACTES.

Barones Scaccarii[1]. — Roberto comiti Leeycestrie et baronibus Scaccarii (140). — Baronibus suis de Scaccario (157). — Baronibus de Scaccario (157).

Justiciæ et vicecomites. — Ces fonctionnaires d'un ordre supérieur figurent dans presque tous les actes et je n'en cite point d'exemples.

Justiciæ. — Au sujet des justiciers, je me bornerai à faire observer que la forme employée pour les désigner dans les actes de Henri II est *justiciæ* et non pas *justiciarii*, comme portent beaucoup de copies et d'éditions. La forme *justiciarius* existait cependant à cette époque. M. Warner[2] a publié en fac-similé, d'après l'original du Musée britannique, une charte de l'abbaye de Reading dont la suscription est ainsi conçue : « Mathildis, Imperatrix, Henrici regis filia et Anglorum domina, archiepiscopis, episcopis, abbatibus, comitibus, baronibus, justiciariis, vicecomitibus, prepositis, ministris et omnibus fidelibus suis, francis et anglis totius Anglie, salutem. » Le mot *justiciariis* est écrit en toutes lettres, et l'éditeur ne doute pas que l'acte soit bien original.

La même particularité s'observe dans une charte solennelle passée à Douvre le 10 avril 1185, en présence du roi : « His testibus :... Rand. de Glanvilla justiciar. domini regis in Anglia[3] ». — Même abréviation (*justiciar.*) dans une charte de Jean, comte de Mortain, pour l'abbaye de Savigni, datée de Mortain, la 5ᵉ année du roi Richard. (Original aux Archives nationales, L. 968.) — Le mot *justiciariis* est en toutes lettres dans une charte de Christ Church à Oxford, du temps du chancelier Thomas Becket, que cite le Rév. Eyton et dont le Rév. H. Salter m'a donné la photographie [4].

Le plus souvent le mot se présente dans les chartes originales sous la forme abrégée : *justic'.*, mais nous rencontrons plusieurs exemples du mot écrit en toutes lettres *justiciis*, par exemple : charte de l'abbaye de Fécamp datée de Westminster (n° 6, original aux archives de la Seine-Inférieure); charte de l'abbaye de Lire, datée également de Westminster (n° 49, original aux archives de l'Eure[5]); charte de Saint-Étienne de Caen, écrite sur deux

---

[1] Les textes qui vont être cités doivent s'appliquer à l'Échiquier d'Angleterre.

[2] *Fac-similes of royal and other charters in the British Museum*, n° 22.

[3] *Ibid.*, n° 67.

[4] N° 20 des pièces photographiées par le Rév. H. Salter.

[5] Peut-être n'est-ce qu'une copie contemporaine. L'incision destinée à l'attache du sceau ne me paraît pas bien satisfaisante, et,

colonnes, datée de Bayeux (n° 108, original aux Archives du Calvados); une autre charte de la même abbaye, datée de Caen (n° 137).

Vicecomites. — Quant aux vicomtes ils tiennent une si grande place dans l'administration de la Normandie au temps des Plantegenêts, et l'institution s'en est perpétuée avec de si notables développements quand la province a été ramenée sous la couronne de France, qu'on me pardonnera d'entrer dans un assez grand détail, sans même parler de la part que les vicomtes prenaient aux affaires de justice et de police avec des fonctionnaires spéciaux et des agents d'un ordre inférieur.

L'adresse de la plupart des actes de Henri II mentionne à côté des *justiciæ* les *vicecomites*. Ceux-ci avaient à remplir en Normandie de très importantes fonctions pour l'administration domaniale, financière et judiciaire. Ils étaient, à vrai dire, des fermiers. C'était une institution qui a survécu dans la province à la chute des Plantegenêts. Au XIII° siècle et dans la première moitié du XIV°, la principale, je pourrais dire la seule subdivision des bailliages royaux de la Normandie fut la vicomté, qui se rattachait directement aux vicomtés du temps de Henri II. Je ne crois pas que tout le territoire normand ait été dès lors régulièrement partagé en vicomtés; mais on trouve dans les Grands rôles de l'Échiquier l'indication d'une vingtaine de vicomtés appartenant à la Haute et à la Basse Normandie. J'en citerai, suivant l'ordre alphabétique, des exemples remontant aux années 1180 et 1184.

Argentan. De firma prepositure et vicecomitatu de Argentomo. (Fragment des Archives nationales, publié plus loin, p. 334.)

Arques. De firma vicecomitatus de Archis. (Éd. de Stapleton, I, 90.)

Auge. De firma vicecomitatus de Algia. (I, 40.)

Bessin. De firma vicecomitatus Baiocassini. (I, 40.)

Bonneville-sur-Touque. De firma vicecomitatus de Bona Villa. (I, 68.)

Caux. De bernagio magni vicecomitatus de Caleto. (I, 67.)

Cérences. De firma vicecomitatus de Cerences. (I, 14.)

dans l'énumération des biens confirmés, les articles sont séparés par des signes de paragraphes §, que je n'ai pas remarqués dans d'autres actes de ce genre.

ADRESSE DES ACTES.   213

Conteville. De firma vicecomitatus de Contevilla. (I, 98.)

Cotentin. De firma vicecomitatus de Costentino. (I, 38.)

Coutances. De veteri firma vicecomitatus de Constanciis de xx annis. (I, 12.)

Exmes. De firma vicecomitatus de Oximis. (I, 103.)

Fécamp. De firma vicecomitatus de Fiscanno. (I, 90.)

Lieuvin. De firma vicecomitatus de Lesvino. (I, 85.)

Montivilliers. De bernagio... vicecomitatus de Mostervillari. (I, 67.)

Risle et Seine (Entre). De bernagio de vicecomitatu inter Rislam et Sequanam. (I, 81.)

Rouen. De nova firma vicecomitatus Rothomagi. (I, 70.)

Roumois. De firma vicecomitatus de Romeis. (I, 77.)

Sainte-Mère-Église, au pays d'Auge. De bernagio vicecomitatus de Sancte Marie Ecclesia. (I, 98.)

Val-de-Vire (Le). De firma vicecomitatus de Valle Vire. (I, 29.)

Les vicomtes étaient si bien des fermiers que le titre de vicomte était donné aux bourgeois qui agissaient au nom d'une corporation ayant pris à ferme un domaine ducal. Ainsi, les officiers de la commune de Rouen qui tenaient à ferme en 1179 et 1180 le domaine ducal de Rouen, alors qualifié de vicomté[1], (plus tard la vicomté de l'eau), sont appelés *vicecomites Rothomagi* sur le rôle de l'Échiquier de Normandie[2]. Il paraît bien que peu d'années avant 1180 le domaine de Dieppe avait été exploité par huit fermiers, désignés sous la dénomination de « les huit vicomtes » dans le compte de l'arriéré de leur fermage[3].

[1] « Bartholomeus major et Hugo Wastel reddunt compotum, pro se et pro tota communia Rothomagi, de 578 l. 13 s. 4 d., de remanente veteris firme de Rotomago... Eidem reddunt compotum de 300 l. de nova firma vicecomitatus Rothomagi... » *Rot. Scacc. Norm.*, t. I, p. 69 et 70.

[2] « De 40 l. quas recepit de vicecomitibus Rothomagi. » *Ibid.*, p. 72. — « De 60 l. quas recepit de vicecomitibus Rothomagi in anno preterito; et de 293 l. 13 s. 1 d. quas recepit de eisdem hoc anno... *Ibid.*, p. 75. — Les comptes de ces vicomtes sont désignés par la rubrique *Vicecomites Roth.* à la fin de la membrane du rôle qui en contient le texte.

[3] « Idem [Petrus de Bures] reddit compotum... de octava parte de 569 l. 12 s. de remanente compoti sui de Deppa et de Archis, de tempore guerre, quando fuit unus de octo vicecomitibus. » *Ibid.*, p. 66. — « Robertus

214 VI. OBSERVATIONS SUR LE PROTOCOLE DES ACTES.

Il y a plus. Si une femme entrait dans une de ces compagnies fermières, elle prenait le titre de vicomtesse. C'est ce qui est arrivé à une Rouennaise, dont le nom, jusqu'ici oublié, doit prendre place dans les annales du commerce de Rouen. Les contemporains la désignaient simplement par la dénomination : *la vicomtesse de Rouen*. Tel est le nom qu'elle porte dans les documents officiels dont j'ai recueilli le texte. Une seule fois, je l'ai vue appelée *Emma vicecomitissa*, sans les mots *de Rothomago*, c'est dans le rôle de l'Échiquier normand de l'année 1198 que j'ai rencontré cette mention[1].

Cette femme fait en 1158 sa première apparition dans les documents financiers sous le nom de *vicecomitissa de Rothomago*, dénomination qui prouve qu'antérieurement à l'année 1158 elle avait été, seule ou en compagnie, chargée de la ferme de la vicomté de Rouen. Elle était alors en Angleterre, où des sommes plus ou moins considérables, variant de 18 à 34 livres, lui furent livrées par ordre du roi sans que le motif du payement fût jamais indiqué. Pour justifier ces payements, les comptables employaient uniformément une formule invariable conçue en ces termes :

Ricardus de Raddona... : in soltis, per breve regis, vicecomitisse de Rothomago, 30 l. 5 s.[2]. Mauricius vicecomes... : in soltis, per breve regis, vicecomitisse Rothomagi, 26 l. 6 s. numero[3].

Cette même année 1158, au plus tard, la vicomtesse de Rouen fut chargée de la recette de la ferme de Southampton[4]. Le Pipe Roll de l'année v° du règne contient un article commençant par ces lignes :

Vicecomitissa de Rothomago debet 237 l. et 4 s. blanco, de veteri firma de Hantona, et eadem reddit compotum de nova firma.

Plumme, Berengarius de Cusneio, Radulfus de Bucca et Walterus Cochie reddunt compotum, pro se et sociis, de 48 l., de veteri firma Deppe de secundo anno guerre, et de 15 l., de remanente veteris firme de Deppa de anno post. » *Ibid.*, p. 67 et 68. Il doit s'agir ici des faits de guerre qui eurent lieu dans la Haute Normandie en 1173 et 1174. Voir Robert de Torigni, t. II, p. 39 et suiv.

[1] *Rot. Scacc. Norm.*, t. II, p. 395.
[2] *Pipe IV Hen. II*, p. 120.
[3] *Ibid.*, p. 132. — Les autres payements sont inscrits dans le même volume, p. 136, 138, 163 et 176. Sur le sens du terme *numero* opposé au terme *blanco*, il faut voir un passage du *Dialogus de Scaccario* (II, v), expliqué par Stapleton (*Rot. Scacc. Norm.*, t. I, p. xv), et l'*Introduction to the study of the Pipe Rolls*, (p. 60), œuvre provisoire publiée en 1884, par *The Pipe Roll Society*.
[4] Le fermier de Southampton auquel elle succédait s'appelait Guillaume Trentegerons

ADRESSE DES ACTES. 215

L'article du compte se termine par l'indication de la somme dont la vicomtesse restait débitrice : 238 l. 7 s. 5 d. : « Et debet 238 l. 5 s. 2 d. blanco » (1).

Nous lisons des articles analogues dans les comptes des années suivantes 1160-1163(2). Cette dernière année, la Vicomtesse restait redevable d'une somme de 1,423 livres 9 sous 4 deniers.

Le compte de la ferme de Southampton pour l'année 1164 est rendu par « Rogerus Filius Milonis et Fortinus et Robertus de Sancto Laurentio » (3); il n'y est point question de la vicomtesse de Rouen. En 1165, à la suite du compte rendu par la compagnie des trois mêmes fermiers, on lit une note qui rappelle la situation indiquée sur la note de 1163 :

Vicecomitissa de Rothomago reddit compotum de 1,423 l. 9 s. 2 d. blanco de veteri firma de Hantona. In cameram curie attornata... inde per breve regis. Et amplius non exigetur ab ea per rotulos de Scacario (4).

Le roi paraît donc avoir décidé que l'Échiquier ne devait plus tenir compte de la dette de la vicomtesse de Rouen, et on ne parla plus de la faillite à laquelle sa gestion de la ferme de Southampton avait abouti.

Emma revint en Normandie, où elle trouva moyen de s'occuper encore de grandes affaires financières.

Elle paraît avoir réussi, comme on le verra bientôt, à former une compagnie marchande et à jouir d'un tel crédit que plusieurs des personnages les plus influents de la cour de Henri II n'hésitèrent pas à fournir l'importante caution dont elle avait besoin pour être de nouveau fermière de la vicomté de Rouen.

L'entreprise ne fut pas heureuse, et la Vicomtesse dut abandonner la ferme et faire place à la commune de Rouen. Elle se retira en 1180, laissant un arriéré de 2,214 livres et 5 sous. La dette fut inscrite sur le Grand rôle de

(*Pipe* II *H. II*, p. 53; III *H. II*, p. 107; IV *H. II*, p. 178). Ce Guillaume appartenait à la famille rouennaise dont un autre membre Jean Trentegerons figure dans les rôles de l'Échiquier normand en 1180 et 1198 (*Rot. Scacc.*, t. I, p. 80, et t. II, p. 306). La place qu'il occupe dans le rôle de 1198, à côté de la vicomtesse de Rouen, me fait croire qu'il avait été associé à la ferme de la vicomté de Rouen.

(1) *Pipe* V *H. II*, p. 50 et 51.
(2) VI *H. II*, p. 22. — VII *H. II*, p. 58. — VIII *H. II*, p. 39. — IX *H. II*, p. 56.
(3) *Pipe* X *H. II*, p. 27.
(4) *Pipe* XI *H. II*, p. 45.

l'Échiquier[1], où furent en même temps consignées les sommes pour lesquelles s'étaient engagés les garants de la Vicomtesse. L'un d'eux, Richard Giffart, se fit immédiatement libérer, à titre gracieux, de la caution de 20 livres qu'il avait promise[2].

D'autres courtisans, Hugues de Créci[3], Robert Marmion[4], Gérard de Canville[5], Sehier de Quinci[6] et Robert de Brucourt[7], témoins habituels des chartes de Henri II, s'étaient fait inscrire pour des sommes plus ou moins considérables sur la liste des cautions. J'ignore s'ils furent contraints de payer. Toujours est-il que la Vicomtesse continua sous le règne de Richard Cœur-de-lion à être considérée comme débitrice du Trésor.

Deux articles du rôle de 1198 se rapportent à la situation de cette dame. D'une part, elle est inscrite pour le vieil arriéré, s'élevant à 2,198 livres 12 s. 6 d., sur quoi elle avait versé à la recette de Mathieu Le Gros la somme dérisoire de 25 sous[8]. D'autre part, elle est mentionnée en ces termes :

Emma vicecomitissa de Rothomago et Rollandus Cambitor, 40 marcas, de debitis Gervasii de Hantonna[9].

Cette mention nous met sur la voie d'une association marchande qui avait probablement à sa tête la vicomtesse Emma. Gervais de Southampton, qui ne vivait plus en 1196, et des dettes duquel Emma partageait avec Rolland Le Changeur la responsabilité, avait fait partie d'une compagnie marchande, au représentant de laquelle, « Nigellus de Havena », les agents financiers de

---

[1] « Vicecomitissa Rothomagensis debet 2,214 l. et 5 s., de remanente compoti sui de firma Rothomag. » *Rot. Scacc. Norm.*, t. I, p. 78.

[2] « Ricardus Giffart reddit compotum de 20 libris pro plegio vicecomitisse Rothomagensis. In perdono sibi ipsi, 20 l., per breve regis. » *Ibid.*, p. 44.

[3] « Hugo de Creisseio debet 100 libras de plegio vicecomitisse Roth ». *Ibid.*, p. 63.

[4] « Robertus Marmion debet 100 l. pro eodem. » *Ibid.*, p. 44.

[5] « Gerardus de Canvilla... debet 100 libras de plegio vicecom. Roth. » *Ibid.*, p. 89.

[6] « Seherus de Quinceio debet 40 l. et 13 d.

de plegio vicecomitisse Rothomagensis. » *Ibid.*, p. 89.

[7] « Robertus de Bruelcort, 30 l., de plegio vicecomitisse Roth. » *Ibid.*, p. 96.

[8] « Vicecomestissa Rothomagi reddit compotum de 2,198 l. 12 s. 6 d. de remanente veteris firme Rothomagi. In recepta Matheei Grossi 25 s. Et debet 2,197 l. 7 s. 6 d. » *Rot. Scacc. Norm.*, t. II, p. 305 et 306. — La dette d'une des cautions de la vicomtesse est encore inscrite sur le rôle de 1195 : « Willelmus Batles-bues, 29 l. 5 s., pro plegio vicecomitisse Rothomagensis. » *Ibid.*, t. I, p. 284.

[9] *Ibid.*, t. II, p. 395.

Richard Cœur-de-lion réclamaient une somme de 50 marcs inscrite sur le Pipe Roll de 1198[1].

La vicomtesse Emma avait fait construire une maison de pierres située à Saint-Wandrille sur un terrain tenu de l'abbaye[2]. Je ne saurais dire si elle vécut longtemps après 1198. Son obit se célébrait le 2 septembre dans la cathédrale de Rouen[3]. Je dois ajouter quelques mots sur ses enfants, pour aider à faire comprendre le rôle que la mère a dû jouer sous le règne de Henri II.

Emma laissa deux fils, Hugues et Geoffroi, qu'on appelait *filii Vicecomitisse*, sans jamais désigner le nom du père, et qui tinrent dans la bourgeoisie rouennaise un rang très honorable, à en juger par la place qu'ils occupent dans beaucoup d'actes reçus par les maires de Rouen à la fin du xiie siècle ou au commencement du xiiie.

Voici les chartes dans lesquelles j'ai relevé leurs noms sur les listes des témoins[4].

Auteurs des chartes dans lesquelles figure Geoffroi fils de la Vicomtesse :

Guillaume Fils de Gocelin, du temps du maire Luc du Donjon. (S. 5199, n° 55.)
Roger, archevêque d'York, du temps du maire Barthélemi Fergant.
Raoul, chancelier du roi d'Angleterre, du temps du même maire. (Cartul. de l'Église de Rouen, n° 84, fol. 68 v°.)
Robert, comte de Leicester, du temps du maire Luc du Donjon. (S. 5199, n° 56.)
Robert, prieur du Mont-aux-Malades, du temps du maire Raoul de Cotevrart.
Robert Le Juif, du temps du maire Mathieu Le Gros.
Silvestre « de Foro », du temps de Mathieu Le Gros. (Arch. nat., S. 4889, n° 11.)

Auteurs de chartes dans lesquelles figure Hugues fils de la Vicomtesse :

Raoul, chancelier du roi d'Angleterre du temps du maire Barthélemi Fergant. (Cartul. de l'Église de Rouen, n° 84, fol. 68 v°.)

---

[1] « Nigellus de Havena debet 50 marcas pro societate mercandisarum quam habuit cum Gervasio de Hantona. » — *Pipe ıx Ric.*, cité par Stapleton, t. II, p. xxii.

[2] Charte d'Anfroi, abbé de Saint-Wandrille, dans le Cartulaire, fol. 117 v°. (Communication de Ch. de Beaurepaire.)

[3] *Recueil des Historiens*, t. XXIII, p. 366.

[4] Celles de ces chartes qui sont indiquées ici sans une cote des Archives nationales étaient en 1849 dans un carton des Archives de la Seine-Inférieure étiqueté : « Divers anciens titres entre particuliers passés devant le maire de Rouen. »

Barthélemi, Mathieu et Roger Fils de Barthélemi Bataille, du temps du maire Raoul de Cailli.

Guillaume Fils de Gocelin, du temps du maire Luc du Donjon. (S. 5199, n° 55.)

Robert, comte de Leicester, du temps du maire Luc du Donjon. (S. 5199, n° 56.)

Robert Le Juif, du temps du maire Mathieu Le Gros.

Les deux frères sont appelés *Gaufridus Vicecomes* et *Hugo, frater suus*, dans une charte de Roger de Warwich, chanoine de Rouen, rédigée en présence du maire Mathieu Le Gros.

Emma la Vicomtesse eut aussi une fille, nommée Emma, comme la mère. Un peu avant 1182, cette fille et son mari, Gautier de Châtillon, vendirent à maître Gautier de Coutances les droits que ladite dame Emma [seconde du nom] pouvait avoir sur une maison située à Rouen, qui avait appartenu à Raoul Fils d'Étienne. Ce Raoul semble bien avoir été le mari de la première Emma, et c'était sur cette maison qu'il avait constitué la dot de sa femme, consistant en 10 marcs d'or[1]. Raoul Fils de Robert était le frère de Hawise, femme de Robert Comin, qui céda à Gautier de Coutances la part qu'elle avait dans ladite maison[2].

Je me suis peut-être un peu attardé aux aventures de la Vicomtesse de Rouen; mais j'ai cru l'exemple bon à citer pour faire voir combien nous devons déplorer la perte simultanée de tous les brefs de comptabilité, au nombre de plusieurs milliers, et de tous les rôles de l'Échiquier normand du temps de Henri II, à l'exception du rôle de 1180 et de quelques fragments du rôle de 1184. Que de détails curieux de notre histoire sont ainsi à jamais disparus! Combien plus heureux sont nos voisins d'outre-Manche, qui, s'ils ont perdu les brefs de comptabilité, ont du moins conservé la série à peu près complète des Pipe Rolls, où est passée presque en entier la substance des brefs.

Après cette digression, je reviens aux classes de destinataires des actes de Henri II dont je n'ai pas encore parlé.

---

[1] « Walterus de Castellione et Emma, uxor ejus, filia Vicecomitisse, dotalicium ejusdem Emme, scilicet decem marcas auri, in domo que fuit Radulfi Filii Stephani, mariti sui. » Cartul. de l'église de Rouen, fol. 68 v°. La charte dont je cite un fragment est insérée tout au long dans l'article du chancelier Raoul de Wanneville, ci-dessus, p. 101 note.

[2] Cartulaire de l'église de Rouen, fol. 107, n° 169.

ADRESSE DES ACTES.

Dapiferi, senescalli, constabularii [1], *prepositi, ballivi.* — Ces termes s'appliquent à des officiers ou agents d'un ordre inférieur; mais plusieurs sont habituellement employés pour des fonctionnaires d'un ordre élevé, comme je l'exposerai un peu plus bas. — *Ballivi*, comme *ministri*, désigne habituellement l'ensemble des agents royaux, mais particulièrement les agents d'un ordre inférieur. A la page suivante, je consacrerai quelques lignes aux *viarii*, qu'on ne rencontre peut-être qu'en Anjou et dans le Maine. Dans les adresses classées par localités sont mentionnés plus d'une fois des fonctionnaires de différents ordres, notamment les *forestarii*.

Omnibus dapiferis suis et prepositis et viariis et omnibus servientibus suis (222). — Comitibus, baronibus, senescallis, constabulariis, prepositis et omnibus baillivis et fidelibus suis, salutem (489). — Comitibus, baronibus, justiciis, vicecomitibus, senescallis, prepositis et omnibus baillivis et fidelibus suis terre sue (490). — Justiciis, vicecomitibus, seneschallis, prepositis et omnibus baillivis et fidelibus suis totius Anglie et Normannie (430, 433, 499). — Omnibus prepositis de ministris suis Normannie et Andegavie... (407).

Dapiferi, senescalli. — Je dois donner quelques mots d'explication sur la valeur du mot *dapifer* et du synonyme *senescallus*, qui, à l'origine, désignaient une charge de cour, attachée à la possession d'un fief, mais qui finirent par être appliqués à des fonctionnaires amovibles, souvent d'un ordre secondaire et ne différant guère des prévôts. Il en était ainsi au temps de Henri II, ce qui n'empêchait pas de donner ces titres à des fonctionnaires de l'ordre le plus élevé dans la hiérarchie administrative : le sénéchal d'une province était dès lors investi des pouvoirs les plus étendus, il était aussi qualifié de *justicia* ou *capitalis justicia*, et en cette qualité il réglait en dernier ressort les affaires litigieuses soumises au roi par les parties intéressées, d'où les formules par lesquelles se terminent beaucoup de mandements royaux adressés à des agents d'ordre inférieur : *sine dilacione faciatis justiciam, et nisi faceritis, justicia mea Normannie faciat;* — *Ne trahantur in causam nisi coram me vel coram mea justicia capitali*...

L'histoire doit enregistrer le nom de plusieurs des sénéchaux qui ont gouverné les provinces françaises soumises à la dynastie des Plantegenêts. On

---

[1] Il n'est question ici ni du connétable d'Angleterre, ni de celui de Normandie, mais des connétables à chacun desquels était confiée la garde d'un château.

220   VI. OBSERVATIONS SUR LE PROTOCOLE DES ACTES.

trouvera dans le dernier chapitre de ce volume quelques détails relatifs à plusieurs sénéchaux du temps de Henri II, savoir :

Pour l'Anjou : Joslein de Tours, puis Étienne de Tours ou de Marsai, depuis environ 1168.

Pour le Maine : Payen Mauchien, Pierre Gui et Jean de Meaune.

Pour la Normandie : Robert du Neubourg, mort en 1159; — Rotrou, évêque d'Évreux, vers 1162; — Guillaume de Courci, mort en 1176; — Richard d'Ilchester, évêque de Winchester, en 1177 et 1178; Guillaume Fils de Raoul, depuis 1178 jusqu'à la fin du XII° siècle.

Pour le Poitou : Porteclie, puis Fouque de « Mastach », vers l'année 1177, et Robert de Montmirail, en 1185.

Pour la Guyenne : Raoul de Faie, ou de La Faie.

Pour la partie de la Bretagne, dont Henri II prit possession au nom de Geoffroi, son fils : Guillaume Fils de Haimon, en 1166, et plus tard, en 1181, Pierre Fils de Gui et Robert de Doniol.

Il est bon de faire observer que, dans la plupart des provinces détachées de la couronne d'Angleterre, les rois de France ont maintenu le titre de sénéchal aux fonctionnaires chargés d'administrer ces provinces. C'est ce qui est arrivé en Poitou et en Saintonge. Il est même assez curieux de constater qu'une quinzaine d'années après la conquête de Philippe Auguste on avait conservé le souvenir du grand sénéchal des Plantegenêts dont l'autorité s'étendait sur la Normandie tout entière. Le procès-verbal d'une assise, tenue à Argentan en 1216, porte qu'elle fut présidée par Pierre du Thillai, bailli de Caen, en qualité de sénéchal de la Normandie [1].

Viarii. — Les voyers ne paraissent guère figurer que dans les actes du Maine et de l'Anjou. — Justiciis, vicecomitibus, ballivis, prepositis, viariis terrarum suarum (69). — Prepositis et viariis et fidelibus suis totius Andegavie (83). — Episcopo Cenomannensi et abbatibus, baronibus, justiciis, vicecomitibus et viariis et omnibus aliis ministris et fidelibus suis totius Cenomannie (224, 226). — Episcopo Pictavensi et episcopo Andegavensi et comitibus et baronibus et justiciis et viariis et omnibus ministris et fidelibus suis Pictavie et Andegavie (246).

---

[1] « Petrus de Tilleio, tunc ballivus domini regis et senescallus Normannie, assisias apud Argenthomum tenens. » *Chronologie des baillis et des sénéchaux,* dans le *Recueil des Historiens,* t. XXIV, p. 280*, n° 40, d'après le Cartulaire de S. Martin de Séez.

ADRESSE DES ACTES. 221

Ministri portuum maris. — Justiciis et vicecomitibus et prepositis et ministris suis Anglie et Normannie et portuum maris (31). — Ministris et omnibus fidelibus suis totius Anglie et Normannie et portuum maris (45, 72, 114, 123). — Omnibus baillivis suis, nominatim portuum maris totius terre sue citra mare et ultra (267). — Omnibus ministris tam Anglie quam Normannie ac portuum maris, et nominatim prepositis de Hamtona et de Hastinges et de Dovra et de Barbefluctu et de Cadomo et de Ostreham et de Diopa (38, 75, etc). — Et nominatim prepositis de Hantona, et de Hasting. et de Dovera et de Diepa et de Oistreham et de Barbefluctu (157. D). Ces mêmes ports sont énumérés dans un mandat que Richard Cœur-de-lion expédia le 4 décembre 1189 en faveur des moines de Marmoutier[1].

Adresses aux parties intéressées, ou, en général, aux agents royaux des pays où les parties avaient des intérêts. — Thome, priori de Lochis, et capitulo (174). — Abbati et conventui de Fiscanno (366). — Willelmo, abbati Cluniacensi (367). — Abbati Sancti Albini Andegavensis (538). — Omnibus baillivis in quorum bailliis abbas et monachi de Lira habent terras et tenementa (208, 209). — Omnibus ballivis in quorum ballia monachi de Lonlaio habent terras et tenementa (506).

Adresses individuelles. — Etardo Pochin (15, 151). — Faulcon du Han (135). — Hamoni de Trulea (154). — Hugoni de Poceio (61). — Johanni, comiti Augi (39). — Josleno de Turonis (61). — Osberto de Hosa (130, 204, 214, 248, 249). — Ricardo de Redveriis (152). — Ricardo de Rolloz (496). — Ricardo thesaurario, et Willelmo Malduit et Warino Filio Giroldi, camerariis suis (478). — Roberto de Novo Burgo (57). — [Rotrodo], Ebroicensi episcopo, et R[eginaldo] de Sancto Walerico (257). — Symoni de Aneto, G[ilberto] de Teleres et R. de Museio (117). — Symoni de Chailli (242). — Waltero Giffardo (39). — Willelmo de Curceio (329). — Willelmo Filio Johannis (16, 21, 22, 23, 34). — Willelmo de Humetis (539). — Willelmo de Moreinvilla (240). — Willelmo Patricii (211). — Willelmo Puinant et Radulfo Bigot (134). — Willelmo de Silleio (227).

IV. LE SALUT, LES FORMULES DE COURTOISIE, L'EMPLOI DU PLURIEL. — A la suite de la désignation des destinataires, l'adresse se termine simplement par le mot *salutem*.

Le cartulaire de Sai..t-Évroul[2] contient une charte dont l'adresse est ainsi libellée : « Archiepiscopis, episcopis, abbatibus, comitibus, vicecomitibus, baronibus, justiciis, ballivis, ministris, et omnibus fidelibus suis, *salutem et pacem* ». Je suis porté à croire que l'exemplaire original de la charte ne portait

---

[1] Original aux Archives d'Indre-et-Loire. — [2] T. 1, fol. 27 v°, n° 24.

pas les mots *et pacem*. Je soupçonne le copiste de les avoir ajoutés, comme aussi d'avoir déplacé le mot *vicecomitibus*, qui devrait venir, non pas après *comitibus*, mais après *justiciis*. Ce ne sont pas les seules anomalies que présentent les chartes de Henri II transcrites dans le Cartulaire de Saint-Évroul.

La déférence due aux souverains, au pape et à de grands dignitaires ecclésiastiques avait amené le protocole à modifier, dans certaines circonstances, la sécheresse et la monotonie des suscriptions. C'est ainsi que le nom du destinataire passait au premier rang, avant le nom et les titres du roi. Les exemples de cette dérogation aux règles de la chancellerie sont assez rares. En voici quelques exemples :

Lettre au roi de France pour lui demander de ne pas recevoir l'archevêque de Cantorbéry dans ses états : « Domino et amico suo Ludovico, illustri Francorum regi, H., rex Anglorum et dux Normannorum et Aquitanorum et comes Andegavorum, salutem et dilectionem [1]. »

Autre lettre au même, portant la même suscription pour demander qu'on lui rende des hommes du comte d'Auvergne indûment arrêtés [2].

Remerciement au même, pour la mise en liberté de plusieurs vassaux de la couronne d'Angleterre : « Venerabili et dilectissimo domino Ludovico, illustri Francorum regi, Henricus... salutem et veram dilectionem [3]. »

Lettre par laquelle le roi, fort inquiet de la révolte de ses fils, en 1173, implore le secours des armes spirituelles dont le pape dispose : « Sanctissimo domino suo Alexandro, Dei gratia catholicæ ecclesiæ summo pontifici, H., rex Angl. dux Norm. et Aquit., comes Andegav. et Cenoman., salutem et devotæ subjectionis obsequium [4]. »

Lettre annonçant à l'Église d'Orient l'intention bien arrêtée d'aller au secours de la Terre-Sainte : « Venerabilibus in Christo patribus et amicis A. et Heraclio, Dei gratia Antiochiæ et Jerusalem patriarchis, et principi Antiochiæ et universo populo cristiano orientalis Ecclesiæ, Henricus, eadem gratia rex Angl. et dux Norm. et Aquit. et comes And., salutem et consolationem in Christo [5]. »

Lettre au prieur de l'ordre de Grammont [6] : « Religioso sacerdoti et excelso in Verbo gloriæ, patri Petro Bernardi, priori fratrum nostrorum de Grandi Monte, justa desideria principis christiani, Henricus, Dei gratia Anglorum rex, filius et frater. »

---

[1] *Rec. des Hist.*, t. XVI, p. 107.
[2] *Ibid.*, p. 110. Cette lettre et la suivante doivent être de 1164 ou 1165.
[3] *Ibid.*, p. 111.
[4] Petri Blesensis epistolæ, ep. ccxxxvi, dans l'édition de Giles, t. II, p. 19.
[5] *Gesta Hen. II*, t. II, p. 38.
[6] *Rec. des Hist.*, t. XVI, p. 639.

SALUT ET FORMULES DE COURTOISIE.

Je ne me porte pas garant de l'authenticité et de l'exactitude de ce dernier texte. Il faut se servir avec une extrême prudence des documents sortis des archives de l'ordre de Grammont, et la date de la lettre adressée au prieur de l'Ordre, conçue en ces termes : « Datum Londini, per manum magistri Thome, cancellarii nostri, mense martio, regni nostri VII », est plus que suspecte. On sait combien rares sont les actes datés de Henri II. Les nombreuses chartes du roi dans lesquelles intervient Thomas Becket ne le qualifient pas de *cancellarius noster,* et ne lui attribuent pas le grade de *magister.* Enfin, la présence du roi à Londres en 1161 ne peut guère s'expliquer. Ajoutons que le rédacteur de la lettre fait parler le roi tantôt au singulier, tantôt au pluriel : *credo, speramus, precor, pro nobis,* etc.

Ce n'était pas seulement dans les suscriptions de ses lettres que Henri II traitait avec des égards respectueux non seulement le pape, les hauts dignitaires de l'Église et les souverains étrangers. En s'entretenant avec eux, il prenait soin de leur adresser la parole en usant du pluriel.

Voici quelques exemples de cette marque de courtoisie. S'adressant :

Au roi de France : « Licencia vestra a vobis discessi...[1] — Excellentie vestre gratias refero...[2] — Precor vos diligenter...[3] »

Au pape : « Litteras vestras...[4] — Rogo serenitatem vestram...[5] »

A l'archevêque de Cantorbéry : « Sciatis quod obviam vobis...[6] ».

A l'archevêque de Rouen : « Vobis mediantibus...[7] — De vestro aliorumque fidelium baronum meorum consilio...[8]. »

A l'archevêque de Sens : « Quos ad me misistis...[9]. »

A l'archevêque de Cologne : « Rogamus vos...[10]. »

A l'évêque d'Exeter : « Sciatis quod...[11]. »

A l'abbé de Cîteaux : « Conquesti sumus vobis...[12]. »

---

[1] *Rec. des Hist.*, t. XVI, p. 110.
[2] *Ibid.*, p. 111.
[3] Robertson, *Materials for Thomas Becket*, t. V, p. 134.
[4] *Rec. des Hist.*, t. XVI, p. 470.
[5] *Ibid.*, p. 256.
[6] *Ibid.*, p. 459.
[7] *Ibid.*, p. 411, note.
[8] *Materials*, t. VII, p. 300.
[9] *Rec. des Hist.*, t. XVI, p. 329.
[10] *Ibid.*, p. 256. Ici, le roi parle en son nom et au nom de ses barons et de son clergé. Dans plusieurs phrases de cette lettre, il s'exprime au singulier : *nunciis meis*...
[11] *Materials*, t. VII, p. 344 et 518.
[12] *Rec. des Hist.*, t. XVI, p. 309.

VI. OBSERVATIONS SUR LE PROTOCOLE DES ACTES.

Henri II traitait son fils Henri comme un souverain et lui faisait les honneurs de la forme plurielle : « Sciatis quod Thomas, archiepiscopus Cantuariensis, pacem mecum fecit ad voluntatem meam, et ideo precipio quod... [1]. » On remarquera qu'ici le roi, conformément à son habitude, emploie le singulier en parlant de sa personne. C'est très exceptionnellement que dans quelques lettres il use en ce cas de la forme plurielle. *Sciatis me* ou *quod ego...* est la formule ordinaire, et non pas *Sciatis nos* ou *quod nos*.

Thomas Duffus Hardy[2] condamne les pièces dans lesquelles on fait parler le roi au pluriel.

V. Clauses finales. — Annonce du sceau. — Dans le chapitre précédent, j'ai parlé du corps de l'acte et des deux parties dont il est généralement composé : le dispositif et l'ordre d'exécution. J'arrive donc, sans plus tarder, aux clauses finales : l'annonce du sceau, la liste des témoins et la date. La formalité de l'annonce du sceau, à laquelle la plupart des chancelleries du xiie siècle attachaient beaucoup d'importance, était considérée comme à peu près inutile par les chanceliers de Henri II. C'est tout à fait exceptionnellement qu'on la rencontre dans les chartes que j'ai recueillies, et encore la plupart des rares exemples que j'en puis citer sont-ils loin d'être à l'abri du soupçon.

Confirmo et auctoritate mei sigilli communio quecumque in Normannia possident monachi Sancti Guliani Turonensis... (99, charte de Saint-Julien de Tours.)

Prenominatas possessiones, utrique parti rationabiliter assignatas,... ego confirmo et sigilli mei testimonio consigno. (144, charte de Savigni.)

Et ut hoc perpetuitatis robur habeat, sigilli mei munimine confirmo. (149, charte de Marmoutier.)

Presenti scripto et sigilli mei eisdem monachis testimonio confirmavimus. (252, charte de La Trappe.)

Ut autem hec mea elemosina cum integritate in perpetuum perseveret inconvulsa, presentis carte munimine et sigilli mei auctoritate eam corroboro. (261 et 262, chartes du prieuré du Plessis.)

Ut hec omnia et omnia alia que fideles Christi eis contulerunt et in futurum contulerint inconcussa et incontradicta remaneant, nunc et usque in sempiternum, regia hac auctoritate confirmo et sigilli mei impressione et subscriptorum testimonio corroboro. (365, charte du prieuré de Bonne-Nouvelle.)

---

[1] Robertson, *Materials*, t. VII, p. 346. — [2] *Rotuli chartarum*, p. xvii.

LISTES DES TÉMOINS. 225

Ne vero super hiis possit in posterum dubitari, presenti scripto et sigilli mei auctoritate volui confirmari. (N° 369, charte des chanoines de Bourges.)

VI. LISTE DES TÉMOINS. — Ce qui d'ordinaire fait immédiatement suite au dispositif et à l'ordre d'exécution, c'est la liste des témoins, en tête de laquelle est presque toujours tracé un grand *T.*, initiale du mot *Testibus*, les noms des témoins étant généralement écrits à l'ablatif. Par une exception tout à fait rare, le mot *Testibus* est écrit en toutes lettres dans une charte accordée à l'abbaye de la Trinité de Caen (n° 450), et le mot *Teste*, en tête d'une liste de six témoins au bas d'une charte de Foucarmont (n° 124). Quelquefois le mot se présente sous la forme abrégée *Test*. Les noms des témoins sont au nominatif dans l'analyse d'un bref que nous a conservé le Cartulaire du Mont-Saint-Michel[1], et aussi dans quelques autres pièces.

Les noms des témoins sont rangés suivant l'ordre hiérarchique, très fidèlement observé : archevêques, évêques, abbés, archidiacres, doyens, comtes, barons, officiers divers attachés à la maison royale. Il a été dit quelques mots au chapitre de la chancellerie[2] sur le rang assigné aux fonctionnaires et agents de ce service. Quant aux membres de la famille royale et aux dignitaires de haute distinction, appelés à figurer en qualité de témoins, ils avaient le pas sur tous les autres.

Les noms de baptême des témoins sont souvent figurés par l'initiale.

Parfois la liste des témoins est remplacée par les mots : *Teste me ipso*. Sir Thomas Duffus Hardy conteste le fait. « La formule *Teste me ipso*, dit-il, spéciale aux diplômes anglais, a fait sa première apparition sous le règne de Richard Cœur-de-lion ; elle ne se trouve plus tôt dans aucun acte reconnu comme authentique. Les actes où on la rencontre à une date plus ancienne sont faux : « those documents are forgeries[3]. » Ainsi s'exprimait l'archiviste anglais en 1837. Mais il avait émis une opinion différente en 1833, quand il attribuait[4] à Henri II l'usage de la formule *Teste me ipso* : « Henry II was the first who introduced into a royal diploma the formule of *Teste me ipso*. »

J'ai relevé la formule *Teste me ipso* dans la suscription de neuf chartes de Henri II, et, quoique plusieurs de ces chartes soient d'une authenticité dou-

---

[1] Fol. 114 v°; n° 32 de notre Recueil.
[2] Plus haut, p. 97, 102, 104, 109.
[3] *Rotuli chartarum*, p. XXXI.
[4] *Rotuli litterarum clausarum*, p. XVII.

touse, le nombre en est trop considérable, et elles viennent d'établissements trop divers, pour qu'on puisse soupçonner que des faussaires, disséminés dans les provinces françaises soumises à Henri II, aient pu s'entendre pour fabriquer des actes renfermant une locution assez peu usitée et trouver le moyen de les faire entrer dans un certain nombre d'archives.

Voici la liste des chartes où j'ai relevé la formule finale *Teste me ipso;* j'y ai joint le nom des maisons qui les ont possédées dans leurs archives. J'ai distingué par des astérisques les pièces présentant des anomalies qui peuvent en faire soupçonner l'entière sincérité.

60. L'abbaye de Saint-Évroul.
*84. L'abbaye de Blanchelande.
*141. L'abbaye de Saint-Évroul.
214. Les chanoines d'Équeurdreville, dépendant de l'abbaye du Vœu, à Cherbourg.
*347. L'abbaye de Saint-Évroul.
*362. La même abbaye.
367. L'abbaye de Cluni.
*491. L'ordre de Grammont.
509. Robert Marmion.

A ces chartes pourraient s'ajouter deux pièces : un mandement de [Geoffroi?], duc de Normandie, pour l'église de Bayeux, ainsi daté : « Teste ipso comite, apud Baiocas[1] », et une charte de Richard, comte de Poitou, pour la maison aumônière de Rouen : « T. Hugone de Diva, apud Rotomagum, et me ipso[2] ».

Je puis citer deux exemples de la formule *Teste rege ipso*, qui doit être l'équivalent de *Teste me ipso* : une lettre adressée en 1170 à l'archevêque de Cantorbéry[3], et une charte du Cartulaire de Cérisi[4].

---

[1] Livre noir de l'église de Bayeux, n° 18, édit., t. I, p. 25 : « Teste ipso comite ». L'auteur de la charte est désigné par l'initiale G. esquissée dans la marge, mais que l'enlumineur a négligé de tracer au commencement de la charte.

[2] Original, archives des hospices de Rouen, fonds de la Madeleine, série A.

[3] N° 181. j de notre Recueil.

[4] N° 215. — Je ne connais cette charte que par la traduction du Cartulaire de Cérisi, qui porte : « Tesmoins le roy mesmes. »

LISTES DES TÉMOINS.

Je ne doute pas de l'authenticité d'une charte par laquelle le roi se déclare témoin et garant d'une concession de bénéfice faite par Robert, abbé du Mont-Saint-Michel, à un clerc du chancelier Thomas et qui se termine par les mots : « Hujus autem concessionis et conventionis testis sum ego et utrinque plegius. Testibus : Thoma, cancellario, et Ricardo de Campvilla [1] ». L'original se trouve aux Archives du département de la Manche. La formule en est tout à fait insolite.

Dans un certain nombre de copies et d'éditions, les mots *et multis aliis* ont remplacé des noms de témoins que les copistes ou les rédacteurs de cartulaires ont jugé inutile de reproduire, mais nous avons vu plusieurs chartes originales, dans lesquelles les mots *et multis aliis*, ou *et pluribus aliis* ont été écrits à la chancellerie [2].

On ne saurait accorder trop d'attention aux listes de témoins, parce que c'est en les combinant avec l'absence ou la présence de la formule *Dei gratia* qu'on arrive à fixer avec le plus de précision la chronologie des actes.

Il importe donc beaucoup d'être renseigné sur la place que les témoins ont tenue dans la société contemporaine, pour pouvoir les bien identifier et savoir aussi approximativement que possible quand ils ont été investis de certaines fonctions, quand ils ont joui de certains fiefs, quand ils sont morts. Il fallait avoir des notions assez exactes sur la durée des périodes pendant lesquelles ils ont suivi la cour dans ses déplacements continuels en Angleterre, en Normandie, en Anjou, en Bretagne, en Poitou, en Limousin et en Guyenne. Grâce aux annalistes anglais et à Robert de Torigni, nous sommes renseignés avec une exactitude suffisante sur la vie des principaux dignitaires ecclésiastiques; mais nous sommes souvent fort embarrassés, quand notre enquête doit porter sur beaucoup de seigneurs féodaux et de fonctionnaires laïques, comme aussi sur des clercs de second ordre, qui ont joué un rôle considérable dans la diplomatie et l'administration. Pour beaucoup de ces personnages, nous sommes à peu près réduits à interroger les listes des témoins des chartes royales.

La distinction en deux grandes catégories que j'ai pu établir en mettant à

---

[1] N° 129 de notre Recueil.
[2] N°⁵ 511 et 570, chartes pour le prieuré de Longueville-en-Caux, et n° 562, pour l'abbaye du Vœu à Cherbourg.

VI. OBSERVATIONS SUR LE PROTOCOLE DES ACTES.

part, dans une catégorie, les actes de Henri II qui commencent par les mots : *H[enricus], rex Anglorum,* et, dans une autre catégorie, ceux dont les premiers mots sont : *H[enricus], Dei gratia rex Angloram,* nous est d'un très grand secours; les trente-cinq années du règne sont ainsi partagées en deux sections : l'une comprend les années 1154-1172-3, l'autre, les années 1172-3–1189. Un simple coup d'œil suffit pour autoriser le classement d'une pièce dans l'une ou dans l'autre section, réserve faite des chartes dont le texte a été préparé en dehors de la chancellerie.

L'établissement de groupes comprenant des pièces qui correspondent chacun à une période d'une dizaine d'années autorise à rattacher, avec beaucoup de vraisemblance, à une de ces périodes les noms des témoins à date incertaine qui accompagnent assez fréquemment les noms et une formule caractéristique de la même période, quand ces témoins à date incertaine ne se rencontrent pas dans les groupes des périodes voisines.

Les noms qui n'apparaissent que dans le premier groupe, caractérisé par les noms de Thibaud, archevêque de Cantorbéry, et du chancelier Thomas Becket, semblent dénoter une date antérieure à 1162, ou même 1161, quand ils ont été expédiés d'une localité française.

Ceux qui n'apparaissent pas dans le premier groupe, et qui figurent seulement dans le deuxième, caractérisé par les noms de Henri, évêque de Bayeux, et de Rotrou, évêque d'Évreux, en même temps que par l'absence de la formule *Dei gratia,* appartiennent vraisemblablement à la période qui va de 1162 ou 1163 à 1172-3.

Ceux qui ne se trouvent que dans le troisième, caractérisé par l'emploi de la formule *Dei gratia* et les noms de Richard du Hommet, de Rotrou, archevêque de Rouen, et de Richard, archevêque de Cantorbéry, doivent appartenir à la période allant de 1173 à 1180.

Ceux enfin qui ne se rencontrent que dans le dernier, avec les noms du connétable Guillaume du Hommet, du sénéchal de Normandie Guillaume Fils de Raoul, de l'évêque d'Évreux Jean Luc, et de Gautier de Coutances, doivent être des onze dernières années du règne.

C'est ainsi qu'on peut serrer dans des limites restreintes, le plus souvent à dix années près, parfois à beaucoup moins, la date de presque toutes les chartes de Henri II.

Les informations demandées aux annalistes ou suggérées par le voisinage de noms de témoins à date certaine sont encore bien insuffisantes et laissent dans l'ombre un certain nombre de noms de témoins. Pour essayer de donner un peu plus de lumière, j'ai cru devoir recourir aux chroniques et aux pièces d'archives, de façon à pouvoir donner, dans le chapitre X de l'Introduction, un catalogue de la plupart des noms de témoins, les uns évêques ou abbés, les autres possesseurs de grands fiefs, avec renvois à des textes qui permettent de les identifier et de voir à quelle époque et dans quelles circonstances ces témoins ont fréquenté la cour, rempli certaines fonctions, accompli diverses missions, traversé la Manche pour passer de France en Angleterre et *vice versa*, ou même se rendre dans les pays étrangers. A cet égard, les Pipe Rolls m'ont été d'une grande utilité; malheureusement, la publication n'en a été faite que jusqu'à l'année xxiie du règne (1175-1176).

Malgré tout, il faudra apporter une grande circonspection dans les travaux d'identification, différents membres de la même famille ayant porté les mêmes noms patronymiques et les mêmes noms de baptême. De plus, les rédacteurs des chartes ne se sont pas assujettis à ajouter constamment aux noms des témoins les titres que ces témoins avaient le droit de porter ou les fonctions qu'ils avaient à remplir.

Aussi, se tromperait-on grossièrement si, en voyant citer sans aucun titre un personnage connu pour avoir rempli une des grandes charges du royaume ou du duché, on en concluait que l'acte est antérieur à l'année au cours de laquelle le témoin est entré en jouissance de son titre ou a commencé à remplir ses fonctions.

Par exemple, dans une charte de Henri II (n° 434 de notre Recueil), le nom de Gautier de Coutances, dépourvu de toute qualification, se trouve à côté du nom du chancelier Geoffroi, fils du roi, qui fut nommé chancelier en 1181. Faut-il en conclure que, à la date de cette charte, 1181 au plus tôt, Gautier n'avait pas encore reçu les dignités qui ont rendu son nom célèbre? Assurément non. Dès l'année 1175, il jouissait de bénéfices importants, dont il a été souvent cité comme titulaire antérieurement à 1181.

Cette observation s'applique à d'autres personnages de la cour de Henri, dont les titres ne sont pas toujours énoncés dans les souscriptions des actes royaux.

VII. Post scriptum. — Henri II, au commencement de son règne, avait confirmé certain bien d'un hôpital dépendant de la maison de Montjou, et l'expédition en avait été préparée par un scribe de la chancellerie, mais avant que le sceau y fût apposé, on s'aperçut de l'omission d'une clause : il manquait une phrase relative aux biens que l'hôpital pourrait acquérir ultérieurement; le clerc qui avait transcrit la charte ajouta la clause omise à la suite des noms des témoins : *Et quicquid eis rationabiliter dabitur in tota terra mea, ego confirmo et concedo*... La date *Apud Suhantonam* a pris place à la suite de la phrase additionnelle [1].

VIII. Date. — Le millésime ayant été systématiquement omis dans les chartes de Henri II, je pourrais m'abstenir de parler ici du commencement de l'année; mais, comme notre Recueil contient quelques actes de provenances diverses, qui tiennent la place de chartes royales ayant dû ou pu exister, et comme plusieurs de ces actes auxiliaires portent un millésime, il n'est pas inutile d'avertir le lecteur que, sous les premiers Plantegenêts, l'usage généralement suivi dans leurs états faisait partir de la fête de Noël le commencement de l'année. C'est ce qui ressort des annales quasi officielles qui nous sont parvenues pour les règnes de Henri II et de ses successeurs. Nous avons des textes qui prouvent que cet usage était suivi pour les actes judiciaires. Le procès-verbal d'une grande assise royale tenue à Troarn la dernière année du XIIe siècle est datée suivant ce système : « Hec recognitio facta est anno incarnationis Dominice M° CC°, anno primo domini regis Anglie Johannis, XVIII die mensis marcii [2], in magna assisia apud Trouart »; il s'agit bien là du 18 mars de l'année que nous comptons 1200, ce qui suppose l'année commençant à Noël ou au 1er janvier, et les écrits des annalistes nous amènent à donner la préférence à la fête de Noël.

Toutes les chartes de Henri II, à peu près sans exception, se terminent par une date, non par une date de temps (le fait a été constaté dans le premier chapitre de ce volume), mais par une date de lieu, consistant en deux mots, la prépo-

---

[1] N° 24.'A de notre Recueil. L'original est aux Archives du New College, n° 168 de la série *Hornchurch*.

[2] L'original de la charte est aux archives du Calvados; le texte qu'en a publié Léchaudé d'Anisy, dans les *Grands rôles de l'Échiquier de Normandie*, p. 202, col. 1, porte par erreur *mensis mercurii*.

sition *apud* suivie du nom de la localité où la charte a été expédiée : *Apud Rothomagum, Apud Westmonasterium*...

Les pièces de notre Recueil, dans lesquelles est indiquée l'année de l'incarnation ou celle du règne, sont au nombre d'une vingtaine, qui vont être indiquées en peu de mots avec la date en chiffres arabes.

28. Pour l'abbaye de Blanchelande. « Datum anno ab incarnatione Domini 1157. » — Acte faux ou falsifié.

29. Pour l'hôpital de Falaise. « Apud Falesiam, anno ab incarnatione dominica 1157 in Christo confirmata feliciter. » — Acte faux ou falsifié.

30. Pour l'abbaye de Savigni. « Hec autem mea constitutio ac confirmatio facta est anno ab incarnatione Domini 1157, anno scilicet regni mei Anglie 3, ducatus vero Normannie 8°... Apud Moston in Landa Putrida. » — La date suppose que la première année du duché de Normandie était comptée par Henri II comme commencée au plus tard avant le commencement d'avril 1150, cette charte étant un peu antérieure au 7 avril 1157, date du passage du roi en Angleterre. — Charte rédigée en dehors de la chancellerie.

30. A. Pour l'abbaye de Savigni. « Hec autem nostra concessio atque confirmatio facta est anno ab incarnatione Domini 1157, anno scilicet regni mei Anglie 3, ducatus vero Normannie 8... Apud Danfrontem. » — Charte rédigée en dehors de la chancellerie.

84. Pour l'abbaye de Blanchelande. « Datum apud Valonias... Actum anno regni mei 29. » — L'année 29 du règne correspond à l'année 1182-1183 de l'incarnation. D'après les noms des témoins la charte devrait être de 1156-1159. — Acte faux ou falsifié.

91. Pour les Bons hommes de Monnais, de l'ordre de Grammont. « Datum apud Cenomannim, per manus magistri Radulfi cancellarii, septima die junii, anno quinto regni nostri... » — Charte fausse, le chancelier Raoul n'ayant été en fonctions que longtemps après la cinquième année du règne.

98. Pour l'abbaye de Montierneuf. « Actum est hoc Cainoni, anno ab incarnatione Domini 1160, epacta 11, concurrente 5, indictione 8, 8 idus aprilis, 6 anno regni nostri. » — Charte rédigée en dehors de la chancellerie.

99. Pour l'abbaye de Saint-Julien de Tours. « Acta sunt hec anno 1160 ab incarnatione Domini, apud Leuns. » — Charte rédigée hors de la chancellerie.

133. B. Lettre à Pierre Bernard, prieur de Grammont. « Datum Londoni, mense martio, regni nostri 7°. » — Lettre dont le texte a dû être altéré.

VI. OBSERVATIONS SUR LE PROTOCOLE DES ACTES.

144. Charte pour l'abbaye de Savigni. « Facta est autem ista mea confirmatio anno ab incarnatione Domini 1162... Apud Dominam Frontem. » — Charte rédigée hors de la chancellerie.

148. Charte relative à la fondation du pont de Saumur. « Anno ab incarnatione Domini 1162... Apud Salmurum. — Charte très solennelle, rédigée dans des circonstances particulières.

153. Traité avec Thierri, comte de Flandre. « Apud Doverham, 14 kal. aprilis [1163]. » — Acte international.

162. Charte pour l'abbaye du Mont-Saint-Michel. « Apud Fulgerias in exercitu. Data per manum magistri Stephani, 3 idus julii, anno ab incarnatione Domini 1166, regni vero Henrici, gloriosi regis Anglorum, 11. » — L'exemplaire original de la charte porte simplement cette date : « Apud Fulgerias, in exercitu. » — Le reste a été ajouté dans le Cartulaire, probablement par les soins de l'abbé Robert de Torigni. Dans cette charte et dans la suivante, l'année du règne a été mal comptée; le mois de juillet 1166 appartenait à la douzième année du règne.

163. Charte pour la même abbaye. « Apud Fulgerias. Data per manum magistri Stephani, 2 idus julii, anno ab incarnatione Domini 1166, presidente universali catholice Ecclesie Alexandro papa III, regnante vero gloriosissimo rege Anglie et duce Normannie et Aquitanie et comite Andegavie Henrico anno 11. » — L'exemplaire original de la charte devait porter simplement les mots « Apud Fulgerias »; le reste a été ajouté par le rédacteur du Cartulaire.

164. Certificat relatif à une translation des reliques de saint Brieuc à Angers. « Anno ab incarnatione Domini 1166, et regni nostri 10, pridie kalendas augusti, luna 30, die dominica. » — Acte d'un genre particulier, rédigé probablement par un religieux de Saint-Serge d'Angers. Le 31 juillet 1166 appartenait à la douzième année du règne.

166. A. Statut pour la levée d'une taille destinée à la défense de la Terre Sainte. « Apud Cenomanniam proxima tertia feria post dominicam qua cantatur Misericordia Domini ;... iterato apud Cenomanniam, tertia feria post sequentem dominicam. » — Acte de gouvernement arrêté dans une assemblée où étaient réunis les représentants du clergé et de la noblesse des provinces françaises soumises à Henri II.

171. Charte pour l'abbaye de Saint-Aubin d'Angers. « Actum in Ramis Palmarum, Andegavis, in aula mea, anno ab incarnatione Domini 1167, indictione 15. » — Procès-verbal d'un accord rédigé sous la forme d'une charte royale. L'acte officiel d'homologation est sous la forme d'une charte (n° 172) portant simplement cette date : « Apud Andegavim ».

DATE. 233

296. Charte pour l'abbaye de Loc Maria. « Actum est hoc Cenomannis, anno ab incarnatione Domini 1172, concurrentes 6, epacte 4. » — Charte connue seulement par une notice qu'a rédigée un moine de l'abbaye.

333. Traité avec le roi de Connaught. « Apud Windeshoueres, in octavis sancti Michaelis, anno ab incarnatione Domini 1175. » — Acte international.

369. Charte pour les chanoines de Bourges. « Actum anno ab incarnatione Domini 1178. » — Acte arrangé par un membre ou un agent du chapitre de Bourges, peu au courant des usages de la chancellerie, qui a substitué l'annonce du sceau et le millésime aux clauses finales de l'exemplaire.

378. Traité avec Philippe Auguste. « 4 kal. julii, inter Gisortium et Triam. » [1180]. — Acte international.

437. Testament de Henri II. « Apud Waltham... In predicto loco, anno incarnationis Domini 1182. »

466. Traité conclu avec le roi de France et Marguerite de France, reine d'Angleterre. « Actum apud Gisortium, anno ab incarnatione Domini 1185, 5 idus martii. » — Acte rédigé au nom de la reine Marguerite et ayant un caractère international.

Le relevé qui précède montre bien que la présence d'une date chronologique dans les actes de Henri II est un fait exceptionnel, une véritable anomalie dont il est presque toujours facile de déterminer la cause.

Les chartes qui nous sont arrivées avec un millésime, ou l'indication d'une année de règne, sont, pour la plupart, des pièces fausses, falsifiées ou altérées.

Plusieurs ont été rédigées ou écrites en dehors de la chancellerie, par des clercs qui ne connaissaient pas le formulaire du protocole et qui étaient plus habitués à la belle minuscule des livres de bibliothèque qu'à la minuscule ou cursive diplomatique. — Dans un certain nombre de pièces, la date a été ajoutée par des ignorants incapables de reconnaître les personnages qui, à une époque déterminée, avaient pu servir de témoins. — Une dérogation à la règle qui interdisait l'emploi des dates chronologiques s'imposait pour les actes qui touchaient aux relations internationales, notamment pour les traités à conclure avec les rois étrangers.

En somme, il n'y a dans les actes ordinaires de Henri II ni millésime ni indication d'année du règne. La date se borne à mentionner la localité d'où la charte a été expédiée. Elle se réduit à deux mots *apud N.*, par lesquels se terminent sans exception toutes les chartes du roi. Malgré tout, ces maigres dates de lieu, auxquelles s'ajoute, bien rarement, dans les premières années du règne, la mention d'un notable événement, *in concilio, in exercitu, in obsidione*, m'ont été fort utiles, comme on l'a vu dans le chapitre II.

D'après les exemples cités à l'appui de mes observations sur les chartes en général et sur les parties protocolaires des actes, on a pu apprécier la rigoureuse précision des termes de la langue administrative et la fidélité avec laquelle les expéditionnaires se conformaient au style de formulaires bien arrêtés, dont l'existence ne saurait être mise en doute. Évidemment, ce n'était pas dans une chancellerie si strictement dirigée et disciplinée qu'il était loisible à des expéditionnaires, à de simples scribes, de commencer, à leur gré, le texte d'un acte royal soit par les mots *H. rex Anglorum*, soit par les mots *H. Dei gratia rex Anglorum*. N'y a-t-il pas là une raison suffisante pour faire admettre qu'à un moment donné un ordre supérieur est intervenu pour prescrire une modification de la formule de suscription : le remplacement des mots *H. rex Anglorum* par les mots *H. Dei gratia rex Anglorum*?

IX. Sceau. — Je n'ai pu examiner qu'un très petit nombre de chartes scellées de Henri II, et la conservation des exemplaires qui sont passés sous mes yeux laissait beaucoup à désirer. Je ne puis guère mieux faire que de renvoyer à la dissertation de M. Walter de Gray Birch : *On the seals of king Henry the second*[1], et au catalogue que le même savant a publié des sceaux du Musée britannique [2].

Au dire de quelques critiques, Henri II se serait servi de deux sceaux qu'on devrait distinguer d'après les caractères suivants :

PREMIER SCEAU.	SECOND SCEAU.
Côté de la face. — Le roi sur son trône, une épée à la main droite, un globe dans la main gauche.	Côté de la face. — Le roi sur son trône, une épée à la main droite, un globe dans la main gauche.
HENRICUS. DEI. GRATIA. REX. ANGLORUM.	HENRICUS. DEI. GRATIA. REX. ANGLORUM.

[1] *From Transactions of the Royal Society of Literature*, vol. XI, new series, in-8° de 37 pages.

[2] *Catalogue of Seals in the British Museum*, vol. I, p. 10-13. — On a voulu y distinguer quatre types différents.

La pointe de l'épée du roi pénètre dans le cercle réservé pour la légende, entre les lettres R et M du dernier mot.

Au revers. — Le roi à cheval, une épée à la main droite, la main gauche tenant un écu et les rênes du cheval.

HENR. DEI. GRA. DVX. NORM.... ET. AQVIT. ET. COM. ANDEG.

Dimension [1] : 90 millimètres.

La pointe de l'épée du roi pénètre dans le cercle réservé pour la légende, entre les lettres V et M du dernier mot.

Au revers. — Le roi à cheval, une épée à la main droite, la main gauche tenant un écu et les rênes du cheval.

HENRICVS. DVX. NORMANNOR. ET. AQVIT. ET. COM. ANDEG.

Dimension [1] : 95 millimètres.

Je suis porté à révoquer en doute l'existence du premier de ces sceaux qui aurait été en usage au commencement du règne. On n'en peut signaler aucun exemplaire; il n'est connu que par un moulage de Doubleday, dont l'origine est incertaine. L'image du premier type a été publiée par M. Birch à côté de l'image du second.

Le sceau qu'on appelle le second type a été reproduit dans les ouvrages suivants : nouvelle édition des *Fœdera* de Rymer, t. I, part. I, en regard de la page 19; le recueil de fac-similés publié par l'ancienne Commission des archives de l'Angleterre, planche XLIV; la dissertation de M. W. de Gray Birch, citée à la page précédente; le recueil des fac-similés de chartes du Musée britannique par Warner, vol. I, n° 56. Ce dernier recueil contient sous le n° 38 une autre charte de Henri II, mais c'est un exemplaire si mal conservé qu'il ne permet guère d'en voir la composition.

Le sceau, dit du second type, a servi à Henri II dès le commencement de son règne; il est appendu : 1° à deux chartes de l'abbaye de Reading, antérieures à l'année 1159 [2], puisqu'elles ont été faites à Rouen, en présence de Robert du Neubourg, qui mourut en 1159; — 2° à une charte délivrée à Thibaud, archevêque de Cantorbéry, du temps que Thomas Becket était chancelier royal, c'est-à-dire au plus tard en 1162 [3].

Le même sceau était encore en service pendant la seconde période du règne de Henri II. Nous le voyons au bas de plusieurs chartes en tête desquelles

---

[1] Les dimensions sont indiquées d'après l'*Inventaire des sceaux des Archives nationales*, par Douët d'Arcq, t. III, p. 263.

[2] Addit. charters, n°ˢ 19593 et 19591. —

M. Birch date ces pièces, l'une de 1154-1163, l'autre de 1153 (sic)-1163. — La date de ces deux chartes est comprise entre 1155 et 1159.

[3] Harley charter, III, B. 49.

le roi est appelé *Henricus Dei gratia rex*, c'est-à-dire après 1172 : charte de Reading, de l'année 1173 ou 1174, puisqu'elle mentionne comme témoin unique *G. electus Elyensis*[1]; — charte octroyée à Guillaume d'Estouteville[2]; — confirmation d'un accord conclu entre les abbayes de Reading et de Gloucester[3].

Ce qu'on appelle le troisième sceau de Henri II est représenté par le moulage de la face d'un sceau portant la légende HENRICUS. DEI. GRATIA. REX. ANGLORUM.

Le quatrième sceau, connu seulement par un moulage, appartient à un autre sceau que le précédent. C'est aussi un revers ayant pour légende : HENRICUS. DUX. NORMANNOR. ET AQUITANNOR. ET. COMES. ANDEGAVOR.

Il paraît donc certain que la formule du titre de Henri II n'a point subi sur les sceaux la même modification que dans l'intitulé des chartes. L'image du roi y a toujours été accompagnée des mots *Henricus Dei gratia rex Anglorum*.

On a classé au Musée britannique comme troisième sceau de Henri II le moulage du premier côté d'un sceau de Henri II[4], qui passe pour avoir été pris sur une matrice en fort mauvais état. — Le quatrième type est aussi le moulage du second côté d'un autre sceau[5], dont l'origine est inconnue et l'authenticité suspecte. Il est facile à distinguer par la graphie du mot *Aquitannorum*.

Je ne puis rien dire des sceaux dont se sont servis des faussaires qui ont fabriqué des chartes de Henri II soit de son vivant, soit après sa mort.

Le Pipe Roll de la seconde année du règne (p. 4) mentionne un procès fait aux faussaires du sceau du roi : « Et pro judicio falsariorum sigilli regis, 14 sol. 2 den. »

Gautier Map[6] nous apprend que Henri II fit grâce de la vie à un ouvrier qui avait fabriqué un faux sceau avec une telle habileté qu'il était impossible de le distinguer du véritable : « Artifex subtilis expresserat sigillum regium bitumine, formaveratque cuprinum tam expressæ similitudinis ad illum ut nemo differentiam videret.... »

---

[1] Addit. charter, n° 19592.
[2] *Ibid.*, n° 5719.
[3] *Ibid.*, n° 19606.
[4] Reproduit dans l'opuscule de M. Birch, au bas de la planche I à gauche.
[5] Ce sceau a été lithographié dans le même opuscule de M. Birch, à droite, au bas de la planche I.
[6] *De Nugis curialium*, V, VI, éd. Wright, p. 235.

SCEAU. 237

La plus importante remarque à faire sur le sceau royal de Henri II, c'est que la légende de ce sceau a toujours porté la formule *Dei gratia rex*. En cela, Henri II suivait l'usage de ses prédécesseurs. Nous lisons sur le sceau de Henri Ier : *Henricus Dei gracia rex Anglorum*. — *Henricus Dei gracia dux Normannorum;* et sur celui d'Étienne : *Stephanus Dei gratia rex Anglorum*. — *Stephanus Dei gratia dux Normannorum*. — Sa mère, sur le sceau dont elle se servait encore depuis qu'elle était remariée à Geoffroi Plantegenêt, s'appelait *Mathildis Dei gratia Romanorum regina*. — Henri, lui-même, quand il n'était encore que duc de Normandie, avait un sceau sur lequel étaient gravés les mots *Dei gratia*.

Indépendamment du grand sceau confié à la garde du chancelier ou d'un vice-chancelier, Henri II, comme tous les souverains, avait à sa disposition un ou plusieurs signets ou cachets, peut-être des pierres gravées, dont il se servait pour sa correspondance privée et qui ont dû être employés pour transmettre certaines dépêches à faire circuler, des mandements et des circulaires qui devaient être mis sous les yeux de destinataires plus ou moins nombreux.

Dans le présent recueil (p. 145), j'ai eu l'occasion de parler de la différence des attaches du sceau (simples ou doubles queues de parchemin, bandes de cuir, lacs de soie, cordonnets plats ou en forme de tuyaux), variétés correspondant au caractère spécial des pièces expédiées par la chancellerie. Mais j'avoue n'avoir pas accordé assez d'attention à la nature et à l'état des attaches de sceau qui subsistent ou qui ont été mentionnées dans diverses descriptions. Il y a là de curieux petits travaux de tissage, sans qu'aucun présente une inscription, comme celle qni se lit aux Archives du Calvados sur l'attache destinée à suspendre le sceau de Richard Cœur-de-lion à la charte relative au mariage de Richard du Hommet avec Gille de La Haie :

> Jo sui druerie,
> Ne me dunez mie,
> Ki nostre amur descivre,
> La mort pu . . . . . [1].

[1] Voir la notice insérée en 1853 dans la *Bibliothèque de l'École des chartes*, 3ᵉ série, t. IV, p. 58, et dans le *Bulletin monumental*, 2ᵉ série, t. X, p. 225, année 1854. — La photogravure de la charte, y compris les attaches, se trouve dans le *Musée des Archives départementales*, pl. XXVIII (n° 52, p. 91 du volume de texte). C'est une charte de l'année 1190.

238   VI. OBSERVATIONS SUR LE PROTOCOLE DES ACTES.

Je regrette aussi d'avoir souvent négligé de noter la couleur de la cire employée pour sceller. La plupart des sceaux sont en cire blanche ou jaunâtre; quelques-uns, mais très peu nombreux, sont en cire rouge.

Gaignières [1] a vu dans les archives de Fontevrault des chartes dont il décrit ainsi les sceaux : « scellé en cire rouge sur lacs de soie verte; scellé sur lacs de soie bleue et blanche; scellé en cire verte sur lacs de cuir. »

Il y a aux Archives nationales (K. 24. 8⁴) une charte de Savigni, de l'année 1162, au bas de laquelle pend une attache en cuir.

On peut encore noter quelques chartes où l'extrémité inférieure du parchemin a été repliée sur elle-même avant de recevoir les incisions destinées à laisser passer les attaches du sceau.

Il me reste à parler d'une charte qui m'a été signalée par M. Saché archiviste de Maine-et-Loire, pour le sceau de Henri II dont elle a été munie quoiqu'elle ne soit pas émanée du roi et que rien dans le contexte (n° 180. A) n'indique l'apposition du sceau royal. Cette charte est relative à un domaine situé aux Loges, aujourd'hui village de la commune de La Breille (Maine-et-Loire). Les bornes du domaine avaient donné lieu à un litige entre les abbayes de Bourgueil et de Fontevrault. Par ordre de Henri II, Étienne de Marsai, sénéchal d'Anjou, se rendit sur les lieux en 1169 et procéda à un bornage qui, agréé par les deux parties, fut constaté dans un procès-verbal, écrit en double copie, sur une longue feuille de parchemin, au milieu de laquelle avait été réservé en blanc un espace assez large pour recevoir, avant la remise aux abbayes intéressées, la légende caractéristique du cirographe ou charte-partie. Ainsi préparé, le double exemplaire du procès-verbal fut soumis à la cour du roi pour obtenir une approbation, sans qu'aucune mention de la demande d'approbation fût consignée dans la pièce envoyée. Malgré ce silence, le motif de l'envoi fut parfaitement compris.

Le roi ne fit pas expédier une charte de confirmation comme il avait l'habitude de le faire. Se contentant d'une approbation verbale, il ordonna au chancelier de faire écrire en caractères monumentaux sur le blanc réservé au milieu du parchemin, entre les deux copies du procès-verbal, les mots ANNVO-AMEN, puis de séparer les deux parties du cirographe, pour qu'une des

---

[1] Ms. latin 5480, t. I, p. 75, 84 et 375.

deux abbayes en cause possédât la partie contenant la partie supérieure de la légende cirographique, et que l'autre reçût l'exemplaire ayant en tête la partie inférieure des lettres de cette légende; après quoi le grand sceau royal et ducal fut attaché à chacun des deux exemplaires sur des lacs passés dans quatre incisions ∴ à la hauteur de la légende cirographique. La phototypie qui en a été publiée dans la *Bibliothèque de l'École des chartes* [1] fait comprendre la disposition de cette pièce des Archives de Maine-et-Loire.

Quoniam labilis est et caduca vita mortalium, rerum gesta volubilitate temporis et novis successoribus oblivione obnubilantur. Eapropter a patribus xancitum est, ut ea que posteris necessaria sunt, stilo ad memoriam revocentur. Sciant igitur presentes et posteri quod abbatissa Fontis Ebraudi, Audeburgis, et Aimericus, abbas de Burgolio, convenerunt apud Andegavim, propter querelam quam inter se habebant, de nemore et terra de Lotgis ante dominum Aenricum, regem Anglię. Qui jussit Stephano de Marchaio, senescallo suo, ut hanc querelam pacificaret. Et ille jussus a rege accessit in capitulo de Burgolio, et accepit communem assensum totius capituli, ut quicquid ipse de hac querela diffiniret ratum et illibatum haberetur. Quid plura? Perpetualiter concesserunt. Et facto pacto, predictus Stephanus ivit Lotgas, et cum juratis regis percalcavit terram de Lotgis, circumquaque metas ponendo, ne alii infra terminos aliorum deinceps aliquid usurparent. Quidquid vero infra ambitum metarum continetur, ex parte regis, possidendum ęcclesie de Lotgis, pacifice et libere absque alicujus reclamatione, concessit. Sed de hoc quod continetur extra laxos qui sunt in nemore, et Mala dividit Semita, usque ad fontem Mustriolii [2] et usque ad magnam viam que tendit ad Vernoliam et ultra, sicut a metis pro certo indicatur, reddet ecclesia de Lotgis censualiter singulis annis x solidos andegavensium ecclesie de Burgolio, ad festum Sancti Petri ad vincula.

Facta est autem hec concordia presente abbatissa Fontis Ebraudi, et abbatę (*sic*) Burgolii.

Hujus(?) rei testes sunt predictus senescallus, W. de Montesorel senex, Fulchodius Bloi, et W. filius ejus, Paganus de Sancto Martino, Otgerius frater ejus, Rainaldus de Moncel, Gervasius de Jeries, Joscelinus de Vauzeles, Aimericus Mansel vicarius de Alona, Girardus de Serenes, Gaufridus Grafin. Et ex nostris, predicta abbatissa Audeburgis, Petrus prior de Raones, Gilia priorissa, Johannec[3] de Verro subprior, et W. Johannec prior de Lotgis, Juliana priorissa ejusdem loci, Scolastica cellararia. Et ex monachis, predictus abbas Aimericus, Benedictus de Plasait prior Sancti Laurentii, Symon Ganardus prior de Brolia, et multi alii.

[1] Année 1907, p. 310.
[2] La lecture des trois premières lettres de ce mot est très douteuse.

[3] Ce nom et celui du deuxième témoin qui suit sont écrits très nettement *Johc* avec un trait abréviatif dans la haste de la lettre *h*.

VI. OBSERVATIONS SUR LE PROTOCOLE DES ACTES.

Existente anno ab incarnatione Domini M. C. LX. VIIII, Gaufrido Moschet, episcopo Andegavensi, presidente, factum est hoc in domo de Lotgis, III kalendas junii.
ANNVO-AMEN.

Dans cette pièce, les deux mots ANNVO-AMEN, traversés par l'attache du sceau royal, sont l'équivalent de l'homologation d'un accord conclu entre parties et d'un ordre donné par le roi de faire observer les conditions de cet accord. Cela nous rappelle le mot FIAT que, plusieurs siècles après, le Souverain Pontife inscrivait ou faisait inscrire sur certaines requêtes qui lui étaient adressées et auxquelles il faisait droit.

Ainsi la simple apposition du sceau royal sur un acte synallagmatique était l'équivalent d'une charte de confirmation.

C'est ainsi que le roi fit mettre son sceau au bas de la notice dans laquelle étaient relatées les conditions d'un accord conclu entre l'abbesse du Roncerai et deux chapelains de cette église : « Actum est hoc anno ab inc. Domini M° C° LX°, regnante Henrico rege..., qui hanc cartam attestatione sigilli sui precepit muniri » (n° 98. A de notre Recueil).

Les observations qui précèdent ont pu faire entrevoir que beaucoup des particularités signalées dans les actes de Henri II se trouvent déjà dans les actes des premiers rois de la dynastie normande. Je ne dois pas cependant terminer ce chapitre sans grouper un ensemble de traits communs à la diplomatique des cinq premiers rois de cette dynastie, de manière à montrer que l'organisation de la Chancellerie, telle qu'on la voit fonctionner au temps de Henri II, était le résultat de l'œuvre des ministres des rois antérieurs, principalement de ceux de Henri Ier et d'Étienne de Blois. Sans attendre les études approfondies que mérite un tel sujet, on peut se rendre compte du régime administratif auquel les populations des états anglo-français ont été soumises pendant tout le XIIe siècle.

La connaissance des actes émanés du souverain est un des moyens les plus efficaces d'atteindre ce but. Voilà pourquoi il importe de constater sur le vif comment s'établissent les traditions administratives. Il faut donc comparer les actes de Henri II avec ceux de ses prédécesseurs. La sobriété, la concision et la clarté en sont les traits caractéristiques. En ce qui concerne Henri II on

ANALOGIE AVEC LES ACTES ANTÉRIEURS.

peut s'en convaincre en parcourant le recueil dont l'Académie publie aujourd'hui les Prolégomènes. Pour donner quelques termes de comparaison, je citerai un petit nombre d'exemples empruntés aux meilleures sources, notamment à l'ouvrage de M. Georges-F. Warner, *Facsimiles of royal and other charters in the British Museum*, vol. I; William I-Richard I (London, 1903; in-folio).

I. *Guillaume le Conquérant.* (Warner, n° 1.) — ✠ Willelmus, rex Anglorum, Petro, episcopo Cestrensi, et Willelmo comiti, Filio Osberni, et Hugoni, comiti Cestrensi, ceterisque comitibus ac baronibus, vicecomitibus omnibusque fidelibus et ministris suis, francis et anglis, salutem.

Sciatis me concessisse et dedisse Deo et æcclesię sanctę Marię de Coventreia et abbati Leofwino, fratribusque ejusdem loci, ad victuale subsidium, omnes donationes terrarum aliarumque rerum omnium quas Leofricus comes, pro salute animę sue ibidem contulit, cum saca et socna, toll et team, sic solutas et liberas, sicut pię memorię rex Æadwardus, cognatus meus, melius et plenius eisdem concessit, et per cartas suas confirmavit.

His testibus : Odone Baiocensi episcopo, Gosfrido episcopo de Constantiis, Roberto comite de Moretanio, Rogerio comite de Mungumerico, Henrico de Perrariis. Valete.

II. *Guillaume le Roux.* (Warner, n° 2.) — Willelmus, Dei gratia rex Anglorum, Osmundo Salesberiensi episcopo, et omnibus baronibus et fidelibus suis francis et anglis de Wiltescire, salutem.

Sciatis me concessisse et precepto patris mei dedisse ecclesię Sancti Martini de Bello, et monachis ibidem Deo servientibus, unum manerium quod vocatur Bromham, cum omnibus appenticiis suis, et cum omnibus rebus et regalibus consuetudinibus sibi adjacentibus, scilicet cum saca et socna et tol et theam, et infangenetheof et warpenig et murdro et lestagio et opere pontium et castellorum et clausurarum et omnibus aliis operibus et auxiliis. Volo ergo et firmiter precipio ut sic libere et quiete et in pace eum monachi teneant ab omnibus consuetudinibus, geldis et scotis et hidagiis et danegeldo et omnibus placitis et querelis et scires et hundredis et de exercitu, sicut pater meus liberius et quietius tenuit vel tenere potuit. Et defendo ne aliquis eis injuriam inde faciat super forisfacturam meam magis quam faceret si ego illud manerium in mea dominica manu tenerem, sed ut eos adjuvetis in loco meo, ut bene et honorifice semper teneant, et pro anima patris mei et matris meę et pro me et pro nobis Deo libenter serviant. Et precipio quatinus homines illius manerii per totam terram meam mercata sua absque teloneo, sicut dignum est, faciant.

Testibus : Eudone dapifero, et Rogero Bigot, et Gisleberto Filio Ricardi.
Apud Wintoniam.

III. *Henri Ier*. (Cartulaire de Savigni, chart e 6.) — Henricus, Dei gratia rex Anglorum et dux Normannorum, archiepiscopo Rothomagensi, episcopis, abbatibus, comitibus, baronibus et omnibus fidelibus suis totius Normannie, salutem.

Sciatis quoniam dedi et concessi in elemosinam Deo et ecclesie de Savigneio vineam meam de Abrincis, et vineam que fuit Regine, et omnia illa que pertinent ipsis vineis. Et volo et precipio quod ecclesia de Savigneio eam quiete et libere nunc et in perpetuum obtineat.

Testibus : A. episcopo Ebroicensi, et Johanne episcopo Sagiensi, et Ricardo de Sig[illo]; et Ricardo comite Gloecestrie, et R. Filio comitis, et Hugone de Falesia.

Apud Abrincas.

IV. *Henri Ier*. (Original, Oxford, Christ Church.) — H., rex Anglorum et dux Normannorum, Restoldo vicecomiti Oxenefordie, et Ricardo vicecomiti de Buching., et ministris suis, salutem.

Precipio quod tota terra et homines canonicorum Sancti Georgii de Oxeneforda sint quieti et in pace de sciriis et hundredis et de wardis et communibus placitis et omnibus aliis rebus, excepto murdro et latrocinio probato, et prohibeo quod nullus eis vel hominibus suis injuriam vel contumeliam faciat, quia ipsi sunt de propria elemosina mea.

Teste Rogerio, episcopo Saresberiensi, apud Wudestokam.

V. *Étienne*. (Warner, n° 35.) — S., rex Anglorum, episcopo Roffensi, et justiciis et baronibus et vicecomitibus et ministris et omnibus fidelibus suis de Chent, salutem.

Sciatis me concessisse et presenti carta confirmasse donationem quam Ricardus de Luci fecit ecclesie Sancte Trinitatis Lundoniensis, et canonicis ibidem Deo servientibus, in elemosinam, de terra que fuit Godefridi Beivin., servientis sui, in Liesnes. Quare volo et precipio quod prefata ecclesia et canonici eandem terram bene et in pace, libere et quiete et honorifice teneant, cum omnibus pertinentiis suis, ita soluta et quieta sicut carta ejusdem Ricardi de Luci et carta Willelmi de Ipra testantur.

Testibus : Ricardo de Luci, et Fulc[one] de Oilli, et Warnero de Luisoriis, et Gervasio de Cornhellis.

VI. *Étienne*. (Original, Oxford, Christ Church.) — S., rex Anglorum, archiepiscopis, justiciis, vicecomitibus, baronibus, ministris et omnibus fidelibus suis totius Anglie, francis et anglis, salutem.

Sciatis me concessisse et confirmasse donationem illam quam Willelmus de Caisn[eio] et Ricardus de Canvilla fecerunt ecclesie Sancte Marie de Oseneia, et canonicis regularibus ibidem Deo servientibus, de ecclesia Sancti Georgii que in castello Oxeneff. sita est. Quare volo et firmiter precipio quod predicta ecclesia et canonici ecclesiam illam Sancti Georgii, bene et in pace et libere et quiete et honorifice, teneant, in terris et decimis et ecclesiis et omnibus redditibus eidem ecclesie pertinentibus, in bosco et plano, in pratis et pascuis, et in omnibus aliis rebus et locis, cum omnibus libertatibus et liberis consuetudinibus

ANALOGIES AVEC LES ACTES ANTÉRIEURS.

quas eadem ecclesia umquam melius habuit; sicut predictus Ricardus de Canvilla et Willelmus de Cais[ncio] illam eis concesserunt et dederunt et cartis suis confirmaverunt.

Testibus : Roberto episcopo Lin[colniensi], et Ilario episcopo Cicestrensi, et m[agistro] Regin[aldo], et Ricardo de Luci, et Warnero de Lisoriis.

Apud Lond[oniam].

Si on examine en détail les différentes parties des chartes de Henri II, et qu'on les compare aux parties correspondantes des chartes des deux prédécesseurs, la ressemblance est encore plus frappante.

Nom du roi. — Les chartes de Henri Ier et celles d'Étienne commencent le plus souvent par la simple initiale du nom du roi *H* ou *S*. — Tel est aussi l'usage de l'Impératrice Mathilde [1].

Adresse. — A l'initiale du nom, suivie du titre du roi, succède l'indication des collectivités et des individus auxquels l'acte est adressé. L'énumération est faite suivant l'ordre hiérarchique, conformément à ce qui a été exposé ci-dessus (p. 207) pour les actes de Henri II.

Voici comme exemples la suscription de deux chartes de Henri Ier et d'Étienne :

H., rex Anglorum, archiepiscopis, episcopis, abbatibus, comitibus, justiciis, vicecomitibus, baronibus et omnibus ministris et fidelibus suis, francis et anglis, clericis et laicis totius Anglie, salutem. (Warner, n° 11.)

S., rex Anglorum, archiepiscopis, episcopis, abbatibus, comitibus, justiciis, baronibus, vicecomitibus et omnibus ministris et fidelibus suis, francis et anglis tocius Anglie, salutem. (Warner, n° 21.)

Division du corps de l'acte en deux parties. — Dans les chartes de Henri II, le corps de l'acte est généralement divisé en deux parties : d'une part, l'exposé de l'affaire, commençant le plus souvent par *Sciatis me*, ou par *Sciatis quod*; d'autre part, une conclusion, pour indiquer la suite que le roi entend donner à l'affaire; les premiers mots de la seconde partie sont généralement : *Quare volo et precipio.*

---

[1] Voir Warner, n°ˢ 19 et 20. Le fonds des Archives de Christ Church à Oxford contient aussi deux chartes de l'Impératrice commençant par l'initiale *M*. — Il y a dans le même fonds de Christ Church trois chartes du roi Étienne qui débutent par l'initiale *S*.

244   VI. OBSERVATIONS SUR LE PROTOCOLE DES ACTES.

Pareille distinction, avec quelques variantes de mots, s'observe dans les actes de Henri Ier et d'Étienne.

Henri Ier pour l'abbaye de Ramsey : « Sciatis me concessisse abbati de Ramesia... — Et volo et precipio ut... » (Warner, n° 4.)

Le même pour l'abbaye de Savigni : « Sciatis me concessisse... — Et volo et firmiter precipio ut bene et in pace et honorifice teneant... » (Cartul. de Savigni, n° 197.)

Le même pour la même abbaye : « Notum sit catholice Ecclesie me dedisse... — Et volo et impero et concedo ut bene et honorifice... » (*Ibid.*, n° 406.)

Étienne pour Geoffroi de Manneville : « Sciatis me fecisse comitem de Gaufrido de Magna villa... Quare volo et concedo et firmiter precipio quod ipse et heredes sui... » (Warner, n° 21.)

Le même pour l'abbaye d'Oseney : « Sciatis me concessisse et confirmasse donationem... Quare volo et firmiter precipio... » (Oxford, Christ Church.)

Détails relatifs aux biens donnés ou confirmés par le roi. — La formule relative à l'entière franchise de jouissance des biens dont le roi concède ou confirme la possession est la même dans les chartes de Henri II et dans celles de ses prédécesseurs : *bene et in pace, libere, etc.*

Indication des droits de justice reconnus aux concessionnaires. — A la suite d'une charte de Henri II pour le prieuré de Longueville-en-Caux, je mettrai quatre chartes, de Guillaume le Roux, de Henri Ier et d'Étienne :

Henri II pour le prieuré de Longueville : « Cum soca et saca et toll et team et infanginetheof, et flemane frenithe, et cum omnibus libertatibus et liberis consuetudinibus predictis tenementis pertinentibus... » (Double original, Archives de la Seine-Inférieure, et Archives de New College à Oxford.)

Guillaume le Roux pour l'abbaye de La Bataille : « Cum saca et socna et tol et theam et infangenetheof et warpenig et murdro et lestagio et opere pontium et castellorum et clausurarum et omnibus aliis operibus et auxiliis... » (Warner, n° 2.)

Henri Ier pour l'évêque de Hereford : « Cum soca et sacca et toll et tem et infangenetheof, et omnibus aliis consuetudinibus infra burgum et extra. » (Warner, n° 3.)

Henri Ier pour l'église d'Oseney : « Cum sac et soc et tol et them et infangenetheof. » (Christ Church d'Oxford.)

Étienne pour la même église : « Cum socha et sacha et toll et theam et infangenetheof, et cum omnibus aliis consuetudinibus et libertatibus quas ego inde habebam. » (Christ Church d'Oxford.)

ANALOGIES AVEC LES ACTES ANTÉRIEURS.

Nisi feceris ou *feceritis*. — Formule assez fréquemment employée dans les actes de Henri II pour désigner un second commissaire chargé de terminer l'affaire si le premier commissaire n'avait pu remplir sa mission. J'en ai cité quelques exemples, p. 161 et 162.

On en trouve déjà du temps de Henri Ier : « Et nisi feceris, justicia mea faciat. [1] »

Ne amplius. — Autre formule pour enjoindre de régler une affaire au sujet de laquelle le roi ne voulait pas être exposé à recevoir une réclamation. On en peut voir, un peu plus haut (p. 158 et 159) quelques exemples du temps de Henri II. Elle était déjà usitée à la chancellerie de Henri Ier :

Ne inde clamoren amplius audiam pro penuria plene justitie vel recti [2].
Ne super hoc amplius clamorem inde audiam [3].

Nisi coram. — Il faut faire remonter à la même époque la formule concernant l'usage de réserver au roi personnellement, ou au sénéchal en chef, la connaissance des causes intéressant certains établissements ou certains personnages privilégiés : *nisi coram me vel nisi coram justicia mea*. J'en ai relevé un assez grand nombre d'exemples du règne de Henri II [4], et l'un de ces exemples est au plus tard de l'année 1158 [5].

Et quia inspexi diligenter cartas regis Willelmi et aliorum predecessorum meorum, ego, non minus misericordia Dei indigens, iterum precipio quod monachi Fiscannenses vel eorum homines non respondeant de aliquo tenemento suo vel aliqua alia re nisi coram me vel coram capitali justicia.

Cette sorte de committimus est formellement énoncée dans une charte de Henri Ier, expédiée de Londres en faveur des moines de Saint-Valeri [6] :

Prohibemus etiam ne pro aliqua causa ponantur in placitum nisi coram me.

---

[1] Cart. de Montebourg, n° 13.
[2] Ibid., n° 13.
[3] Ibid., n° 14.
[4] Plus haut, p. 162 et 163.
[5] N° 8 du Recueil.
[6] Archives du New College à Oxford, Takeley deed, n° 23. — (N° 11 des Photographies du Rév. Salter.)

246 VI. OBSERVATIONS SUR LE PROTOCOLE DES ACTES.

Le même texte est passé dans une charte originale de Henri II, datée de Westminster[1].

Une autre lettre du même roi est encore plus explicite.

> Prohibemus eciam ne pro aliqua causa ponantur in placitum de tenementis suis nisi coram me vel coram capitali justicia, quia non permitterem judicium fieri de elemosina mea et antecessorum meorum nisi coram me[2].

Cette seconde lettre, dont nous ne possédons pas un texte irréprochable, a servi de modèle à une confirmation de Henri II datée de Westminster :

> Nec pro aliqua causa ponantur in placitum nisi coram me vel coram capitali justicia mea, quia non permitterem judicium fieri de propria elemosina mea et antecessorum meorum nisi coram me[3].

Les expressions *Rationabiliter* et *Rationabilem donationem*. — J'ai parlé, p. 155, du très fréquent emploi qui a été fait de ces locutions dans les chartes de Henri II et de l'importance que semblent y avoir attachée les collectivités et les individus qui sollicitaient du roi la confirmation de leurs biens et de leurs privilèges. Je crois bien avoir rencontré ces mots dans quelques actes des prédécesseurs de Henri II; mais je ne suis pas en mesure de citer des exemples.

Formule de sanction. — Dans un certain nombre de chartes de Henri II, il est rappelé que la violation d'une clause de la charte constituait ce qu'on appelait le forfait du roi, contravention punie par une amende de 10 livres. L'amende que devait faire encourir le forfait est mentionnée dans une charte accordée par Henri Ier à l'abbaye de Savigni : « Et prohibeo ne aliquis eam disturbet super x libras forisfacture[4] ».

---

[1] New College, Takeley, n° 65 (n° 46 des Photographies du Rév. Salter). — Inséré dans notre Recueil, n° 153. A.

[2] *Ibid.*, Takeley deed, n° 17. (N° 10 des Photographies.) — Ce n'est probablement pas un exemplaire original.

[3] Plus haut, p. 159.

[4] Cartul. de Savigni, n° 454.

Je ne poursuivrai pas plus loin l'examen des rapprochements à faire entre le texte des actes de Henri II et celui des actes des autres rois anglo-normands. Ce qui vient d'être exposé dans les chapitres V et VI suffira pour montrer de quelle utilité le présent recueil sera pour l'étude des institutions de la Normandie au XIIe siècle.

VII

ACTES DU ROI ASSOCIÉ, HENRI FILS DE HENRI II.

Henri, fils de Henri II, né en 1155, mort en 1183, doit fixer un moment notre attention.

Dès l'année 1155, Henri II avait manifesté l'intention de prendre des mesures pour que, à l'époque de sa mort, sa succession ne fût pas l'occasion d'une guerre civile, comme celle qui suivit la mort de son grand-père. Le 10 avril, dans une assemblée tenue à Wellingford [1], il avait demandé aux barons du royaume de jurer fidélité à Guillaume, son fils ainé, alors âgé de 14 mois, et, si ce Guillaume venait à mourir, à Henri, son second fils, qui venait de naître à Londres, quelques semaines auparavant. Guillaume étant mort à la fin de l'année 1156, Henri devint aussitôt l'héritier présomptif de la couronne. L'enfant avait à peine sept ans quand le père voulut manifester, par une distinction matérielle, sa volonté de l'associer de son vivant au gouvernement de ses états. Le fait est attesté par l'insertion, sur le Pipe Roll de l'année 1161-1162, d'une somme dépensée pour la façon des insignes royaux destinés au jeune Henri : « In soltis, per breve regis, Willelmo Cade, 38 l. et 6 s., pro auro ad coronam filii regis et regalia paranda [2] ». Peu après, en 1163, le jeune Henri figura comme partie contractante dans le traité conclu entre Henri II et le comte de Flandre [3].

Ce fut le 14 juin 1170 qu'eut lieu le couronnement du jeune roi à Westminster; la cérémonie fut renouvelée à Winchester le 27 août 1172 [4] et l'usage s'établit assez vite de faire partir du jour du premier couronnement le commencement du règne du jeune roi; un exemple de ce mode de supputation nous est fourni en 1173 par un acte de la cour de l'archevêque d'York [5].

---

[1] Robert de Torigni, t. 1, p. 293.
[2] *Pipe Roll*, VIII H. II, p. 43.
[3] *Gesta Henrici II*, t. I, p. 5.
[4] *Ibid.*, p. 31. — « In soltis, per breve regis, pro roba regis filii regis et regine sue, in coronatione eorum apud Wintoniam, 88 l. et 10 s. et 4 d. » *Pipe Roll*, XVIII H. II, p. 144.
[5] « Data apud Ripon, in curia archiepi-

CARACTÈRES DE L'ASSOCIATION.

Aussitôt sacré, Henri Court-mantel, comme l'ont appelé quelques historiens, entra en jouissance de ses prérogatives royales : son père, avant de s'embarquer pour revenir en Normandie avant la fin du mois de juin 1170, l'avait laissé en Angleterre, en lui donnant un sceau qui lui permettait de faire acte de gouvernement[1].

Dans les premiers temps, rien ne semblait devoir troubler l'harmonie entre les deux rois.

Pendant l'année financière 1171-1172, plusieurs dépenses furent ordonnancées en Angleterre par le jeune roi[2].

En 1172, Henri II, après avoir fait amende honorable pour la part qu'il avait prise au meurtre de l'archevêque de Cantorbéry, fit jurer à son fils d'observer les engagements que lui-même prenait de respecter les libertés de l'église d'Angleterre[3].

Le jeune roi assista avec son père à la conférence qui eut lieu la même année à Saint-Lô, et dans laquelle furent réglés les droits forestiers réciproques de l'abbaye du Mont-Saint-Michel et de Guillaume de Saint-Jean. La confirmation que les deux rois donnèrent à la transaction fut mentionnée dans le procès-verbal de l'accord qui, sous la forme d'un cirographe, fut écrit par un officier de la chancellerie royale[4].

On ne devait guère tarder à voir que Henri II, en associant son fils au gouvernement de ses états, avait bien l'intention de le maintenir sous sa tutelle,

---

scopi, xix° anno Henrici nepotis Henrici senioris, et tertio anno regni Henrici, filii ejusdem regis, dominica ante cathedram beati Petri apostoli. » — *Monasticon anglicanum*, t. VI, part III, p. 1191, col. 1.

[1] *Gesta Henrici II*, t. I, p. 6. — Sur le sceau du jeune roi, voir plus loin, p. 273.

[2] « Falconariis regis, qui non receperant liberationem suam in transitu suo, apud Westmonasterium, 6 libras, per breve regis filii regis. Et in expensa regine, filie regis Francorum, 20 libras, per breve regis filii regis. » *Pipe*, XVIII H. II, p. 79. — « Pro 12 pannis sericis et 5 pellibus de lutreis, 13 l. 19 s. 3 d., per breve regis filii regis. » *Ibid.*, p. 86. — « De 30 l. de abbatia de Malmesberia, hoc anno, preter victum monachorum, Roberto, monacho, ejusdem ecclesie abbati, liberavit, per breve regis filii regis. » *Ibid.*, p. 128.

[3] « Fecit etiam Henricum regem, filium suum majorem, hec omnia capitula jurare tenenda. » *Gesta Henrici II*, t. I, p. 33.

[4] « Hec autem concessio facta est Henrico, rege Anglorum, duce Normannorum et Aquitanorum et comite Andegavorum, presente et assensum prebente et munimine sigilli sui auctoritate confirmante; presente etiam Henrico, filio ejus, rege Anglorum, duce Normannorum et comite Andegavorum, et assensum suum prebente. » Original aux Archives de la Manche. Publié dans mon édition de Robert de Torigni, t. II, p. 305.

de ne lui donner aucune indépendance et de ne point le laisser accomplir spontanément le moindre acte politique ou administratif de quelque importance. Les événements se précipitèrent et montrèrent que les deux rois ne s'entendaient nullement sur le caractère des rapports qu'ils devaient entretenir ensemble.

Le jeune roi, à la suite d'une visite faite avec sa femme au roi de France, son beau-père, se crut en mesure de réclamer de son père une part importante dans le gouvernement des États anglo-normands. Il aurait voulu que le royaume d'Angleterre ou le duché de Normandie, ou le comté d'Anjou, lui fût abandonné[1]. Une prétention aussi exorbitante fut énergiquement repoussée par Henri II. Elle ne pouvait avoir aucune chance d'être accueillie.

Malgré tout, le jeune roi persista à vouloir user de ses prérogatives sans avoir besoin de l'assentiment de son père. Il s'imaginait que son double sacre lui donnait le droit d'agir en roi, et tel était aussi le sentiment de la reine Aliénor et des princes Richard et Geoffroi. On comptait sur la connivence du clergé, qui devait prendre en considération le caractère imprimé au jeune roi par un double sacre. Henri Court-mantel n'hésita pas à s'en prévaloir auprès du pape Alexandre III, dans la lettre qu'il adressa aux légats du Saint-Siège, pour protester contre l'élection de l'archevêque de Cantorbéry, qui venait d'être faite, le 3 juin 1173, par les prélats réunis à Londres.

Les électeurs avaient accordé leurs suffrages à Richard, prieur de Douvres, le candidat du roi Henri II. Voici les termes mêmes de la protestation telle qu'elle fut notifiée au prieur et au chapitre de Cantorbéry[2] :

Ex certa quorumdam relatione recepimus quod, in ecclesia vestra et etiam in provincialibus ecclesiis, personas quasdam minus congruas pater meus instituere attemptet, et

---

[1] « Ipse enim a patre suo petiit sibi donari Normanniam vel Angliam vel Andegaviam ». *Gesta Henrici*, t. I, p. 41. Conf. *Chronica Rogeri de Hoveden*, t. II, p. 46.

[2] Cette lettre nous a été conservée par Gervais de Cantorbéry, t. I, p. 245. — Raoul de Dicet, t. I, p. 372, rend ainsi compte de l'affaire : « Sexto idus junii, Cantuariensis electus, occurrentibus episcopis electis, clero, populo, apud Cantuariam, solenni processione receptus est. Actum est ipsa die, de consecrationibus faciendis in crastino; sed littere regis filii regis, episcopis quibusdam et priori transmisse, fuerunt impedimento, in quibus continebatur quod citra conscientiam et assensum ejus, in regno cujus diadema susceperat, electiones, consecrationes, intronisationes fieri non debebant...

« ... Sic intermissis consecrationibus quique redierunt ad propria. »

CARACTÈRES DE L'ASSOCIATION.

quoniam absque assensu nostro id nequaquam fieri debet, qui, ratione regie unctionis, regnum et totius regni curam suscepimus, super hoc Romanam sedem, in multorum præsentia, appellavimus......

La publication de l'appel au Saint-Siège empêcha de procéder au sacre de Richard, qui devait avoir lieu le 9 juin 1173, veille de la Trinité. Mais le pape Alexandre III ne tint point compte de l'appel, et il consacra lui-même l'archevêque Richard le 7 avril 1174[1].

Le pape ne fit pas meilleur accueil au long mémoire que le jeune roi lui avait adressé, et dans lequel, après avoir exposé ses griefs contre son père, il prenait l'engagement de respecter scrupuleusement les libertés de l'Église d'Angleterre[2].

Cet échec n'empêcha pas le jeune roi de maintenir ses prétentions et d'essayer de les soutenir les armes à la main. Ce qui l'encourageait dans ses espérances, c'est qu'il comptait de nombreux partisans en France et en Angleterre. Les hostilités éclatèrent en 1173 des deux côtés de la Manche, et l'accord qui intervint en 1174[3] fut loin d'y mettre un terme définitif.

Mais ce n'est pas ici que doivent être racontées les ambitieuses et téméraires aventures des mécontents, et par suite les calamités de la guerre civile qui désola le royaume d'Angleterre et plusieurs provinces de la France pendant la seconde période du règne de Henri II. Je dois me borner à examiner les actes par lesquels Henri Court-mantel se donna l'apparence d'être roi d'Angleterre, duc de Normandie et comte d'Anjou.

Le trait le plus caractéristique des chartes de Henri fils de Henri II, c'est que généralement elles nous offrent, à l'exception des premières et des dernières lignes, la reproduction littérale de chartes correspondantes de Henri II

---

[1] Outre le double témoignage contenu dans la note précédente, il faut voir ce qui a été dit de l'élection de Richard et des incidents qui ont suivi, jusqu'au sacre du 7 avril 1174, dans les récits contemporains : *Gesta Henrici II*, t. I, p. 69; Hoveden, t. II, p. 59; Gervasius Cantuar., t. I, p. 247; Rad. de Diceto, t. I, p. 388.

[2] Lettre commençant par les mots : « Ego Henricus III, Dei gratia rex Anglorum.... », dont le texte a été publié, en 1813, dans le *Recueil des historiens*, t. XVI, p. 643-648, par dom Brial, d'après une copie prise dans un manuscrit de Saint-Victor de Paris. J'ignore quel est ce manuscrit.

[3] Les conditions de l'accord sont consignées dans un procès-verbal, dont il existe un exemplaire contemporain dans le fonds Cottonien (VIII, 12), et qui a été publié dans la dernière édition de Rymer, t. I, part 1, p. 30.

et, d'après cette similitude, il semble bien que le rôle du jeune roi se bornait à donner une sorte d'homologation aux actes de son père. Un rôle aussi effacé peut bien servir à expliquer le mécontentement et les révoltes qui troublèrent à plusieurs reprises le règne de Henri II.

La similitude des actes dont il s'agit est telle qu'il est facile de confondre les chartes du fils avec celles du père, et la confusion s'est même produite à une époque très ancienne. Au XIII° siècle, le rédacteur du Cartulaire de l'abbaye de Montebourg a mêlé une charte du jeune roi Henri au groupe des chartes de Henri II, qu'il a insérées dans le Cartulaire de cette abbaye; après avoir transcrit sous le n° 28 une charte de Henri II qu'il a intitulée : *Carta ejusdem Henrici juvenis*[1] *regis*, il copie immédiatement à la suite, avec la rubrique : *Carta ejusdem Henrici regis*, une charte du fils de Henri II. — Une méprise absolument semblable a été commise par le rédacteur du Cartulaire de l'abbaye du Valasse. Après avoir transcrit une charte incontestablement émanée de Henri II, il copie, immédiatement à la suite, une charte du jeune roi Henri, en la faisant précéder de cette rubrique : « Confirmacio alia predicti domini regis Henrici, quod omnes res nostre sunt exempte, libere et quiete ab omnibus exactionibus secularibus »[2].

La principale différence qui caractérise les actes du fils, c'est que celui-ci, dans l'énumération des titres, omet les mots *et Aquitanorum*, qui, dans les actes du père, se trouvent après les mots *dux Normannorum*. De plus, à la suite de l'énumération des titres, il ajoute les mots *regis Henrici filius*.

J'arrive à l'examen des chartes du jeune roi, dont beaucoup ont été déjà indiquées dans un récent mémoire de M. le docteur Ph.-C.-E. Hodgson[3]. Précédemment M. Paul Meyer en avait employé cinq dans sa belle édition de *L'Histoire de Guillaume le Maréchal* (t. III, p. XXXII).

En regard de chacune de ces chartes, je pourrai presque toujours placer la charte du roi Henri II qui a servi de modèle au chancelier du roi associé.

---

[1] *Juvenis* par opposition à l'épithète *senioris* attribuée à Henri I*er* dans le même cartulaire : *Carta H. regis senioris*. Page 6, n° 5. — L'épithète *junior* a été plus d'une fois attachée au nom du fils aîné de Henri II. Voir le mémoire de M. W. de Gray Birch, *On the Seals of king Henry the second and of his son the so-called Henry the third* (from the *Transactions of the Royal Society of Litterature*, vol. XI, new series). Voir aussi plus haut, p. 205.

[2] Cartulaire du Valasse, t. I, fol. 16 v°.

[3] *Jung Heinrich König von England Sohn König Heinrichs II*, 1155-1183. Iéna, 1906, in-8°, XIII et 81 pages.

ANNÉE 1170.

I. Charte de l'abbaye de Ramsey.

1170.

Le premier des actes de Henri Court-mantel qui soit venu à ma connaissance est une charte de l'abbaye de Ramsey, que les éditeurs du *Cartularium monasterii de Rameseia*[1] ont publiée dans les termes suivants :

H. rex Anglie et dux Normannie [et Aquitanie], et comes Andegavie, regis H. filius, vicecomiti et ballivis et prepositis de Huntedone, salutem.

Precipio quod permittatis abbatem de Ramesia habere et tenere omnes libertates et liberas consuetudines et quietantias et loca sua in nundinis Sancti Yvonis, ita bene et in pace et juste, sicut habere debet et sicut habere debuit tempore Henrici regis, avi domini regis patris mei. Et præcipio quod super hoc nullam ei inde injuriam faciatis vel fieri permittatis.

Teste Ricardo archidiacono Pictaviensi. Apud Wodestoke.

Les éditeurs, croyant avoir mis la main sur une charte de Henri II, ont cru réparer une omission du copiste du Cartulaire en rétablissant les mots [*et Aquitanie*] après les mots *dux Normannie*. Pour être conséquents avec eux-mêmes, ils auraient encore dû supprimer à la fin de la suscription les mots *regis Henrici filius*.

En effet, Henri II n'était pas le fils, mais le petit-fils d'un roi Henri, il le dit expressément quelques lignes plus bas, quand il rappelle l'usage du temps du roi Henri, l'aïeul du roi Henri son père : *tempore Henrici regis, avi domini regis patris mei*, et le rédacteur du Cartulaire avait ainsi donné très correctement à l'auteur de la charte les titres auxquels le prince avait droit : *rex Angliæ et dux Normanniæ et comes Andegaviæ, regis Henrici filius*; il était bien roi d'Angleterre, duc de Normandie, comte d'Anjou, et fils du roi Henri; il n'a jamais été duc de Guyenne. Cette charte, que les éditeurs croient avoir été faite entre les années 1154 et 1175, a dû être expédiée au mois de décembre 1170 : le jeune roi séjournait alors à Woodstock[2], et l'archidiacre de Poitiers devait à la même époque se trouver dans le voisinage, prêt à s'embarquer pour se rendre à la Cour pontificale, où il arriva vers le 5 janvier 1171 [3].

[1] Édit. du Maître des Rôles, t. I, p. 254.
[2] Rév. Eyton, p. 152.
[3] *Ibid.*, p. 153. — L'archidiacre avai quitté l'Angleterre au commencement de dé

II. Charte de l'abbaye de Montebourg.

1171.

H., rex. Angl. et dux Norm. et Aquitanorum et comes Andegavorum, archiepiscopis, episcopis, abbatibus, comitibus, baronibus, justiciis, vicecomitibus, et omnibus ministris et fidelibus suis Anglie, salutem.

Sciatis me concessisse et presenti carta confirmasse ecclesie de Monteborc, et monachis ibidem Deo servientibus, manerium de Uyelai, cum pertinentiis suis, quod Aelicia de Riveriis, mater comitis Balduini, eis dedit de maritagio suo, in perpetuam elemosinam, et Willelmus de Vernone juvenis concessit. Quare volo et firmiter precipio quod prefata ecclesia et monachi ejusdem ecclesie habeant et teneant predictum manerium, cum omnibus pertinentiis suis, in bosco et plano, in pasturis, in viis et semitis et in omnibus aliis locis et aliis rebus ad idem manerium pertinentibus, bene et in pace et libere et quiete et integre et honorifice.

Testibus : G. archidiacono Cantuariensi, R. archidiacono Pictavensi, Reginaldo archidiacono Saresberiensi, Johanne decano Saresberiensi, Ricardo de Canvilla, Reginaldo de Curtenai, Willelmo de Lanvaleio, Hugone de Creissi, Henrico de Bernevalle.

Apud Warrevillam.

(Cartul. de Montebourg, n° 28.)

1171.

H., rex Angl., dux Norm. et comes Andeg., regis H. filius, archiepiscopis, episcopis, abbatibus, comitibus, baronibus, justiciis, vicecomitibus et omnibus ministris et fidelibus suis Anglie, salutem.

Sciatis me concessisse et presenti carta confirmasse ecclesie de Monte Burgi, et monachis ibidem Deo servientibus, manerium de Uvelei, cum pertinentiis suis, quod Aelicia de Riveriis, mater comitis Balduini, eis dedit de maritagio suo, in perpetuam elemosinam, et Willelmus de Vernone juvenis concessit. Quare volo et firmiter precipio quod prefata ecclesia et monachi ejusdem ecclesie habeant et teneant predictum manerium, cum omnibus pertinentiis suis, in bosco et plano, in pasturis, in viis et semitis et in omnibus aliis locis et aliis rebus ad idem manerium pertinentibus, bene et in pace, libere et quiete et integre et honorifice.

Testibus : Gaufrido archidiacono Cantuariensi, Ricardo archidiacono Pictavensi, Reginaldo archidiacono Saresberiensi, Johanne decano Saresberiensi, Ricardo de Canvilla, Reginaldo de Curtenai, Willelmo de Lanvaleio, Hugone de Creissi, Willelmo de Sancto Johanne.

Apud Burum.

(Cartul. de Montebourg, n° 29.)

La charte du jeune roi Henri, fils de Henri II, est postérieure au 14 juin 1170, date de son couronnement, postérieure aussi à la charte du père, la-

cembre, et un peu auparavant il avait assisté en qualité de témoin à l'expédition d'une charte de Henri II, datée de Woodstock, en faveur de l'abbaye de Haghmon. Il y est, par erreur, qualifié de « archiepiscopus Cantuariæ » dans l'édition qui se trouve au tome VI du *Monasticon anglicanum*, p. 108 et 109 de la 1re partie.

quelle est d'une époque à laquelle la formule *Dei gratia* n'était pas encore adoptée par la chancellerie anglo-normande; elle a été rédigée pendant le séjour que le prince fit en Normandie pendant l'année 1171[1].

La charte de Henri II est antérieure de quelques jours à celle du fils, qui en est un calque tout à fait fidèle et qui est souscrite par les mêmes témoins au nombre de neuf[2], datée de Varreville, localité située sur le bord de la mer, un peu au midi de Barfleur, port où le roi devait s'embarquer le 1er août[3]; elle a dû être expédiée dans les derniers jours de juillet 1171.

III. Charte des Bourgeois d'Eu.

1156-1161.

H., rex Angl. et dux Norm. et Aquit. [et comes] Andeg., H., archiepiscopo [Rothomagensi] et omnibus baronibus [et fidelibus] suis Normannie, salutem.

Sciatis me concessisse bur[gensibus] Augi quod habeant ita [in] pace et juste et libere [et paci]fice communiam suam, [sicut co]mes Johannes illam eis [dedit t]empore patris mei, et [sum in]de plegius inter comitem et eos, sicut pater [meus fu]it et sicut carta sua testatur. Et prohibeo ne quis eis inde injuriam vel contumeliam faciat.

Testibus : Cancellario, et Manassero Biset dapifero, et Roberto de Donestanvilla. Apud Rothomagum.

(Cartul. du comté d'Eu, fol. 1 v°.)

1171 (?).

[H.], rex Angl. et dux Norm. et comes Andeg., regis Henrici filius, venerabili Rothomagensium archiepiscopo, et omnibus comitibus et baronibus et omnibus suis fidelibus de Normannia, salutem.

Notum fieri omnibus vobis volo quatinus comes Henricus Augi communionem concessit burgensibus Augi, sicut pater suus comes Johannes concesserat eis. Ad hanc igitur communionem confirmandam, comes idem Henricus atque burgenses Augi apud Drincuriam in meam presenciam venerunt, petentes ut utrius[que] partis hostagius interessem. Quorum petitioni ego satisfaciens, de tenenda communione inter utramque partem, hostagium me interposui, et predictam communionem concessi et hac presenti mea carta confirmavi, hoc modo quod, si comes unionis concesse pacta burgensibus ullo modo frangere vellet, et inde se emendare nollet, inde me postea cum burgensibus tenerem. Et similiter si burgenses pacta que habent erga comitem aliquo modo interrumperent et non tenerent, et se inde

---

[1] Charte de l'archevêque Rotrou, dans notre Recueil, n° 191. A.

[2] Un dixième nom diffère : Henri de Berneval est remplacé dans la charte du jeune roi par Guillaume de Saint-Jean.

[3] Le Rév. Eyton, p. 160.

emendare nollent, ego postea Henricum comitem contra burgenses adjuvarem et manutenerem.

Hujus pactionis testes fuerunt Guillelmus camerarius de Tancarvilla, Guillelmus de Sancta Maura, Robertus de Sancto Petro, Gaufridus de Sancto Martino, Robertus de Davidivilla (?), Johannes [de] Evremeio.

(Cartul. du comté d'Eu, fol. 1 v°.)

C'est entre les années 1156 et 1161 que put être expédiée à Rouen, en présence du chancelier Thomas Becket, la charte par laquelle le roi Henri II confirme aux bourgeois d'Eu le droit de commune, dont ils jouissaient depuis le temps de Jean, comte d'Eu. Ce fut un peu plus tard que les bourgeois voulurent obtenir du jeune roi Henri une confirmation de leur droit de commune; ils l'obtinrent dans une conférence que leurs représentants eurent avec le jeune roi Henri, et le nouveau comte d'Eu Henri, probablement entre 1170 et 1173, peut-être en 1171.

IV. Charte de l'abbaye du Mont-Saint-Michel.

1172.

L'approbation d'une convention faite entre l'abbé du Mont-Saint-Michel et Guillaume de Saint-Jean au sujet d'une forêt de l'abbaye, en 1172, est donnée conjointement dans le même acte par Henri II et par le roi son jeune fils :

Hec autem concessio facta est Henrico, rege Anglorum duce Normannorum et Aquitanorum et comite Andegavorum, presente et assensum prebente, et munimine sigilli sui auctoritate confirmante; presente etiam Henrico, filio ejus, rege Anglorum duce Normannorum et comite Andegavorum, et assensum suum prebente.

Cette déclaration est insérée dans la charte de l'abbé Robert de Torigni, relative à cette convention, charte qui est dépourvue de date; mais une autre charte, également émanée de l'abbé Robert, nous renseigne sur la date de l'accord et sur le lieu où il fut conclu : « Actum est hoc publice in capitulo Montis, anno ab incarnatione Domini MCLXXII »[1].

La visite des deux rois au Mont-Saint-Michel dut avoir lieu au mois de mai 1172, quand le roi vint à Avranches se faire absoudre par les légats du pape. L'acte qui mentionne la confirmation des deux rois est daté de Saint-Lô.

V. Charte de la communauté du Mont-aux-Malades.

Vers 1170.

H., rex Angl., dux Norm. et Aquit. et comes Andeg., omnibus ministris suis, salutem.

Sciatis me dedisse, pro Deo, fratribus bone congregationis Sancti Jacobi de Monte Leprosorum Rothomagi, ecclesiam Sancti Salvatoris de Noytot, in proprios usus convertendam, et hoc feci ad petitionem Johannis de Mara et ejus uxoris, qui erant veri patroni dicte ecclesie, qui eam in manu mea posuerunt, ad preces Henrici, filii mei, ut eam darem predictis fratribus. Confirmo etiam eis terram Ricardi de Hayis apud Bolleville, quam R. de Thieouvilla (?) dedit eis, qui erat dominus de terra, et terram de Droseyo, quam Ricardus de Osquevilla tenet. Quare volo et precipio quod omnia supradicta teneant bene et in pace, et quidquid de supradictis ad me pertinet vel pertinere debet.

Testibus : Rotrodo archiepiscopo Rothomagensi, Arnulpho episcopo Lexoviensi, Johanne Filio Luce, Ricardo Talebot clerico, et aliis multis.

Apud Rothomagum.

(Vidimus de 1296. Archives de la Seine-Inférieure.)

1174 (?).

H., Dei gratia rex Angl. et dux Norm. et comes Andeg., regis Henrici filius, omnibus fidelibus suis ad quos iste littere venerint, salutem.

Sciatis quod Johannes de Mara, ad preces meas dedit et concessit fratribus bone congregationis de Monte Leprosorum super Rothomagum ecclesiam de Noitot in perpetuam elemosinam habendam.

Testibus : Roberto comite Mellenti, et Willelmo Marescallo.

Apud Chivilliacum.

(Original aux Archives de la Seine-Inférieure.)

Ces deux chartes se rapportent à la donation de l'église de Nointot faite à la léproserie du Mont-aux-Malades. Celle de Henri II peut être d'environ

---

[1] Les deux actes sont publiés dans mon édition de Robert de Torigni, t. II, p. 303 et 305.

1170; elle est certainement antérieure à 1173. Je classe celle du jeune roi à l'année 1174, comme l'a fait M. Paul Meyer; elle n'est pas simplement une homologation de la première, où sont mentionnés d'autres biens que le patronage de Nointot.

VI. Charte de Gautier de Coutances.

1173 ou 1174.

H., Dei gratia rex Angl. et dux Norm. et Aquit. et comes Andeg., archiepiscopis, episcopis, abbatibus, comitibus, baronibus, justiciis, vicecomitibus et omnibus ministris et fidelibus suis francis et anglis totius Anglie, salutem.

Sciatis me concessisse et dedisse in liberam elemosinam et presenti carta confirmasse dilecto clerico meo magistro Waltero de Constantiis capellaniam de Blia, cum omnibus pertinentiis suis, in ecclesiis, in capellis et terris et decimis et in omnibus aliis ad eam pertinentibus, tenendam quamdiu vixerit in habitu clericali, sicut aliquis predecessorum suorum eam melius et liberius et integrius tenuit aliquo tempore. Quare volo et firmiter precipio quod magister Walterus de Constanciis habeat et teneat bene et in pace, libere et quiete et integre et honorifice predictam capellaniam, cum omnibus pertinentiis et libertatibus et liberis consuetudinibus suis, in bosco et plano, in pratis et pasturis, in aquis et molendinis, in vivariis et piscariis, in ecclesiis et capellis et terris et decimis, in viis et semitis et in omnibus aliis locis ad eandem pertinentibus capellaniam, sicut aliquis predecessorum suorum eam melius et liberius et integrius ante eum habuit et tenuit.

Testibus: R. archiepiscopo Eboracensi, R. Wintoniensi, G. Elyensi, electis, comite Reginaldo Cornubie, Ricardo de Luci, Reginaldo de Curtenaio, Willelmo de Albi-

1175.

H., Dei gratia rex Angl. et dux Norm. et comes Andeg., Henrici regis filius, archiepiscopis, episcopis, comitibus, baronibus, justiciis, vicecomitibus et omnibus ministris et fidelibus suis francis et anglis totius Anglie, salutem.

Sciatis me concessisse et presenti carta confirmasse dilecto clerico domini regis, patris mei, et meo, magistro Waltero de Constanciis, capellaniam de Blia, quam pater meus ei dedit, in liberam elemosinam, cum omnibus pertinentiis suis, in ecclesiis et aliis rebus ad eam pertinentibus, tenendam quandiu vixerit in habitu clericali, sicut aliquis predecessorum suorum eam melius et liberius et integrius tenuit aliquo tempore. Quare volo et firmiter precipio quod magister Walterus de Constanciis habeat et teneat bene et in pace, libere et quiete et integre et honorifice predictam capellaniam, cum omnibus pertinentiis et libertatibus et liberis consuetudinibus suis, in bosco et plano, in pratis et pasturis, in aquis et molendinis, in vivariis et piscariis, in ecclesiis et capellis et terris et decimis, in viis et semitis et in omnibus aliis locis et aliis rebus ad eandem pertinentibus capellaniam, sicut aliquis predecessorum suorum eam melius et liberius et integrius ante eum habuit et tenuit.

Testibus: Ricardo Wintoniensi, G. Eliensi, episcopis, Willelmo Marescallo, Girardo Thalebot, Robert[o] de Tresgoz,

gneio, Unfrido de Bohun, Roberto Marmion, Hugone de Creissi, Willelmo de Lamvalleio, Thoma Basset.
Apud Stokes juxta mare.
(Cartul. de l'église de Rouen, fol. 100, n° 152.)

Simone de Marisco, Willelmo de Diva, Adam de Ichebuef.
Apud Westmonasterium.
(Cartul. de l'église de Rouen, fol. 102 v°, n° 158.)

J'ai déjà eu l'occasion (p. 27) de parler de la charte du roi Henri, et j'ai expliqué comment la mention des évêques élus de Winchester et d'Ely nous oblige à la considérer comme expédiée entre le mois de mai 1173 et le mois d'octobre 1174. La charte du fils du roi, qui vise expressément la charte du père et qui en reproduit littéralement le dispositif en le confirmant, est postérieure au 6 octobre 1174, puisqu'on y voit figurer comme témoins *Ricardus Wintoniensis* et *G. Eliensis episcopi,* lesquels, avant leur sacre, célébré le 6 octobre 1174, étaient ordinairement appelés *R. Wintoniensis* et *G. Elyensis electi*. La confirmation de Henri fils de Henri II étant datée de Westminster, elle doit se classer au plus tôt parmi les actes du mois de mai 1175; le jeune roi, qui n'avait point mis le pied en Angleterre depuis le mois de décembre 1172, y débarqua au commencement de mai 1175.

VII. CHARTE DE SAINT-BERNARD DE MONTJOU.

Vers 1175.

H., Dei gratia rex Angl. et dux Norm. et comes And., et regis H. filius, archiepiscopis, comitibus, baronibus, justiciis, vicecomitibus et omnibus baillivis et ministris tocius Anglie, salutem.

Sciatis me concessisse et presenti carta confirmasse ecclesie et fratribus Sancti Bernardi de Monte Jovis omnes terras et redditus quas pater meus rex eis in perpetuam elemosinam dedit et concessit, sicut carta sua testatur. Quare volo et firmiter precipio quod predicti fratres easdem elemosinas habeant et teneant bene et in pace, libere et quiete, juste et honorifice, integre et plenarie, in bosco et plano, in pratis et pascuis, in stagnis et molendinis, in viis et semitis, cum omnibus libertatibus et liberis consuetudinibus et quietanciis, in chiminis et extra, cum omnibus pertinenciis que ad predictas terras et redditus pertinent, et sicut pater meus eis confirmavit. Et volo quod prememorati fratres sint in custodia et protectione mea, et omnes possessiones et res quas habent in terra patris mei et mea, sicut sunt in custodia et protectione patris mei.

VII. ACTES DU ROI ASSOCIÉ.

His testibus : Petro filio Guidonis, Willelmo de Tintiniaco, Godefrido de Aubigni, Henrico de Longo Campo, Willelmo de Diva, Adam de Ikebo, Simone de Marisco.

Apud Stocam.

(Original scellé, Oxford New College, Hornchurch deed, n° 13. — Communication du Rév. Salter, n° xx du recueil de photographies.)

Je ne connais pas l'acte de Henri II sur lequel a dû être calquée la confirmation des biens et des franchises de la maison de Saint-Bernard de Montjou.

VIII. Charte de l'abbaye du Valasse.

Vers 1176.

H., Dei gratia rex Angl. et dux Norm., comes Andeg., Henrici regis filius, justiciis, vicecomitibus, et omnibus ministris suis et nominatim portuum maris tocius Anglie et Normannie, salutem.

Concedo quod omnes res monachorum Sancte Marie de Voto, quas homines sui poterunt affidare suas esse proprias, sint quiete de modiacione vini et de theloneo et passagio et pontagio et omni consuetudine, per totam terram meam et per omnia dominia mea; et prohibeo ne quis eos vel res suas injuste disturbet, super quinquaginta libras for[isfacture].

Testibus : A. Lexoviensi episcopo, G. cancellario, Willelmo capellano, Petro Filio Guidonis dapifero, Fulcone de Alaco (Alno?), Godardo de Sancto Valeriis (Walerico?), Willelmo de Curceio senescallo, Willelmo Marescallo, Roberto de Tresgos.

Apud Argentomum.

(Cartulaire du Valasse, t. I, fol. 16.)

Je ne connais pas la charte correspondante émanée du roi Henri II.

IX. Charte de la cathédrale de Cantorbéry.

1177.

Gervais de Cantorbéry[1] a inséré dans son histoire la charte que Henri II avait accordée à l'église de Cantorbéry et qu'il vint déposer le jeudi saint 1177 sur la tombe de saint Thomas. A la suite de la charte, il a ajouté les mots : « Henricus quoque, regis filius, cartam suam dedit in eadem forma. » La

[1] T. I, p. 261-262.

charte même du jeune roi, qui fut expédiée un peu plus tard, est au Musée britannique [1]; en voici les dernières lignes :

Testibus : Ricardo thesaurario, Waltero de Constantiis, Godefrido de Luci, Galfredo Cicestrensi archidiacono, Hugone Murdac, magistro Ad. de Gloecestria, Willelmo Talebot, Ricardo de Luci, Ranulfo de Glanvilla, Thoma Basset, Hugone de Cressi, Bertramo de Verdun, Johanne de Solincio, Petro Filio Guidonis dapifero, Willelmo de Tintiniach, Willelmo de Diva, Gaufrido Filio Hamonis, Adam de Ikebof, Petro de Adevilla. Apud Wodestokam.

X. Charte de l'abbaye de Préaux.

1174-1175.

H., Dei gratia rex Angl. et dux Norm. et Aquit. et comes Andeg., archiepiscopo Rothomagensi, episcopis, abbatibus, comitibus, baronibus, justiciis, vicecomitibus et omnibus ministris et fidelibus suis Normannie, salutem.

Sciatis me concessisse, rogatu Roberti, comitis de Mellento, et presenti carta confirmasse ecclesie Sancti Petri de Pratellis,

1177.

H., Dei gratia rex Angl. et dux Norm. et comes Andeg., Henrici regis filius, archiepiscopo Rothomagensi, episcopis, abbatibus, comitibus, baronibus, justiciis, vicecomitibus, prepositis et omnibus ministris et fidelibus suis Normannie, salutem.

Sciatis me concessisse, rogatu Roberti, comitis de Mellento, et presenti carta confirmasse ecclesie Sancti Petri de Pratellis,

et monachis ibidem Deo servientibus quietanciam ab omni taillia, quam jam dictus comes de Mellento eis dedit de omni terra sua, quam ipsi et de eo et de antecessoribus suis tenent, et omnes alias quietancias et libertates quas idem comes et antecessores sui predicte ecclesie et monachis concesserunt, sicut carta ipsius comitis de Mellento, quam inde habent, testatur. Quare volo et firmiter precipio quod prefata ecclesia et ejusdem ecclesie monachi habeant et teneant in perpetuum predictam quietanciam de taillia, et omnes alias quietancias et libertates eis concessas et datas a prefato comite de Mellento et ab antecessoribus suis, bene et in pace et libere et quiete et honorifice, sicut ipse Robertus, comes de Mellento, eis concessit et dedit et carta sua confirmavit.

Testibus : Petro cardinali et legato, Rotrodo archiepiscopo Rothomagensi, Arnulfo episcopo Lexoviensi, Egidio episcopo Ebroicensi, Johanne decano Sares-

Testibus, Gaufrido comite Britannie, Roberto de Monte Forti, Willelmo capellano, Thoma de Sigillo, Willelmo Marescallo, Seherio de Quincé juniore, Adam de

---

[1] Fonds Cotton, Charte vi, 1. — Je dois un extrait de cette pièce à l'amitié de M. Paul Meyer.

beriensi, comite Willelmo de Mandevilla, Roberto comite Legrecestrie, Ricardo de Humetis constabulario, Henrico de Novo Burgo, Willelmo Malo Vicino, Seihero de Quinci. Apud Cadmoum.

(Cartul. de Préaux, exemplaire des Archives de l'Eure, fol. 28. Exemplaire de la Bibl. nat., fol. 20 v°.)

Ikebue, Gisleberto de Albemario, Petro de Adevilla, Roberto de Mara.

(Cartul. de Préaux, exemplaire des Archives de l'Eure, fol. 31; exemplaire de la Bibl. nat., fol. 22 v°.)

La charte du jeune roi qui précède ne porte point de date de lieu, mais il y a tout lieu de penser qu'elle a dû être écrite en Normandie, où le prince séjourna toute l'année 1177 et qu'elle fut dressée peu après la charte de Henri II qui a servi de modèle au rédacteur. Je crois pouvoir la classer à l'année 1177.

Cette année-là, les deux rois se rencontrèrent avec le légat Pierre, cardinal de Saint-Chrysogone [1].

XI. Charte de l'abbaye de Fontevrault.

1175-1178 (?).

H., Dei gratia rex Angl. et dux Norm. et Aquit. et comes Andeg., archiepiscopis, episcopis, abbatibus, comitibus, baronibus, justiciis, vicecomitibus, ministris et omnibus fidelibus suis, salutem.

Sciatis me concessisse et dedisse et presenti carta mea confirmasse Deo et ecclesie Beate Dei genitricis Marie de Fonte Ebraudi, et monialibus ibidem Deo servientibus, pro salute anime mee et antecessorum et successorum meorum, pontem Saeii, ita liberum et quietum sicut aliquis antecessorum meorum eundem pontem ipsi ecclesie melius et liberius concessit habere; vicariam etiam ejusdem pontis................
....
..., sicut ea ipsis concessi et carta mea confirmavi.

Testibus : Guill. Cenom., G. And., R. Nannet., St. Redon., episcopis, Ric. et

1178 (?).

H., Dei gratia rex Angl. et dux Norm. et comes Andeg., archiepiscopis, episcopis, abbatibus, comitibus, baronibus, justiciis, comitibus, senescallis, prepositis et omnibus ministris et fidelibus suis, salutem.

Sciatis me concessisse et dedisse et presenti carta mea confirmasse Deo et ecclesie Beate Dei genitricis Marie de Fonte Ebraudi, et monialibus ibidem Deo servientibus, pro salute anime mee et antecessorum et successorum meorum, pontem Seii, ita liberum et quietum sicut aliquis antecessorum meorum eundem pontem ipsi ecclesie melius et liberius concessit habere, et sicut carta domini regis, patris mei, continet et testatur; vicariam etiam ejusdem pontis......
....
..., sicut rex Henricus pater meus eis dedit et concessit et cartis suis confirmavit, et sicut in eis continetur cartis.

[1] Voir les textes réunis dans le *Recueil des historiens*, t. XIII, p. 170 et suiv., et t. XV, p. 945-947.

G., filiis meis, com. W. de Mandevilla, Fulchone de Mastach seneschallo Pictavensi, St. de Turonis senescallo Andegavensi, Maur. de Croun., Pag. de Vegg., Gaufr. Perticensi, Petro Filio Guidonis, Will. de Ostilli, Durando pincerna, Gilleberto guarderobb[a].

Apud Andegav.

(Original aux Archives de Maine-et-Loire. — Autre original aux Archives nationales, J. 184, n° 1.)

Testibus : Thoma de Colunces, Gerardo Talebot, Rob. de Tregoz, Joh. de Praeus, Adam de Ikebo, Will. de Tintiniaco, Juel. de Maene.

Apud Chinonum.

(Original aux Archives nationales, L. 1018, n° 3.)

La charte de Henri, fils de Henri II, est calquée sur une charte de Henri II qui, d'après la souscription de Geoffroi, évêque d'Angers, est au plus tard de l'année 1177 ou 1178 (n. st.).

XII. Autre charte de l'abbaye de Fontevrault.

1164.

H., rex Angl. et dux Norm. et Aquit. et comes Andeg., baronibus suis de Scaccario, salutem.

Sciatis me dedisse monialibus de Fonte Ebraldi, in perpetuam elemosinam, LX libratas terre, videlicet in Bedefortsira manerium meum de Lectona, pro LVI libratis, cum terra que fuit Walteri Pullani, que valet XXXII solidos, quam eis dedi in excambio molendini quod dedi monachis de Woburna, in eodem manerio, scilicet xv libratas terre, pro elemosina Willelmi fratris mei, et XLV libratas de quater viginti libris quas habebant annuatim ad Scaccarium ad festum sancti Michaelis, de elemosina regis Henrici, avi mei, et mea. Et precipio vobis quod de predicta elemosina Henrici regis, avi mei, et mea, faciatis eisdem monialibus habere annuatim ad festum sancti Michaelis, ad Scaccarium, xxxv libras, que eis retro sunt de predicta elemosina.

Testibus : Nigello episcopo Eliensi, Roberto comite Legrecestrie, Ricardo de Luci.

Apud Westmonasterium.

(Original aux Archives de Maine-et-Loire.)

1178.

H., Dei gratia rex Angl. et dux Norm. et comes Andeg., Henrici regis filius...

Sciatis me dedisse et confirmasse monialibus de Fonte Ebraldi LX libratas in Bedeford, super manerium meum de Lectona..., quam (?) rex, dominus et pater meus, eis dedit...; et in Bukingehansir[a] IIII libratas, in manerio meo de Radenai, videlicet xv libratas de elemosina Willelmi, fratris regis patris mei; item XLV libratas de LXXX libratis... de elemosina regis Henrici, avi patris mei... Item concedo donationem quam Willelmus de Sancto Johanne... fecit de III marchis argenti...

Testibus : Thoma de Colunces, Gerardo Talebot, Roberto de Tregoz, Johanne de Praeus, Adam de Ikebo, Willelmo de Tintiniaco, Juello de Maenna.

Apud Chinonem.

(Copie d'après l'original, avec dessin du sceau qui était en cire blanche sur soie rouge. Ms. latin 5480, t. I, p. 269.)

VII. ACTES DU ROI ASSOCIÉ.

La charte de Henri II est, au plus tard, de l'année 1164 comme je l'ai établi dans un chapitre précédent[1] à l'aide d'un rapprochement avec le Pipe Roll de l'année XI du règne. Quant à la charte du jeune roi, la date en est beaucoup plus récente : d'après les noms des témoins, elle est du même temps que la charte du jeune roi Henri relative aux coutumes des Ponts-de-Cé, dont il vient d'être question et qui est postérieure à 1175, peut-être de l'année 1177. La première partie de cette charte est calquée sur la charte paternelle de 1164, qui est imprimée dans la première colonne; la seconde partie est un extrait de la charte par laquelle Henri II confirme une donation faite à l'abbaye de Fontevrault par Guillaume de Saint-Jean et dont voici la teneur :

H., Dei gratia rex Angl. et dux Norm. et Aquit. et comes Andeg., archiepiscopis, episcopis, abbatibus, comitibus, baronibus, justiciis, vicecomitibus, ministris et fidelibus suis totius terre sue, citra mare et ultra, salutem.

Sciatis me concessisse et presenti carta confirmasse abbatisse et monialibus Fontis Ebraudi donationem quam Willelmus de Sancto Johanne, pro anima matris sue et antecessorum suorum eis fecit de tribus marcis argenti, singulis annis habendis de redditu suo Cuntone, de termino Sancti Michaelis, in die sancti Benedicti, qua mater sua obiit, [ut] moniales inde reficiantur. Quare volo et firmiter precipio quod predicte moniales habeant bene et in pace et integre illas tres marcas singulis annis de redditu jam dicti manerii, ad prenominatum terminum, sicut carta Willelmi de Sancto Johanne, quam inde habent, testatur[2].

Testibus : R. archiepiscopo Rothomagensi, W. episcopo Cenomannensi, G. episcopo Andegavensi, comite Willelmo de Mandevilla, Hugone de Laci, Seihero de Quinci, Reginaldo de Paveilli, Roberto de Stutevilla,

Apud Gisorcium[3].

Cette charte a été dressée entre les années 1173 et 1178, ce qui concorde bien avec le résultat auquel nous a conduit l'examen des témoins de la charte du jeune roi.

---

[1] Chap. II, p. 58.

[2] Un extrait de la charte de Guillaume de Saint-Jean, visée ici par Henri II, se lit dans le recueil de Gaignières (ms. latin 5480, t. I, p. 269). Voici quels en sont les témoins : « Testibus : Ricardo de Orival et Gisleberto de Capell., Thoma de Sancto Pancratio et Willelmo de Leseaux. » Aucun de ces noms n'a pu m'aider à préciser davantage la date de la charte de confirmation du roi.

[3] Original aux Archives de Maine-et-Loire, n° 351 de notre Recueil.

ANNÉE 1178.

XIII. Charte de l'abbaye de Waltham.

Vers 1178.

La plus curieuse peut-être des chartes émanées du roi associé est celle qui a pour objet la substitution de chanoines réguliers aux chanoines séculiers établis depuis la première moitié du xi° siècle dans l'église de Sainte-Croix de Waltham. Ce fut en 1177 que la substitution s'opéra. Elle donna lieu à une longue charte de Henri II, caractérisée par deux particularités fort rares dans les actes de ce roi. On y remarque, d'abord, un préambule assez développé sur la part importante que les rois doivent prendre à la fondation des églises et sur l'attention avec laquelle ils doivent veiller, de concert avec le souverain pontife, à y maintenir la discipline. En second lieu, l'acte se termine par une terrifiante imprécation contre les violateurs des privilèges ecclésiastiques.

Voici, d'après l'édition du *Monasticon anglicanum*[1], le commencement et la fin de la charte de Henri II relative à la réorganisation de l'église de Waltham.

H., Dei gratia rex Angl. dux Norm. et Aquit. et comes Andeg., archiepiscopis, episcopis, etc., salutem.

Cum ex divine benignitatis gratia, que corda regum ad quod voluerit sola potest inclinare, propositum nobis esset et voluntas construendi monasterium canonicorum regularium, duximus imprimis a viris religiosis et a majoribus regni nostri de loco convenienti construendo monasterio consilium querere, qui, diligenter super hoc deliberantes, locum proposito nostro congruum ecclesiam de Waltham existimaverunt, et precipue cum in ea canonici seculares nimis irreligiose et carnaliter vixissent, ita quod infamia conversationis illorum, modum excedens, multos scandalisasset, visum fuit archiepiscopis et episcopis nostris, et aliis viris religiosis, opus esse pietatis, illis amotis quos infamie nota maculaverat, viros sancte conversationis substituere et opinione laudabiles, ut sic uno eodemque facto regie celsitudinis propositum sanctum sortiretur effectum et a loco celeberrimo turpitudinis removeretur exemplum.

His itaque, de consilio majorum regni nostri, ad dominum papam Alexandrum tertium relatis, ut ipse discretionis sue consilium nobis impertiret, in hac forma responsum nostra consultatio suscepit : videlicet ut canonicis secularibus ecclesie de Waltham pro qualitate prebendarum suarum alias provideretur, et deinde canonici regulares introducerentur. Cum igitur predictis canonicis competenter fuisset provisum, canonici regulares, ex aucto-

---
[1] T. VI, part 1, p. 63.

ritate prenominati pape, per manus episcoporum quos ad hoc convocavimus, in commemoratam ecclesiam sunt introducti.

Quapropter, cum hec supradicta ecclesia de Waltham, a primitiva sua fundatione, semper regalis fuisset capella, nulli archiepiscopo vel episcopo, sed tantum ecclesie Romane et regie dispositioni subjecta, illam, cum omnibus pertinentiis suis liberam et, ut prescriptum est, absolutam ex auctoritate supradicti pape concessimus et donavimus in perpetuam elemosinam canonicis regularibus, gloriosam servantibus vivendi regulam, a sanctis apostolis traditam, et postea a magno et beato Augustino divina revelatione, multis adjectis, adornatam. Hanc insuper ecclesiam, quasi novam Christi sponsam, nova dote, sicut decebat, dignum duximus esse ditandam.

Concedimus ergo et donamus illi et canonicis ibidem Deo servientibus, pro salute nostra, liberorum successorumque nostrorum, pro redemptione etiam nostrorum predecessorum regum Anglie, et reginarum omniumque fidelium, in perpetuam elemosinam, quietas a me et ab omnibus heredibus meis, Siwardestune, cum omnibus ad se pertinentibus campis, pascuis, pratis, silvis et aquis; Eppinges, cum omnibus ad se pertinentibus, cumque pascuis, pratis, silvis et aquis; item Walterum de Geldeford filium Alwrini, et domum suam, cum omnibus pertinentiis, et libertate inferius expressa, quam domum ego eis dedi, ut habeant ibi hospicium in eundo et redeundo ad curiam regis.

Veteres etiam possessiones commemorate ecclesie de Waltham, quas in presenti pagina certis duximus exprimendas vocabulis, illis perpetua stabilitate confirmamus, scilicet, apud Waltham terram que dicitur Norlande, mansiones que fuerunt canonicorum secularium...

(*Suit le détail des biens, des droits et des franchises de l'abbaye, après quoi, et avant les souscriptions des témoins, se lit l'imprécation lancée contre les violateurs de la charte :*)

Si quis autem contra hec statuta scienter venire temptaverit, et ammonitus hoc non emendaverit, indignationem omnipotentis Dei et sancte Crucis et omnium sanctorum incurrat.

Testibus : Ric. Cantuar. archiep. et apostolice sedis legato, Gileberto London. ep., Jocelino Sareb., Waltero Roff., Barthol. Exon., Rog. Wigorn., Ric. Winton., Galfr. Eliensi, Joh. Cicestr., Joh. Norwic., Reginaldo Bathon., Hug. Dunelm., Adam de S. Asaph episcopis, Galfrido Lincoln. electo, Galfrido filio meo, Will. comite Glocestrie, Ric. de Luci, Hunfr. de Boun constab., Rog. Bigod, Regin. de Curtenai, Will. de Lanwaleio, Thoma Baseth, Will. Filio Radulfi, Will. Baseth, Rad. Filio Stephani camerario, et Eustachio fratre suo, Ailwardo camerario.

Apud Wintoniam.

La dignité et le nombre des témoins réunis pour célébrer la réorganisation de l'abbaye de Waltham prouvent quelle importance on attachait à cet acte. Le roi associé brillait par son absence; mais il ne voulut pas laisser passer la fête sans faire acte de roi.

Aussitôt qu'il eut connaissance de la charte qu'on vient de lire, il s'empressa, soit spontanément, soit à l'instigation des nouveaux chanoines, de donner à ceux-ci l'équivalent de la grande charte délivrée par Henri II. Il voulut leur octroyer, lui aussi, une grande charte, non moins solennelle que celle de son père. Le clerc qu'il chargea de la rédiger ne se mit pas en grands frais. Suivant l'usage, il se borna à ce qu'on peut appeler un démarquage. Il reproduisit le dispositif de la première charte, à la fin duquel il copia, mot pour mot, la terrifiante imprécation contenue dans le modèle. Quant au préambule il imita un peu moins servilement les développements de la première charte sur le rôle des rois dans la fondation des abbayes et dans leur entente avec le souverain pontife pour assurer le maintien de la discipline ecclésiastique, toutefois ne manqua pas de s'approprier la phrase dans laquelle l'abbaye réorganisée nous est présentée « comme une nouvelle épouse du Christ, à laquelle il convient de donner une nouvelle dot ».

Mais ce qui est tout à fait original dans la seconde charte, c'est la façon dont le jeune roi qualifie son père, en employant des expressions qui, suivant les usages du temps, ne s'appliquaient guère qu'à des personnages défunts dont on voulait commémorer la mémoire; *pater meus inclite recordationis...*, — *pio principe patre meo*. Il n'aurait point employé d'autres expressions s'il avait eu à parler d'actes d'Édouard le Confesseur ou de Guillaume le Conquérant. Le malheureux, qui ne se contentait pas de n'avoir que le titre de roi, ne prévoyait pas qu'il précéderait son père dans la tombe et que celui-ci devait vivre encore plus de dix années, donnant journellement des preuves de sa merveilleuse activité.

Pour justifier ce qui vient d'être dit, et pour mettre à même de comparer les deux actes, je donne ici les parties essentielles de la charte du jeune roi. J'en ai emprunté le texte à la copie qui fut insérée, un peu plus d'un siècle et demi plus tard, dans un rôle des *Cartæ antiquæ* portant aujourd'hui la cote M, n° 4 [1].

H., Dei gratia rex Angl. et dux Norm. et comes And., regis Henrici filius, archiepiscopis, episcopis, abbatibus, comitibus, baronibus, justiciis, vicecomitibus, ministris et baillivis et omnibus fidelibus suis franc. et angl., salutem.

---

[1] Cette charte se trouve aussi, à côté de la grande charte de Henri II, au fol. 37 v° du Cartulaire de l'abbaye de Waltham, conservé à la Bodléienne, sous le n° 391.

Sicut, inter gesta religiosi principis, gloriosum extitit et commendabile subjectis exemplum ecclesias condere, monasteria fundare et sancte conversacionis hominum congregaciones dilatare, sic non minus regiam majestatem decet que a predecessoribus suis Deo et sancte Ecclesie data sunt et concessa conservare et regio munimine confirmare.

Quoniam igitur predictus pater meus, inclite recordationis, catervam canonicorum regularium in ecclesia Walthamensi, pro salute sua suorumque, auctoritate apostolica constituit, illos ejusdem auctoritate amovendo, quos inhonesta conversatio eorum indicaverat amovendos, deinde vero eidem ecclesie quasi renovate sponse novam dotem cum multiplici libertate contulit, veteres etiam possessiones confirmavit. Ego ergo laudabilem virorum commutationem, in prefata ecclesia a prenominato pio principe patre meo divina inspiratione factam, commendo, et, pro ipsius salute et mea et omnium nostrorum, ipsam communionem canonicorum et donationes novas veteresque possessiones et libertates commemorare ecclesie Walthamensi, et canonicis regularibus ibidem Deo servientibus datas et concessas, et donationes et libertates quas idem pater meus postea eidem daturus est, perpetua voluntate concedo et regia auctoritate quiete et pacifice a me et successoribus meis possidendas confirmo.

Iste sunt nove donationes quas dominus rex pater meus predictis canonicis regularibus dedit : Savardestonam, cum omnibus ad se pertinentibus, campis, pascuis, pratis, silvis et aquis. Item Walterus de Geldeforda filius Alwrini, et domus sua, cum omnibus pertinenciis et libertate inferius expressa.

Veteres etiam possessiones commemorate ecclesie de Waltham, quas in presenti pagina certis duxi exprimendas vocabulis, sicut dominus rex, pater meus, fecit, illis perpetua stabilitate confirmo, scilicet : apud Waltham terram que dicitur Norand mansiones que fuerunt canonicorum secularium.

(*Suit une longue énumération des biens et des franchises de l'abbaye de Waltham; et la charte se termine par cette imprécation :*)

Si quis autem contra hec statuta scienter venerit, et ammonitus hoc non emendaverit, indignationem omnipotentis Dei et sancte Crucis et omnium sanctorum incurrat.

Testibus : Ricardo episcopo Wintoniensi, Frogerio episcopo Sagiensi, Henrico episcopo Baiocensi, magistro Walterio de Constanciis, magistro Osberto de camera, Nicolao capellano, Ranulfo de Glanvilla, Gaufrido de Pertica, Hugone de Cressi, Gerardo de Canvilla, Willelmo capellano, Willelmo marescallo, Willelmo Filio Rogeri.

Apud Argentomum.

XIV. CHARTE DE GAUTIER DE COUTANCES.

1180.

H., Dei gratia rex Angl. et dux Norm. et Aquit. et comes Andeg., archiepiscopis, episcopis, abbatibus, comitibus, baronibus,

1180.

H., Dei gratia rex Angl. et dux Norm. et comes Andeg., regis Henrici filius, archiepiscopis, episcopis, abbatibus, comitibus,

ANNÉES 1178 ET 1180.

justiciis, vicecomitibus et omnibus ministris et fidelibus suis, salutem.

Sciatis me, ad peticionem Bernardi Cumin et Hawise, uxoris sue, et Willelmi, filii sui primogeniti, et aliorum liberorum suorum, et Radulfi de Sancto Amando, heredum Radulfi Filii Stephani, concessisse et presenti carta mea confirmasse magistro Waltero de Constanciis, clerico meo, domum que fuit Radulfi Filii Stephani in Rothomago super Grandem Pontem, cum gardino et toto purprisio et omnibus pertinentiis suis, quam ipse magister Walterius emit ab eis, coram justiciis meis et communia Rothomagi[1]. Confirmo etiam ei domum Iboldi de Grandi Ponte..............
....

Quare volo et firmiter precipio quod predictus magister Walterus de Constanciis, clericus meus, et heredes sui omnia predicta, salvo servitio meo et dominorum feodi, habeant et teneant, bene et in pace, libere et quiete, plenarie et integre et honorifice, cum omnibus pertinentiis et libertatibus et liberis consuetudinibus suis, sicut aliquis ea umquam melius et liberius tenuit.

Testibus : Ricardo Wintoniensi, Gaufrido Eliensi, episcopis, Willelmo de Humetis constabulario, Rogero Le Bigot, Stephano de Toronis senescallo Andegavie, Rannulfo de Glanvilla, Gaufrido de Pertica, Saiherio de Quinci, Rogero de Stutevilla, Michaele Belet, Willelmo de Bendengis.

Apud Windesoram.

(Cartul. de l'église de Rouen, fol. 69 v°, n. 87, et fol. 106 v°, n. 168.)

baronibus, justiciis, vicecomitibus et omnibus ministris et fidelibus suis, salutem.

Sciatis me, ad petitionem Bernardi Cumin et Hawise, uxoris sue, et Willelmi, filii sui primogeniti, et aliorum liberorum suorum, et Radulfi de Sancto Amando, heredum Radulfi Filii Stephani, concessisse et presenti carta mea confirmasse magistro Waltero de Constanciis, clerico domini regis, patris mei, domum que fuit Radulfi Filii Stephani, in Rothomago super Grandem Pontem, cum gardino et toto porprisio et omnibus pertinentiis suis, quam dominus rex, pater meus, ei carta sua confirmavit et quam ipse magister Walterius emit ab eis, coram justiciis patris mei et communia Rothomagi. Confirmavi etiam ei domum Iboldi de Grandi Ponte..............
....

Quare volo et firmiter precipio quod predictus magister Walterus de Constanciis et heredes sui omnia predicta, salvo servitio domini regis, patris mei, et meo et dominorum feodi, habeant et teneant bene et in pace, libere et quiete, plenarie et integre et honorifice, cum omnibus pertinenciis et libertatibus et liberis consuetudinibus suis, sicut aliquis ea umquam melius et liberius tenuit.

Testibus : Ricardo Wintoniensi et Gaufrido Eliensi, episcopis, Willelmo de Humetis, Rogerio Le Bigot, Rannulfo de Glanvilla, Willelmo Marescallo, Gerardo Talebot, Roberto de Tregoz, Adam de Ikebo, Simone de Marisco.

Apud Westmonasterium.

(Original aux Archives de la Seine-Inférieure, et Cartul. de l'église de Rouen, fol. 105 v°, n° 167.)

L'inscription du nom du connétable Guillaume du Hommet dans les deux chartes prouve qu'elles sont, toutes les deux, de la fin de 1179 ou du com-

[1] L'acte de vente sera publié dans le chapitre X, p. 348. Voir aussi plus haut, p. 53.

mencement de 1180 au plus tôt[1]. La seconde est antérieure au 11 juin 1183, jour de la mort du jeune roi Henri. Or, entre 1179 et 1183, le jeune roi Henri n'a séjourné en Angleterre que pendant la première quinzaine du mois d'avril 1180, et c'est alors que fut expédiée de Westminster la charte de Henri, fils du roi. La charte de Henri II peut être antérieure de quelques jours.

XV. Charte des moines de Bitlesden.

Je ne sais quelle date il faut assigner à la pièce suivante, qui n'est peut-être pas une simple homologation d'un acte de Henri II. M. Paul Meyer a bien voulu m'en donner la copie, et une édition en a été insérée à la page 36 du Mémoire de M. W. de Gray Birch cité ci-dessus (p. 252).

H., rex Angl. et dux Norm. et comes Andeg., regis Henrici filius, Rogero Foliot, salutem.

Precipio tibi quod juste warantizes monachis de Betlendena, terram de Witefeld, quam tu et heredes tui concessistis eis in elemosinam, sicut carta eorum testatur, et prohibeo ne eos amplius vexes vel vexari permittas. Et nisi feceris, vicecomes de Bukingham faciat, ne inde amplius clamorem audiam pro penuria recti.

Teste Willelmo de Sancto Johanne.

Apud Windeshoram.

(Musée britannique, Harley charter, 84. C. 6.)

Le Guillaume de Saint-Jean, témoin de cette charte, est le bienfaiteur de l'abbaye de Fontevrault dont il a été question plus haut, p. 264.

XVI. Charte du prieuré de Sainte Frideswide d'Oxford.

H., rex Angl. et dux Norm. et comes Andeg., regis Henrici filius, Henrico forestario, salutem.

Precipio tibi quod juste et sine dilatione adresciari facias fossatum quod formari fecisti in pratis juxta Haliwellam, post coronationem meam, sicut esse debet et sicut antea fuit, ne injuste noceat libero tenemento prioris de Sancta Fretheswitha et canonicorum, nec

---

[1] Voir plus loin, chap. X, p. 185.

gurgiti suo. Et nisi feceris, vicecomes de Oxenefordsira faciat fieri, ne in[de] amplius clamorem audiam pro penuria recti.

Teste Willelmo de Sancto Johanne.

Apud Oxen.

<small>William H. Turner, *Calendar of charters and rolls preserved in the Bodleian library* (Oxford, 1878, in-8°, à la p. iv).</small>

Je ne connais pas l'acte de Henri II. auquel doit correspondre ce mandement.

En m'occupant ici des actes du prince Henri, fils de Henri II, j'ai dû laisser de côté un mandement adressé en faveur des moines d'Évron par « H., rex Angl. et dux Norm. et comes Andeg. » à ses baillis de la foire de Montmartin. Le titre donné dans ce texte à l'auteur du mandement convient bien au jeune roi Henri; mais je crois pouvoir supposer que la copie d'après laquelle j'ai vu la pièce dans un recueil de Gaignières [1] est incomplète et que la suscription a été abrégée par le copiste. Il ne me semble pas que le jeune roi ait pu avoir des baillis particuliers à la foire de Montmartin, qui était administrée directement par les agents de Henri II, comme on le voit par le compte rendu en 1180 à l'Échiquier [2].

Je n'ai pas davantage tenu compte de la copie d'une charte de Henri II où, par un motif inexplicable, un copiste a introduit deux bouts de phrase dans lesquels il faudrait voir l'intervention du fils de Henri II. Il s'agit de la grande charte de confirmation des biens de l'abbaye de la Trinité de Caen. L'original de cette charte, que j'ai maniée plusieurs fois aux Archives du Calvados et dont j'ai en ce moment la photographie sous les yeux, et dont l'authenticité ne peut donner lieu au moindre soupçon, contient, sur la fin, deux phrases ainsi conçues :

Ex dono regis Willelmi, proavi mei, et regis Henrici, avi mei, terras subscriptas in Anglia, maneria videlicet Hantonam, etc.

---

[1] En voici la teneur : « H., rex Angl. et dux Norm. et comes Andeg., omnibus baillivis suis ferie de Monte Martini, salutem.

Sciatis quod dedi abbati et monachis de Ebronio quietanciam de omnibus rebus quas ement in feria de Monte Martini ad usus suos. Et ideo precipio quod inde in perpetuum sint quieti.

Teste Rogero capellano.

Apud Ebronium ». (Ms. latin 17124, p. 185.)

[2] *Rotuli Scaccarii Normanniæ*, édit. Stapleton, t. I, p. 30.

VII. ACTES DU ROI ASSOCIÉ.

Sicut carta prefati regis Willelmi et regis Henrici, avi mei, et aliorum donatorum testantur.

Voici la transformation que ces deux phrases ont subie dans la copie du manuscrit latin 11077 (fol. 13) de la Bibliothèque nationale, qui est de la main de Léchaudé d'Anisy :

Ex dono prefati regis Willelmi, abavi nostri, et regis Henrici, avi nostri et regis Henrici, patris mei, terras subscriptas : in Anglia maneria videlicet Hantonam.
...sicut carta prefati regis Willelmi et regis Henrici, proavi, et regis Henrici, patris nostri, et aliorum donatorum testantur.

Il m'est impossible d'expliquer l'origine de cette interpolation et de dire où Léchaudé d'Anisy a pu la rencontrer. Il ne doit pas en être l'auteur.

En lisant toutes les chartes réunies dans ce chapitre, on se demande quel motif les intéressés, qui avaient obtenu du roi Henri II la confirmation de leurs droits et privilèges, pouvaient avoir de solliciter du jeune roi associé une nouvelle confirmation qui était une simple homologation et qui ne s'adressait à aucun agent d'exécution autre que les officiers tenant leur autorité du roi effectif. On s'étonne qu'ils aient attaché de l'importance à une formalité de ce genre, qui les obligeait d'ailleurs à débourser la somme réclamée comme droit de chancellerie, ou comme gratification aux fonctionnaires chargés de l'expédition.

J'ai été surtout frappé de l'observation que suggèrent deux des actes ci-dessus publiés, les n°s III et XI : il s'agit de chartes dont l'homologation a été tardivement demandée, parce qu'elles avaient été accordées par Henri II plus ou moins longtemps avant l'association du jeune Henri. Il me paraît évident que les impétrants croyaient s'assurer par cette démarche le maintien de leurs privilèges à l'époque où l'héritier présomptif entrerait en jouissance effective du royaume d'Angleterre, du duché de Normandie et du comté d'Anjou.

En fait, la royauté du jeune Henri était purement honorifique, comme le furent en France les associations des héritiers présomptifs du trône sous les premiers Capétiens, et notamment l'association que Louis le Gros fit en 1120 de son fils Philippe, alors âgé de moins de quatre ans [1].

---

[1] Voir la note que j'ai publiée à ce sujet dans le *Journal des Savants*, 1898, p. 736.

SCEAU DU ROI ASSOCIÉ. 273

Évidemment, Henri Court-mantel devait attacher une grande importance au cérémonial; il tenait à être traité en roi et il devait être enchanté de pouvoir attacher au bas de ses chartes un grand sceau sur lequel il trônait avec tout l'appareil de la royauté.

Ce sceau est-il celui que Henri II fit graver pour son fils après le sacre de 1170[1], pour remplacer le sceau dont le jeune prince s'était jusqu'alors servi et dont aucun exemplaire n'a été signalé?

Faut-il l'identifier avec celui dont le porte-sceau Richard Barre était détenteur quand le roi associé s'enfuit de la cour de son père, et qui fut séquestré par l'ordre de Henri II[2]?

Je ne saurais répondre à ces questions, ni dire quel fut le sceau dont se servit le roi associé pendant sa première révolte et dont le roi de France lui avait donné la matrice[3].

Le seul sceau de Henri Court-mantel que, jusqu'à ces derniers temps, je croyais pouvoir citer, était celui que Gaignières avait trouvé au bas d'une charte expédiée vers l'année 1170, en faveur de l'abbaye de Fontevrault[4]. Aucun exemplaire original n'en était connu. — Le Musée britannique[5] n'en possédait qu'un moulage provenant de Doubleday. — Le Rév. H. Salter a bien voulu m'en signaler tout dernièrement un exemplaire dans les archives du New College à Oxford. C'est un grand sceau de majesté, analogue aux sceaux des rois anglais du XIIe siècle. Le prince y est représenté siégeant sur un trône à bras terminés par des têtes de lion, avec les attributs de la royauté, un globe surmonté d'une croix dans la main droite et un sceptre fleurdelisé dans la main gauche. Autour de l'image on lit : ✠ HENRICVS REX ANGLORVM ET

---

[1] « Dimisit in Angliam novum regem filium suum, cui concessit facere in Anglia omnes rectitudines et justicias per sigillum novum quod rex ei fieri præcepit. » *Gesta Henrici*, t. I, p. 6.

[2] « Post discessum vero juvenis regis, Ricardus Barre, qui sigillum ipsius portabat, ad regem, patrem ejus, rediit, et tradidit illi sigillum filii sui quod ille ei ad custodiendum commiserat, et illud recipiens præcepit bene custodiri. » *Gesta Henrici*, t. I, p. 43.

[3] « Statim [Lodowicus rex] fecit fieri ei novum sigillum per quod ille subscriptas donationes confirmavit... » *Gesta Henrici II*, t. I, p. 43. — « Omnes vero has donationes confirmavit eis sigillo suo novo, quod rex Franciæ fecit ei fieri. Preterea alias fecit donationes quas eodem sigillo confirmavit : concessit enim Willermo regi Scotiæ, etc. » *Ibid.*, p. 45.

[4] Voir plus haut, p. 263.

[5] Sceau n° 79, reproduit dans l'opuscule de Birch sur les sceaux de Henri II.

VII. ACTES DU ROI ASSOCIÉ.

DVX NORMANNORVM ET COMES ANDECAVORVM[1]. C'est, je crois, le sceau dont il y a un moulage en soufre au Musée britannique, et dont l'origine est inconnue; on en trouvera une phototypie sur la planche II de la dissertation de M. W. de G. Birch, *On the Seals of king Henry the second and of his son the so called Henry the third.* Il est bien possible que le moulage du Musée britannique, qui vient, comme je l'ai dit, de la collection de Doubleday, ait été pris sur le sceau de la charte que Gaignières avait vue dans le chartrier de Fontevrault.

[1] On peut voir le texte de la charte et le dessin du sceau que nous devons à Gaignières, dans le ms. latin 5180, t. I, p. 270.

VIII

OBSERVATIONS SUR DES ANOMALIES DE CHARTES AUTHENTIQUES.

Mes études comparatives sur les actes de Henri II, notamment sur ceux que j'ai vus en original ou en reproduction photographique, au nombre de plus de trois cents, m'ont mis à même de reconnaître un certain nombre de pièces qui sont manifestement fausses et dont les historiens ne peuvent point tirer parti. Mais, avant d'en parler, je dois passer en revue quelques pièces dans lesquelles on peut relever la violation des règles protocolaires, sans cependant être fondé à rejeter les actes dans lesquels les anomalies se rencontrent. C'est à l'examen de ce genre d'anomalies que le présent chapitre est consacré.

J'aborde donc ici l'examen de chartes dans lesquelles certains détails ne sont pas conformes aux règles que la très grande majorité des pièces parvenues jusqu'à nous en original nous autorise à considérer comme ayant été fidèlement observées par les officiers de la chancellerie, et qui, malgré d'incontestables anomalies, m'ont paru de nature à être tenues pour authentiques. Les unes, et c'est le plus grand nombre, ne sont connues que par des copies ou des éditions, plus ou moins anciennes, plus ou moins fidèles; les autres se rencontrent dans des pièces que la rédaction et l'écriture font reconnaître comme n'ayant été ni composées, ni copiées par les rédacteurs et les scribes officiellement attachés à la chancellerie.

I. ANOMALIES DE CHARTES DONT LES ORIGINAUX NE SONT PAS CONNUS. — Prenons d'abord les chartes dont les exemplaires originaux ne sont pas connus ou ne sont pas représentés par des transcriptions déclarées prises sur les originaux par des copistes dignes de confiance, comme Gaignières et certains bénédictins.

Par exemple, des rédacteurs de Cartulaires, quand ils avaient à copier une charte royale, trouvaient bon de faire précéder des mots *Dei gratia* le titre de *rex Anglorum,* sans s'inquiéter s'il n'y avait pas eu des raisons pour écrire,

276   VIII. ANOMALIES DE CHARTES AUTHENTIQUES.

dans certains cas, simplement *rex Anglorum*, et, dans d'autres, *Dei gratia rex Anglorum*.

Ainsi le copiste du beau cartulaire de l'abbaye de Foucarmont, conservé à la bibliothèque de Rouen, a inséré, sur le folio 35 de ce manuscrit, deux chartes[1] dont il a ainsi tracé les premiers mots : *H., Dei gratia rex*, alors que les originaux devaient porter simplement *H., rex*, la première charte étant du temps que Thomas Becket était chancelier (1162 au plus tard), et la seconde, du vivant de l'Impératrice, morte en 1167. Le copiste de Foucarmont était, d'ailleurs, assez peu soigneux. A la fin de la première de ces chartes, il a mis *Teste capellano*, ce qui n'a aucun sens, au lieu de *Teste Canc[ellario]*, ce qui désignait le chancelier Thomas Becket.

Un exemplaire encore plus curieux de l'emploi abusif de la formule *Dei gratia* nous est fourni par un cartulaire des biens des Templiers et des Hospitaliers situés en Angleterre, rédigé au xve siècle : « Registrum munimentorum et evidentiarum camerarum, præceptoriarum, platearum et locorum prioratus Hospitalis Sancti Johannis Jerusalem in Anglia, inceptum anno Domini 1442, tempore fratris Roberti Boteller, prioris dicti Hospitalis anno secundo ». Ce cartulaire, conservé au Musée britannique, dans le fonds Cottonien (Nero, E. vi), contient cinq chartes[2] de Henri II, qui sont certainement de la première période du règne, et qui toutes cependant commencent dans le Cartulaire par la suscription *H., Dei gratia rex* :

H., Dei gratia rex... Sciatis me dedisse ...fratribus militibus Templi Salomonis... unam carucatam terre apud Dertfordam...— T. Theobaldo Cantuariensi archiepiscopo... — (Au plus tard de 1161.)

H., Dei gratia rex... Sciatis me dedisse... fratribus Templi Salomonis xvi denariatas terre... T. Henrico de Essexa, constabulario... Apud Sanctum Edmundum... (Très probablement de 1157, voir le Pipe Roll de 1156-1157, p. 107.)

H., Dei gratia rex... Ego dedi... militibus Templi Jerusalem locum super Flietam... T. Thoma cancellario... Apud Vilemur in castris. — (Acte de 1159; voir plus haut, p. 68.)

H., Dei gratia rex... Sciatis me... confirmasse conventionem que rationabiliter facta est inter Raginaldum priorem et monachos de Bermundesey et fratres Templi, de tota illa hyda

---

[1] Ces deux chartes forment les n°s 123 et 163 de notre Recueil.

[2] La copie de ces chartes m'a été fort gracieusement communiquée, en juillet 1907, par M. le marquis d'Albon, de Pontcharra-sur-Turdine.

de Wideflete... T. Gaufrido archidiacono [1] Cantuar. — (En 1166, d'après les *Annales monasterii de Bermundesia* : « Anno Domini 1166, idem Raynaldus dimisit, cum assensu conventus, fratribus Templi totam hidam de Widefleta. »)

H., Dei gratia rex... Sciatis me dedisse... fratri Ostoni et aliis militibus Templi manerium de Bustelesham... T. Roberto Lincolnensi episcopo. (Au plus tard de 1168.)

Il est évident que le scribe, qui copiait au milieu du xv⁰ siècle le Cartulaire des Hospitaliers anglais, s'imaginait que dans les suscriptions des actes royaux la formule *Dei gratia* était inséparable du titre *rex Anglorum*.

Voilà donc sept chartes de Henri II, insérées deux dans le cartulaire de Foucarmont, et cinq dans le cartulaire anglais des Templiers et des Hospitaliers, toutes antérieures à l'année 1172-3, lesquelles toutes débutent par la suscription H., DEI GRATIA *rex Anglorum*. Je me crois autorisé à déclarer que les exemplaires originaux de ces sept chartes devaient porter comme suscription H., *rex Angl.*, sans les mots *Dei gratia*. Les scribes se sont permis d'intercaler ces deux mots dans leurs copies; il faut les supprimer si l'on veut rétablir l'intégrité du texte primitif.

Pour montrer que cette correction n'a rien d'excessif et d'arbitraire, je puis produire un texte qui est à l'abri de toute contestation.

Une charte de l'abbaye du Mont-Saint-Michel, conservée en original aux Archives de la Manche sous la cote H. 15000, et encore munie du sceau royal, est conçue dans les termes suivants :

H., rex Angl. et dux Norm. et Aquitan. et comes And., justiciis et vicecomitibus et prepositis et omnibus ministris suis Anglie et Normannie et portuum maris, salutem.

Precipio quod omnes res monachorum de Monte Sancti Michaelis, quas homines eorum poterunt affidare suas esse proprias, sint quiete de theloneo et passagio et pontagio, et omni consuetudine per totam terram meam Anglie et Normannie et per portus maris. Et prohibeo ne quis eos inde disturbet injuste, super x li. forifacture.

T. Roberto de Novo Burgo.

Apud Moritonium.

La charte est antérieure à l'année 1159, puisqu'elle a été souscrite par Robert du Neubourg. Aussi débute-t-elle par les mots *H., rex Angl.*

---

[1] Le cartulaire porte par erreur *archiepiscopo*.

Or, aux Archives de la Manche, à côté de cette charte, sous la cote H. 15001, se trouve une copie qui a dû être faite par un moine du Mont-Saint-Michel peu d'années après l'expédition de l'original. En voici le texte :

H., Dei gratia rex Angl. et dux Norm. et Aquit. et comes And., justiciis et vicecomitibus et prepositis et ministris suis Anglie et Normannie et portuum maris, salutem.
Precipio quod omnes res monachorum de Monte Sancti Michaelis, quas homines eorum poterunt affidare suas esse proprias, sint quiete de theloneo et passagio et pontagio et omni alia consuetudine per totam Angliam et Normanniam et per portus maris. Et prohibeo ne quis eos inde disturbet injuste super x libras forisfacture.
T. Roberto de Novo Burgo.
Apud Moritonium.

Entre les deux textes, il n'y a qu'une différence, au commencement de la première ligne :

L'original porte pour suscription : *H., rex Angl.*, tandis que sur la copie nous lisons la suscription : *H., Dei gratia rex Angl.*; le copiste s'est cru permis d'y intercaler les deux mots *Dei gratia*.

Nous sommes donc fondés à nous défier de la façon dont les copistes transcrivaient les suscriptions, même très peu de temps après que l'expédition originale était sortie de la chancellerie.

II. ANOMALIES DE CHARTES ÉCRITES HORS DE LA CHANCELLERIE. — Je dois parler maintenant de chartes accordées à des abbayes qui jouissaient du plus grand crédit, et auxquelles Henri II accordait une telle confiance qu'il autorisait l'abbé à faire préparer par un de ses religieux le texte des privilèges qui devaient assurer la prospérité du monastère. Telle fut l'abbaye de Savigni, au diocèse d'Avranches, l'une des plus puissantes maisons de l'ordre de Cîteaux. La vie de ses premiers abbés, Vital et Serlon, l'avait entourée d'une auréole de sainteté, et l'heureux développement des colonies qu'elle avait fondées dans divers diocèses de la France et de l'Angleterre avait contribué à jeter sur elle un éclat incomparable. C'était une des filles préférées de la famille religieuse de Henri II, qui n'avait rien à lui refuser. Il la combla de bienfaits, et chacun de ses séjours dans les pays du Passais et du Mortainais était marqué par l'octroi de privilèges qui sont parvenus jusqu'à nous et qui se présentent avec des caractères tout particuliers : les religieux ont été autorisés à les rédiger et à les écrire eux-mêmes, ce qu'ils ont fait, sans se préoccuper des exigences du formulaire officiel, et ce qui a donné à ces actes un air de famille très caractérisé. Rien d'analogue ne se rencontre dans les fonds d'archives d'autres abbayes. Les chartes dont je veux parler sont au nombre de trois.

La première de ces chartes est une longue et très détaillée confirmation des biens et des privilèges de l'abbaye. Je n'en donnerai qu'un extrait, d'après le texte inséré dans l'excellent Cartulaire de Savigni (charte 569) :

Henr., Dei gratia rex Anglorum et dux Normannorum et Aquitanorum, comes Andegavorum, archiepiscopis, episcopis, comitibus, baronibus, justiciis, baillivis, vicecomitibus, prepositis, ministris et omnibus fidelibus suis, totius terre sue, salutem.

In nomine Domini nostri Jesu Christi.

Notum sit vobis, presentibus atque futuris, quod ego, pro amore Dei et salute anime mee et anime patris et matris mee et uxoris mee et liberorum ac fratrum meorum et omnium antecessorum ac successorum nostrorum, atque omnium fidelium christianorum, concessi ecclesie Sancte Trinitatis de Savigneio, et Richardo abbati et monachis ibidem Deo servientibus, in perpetuam elemosinam, omnes terras omnesque elemosinas atque quietancias quas antecessores mei et homines eorum donaverant eidem ecclesie atque concesserant. Et eandem ecclesiam, cum omnibus rebus ad ipsam pertinentibus, assumpsi in manu et custodia ac defensione mea, sicut propriam abbatiam et dominicam elemosinam meam. Et ut omnes possessiones ad eandem ecclesiam pertinentes firmiter ac stabiliter et absque omni dubitatione in perpetuum confirmarentur et in presenti tempore atque futuro, libere et quiete ac secure ab eadem ecclesia tenerentur ac possiderentur, volui et in hac presenti carta nominatim ascriberentur atque confirmarentur, et sic ad noticiam successorum nostrorum et ad utilitatem possidentium salve et integre in perpetuum conservarentur.

Concessi itaque forestam Savigneii, sicut cingitur tribus aquis, Camba scilicet et Chambesna ac Nigra Aqua, cum omnibus pertinentiis suis, que foresta est prima possessio ejusdem ecclesie, unde et ipse locus nomen accepit ut Savigneium vocaretur, quam forestam possidet eadem ecclesia ex dono Radulfii de Filgeriis...

(*Suit une longue énumération des biens donnés et des franchises accordées à l'abbaye.*)

Hec autem nostra concessio atque confirmatio facta est anno ab incarnatione Domini M° C° L° VII°, anno scilicet regni mei Anglie III, ducatus vero Normannie VIII.

Quare volo, etc.

Testibus : Nigello episcopo Eliensi, etc.

(*Suit une longue liste de témoins, dont plusieurs n'appartiennent pas à la catégorie des personnages qui suivaient habituellement la cour du roi.*)

Apud Damfrontem.

280   VIII. ANOMALIES DE CHARTES AUTHENTIQUES.

Dans cette charte, sans relever la façon dont le nom du roi est écrit, on peut signaler de graves anomalies, des longueurs de style, l'emploi de la formule *Dei gratia*, l'invocation initiale, la profusion des détails et la date des années de l'incarnation, du règne et du duché.

La seconde charte de Savigni dont je dois parler ici est une charte de sauvegarde, insérée également dans le Cartulaire (charte 568) :

Henr., Dei gratia rex Anglorum et dux Normannorum et Aquitanorum et comes Andegavorum, archiepiscopis, episcopis, comitibus, baronibus, justiciis, ministris et omnibus fidelibus suis totius terre sue, salutem.

Sciatis me, pro amore Dei et salute anime mee et anime patris ac matris mee et uxoris mee et liberorum, fratrum meorum et omnium antecessorum ac successorum nostrorum, atque omnium fidelium christianorum, assumpsisse ac firmiter retinuisse in manu et custodia ac defensione mea, sicut abbatiam et dominicam elemosinam meam, abbatiam Sancte Trinitatis de Savigneio, et abbatem et monachos et conversos et eorum famulos et omnes terras et omnes possessiones et omnes res ad ipsam abbatiam pertinentes, ubicumque sint et de cujuscunque dono sint, in tota terra mea. Et ideo precipio ac firmiter constituo quatinus ipsa abbatia et omnes res ad ipsam pertinentes habeant firmam pacem et perfectam libertatem et omnem quietanciam per totam terram meam, in mari et in terra, in bosco et in plano, ac omni consuetudine et servitio et exactione, sicut elemosine Deo dedicate.

Hec autem mea constitutio ac confirmatio facta est anno ab incarnatione Domini M° C° quinquagesimo VII, anno scilicet regni mei Anglie III°, ducatus vero Normannie VIII°.

Teste : Herberto, Abrincarum episcopo, *etc*.

Apud Moston[1], in Landa Putrida.

Ici, nous devons reconnaître la main du rédacteur de la première charte. Nous y retrouvons les mêmes anomalies : la formule *Dei gratia*, une expression identique de sentiments de piété *pro amore Dei*..., et la date identique des années de l'incarnation, du règne et du duché.

La troisième charte est la plus intéressante à étudier, parce qu'on peut la critiquer sur le vu de l'original conservé aux Archives nationales (K. 24, n° 8⁴), et reproduit en phototypie dans la *Bibliothèque de l'École des chartes*, année 1908, en regard de la page 528.

Henricus, rex Angl. et dux Norm. et Aquit. et comes And., archiepiscopo Rothomagensi, episcopis, abbatibus, comitibus, baronibus, justiciis, vicecomitibus, ministris et omnibus fidelibus suis totius Normannie, salutem.

[1] Aujourd'hui Mouton, suivant le Dictionnaire des Postes, petit hameau de la commune de Saint-Clément, arr. de Mortain.

CHARTES ÉCRITES HORS DE LA CHANCELLERIE. 281

Sciatis me concessisse et hac presenti carta confirmasse, pro amore Dei et pro salute anime mee, et omnium predecessorum et successorum meorum, conventionem que inter monachos Savigneii et Paganum de Sancto Bricio et Gervasiam, uxorem ejus, et filios rationabiliter facta est, hanc scilicet quod monachi qui apud Vireium sub priore vel abbate vivere debebant ad Savigneiense cenobium revocarentur...

Facta est autem ista mea confirmatio anno ab incarnatione Domini M° C LXII°.

Test.[1] : *Rotroldo episcopo Ebroicensi, Ernulfo episcopo Lexoviensi, Frogero episcopo Sagiensi, Ricardo de Humetis constabulario, Man[assero] Biset dapifero, Willelmo Filio Ham[onis]*.

Apud Dominam Frontem.

    Les anomalies de cette troisième charte sont peut-être moins graves que celles des deux précédentes; toutefois il faut relever le nom du roi *Henricus*, en toutes lettres au début de l'acte, et la date de l'incarnation.

    Mais l'examen de la pièce nous permet de nous rendre un compte exact de la façon dont la charte a été préparée et promulguée.

    L'écriture ne ressemble en rien aux diverses variétés de l'élégante cursive ou minusculo-cursive des pièces copiées dans les bureaux de la chancellerie; c'est la grosse, sobre et sévère minuscule des calligraphes du XII° siècle, qui ont rempli de leurs labeurs beaucoup de bibliothèques monastiques, notamment celles de l'ordre de Cîteaux. Le *scriptorium* de Savigni possédait plusieurs de ces calligraphes, dont nous pouvons admirer l'habileté dans les débris de la bibliothèque de cette abbaye arrivés à la Bibliothèque nationale avec les collections de Colbert.

    Mais la plus notable particularité de la charte est la façon dont elle se termine : au milieu de l'avant-dernière ligne, la main du calligraphe s'est arrêtée après avoir tracé en abrégé le mot *Test[ibus]*, pour annoncer la liste des témoins. C'est une autre main qui, d'une autre encre, a écrit les noms des prélats et des barons qui avaient assisté à l'expédition officielle de la charte, dans le château de Domfront, où le roi résidait avec sa cour.

    Du groupe des trois chartes qui viennent d'être passées en revue ne saurait être détachée la lettre de sauvegarde qui fut expédiée, en novembre 1150, au nom de Henri, duc de Normandie et comte d'Anjou. C'est sur cette lettre

---

[1] Ce qui suit, imprimé en caractères italiques, a été écrit sur l'acte original avec une autre encre et par une autre main.

de 1150, qu'a été calquée la sauvegarde de 1157, mentionnée un peu plus haut (p. 280).

Henricus, Dei gratia dux Normannorum et comes Andegavorum, archiepiscopis, episcopis, comitibus, baronibus, justiciis, ministris et omnibus fidelibus suis totius terre sue, salutem. Sciatis me, pro amore Dei et salute anime mee, et anime patris ac matris mee et fratrum meorum et omnium antecessorum ac successorum nostrorum, atque omnium fidelium christianorum, assumpsisse ac firmiter retinuisse in manu et custodia ac defensione mea, sicut propriam abbatiam et dominicam elemosinam meam, abbatiam Sancte Trinitatis Sancteque Marie de Savigneio, et abbatem et monachos et conversos et eorum famulos et omnes terras et omnes possessiones et omnes res ad ipsam abbatiam pertinentes, ubicumque sint et de cujuscunque dono in tota terra mea. Et ideo precipio ac firmiter constituo quatinus ipsa abbatia et omnes res ad ipsam pertinentes habeant firmam pacem et perfectam libertatem et omnem quietanciam per totam terram meam, in mari et in terra, in bosco et in plano, ab omni consuetudine et servitio et exactione, sicut elemosina Deo dedicata. Hec autem mea constitucio et confirmatio facta est anno ab incarnatione Domini M° C° quinquagesimo I°, anno scilicet ducatus mei Normannie II°, anno vero comitatus mei Andegavie I°, mense novembri, apud Baiocas.

Teste : Philippo Bai[o]censi episcopo, *etc*...[1]

Cette charte (à part la première ligne, la date et la liste des témoins) est l'exemplaire qui a servi de modèle, mot pour mot, au clerc qui a préparé l'expédition de la sauvegarde datée de 1157. L'acte de 1157 n'est qu'un rajeunissement de l'acte de 1151. C'est un exemple de ce genre d'innovations dont il a été question dans le chapitre V (p. 185).

Le recours à des clercs ou à des religieux, peu familiers avec les usages de la chancellerie, s'explique dans des cas exceptionnels, surtout quand le roi, au cours de ses perpétuels déplacements, était pris au dépourvu, sans avoir sous la main un de ses secrétaires habituels.

Tel est le mandement que Henri II adressa à ses prévôts et sergents de Guyenne, notamment aux prévôts de Poitiers, de Chizé, de Benon et de La Rochelle, touchant les franchises des églises de Sablonceaux et de Fontaine-le-Comte, lequel a été rédigé par un clerc qui ne connaissait point les usages de la chancellerie royale. L'acte a été expédié dans la ville de Bordeaux

[1] Cartul. de Savigni, charte 565.

pendant le séjour qu'y fit le roi, à la fin de l'année 1156. On n'y voit mentionné qu'un seul témoin, Geoffroi, archevêque de Bordeaux, dont un secrétaire dut suppléer à l'absence des officiers de la chancellerie royale.

On a fait parfois appel à des calligraphes de profession pour avoir des exemplaires de luxe, et ces calligraphes ne connaissaient pas les usages de la chancellerie et ne se souciaient guère de la correction des textes latins. Tel était celui qui a écrit avec tant d'élégance, sur deux colonnes, la charte datée de Bayeux relative aux domaines anglais de Saint-Étienne-de-Caen [1], de ceux surtout que Henri Ier avait cédés comme équivalant à la couronne et aux insignes royaux légués à l'abbaye de Saint-Étienne par Guillaume le Conquérant; ce calligraphe, si jaloux de préparer la pièce pour recevoir le sceau de Henri II, n'était guère plus soucieux de l'orthographe que des formules protocolaires : il trace en caractères d'une netteté parfaite le mot *paschuis*, et il n'est pas choqué de laisser ainsi tomber de sa plume la souscription d'Arnoul, évêque de Lisieux : *Ænulfo Lunovienso episcopo*.

III. ANOMALIES D'UN ACTE ROYAL SERVANT DE PROCÈS-VERBAL D'ACCORD. — Dans un chapitre précédent (p. 10) il a été assez longuement question d'accords et de conventions qu'on faisait confirmer ou homologuer par le roi. D'ordinaire, ces accords ou conventions donnaient lieu à une double formalité. En premier lieu, était dressé un procès-verbal anonyme, remplacé quelquefois par des actes émanés de personnes qui étaient intervenues dans l'affaire ou qui avaient assisté aux débats. Venait ensuite la confirmation ou, pour mieux dire, l'homologation. Il est arrivé parfois que le procès-verbal a pris la forme d'un acte royal, lequel, dans ce cas exceptionnel, n'a pas été rédigé suivant le formulaire protocolaire.

Je prends comme exemple deux actes relatifs à l'accord qui fut conclu en 1167 entre l'abbé de Saint-Aubin, d'une part, et les frères Mathieu et Guichard de La Jaille, d'autre part. Les deux pièces étaient jadis dans les archives de l'abbaye de Saint-Aubin d'Angers; elles paraissent ne plus exister; mais l'une a été vue par Gaignières, qui en a inséré le texte dans ses collections; c'est le texte définitif et protocolaire; l'autre a été copiée par une main in-

---

[1] N° 108 de notre Recueil.

connue et fait aujourd'hui partie d'un dossier du Cabinet des titres, le texte en est plus développé : c'est en quelque sorte un procès-verbal où sont relatées plusieurs circonstances auxquelles il n'est pas fait allusion dans l'acte définitif.

Je citerai cet exemple pour montrer combien on aurait tort de rejeter en bloc toutes les pièces qui présentent des anomalies. Un examen détaillé de chaque pièce s'impose avant d'en prononcer la condamnation.

TEXTE DE PROCÈS-VERBAL [1].

Ego Henricus, Dei gratia rex Anglorum et dux Normannorum et Aquitanorum et comes Andecavorum. Notum [facimus] quod quedam controversia inter monachos Sancti Albini et Matheum de Jallia Wischardumque, fratrem ejus, super medietaria de Charreriis, quam Haimericus de Jallia, vir nobilis, cujus terra Matheo jure hereditario contingebat, eisdem monachis in elemosinam dederat, et vir bone memorie, Fulcho scilicet de Candeio, ad cujus feodum terra illa respiciebat, benigne concesserat, et ab eis inde ccc solidos habuerat. De ista conventione sic inter eos composui. Dicti fratres Matheus et Wischardus medietariam de Charreriis, unde monachis calumpniam inferebant, totam, cum nemore et pratis et oschis Gillarderie, et terra quam prefatus Haimericus judeo accommodaverat, liberam eisdem monachis in presentia mea concesserunt, et per manum meam Willelmum, abbatem Beati Albini, cum quodam baculo investierunt.

Insuper, ut ipsi in ea [conventione] fideliter custodienda monachis auxiliatores et protectores deinceps existerent, ex precepto

TEXTE PROTOCOLAIRE [2].

Henricus, rex Anglorum et dux Normannorum et Aquitanorum et comes Audegavorum, episcopo Andegavensi, abbatibus, baronibus, justiciis et omnibus ministris et fidelibus suis totius Andegavie, salutem.

Sciatis me concessisse et presenti carta confirmasse concordiam et finem qui factus fuit coram me, Andegavis, inter monachos Sancti Albini et Matheum de Jallia et Wiscardum, fratrem ejus, de medietaria de Carreriis, quam Aimericus, eorum cognatus, ecclesie Sancti Albini et monachis dederat in perpetuam elemosinam, scilicet quod Matheus de Jaillia et Wiscardus, frater ejus, coram me, Andegavis, concesserunt ecclesie Sancti Albini et monachis predictam medietariam, liberam et quietam ab omni consuetudine et servitio, et quidquid in ea clamabant dimiserunt, cum bosco et pratis et oschiis Gillarderie, et cum terra quam prefatus Aimericus judeo accomodaverat.

Et pro hac concessione dederunt monachi Matheo ɔcccc solidos, et Wiscardo, fratri suo, L solidos andegavensium [3].

---

[1] Copie d'après l'original du Cabinet des titres, dossier *Chourses*.

[2] Copie de Gaignières, ms. latin 17126, p. 109. — Publié, d'après cette copie, dans le *Cartulaire de l'abbaye de Saint-Aubin d'Angers*, édit. de Bertrand de Broussillon, t. II, p. 157.

[3] Ici ou dans le texte du procès-verbal il y a une erreur de copie, et je ne saurais dire si Guichard reçut 40 ou 50 sous.

PROCÈS-VERBAUX D'ACCORD.

meo, cuidam militi, nomine Alano de Roham, manus dederunt.

Monachi, intuitu pacis, Matheo, qui erat primogenitus, DCCC solidos, et Wischardo XL dederunt.

Actum in Ramis Palmarum, Andegavis, in aula mea, anno ab incarnatione Domini MCLXVII, indictione xv, videntibus : Conano comite Britannie, Alano de Roham, Simone Torna bovem; de monachis : Willelmo abbate, Lisoio de Celia, Herberto hospitiario, Bruno priore de Pinciaco.

Ego vero Henricus, Dei gratia rex Anglorum, sigilli mei impressione hoc roborans, ratum in perpetuum haberi et irrefragabiliter observari precepi, et sub custodia mee defensionis heredumque meorum suscepi.

Quod[1] volo et firmiter precipio quod predicta ecclesia et monachi habeant et teneant predictam medietariam, in bosco et plano, in pratis et pasturis et oschiis et in omnibus ad eandem pertinentibus, ita bene et in pace et libere et quiete et integre, sicut Aimericus, cognatus Mathei et Wiscardi, eis dedit, quando devenit ecclesie Sancti Albini monachus, et sicut ipse Matheus et frater ejus Wiscardus concesserunt coram me et affidaverunt.

Testibus : comite Conano, Willelmo Malet dapifero, Simone de Turnebu, Allano de Roham, Reginaldo Ruffo, Philippo de Saloniaco, et Philippo de Ver.

Apud Andegavim.

Il s'agit donc ici d'une métairie, qu'un certain Aimeri de La Jaille donna aux moines de Saint-Aubin, quand il prit l'habit religieux dans cette abbaye[2]. La donation fut reconnue, moyennant finance, par le seigneur du fief dans la mouvance duquel la terre était située; mais les cousins du donateur prétendirent avoir des droits sur cette métairie; le roi les décida à se désister en concluant une transaction (*finis*), et il procéda lui-même à la cérémonie de l'investiture qui fut donnée à l'abbé par la remise d'un bâton. Enfin, Alain de Rohan fut chargé d'aider les moines à jouir paisiblement de la métairie.

Or, dans le texte protocolaire, il n'est question : ni de l'entrée en religion d'Aimeri de La Jaille, — ni des conditions auxquelles fut obtenue la reconnaissance du seigneur qui avait la métairie dans la mouvance de son fief, — ni de la cérémonie d'investiture à laquelle le roi procéda en personne, — ni enfin du concours d'Alain de Rohan.

Remarquons encore une double différence entre les deux textes; celui qui n'est pas conçu en style protocolaire est le seul qui contienne dans la suscrip-

---

[1] *Quod* est peut-être une faute de lecture pour *Quare*.

[2] La donation d'Aimeri faite en 1151 est l'objet d'une notice insérée dans le Cartulaire de Saint-Aubin, éd. Bertrand de Broussillon, t. II, p. 154.

VIII. ANOMALIES DE CHARTES AUTHENTIQUES.

tion la formule *Dei gracia*, le seul qui se termine par une date mentionnant, non seulement l'année de l'incarnation, mais encore l'indiction et le jour, désigné par la fête des Rameaux (31 mars 1167)[1]. Cette pièce est évidemment l'équivalent du procès-verbal qu'on dressait au moment de la conclusion des transactions dans la cour du roi.

La dérogation aux règles protocolaires n'est donc pas toujours un argument pour écarter les pièces dans lesquelles ces règles paraissent être violées. Tel est le cas de plusieurs autres des pièces que je vais passer en revue et dont les anomalies ne paraissent pas devoir entraîner la condamnation.

IV. ANOMALIES DE CHARTES DIVERSES. — Après avoir examiné en détail plusieurs genres d'anomalies, je vais énumérer assez brièvement, suivant à peu près l'ordre chronologique, un certain nombre de chartes dans lesquelles les règles protocolaires n'ont pas été strictement observées. J'essaierai d'expliquer ces irrégularités. On y verra un certain nombre d'actes qui contiennent indûment la formule *gratia Dei* dans la suscription.

1. *Charte de l'abbaye de Fécamp.* (1155?) — Le n° 6 de notre Recueil est un privilège accordé par le roi à son cousin Henri de Sulli, abbé de Fécamp ; il remonte aux premières années du règne; il est cependant rédigé au nom de *H., Dei gracia rex Anglorum*. C'est l'œuvre d'un habile calligraphe, qui probablement n'était pas un des scribes ordinaires de la chancellerie.

L'original est aux Archives de la Seine-Inférieure.

2. *Charte des chanoines de l'île d'Erm.* (1155-1158.) — Charte du temps du chancelier Thomas Becket, avec la suscription de *H. Dei gratia rex* (n° 44 de notre Recueil). Le texte ne nous a été conservé que par le procès-verbal d'une enquête faite en 1309, et publiée dans les *Placita de quo Waranto*, p. 823.

3. *Charte de l'abbaye de Saint-Évroul.* (1158-1159.) — Cette charte, du temps de l'abbé Bernard, commence ainsi dans une copie conservée à Londres, au Record Office[2] : *H. Dei gratia, etc. Sciatis quod Willelmus Mansellus cla-*

---

[1] Sur cette date, voir plus haut, p. 47. — [2] *Cartæ antiquæ*, W. n° 21. — N° 60 de notre Recueil.

mavit ad firmam hereditariam. — On voit, par cet *etc.*, que le copiste n'avait guère souci des formules.

4. *Charte de l'abbaye de La Chaise-Dieu.* — Une confirmation des biens de cette abbaye débute par la suscription *H. Dei gratia rex*[1]. Elle est cependant du commencement du règne, puisqu'elle est souscrite par le chancelier Thomas, dont la souscription, d'ailleurs, n'est pas tout à fait conforme à l'usage habituel, puisque ce dignitaire est appelé, non pas simplement *Thoma cancellario*, mais *Thoma cancellario meo*.

Nous ne connaissons cet acte que par la copie moderne, assez incorrecte, d'un vidimus de l'année 1279. Cette copie est aux Archives de l'Eure.

5 et 6. *Deux chartes de l'abbaye du Vœu, près Cherbourg.* (1161 et 1167, au plus tard.) — La dotation de cette abbaye a donné lieu à un acte daté de Rouen et souscrit par le chancelier Thomas, c'est-à-dire antérieur à 1162[2]. Le roi est qualifié *Dei gratia rex*. De plus, deux des témoins qui, d'habitude, sont simplement nommés *Thomas cancellarius* et *Manasserus Biset dapifer*, sont ici qualifiés, l'un de *cancellarius regis* et l'autre de *dapifer regis*. — La charte n'est connue que par un vidimus de 1396, conservé aux Archives de la Manche.

Une autre charte de la même abbaye[3], délivrée à la demande de l'Impératrice Mathilde, c'est-à-dire au plus tard en l'année 1167, présente les mêmes anomalies : *H. Dei gratia rex* et *Mann. Biseth, dapifer regis*. — Les copies qu'on en a aux Archives de la Manche dérivent d'un vidimus de Philippe le Hardi, expédié à Cherbourg en septembre 1278.

7. *Accord entre les abbayes de Montierneuf et de Bourgueil.* (1160.) — La confirmation par le roi, en 1160, d'un arrangement conclu entre les abbayes de Montierneuf et de Bourgueil[4], quoiqu'elle soit rédigée au nom du roi (*Ego Henricus Dei gratia rex...*), ne doit être considérée que comme une notice, ou un procès-verbal. Elle porte une date : *Actum est hoc Cainoni, anno ab inc. Domini M.C.LX., epacta XI, concurrente V, indictione VIII, VIII idus aprilis, sexto anno regni nostri.* Il y a la formule *Dei gratia rex*. On y fait parler

---

[1] N° 68 de notre Recueil.
[2] N° 97 de notre Recueil.
[3] N° 169 de notre Recueil.
[4] N° 98 de notre Recueil.

le roi tantôt au singulier, tantôt au pluriel : *Ego Henricus... signiffico...; concordiam nostra auctoritate perductam...; compositionem factum per manum nostram... sigillo nostro... communiri fecimus...* En tête de l'acte, un lieu commun sur la nécessité de prévenir de regrettables débats en assurant par des écrits le souvenir des conventions : *Litterarum noticia, fida memorie famulatrix, et rei simulacrum, ad excludendas quorumlibet calumpnias, ad veritatis pervalet testimonium.*

Je dois à mon ami M. Alfred Richard, archiviste de la Vienne, une copie de cette pièce, d'après un vidimus de 1305.

8. *Charte de Saint-Étienne de Caen.* (1161, au plus tard.) — Une charte de Saint-Étienne de Caen[1], datée de Bayeux et portant la souscription du chancelier Thomas, antérieure par conséquent à la fin de l'année 1161, est écrite sur deux colonnes, en lettres de forme, et a reçu l'empreinte du sceau royal. A la voir, sans la lire, on dirait un feuillet détaché d'un livre de luxe du milieu du XIIe siècle[2]. L'habileté du calligraphe[3] ne l'a pas empêché de tracer incorrectement deux mots au commencement de la charte : il a écrit en toutes lettres dans la suscription de la charte : *dux* NORMAÑIE *et* AQTANIE, au lieu de NORMANNORUM et AQUITANORUM.

Malgré cette double anomalie, l'authenticité de la charte est à l'abri de tout soupçon. C'est l'œuvre d'un calligraphe étranger, selon toute apparence, à la chancellerie, qui a été chargé d'écrire la charte où est relaté le rachat fait par Henri II de la couronne de Guillaume le Conquérant : « pro corona ceterisque ornamentis eidem corone adjacentibus, que pater suus (*le père de Henri Ier*), W. rex, proavus meus, Sancto Stephano dimisit. » On peut attribuer à la même main les deux exemplaires de la charte gigantesque de Henri II, qui a été expédiée à Caen, en présence du chancelier Thomas, à peu près en même temps que la charte datée de Bayeux et qui contient une interminable énumération des biens acquis, reçus en don, achetés ou échangés par l'abbaye de Saint-Étienne pendant le premier siècle de son existence.

[1] N° 108 de notre Recueil.
[2] Ce qui contribue à faire illusion, c'est que le scribe a, de sa plus belle main, tracé sur le repli de la charte les mots *Carta H. II,* comme si c'était le titre marginal d'une charte copiée dans un cartulaire.
[3] Le double exemplaire de cette charte porte le n° 111 dans notre Recueil.

CHARTES DIVERSES. 1161-1166.

9 et 10. *Deux chartes des archives de Saint-Florent.* — Des archives de Saint-Florent de Saumur sont sorties deux chartes d'une grande importance et d'un intérêt général. Les rédacteurs ont cru pouvoir, dans ces circonstances, s'affranchir de la rigueur des règles protocolaires. Ces actes ont trait, l'un à la construction d'un pont de pierres sur la Loire, en 1162, l'autre à l'établissement des levées sur les rives de ce fleuve. Dans l'un et dans l'autre, le corps de la charte est un exposé narratif rédigé dans le style des anciennes notices.

Le premier[1] contient la date à la suite de la liste des témoins : *Anno ab incarnatione Domini M. C. LXII.* L'authenticité n'en est pas douteuse.

Le second[2] est du temps qu'Étienne de Tours était encore chambrier du roi et pas encore sénéchal d'Anjou, c'est-à-dire au plus tard de 1168. Ce document a trouvé place, non seulement dans les cartulaires de Saint-Florent, mais encore dans ceux de Bourgueil et de Saint-Martin de Tours, qui n'existent plus.

11. *Statut pour la levée d'une imposition.* (1166.) — Le statut pour la levée des deniers destinés à secourir la Terre Sainte, qui fut arrêté en 1166, dans une assemblée de prélats et de barons[3], n'a pas dû être rédigé par les clercs de la chancellerie qui s'occupaient des affaires courantes. Le texte, qui nous a été transmis par Gervais de Cantorbéry[4], se termine par une date : *Hec acta sunt anno ab incarnatione Domini M. C. LXVI.* A deux endroits, le roi met les mots *ego Henricus* en tête de phrases par lesquelles il s'exprime ainsi : *EGO Henricus Dei gratia rex..., et statutam hoc EGO primus manu propria me observaturum affidavi...* On remarquera encore que, dans la première phrase, l'emploi de la formule *Dei gratia* constitue une anomalie, puisque le statut est de l'année 1166.

12. *Lettre à Alexandre III.* (1166.) — Les *dictatores* de la Cour, à la plume desquels on faisait appel pour la correspondance diplomatique, n'étaient pas astreints à se conformer au formulaire protocolaire. Ainsi, un tour de phrase, adopté pour témoigner des sentiments de déférence au Souverain Pon-

---

[1] N° 148 de notre Recueil. — Voir les *Layettes du Trésor des chartes*, t. I, p. 86, n° 178.
[2] N° 244 de notre Recueil.
[3] N° 161. B de notre Recueil.
[4] T. I, p. 198. Voir aussi le *Recueil des historiens*, t. XVI, p. 640.

290 VIII. ANOMALIES DE CHARTES AUTHENTIQUES.

tife, a conduit le secrétaire de Henri II à appliquer à son maitre, en même temps qu'au pape, la formule *Dei gratia rex*, dans l'adresse d'une lettre écrite en 1166 à Alexandre III, pour se plaindre de l'archevêque de Cantorbéry : *Reverendo domino et patri suo spirituali Alexandro, Dei gratia summo pontifici, Henricus, eadem gratia rex Angl.*[1].

13. *Charte de l'église d'Eu.* (1181-1189.) — Cette charte[2], telle qu'elle a été transcrite dans le Cartulaire du comté d'Eu[3], contient une grosse erreur dans la liste des témoins. Il s'y trouve deux noms qui ne peuvent donner lieu au moindre doute : *Gaufridus, cancellarius meus, Willelmus Filius Radulfi, senescallus Normannie*, et d'après lesquels la date de la pièce doit être fixée entre 1181 et 1189; mais le nom de *Johannes, Eboracensis archiepiscopus*, qui figure en tête, est tout à fait inadmissible. Le siège d'York demeura vacant pendant tout le temps que Geoffroi, fils de Henri II, fut chancelier. Au lieu de *Joh. Ebor. archiep.*, il faut lire *Johannes Ebroicensis episcopus*. Le nom d'un autre témoin, *Nicolaus de Stouteville*, semble présenter aussi quelque difficulté ; les Annales de Saint-Taurin[4] ont enregistré, sous l'année 1177, la mort de Nicolas d'Estouteville ; mais deux membres de la grande famille d'Estouteville peuvent avoir porté le même prénom.

14-15. *Deux chartes de l'abbaye de Saint-Valeri-sur-Somme.* — Au chapitre V[5], en parlant du rajeunissement des chartes, j'ai signalé des anomalies dans deux chartes de Saint-Valeri : *Henricus*, en toutes lettres, *rex Anglie*, etc., *gratia Dei* (dans un acte de 1163), et *sciatis nos* (au lieu de *sciatis me*). Ces chartes ont dû être écrites hors de la chancellerie.

V. CHARTES DE FONTEVRAULT AYANT SUBI DES ALTÉRATIONS. — Je terminerai ce chapitre par quelques observations sur un petit groupe de chartes de Fontevrault, qui ont été évidemment altérées, mais sans qu'on aperçoive une intention frauduleuse dans le remaniement qu'elles ont eu à subir.

Au XVIe siècle il s'est trouvé un archiviste, un homme d'affaires ou un

[1] *Recueil des historiens*, t. XVI, p. 256, d'après le ms. latin 5372.
[2] N° 549 de notre Recueil.
[3] Ms. latin 13904, fol. 38 v°.
[4] *Recueil des historiens*, t. XII, p. 777 c.
[5] Ci-dessus, p. 189.

CHARTES DIVERSES. 291

simple écrivain, qui, ayant à s'occuper du minage de Saumur, c'est-à-dire des redevances en blé que l'abbaye de Fontevrault emmagasinait à Saumur, a transcrit les actes relatifs à cette redevance dans un petit registre, aujourd'hui conservé aux archives de Maine-et-Loire[1]. Ce registre commence par quatre chartes de Henri II, dont les originaux paraissent ne plus exister; mais Gaignières, dans le séjour qu'il fit à Fontevrault, en 1699, les avait vus, et nous possédons les copies fidèles qu'il avait rapportées de son voyage. C'est à l'aide des copies de Gaignières que j'ai pu me rendre compte des altérations que les chartes signalées avaient subies. La forme en a été profondément modifiée, sans que le fond même ait été changé. Je constaterai le fait sans pouvoir l'expliquer, en me bornant à signaler les variantes les plus caractéristiques qui existent entre les deux textes, celui des exemplaires originaux, représentées par les copies de Gaignières, et celui des copies du registre des archives de Maine-et-Loire.

Je commence par publier les articles essentiels de la première charte, de façon qu'on ait en même temps sous les yeux le texte original et le texte modifié.

TEXTE ORIGINAL.	TEXTE MODIFIÉ.
H., rex Anglorum..., comitibus, baronibus, justiciis, vicecomitibus et omnibus ministris et fidelibus suis totius Andegavie, salutem.	Henricus, Anglorum rex..., comitibus et baronibus et omnibus justicie sue ministris fidelibus, salutem.
Sciatis me concessisse... Deo et Sancte Marie et ecclesie de Fonte Ebraudi et monialibus ibidem Deo et gloriose virgini Marie servientibus..., minagium in civitate Andegavis, et minagium in Salmuro, quod me contingit; preterea in civitate Andegavis placiam unam, et in Salmuro similem unam, ad faciendum granarium ubi minagium reponant.	Notum facimus universis nos Deo, gloriose Virgini matri, ecclesie Fontis Ebraldi et monialibus divino ibidem cultui pie et sancte inservientibus, concessisse subsequentem elemosinam... medimnarium scilicet unum Andegavi, medimnarium alterum Salmurii, que nostre ditionis sunt; locum preterea unum in civitate Andegavensi, alterum in Salmuriensi delegimus, in quibus granaria ad colligenda dicta medimnaria, sive medimnorum tributa, exigantur.
Et ideo volo et firmiter precipio quod	Volumus preterea et qua valemus autho-

[1] Ce cahier, daté de 1649, est la copie d'un cahier certifié par un commissaire le 7 juin 1547.

predicta ecclesia et moniales jam dicte habeant in perpetuum minagium in predictis locis ita bene et in pace et libere, quiete et integre et plenarie sicut ego melius et liberius et plenius habui aliquo tempore.

Testibus : A. regina Anglorum, etc.[1].

ritate precipimus ut predicta ecclesia et moniales dictis donis pacifice, libere, quiete, integre et plenarie, sicut et nos aliquando, perfruantur...

Testibus : regina Anglie, etc.[2].

Le fond des deux textes est identique, mais la rédaction diffère dans tous les détails; l'auteur du remaniement semble avoir eu la prétention de remplacer le style de la cour de Henri II par des tours de phrase qu'il trouvait plus élégants et par des mots recherchés, incompris du vulgaire. C'est ainsi que, sous sa plume, la redevance de grains mesurés à la mine, connue de tout temps sous la dénomination de MINAGE, est devenue le MEDIMNARIUM, appellation que n'a probablement connue aucun des contemporains de Henri II, et qu'il est encore aujourd'hui permis d'hésiter à traduire : qui sait que MEDIMNE est le nom d'une mesure grecque employée pour le mesurage des grains[3]? On peut douter que les bourgeois de Saumur aient jamais entendu appeler MÉDIMNIER le grenier où s'emmagasinaient les redevances en grains dues par les tenanciers de l'abbaye de Fontevrault.

Le même traitement a été infligé à une autre charte de Henri II, également relative au minage. Comme dans la précédente, le roi parle à la première personne du pluriel, ce qui est contraire au formulaire habituel de la chancellerie.

TEXTE ORIGINAL.	TEXTE MODIFIÉ.
H., Dei gratia rex Anglorum... Sciatis me concessisse... Ex dono Pagani de Mange et Dionisie, uxoris sue..., terciam partem omnium reddituum ipsorum in minagio Salmuri et in aqua... Ex concessione et venditione Jagelini de Loceio, concedente Margareta, uxore sua,	Henricus, Dei gratia Anglorum rex... Innotescat omnibus nos concessisse... subscripta que, nobis presentibus, eis a Pagano de Mange et Dyonisia, uxore ejus, et filiis, libere... tradita sunt, tertiam scilicet partem omnium redituum quos ex medimnario Salmurensi et aqua percipere solent.

[1] Recueil de Gaignières, ms. latin 5480, t. I, p. 84. Cette charte et celle qui lui fait face sont les n°ˢ 287 et 288 de notre Recueil.

[2] Registre du minage de Saumur, fol. 1.

[3] Le mot *Medimnarium* n'est point cité dans le *Glossaire* de Du Cange, où la *Medimna* est définie : « Mensura est quinque modiorum, dicta quod medietur quinque modiis, qui sunt perfecti numeri, id est decem medietas ». Conf. Forcellini, édition De Vit, t. IV, p. 77.

CHARTES SYSTÉMATIQUEMENT ALTÉRÉES. 293

et Mabilia, filia eorum, x libras quas annuatim in supradicto minagio habebat, quas cum predicta Margareta a Briando de Martinniaco in maritagium acceperat[1].

...Quicquid in dicto medimnario et in aqua ex venditione Jagelini de Proceio, consenciente Marguarita uxore, et Mabilia, filia ejus, possidebat, decem preterea libras quas a Briando de Martiniaco, cum uxore hoc reditu dotata, acceperat...[2].

A la dernière ligne de ce double texte l'auteur du remaniement, pour éviter l'expression *quam cum Margarita in maritagium acceperat*, a préféré écrire *quas cum uxore hoc reditu dotata acceperat*.

J'ai tenu à entrer dans quelques détails sur le groupe de chartes concernant le minage de Saumur. Si on ne les avait connues que par les copies conservées à Angers dans le Registre du minage, on aurait été exposé à considérer comme propres à la chancellerie de Henri II des particularités qui sont dues à l'imagination fantaisiste d'un écrivain du xvie siècle. Heureusement, Gaignières avait vu les originaux de plusieurs de ces chartes, et, nous en a laissé d'excellentes copies. Il y a là un exemple frappant de l'extrême prudence avec laquelle il faut s'occuper de diplomatique quand, à défaut d'originaux, on n'a à sa disposition que des copies émanées de scribes ou d'écrivains inconnus.

[1] Recueil de Gaignières, ms. latin 5480, t. I, p. 75.
[2] Registre du minage de Saumur, fol. 2 v°. — Les deux chartes sont les n°° 300 et 300. A de notre Recueil. — On trouvera dans notre Recueil, sous les n°° 350, 350. A, 350. B, 433 et 433. A, d'autres actes relatifs au minage de Saumur, qui ont subi ce genre de rajeunissement, certainement imputable à un humaniste du xvi° siècle.

IX

EXAMEN DE CHARTES FAUSSES, FALSIFIÉES OU FORT SUSPECTÉES.

On vient de voir quel degré de confiance on peut ou doit accorder à des chartes qui, malgré des anomalies de genres divers, méritent cependant d'être prises en considération, et dont plusieurs doivent même être acceptées sans la moindre réserve par les historiens. Nous devons maintenant aborder la critique d'actes fabriqués de toutes pièces, ou tellement falsifiés qu'il serait dangereux d'en tenir compte, quoiqu'on y puisse discerner çà et là des lambeaux empruntés à des documents authentiques.

Je suivrai l'ordre alphabétique des noms des établissements dans l'intérêt desquels les faux ont été commis.

1. *Abbaye de Blanchelande*. — Une charte de Henri II [1] confirmant les possessions de l'abbaye de Blanchelande à Picauville, notamment un droit de foire et de marché, est représentée aux Archives de la Manche par une copie moderne. Elle a été vidimée en 1339 à la chancellerie de Philippe de Valois [2].

Cette charte se termine par la date : *Actum anno regni mei xxix*, ce qui nous ramène à l'année 1182-1183. La présence d'une date, quelle qu'elle soit, dans un acte de ce genre, est déjà une cause de suspicion; mais ici le cas est particulièrement aggravé par la discordance qui existe entre la date exprimée suivant le compte des années du règne et la date à déduire du nom des témoins et de l'emploi de la formule : *Henricus, rex Anglorum*. Cette formule dénote une époque antérieure à 1172-3, ce qui s'accorderait bien avec les noms des témoins. — D'ailleurs, la date *Datum apud Valonias*, qui précède la liste des témoins, n'occupe pas la place normale, et le mot « Datum » paraîtra surabondant à qui connaît les usages de la chancellerie de Henri II.

Aux Archives de la Manche la charte de Henri II est accompagnée de la copie d'une lettre de recommandation adressée au roi par son fils : « Excel-

---

[1] N° 84 de notre Recueil. — [2] Trésor des chartes, registre LXXV, n° 207.

lentissimo domino Henrico, regi Anglorum et duci Normannorum et Aquitanorum, Johannes, filius suus, comes Moretonii, tanquam domino et patri. » Cette lettre de Jean Sans-terre, qui se trouvait sous le n° xxv dans un cartulaire de Blanchelande, aujourd'hui perdu, est peut-être authentique; mais elle ne se rapporte qu'indirectement à la confirmation de Henri II.

Le Rév. Eyton [1] a supposé que le corps de la charte de Henri II est de 1157 et que la date de la 29° année du règne a été ajoutée lors d'un renouvellement de la charte demandé par le comte Jean.

M. Round [2], tout en classant la pièce sous l'année 1182-1183, déclare que la forme sous laquelle elle nous est parvenue n'est pas admisssible.

Une autre charte de l'abbaye de Blanchelande [3], confirmation des biens de cette maison, datée de 1157, me paraît très suspecte, non seulement à cause du millésime qui la termine, mais encore à cause du tour de certaines phrases et surtout de la recommandation que le roi fait à ses successeurs de protéger l'abbaye.

2. *Hôpital Saint-Jean de Falaise.* — J'ai longtemps hésité à arguer de faux la charte par laquelle Henri II confirma, en 1157, les premières donations faites à l'hôpital Saint-Jean de Falaise. L'original, ou du moins un exemplaire contemporain, s'est trouvé en 1906 dans les papiers du cabinet de feu Arcisse de Caumont, au milieu de pièces que l'abbé de La Rue s'était cru autorisé à choisir dans les Archives du Calvados [4]. Quoi qu'il en soit, l'archiviste M. Besnier vient de le faire rentrer dans le dépôt confié à sa garde, et, grâce à lui, j'en possède une excellente photographie et j'en puis parler en connaissance de cause. Il a bien l'apparence d'une charte du milieu du XII° siècle; mais l'écriture n'est pas celle d'un clerc de la chancellerie, et on y chercherait vainement les formules du protocole officiel. J'y ai relevé de nombreuses anomalies :

1° L'acte débute bien par le titre que le roi mettait en tête de ses actes pendant la première période de son règne : *H., rex Angl. et dux Norm. et Aqui-*

---

[1] P. 23, note 7 et p. 254.
[2] P. 311, note 11, n° 870.
[3] N° 28 de notre Recueil.
[4] D'après la copie qui en a été faite pour l'ancienne Record Commission, l'original s'en serait jadis trouvé dans la Collection de Léchaudé d'Anisy, ce qui me semble douteux. Voir le *Calendar* de Round, n° 612.

tan. et com. Andeg., avec l'adresse et la salutation ordinaire; mais, immédiatement après le salut (*salutem*), le rédacteur met dans la bouche du roi la répétition du titre : *Sciatis quoniam ego Henricus, divina miseratione rex Angl. et dux Norm. et Aquitan. et com. Andeg.;* une telle redondance est tout à fait insolite, et les mots qui précèdent les titres du roi, *divina miseratione*, ne se trouvent, à ma connaissance, dans aucune autre charte de Henri II;

2° Sur la liste des témoins sont énumérés très correctement quatorze personnages qui pouvaient bien se trouver réunis à la cour du roi, à Falaise, en 1157; ces quatorze personnages sont rangés rigoureusement suivant l'ordre hiérarchique, mais, au commencement de la première ligne de la liste, il est dit que le privilège a été concédé par le roi conformément à l'avis de tous ceux qui souscrivent l'acte : *et ut hec omnia perdurent, regia auctoritate concedo, et a Deo mihi collata potestate precipio, collaudata omnium subscriptorum consilio.* D'ordinaire, la présence des témoins est simplement constatée, sans que rien indique qu'ils aient été appelés à émettre un avis;

3° A la liste des témoins succède une date de lieu, suivie du millésime 1157, *Apud Falesiam, anno ab incarnatione dominica M°. C. LVII.* La date de lieu est correcte, mais l'addition du millésime ne l'est pas;

4° L'acte se termine par une formule dont je ne connais pas d'autre exemple : *In Christo consummatum feliciter.*

Si le fond de l'acte est vrai, il doit avoir été remanié dans presque toutes ses parties.

3-9. *Maisons de l'ordre de Grammont.* — Les chartes de l'ordre de Grammont forment le groupe le plus nombreux et le plus important à examiner parmi les chartes suspectes attribuées à Henri II.

3. — *Rouen.* — La charte de dotation de la maison des Bons Hommes, à la porte de Rouen, dans la forêt de Rouvrai [1], est une de celles dans lesquelles les anachronismes s'étalent avec le plus d'impudence. Elle porte la date du 3 juillet 1156, époque à laquelle, le 7 du même mois, le roi présidait une assemblée tenue en Angleterre, à Bridgenorth [2], et elle mentionne comme témoin Guil-

---

[1] N° 536 de notre Recueil. — [2] Le Rév. Eyton, p. 10 et 11.

laume Fils de Raoul, sénéchal de Normandie, qui ne fut investi de cette fonction que vingt-deux ans plus tard. Elle fourmille de locutions qui n'ont été en usage que plus ou moins longtemps après le milieu du xii° siècle : *vicecomitatus aque Rothomagi*, — *dominium altum et bassum et utile ac merum et mixtum imperium*, — *dominus capitalis*, — *libre fortium andegavensium*, — *recepta totius ducatus Normannie*, — *extra manum suam ponere*, — *financiam solvere*, — *amortizare*, — *inimici nostri vel reipublice*.

4. — *Rouen*. — Une autre charte de Henri II, pour la même maison [1], ne contient pas des marques d'une aussi grossière falsification ; mais je ne la crois pas exempte de toute altération. Les lignes finales surtout me paraissent bien suspectes : *In cujus rei testimonium, etiam presentes litteras sigillo nostro precepi confirmari. Datum per manum Gaucherii, capellani nostri.* Une telle annonce du sceau est insolite dans les actes de Henri II. L'emploi de la forme du pluriel tout à côté de la forme du singulier (*litteras sigillo* NOSTRO PRECEPI *confirmari*) n'est guère admissible. Nulle part ailleurs se rencontre un officier de la chancellerie nommé *Gaucherius, capellanus noster*.

5. — *Monnais*. — Si la charte accordée par Henri II aux Bons Hommes de Monnais [2] n'a pas été fabriquée de toutes pièces, elle a été du moins gravement altérée par l'addition d'un nom de chancelier et d'une date : *Datum apud Cenomannim, per manus magistri Radulfi, cancellarii, septima die junii, anno quinto regni nostri.* D'une part, le 7 juin 1159 Henri II se trouvait, non pas au Mans, mais dans la Haute-Normandie, à Heudicourt, où il eut une entrevue avec le roi de France [3]. D'autre part, le chancelier du roi, en 1159, était le célèbre Thomas Becket. C'est beaucoup plus tard que la chancellerie fut confiée à Raoul de Warneville, qui devint évêque de Lisieux. Remarquons encore, tout à la fin de la charte, le mot NOSTRI (*regni nostri*), tandis que dans le corps de l'acte le roi parle toujours au singulier : *ego, pro remedio anime mee, regis avi mei...*

---

[1] N° 535 de notre Recueil.
[2] N° 91.
[3] « Octavo idus junii [anno 1159], septimo et sexto, inter regem Francorum et regem Anglorum... fit collocutio apud Heldincort (Heudicourt, Eure, arrond. des Andelis)... » Additions faites par un moine du Bec à la Chronique de Robert de Torigni, t. II, p. 172.

298   IX. CHARTES FAUSSES OU FALSIFIÉES.

6. — *La Bellière*. — Il y a des traces de remaniement dans une charte de la maison de La Bellière [1], dans lesquels nous voyons employer tantôt le mot MEUS et tantôt le mot NOSTER : d'une part, *matris MEE*, *antecessorum MEORUM*, *in castro MEO de Argentomo*, *in castro MEO de Falesia*, *in castro MEO de Cadomo*, *dominium MEUM*; d'autre part, *concessionis NOSTRE*. A deux reprises, l'écrivain fait parler le roi au pluriel : *Sciatis NOS dedissæ; CONCEDIMUS et PRECIPIMUS quod homines pretaxati a NOBIS dati*. La liste des témoins est précédée, non point du simple mot TESTES, mais de la phrase : *Testes autem hujus donationis et concessionis NOSTRE sunt*...

7 et 8. — *La Haie, près d'Angers, et Bercei, dans le Maine*. — On peut s'étonner de voir Gautier de Coutances qualifié de chancelier du roi dans deux chartes de date différente [2] et concernant deux maisons différentes de l'ordre de Grammont, l'une la maison de La Haie, près d'Angers (n° 421), l'autre celle de Bercei, dans le Maine (n° 399). Je n'ose pas condamner absolument ces deux pièces, mais n'ont-elles pas subi quelque altération?

8 bis. — *La maison de Bronzeau* [3] *en Limousin*. — Pendant que ces pages étaient en épreuves, la *Société archéologique et historique du Limousin* a inséré dans le tome LVII de son *Bulletin* un fragment d'une Histoire de l'abbaye de Grammont, paraissant avoir été composée au XVIIIe siècle. L'auteur y a fait entrer une charte de Henri II, qui doit prendre place à côté de celles dont je viens de démontrer la fausseté. En voici [4] le texte débarrassé des altérations qu'un copiste moderne a fait subir aux noms des témoins :

Henricus, Dei gratia rex Angl., dux Norm. et Aquit. et comes And., Stephano Calvo et heredibus suis, salutem.

Sciatis quod amicus meus karissimus, prior pauperum Grandimontis, posuit in manu mea et custodia et protectione domum de Brondea. Et ideo volo et firmiter vobis precipio quod prefatam domum et helemosinam Willelmi Calvi custodiatis et manu teneatis et protegatis, sicut rem meam propriam, ita quod nullam ei injuriam vel contu-

[1] N° 455 de notre Recueil.
[2] N°s 421 et 399. — Gautier de Coutances n'a pas eu le titre de chancelier.
[3] Aujourd'hui dépendance de la commune de Saint-Léger-Magnazeix (Haute-Vienne, arr. de Bellac).
[4] D'après le *Bulletin* qui vient d'être cité, p. 423 et 424.

meliam aut gravamen faciatis nec fieri permittatis. Si quis autem eidem domui forisfacere presumpserit, sine dilatione illud emendare faciatis. Sciatis enim certissime quod, si quis prefate domui molestiam aliquam aut injuriam aut gravamen intulerit, plenariam inde justiciam exhibere non differam.

Testibus : Radulfo Andegavensi episcopo, magistro Waltero de Constanciis, Willelmo de Hnmetis constabulario, Folqueo Painel, Stephano de Turonis senescallo Andegavie. Petro Filio Guidonis.

Apud Andegavim.

Cette sauvegarde, donnée à la maison de Bronzeau en Limousin, est un faux sorti de la même officine que les pièces critiquées ci-dessus. Les noms des témoins ont été empruntés à un acte authentique expédié entre les années 1173 et 1183. La lettre de sauvegarde a été adressée, non pas, comme c'était la règle, aux officiers royaux chargés de la faire observer, mais à un simple particulier, probablement le fondateur de la maison et aux héritiers de ce particulier, dont le nom n'est accompagné d'aucune qualification : *Stephano Calvo et heredibus suis.* Le privilège a été accordé à la requête du prieur des pauvres de Grammont, que le roi qualifie de son « très cher ami », ce qui est tout à fait anormal : *amicus meus karissimus prior pauperum Grandimontis.* Enfin, le mandement se termine, non point par une injonction adressée aux officiers royaux pour faire respecter la sauvegarde, mais par une déclaration annonçant que, s'il est causé un dommage à la maison privilégiée, le roi en fera prompte justice, ce qui est bien différent des formules protocolaires dont j'ai cité nombre d'exemples (p. 158-162).

9. — *Lettre à Pierre Bernard, prieur de l'ordre de Grammont.* — Je ne saurais être indulgent pour la lettre de félicitations adressée à Pierre Bernard, qui venait d'être élu prieur de l'ordre de Grammont[1]. Je ne doute pas que Henri II ait partagé les sentiments de respectueuse et admirative déférence dont les contemporains entourèrent la personne du prieur Pierre Bernard[2]. J'admets aussi que, dans une correspondance ayant un caractère d'intimité, on ne se soit pas astreint à observer les règles du style administratif. Mais rien ne peut justifier la date par laquelle la lettre se termine : *Datum Londini, per manum*

---

[1] *Recueil des historiens,* t. XVI, p. 639. N° 133.b de notre recueil. — [2] *Hist. litt. de la France,* t. XV, p. 140.

magistri Thome cancellarii nostri, mense martio, regni nostri VII. Comment expliquer la présence d'une date précise dans une lettre privée, alors que toute date de temps était proscrite dans les correspondances administratives? L'addition frauduleuse est mathématiquement démontrée : Henri II n'a pas pu, au mois de mars de l'an VII de son règne, c'est-à-dire 1161, expédier une lettre de Londres, puisqu'il n'a pas mis le pied en Angleterre du mois d'août 1158 au mois de janvier 1163 [1]. Il faut encore noter que, dans nul autre acte du roi, Thomas Becket est qualifié *magister Thomas cancellarius noster*. Il faut donc ranger dans la catégorie des pièces plus ou moins altérées la lettre de félicitations adressée à Pierre Bernard.

Les actes de Henri II qui viennent d'être passés en revue ne sont pas les seules pièces des archives de l'ordre de Grammont qui méritent d'être censurées et déclarées suspectes. Il y en a d'autres et, notamment, cinq émanées de Richard Cœur-de-lion, pour lesquelles je renvoie à un mémoire [2] publié, en 1853, au tome XX des *Mémoires de la Société des Antiquaires de Normandie*, p. 171-221.

Je ne puis pas quitter les chartes de Grammont sans rappeler que, le 13 novembre 1259, dans la session de l'Échiquier tenue à Rouen, il fut question du prieur de Grammont, qui avait été emprisonné comme coupable de faux :

Ibidem fuit consultatio de controversia movenda ex parte domini Lexoviensis contra archiepiscopum, super eo quod priorem de Grandi Monte denegaverat ei, quem uterque dicit sibi, Lexoviensis diocesis [3] subesse, qui pro falsitate incarceratus erat [4].

Le pape Alexandre IV avait été avisé, par le roi saint Louis, des bruits qui couraient sur les frères de l'ordre de Grammont, accusés d'avoir falsifié des lettres du roi et de quelques barons du royaume. Alexandre IV, par lettre du 3 janvier 1260, chargea Eudes Rigaud de faire une enquête à ce sujet et de punir les coupables. L'archevêque, en vertu des pouvoirs qu'il avait reçus, fit emprisonner le prieur de Rouen, et si l'évêque de Lisieux intervint dans l'affaire, c'est que, suivant lui, le prisonnier était son justiciable, parce que le

---

[1] Le Rév. Eyton, p. 40-58.
[2] *Examen de treize chartes de l'ordre de Grammont*, par L. Delisle.
[3] Il semble que les mots *Lexov. dioc.* devraient être placés à la ligne précédente, après les mots *priorem de Grandi Monte*.
[4] *Notæ Constantienses*, dans le Recueil des historiens, t. XXIII, p. 545.

prieuré de Grammont, situé à Rouen, faisait partie de l'exemption de Saint-Cande, dépendance du diocèse de Lisieux.

La lettre originale d'Alexandre IV est en original aux Archives nationales[1].

Alexander, episcopus, servus servorum Dei, venerabili fratri..., archiepiscopo Rothomagensi, salutem et apostolicam benedictionem. Cum, sicut ex parte carissimi in Christo filii nostri.. regis Francie illustris, fuit propositum coram nobis, nonnulli priores et fratres Grandimontensis ordinis ipsius regis et aliquorum baronum regni sui litteras falsaverint, et super hoc sint publice diffamati, fraternitati tue, per apostolica scripta mandamus quatinus, per te vel per alium seu alios, inquisita super hoc diligentius veritate, illos priores et fratres, quos super hoc culpabiles inveneris, punias prout de jure fuerint puniendi, et denuntians hujusmodi litteras esse nullas, revoces penitus omnes processus, si qui sunt habiti per easdem, non obstante aliqua indulgentia generali vel speciali per quam posset jurisdictio impediri, et constitutioni de duabus dietis edita in concilio generali, contradictores per censuram ecclesiasticam, appellatione postposita, compescendo.

Datum Anagnie, III nonas januarii, pontificatus nostri anno sexto.

Ce qui doit nous étonner, c'est que nul ordre religieux n'a peut-être été plus favorisé par Henri II que celui des Bons Hommes de Grammont, et les écrivains contemporains en ont été frappés. Quelques témoignages méritent d'être textuellement rapportés :

Quid faciunt nunc illi Grandimontani quos ille [Henricus] adeo diligere consuevit et venerari? (Jean de Salisbury, ep. 245. *Opera*, éd. Giles, t. II, p. 140.)

Noster dominus, id est rex Henricus secundus, caritatis intuitu [Grandimontanis] est tam profuse munificus ut nusquam egeant actum, et ad hos ostendit avaritia digitum et a tactu non temperat (*sic ed.*). Nuper etenim providerunt ut habeant in singulis propinquis civitatibus singulos cives qui sibi vestes et victualia procurent ex acceptis muneribus, ipsique meruerunt omnem a principibus immunitatem. (Gautier Map, *De Nugis curialium*, I, xxvi, éd. Wright, p. 59.)

(Anno 1170.) Precepit episcopis et comitibus et baronibus qui ei in illa infirmitate assidebant, quod, si illam non evasisset infirmitatem, corpus suum deferrent ad sepeliendum apud Grandem Montem... Et ipse ostendit eis quandam cartam quam Boni Homines de Grandi Monte ei fecerunt de corpore suo sepeliendo in exitu capituli domus Grandis Montis... Cum autem hoc audissent, vehementer mirati sunt et hoc concedere noluerunt, dicentes hoc esse contra dignitatem regni sui. Ipse vero magis ac magis instabat ut hoc fieret. — *Gesta Henrici II*, t. I, p. 7.

[1] Trésor des chartes, Mélange de bulles, n° 22, J. 697. — N° 4574 de l'édition des Layettes.

IX. CHARTES FAUSSES OU FALSIFIÉES

(Anno 1177.) Prece et petitione Bonorum Hominum de Grandi Monte motus... statuit... ne quis pro debito domini res hominis capere presumeret... (*Ibid.*, t. I, p. 194.)

(Anno 1167.) Mathildis Imperatrix obiit..., que Grandimontensibus tunc xxx millia solidorum, et filius ejus rex totidem pro ipsa dedit. (Geoffroi de Vigeois, dans *Rec. des histor.*, t. XII, p. 441. E.)

Il semble qu'un de ces auteurs, Gautier Map, ait eu sous les yeux une de ces chartes par lesquelles le roi reconnaissait aux Bons Hommes le droit de se faire représenter par un ou deux serviteurs affranchis de toutes servitudes dans chacune des villes ou localités où ils avaient des intérêts à surveiller, des rentes à percevoir, des services à attendre. C'est ainsi que nous lisons dans la charte d'une maison du Maine : *Duos homines in eadem civitate videlicet Cenomani, et unum in Castro Lidi, et unum apud Maetum ad serviendam domui et fratribus de Burceio, liberos et quietos in terra et aqua ab omni servitio et taillia...* Et dans une autre : *In castro meo de Argentomo unum hominem, in castro meo de Falesia, aliam hominem, in castro meo de Cadomo alium, et omnibus parrochiis adjacentibus predictis castris, in unaquaque earum videlicet unum hominem similiter qui beneficia et elemosinas que fratribus dicte domui in predictis villis dabantur, pro amore Dei, recipiant et eis legitime defferant...* N'est-ce pas bien là les hommes francs auxquels Gautier Map fait allusion[1]?

Comment s'expliquer qu'un ordre si bien traité par les rois anglo-normands ait cru opportun de fabriquer ou d'altérer des chartes pour mieux s'assurer la jouissance de certains privilèges, de certains droits?

Un avocat de l'Ordre ne manquerait pas d'invoquer des circonstances atténuantes. Il rappellerait que le fondateur, voulant faire observer dans toute sa rigueur le vœu de pauvreté, avait défendu à ses disciples de garder les chartes relatives aux biens qui leur auraient été donnés et de s'en servir pour soutenir des procès. Conformément à cette prescription, les premiers disciples de saint Étienne de Muret auront négligé de garder les chartes de leurs bienfaiteurs. C'est quand on eut reconnu les conséquences de cette négligence qu'on aura eu l'idée de remplacer par des copies ou des restitutions plus ou moins fidèles les chartes perdues ou détériorées. On a vu un peu plus haut que dès le milieu

---

[1] N° 455 de notre Recueil. Voir aussi les n°s 421, 535 et 536. Je crois pouvoir citer ces chartes, quoiqu'elles ne nous soient pas toutes arrivées sans avoir subi des retouches.

GRAMMONT. — LA TRAPPE.   303

du XIII° siècle on avait reconnu l'existence de faux commis dans l'intérêt des religieux de l'ordre de Grammont. Quoi qu'il en soit, il ne devait pas s'agir des chartes qui viennent d'être incriminées ; c'est plus tard que la fabrication ou la restitution et la copie durent en être faites. Peu importe de savoir qui a commandé ou exécuté l'opération. Ce qu'il fallait établir, c'est qu'on ne doit se servir qu'avec une extrême circonspection des chartes de Henri II qui viennent des archives de l'ordre de Grammont.

10. *Abbaye de La Trappe*. — L'art des faussaires consistait parfois à calquer des actes authentiques, à les copier en caractères ayant jusqu'à un certain point une apparence antique, à changer les noms mentionnés dans le modèle, et à glisser dans le corps de la pièce une ou plusieurs clauses conformes aux intérêts de la partie intéressée, et à reproduire plus ou moins fidèlement les formules initiales ou finales de la pièce prise pour modèle. Je puis citer plusieurs exemples pour lesquels nous possédons à la fois le texte authentique et le texte amplifié et interpolé.

Telle est une charte qui, dans les temps modernes, fut fabriquée pour assurer à l'abbaye de La Trappe des droits qu'un malfaiteur crut pouvoir faire passer comme fondés sur une concession de Henri II. Le roi avait simplement donné aux moines la métairie de Mahéru, avec les franchises et coutumes attachées à la possession de ce domaine. A un moment donné, on voulut faire croire que la donation comportait la jouissance de droits d'usage forestiers très étendus dans la forêt de Mahéru. La charte authentique, mentionnant simplement le don de la métairie [1], existe en original aux Archives de l'Orne, comme aussi la charte amplifiée, mentionnant avec la métairie la haute justice et les droits d'usage. Voici le texte des deux chartes :

TEXTE PRIMITIF.	TEXTE AMPLIFIÉ.
H., rex Anglorum et dux Normannorum et Aquitanorum et comes Andegavorum, archiepiscopo Rothomagensi, episcopis, abbatibus, comitibus, baronibus, justiciis, vicecomitibus et omnibus ministris et fidelibus suis Normannie, salutem.	Henricus, rex Anglorum et dux Normannorum et Aquitanorum et comes Andegavorum, archiepiscopo Rothomagensi, episcopis, abbatibus, comitibus, baronibus, justiciis, *ballivis*, vicecomitibus et omnibus ministris et fidelibus suis *sancte matris Eccle-*

[1] N°⁵ 251 et 252 de notre Recueil.

IX. CHARTES FAUSSES OU FALSIFIÉES.

Sciatis me dedisse et presenti carta confirmasse abbatie de La Trappa, in perpetuam elemosinam, et monachis ibidem Deo servientibus, pro salute mea et liberorum meorum, et pro animabus antecessorum meorum, meteeriam meam de Maheru.

Quare volo et firmiter precipio quod predicta abbatia et predicti monachi eandem meteeriam habeant et teneant, bene et in pace, libere et quiete, integre et plenarie et honorifice, cum omnibus libertatibus et liberis consuetudinibus suis, sicut eam tenui in manu mea.

Testibus : A. episcopo Lexoviensi, F.

sie filiis, presentibus et futuris, Normannis, salutem.

Quisquis, pro Dei amore et sue retributionis eterne, aliquid indigentibus administrat in presenti seculorum tempore, sibi procul dubio thesaurisat in futuro. Hac spe ductus, *pro salute anime mee, antecessorum et heredum et successorum meorum*, dedi *Deo et* abbatie *Sancte Marie* de La Trappa et monachis ibidem Deo servientibus, in elemosinam perpetuam, *liberam penitus et quietam ab omnibus rebus ad nos et heredes et successores nostros pertinentibus*, meiteriam meam de Maheru, *in dominio, in hominibus, in redditibus, in terris cultis et incultis, in pratis, in nemoribus sceduis et non sceduis, in molendinis, in columbariis, in justiciis et in omnibus aliis rebus ad eandem pertinentibus, nichil michi et heredibus et successoribus meis in eadem retinens, preter nostram justiciam.* Quare volo et presenti carta confirmo eisdem monachis quod ipsi *eorumdemque homines firmarii, medietarii et pensionarii* [in] *maneiro et grangia de Mahera manentes et receantes, sint liberi, quieti, immunes et exempti ab omnibus subsidiis, terreno servitio, peagio, fouagio, traverso et seculari consuetudine, vel tallia vel relevatione vel gardis vel fossatis vel muragiis vel curagio, seu quibuslibet aliis terrenorum servitiorum exactionibus, et etiam ab omni justitia seculari et laica.* Preterea dedi eisdem monachis in foresta ejusdem de Maheru, ad carrucas dicte domus faciendas et reparandas, per manus forestarii, tres fagos annuatim tradendos, et in eadem foresta pasnagium porcis durante ipso, folium, herbagium, fougerium et pasturam animalibus omnibus dicte domus, et clausuram ad prata et terras dicte domus. Hec omnia fideliter tenenda super quatuor evangelia juravimus, et presenti scripto et sigilli mei eisdem monachis testimonio confirmavimus. Testibus : archiepiscopo Rothoma-

episcopo Sagiensi, Roberto filio comitis Legrecestrie, Ricardo de Humetis constabulario, Gaufrido de Briwecuria, Gilleberto fratre suo, Herberto de Sancta Scolastica. Apud Argentomum.

gensi, A. episcopo Lexoviensi, F. episcopo Sagiensi, Ricardo de Humetis constabulario, *Gaufrido de Bono Moulin* et Herberto de Sancta Scolastica. Apud Argentomum.

Le texte primitif est imprimé ci-dessus d'après l'original des Archives de l'Orne. Le prétendu original de l'acte interpolé se trouve dans le même dépôt; mais les réactifs à l'aide desquels on a voulu raviver l'écriture l'ont rendu à peu près indéchiffrable; j'en ai donné le texte d'après une copie de Léchaudé d'Anisy, qui dit l'avoir pris sur une transcription de Robert Loren de Bois d'Ardeine, sénéchal de l'abbaye de La Trappe. J'ai fait imprimer en caractères italiques tout ce qui a été substitué ou ajouté au texte primitif.

La charte amplifiée ne peut pas supporter le moindre examen; elle est écrite en caractères gothiques qui ne sont d'aucune époque, et qui trahissent les efforts d'un scribe tout à fait maladroit et ignorant. Les deux chartes sont datées d'Argentan, en présence de quatre témoins qui sont les mêmes dans l'une et dans l'autre : Arnoul, évêque de Lisieux; Froger, évêque de Séez; Richard du Hommet, connétable, et Herbert de Sainte-Scolasse. Il n'est pas admissible que quatre témoins, assez étrangers les uns aux autres, et dont l'un, Herbert de Sainte-Scolasse, fréquentait rarement la cour du roi, se soient rencontrés à deux reprises dans une même localité. Les deux chartes se présentent en effet comme expédiées dans les mêmes circonstances, et cependant ce n'est pas en même temps que le roi a simplement donné la métairie et ajouté au don de la métairie l'abandon des droits de haute justice et la jouissance de droits d'usage.

Ce n'est pas tout. Les libertés, les franchises et les droits d'usage sont énoncés avec un détail et dans des termes qu'on ne trouve jamais dans les chartes de Henri II.

Enfin, jamais Henri II n'a déclaré qu'il prêtait sur les quatre évangiles le serment d'observer fidèlement le contenu d'une charte accordée à une abbaye.

Ajoutons encore un mot sur la clause relative à la délivrance de trois hêtres pour faire et réparer les charrues des hommes de Mahéru, clause qui se retrouve dans une charte de saint Louis accordée aux moines de La Trappe : « Et in foresta de Maheru ad carrucas faciendas et reparandas dicte grangie de

Maheru tres fagos, per manus forestarii nostri annuatim tradendas, et clausuras ad prata et terras dicte grangie[1]. » Or, cette charte de saint Louis porte une fausse date, et, dès l'année 1890, époque à laquelle je ne connaissais pas encore la charte de Henri II, j'y ai relevé [2] une foule d'anomalies. Les deux pièces, celle de Henri II et celle de saint Louis, sont sorties de la même officine et doivent être rejetées toutes les deux sans la moindre hésitation.

M. Round (n° 692), qui a vu la pièce, l'a prise pour une copie ancienne, sur laquelle il a porté ce jugement : « Clearly spurious in this form. » Il est évident qu'on a voulu la faire passer pour un original, comme l'attestent les débris de sceau qui y sont attachés.

11. *Le Plessis-Grimoult, prieuré*. — Une confirmation générale des biens et des franchises du prieuré du Plessis-Grimoult[3] nous est parvenue sous deux formes. Elle est insérée dans le volumineux Cartulaire de ce prieuré conservé aux Archives du Calvados, et l'exemplaire original fait partie du lot de pièces que l'abbé de La Rue put choisir dans le même dépôt, il y a près d'un siècle, et qui, vers l'année 1835, fut acheté et porté en Angleterre par Thomas Stapleton. J'ai fait copier ces chartes par M. Maitre, archiviste de la Loire-Inférieure, en 1881, alors qu'elles étaient au château de Carlton, chez lord Beaumont.

Le texte du Cartulaire est identique avec celui de l'exemplaire original; il n'y a de différences que pour plusieurs noms d'hommes et de lieux.

La charte a été faite à York et souscrite par le chancelier Thomas Becket. Elle a donc été expédiée pendant l'un des deux premiers séjours du roi et de son chancelier en Angleterre, soit pendant l'année 1155, soit pendant les quinze mois qui s'écoulèrent entre le mois d'avril 1157 et le mois d'août 1158 [4].

La teneur de la charte, telle que je la connais, ne me permet pas de la considérer comme authentique. Il m'en coûte de porter ce jugement sur une

---

[1] *Cartul. de La Trappe*, p. 600. — Cette charte n'est pas dans le manuscrit du Cartulaire de La Trappe, conservé à la Bibliothèque nationale; le texte en a été ajouté dans l'édition d'après une copie moderne.

[2] *Bibliothèque de l'École des chartes*, 1890, t. LI, p. 378.

[3] N° 58 de notre Recueil.

[4] J'accepte les dates fournies par l'*Itinéraire* du Rév. Eyton, p. 2-40.

pièce dont je n'ai pas vu l'original et dont, par conséquent, je ne saurais apprécier les caractères de l'écriture; mais le texte présente des anomalies telles que j'hésite à en faire remonter la rédaction au temps de Henri II. En tout cas, elle n'est pas sortie de la chancellerie, et j'ai peine à y reconnaître le style des chartes anglo-normandes du milieu du xiie siècle.

On ne saurait en lire les quatre premiers mots, *Ego Henricus Dei gratia rex...*, sans être choqué par une double anomalie. Du temps du chancelier Thomas Becket, Henri II n'était pas qualifié de *roi par la grâce de Dieu*, et il n'avait guère l'habitude de faire précéder son nom du pronom *Ego*[1], ni de déclarer qu'il obéissait aux avertissements divins et qu'il tenait compte des recommandations de gens d'église : *divine caritatis instincta commonitus, religiosarum etiam personarum intercessione rogatus.*

Sur la fin de la charte, il termine une phrase en parlant au singulier : *tanquam elemosina* MEA *propria*, et il commence immédiatement la phrase suivante en employant la forme plurielle : *Si quis autem hanc libertatis* NOSTRE *diffinitionem minuere vel in aliquo temerare presumpserit*, et il termine cette seconde phrase par une double menace, une amende exorbitante et le jugement dernier : *In presenti principali fisco centum libras argenti persolvet, et in futuro divinum judicium non evadet.*

Le diplomatiste qui aura la faculté d'examiner l'exemplaire original de la charte pourra reviser le procès, si j'ai péché par excès de sévérité. Il m'était d'ailleurs assez difficile d'apprécier avec indulgence les pièces du chartrier du Plessis. Je connaissais en effet les transformations frauduleuses qu'avait subies une de ces pièces, la charte relative à la donation de l'église d'Ivrande faite à cette maison par le roi Henri II.

Cette charte se présente sous trois formes dans le Cartulaire, aux n°s 849, 850 et 853. Le texte primitif, auquel je n'ai aucune critique à adresser, est celui du n° 849 [2]. Voici dans quels termes le roi définit les droits forestiers du prieuré, et indique le mode de payement d'une rente annuelle de 100 livres assignée sur la prévôté de Bayeux :

Et in foresta mea de Landa Putrida, mortuum boscum ad ignem eorum et ad edifficia ejusdem loci, et pasnagium quietum porcis eorum.

---

[1] Il y a cependant des exemples de cet emploi du pronom *Ego*. — [2] N° 261 de notre Recueil.

IX. CHARTES FAUSSES OU FALSIFIÉES.

Et centum libras andegavensium in prepositura Baiocensi [1]; et si aliquo tempore alia moneta cucurrerit in civitate illa, centum libras illius monete similiter percipiant annuatim. Volo autem, et sic constituo, ut unoquoque sabbato reddat prepositus avenantum de illis centum libris per manum servientis canonicorum; et si uno sabbato minus fuerit, altero sabbato suppleatur, ita ut, habita ratione per sabbata, infra annum centum libre eis persolvantur.

Je fais simplement observer, en passant, que, dans les donations ou les confirmations de rentes assises sur les domaines ducaux, Henri II n'a point l'habitude de prévoir le changement de monnaie, ni de prescrire un payement hebdomadaire; mais je ne tire pas argument de cette double particularité, et j'accepte le texte de la charte tel que nous l'offre le n° 849 du Cartulaire.

La charte 850 du même Cartulaire [2] contient la même date de lieu et les mêmes noms de témoins que la charte 849, et j'ai cru pouvoir les classer l'une et l'autre dans la catégorie des chartes expédiées entre 1165 et 1172-3 [3]. Le texte du n° 850 ne diffère guère du n° 849. Il y a cependant dès la première ligne une variante assez significative : le texte du n° 849 commence par les mots *Henricus rex Anglorum*, et celui du n° 850 par *Henricus* DEI GRATIA *rex Anglorum*. L'addition des mots *Dei gratia* pourrait être imputée à l'étourderie d'un copiste; mais l'interpolation d'une phrase, dont l'équivalent n'existe pas dans la première charte, dénote bien une intention frauduleuse :

Do etiam eis et confirmo in perpetuam elemosinam vivarium de Pomeria quod feci, et concedo ut faciant molendinum extra fossata sua, et ut habeant aque conductum liberum ad illud molendinum per terram meam.

L'interpolation est antérieure au mois de janvier 1344 (n. st.), date à

---

[1] Voici comment le compte de l'année 1180 mentionne le payement de cette rente affectée à l'entretien des chanoines résidant à « L'Ivrande en Lande Porrie », comme s'exprime Wace : « Priori de Plaissitio, ad victum et vestitum septem canonicorum de Iveranda, c libras de elemosina statuta. » *Rotuli Scaccarii Normanniæ*, t. I, p. 7.

[2] N° 262 de notre Recueil. Je n'ai pas cru pouvoir séparer le n° 262 du n° 261. La date du n° 262 est ainsi conçue : « Testibus : R. Rothom. archiep., A. Lexov., H. Baioc., F. Sag., E. Ebroic., episcopis, Ric. de Hum. constab., Jord. Taissun, Ric. Filio comitis, Will. de Curci, Archembaldo costab. Tenerchebraii. Apud Argentomum. » Dans la liste des témoins du n° 261 (c'est-à-dire 849 du Cartulaire) les noms des évêques d'Avranches et de Rennes sont omis.

[3] Le Rév. Eyton (p. 118) a proposé la date de 1169, et Round (n° 550) la date 1167-1175.

laquelle le texte interpolé a été vidimé à la chancellerie de Philippe de Valois [1].

D'ailleurs, les termes mêmes du vidimus préviennent naïvement des circonstances dans lesquelles s'était produite la nécessité d'obtenir sous forme de vidimus le remplacement de l'original qui avait été détruit, au moins en partie, par un incendie :

> Pour ce que nous avons entendu que notoire chose est au païs que ladicte priourté et les maisons d'ycelles furent, dès pieça, arses, pourquoy presumpçion vehemente est que les chartes originaulz des copies ou vidimus dessus transcrips furent arses et destruitz du dit feu.

Une troisième édition de la charte relative à la donation de l'église d'Ivrande [2] est insérée dans le Cartulaire sous le n° 853. Le corps de l'acte est identique à celui du n° 850, sauf l'addition qui va être signalée. Dans les n°s 849 et 850, la charte est datée d'Argentan; dans le n° 853, elle est datée de Bur. La liste des témoins est tout à fait différente. D'après cette liste, les deux premières chartes doivent être rattachées à la période comprise entre 1165 et 1172. Les témoins de la troisième nous conduisent à une époque notablement postérieure, à l'année 1181 ou 1182. C'est donc, à vrai dire, une charte nouvelle, une « innovation de charte », comme on disait à la chancellerie de Richard Cœur-de-lion, quand on voulut obliger les détenteurs de chartes expédiées au commencement du règne à s'en faire délivrer de nouveaux exemplaires munis du nouveau sceau royal, après la rentrée du roi dans ses états.

La nouvelle charte se distingue des deux précédentes par l'emploi de la forme du pluriel au lieu de la forme du singulier dans les expressions : *in foresta* NOSTRA *de Landa Putrida, exceptis deffensis* NOSTRIS, au lieu de *in foresta* MEA, etc., mais ce qui est beaucoup plus grave, c'est l'intercalation faite au milieu de la clause relative au payement hebdomadaire de la rente à toucher sur la prévôté de Bayeux; cette intercalation donnait une grande extension

---

[1] Le vidimus est copié dans le Cartulaire du Plessis, charte 851 ainsi qu'au Trésor des chartes, registre LXXII, n° 422. — Dom Le Noir (dans le vol. XIX de sa collection, p. 19; au château de Semilli, chez le marquis de Mathan) avait copié ce vidimus, d'après la pièce 220 du Dépôt du greffe de la Chambre des comptes. Je cite le vidimus d'après la copie de dom Le Noir.

[2] N° 432 de notre Recueil.

aux droits forestiers du prieuré. Dans les chartes n⁰ˢ 849 et 850, il n'était question que de la forêt de Lande-Pourrie; la troisième édition de la charte, le n° 853, englobe dans les libéralités faites aux chanoines d'importants droits d'usage dans toutes les forêts ducales du Passais :

> Et in foresta nostra de Landa Putrida et de Tenerchebray mortuum boscum ad ignem illorum, et ad ediffica ejusdem loci, et pasnagium porcis eorum in foresta nostra de Landa Putrida et de Tenerchebray, et in aliis forestis nostris de Passeys, scilicet in Andeine et in silva Drua, exceptis defensis nostris.

De plus, au milieu de la clause relative au payement de la rente assignée sur la prévôté de Bayeux, on a maladroitement inséré entre les mots : *similiter percipiant annuatim* et *Volo autem et constituo*, toute une phrase relative à la concession de quatre églises, qui ne figurent en aucune façon dans les deux premières éditions de la charte :

> Dedi eis preterea ecclesiam de Camba, et ecclesiam Sancti Clementis juxta vada Vire, et ecclesiam de Morta (*sic*) Ger et ecclesiam de Bueys, cum omnibus pertinentiis earumdem ecclesiarum.

Le nom des deux premières de ces quatre églises a été fourni à l'interpolateur par une charte de Henri II, dont je ne connais pas le texte, mais dont la substance, y compris la liste des témoins, est textuellement passée dans une confirmation de Henri, évêque de Bayeux. La confirmation de l'évêque est copiée dans le tome III du Cartulaire du Plessis, sous le n° 1383. Voici les noms des témoins de la confirmation de l'évêque, qui n'est peut-être pas authentique :

> Testibus : Gaufrido filio dicti regis, magistro Waltero de Constantiis Oxoniensi archidiacono, Radulfo archidiacono Herefordensi, Willelmo de Humeto constabulario, Willelmo Filio Radulfi senescallo Normannie, fratre Rogero elemosinario, Hugone de Morwic dapifero, Hugone Bardulfo et pluribus aliis.

12. *Abbaye de Lonlai.* — Il y a lieu de suspecter la charte confirmative des biens de Lonlai[1], telle que Du Monstier l'a publiée. Ce texte, le seul que

---

[1] N° 541 de notre Recueil.

j'en connais[1], se trouvait sous la forme d'un inspeximus du 11 avril 1421, au folio 43 d'un grand registre, aujourd'hui perdu, que cite souvent Du Monstier, comme se trouvant entre les mains de Vyon d'Hérouval et qui devait renfermer beaucoup d'actes de la chancellerie de Henri V.

Les motifs qui me décident à rejeter cette pièce sont nombreux :

1° Le roi y prend un titre tout à fait étranger aux règles du protocole : il s'y qualifie de comte du Maine et de la Touraine[2];

2° Dans l'adresse, qui se termine par la formule insolite : « et omnibus aliis ad quos præsens scriptum pervenerit », les justiciers sont placés après les vicomtes et non pas avant [3];

3° La rédaction est verbeuse et entre dans des détails contraires aux habitudes des notaires de Henri II : raisons que le roi a de se considérer comme le fondateur de l'abbaye; indication de l'emplacement de cette abbaye (*monasterium Longiledi*[4] *prope castrum meum et villam Dompni Frontis in Passeyo*); mention de la banalité des moulins de Condé (*molendina de Condeto, constructa et construenda, cum jure bannalis l[e]ugæ molendinariæ delationis*); menaces contre ceux qui ne respecteraient pas les droits de l'abbaye. Ce dernier point est surtout à prendre en considération (*si regiæ majestatis offensam effugere, per severitatem disciplinæ, voluerit in præsenti, et in futuro Dei [et] genitricis suæ districtam ultionem formidaverit, cum Dathan et Abiron et Juda, Christi traditore, igne gehennali perpetuo cruciandus*).

Le faussaire a dû avoir sous les yeux, comme modèle, un acte des dix dernières années du règne, où figurent comme témoins le sénéchal de Normandie Guillaume Fils de Raoul, et le connétable Guillaume du Hommet[5]. En tête de la liste, il a mis les mots *Testibus ad hæc*, et non pas tout simple-

---

[1] *Neustria pia*, p. 426. Cette charte a été citée par le Rév. Eyton, p. 290, qui l'attribue à l'année 1188.

[2] « Henricus, Dei gratia rex Angliæ, dux Norman. et Aquitaniæ, comes Andegaviæ Cœnoman. et Turoniæ. »

[3] « Baillivis, vicecomitibus, justitiariis, ministris et omnibus aliis. »

[4] Dans trois autres chartes de Henri II, nous lisons : « monachos de Lonlaio », et « abbatia de Lonlaio ».

[5] Voici la liste des témoins telle que nous la donne l'édition, avec beaucoup d'incorrections : « Testibus ad hæc, Guillelmo de Hommet conestabulario, Willelmo Filio Radulphi seneschallo Normanniæ, Willelmo de Saliars, Radulpho de Domo, Nigello de Moritonio, Remigio Tailliatoris. »

ment *Testibus*. Il a fait précéder la date du lieu du mot *Datum*, ce qui est contraire au style habituel.

Deux chartes de la même abbaye[1], connues seulement par des copies modernes, représentent peut-être des actes authentiques, mais, s'il en est ainsi, les copies qui ont passé sous mes yeux ont subi des altérations. Il ne me semble pas possible d'admettre que, dans des actes authentiques, on ait ajouté aux titres ordinaires de Henri II la qualification de comte de Mortain et celle de comte du Maine et de Touraine.

13. *Le duché de Normandie.* — L'auteur d'une singulière falsification, dont je ne puis déterminer ni la date ni le motif, s'est proposé d'appliquer à la Normandie la charte des libertés de l'Angleterre que Henri III avait promulguée à Westminster le 11 février 1227. La pièce falsifiée a pris place à la Chambre des comptes dans le registre des Mémoriaux connu sous le titre de Livre de Saint-Just[2].

Le faux, malgré son invraisemblance, a été accepté par quelques écrivains. Brussel[3] a publié, en 1727, sans aucune observation, la charte dont il s'agit, et il l'a intitulée : « Lettres patentes en forme de charte de Henri II, roi d'Angleterre et duc de Normandie, en faveur du clergé, des nobles et de tous les habitants de la Normandie »; il ne dit pas à quelle source il l'a puisée. Brequigny[4], en 1783, l'a enregistrée purement et simplement parmi les actes de l'année 1155. Elle a été mise à contribution par les continuateurs du Glossaire de Du Cange[5], et l'un d'eux, D. Carpentier[6], qui a recouru au Livre de Saint-Just, en a suspecté la sincérité et l'a rapprochée de la charte des libertés de l'Angleterre.

Pour être convaincu de la supercherie, dont je ne soupçonne pas l'origine,

---

[1] Nos 231 et 186 de notre Recueil.

[2] Cette pièce est indiquée par ces mots dans la table qu'a publiée Marnier (*Mém. de la Société des antiquaires de Normandie*, 2e série, t. VIII, 1re partie, p. 11) : « Ordonnance d'Henry, roi d'Angleterre, concernant les libertés de la Normandie, n° 28, fol. 26. »

[3] *Nouvel examen de l'usage des fiefs*, t. II, appendice, p. I-VI.

[4] *Table chronologique*, t. III, p. 236.

[5] Aux mots *Bidelus* (article indûment rectifié du mot *Kidelus*), *Haubergettas*, et *Russetum* (t. I, p. 676, t. III, p. 635, et t. V, p. 830).

[6] « Hanc eamdem libertatum Anglie chartam mire depravatam ex Reg. Sancti Justi, fol. 35 v°, col. 1, profert Brussel... : qui codex quem perlegi, nihil tamen differt a verbis editis in Glossario... »

il suffit de jeter les yeux sur l'extrait qui suit, pour voir que la prétendue charte normande a été servilement et assez incorrectement copiée sur la charte anglaise. On a bien, à quelques endroits, pratiqué des coupures et on a, d'ailleurs, assez maladroitement substitué les mots *omnibus de Normannia* aux mots *omnibus de regno nostro;* — *in ducatu Normannie* à *in regno nostro;* — et *Normannie Ecclesia* à *Anglicana Ecclesia.* Mais on a maintenu des clauses qui ne peuvent convenir qu'à l'Angleterre. Il n'y a pas une seule expression qui convienne à la Normandie, et le faussaire n'a pas même pris le soin de supprimer les clauses qui concernent les libertés de la cité de Londres, les pêcheries de la Tamise et les privilèges des barons des Cinq ports.

Dans l'extrait qui suit, j'ai reproduit le texte, publié par Brussel, de la charte normande, et j'ai mis en regard le texte de la charte de Henri III, tel qu'on peut le lire sur l'exemplaire original des archives de la cathédrale de Durham[1].

CHARTE NORMANDE.

Henricus, Dei gratia rex Anglie, etc., archiepiscopis, episcopis, abbatibus, comitibus, baronibus et omnibus fidelibus suis presentem cartam inspecturis, salutem.

Sciatis quod nos, intuitu Dei et pro salute anime nostre et animarum antecessorum nostrorum, ad exaltationem sancte Ecclesie et emendationem regni mei, spontanea et bona voluntate nostra, dedimus et concessimus archiepiscopis, episcopis, abbatibus, comitibus, baronibus et omnibus de Normannia has libertates scriptas, in ducatu Normannie in perpetuum tenendas.

In primis concessimus Deo et hac presenti carta confirmamus, pro nobis et heredibus nostris, in perpetuum, quod Nor-

CHARTE ANGLAISE.

Henricus, Dei gratia rex Anglie, dominus Hybernie, dux Normannie, Aquitanie et comes Andegavie, archiepiscopis, episcopis, abbatibus, prioribus, comitibus, baronibus, vicecomitibus, prepositis, ministris et omnibus ballivis et fidelibus suis presentem cartam inspecturis, salutem.

Sciatis quod nos, intuitu Dei et pro salute anime nostre et animarum antecessorum et successorum nostrorum, ad exaltationem sancte Ecclesie et emendationem regni nostri, spontanea et bona voluntate nostra, dedimus et concessimus archiepiscopis, episcopis, abbatitus, prioribus, comitibus, baronibus et omnibus de regno nostro, has libertates subscriptas, tenendas in regno nostro Anglie in perpetuum.

In primis concessimus Deo et hac presenti carta nostra confirmavimus, pro nobis et heredibus nostris in perpetuum, quod

---

[1] Fac-similé gravé dans *Appendix to Reports from the commissioners... respecting the Public records of the Kingdom*, 1819, in-fol., pl. V.

mannie Ecclesia libera sit et habeat jura sua integra, libertates suas integras et illesas.

Concessimus et dedimus omnibus liberis hominibus Normannie in perpetuum omnes has libertates subscriptas, habendas et tenendas eis et heredibus suis, de nobis et heredibus nostris.

Si quis comes vel baro, seu alius tenamentum tenens de nobis in capite per servicium militare, mortuus fuerit, et, cum decesserit, heres ejus plene etatis fuerit, et relevium debeat, habeat hereditatem suam per relevium antiquum, et alii similiter, per antiquam consuetudinem feodorum.

Si autem heres alicujus talium fuerit infra etatem, dominus ejus non habeat custodiam ejus nec terre sue antequam homagium suum ceperit; et postquam talis heres fuerit in custodia, cum ad etatem pervenerit, scilicet xxi annorum, habeat hereditatem suam sine relevio et sine fine, ita tamen, quod, si ipse, dum infra etatem fuerit, fiat miles, nichilominus terra remaneat in custodia dominorum suorum usque ad terminum predictum.

. . . .
. . . .

Civitas Londonensis habeat omnes antiquas libertates et liberas consuetudines suas.

Preterea volumus et concedimus quod omnes alie civitates, burgi et ville et barones de Quinque portibus habeant libertates et liberas consuetudines suas.

anglicana Ecclesia libera sit et habeat omnia jura sua integra et libertates suas illesas.

Concessimus etiam omnibus liberis hominibus regni nostri, pro nobis et heredibus nostris in perpetuum, omnes libertates subscriptas, habendas et tenendas eis et heredibus suis, de nobis et heredibus nostris.

Si quis comitum vel baronum nostrorum sive aliorum tenencium de nobis in capite per servicium militare, mortuus fuerit, et, cum decesserit, heres ejus plene etatis fuerit, et relevium debeat, habeat hereditatem suam per antiquum relevium, scilicet heres vel heredes comitis, de baronia comitis integra per centum libras; heres vel heredes baronis, de baronia integra per centum libras; heres vel heredes militis de feodo militis integro per centum solidos ad plus, et qui minus debuerit, minus det secundum antiquam consuetudinem feodorum.

Si autem heres alicujus talium fuerit infra etatem, dominus ejus non habeat custodiam ejus nec terre sue antequam homagium ejus ceperit, et postquam talis heres fuerit in custodia, cum ad etatem pervenerit, scilicet viginti et unius anni, habeat hereditatem suam sine relevio et sine fine, ita tamen quod, si ipse, dum infra etatem fuerit fiat miles, nichilominus terra remaneat in custodia dominorum suorum usque ad terminum predictum.

. . . .
. . . .

Civitas Londoniensis habeat omnes antiquas libertates et liberas consuetudines suas.

Preterea volumus et concedimus quod omnes alie civitates et burgi et ville et barones de Quinque portubus et omnes portus habeant omnes libertates et liberas consuetudines suas.

....
....
    Omnes bideli (*sic*) de cetero deponantur per Tamesiam et Medeweiam et per totam Angliam, nisi per costeriam maris.

    Breve quod vocatur *Principis*[1] de cetero non fiat alicui de aliquo tenemento, unde liber homo perdat curiam suam.

    Una mensura vini sit per totum regnum nostrum, et una mensura cervesie, et una mensura bladi, scilicet quarterius Londonensis, et una latitudo pannorum cunctorum, et ruisetorum et haubergionum, scilicet duo ulue infra listas.

....
....
    Nec aliquis vicecomes vel baillivus suus faciat turnum suum per hundred nisi bis in anno, et non nisi in loco debito consueto.

....
....
    Omnes autem istas consuetudines et libertates quas concessimus in regno nostro tenendas, quantum ad nos pertinet, erga nostros omnes de regno nostro, tam clerici quam laici, observent, quantum ad se pertinet, erga suos.

    (*Cette clause est omise dans le texte qu'a publié Brussel.*)

    Concessimus et eisdem, pro nobis et heredibus nostris, quod nec nos nec heredes nostri aliquid proquiremus (*sic*) per quod libertates iste infringantur vel infirmentur. Et

....
....
    Omnes kidelli de cetero deponantur penitus per Tamisiam et Mideweiam et per totam Angliam nisi per costeram maris.

    Breve quod vocatur *Precipe* de cetero non fiat alicui de aliquo tenemento, unde liber homo perdat curiam suam.

    Una mensura vini sit per totum regnum meum, et una mensura cervisie, et una mensura bladi, scilicet quarterium Londoniense, et una latitudo pannorum tinctorum et russettorum et haubergettorum, scilicet due ulne infra listas.

....
....
    Nec aliquis vicecomes vel ballivus faciat turnum suum per hundredum nisi bis in anno, et non nisi in loco debito et consueto.

....
....
    Omnes autem istas consuetudines predictas et libertates quas concessimus in regno nostro tenendas, quantum ad nos pertinet, erga nostros omnes de regno nostro, tam clerici quam laici observent, quantum ad se pertinet, erga suos.

    Pro hac autem concessione et donatione libertatum istarum et aliarum libertatum contentarum in carta nostra de libertatibus foreste, archiepiscopi, episcopi, abbates, priores, comites, barones, comites, milites, libere tenentes et omnes de regno nostro dederunt nobis quintam decimam partem omnium mobilium suorum.

    Concessimus etiam eisdem, pro nobis et heredibus nostris, quod nec nos nec heredes nostri aliquid perquiremus per quod libertates in hac carta contente infringantur vel

---

[1] Ainsi porte l'édition de Brussel, qui, croyant que c'était une leçon fautive, a mis en marge : «Il y a *Principe*».

si ab aliquo aliquid contra hec proquisitum fuerit, nihil valeat et pro nullo habeatur.

infirmentur. Et si ab aliquo aliquid contra hoc perquisitum fuerit nichil valeat et pro nullo habeatur.
His testibus : domino S. Cantuariensi archiepiscopo, E. Londoniensi..........
....
Datum apud Westmonasterium, undecimo die februarii, anno regni nostri nono.

14. *Abbaye de Saint-Évroul*. — Deux chartes de l'abbaye de Saint-Évroul me semblent, sinon absolument fausses, du moins entachées de très graves altérations.

La première[1] est une confirmation de différents biens du monastère en commençant par des biens situés à Moulins et à Bons Moulins. Les Archives de l'Orne en possèdent l'exemplaire original, ou du moins un exemplaire ancien, auquel est encore attaché un débris de sceau; mais ce débris paraît bien avoir été frauduleusement attaché. L'écriture de la pièce ne présente pas les caractères habituellement employés par les clercs de la chancellerie royale. Sur le prétendu original de nombreux passages ont été outrageusement passés à la noix de galle, procédé qui ne s'imposait pas absolument pour en faciliter la lecture et qui a eu pour résultat de la rendre aujourd'hui impossible. Léchaudé d'Anisy, probablement d'après une copie de l'année 1686, l'a compris, dans son recueil, conservé à la Bibliothèque nationale[2], et dans celui qu'il a fait pour l'ancienne Commission des Archives de la Grande-Bretagne[3]. De plus, le texte en a été inséré vers la fin du XIIIe siècle dans le Cartulaire de Saint-Évroul[4].

A la première ligne, dans les titres de Henri II, les mots *dux Normannie* sont écrits en toutes lettres, tandis que la forme habituelle des actes originaux est *dux Normannorum* ou par abrégé *dux Norm.*, mais, si on peut ne pas faire état de cette anomalie, on ne saurait pousser l'indulgence jusqu'à admettre le titre de Sénéchal de Normandie, donné à Richard du Hommet : *Ricardo de Hametis, senescallo Normannie* : ce grand seigneur n'a jamais été

[1] N° 347 de notre Recueil; charte datée de Caen, entre les années 1173 et 1178.
[2] Ms. latin 10075, fol. 14.
[3] Cité par le Rév. Eyton (p. 22, n° 1), et par Round (n°⁸ 638 et 639).
[4] T. I, fol. 14, n° 21.

que connétable de Normandie, charge de premier ordre, qu'il remplissait même avant l'avènement de Henri II et qu'il a conservée jusqu'à sa retraite en 1178 dans l'abbaye d'Aunai.

La fraude est d'autant plus évidente que la même qualification a été donnée à Richard du Hommet dans une autre charte de l'abbaye de Saint-Évroul accordée par le roi à la demande de Robert Giroie : « Ricardo de Humez, tunc temporis senescallo meo Normannie. » Cette charte, datée de Séez[1], est connue par la copie qui est contenue dans le Cartulaire de Saint-Évroul, t. I, fol. 23, n° 22.

Il faut donc tenir pour très suspectes les deux chartes dont il s'agit.

La mention de Godard de Vaux, qui est dans la première, avait fait croire au Rév. Eyton et à Round que toutes les deux étaient du commencement du règne de Henri II, 1156 ou 1157. L'analyse du Rév. Eyton, qui rapporte la seconde charte à l'abbaye de Saint-Étienne de Caen, est d'ailleurs inexacte.

La fraude est ancienne puisqu'elle est antérieure à la transcription du Cartulaire de Saint-Évroul, où la copie de la première charte a été, elle de son côté, l'objet d'une altération : au XVI° siècle, on y a effacé les mots : *ecclesiam de Maheru, cum omnibus pertinentiis suis et hominibus et juribus*, et on les a remplacés par : *ecclesiam Sancti Dionysii de Maheru*.

15. *Abbaye de Saint-Julien de Tours.* — Il faut, je crois, ranger parmi les pièces fausses ou falsifiées la charte de l'année 1160 qui contient une confirmation des propriétés normandes de l'abbaye de Saint-Julien de Tours[2]. Le rédacteur, en insérant textuellement dans cet acte une charte de Guillaume, duc de Normandie, datée de 1063, attribue à Henri II des locutions tout à fait contraires au langage officiel. En tête de la pièce il a mis une invocation : *In nomine sancte et individue Trinitatis*, et le titre *Henricus, Dei gratia rex*. A la fin il annonce l'apposition du sceau : *auctoritate mei sigilli confirmo*, et place immédiatement avant la liste des témoins, qui contient plusieurs noms étrangers à la maison royale, une date de temps et de lieu : *Acta sunt hec anno MCLX ab incarnatione Domini, apud Leuns*. Il y a là un ensemble d'anomalies trop graves pour être justifiées.

---

[1] N° 362 de notre Recueil. — [2] N° 99 de notre Recueil.

318   IX. CHARTES FAUSSES OU FALSIFIÉES.

16. *Collégiale de Saint-Laud d'Angers*. — Les archives de la collégiale de Saint-Laud d'Angers renfermaient trois chartes de Henri II, aujourd'hui plus ou moins bien représentées dans les restes d'un dossier partagé entre les Archives de Maine-et-Loire et la Bibliothèque d'Angers. Je ne crois pas que deux de ces trois chartes puissent être acceptées sans de grandes réserves.

La première[1] est conservée en original dans le manuscrit 757 de la Bibliothèque d'Angers. Le texte est écrit en gros caractères, tracés d'une main très ferme, en caractères bien différents de ceux qu'employait la chancellerie royale. Un morceau du parchemin a disparu, mais la lacune peut être comblée à l'aide de copies modernes qui accompagnent l'original. Dans la reproduction qui suit, les morceaux suppléés d'après les transcriptions modernes sont en caractères italiques.

Henricus[2], rex Anglorum et dux Norm[*annorum*] *et Aquitanorum et comes Andegavorum*, episcopo Andegavis[3], et prepositis et ballivis et omnibus fidelibus suis totius Andegavis, *clericis et laicis*, *salutem. Sciatis me concessisse* et presente carta confirmasse Fulconi, camerario meo de Audegavis, *capellaniam quam ipse constituit* in ecclesia Sancti Laudi, pro anima sua et pro anima patris mei et antecessorum meorum, et pro animabus *omnium fidelium defunctorum. Quare* volo et firmiter precipio quod capellanus qui predicte capellanie deservit libere et quiete teneat *et possideat* omnia *illa que predictus Fulco ad* eandam[4] capellaniam dedit et concessit. Concedo itaque capellano terram de Prisciniaco, *feodum et census*, cum omnibus *consuetudinibus predicte* terre ad me pertinentibus, etiam in chimino et extra chiminum, preter consuetudinem *exercitus, de quo capellanus poterit retinere* unum[5] si voluerit. Item concedo ei vii quart[as] vinearum que sunt de feodo Sancti Albini, *et etiam alias quas capellanus poterit adquirere*, inmunes ab omnibus consuetudinibus ad me pertinentibus, ut de vinagio et *aliis, ita etiam quod de vino de predictis* vineis collecto non reddat capellanus benagium[5] neque aliam consuetudinem. Preterea concedo ei domum quandam que est in feodo Sancti Johannis. Et insuper proibeo ne quis capellano de rebus predicte capellanie injuriam vel contumeliam inferat nec eandem capellaniam in aliquo minuere presumat.

Testibus : Stephano sinicallo, et Raginardo de Vo. Teste etiam Radulfo Filio Stephani, et Gisliberto Guarde robe, et Willelmo de Ostilleio, et Durando Piscerna, et Emerico Piscerna. Teste etiam Johanne filio regis minori et pluribus aliis.

Apud Andeg[avim].

[1] N° 457 de notre Recueil. — Le dernier des témoins de cette charte, datée d'Angers, est Jean, fils du roi.
[2] Le mot *Henricus* est en toutes lettres.
[3] En toutes lettres, sur l'original, ici et à la ligne suivante.
[4] La charte porte très nettement *eandam*.
[5] Ainsi est écrit ce mot sur l'original.

Je n'invoque pas, comme arguments à l'appui de mes doutes, plusieurs particularités d'ordre secondaire peu conformes aux habitudes de la chancellerie du roi : le nom de *Henricus* écrit en toutes lettres au commencement de la charte, et non pas figuré par l'initiale .*H*. placée entre deux points, l'emploi du mot *Andegavis*, au lieu de *Andegavie* ou *Andeg*., dans la formule *omnibus fidelibus suis totius Andegavis*, et l'incorrection des mots *eandam*, *proibeo* et *sinicallo*. Mais ce qui est plus grave, ce qui me rend la charte absolument suspecte, c'est la formule d'annonce des témoins.

La chancellerie officielle se borne à faire précéder la liste des témoins du mot *Testibus*, ou *Teste*, sans distinction d'une catégorie complémentaire, ajoutée après coup et annoncée par les mots : *Teste etiam* et une seconde fois par les mêmes mots : *Teste etiam*. L'intervention du plus jeune fils de Henri II (*Teste etiam Johanne filio regis minori*) est aussi fort invraisemblable. La charte étant faite au nom de *Henricus, rex Anglorum* est au plus tard de 1172 ou 1173, et à cette date le prince qui devait être connu sous le nom de Jean n'était âgé que de six ou sept ans. La réunion de toutes ces anomalies m'a décidé à laisser à l'écart la charte dont il vient d'être question.

J'ai d'autant moins hésité à lui appliquer ce traitement que le chapitre de Saint-Laud a cru pouvoir se permettre de recourir à des procédés irréguliers pour combler les lacunes de son chartrier. C'est, du moins, ce qui m'a semblé résulter de la charte suivante.

17. *Autre charte de la collégiale de Saint-Laud.* — La charte à laquelle je viens de faire allusion[1] n'est connue que par une copie moderne conservée aux Archives de Maine-et-Loire (G. 1003), au fol. 4 d'un cahier intitulé « Papier concernant les chartes de la chapelle de La Noue ». Elle est ainsi conçue :

Henricus, rex Anglorum et dux Normannorum et Aquitanorum et comes Andegavorum, episcopo Andegavis, et prepositis et ballivis et omnibus fidelibus suis totius Andegavis, clericis et laicis, salutem. Sciatis me concessisse et iterum presenti carta mea

---

[1] N° 458 de notre Recueil.

IX. CHARTES FAUSSES OU FALSIFIÉES.

confirmasse Fulconi, camerario meo de Andegavi, capellaniam quam ipse constituit in ecclesia Sancti Laudi. Quare volo et firmiter precipio quod capellanus, qui predicte capellanie deservit, libere et quiete teneat et possideat omnia illa que predictus Fulco ad eandem capellaniam dedit et concessit. Preterea concedo terram de Preciniaco, feodum et census, cum omnibus consuetudinibus predicte terre ad me pertinentibus. Item per presentes do predicto capellano jurisdictionem in omnes subjectos etiam rebelles ejusdem terre et feodi, jus pariter bennerii torcularis venationisque. Concedo similiter ei decimas totius predicti feodi, scilicet vini, bladi, canabis, lini et leguminis; primitias quoque agnorum et porcorum. Et si que fiant novalia in dicto feodo inde percipiet decimas. Concedo etiam capellano septem quartas vinearum que sunt de feodo Sancti Albini, et etiam alias quas capellanus poterit acquirere, immunes ab omnibus consuetudinibus ad me pertinentibus, ut de vinagio et aliis, ita etiam quod de vino de predictis vineis collecto non reddat capellanus bennagium neque aliam consuetudinem. Insuper prohibeo ne quis capellano de rebus predicte capellanie injuriam vel contumeliam inferat, nec eandem capellaniam in aliquo minuere presumat. Et ut hec firmius et liberius teneantur, sigillo regni mei necnon comitatus mei muniri et sigillari feci et precepi.

Hoc autem viderunt et audierunt Richardus et Gofridus, filii regis, Johannes de Salisberio, Alanus de Teukesberio, Gillanus, Guillermus de Cantorbia, et pluribus aliis.

Apud Andegavum.

Cette charte est de tout point inacceptable. Henri II n'avait pas l'habitude d'annoncer qu'il donnait une seconde édition [largement amplifiée] d'une charte antérieure : *et iterum presenti carta mea confirmasse*... Il ne parlait jamais de droits de justice sur les vassaux rebelles : *jurisdictionem in omnes subjectos rebelles*, ni de la banalité des pressoirs, ni du détail des dîmes, ni de la perception des novales; il n'a jamais distingué le double caractère de son sceau : *sigillo regni mei necnon comitatus mei*. Il n'a jamais fait précéder des mots *Hoc viderunt et audierunt* la liste des témoins d'une charte.

La charte 458 donne donc encore plus de prise à la critique que la charte 457. J'ai cru inutile de rechercher si, comme M. Round (n° 1162) l'a supposé avec hésitation, la charte 458 a pu être faite dans la ville d'Angers pendant un séjour du roi à l'occasion de la fête de Pâques 1166.

Une troisième charte de Saint-Laud, n° 346 de notre Recueil, peut-elle trouver grâce aux yeux d'un juge impartial? Elle est représentée dans le manuscrit 757 d'Angers par une copie moderne et par des lambeaux mal ajustés d'un prétendu original, qu'un conservateur a qualifiés de « charte originale en

SAINT-LAUD.

poussière ». En voici deux ou trois clauses encadrées entre les lignes du début et celles de la fin :

Henricus, Dei gratia rex Anglorum et dux Normannorum et Aquitanorum et comes Andegavorum, archiepiscopis, episcopis, abbatibus, comitibus, baronibus, justiciis, vice-comitibus, ministris et omnibus fidelibus suis, salutem.

Sciatis me concessisse et presenti carta mea confirmasse capellanie beate Genovefe virginis et beati Laudi confessoris, intra muros civitatis Andegavensis, ante fores comitalis aule posite, et clericis ibidem Deo servientibus, pro salute anime mee, et predecessorum et successorum meorum, foragium et decimam vinearum et terre arabilis, quam modo habent, pro dimidia parte panagii quam habebant in foresta Vitrearia, de dominio comitis, et boscum ad coquinam et vineas et pistrinum...

... Et in aqua Sancti Albini, subtus pontem Sigeii, unum locum molendini, et alium locum inter arcus predicti pontis, et decimum denarium de moneta Andegavensi...

... Concedo etiam eis .... [1] quam de liberandis collibertis habebat predictus comes Goffridus, ubicumque liberaretur, si quidam ex clericis ecclesię adesset. In Angularia juxta civitatem Andegavensem, loco Genestulio, terram que fuit Ursonis militis de Cornono, cum vicaria et vinagio et .... [2] vinearum, et forragio pro quo Johannes magnum ciphum vini bibit, quem Garinus cellararius prefato comiti protulerat [3].

... Testibus : Gaufrido Andegavensi, Roberte Nannetensi, Stephano Redonensi, episcopis, Ricardo et Gaufrido, filiis meis, comite Guillelmo de Mandevilla, Fulcone de Mastach. seneschalo Pictavie, Mauricio de Croun, Pagano de Vegg..., Stephano Turon. seneschallo Andegavensi, Guid. de Lavalle, Gauffrido Perticensi, Hugone Galler., Guillelmo de Ostili, Gilleberto Garde robbe.

Apud Andegavim.

C'est le ton général de cette longue énumération des biens et des privilèges de l'église de Saint-Laud qui pourrait bien justifier des doutes sur la sincérité de la pièce.

Dans les confirmations générales des propriétés d'abbayes anglaises ou françaises que nous possédons en si grand nombre, Henri II n'entre guère dans des détails tels que la cérémonie d'une coupe de vin donnée à boire au témoin d'une convention. Il y a là survivance d'un usage qui

---

[1] Place d'un mot laissé en blanc, peut-être *summam*.

[2] Place d'un autre mot que le copiste n'a pas lu ou qui était détruit sur l'original.

[3] Curieuse mention du pot de vin qu'on faisait boire à un témoin au moment où une convention était conclue, pour qu'il en conservât le souvenir.

a joui, surtout au XIe siècle, d'une grande vogue en Touraine, en Anjou et en Poitou, et qui consistait à consacrer le souvenir d'une convention, non par une charte proprement dite, mais par une notice, rappelant souvent des circonstances très pittoresques, comme ici l'offre d'une coupe de vin au comte Geoffroi, qui la fit boire au témoin d'une donation faite à l'église de Saint-Laud.

Cela me rappelle la coupe qu'on remit à Geoffroi, fils du comte Geoffroi, quand on alla à Saumur lui présenter la charte-notice relative au règlement du vinage, arrêtée au Mans en 1138, et ratifiée à Carrouge par la comtesse Mathilde [l'Impératrice], pour qu'il y ajoutât sa croix[1].

Les témoins de la charte de Henri II, qui m'ont suggéré ce rapprochement, sont, sauf de légères différences, exactement ceux qui ont souscrit la grande charte du Pont-de-Cé[2], ce qui permet d'assigner aux deux chartes la date de 1177 ou environ. Autrement, si la charte 346 est l'œuvre d'un faussaire, il a eu sous les yeux la charte du Pont-de-Cé, et dans ce cas il a exactement copié la liste des témoins.

Je crains donc d'avoir à suspecter les trois chartes 346, 457 et 458.

18. *Charte du pricaré de Saint-Paul hors Rouen.* — Après ce qui a été dit ci-dessus, au chapitre V (p. 183), à propos des vidimus, il serait inutile de répéter les observations que j'ai faites sur la confirmation que Henri II aurait fait expédier d'une charte de Guillaume le Conquérant en faveur de l'église de Saint-Paul hors Rouen. La fabrication ou l'arrangement de la pièce doit remonter à une époque ancienne, puisque le texte en a été copié dans les registres E et F de Philippe Auguste.

19. *Abbaye de Saint-Sauveur-le-Vicomte.* — La charte par laquelle Henri II avait confirmé en détail les différents biens de l'abbaye de Saint-Sauveur-le-

---

[1] «Redeuntes vero a Carrogio, Stephanus burgensis oppidi Salmuri, et Rainaldus de Pinu, Sancti Florencii monachus, digitis cujus tota hec carta scripta est, et Goffredum, comitis filium, adeuntes, qui in opidum Salmuri, apud Goscelinum Rotonardi nutriebatur, scriptum suum ei tradiderunt, atque sua manu propria signo crucis dominice cartam hanc muniri fecerunt». Charte notice copiée dans le Livre d'argent et le Livre rouge de Saint-Florent.

[2] N° 342 de notre Recueil.

Vicomte [1] a été falsifiée dans des circonstances qui méritent d'être exposées en détail, pour mettre en pleine lumière l'industrie du faussaire. L'original même de la charte, qui est aux Archives de la Manche, n'a point été falsifié, mais il a subi des avaries qui en ont fait disparaître d'assez longs bouts de ligne, ce qui a rendu le reste assez difficile à lire; j'ai pu cependant en faire une copie complète, en m'aidant de la transcription du texte non altéré, qui se trouve en tête du cartulaire de l'abbaye. La même charte, avec des variantes, existe aux Archives de la Manche, copiée sur une feuille de parchemin, en caractères archaïques qui ne doivent pas être antérieurs au xvie siècle; elle se trouve aussi, avec des variantes, et en caractères archaïques, au troisième feuillet du Cartulaire. Ce troisième feuillet, dont l'écriture est toute différente de celle des feuillets qui précèdent et qui suivent, a été substitué à un feuillet que le faussaire a coupé, mais dont le talon est encore parfaitement visible dans le Cartulaire. Ce second texte diffère du premier :

1° Par la substitution des mots *ecclesiam Sancte Marie de Rauvilla* aux mots *ecclesiam Sancte Marie de Covilla;* 2° par la suppression de quelques phrases ou fragments de phrase indiquant plusieurs des biens mentionnés dans le texte primitif; 3° par l'addition de deux courtes phrases ainsi conçues :

Concedo et confirmo dona que fecit Eudo vicecomes eidem abbatie, videlicet ecclesiam et decimam Sancti Germani de Tournebu et vavasoriam quam tenet presbiter.

Concedo etiam et confirmo donationes quas eidem abbatie misericorditer fecit Algarus episcopus, in ecclesiis et terris et quibuscunque decimis et elemosinis eisdem ecclesiis pertinentibus.

Les suppressions ont été faites pour trouver la place nécessaire à l'intercalation des deux articles qu'on vient de lire. J'ignore le motif qui a suggéré au faussaire l'idée d'insérer dans la confirmation royale le premier de ces deux articles; mais j'ai découvert la raison qui a fait ajouter le second. La place manquait pour copier sur le feuillet refait la charte où étaient énumérées les églises concédées à l'abbaye par l'évêque Algare. Le faussaire trouva plus loin dans le Cartulaire, à la page 126, un espace laissé en blanc, dont il profita pour

---

[1] N° 349 de notre Recueil.

y copier la charte de l'évêque[1]; mais c'est là que la fraude éclate dans toute son étendue. Un heureux hasard m'a fait rencontrer, il y a une trentaine d'années, chez un amateur de Cherbourg, L. de Pontaumont, l'original un peu mutilé de la charte d'Algare, que mon ami le bibliophile consentit à offrir à la Bibliothèque nationale[1]. Voici les additions que le faussaire trouva bon d'y faire :

(À propos de l'église de Tréauville, après le mot *decimis* :) « veteribus et novalibus ».

(À propos de l'église de Grosville, après le mot *omnibus* :) « decimis grossorum fructuum et novalium et omnibus ad eam pertinentibus ».

(À propos de l'église de Haineville, après le mot *terra* :) « et decimis veteribus et novalibus.

(À propos de l'église de Saint-Germain de Tournebu :) « cum uno vavassore et decimis veteribus, novalibus ».

(Après l'article relatif à Liesville :) « ecclesiam quoque Sancti Petri de Fontaneto de supra Vada, pro media parte, cum feudo, decimis veteribus et novalibus, seu novalium decimis, et omnibus ad eamdem mediam partem et feudum pertinentibus ».

(À propos de l'église d'Auvers, après le mot *omnibus* :) « decimis. »

(À propos de la chapelle de Saint-Médard, après le mot *terris* :) « decimis ».

(Avant l'article concernant Saint-Remi des Landes :) « ecclesiam quoque Sancti Samsonis de Ansnevilla, cum omnibus decimis veteribus, novaliun quoque, et omnibus que ad eandem ecclesiam pertinent ».

(À propos de Saint-Remi et de Saint-Christophe, après le mot *terris* :) « decimis ».

(À l'article suivant, après le mot *silva* :) « de Tallipodio, cum decimis novalium et omnibus ceteris que ad eam pertinent ».

(À l'article de Saint-Sauveur après le mot *cum* :) « terra et decimis majoribus, veteribus et novalium ».

(À l'article de Catteville, après le mot *omnibus*) « majoribus et veteribus et novalibus, vel novalium decimis, et aliis ».

Ce relevé montre que le faussaire avait pour but d'assurer à l'abbaye le droit de percevoir sans difficulté les dîmes des novales. Je crois qu'il n'était guère question de novales en Normandie avant les grands défrichements du XIIIe siècle. Le silence que gardent sur les novales les actes antérieurs à cette époque donna lieu à beaucoup de procès. C'était pour en éviter qu'on trouva

---

[1] Il porte le n° 1649 du fonds latin des Nouv. acq. Une héliogravure en est insérée dans l'atlas de mes *Mélanges de paléographie et de bibliographie;* le texte de la charte est imprimé à la page 481 de ce volume. — La charte peut être d'environ l'année 1140.

prudent de spécifier le don des novales dans la charte d'Algare, évêque de Coutances, et subrepticement dans la confirmation de Henri II, qui visait la charte d'Algare.

Pour donner encore plus de force au texte frauduleusement amplifié des concessions ou confirmations de l'évêque Algare et du roi Henri II, le faussaire y joignit une troisième charte, datée de 1185, par laquelle l'évêque de Coutances, Guillaume de Tournebu, aurait reconnu aux religieux de Saint-Sauveur le droit de percevoir dans les paroisses dépendant de leur abbaye les dîmes novales, absolument comme les anciennes grosses dîmes. Le rédacteur de la troisième charte fausse ne s'est pas mis en frais d'imagination; il s'est à peu près borné à une simple énumération des noms de paroisses, en mettant à part dans un article final les cinq paroisses de l'île de Jersey. Malgré cette sage brièveté, l'acte porte la trace de l'inexpérience du faussaire. Je n'en connais le texte que par une copie sur papier, conservée aux Archives de la Manche. Les notaires royaux de Saint-Sauveur certifièrent l'avoir faite d'après l'original le 16 avril 1682, en présence de Pierre Le Huby, prêtre, curé de Bricquebosc, contre qui la charte devait être produite, « non obstant l'absence du sieur Le Huby, qui a fait refus de se transporter au chartrier »[1].

[1] « Universis Christi et ejus sponsæ sanctæ matris Ecclesiæ fidelibus, hanc chartam visuris et audituris, Wilelmus, divina miseratione Constantiensis episcopus, salutem. Noverit universitas vestra quod ego, justis et honestis petitionibus abbatis et monachorum conventus Sancti Salvatoris Vicecomitis, hujusce diœcesis, favorem benevolum volens impertiri, concedo et de meo episcopali jure condono, sicut jam concesserunt et ante condonaverunt prefatis abbati et monachis, tam præsentibus quam futuris, prædicti conventus, Algarus, piæ recordationis, prædecessor meus, Constanciensis episcopus, et Henricus, rex et dux Normannorum, ut in ecclesiis et parrochiis Sancti Joannis de Sancto Salvatore, Sancti Audoeni de Cathevilla, Sancti Salvatoris de Petra Ponte, Sancti Martini de Goio, Sancti Remigii de Landis, Sancti Sansonis de Ansnevilla, Sancti Petri de Fontaneto supra Vada, Sancti Stephani de Alvers, Sancti Martini de Lievilla, de Fredevilla et de Escaldevilla, Sancti Germani de Tournebusq et de Direth, Sancti Martini de Henevilla et de Grouvilla, Sanctæ Mariæ de Podiis pro media parte, Sancti Petri de Trialvilla, Sancti Michaelis de Bricbosch et Sanctæ Mariæ de Couvilla, in quibus abbas et monachi prædicti hactenus possederunt et legitime perceperunt majores et veteres, novales quoque decimas, pro ea portione qua veteres, cum terris, eleemosinis et omnibus aliis pertinentiis ad omnes supra dictas parrochias et ecclesias spectantibus, in posterum possideant et quiete percipiant. Concedo etiam et condono prædicto conventui, in insula de Gersoio, ecclesias de Sancto Broelario, de Sancto Joanne de Quercubus, de Sancto Petro de Deserto, de Sancto Helerio et de Sancto Clemente,

IX. CHARTES FAUSSES OU FALSIFIÉES.

20. *Abbaye de Savigni.* — Une confirmation générale des biens de l'abbaye de Savigni par Henri II, datée de Domfront, nous est arrivée sous deux formes qui diffèrent surtout par l'étendue des développements.

Le texte le moins développé nous a été conservé par le cartulaire qui est aux Archives de la Manche[1], et dont l'exécution date de la fin du XII° siècle ou des premières années du XIII°.

Le texte développé se lit dans un vidimus confirmatif émané du roi Charles IV[2], qui a été renouvelé à diverses reprises, par les rois Henri VI en 1425[3], Charles VII en 1450[4], Louis XI en 1464[5] et Charles VIII en septembre 1485[6]. La confirmation de Louis XI a été publiée dans le recueil des Ordonnances[7].

La principale addition consiste en une longue et verbeuse énumération des franchises et privilèges de l'abbaye, en termes qu'on n'est pas habitué à rencontrer dans les textes du XII° siècle. On s'étonne surtout de voir les moines autorisés à bailler leurs terres suivant les coutumes qui seraient à leur gré, et à faire venir devant eux leurs hommes quand et où ils le trouveraient bon, autant de fois qu'ils le jugeraient à propos, et nonobstant les coutumes des pays, quelles qu'elles fussent[8].

---

cum omnibus decimis, terris et eleemosinis ad illas ecclesias pertinentibus. Et ut omnes suprascriptæ donationes stabiles in futurum et inconcussæ perseverent, prædictam hanc chartam meam sigilli mei munimine corroboravi.

Testibus his : Richardo de Poliers archidiacono, Rogerio de Herouvilla canonico, Nicolao Conum canonico, cum multis aliis.

Actum apud Sanctum Laudum, anno dominicæ incarnationis millesimo centesimo octogesimo quinto.

[1] La pièce est transcrite dans le Cartulaire de l'abbaye de Savigni, aux Archives de la Manche; elle y porte le n° 582. — N° 413 de notre Recueil.

[2] Biblioth. de Rouen, fonds Leber, n° 103 des actes de Savigni. Voir le Catal. des mss. des départements, série in-8°, t. II, p. 97. —

Nous avons classé, sous le n° 414 de notre Recueil, le texte vidimé par Charles IV.

[3] Copie à la Bibl. nat., ms. latin 10078.

[4] Original aux Arch. nat., fonds de Savigni.

[5] Reg. du Trésor des chartes, cité dans le *Recueil des Ordonnances*, t. XVI, p. 314.

[6] Copie du 26 janvier 1486 aux Arch. nat., fonds de Savigni.

[7] T. XVI, p. 314.

[8] « Et est sciendum quod ego concessi ex dono meo proprio predictis monachis de Savigneyo quod possint tradere suas terras ad qualescunque consuetudines voluerint. Et poterunt suos homines coram se ubicunque voluerint et in quacunque parte terre sue convenire, quocienscunque sibi viderint expedire, non obstantibus patriarum consuetudinibus quibuscunque. »

La liste des témoins est annoncée par les mots *Testibus his*, tandis que l'usage constamment suivi se borne à l'emploi du seul mot *Testibus*.

Je n'insiste pas sur ce point; mais ce qu'il est absolument impossible de laisser passer sans la plus sévère condamnation, c'est la date qui précède la liste des témoins : « Hec autem mea confirmatio, atque concessio facta est anno ab incarnatione Domini M. C. LVII., anno scilicet regni mei Anglie III, ducatus Normannie octavo. » J'avoue que, malgré l'absence systématique de notations chronologiques, il faut, comme j'ai eu l'occasion de le dire, admettre des exceptions justifiées par des circonstances exceptionnelles. Mais il n'y a pas ici la moindre raison d'accepter une excuse valable. La date qui vient d'être reproduite est absolument condamnée par les noms des témoins, dont je ne puis me dispenser de reproduire ici la liste :

Testibus hiis : magistro Waltero de Constanciis Oxenefordie archidiacono, Radulfo Herefordensi archidiacono, magistro Jordano Cicestrensi archidiacono, Willelmo Filio Radulfi senescallo Normannie, Radulfo de Filgeriis, Seherio de Quincie, Bertranno de Verdun, Willemo de Solariis, Reginaldo de Paveilli, Hugone de Morwich et multis aliis.

Nous sommes là en présence du millésime 1157 et d'une liste de six témoins, parmi lesquels maître Gautier de Coutances archidiacre d'Oxford, maître Joscelin archidiacre de Chichester, et Guillaume Fils de Raoul sénéchal de Normandie.

Or Gautier de Coutances ne parut à la cour qu'une douzaine d'années après 1157.

Joscelin ne dut guère être archidiacre de Chichester que pendant les dix dernières années du règne de Henri II, c'est-à-dire une vingtaine d'années après 1157.

Guillaume Fils de Raoul ne fut nommé sénéchal de Normandie qu'en 1178, c'est-à-dire encore plus de vingt ans après 1157.

Il y a là un faux éhonté, et je puis dévoiler les circonstances dans lesquelles il a été exécuté.

Le texte développé de la confirmation générale, moins les parties ci-dessus stigmatisées, a été littéralement copié sur le texte plus court tel que nous pouvons le lire, en copie du XIIe siècle, dans le Cartulaire de Savigni, pièce 582.

La date a été maladroitement empruntée à une petite charte de Henri II qui se trouve dans le Cartulaire de Savigni sous le n° 568. Cette charte 568 (N° 30 de notre Recueil) est une de ces pièces anormales dont l'authenticité est admissible comme je l'explique dans un chapitre spécial de cette Introduction (p. 282). Les noms des témoins qui suivent la date du n° 568 : « Teste (*sic*) Herberto Abrincarum episcopo, et Bermundo abbate de Lonleio... », sont en parfaite harmonie avec le millésime 1157 et sont absolument différents de ceux que le faussaire a empruntés au n° 582 du Cartulaire.

Du privilège ainsi composé (corps de la charte emprunté au n° 582 du Cartulaire, date maladroitement extraite du n° 568, additions originales conçues dans un style ridicule), une copie fut faite en caractères archaïques et munie d'un sceau en mauvais état, plus ou moins maladroitement emprunté à une charte authentique. Cette copie, à laquelle il avait été facile de donner l'apparence d'une pièce ancienne fatiguée par un long usage, fut portée à la chancellerie du roi Charles IV en 1323, pour en demander le renouvellement sous la forme d'un vidimus. Le porteur ne manqua pas de faire remarquer les dangers que le déplorable état des lacs de soie faisait courir à la conservation et à l'intégrité de la pièce; c'est le notaire de la chancellerie qui a pris soin de consigner l'observation dans la rédaction du vidimus : « propter debilitatem laqueorum de serico caude carte ejusdem, detrimentum aliquantulum sustinebat[1] ». Le vidimus était ainsi préparé sans que le rédacteur soupçon-

---

[1] J'insère ici le texte même des formules entre lesquelles est encadrée la prétendue charte de Henri II, que la chancellerie de Charles IV accepta les yeux fermés :

« Karolus, Dei gratia Francorum et Navarre rex. Notum facimus universis, tam presentibus quam futuris, quod, cum ex parte religiosorum dilectorum nostrorum abbatis et conventus monasterii Sancte Trinitatis de Savigniaco, quod quidem monasterium, cum suis membris, sub nostra et predecessorum nostrorum ab antiquo fuisse et esse dignoscitur gardia speciali, nobis fuerit humiliter supplicatum, ut, quoniam cartam, dudum eis per magnificum principem Henricum, regem Anglie, ducem Normannie et Aquitanie et comitem Andegavie, concessam, que, propter debilitatem laqueorum de serico caude carte ejusdem detrimentum aliquantulum sustinebat, renovari et in scripturam novam redigi mandaremus, nos, eorum inclinati supplicationibus, nolentes quod per vetustatem seu debilitatem caude hujusmodi aliquod eis quocumque tempore prejudicium generetur, dictam cartam renovari et in scripturam novam redigi mandaremus, sub suo tenore sequente in hec verba :

Henricus Dei.....

« Per hanc autem renovationem nolumus predictis religiosis aut aliis quibuscumque, in proprietate vel possessione, quomodolibet jus

nât la fraude dont il devenait inconsciemment le complice; les droits acquittés, l'exemplaire nouveau, muni du grand sceau royal, était remis en double exemplaire à la partie intéressée, qui pouvait en multiplier ultérieurement les vidimus confirmatifs, et elle ne s'en faisait pas faute; elle n'avait plus souci du prétendu original aux lacs de soie tombant de vétusté; elle l'a détruit ou laissé périr. Malgré tout, les copies qui en subsistent ne doivent tromper personne, et la vue même du prétendu original qui fut produit à la chancellerie de Charles IV ne me ferait pas croire que Gautier de Coutances assistait en 1157 dans le château de Domfront à la confirmation des privilèges accordés à l'abbaye de Savigni par le roi Henri II, avec un luxe de détails tout à fait contraire aux usages du xiie siècle.

APPENDICE.

21. *Prétendue charte de Montebourg qui n'a pas existé.* — Je ne parle pas ici d'assez nombreuses chartes citées ou publiées sous le nom de Henri II, mais qui en réalité appartiennent au roi Henri III, puisque l'auteur de ces chartes prend le titre de *dominus Hibernie*, qui n'a jamais été porté par Henri II; mais, je dois dire un mot d'une prétendue charte de Henri II, qui n'a jamais existé, quoiqu'elle ait été indiquée comme conservée en original aux Archives de la Manche.

M. Round[1] a cru avoir vu dans ces Archives une charte originale de Henri II qui, suivant lui, aurait eu pour objet la donation aux moines de Montebourg de la chapelle de Saint-Magloire, dans l'île de Serk. Ce qu'il a pris pour une charte originale est l'extrait d'une grande charte de confirmation des biens de

aliquod novum acquiri nobisve aut successoribus nostris seu quibuscunque aliquod prejudicium generari. Que ut perpetue stabilitatis robur obtineant, presentes litteras sigilli nostri fecimus munimine roborari.

« Actum in domo de Quercu [Gal]onis, religiosorum ordinis Grandimontensis, anno Domini millesimo trecentesimo vicesimo tercio, mense augusto.

« Per dominum regem, ad relationem....
Alf' :

« J. de V.   Dupplicata. »

[1] N° 891. M. Round paraît s'être inspiré d'une conjecture du Rév. Eyton (p. 188). Voici les termes mêmes de son renvoi: « [1175, march.] Original in Archives. — Trans. vol. II, fol. 182 ». Le mot *Trans.* désigne les Transcriptions envoyées à Londres par Léchaudé d'Anisy.

IX. CHARTES FAUSSES OU FALSIFIÉES.

l'abbaye de Montebourg, qui est en entier dans le Cartulaire de cette abbaye, à la page 8, sous le n° 16, et à laquelle nous avons donné le n° 393 dans notre Recueil. Il y a là simplement méprise de diplomatiste.

L'extrait se compose des premiers et des derniers mots de la confirmation entre lesquels a été insérée la clause relative à la chapelle de Saint-Magloire. Le vidimus est en fort mauvais état, et la partie droite de la pièce n'existe plus, de façon que l'extrémité de toutes les lignes a disparu[1]. Voici les formules du commencement et de la fin d'un autre vidimus de cinq chartes de l'île de Serk, rédigé d'après le même formulaire et à la même date que le vidimus de la charte de Henri II[2] :

Universis presentes litteras inspecturis, *frater E.*, *permissione divina Constanciensis ecclesie minister humilis*, salutem in Domino sempiternam. Noverit *universitas vestra nos, anno Domini M°. CC°. LXXX, die lune ante* festum beati Barnabe apostoli, *litteras, cartas ac confirmationes litteratorias inferius annotatas, non cancellatas*, non abolitas nec in aliqua sui parte viciatas ac veris sigillatas sigillis, prout prima facie apparebat, vidisse et diligenter inspexisse in hec verba[3] :

(Suit le texte de cinq chartes, qui sont indiquées au bas de cette page[4].)

Quod autem vidimus loquimur, et quod audivimus sub nostro sigillo testamur. Datum apud Valonias, anno et die lune supra scriptis.

---

[1] Pour permettre d'évaluer l'étendue des lacunes, je puis dire qu'il manque à la fin de la ligne 1 du vidimus les mots : *frater E. permissione divina Constanciensis ecclesie minister humilis.*

[2] Ce second vidimus porte aux Archives de la Manche la cote H. 12816.

[3] Dans le vidimus de la charte de Henri II, l'indication du texte vidimé diffère en quelques endroits de l'indication des textes contenus dans le second vidimus. Il y a (ou il devait y avoir) sur les lignes 5 et 6 du vidimus de la charte de Henri II : *Cartam Henrici, Anglorum regis, inferius annotatam, inspexisse, non cancellatam, non abolitam, nec in aliqua sui parte viciatam, confirmationem possessionum abbatie Montis Burgi continentem, que sic incipit :* Henricus, Dei gratia....

[4] Voici l'indication de ces cinq chartes :

I. Ego Willermus de Vernone... capellam Sancti Maglorii in Serco.

II. Ego Ricardus de Vernone... donationem quam Willermus de Vernone, pater meus, fecit loco Sancti Maglorii...

III. Ego Robertus de Barnevilla... viginti solidos quos habeo a domino Willermo de Vernone in Serco insula...

IV. Ego Ricardus de Vernon concedo... xx solidos in insula de Serc, quos Robertus de Barnevilla, quando ejusdem loci monachus factus est...

V. Ego Ricardus de Vernone concessi... locum Sancti Maglorii... Actum fuit hoc anno incarnati Verbi 1196.

On trouve ici, en caractères romains, les passages qui sont au commencement et à la fin dans les deux vidimus.

Il faut donc supprimer l'article 891 de l'Inventaire de M. Round.

22. *Chartes faussement attribuées à Henri II.* — Dans un chapitre relatif aux chartes fausses, je n'ai pas cru devoir parler de pièces dont l'authenticité ne saurait être acceptée si on devait s'en rapporter au jugement des copistes et des éditeurs; je n'en citerai qu'un seul exemple : une ordonnance prescrivant l'abolition du droit de varech sur les côtes des états du roi d'Angleterre. Bréquigny[1], adoptant l'opinion des éditeurs des *Fœdera*, l'attribue à Henri II et la rapporte à l'année 1174 : la charte est faite au nom de Henri, roi d'Angleterre, seigneur de l'Irlande, duc de Normandie et d'Aquitaine, et comte du Poitou, et elle est datée « apud Merewel, 26 die maii, anno regni nostri 20 ». La suscription et la date prouvent que c'est un acte de Henri III. La confusion que je signale ici a été commise plus d'une fois, et les auteurs du *Nouveau traité de diplomatique*[2] sont allés jusqu'à poser en principe que « lorsque Henri II se fut rendu maître de l'Irlande, il ajouta au titre de roi d'Angleterre celui de *dominus Hyberniæ* ». L'assertion des Bénédictins est répétée, mais avec des réserves, dans les *Éléments de paléographie*[3] de Natalis de Wailly.

Au premier abord, on pourrait attribuer à Henri II la charte qui est citée dans le Glossaire de Du Cange (éd. Didot, t. IV, p. 599) au mot *Nampium*, et par laquelle le roi Henri interdit de saisir, à titre de nantissement, des marchandises mises en vente sur le marché de Montebourg. Cette charte et trois autres insérées dans une confirmation du roi Louis X sont émanées de Henri Ier; ce sont les pièces transcrites dans le Cartulaire de Montebourg, sous les n°s 8, 9, 11 et 15.

---

[1] *Table chronologique*, t. III, p. 488. — [2] T. V, p. 815 Cf. t. IV, p. 537. — [3] T. I, p. 300.

X

DOCUMENTS ET NOTES SUR LES PRINCIPAUX TÉMOINS ET SUR CERTAINS PERSONNAGES CITÉS DANS LES CHARTES DE HENRI II.

Je ne pouvais pas terminer ces Observations sur les actes de Henri II sans y joindre quelques notes relatives aux témoins et à d'autres personnages dont les noms y reviennent le plus fréquemment, à ceux-là surtout qui ont fréquenté la Cour, qui ont occupé un rang élevé dans la hiérarchie ecclésiastique et féodale, qui ont rempli des fonctions administratives, qui ont accompli des missions de confiance et dont les conseils ont dû exercer une influence sur les habitudes et les décisions du souverain.

Les principales sources auxquelles ont été puisées les notes biographiques qu'on va pouvoir consulter sont les ouvrages des annalistes contemporains, les pièces d'archives, notamment les cartulaires, et avant tout les Pipe Rolls, dont la précision chronologique est inappréciable et dont les éditeurs ont reproduit les noms d'hommes et de lieux avec une fidélité exemplaire.

En tête de ces notes biographiques, rangées suivant l'ordre de l'alphabet, on trouvera le texte de plusieurs documents pouvant servir d'annexes à des nomenclatures d'un genre plus général et connues depuis plus ou moins longtemps, comme : 1° la série des aveux rassemblés dans le *Liber niger Scaccarii*[1]; 2° l'état des fiefs dressé en 1172 et inséré dans le *Liber rubeus Scaccarii*, dont une copie a pris place dans le premier registre de Philippe Auguste, conservé au Vatican[2]; 3° l'état des fiefs de l'abbaye du Mont-Saint-Michel, que Robert de Torigni présenta en 1172 à Henri II et qu'il inséra dans le Cartu-

---

[1] Ed. Hearne, 1774, t. I. — Ces aveux sont de la première moitié du règne, du moins pour une notable partie.

[2] *Recueil des Historiens*, t. XXIII, p. 693. Cette édition aurait besoin d'être collationnée sur le ms. du Vatican (fol. 32 v°), ou sur le fac-similé phototypique que j'en ai donné en 1883 sous ce titre *Le premier Registre de Philippe Auguste; reproduction héliotypique du manuscrit du Vatican*. Paris, 1883, grand in-4°.

CATALOGUE DE DOCUMENTS. 333

laire de son abbaye[1]. Ce sont les mots mis en tête de ce dernier morceau qui nous ont révélé la date à laquelle Henri II se fit livrer l'état des fiefs de ses vassaux : « Anno ab incarnatione Domini MCLXXII, convenerunt omnes barones Normannie Cadomi, in nativitate beate Marie Virginis, ex precepto regis Henrici, et ibi recognitum est ab unoquoque baronum, ante justicias regis, quot milites unusquisque baronum deberet ad servitium regis et quot haberet ad suum proprium servitium... »

Voici la liste des pièces contenues dans cette annexe :

1° *Le fragment du Grand rôle de l'Échiquier normand*, découvert, en 1851, aux Archives nationales. Au moment même de la découverte, je démontrai qu'il se rapportait à l'année 1184 et qu'il appartenait à la même série que les rôles publiés en 1840 et 1844 par Stapleton[2] pour la Société des antiquaires de Londres. Ces rôles sont, à coup sûr, la source la plus abondante de renseignements sur la féodalité et le régime administratif de la Normandie au temps de Henri II.

2° *Un état de la vicomté d'Avranches*, de la fin du règne de Henri II, copié à cette époque sur le dernier feuillet d'un manuscrit de l'abbaye de La Luzerne. Ce document devait former un chapitre d'un état des domaines du duc de Normandie, c'est malheureusement le seul morceau de cet inappréciable état qui soit parvenu à ma connaissance.

3° *Le procès-verbal de l'assise tenue à Caen en janvier 1175*, dans laquelle furent reconnus les droits du doyen de Bayeux sur l'église de Surrain.

4° *Un double acte de vente reçu simultanément par la juridiction communale et la juridiction ecclésiastique de Rouen*. Vers 1180.

---

[1] Fol. 132 v°. — Cet état a été publié dans le *Recueil des Historiens*, t. XXIII, p. 703, et dans mon édition de Robert de Torigni, t. II, p. 296.

[2] *Magni Rotuli Scaccarii Normanniæ sub regibus Angliæ*, opera Thomæ Stapleton. Lond., 1840, 1844. — Une édition défectueuse des comptes publiés par Stapleton a été insérée en 1846 et 1852, dans les *Mémoires de la Société des antiquaires de Normandie* (2ᵉ série, t. V et VI). De ce tome VI a été tiré à part, sous le titre de *Magni Rotuli Scaccarii Normanniæ de anno Domini, ut videtur, 1184, Fragmentum*, le morceau découvert aux Archives nationales.

334   X. DOCUMENTS BIOGRAPHIQUES.

5° *Une liste des personnages qui assistèrent en 1183, probablement à Caen, à une assise plénière de la cour du roi.*

6° *Un acte passé en 1190 à l'Échiquier de Caen.*

7° *Un accord conclu à la cour du roi à Rennes vers la fin du XIIᵉ siècle.*

1. *Fragment du Grand Rôle de l'Échiquier de Normandie pour l'année 1184.*

[**Membrana 1ᵐᵃ.**]

I. [Radulfus] Filius Herberti reddit compotum, pro patre suo, de dcc libris, de firma prepositure et vicecomitatus de Argentomo; et de xx libris, pro molendino Novi stanni; et de x libris, pro [mole]ndino de Gravella. Summa: dcc libre xxx libre.

In thesauro, nichil. [In dec]ima, Sancto Wandregisilo, xv libras. Canonicis de Sagio, xiij libras xij denarios, de elemosina statuta. In decima, abbatie de Bosco, x libras. Hospitali Jerusalem, c solidos, de elemosina [statuta]. Abbacie de Sancto Andrea, xlvi solidos vi denarios, de elemosina statuta. Capellano de Sancto Nicholao, xl solidos, de elemosina statuta. Vigili castri, lx solidos, de liberatione statuta. Portario, lx solidos, de liberatione statuta. [Ad] pontem Ogne, xx solidos, de consuetudine statuta. Pro vinis regis adducendis de Andegavi usque Cadomum, quater xx libras xv libras iiij solidos iiij denarios, per breve regis. In reparandis domibus regis [in] castro de Argentomo, iiij libras xiiij denarios, per idem breve. Rogero de Maisie, x libras, de dono regis, per breve regis. Pro papilione regis ducendo de Argentomo ad Chinon, iiij libras ij solidos, per idem breve. In thesauris ducendis de Argentomo usque Vernolium et Andegavim, xxij solidos vj denarios, per idem breve. Ernaldo balistario ducis Sauxonie, c solidos, de dono, per breve regis. In expensa Reginaldi de Fulgeria, xviij libras x solidos, per idem breve. Henrico de Abovilla et sociis ejus, l solidos, per idem breve. Pro equo locando ad portandum Alanum Wasteheuse de Argentomo ad Beccum, xij denarios, per idem breve. In expensa filii Willelmi de Sancto Mauro, vij solidos v denarios, per idem breve. Rainero Aucupi et sociis ejus, l solidos, per idem breve. Gaufrido Filio Petri, xv libras, de dono, per idem breve. Ricardo de Curceio, iiij libras, de dono, per idem breve. Johanni Armigero et Bodino et sociis eorum, xxiiij libras, ad expensas equorum regis, per idem breve. Philipo de Fornellis, xx libras, de dono, per idem breve. Willelmo Filio Ernisii, c solidos, de dono, per idem breve. In conredio Johannis filii regis, l libras, per idem breve. Hugoni de Amelaincort et Adelelmo de Fontibus, l libras, de dono regis, per idem breve. Adelais (sic) uxori Ricardi de Sifrevilla, ad nutriendum filium marescalli ducis Sauxonie, c solidos, per idem breve. In justiciis faciendis, ix solidos, vij denarios.

Et debet ccc libras lviij libras xv solidos vj denarios.
Idem [1] reddit compotum de eodem debito.
In thesauro, c libras xxxiiij libras xj solidos vj denarios.
Et debet cc libras xxiiij libras iiij solidos.

II. [Idem] reddit compotum de c libris, de firma foreste de Gofer; et de c solidis, de bigris eusdem (sic) foreste; et de lv solidis ix denariis, de porpristuris ejusdem foreste; et de lxv solidis, de pasnagio [ejusdem] foreste; et de x libris, de exitu terre abbatie de Mosterviler, de dimidio anno, in Sifreivilla et in O, dum fuit in manu regis. Summa : c libre xxj libre ix denarii.
In thesauro, c libras xj libras ix denarios. [In] decima, abbacie de Bosco, x libras de firma foreste.
Et quietus est.

III. [Idem] reddit compotum de xxxiiij libris x solidis, de reguardo asiso ejusdem foreste.
In thesauro, xvij libras ij solidos ix denarios. [In] suo superplus precedentis anni, xv libras vij solidos iij denarios.
Et debet xl solidos, qui remanent super terram comitis Willelmi.

IV. [Idem reddit] compotum de xiij libris ij solidis, de exitu ferie de Pentecoste; et de vj libris, de Insula Hamonis hoc anno; et de ix libris, de exitu terre Petri de Bures; et de xliij solidis, [de c]ataillis Rogeri Livarde fugitivi pro morte Torel de Escocie; et de ix solidis, de cataillis Ricardi Basset fugitivi pro eodem; et de xviij libris xviij solidis xj denariis, de novo pas[nagio fo]reste de Gofer. Summa : xliiij libre xij solidi xj denarii, et xxv solidi sterlingorum pro c solidis andegavensium.
In thesauro liberavit.
Et quietus est.

V. [Rogerus Gran]dis reddit compotum de xx libris de remanente veteris firme de Argentomo.
In thesauro, c et vj solidos, et xxiij solidos vj denarios sterlingos pro iiij libris et xiiij solidis andegavensium.
Et debet [x libras].
[Idem reddit com]potum de eodem debito.
In thesauro, xv solidos et xlvj solidos iij denarios sterlingos pro ix libris v solidis andegavensium.
Et quietus est.

[1] Sont imprimés en caractères italiques les articles qui ont été insérés après coup dans le compte.

336   X. DOCUMENTS BIOGRAPHIQUES.

VI. [Ricardus de Ca]rdif reddit compotum de recepta sua de veteribus prepositis de Argentomo, scilicet : de Willelmo fratre Richeri, xl solidos sterlingorum pro viij libris andegavensium; de Petro Carnifice, xxv solidos sterlingorum pro c solidis andegavensium.
Summa : lxv solidi sterlingorum pro xiij libris andegavensium.
In thesauro liberavit.
Et quietus est.

VII. [Willelmus Clericus] reddit compotum, pro Herberto de Argentomo, de recepta sua de eisdem prepositis, scilicet : de Willelmo fratre Richeri, xxxiij (*sic, l.* : xxiij) solidos sterlingorum iij denarios pro vj (*sic, l.* : iv) libris xiij solidis andegavensium, de Tegrino Carnifice, xxxviij solidos andegavensium, et [xlviij] solidos sterlingorum pro ix libris xij solidis andegavensium; de Rogero Greignardo, iiij libras xij solidos sterlingorum pro xviij libris viij solidis andegavensium; de Dionisio Haslé lviij solidos iij denarios sterlingos pro xj libris xiij solidis andegavensium; de Radulfo de Monte... xvij libras iiij solidos andegavensium, et xxix solidos xj (*sic, l.* : ix) denarios sterlingos pro c et xix solidis andegavensium; de Willelmo Seignore, xxiij libras iij solidos; de Willelmo Baubet, xx libras.
Summa : lxij libre v solidi, et xij libre xj solidi iij denarii sterlingi [pro l] libris v solidis andegavensium.
In thesauro liberavit.
Et quietus est.

VIII. Ranulfuls Haslé, Rogerus Greignart, Willelmus frater Richeri reddunt compotum, pro se et sociis suis, de ccc libris xxxj libris xvj solidis viij denariis, de remanente veteris firme de Argentomo.
In thesauro, nichil. In suprascripta recepta Ricardi de Cardif, xiij libras. In prescripta recepta Willelmi Clerici, c libras xij libras x solidos. Pro vino ad opus ducisse Sauxonie apud Argentomum, xv libras v solidos viij denarios, per breve regis.
Et debent c libras quater xx libras xj libras xij denarios.

IX. Ricardus de Cardif reddit compotum de lxv solidis, de terra Mote in Argentomo; et de xl solidis, de terra Roberti de Aumauesches; et de xxiiij solidis hoc anno, de iij pratis recuperatis per jueam; et de xxiij [s]olidis iij denariis hoc anno, de censis Calceie; et de lx solidis, de censis et reguardis terre Hugonis Britonis, cum terra ubi grancia regis fuit; et de xxxix solidis xj denariis hoc anno, de terra que fuit Willelmi Sacerdotis; [et] de ij solidis, de mansura Willelmi de Bosco juxta Escoves; et de iij denariis, de camera domus Ricardi de Bailleul que est in fossato regis; et de xxx solidis, de terra Calderie, regis escaeta. Summa : xiiij libre iiij solidi v denarii.
In thesauro, lx solidos xj denarios. [In defec]tu mansure de terra Mote que vacua est, v solidos. In perficienda liberatione ipsius Ricardi de c libris xl libris, quas habet per an-

num pro custodia castri de Argentomo, x libras. In reparando fossato conductus aque... et exclusa emendanda, xviij solidos vj denarios, per breve regis.
Et quietus est.

X. [Idem] reddit compotum de xij libris, pro hoc anno, pro ij modiis et j mina et dimidio quarterio avene de bernagio, de Oximis et de Argentomo.
In thesauro, lx solidos sterlingorum pro xij libris andegavensium.
Et quietus est.

[Membrana 2da.]

XI. [Idem] reddit compotum de recepta sua de plegiis et catallis Ade de Gravella, scilicet de catallis ejusdem, vj libras viij solidos; de Willelmo Gernon, xl solidos; de Gaufrido Britone, xv solidos. Summa : ix libre iiij solidi.
In thesauro, viij solidos, et xiij solidos ix denarios sterlingos pro lv solidis andegavensium. [Pro] lorica data Radulfo de Ardena, vj libras, per breve regis.
Et quietus est.

XII. [Willelmus Clericus re]ddit compotum de recepta sua de plegiis et redditibus heredis Ade de Gravella, scilicet : de Willelmo Gernon, xxx solidos; de Hugone Le Sauner, x solidos; de redditu ejusdem heredis, xxix solidos iiij denarios; de Ricardo... [x solidos; de r]edditu ejusdem heredis, xxxij solidos. Summa : c solidi et xvj denarii.
In thesauro, lxix solidos iiij denarios, et viij solidos sterlingorum pro xxxij solidis andegavensium.
Et quietus est.

XIII. [Filius Ade de G]ravella reddit compotum de quater xx libris xvij libris xvij solidis j denario, de debito patris sui, de remanente veteris firme de Argentomo.
In thesauro, nichil. [In] prescripta recepta Ricardi de Cardis (sic), ix libras iiij solidos. In prescripta recepta Willelmi Clerici, c solidos et xvj denarios.
Et debet quater xx libras lxxij solidos ix denarios.

XIV. [Ricardus de] Cardif reddit compotum de xxxix libris xvij solidis ix denariis, de remanente taillagii de Argentomo.
In thesauro, xxij libras v solidos viij denarios, et v solidos sterlingorum pro xx solidis andegavensium. [In liberatione servi]entum reduntium (sic) de Lemovic. apud Sagium, liij solidos, per breve regis.
Et debet xiij libras xix solidos j denarium.
Idem reddit compotum de eodem debito.
In thesauro liberavit.
Et quietus est.

XV. [Idem reddit compotum de] xiiij libris xv solidis, de exitu terre Fulconis de Alnou, dum fuit in manu regis pro stultiloquio suo apud Lemovic.
In thesauro liberavit.
Et quietus est.

XVI. [Idem reddit compotum de] x solidis, de Roberto de Valle Ogeri, pro dissaisina; et de xij solidis iiij denariis, de ultimo pasnagio foreste de Goufer; et de xix solidis, de cataillis Hugonis Molendinarii, pro defectu. Summa : xlj solidi iiij denarii.
In thesauro liberavit.
Et quietus est.

XVII. [Idem reddit compotum de] xxxiiij libris vij solidis vj denariis, de remanente veteris recepte sue de veteribus prepositis de Argentomo.
In thesauro, xvij denarios, et xxij solidos et iij sterlingos (*i. e.* dimidios denarios) pro iiij libris viij solidis vj denariis.
Et debet xxix libras xvij solidos vij denarios.

XVIII... [debet] ... libras x solidos, pro recto de debito versus comitem de Arondel. — Gaufridus de Baiocasino debet lxxxviij solidos, pro negare et cognoscere. — Radulfus de Airel debet x solidos, pro concordia duelli. — ... [debet] xx solidos, pro vino supervendito.

XIX. [Hamo Pincerna reddit compotum de] x libris, de redditu v porcariarum et iij vaccariarum de foresta de Monte Fichet.
In thesauro, ij solidos j denarium. [In decima, abbati de Ce]rasio, xix solidos iij denarios. Leprosis de Baiocis, xlv solidos, de elemosina statuta, pro xv baconibus. In defectu dimidie porcarie, vij solidos vj denarios. In capella Sancti Nicolai lam[bruscanda]......
..... toroillis et seris portarum et ostiorum et in ij caminis reparandis apud Burum, vj libras vj solidos ij denarios per breve regis.
Et quietus est.

XX. [Idem reddit compotum de v solidis] de terris recuperatis per jueam prope forestam, et de v solidis, de mansura Petevin apud Sanctum Germanum de Ala; et de iiij libris xvij solidis hoc anno, de censis terrarum re[cuperatarum, per jueam in Baio]cis; et de xiiij solidis hoc anno, pro j sextario frumenti, de clauso Cromelle; et de v solidis viiij denariis, de censis et reguardis de terra Gaufridi de Clarlonda recuperatarum (*sic*) per jueam; [et de xxij solidis] hoc anno, de potariis, pro terra quam capiunt in foresta de Truncheio; et de iij solidis, de mansura Buschet; et de xj libris xviij solidis, hoc anno, pro xvij sextariis frumenti, [scilicet : de xiij se]xtariis et mina de terra Willelmi filii Nigelli, et de ij sextariis et j mina de terra Othonis, et de j. sextario de terra Vitalis de Longa

Aqua; et de xviij solidis iiij denariis hoc anno, pro xj [quarteriis aven]e, de terra recuperata per juream in Magnevilla prope Treverias; et de lx solidis, hoc anno, de censis et reguardis Nove Ville prope pontem de Baleré; et de xxx solidis, de censis et [reguardis] terre Nutriciorum in Cremic; et de xlv libris, quas recepit de prepositis de Amanvilla de firma sua. Summa : lxix libre xviij solidi vj denarii.

In thesauro, xlvij solidos vij denarios. [In refici]enda domo ad pincernariam et dispensariam, et domo ad lardariam, et palicio novo in curia, et fossato in curia, et palitio relevando in landa versus Archenceium, lviij libras vj [solidos vj] denarios, per breve regis. In constamento xij tonellorum vini andegavensis parandorum de Buro ad Barbefluvium, ix libras iij solidos iiij denarios, per breve regis.

Et quietus est.

XXI. [Idem debet] xiiij libras xvj solidos, pro x modiis avene, de veteri bernagio de v annis, quod remanet super terram Willelmi de Humeto, constabularii, in Airel et in Dodelvilla et Balaré et Marescallis.

XXII. [Idem] reddit compotum de xxxij libris v solidis iiij denariis hoc anno, pro x modiis j sextario avene de bernagio baillie sue.

In thesauro, xxv libras xvij solidos iiij denarios.

Et debet vj libras viij solidos qui remanent super terram Willelmi de Humeto, constabularii, in prescriptis terris.

XXIII. Idem reddit compotum de lxx solidis, de exitu terre Hamonis de Valoniis juxta Torineium.

In thesauro liberavit.

Et quietus est.

XXIV. Idem reddit compotum de misericordiis et finibus et promissis, scilicet : de remanente tallagii de Baiocis, lxv solidos. De Hugone Anglico, lx solidos, de recreantisa. De remanente catallorum Willelmi de Basenvilla fugitivi pro morte hominis, xiiij solidos. De reguardo foreste de Troncheio et de Verneio, xij libras xij denarios. De reguardo foreste Sancti Severi, xvj solidos iij denarios. De Radulfo Filio Warini, xxxvij solidos vj denarios pro v bysanciis, pro recto de debito. De Radulfo de Moncellis, x solidos, pro dissaisina. De Herveo de Maisnillo, x solidos, pro falso clamore. De Willelmo Seiran, v solidos, pro clamore dimisso. De Gocelino Cosin, v solidos, pro dissaisina. De Alano Corbin, v solidos, pro simili. De Ranulfo de Longa Aqua, v solidos, pro dissaisina. De Roberto Flossel, v solidos, pro concordia. De Serlone Graverenc, v solidos, pro eodem. De Thoma Filio Alani, xxx solidos pro iiij bisanciis, pro recordatione. De Willelmo de Graeio, x solidos, pro superdemanda. De Petro Episcopo, x solidos, pro eodem. De Ranulfo Jumel et Ricardo de Cantilupo, x solidos, pro clamore dimisso. De Wauchelino de Campinneio, v solidos, pro falso clamore. De Rogero Textore, v solidos, pro simili. De Willelmo de Viana, xx solidos, pro stultiloquio. De Roberto Huese, v solidos, pro falso clamore. De Willelmo Enguerranni, v solidos, pro eodem. De Willelmo Margarite, v solidos, pro concordia. De Hugone de Neirs, x solidos, pro eodem. De Hugone Dursene, x solidos, pro falso clamore. De filio leprosi de Tillie, v solidos, pro simili. De Gaufrido Simeon, v solidos, pro simili. De Ansketillo de Buosson, x solidos, pro eodem. De Willelmo Ricardi, v solidos pro eodem. De Willelmo Rupalaio (sic), x solidos, pro eodem. De Serlone Filio Guidonis, v solidos, pro eodem. De Willelmo de Sancto Laurentio, v solidos, pro dissaisina. De Alberée de Fulmucon, xv solidos, pro clamore dimisso. De Ranulfo Le Campain, x solidos, pro dissaisina. De Ranulfo Esturman, v solidos, pro falso clamore. De Ricardo Ruffo, v solidos, pro dissaisina. De Willelmo homine Ricardi Ruffi, lx solidos, de recreantisa sua. De Willelmo Gerno, lx solidos, pro simili. De catallis Radulfi de Haia fugitivi pro morte hominis, xlj solidos iiij denarios. De catallis Ricardi Gelher fugitivi pro latrocinio, xvj solidos iiij denarios. De catallis Gaurfredi Rufin fugitivi pro simili, vj libras xvj solidos ij denarios. De catallis Emme de Hamello fugitive pro simili, vij solidos. De catallis Bartholomei de Sancto Laurentio fugitivi pro simili, xx denarios. De catallis Sautdebroil fugitivi pro simili, xij solidos x denarios. De catallis Witot fugitivi pro simili, ix solidos. De catallis Bertin Porcel fugitivi pro simili, v solidos. De catailllis Rogeri Caisnel fugitivi pro simili, xxxiij solidos. De cataillis Aitardi de Taissie fugitivi pro simili, vj solidos vj denarios. De catallis Lamberti usurarii mortui, lx solidos. Summa : lvj libre xvij solidi.

In thesauro liberavit.

Et quietus est.

XXV. Willelmus de Columberiis reddit compotum de lxxv libris xvj solidis viij denariis, quos habuit de terra Eudonis de Castilleio.

In thesauro, ij solidos.

Et debet lxxv libras xiiij solidos viij denarios.

XXVI. Alveredus de Vaaceio reddit compotum de l libris v solidis, quia non venit ad asisam.

In thesauro, xix libras xv solidos.

Et debet xxx libras x solidos.

XXVII. Ranufus de Grandi Valle reddit compotum de xxix libris xj denariis, pro dissaisina.

In thesauro, x libras.

Et debet xix libras xj denarios.

XXVIII. Abbas de Cerasio reddit compotum de c libris, de dono quod fecit regi.

In thesauro, lxj libras vj solidos viij denarios, et iiij libras xiij solidos iiij denarios sterlingos pro xviij libris xiij solidis et iiij denariis andegavensibus.

Et debet xx libras.

XXIX. Heres Willelmi Picot reddit compotum de iiij libris xix solidis, pro habenda serjanteria que fuit patris sui.
In thesauro, xx solidos.
Et debet lxxix solidos.

XXX. Radulfus de Rencie reddit compotum, pro patre suo, de c solidis, pro recordatione duelli.
In thesauro, xx solidos.
Et debet iiij libras.

XXXI. Gillebertus Serviens reddit compotum de x solidis, pro marisco effosso.
In thesauro, v solidos.
Et debet v solidos.
RADULFUS FILIUS HERBERTI FILII BERNARDI. — RICARDUS DE CARDIF. — HAMO PINCERNA et ex altera parte.

[**Membrana 1ma, dorso.**]

XXXII. Ricardus Harenc reddit compotum de x libris, de tailliagio.
In thesauro, c solidos.
Et debet c solidos.

XXXIII. Rogerus Bacon debet d libras de misericordia sua, quia pluries submonitus a justiciis propter injurias et dissaisinas quas fecerat hominibus suis, venire noluit. — Idem debet c libras, pro concordia du[elli] versus Rogerum de Monte Freart, et pro dissaisina hominum suorum. — Gervasius de Torineio debet c solidos, de tempore Willelmi de Curceio. — Osbertus de Sancto Quintino, xx solidos. — Robertus Filius Eve debet [xx solidos]. — Unfridus Silvestris debet xx solidos. — Ranulfus Wislart debet xx solidos. — Rogerus de Ponte debet xx solidos, pro recognitione. — Herbertus Morin debet l solidos, pro simili. — Simon Cornix et Willelmus de Aillefe... debent xl solidos, pro simili. — Philippus de Croeio debet x solidos, pro dissaisina. — Serlo de Longa Aqua debet x solidos, pro dissaisina. — Rogerus de Fraisneio debet v solidos, pro marisco effoso. — Engerranus Patric, c libras, quia recessit a curia sine licencia, et pro dissaisina hominum Rothomagi de vadio. — Abbas de Cerasio, x libras, pro habendo recto de Evrechinvilla. — Johannes de Soligneio, x libras, pro dissaisina, et pro negare et cognoscere.

XXXIV. Durandus Filius Tie habet per regem Londam Wachelini. — Hamo Pincerna habet feodum regis in Aldreio et Aneriis, et terram Rogeri Filii Hugonis, et terram Hubert de Ponte, et terram Hugonis, [et terram Hugonis de Russeio], et terram Radulfi Filii Osberti, et terram Willelmi de Curia, per cartam regis. — Ricardus Daneis habet Valeum, per regem. — Filius Radulfi de Insula habet medietatem de Cardonvilla, de h[onore de]

Amanvilla. — Robertus de Curceio habet iiij libratas terre in Guiofosse, de eodem honore. — Willelmus de Húmeto, constabularius, habet Maiseium, de feodo comitis Giffardi, per cartam [regis]. — Rogerus Bacon habet Balgeium, per regem.

XXXV. Rogerus de Locellis et Willelmus Clericus reddunt compotum de xxix libris v solidis, de remanente veteris firme prepositure de Amanvilla.
In thesauro liberaverunt.
Et quieti sunt.

XXXVI. Rogerus de Locellis et Willelmus Clericus reddunt compotum de c libris lxx libris, de nova firma ejusdem prepositure cum pertinenciis.
In thesauro, c libras xix libras xj solidos vj denarios. In decima, Sancto Amendo Rothomagi, ix solidos vj denarios, hoc anno, de piscaria. In recepta Hamonis Pincerne scripta ex altera parte hujus rotuli, xlv libras. Pro crasso pisce portando de Monte Baiocas, vj solidos, per breve regis.
Et debent iiij libras xiij solidos.
Eidem reddunt compotum de eodem debito.
In domibus castri de Amanvilla reparandis et porta reficienda, iiij libras xiij solidos.
Et quieti s[unt].

XXXVII. Hamo Pincerna reddit compotum de iiij libris xviij solidis viij denariis, de exitu terre Mainardi in Camba, et terre Martini in Sancto Clemente.
In thesauro liberavit.
Et quietus [est].

XXXVIII. Jordanus de Lauda reddit compotum de xxxij solidis, de exitu medietatis ferie de Inter Montes, et de ix solidis, de exitu terre Willelmi Tyrel.
In thesauro liberavit.
Et [quietus est].

XXXIX. Idem reddit compotum de misericordiis et finibus et promissis, scilicet : de Gaufrido de Ponte Erenborc, x solidos, pro terra occupata de Godefrido de Maisnillo Grim, x solidos, pro dissaisina. De Radulfo Potier... [solidos, pro] simili. De Unfrido Le Feltrier, v solidos, pro falso clamore. De Radulfo presbitero de Meraio, x solidos, pro dissaisina. De Rogero de Bosco, xv solidos, pro simili. De Alveredo de Monte Cauvet, x solidos, pro concordia... [De] Milone de Glatignie, x solidos, pro eodem. De Wimarc, v solidos, pro falso clamore. De Ernaldo de Fraxino, x solidos, pro simili. De Willelmo Hastevielle, x solidos, pro simili. De hominibus Erenborc de... de Landa Ysac, xl solidos, pro difforciatione. De Jordano de Lauda, c solidos, pro dissaisina. De Hugone Patric, x solidos, pro clamore dimisso. De Durando de Gardino, x solidos, pro simili. De Unfrido Tyrel, v solidos, pro negare et co[gnoscere]. De ..... Espinardo, v solidos, pro concordia. De Raigbaldo Presbytero, v solidos, pro eodem. De Willelmo Seiranz, v solidos, pro falso clamore. De Soramonda, xxx solidos, pro licentia maritandi. De Ranulfo de Albucon ..... pro defectu. De Ansketillo de Teil, v solidos, pro concordia. De Warino Baligant, x solidos, pro difforciatione. De Mustel, x solidos, pro simili. De Herberto Couber, x solidos, pro eodem. De Roberto de Monte, v solidos, pro negare et cognoscere. De Willelmo Ermen., v solidos, pro simili. De Willelmo de Esson, v solidos, pro plegio. De Roberto Presbitero, x solidos, pro negare et cognoscere. De cataillis Willelmi Vitalis fugitivi pro latrocinio, x solidos. De cata[illis] Roberti Sutore (sic) fugitivi pro simili, vj solidos. De cataillis Radulfi Painnon, pro defectu, xx solidos. De cataillis Unfredi de Nigra Aqua fugitivi pro latrocinio, v solidos. De cataillis Osberti de Gornaio mortui usurarii, x ..... solidos. De cataillis Radulfi Elborc mortui usurarii, c et viij solidos. Summa : xxix libre.

In thesauro liberavit.

Et quietus est.

XL. Philipa de Rosel reddit compotum de iiij libris pro falso clamore.

In thesauro, xl solidos.

Et debet xl solidos.

XLI. Radulfus Corbel, Willelmus Vesdie, Ansketillus Maugeri, Radulfus de Insula, Willelmus Gruel, Burnulfus de Sancto Martino, Gervasius de Coldreio reddunt compotum de xix libris xv solidis, de remanente veteris fi[r]me de Condé.

In thesauro, x solidos, et v solidos sterlingorum pro xx solidis andegavensium.

Et debent xviij libras v solidos.

XLII. Reinoldus Gofelée et Robertus Medicus reddunt compotum pro se et tota villa de lxvij libris x solidis de remanente veteris firme ejusdem ville.

In thesauro c et x solidos.

Et debent lxij libras.

[Membrana 2ᵈᵃ, dorso.]

XLIII. Herbertus sacerdos de Monte Secreto reddit cempotum de x libris, pro habendo filio suo ad rectum.

In thesauro, c solidos.

Et debet c solidos.

XLIV. Willelmus presbiter de Caligneio reddit compotum de xx solidis, pro falso clamore.

In thesauro, x solidos.

Et debet x solidos.

XLV. Walchelinus Taillebois debet xx libras, de remanente veteris firme de Condé. — Osmont Peisson debet xl solidos, pro recto versus Henricum de Noiers.

XLVI. Jordanus de Landa reddit compotum, pro Willelmo de Soliis, de iiij libris xj solidis, pro viij sextariis avene et j summa vini, que idem Willelmus habuit de prepositis de Molins et Bomolins.
In thesauro liberavit.
Et quietus [est].

XLVII. Gaufridus Duredent reddit compotum de c libris lxix solidis, de remanente veteris firme prepositure de Condé.
In thesauro liberavit.
Et quietus [est].

XLVIII. Idem reddit compotum de ccc libris, de nova firma ejusdem prepositure et recuperatorum per juream.
In thesauro, c libras xxviij libras xij denarios, et vij libras xv solidos sterlingorum pro xxxj libris a[ndegavensium]. Canonico de Moretonio, c solidos, de elemosina statuta. Eidem, xxx solidos, de decima ferie Sancti Martini et furnorum. In justiciis faciendis, xij solidos.
Et debet c libras xxxiiij libras xvij solidos.
Idem reddit compotum de eodem debito.
In thesauro, xxx libras et xx solidos sterlingorum pro iiij libris andegavensium.
Et debet quater xx libras xix libras xvij solidos.

XLIX. Haia de Monte Acuto est dominica et defensa et extra firmam.

L. Ranulfus de Praeriis reddit compotum de c libris xl libris, de firma vicecomitatus Baiocassini.
In thesauro, c libras x libras x solidos. In decima, abbati Gemeticensi, xiiij libras. In quietancia terre Fratrum Templi in Vaaceio, x solidos. In quietancia terre comitis Gloencestrie, xv libras.
Et qu[ietus est].

LI. Idem et Hamo Pincerna debent ix libras iij solidos, de remanente exitus terre comitis Cestrie.
PREPOSITI DE AMANVILLA. JORDANUS DE LANDA. GAUFRIDUS DUREDENT DE CONDÉ. RANULUS DE PRAERIIS PRO VICECOMITATU BAIOCASSINI.

Emandatus.

(Rouleau original aux Archives nationales, S. 4824 n° 1.)

2. *État de la vicomté d'Avranches vers la fin du XII° siècle.*

DE ABRINCIS.

Milites juratores.

Willelmus de Verduno.
Robertus de Veim.
Regerius de Campaigne.
Willelmus de Buxeio.
Rual. de Hulmo.
Eudo de Tanie.
Tomas de Belveeir.
Willelmus Chauce bof.
Carpent[arius].
Petrus de Terra Gasta.
Hasculfus de Apulleio.
W. de Maisnil Adeline.
Rual. de Felgerolis.
W. Crolart.
W. de Cangeio.
W. de Serlant.
Gislebertus de Sartilleio.
Robertus de Craisneio.
Rual. de Campaigne.
W. de Verduno.
Gislebertus de Cantepie.
Petrus de Boillon.
Rual. de Maccio.
Ricardus de Cisneio.
Guarmo de Saceio.
Ricardus de Auceio.

Burgenses juratores.

Radulfus Filius Herberti.
Osmundus de Molinello.
Rualdus Balgart.
Hamelinus de Maigneio.
Constantius.
Rogerus Filius Elmenoldi.
Johannes Bigra.
Geraldus Filius Landery.
Radulfus Filius Tustini.

Episcopatus de Abrincis est de donatione regis.

Civitas Abrincensis est dominica regis.

Turris Abrincensis dominica regis. Gislebertus de Abrincis custodiebat eam tempore regis H[enrici] per ipsum regem.

Comes Cestrie est vicecomes in feodo de Abrincis et eis que ad Abrincas pertinent, et habet in firma sua census et theloneum et omnia placita ad vicecomitem pertinentia per IIII.xx libras, de quibus xx libre computantur ad Scacarium consuete pro Vehimo cum pertinentiis suis, que abbatia Sancti Stephani de Cadumo habet in elemosinam de dono regis Willelmi. Ad vicecomitatum autem pertinent consuetudo aliva in Vehimo, videlicet de extrinsecis hominibus : nam abbas habet teloneum de dominicis hominibus suis, etiam si fiat in Abrincis.

In Genez vero habet abbas de Monte mercatum suum et totas consuetudines de eis que venduntur in mercato, nisi de hominibus qui sunt quieti apud Abrincas. Vicecomes vero de Abrincis, habet totum trespassum, et habet consuetudinem de burgensibus de Genez de eis que vendunt vel emunt in Abrincis; sed milites et vavassores de feodo abbatie sunt quieti de nutrituris suis et de eis que emunt ad proprios usus inter Thar et

Coisnum nisi in feria Sancti Andree. Et camerarii regis qui feriam custodiunt habent in die ferie de abbate consuetudinarie unam libram piperis et pondus cere.

Homines episcopi de Pontibus sunt quieti in Abrincis nisi in die mercati; et homines de Valle Sancti Petri similiter.

Vavassores episcopi qui non sunt mercatores sunt quieti apud Abrincas nisi in feria Sancti Andree.

Nullus mercator alivus debet mercem suam exponere ad vendendum ad Ponz nisi prius fuerit apud Abrincas cum merce sua.

Episcopus habet theloneum alivum de blado et sale quod venditur in Valle, sed de vino habet rex consuetudinem.

Vicecomes placitat ter in anno in Ardevun et in Genez de consuetudinibus suis absportatis et procuratur ab abbate, et habet exitum de omnibus burgensibus abbatis de omnibus his que portant extra vicecomitatum, et exitum de omnibus hominibus alivis.

Hec sunt dominica regis : Prata de Abrincis, et pratarius qui ea custodit tenet feodum suum de rege in capite ; — et castanearia dominica regis, et feodum Havart forestarii, qui eam custodit de rege in capite.

Homines de Sancto Petro Ansgeri et de Cantepie et de Montframerei et homines de Apilleio debent portare castaneas ad regem in Normannia et repperire saccos ad portandum illas, et sacci remanent regi.

Terra que est inter castaneariam et aquam de Maloe, dominica regis, recuperata per juream, et reddit x quarteria frumenti. Johannes Filius Metearii et Radulfus Filius Enguerran tenent. Henri Grate reddit pro eadem terra IIII solidos.

Montes regis inter Castaneariam et Abrincas dominici regis.

Furnus de Fossato, recuperatus per juream, reddit v solidos.

Nova domus thesaurarii, recuperata per juream, reddit vi solidos.

Thalamus qui est post domum Galteri Tronchon in porprestura est dominicus regis, recuperatus per juream. Tustinus Beschief habebat.

Feria Sancti Andree dominica regis, in qua paucissimi sunt quieti ; et abbas de Monte reddit die ferie camerariis regis libram piperis et pondus cere.

Lande de Arbore Reneri sou (*sic*) frocus.

Masura Vitalis Gonbaldi escaeta regis.

Landa de Lindreio in Valle Sancti Petri est frocus.

Lande de Vehim sunt frocus.

Isti tenent in civitate de rege in capite, scilicet : heres Roberti de Abrincis totum feodum suum. Gaufridus Peile vilain feodum suum, qui est inde dominicus serviens regis ad custodienda placita regis. Comes Cestrie masuram centum (*sic*). Willelmus de Albingneio masuram suam. Willelmus de Vernon masuram suam. Enger[ranus] de Saieio masuram suam. Robertus de Vehim I masuram. Heres Gisleberti de Abrincis feodum suum ; Gaufridus de Castro feodum suum. Willelmus de Verduno II masuras.

ACTES JUDICIAIRES.

Tenentes extra civitatem in Abrincatino de rege in capite. — Reinaldus de Cortenai feodum. Robertus Filius R. in Valle Segie. Willelmus de Duxeio Duxeium. Bertran de Verduno Sanctam Mariam de Caveio. Robertus de Sancto Johanne feodum Alani Filii Jordani.

Omnes masure consuetudinarie infra Abrincas et extra reddunt IIII denarios de gaitagio, et campartum et motonagium de his qui bidentes habent, et reddunt omnes consuetudines et portant messagia per Abrincatinum.

Rex Henricus dedit monachis de Savigneio vineas suas de Abrinc[is], et pressorium et cellarium et feodum Rual. de Baudengei ad custodiendum vinum.

(Copie du temps, à la fin d'un manuscrit venu de l'abbaye de La Luzerne; Bibl. nat., nouv. acq. lat., 1879, fol. 196.)

3. Procès verbal de l'assise tenue à Caen, en janvier 1176 et dans laquelle furent reconnus les droits du doyen de Bayeux sur l'église de Surrain.

Ricardus, Dei gratia Wintoniensis episcopus, Simon de Tornebu, Robertus Marmion et Willelmus de Glanvilla, universis sancte matris Ecclesie, salutem. Noverit universitas vestra quod, cum apud Cadanum (*sic*) essemus in assisa, Robertus presbiter de Surreheim coram nobis recognovit in ipsa assisa quod Willelmus, decanus Baiocensis, donaverat ei, tamquam dominus et advocatus et donator, sine cujusquam presentatione, duas partes ecclesie de Surreheim, cum pertinenciis suis. Recognovit etiam se de illis jurasse fidelitatem et obedientiam eidem decano et successoribus suis.

Tunc quoque, in eadem assisa, Philippus de Thaon coram nobis recognovit quod idem decanus donaverat ei, tamquam dominus et advocatus et donator, sine cujusquam presentatione, medietatem ecclesie Sancti Petri de Thaon cum pertinentiis. Recognovit etiam se de ea jurasse fidelitatem et obedientiam eidem decano et successoribus suis.

Hec autem assisa fuit anno ab incarnatione Domini M°C°LXX°VI°, mense januario, et in ea fuerunt presentes : Henricus Baiocensis, Arnulfus Lexoviensis et Ricardus Constanciencis episcopi, Stephanus abbas Sancti Severi, Ricardus de Humetis, Jordanus Taisson, Fulch. Paganellus, Willelmus de Ferrariis, Willelmus de Solers, magister Hugo de Gaiet., Rogerus de Arr[eio], Hamo Pincerna, Gaufridus Monacus, Alexander de Barentin, Ranuulfus de Grandi Valle, Jordanus de Landa, Thoma[s] de Baa, Galienus, Ricardus capellanus Falesie, Radulfus nepos ejus, Simon de Tenecheb[raio], Robertus Agnel, Simon de Arr[eio], Willelmus clericus Willelmi de Glawilla, Anchetillus clericus Gaufridi Monachi, Adam de Cruce senescallus comitis Johannis, Thomas de Anfrevilla, Obs[ertus] presbiter de Berneriis, Patricius de Berneriis, Willelmus de Alder., Willelmus Beleth, Robertus Beleth, Robertus de Baiocis, Robertus de Liveth, et multi alii.

(Livre noir de l'église de Bayeux, fol. 26, n° 96; éd., t. I, p. 119.)

4. Double acte de vente reçu à Rouen par la juridiction communale et par la juridiction ecclésiastique.

Vers 1180.

A. — Notum sit presentibus quod ego Hawisa, uxor Bernardi Comin, et Willelmus, primogenitus meus, ceterique liberi mei, assensu predicti mariti mei, vendidimus magistro Waltero de Constantiis, Rothomagensis ecclesie thesaurario, portionem hereditatis que nos contingebat in domo et porprisio quod fuit Stephani, fratris mei. Insuper et domum que fuit Iboldi de Grandi Ponte, cum virgulto adjacente, quam nos de emptione nostra possidebamus. Et hec omnia predicta ei et heredibus suis absque reclamatione aliqua in perpetuum jure dominorum feodi abjuravimus. Juravimus etiam quod, si quis ei super hoc contraire voluerit, nos cum eo pro posse nostro stabimus, et ei et heredibus suis predictas mansiones absque dolo et malo ingenio warantizabimus, sine nostrum mittere, sicut illi cujus pecuniam accepimus, scilicet septies xx^{ti} libras andegavensium et unum palefridum. Actum est hoc publice in plena communia Rothomagi, coram Bartholomeo Fergant, majore Rothomagi. Testibus : Hugone de Cressi, R. abbate Mortui Maris, Willeimo de Mala Palude, Willelmo de Brealte, Galtero Filio Ger.[1], Nicholao Groignet, Willelmo Caballo, Rogero Dorg., Luca de Dong[ione], Guidone Parvo, Galfrido de Valle Richarii, Hugone Wast., Bartholomeo Bataill., Ricardo Filio Benedicti, Rogero Baldr[ici], Fulcone de Vesill., Johanne de Sancto Candido, Nicholao de Dep[pa], Roberto Filio Guidonis, Rogero de Bello Monte, Radulfo de Cotevr., Radulfo de Carevilla, Symone Nag., W. Filio Engen., Jordano Joismari, Radulfo de Vinea, Roberto Filio Drogonis, Malgero de Sancto Laudo et aliis multis.

(Cart. de l'égl. de Rouen, fol. 69, n° 86, et fol. 107, n° 170.)

B. — Notum sit presentibus et futuris quod Hawisia, uxor Bernardi Comin, et Willelmus primogenitus meus, ceterique liberi mei, assensu predicti mariti mei, vendidimus magistro Waltero de Constanciis, Rothomagensis ecclesie thesaurario, portionem illam que nos contingebat in domo et porprisio quod fuit Radulfi Filii Stephani, fratris mei, insuper et domum que fuit Iboldi de Grandi Ponte, cum virgulto adjacente, quam nos de emptione nostra possidebamus. Et hec omnia pretaxata ei et heredibus suis absque reclamatione aliqua in perpetuum, salvo jure dominorum feodi, abjuravimus. Juravimus etiam quod, si quis ei super hoc contraire voluerit, nos cum eo pro posse nostro stabimus et ei predictas mansiones absque dolo et malo ingenio warantizabimus absque nostrum mittere, sicut illi cujus pecuniam accepimus, scilicet septies xx^{ti} libras andegavensium et unum palefridum. Actum est publice, coram Rotrodo Rothomagensi archiepiscopo, Roberto decano, Radulfo cancellario, Petro cantore, et multis aliis.

(Cartul. de l'église de Rouen, fol. 107, n° 169.)

[1] Ce nom et les cinq suivants sont omis dans le n° 170.

ACTES JUDICIAIRES.

5. *Liste des personnages qui assistèrent à une assise plénière de la cour du roi, en 1183, d'après une notice de l'abbaye de la Trinité de Caen.*

Sciendum est quod Johanna, abbatissa Sancte Trinitatis Cadomensis, anno ab incarnatione Domini M.C.LXXXIII, disraisnavit domum que fuerat Wiguenni Britonis adversus Evainnum et Benedictum qui faciebant se de parentela illius, in curia domini regis, in plenaria assisa, coram Willelmo Filio Radulfi, tunc temporis senescallo domini regis in Normannia, et Willelmo de Sancto Johanne, Radulfo Tesson, Henrico de Tilleio, Willelmo de Mara, Hamone Pincerna, Ranulfo de Pracriis, Radulfo vicecomite, Henrico Lovet, Gaufrido Duredent, Jordano de Landa, Roberto de Livet, Roberto de Culleio, Ricardo Filio H., Roberto de Manerio, Willelmo de Calux, Roberto Belet, Rogero de Arreio, Thoma de Botemont, et pluribus aliis tunc presentibus.

(Cartul. de la Trinité de Caen, ms. latin 5650, fol. 87.)

6. *Acte passé à l'Échiquier de Caen, constatant l'abandon de l'église de Robehomme à l'abbaye de Troarn.*

1190.

Universis sancte matris Ecclesie filiis presentibus et futuris ad quos presens scriptum pervenerit, Johannes filius Johannis filii Willelmi comitis Pontivi, salutem. Noverit universitas vestra quod ego Johannes concedo et presenti carta confirmo abbatie Sancti Martini Troarnensis et monachis ibidem Deo servientibus, in perpetuam elemosinam, per concessionem domini regis Angl[orum] Ricardi, et per concessionem meam et Roberti et Willelmi, fratrum meorum, ita libere et quiete et absolute, cum omni jure suo et cum omnibus pertinenciis suis, et cum jure presentacionis ecclesie Sancte Marie de Reimberhome, quod ipse vel heredes sui nichil possint a modo in omnibus predictis vindicare. Quare volo et libere concedo et presenti carta confirmo quod predicta abbatia Troarni et monachi ejusdem loci habeant et jure perpetuo possideant predictam villam que dicitur Reimberhome, cum omni jure suo et omnibus pertinenciis suis, et cum jure presentacionis ecclesie Sancte Marie de Reimberhome, bene et in pace, libere et quiete, integre et plenarie et honorifice, in hominibus et terris, in bosco et plano, in pratis et pasturis et rosariis, in aquis et vivariis et molendinis et rivariis et stagnis et piscariis, in viis et semitis, et in omnibus aliis locis et aliis rebus ad illud pertinentibus, et cum omnibus libertatibus et liberis consuetudinibus suis. Dicte autem abbatie abbas et monachi, videntes urgentes necessitates patris mei, dederunt ei, pro hac concessione et donatione, mille et ducentas libras andegavensium.

Hoc autem actum fuit anno ab incarnatione Domini millesimo centesimo nonagesimo, apud Cadomum, coram Willelmo Filio Radulfi senescallo Normannie, in presentia subscriptorum testium. Testibus : Henrico Baiocensi episcopo, Henrico abbate Sagiensi, Roberto abbate Sancti Andree de Gofer, Roberto archidiacono [de] Notingeham, Rogero de Arreio, Roberto Bernardi archidiacono Baiocensi, Philippo de Croileio, Roberto de Briecort, Henrico de Tilli, Willelmo Bacon, Willelmo de Angervilla, Johanne Filio Roberti de Briecort, Radulfo Travers, Radulfo de Rupera, Ricardo de Rupera, Willelmo de Mainnie, Philippo Suhardo, Henrico Filio Radulfi fratre domini senescalli Normannie, Willelmo de Calviz, Reign. Blaheer, Willelmo de Serans, Roberto de Rie, Fulcone de Brevilla, Willelmo de Cafot, Roberto de Corcellis, Roberto elemosinario, Thoma de Botemont, Hugone Maignerii, Willelmo Bojon, Roberto de Acceio, Roberto Bojon, Ragnulfo nepote Nigelli et pluribus aliis.

(Cartulaires de Troarn, fol. 110 v° du ms. de la *Bibl. nat.*, fol. 101 de celui des Archives du Calvados. — Cette charte est accompagnée d'une confirmation du roi Richard Cœur-de-lion, datée de Chinon, le 19 juin 1190.)

7. *Accord conclu à la cour du roi, à Rennes,*
par les soins de Robert de Lanvalai, sénéchal de Rennes.

Robertus de Lanvalai, senescallus Redonensis, fidelibus universis, salutem. Scripto presenti notum vobis facere curavimus ortam fuisse contencionem inter monachos Savigneii et Guillelmum Filium Dodonis et Odonem de Capella, de una parte mediatarie Normannie, que est supra viam Reddonensem a Fulgeriis, et de quadam parte broilii de Moscun. Laborantibus monachis in predicta mediataria, venit Guillelmus Filius Doun et violenter iniciens manus in quemdam monachum Radulfum Piscem, bis eum ense super caput percussit, insuper monachorum duos boves ibidem arantes occidit. Clamantibus igitur monachis ad curiam domini regis apud Reddonis, facta est coram nobis, in curia domini regis, inter predictas partes hujus modi concordia. Guillelmus Filius Dodun et Odo de Capella quicquid in antedicto brollio de Moscun in prefata mediataria Normannie clamabant, excepta una quartaria que est in capite ipsius mediatarie, versus Calandor, quietaverunt et sine omni calumpnia et controversia monachos reliquerunt. Fide quoque coram omni curia se hoc in perpetuum servaturos firmaverunt. De bobus vero occisis reddiderunt xx[ti] quinque solidos et de predicto monacho verberato competentem satisfactionem Savigneiensi ecclesie fecerunt. Ut autem hec concordia in perpetuum inconcussa permaneat, ipsam scripto presente annotavimus, et sigillo nostro muniri fecimus. Testibus : Olivero de Apigneio, Gaufrido filio meo, Roberto de Chantelou, Guillelmo viario, Raginaldo canonico de Rota et aliis pluribus.

(Cartulaire de Savigni, n° 304.)

NOTES BIOGRAPHIQUES.

Achardus, Abrincensis episcopus. — Achard, après avoir été abbé de Saint-Victor de Paris, gouverna l'église d'Avranches, de 1161 à 1171. Voir l'*Histoire littéraire de la France*, t. XIII, p. 453. Le sceau d'Achard, évêque d'Avranches, est aux Archives nationales, n° 6485 de l'*Inventaire des sceaux*.

Adam episcopus de Sancto Asaph. — Maître Adam, que Robert de Hoveden dit originaire de Galles[1], et qui, suivant Raoul de Dicet[2], avait commencé par être chanoine de Paris, fut élu évêque de Saint-Asaph au mois de mai 1175[3] et sacré à Westminster le 13 octobre de la même année[4]. Il mourut en 1181 dans l'abbaye d'Osney[5]. Le plus important des actes royaux auxquels Adam assista est le traité conclu à Londres, en mars 1177, pour rétablir la paix entre les rois de Castille et de Navarre[6]. Ce personnage est bien connu sous le nom d'Adam du Petit Pont; on peut voir ce qui en est dit dans l'*Histoire littéraire de la France*[7] et dans la préface mise par Valentin Rose, en tête de l'édition du *Viaticus* de Gilles de Corbeil (Leipzig, 1907).

Adelis regina. — Fille de Godefroi, comte de Louvain, femme de Henri Ier, roi d'Angleterre, morte en 1151.

Alanus de Neuvilla, Nevilla, Novilla. — Souvent cité dans les Pipe Rolls de 1155 à 1176. Il était attaché à l'Échiquier en 1165, et son fils, nommé également Alain, remplit les fonctions de juge itinérant de 1170 à 1179[8].

Alanus de Piris. — Il y avait dans les archives de Marmoutier une charte de Richard, évêque de Coutances, relative à ce personnage et à son fils Thomas. (Ms. latin 5441, t. II, p. 28.)

---

[1] T. II, p. 78: «Magister Adam Walensis.»
[2] T. I, p. 402 : «Adam canonicus Parisiensis.»
[3] Gervais de Cant., t. II, p. 255. — *Gesta Henrici*, t. I, p. 91.
[4] Rad. de Diceto, t. I, p. 402.
[5] Annales d'Osney, éd. Luard, IV, 39.
[6] *Gesta Henrici*, t. I, p, 154.
[7] T. XIV, p. 189.
[8] Foss, *The Judges*, t. I, p. 283 et 284.

X. NOTES BIOGRAPHIQUES.

Albertus (Magister). — En 1172, maitre Albert, cardinal de Saint-Laurent-in-Lucina, et Theodin, cardinal de Saint-Vital, vinrent en Normandie imposer une pénitence à Henri II pour la part de responsabilité qu'il avait encourue dans le meurtre de l'archevêque de Cantorbéry[1].

Aldefonsus, frater comitis Sancti Egidii. — Alphonse, comte de Toulouse, depuis 1148.

Alexander de Barentin, pincerna regis. — Alexandre de Barentin, bouteiller du roi, dirigea le service des caves royales, principalement pendant la seconde période du règne. Il était chargé d'approvisionner de vin les châteaux de la couronne et les localités où la cour devait s'arrêter pendant les voyages du roi. Voir plus haut, p. 52, 76 et 77. Henri II lui confirma, à lui et à ses héritiers, la possession de terres qui lui avaient été données[2].

Alexander de Bohon. — Témoin à plusieurs chartes du temps que Henri était duc de Normandie, en 1150 et 1151. — Il fut chargé, avec son frère Enjuger, en 1136, de la garde de Domfront et d'Argentan[3].

Algarus, Constantiensis episcopus. — Sur ce prélat, qui gouverna le diocèse de Coutances de 1132 à 1151, voir plus haut, p. 323.

Aliénor, Anglorum regina. — Aliénor, femme du roi Henri II, à qui elle avait apporté en dot le duché de Guyenne et le comté de Poitou[4]. Elle figure

---

[1] *Gesta Henrici*, t. I, p. 29.
[2] Charte datée de Westminster, publiée par Madox, *Formulare*, p. 48, n° LXXXVI.
[3] Jean de Marmoutier, dans *Chron. des comtes d'Anjou*, p. 294.
[4] Sur le mariage d'Aliénor avec Henri II, voir plus haut, p. 123 et 127. — Elle figure assez rarement en qualité de reine dans les actes de son mari.

C'est pendant les premières années de son union avec Henri II, et très probablement en 1159, que, par la charte suivante, Aliénor confirma, d'accord avec son mari, un arrangement conclu entre le trésorier et le chapitre de Saint-Hilaire de Poitiers.

« A., regina Anglie et ducissa Aquitanie et comitissa Andegavie, archiepiscopis, episcopis, baronibus, dapiferis et omnibus fidelibus et ministris regis et suis totius Aquitanie, salutem. Sciatis regem dominum meum et me concessisse et confirmasse conventionem et finem que facta fuit inter Gervasium thesaurarium ecclesie Sancti Hylarii et ejusdem ecclesie capitulum...

« Testibus : Matheo cancellario et Rad. de Hasting. dapifero et Saldebrol constabulario et

rarement dans les actes royaux, ayant été emprisonnée depuis la révolte de ses enfants contre le roi jusqu'en 1185, suivant Gervais de Cantorbéry[1], qui fixe à environ douze années la durée de sa captivité. C'est au mois de juillet 1174 qu'elle passa en Angleterre pour y être internée (*Gesta Henrici*, t. I, p. 72). Un article du *Pipe Roll* de l'année 1185 fait allusion à son retour en France : « in liberatione esnecce quando dux Saxonie et regina transfretaverunt, 7 l. 10 s. Et in liberatione septem navium que transfretaverunt cum hernesio predictorum, 12 l. 10 sol » (Rév. Eyton, p. 264).

Peu de temps après son retour en France, Aliénor, par charte datée d'Alençon, s'associa à son mari et à ses enfants pour assurer à l'abbaye de Fontevrault la perception d'une rente sur la prévôté de Poitiers :

Alienor, Dei gratia regina Angl. ducissa Norm. et Aquit. comitissa Andeg., archiepiscopo Burdegal., episcopis, abbatibus..., et fidelibus suis totius Aquitanie, salutem.

Sciatis me, assensu domini mei H. regis Angl., et Ricardi, Galfridi, Johannis, filiorum meorum, dedisse abbatie Fontis Ebraldi centum libras in perpetuam elemosinam, in prepositura Pictavis et in vinea de Bauaun et in ea que recipitur apud Marcileium.

Hiis testibus : Ganf. de Taunai, Rad. de Taunai, Chalone de Roca Forti, Herveo de Marul., Roberto de Montemirallo senescallo Pictavie, Johanne de Resse, Reimono de Resse, Petro Filio Guidonis, Emerico Filio Ivonis, Stephano senescallo Andeg., Hugone vicecomite de Castrodun., Hugone de Creissi, Thom. Bardulfi, Rogerio elemosinario domini regis, Josberto de Precigné, Herveo preposito de Munbasun.

Apud Alenc.[2]

Cette charte ne peut être que de l'année 1185 ou 1186, puisqu'elle mentionne l'intervention de Geoffroi, comte de Bretagne, mort en août 1186.

Sur la part qu'Aliénor a eue un moment[3] à l'administration des États de son mari, voir plus haut p. 171-174.

Willelmo filio Hamonis et Herveo preposito Pictav. — Apud Rofiacum. »

Rédet a publié cette charte dans les *Mémoires de la Société des antiquaires de l'Ouest* (t. XIV, p. 160), d'après le recueil de Dom Fonteneau, où se trouve une très brève indication de la confirmation du roi, laquelle a pris place dans notre Recueil sous le n° 92.

[1] T. I, p. 326. — La mise en liberté d'Aliénor est rapportée, dans les *Gesta Henrici* (t. I, p. 305), à l'année 1183 : « jam a multis retroactis temporibus in custodia regis retenta fuerat ».

[2] Ms. latin 5480, t. I, p. 454.

[3] Les brefs de régence cités dans les Pipe Rolls se rapportent aux années 1156-1163,

On verra un peu plus loin (p. 411 et 436), aux articles *Patricius Salisberiensis comes* et *Ricardus, Pictavensis comes*, deux actes émanés de la reine Aliénor avant qu'elle eût encouru la disgrâce de son mari. A la page 199, j'ai eu l'occasion de signaler son attitude après la mort de Henri II, avant le couronnement de Richard Cœur-de-lion. C'est le seul des actes de la reine douairière dont j'aie dû m'occuper.

Un des recueils de Gaignières (ms. latin 5419, p. 80) nous a conservé l'image du sceau dont elle continua à se servir pendant son veuvage. C'est un long sceau allongé et pointu sur lequel elle est représentée debout, tenant un oiseau sur la main gauche; il ne subsistait que la dernière partie de la légende : ... NORMANORVM DUCISSA ET ANDEGAVIE COMITISSA. — Il y a aux Archives nationales, attaché à une charte de l'année 1199, un exemplaire mutilé de ce même sceau; voir le Catalogue de Douët d'Arcq, t. III, p. 262.

Alveredus (Magister). — Ce clerc est témoin à trois chartes de Henri II[1] dont une est souscrite par le chancelier Thomas Becket, et les deux autres sont au plus tard de l'année 1158. Est-il permis d'identifier ce « magister Alveredus » avec « Alveredus, clericus et familiaris regis Anglorum Henrici », qui monta en 1158 sur le siège épiscopal de Worcester[2]?

Alveredus, Alvredus, Alwredus de Sancto Martino, dapifer. — Très fréquemment témoin de chartes de Henri II, parfois avec le titre de *dapifer* (n°ˢ 252 et 307) ou de *senescallus* (n° 308). Nommé dans le Pipe Roll de 1171.

Le roi voulut faire donner une église à un chapelain de cet « Alveredus de S. Martino, qui in finibus Hastingensium sub comite Augi vicecomitis exequebatur officium[3] ».

Il sert de témoin à une charte de Henri, comte d'Eu[4], et il avait été vassal du comte Jean, père de ce Henri[5].

---

[1] N°ˢ 12, 33 et 59 de notre Recueil.
[2] *Continuatio Beccensis*, publ. dans les additions à la Chronique de Robert de Torigni, t. II, p. 165.
[3] *Chronicon monasterii de Bello*, éd. Brewer, citée dans la traduction de Lower.
[4] *Monast. angl.*, t. V, p. 668.
[5] *Liber niger Scacc.*, t. I, p. 67.

Il gère les domaines du roi à Neufchâtel en 1180 et 1184[1]. Il est témoin d'une charte de la reine Marguerite le 11 mars 1186[2].

Le 30 novembre 1189 il fut l'objet d'une charte de Richard Cœur-de-lion [3].

Il avait fondé l'abbaye de Robertsbridge en 1176[4].

Alveredus de Vaaceio, de Vuaci. — Auvré de Vassi escorta très courageusement Henri II au cours du voyage que le roi fit dans le Maine et l'Anjou en 1174 pendant la révolte de ses fils[5]. En 1184 il eut à payer une amende pour avoir fait défaut à une assise[6]. C'est un des bienfaiteurs de l'abbaye d'Aunai[7].

Arnulfus, *Aernulfus.*, *Ærn.*, *Ern.*, *Hern.*, **Lexoviensis episcopus.**

La forme *Aernulfus* se rencontre au bas d'une charte originale de l'église de Winchester, qui paraît dater de la première année du règne et que Warner a reproduite dans son recueil (n° 38). *Arnulfus* est de beaucoup la forme la plus ordinaire.

Arnoul, évêque de Lisieux, depuis 1141, renonça à l'épiscopat et se retira en 1182 dans l'abbaye de Saint-Victor[8].

Balduinus, Cantuariensis archiepiscopus. — Baudouin, précédemment évêque de Worcester depuis 1181[9], fut élu archevêque de Cantorbéry en décembre 1184[10]; il prit possession de son siège archiépiscopal au mois de mai 1185[11]. Il eut des entrevues avec le roi, dans le Maine ou la Normandie, pendant l'été de 1187[12]. Rentré en Angleterre au mois de janvier 1188[13], il fut chargé au mois de juillet suivant de remplir une mission auprès de Phi-

---

[1] Stapleton, *Rot. Scacc. Norm.*, t. I, p. 57 et 116.
[2] N° 466 de notre Recueil.
[3] *Palæograph. Society*, pl. 195.
[4] *Mon. angl.*, t. V, p. 666.
[5] Rad. de Diceto, t. I, p. 379.
[6] Stapleton, *Rot. Scacc.*, t. I, p. 116 et 117. Fragment du Rôle de 1184, paragraphe xxvi, plus haut, p. 340.
[7] Charte des Archives nationales, S. 4973, n° 6.
[8] Robert de Torigni, t. II, p. 107.
[9] Robert de Torigni, t. I, p. 95.
[10] *Ibid.*, p. 129.
[11] Rad. de Diceto, t. II, p. 24 et 26.
[12] Notamment à Alençon. Gervasius Cantuariensis, t. I, p. 380.
[13] *Ibid.*, p. 398.

356   X. NOTES BIOGRAPHIQUES.

lippe Auguste[1] et resta en France[2] jusqu'à l'avènement de Richard Cœur-de-lion qui, avant d'aller se faire couronner en Angleterre, se fit absoudre de la faute qu'il avait commise en se révoltant contre son père[3]. Les chartes royales expédiées en Normandie auxquelles Baudoin a pu prendre part comme témoin sont les unes peut-être de 1187 et les autres très certainement de 1188 ou 1189.

Balduinus de Redviers. — 1174. « De scutagio militum Balduini de Redvers. » — *Pipe Roll* xx *H. II*, p. 93.

Bartholomæus, Exoniensis episcopus. — Barthélemi, archidiacre d'Exeter, fut sacré évêque de la même ville en 1161, et mourut en 1184[4]. Gautier Map[5] s'exprime ainsi au sujet de ce prélat : « Bartholomæus, Exoniensis episcopus, vir senex et facundus ».

B[artholomæus], decanus Sancti Mauricii Turonensis. — Barthélemi, doyen de Tours depuis 1155 au plus tard, devint archevêque de la même ville en 1174 et mourut en 1206[6].

Bartholomæus, Sancti Nicolai Andegavensis abbas. — Barthélemi, abbé de Saint-Nicolas d'Angers depuis 1149, avait un successeur en 1162[7].

Benedictus de Angervilla, de Ansgervilla. — Benoît d'Angerville avait en 1180 la garde du château d'Amanville[8] (aujourd'hui Osmanville), près d'Isigni. — Il donna à l'abbaye de Blanchelande une partie de la dîme de Bloville et une terre sise à Carquebu[9].

---

[1] Le passage de Baudouin est ainsi mentionné dans le Pipe Roll, que cite le Rév. Eyton (p. 287) : « In passagio archiepiscopi Cantuariensis et episcopi Lincolniensis et aliorum nuntiorum regis, in quatuor de melioribus navibus de Dovra. »

[2] Rad. de Diceto (t. II, p. 62) nous a conservé une lettre de l'archevêque Baudouin dans laquelle celui-ci parle de son séjour en Normandie.

[3] *Ibid.*, t. II, p. 67.

[4] Rad. de Diceto, t. I, p. 304. — Gerv. Cantuar., t. I, p. 169. — Robert de Torigni, t. I, p. 333, et t. II, p. 515. — *Monast. angl.*, t. II, p. 515.

[5] *De Nugis curialium*, I, xii, éd. Wright, p. 20.

[6] *Gallia christ.*, t. XIV, col. 145.

[7] *Gallia christ.*, t. XIV, col. 676 et 677.

[8] Stapleton, *Rot. Scacc.*, t. I, p. 82.

[9] Arch. de la Manche, fonds de Blanchelande.

Bernardus Chalonis. — A une séance plénière de la cour du roi, tenue à Chinon en 1182 [1], assistait Bernard Chalon, qui, l'année précédente, avait délivré une charte à l'abbaye de Saint-Serge d'Angers [2]. Le même Bernard figure comme témoin dans une notice du Cartulaire de Saint-Jean d'Angers [3], que l'éditeur, Célestin Port, rapporte à la période comprise entre 1185 et 1188. Les archives de l'abbaye de Savigni [4] contiennent une charte de Bernard Chalon, qui se dit neveu d'Étienne de Tours, et qui, en qualité de sénéchal de Mayenne, appose son sceau à une transaction de la fin du règne de Henri II. — Voir plus loin la note relative à *Calo prepositus*.

Bernardus Cumin, Comin. — Une charte de l'abbaye du Bec constate le don que « Bernardus Comin senior » avait fait à l'abbaye du Bec de 100 acres de terre à lui précédemment données par l'Impératrice Mathilde, dans le pays de Caux, aux essarts de la forêt de Caux [5]. Le roi Henri II, en 1181 ou 1182, confirma la vente de terrains situés à Rouen, que Bernard Cumin avait faite à Gautier de Coutances [6].

Bernardus, episcopus de Sancto David. — Bernard Fils Gerald, évêque de Saint-David, suffragant de l'archevêché de Cantorbéry, de 1148 à 1176.

Bernardus de Sancto Walerico. — Henri II le chargea de missions à remplir en 1165 auprès du pape Alexandre III [7], et en 1186 auprès de Philippe Auguste [8]. Il est inscrit sur le rôle des fiefs de 1172 comme n'ayant point rendu d'aveu [9]. Il figure dans les Pipe Rolls des années 1172-1176 [10]. Gaignières nous a conservé le dessin du sceau qu'il avait apposé à une charte de l'année 1181, relative à une donation faite aux religieuses de

---

[1] N° 442 de notre Recueil.
[2] Collection Moreau, vol. 85, fol. 66.
[3] P. xi, charte x.
[4] « Bernardus Chalonis, nepos Stephani de Turonis... Testes sunt Bernardus Chalonis, tunc senescallus Meduane, qui remistam sigilli sui munimine confirmavit. » Cartulaire de Savigni, n° 443. La charte originale est aux Archives nationales, L. 978.

[5] Ms. latin 12884, part. II, fol. 122.
[6] N° 431 de notre Recueil.
[7] Hoveden, t. I, p. 230.
[8] Rad. de Diceto, t. II, p. 43.
[9] « Bernardus de Sancto Galerico, pro feodo de Valle de Duno. » *Rec. des histor.*, t. XXIII, p. 698 h.
[10] Voir les tables des vol. publiés en 1891, 1895-1897 et 1904, t. 18, 19, 21, 22 et 25.

Fontevrault : on y voit un écu chargé de deux lions passants[1]. Bernard de Saint-Valeri est le véritable fondateur de l'abbaye de Godesfort, au comté d'Oxford : il abandonna au roi Henri II les droits qu'il avait sur cette maison pour qu'elle pût jouir des mêmes prérogatives que les abbayes royales[2].

Bernard était seigneur d'un terrain situé près de la cathédrale de Rouen, qui donna lieu en 1177 à des conventions arrêtées par devant le maire et les pairs de la ville[3]. C'est à l'occasion de ce fief que Bernard de Saint-Valeri écrivit la lettre suivante, qui est un des plus anciens documents relatifs à l'exercice de la juridiction de la commune de Rouen :

B. de Sancto Walerico, majori et paribus communie Rothomagensis, salutem et magnum amorem. Audivi quod vos misistis in placitum Walterum, fratrem meum, de masura mea que [est] juxta atrium Beate Marie de Rothomago, unde non parum miror, cum non defecerim alicui de recto tenendo. Mando igitur vobis quod dimittatis michi curiam meam sicut alii barones regis, vel etiam minores, habent, quia libenter quando requisitus fuero rectum faciam.

Par une charte d'une calligraphie remarquable, datée de 1181[4], Bernard de Saint-Valeri donne à une religieuse de Fontevrault, *danna Philipa*, une

---

[1] Ms. latin 5480, t. I, p. 257.

[2] « Ut prefata abbatia de cetero habeatur libera et in capite corone regis sit, sicut abbatia Sancti Edmundi et alie regales abbatie que per regnum Anglie sunt constitute. » *Monast. anglic.*, t. IV, p. 364.

[3] « In presentia Bartholomei Fergant, qui tunc erat major communie Rothomagi, et parium ipsius civitatis, presente et concedente Bernardo de Sancto Walerico, domino feodi, talis facta est conventio inter Walterum de Sancto Walerico, Rothomagensem archidiaconum, et filios Geroldi Mali Clerici, de vadio quod Reinaldus de Sancto Walerico, pater ipsius Walteri archidiaconi, habebat super domum de atrio Sancte Marie, que fuit predicti Geroldi, et de novis edificiis que ipse Walterus fecit in predicto feodo... » Cartul. de l'église de Rouen, fol. 111, n° 183.

[4] *Ibidem.*, fol. 112, n° 189.

[5] « In nomine sancte et individue Trinitatis. Bernardus de Sancto Walerico, omnibus hominibus suis francis et anglicis, salutem. Notum sit omnibus hominibus, tam presentibus quam futuris, quod ego Bernardus dedi domine Philipe, sanctimoniali Fontis Ebraldi, singulis annis, unam marcham argenti recipiendam in Anglia meo schecario, ad festum sancti Michaelis, quamdiu vixerit. Post autem illius obitum, dedi et concessi in perpetuam elemosinam illam predictam marcham Sancto Johanni ewangeliste Fontis Ebarldi (sic), et sacerdotibus et clericis ibi Deo servientibus, pro amore Dei et sancte Marie et sancti Johannis ewangeliste, et pro anima Henrici, regis Anglie, et pro anima patris mei et antecessorum meorum et mei, et Aanoridis, uxoris mee, et filiorum et filiarum mearum. Hanc elemosinam concesserunt Renaldus et Bernardus, filii mei, et mei alii pueri. T[estibus]: Milone capellano meo,

rente viagère d'un marc d'argent à prendre sur son échiquier en Angleterre; il y mentionne feue sa femme *Aanordis*, et ses enfants Renaud et Bernard. Celui-ci, *Bernardus junior de Sanwaleri*, est cité en 1190 comme n'étant plus en vie [1].

Bernardus, Sancti Ebrulfi abbas. — Suivant les auteurs de la *Gallia christiana* (t. XI, col. 822), il ne fut abbé de Saint-Évroul que pendant une année et fut déposé en 1159.

Bernerius, Nogeriensis abbas. — Cet abbé de Noyers en Touraine est celui qui est appelé, peut-être indûment, *Hugo Bernerius* et qui serait mort après 1149, suivant la *Gallia christiana* [2]. Une pancarte originale de l'abbaye de Fontevrault [3], émanée de Henri, duc de Normandie, prouve qu'il était encore en vie au mois de mai 1154.

Bertrandus, Burdegalensis archiepiscopus. — En 1166 il siégeait au concile du Mans où fut décrétée la levée d'une collecte en vue d'aller au secours de la Terre Sainte [4]. Sa trace disparaît à partir de 1170.

Bertrannus, Berteramus de Verdum, de Verdun. — Bertran de Verdun était un chevalier de l'Avranchin, à qui la garde de Pontorson fut confiée à une date indéterminée. Guillaume de Saint-Jean lui concéda des parcelles de terres sises à Moidrei, dont il se croyait propriétaire; mais, par suite d'une réclamation des moines de Savigni, il dut révoquer cette donation [5]. L'état de la vicomté d'Avranches à la fin de la seconde moitié du XIIe siècle mentionne ainsi le fief que Bertrand de Verdun possédait à Chavoi : « Bertran de Verduno, Sanctam Mariam de Caveio [6] ». Les fiefs que le même seigneur

et Ansero clerico meo, et Bernardo Mulete, Radulfo de Bavencurt, Bernardo Cache ieu, et Johanne priore Fontis Ebraldi, et Gaufrido priore de Alte Bruerie. Anno M. C. octogesimo primo. » (Original jadis scellé sur double queue de parchemin. — Archives de Maine-et-Loire, *Fontevrault*, titres d'Angleterre.)

[1] *Epistolæ Cantuar.*, éd. Stubbs, p. 329.

[2] T. XIV, col. 291.
[3] N° 76° de notre Recueil.
[4] Gervais de Cantorbéry, t. I, p. 198.
[5] Cartul. de Savigni, n° 39 : « Concessi Bertranno de Verduno, quando custodiebat Pontem Urson, de dominio quod habebam in maretis de Maidreio. »
[6] Plus haut, p. 347.

tenait en Angleterre sont énumérés dans le *Liber niger Scaccarii*[1]. En faisait partie l'église de « Limberga », qui lui venait d'une concession de Richard du Hommet et qu'il donna aux moines d'Aunai[2]. Ses rapports avec le seigneur du Hommet sont attestés par une charte à laquelle il servit de témoin en 1170[3], et mieux encore par la charte de fondation de l'abbaye de Croxden, dans laquelle Bertrand de Verdun s'exprime ainsi lui-même : « pro animabus Normanni de Verduno patris mei, et Luceline matris mee, et Richardi de Humez, qui me nutrivit, et predecessorum meorum, et pro salute mea et Roehais uxoris mee... [4] ».

Le nom de Bertrand de Verdun se rencontre dans beaucoup de chartes de Henri II et de comptes inscrits sur les Pipe Rolls, années 1159-1161, 1167, 1168, 1171-1176. En 1172, alors qu'il était fermier du domaine des comtés de Warwich et de Leicester, il soutint ses vassaux dans la lutte qu'ils entamèrent contre les hommes du comte de Leicester[5]. — Bertrand resta fidèle au roi en 1173 lors de la révolte des princes[6]. Il remplit les fonctions de justicier pendant plusieurs années[7]. En 1177 il fut chargé d'une mission en Espagne[8], et en 1185 il alla en Irlande, investi des fonctions de sénéchal[9]. La même année, la garde de l'honneur de Chester lui fut confiée pendant la minorité de Renouf, fils du comte de Chester[10].

Bertrand partit pour la croisade avec Richard Cœur-de-lion, qui lui confia la garde de la cité d'Acre le 21 août 1191. Il mourut à Jaffa peu de temps après[11].

Sur Bertrand de Verdun, on peut consulter deux notes, l'une de M. Joseph Tardif (*Coutumiers de Normandie, Le très ancien coutumier, texte latin*, p. 106), et l'autre de M. Paul Meyer) *L'Histoire de Guillaume le Maréchal*, t. III, p. xxx).

---

[1] P. 141. — Il eut la ferme des domaines des comtés de Warwick et de Leicester depuis 1169 jusqu'en 1184, et pendant cette période il paraît avoir résidé dans son château de Brandon. Foss, *The Judges*, t. I, p. 318.

[2] Charte des archives du Calvados, fonds d'Aunai.

[3] *Monast. angl.*, t. IV, p. 261.

[4] *Ibid.*, t. V, p. 662.

[5] *Pipe Roll* XVIII H. II, p. 109.

[6] *Gesta Henrici*, t. I, p. 51.

[7] *Ibid.*, t. I, p. 107 et t. II, p. 88, note 2. — Madox, *Exchequer*, p. 64 et 87.

[8] *Gesta Henrici*, t. I, p. 157.

[9] Giraud le Cambrien, *De rebus a se gestis*, II, XIII, éd. Brewer, t. I, p. 65.

[10] Foss, *The Judges*, t. I, p. 318.

[11] *Gesta Henrici*, t. II, p. 149 et 190. Cf. la Chronique de Crokesden, *Monast. angl.*, t. V, p. 661.

Briencius, Brienn., Brientius de Martigneio, Martineio, Martiniaco. — Brient de Martigné, connétable du comte d'Anjou en 1152[1], est cité dans un assez grand nombre de chartes du commencement du règne. Dans le fief de ce seigneur était comprise une île appelée Offart, située près de Saumur[2].

Calo, Chalo præpositus. — Ce prévôt d'Angers était déjà en fonctions du vivant de Geoffroi Plantegenêt. D'après une pièce du Cartulaire de La Roue, il prit part à un jugement rendu par Joscelin de Tours du temps d'Ulger, évêque d'Angers, c'est-à-dire au plus tard en 1149. Il siégeait à la cour du roi à Angers quand elle refusa de donner suite à une plainte déposée par « Harduinus Culfarin », contre les moines de Saint-Aubin[3].

Ce prévôt d'Angers devait appartenir à la même famille que *Bernardus Chalonis*, qui fut prévôt d'Angers à la fin du règne de Henri II[4].

Carpentarius de Sancto Hilario. — Ce seigneur, sous le simple nom de *Carpentarius*, figure sur la liste des tenants du roi dans l'Avranchin, vers la fin du XIIᵉ siècle[5].

En 1168 « Hasculfus de Sancto Hilario Filius Petri », à l'occasion de la prise d'habit de son cousin *Carpenterius*, qui s'était fait moine dans le prieuré de Sacé, au diocèse d'Avranches, confirma les donations que son père avait faites à ce prieuré[6].

Chalo, Pictavensis episcopus. — Chalon, évêque de Poitiers, de 1155 à 1157.

Christianus, episcopus Candide Case de Galveia. — Chrétien, évêque de Galloway, de 1154 à 1186.

Clarembaldus, abbas Sancti Augustini Cantuariensis. — Cet abbé, élu en 1163[7], fut dégradé en 1173[8].

---

[1] Nᵒ 23* de notre Recueil.
[2] Collection Housseau, vol. V, n° 1823.
[3] Notice originale vue en 1853 dans une collection particulière, et que j'ai communiquée à M. B. de Broussillon, pour être insérée dans le *Cartul. de S. Aubin*, t. II, p. 250.
[4] Voir plus haut, p. 357, au nom de *Bernardus Chalonis*.
[5] Plus haut, p. 345.
[6] Ms. latin 5441, t. II, p. 167.
[7] Gervasius Cantuar., t. I, p. 173.
[8] Rad. de Diceto, t. I, p. 354.

Conanus Britanniæ dux, dictus Grossus. — Conan III dit le Gros, duc de Bretagne de 1112 à 1148.

Conanus comes (ou dux) Britanniæ. — Conan IV, ou le Petit, duc de Bretagne (1155-1171), est cité, sous la dénomination de *Conanus comes* ou *comes Britanniæ*, dans des chartes de Henri II qui paraissent bien avoir été expédiées en 1167 et 1168[1]; mais dès cette date Henri II s'était fait céder le gouvernement de la province pour son fils Geoffroi, qui était fiancé à Constance, héritière de Bretagne. Dans un acte de donation faite à l'église de Notre-Dame d'York, après s'être intitulé duc de Bretagne et comte de Richemont[2], il rappelle que son père Alain de Penthièvre était neveu des comtes de Richemont, Alain le Roux et Alain le Noir[3]. A la fin de sa vie il était considéré par Henri II simplement comme comte de Richemont, représentant son aïeul le comte Étienne, comte de Penthièvre[4].

David de Castelbria, de Castro Briencii. — Témoin à une donation que « Girbergis cambiatrix » fit à l'abbaye du Ronceroi[5], à une notice du Cartulaire de Saint-Jean d'Angers, que l'éditeur rapporte à la période comprise entre les années 1185-1188[6], et à une charte d'Emma, abbesse du Roncerai[7].

---

[1] Nos 171, 176, 177 et 177 A. de notre Recueil.

[2] «...Ego Conanus, dux Britannie et comes Richmondie, Alani comitis filius, concessi et dedi... ecclesie S. Marie Eboraci... pro salute patris et matris meæ et pro animabus avunculorum patris mei, comitum videlicet Alani Rufi et Alani Nigri, » etc., *Monast. anglic.*, t. III, p. 550.

[3] Les donations faites par les comtes Alain le Roux et Alain le Noir sont rapportées dans la très ample confirmation des biens de Notre-Dame d'York qui porte la souscription de Thomas, archevêque de Cantorbéry. *Monast. anglic.*, t. III, p. 548.

[4] « H., rex Angl. et dux Norm. et Aquit. et comes Andeg., comiti Conano comiti Richmonde, salutem. Precipio quod Rualdus, constabularius, teneat bene et in pace et juste terram que fuit Humfridi Filii Morini, sicut comes Stephanus, avus tuus, illam ei dedit et carta sua confirmavit; et nullus eum inde vexet vel in placitum ponat injuste; et nisi feceris, justicia vel vicecomes meus faciat fieri. Teste R. comite Cornubie. Apud Wodestocam. » Copie du Rév. Salter, d'après l'original, en mauvais état, dans les archives de Westminster, XLI, 1.

[5] Cartul. du Ronceray, II, c.

[6] Cél. Port, *Cartul. de S. Jean d'Angers*, p. xi, n° X.

[7] *Ibid.*, p. xv, n° XII.

David, frater regis Scotiæ. — David, comte de Huntingdon, frère de Malcolm IV, roi d'Écosse de 1153 à 1164, et de Guillaume, roi d'Écosse de 1165 à 1214.

Durandus, pincerna. — L'officier de la maison de Henri II qui figure sous ce nom parmi les témoins des chartes royales s'appelait Durand Bureau et appartenait à une famille du Maine. Un article lui est consacré dans l'*Obituaire de la cathédrale du Mans*[1], au 5 octobre : « Sic obiit Durandus Burel, regis Henrici pincerna, qui huic ecclesie dedit duas justas, unam deauratam et alteram argenteam, unam ad portandum crisma, alteram ad portandum oleum in cena Domini ». Des chartes de Henri Plantegenêt le citent sous le nom de « Durandus Burellus », notamment une charte de l'année 1151 pour le prieuré de Fontaine-Saint-Martin, en original aux archives de la Sarthe[2].

Egidius, Gilo, Ebroicensis episcopus. — Gilles, précédemment archidiacre de Rouen, fut élu évêque d'Évreux en 1170[3] et mourut en 1180, suivant Robert de Torigni[4] et l'auteur des *Gesta Henrici II*[5]. Mais la mort du prélat arriva en 1179. Je puis en donner une preuve décisive. D'une part, Gilles assista au concile tenu à Rome pendant le mois de mars 1179; d'autre part, Rotrou, archevêque de Rouen, dans une charte datée d'Évreux le 13 janvier 1180 (idibus januarii MCLXXIX, vieux style), dit positivement que le siège épiscopal d'Évreux était alors vacant[6]. Gilles est donc mort entre le mois de mars 1179 et le 13 janvier 1180. Comme son anniversaire est marqué au 9 septembre dans les obituaires de la cathédrale d'Évreux, de l'abbaye de Lire et de l'abbaye de La Croix-Saint-Leufroi[7], je crois qu'il a dû finir ses jours vers le 9 septembre 1179.

Les actes expédiés en Angleterre et souscrits par Gilles, archidiacre de Rouen, doivent être au plus tard de l'année 1166.

---

[1] Éd. Busson et Ledru, p. 268.

[2] N° 22* de notre Recueil. Voir aussi un accord conclu dans la cour de l'évêque du Mans, dont le texte avait été vu dans le chartrier de Marmoutier par Gaignières. (Ms. latin 5441, t. II, p. 241.)

[3] Robert de Torigni, t. II, p. 21.

[4] *Ibid.*, p. 89.

[5] T. I, p. 269.

[6] « Assensu capituli Ebroicensis, quoniam sedes illa vacabat ». Lebeurier, *Notice sur l'abb. de La Croix S. Leufroy*, p. 47.

[7] *Recueil des historiens*, t. XXIII, p. 464, 474, 478.

Elias Giffard. — Nombreuses mentions de « Helias Giffard », dans les Pipe Rolls de 1160 à 1173.

Emma Rothomagensis vicecomitissa (voir p. 214). — Aux renseignements que j'ai donnés ci-dessus au sujet des opérations de la vicomtesse de Rouen, il faut ajouter une charte du Cartulaire de Saint-Lazare de Paris (fol. 41 v°), qui prouve que cette dame était copropriétaire de bateaux employés à porter à Paris du sel et des harengs :

> Notum sit omnibus, tam presentibus quam futuris, quod ego Emma, vicecomitissa Rothomagi, concessi Deo et domui leprosorum Parisiensium, quatinus habeant de omni nave ducente sal, in qua partem habuero, unam minam salis, similiter de omni ducente allec, dimidium miliarium. Teste Hugone, filio meo, Ricardo sacerdote et multis aliis.»

Engelbaldus, Engelbaudus, Turonensis archiepiscopus. — Archevêque de Tours de 1147 à 1156.

Engelgerus, Hengeugerus, Ingelgerius de Bohon, Bohun. — Enjuger de Bohon fut chargé en 1136, avec son frère Alexandre, de la garde de Domfront et d'Argentan [1]. En mai 1154 il assista à la consécration de l'église de Saint-Fromond [2], et il se trouva en 1157 à une assise royale à laquelle siégeaient les barons des comtés du Bessin, du Cotentin, de l'Hiémois et de l'Avranchin [3]. On lit dans le Registre des fiefs de l'année 1172 [4] : « Engeug. de Bohom, II milites et VII partem militis, et ad suum servitium VII milites ». Nous avons deux chartes d'Enjuger pour l'abbaye de Marmoutier et le prieuré de Saint-Georges de Bohon, membre de cette abbaye [5]. Il confirma une donation faite à l'abbaye de Savigni [6].

Ce personnage, qui figure souvent dans les Pipe Rolls de 1158 à 1172, a fourni des renseignements à Jean de Marmoutier pour écrire l'histoire de Geoffroi le Bel [7]. C'est de lui que vient le nom d'une commune du dépar-

---

[1] Jean de Marmoutier, dans les *Chroniques des comtes d'Anjou*, p. 294.
[2] Charte originale des Archives de la Manche.
[3] Robert de Torigni, t. II, p. 252.
[4] *Rec. des histor.*, t. XXIII, p. 694 H.
[5] Ms. latin 5441, t. II, p. 51. — Collection Moreau, vol. 68, fol. 152.
[6] Cartul. de Savigni, n° 223.
[7] *Chroniques des comtes d'Anjou*, p. 231.

tement de la Manche, La Chapelle-Enjuger, et non pas La Chapelle-en-Juger, forme barbare que l'usage vulgaire a voulu consacrer.

Engeranus de Guascueil, de Wascolio. — Une notable partie des bâtiments du monastère de Mortemer fut construite aux frais d'Enguerran de Vascœuil, du temps de l'abbé Adam, mort en 1154 [1].

Engeranus de Humetis. — Enguerran du Hommet, fils du connétable Richard du Hommet, mourut en 1181 [2]. Sur le Pipe Roll de 1175-1176 (p. 200) il est indiqué comme ayant passé d'Angleterre en Normandie.

Engeranus Portarius. — Mention de « Engelram Portarius » dans le Pipe Roll de 1175-1176, p. 89. — En 1180 cet Enguerran administrait au moins une partie de la forêt de Lions, et il avait la garde du château de Beauvoir, auquel des travaux considérables furent faits, à cette époque, sous la direction de Gautier Hocherel, de Richard de Sigi et de Normand Merlet [3].

Engeranus de Toschet. — Une charte d'Achard, évêque d'Avranches (1161-1171), nous renseigne sur une donation qu'avaient faite aux religieux de Marmoutier établis à Mortain « Ingerranus de Thoschet, et Robertus primogenitus ejus, et uxor et filii ejus et ceteri liberi Ingerranni, scilicet Philippus et Petrus et Henricus et Richardus et fratres, scilicet Hugo et Adam [4] ».

Eraclius, Heraclius, Hierosolymitanus patriarcha. — Sur son séjour en 1185 dans les États de Henri II, on peut voir Raoul de Dicet, t. II, p. 32, et Giraud le Cambrien, *Expugnatio Hiberniæ*, l. II, dans les OEuvres de cet écrivain, t. V, p. 360.

Le Rév. Eyton [5] a indiqué, pour les premiers mois de l'année 1185, les déplacements de la cour, que suivit Éraclius. Il était à Douvre le 10 avril

---

[1] *Historia cœnobii Mortui Maris*, dans le *Rec. des historiens*, t. XIV, p. 591. A.
[2] Robert de Torigni, t. II, p. 97.
[3] *Rotuli Scacc. Norm.*, t. I, p. 74 et 75. — L'éditeur a lu à cet endroit *Engerrannus Porcarius* au lieu de *Eng. Portarius*.
[4] Ms. latin 5441, t. II, p. 411.
[5] P. 261-264.

quand un accord fut conclu sous les auspices du roi entre les Hospitaliers et l'évêque de Winchester.

Ernaldus (frater), abbas de Rievalle. — On ne saurait accepter la succession des abbés de Rieval, au comté d'York, telle que nous l'offre la dernière édition du *Monasticon anglicanum*[1]. « Ernaldus » y est inscrit, à la date de 1199, comme successeur de « Sylvan », mort en 1189, et comme prédécesseur de « William Punchard » mort en 1203. Il est incontestable que l'abbé Ernaud est venu à la cour de Henri II et qu'il s'y est trouvé en même temps que Baudouin, archevêque de Cantorbéry de 1184 à 1190. La rencontre de l'abbé Ernaud et de l'archevêque Baudouin près de Henri II a dû avoir lieu pendant le séjour que le roi fit dans le Maine la dernière année de sa vie, en 1189, et c'est sous cette année que je placerai la charte n° 560, au bas de laquelle a souscrit Ernaud, abbé de Rieval, en même temps que l'archevêque Baudouin.

Ernulfus. Voir Arnulfus.

Etardus Pulcinus, Pochin. — Étard Pouchin était un des officiers chargés de l'administration du Bessin au commencement du règne de Henri II. Sous le nom de « Athard Pocin », il figure, en 1157, dans le procès-verbal d'une décision prise « in plenaria curia regis, in assisa ubi erant barones quatuor comitatuum Baiocasini, Constantini, Oximini, Abrincatini [2] ».

Eudo comes [Britonum]. — Eudes de Porhoët prit le titre de comte [de Bretagne] et se mit à la tête des Bretons ligués contre le roi d'Angleterre et Geoffroi, fils du roi, auquel le traité de Thouars, en 1166, avait attribué le duché de Bretagne, au titre de sa future femme, Constance de Bretagne. Robert de Torigni[3] le désigne ainsi : « Eudonem vicecomitem de Porrohoit, qui eatinus umbratico nomine comes vocabatur ». — C'est lui qui, dénommé *Eudo, Britonum comes*, reprochait, en 1168, à Henri II d'avoir violé sa fille, qu'il lui avait donnée comme otage [4]. »

[1] T. V, p. 277.
[2] Robert de Torigni, t. II, p. 252.
[3] Sous l'an 1168; t. II, p. 5.
[4] Lettre 246 de Jean de Salisbury. *Johannis Saresberiensis Opera*, édition Giles, t. II, p. 142.

Eudo Filius Ernisii. — Témoin à deux chartes de Guillaume Longue-Épée (1154-1164), l'une pour les religieuses de Mortain[1], l'autre pour l'abbaye de Foucarmont[2]. Il prit parti en 1173 pour les fils de Henri II[3]. Dans un acte de l'année 1185, il se qualifie de sénéchal du roi à Nantes[4]. Ses fiefs étaient dans la Haute Normandie : il donna au monastère de Jumièges, pour subvenir aux besoins des pauvres, l'église de Croixmare[5]. Il figure en ces termes sur le rôle des fiefs de l'année 1172[6] : « Eudo Filius Hernesi, servicium corporis sui, et ad suum servicium II milites et dimidium et octavam et sextam militis ».

Frogerius archidiaconus, postea episcopus Sagiensis. — L'archidiacre Froger, qui a souscrit plusieurs chartes des premières années du règne de Henri II, doit être un Froger, qui, après avoir été à la fois archidiacre et aumônier du roi, monta sur le siège épiscopal de Séez. Il importe d'établir à quelle époque Froger perdit le titre d'archidiacre pour recevoir celui d'évêque. C'est un problème d'autant plus utile à résoudre que les Bénédictins n'ont point osé se prononcer entre trois dates différentes : Froger, disent-ils[7], monta sur le siège de Séez en 1157, suivant la chronique de Saint-Évroul, en 1158 suivant les Chroniques de Normandie et en 1159 suivant Robert de Torigni. Mais la chronique de Saint-Évroul est ici invoquée mal à propos : nous y lisons[8] simplement qu'en 1157 mourut l'évêque Girard, à qui succéda Froger, ce qui ne veut pas dire que Froger ait immédiatement remplacé Girard. Quant au témoignage des Chroniques de Normandie, il doit passer pour non avenu : en effet, ce document est le texte défectueux de Robert de Torigni que Duchesne a publié sous le titre de *Chronica Normanniæ*, et dans lequel toutes les notes relatives aux événements de l'année 1159 sont placées sous la rubrique de 1158. Reste le témoignage authentique de Robert de

[1] Stapleton, *Rot. Scacc. Norm.*, t. II, p. ccxi note.
[2] Cartul. de Foucarmont, fol. 36.
[3] *Gesta Henrici*, t. I, p. 46.
[4] Ms. latin 5480, t. I, p. 118.
[5] « Ego Eudo Filius Ern., et uxor mea Felicia, filia Nicolai de Lunda, concedimus ad victum pauperum Sancto Petro Gemmeticensi ecclesiam de Croismara, quam Guillermus de Watevilla, proavus uxoris mee, Gemmeticensi ecclesie contulit... ». Collection Moreau, vol. 73, fol. 178.
[6] *Recueil des historiens*, t. XXIII, p. 695 f.
[7] *Gallia christ.*, t. XI, col. 689.
[8] Édition publiée à la suite de l'Histoire d'Orderic Vital, t. V, p. 162.

Torigni⁽¹⁾, qui fixe à l'année 1159 l'avènement de Froger, évêque de Séez. Il mériterait d'obtenir toute notre confiance, lors même qu'il ne serait pas confirmé par l'anonyme du Bec, qui, dans son supplément au texte primitif de Robert de Torigni⁽²⁾, nous atteste qu'en 1159 Froger, archidiacre et aumônier du roi d'Angleterre, fut ordonné évêque de Séez le dimanche avant Noël, c'est-à-dire le 20 décembre. Aussi, les actes de Henri II dans lesquels intervient Froger sont antérieurs ou postérieurs au 20 décembre 1159, suivant que Froger y est appelé archidiacre ou évêque de Séez. La mention de Froger dans un acte fait en Angleterre ne permet pas de descendre plus bas qu'au mois d'août 1158, puisque Henri II quitta alors l'Angleterre pour n'y revenir qu'à la fin de janvier 1163.

Froger mourut en 1185⁽³⁾.

Frogerius Sancti Florentii abbas. — Il gouverna l'abbaye de Saint-Florent de Saumur de 1160 à 1173. (*Gallia christiana*, t. XIV, col. 634.)

Fulco de Alnoto. — Deux barons de ce nom figurent dans les actes de Geoffroi le Bel et de son fils le roi Henri II. Le berceau de leur famille était la paroisse d'Aunou-le-Foulcon, près d'Argentan. Le premier a été en scène pendant le deuxième tiers du xɪɪᵉ siècle, et le second dans la période suivante. A celui-ci se rapportent les textes suivants. Dans le rôle des fiefs de 1172 : « Fulco de Arnou, servitium de ɪɪɪɪ militibus, et ad servitium suum xxxɪɪɪɪ milites et dimidium, in ballia de Argentonio ⁽⁴⁾ ». Dans les Rôles de l'Échiquier de Normandie, en 1180 et 1184 : « Fulco de Alnou..., de remanente finis sui pro terra de Flers;... de remanente veteris finis sui ⁽⁵⁾ ». Dans le courant de l'année 1184 la terre de Foulque d'Aunai avait été saisie par suite des propos qu'il avait tenus à Limoges, sans doute pendant la révolte des fils du roi : « de exitu terre Fulconis de Alnou, dum fuit in manu regis, pro stultiloquio suo apud Lemovicum ⁽⁶⁾ ». — C'est un héritier qui paraît avoir été en jouissance du fief de Foulque d'Aunou en 1195⁽⁷⁾.

⁽¹⁾ T. I, p. 324.
⁽²⁾ T. II, p. 179.
⁽³⁾ Robert de Torigni, t. II, p. 130.
⁽⁴⁾ *Rec. des histor.*, t. XXIII, p. 695.
⁽⁵⁾ *Rotuli Scacc. Norm.*, t. I, p. 23 et 115.
⁽⁶⁾ Fragment du Rôle de 1184, § XV, plus haut, p. 338.
⁽⁷⁾ « Heres Fulconis de Alnou, 32 l. de servicio ɪɪɪɪ militum de exercitu. » *Rot. Scacc. Norm.*, t. II, p. 284.

Fulco, Fulcho de Mastach, seneschallus Pict[avie]. — Nous trouvons Foulques de Matha[1] et Guillaume Mangot, inscrits en première ligne, avec le titre de sénéchaux du Poitou, sur la liste des témoins d'une charte de Richard, comte de Poitou, datée de Bordeaux en 1174 et octroyée à l'église abbatiale de Sainte-Croix de Bordeaux.

Une charte du temps du pape Urbain III (1185-1187), intitulée : « In insula de Arverto », nous renseigne sur l'époque à laquelle Foulques de Matha a été sénéchal du Poitou. En voici un extrait[2] pris sur le Cartulaire de l'abbaye de La Sauve[3] à la bibliothèque de Bordeaux :

> In insula de Averto. — ...Fulcho de Mastat, vir nobilis, dedit Deo et ecclesie Silve Majoris et fratribus Deo et Sancte Marie apud Insulam servientibus novem cartairos terre, in loco qui dicitur Marvol, concedente filio suo, Gaufrido Martel... Hec donatio facta fuit ante portam interioris castri juxta mare, in festo sanctorum martirum Gervasii et Protasii, Urbano papa III sedente, Philippo rege Francorum regnante, Ricardo comite Pictavensi existente, Ademaro Xantonensi episcopo cathedrali sede residente.

Fulco, Folqueius, Fulch., Fulco, Pulcuinus, Paganellus, Paienel, Painel. — Foulques Painel, l'un des plus puissants barons de la Basse-Normandie, est mentionné dans la plupart des Pipe Rolls de 1163 à 1171. Dans celui de 1175-1176 il est appelé *Folqueius Filius Willelmi Painel*. Il assista à une assise à Caen en 1176[4]. Remise lui fut faite en 1180 d'une dette de 60 sous qui grevait sa terre de Bréhal et de Hambie[5]. A cette date il avait la garde des châteaux d'Alençon et de La Roche Mabille[6].

Nos cartulaires normands contiennent beaucoup de chartes relatives à Foulques Painel. Robert de Torigni[7] a enregistré, sous la date de 1182-1183, la mort de ce seigneur, auquel il assigne pour successeur son fils Guillaume.

Galfridus. Voir Gaufridus.

---

[1] Matha, Charente-Inférieure, arr. de Saint-Jean-d'Angély.
[2] Copie dans la Collection de Bréquigny, vol. I, fol. 29 : « Testibus Fulcone de Mastac et Guillelmo Mangoti, senescallis Pictavie. »
[3] P. 231 du Cartulaire.
[4] Livre noir de Bayeux, n° 94.
[5] Stapleton, *Rotuli Scaccarii Normanniæ*, t. I, p. 18.
[6] *Ibid.*, p. 18.
[7] T. II, p. 118 : « Obiit Fulco Paganellus, et successit ei Guillermus, filius ejus. »

Gauferius. Voir **Guferius de Brueria.**

Gaufridus Andegavensis, Gaufridi comitis filius, frater Henrici regis, Nannetensis comes. — Geoffroi, frère de Henri II, né en juin 1134 [1], mort en 1158 [2], est cité dans les chartes de son frère avec la désignation de *frater regis* ou *frater meus*. Il s'empara en 1156 de la ville de Nantes [3], et il commence par ces mots : « Ego Gaufridus, filius Gaufridi Andegavensis et comes Nannetensis », une charte qu'il accorda à l'abbaye de Notre-Dame-des-Châtelliers [4].

Ce qu'on peut dire des chartes royales dans lesquelles il intervint, c'est qu'elles sont au plus tard du mois de juillet 1157, et que, si elles sont faites en France, la date en est comprise entre le mois de janvier 1156 et le mois d'avril 1157.

Gaufridus, Andegavensis decanus. — Le doyen d'Angers nommé Geoffroi, cité comme témoin dans plusieurs chartes de Henri II, est Geoffroi Boit soleil, que M. Hauréau [5] a trouvé qualifié de doyen d'Angers pendant les années 1160, 1161 et 1162, et dont le successeur Mathieu était déjà en fonctions en 1162. Les chartes dans lesquelles il intervient avec le titre de doyen sont donc au plus tard de l'année 1162.

Gaufridus, Andegavensis episcopus. — Ce prélat monta sur le siège épiscopal d'Angers en 1162 et mourut en 1178 suivant Robert de Torigni [6]. Au dire de cet historien, il s'appelait *Gaufridus Sagiensis* et avait été clerc de Henri II.

On lui donne ordinairement le surnom de *La Mouche*. La véritable forme du surnom est probablement celle que nous trouvons dans la date d'une charte de Bourgueil [7] : « Anno ab incarnatione Domini M° C° LXVIII, Gosfrido Moschet episcopo Andegavensi presidente ».

---

[1] Robert de Torigni, t. I, p. 192.
[2] *Continuatio Beccensis*, à la suite de la Chronique de Robert de Torigni, t. II, p. 166.
[3] Rob. de Torigni, t. I, p. 298 : « cepit Nanneticam civitatem ».
[4] *Cartul. de Château-du-Loir*, éd. Eug. Vallée, p. 46.
[5] *Gallia christ.*, t. XIV, col. 592.
[6] T. I, p. 340. et t. II, p. 74.
[7] Collection Housseau, vol. V, n° 1864.

GAUFERIUS. — GAUFRIDUS. 371

Gaufridus, Galfridus de Briencurd, de Briwecurt, de Bruecuria. — Ce personnage figure dans les Pipe Rolls, années 1156-1176, sous les noms de G. *de Briecurt, Briencurt, Briocort, Briuncurt*.

Gaufridus Bri[tanniæ] comes, filius regis. — Geoffroi Plantegenêt, fils de Henri II, naquit en Angleterre le 21 septembre 1158. Son père l'appela près de lui en 1166, au moment où, en vertu du traité de Thouars, il prenait possession de la Bretagne [1]. Le Pipe Roll de l'année nous fournit quelques détails sur la traversée du jeune prince d'Angleterre en Normandie :

> In corredio Gaufridi filii regis, in transfretatione sua, 25 l., per Ailwardum camerarium et per testimonium Joscelini de Bailfolio et Willelmi Filii Johannis. Eidem Gaufrido, filio regis, et hominibus ejus, 25 l. 8 s. 4 d. ad pannos et equos, per Alanum de Neuvilla. Ad conducendum regalia filii regis in Normanniam, 7 s. [2].
> In passagio domini Gaufridi, filii regis, esnecce et duabus aliis navibus, 10 l. [3].

A la suite d'une grande fête célébrée dans la ville de Nantes, à la Noël 1180, le nouveau comte, accompagné de son père, reçut l'hommage de ses vassaux bretons [4].

Les séjours que Geoffroi fit en Angleterre à partir de cette date m'ont servi pour fixer la chronologie des actes de Henri II à l'expédition desquels il a servi de témoin. J'ai donc essayé de déterminer l'époque de ces séjours et j'ai obtenu par là des résultats fort instructifs.

1170 et 1171. Séjour à Northampton pendant quarante-huit semaines environ.

> In procuratione Galfridi, filii regis, apud Norhantonam, 36 l., de xxxiii septimanis, per breve regis. — Pro minutis utensilibus, in apparatu hospicii ejus, 23 s. 1 d., per breve regis [5]. — Pro pannis Galfridi filii regis et clericcorum ejus, 10 l., per breve regis [6]. — In corredio Galfridi, filii regis, apud Norhantonam, 34 l., per breve regis [7].

1176. Célébration de la fête de Pâques à Winchester [8].
1176. Célébration de la fête de Noël à Nottingham [9].

[1] Robert de Torigni, t. I, p. 361.
[2] *Pipe* xii *H. II*, p. 100 et 101.
[3] *Ibid.*, p. 109.
[4] *Gesta Henrici*, t. I, p. 1. — Robert de Torigni, t. I, p. 361.
[5] *Pipe* xvi *H. II*, p. 20.
[6] *Ibid.*, p. 23.
[7] *Pipe* xvii *H. II*, p. 45.
[8] *Gesta Henrici*, t. I, p. 115.
[9] *Ibid.*, p. 131.

Mars 1177. Geoffroi est témoin à la sentence d'arbitrage prononcée à Londres pour accorder les rois de Castille et de Navarre [1]. — Au mois d'août, le roi mande à Geoffroi d'aller combattre ses ennemis en Bretagne [2].

1178. Après avoir reçu à Woodstock l'ordre de la chevalerie, Geoffroi va combattre en Bretagne [3].

1178. Célébration de la fête de Noël à Winchester [4].

1179. Après la fête de Pâques, célébrée aussi à Winchester, Geoffroi passe en Bretagne pour aller combattre Guimar vicomte de Leonnais [5]. La dépense du passage est portée au compte du gardien de Douvres [6].

Jusqu'à sa mort arrivée en 1186, Geoffroi ne paraît pas être retourné en Angleterre.

Gaufridus Burdegalensis archiepiscopus. — De 1137 au 18 juillet 1158.

Gaufridus capellanus. — Cité dans les Pipe Rolls des années 1161, 1166, 1168, 1169. — Témoin du traité conclu en octobre 1175, à Windsor, entre Henri II et le roi de Connaught. (*Gesta Henrici*, t. I, p. 103.)

Gaufridus Eliensis episcopus. — Voir Gaufridus Ridel.

Gaufridus Filius Petri. — Un *Gaufridus Filius Petri* est inscrit sur les Pipe Rolls de 1161, 1165 et 1167. — Est-il le même que *Gaufridus Filius Petri* auquel le fermier d'Argentan, en 1184, paya une somme de 15 livres donnée par le roi [7]? Est-il le comte d'Essex, Geoffroi Fils de Pierre, qui eut une part prépondérante dans l'administration de l'Angleterre pendant la croisade de Richard Cœur-de-lion et qui mourut en 1213 [8]?

Gaufridus Filius Regis, cancellarius, electus episcopus Lincolniensis, postea Eboracensis archiepiscopus. — Ce Geoffroi, fils naturel du roi Henri II, élu

---

[1]. *Gesta Henrici*, t. I, p. 154.
[2] *Ibid.*, p. 190.
[3] *Ibid.*, p. 207.
[4] *Ibid.*, p. 221.
[5] *Ibid.*, p. 239. — Le vicomte de Leonnais est ici appelé «Gwienarius».

[6] «In passagio Gaufridi, filii regis.» *Pipe Roll*, cité par Eyton, p. 226.
[7] Fragment du rôle de 1184, article I; plus haut, p. 334.
[8] Voir les textes cités dans le *Recueil des historiens*, t. XVII, p. 706 et t. XVIII, p. 200.

en 1173 évêque de Lincoln, n'a jamais été sacré. Il a résigné ses droits à l'épiscopat en 1180 ou 1182, pour devenir chancelier du roi. Voir l'article qui lui est consacré au chapitre des Chanceliers, ci-dessus, p. 103.

Gaufridus de Haya. — Prit parti pour Henri fils du roi en 1173, mais ne tarda pas à rendre à Henri II le château de La Haie [1].

Gaufridus Hosé, Hoseti. — Cité dans les Pipe Rolls de 1161, 1164, 1166, 1167 et 1168. — Justicier établi en Angleterre par Henri II en 1179 [2]. — État de ses fiefs dans le *Liber niger Scaccarii* [3]. — Charte de lui pour l'église de Saint-Denis, près de Southampton [4]. — Mort en 1199, selon Foss [5].

Gaufridus de Magna Villa, de Mandevilla, Essexæ comes. — Le roi Étienne le créa comte d'Essex en 1140 [6], et l'impératrice Mathilde, en qualité de « dame des Anglais », lui rendit en 1141 tous ses fiefs d'Essex et lui donna la terre qui avait appartenu à « Eudo dapifer [7] » en Normandie. Henri II, après son avènement à la couronne, sans tenir compte de la charte d'Étienne, le créa comte d'Essex en 1156 [8].

Vers 1163, Gaufridus de Magnavilla junior, « scilicet comes de Esexia », ménagea une transaction entre Guillaume comte d'Arundel et l'abbé de Saint-Alban [9]. Il assista au concile de Clarendon en 1164 [10], et mourut le 21 octobre 1166 [11].

Une charte de Geoffroi pour l'abbaye d'Aunai se trouve en original ou en copie contemporaine, aux Archives du Calvados, fonds d'Aunai. — Une autre charte originale a été publiée en fac-similé dans le recueil de Warner (n° 43), où elle est accompagnée d'un très instructif commentaire.

Sur ce comte d'Essex, il faut voir le livre de M. Round, *Geoffrey de Mandeville*, p. 227-244.

---

[1] *Gesta Henrici*, t. I, p. 47.
[2] *Gesta Henrici*, t. I, p. 239.
[3] T. I, p. 113.
[4] Madox, *Formul.*, p. 248, n° 417.
[5] *The Judges*, t. I, p. 257.
[6] Rymer, I, 1, 18.
[7] Round, *Geoffrey de Mandeville*, p. 166.
[8] *Ibid.*, p. 235.
[9] *Gesta abbatum S. Albani*, t. I, p. 174.
[10] Robertson, *Materials*, t. V, p. 72.
[11] *Ann. de Winchester*, éd. Luard, t. II, p. 59. — Eyton, p. 99, note 3.

Gaufridus Malus Canis, senescallus Cenomannensis. — Voir Beautemps-Beaupré, *Coutumes et institutions de l'Anjou et du Maine*, 2ᵉ partie, t. IV, p. 3. — Voir aussi plus loin, au mot *Paganus Malus Canis*.

Gaufridus de Pertica, Perticensis. — Témoin d'un certain nombre de chartes de Henri II, et notamment du traité conclu à Windsor en octobre 1175 avec le roi de Connaught[1]. Je ne crois pas que l'éditeur des *Gesta Henrici*[2] ait eu des motifs suffisants pour l'identifier avec Geoffroi, comte du Perche, après son père Rotrou, lequel Geoffroi épousa la fille du duc de Saxe[3] et accompagna Richard Cœur-de-lion à la croisade[4]. L'identification, qui me semble douteuse, paraît avoir été acceptée par le Rév. Eyton (p. 332), dans l'article de sa table consacré à « Geoffrey de Perche, al. Newburgh ».

Gaufridus de Rancona. — Ce chevalier prit parti pour le jeune roi Henri, révolté en 1173 contre son père[5].

Gaufridus Ridel. — Archidiacre de Cantorbéry de 1163 à 1173, évêque d'Ély, élu en 1173, intronisé le 17 mai 1173, sacré le 6 octobre 1174. Chancelier du roi de 1163 à 1173. Voir plus haut, p. 92-96, et *The National Biography*, t. XLVIII, p. 275.

Gaufridus de Saeio, de Sai, de Say. — Témoin d'une charte de son oncle Gilbert, accordée en 1151 à l'abbaye d'Aunai[6]. Sa terre est citée dans le rôle de l'année 1180[7]. Il est mentionné comme bienfaiteur du prieuré des religieuses de Mortain dans une bulle de Luce III du 31 octobre 1184[8]. « Gaufridus de Sai » fut chargé par Henri II, en 1188, d'une mission auprès des religieux de l'église de Cantorbéry[9].

Gerardus, Girardus vicedominus de Pinchonio, de Pincheneio. — Mentionné en 1184-1185 dans le Pipe Roll.

---

[1] *Gesta Henrici II*, t. I, p. 103.
[2] *Ibid.*, t. II, p. 348.
[3] *Ibid.*, p. 73.
[4] *Ibid.*, p. 128.
[5] *Ibid.*, t. I, p. 47.
[6] Original aux Archives du Calvados.
[7] Dans le compte de la vicomté d'Arques « Pro terra Gaufridi de Sai quam habet cum uxore Hugonis de Periers ». *Rot. Scacc. Norm.*, t. I, p. 90.
[8] Copie aux Arch. nat., fonds du prieuré de Mortain.
[9] *Epistolæ Cantuar.*, éd. Stubbs, p. 166.
[10] *Pipe xxxi H. II*, p. 100.

Gerardus, Girardus Puella, Pucella, Cestrensis episcopus. — Élu évêque de Chester ou de Coventry en 1183, sacré le 25 septembre 1183, mort le 13 janvier 1184[1]. Gautier Map[2] dit avoir fréquenté à Paris l'école de « magister Girardus Puella ».

Gerardus de Canvilla. — Gérard de Canville, mentionné dans le Pipe Roll de 1175-1176 (p. 46), avait à sa charge en 1180 une grosse dette, laissée en souffrance par son père[3]. Il assista en 1183 au couronnement de Richard Cœur-de-lion[4].

Gerardus, Girardus, Sagiensis episcopus. — Gérard, évêque de Séez, de 1144 à 1157.

Gervasius Painel. — En 1173 il prit parti pour Henri fils du roi Henri II[5]. — Il est cité dans les Pipe Rolls en 1166-1167 et en 1167-1168. Sur le rôle de 1175-1176[6], il est indiqué comme débiteur d'une somme dont le chiffre dénote un vassal jouissant d'une assez grosse fortune : « Gervasius Painel debet 500 marcas pro habenda benivolentia regis ». — Mentionné sur le rôle de l'Échiquier en 1179-1180[7]. — Il assista au couronnement de Richard Cœur-de-lion en 1189[8]. — État de ses fiefs dans le *Liber niger Scaccarii*, p. 139. — Sur lui, voir Stapleton[9].

Gilbertus de Amaur[ia]. — Mentionné dans les Pipe Rolls de 1166-1167 et années suivantes jusqu'en 1175-1176, sous les dénominations de *Gillebertus*, *Gilbertus* ou *Gillertus* de *Almari*, *Aumari*, *Aameri* et *Amari*

Gilbertus, Gilibertus Crispinus. — Une charte de Rotrou, archevêque de Rouen (1164-1183), nous apprend que Gilbert Crespin avait donné à l'abbaye de Lire « ecclesiam de Breherland et capellam de Limeus »[10].

---

[1] *Gesta Henrici*, t. I, p. 307. — Rad. de Diceto, t. II, p. 20 et 21. — Robert de Torigni, t. II, p. 122 et 125.
[2] Gautier Map, *De Nugis curialium*, II, vii, éd. Wright, p. 73.
[3] Stapleton, *Rot. Scacc. Norm.*, t. I, p. 63.
[4] *Gesta Henrici*, t. II, p. 80.
[5] *Gesta Henrici*, t. I, p. 48, note 9.
[6] P. 166.
[7] Madox, *The History of the Exchequer*, p. 66, note P.
[8] *Gesta Henrici*, t. II, p. 80.
[9] *Rot. Scacc. Norm.*, t. I, p. LXXIX.
[10] Collection Moreau, vol. 73, fol. 185.

Gilbertus, Gillebertus Filius Reinfredi, dapifer. — Le 25 janvier 1184, il siégeait à la cour du roi en Angleterre [1].

Gilbertus Foliot, episcopus Herefordensis, postea Londoniensis. — Gilbert Foliot, qui avait été sacré évêque de Herefort en 1148 à Saint-Omer [2], fut transféré en 1163 sur le siège de Londres [3] et mourut en février 1187 [4]. Il était le neveu de Gilbert Foliot, qui donna à l'abbaye de Cérisi une portion du patronage de l'église de Vauville au diocèse de Coutances [5]. Gautier Map a fait son éloge dans les termes suivants :

Gillebertus Foliot, nunc Lundinensis episcopus, vir trium peritissimus linguarum, latinæ, gallicæ, anglicæ, et lucidissime disertus in singulis, in hoc senio suo quo luminis fere defectum incurrit, cum paucos modicos et luculentos fecerit tractatus, quasi penitentiam perditæ vacationis agens, nec a litore carinam solvit, magnumque metiri pelagus aggressus, moras redimere festinat amissas, novumque veteris et nove legis opus festino contexit pollice.

Voir *The National Biography*, t. XIX, p. 358.

Gilbertus, Gislebertus de Montfichet. — En 1180, il était fermier de la forêt de Montfiquet en Basse-Normandie [6].

Gilbertus, Gillebertus Pipard, Pipardus. — Justicier dans divers comtés de l'Angleterre de 1168 à 1185 [7], il siégeait en 1176 à l'Échiquier de Caen [8], et en 1180 il avait la ferme de la vicomté d'Exmes et la garde du château de cette place [9]. Il mourut à Brindes au commencement du règne de Richard Cœur-de-lion [10].

---

[1] Madox, *Formulare anglicanum*, p. 217, n° 357.

[2] Gervais de Cantorbéry, t. I, p. 135.

[3] Rad. de Diceto, t. I, p. 309. — Robert de Torigni, t. I, p. 347.

[4] *Gesta Henrici*, t. II, p. 5. — Rad. de Diceto, t. II, p. 47.

[5] Cartul. de Vauville, n° 47 : « Ego Gilbertus Foliot, consilio patrui mei domini Gileberti, Lu[n]donensis episcopi..., dedi et concessi Deo et abbatie de Ceraseio illam portionem ecclesie de Urvilla, cujus advocatio jure hereditario ad me pertinet... Testibus : Gilberto Lu[n]donensi episcopo. »

[6] Gautier Map, *De Nugis curialium*, I, XII, éd. Wright, p. 20.

[7] *Rot. Scacc. Norm.*, t. I, p. 30.

[8] *Gesta Henrici*, t. I, p. 108 et 239. — Hoveden, t. II, p. 88 et 191. — Madox, *Exchequer*, p. 88, note y.

[9] Charte de Philippe, veuve de Hugues de Rosel. Arch. du Calvados, fonds d'Ardenne.

[10] « In liberatione Gisleberti Pipart pro custodia castri de Oximis, 57 l. 5 s. 8 d., ad perficiendam liberationem suam de 140 l. per annum. » *Rot. Scacc. Norm.*, t. I, p. 50. Conf. p. 104.

[11] *Gesta Henrici*, p. 150.

Gilbertus de Saieio, de Saieo. — Une charte de ce seigneur pour l'abbaye d'Aunai est datée de son château de Marigni en 1151 [1].

Gilbertus, Gillebertus de Tileriis, de Tillers. — Gilbert de Tillières se rangea en 1173 parmi les partisans du jeune roi Henri [2], révolté contre son père. Il mourut au siège d'Acre en 1190 [3].

Gilo. Voir Egidius.

Girardus. Voir Gerardus.

Godardus, Gotart de Vallibus, de Vas, de Vaus, de Vax. — Ce personnage figure comme témoin dans des chartes royales antérieures à l'année 1162. Il a siégé en 1157 à une assise avec différents barons des quatre comtés du Bessin, du Cotentin, de l'Hiémois et de l'Avranchin [4]. On le trouve cité comme justicier du roi dans une charte de l'abbaye de Savigni [5] appartenant à la période comprise entre 1154 et 1158, et dans une charte des dernières années du règne de Henri II, émanée de Robert du Neubourg, doyen de l'église de Rouen [6].

Du temps d'un autre doyen de Rouen, Jean de Coutances (1189-1196), ce Godard de Vaux, ou un membre de sa famille, portant le même nom, renonça, en faveur de l'abbaye de Fécamp [7], à ses prétentions sur le patronage de l'église de Goderville.

Godefridus (Magister) de Luceio, Lucé, Luci. — Ce clerc, familier de Henri II, après avoir été archidiacre de Derbi (1182), puis de Richemont (1185) et d'York, chanoine de Lincoln, et doyen de Saint-Martin de Londres, après avoir été proposé pour être évêque de Lincoln et avoir refusé l'évêché d'Exeter en 1186, fut nommé évêque de Winchester en 1189 [8]. Il mourut en 1204.

---

[1] Original aux Archives du Calvados.
[2] *Gesta Henrici*, t. I, p. 46 et 56. — Rad. de Diceto, t. I, p. 371. — Rob. de Torigni, t. II, p. 38.
[3] *Gesta Henrici*, t. II, p. 148.
[4] Robert de Torigni, t. II, p. 252.
[5] Cartul. de Savigni, n° 219.
[6] Charte en faveur des lépreux de Rouen, Arch. nat., S. 4889, n° 6.
[7] Charte originale aux Arch. de la Seine-Inférieure.
[8] *Gesta Henrici*, t. I, p. 334 et 346; t. II, p. 77. — Hoveden, t. II, p. 191. — Rad. de Diceto, t. II, p. 69.

378   X. NOTES BIOGRAPHIQUES.

En 1179, il fut attaché à la cour du roi en qualité de justicier [1]. Il siégeait à l'Échiquier anglais en 1181 et 1183 [2].

Il remplit une mission à la cour de France en 1184 [3].

Le British Museum possède un sceau de l'évêque Godefroi de Luci, du temps de son épiscopat. Sur la face, on voit la bénédiction pontificale; au revers, un poisson, qui doit être un *lus* ou brochet, par allusion au nom de *Luci*, comme le rappelle la légende : PRESULIS ET GENERIS SIGNO CONSIGNOR UTROQUE [4].

Voir la notice de Foss, dans The Judges, t. I, p. 394 et The National Biography, t. XXXIV, p. 244.

Goscelinus. Voir Joscelinus.

Goslenus (ou **Joslenus**) de Turonis, senescalcus, dapifer Andegavis. — Jean de Marmoutier nous a dépeint Goslein de Tours comme un des familiers de Geoffroi le Bel [5] et il raconte une anecdote dont le théâtre est le château du sénéchal [6].

En 1159, il apposa son sceau à une charte de l'abbaye de Nioiseau [7]. Il prit part à un jugement qui fut rendu au temps d'Ulger, évêque d'Angers (1125-1149) [8].

Voici la substance d'une notice relative à un long procès que l'abbaye de Saint-Nicolas d'Angers eut à soutenir devant le sénéchal Goslein, du temps de Geoffroi le Bel et du roi Henri II, pour une terre sise à Brissac :

Gervasius Balcean conquestus est Gosleno, senescaldo Andegavensi, de Hugone, abbate Sancti Nicholai, de decima quam ecclesia Sancti Nicholai habet apud Brachesac... Abbas autem in curia Andegavensi respondit quod ecclesia Sancti Nicholai decimam ipsam possederat... in tempore Gaufridi, comitis Andegavensis, et multis annis tempore Henrici regis Anglie, filii ejus, et in tempore duorum episcoporum, Normanni scilicet et Mathei, et in tempore predecessoris sui domni Bartholomei, et diu suo tempore...

[1] *Gesta Henrici*, t. I, p. 239.
[2] Madox, *Exchequer*, p. 57, note b, et p. 77, note r. — Conf. Madox, *Formul.*, p. 217, n. 358.
[3] *Gesta Henrici*, t. I, p. 334.
[4] W. de Gray Birch, *Catalogue of Seals*, t. I, p. 353, n° 2245.

[5] Marchegay, *Chroniques des comtes d'Anjou*, p. 254.
[6] «Castellum Gosleni sinescalci quod dicitur Fons Milonis.» — *Ibid.*, p. 257. — Fontaine-Milon, Maine-et-Loire, arr. Baugé.
[7] Collection Housseau, vol. V, n° 1832.
[8] Cartul. de La Roue.

Judicio interfuerunt isti : Goslenus de Turs, Chales prepositus, Hugo de Claers qui reddidit judicium, Robertus de Sabluil, Guillermus de Blazun, Hub. de Campania, Petrus de Monte Johannis, Hugo de Turs, Matheus de Balgi, Radulfus de Suz et plures alii [1].

Il est un des témoins de la charte de 1164 relative au pont de Saumur [2]. Voir Beautemps-Beaupré, *Coutumes et institutions de l'Anjou et du Maine*, 2ᵉ partie, t. I, p. 256.

Guarinus. Voir Warinus.

Guferius, Gauferius de Brueria. — Ce personnage, cité dans une charte de Geoffroi le Bel [3], a fourni des renseignements à Jean de Marmoutier pour l'histoire de ce Geoffroi [4]

Guido. Voir Wido.

Guillelmus. Voir Willelmus.

Hamelinus, Warennæ comes. — Hamelin, frère naturel de Henri II, ayant épousé, en 1164, Isabelle fille de Guillaume III, comte de Varenne et de Surrey, devint ainsi titulaire de ces deux comtés [5]. Il resta fidèle, en 1173, au roi son frère [6], qui le chargea en 1176 de conduire la princesse Jeanne, fiancée au roi de Sicile [7]. Il s'appelle *Hamelinus, comes de Garena*, dans une charte de l'abbaye de Foucarmont, datée de 1178 [8], et *Hamelinus, Dei gratia Surrey et Gwaregne comes*, dans une charte de l'abbaye de Saint-Bertin [9]. En tête d'un acte sans date de la même abbaye [10], il prend les titres de *Hamelinus, Dei gratia comes de Waringe et ecclesie Beati Bertini advocatus*. Le sceau appendu à cette charte porte la légende : SIGILLVM HAMELINI COMITIS DE SVRREIA; au contre-sceau une tête antique, avec ces mots : PER LEGEM ET PRO LEGE. Il mourut la 3ᵉ année du roi Jean, 1201-1202 [11].

Voir *The National Biography*, t. LIX, p. 362.

[1] Collection Housseau, vol. V, n° 1882.
[2] N° 148 de notre Recueil.
[3] Cartul. de Savigni, n° 201.
[4] *Chroniques des comtes d'Anjou*, p. 231.
[5] Robert de Torigni, t. I, p. 350 et 351.
[6] *Gesta Henrici*, t. I, p. 51.
[7] *Gesta Henrici*, t. I, p. 120.
[8] Cartul. de Foucarmont, fol. 81.
[9] Collection Moreau, vol. 91, fol. 39.
[10] *Ibid.*, vol 86, fol. 58.
[11] Dugdale, *The baronage of England*, t. I, p. 76.

Hamo Pincerna. — Haimon le Bouteiller était fils de Geoffroi Guernon[1]. Dès l'année 1166, il dirigeait le service de l'échansonnerie en Angleterre[2]. En 1175, il fit la traversée de la mer avec Guillaume du Hommet[3]. L'année suivante il assista à l'assise que tinrent à Caen Richard, évêque de Winchester, Simon de Tournebu, Robert Marmion et Guillaume de Glanville[4].

En 1180 et en 1184 Haimon rendit compte des produits du domaine du Bessin[5]; il en était en effet l'administrateur : dans une charte de l'abbaye de Savigni[6] il se qualifie : « Hamo pincerna regis Anglie et seneschallus Baiocarum ». En donnant à la même abbaye une pièce de sa terre d'Anières (*Aneires desuper Burum*), il spécifia que la donation était faite pour l'âme de son seigneur le roi Henri II[7]. Il rendit encore un compte en 1195[8]; Henri II avait fait épouser à son « sergent » Haimon la fille de Geoffroi Fils de Mabille[9]. Il devait être seigneur de Maupertus dans le Val de Saire et il en donna l'église à l'abbaye de Longues[10].

On peut voir ce que Stapleton a dit de Haimon le Bouteiller dans ses Observations sur les *Rotuli Scaccarii* (t. I, p. LVIII).

Harduinus decanus Cenomannensis. — Il devint archevêque de Bordeaux en 1160.

Hasculfus de Sancto Hylario. — Ce seigneur de Saint-Hilaire du Harcouet se révolta contre Henri II en 1173[11]. Il y a deux chartes de lui dans le Cartulaire de Savigni[12], et l'une d'elles est en original aux Archives nationales. — Sur sa famille, voir les Observations de Stapleton[13].

---

[1] Cartul. de Longues, n° 131.

[2] « Pro vinis regis et ipsis conducendis de Hantona ad Clarendonam et ad Wudestocham et ad Sarum et ad Chapeham 24 l., 13 s. 10 d., per brevia regis, per Hamonem Pincernam et Martinum de Hosa. » *Pipe* XII *H. II*, p. 109.

[3] On lit dans le compte du fermier de Southampton : « In liberatione III navium ad opus Willelmi de Hunnetis et Hamonis Pincerne et Willelmi de Vou, 100 sol. » *Pipe* XXI *H. II*, p. 200.

[4] Livre noir de Bayeux, n° 95.

[5] *Rot. Scacc. Norm.*, t. I, p. 1-4, et § XIX-XXXVII du fragment des Arch. nat. Voir plus haut, p. 338 et 342.

[6] Orig. aux Archives nat. et Cartul. de Savigni, n° 228.

[7] Orig. aux Archives de la Manche et Cartulaire de Savigni, n° 259.

[8] *Rot. Scacc. Norm.*, t. I, p. 129.

[9] N° 270 de notre Recueil.

[10] Cartulaire de Longues, n° 134.

[11] Rad. de Diceto, t. I, p. 371. — Robert de Torigni, t. II, p. 42-44.

[12] N°⁵ 52 et 53.

[13] *Rotuli Scacc.*, t. I, p. LXVI.

Hasculfus de Soligneio, de Suligneio. — Deux chevaliers de ce nom ont été contemporains de Henri II.

L'un est mort en 1169 [1], et sa femme s'appelait Denise, comme nous l'apprenons de deux chartes du Cartulaire de Savigni [2].

L'autre était seigneur de Dol, au titre de sa femme Iseud, fille de Jean de Dol. J'extrais d'une charte, datée de 1183, les mots suivants : « Ego Hasculfus de Soligneio et Yseldis uxor mea, filia Johannis de Dolo...; concedentibus filiis nostris Jo., Rad. et Gaufrido...; nec quemquam moveat quod ego Hasculfus alterius figure sigillum habui antequam pater meus iret Jerusalem... »[3].

Une charte qu'il avait accordée aux moines de La Vieuville [4] était revêtue de deux sceaux portant ces légendes : SIGILLUM HASCVLFI DE SOLIGNEIO. — SIGILLVM ISELDIS FILIE JOHANNIS DE DOL.

Dans une charte de la même abbaye, nous voyons que Hascoul de Subligni avait dû se retirer en Angleterre pour se soustraire au ressentiment de Philippe Auguste [5].

Le fonds des titres des religieuses de Mortain aux Archives nationales contient le vidimus d'une charte de « Lecelina de Gripone, vidua, filia et heres nobilis viri Hasculfi de Suligneio. »

Hengeugerus de Bohun. Voir Engelgerus, p. 364.

Henricus, Augi comes. — Henri, comte d'Eu, depuis 1170 [6] jusqu'à sa mort en 1183.

Henricus, Baiocensis episcopus. — Ce prélat, qui avait d'abord été doyen de Salisbury, gouverna l'église de Bayeux de 1165 à 1205. Il figure dans une foule de documents du règne de Henri II. Entre autres missions, le roi le délégua pour assister, en 1177, à Palerme, au mariage de sa fille Jeanne avec le roi de Sicile, et la même année, au mois de juin, il l'envoya à la cour du roi de France [7].

---

[1] Robert de Torigni, t. II, p. 12.
[2] N°ˢ 34 et 41.
[3] D. Morice, *Preuves*, t. I, p. 691.
[4] Ms. latin 5476, p. 17.
[5] « Ego Jo. de Dolo, filius Hasculfi de Soligneio... VIII acras terre... quas pater meus cis dederat antequam proficisceretur in Angliam pro ira regis Francie. » *Ibid.*, p. 18.
[6] Robert de Torigni, t. II, p. 19.
[7] *Gesta Henrici*, t. I, p. 167, 168 et 177.

Henricus de Domfront. — Ce seigneur, qui se qualifiait « fidelis regis minister », fut chargé par le roi de régler un différend qui existait entre l'abbaye de Savigni et Henri de Husson; il fixa les conditions de l'accord par une charte qui eut pour témoins Girard et Thomas Burnouf [1].

Henricus de Essexa constabularius. — Henri d'Essex est qualifié de *constabularius* dans un compte de l'année 1155-1156 [2]. L'année suivante, dans une campagne contre les Gallois, à laquelle il prenait part en qualité de *signifer regius*, il eut le malheur de laisser tomber l'étendard, ce qui lui fit encourir la disgrâce du roi, et détermina en 1163 Robert de Montfort à le provoquer en duel. Vaincu dans le combat et condamné à mort, il se retira dans l'abbaye de Reading [3].

Nous trouvons le nom de « Henricus de Essexa » dans une charte du roi, qui étant expédiée de Chinon [4] et adressée à Thomas, archevêque de Cantorbéry, ne peut guère être que des premiers temps de l'archiépiscopat de Thomas Becket, et, en tous cas, antérieure à l'embarquement de Henri II pour l'Angleterre en janvier 1163; Henri d'Essex mentionné dans cette charte doit être un fils du connétable. Il est appelé « Henricus de Essex junior » dans une charte datée d'Argentan et qui est antérieure à 1162 [5].

Henricus Filius Geroldi, camerarius. — Ce camérier est cité dans tous les Pipe Rolls de 1158 à 1175, et dans les rôles de l'Échiquier des années 1165 à 1169 [6]. Le roi l'envoya en 1164 vers le roi de France Louis VII et vers le pape Alexandre III, qui résidait alors à Sens [7]. En 1169-1170 il exerça les fonctions de justicier dans le comté de Kent [8]. Il avait dû succéder comme camérier à un frère aîné nommé *Warinus Filius Geroldi*. Voir ce nom, à la p. 468.

Henricus, decanus Moretonii. — C'est le nom d'un témoin de la charte royale que les moines de Savigni se firent délivrer en 1157, par Henri II,

---

[1] Cartul. de Savigni, n° 470.
[2] « Henrico de Essexa, constabulario, 24 l. 16 s. » *Pipe Roll* II *H. II*, p. 17.
[3] Will. de Newburgh, éd. Howlett, t. I, p. 108. — Gervais de Cantorbéry, t. I, p. 165. — Robert de Torigni, t. I, p. 345.
[4] N° 149 de notre Recueil.
[5] N° 101. A de notre Recueil.
[6] Madox, *Formul.*, p. xix, et *The History and antiquities of the Exchequer*, p. 40 et 41, note *g*.
[7] Gervais de Cant., t. I, p. 190. — Rad. de Diceto, t. I, p. 315.
[8] Madox, *Exchequer*, p. 99, note *t*.

au cours d'une visite qu'il faisait au monastère de Moutons[1]. Ce doyen n'est pas mentionné dans l'article que les auteurs de la *Gallia christiana*[2] ont consacré à la collégiale de Mortain. C'est lui, selon toute apparence, qui nous est signalé dans les *Gesta Henrici II* [3], sous le nom de *Henricus Filius Roberti Filii Harding, decanus de Moretanea* (ou *Meretana*), et qui, ayant été élu archevêque de Dol, mourut en 1188, sur la route de Rome, où il voulait aller se faire sacrer. Le texte des *Gesta* peut servir à compléter l'article que l'auteur du tome XIV (col. 1052) de la *Gallia christiana* a consacré à ce prélat.

Henricus de Novo Burgo. — Henri du Neubourg, fils du sénéchal Robert du Neubourg, figure assez souvent dans les documents des deux derniers tiers du règne de Henri II. Il prit parti en 1173 parmi les barons qu'entraînèrent à leur suite les princes révoltés contre leur père[4]. Entre autres chartes de lui qui nous sont parvenues, je citerai les suivantes :

1170. Charte dans laquelle il se dit fils de Robert et mari de « Godelitha »[5].

1178. Charte où il mentionne son père Robert, sa femme Marguerite et Robert son fils aîné[6]. Faut-il en conclure que Henri s'était remarié, ou bien s'agit-il là d'un homonyme?

S. d. Don à l'abbaye de l'Estrée d'un millier de harengs à prendre annuellement sur la recette de Pont-Audemer[7].

S. d. Du temps de Rotrou, archevêque de Rouen (1164-1183). Don à l'abbaye de la Chaise-Dieu d'une rente de 3,000 harengs à prendre sur la même prévôté[8].

S. d. Don de 20 sous de rente à la cathédrale d'Évreux[9].

Henricus de Oilli. — Cité dans les Pipe Rolls des années 1155-1157.

La mort de « Henricus primus de Oyli » est fixée à l'année 1163 par l'annaliste d'Osney[10]. Sur les fiefs de ce seigneur, voir le *Liber niger Scaccarii*, pages 135 et 179.

---

[1] Au diocèse d'Avranches.
[2] T. XI, col. 508.
[3] T. II, p. 44 et 60.
[4] *Gesta Henrici*, t. I, p. 52.
[5] Ms. latin 12884, part. II, fol. 97.
[6] Ms. latin 13905, fol. 27 v°.
[7] Copie de chartes de L'Estrée, dans le volume 995 de Clairambault, pièce 30.
[8] Cartul. de La Chaise-Dieu, p. 49.
[9] Second cartul. du chapitre d'Évreux, p. 56.
[10] Éd. Luard, t. IV, p. 33.

M. Warner[1] a publié en fac-similé une charte de Henri d'Oilli, connétable du roi, et a rapporté à l'année 1164 la date de la mort de ce seigneur.

Henricus de Pomeria. « Henricus de Pom[eria] » était à la cour de Henri Ier en 1131 [2]. — Sur ses fiefs, voir le *Liber niger Scaccarii*, pages 116, 128 et 353.

Henricus, Rothomagensis archiepiscopus. — Henri fut archevêque de Rouen depuis 1128 ou 1129 jusqu'en 1164.

Henricus, Saxoniæ dux. — Voici, principalement d'après les relevés du Rév. Eyton, les circonstances par suite desquelles Henri, duc de Saxe, eut l'occasion de se rencontrer avec son beau-père Henri II.

1167. Départ pour l'Allemagne de Mathilde, fille du roi Henri II, fiancée avec Henri, duc de Saxe.

1168. Mariage de Henri, duc de Saxe, avec Mathilde.

1180. Il encourt la disgrâce de l'Empereur [3].

1182, mai. Arrivée en Normandie de Henri, duc de Saxe, et de Mathilde. Le roi Henri II, qui était en Poitou, va à leur rencontre.

1182, décembre. Henri, duc de Saxe, à Caen.

1184, au printemps. Projet de voyage de Henri dans ses États de Saxe.

1184, juillet. Henri, duc de Saxe, débarque à Douvres.

1184, novembre. Henri assiste à une assemblée tenue à Caen.

1184, décembre. Henri célèbre la fête de Noël à Windsor.

1185. Henri passe en Normandie.

1186. La fille du duc Henri est menée en Angleterre.

1189. Le duc Henri va en Angleterre.

1189. Il revient en Normandie.

1189. Il rentre en Saxe.

---

[1] N° 44 de son Recueil de chartes royales et autres du Musée britannique.

[2] Charte du prieuré de Beaumont-le-Roger citée dans mon édition de Robert de Torigni, t. I, p. 185, note.

[3] C'est à tort, je crois, que le Rév. Eyton (p. 237) rapporte aux environs du 1er octobre 1180 la date à laquelle le duc Henri se réfugia près de son beau-père. Cf. *Gesta Henrici*, t. I, p. 288.

Henricus, Wintoniensis episcopus. — Henri de Blois, mort en 1171 [1].

Heraclius. Voir Eraclius.

Herbertus, Abrincensis episcopus. — Herbert, qui avait été chapelain du duc de Normandie, gouverna l'église d'Avranches depuis 1154 jusqu'en 1160 [2].

Herbertus, Cantuariensis archidiaconus. — Cité en 1187 dans le Pipe Roll [3], comme archidiacre de Cantorbéry. Suivant l'auteur des *Gesta* [4], il n'était pas seulement archidiacre de Cantorbéry, mais encore chanoine de Lincoln, quand il fut question en 1186 de le faire monter sur le siège épiscopal de Lincoln. Il fut élu évêque de Salisbury le 14 septembre 1186 [5].

Hilarius, Cicestriensis episcopus. — Hilaire, évêque de Chichester depuis 1146, mourut en 1169 [6].

Honfredus, Hunfredus de Bohun, Bohonio, constabularius. — Un des notables barons de la Basse Normandie, dont le nom est inscrit dans les Pipe Rolls depuis 1155. Il est fréquemment cité dans les cartulaires de la Basse Normandie. Gaignières nous a conservé le texte d'une charte par laquelle H. de Bohon, se qualifiant de connétable du roi d'Angleterre, confirme les donations faites par ses ancêtres au prieuré de Bohon; le dessin du sceau d'Onfroi est joint à la copie dans le ms. latin 5441, t. II, p. 32. Sur ses fiefs d'Angleterre on peut consulter le *Liber niger Scaccarii*, p. 109. — Voici l'article du Rôle des fiefs normands de l'année 1172 qui lui est consacré : « Hunfridus de Bohun, II milites et septimam partem tertii militis, et ad suum servitium II milites [7]. »

Honfroi de Bohon mourut en 1182, dans une campagne où il était au service du jeune roi Henri, fils de Henri II [8]; mais, suivant la *National Biography* (t. V, p. 307), il s'agirait là de Honfroi, III° du nom, dont le père Honfroi II serait mort seulement en 1187.

---

[1] Robert de Torigni, t. II, p. 29.
[2] Robert de Torigni, t. I, p. 279 et 328.
[3] Citation de Madox, *Exchequer*, p. 442, note *q*.
[4] T. I, p. 346.
[5] *Ibid.*, p. 352.
[6] *Annales de Waverleia*, éd. Luard, t. II, p. 239. — Robert de Torigni, t. II, p. 14.
[7] *Rec. des histor.*, t. XXIII, p. 694.
[8] Robert de Torigni, t. II, p. 111.

Hosbertus, Hosber. Voir **Osbertus**, p. 408-410.

Hubertus de Vallibus. — Témoin à une charte de l'Impératrice Mathilde pour les religieuses de Bondeville [1].

Hugo Bardol, Bardul, Bardulf, Bardulfi, Bardulfus. — Figure dans les Pipe Rolls à partir de 1160-1161. Madox [2] a constaté sa présence sur les rôles de l'Échiquier d'Angleterre en 1168-1169 et 1183-1184. En 1184 il se fit payer une somme de 100 livres pour la dépense du roi pendant un séjour à Gisors [3]. Il assista en février 1187 à une conférence qui eut lieu à Clarendon pour réconcilier l'archevêque de Cantorbéry avec le chapitre de la cathédrale [4]. En 1189, Richard Cœur-de-lion l'associa à l'évêque de Durham pour rendre la justice en Angleterre [5]. Hugues Bardou fut témoin de chartes de Richard Cœur-de-lion, de 1189 à 1198.

Hugo Bigot, comes de Norfolc. — Il épousa la cause du roi Étienne, et son nom figure au bas de la charte qui fut accordée en 1138 à l'église d'Angleterre [6]. Il se soumit à Henri II en 1157, et, créé comte de Norfolk par Henri II [7], il prit part à la révolte de 1173 [8]. Sa mort arriva en 1177, un peu avant le 9 mars [9].

Voir l'article dont il est l'objet dans *The Baronage* de Dugdale, t. I, p. 132, et dans *The National Biography*, t. V, p. 24.

Hugo, vicecomes Castri Duni. — Le vicomte de Châteaudun, qui était à la cour de Henri II dans le Maine à la fin du règne [10], est peut-être le même que celui dont le passage d'Angleterre en Normandie dut être payé par le trésor royal, l'an x du règne de Henri II (1163-1164) : « pro navibus ad opus archidiaconi Pictavensis et vicecomitis Casteldunensis et Willelmi de Vernon » [11]. —

---

[1] *Cartul. de Bondeville*, p. 11.
[2] *The History of the Exchequer*, p. 35, note g, et p. 127, note x.
[3] « Hugoni Bardulf, ad conredium regis apud Gisors, 100 l., per breve regis ». *Rot. Scacc. Norm.*, t. I, p. 116.
[4] *Epistolæ Cantuarienses*, p. 221.
[5] *Gesta Henrici*, t. II, p. 101.
[6] Le fac-similé en est dans le tome I de *The Statutes of the Realm*.
[7] Rymer, t. I, part. I, p. 42.
[8] Rad. de Diceto, t. I, p. 377 et suiv.
[9] *Gesta Henrici*, t. I, p. 143. — Robert de Torigni, t. II, p. 66.
[10] N° 488 de notre Recueil.
[11] *Pipe Roll x H. II*, p. 28.

La souscription de « Hugo vicecomes de Castro Duni » se trouve au bas d'une charte de la reine Aliénor, datée d'Alençon, probablement en 1185 [1].

Hugo, Cestriæ comes, dictus de Kivelioc. — Ce comte succéda à Renouf, mort en 1153, et vécut jusqu'au 30 juin 1181. Il se révolta en 1173 contre le roi, avec lequel il se réconcilia en 1177, et qui l'employa à la conquête de l'Irlande. Ses principaux actes sont indiqués par Dugdale [2].

Pour me borner à quelques actes normands de ce comte de Chester, je citerai le compte qu'il rendit en 1180 de la prévôté d'Avranches [3] et plusieurs chartes accordées à des établissements religieux de la province :

En 1168, confirmation à l'abbaye de Montebourg de biens situés à Trevières et à Gatteville [4].

S. d., 1161-1181. Confirmation de biens donnés à l'abbaye de Saint-Séver [5].

S. d., 1161-1181. Confirmation de la donation que son ancêtre Renouf, vicomte de Bayeux, avait faite de la terre de Bretteville l'Orgueilleuse à l'abbaye de Saint-Étienne de Caen [6].

C'est après la mort de Hugues, comte de Chester, que paraît avoir été rédigé l'état de la vicomté d'Avranches, publié ci-dessus, p. 345.

Voir *The National Biography*, t. XXVIII, p. 164.

Hugo de Claiers, de Cleers, de Cleeriis. — Sur ce personnage, qui paraît avoir tiré son nom de CLEFS (Maine-et-Loire, arrondissement de Baugé), il faut consulter l'article de Dom Brial, dans l'*Histoire litt. de la France* (t. XIII, p. 336-348), et celui de M. Bémont, dans le volume d'*Études* dédié en 1896 à M. Monod. Voir aussi Bertrand de Broussillon, *Cartul. de S. Aubin*, t. II, p. 319.

Les textes qui concernent ce personnage sont très nombreux et je n'en citerai qu'un petit nombre :

« Hugo de Cleeriis et duo fratres ejus, Gaufridus et Fulco », sont cités par Jean de Marmoutier comme les principaux conseillers de Geoffroi le Bel [7].

---

[1] Ms. latin 5480, t. I, p. 454.
[2] *The Baronage*, t. I, p. 40.
[3] *Rotuli Scacc. Norm.*, t. I, p. 40.
[4] Cartul. de Montebourg, n° 134.
[5] Cartul. de Normandie, fol. 28 v°.
[6] *Ibid.*, fol. 8 v°, et n° 179 des chartes de Saint-Étienne aux Archives du Calvados.
[7] *Chroniques des comtes d'Anjou*, p. 269.

Hugues figure en 1146 avec le titre de « dapifer Fisse et Balgiaci » dans le Cartulaire de la Trinité de Vendôme. (*Cartul. de Vendôme*, t. II, p. 342 et 343.)

Accord pour des terres situées à Artezé [1].

Jugement rendu par Josselin de Tours du temps d'Ulger, évêque d'Angers (1125-1149) [2].

Rejet d'une plainte de « Harduinus Cultarin » contre les religieux de Saint-Aubin d'Angers [3].

« Hugo de Cleers, dapifer Fixe », figure en 1162, à côté de « Johannes Gosleni, dapifer Andegavensis », en tête de la liste des témoins, dans la charte relative au pont en bois de la ville de Saumur [4].

« Hugo de Cleers » était à Loches en 1163 [5].

Hugo de Creissi, de Cressi. — C'est là un des témoins qui reviennent le plus souvent dans les actes de Henri II. Il importe de fixer les limites de la période pendant laquelle s'exerça son activité. Il figure à peu près sans exception dans presque tous les Pipe Rolls depuis 1165-1166 jusqu'en 1175-1176, la dernière année qui ait été publiée; Dugdale [6] le mentionne comme cité dans le rôle de l'année 1186-1187.

Avant 1163, Hugues de Creissi est témoin de deux chartes accordées, l'une à l'abbaye de Foucarmont [7] et l'autre à l'abbaye du Bec [8], par Guillaume Plantegenêt, frère de Henri II.

De 1173 à 1177, Hugues exerce les fonctions de justicier en Angleterre [9].

1176. Il passe d'Angleterre en Normandie [10].

1180. Il a la garde de Rouen [11] et il est un des fermiers de la « modiatio » de cette ville [12].

1184. Le roi fait payer une somme de 100 livres pour la solde des chevaliers que Hugues de Creissi avait menés à la récente campagne du Poitou [13]

---

[1] Ms. latin 17126, p. 155.
[2] Cartul. de La Roue, n° 51.
[3] Notice originale vue en 1853 dans une Collection particulière.
[4] N° 148 de notre Recueil.
[5] Robertson, *Materials*, t. V, p. 40.
[6] *The Baronage*, t. I, p. 708.
[7] Cartul. de Foucarmont, fol. 36.
[8] Cartul. d'Envermeu, p. 89.
[9] *Gesta Henrici*, t. I, p. 107. — Rog. de Hoveden, éd. Stubbs, t. II, p. 87, note 2. — Madox, *Exchequer*, p. 65, note *d*, p. 85, note *h*, et p. 86, note *h*.
[10] *Pipe Roll*, 1175-1176, p. 200.
[11] *Rot. Scacc. Norm.*, t. I, p. 70.
[12] *Ibid.*, p. 98.
[13] « Hugo de Creisseio ad faciendas liberationes militum quos duxit ad ultimam guerram Pictav., 100 libras, per breve regis. » *Ibid.*, p. 115.

(sans doute l'attaque de Richard, duc de Guyenne, par son frère Henri et par les Poitevins).

1186, 3 mars. Hugues de Creissi est témoin d'un traité conclu entre Marguerite, reine d'Angleterre, et Philippe Auguste [1].

Hugo de Dovera, Dovra. — Il est cité dans les Pipe Rolls, depuis 1160-1161 jusqu'en 1175-1176. — Sur ses fiefs d'Angleterre, voir le *Liber niger Scaccarii*, p. 55, 253 et 257.

Vers 1160, il était en procès avec l'abbaye de Saint-Bertin pour l'église de « Chilleham », et on le trouve mentionné dans une lettre écrite en 1160 ou 1161 par Jean de Salisbury [2].

Hugo, Dunelmensis episcopus. — Hugues occupa le siège de Durham, de 1153 à 1195.

Hugo Galler. — Témoin, vers 1169, à une charte d'Étienne, sénéchal du roi d'Angleterre en Anjou [3].

Hugo de Gondevilla, de Gundevilla. — Il est mentionné dans le Pipe Roll de l'année 1155-1156. Henri II l'envoya en 1164 près du roi de France et du pape Alexandre III pour se disculper des accusations de Thomas Becket, archevêque de Cantorbéry [4]. Au mois de décembre 1170, Henri, fils du roi, le chargea d'une mission auprès de Thomas lui-même [5].

En 1171-1172 il accompagna Henri II dans la campagne d'Irlande [6], et le fait est attesté par un passage des Miracles de Notre-Dame de Roc-Amadour [7] : « Hugo de Gundeville et Robertus Roberti Filius, cum Henrico rege Britannie militantes inter curie primates, regi familiares se agebant, navigantesque cum rege in Yberniam, quando eam suo submisit dominatui. »

---

[1] Delisle, *Catalogue des actes de Philippe Auguste*, p. 496, n° 124. — J'avais cru jadis que cette pièce était du 3 mars 1185 de notre manière de compter; mais l'Itinéraire du Rév. Eyton prouve qu'elle est du 3 mars 1186.

[2] *Jo. Saresb. Opera*, éd. Giles, t. I, p. 105, 174 et 176.

[3] Cartul. du Ronceray, VI, xlvii.

[4] Rad. de Diceto, t. I, p. 315. — Gervais de Cantorbéry, t. I, p. 190. — Cf. Hoveden, t. I, p. 230.

[5] Rad. de Diceto, t. I, p. 342.

[6] Giraud le Cambrien, *Exp. Hib.*, I, xxxviii, éd. Dimock, t. V, p. 286.

[7] *Miracula S. Mariæ de Rupe Amatoris*, I, xlv; ms. latin 12593.

On le trouve fermier de la cité de Winchester en 1177 [1], garde du château de Northampton en 1174 [2], et justicier de plusieurs cités d'Angleterre en 1175 et 1176 [3].

Hugo de Gornaio, de Gurnaio. — Sur ce baron et les autres membres de sa famille, on doit consulter les deux beaux volumes in-quarto que M. Daniel Gurney a publiés sous le titre de *The Record of the house of Gournay* (London, 1848 et 1858).

En dehors des nombreux actes publiés par Daniel Gurney, je signalerai, d'après des copies de M. Guesnon, deux pièces des archives du Nord, émanées de Hugues de Gournai témoin à plusieurs chartes de Henri II.

Charte scellée de « Hugo de Gornaio » datée de 1176 pour l'abbaye d'Anchin, touchant les biens que l'abbaye d'Anchin possédait à « Noviant » (Nouvion-le-Vineux).

Autre charte scellée de « Hugo, Dei permissione dominus Gorniaci », touchant les mêmes biens, datée de 1177. Il cite dans cette seconde charte : « Radulfus de Cociaco, dominus et cognatus noster, a quo id totum quod ibidem nostrum est in feodum tenemus... »

Hugo de Laceio, de Laci, de Lasci. — Cité dans les Pipe Rolls des années 1166-1170, 1174 et 1176. — Il se distingua dans la défense de Verneuil attaqué par les Français en 1173 [4], et joua un rôle important dans les campagnes dont l'Irlande fut le théâtre depuis 1171 [5], si bien que l'auteur des *Gesta Henrici* l'a qualifié de connétable de toute l'Irlande [6]; il finit par encourir la disgrâce du roi [7] et par tomber à Durrow sous les coups d'un assassin irlandais, le 25 juillet 1185 [8].

---

[1] Madox, *Exchequer*, p. 227, note m.
[2] *Pipe xx H. II*, p. 50.
[3] *Gesta Henrici*, t. I, p. 107. — Hoveden, t. II, p. 87, note 5. — Madox, *Exchequer*, p. 37, note m.
[4] Robert de Torigny, t. II, p. 39.
[5] *Gesta Henrici*, t. I, p. 30, 159, 161 et 270. — Roger de Hoveden, t. II, p. 135. Giraud le Cambrien, *Expugn. Hiberniæ*, I, xxxiii, xxxviii, et II, xx et xxii, éd. Dimock, t. V, p. 279, 286, 347 et 354.
[6] « Hugo de Laci, constabularius totius Hiberniæ. » *Gesta Henrici*, t. I, p. 361.
[7] *Expugnatio Hiberniæ*, II, xxiii, p. 355. — *Gesta Henrici*, t. I, p. 221 et 270.
[8] *Gesta Henrici*, t. I, p. 350. — Rad. de Diceto, t. II, p. 34. — Conf. Stapleton, *Rot. Scacc. Norm.*, t. II, p. lxxi.

Hugo, Lincolniensis episcopus. — Religieux de l'ordre des chartreux, originaire de Grenoble, qui, de prieur de Wiltham, devint évêque de Lincoln, le 10 août 1186, et fut sacré le 21 septembre suivant [1]. Il mourut vers 1200.

Hugo de Longo Campo. — Cité dans les Pipe Rolls des années 1155-1157. En 1180 il était fermier des revenus de l'honneur de Conches [2]. Le compte qui nous le fait connaître mentionne aussi son fils [3] qui lui servait de caution : « Hugo de Longo Campo junior debet 100 libras pro pleg. patris sui ».

Hugo de Monte Forti. — Ce seigneur de Montfort-sur-Risle succéda à son père Robert en 1178 [4]. Stapleton [5] cite une charte, par laquelle Hugues de Montfort déclara qu'il ne tenait qu'à titre de garde (*solius nomine custodiæ*) l'honneur et le château de Montfort.

Hugo de Morevilla. — Ce seigneur, que le meurtre de Thomas Becket, archevêque de Cantorbéry, a rendu célèbre, était justicier dans les comtés de Cumberland et de Northumberland [6], l'année même (1170) à la fin de laquelle le crime fut commis. Il avait assisté en 1164 au concile de Clarendon [7]. Entre autres domaines, il possédait le château de Knaresborough [8], à l'occasion duquel il figure dès 1158-1159 dans le Pipe Roll de cette année (p. 29).

« Hugo de Morevilla », qui est encore inscrit dans les Pipe Rolls de 1170 à 1173, ne s'y trouve ni en 1174 ni en 1175. Sur le rôle de 1175 (p. 119) nous trouvons le nom de « Robertus dapifer Hugonis de Morevilla ».

---

[1] *Gesta Henrici*, t. I, p. 345. — Hoveden, t. II, p. 308. — Rad. de Diceto, t. II, p. 417. — *Annales de Tewkesbury*, éd. Luart, t. I, p. 53. — *Annales de Waverleia*, éd. Luart, t. II, p. 244.

[2] *Rot. Scacc. Norm.*, t. I, p. 74.

[3] *Ibid.*, p. 96. — C'est par suite d'une mauvaise lecture que M. Round. n° 1064, a substitué dans la charte 156 le nom de « Hugo de Luci capellanus » à celui de « Hugo de Lunc Camp », comme on doit le lire dans le recueil de Gaignières. (Ms. latin 5480, t. I, p. 270, qui nous a conservé ce que nous possédons de cette charte.)

[4] Robert de Torigni, t. II, p. 77.

[5] *Rotuli Scaccarii Normanniæ*, t. I, p. cxviii.

[6] Madox, *Exchequer*, p. 98, note c, et p. 99, note e.

[7] Robertson, *Materials*, t. V, p. 73.

[8] Notice du n° 56 du recueil de chartes de Warner.

Hugo de Morewic, dapifer. — Témoin en 1182 du testament du roi[1], il siégeait en 1184 à l'Échiquier d'Angleterre[2]. La même année, il s'occupait des dépenses de la maison du roi en Normandie[3]. Il fut chargé en 1185 de la garde du prince de Galles[4] et dut mourir vers 1190. La place que Hugues de Morwic occupe dans plusieurs listes de témoins des chartes de Henri II me porte à croire qu'il avait commencé par être attaché à la chancellerie.

Hugo Murdac. — Hugues Murdac, clerc du roi, fut un des justiciers que Henri II établit, en 1179, dans plusieurs comtés du royaume[5]. Il siégea à l'Échiquier d'Angleterre en 1184[6]. Je ne saurais dire s'il est le même que Hugues Murdac, chanoine d'York, qui en 1192 se réconcilia avec son archevêque[7].

Hugo de Nonant, Nunant, Nunaunt, Cestrensis [al. Coventrensis] episcopus.
— Hugues de Nonant, qu'on a parfois appelé de Novant, était neveu d'Arnoul, évêque de Lisieux, qui lui avait conféré l'archidiaconé de Lisieux et plusieurs autres bénéfices[8]. En 1179 il était à Rouen, où il assistait, le 17 juin, à la cérémonie de la translation du corps de saint Romain dans la cathédrale[9]. Henri II l'envoya près du pape Luce III à Vérone, au moment où l'Empereur eut une conférence avec le pape (novembre 1184)[10]. Il revint en Angleterre, près de Henri II en janvier 1185[11], et ne tarda pas à être nommé évêque de Chester ou de Coventry[12], mais il ne fut sacré que le 30 janvier 1188[13].

Il figure avec la qualification de *electus* dans cinq de nos chartes[14], ce qui doit les faire classer dans la période de 1185 à 1188. Quatre de ces chartes,

---

[1] N° 432 de notre Recueil.
[2] Madox, *Exchequer*, p. 146, note d.
[3] *Rot. Scacc. Norm.*, t. I, p. 116.
[4] *Gesta Henrici*, t. I, p. 336.
[5] *Gesta Henrici*, t. I, p. 239.
[6] Madox, *Exchequer*, p. 146, note d.
[7] *Gesta Henrici*, t. II, p. 248.
[8] *Arnulfi epistolæ*, éd. Giles, p. 282 et 297.
[9] La Roque, *Hist. de la maison de Harcourt*, t. III, p. 143.
[10] *Gesta Henrici*, t. I, p. 322 et t. II, p. 3.
[11] *Ibid.*, p. 324.
[12] Gerv. de Cantorbéry, t. I, p. 326. — Robert de Torigni, t. II, p. 130.
[13] *Gesta Henrici*, t. II, p. 47. — Gervais de Cantorbéry, t. II, p. 405.
[14] N°ˢ 483-487 de notre Recueil.

accordées à l'abbaye de Préaux et à la léproserie de Quevilli, le qualifient de *Covintrensis electus;* dans la cinquième (grande charte de l'abbaye de Lessai) il est appelé *Hugo de Nanaunt, electus de Cestre*. J'ignore pourquoi le même prélat a été désigné différemment à la chancellerie royale. Sa nomination est ainsi rapportée dans le manuscrit original de la Chronique de Robert de Torigni[1] à la fin de l'année 1184 : « Johannes de Neelfa, archidiaconus Lexoviensis, electus est in episcopum Cestrensem »; mais le manuscrit de la même chronique venu de l'abbaye du Valasse porte bien « Hugo de Noñ ».

Hugues de Nonant mourut dans l'abbaye du Bec le 25 mars 1198[2].

Hugo de Perriers, de Pirariis, de Piris. — Hugues de Périers obtint de Richard, abbé de Saint-Ouen de Rouen, l'autorisation de construire une chapelle dans son domaine de Périers[3]. En 1180 la garde de la terre de ce seigneur était entre les mains de Geoffroi de Sai[4].

Hugo, Rothomagensis archiepiscopus. — Ce prélat siégea de 1129 à 1164.

Hugo Talebot. — Il avait eu en 1183 la garde du château de Neaufle[5]. Par acte de l'année 1185, il reconnut que la dîme de Buchi appartenait aux moines de Sigi[6]. Il était frère de Guillaume Talebot, bienfaiteur de la maison des religieuses de Bival, au diocèse de Rouen[7].

Hugutio legatus. — Il vint en Angleterre à la cour de Henri II; ses clercs en repartirent en 1175[8].

---

[1] T. II, p. 130.

[2] Gervais de Cantorbéry, t. I, p. 552. — Suivant une chronique de Litchfield (*Monast. anglic.*, t. VI, part III, p. 1240), « Hugo de Novant » (*sic*), évêque de Litchfield et Coventry, mourut à Caen, le 27 mars 1199, et fut enterré dans cette ville.

[3] « Ego Hugo de Piris... dominum meum Ricardum, Sancti Audoeni Rothomagensis venerabilem abbatem,... requisivi quatenus capellam ligneam in curia mea apud Pyros edificare mihi permittere valerem. » Ms. latin 10055, fol. 110 v°.

[4] « Pro terra Gaufridi de Sai, quam habet cum uxore Hugonis de Periers, x sol. » — *Rot. Scaccarii Normanniæ*, éd. Stapleton, t. I, p. 90.

[5] *Rot. Scacc. Norm.*, t. I, p. 111.

[6] Collection Moreau, vol. 88, fol. 185.

[7] Charte originale de Guillaume Talebot, aux Archives de la Seine-Inférieure.

[8] *Pipe Roll* XXII H. II, p. 201.

Hunfredus. Voir Honfredus, p. 394.

Ingelgerius de Bohon. Voir Engelgerius, p. 364.

Jocelinus. Voir Joscelinus, p. 401.

Johannes, Augi comes. — Jean, comte d'Eu, depuis 1139 ou 1140 jusqu'en 1170.

Johannes, Bathoniensis archidiaconus. — Jean, qui était archidiacre de Bath au mois de mai 1171[1], paraît avoir remplacé Thomas, qui portait ce titre en 1170[2].

Johannes, Cicestrensis episcopus. — Avant d'être élu évêque de Chichester en 1173, Jean était doyen du chapitre de la cathédrale[3]. Il fut sacré le 6 octobre 1174[4] et mourut en 1181[5].

Johannes de Constantiis, Wigornensis episcopus. — Jean de Coutances, neveu de Gautier de Coutances, fut successivement trésorier de Lisieux en 1182, archidiacre d'Oxford depuis 1184 au plus tard, doyen de Rouen depuis 1188 au plus tôt, évêque de Worcester à partir de 1196[6]. Il importe de faire observer qu'il eut en même temps le titre de trésorier de Lisieux et ceux d'archidiacre d'Oxford ou de doyen de Rouen. En effet, il porte encore le titre de trésorier de Lisieux dans une charte de l'archevêque Gautier de Coutances[7], c'est-à-dire de l'année 1184 au plus tôt. Il mourut en 1198 et l'annaliste de Worcester[8] lui a consacré quelques lignes d'éloge :
« Anno 1198. Bone memorie dominus Johannes de Constantiis, et optime conversationis, obiit, cujus sanctitatis refulgent insignia : nam corpus ejus sacrum cum indumentis pontificalibus usque hodie manet integrum et incorruptum. »

---

[1] Rév. Eyton, p. 135, note 4.
[2] Voir le *Saint Thomas* de Giles, t. IV, p. 287, et le Rév. Eyton, p. 137 et 138.
[3] Rad. de Diceto, t. I, p. 368.
[4] *Ibid.*, p. 392.
[5] Robert de Torigni, t. II, p. 95.

[6] Il fut sacré le 19 octobre 1196, *Annales Wirec.*, éd. Luard, t. IV, p. 388.
[7] Charte originale de l'abbaye de Saint-Victor de Paris, aux Archives nationales, S. 2106, n° 9.
[8] *Annales Wirec.*, éd. Luard, t. IV, p. 389.

Johannes Cumin, Cuminus, Cumminus, Cymin, Ciminus, Duvelinsis archiepiscopus. — Jean Cumin avait obtenu dans sa jeunesse le titre de *magister*, qui lui est donné dans deux chartes de Henri II[1] et dans les *Gesta Henrici*[2]. Il commence à figurer en 1159-1160 dans les Pipe Rolls[3].

Dès l'année 1164 il occupait à la cour du roi une position assez importante pour être compris dans une députation qui fut envoyée à Sens, auprès du pape Alexandre III[4]. Dans une lettre écrite vers 1167[5], il est question d'une mission qui lui fut confiée par le roi. Il jouissait alors d'une prébende dans l'église de Bath[6] et avait la garde de l'évêché de Hereford[7]. En 1173, il s'occupait à lever des impositions dans le comté de Gloucester[8]. Il figure en 1174 sur le rôle de l'Échiquier[9]. Henri II l'envoya en Espagne en 1177[10] et lui conféra en 1179 les fonctions de justicier[11]. Sur la part qu'il prit aux affaires de l'Irlande, on peut consulter Giraud le Cambrien[12]. Henri II le fit nommer archevêque de Dublin le 6 septembre 1181 : il fut ordonné prêtre par le pape Luce III le 13 mars 1182 et sacré le 21 du même mois[13]. La charge d'archevêque de Dublin ne semble pas avoir obligé Jean Cumin à résider assidûment en Irlande : nous le trouvons à Caen à la cour du roi le 25 décembre 1182[14], et à Reading le 5 août 1184, dans une réunion de prélats[15]. En 1188 il vint en France remplir une mission près de Philippe Auguste[16].

Je n'ai pas à m'occuper de ses actes du temps de Richard Cœur-de-lion et de Jean Sans-terre. Il mourut en 1212[17].

Johannes Ebroicensis episcopus, J. Filius Luce. — Jean Fils de Luc, originaire de Rouen, fut clerc de Richard, archevêque de Cantorbéry, de Gautier

---

[1] Nos 162 et 163 de notre Recueil.
[2] T. I, p. 157.
[3] *Pipe Roll* VI *H. II*, p. 59.
[4] Rad. de Diceto, t. I, p. 315.
[5] *Joh. Saresb. Opera*, éd. Giles, t. I, p. 315.
[6] *Pipe Roll* XIII *H. II*, p. 202.
[7] *Ibid.*, p. 76 et XIV *H. II*, p. 115.
[8] *Pipe Roll* XIX *H. II*, p. 154.
[9] Madox, *Exchequer*, p. 84, notes q et r.
[10] *Gesta Henrici*, t. I, p. 157.
[11] *Gesta Henrici*, t. I, p. 239.
[12] *Expugnatio Hiberniæ*, l. II, c. xxiv, dans les Œuvres de Giraud le Cambrien, éd. Brewer et Dimock, t. V, p. 357.
[13] *Gesta Henrici*, t. I, p. 280 et 287. — Robert de Torigni, t. II, p. 118.
[14] *Gesta Henrici*, t. I, p. 291.
[15] *Ibid.*, p. 317.
[16] Eyton, p. 287 et 288.
[17] Voir *National Biography*, t. XI, p. 455.

de Coutances et du roi[1] avant d'être nommé évêque d'Évreux, en 1181 ou 1182[2].

Il a le titre de chanoine de Rouen dans une charte de Henri II expédiée de Woodstock en faveur du prieuré de Newenham[3]. Ce texte et ceux dans lesquels il figure sans avoir le titre d'évêque, tels que la confirmation d'achat d'un terrain situé à Rouen[4] et deux articles des Grands rôles de l'Échiquier de Normandie de l'année 1180[5], sont antérieurs à son élévation sur le trône épiscopal. Les actes où il porte le titre d'évêque sont des huit ou neuf dernières années du règne.

A la même famille que l'évêque d'Évreux devait appartenir le « Johannes Luce », maire de Rouen, qui reçut un acte de donation fait en 1211 par « Silvester de Foro » au profit des lépreux du Mont-aux-Malades[6].

Johannes Filius Luce. Voir Johannes, Ebroicensis episcopus, p. 395.

Johannes Mald[uit]. — Il y a de nombreuses mentions de « Johannes Maledictus, Maledoctus, Maleductus » dans les Pipe Rolls des années 1162, 1167, 1170 et 1173. Il assista au concile de Clarendon en 1164[7], et fut chargé de l'administration du temporel de l'archevêché de Cantorbéry après le meurtre de Thomas Becket, comme on le voit par un article du Pipe Roll de 1171 : « Johannes Mald. et Turstinus Filius Simonis reddunt compotum de 1172 l. et 19 d. de firma archiepiscopatus de tribus partibus anni[8] ».

Jean Mauduit fut un des justiciers de l'année 1176[9].

Johannes Malherbe. — « Johannes Malaherba » est témoin à une charte que Guillaume Longue-épée délivra (1154-1164) aux religieuses de Mortain et qui est en original aux Archives nationales. — Un « Johannes Malherbe » est mentionné dans le Pipe Roll de l'année 1171-1172.

---

[1] *Gesta Henrici*, t. I, p. 278, 291 et 304.
[2] *Ibid.*, t. I, p. 278 et 290. — Robert de Torigni, t. II, p. 103.
[3] *Monasticon angl.*, t. VI, p. 374, col. 2.
[4] N° 383 de notre Recueil.
[5] « In liberatione Johannis Luce, 25 libras pro custodia castri de Monte Forti. » *Rot. Scacc. Norm.*, t. I, p. 77. — « Pro terris datis Johanni Filio Luce, in Bouchelon et in Fornevilla et in Tustinivilla, 33 l., per cartam regis. » *Ibid.*, p. 105.
[6] Original aux Archives de la Seine-Inférieure.
[7] Robertson, *Materials*, t. V, p. 73.
[8] *Pipe* XVII H. II, p. 142.
[9] *Pipe* XXII H. II, p. 80.

Johannes de Melna. — Dans une charte de Geoffroi Mauchien, sénéchal du Mans, est rappelée une procédure qui avait eu lieu « in curia domini regis coram domino Johanne de Melna, tunc temporis senescallo Cenomanensi ». (Beautemps-Beaupré, *Coutumes et institutions de l'Anjou et du Maine*, 2ᵈᵉ partie, t. II, p. 3.) — Une charte de Saint-Pierre de La Couture (n° 402 de notre Recueil) mentionne une assise tenue à Mayet en présence de « Stephanus senescallus Andeg., Petrus Guidonis et Johannes de Malna ».

Johannes de Oxeneford, de Oxonia, decanus Saresberiensis, episcopus Norewicensis. — Je ne saurais dire s'il convient d'identifier avec Jean d'Oxford un certain « magister Johannes, domini regis Henrici capellanus », qui figure vers le commencement de l'année 1161 dans un accord conclu à Séez, entre les abbés de Saint-Martin de Séez et de Saint-Jean de Falaise, en présence du cardinal légat Henri de Pise[1]. — J'ai aussi des doutes sur l'attribution des mentions de « Johannes de Oxineford » qui se trouvent dans presque tous les Pipe Rolls des années 1158-1174.

C'est à partir de 1164 que nous pouvons suivre la carrière administrative du Jean d'Oxford, qui fut honoré de la confiance du roi et qui fut doyen de Salisbury depuis 1166 au plus tard[2], jusqu'en 1175, date de sa promotion à l'évêché de Norwich.

De 1163 à 1170 il eut à remplir des missions se rattachant aux démêlés de roi avec l'archevêque de Cantorbéry[3]. Élu évêque de Norwich le 26 novembre 1175, il fut sacré le 14 décembre suivant[4]. Il fut choisi pour présenter au roi de Sicile la fille de Henri II, dont le mariage fut célébré en 1176[5]. Il siégeait à l'Échiquier d'Angleterre en 1180 et 1183[6]. Henri II l'envoya en Normandie en 1185[7]. Il vécut jusqu'après l'avènement de Jean Sans-terre.

---

[1] Ms. français 18953, p. 226.

[2] Lettres de Jean de Salisbury, édit. de Giles, t. I, p. 227 et 236.

[3] Hoveden, t. I, p. 223 et 230. — Rad. de Diceto, t. I, p. 315, 340, 341. — Gervais de Cantorbéry, t. I, p. 190, 202 et 222. — *Johannis Saresb. Opera*, éd. Giles, t. I, p. 315. — Robertson, *Materials*, t. VII, p. 239.

[4] Hoveden, t. II, p. 79. — Rad. de Diceto, t. I, p. 403. — Robert de Torigni, t. II, p. 58.

[5] *Gesta Henrici*, t. I, p. 117 et 127. — Rad. de Diceto, t. I, p. 415, 417.

[6] Madox, *Exchequer*, p. 744 et 57, note k.

[7] *Gesta Henrici*, t. I, p. 334.

Je dois ajouter une observation sur une charte de Henri II, dans laquelle on a cru voir une mention de «Jean élu de Norwich». C'est une charte accordée par le roi à son chambrier Guillaume Turpin. Telle qu'elle a été publiée, elle se termine par une liste de témoins, dont voici les premiers noms : «Testibus G. electo id est Northwicensi, Adam de Sancto Asaph episcopis...» Ainsi porte le texte de l'Histoire du monastère d'Abingdon, publié par Stevenson[1]. Comme Adam a été évêque de Saint-Asaph depuis 1175 jusqu'en 1181, et que pendant cette période le siège de Norwich a été occupé par Jean d'Oxford, élu le 26 novembre et sacré le 14 décembre 1175[2], l'éditeur a pensé que les mots *G. electo id est Northwicensi* désignent Jean d'Oxford, et que la charte a été faite à Winchester, entre l'élection et le sacre de ce prélat, c'est-à-dire vers la fin de l'année 1175.

L'interprétation de M. Stevenson ne me paraît pas admissible : en effet, il faudrait supposer que le scribe s'est trompé sur l'initiale du nom, G. au lieu de J., et qu'il a par mégarde ajouté les mots *id est*, qui sont plus qu'inutiles. De plus, si on avait voulu désigner un «élu de Norwich», on l'aurait nommé non pas en première ligne, mais après l'évêque de Saint-Asaph.

Il faut donc chercher une autre explication. Je crois que le texte original portait *G. El' J. Nortw'*, ce qui aura été pris pour *G. electo id est Nortwicensi*, tandis qu'il eût fallu lire *Gaufrido Eliensi, Johanne Nortwicensi, Adam de Sancto Asaph, episcopis*. Ainsi doit disparaître la mention de l'élu de Norwich.

Johannes, comes de Pontivo. — Des sommes lui furent payées sur les revenus du comté de Wilt en 1156 : «In perdonationibus per breve regis : Comiti de Pontivo, 4 l. 11 s... Comiti de Pontivo, 18 s.[3]». En 1166 il consentit à la cession que son oncle Guillaume, comte d'Alençon, fit au roi du château d'Alençon[4].

Johannes [Sine terra], regis filius minor. — Le fils de Henri II, qui devait régner sous le nom de Jean Sans-terre, était né en 1166.

Au mois de mai 1177, âgé de 11 ans, il fut déclaré roi d'Irlande. C'est à

---

[1] T. II, p. 237.
[2] Rad. de Diceto, t. I, p. 403.
[3] *Pipe Roll* 11 H.II, p. 59.
[4] Robert de Torigni, t. I, p. 360.

partir de cette date que, selon toute vraisemblance, il a pu figurer dans les actes du roi son père.

Johannes de Soligneio, de Solineio, de Suligniaco, de Soligni, de Soleingneio.
— Jean de Subligni était un chevalier de l'Avranchin, vassal de l'abbaye du Mont-Saint-Michel, comme il le reconnut par un aveu rendu en 1154 à l'abbé Robert de Torigni[1]. Il est témoin d'une charte datée de Bayeux en 1151[2]. Vers l'année 1167, il adressa à Henri II un rapport dans lequel il rappelle avoir été chargé par ce prince d'administrer l'honneur de Dol[3]. Son nom est au bas de la charte de l'année 1172 ou 1173 relative aux domaines anglais et normands du connétable Richard du Hommet[4]. Il conclut un accord en 1176 avec Gerbert de Perci[5].

Il y a de lui, aux archives du Calvados[6], une charte originale, qu'il accorda aux moines d'Aunai, du consentement de sa femme Alice et de son fils Hascoul. Il fut aussi le bienfaiteur de l'abbaye de Montmorel, à laquelle il donna les églises de Courseulle, Béni et Guilleberville[7]. Une amende à laquelle il fut condamné en 1184 « pro dissassina et pro negare et cognoscere » est portée sur le fragment de rôle de l'Échiquier de Normandie que possèdent les Archives nationales[8]. Le rôle des fiefs de 1172[9] le mentionne en ces termes : « Johannes de Solligneio, 1 militem et ad suum serviticum III milites. »

Johannes, Vindocinensis comes. — Jean, comte de Vendôme, pendant tout le règne de Henri II, auquel il resta fidèlement attaché pendant la révolte des fils de ce roi en 1173 [10].

Johannes, Wigornensis episcopus. — Jehan Pageham, évêque de Worcester, est le prélat dont le nom se trouve au bas de plusieurs chartes de

---

[1] Robert de Torigni, t. II, p. 298.
[2] Cartul. de Savigni, n° 565.
[3] « Ex benignitate vestra contigit ut mihi honorem Dolensem regendum committeretis ». Lobineau, *Hist. de Bretagne*, Preuves, t. II, col. 307.
[4] Publiée plus haut, p. 30.
[5] « Gerberto de Perci, pro fine quem fecit cum Johanne de Soleigni de terra de Guibertvilla. » *Pipe* XXII *H. II*, p. 141.
[6] Fonds d'Aunai, n° 390.
[7] Original aux Arch. de la Manche, fonds de Montmorel.
[8] Article XXXIII, plus haut, p. 341.
[9] *Rec. des histor.*, t. XXIII, p. 695 J.
[10] *Gesta Henrici*, t. I, p. 51.

Henri II. Il faut bien se garder de le confondre avec Jean de Coutances, qui monta seulement en 1196 sur le siège épiscopal de Worcester[1].

Jean Pageham fut sacré évêque de Worcester le 4 mars 1150[2] et mourut en 1157[3].

Joisbertus, Joubertus, de Pressigneio, Prissiniaco. — Joisbert de Pressigni, dont le nom se voit au bas de plusieurs chartes de Henri II, a attesté, en 1175 ou 1177, une charte de Richard Cœur-de-lion, alors comte de Poitou[4].

Jordanus de Barnevilla. — Jourdain de Barneville, seigneur de Basse Normandie, bienfaiteur de plusieurs abbayes du diocèse de Coutances notamment de l'abbaye de Saint-Sauveur, à laquelle il donna l'église de Fontenai sur les Vés[5].

Jordanus de Cuvis. — Jourdain de Cuves, chevalier de l'Avranchin, affecta le tiers de son héritage à la constitution du douaire de sa femme. Il donna son consentement à l'abandon que son père, Robert de Cuves, avait fait de l'église de Coulouvrai aux religieuses de Mortain. Les chartes de Jourdain et de Robert sont aux Archives nationales.

Jordanus de Humetis. — Le Pipe Roll de l'année 1176 mentionne (p. 200) son passage d'Angleterre en Normandie.

L'article relatif à Jourdain du Hommet a été défiguré dans les manuscrits qui ont servi aux éditeurs du Rôle des fiefs de Normandie en 1172[6]. La bonne leçon se trouve au fol. 33 du Premier registre de Philippe Auguste, fol. 33, col. 2 : « Jordanus de Humeto, 111 milites et dimidium, de honore de Humeto, et ad suum servitium XIII milites. »

---

[1] Voir plus haut, p. 394, l'article de *Johannes de Constantiis*.

[2] Gervais de Cantorbéry, t. I, p. 142, et t. II, p. 385.

[3] Robert de Torigni, *Continuatio Beccensis*, t. II, p. 165.

[4] Teulet, *Layettes du Trésor des chartes*, t. I, p. 115, n° 280. Le texte de cette charte a peut-être été remanié.

[5] Charte originale aux Archives de la Manche.

[6] *Rec. des histor.*, t. XXIII, p. 695. E.

JOHANNES. — JOSCELINUS.

Jordanus, Jordan[1] **Taison, Taixun, Taxon, Teissun.** — Jourdain Taisson, seigneur de Saint-Sauveur-le-Vicomte, était l'un des plus puissants barons de la Basse Normandie. On peut voir ce que j'en ai dit dans l'*Histoire du château de Saint-Sauveur*[2]. Jourdain était déjà au service du père de Henri II, et Jean de Marmoutier a mis à profit les renseignements qu'il lui avait demandés pour écrire l'histoire de Geoffroi le Bel[3]. Sa mort arriva en 1178[4], et sa veuve Léticie est mentionnée dans le rôle de l'Échiquier en 1180[5].

Entre les nombreuses chartes de Jourdain Taisson qui nous sont parvenues, j'en citerai une qui est en original aux Archives de la Manche, dans le fonds de l'abbaye de Saint-Sauveur, et qui fait connaître les prédécesseurs et les enfants du seigneur de Saint-Sauveur; j'en donnerai seulement quelques mots: « Ego Jordanus Tesson et Leticia, uxor mea, concessimus Deo et abbatie Sancti Salvatoris... omnes donationes quas Nigellus et Rogerus, vicecomites, fecerunt predicte abbatie..., cum filiis nostris, Rad., Rog. et Jord....; — ad dedicationem ecclesie Sancti Salvatoris... »

Joscelinus, Jocelinus, Jocellinus, Goscelinus, de Baillolio, de Baliol. — Joscelin de Bailleul est souvent mentionné dans les Pipe Rolls, depuis 1155 jusqu'en 1168. Il assista au Concile de Clarendon en 1164[6], et l'archevêque de Cantorbéry l'excommunia le 13 mai 1166[7].

Joscelinus (magister), Cicestrie archidiaconus. — Cité dans un rôle de l'année 1185[8].

Serait-ce le même que « magister Joscelinus, cancellarius Cicestrensis », qui vivait en 1167[9]? L'archidiacre Joscelin fut un des gardiens de l'évêché de Chichester pendant la vacance du siège en 1185, et remplit un peu plus tard les fonctions de juge itinérant. Il dut mourir vers 1190[10].

---

[1] Cette forme française se lit sans aucun signe d'abréviation dans plusieurs chartes originales.
[2] Pages 31-34.
[3] *Chroniques des comtes d'Anjou*, p. 231.
[4] Robert de Torigni, t. II, p. 75.
[5] *Rot. Scacc. Norm.*, t. I, p. 33.
[6] Robertson, *Materials*, t. V, p. 73.

[7] *Ibid.*, p. 383 et 388. — Rad. de Diceto, t. I, p. 318. — Lettre de Jean de Salisbury, éd. Giles, t. I, p. 229.
[8] Madox, *The History of the Exchequer*, p. 212, note a.
[9] *Joh. Saresb. Opera*, éd. Giles, t. II, p. 91.
[10] Foss, *The Judges*, t. I, p. 387.

Joscelinus, Goscelinus Crispinus. — Ce baron, cité déjà dans le Pipe Roll de l'année 1158, se révolta contre Henri II en 1173[1].

En 1180, il rendit compte de la ferme de Neaufle[2]. Joscelin Crespin et sa femme, Isabelle de Dangu, sont comptés parmi les bienfaiteurs de l'abbaye cistercienne de Mortemer[3]. Nous avons une charte de Joscelin relative à un don de 10 acres de terre qui avait été fait à cette abbaye.

Joscelinus de Lovanio, frater Reginæ. — Joscelin de Louvain, fils de Godefroi, comte de Louvain, frère d'Adelise, seconde femme de Henri Ier, roi d'Angleterre. Il figure sous le nom de *Joscelinus* ou *Goscelinus frater regine* dans les Pipe Rolls des années 1156, 1158, 1172 et 1175.

Il dut être attaché à la maison du jeune roi Henri, fils de Henri II, et c'est lui qui fut chargé en 1170 d'annoncer à l'archevêque de Cantorbéry que le prince ne voulait pas le recevoir[4].

Joscelinus, Saresberiensis episcopus. — Joscelin, évêque de Salisbury depuis 1152, mourut le 18 novembre 1184[5]. Robert de Torigni, t. II, p. 133, rapporte cette mort à l'année 1185.

Joscius, Aconensis episcopus. — Josce, évêque d'Acre, était à la cour du roi à Chinon, en 1180 selon toute apparence, quand une charte y fut expédiée en faveur de l'abbaye de Fontevrault[6]. Il était venu en Occident pour assister au concile de Latran en 1179 et pour remplir une mission dont le roi de Jérusalem l'avait chargé auprès du duc de Bourgogne[7]. Il dut rester en France un certain temps, car Henri II le fit passer en Angleterre pendant l'été de 1183, en même temps que Jean Sans-terre, comme l'in-

---

[1] *Gesta Henrici*, t. I, p. 47. — Rad. de Diceto, t. I, p. 371. — Robert de Torigni, t. II, p. 38 et 39.

[2] «Joscelinus Crispinus reddit compotum de 40 libris de firma pro barra de Neelfa.» *Rot. Scacc. Norm.*, t. I, p. 90.

[3] *Historia cœnobii Mortui maris*, dans le *Recueil des Historiens*, t. XIV, p. 511. B et 514. B.

[4] Hoveden, t. I, p. 13. — Rad. de Diceto, t. I, p. 342. Dans ce dernier ouvrage, Goscelin est appelé «Jocelinus Castellanus, frater Regine».

[5] *Gesta Henrici*, t. I, p. 320. — Rad. de Diceto, t. II, p. 32.

[6] N° 433 de notre Recueil.

[7] Guillaume de Tyr, l. XXI, c. 26; éd. de l'Académie des inscr., t. I, part II, p. 1049.

dique un passage du Pipe Roll de l'année 1183 : « Et in passagio Johannis filii regis et Rannulfi de Glanvilla et sociorum suorum, 15 l. 4 s., per breve regis. Et in passagio episcopi de Acra, 15 s., per breve regis[1] ».

Joscius, Turonensis archiepiscopus. — Archevêque de Tours, de 1157 à 1173 ou 1174.

Joslenus de Turonis. Voir Goslenus, p. 378.

Joubertus. Voir Joisbertus, p. 400.

Lancelinus de Vendocino. — Lancelin, fils de Jean, comte de Vendôme, mourut avant 1188.

Maletus, prepositus Turonensis. — Nous avons[2] une lettre adressée au roi Henri II, vers l'année 1160 par « Maletus, prepositus ejus Turonensis, et sui fideles jurati ipsius civitatis ».

Manasserus, Manassier, Manasseir Biseit, Biset, dapifer. — *Manasserus* est la forme que présentent en toutes lettres plusieurs pièces originales, et notamment les Pipe Rolls, où Manassier figure régulièrement jusqu'en l'année 1175-1176. Il assista comme témoin au traité conclu en 1153 entre Henri, duc de Normandie, et le roi Étienne[3]. Son nom se rencontre dans une foule d'actes du règne de Henri II. Il avait épousé Alice (*Adalacia*), sœur de Gilbert de Falaise, qui avait donné au prieuré de Longueville les églises d'Ocqueville et de plusieurs autres paroisses du pays de Caux[4].

Une charte de Rotrou, archevêque de Rouen, a pour objet une libéralité faite à l'abbaye de Fécamp par « Maneserius Biset, dum adhuc in libertate animi et corporis libero fungeretur arbitrio[5] ». Manessier Biset, qui figure à chaque instant comme témoin dans les actes de la première partie du règne de Henri II, disparaît dans ceux de la seconde qui sont venus à ma connaissance.

---

[1] Eyton, p. 252.
[2] Collection Housseau, vol. V, n° 1766. — N° 128 de notre Recueil.
[3] Rymer, t. I, part II, p. 18.
[4] Obit. de Longueville, dans le *Rec. des histor.*, t. XXIII, p. 435. c.
[5] Cartul. de Fécamp, ms. de la Bibl. de Rouen, fol. 23.

L'abbaye de Fontevrault avait dans ses archives une charte par laquelle « Manasse, dapifer regis Anglorum, et uxor mea Aaliz »[1] donnèrent à cette maison une rente de vingt sous, assise sur leur moulin de Cani; l'acte fut passé dans le chapitre de Fontevrault, en présence de la reine Aliénor, de Richard, fils de cette reine, et de Jean, comte de Vendôme. Sur le sceau, Gaignières[2] avait déchiffré ces lettres : S. MANE...[R]EG. ANGLIE.

Martinus, abbas Cerasiensis, de Ceresiaco. — Martin, abbé de Cérisi, au diocèse de Bayeux, à partir de 1167[3], était encore en fonctions du temps du pape Luce III (1181-1185)[4] et de Gautier de Coutances, archevêque de Rouen[5] (1184-...).

Il fut fortement question, en 1173, de choisir l'abbé Martin pour être archevêque de Cantorbéry[6].

Martinus de Hosa. — Des sommes affectées au service de l'échansonnerie lui furent allouées en 1165 et 1166[7].

En 1180, il avait la garde du donjon de Gisors, et il dirigeait les travaux qui se faisaient au château de Neaufle et à Neufchâtel[8]. Il fut témoin en 1186 d'un accord conclu à Rouen entre l'abbé de Fécamp et Hélie Fils de Bernard[9].

Matheus, Andegavensis episcopus. — Mathieu, évêque d'Angers, de 1155 à 1162; il avait été précédemment abbé de Saint-Florent.

Matheus (magister), Matheus, ducis doctor. — Nous savons par Gervais de Cantorbéry[10] que l'éducation du futur Henri II fut dirigée pendant quatre

---

[1] Il y a aussi dans le Cartulaire de Foucarmont, fol. 85, une charte de « Aeliz uxor Manasseri Bisete », qui agit d'accord avec son fils Henri.

[2] Ms. latin 5480, t. I, p. 275

[3] Robert de Torigni, t. I, p. 369.

[4] Cartulaire de Savigni, n° 74.

[5] Charte de Henri II pour le prieuré de Sainte-Barbe.

[6] Gervais de Cantorbéry, t. I, p. 244.

[7] « Ad conducendum vina regis..., per Martinum de Hosa et Philipum pincernam... »
Pipe XI H. II, p. 44. — « Pro vinis regis et ipsis conducendis de Hantona ad Clarendonam..., per Hamonem pincernam et Martinum de Hosa ». Pipe XII H. II, p. 508.

[8] Rot. Scacc. Norm., t. I, p. 70.

[9] Collection Moreau, vol. 59, fol. 106.

[10] « Puer autem Henricus, sub tutela comitis Roberti, apud Bristoviam degens, per quatuor annos traditus est magisterio cujusdam Mathei, litteris imbuendus et moribus honestis ut talem decebat puerum instituendus. » Gervais de Cantorbéry, t. I, p. 125.

années par un certain Mathieu, qui est cité comme témoin dans plusieurs actes de la minorité du prince; mais nous ignorons d'où venait et ce que devint ce pédagogue, qui avait été choisi par Robert, comte de Gloucester. Ne serait-il pas le Mathieu qui accompagna la duchesse Aliénor dans une visite faite en 1152 à l'abbaye de Fontevrault[1], et que, devenue reine, elle prit pour chancelier[2]? N'aurait-il pas été le doyen du chapitre d'Angers, connu par différents actes des années 1155-1161[3], qui a fourni des renseignements à Jean de Marmoutier pour écrire la Vie de Geoffroi le Bel, comte d'Anjou[4]?

Mathildis Imperatrix. — Fille de Henri I*er*, roi d'Angleterre, femme en premières noces de l'empereur Henri V, et en secondes noces de Geoffroi, comte d'Anjou, morte le 10 septembre 1167. On peut voir dans le chapitre IV (plus haut, p. 139), la part qu'elle prit au gouvernement et à l'administration des états de son fils. Voir aussi *The National Biography*, t. XXXVII, p. 54.

Mauricius de Creon, Creonio, Creun, Croon. — Ce baron est un de ceux dont le nom revient le plus fréquemment parmi les témoins des chartes de Henri II. Dès la deuxième année du règne (1155-1156) il est inscrit sur le rôle de l'Échiquier comme débiteur d'oiseaux de fauconnerie[5]. Le 20 juillet 1158, il accorda à l'abbaye de Kirkstead une charte dont le fac-similé a été publié dans le recueil de Warner[6]. Des reliques de la Terre Sainte lui furent données en 1169[7]. Le roi lui confia en 1174 la garde de l'Anjou, du Maine et de la place d'Ancenis[8]. Dans le traité conclu en 1177 entre les rois de France et d'Angleterre, Maurice de Craon est un des trois arbitres que Louis VII choisit pour régler les différends que l'exécution du traité pourrait faire naître[9]. En 1179 et 1180 Maurice et son neveu avaient promis à Henri II 5 marcs pour faire homologuer par le roi un accord conclu avec

---

[1] Chapitre IV, plus haut, p. 128.
[2] Voir plus haut au mot *Aliénor*, p. 352 n.
[3] *Gallia christ.*, t. XIV, col. 570.
[4] Marchegay, *Chroniques des comtes d'Anjou*, p. 231.
[5] « Mauricius de Creon debet 1 accipitrem norrensem et 1 grifalconem. » *Pipe Roll* 11 *H. II*, p. 25.
[6] N° 45.
[7] Dom Housseau, vol. V, n° 1866.
[8] Rad. de Diceto, t. I, p. 380.
[9] Rymer, nouv. éd., t. I, part 1, p. 35.

Gervais Painel[1]. Il semble que son fils soit entré en possession de l'héritage paternel l'an 34 du règne (1187-1188), et qu'à cette occasion il ait versé au trésor royal une somme de 156 l. 13 s. 4 d.[2].

Michael Belet. — Le nom de Michel Belet paraît dès l'année 1155-1156 dans les Pipe Rolls. Il eut différents emplois dans l'administration anglaise depuis 1176 jusqu'en 1183[3].

Nicolaus capellanus. — Témoin du traité conclu en octobre 1175, à Windsor, entre Henri II et le roi de Connaught[4].

N[icolaus], prior de Plesitio. — Nicolas, prieur du Plessis-Grimoult, est témoin de plusieurs chartes de Philippe, évêque de Bayeux, en 1162[5] et de Henri, évêque du même siège, en 1169[6], 1177[7] et 1182[8].

Les auteurs de la *Gallia christiana*[9] l'ont trouvé dans plusieurs chartes depuis 1154 jusqu'en 1177.

Nicolaus, decanus Sancti Juliani. 1180-1214. — Il est mentionné sous le nom de *Nicolaus Burci, decanus Cenomanensis*, dans une charte de Guillaume, évêque du Mans, conservée aux Archives nationales, fonds de Savigni.

Nicolaus de Sigillo. — Les articles relatifs à ce personnage dans les Pipe Rolls des années 1156 et 1158 permettent de supposer qu'il avait un office dans la maison du roi, peut-être dans le service de la vénerie :

Radulfus Filius Drogonis debet v accipitres et v girfalcones pro seipso et pro Nicolao de Sigillo.
Debet idem II accipitres (p. 25).

---

[1] « Mauricius de Creon et Wido, nepos suus, debent v marcas ut loquela de Waltham quam habent versus Gervasium Painel sit coram rege. » Rôle cité par Madox, *Exchequer*, p. 66, note p.

[2] Dugdale, *The Baronage*, t. I, p. 412.

[3] *Gesta Henrici*, t. I, p. 239. — Madox, *Exchequer*, p. 57, notes b et h, p. 77, note r, p. 144, note p. — Notes de Stubbs sur Hoveden, t. II, p. 191.

[4] *Gesta Henrici II*, t. I, p. 103. — Voir *Nicolaus de Sigillo*.

[5] Livre noir de l'église de Bayeux, n° 126. Charte du 23 janvier 1162 relative à la prébende d'Arri; édit. Bourrienne, t. I, p. 153.

[6] *Ibid.*, n° 65, et Cartulaire de Fécamp à la bibl. de Rouen, fol. 29.

[7] Livre noir de Bayeux, n° 65.

[8] Cartulaire de Savigni, n° 282.

[9] T. XI, col. 442.

Debet pro Nicolao de Sigillo, ıı accipitres (p. 84).
Pro Nicolas de Sigillo, ıı accipitrem (p, 117).
Nicolao de Sigillo, 35 l., ad opus gubernatorum regis in itinere de Walliis (p. 171).
Nicolao de Sigillo, 7 l., ad conducendum damas regis (p. 175).

Suivant Foss[1], c'est un seul et même individu qui figure en qualité de justicier sous les noms de *Nicolaus de Sigillo* (1172), *N. archidiaconus* (1174), et *N. capellanus regis* (1179).

Nicolaus de Stotevilla, de Estutevilla. — Plusieurs membres de la famille d'Estouteville ont porté le nom de Nicolas. Celui qui a servi de témoin à plusieurs chartes de Henri II doit être identique à celui qui figure dans les Pipe Rolls des années 1156 et 1158, et dont l'annaliste de Saint-Taurin[2] a enregistré la mort sous l'année 1177. Il avait assisté en 1162 à la translation des corps des ducs Richard dans l'abbaye de Fécamp[3], et fondé l'abbaye de Valmont en 1169[4]. Il faut lui attribuer, je crois, une charte accordée à l'abbaye de Valmont « pro salute anime mee (dit-il) et Aidieve, uxoris mee, et pro salute animarum patris et matris mee, et domini Roberti de Stutevilla, fratris mei[5] ». Il possédait en Angleterre le château de Liddell, dont le roi d'Écosse s'empara en 1174[6].

Un autre Nicolas d'Estouteville, frère de Robert, est cité en 1180 comme possédant des terres dans la forêt de Fécamp[7], de sorte qu'il serait téméraire de considérer comme antérieurs à l'année 1177 tous les actes dans lesquels figure un Nicolas d'Estouteville.

Nicolaus de Veiocis. — Doit être le même que *Nicholaus de Veius*, dont les donations faites à l'abbaye de Barberi sont rappelées en 1181 dans une charte de Robert Marmion[8]. — Voir une note de Jos. Tardif, dans le *Très ancien Cout. de Normandie*, I, texte latin, p. 113.

---

[1] *The Judges*, t. I, p. 305 et 306.
[2] *Rec. des histor.*, t. XII, p. 777. c.
[3] Robert de Torigni, t. I, p. 337, note.
[4] Annales de S. Taurin, *Rec. des histor.*, t. XII, p. 777 c. — Annales de Fécamp, *ibid.*, p. 778 D.
[5] Original aux archives de la Seine-Inférieure.
[6] *Gesta Henrici*, t. 1, p. 65.
[7] *Rot. Scacc. Normanniæ*, éd. Stapleton, t. I, p. 65.
[8] Original aux Archives du Calvados.

Nigellus de Broo. — Figure deux fois dans le Pipe Roll de l'année 1176, p. 54 et 192.

Nigellus, Eliensis episcopus. — Néel, qui occupait le siège épiscopal d'Ély depuis 1131, mourut en 1169[1].

Nigellus de Moritonio. — Par une charte sans date, « Nigellus, Moretonii senescallus » rappelle que Ruellon de Sourdeval avait donné à l'abbé de Savigni le patronage de l'église de Sourdeval[2]. Néel de Mortain et Mathilde, sa femme, abandonnèrent à la même abbaye les droits qu'ils pouvaient avoir sur les églises de Chamcervon et de Saint-Martin-du-Gast[3].

Odo hostiarius. — Mentionné dans les Pipe Rolls de 1160 et 1168.

Osbernus, Osbertus de Cailleio, de Calleio. — Par charte expédiée entre 1156 et 1162, Henri II confirma à Osbert de Cailli les biens dont son père Roger et son grand-père Osbert avaient été en possession[4]. A la même époque, Osbert et ses deux fils, Roger et Osbert, furent témoins de la donation que Gautier Giffard fit à l'abbaye de Saint-Ouen de Rouen « pro anima Wilhermi filii Osberni de Cailli[5] ». En 1180, remise fut faite à Osbert d'une amende qu'il avait encourue pour s'être indument attribué un droit coutumier[6].

Osbertus (magister), clericus de camera. — Ce clerc fut en fonctions pour le moins de 1172 à 1188.

Au printemps de 1172, il revint d'Irlande en Angleterre, avec le trésor du roi[7]. En 1175, il dut passer d'Angleterre en Normandie[8]. Il était de retour en Angleterre l'année suivante[9]. Le 13 février 1177, il assista à Palerme au mariage de Jeanne, fille de Henri II, avec le roi de Sicile[10]. En

---

[1] Robert de Torigni, t. II, p. 14.
[2] Cartul. de Savigni, n° 72.
[3] Ibid., n° 79.
[4] Original au Trésor des chartes, *Rouen*, I, n° 1, J. 212.
[5] Collection Moreau, vol. 60, fol. 121.
[6] Rot. Scacc. Norm., t. I, p. 80.

[7] « Osberto clerico de camera, 200 l., ad portandum cum rege quando rediit ab Hibernia ». Pipe Roll XVII H. II, p. 87. (Il faut probablement suppléer le mot *thesaurum*.)
[8] Pipe Roll XXI H. II, p. 201.
[9] Ibid., XXII H. II, p. 11 et 12.
[10] Gesta Henrici, t. I, p. 167.

1184, il reçut une délégation du chapitre de Saint-Paul de Londres, dont il était chanoine[1].

En février 1188, Henri II le dépêcha près du chapitre de Cantorbéry[2].

Osbertus, Osbernus, Hosber de Hosa. — Le registre des fiefs de l'année 1172 nous apprend que la partie septentrionale du Cotentin était désignée par le nom de l'officier chargé de l'administrer : « In ballia Osberti de Hosa », et qu'elle comprenait, outre la « commune de Cherbourg », les fiefs de plusieurs seigneurs de la région, Philippe de Carteret, Pierre de Valognes, Guillaume Fils d'Estout et Richard de Martinvast[3].

Osbert de La Heuse est ordinairement qualifié de connétable de Cherbourg, et Robert de Torigni lui donne le titre de connétable du roi, en rappelant, sous l'année 1185, sa mort et la belle maison qu'il avait construite auprès de l'abbaye du Vœu à Cherbourg[4]. Osbert avait le titre de connétable de Cherbourg dès avant l'année 1154, comme l'atteste un mandement de l'Impératrice ainsi adressé : *M. Imperatrix, H. regis filia, Osberto de Hosa, constabulario Cesaris Burgi*[5]. En 1180, il rendait compte des domaines ducaux de Cherbourg, de Valognes et de Brix[6].

Jean de Marmoutier s'est servi des renseignements qu'il avait reçus d'Osbert de La Heuse sur certains détails de la vie de Geoffroi le Bel, comte d'Anjou[7].

---

[1] Madox, *Exchequer*, p. 146, note d.

[2] Gervais de Cantorbéry, t. I, p. 412. — *Epistolæ Cantuarienses*, éd. Stubbs, p. 166.

[3] « In ballia Osberti de Hosa. Ph. de Kartrai, 1 militem. Petrus de Valoniis, 1 militem. Guillelmus de Siffrewast, III partem militis. Guillelmus Filius Estulti, dimidium militem. Ricardus de Martinwast, cum equis et armis, cum communia de Cesaris Burgo. » *Rec. des histor.*, t. XXIII, p. 696; Registre A de Philippe Auguste, fol. 33 v°, col. 2. Dans ce registre on a biffé les mots *Osb. de Hosa*, et on les a remplacés par le nom de *Regn. de Cornelau*, bailli du temps de Philippe Auguste.

[4] « Quidam constabularius domini regis Henrici, Osbernus de Hosa nomine, qui castrum Cesaris Burgi, cum patria que ad illud pertinet custodiebat... » Robert de Torigni, t. II, p. 134.

[5] Charte publiée ci-dessus, p. 143. — Elle est antérieure à l'avènement de Henri au trône.

[6] « Osbertus de Hosa, reddit compotum, per Gaufridum clericum suum et per Robertum Andegavensem, de 150 l. 10 s. de firma Cesaris Burgi. Et de 153 l. 10 s. de firma Valoniarum. Et de 200 l. de firma de Bruis. » *Rot. Scacc. Norm.*, t. I, p. 30.

[7] « Obertus de Ocrea nobis enarravit. » Marchegay, *Chroniques des comtes d'Anjou*, p. 231.

Obertus Martel, Marcellus. — La leçon *Martel* doit être la meilleure. C'est celle qui se trouve dans cinq Pipe Rolls, années 1159, 1160, 1162, 1166 et 1168. Ce personnage dut mourir vers 1168. Son nom est remplacé par celui de *Ricardus Filius Osberti* sur les rôles de 1170 et 1173, et les rôles de 1174 et 1175, mentionnent la « firma de Liton., que fuit Osberti Martelli ».

Paganus de Clara Valle, de Claris Vallibus. — Jean de Marmoutier le présente comme un des principaux conseillers de Geoffroi le Bel[1], avec lequel il aurait été fait chevalier à Rouen, en 1127[2]; mais le récit de la cérémonie semble un peu romanesque. Par une charte sans date, « Paganus de Claris Vallibus » donne à l'abbaye de Fontevrault une rente de 4 sous sur un four de Saumur[3].

Paganus Malus canis. — Témoin d'une charte datée du Mans, dont la date est comprise entre 1164 et 1173. Sans doute c'est à lui qu'un ordre fut donné par Henri II en faveur des chanoines de Saint-Pierre de La Cour au Mans[4]; le roi l'appelle « Paganus, senescallus meus », c'est-à-dire, si je ne me trompe, sénéchal du Maine.

Un autre membre de la même famille, nommé Geoffroi, prend le titre de sénéchal du Mans dans une charte de l'abbaye de Marmoutier[5].

Paganus de Rupe Forti, de Rocha Forti. — Un personnage de ce nom est mentionné dans une charte antérieure à l'avènement de Henri II au trône d'Angleterre[6]. Est-il le même que celui qui est qualifié de sénéchal d'Anjou dans une charte datée de Saumur en 1190[7] en présence de la reine Aliénor, et dans un acte postérieur à l'année 1185 passé dans la cathédrale de Nantes et auquel prirent part Maurice, évêque de Nantes, et Pierre, évêque de Saint-Malo[8].

---

[1] *Chroniques des comtes d'Anjou*, p. 270.
[2] *Ibid.*, p. 234.
[3] Cartul. de Fontevrault, charte 49.
[4] N° 275 de notre Recueil.
[5] « Gaufridus Malus Canis, senescallus Cenom. » N° 227 de notre Recueil.
[6] Extraits de Gaignières, dans le ms. latin 5441, t. II, p. 271.
[7] « Actum apud Salmurium, teste domina Alienor, regina, anno incarnati Verbi 1190. » Ms. latin 5480, t. I, p. 73.
[8] *Ibid.*, p. 116.

OBERTUS. — PATRICIUS.

Pag[anus] de Vegg[ia]. — « Paganus de Vegia », témoin à une charte d'Étienne, sénéchal d'Anjou (1162-1178)[1].

Parisius, archidiaconus Roffensis. — Passa d'Angleterre en Normandie en 1175-1176[2].

Patricius de Chaorc[is]. — Nous trouvons *Patricius de Cadurc*. cité dans les Pipe Rolls à la fin du règne de Henri I[er][3], et *P. de Chauwurcis* ou *Chavurcis* aux années 1173 et 1174[4]. — Patrice de Sourches conclut un accord avec les moines de Saint-Aubin d'Angers, au sujet du prieuré de Malicorne. (*Cartul. de Saint-Aubin*, t. II, p. 320).

Patricius, comes Salisberiensis. — Patrice de Salisbury, que l'Impératrice Mathilde avait élevé à la dignité de comte de Salisbury[5], fut un des serviteurs les plus dévoués de Henri II, depuis l'année 1155-1156 au moins[6]. Envoyé en Poitou avec les pouvoirs les plus étendus[7], il y périt le 27 mars 1168, frappé d'un coup de lance par Gui de Lusignan[8]. Peu de temps après sa mort, son anniversaire fut fondé dans l'église de Saint-Hilaire de Poitiers, par une charte de la reine Aliénor, qui agissait en son nom personnel et au nom du roi son mari et de leur fils Richard.

A., regina Anglorum et ducissa Aquitanorum et Normannorum et comitissa Andegavorum, archiepiscopis, episcopis, abbatibus, comitibus, baronibus, justiciis, ballivis, prepositis et omnibus fidelibus regis et suis tocius Aquitanie, salutem. Sciatis dominum meum regem et me et Ricardum, filium meum, pro salute nostra et antecessorum nostrorum, et pro anima comitis Patricii, qui in nostro servicio mortuus fuit, dedisse et concessisse ecclesie Beati Hylarii omnes consuetudines quas habebamus in curte de Benacayo et pertinenciis suis, eo retento quod, pro garda et deffensione coloni illius curtis et terre, pro jugo boum arancium terram illam XII denarios andegavenses, pro jugo asinorum VI denarios andegavenses dabit. Si vero rusticus habuerit IIII boves vel tres asinos vel jumentum et

---

[1] Voir plus loin (p. 461), au nom de *Stephanus de Turonis*.
[2] *Pipe Roll* XXII H. II, p. 200.
[3] *Pipe* XXXI H. I, p. 6.
[4] *Pipe* XIX H. II, p. 154, et XX, p. 23.
[5] Voir Dugdale, *The Baronage*, t. I, p. 174 et 175.

[6] *Pipe Roll* II H. II, p. 56.
[7] Robert de Torigni, t. II, p. 4. — Raoul de Dicet (t. I, p. 331) s'exprime ainsi : « Comes Patricius, in Aquitania, princeps militiæ regis Anglorum, lancea confossus obiit ».
[8] *Gesta Henrici*, t. I, p. 343. — Rad. de Diceto, t. I, p. 331.

duos boves cum quibus aut pro uno animali nichil dabit, eo excepto quod, si jumentum vel roncinus per se fecerit aratrum, tunc tantumdem dabit quantum et jugum boum. Pro hiis autem denariis homines illius terre liberi erunt ab omni consuetudine et talliata et cavalcata et bianno et omni exactione prepositorum et ballivorum et servienciun nostrorum et omni submonicione eorum et districtione et justicia, eo retento quod, quando dominus Pictavensis pugnaturus exibit, tunc tantummodo sequentur eum homines illius terre, quando videlicet submoniti fuerint a canonicis Beati Hylarii. Si illi convicti fuerint prefatam cosdumam infra octobas beati Michaelis non reddidisse, vel alio modo forisfecisse, unde gagium nobis vel servientibus nostris debeant donare nomine gagii, non dabunt nisi vii solidos et vi denarios. Si vero rusticus dixerit se cosdumam recte solvisse, vel pacem ministrorum nostrorum inde habere, plano ejus sacramento credetur. De nemoribus Beati Hylarii accipient homines Beati Hylarii ad communem usum suum, et pacem habebunt tam in nemoribus quam in terra plana; canonici vero habebunt nemora illa ad omnem usum suum et ad usum ecclesie, et habebant in eis forestagium et pasnagium et cetera omnia que antecessores eorum habebunt temporibus comitum Pictavensium, ita quod neque vendent neque donabant. Preterea ipsi canonici habebunt tantum terre illius quantum poterunt excolere tria juga boum sine omni consuetudine. Pro hac autem libertate et consuetudine a nobis concessa, canonici ecclesie Beati Hylarii singulis annis sollempniter celebrabunt nostrum anniversarium post nostrum a seculo discessum, similiter anniversarium comitis Patricii celebrabunt. Hanc autem donacionem et concessionem inminutam et firmam precipimus teneri et conservari, et, ex voluntate et mandato domini mei regis et Ricardi filii mei, sigilli mei auctoritate communio et confirmo. Teste Johanne episcopo Pictavensi, et Symone de Tornebu, et Hugone vicecomite Castri Ayraudi, et Radulpho de Faia, et Ricardo de Canvilla, et Saldebrolio, et Arveo panetario, et Johanne cantore Beati Hylarii, et Reginaldo magistro scolarum, et magistro Meschino priore Beate Radegundis, et magistro Bernardo, et Petro cappellano meo.

Apud Pictavim [1].

Petrus de Bello Campo. — Cité dans les Pipe Rolls de 1156 (p. 6), 1162 (p. 61) et 1165 (p. 89).

Petrus Blesensis (magister). — L'un des écrivains les plus distingués de l'Angleterre à la fin du XII° siècle, témoin d'une charte de l'église de Bayeux, assista le 17 juin 1179 à la translation du corps de saint Romain dans la cathédrale de Rouen. — Voir *Hist. litt. de la France*, t. XV, p. 341.

---

[1] Publié par Rédet (*Mém. de la Société des Antiquaires de l'Ouest*, t. XIV, p. 180) d'après un vidimus du mardi avant Pâques 1256 (probablement 3 avril 1257, nouv. st.) aux Archives de la Vienne, fonds de Saint-Hilaire, Benassai, n° 41).

PATRICIUS. — PETRUS.

Petrus de Buris. — Riche financier du temps de Henri II, qui, pour se concilier le bon vouloir du roi, lui avait promis, en 1180, une somme de 600 livres. Sa terre était, en 1180 et 1184, entre les mains du roi[1].

Petrus cardinalis. — Pierre, cardinal de Saint-Chrysogone, assista à la délivrance d'une charte que le roi expédia à Caen en faveur de l'abbaye de Préaux[2].

Ce cardinal avait été envoyé en France au mois d'avril 1174[3], et sa mission se prolongea pendant plusieurs années. La charte sur laquelle son nom a été inscrit à une place d'honneur n'est pas postérieure à 1175, puisqu'elle porte la souscription de Jean, doyen de Salisbury, qui devint évêque de Norwich en 1175.

Petrus Filius Guidonis, Widonis. — Sur une douzaine de souscriptions d'un nommé *Petrus Filius Guidonis*, on en remarque une[4], qui offre, jointe à ce nom, la qualification de *dapifer*. C'est le nom d'un officier qui a été au service de Henri II. Dans une charte de l'abbaye de Marmoutier, il figure avec le titre de « custos turris Cenomanensis [5] ».

Il est cité parmi les personnes que Henri II fit traverser la mer en 1175-1176, pour aller d'Angleterre en Normandie [6]. Il était au Mans en 1187 [7].

Il remplit les fonctions de sénéchal de Nantes en 1181. Sur une charte de l'abbaye de Fontevrault[8], passée dans l'église de Nantes, figurent « Petrus Filius Guidonis et Robertus de Doniol, senescalli domini regis Angl. tunc Nannet. », et le sceau équestre du sénéchal Pierre fut appendu à cette charte, dont la date rappelle bien la soumission de la Bretagne à Henri II : « Actum anno 1181, Alexandro papa III apostolice sedi presidente, Henrico, Gaufridi comitis Andegavensis filio, in Anglia regnante. »

---

[1] *Rotul. Scaccarii*, t. I, p. 21 et 66. Voir plus haut, p. 335, le fragment du rôle de 1184, § IV.
[2] N° 360 de notre Recueil.
[3] Jaffé, nouv. éd., n° 12369.
[4] N° 320 de notre Recueil.
[5] N° 115 A de notre Recueil.
[6] *Pipe xxii H. II*, p. 220.
[7] *Liber albus capituli Cenom.*, p. 289, n° 468. — Charte faite en présence de L[isiard], évêque élu de Séez.
[8] Ms. latin 5480, t. I, p. 117.

Petrus de Mara, de La Mara. — Il assistait en 1164 au concile de Clarendon[1]. Sur le fief qu'il possédait dans le Wiltshire, voir le *Liber niger Scaccarii*, p. 113.

Un mandement du roi de la première moitié du règne[2] est souscrit par « Petrus de La Mara ».

Petrus, Meneviensis episcopus. — Pierre, évêque de Saint-David, suffragant de Cantorbéry, siégea de 1148 à 1176.

Petrus de Sancto Hilario. — Pierre de Saint-Hilaire, possesseur de fiefs importants, en Angleterre et en Basse Normandie, rappelle, dans une charte non datée, que Hascoul, son père, avait donné au prieuré de Sacei la dîme de ses domaines d'Angleterre[3].

Le Cartulaire de Savigni contient trois chartes de lui qui sont datées de 1151[4], novembre 1156[5] et 1157[6].

Petrus, abbas Sancti Stephani Cadomensis, Caddomensis. — Pierre, abbé de Saint-Étienne de Caen, témoin à trois chartes un peu antérieures ou postérieures à l'année 1180[7]. Voir *Gallia christ.*, t. XI, col. 425.

Plus anciennement, sous l'année 1156, les Annales de Saint-Étienne[8] mentionnent la mort d'un autre Pierre, abbé de Saint-Étienne.

Petrus, Tarentasie archiepiscopus. — Pierre, archevêque de Tarentaise, de 1141 à 1174[9].

Voir dans notre Recueil la note ajoutée à la charte 114 c

---

[1] Robertson, *Materials*, t. V, p. 73.

[2] Original, n° 2272 de l'abbaye de Westminster. — Photographie par le Rév. Salter.

[3] « Notum sit omnibus... tenentibus terram Hascoilfi de Sancto Jacobo in Anglia quod ego Petrus de Sancto Hilario, filius Hascoilfi, testificor patrem meum dedisse... ecclesie Beati Martini de Saccio... decimam omnium dominniorum suorum... de Anglia...; ego et Jacobus frater meus... » etc. Ms. lat. 5441, t. II, p. 166.

[4] Cartul. de Savigni, n° 23. La charte contient les mots : « Ego Petrus de Sancto Hylario... posui eam (terram de Calumpniis) in manu Serlonis abbatis, concedentibus filiis meis Jacobo et Hasculfo. »

[5] *Ibid.*, n° 25.

[6] *Ibid.*, n° 21. — Parmi les témoins : « Haculfo, filio meo ».

[7] N°ˢ 381, 560, 561 de notre Recueil.

[8] *Rec. des histor.*, t. XII, p. 780. c.

[9] *Gallia christ.*, t. XII, col. 705.

Philippus, Baiocensis episcopus. — Philippe, évêque de Bayeux, de 1141 à 1163. Il y a plus de trente chartes de Henri II au bas desquelles on voit parmi les premiers témoins Philippe d'Harcourt, évêque de Bayeux. Toutes sont au plus tard du commencement de l'année 1163, date de la mort du prélat.

Philippus de Columbariis. — Ce seigneur traita, en 1147 avec le chanoine de Bayeux qui possédait la prébende de Colombières[1]. Le 9 février 1153, Eugène III invita Henri, duc de Normandie, à ne pas autoriser les nouveaux marchés que Philippe de Colombières voulait établir au préjudice des droits de l'évêque de Bayeux[2]. En 1180, Philippe avait la ferme de la forêt de Roumare[3]. Le Cartulaire de Savigni[4] contient une charte que Philippe accorda aux religieux de cette maison, du consentement de son fils aîné.

Philippus de Hastingis. — A la date de 1172, il était au service de Henri II en Irlande[5]. — Il figure sur les Pipe Rolls, en 1169, 1173 et 1174.

Radulfus, Andegavensis episcopus, Rad. de Bello Monte. — Il fut élu évêque d'Angers en 1178[6].

Radulphus archidiaconus. — Sous le règne de Henri II il y eut deux archidiacres du nom de « Radulphus ». L'un, archidiacre de Hereford[7], a souscrit plusieurs chartes du roi; il a rempli les fonctions de justicier à la fin du règne de Henri II et sous celui de Richard Cœur-de-lion[8]. — L'autre, archidiacre de Colchester, a lui aussi rempli des fonctions judiciaires en 1187 et en 1189; sa mort est fixée à l'année 1190[9].

Radulfus Brito. — Il figure sur les rôles de 1164 à 1185; fut justicier itinérant en 1178, et vivait encore du temps de Richard Cœur-de-lion[10].

---

[1] Livre noir de Bayeux, n° 52.
[2] Ibid., n° 184.
[3] Rot. Scacc. Norm., t. I, p. 75.
[4] N° 221.
[5] Giraud le Cambrien, *Expugnatio Hiberniæ*, I, xxxviii, éd. Dimock, t. V, p 286.
[6] Robert de Torigni, t. II, p. 79.
[7] Voir plus loin, p. 418.
[8] Foss, *The Judges*, t. I, p. 413.
[9] Foss, *ibid.*, p. 413.
[10] Foss, *ibid.*, p. 221. — Voir *Gesta Henrici*, t. I. p. 239.

416   X. NOTES BIOGRAPHIQUES.

Radulfus de Faia, de Faie, senescallus in Aquitania. — Raoul de Faie, ou peut-être de La Faie, était oncle de la reine Aliénor[1] et jouissait d'un grand crédit auprès d'elle. Cité dans les Pipe Rolls de 1156 et 1158[2], il fut excommunié en 1156 pour les méfaits dont il s'était rendu coupable envers les chanoines de Sainte-Radegonde de Poitiers[3]. Il se rangea parmi les adversaires de l'archevêque de Cantorbéry en 1165[4], et un peu plus tard, en 1173, il fut un des courtisans qui poussèrent Henri fils de Henri II à se soulever contre son père[5]. Il a le titre de sénéchal d'Aquitaine, dans une charte de la reine Aliénor, où il est cité comme témoin[6]. C'est certainement lui qui, sous le nom de « Radulfus senescallus in Santonia », est cité dans les Annales de Vendôme et de l'Évière[7] comme ayant commis en 1163 des exactions au détriment du prieuré d'Oléron. Il encourut la disgrâce du roi, et sa disgrâce fut accueillie avec des transports de joie par les populations qu'il avait pressurées et dont un religieux, animé de la véhémence des prophètes d'Israël, s'est fait l'éloquent interprète : « Vox exultationis ab insula Oleronis audita est, vox gaudii et tremoris a Rupella. Prostratus est sævissimus ille persecutor, qui nos injuste persequebatur[8] ».

Radulfus de Filgeriis, de Fulgeriis. — Raoul de Fougères posséda sa baronnie pendant tout le règne de Henri II. Il se fit remarquer par son esprit d'hostilité contre ce prince et par l'énergie avec laquelle il résista aux efforts faits pour établir la domination anglaise en Bretagne, à partir de 1166, date du siège du château de Fougères[9]. Ses biens d'Angleterre paraissent bien avoir été entre les mains du roi pendant les années 1174 et 1175[10]. Il reconnut ce-

---

[1] Rad. de Diceto, t. I, p. 350.
[2] P. 11, 12 et 162.
[3] Richard, *Hist. des comtes de Poitou*, t. II, p. 136.
[4] Lettre de Jean, évêque de Poitiers, dans les *Materials* de Robertson, t. V, p. 197.
[5] *Gesta Henrici*, t. I, p. 42. — Rad. de Diceto, t. I, p. 350. — Rob. de Torigni, t. II, p. 38.
[6] Cartul. de Fontevrault, charte 114, dont la date est comprise entre les années 1159 et 1182.

[7] *Chroniques des églises d'Anjou*, p. 174.
[8] Pièce tirée d'un ms. de la Chronique de Richard de Poitiers, dans le *Recueil des Hist.*, t. XII, p. 420. Raoul y est appelé « Radulfus de Faya, procurator Aquitanie ».
[9] Voir La Borderie, *Hist. de Bretagne*, t. III, p. 272 et suiv.
[10] « Idem vicecomes reddit compotum de 2 marcis de blado de Osmundestona Radulfi de Filgeriis vendito. » Pipe xx H. II, p. 46.
— « Idem vicecomes reddit compotum de

pendant le gouvernement de Geoffroi Plantegenêt, comme l'atteste une charte octroyée en 1185 par ce prince à l'abbaye de Savigni, où il figure parmi les témoins avec le titre de sénéchal de Bretagne : « Radulfus de Filgeriis, tunc Britannie senescallus[1] ». Entre les nombreuses chartes qu'il accorda à la même abbaye de Savigni, il faut remarquer celles qui sont datées de 1157, 1163 et 1166[2].

Radulfus Filius Stephani, camerarius. — Raoul Fils d'Étienne figure dans les Pipe Rolls, au moins depuis 1162. Il fut employé dans l'administration de plusieurs comtés de 1171 à 1185[3]. Il siégeait à la cour du roi en Angleterre le 25 janvier 1184[4]. Il paraît avoir été chargé à cette époque de la garde d'une partie des fiefs anglais du comte de Bretagne[5]. Il fut chargé en 1185 de pourvoir aux besoins de la reine et du duc de Saxe à Porchester et à Portsmouth[6]. Il figura comme témoin au testament du roi en 1182. Ce personnage ne paraît pas devoir être confondu avec un « Radulfus Filius Stephani », propriétaire de maisons sises à Rouen, dont le célèbre Gautier de Coutances se fit acquéreur avant 1183, ni probablement avec celui qui donna l'église de Carville à la communauté du Mont-aux-Malades[7].

Radulfus Filius Urselini. — Témoin à une charte de Robert, qui fut doyen de l'église de Rouen après 1175[8].

Radulphus de Hastingis. — Il est témoin d'une charte de Robert, comte de Gloucester, expédiée en présence de l'Impératrice Mathilde, à Devizes, au

---

20 l. de firma de Tuiforda, terra Radulfi de Filgeriis. » *Ibid.*, p. 86. — «De blado de Osmundistona Radulfi de Fulgeriis vendito *Pipe* XXXI H. II, p. 117.

[1] Cartul. de Savigni, n° 346.
[2] *Ibid.*, 28-31, 49, 354, 581.
[3] Stubbs, notes sur Hoveden, t. II, p. 88. — *Gesta Henrici*, t. I, p. 108. — Madox, *Exchequer*, p. 84, note q, et p. 87, note l.
[4] Madox, *Formul.*, p. 217, n° 357.
[5] « Radulfus Filius Stephani, reddit compotum de 2 marcis ne ponatur in placitum quamdiu terra comitis Brit. fuerit in manu regis de terra quam tenet in villa Sancti Rotulfi. » *Pipe* XXX H. II, dans l'ouvrage de Madox, *The History and Antiquities of the Exchequer*, p. 311, note t.
[6] Madox, *the History and antiquities of the Exchequer*, p. 252, note w.
[7] Langlois, *Hist. du Mont-aux-Malades*, p. 405.
[8] Arch. nat., S 4889, n° 6.

mois de septembre 1146⁽¹⁾, et son nom revient fréquemment dans les Pipe Rolls des premières années du règne de Henri II.

Radulfus Herefordensis, archidiaconus, R. Foliot. — Il est parfois appelé simplement *Radulfus archidiaconus*[2], et je crois qu'il faut lui rapporter un article du Pipe Roll de l'année 31 du règne (1185-1186), dans lequel est portée en recette une somme donnée par un archidiacre pour jouir des prérogatives attachées au titre de « clerc du roi »[3]. En 1186, Henri II l'envoya au-devant des légats du Saint-Siège[4]. Les moines de Savigni lui donnèrent la jouissance d'une partie des dîmes du Teilleul[5]. Il était l'ami de Giraud le Cambrien, qui écrivit à ses chapelains et ses clercs pour annoncer la mort de l'archidiacre et le recommander à leurs prières[6].

Radulfus Taisson. — Raoul Taisson n'a vraisemblablement fréquenté la cour qu'après la mort de son père Jourdain, arrivée en 1178[7]. Les trois chartes dans lesquelles son nom a été inséré doivent être de la dernière période du règne (1178-1189). Sur Raoul Taisson, voir mon *Histoire de Saint-Sauveur*, p. 36-38.

Radulfus (magister) de Tam[ewurda], de Tamewurtha. — Raoul de Tamworth était un clerc du roi dont le nom revient souvent sur les Pipe Rolls, depuis 1162 jusqu'en 1174. Henri II l'envoya, vers l'année 1166, près du pape Alexandre III[8]. Turstin Fils de Simon lui donna l'église de « Marcham »[9]. Suivant M. Warner, Raoul de Tamworth doit être le même que « magister

---

[1] Livre noir de Bayeux, n° 41. — Édit. de l'abbé Bourrienne, t. I, p. 48.

[2] Voir plus haut, p. 415.

[3] « Radulfus archidiaconus et Robertus prepositus de Bevertaco reddunt compotum de 366 l. 13 s. 4 d. de dono suo, ut sint in custodia et protectione regis sicut dominici clerici sui. » *Pipe XXXI H. II*, dans Madox, *Exchequer*, p. 330, note e.

[4] *Gesta Henrici*, t. II, p. 4.

[5] Cartul. de Savigni, n° 115.

[6] « Dilectus et specialis amicus noster et vicinus Herefordensis archidiaconus Radulphus Foliot, vir egregius,... jam decessit... ». Giraldi Cambrensis *Opera*, édition Brewer, t. I, p. 334. — Le texte imprimé porte *capitalis et clericis suis*; mais il faut sans doute lire *capellanis*.

[7] Robert de Torigni, t. II, p. 75.

[8] Robertson, *Materials*, t. VI, p. 68 et 84. Cf. Jean de Salisbury, *Opera*, éd. de Giles, t. I, p. 315.

[9] *Chronicon monast. de Abingdon*, t. II, p. 187.

Radulfus clericus domini regis » qui figure en 1157 ou 1164 dans une charte de Henri d'Ouilli publiée en fac-similé, sous le n° 44, dans le Recueil des chartes royales et autres du Musée britannique. Ce clerc devint archidiacre de Stafford.

Radulfus de Toineio, de Toeneio. — La seigneurie de Toeni (aujourd'hui Tosni, dans le département de l'Eure) fut possédée pendant les premiers temps du règne de Henri II par Raoul de Toeni, qui avait épousé Marguerite, fille de Robert, comte de Leicester. Ce seigneur mourut en 1160, laissant un fils en bas âge[1], probablement appelé Roger, comme son grand-père. La mention des chevaliers de Raoul de Toeni, qui se trouve dans le Pipe Roll de 1172[2], ne peut être invoquée pour autoriser des doutes sur l'exactitude de la date assignée par Robert de Torigni à la mort de Raoul de Toeni, qui figure comme témoin dans les chartes de Henri II.

Radulfus Vitulus. — Deux mariniers de ce nom, attachés probablement au port de Southampton, firent des transports pour le roi en 1174[3] et en 1180[4].

Raginaldus, Rainaldus, Reginaldus, Raginaldus Bathoniensis episcopus, antea Sarisberiensis archidiaconus, postea (1191) Cantuariensis archiepiscopus. — Ce prélat, qui, suivant les *Gesta Henrici*, était fils de Joscelin, élu en 1173 et sacré à Saint-Jean-de-Maurienne en juin 1174, se fit reconnaître le 6 octobre suivant par l'archevêque de Cantorbéry, qui l'intronisa le 24 du même mois[5]. Il fut élu archevêque de Cantorbéry le 27 novembre 1191 et mourut le 26 décembre de la même année[6].

---

[1] Robert de Torigni, t. I, p. 339.
[2] P. 132 : « de militibus Radulfi de Toeni »; il s'agit de chevaliers qui n'avaient point répondu à la semonce publiée pour l'expédition d'Irlande.
[3] « Pro locanda nave Radulfi Vituli, ad portandum thesaurum ultra mare... , 50 sol. » *Pipe xx H. II*, p. 134.
[4] « In liberatione navis Radulfi Vituli junioris, qui portavit harnasium regis in Normanniam, 50 sol. » Eyton, p. 211.
[5] *Gesta Henrici*, t. I, p. 63. — Robert de Torigni, t. II, p. 37 et 49. — Raoul de Dicet, t. I, p. 368, 391 et 398. — Gervais de Cantorbéry, t. I, p. 243 et 251.
[6] Raoul de Dicet, t. II, p. 103 et 104. — Gervais, t. I, p. 511 et 512. — Conf. *Monasticon anglicanum*, t. I, p. 85.

Raginaldus de Castello Gunteri, de Castro Gonterii. — Il est témoin d'une charte de l'abbaye du Roncerai datée de 1169[1]. Du temps de Geoffroi, évêque d'Angers (1162-1177), il fit une donation à l'abbaye de Saint-Nicolas d'Angers, dans laquelle son père Renaud était enterré[2].

Raginaldus, Cornubiæ comes. — Renaud, fils naturel de Henri Ier, mourut un peu avant Noël 1175. — Voir Dugdale, *The Baronage*, t. I, p. 610.

Raginaldus de Cortenaio, de Curtenai. — Renaud de Courtenai, qui est si fréquemment cité parmi les témoins des chartes de Henri II, se rattachait à la famille de Courtenai par sa mère, femme d'un prétendu fils du roi Louis le Gros. Il fut un chevalier très assidu à la cour de Henri II et épousa Hawise, fille de Robert d'Avranches[3]. Il mourut le 27 septembre 1194. Voir Dugdale, *The Baronage*, t. I, p. 634. — « Rainaldus de Cortenai » figure sur la liste des chevaliers de l'Avranchin insérée dans l'État de la vicomté d'Avranches de la fin du XIIe siècle[4]. Une ancienne chronique de la fondation de l'abbaye de Ford (*Monasticon anglicanum*, t. V, p. 378) mentionne en ces termes Renaud de Courtenai : « Fuit autem iste dictus Reginaldus de Courtney, filius domini Flori, filii regis Francie Lodovici cognomento Grossi ».

Le même baron est inscrit sur les Pipe Rolls depuis 1161 jusqu'en 1176 (dernière année comprise dans la publication), pour les revenus d'un manoir dont il avait la jouissance dans le comté de Berk[5].

Raginaldus Filius Ursi. — C'est un des meurtriers de Thomas, archevêque de Cantorbéry. On peut se demander si c'est lui ou un membre de sa famille, portant le même nom, qui possédait un fief à Sandouville dans le diocèse de Rouen; il en détacha un morceau pour en donner la jouissance aux Templiers par une charte dont voici la substance : « Ego Willelmus camerarius de Tankervilla, concessi... fratribus militie Templi Salomonis donationem quam Radulfus camerarius de Tankervilla, frater meus, eis fecit, scilicet servicium dimidii militis in Sandovilla, quod Reginaldus Filius Ursi eis dedit... »[6].

---

[1] Cartul. du Roncerai, VI, XLII.
[2] Collection Houssean, t. V, n° 1883.
[3] *Gesta Henrici*, t. I, p. 105.
[4] Plus haut, p. 347.
[5] « Et Reginaldo de Curtenai 39 l. 10 s. numero, in Suttona. » *Pipe VII H. II*, p. 52.
[6] Original aux Arch. nat., MM. 875, pièce 74.

Raginaldus de Pavilleio, de Paveilli. — Il est inscrit sur le Pipe Roll de 1158[1], et en 1180 sur le Grand rôle normand[2] comme débiteur de 40 livres pour la caution de Hugues de Longchamp.

Raginaldus, Rainaldus Rufus. — Il prit part à un jugement rendu par Josselin de Tours, du temps d'Ulger, évêque d'Angers (1125-1149)[3]. Il siégeait à la cour du roi à Angers, quand elle écarta une plainte élevée par Hardouin Culfarin contre les moines de Saint-Aubin d'Angers[4]. Jean de Marmoutier lui a demandé des renseignements pour écrire la vie de Geoffroi le Bel[5].

Raginaldus de Sancto Walerico, de Sancto Galerico. — Il est cité dans les plus anciens Pipe Rolls, de 1131 à 1163[6]. Il se trouvait en 1137 dans l'armée du roi Étienne en Normandie[7]. Il est cité dans une charte de Geoffroi le Bel[8]. Entre les années 1154-1159, il était en procès avec le comte Aubri[9]. Il assista au concile de Clarendon en 1164[10]. Henri II le chargea d'une mission auprès du pape Alexandre III et du roi Louis VII[11]. Il donna à l'abbaye de Bertaucourt une rente pour acheter du poisson et des souliers[12]. Une charte de l'abbaye de Sainte-Frideswide d'Oxford nous apprend que Renaud était fils de Gui de Saint-Valeri[13]. Je ne sais pas exactement à quelle date il faut placer l'exercice de la charge de « justicier de toute la Normandie », que Renaud dit lui avoir été confiée : « Rainaldus de Sancto Valerico omnibus ballivis regis, salutem. Notum sit vobis omnibus quod Hugo de Wapreia dedit Deo et Sancto Ebrulfo, in presentia mea, cum essem justiciarius tocius Normannie, totam decimam suam... »[14]. Il siégeait en qualité de justicier à une

---

[1] « In perdonis ... Reginaldo de Pavilli, 15 s. 9 d. » *Pipe IV H. II*, p. 117.

[2] *Rot. Scacc. Norm.*, t. I, p. 64.

[3] Cartul. de La Roue.

[4] Notice originale conservée dans une collection particulière, insérée par Bertrand de Broussillon dans le *Cartulaire de Saint-Aubin*, t. II, p. 248.

[5] *Chroniques des comtes d'Anjou*, p. 231.

[6] *Pipe XXXI H. I*, p. 181. — *Pipe VI H. II*, p. 19 et 49.

[7] Jean de Marmoutier, dans *Chron. des comtes d'Anjou*, p. 294.

[8] Cartul. de Savigni, n° 201.

[9] Jean de Salisbury, éd. Giles, t. I, p. 8.

[10] Robertson, *Memorials*, t. V, p. 72.

[11] Raoul de Dicet, t. I, p. 315. — Gervais de Cantorbéry, t. I, p. 190.

[12] « I. solidos in villa de Auth ad pisces emendos; xxx solidos in villa Domni Medardi ad sotulares emendos. » Collection Moreau, vol. 84, fol. 208, et Collection Grenier, vol. 93, fol. 55.

[13] *Monast. anglic.*, t. II, p. 146.

[14] Cartulaire de Saint-Évroul, t. I, fol. 70, n° 133.

séance de la cour dont nous avons le compte rendu dans une charte de Rotrou, archevêque de Rouen, lequel était peut-être à cette époque sénéchal de la province [1]. Le titre de « justitia regis » lui est donné dans une charte de la léproserie du Mont-aux-Malades postérieure à 1175 [2].

Raginaldus, Saresberiensis archidiaconus, V. Rag. Bathoniensis episcopus. — Vers l'année 1170, Pierre de Blois s'entremit pour faire rentrer l'archidiacre de Salisbury dans les bonnes grâces de l'archevêque de Cantorbéry [3]. En 1173, Renaud, archidiacre de Salisbury, fut pris comme arbitre dans les différends qui pourraient se produire à l'occasion du mariage projeté entre Jean, fils de Henri II, et Aalays, fille du comte de Maurienne [4].

Raginaldus de Veo, de Vo, de Voudo. — Il est témoin en 1169 à une charte du cartulaire de l'abbaye du Roncerai [5]. Il est appelé « Rainaudus de Voo » dans une autre charte de ce cartulaire [6]. On le trouve témoin d'une donation faite à l'aumônerie d'Angers par « Essileia uxor Pepini de Sirenis » [7]. Une charte d'Emma, abbesse du Roncerai, de l'année 1188, nous apprend que ce Renaud était frère d'Étienne [de Tours], sénéchal d'Anjou [8].

Renaud de Vou tirait son nom de la seigneurie de Vou, voisine de Loches. C'est à tort, je crois, qu'on a placé sa mort à l'année 1185 [9].

Raimundus, vicecomes Torenniæ. — Né en 1143 et mort à la croisade du temps de Philippe Auguste. — Il vint à la cour de Henri II, en même temps que Raimond V, comte de Toulouse, en 1173 [10].

Rainaldus. Voir Raginaldus.

Rand., Rann. Voir Ranulfus.

Randulfus. Voir Radulfus.

---

[1] Voir plus loin, à l'article *Rotrocus*, l'extrait d'une charte de l'abbaye de Conches.

[2] Original, Arch. nat., S. 4889, n° 6.

[3] Pierre de Blois, *Opera*, éd. Giles, t. I, p. 88.

[4] *Gesta Henrici*, t. I, p. LI.

[5] Cartul. du Roncerai, VI, XLII.

[6] *Ibid.*, VI, XLVII.

[7] Célestin Port, *Cartul. de S.-Jean d'Angers*, p. XI, n° X.

[8] La liste des témoins contient ces deux noms : « Stephanus senescallus, Raginaudus de Voo, frater ejus. » *Ibid.*, p. XV, n° VII.

[9] Voir Port, *Dict. de Maine-et-Loire*, t. II, p. 603.

[10] Plus haut, p. 27.

Ranulfus, Cestrie comes. — A Hugues, comte de Chester, mort en 1181, succéda Renouf[1], qui épousa en 1187 Constance, veuve de Geoffroi, comte de Bretagne[2]. C'est du temps de Renouf que fut rédigé un état de la vicomté d'Avranches dont nous avons une copie contemporaine à la fin d'un manuscrit de l'abbaye de La Luzerne[3]. Entre les actes du comte Hugues il en faut signaler deux qui concernent l'abbaye de Savigni et dont le texte, absent des archives de France, nous a été fourni par une édition de Madox, dont la partie essentielle est reproduite en note [4].

Sur le comte Renouf, voir les *Observations* de Stapleton[5].

Ranulfus, Rannulfus de Gedding[is]. — Des actes du 1ᵉʳ décembre 1182, du 30 octobre 1183 et du 25 janvier 1184 nous le montrent siégeant à la cour du roi ou à l'Échiquier[6].

Ranulfus, Rann., Rand. de Glanvilla. — Il suffit de rappeler la date de quelques-uns des actes de ce célèbre jurisconsulte anglais.

En 1174, il fut un des chefs de l'armée qui s'opposa aux entreprises du roi d'Écosse[7]. De 1175 à 1185 il remplit les fonctions de justicier dans différents comtés du royaume[8]. En 1177 il s'acquitte d'une mission près du comte de Flandre[9]. Il siège en 1180 à l'Échiquier[10]. Témoin au testament du roi à Waltham en mars 1182[11]. Il est à la cour du roi le 1ᵉʳ mai et le 1ᵉʳ décembre 1182[12]. En septembre 1183, il passe en Normandie avec Jean Sans-Terre[13]. Il siège à la cour du roi le 25 janvier 1184 et le 31 mai 1185[14].

---

[1] *Gesta Henrici*, t. I, p. 277.

[2] *Ibid.*, t. II, p. 29.

[3] Ms. latin des Nouv. acq., n° 1879. Voir plus haut, p. 345.

[4] « Ranulphus, comes Cestrie et Lincolnie...; consensu Clemencie uxoris mee, dedisse... ecclesie Sancte Trinitatis Sancteque Marie de Savigneio... unam rodam terre in villa de Binington... ». — Madox, *Formul.*, p. 255, n° 433. — « Ego Clemencia, filia Willelmi de Filgeriis, quondam sponsa Rannulfi comitis Cestrie et Lincolnie... » *Ibid.*, p. 256, n° 437.

[5] *Rotuli Scacc.*, t. II, p. CCXLII.

[6] Madox, *Exchequer*, p. 77, note r, et p. 57, note b. Le même, *Formul.*, p. 217, n° 357.

[7] *Gesta Henrici*, t. I, p. 65.

[8] *Ibid.*, t. I, p. 108 et 239. — Stubbs, notes sur Hoveden, t. II, p. 88, note 8.

[9] *Gesta*, t. I, p. 136.

[10] Madox, *Exchequer*, p. 744.

[11] Gervais de Cant., t. I, p. 298.

[12] Fac-similé dans le recueil de Warner, n° 63, et Madox, *Exchequer*, p. 77, note r.

[13] *Gesta*, t. I, p. 308.

[14] Madox, *Formul.*, p. 217, nᵒˢ 357 et 358.

424   X. NOTES BIOGRAPHIQUES.

Il a une entrevue avec Philippe Auguste en octobre 1186[1]. Parvenu à un âge avancé, il obtint de Richard Cœur-de-lion, en septembre 1189, la permission de partir pour la Terre Sainte, et il mourut au siège d'Acre en 1190[2]. Le Rév. Eyton[3] le cite comme ayant été chef justicier en 1180-1181, et vice-roi de 1180 à 1188.

Voir *The National Biography*, t. XXI, p. 413.

Reinerius Tailliator. — En 1180 il était fermier du domaine dans le Passais[4].

Reginaldus. Voir Raginaldus.

Ricardus, episcopus Abrincensis, antea Constanciensis archidiaconus. — Richard, archidiacre de Coutances, fut nommé évêque d'Avranches en 1170 et mourut le 25 avril 1182 ou 1183[5].

Ricardus de Affai, Aufay, Alfai. — Richard d'Aufai jouissait en 1180 d'une terre du domaine ducal[6]. — Il est ainsi mentionné dans l'état des fiefs de 1172[7] : « Ricardus de Aufai, v milites, et ad suum servitium vi milites ».

Ricardus Barre (ou peut-être) **Barré.** — La traduction française d'une charte de Henri II, qui est dans le Cartulaire de Cérisi, mentionne parmi les témoins un certain *Richard de la Barre*. Je suis porté à croire que c'est un archidiacre de Lisieux, qui, dans les textes latins, est appelé *Ricardus Barre* (sans doute *Barré*). En 1171, Henri II l'envoya près du pape Alexandre III. Roger de Hoveden[8] lui donne le titre de chancelier de Henri, fils de Henri II, et, en effet, le rédacteur des *Gesta Henrici*[9] rapporte qu'au moment de la révolte du jeune Henri, Richard Barré alla remettre au roi la matrice

[1] *Gesta*, t. I, p. 353. — Rad. de Diceto, t. II, p. 43.
[2] *Gesta*, t. II, p. 87 et 149. — Rad. de Diceto, t. II, p. 84. — *Epistolæ Cantuarienses*, p. 329.
[3] P. 320, col. 2.
[4] Stapleton, *Rotuli Scacc. Normanniæ*, t. I, p. 27.
[5] Rob. de Torigni, t. II, p. 22, 118, 228 et 341. — Conf. une lettre d'Arnoul, évêque de Lisieux, à Alexandre III, dans *Arnulfi Epistolæ*, éd. Gifes, p. 203.
[6] *Rot. Scacc. Norm.*, t. I, p. 67.
[7] *Rec. des histor.*, t. XXIII, p. 694 G.
[8] T. II, p. 46.
[9] *Gesta Henrici*, t. I, p. 19.

du sceau de ce prince dont il avait la garde[1]. « Ricardus Barre, archidiaconus » est témoin d'une charte d'Arnoul, évêque de Lisieux, pour l'église de Saint-Lô de Rouen[2]. Il paraît comme témoin dans des chartes du temps du pape Luce III[3]. Il s'associa à son évêque Raoul de Varneville pour faire une donation de dîmes à l'abbaye de Saint-Pierre-sur-Dive[4]. En 1188, il fut chargé par Henri II d'une mission près de l'empereur Frédéric, de l'empereur de Constantinople et du roi de Hongrie[5].

Ricardus, vicecomes Bellemontis, Bellimontis. — Richard, vicomte de Beaumont-le-Vicomte, dont la mère était une fille naturelle du roi Henri I[er][6], vint en 1186 à la cour de Henri II pour faire épouser sa fille Ermengarde à Guillaume, roi d'Écosse[7]. Sous le titre de vicomte de Sainte-Susanne, il figure comme témoin dans une charte de l'année 1177[8]. Il a le même titre dans une charte de la maison des malades de Raillon, avec un sceau portant la légende : SIGILLVM RICARDI VICE[COMITIS] SANCTE SVSANNE[9]. Mais il s'appelle « Ricardus vicecomes de Bello monte » dans des chartes des abbayes de Fontevrault[10], de Saint-Étienne de Caen[11] et de Silli[12].

Ricardus [de Belmeis], Lundoniensis episcopus. — Sacré le 28 septembre 1151[13], mort le 4 mai 1162[14].

Ricardus de Camvilla, Canvilla, Campvilla. — Richard de Canville a été mêlé à tous les événements du règne de Henri II. Il fut un des témoins du traité conclu en 1153 entre Henri, duc de Normandie, et le roi Étienne[15].

---

[1] *Gesta Henrici*, t. I, p. 43.
[2] Orig., Arch. de la Seine-Inférieure.
[3] Cartul. de Savigni, n°[s] 74 et 76.
[4] Charte de Jean d'Alençon, archidiacre de Lisieux, copiée dans le ms. français 18952, au fol. 28 v° : « ... ab Radulpho, patre nostro, bone fame et pie recordationis, Lexoviensi episcopo et a Richardo Barre, tunc temporis archidiacono. »
[5] Rad. de Diceto, t. II, p. 51.
[6] Robert de Torigni, t. II, p. 3.
[7] *Gesta Henrici*, t. I, p. 347 et 350.
[8] Collection Housseau, t. V, n° 1930.
[9] Ms. latin 17126, p. 130.
[10] Ms. latin 5480, t. I, p. 154.
[11] Ms. latin 17135, p. 30.
[12] Cartul. de Silli, fol. 83.
[13] Gervais de Cantorbéry, t. I, p. 148. Cf. Rad. de Diceto, t. I, p. 250.
[14] Rad. de Diceto, t. I, p. 306. — Robert de Torigni, t. I, p. 342.
[15] Raymer, dern. éd., t. I, part I, p. 16.

Il assista au concile de Clarendon en 1164[1], fut envoyé en 1176 annoncer au roi de Sicile que Henri II consentait à lui donner sa fille Jeanne en mariage[2], assista au couronnement de Richard Cœur-de-lion[3], prit part à la croisade et mourut en 1191 au siège d'Acre[4]. Nous avons de lui, aux Archives de la Seine-Inférieure, une charte par laquelle il fait une fondation dans l'abbaye de Jumièges « pro salute anime mee et uxoris mee Adelicie et sequentis uxoris mee Milesente, patris et matris mee, et Rogeri, fratris mei ».

Son nom se trouve dans tous les Pipe Rolls de 1158 à 1174.

Ricardus, cancellarius Henrici, ducis. Voir p. 88, note 1.

Ricardus Cantuariensis archiepiscopus, antea Doverensis prior. — Richard, ancien chapelain de Thomas, archevêque de Cantorbéry, succéda à ce dernier prélat le 3 juin 1174. Après avoir fait confirmer son élection par le pape Alexandre III, il revint en Normandie et rencontra le roi à Caen au moment où celui-ci venait de débarquer à Barfleur, le 8 août 1174, et fut solennellement reçu à Londres le 2 septembre suivant[5]. En 1176, il accompagna jusqu'à Saint-Gilles Jeanne, fille de Henri II, promise au roi de Sicile[6]. Le 26 mai 1183 il excommunia dans l'église de Saint-Étienne de Caen ceux qui empêchaient le rétablissement de la paix entre Henri II et ses fils[7]. Sa mort arriva le 17 février 1184, au retour d'un voyage qu'il avait fait sur le continent du 13 novembre 1182 au 11 août 1183[8].

Ricardus capellanus. — Le clerc qui figure dans une charte de Henri II[9] sous le nom de *Ricardus capellanus meus* pourrait être celui qui est appelé

---

[1] Robertson, *Materials*, t. V, p. 72.
[2] *Gesta Henrici*, t. I, p. 117.
[3] *Ibid.*, t. II, p. 80.
[4] *Ibid.*, t. II, p. 149 et 173.
[5] *Gesta abbatum S. Albani*, t. 1, p. 186. — Gervais de Cantorbéry, t. I, p. 244-249. — Rad. de Diceto, t. I, p. 367, 388, 389 et 391. — *Gesta Henrici*, t. I, p. 63, 69, 74 et 80. — Robert de Torigni, t. II, p. 37 et 49.
[6] *Gesta Henrici*, t. I, p. 117, 120 et 127. — Gervais de Cantorbéry, t. I, p. 260.
[7] *Ibid.*, t. I, p. 300.
[8] Rad. de Diceto, t. II, p. 14, 20 et 21. — *Gesta Henrici*, t. I, p. 311. — Gerv. de Cantorbéry, t. I, p. 308.
[9] Charte du prieuré de Grès, dépendance de l'abbaye de Cormeri, reg. LXVI du Trésor des chartes, n° 706.

RICARDUS.

Ricardus capellanus de Falesia dans un acte de l'Échiquier tenu à Caen en 1176[1].

Ricardus, comes de Clare. — Le témoin qui est désigné par les mots « R. comite de Clare » dans une charte des lépreux de Saint-Lazare de Jérusalem est Richard, comte de Clare et de Hertfort, qui succéda à son père en 1173[2] et mourut sous le règne du roi Jean[3].

Ricardus, Constantiensis episcopus. — Richard de Bohon, précédemment doyen de Bayeux, occupa le siège épiscopal de Coutances depuis l'année 1150 jusqu'à sa mort, arrivée au mois de novembre 1180 ou plus probablement 1179[4].

Ricardus Filius comitis. — Ainsi se trouve désigné, comme témoin de chartes de Henri II, Richard Fils de Robert, comte de Gloucester, duquel Richard la mort est rapportée à l'an 1175 par Robert de Torigni[5]. Il assistait à une séance de la cour du roi, qui se tint à Caen entre 1154 et 1156[6]. En 1173 il était resté fidèle au roi[7].

Ricardus Filius Nigelli. — Ce personnage est plus connu sous la dénomination de *Ricardus thesaurarius*, en raison des fonctions qu'il a exercées pendant les vingt-cinq dernières années du règne de Henri II. Il figure sur les Pipe Rolls de 1168, 1169 et 1170[8].

Madox[9] l'a signalé comme ayant siégé à l'Échiquier ou à la cour du roi en 1165, 1178, 1180, 1182, 1183 et 1185. M. Warner a reproduit dans son recueil de fac-similés[10] une charte qui mentionne sa présence à la cour le 1er mai 1182.

---

[1] Charte de Philippe, veuve de Hugues de Rosel, pour l'abbaye d'Ardenne. Arch. du Calvados.
[2] Arch. nat., K 26, n° 21. A.
[3] Dugdale, *The Baronage*, t. I, p. 210.
[4] *Gesta Henrici*, t. I, p. 269. — Robert de Torigni, t. II, p. 80.
[5] T. II, p. 58.
[6] Cartul. de Savigni, n° 219.
[7] *Gesta Henrici*, t. I, p. 51.
[8] *Pipe* xiv *H. II*, p. 232; *Pipe* xv, p. 104; *Pipe* xvi, p. 96.
[9] *Formularium*, p. xix et p. 217, n° 358. *Exchequer*, p. 54, note s; p. 55, note x; p. 57, note b; p. 77, note r; p. 744.
[10] N° 63.

X. NOTES BIOGRAPHIQUES.

Le trésorier Richard fut chargé d'asseoir en 1173 une imposition sur des domaines du roi dans plusieurs comtés de l'Angleterre[1]. Il fut un des justiciers que le roi nomma en 1179[2].

Il a le titre de doyen de Lincoln dans un acte où il est dit avoir siégé à l'Échiquier en 1184 avec son frère « Willelmus Anglicus »[3]. En 1186, le chapitre de Lincoln le proposa pour être nommé évêque de cette ville, mais le choix ne fut pas agréé par le roi[4]. En septembre 1189, Richard Cœur-de-lion le fit monter sur le siège épiscopal de Londres; il était précédemment archidiacre d'Ély[5]. L'expérience administrative de Richard est attestée par le traité qu'il a composé sous le titre de *Dialogus de Scaccario*[6], et par le choix qui fut fait de lui en 1193 pour être un des gardiens du trésor amassé en vue de la rançon de Richard Cœur-de-lion[7].

Ricardus Giffard, Giffart, Guiffart. — Cité dans les Pipe Rolls des années 1169, 1173 et 1176. Justicier du roi en Angleterre de 1176 à 1180[8]. Il siégeait en 1176 à l'Échiquier de Caen[9] Henri II l'envoya à la cour de Louis VII en juin 1177[10]. Il avait la garde du château de Falaise en 1180[11]; et la même année il fut libéré, à titre gracieux, de la caution qu'il avait souscrite en faveur de la Vicomtesse de Rouen[12].

Ricardus de Haia. — Le seigneur de ce nom qui figure comme témoin dans sept chartes de Henri II doit être Richard de La Haie, seigneur de La Haie du Puits, qui mourut en 1169, suivant Robert de Torigni[13]. Est-ce à lui qu'il faut attribuer les mentions d'un « R. de Haia », auxquels sont adressés

---

[1] *Pipe Roll* XIX H. II, p. 28, 75, 87 et 170.
[2] *Gesta Henrici*, t. I. p. 238.
[3] Madox, *Exchequer*, p. 146, note d.
[4] *Gesta Henrici*, t. I, p. 345.
[5] *Gesta Henrici*, t. II, p. 85.
[6] Sur les éditions de cet ouvrage, voir la deuxième édition de la *Bibliotheca* de Potthast, t. II, p. 968.
[7] Hoveden, t. III, p. 212.
[8] *Gesta Henrici*, t. I, p. 107. — Stubbs, notes sur Hoveden, t. II, p. 87, note 9. — Charte de 1176, dans le recueil de Warner, n° 55. — Madox, *Exchequer*, p. 87, note i.
[9] Charte de Phil. de Rosel, veuve de Hug. de Rosel, pour l'abbaye d'Ardenne, Arch. du Calvados.
[10] *Gesta Henrici*, t. I, p. 180.
[11] Stapleton *Rot. Scacc. Normanniæ*, t. I, p. 50.
[12] *Ibid.*, p. 44.
[13] T. II, p. 12.

deux mandements de Henri Ier et de Geoffroi le Bel, que Stapleton[1] a publiés d'après le Livre noir de Bayeux? On peut aussi se demander si c'est lui qui défendit, pour le roi Étienne, le château de Cherbourg attaqué par Geoffroi le Bel[2], et qui est mentionné sur les Pipe Rolls des années 1156, 1157 et 1158[3].

Ricardus de Hastingis, magister Templi in Anglia. — Il est ainsi dénommé dans la souscription d'une charte de Henri II, pour l'abbaye de Rivaulx, du temps de Thomas Becket : « Ricardo de Hastinges, magistro Fratrum de Templo »[4]. Postérieurement à 1173, dans un accord conclu avec l'évêque d'Ély, il est appelé : « Ricardus de Hastingis, magister et custos rerum quas domus Templi Salomonis habet in regno Anglie »[5].

Ricardus de Humetis, constabularius regis Anglorum. — Le nom patronymique de la famille du Hommet est le plus souvent figuré en abrégé : *de Hum'*. On trouve dans les chartes et dans les historiens du XIIe siècle les formes : *de Hometh, de Hulmet, de Humaz, de Humet, de Humetis, de Humeto, de Humez, de Hummetis*.

Le plus illustre membre de la famille est Richard du Hommet, connétable de Normandie, qui figure jusqu'en 1178 à toutes les pages de l'histoire du règne de Henri II.

Généralement il prend le titre de connétable du roi d'Angleterre, et la forme latine du nom de cette dignité paraît avoir été *constabulus* d'après une charte originale de Henri II aux Archives nationales[6]. Le plus souvent le mot est en abrégé. Dans le ms. original de la Chronique de Robert de Torigni on lit *constabularius* et *conestalus*.

Richard est qualifié de sénéchal dans deux chartes de l'abbaye de Saint-Évroul[7], dont une mentionne un duel pour lequel une transaction aurait

---

[1] *Rot. Scacc. Norm.*, t. 1, p. xxxiv.
[2] *Chroniques des comtes d'Anjou*, p. 299.
[3] *Pip. 11 H. II*, p. 25 et 26; *III*, p. 84; *IV*, p. 137 et 186.
[4] Atkinson, *Cartularium abbatie de Rievalle*, p. 142. (Durham, 1889; Surtess Soc., vol. 83.)
[5] Original aux archives du chapitre d'Ély, n° 12. — Photographie 95 du Rév. Salter.
[6] N° 490 de notre Recueil.
[7] « Ricardo de Humez, tunc temporis senescallo meo Normannie. » Chartes n{os} 347 et 362. Voici un extrait de la première : « Taliter fuit con-

été conclue à l'Échiquier de Caen, en présence de Henri II et du sénéchal Richard du Hommet; mais le texte de toutes les deux est fort suspect et je crois en avoir démontré (p. 316) la fausseté ou au moins l'altération.

Le chartrier de Marmoutier[1] contenait une charte originale commençant par les mots *Ego Ricardus de Hometh, regis Anglorum conest.* — Il y a un sceau de Richard du Hommet au Musée britannique (Harleian charter, 83.B.36). Mais la légende en est bien mutilée : on peut seulement lire . . . LVM RICARDI DE HV[2] . . . Des exemplaires mieux conservés[3] permettent de compléter le dernier mot de la légende : DE HVMETIS. — Le nom de ce baron revient très fréquemment dans les Pipe Rolls[4] où il est généralement écrit *Ricardus de Humez.*

Richard du Hommet résida à plusieurs reprises en Angleterre; mais nous manquons de renseignements sur le nombre et la durée des séjours qu'il y fit. Nous apprenons seulement, par les comptes[5], que le roi paya les maîtres des bateaux qui le ramenèrent en Normandie en 1164, en 1171 et en 1176. Robert de Torigni[6] nous apprend qu'après sa dernière traversée il se retira dans l'abbaye d'Aunai, et qu'il y mourut en 1179. Les chartes de Henri II, datées de localités anglaises et portant la souscription du connétable Richard du Hommet, sont donc au plus tard de l'année 1176.

Un autre *Richard du Hommet*, petit-fils de Richard le connétable, a pu être témoin d'actes de Henri II. Son nom est écrit en toutes lettres (*Ricardus de Hameto*) sur l'exemplaire original d'une charte de l'année 1186 conservée aux Archives de la Manche[7] et qui est relative à l'enlèvement de la tangue dans le havre de Saint-Germain-sur-Ai. C'est le Richard du Hommet qui, à l'occa-

---

cordatum illud duellum coram me et Ricardo de Humeto, senescallo meo Normannie, apud Cadomum, in eskecario meo ». Tel est le texte de l'original des Archives de l'Orne; le Cartulaire de Saint-Évroul (t. I, n° 21) porte : « in eschekario »; c'est peut-être la plus ancienne mention de l'Échiquier normand.

[1] Collection Moreau, vol. 73, fol. 193.
[2] Notice de Henry Ellis dans l'*Archæologia*, t. XXXV, p. 494.
[3] British Museum, *Catalogue of Seals*, t. II, p. 307, n°⁸ 6124-6128. Conf. Demay, *Sceaux de Normandie*, p. 3, n° 14.
[4] Voir Pipe Rolls v H. II, p. 16, 18, 48, 64; — vi, p. 36, 37, 38, 39, 45, 48; — vii, p. 15, 32, 34, 53, etc.
[5] *Pipe* xii H. II, p. 28; — xvii, p. 43; — xxii, p. 200.
[6] Robert de Torigni, t. II, p. 93.
[7] Fonds du Mont-Saint-Michel. La pièce est publiée dans mon édition de Robert de Torigni, t. II, p. 335.

sion de son mariage avec Gille de La Haie, reçut une charte scellée sur un lacs d'amour portant ces vers :

> Jo sui druerie
> Ne me dunez mie,
> Ki nostre amur deceivre
> La mort puist ja receivre[1].

Ricardus [de Ilchester], episcopus Wintoniensis, antea Pictavensis archidiaconus. — Ce sont deux épisodes de la vie de Richard d'Ilchester qui m'ont amené à découvrir la date du changement introduit en 1173 dans le protocole de la chancellerie de Henri II, et ce personnage tient dans l'histoire diplomatique et administrative de son temps une place assez importante pour qu'il me soit permis d'entrer dans un assez grand détail sur la carrière qu'il a parcourue pendant vingt-cinq ans avec autant d'activité que de succès. C'était un de ces clercs, instruits et adroits, auxquels Henri II confiait les fonctions administratives les plus variées et les missions diplomatiques les plus délicates, et qui étaient également préparés à traiter les affaires de l'État et celles de l'Église. Le roi reconnaissait leurs services en leur faisant conférer des bénéfices ecclésiastiques, notamment des archidiaconés, et souvent en les faisant monter sur des sièges épiscopaux ou archiépiscopaux qui venaient à vaquer.

La vie de Richard d'Ilchester, qui fut successivement archidiacre de Poitiers et évêque de Winchester, nous fournit une preuve décisive de la justesse de mes observations sur la date à laquelle la formule *Dei gratia rex Anglorum* fut substituée à la formule *rex Anglorum*.

J'ai relevé une vingtaine de chartes royales dans lesquelles Richard d'Ilchester intervient comme témoin. Il faut distinguer, dans la vie de ce fonctionnaire, trois périodes pendant chacune desquelles il fut dénommé par une désignation différente, répondant à chacune des dignités dont il fut investi.

Archidiacre de Poitiers au moins depuis 1163, élu évêque de Winchester au commencement de mai 1173, intronisé le 17 du même mois et sacré le 6 octobre 1174, il porta le titre d'évêque élu de Winchester en 1173 et

---

[1] *Bibliothèque de l'École des chartes*, 1853, 3ᵉ série, t. III, p. 58.

432   X. NOTES BIOGRAPHIQUES.

1174, puis, à partir du 6 octobre 1174, jour de son sacre, il ne fut plus connu qu'en qualité d'évêque de la même ville.

Les chartes expédiées dans la première période de sa vie, jusqu'en 1172 et peut-être jusqu'au commencement de 1173, débutent toutes par la formule *rex Anglorum*.

Dans deux chartes de la période comprise entre son intronisation sur le trône épiscopal et son sacre, du mois de mai 1173 au 6 octobre 1174, il est appelé dans les actes de la chancellerie *Richardus electus Wintoniensis*.

Le nom sous lequel est connu ce personnage nous est fourni par les Annales de Waverley[1] : *de Yvelcestria*, en langue vulgaire *Ilchester*.

On le trouve revêtu de la dignité d'archidiacre de Poitiers depuis 1163, date à laquelle il figure avec ce titre à la cour du roi en Angleterre[2].

En 1163, Henri II l'envoya près du pape et du roi de France, pour les entretenir de ses différends avec l'archevêque de Cantorbéry[3]. Il reçut une mission du même genre en 1164, pour se rendre à la cour de l'empereur Frédéric[4]. Il fut dès lors un des agents qui s'employèrent avec le plus d'animosité pour soutenir la prétention du roi dans sa lutte contre l'archevêque, et c'est lui selon toute apparence qui est appelé *Luscus* par un des correspondants de Thomas Becket.

Sa violence amena la sentence d'excommunication dont il fut frappé[5].

En même temps qu'il prenait une part si active aux plus graves affaires ecclésiastiques, il devait s'occuper de l'administration civile du royaume : en 1165, il siégeait à l'Échiquier d'Angleterre[6], et à partir de 1169, au plus tard, il rendait la justice dans plusieurs comtés du royaume[7]. En 1167, il eut la garde de l'évêché de Lincoln[8], et en 1171 celle de l'évêché de Win-

---

[1] Éd. Luard, t. II, p. 240. L'éditeur ajoute qu'on l'appelait aussi *Tocliffe*. La forme *Yvecestre* se trouve dans Hoveden, t. I, p. 230. — Les Annales de Tewkesbury (éd. Luard, t. I, p. 54) le nomment *Ricardus Hokelin*.

[2] *Gesta abbatum S. Albani*, t. I, p. 151. Conf., p. 123 et 124.

[3] Rad. de Diceto, t. I, p. 312. Gervais de Cantorbéry, t. I, p. 190.

[4] Voir le Rév. Eyton, p. 75.

[5] Jo. Saresber. *Opera*, éd. Giles, t. I, p. 228. Rad. de Diceto, t. I, p. 318. — Robertson, *Materials*, t. VI, p. 559.

[6] Madox, *Formul.*, p. xix.

[7] Madox, *Exchequer*, p. 84, note *o*, et 99, note *t*. Voir aussi les *Pipe Rolls*.

[8] «Ricardus, archidiaconus Pictavensis, et Ricardus de Ameri, custodes episcopatus de Lincolnia ...» ; Pipe Roll xiii H. II, p. 57.

RICARDUS.

chester[1]. Il fut élu évêque de ce dernier siège au printemps de l'année 1173, probablement le 1ᵉʳ mai[2]. Aussitôt après l'élection, Jean de Salisbury[3] le recommanda d'une façon pressante au pape et à l'évêque d'Ostie. Il est mentionné sous le nom de *Ricardus Wintoniensis* dans le Pipe Roll de l'année 1172-1173.

Le nouvel évêque fut intronisé le 17 mai dans son église[4], et sacré à Cantorbéry le 6 octobre 1174[5] il prit possession de son siège le 13 du même mois[6]. L'épiscopat ne l'empêcha pas de s'occuper très activement de l'administration civile. Au mois de septembre 1176, le roi l'envoya en Normandie avec les pouvoirs les plus étendus[7]. Pendant son séjour, qui dura dix-huit mois, il tint une assise à Caen[8], et le 21 mars 1177[9] siégea à l'Échiquier dans la même ville. Il rentra en Angleterre, et Raoul de Dicet[10], en annonçant son retour, vante les mesures qu'il avait prises pour mettre en ordre les finances de la Normandie : « Dum per annum et dimidium fiscalia diligentèr recensens, toti Normannie prefuisset, xii kalendas aprilis in Angliam rediit ». Aussi les Grands Rôles du temps de l'évêque de Winchester étaient-ils conservés comme types, et, vingt ans après sa retraite, on consultait le rôle de 1176 pour y trouver la justification de certaines mesures administratives[11].

L'évêque Richard revint en France en 1180, et, le 28 juin 1180, il accompagna le roi d'Angleterre à l'entrevue avec Philippe Auguste où fut renouvelé le traité d'Ivri[12].

---

[1] « Ricardus, archidiaconus Pictavensis, reddit compotum de 479 l. 2 s. 8 d. de episcopatu Wintoniensi, de quarta parte anni preteriti. » *Pipe Roll xviii H. II*, p. 85.

[2] Hoveden, t. II, p. 56. Rad. de Diceto, t. I, p. 368. Gervais de Cantorbéry, t. I, p. 243. Robert de Torigni, t. II, p. 37. Conf. le Rév. Eyton, p. 175.

[3] *Opera*, éd. Giles, t. II, p. 276 et 277.

[4] Rad. de Diceto, t. I, p. 368.

[5] *Gesta Henrici*, t. I, p. 80. Gervais de Cantorbéry, t. I, p. 251. Rad. de Diceto, t. I, p. 392. Robert de Torigni, t. II, p. 37.

[6] Rad. de Diceto, t. I, p. 395.

[7] « Misit in Normanniam Ricardum, Wintoniensem episcopum, et constituit eum justitiam Normannie loco Willelmi de Curci. » *Gesta Henrici II*, t. I, p. 124. — « Cura sibi tocius Normanniæ deputata ». Rad. de Diceto, t. I, p. 415.

[8] Livre noir de Bayeux, n. 94.

[9] Charte de Phil., veuve de Hugues de Rosel, Arch. du Calvados, fonds d'Ardenne : « Ricardus, Wintoniensis episcopus, qui tunc temporis erat capitalis justicia ».

[10] Rad. de Diceto, t. I, p. 424.

[11] *Rot. Scacc. Norm.*, t. I, p. 235, et t. II, p. 370.

[12] Rad. de Diceto, t. II, p. 4 et 6.

Il siégea en Angleterre aux Échiquiers de 1180, 1182 et 1183 [1]. Henri II le choisit comme un de ses exécuteurs testamentaires en 1182 [2].

Les historiens anglais rapportent au 22 décembre 1188 la mort de Richard [3]. — Un exemplaire de son sceau est aux Archives de la Manche, dans le fonds de l'abbaye du Mont-Saint-Michel; autour de l'intaille qui sert de contre-sceau on lit : SVM CVSTOS ET TESTIS SIGILLI [4]. — Sur un contre-sceau du Musée britannique sont les effigies de saint Pierre et saint Paul, avec cette légende : SVNT MICHI SINTQVE BONI PETRVS PAVLVSQVE PATRONI [5].

Voir *The National Biography*, t. XLVIII, p. 194.

Ricardus de Luci, de Lucé, de Luceio. — Ce seigneur, cité plus de trente fois dans nos chartes, tirait son nom patronymique de la paroisse de Lucé, aujourd'hui commune de l'arrondissement de Domfront. Le nom est écrit *de Luci* dans les chartes originales, dans les Pipe Rolls et dans les historiens contemporains, sauf dans la chronique de Robert de Torigni [6], où nous trouvons *de Lucé*. Je ne puis rappeler ici que les faits principaux d'après lesquels la chronologie de sa vie peut être établie.

En 1153, la garde de la tour de Londres lui fut confiée [7]. En 1156, il avait le pouvoir d'ordonnancer des payements à faire sur le trésor d'Angleterre [8]. En 1162, Henri II l'envoya de Normandie en Angleterre, pour s'occuper de l'élection de l'archevêque de Cantorbéry [9]. Il assista en 1164 au concile de Clarendon [10]. Il siégea en 1165 à l'Échiquier de Westminster [11]. En 1166, pendant qu'il était à la tête de l'administration du royaume : *prefecturam agebat in Anglia*, suivant l'expression de Gervais de Cantorbéry [12],

---

[1] Madox, *Exchequer*, p. 744, 77, note r, et 57, note b.

[2] Gervais de Cantorbéry, t. I, p. 398.

[3] *Gesta Henrici*, t. II, p. 58. Rad. de Diceto, t. II, p. 58. Gervais de Cantorbéry, t. I, p. 48.

[4] Demay, *Sceaux de Normandie*, p. 248, n° 2276.

[5] W. de Gray Birch, *Catalogue of Seals*, t. I, p. 352, n° 2242.

[6] T. II, p. 82.

[7] Rymer, t. I, part I, p. 18.

[8] « In don. Salomoni, clerico regine, 66 s. 8 d., precepto Ricardi de Luci ». Pipe II H. II, p. 13.

[9] Gervais de Cantorbéry, t. I, p. 160.

[10] Robertson, *Materials*, t. V, p. 72.

[11] Madox, *Formulare anglicanum*, p. xix.

[12] Gervais de Cantorbéry, à l'année 1166, t. I, p. 200.

qui le qualifie ailleurs[1] de *prefectus Anglie*, il occupe le premier rang sur la liste des témoins d'une charte accordée en 1163, selon toute apparence, à l'abbaye de Saint-Valeri[2]; il y a le pas sur Thomas, archevêque de Cantorbéry, ce qui semble indiquer qu'il était justice en chef. Et en effet, comme l'a fait observer le Rév. Eyton[3], il fut « chief justice » de 1168 à 1179, et il remplit les fonctions de vice-roi en Angleterre pendant les années 1169, 1172, 1173, 1174 et 1178.

Favori de Henri II, Richard de Lucé fut un des courtisans qui appuyèrent le plus énergiquement la résistance du roi aux prétentions de l'archevêque de Cantorbéry, et il ne faut pas s'étonner de le voir solennellement frappé d'excommunication le jour de l'Ascension 1166 dans l'église de Vézelai[4]. L'année suivante, Richard s'apprêta à repousser l'invasion que le comte de Boulogne voulait faire en Angleterre[5].

En 1168, il fut un des négociateurs du traité alors conclu entre les rois de France et d'Angleterre[6]. En 1173, à l'occasion du remplacement de l'archevêque de Cantorbéry, Gervais de Cantorbéry insiste sur l'étendue des pouvoirs dont Richard de Lucé avait la pleine jouissance[7]. Il soutint avec succès le parti de Henri II lors de la révolte du jeune roi Henri[8], ce qui ne l'empêcha pas d'encourir, en 1176, la disgrâce du maître qu'il avait si bien défendu[9]. En 1178 il fonda une maison de chanoines réguliers, l'abbaye de Lesnes (comté de Kent), où il finit ses jours le 14 juillet 1179, après y avoir pris l'habit religieux[10].

Richard de Lucé est l'un des ministres de Henri II qui ont gouverné le plus longtemps (1169-1178) avec les pouvoirs de vice-roi.

Voir l'article de Foss, *The Judges*, t. I, p. 263-270, celui de *The National Biography*, t. XXXIV, p. 246, et la notice dont il est l'objet dans les *Fac-*

---

[1] « Erat enim predictus Ricardus in regno potentissimus, ut pote prefectus Anglie, qui sub rege regni negocia disponebat ». *Ibid.*, t. I, p. 241.

[2] Original à Oxford, New College, n° 46 des Photogr. du Rév. Salter.

[3] P. 320, col. 2.

[4] Rad. de Diceto, t. I, p. 318. Conf. Robertson, t. VI, p. 559.

[5] Gervais de Cantorbéry, t. I, p. 203.

[6] Lettre de Jean de Salisbury, *Opera*, éd. Giles, t. II, p. 136.

[7] Gervais de Cantorbéry, t. I, p. 241.

[8] *Gesta Henrici*, t. I, p. 51, 58, 61 et 70.

[9] *Ibid*, p. 124.

[10] Rad. de Diceto, t. I, p. 45. — Gervais de Cant., t. I, p. 277 et 293. — Voir le *Monasticon anglicanum*, t. VI, part I, p. 457.

similes of royal and other charters in the British Museum (n° 34), à l'occasion d'une charte munie d'un sceau sur lequel est figuré un *lus* (sorte de brochet); au sujet de ce sceau et du sceau de Godefroi de Lucé mentionné un peu plus haut (p. 378), il faut remarquer une allusion au nom de la famille de Lucé.

Ricardus, Lundoniensis episcopus. — Voir Ricardus de Belmeis, p. 425.

Ricardus, abbas Montis Burgi. — Il mourut le 2 octobre 1182[1].

Ricardus, Pictavensis archiadiaconus. — Voir Ricardus de Ilchester, p. 431.

Ricardus, Pictavensis comes. — Ce fils de Henri II figure dans un certain nombre d'actes de son père. La part que, tout jeune encore, il prenait avec sa mère à l'administration du comté de Poitou, est attestée par cette charte de l'abbaye de Fontevrault :

A., regina Angl. et ducissa Aquitan. et Norm. et comitissa Andeg., archiepiscopis, episcopis, comitibus, baronibus, justiciis, prepositis, ballivis, ministris et omnibus fidelibus regis et suis tocius Aquitanie, salutem.

Sciatis quod ego, pro salute domini mei regis et mea filiorumque nostrorum atque patris mei et antecessorum meorum, necnon et pro remedio animarum nostrarum, dedi et concessi et presente carta confirmavi domino Deo et ecclesie Beate Marie de Fonte Ebr[aldi], atque domui sue de Subsidiis, totam terram illam quam Guillotus Boardi in territorio Belle Ville sibi adquisierat et eidem ecclesie jam dudum donare disposuerat, quam videlicet terram illa via regia que ducit de Bella Villa ad Chesetum dividit et determinat. Concessi etiam domui predicte de Subsidiis et fratribus et sororibus ibidem Deo famulantibus calfagium et usagium suum ad domos suas faciendas in bosco Argathum, sicut habuerunt tempore patris mei et postea et sicut debent habere. Quare mando et firmiter precipio quod ecclesia de Fonte Ebr. et domus ejus de Subsidiis et fratres atque sorores ibidem Deo servientes habeant in perpetuum et teneant prenominata bene et in pace et honorifice et quiete. Et prohibeo ne quis ballivorum vel prepositorum aut aliquorum aliorum aliquam inferat eis inde injuriam vel contumeliam.

Testibus : P. Engolismensi, P. Petragoricensi, episcopis, R. de Faia tunc senescallo Aquitanie, Willelmo Maing., Gaufrido de Taunaio, Saldebr. constabulario, Petro capellano, Jordano clerico et notario.

Apud Sanctum Johannem Angliacensem.

[1] Voir Robert de Torigni, t. II, p. 118.

RICARDUS.

Cette charte, dont Gaignières nous a conservé le texte (ms. latin 5481, t. I, fol. 25), est postérieure à l'année 1169, puisque Pierre, évêque de Périgueux, y est nommé comme témoin, et antérieure à 1174, date à laquelle Aliénor quitta la France pour être internée en Angleterre.

Dans une autre charte de la même époque, publiée ci-dessus (p. 411, au mot *Patricius, Salisberiensis comes*), nous voyons le comte Richard s'associer à sa mère pour fonder dans l'église de Saint-Hilaire de Poitiers l'anniversaire du comte Patrice, mort en 1168.

Ce fut en 1170, selon Geoffroi de Vigeois [1], que Richard reçut l'investiture du comté de Poitou et du duché de Guyenne.

Ricardus Rufus. — Chambellan de Henri II en 1168, vécut jusqu'en 1205.

Ricardus de Sancto Remigio. — Mentionné dans le Pipe Roll de l'année 1156 [2], témoin à une charte de Guillaume Longue-épée, frère de Henri II, pour les religieuses de Mortain [3]. Il y a aux Archives du Calvados, en original, une charte par laquelle Richard de Saint-Remi donne à l'abbaye d'Aunai une acre de terre sise à « Cortisengneium » [4].

Ricardus scriptor. — Le Pipe Roll de l'année 1156 [5] le mentionne tantôt sous le nom de « Ricardus scriptor », tantôt sous celui de « scriptor curie ».

Ricardus thesaurarius. — Voir Ricardus Filius Nigelli, plus haut, p. 427.

Ricardus de Vernone. — Richard de Vernon succéda à son père Guillaume, avec lequel il fit en 1165 d'importantes donations à l'abbaye de Montebourg [6]. Leur famille possédait des fiefs d'une grande valeur, dont les chefs-lieux étaient Vernon, en Haute Normandie, et Néhou, en Basse Normandie.

---

[1] *Recueil des historiens*, t. XII, p. 442 et 443.
[2] *Pipe* II *H. II*, p. 14, 37, 39, 44.
[3] Stapleton, *Rot. Scacc. Norm.*, t. II, p. ccxv, note.
[4] Fonds d'Aunai, n° 389.
[5] *Pipe* II *H. II*, p. 30, 31, 47.

[6] « Ego Willelmus de Vernone et ego Ricardus de Vernone, filius supradicti Willelmi, damus et concedimus Sancte Marie de Monteburc... subscriptas elemosinas... Anno ab incarnatione Domini M° C° LX° quinto, mense januario, in crastino sancti Hylarii, feria vi². » Cartul. de Montebourg, n° 148.

438   X. NOTES BIOGRAPHIQUES.

L'état des fiefs dressé en 1172 consacre un article à Richard de Vernon: « Ricardus de Vernone, servicium x militum, de honore de Neauhou, et ad suum servicium xxx milites. Idem de comitatu Moretonii, v milites. Idem, servicium xvi militum, de honore Vernonis, ad custodiam ejusdem castri[1] ». En 1173, il resta fidèle à Henri II[2].

Il céda son château de Vernon à Philippe Auguste en 1195[3], et accepta de bonne grâce le passage de la Normandie sous le gouvernement de Philippe Auguste, comme l'atteste l'inscription de ses fiefs sur le registre de ce roi[4]. Il y a de nombreuses chartes de Richard de Vernon dans le Cartulaire de Montebourg[5]. Les Archives de la Seine-Inférieure possèdent en original la charte qu'il accorda en 1174 à l'abbaye de Jumièges. Plusieurs autres établissements ecclésiastiques eurent part à ses libéralités[6].

Ricardus, abbas Wallacie, de Valassia. — Il fut envoyé par Henri II en 1171 près du pape Alexandre III[7]. Après avoir été le premier abbé du Valasse, il fut choisi pour être mis à la tête du monastère de Mortemer, à la mort de l'abbé Geoffroi, arrivée en 1174[8].

Ricardus, Wintoniensis episcopus. — Voir Ricardus de Ilchester, p. 431.

Richerius de Aquila. — Richer de Laigle, fils de Gislebert, s'était rangé parmi les partisans du roi Étienne, et ne fut contraint et forcé, qu'après avoir soutenu un siège dans son château de Laigle, il reconnut la suzeraineté de Henri II[9]. Il avait fait sa soumission avant le 22 septembre 1155, puisque ce jour-là, il délivra aux religieux de Saint-Lomer une charte ainsi datée : « regnante Henrico in Anglia, eodem existente duce Normannie et duce

---

[1] *Rec. des histor.*, t. XXIII, p. 695 D.
[2] *Gesta Henrici*, t. I, p. 51.
[3] *Catal. des actes de Phil. Aug.*, n° 475.
[4] « Ricardus de Vernone tenet baroniam de Neahou per servicium quinque militum. » *Rec. des historiens*, t. XXIII, p. 608 B.
[5] P. 70 et s.
[6] Chartes des abbayes de Saint-Wandrille (Collection Moreau, vol. 68, fol. 128), des Vaux de Cernai (*Cartulaire*, p. 92 et 93), de Cherbourg (Ms. latin 10068, fol. 45), etc.
[7] *Gesta Henrici*, t. I, p. 20.
[8] Continuation de la Chronique de Sigebert par un moine de Mortemer, dans *Mon. Germ. hist. Scriptores*, t. VI, p. 465.
[9] Robert de Torigni, t. I, p. 209.

Aquitanie et comite Andegavie »[1]. Son fief normand de Crépon est inscrit sur le Rôle des fiefs de l'année 1172[2]. Il mourut en 1176 et eut pour successeur son fils, également nommé Richer[3]. Nous avons de celui-ci une charte délivrée en 1180 aux moines de l'abbaye de Saint-Père de Chartres[4].

Ridellus de Releio. — Une charte de ce seigneur pour l'église de Rillé commence par ces mots : « Ego Ridellus de Rilleio, die quo suscepte peregrinationis Jerosolimitane iter ingressus sum... »[5].

Robertus Avenellus. — En 1158, Robert Avenel est témoin à une charte de Guillaume, comte de Mortain, datée de Tinchebrai[6]. On lit dans le compte de l'Échiquier normand pour 1180 : « In quietancia terre Roberti Avenel de feodo lorice sue, de auxilio vicecomitis, pro piscarie custodia de Duxeio »[7].

Robertus Bertrannus, Bertram. — Robert Bertran, seigneur de Briquebec en Basse Normandie, qui est ainsi mentionné dans le Rôle des fiefs de l'année 1172 : « Robert Bertran, v milites, et ad suum servicium xxxiiii milites et dimidium ».

En 1180, il rendit compte de la ferme de la vicomté d'Auge[8].

Robertus de Briec., Briwecort, Brincort, Briocurt, Bruiecort. — En 1174-1175, le roi fit payer 10 marcs au maréchal Robert de « Briecurt »[9], et l'année suivante, il prit à sa charge les frais de la nef sur laquelle ce Robert passa en Normandie[10]. En 1180, le rôle de l'Échiquier normand rappelle les dettes dont Robert « de Bruelcort » ne s'était pas acquitté pour la ferme des prés du Vaudreuil[11] et pour la caution de la Vicomtesse de Rouen et de Hugues de Longchamp[12].

---

[1] Original aux Archives de Loir-et-Cher.
[2] « Richerius de Aquila, servicium v militum et dimidii, de feodo de Crepon. » *Rec. des historiens*, t. XXIII, p. 695. A.
[3] Robert de Torigni, t. II, p. 60.
[4] Collection Moreau, vol. 84, fol. 85.
[5] Ms. latin 5441, t. II, p. 475.
[6] Arch. nat., fonds du prieuré de Mortain.
[7] *Rotuli Scacc. Norm.*, t. I, p. 9.
[8] *Rot. Scacc. Norm.*, t. I, p. 40.
[9] *Pipe Roll* xxi H. II, p. 187.
[10] *Pipe Roll* xxii H. II, p. 200.
[11] *Rot. Scacc. Norm.*, t. I, p. 92.
[12] *Ibid.*, p. 96.

Robertus Bucherellus, Boscherel. — « Robertus Boquerel » fut témoin, entre les années 1154 et 1164, à une charte de Guillaume Longue-épée, frère de Henri II, pour les religieuses de Mortain[1]. Une charte de l'abbaye de Savigni, qui doit être à peu près de la même époque, commence par ces mots : « Apud Moretonium, in curia regis, coram Roberto Buccherel et baronibus recordatum est... [2] ».

Robertus de Clopel. — Vassal de Foulque d'Aunou, il aumôna le patronage de l'église de Saint-Lambert à l'abbaye de Silli[3].

Robertus de Curci. — Le Robert de Courci qui sert de témoin à plusieurs chartes de Henri II doit être celui qui figure comme témoin dans une charte de l'Impératrice Mathilde, datée de Falaise[4], et qui, conjointement avec Robert du Neubourg, écrivit une lettre à Geoffroi ou à Henri, duc de Normandie et comte d'Anjou, au sujet de la banlieue de Cambremer :

> Sicut precepistis, leugatam de Cambremerio fecimus recognosci per juramentum antiquorum et legitimorum hominum in confinio manentium... Et ut certius ad noticiam veniret, plures quam in ceteris rebus soleamus juratores et de terris diversorum baronum, apud Falesiam, in ecclesia Beati Gervasii, in presentia nostra convenire et jurare fecimus...
> (Livre noir de Bayeux, fol. 11.)

Une seconde lettre fait connaître les noms de dix-huit jureurs avec les noms des seigneurs de qui les terres étaient tenues. (*Ibid.*)

Mais il ne faut pas, je crois, le confondre avec Robert de Courci, fils d'un Guillaume de Courci, qui donna à l'abbaye de Lessai la dîme de son fief de Feugères[5], qui est cité comme possesseur de terre à Géfosse dans le Bessin[6], à qui Richard Cœur-de-lion, au commencement de son règne, rendit des biens situés en Angleterre[7], et qui passa plus tard au service de Philippe Auguste.

[1] *Rot. Scacc. Norm.*, t. II, p. ccxv, note.
[2] *Cartul. de Savigni*, n° 30.
[3] *Cartul. de Silli*, fol. 170.
[4] *Cartul. de Savigni*, n° 280.
[5] *Liber de beneficiis Exaquii*, fol. 102.
[6] Fragment du rôle de l'Échiquier conservé aux Archives nationales, art. XXXIV.
[7] *Pipe 1 Ric.*, p. 7.

Robertus de Donestanvilla. — La famille de ce seigneur avait pour berceau une paroisse du diocèse de Rouen, appelée aujourd'hui Denestanville, dans l'arrondissement de Dieppe.

Robert de Dénestanville assista au concile de Clarendon en 1164 [1]. Il figure dans les Pipe Rolls depuis l'année 1156 jusqu'à l'année 1167.

Robertus, Exoniensis episcopus. — A Robert de Chichester, évêque d'Exeter, succéda Robert de Warlevast, doyen de Salisbury, qui fut sacré le 5 juin 1155 et mourut en mars 1159 ou 1160 [2].

Robertus Filius Bernardi. — Il est mentionné dans tous les Pipe Rolls depuis 1165 jusqu'en 1176, sauf les années 1166 et 1167. Il servit en Irlande dans les campagnes de 1171 et 1172 [3]. Il remplit les fonctions de justicier itinérant en 1176 [4]. Il était vicomte de Kent en 1176 [5]. Au cours de l'année 1177, le roi le chargea d'une mission en France [6].

Un Robert Bernard, archidiacre de Bayeux, était à l'Échiquier de Caen, en 1190 [7].

Robertus Filius Ernisii, Ernesii. — Robert Fils d'Erneis, cité dans les Pipe Rolls des années 1171-1176, moins celui de 1174, nous a laissé des chartes qui nous indiquent plusieurs des domaines de ce seigneur, situés dans le diocèse de Bayeux. Il donna aux moines de Savigni les peaux des moutons de la forêt du Cinglais qui se consommaient dans sa maison [8], et aux religieuses de Mortain. une rente de 10 sous sur sa prévôté de Thuri [9]. Une charte originale de « Robertus Filius Erneisii », pour les Hospitaliers de Saint-Jean de Jérusalem, est aux Archives nationales [10].

Robertus de Harecuria, de Harecort, Harewecort, Hairewecort. — En 1168 Henri II fit remise à Robert d'Harcourt d'une amende de 10 marcs à

---

[1] Robertson, *Materials*, t. V, p. 73.
[2] Robert de Torigni, t. I, p. 292 et 325.
[3] *Gesta Henrici*, t. I, p. 25, 30. Giraud le Cambrien, *Expugnatio Hibern.*, I, xxxiii et xxxviii, éd. Dimock, t. V, p. 276 et 286.
[4] Madox, *Exchequer*, p. 87, note *i*.
[5] N° 57 du recueil de Warner.
[6] *Gesta Henrici*, t. I, p. 180.

[7] Charte de Jean, fils de Jean, fils de Guillaume, comte de Pontieu, pour l'abbaye de Troarn. Plus haut, p. 350.
[8] Cartulaire de Savigni, n° 207, et original aux Archives de la Manche.
[9] « De Toireio ». Archives nat., fonds du prieuré de Mortain.
[10] S. 5048, n° 6.

laquelle il avait été condamné « pro homine occiso in villa sua [de Scorestan] »[1]. En 1174 furent reconnus les droits du même Robert sur une partie des coutumes de la paroisse du Bec[2]. En 1180, il avait garanti les engagements pris par le comte de Leicester, vis-à-vis d'un juif[3]. En 1186, il assista à Rouen à un accord conclu entre l'abbé de Fécamp et Hélie Fils de Bernard[4]. Le Cartulaire de Beaumont-le-Roger[5] contient une charte de Robert d'Harcourt qui rappelle une circonstance relative à la naissance d'un de ses enfants : « Hoc concessum est a me in adventu capitis sancte Agnetis virginis, quod allatum est apud Haricuriam, domina Eva, conjuge mea, in partu laborante. »

Robertus, Herefordiensis episcopus, dictus Foliot, antea Oxoniensis archidiaconus. — Robert Foliot, élu évêque de Hereford, fut sacré le 6 octobre 1174, et mourut en 1186[6].

Robertus, Herefordiensis episcopus, dictus de Melun. — Robert de Melun fut sacré évêque de Hereford le 22 décembre 1163 et mourut le 26 février 1167[7].

Robertus de Lanvalai, senescallus Redonensis. — On peut voir un peu plus haut, p. 350, le texte d'un accord conclu à la cour du roi par les soins de Robert de Lanvalai, sénéchal de Rennes.

Robertus [II], comes Legrecestriæ, maritus Amiciæ. — Dugdale[8] a exposé les principaux traits de la vie de ce baron. J'en citerai seulement quelques-uns.

---

[1] *Pipe* xiv *H. II*, p. 167.

[2] Ms. latin 12884, 2ᵉ part., p. 107.

[3] « Robertus de Harewecurt reddit compotum de 100 marcis, ut sit quietus de plegiagio comitis Legecestrie versus Aaron judeum. » *Pipe* xxvi *H. II*, cité par Madox, *Exchequer*, p. 345, note *f*.

[4] Cartul. de Fécamp, à la Bibl. de Rouen, fol. 81 v°.

[5] Cartul. du prieuré de Beaumont-le-Roger, fol. 12.

[6] *Gesta Henrici*, t. I, p. 80. — Hoveden, t. II, p. 56. — Rad. de Diceto, t. I, p. 368 et 392. — Gervais de Cant., t. I, p. 243 et 251. — Rob. de Torigni, t. II, p. 37. — *Annales Wigorn.*, éd. Luard, t. IV, p. 385.

[7] *Annales de Tewkesberia*, éd. Luard, t. I, p. 49. — *Ann. Wigorn.*, éd. Luard, t. IV, p. 382. — Gerv. Cantuariensis, t. I, p. 176. — Rob. de Torigni, t. I, p. 363.

[8] *The Baronage*, t. I, p. 85. Voir aussi *The National Biography*, t. IV, p. 66.

ROBERTUS.

Il fut longtemps à la tête de l'administration de la justice en Angleterre, comme l'attestent une charte du roi [1] et les textes suivants : « tunc in Anglia judicabat (1158) [2]; preerat causis cognoscendis in Anglia (1162) [3] ». Il assista en 1164 au concile de Clarendon [4]. Le Rév. Eyton [5] l'a trouvé remplissant la fonction de vice-roi en 1162, 1165, 1166 et 1167. Entre les nombreux actes du vieux comte de Leicester, comme on l'a appelé, j'en ferai remarquer un, dans lequel son fils agit concurremment avec lui : « Ego Robertus, comes Legrecestrie, et Robertus, filius meus, concessimus ecclesie Sancte Marie Becci... [6]. » Il mourut en 1168 [7], et l'un des historiens qui annoncent sa mort, Roger de Hoveden, le qualifie de « summus Angliæ justiciarius ».

Robertus, filius comitis Leicestriæ. — Sous cette dénomination est désigné un fils du précédent comte de Leicester. Il figure ainsi désigné, du vivant de son père, dans plusieurs chartes de Henri II.

Robertus [III], comes Legrecestriæ, maritus Petronillæ. — Robert III, comte de Leicester, sur la vie duquel on peut consulter Dugdale [8], parcourut pendant dix-sept ans une carrière assez accidentée. En 1173, il prit parti pour les enfants du roi révoltés contre leur père [9]. Il alla à Jérusalem en 1179 [10] et encourut en 1183 la disgrâce de Henri II, qui le fit arrêter, lui et sa femme [11]. En 1190, il termina ses jours en Roumanie, au cours du voyage qu'il avait entrepris pour aller en Terre Sainte [12]. Il a laissé beaucoup de chartes qui témoignent de sa générosité envers diverses maisons religieuses.

Voir *The National Biography*, t. IV, p. 67.

---

[1] Une charte de l'abbaye de Saint-Évroul, du temps de l'abbé Bernard, vers 1158, mentionne : «[Robertus] comes Leicestrie, tunc temporis capitalis mea [regis Henrici] justitia tocius Anglie». N° 60 de notre Recueil, d'après le rôle W, n° 21, des *Cartæ antiquæ*, dont j'ai la photographie.
[2] *Gesta abbatum S. Albani*, t. I, p. 138.
[3] *Ibid.*, t. I, p. 161.
[4] Robertson, *Materials*, t. V, p. 72.
[5] P. 320, col. 2.
[6] Fragments du Cartul. du Bec aux Arch. de l'Eure, n° 2 du titre de Paci.
[7] Hoveden, t. I, p. 269. — *Ann. Tewkesb.*, éd. Luard, t. I, p. 50. — *Ann. Waverl.*, éd. Luard, t. II, p. 239. — Robert de Torigni, t. II, p. 8.
[8] *The Baronage*, t. I, p. 87.
[9] Rad. de Diceto, t. I, p. 371.
[10] *Ann. Waverl.*, t. II, p. 241.
[11] *Gesta Henrici*, t. I, p. 294.
[12] *Ibid.*, t. II, p. 148.

Robertus, Lincolniensis episcopus. — Robert de Chesnei, évêque de Lincoln, sacré le 19 décembre 1147[1], mourut en janvier 1167[2].

Robertus Mantellus. — Il fut chargé d'emplois administratifs depuis 1170 jusqu'au commencement du règne de Richard Cœur-de-lion[3].

Robertus Marmion. — Pendant le XIIe siècle, les différents chefs de la puissante maison des Marmion ont porté le nom de Robert. La présence du nom de Robert Marmion dans une charte de Henri II ne peut servir à en déterminer la date.

Sur l'histoire de la famille, on peut consulter Dugdale (*The Baronage*, t. I, p. 375) et Stapleton (*Rotuli Scacc. Norm.*, t. II, p. xcvi-cvii).

A l'un des Robert Marmion du temps de Henri II, il faut attribuer :

1° Deux articles du Pipe Roll de l'année 1168[4] relatifs, l'un au payement de l'aide pour le mariage de Mathilde, fille du roi, l'autre à un duel que Maurice « de Pola » avait dû avoir avec Robert Marmion;

2° Une traversée d'Angleterre en Normandie au cours de l'année 1175-1176[5];

3° La tenue d'une assise à Caen, en janvier 1177[6];

4° La caution donnée à la Vicomtesse de Rouen, que rappelle un article de l'Échiquier normand de 1180[7];

5° Une charte du mois d'octobre 1180[8], dans laquelle Robert Marmion mentionne son fils Robert et son père Robert Marmion, fondateur de l'abbaye de Barberi.

Robertus, Mellenti comes. — Robert, comte de Meulan depuis la mort de de son père en 1166[9], prit parti contre Henri II en 1173[10], et vécut jusqu'en 1204, après s'être rallié au gouvernement de Philippe Auguste.

---

[1] Gerv. de Cantorbéry, t. I, p. 138.
[2] Rad. de Diceto, t. I, p. 329. Hoveden, t. I, p. 269. Robert de Torigni, t. I, p. 363.
[3] Foss, *The Judges*, t. I, p. 275.
[4] *Pipe* xiv *H. II*, p. 59 et 135.
[5] *Pipe* xxii *H. II*, p. 200.
[6] Livre noir de Bayeux, n° 96.
[7] *Rot. Scacc. Norm.*, t. I, p. 44.
[8] Original, Archives du Calvados, fonds de Barberi.
[9] Robert de Torigni, t. I, p. 359.
[10] *Ibid.*, t. II, p. 36.

ROBERTUS.

Robertus de Mortuo Mari. — Il figure deux fois dans le grand rôle de l'Échiquier de Normandie pour l'année 1180[1].

Robertus, Rotbertus, Nannetensis episcopus, antea archidiaconus. — Robert, archidiacre de Nantes, fut élu évêque de Nantes en 1170[2]. Il mourut en 1185, au retour d'un voyage à Jérusalem[3].

Il était allé en Angleterre au cours de l'année 1176 et en était reparti au printemps[4].

Robertus de Monte Mirallo, senescallus Pictavie. — Témoin à une charte de la reine Atiénor, en 1185 ou 1186. Voir plus haut, p. 353, au mot *Aliénor*.

Robertus, archidiaconus de Notingham, Filius Willelmi. — Henri II l'envoya en 1186 auprès de Philippe Auguste[5]. Il siégeait à l'Échiquier de Normandie sous le règne de Richard Cœur-de-lion[6]. C'était un fils de Guillaume Fils de Raoul, sénéchal de Normandie. Voir plus loin, p. 481.

Robertus de Novo Burgo, Normanniæ senescallus. — Robert du Neubourg, sénéchal de Normandie, fut le gouverneur de la province au commencement du règne de Henri II, au service duquel il s'était déjà dévoué et dont il avait toute la confiance, quand ce prince n'était pas encore roi d'Angleterre. Notre Recueil contient une cinquantaine de pièces au bas desquelles il figure comme témoin; celles qui ont été rédigées au nom du roi ont été expédiées pendant les cinq premières années du règne, Robert étant décédé le 30 août 1159 dans l'abbaye du Bec, où il s'était retiré un mois avant sa mort. Plusieurs ont été rédigées pendant les deux séjours que le roi fit alors en Angleterre, une première fois de décembre 1154 à janvier 1156, et la seconde d'avril 1157 à la mi-août 1158. Robert ne paraît avoir accompagné son maître que pendant le premier de ces séjours, et c'est au cours du premier que furent rédigées les pièces datées de Westminster et de Winchester; l'une d'elles reçut l'inscription des noms des prélats et des barons réunis

---

[1] *Rot. Scacc. Norm.*, t. I, p. 64 et 67.
[2] Robert de Torigni, t. II, p. 16.
[3] *Ibid.*, p. 131.
[4] *Pipe Roll xxi H. II*, p. 200.
[5] *Gesta Henrici*, t. I, p. 354.
[6] *Cartul. de Cerisi*, p. 594.

dans l'assemblée de Winchester à l'automne de 1155. Toutes les autres ont été expédiées pendant que le roi était en Normandie.

Grâce à cette circonstance, nous connaissons bien le personnel qui fréquentait la cour du roi de 1155 à 1159. Parmi les chartes de cette période, il en est une[1] dont la date a été un certain temps méconnue. C'est celle par laquelle Henri II déclare que le roi Louis VII avait déclaré publiquement, à Orléans, que le comte d'Anjou était de droit sénéchal de France, et qu'en cette qualité il avait la garde de l'abbaye de Saint-Julien de Tours. Cette charte se trouve à la fin d'un des grands registres de Philippe Auguste sous la forme d'un vidimus, ainsi daté : « Actum anno MCCLXXXVIII, die mercurii ante festum beati Georgii. » Persuadés que la date appartenait à la charte de Henri II, et non pas au vidimus, des éditeurs ont substitué au millésime 1288 le millésime 1188, et c'est comme appartenant à l'année 1188 que le texte a été présenté dans les écrits relatifs à la dignité de sénéchal, notamment dans le Glossaire de Du Cange[2]. Le seul nom de Robert du Neubourg suffirait pour démontrer que la déclaration de Henri II a été faite pendant qu'il résidait en France, soit de janvier 1156 à avril 1157, soit de la mi-août 1158 à juillet 1159. Il y a tout lieu de croire que la déclaration est de très peu postérieure au mois de septembre 1158, c'est-à-dire peu de temps après que Henri II vint, à Paris, recevoir des mains de Louis VII la petite princesse Marguerite, destinée à épouser le prince héritier de la couronne d'Angleterre. Ce qui autorise cette conjecture, c'est que Robert du Neubourg assistait à la conférence des deux rois et qu'il fut chargé de garder la princesse[3].

Dans une des chartes de Robert du Neubourg qui nous sont parvenues et qui a été faite entre 1154 et 1156, il rend compte d'une affaire qui se termina à la cour du roi, à Caen, dans une séance présidée par lui et où assistaient deux baillis du roi, Guillaume Fils de Jean et Aitard Poulain[4].

[1] N° 65 de notre Recueil. La première édition de cette charte est celle de Mabillon, dans le De re diplomatica, p. 605. Le savant bénédictin avait été induit en erreur par une copie de Dom Estiennot, dans le ms. latin 12705, p. 95. Le texte rectifié a été publié par Dom Brial, dans le Recueil des historiens, t. XVI, p. 636.

[2] T. VI, p. 179.

[3] Robert de Torigni, t. I, p. 312.

[4] « Robertus de Novo Burgo, senescallus Normannie..... Cadomo, in curia regis,

Le 1er août 1159, Robert de Neubourg se retira dans l'abbaye du Bec et y mourut le 30 du même mois[1]. Le religieux de cette abbaye qui parle de la mort du sénéchal le qualifie de « vicedominus totius Normannie ».

Robertus de Novo Burgo, decanus Rothomagensis, antea canonicus et decanus Ebroicensis. — Rotrou, évêque d'Évreux, dans une charte de 1157 cite « Robertus de Novo Burgo, nepos noster, canonicus ecclesie nostre[2] ». Ce Robert du Neubourg, fils du sénéchal du même nom, est cité avec le titre de doyen d'Évreux dans un accord conclu avec Simon, comte d'Évreux[3]. Il était doyen de Rouen en 1184-1185, suivant un rôle de cette année dont Madox[4] a cité cet article : « Roberto de Novo Burgo, decano Rothomagensi, x marcas, de prebenda sua quam consuevit habere de camera episcopi [Saresberiensis]. »

Suivant les auteurs de la *Gallia christiana*[5], Robert fut doyen du chapitre d'Évreux depuis 1158 jusqu'en 1176 ou environ, puis doyen de Rouen, pendant une dizaine d'années, jusqu'en 1188 ou environ.

Robertus Poherius. — Le maréchal Robert Puhier, ou Le Puer[6], fut employé en 1176 et 1177 dans les affaires de l'Irlande[7]. En 1187 il avait la garde de la terre et de l'héritier de Guillaume de Courci[8].

Robertus de Sableio, de Sablul, de Sabolio. — Robert de Sablé conclut, en 1172, un accord avec l'église de Saint-Martin de Tours[9]. Il s'associa à la révolte des fils de Henri II contre leur père en 1173[10]. Dans une charte du

---

coram me, qui eram justicia Normannie, et coram baronibus regis... Testes : ...Willelmus Filius Johannis et Aitard Polein, qui erant baillivi regis. » Cartul. de Savigni, n° 219.

[1] *Continuatio Beccensis,* dans Robert de Torigni, t. II, p. 175.

[2] *Cartul. de N.-D. de Chartres,* t. I, p. 166.

[3] Second cartul. du chapitre d'Évreux, p. 54.

[4] *Exchequer,* p. 213, note D.

[5] T. XI, col. 116 et 620.

[6] Ces formes françaises sont employées dans les *Gesta Henrici,* t. I, p. 161 et 164.

[7] *Ibid.*, et Giraldus Cambrensis, *Expugn. Hib.*, I, xxxii; II, xi, xx et xxi, éd. Dimock, t. V, p. 65, 328, 347 et 352.

[8] « Robertus Puherius, custos terræ et heredis Willelmi de Curci dapiferi. » Pipe xxxiii H. II, dans Madox, *Exchequer*, p. 443, note s.

[9] Collection Housseau, vol. V, n° 1886.

[10] *Gesta Henrici,* t. I, p. 46.

X. NOTES BIOGRAPHIQUES.

temps d'Anger, abbé de Saint-Serge, il parle de son intention d'aller à Jérusalem[1].

Du temps d'Emma de Laval, abbesse du Roncerai (1163-1188), il céda à l'abbaye de Saint-Aubin d'Angers des terrains incultes situés dans le voisinage du bois de Pincé.

Sciant presentes et presentium successores quod propriam (prope?) terram sancti Albini, quam monachi tenent de Deo et Henrici, regis Anglie et comitis Andegavie, dominio, apud Pinciacum, Robertus dominus Sabolii, potestate sua et voluntate et injuste, partem illius terre tenebat incultam...

[Testes] ex parte domni Rotberti Sabolii : Bartholotus de Castro Gunterii, Emma abbatissa Sancte Marie, Hersendis mater ejusdem Rotberti, et Clementia, uxor ipsius, et multi alii. (Bertrand de Broussillon, *Cartulaire de S. Aubin*, t. II, p. 354.)

Robertus de Sancte Marie Ecclesia. — Ce personnage tirait son nom du chef-lieu de la baronnie de Sainte-Mère-Église, dépendance du comté de Mortain, située au Nord-Est du diocèse de Lisieux. Aux archives de l'Eure se trouve en original une charte accordée à l'abbaye de Grestain par Robert de Sainte-Mère-Église.

Robertus de Sancto Johanne. — Robert de Saint-Jean est un des barons qui firent hommage, en 1154, à Robert de Torigni, abbé du Mont-Saint-Michel[2]. Son nom se retrouve sur la liste des chevaliers de l'Avranchin insérée dans l'état de la vicomté d'Avranches de la seconde moitié du XIIe siècle [3].

Robertus de Stuttevilla, Stutevilla. — Robert d'Estouteville, troisième du nom, figure dans le Pipe Roll de 1168[4] comme ayant contribué à l'aide du mariage de Mathilde, fille du roi, et dirigé les travaux de plusieurs châteaux. Il rendait la justice en 1169-1170[5]. Lui et ses enfants et frères restèrent fidèles au roi en 1173[6]. En 1174, il gardait les châteaux de Burgh

---

[1] « Ego Robertus de Sableio, volens ire Jerusalem... » Collection Moreau, vol. 81, fol. 182.
[2] Robert de Torigni, t. II, p. 298.
[3] Plus haut, p. 347.
[4] *Pipe* XIV *H. II*, p. 88, 169, 173.
[5] Madox, *Exchequer*, p. 98, note c.
[6] *Gesta Henrici*, t. I, p. 51, note.

et d'Appleby, et, secondé par son fils Guillaume, il commandait les hommes d'armes du comté d'York qui s'opposaient aux entreprises du roi d'Écosse[1]. Le Pipe Roll de l'année 1175 mentionne les gages de la troupe qu'avait commandée Robert d'Estouteville, alors fermier depuis deux ans du domaine du comté d'York[2]. Les biens du domaine ducal dont il jouissait à Fécamp, avec ses frères, Nicolas et Guillaume, sont indiqués dans le Rôle de l'Echiquier de 1180[3]. Le même rôle[4] nous apprend qu'il était alors, depuis cinq ans, fermier du domaine de Lillebonne et qu'il avait la garde des châteaux d'Arques et de Lions.

Aux Archives de la Seine-Inférieure, dans une charte de l'abbaye de Valmont, un autre Robert d'Estouteville confirme une donation qu'avait faite son père Nicolas d'Estouteville.

Robertus de Torigneio, abbas Montis Sancti Michaelis. — Cet abbé, grand ami du roi Henri II, gouverna l'abbaye du Mont-Saint-Michel, depuis 1154 jusqu'en 1186. Sur sa vie, voir la notice qui est en tête du tome II de la *Chronique de Robert de Torigni* publiée en 1873 par la Société de l'histoire de Normandie.

Robertus de Vitreio, de Vitri. — Il mourut en 1173[5].

La forme *de Vitri* qui se trouve en toutes lettres sur une charte originale est à remarquer pour voir quelle était au XII° siècle la prononciation du nom de *Vitré*. Cet exemple est à rapprocher de celui que j'ai cité en parlant plus haut (p. 434) du nom de Richard de Luci.

Rocelinus Filius Clarembaldi. — Il est témoin d'une charte de Robert, doyen de Rouen, pour les lépreux de Rouen[6].

Rogerus, archidiaconus Baiocensis, cancellarius Henrici ducis. — Voir p. 88, note 1.

---

[1] *Gesta Henrici*, p. 65.
[2] « In liberationibus militum et servientium, equitum et peditum quos (Robertus de Stuttevilla) habuit secum in servicio regis tempore werre. » *Pipe* XXI *H. II*, p. 164.
[3] Stapleton, *Rotuli Scaccarii Normanniæ*, t. I, p. 67.
[4] *Ibid.*, p. 68, 73, 90 et 91.
[5] Robert de Torigni, t. II, p. 43.
[6] Arch. nat., S. 4889, n° 6.

Rogerus de Arré, Arreio, Arri. — Ce personnage fut témoin à une charte de Philippe, évêque de Bayeux, en novembre 1151 [1]; il siégea en 1176 à l'Échiquier de Caen [2] et à une assise tenue dans la même ville [3]. On le retrouve à l'Échiquier sous le règne de Richard Cœur-de-lion [4].

Rogerus Baco, Bacon. — Roger Bacon était le chef d'une grande famille qui a laissé son nom à la paroisse de Mollei-Bacon d'où elle était originaire. Son nom paraît dès le commencement du règne de Henri II, dans le Pipe Roll de l'année 1158 [5] et nous pouvons suivre sa carrière jusqu'à la fin de ce règne en parcourant les souscriptions des actes royaux.

Le frère de Roger Bacon, Philippe de Colombières, ayant probablement pris part au crime d'un neveu, qui avait assassiné Béatrice, nièce de Philippe d'Harcourt, évêque de Bayeux [6], Roger, en vue d'obtenir le pardon, céda au prélat l'église de Planqueri [7]. Philippe indemnisa son frère, en lui abandonnant une rente de froment, assise sur la dîme de Langrune, rente dont Roger disposa en faveur des religieuses de Mortain [8]; une sœur des deux frères avait pris le voile dans cette maison et avait des rentes à percevoir sur les moulins de Blai et de Planqueri. Roger céda aux moines de Savigni le patronage de l'église de Couvains [9], à condition qu'il serait réservé à une abbaye fille de Savigni. Il abandonna dans les mêmes conditions l'église de Pleine-Sève [10].

Roger figure encore sur le rôle de la première année de Richard Cœur-de-lion (1190) [11]; d'autre part nous voyons, qu'en 1198, son héritage était entre les mains de son héritier [12]. Sa mort arriva donc sous le règne de Richard Cœur-de-lion.

Rogerus, filius et successor Hugonis Bigot, comitis. — Roger Bigot, succéda à son père, mort en 1177. Nous avons deux chartes de Henri II attestées

---

[1] Cartul. de Savigni, n° 199.
[2] Charte de Philippe, veuve de Hugues de Rosel. Archives du Calvados, fonds d'Ardenne.
[3] Livre noir de Bayeux, n° 94.
[4] Cartul. de Cerisi, p. 594. — Voir aussi la charte de Troarn publiée ci-dessus, p. 350.
[5] Pipe IV H. II, p. 118.
[6] Livre noir de Bayeux, n° 33.
[7] Léchaudé, *Extrait des chartes du Calvados*, t. II, p. 153.
[8] Chartes des religieuses de Mortain aux Archives nationales.
[9] Cartulaire de Savigni, n° 234.
[10] Ibid., n° 246.
[11] Pipe I Ric., p. 84.
[12] Rot. Scacc. Norm., t. II, p. 374.

par « Rogerus le Bigot », et une par « Rogerus Bigot comes ». Voir Dugdale, *The Baronage*, t. I, p. 538.

Rogerus Calcensis de Duno. — Ce nom se trouve sur la liste des témoins de deux chartes de Henri II pour l'abbaye de Valmont. Ne désigne-t-il pas aussi le témoin qui est appelé *Rogerus Calcetensis* dans une charte du prieuré de Longueville? Ne serait-il pas là question du personnage dont il y a aux Archives de la Seine-Inférieure une charte portant don à l'abbaye de Valmont d'une rente assise sur le moulin du Bec? Le donateur est nommé : *Rogerus Calcensis de Becco.*

Rogerus capellanus. — Cité dans le Pipe Roll de l'année 1160 (p. 103), et dans le traité conclu à Windsor en octobre 1175, entre Henri II et le roi de Connaught[1].

Rogerus, comes de Clara. — Gilbert, comte de Clare, décédé en 1151, eut pour successeur Roger, qui mourut en 1173[2].

Rogerus, Eboracensis archiepiscopus. — Roger de Pont-l'Évêque, d'abord archidiacre d'York, fut élu archevêque de la même ville et sacré le 10 octobre 1154[3]. Il mourut en 1181, au mois de septembre suivant Gervais de Cantorbéry[4], ou au mois de novembre suivant les *Gesta Henrici*[5] et Robert de Torigni[6].

Rogerus (Frater), regis elemosinarius. — Vers le 2 juin 1178, Henri II, étant à Winchester, choisit pour être aumônier de sa maison « quemdam fratrem Templi, nomine Rogerum »[7]. Il le chargea d'avoir avec Philippe Auguste une entrevue qui eut lieu à Noyon vers le 2 juin 1186[8]. Roger assista en février 1187 à une assemblée tenue à Clarendon pour régler le différend de l'archevêque de Cantorbéry avec le chapitre de sa cathédrale[9]. Il fut témoin d'une charte expédiée d'Alençon par le roi, au mois d'août de la même année[10].

---

[1] *Gesta Henrici*, t. I, p. 103.
[2] Robert de Torigni, t. II, p. 41. Voir Dugdale, *The Baronage*, t. I, p. 210 et 211.
[3] Gerv. de Cantorbéry, t. I, p. 133 et 158.
[4] *Ibid.*, t. I, p. 297.
[5] T. I, p. 282.
[6] T. II, p. 110.
[7] *Gesta Henrici*, t. I, p. 169.
[8] Rad. de Diceto, t. II, p. 43. — L'entrevue n'eut pas de résultat.
[9] *Epistolæ Cantaurienses*, p. 221.
[10] *Ibid.*, p. 7 et 8.

Rogerus Filius Reinfredi. — Ce Roger paraît avoir été le frère ou le beau-frère de Gautier de Coutances[1]. Il est cité dans les Pipe Rolls depuis 1170. Différents textes nous le montrent rendant la justice depuis 1175[2]. Par une charte, dont M. Warner[3] a publié le fac-similé, Henri II lui confirma le don que le comte de Northampton lui avait fait d'un droit de justice à Londres.

En 1189, Richard Cœur-de-Lion fit épouser à Gilbert, fils de Roger Fils de Rainfroi, la fille de Guillaume de Lancastre, sénéchal de Henri II[4].

Roger de Gratepance. — En 1180, Roger de Gratepance était redevable au trésor de Normandie d'une amende de 20 livres[5].

Rogerus, comes Herefordiæ. — Mort en 1154. Voir Dugdale, *The Baronage*, t. I, p. 538.

Dans les Pipe Rolls de 1157 et 1159[6] sont inscrites des sommes « que remanent super dominia que rex dedit comiti Rogero comiti de Hereforda ».

Rogerus de Humetis, archidiaconus Baiocensis. — Il fut élu évêque de Dol en 1161[7].

Rogerus de Mumbrai. — Roger de Montbrai prit part à la révolte de 1173 et se soumit au roi l'année suivante[8]. Il se signala par son courage en Terre Sainte dans la croisade de 1186, à propos de laquelle l'auteur des *Gesta Henrici* le cite comme un des plus nobles chevaliers de l'Angleterre et de la Normandie[9].

Rogerus de Stutevilla. — En 1177, Henri II lui confia la garde du château d'Édimbourg (*Castellum Puellarum*)[10].

---

[1] Voir plus haut, p. 106, ce qui est dit de Gautier de Coutances.

[2] Madox, *Exchequer*, p. 57, 65, 77, 80 et 87. — Stubbs, notes sur Hoveden, t. II, p. 87, note 10. — Cf. *Gesta Henrici*, t. I, p. 107.

[3] *Fac-similés of Royal charters*, n° 54.

[4] *Gesta Henrici*, t. II, p. 73.

[5] « Rogerus de Gratepance reddit compotum de 20 libris pro vadio Ricardi de Walvilla negato. » *Rot. Scacc. Norm.*, t. I, p. 96.

[6] P. 49 et 99.

[7] Robert de Torigni, t. I, p. 333. Conf. *Gallia christ.*, t. XIV, col. 1051.

[8] *Gesta Henrici*, t. I, p. 47 et 48.

[9] *Ibid.*, p. 359 : « Quidam vero sed pauci remanserunt Jerosolimis, inter quos Rogerus de Mumbrai et Hugo de Bello Campo, viri siquidem famosi et de nobilioribus Anglie et Normannie editi. »

[10] *Gesta Henrici*, t. I, p. 160.

Rogerus de Toneio. — Le chevalier de ce nom qui est témoin d'une charte de Henri II, alors duc de Normandie, pour les citoyens de Rouen, doit être celui qui figure dans presque tous les Pipe Rolls depuis 1158 jusqu'en 1176. Il donna aux lépreux d'Évreux le droit de panage dans sa forêt de Conches[1].

Rogerius de Warwic, Rothomagensis canonicus. — Une charte des premières années du règne, probablement de 1156-1159, se termine par les mots : « Per Rogerium de Warwic »[2].

Ce Roger de Warwick, qui fut chanoine de Rouen, fut attaché à la chancellerie royale du temps de Thomas Becket et de Raoul de Warneville.

Il est qualifié de clerc du roi dans une charte de Rotrou, évêque d'Évreux (1156-1164), pour l'abbaye de Lire[3], et de chapelain du roi, dans une charte faite en présence du maire de Rouen, Barthélemi Fergant[4].

Le titre de chanoine de Rouen lui est donné dans une charte de l'année 1175, pour les religieuses de Bival[5], et dans trois chartes sans date, émanées de l'archevêque Rotrou, en faveur de l'abbaye de Mortemer[6], des religieuses de Bondeville[7] et de l'abbaye de Lire[8].

Rogerus, episcopus Wigornensis, Vigornensis, Filius Roberti, Gloecestriæ comitis. — Roger de Gloucester, évêque de Worcester, fut élu au mois de mars 1163, sacré le 23 août 1164 et intronisé le 2 février 1165[9]. Il mourut à Tours le 9 août 1179[10].

Rollandus de Dinan. — Rolland de Dinan, qui s'était opposé de tout son pouvoir, en 1168, aux entreprises de Henri II sur le gouvernement de la Bre-

---

[1] Cartul. de S.-Nicolas d'Évreux, fol. 3, n° 11.
[2] Charte de S.-Étienne de Caen, n° 74 de notre Recueil.
[3] Collection Moreau, vol. 58, fol. 152.
[4] Archives de la Seine-Inférieure. — Cartulaire de la cathédrale de Rouen, n° 182, fol. 110 v°.
[5] Original aux Archives de la Seine-Inférieure.
[6] Cartul. de Mortemer, p. 103.
[7] Original aux Archives de la Seine-Inférieure.
[8] Collection Moreau, vol. 58, fol. 152.
[9] Rad. de Diceto, t. I, p. 312. — Gerv. Cantuar., t. I, p. 182. — Robert de Torigni, t. I, p. 347. — Ann. Tewkesber., éd. Luard, t. I, p. 49. — Ann. Wigorn., éd. Luard, t. IV, p. 382.
[10] Gesta Henrici, t. I, p. 243. — Rad. de Diceto, t. I, p. 432. — Robert de Torigni, t. II, p. 88.

tagne[1], se rallia à la politique de ce prince, comme l'attestent les mentions consignées dans les Pipe Rolls des années 1172-1176. Henri II le désigna, en 1175, pour être le principal collaborateur de Geoffroi, comte de Bretagne[2]. C'était probablement à lui que Henri II, au commencement de son règne, avait donné des biens en Angleterre[3].

Voir La Borderie, t. III, p. 281.

Rollandus, Dolensis archiepiscopus. — Rolland, d'origine italienne, fut élu archevêque de Dol en 1177, alors qu'il était doyen d'Avranches[4]. Il avait le titre de sous-diacre de l'église romaine en 1181 quand le pape Luce II le chargea d'une mission à remplir auprès du roi d'Écosse[5]. Il se rencontra avec Henri II pendant un des séjours du roi à Gorron, dans le Maine, très probablement en 1182 ou 1183[6]. Créé cardinal au mois de février 1184[7], il ne prend pas ce titre dans une charte qu'il accorda la même année à l'abbaye du Mont-Saint-Michel[8]; il s'y appelle simplement *Dolensis electus*. Il mourut entre le 23 juin 1187 et le 12 avril 1188[9]. Son successeur sur le siège de Dol, Henri, qui avait été doyen de Mortain, mourut en 1188, à Rome, où il était allé se faire sacrer[10].

Rotbertus. — Voir Robertus.

Rotrocus, Rothrocus, Rotrodus, Rotroldus, archiepiscopus Rothomagensis, antea Ebroicensis episcopus. — Rotrou de Warwick, après avoir été évêque

---

[1] Robert de Torigni, t. II, p. 5 et 6. — Voir aussi la lettre de Jean de Salisbury relative aux plaintes que Rolland de Dinan adressait à Louis VII au sujet de la conduite de Henri II. *Opera*, éd. Giles, t. II, p. 142.

[2] « Misit Gaufridum, filium suum, comitem Britanniæ, in Britanniam, assignam ei Rollandum de Dinan ut esset procurator terre sue. » Robert de Torigni, t. II, p. 56.

[3] « In terris datis... Rollando de Dinan, xv libras numero in Gainz. » *Pipe IV H. II*, p. 128.

[4] Robert de Torigni, t. II, p. 72.

[5] *Gesta Henrici*, t. I, p. 289. — Rog. de Hoveden, t. II, p. 270.

[6] N° 429. A de notre Recueil.

[7] Robert de Torigni, t. II, p. 127.

[8] *Ibid.*, p. 325. Précédemment l'archevêque Rolland avait usé de son influence sur le pape Alexandre III pour faire aboutir une affaire qui intéressait l'abbaye du Mont-Saint-Michel. — *Ibid.*, t. II, p. 312.

[9] Voir Jaffé-Loevenfeld, t. II, p. 493 et 536.

[10] Voir plus haut, p. 383, au nom de *Henricus, decanus Moretonii*.

d'Évreux, de 1139 à 1164, occupa le siège archiépiscopal de Rouen, de 1164 à 1183. Son nom se retrouve presque à chaque page de l'histoire du règne de Henri II. Il remplit des missions qui témoignent de la confiance que le roi avait en lui. C'est lui qui sacra le jeune roi Henri et sa femme Marguerite de France, à Winchester en 1172[1], lui aussi qui conduisit jusqu'à Saint-Gilles, en 1176, la princesse Jeanne, la future reine de Sicile[2]. Il fut choisi en 1182 pour être un des exécuteurs testamentaires du roi[3].

Il faut donner plus de détails sur l'exercice des fonctions de sénéchal de Normandie, qu'il remplit quelques années avant 1164, pendant qu'il était évêque d'Évreux. Sur les deux exemplaires de la grande charte de Saint-Étienne de Caen, dans la liste des souscriptions, le nom de Rotrou, évêque d'Évreux, est accompagné du double titre d'évêque d'Évreux et de justicier de Normandie : « Rothroco Ebroicensi episcopo, justicia Normannie ». Rotrou avait peut-être succédé à Robert du Neubourg.

Voici un extrait de trois chartes dans lesquelles il agit en qualité de sénéchal ou d'ancien sénéchal de la province :

1° Du temps où il était évêque d'Évreux, à l'occasion d'un accord conclu à Rouen, entre le prieur de Vesli et Payen du Coudrai :

Hoc autem eo tempore factum est quo regalem justiciam in Normannia tenebam. Interfuerunt huic concordie comes de Mellent, comes Ebroicensis, comes Giffardus, et multi barones et servientes regis de diversis partibus[4];

2° Jugement prononcé à Rouen, dans le monastère de Saint-Gervais[5] :

Me presente, Rainaldo de Sancto Walerico justicia in curia existente plenissima plurimorum virorum... scilicet Arnulphus Luxoviensis episcopus, Frogerius Sagiensis episcopus, Henricus abbas Fescanni, Hugo de Gurnaio, Godardus de Vallibus, Robertus de Freschenes...

Cette charte, comme la suivante, a dû être faite peu de temps après que Rotrou avait cessé d'être évêque d'Évreux;

[1] Rad. de Diceto, t. I, p. 352.
[2] Gesta Henrici, t. I, p. 116 et 120.
[3] Gerv. Cantuar., t. I, p. 298.
[4] Collection Moreau, vol. 59, fol. 208.
[5] Cartul. de Conches, fol. 101 v°, cité dans le Mémoire général de MM. de Chambray, p. 120. (Archives de la famille; communication de feu M. Bonnin.)

456   X. NOTES BIOGRAPHIQUES.

3° Charte de l'abbaye de Saint-Évroul[1] :

Rotrodus, Dei gratia Rothomagensis archiepiscopus... Sciatis quod, ex precepto domini regis, quando per eum per totam Normanniam justiciam secularem exercebamus, miseratione divina tunc temporis Ebroicensem episcopatum regentes, in plena assisia apud Rothomagum, die festo sancte Cecilie, Garinus de Grandi Valle et Ricardus Faiel et Rogerus de Moenaio et Rogerus Goulafre et Robertus Chevalier juraverunt quod ecclesia Sancti Ebrulfi et abbas et monachi ejus, anno et die quo H. rex, filius Willelmi regis, fuit vivus et mortuus, et postea usque modo, presentationem Beati Petri de Sap pacifice et quiete habuerunt in elemosinam... Testibus : Arnulfo episcopo Lexoviensi, H. abbate Fiscannensi, Victore abbate Sancti Georgii de Baucherville, Galeranno comite Mellenti, comite Patricio, camerario de Tancarvilla, Hugone de Gornaco, Roberto Filio Geroii, Nicholao de Stotevilla, Godardo de Vallibus, Roberto Filio Hamerici, Roberto de Varvic, Raginaldo de Jerponvilla, Ricardo Beverel, Adam de Walnevilla.

Il est bon de faire observer que les chartes de Henri II datées d'une localité de Normandie, et qui portent la souscription de Rotrou, évêque d'Évreux, sont au plus tard de l'année 1163, parce que le roi résida en Angleterre de janvier 1163 à février 1165.

Saldebrol constabularius. — Telle est la dénomination d'un témoin d'une charte de la duchesse Aliénor, datée du 27 mai 1152[2]. « Saldebroil » est cité en même temps que la reine Aliénor dans un charte du monastère de Montazai, expédiée à Chinon en 1172[3]. — Richard Cœur-de-lion envoya en 1194 « Salt de Bruil » près de Henri, comte de Champagne[4].

Seerus, Seiherus de Quinci, de Kenci. — Il figure à partir de l'année 1158 sur les Pipe Rolls du règne de Henri II, années IV, IX, XI, XV, XVI, XXI et XXII. En 1173 il prit parti pour les fils du roi révoltés contre leur père[5]. En 1180 il avait la garde du château de Nonancourt[6]. Il fut un des justiciers qui tinrent en 1184 une assise à Saint-Wandrille avec le sénéchal Guillaume Fils de Raoul[7]. A une date indéterminée il se trouva à une assise

---

[1] Cartul. de S.-Évroul, t. I, fol. 88 v°, n° 172.
[2] Collection de Dom Fonteneau, vol. XVI, fol. 19.
[3] Dom Fonteneau, vol. XVIII, fol. 418.
[4] Hoveden, t. III, p. 233.
[5] Gesta Henrici, t. I, p. 46.
[6] Rot. Scacc. Norm., t. I, p. 76.
[7] Charte de Hugues de Vaux pour l'abbaye de Lire; Collection Moreau, vol. 87, fol. 157.

tenue à Montfort[1]. Il dut être remplacé par son fils Robert vers le commencement du règne de Richard Cœur-de-lion[2].

Sefredus, Cicestrensis episcopus. — Ce prélat fut sacré évêque de Chichester en 1180 par Guillaume, archevêque de Cantorbéry[3].

Simon de Bello Campo. — Il est cité dans les Pipe Rolls, de l'année 1156 à l'année 1176[4]. Guillaume de Mandeville indique comme témoin d'une de ses chartes « Simon de Bello Campo, frater meus »[5]. Il assista au concile de Clarendon en 1164[6].

Simon, Symon de Castellione. — Était à la cour de Berlai de Montreuil vers l'année 1157[7]. — Témoin en 1159 à un acte de l'abbaye de Saint-Florent[8].

Simon, comes Ebroicensis. — Simon de Montfort, comte d'Évreux. — Parmi les chartes de lui qui nous sont parvenues, on peut citer les suivantes :

Charte datée de Varaville en 1157, pour l'abbaye de Savigni; Simon y mentionne sa femme Mathilde[9].

Charte datée de Paris, en 1176, dont l'original scellé était jadis à Marmoutier et dont Gaignières[10] nous a conservé le texte, avec un dessin du sceau, qui portait sur la face la légende : SIGILLUM SIMONIS COMITIS EBROICARUM, et sur le revers : SIGILLUM SIMONIS COMITIS MONTS FORTIS.

Charte de l'abbaye des Vaux de Cernai, datée de 1179 et émanée de « Symon, comes Ebroicensis et dominus Montis Fortis »[11].

Charte de l'abbaye de Jumièges, sans date, rédigée au nom de Simon et de Mathilde[12].

---

[1] Fragm. du Cartul. du Bec, aux Arch. de l'Eure, n° 5 du *Titulus de Novilla*.
[2] Dugdale, *The Baronage*, p. 686.
[3] Gerv. Cantuariensis, t. II, p. 381. Conf. Robert de Torigni, t. II, p. 95.
[4] *Pipe* 11 *H. II*, p. 23. — xxii *H. II*, p. 17.
[5] Madox, *Formul.*, p. 236, n° 412.
[6] Robertson, *Materials*, t. V, p. 72.
[7] Pancarte des Arch. de Maine-et-Loire, fonds de S. Aubin, prieuré de la Madeleine-sous-Brossay, t. I, fol. 1.
[8] Collection Housseau, vol. V, n° 1823.
[9] Cartul. de Savigni, n° 208.
[10] Ms. latin 5441, t. I, p. 256. Conf. Douët d'Arcq, *Invent. des sceaux*, t. I, p. 409, n° 902.
[11] *Cartulaire des Vaux de Cernai*, t. I, p. 71.
[12] Collection Moreau, vol. 60, fol. 272.

Charte de l'abbaye de La Chaise-Dieu [1] relative à une donation faite « pro salute patris mei Americi, A. matris mee, M. uxoris mee, cujus prece ista dedi, dum apud Altam Bruieriam lecto jaceret morbo detenta ».

Sa mort est placée sous l'année 1182 par Robert de Torigni [2].

Simon Filius Petri. — Il était au concile de Clarendon en 1164 [3] et siégeait à l'Échiquier de Westminster en 1165 [4]. Il est mentionné dans presque tous les Pipe Rolls depuis l'année 1155 [5].

Simon de Tornebu, Turnebu, Tornabuo. — Simon de Tornebu était sénéchal de l'évêque de Bayeux du temps de l'évêque Philippe (1142-1163) [6]. En 1164 il a le titre de connétable de Thouars dans une charte de Jean, évêque de Poitiers [7]. Il siégea à l'Échiquier de Caen en 1176 [8] et à une assise de Caen en janvier 1176 [9]. Il fut rendu compte à l'Échiquier en 1180 du produit de la vente des biens meubles de Simon de Tournebu [10], ce qui permet de croire qu'il venait de mourir.

Stephanus de Bello Campo. — Témoin à une charte de l'Impératrice pour l'abbaye de Bondeville [11], et à une charte faite en septembre 1146 à Devizes en présence de la même princesse [12]. Il figure dans les Pipe Rolls depuis l'année 1167 [13].

Stephanus de Fulgeriis, episcopus Redonensis. — Étienne de Fougères, évêque de Rennes de 1168 à 1178, a été ci-dessus (p. 96) le sujet d'une notice, à l'occasion des fonctions qu'il a occupées à la chancellerie de Henri II. Il ne faut pas le confondre avec un autre évêque de Rennes, Étienne de La Rochefoucauld, qui occupa ce siège jusqu'à sa mort, en 1166 [14].

---

[1] Cartulaire de l'abbaye de La Chaise-Dieu, p. 57.
[2] T. II, p. 103.
[3] Robertson, *Materials*, t. V, p. 73.
[4] Madox, *Formal.*, p. xix.
[5] « In perdonis, per breve regis, Simoni Filio Petri, 25 sol. » *Pipe II H. II*, p. 7.
[6] Livre noir de Bayeux, n° 71.
[7] Ms. latin 5480, t. I, p. 136.
[8] Charte de Philippe, veuve de Hugues de Rosel. Arch. du Calvados, fonds d'Ardenne.
[9] Livre noir de Bayeux, n° 94.
[10] *Rot. Scacc. Norm.*, t. I, p. 49. Cf. p. 81 et 93.
[11] Cartul. de Bondeville, p. 11.
[12] Livre noir de Bayeux, n° 41.
[13] *Pipe Roll XIII H. II*, p. 113.
[14] Robert de Torigni, t. I, p. 360.

SIMON. — STEPHANUS.   459

Stephanus de Marthaio. Voir un peu plus bas Stephanus de Turonis.

Stephanus, Redonensis episcopus. Voir plus haut, p. 458, au mot Stephanus de Fulgeriis, et le chapitre III, p. 96.

Stephanus de Turneham. — Étienne de Turnham, qui figure comme témoin dans quatre de nos chartes, ne devrait pas être distingué d'Étienne de Tours, s'il fallait accepter une opinion émise par Stubbs[1], qu'il est impossible d'adopter : une charte de Henri II, qui est des dernières années du règne de Henri II[2], puisqu'elle contient le nom du chancelier Geoffroi fils du Roi, se termine par ces trois souscriptions : « Stephano de Turonis, senescallo Andegavie, Willelmo de Ostilleio, Stephano de Turneham ».

Stephanus de Turonis, senescallus Andegavie. — Si l'identification d'Étienne de Turnham avec Étienne de Tours est inacceptable, je crois qu'il faut, à l'exemple de Stubbs[3], appliquer à un seul et même personnage les textes mentionnant les uns Stephanus de Turonis et les autres Stephanus de Marsaio. Tous se rapportent à un même fonctionnaire, qui porta le titre de sénéchal d'Anjou.

L'importance du rôle que ce personnage a joué dans l'administration des provinces continentales soumises au gouvernement de Henri II m'autorise à rassembler ici les documents qui peuvent servir à la biographie du fonctionnaire. Je distinguerai les textes qui portent simplement la dénomination d'Étienne sénéchal d'Anjou, et ceux qui donnent au sénéchal le nom d'Étienne de Marzai ou celui d'Étienne de Tours.

Avant tout, je dois citer deux chartes de Henri II dans lesquelles Étienne de Tours est qualifié de *camerarius regis* : la première est délivrée aux chanoines de Saint-Barthélemi de Londres[4], l'autre est relative aux levées de la

---

[1] *Gesta Henrici*, t. II, p. 19, 70 et 369. Eyton (p. 297) réfute cette opinion.

[2] Cartul. de la Chartreuse du Liget, fol. 123.

[3] *Gesta Henrici*, t. II, p. 9, 70 et 369. Hoveden, t. III, p. 1. Eyton (p. 297) est du même avis, comme aussi Beautemps-Beaupré, qui a rédigé un long article pour démontrer l'identité des deux Étienne. Voir l'ouvrage de cet auteur, *Coutumes et Institutions de l'Anjou et du Maine*, 2ᵉ partie, t. I, p. 260-282, et t. III, p. 1.

[4] Eyton, p. 53, d'après *Cartæ antiquæ*, L.

58.

460   X. NOTES BIOGRAPHIQUES.

Loire[1]. La première porte la souscription du chancelier Thomas et est par conséquent antérieure à 1163. Il semble bien que ces deux chartes sont d'une époque à laquelle les fonctions de sénéchal n'avaient pas encore été conférées à Étienne de Tours.

Sous l'année 1163, les Annales de Lévière rapportent que le roi le chargea d'indemniser les religieux de Saint-Georges d'Oléron, victimes d'une exaction du sénéchal de la Saintonge; l'annaliste le qualifie de garde du donjon de Chinon[2]. C'est seulement en 1168 que je lui vois donner le titre de sénéchal.

Étienne, sénéchal d'Anjou.

1172. Accord entre l'église de Saint-Martin de Tours et Robert de Sablé : « Andegavis, in presentia domni Stephani senescalli...; postea vero presente domino Roberto de Sabolio, et multis cum eo in capitulo Beati Martini publice retractata est hec concordia... anno 1172 »[3].

1180. Acte relatif à une donation faite à l'abbaye de Fontevrault par « Eustachia de Argentonio... » — « Aimericus de Argentonio, apud Chinonem veniens, in manu domini Stephani, Andegavensis senescalli »[4].

1187, 28 janvier. Hugues, vicomte de Châteaudun, donne à « Stephanus, tunc siniscallus Andegavie », le droit qu'il avait sur le passage du pont d'Angers[5].

1187, au Mans. Charte de « Stephanus, Andegavis senescallus », relative à une donation faite à l'évêque du Mans[6].

Sans date. Charte d'Étienne, sénéchal d'Anjou, touchant une reconnaissance faite par « Gaufridus de Avers, coram Girardo de Cleriis et Matheo vicario, qui locum domini regis et meum apud Durestallum ad hoc judicandum tenuerunt ». Le sceau que cette pièce avait reçu représentait un cavalier tenant un oiseau sur le poing : S. STEP. SINISC... ANDEGAVIEN. CENOM[7].

1188. Les souscriptions d'une charte d'Emma, abbesse du Roncerai, nous font voir que le sénéchal Étienne était frère de Renaud « de Voo »[8].

[1] Collection Housseau, vol. V, n° 1829.
[2] « Per manum Stephani Turonensis, custodis turris de Chinone. » *Chronicon Vindocinense seu de Aquaria*, dans *Chroniques des églises d'Anjou*, p. 175.
[3] Collection Housseau, vol. V, n° 1886.
[4] Orig. Archives de Maine-et-Loire, fonds de Fontevrault, carton des Ponts-de-Cé.

[5] Cél. Port., *Cartul. de Saint-Jean d'Angers*, p. VIII, n° VIII.
[6] *Liber albus capituli Cenom.*, p. 289, n° 468.
[7] Ms. latin 17126, p. 121 et 122.
[8] « Stephanus senescallus, Ragenaudus de Voo, frater ejus. » *Cartul. de Saint-Jean d'Angers*, p. XV, n° VII.

STEPHANUS. 461

Sans date. Charte de « Stephanus, senescallus regis Anglie », pour l'abbaye du Roncerai [1].

Sans date. Charte postérieure à la mort du sénéchal Étienne, faisant connaître sa famille et la part qu'il avait prise à la fondation de l'aumônerie d'Angers : « Ego Philippus de Romefort, miles, filius et heres Stephani olim senescalli Andegavensis... Noverit universitas vestra quod Stephanus senescallus bone memorie, pater meus, fundator et compositor eleemosinarie Beati Johannis evangeliste Andegavensis, cum assensu et voluntate matris mee Aleiz, uxoris ejus Stephani, et mea, dotavit et investivit IV capellanos predicte elemosinarie de suis purissimis et propriis redditibus... »[2].

Stephanus de Marchaio [3], senescallus regis Anglie.

1169. Accord entre les abbayes de Fontevrault et de Bourgueil : « Ante dominum Henricum regem Anglie, qui jussit Stephano de Marchaio, senescallo suo, ut hanc querelam pacificaret. Anno M.C.LXVIIII, Gaufrido Moschet, episcopo Andegavensi presidente [4]. »

1169. Charte de l'abbaye du Roncerai : « Ante presentiam Stephani de Marceio, siniscalli regis Anglie [5]. »

1174. Charte du chapitre de Saint-Laud d'Angers : « Anno M.C.LXXIIII, regnante Henrico, Gaufridi comitis et Matildis imperatricis filio, Stephano de Marciaco senescalco [6]. »

1187, 11 juillet. « Stephanus, siniscallus Andegavensis », témoin à une charte de « Fulco de Mastaz » pour l'aumônerie d'Angers [7].

Sans date, du temps de Geoffroi, évêque d'Angers (1163-1178). Sentence prononcée par « Stephanus de Marchaio, domini Henrici regis Anglie senescallus », pour l'abbaye de Marmoutier. « Isti sunt testes et judices : Stephanus senescallus, Gaufredus Andegavensis episcopus, Stephanus decanus Andegavis, Bartholomeus de Castro Gunterii, Robertus de Sabolio, Mauricius de Creonio, Paganus de Vegia, Brientius de Varezia, Rainaldus de Vo, et multi abbates et milites et burgenses [8]. »

Dans le ms. latin 5441, t. I, p. 448, dessin du sceau attaché à cette charte, portant la légende : « SIGILLUM STEPHANI DE MARTHAIO SENESCALLI. »

---

[1] Cartul. du Roncerai, VI, XLVII.

[2] Cél. Port, Cartal. de S.-Jean d'Angers, p. XVII, n° XV.

[3] Autres formes de ce nom : de Marchaio, de Marceio, de Marciaco, de Mastaz.

[4] N° 180.A de notre Recueil.

[5] Cartulaire de l'abbaye du Roncerai, VI, XLII.

[6] Collection Housseau, vol. V, n° 1907.

[7] Cél. Port, Cartal. de Saint-Jean d'Angers, p. X, n° IX.

[8] Collection Moreau, vol. 71, fol. 213.

X. NOTES BIOGRAPHIQUES.

Stephanus de Turonis, senescallus Andegavensis. — C'est la forme qui se trouve le plus ordinairement dans les souscriptions des chartes de Henri II. Voici quelques textes dans lesquels se rencontre cette forme :

1176. Mention dans le Pipe Roll d'un envoi de provision de vin destiné aux celliers du roi à Southampton : « Pro vino quod Stephannus de Turonis misit domino regi ponendo in cellario apud Hantoniam [1] ».

1187. Étienne de Tours gardait à Chinon le trésor de Henri II que Richard Cœur-de-lion enleva en 1187 [2]. Au mois de juin 1189, pour défendre la ville du Mans, attaquée par Philippe Auguste, il brûla un des faubourgs [3].

Aussitôt après la mort de Henri II, Richard Cœur-de-Lion fit emprisonner Étienne de Tours. Il croyait que le sénéchal dissimulait une partie du trésor royal pour se l'approprier. L'auteur des *Gesta* [4] n'est pas seul à énoncer les faits. L'accusation portée contre Étienne de Tours et l'emprisonnement qui en fut la suite sont également rapportés par Roger de Hoveden [5]. L'accusation et l'emprisonnement sont pareillement consignés dans le récit de Richard de Devises [6]. Au dire du chroniqueur du roi Richard, le fonctionnaire auquel la malversation était reprochée fut contraint de payer 30,000 livres en monnaie d'Anjou et à souscrire l'obligation d'en payer 15,000. Mais pour Richard de Devises, le sénéchal disgracié et si durement traité se nomme non pas Étienne de Tours, mais Étienne de Marzai. C'est le principal argument qui a décidé Stubbs et Eyton à identifier Étienne de Tours avec Étienne de Marzai. Je crois devoir accepter leur opinion, autrement il serait difficile de comprendre l'existence simultanée de deux sénéchaux d'Anjou.

Célestin Port [7], dans l'article qu'il a consacré à Étienne de Marsai, revendique à bon droit pour lui le titre de fondateur de l'hôpital de Saint-Jean d'Angers, dans l'église duquel il fut enterré. Il cite une charte où Étienne paraît dès l'année 1168 en qualité de « senescallus Andegav., seu senes-

---

[1] *Pipe Roll* XXII H. II, p. 188.
[2] *Gesta Henrici*, t. II, p. 9.
[3] *Ibid.*, t. II, p. 67.
[4] *Ibid.*, t. II, p. 70 et 71.
[5] T. III, p. 1.
[6] Dans *Chronicles of the reigns of Stephen, Henri II and Richard I*, éd. Richard Howlett, t. III, p. 384 et 385.
[7] *Dictionnaire de Maine-et-Loire*, t. III, p. 603.

callus regis Anglie ». Marchegay a fixé le berceau de la famille du sénéchal à Marsai, près Loches.

Theobaldus, Cantuarienis archiepiscopus. — Thibaud, archevêque de Cantorbéry depuis 1139 jusqu'à sa mort, arrivée le 18 avril 1161.

Theotinus legatus. — Ce légat, cardinal du titre de Saint-Vital, négocia en 1172 la réconciliation de Henri II avec l'Église. Voir plus haut (p. 352) au mot Albertus.

Thomas Bardol, Bardul, Bardulfus. — Témoin d'une charte que Guillaume Longue-épée, frère de Henri II, donna aux religieuses de Mortain, entre les années 1154 et 1164[1]. En 1173, avec Doon, son frère, il défendit la place de Verneuil, assiégée par les Français[2], et il fut obligé de rendre au jeune roi Henri, révolté contre son père, le château de Drincourt (Neufchâtel), dont il était connétable ou capitaine[3]. En 1180, il touchait une somme de 300 livres qui lui était allouée pour la garde du château de Verneuil[4].

Il est cité dans les Pipe Rolls des années XVIII-XXII du règne de Henri II (1171-1175).

Thomas Basset. — Thomas Basset, cité sur le Pipe Roll de l'année 1155-1156, prit part à l'administration de plusieurs comtés pendant les années 1163, 1171, 1174, 1176 et 1179[5]. Son nom se trouve sur plusieurs Pipe Rolls de 1163 à 1175. Il servit de témoin à une charte de Henri d'Ouilli, qui doit être rapportée à l'année 1157 ou 1164, et dont le fac-similé se trouve dans le recueil de Warner[6].

Thomas Basset mourut au plus tard en 1183, date à laquelle ses biens échurent à son fils aîné Gilbert[7].

Thomas, Cantuariensis archiepiscopus, antea archidiaconus et regis cancellarius. — Thomas Becket, archidiacre de Cantorbéry, devint chancelier du

---

[1] Stapleton, *Rot. Scacc. Norm.*, t. II, p. 225.
[2] Robert de Torigni, t. II, p. 40.
[3] *Gesta Henrici*, t. I, p. 49.
[4] *Rot. Scacc. Norm.*, t. I, p. 84.
[5] *Gesta Henrici*, t. I, p. 238. — Stubbs, sur Hoveden, t. II, p. 190. — Madox, *Exchequer*, p. 64, 65 et 403.
[6] N° 44.
[7] Foss, *The Judges*, t. I, p. 188.

roi en décembre 1154[1]. Il résigna ses fonctions de chancelier après avoir été élu archevêque de Cantorbéry le 23 mai 1162[2]; son sacre eut lieu le 3 juin[3]. Il fut assassiné dans sa cathédrale le 29 décembre 1170.

Comme Henri II résida en France du mois d'août 1158 au mois de janvier 1163, et qu'il envoya Thomas Becket en Angleterre au commencement de l'année 1162, on peut considérer comme étant au plus tard de la fin de 1161 les actes royaux expédiés en France, qui contiennent la souscription du chancelier Thomas. Les actes royaux souscrits par l'archevêque Thomas doivent être de l'année 1163, la brouille du roi et du prélat s'étant aggravée de jour en jour au cours de l'année, jusqu'au passage de Thomas en France au commencement de novembre 1164.

Je crois que Thomas Becket est le seul chancelier de Henri II qui, dans les souscriptions des actes royaux, soit simplement désigné par le mot *Cancellarius*.

Thomas capellanus. — Il est témoin en 1151 à une charte de Henri, duc de Normandie, pour le prieuré de Fontaine Saint-Martin, qui est aux Archives de la Sarthe[4].

Thomas de Colunciis. — Il se rangea en 1173 dans le parti du jeune roi Henri, révolté contre son père[5]. En 1172-1173, des biens de Thomas de Coulonces étaient affermés au profit du roi[6].

Thomas Filius Bernardi. — Sur les Pipe Rolls des années XIV, XVIII, XXI et XXII du roi Henri II (1167-1175) figure un Thomas Fils de Bernard, le même probablement qui fut excommunié en 1169 par l'archevêque Thomas Becket[7]. Il était à la cour du roi en 1182[8], et mourut en 1184, investi de la charge de grand maître forestier de l'Angleterre[9].

---

[1] Gervasius Cantuar., t. I, p. 159 et 160.
— Rad. de Diceto, t. I, p. 300.
[2] Rad. de Diceto, t. I, p. 306-307.
[3] *Ibid.*, p. 307. — *Annales Waverl.*, éd. Luard, t. II, p. 238.
[4] N° 22* de notre Recueil.
[5] *Gesta Henrici*, t. I, p. 45.
[6] *Pipe Roll* XIX *H. II*, p. 20 et 50.
[7] Robertson, t. VI, p. 559.
[8] Charte publiée en fac-similé dans le recueil de Warner, n° 63.
[9] *Gesta Henrici*, t. II, p. 323.

THOMAS. — WALCHELINUS.

Thomas prior Lochensis. — Ce religieux prend le titre de notaire de Geoffroi, comte d'Anjou, dans une charte qu'il expédia du Mans en 1138, au nom du comte[1] pour le vinage de Saumur. Il est appelé *Thomas decanus de Lochis* dans une charte du duc Henri[2] pour l'abbaye de Fontevrault, qui est datée de Baugé. Une troisième charte a été adressée au prieur de Loches par le roi Henri; mais le texte que Dom Housseau en a recueilli[3] est fort suspect, et dans tous les cas il a été radicalement altéré par un copiste qui l'a daté de 1088. On n'en peut guère faire usage[4]; mais il est peut-être permis d'accepter, sous bénéfice d'inventaire, la date du 27 avril 1168, indiquée dans la collection de Dom Housseau pour la mort de Thomas, d'après l'obituaire de Notre-Dame de Loches.

Quant à la part qui revient à Thomas de Loches dans la composition des *Gestes* des comtes d'Anjou, je dois renvoyer à ce qui en a été dit par Mabille en 1871, dans l'édition des *Chroniques des comtes d'Anjou* (p. XIV et suiv.), et par M. L. Halphen en 1906, dans son *Étude sur les Chroniques des comtes d'Anjou* (p. 24-33).

Vauquelinus. Voir ci-dessous Wachelinus, Walchelinus.

Walchelinus de Ferrariis. — Vauquelin de Ferrières est mentionné deux fois dans les Rôles de l'Échiquier de Normandie : en 1184 il devait une amende pour avoir manqué aux règles d'après lesquelles le duel devait être ordonné dans une cour seigneuriale : « Wachelinus de Ferrariis debet 100 libras pro duello latrocinii male servato in curia sua[5] ». En 1195 il avait à rendre compte de plusieurs sommes, et notamment de 140 livres que le garde du trésor de Caen lui avait remises pour être portées à Richard Cœur-de-lion alors prisonnier en Allemagne. « Walchelinus de Ferrariis reddit compotum de 140 l. quas habuit de thesauro Cadomi, ad portandum regi in Alemannia[6]. »

---

[1] N° 1* de notre Recueil, d'après les Cartulaires de Saint-Florent.
[2] N° 26* de notre Recueil.
[3] Volume XI de la collection, n° 6145. La compilation que ce mandement accompagne a été comprise dans les *Chroniques de Tourain* de Salmon.
[4] N° 174 de notre Recueil.
[5] *Rot. Scacc. Norm.*, t. I, p. 219.
[6] *Ibid.*, p. 249.

Vauquelin de Ferrières est ainsi mentionné dans le Rôle des fiefs de 1172 [1]: « Vauquelinus de Ferrariis, v milites, et ad suum servicium xlii milites et tres quartas et iiii milites cum planis armis. »

Walchelinus Maminot. — Vauquelin Marminot, IIe du nom, figure sur les Pipe Rolls en 1157-1158 [2] et 1159-1160 [3]. Son héritier était en jouissance de ses fiefs dans le cours de l'année 1191-1192 [4].

Walerannus, Baiocensis archidiaconus. Voir ci-dessous, l'article Walerannus, Roffensis episcopus.

Walerannus, Mellenti comes. — Galeran, comte de Meulan, tient une place considérable dans l'histoire des règnes de Henri Ier, Étienne et Henri II. Il mourut en avril 1166, dans l'abbaye de Préaux, où il avait pris l'habit religieux [5]. Je ne citerai de lui qu'une charte de l'abbaye du Bec [6], à laquelle était appendu un sceau portant ces légendes, d'un côté : S. GUALERANNI COMITIS WIGORNENSIS, et de l'autre : S. G. COMITIS MELLENTI.

Walerannus, Roffensis episcopus, antea Baiocensis archidiaconus. — Galeran, archidiacre de Bayeux, figure comme témoin dans une charte de Henri, évêque de Bayeux, pour l'abbaye de Barberi, et son clerc Robert est, de son côté, témoin d'une charte de Robert Marmion accordée en 1181 à la même abbaye [7]. Il s'était mis au service de Richard, archevêque de Cantorbéry [8]. Nommé évêque de Rochester le 9 octobre 1162, il fut sacré à Lisieux le 19 décembre suivant [9] et mourut le 29 août 1184 [10].

---

[1] *Rec. des historiens*, t. XXIII, p. 695 D.
[2] *Pipe Roll* iv *H. II*, p. 133.
[3] « Walchelinus Maminot reddit compotum de 60 sol. de lestagio de Hastingis. » *Pipe Roll* vi *H. II*, p. 55.
[4] Dugdale, *The Baronage*, t. I, p. 619.
[5] Robert de Torigni, t. I, p. 359.
[6] « Ego Galerannus, comes Mellenti, iturus ad Sanctum Jacobum, veni in capitulum Becci, et commendans me orationibus fratrum, dedi eidem ecclesie Becci terciam partem aque ante Fraisnosam quam Marches vocant. » Ms. latin 13905, fol. 100 v°.
[7] Originaux aux Archives du Calvados.
[8] *Gesta Henrici*, t. I, p. 291. — Chronique de l'abbaye de La Bataille, p. 192, à l'an 1175.
[9] *Gesta Henrici*, t. I, p. 291. — Rad. de Diceto, t. II, p. 13 et 14. — Gerv. Cantuar., t. I, p. 306. — Robert de Torigni, t. II, p. 117.
[10] Gerv. Cantuar., t. I, p. 312. — Robert de Torigni, t. II, p. 129.

Quand il fut nommé évêque, il accompagnait Henri II, en qualité de clerc, dans un voyage en Normandie[1].

Le 26 mai 1183, dans l'église de Saint-Étienne de Caen, il excommunia ceux qui empêchaient le rétablissement de la paix entre Henri II et ses fils[2].

Walterus de Constantiis, Rothomagensis archiepiscopus. Voir plus haut, p. 106, et *The National Biography,* t. XII, p. 351. — Aux renseignements chronologiques qui ont été donnés sur la carrière de Gautier de Coutances, il convient d'ajouter ici une observation sur la date à laquelle il commença à pouvoir figurer comme témoin, avec le titre d'archevêque, dans les chartes du roi datées d'une localité située en France. Henri II était en Angleterre quand Gautier fut nommé archevêque de Rouen en 1184, et il ne rentra en France qu'au mois d'avril 1185. Les chartes royales expédiées de localités françaises, et dans lesquelles se trouve la souscription de Gautier de Coutances, archevêque, sont donc postérieures au mois d'avril 1185.

Walterus de Dunstanvilla. — Ce seigneur appartenait à la même famille que Robert de Denestanville, dont il a été question plus haut (p. 441).

Gautier de Denestanville est mentionné dans les Pipe Rolls depuis 1156 jusqu'en 1176, date du plus récent des rôles qui ont été publiés.

En 1180, la terre de Gautier de Denestanville en Normandie était chargée d'une dette pour l'acquit de laquelle le roi avait fait saisir ladite terre[3].

Walterus Filius Roberti. — Il fut employé à rendre la justice en Angleterre pendant les années 1175, 1176 et 1179[4]. Giraud le Cambrien le cite comme appartenant à la maison de Clare[5]. Il figure dans les Pipe Rolls pour différentes années, depuis 1155 jusqu'en 1176. Il assista à un acte passé le 1ᵉʳ mai 1182 à Westminster, en présence des justiciers du roi[6].

---

[1] *Gervasius Cantuariensis,* t. I, p. 302 et 306.

[2] *Gesta Henrici,* t. I, p. 300.

[3] *Rotuli Scaccarii Normanniæ,* t. I, p. 67 : « In adquietatione terre Walteri de Donestanvilla, 70 l., de quibus rex se cepit ad eundem Walterum. »

[4] *Gesta Henrici,* t. I, p. 107. — Stubbs, notes sur Hoveden, t. II, p. 87. — Madox, *Exchequer,* p. 65 et 86.

[5] *De rebus a se gestis,* II, IX, éd. Brewer, t. I, p. 58 : « Walterum Filium Roberti, baronem nobilem, qui de genere Clarensium erat.... »

[6] Charte publiée en fac-similé par M. Warner, *Fac-similes of Charters in the British Museum,* vol. I, n° 63.

Walterus Giffart, comes de Longa Villa. — Gautier Giffart, IIIe du nom, qui avait succédé à son père du temps de Henri I^{er(1)}, mourut en 1164, et sa mort est ainsi annoncée par Robert de Torigni[2] : « Walterius Giffar[t], comes de Bochingeham, moritur absque herede, et comitatus ejus in Anglia et terra ejus in Normannia rediit ad dominum regem. » Son anniversaire est indiqué au 18 septembre dans l'Obituaire du prieuré de Longueville[3].

Je citerai seulement deux chartes de Gautier Giffart. Par l'une[4], du temps de Fraterne, abbé de Saint-Ouen de Rouen, « Walternus comes Giffardus » renonce au droit qu'il avait de réclamer chaque année un épervier à l'abbaye de Saint-Ouen (1142-1157). Par l'autre[5], « W. comes Giffardus » annonce à Henri, archevêque de Rouen (1129-1164), qu'il a concédé à l'abbaye de Bondeville l'église de Gueures.

Walterus de Insula. — Les Pipe Rolls des années XIV, XVI, XVIII, XIX et XXII du règne de Henri II (1168-1177) mentionnent « Walterus de Insula ».

Ce personnage doit être différent du « magister Walterus de Insula » qui figure dans les rôles des années XIX et XX (1173-1175), et qui est sans doute celui dont parle Jean de Salisbury comme ayant été à la cour du roi en 1166[6] et auquel sont adressées deux lettres du même Jean de Salisbury[7].

Walterus de Sancto Walerico, Rothomagensis archidiaconus. Voir l'article Bernardus de Sancto Walerico plus haut, p. 357.

Warinus, Guarinus Filius Geroldi, camerarius. — Ce Guérin était le frère aîné de Henri Fils de Gérould[8], et dut avoir pour successeur comme chambrier ce même Henri. Le Rév. Eyton (p. 315) a cru pouvoir rapporter aux années 1155-1158 l'exercice de Guérin et aux années 1158-1170 celui de Henri.

---

[1] Dugdale, *The Baronage*, t. I, p. 60.

[2] T. I, p. 353. — La mort de Gautier Giffard est rapportée à l'année 1165, dans les Annales de Saint-Taurin, *Recueil des histor.*, t. XII, p. 767 c.

[3] *Recueil des historiens*, t. XXIII, p. 437.

[4] Collection Moreau, vol. 60, fol. 121.

[5] Orig. aux Archives de la Seine-Inférieure.

[6] *Opera*, éd. Giles, t. I, p. 219 et 229.

[7] *Ibid.*, t. I, p. 332, et t. II, p. 20.

[8] Geoffroi, comte d'Essex, confirma une donation qu'avaient faite « Warinus Filius Geroldi, camerarius regis, et Henricus, frater ejus ». Warner, *Fac-similés of royal charters*, n° 43.

« Warinus Filius Geroldi »[1] figure nombre de fois sur les Pipe Rolls des années II-IV du règne de Henri II, de 1155-1156 à 1157-1158, une fois au moins avec le titre de chambrier, titre que donne à ce Guérin la souscription de plusieurs chartes de Henri II, comme aussi une des chartes de Guérin lui-même, expédiées en faveur du prieuré de Perrières, prieuré dépendant de l'abbaye de Marmoutier[2].

Stapleton a cité sous la date de 1160 une charte de Henri II au bas de laquelle le nom de Guérin Fils de Gérould a été placé à côté de celui du chancelier Thomas[3]. La date de 1160 assignée hypothétiquement à cette charte ne peut pas être acceptée, la date de la mort de Guérin paraissant devoir être fixée à l'été de 1158[4].

Aux Archives de l'Orne se trouve une charte accordée au prieuré de Perrières par « Aalis de Curceio, uxor Garini Filii Geroldi, domini regis Anglie camerarii »; le sceau en est dessiné dans le manuscrit latin 5441, t. II, p. 90.

Wido de Lavalle. — En 1175-1176, Gui de Laval passa d'Angleterre en Normandie aux frais du roi[5].

Wido de Sableio. — Il est témoin d'une charte de Geoffroi le Bel, datée d'Argentan[6].

Willelmus, episcopus Abrincensis, [dictus Burellus]. — L'élection de cet évêque est rapportée par Robert de Torigni à l'année 1182[7].

Willelmus, comes de Albemarla. — Guillaume, dit le Gros, investi du comté d'Aumale sous le règne de Henri Ier, le posséda jusqu'à sa mort arrivée en

---

[1] « Warino Filio Ger. cam., 15 marcas, per breve regis. » *Pipe* II H. II, p. 60.

[2] Copie figurée dans le vol. 64 de la Collection Moreau, fol. 56, dont voici quelques mots : « Garinus Filius Geroldi, domini regis Anglorum camerarius...; me... concessisse monachis Majoris Monasterii apud Perieres Deo servientibus illas donationes quas Guillelmus Filius Guillelmi junioris de Curceio, pater Aaliz uxoris mee... dedit... ». — Cf. le ms. latin 5441, t. II, p. 90 et 93.

[3] *Rotuli Scaccarii Normanniæ*, t. II, p. XXXIII.

[4] Warner, *Fac-similés of charters*, notice du n° 43.

[5] *Pipe Roll* XXII H. II, p. 200.

[6] *Cartul. de Savigni*, n° 408.

[7] Robert de Torigni, t. II, p. 125.

1179⁽¹⁾. Les souscriptions de Guillaume, comte d'Aumale, que renferment les chartes de Henri II, peuvent être ou de Guillaume, dit le Gros, ou de son successeur Guillaume de Mandeville. (Voir ce nom, un peu plus loin, p. 492.)

Willelmus de Albineio. — Sous le règne de Henri II ont vécu deux barons du même nom, appartenant tous deux à une famille dont le berceau était la paroisse d'Aubigni, aujourd'hui commune du département de la Manche. C'est à tort que cette origine a été contestée. Ce qui suffit pour l'établir, c'est la façon dont Guillaume [d'Aubigni], comte d'Arundel, cite en 1164 comme faisant partie de « l'honneur d'Aubigni » plusieurs localités du diocèse de Coutances, voisines de la paroisse d'Aubigni, que je viens de désigner :

Anno ab incarnatione Domini 1164, Willelmus, venerabilis comes Arundelli, concessit et confirmavit Sancte Trinitati de Exaquio, elemosinas quas Rogerius de Albineio, avus suus, et Willelmus, pater ejus, dederunt eidem abbatie... Quicquid filii Ranulphi Espec tenuerunt de honore Albineii in Alno et in Astella...; et decimam de foro Albineii et in Marchesis unum ortolanum...; ecclesiam Sancte Marie de Portubalio, cum decimis et elemosinis que in eadem parrochia sunt de honore Albineii ⁽²⁾.

Les deux Guillaume d'Aubigni qui figurent parmi les témoins des chartes de Henri II sont généralement connus l'un sous le nom de Guillaume d'Aubigni, comte d'Arundel, et l'autre sous le nom de Guillaume d'Aubigni, comte de Sussex, fils du comte d'Arundel.

Willelmus de Albineio, Arundelli [ou] Arundelle comes. — Guillaume, comte d'Arundel, devait son comté à la libéralité de Henri II, il le dit dans une charte où il fait connaître les principaux membres de sa famille : « Ego Willielmus, comes Arundelli, dedi Deo et ecclesie Sancte Marie de Boxgrave..., pro salute domini mei Henrici regis, filii Matildis imperatricis, dono cujus honorem Arundelli habui, ... et pro anima Adelise regine, et pro animabus Olive, sororis mee, et Olyve filie mee et Agathe, que ibi jacent... ⁽³⁾ ».

⁽¹⁾ *Gesta Henrici*, t. 1, p. 243. Voir Dugdale, *The Baronage*, t. I, p. 61-63.

⁽²⁾ *Liber de beneficiis Exaquii*, fol. 5. — Noms modernes des localités mentionnées dans ce texte ; Saint-Martin-d'Aubigni (canton de Périers), Lauine (canton de Lessai), Lastelle et Marchésieux (canton de Périers), Portbail (canton de Barneville).

⁽³⁾ *Monast. anglic.*, t. IV, p. 645, d'après un registre du prieuré de Boxgrave.

La reine Adelise, ici mentionnée, est Adelise de Louvain, veuve du roi Henri Ier, laquelle se remaria à Guillaume d'Arundel, et mourut en 1151[(1)]. Dans une lettre adressée à Simon, évêque de Worcester, au sujet de donations faites à l'abbaye de Reading, elle rappelle ses deux maris et donne au second le titre de comte de Chichester, qu'il avait droit de porter et qu'il prend dans plus d'une charte[(2)]. Voici quelques mots de la lettre de la reine : « A. Dei gratia regina... pro anima domini mei regis Henrici, et pro anima Godefridi ducis, patris mei, et pro salute domini mei Willielmi, comitis Cicestrie... [(3)] ».

Guillaume pouvait également se faire appeler comte de Sussex, comme l'a très bien établi M. Round[(4)].

Non content de ces titres multiples, il tenait à ce qu'on n'oubliât pas sa dignité de bouteiller royal, office que son père avait exercé : il le réclama, probablement en 1158, à son retour de la croisade, quand il se rencontra à Paris, à la cour du roi Louis VII, avec le roi d'Angleterre[(5)]. Le Pipe Roll de l'année 1167-1168 lui donne en effet le titre de *pincerna* : « Willelmus de Albeneio, pincerna, debet 76 marcas de militibus suis[(6)] ».

Je laisse de côté la plupart des chartes qu'il accorda à diverses églises d'Angleterre et de Normandie et dont plusieurs viennent d'être signalées.

Il ne me reste plus qu'à enregistrer sa mort, qui arriva le 19 octobre 1176[(7)].

Willelmus de Albineio, Susexie comes. — Guillaume d'Aubigni succéda, au moins en partie, aux dignités dont son père avait été honoré. Mais le roi paraît avoir mis la main sur une partie de la succession, et une partie des do-

---

[(1)] *Ann. de Margan*, éd. Luard, t. I., p. 14.

[(2)] Je cite seulement une charte faite le 2 février 1147 dans la cathédrale de Chichester. On y lit ces mots : ....« Ego Willielmus, comes Cicestrie, concessi et donavi ecclesie Sancte Trinitatis Cicestrie quicquid juris habebam in quarta parte civitatis...; Aelide, nobilissima regina, uxore mea, et Willielmo, filio et herede meo, confirmantibus ». *Monast. anglic.*, t. VI, part III, p. 1169.

[(3)] *Monast. anglic.*, t. IV, p. 42.

[(4)] *Geoffrey de Mandeville*, p. 320.

[(5)] Gautier Map, *De Nugis curialium*, V, VI, éd. Wright, p. 234.

[(6)] *Pipe* XIV *H. II*, p. 21.

[(7)] Rad. de Diceto, t. I, p. 415. — *Gesta Henrici*, t. I, p. 125.—Robert de Torigni, t. II, p. 63. — Ce dernier auteur s'exprime ainsi à cette occasion : « Cessit in fata Willermus de Albineio, quem vocabant comitem d'Arundel, relinquens filios quatuor, scilicet Guillermum de Albineio primogenitum, et alios tres, natos ex Aeliza regina, uxore prioris Henrici regis Anglorum ».

maines qui constituaient en Angleterre « l'honneur d'Arundel » était affermée au nom du roi en 1180, témoin ce passage d'un rôle de la vingt-sixième année du règne[1] : « de firmis maneriorum honoris de Arundel que missa fuerunt ad firmam per justic[ias] ». Henri II, en janvier 1177, concéda à l'héritier le comté de Sussex[2], et c'est sous le titre de comte de Sussex qu'il est le mieux connu dans l'histoire. Il prend ce titre dans les chartes qu'il accorda à l'abbaye de Saint-Sauveur-le-Vicomte pour entretenir un luminaire devant l'autel de saint Thomas le martyr[3], et à celle de Montebourg pour lui assurer la possession de la dîme des moulins du Ham[4]. Il emploie la formule : « Willelmus, comes Sussexie, filius Willelmi comitis », dans une charte commune aux églises Saint-Martin de Séez et Saint-Nicolas d'Arundel[5], et la formule : « Willelmus de Aub[ineio], comes Sussexie », dans un acte du temps de Richard Cœur-de-lion[6].

Il s'appelle simplement « ego Willelmus filius comitis de Arundel de Albigneio », dans la charte par laquelle il affecte à une des prébendes de l'église de Coutances « quicquid juris et terrene do[mi]nationis habebam in ecclesia Sancti Petri de Hubervilla[7] »; cette dernière charte est peut-être antérieure à la concession du comté de Sussex. Suivant Stapleton[8], c'est lui qui aurait administré le Vexin normand en 1184 et qui figurerait sous le titre de « comes Willelmus » dans les comptes de cette année. Il est cité parmi les grands dignitaires qui assistèrent au couronnement de Richard Cœur-de-lion[9].

Il était surtout connu sous le titre de comte de Sussex; mais il portait sur son écu les insignes du comté d'Arundel, une hirondelle, comme Guillaume

---

[1] Madox, *Exchequer*, p. 135, note n.
[2] *Gesta Henrici*, t. I, p. 133.
[3] Orig. aux Archives de la Manche.
[4] Cartul. de Montebourg, n° 137.
[5] Ms. français 18953, p. 259.
[6] « Ego Will's de Aub., comes Susexie, donationem quam pater meus donavit ecclesie Sancti Salvatoris, scilicet quadraginta solidos andegavensium in nundinis Sancti Christofori juxta Aub., concedo... ad luminare..., pro salute domini nostri regis Ricardi... His testibus : Will. de Aub. filius meus, Rogerus frater meus, Johannes de Eon nepos meus... » Original, Arch. de la Manche.

[7] Cartul. B du Chapitre de Coutances, fol. 73.
[8] *Rot. Scacc. Norm.*, t. I, p. cxxxvi et cxxxvii, et p. 109-112. — Cf. l'article XVIII du fragment de compte de cette année qui a été publié ci-dessus, p. 338.
[9] « Willelmus de Aubeni, comes de Sussex. » *Gesta Henrici*, t. II, p. 80.

le Breton[1] l'a remarqué en décrivant le combat de Guillaume d'Aubigni et de Guillaume des Barres, dans la campagne de 1187 :

> Ut comes erecta Guillelmum cominus hasta
> Vidit Hirundellæ, velocior alite quæ dat
> Hoc agnomen ei, fert cujus in ægide signum,
> Se rapit agminibus mediis clypeoque nitenti ...

Willelmus de Angervilla. — Nous avons trois chartes de « Willelmus de Ansgervilla », l'une pour les Hospitaliers de Saint-Jean de Jérusalem, touchant une terre située à Trun[2]; une autre, pour les chanoines de Sainte-Honorine de Graville, relative à la chapelle de Notre-Dame, située au Port Notre-Dame, près de Harfleur[3]; l'auteur de cette charte y est appelé « Willelmus de Ansgirivilla marescallus ». La troisième[4] a pour objet la donation de l'église d'Omonville, faite au prieuré de Vauville, par « Guillelmus Filius Richardi de Ansgervilla ».

Un « Guillelmus de Ansgervilla » est témoin d'une charte de l'Impératrice Mathilde pour l'abbaye de Saint-Nicolas d'Angers, cette charte doit être de peu postérieure à l'année 1135[5]. — Enfin, un « Willelmus de Angervilla » assista à l'Échiquier de Caen en 1190[6].

Ces textes se rapportent-ils tous à un seul et même personnage ? Y en a-t-il qui doivent être attribués au Guillaume d'Angerville mentionné comme témoin des chartes de Henri II ? Je ne suis pas en mesure de trancher ces questions.

Willelmus, Arundelli comes. Voir plus haut, p. 472, Willelmus de Albineio.

Willelmus Avenellus. — Guillaume Avenel fut sénéchal du comte de Mortain sous le règne de Richard Cœur-de-lion. On lit dans une charte datée de 1191 : « Actum est hoc anno ab incarnatione Domini 1191, in curia comitis de Moretonio, coram Guillelmo Avenel, tunc temporis senescallo ejusdem comitis[7]; et dans une autre, dépourvue de date, émanée de Guil-

---

[1] *Philipp.*, l. V, v. 464; *Rec. des histor.*, t. XVII, p. 154.
[2] Orig. Arch. nat., S 5052, n° 2.
[3] Cartul. de Graville, fol. 114.
[4] Cartul. de Vauville, n° 11.
[5] Coll. Housseau, vol. V, n° 1624.
[6] Voir plus haut, p. 350.
[7] Cartul. de Savigni, n° 83.

laume Avenel : « in manu mea, qui tunc eram senescallus domini comitis Moretonii[1] ». — Le fief de Guillaume Avenel est ainsi mentionné dans le Rôle de 1172 : « Guillelmus Avenel, v milites regi, et sibi unum militem, de comitatu Moritonii »[2].

Willelmus de Bello Campo. — Mentionné dans les Pipe Rolls des années v-xvi du règne de Henri II (1156-1167).

Willelmus, de Bendengis, de Bendenges. — Les Pipe Rolls des années xvii, xx, xxi et xxii du règne de Henri II (1170, 1173, 1174 et 1175) mentionnent des payements qui lui furent faits par le trésor du roi. La somme qu'il reçut en 1175 lui avait été allouée pour la garde du château de Salisbury[3].

En 1176, le roi l'envoya en Irlande[4]. Il remplit en 1179 les fonctions de juge itinérant[5], et, en 1180, il fut appelé en Normandie près du roi[6].

Willelmus de Braiosa, de Braouse. — Les actes de ce célèbre baron, sous les règnes de Henri II, de Richard et de Jean Sans-terre, à partir de l'année 1156, sont énumérés par Dugdale[7].

Willelmus, Burdegalensis episcopus. — Guillaume Le Templier, abbé de Reading en Angleterre, fut élu archevêque de Bordeaux vers le commencement de l'année 1173, et Henri II assista à son sacre, qui eut lieu à Limoges le 25 février de cette année[8].

L'archevêque revint en Angleterre au cours de l'année 1176, et la mention de son retour en France figure dans le compte de 1176[9].

---

[1] Cartul. de Savigni, n° 82, et original aux Arch. nat., fonds de Savigni.

[2] Recueil des historiens, t. XXIII, p. 696. H.

[3] « Willelmo de Bendenges, 9 l. bl., in Saresberia, dum custodivit. » Pip. xxi H. II, p. 98.

[4] Giraldus Cambrensis, Exp. Hib., II, xi, éd. Dimock, t. V, p. 328.

[5] Gesta Henrici, t. I, p. 239.

[6] In liberatione navis quam Willelmus Anglicus et Willelmus de Bendinges habuerunt in transitu suo ad regem in Normanniam, 25 sol. » Pipe xxvi H. II, cité par le Rév. Eyton, p. 231.

[7] The Baronage, t. I, p. 414-418.

[8] Geoffroi de Vigeois, dans le Recueil des historiens, t. XII, p. 443 A.

[9] « In passagio archiepiscopi Burdegalensis et episcoporum Norwicensis et Ricardi de Canvilla et Baldewini Buelot et clericorum domini legati, 105 s. per breve regis. » Pipe xxii H. II, p. 200.

Willelmus Cade. — Son nom revient souvent sur les Pipe Rolls, du commencement du règne de Henri II, jusqu'en 1166.

Willelmus de Caineto, Caisneto. — Presque tous les volumes de la série publiée des Pipe Rolls du règne de Henri II jusqu'en 1175 contiennent des mentions de « Willelmus de Caisneto ». Ce seigneur assista au concile de Clarendon en 1166 [1].

Willelmus, cancellarius Henrici ducis Normannie. Voir p. 88, note 1.

Willelmus, clericus de Camera. Voir Willelmus de Sanctæ Mariæ Ecclesia (p. 496).

Willelmus, Cenomanensis episcopus. — Guillaume de Passavant, évêque du Mans, de 1143 à 1186 ou 1187 (n. st.). La date de son enterrement est fixée au 28 janvier 1186 par une charte de Hugues, vicomte de Châteaudun [2] : « Datum apud Montem Dupplellum, in crastino Sancti Juliani, die exequiarum Willelmi, Cenomannensis episcopi, Henrico rege Anglorum regnante, v kalendas februarii anno M. C. LXXXVI... ».

Willelmus de Crevecor. — Deux lettres [3] furent écrites par le pape Eugène III (1145-1153) au sujet de marchés que Guillaume de Crèvecœur voulait établir au préjudice de l'église et de l'évêque de Bayeux.

Willelmus Crispin, filius Gocelini. — Guillaume Crespin confirma le don d'une rente en monnaie d'Anjou que son père Gocelin avait fait à l'abbaye du Bec avant de mourir [4].

Willelmus, Constantiensis episcopus, dictus de Tournebu, antea decanus Baiocensis. — Élu en 1179, sacré en 1184 et mort en 1199 ou 1202, suivant la *Gallia christiana*, t. XI, col. 876. — L'élection est rapportée par Robert de Torigni [5], parmi les événements de 1182 et 1183.

Willelmus Cumin. — Le nom de Guillaume Cumin, cité une quinzaine de fois dans le Pipe Roll de la deuxième année du règne de Henri II, disparaît

---

[1] Robertson, *Materials*, t. V, p. 72.
[2] Célestin Port, *Cartul. de Saint-Jean d'Angers*, p. IX, n° VIII.
[3] Livre noir de Bayeux, n°ˢ 184 et 197.
[4] Ms. latin 13905, fol. 97 v°.
[5] T. II, p. 125.

dans les rôles des années suivantes; mais des comptes rendus par lui sont insérés dans ceux des années xiv à xvi (1167-1169). Vers l'année 1160, Jean de Salisbury écrivit au pape Alexandre III deux lettres en faveur de Guillaume Cumin[1].

Willelmus de Curci, dapifer. — Guillaume de Courci, seigneur de Courci[2], a siégé fréquemment à la cour de Henri II pendant la première période du règne. Il était, en 1151, au service de ce prince, alors duc de Normandie et comte d'Anjou[3]. En 1164, il assistait au concile de Clarendon[4]. Entre les nombreuses chartes du prieuré de Perrières (dépendance de Marmoutier), où se trouve son nom, je citerai une charte antérieure à l'année 1167, puisqu'elle est du temps de Richard, abbé de Saint-Pierre-sur-Dive[5], dans laquelle il est mentionné, avec la qualification de « dapifer », comme bienfaiteur du prieuré de Perrières[6], avec ses frères Richard et Robert[7].

Il était sénéchal de la province de Normandie, et je ne vois pas qu'il ait subi de disgrâce, quoique, pendant plusieurs années, de 1170 à 1175, une partie au moins de « l'honneur » de Courci en Angleterre ait été affermée au profit du roi[8].

En 1171, Guillaume de Courci et Guillaume de Saint-Jean agissaient en qualité de justices du roi, et, à ce titre, ils présidèrent à l'abandon de l'église de Bretteville-L'Orgueilleuse que Guillaume d'Aboville fit aux religieux de Saint-Étienne de Caen, en présence du roi d'Angleterre[9].

---

[1] *Opera*, éd. Giles, t. I, p. 169.

[2] Courci, aujourd'hui commune du canton de Coulibeuf, dans le Calvados.

[3] Charte du duc Henri en novembre 1151. Cartul. de Savigni, n° 517.

[4] Robertson, *Materials*, t. V, p. 73.

[5] Mort en 1167. Robert de Torigni, t. I, p. 368.

[6] Perrières, Calvados, canton de Coulibeuf.

[7] « Guillelmus de Curceio, dapifer regis Anglie...; me dedisse et concessisse ecclesie Sancti Martini de Majore Monasterio et ecclesie S. Vigoris de Petrariis, in elemosina, unum modium ordei in molendinis de Petrariis, et nominatim, pro anima Ricardi fratris mei, et Roberti fratris, et patris et matris mee... » Coll. Moreau, vol. 67, fol. 162.

[8] *Pipe xvii H. II*, p. 18; *Pipe xviii*, p. 32; *Pipe xix*, p. 171; *Pipe xx*, p. 80; *Pipe xxi*, p. 27; *Pipe xxii*, p. 161. Voici l'article du *Pipe xviii*, p. 32 : « Willelmus Le Puhier et Hugo pincerna reddunt compotum de 50 l. et 8 s. de firma honoris Willelmi de Curci, de parte illa que est in manu regis » (anno 1171-1172).

[9] « Presentibus justiciis regis Willelmo de Sancto Johanne et Willelmo de Corceio. » N° 151. A de notre Recueil.

WILLELMUS.

En 1173, Guillaume de Courci fut un des garants du traité que le roi Henri II conclut avec Hubert, comte de Maurienne, pour le mariage projeté entre Jean Sans-terre et la fille du comte de Maurienne[1].

Guillaume de Courci mourut en 1176, comme l'annonce l'auteur des *Gesta Henrici*[2], qui, en annonçant cette mort, qualifie Guillaume de « justicia Normannie ». Cette date de 1176 est préférable à celle de 1177, adoptée par Robert de Torigni[3]. Ce fut, en effet, dès le mois de septembre 1176 que le roi désigna Richard, évêque de Winchester, pour succéder à Guillaume dans la charge de sénéchal de Normandie[4].

De son mariage avec une fille de Richard de L'Aigle, Guillaume laissait un fils, encore mineur, dont la garde était confiée, en 1187, à Robert Le Puhier[5].

La succession de Guillaume de Courci resta grevée de dettes, à l'extinction desquelles il est fait allusion dans le compte de l'Échiquier de Normandie en 1180[6].

Henri II ayant séjourné en Angleterre du mois de mai 1175 au mois d'août 1177, il ne faut pas perdre de vue que les chartes royales expédiées d'une localité de Normandie entre ces deux dates et portant la souscription de Guillaume de Courci sont au plus tard du mois de mai 1175.

Sur Guillaume de Courci et sa famille, on peut consulter Dugdale, *The Baronage*, t. I, p. 451; les chartes du prieuré de Saint-Vigor de Perrières, aux Archives de l'Orne et dans le tome II du ms. latin 5441, enfin les notes rassemblées dans le t. XVI des *Mém. de la Soc. des antiq. de Normandie*, part. I, p. xxv.

A Guillaume de Courci succéda comme gouverneur de la Normandie, non pas Guillaume Fils de Raoul, comme l'a dit Roger de Hoveden[7], mais Richard d'Ilchester, qui gouverna la Normandie pendant dix-huit mois, et dont l'admi-

---

[1] *Gesta Henrici*, t. I, p. 39.
[2] T. I, p. 125.
[3] T. II, p. 63.
[4] *Gesta Henrici*, t. I, p. 124.
[5] « Robertus Puherius, custos terre et heredis Willelmi de Curci dapiferi, reddit compotum de 45 l. et 10 sol. de scutagio militum honoris Willelmi de Curci et Willelmi Le Meschin... » *Pipe xxxiii H. II*, cité par Madox, *Exchequer*, p. 443, note s.
[6] *Rot. Scacc. Norm.*, t. I, p. 44, 50 et 66.
[7] « Eodem anno (1176), obiit Willelmus de Curci, justiciarius Normannie, cui successit Willelmus Filius Radulfi. » T. II, p. 1.

nistration a été louée par Raoul de Dicet[1]. Richard d'Ilchester dut être, en effet, un homme d'état tout à fait distingué. — Voir plus haut, p. 431.

Willelmus, abbas de Daurato. — Guillaume, abbé du Dorat, au diocèse de Limoges, obtint du pape Luce III, le 4 mai 1185, une bulle de confirmation des biens de son monastère[2].

Willelmus, comes de Essex. Voir Willelmus de Mannevilla, p. 492.

Willelmus Filius Aldelini, Audelini. — Son nom revient dans tous les Pipe Rolls de la première période du règne de Henri II, les seuls publiés, jusqu'en 1175-1176. Le nom est accompagné de la qualification de *marescallus* depuis 1167 jusqu'en 1173, et de la qualification de *dapifer* en 1173, 1174 et 1175. Le titre de maréchal lui est donné dans un acte de 1165, où il paraît comme siégeant à l'Échiquier de Westminster[3]. En 1170 il était justicier du roi[4]. De 1171 à 1177, il fut un des agents les plus actifs de la politique anglaise en Irlande[5]. En 1179, par suite des plaintes des Irlandais, il encourut la disgrâce du roi[6]. Il est porté en 1176-1177 sur le rôle de l'Échiquier, avec le titre de « dapifer »[7]. Il est appelé « Willielmus Filius Andelini (*sic*), domini regis dapifer », dans une charte datée de Londres, le 17 mars 1186, en faveur de l'hôpital de Saint-Jean de Jérusalem à Clerkenwell[8].

Au bas d'une charte de Richard Cœur-de-lion, du 1er décembre 1189, se lit la souscription de « Willelmus Filius Adelmi » (*sic*)[9].

Henri II lui avait fait épouser Julienne, fille de Robert Doisnel[10].

Il mourut en 1204[11].

[1] « Ricardus, Wintoniensis episcopus, dum per annum et dimidium fiscalia diligenter recensens Normanniæ prefuisset, xii kalendas aprilis (1178) in Angliam rediit. » T. I, p. 424.
[2] Jaffé-Loewenfeld, n° 15419.
[3] Madox, *Formul.*, p. xix.
[4] Le Rév. Eyton, p. 151.
[5] *Gesta Henrici*, t. I, p. 25, 125, 161. — Giraldus Cambrensis, *Expugnatio Hiberniæ*, éd. Dimock, t. V, p. 279, 286, 334, 347, 252.

[6] *Gesta Henrici*, t. I, p. 221.
[7] Madox, *The History and antiquities of the Exchequer*, p. 35, note w.
[8] *Monasticon anglicanum*, t. VI, part II, p. 808.
[9] Gerv. Cantuar., t. I, p. 503.
[10] « De terra quam dominus rex dedit Willelmo filio Aldelin, marescallo suo, cum Juliana filia Roberti Doisnelli. » *Liber Rubeus*, cité par Madox, *Exchequer*, p. 30, note e. — Cf. *Liber niger Scacc.*, p. 73.
[11] Foss, *The Judges*, t. I, p. 369.

Willelmus Filius Hamonis. — Ce seigneur, le plus souvent dénommé de cette façon, est appelé *Willelmus Filius Hamundi* dans une charte du duc Henri Plantegenêt, qui est en original au Trésor des chartes[1]. Il figure dans presque tous les Pipe Rolls de la série jusqu'ici publiée et qui s'arrête à l'année 1176.

Il se trouva à Rouen en 1160 dans l'assemblée où fut réglé le différend auquel les églises de Pontorson avaient donné lieu entre les chanoines d'Avranches et les religieux du Mont-Saint-Michel[2].

Sa présence à Loches est constatée en 1163[3].

Il est connu pour avoir pris part à la campagne de Bretagne, en 1166[4]. Il dut être gouverneur de la partie de cette province dont Henri II avait pris possession au nom de son fils Geoffroi : on est autorisé à le supposer en voyant, au bas d'une charte octroyée à l'abbaye de Redon, le nom de « Guillelmus Filius Hamonis, dapifer Nannetensis »[5].

Il se rendit à la cour du roi à Bur en Basse Normandie pour la fête de Noël 1172, avec son maître Geoffroi, duc de Bretagne. Il avait assez d'autorité pour ordonner qu'une des salles du festin fût exclusivement réservée aux chevaliers portant le nom de Guillaume, et l'assistance était si nombreuse qu'on y fit entrer 110 chevaliers de ce nom, tant était grande l'affluence des courtisans[6].

Guillaume Fils de Hamon avait fondé l'abbaye de Saint-Hélier dans l'île de Jersey[7].

Willelmus Filius Johannis. — Plusieurs pièces du temps que Henri II n'était pas encore monté sur le trône d'Angleterre[8] prouvent que Guillaume Fils de Jean tenait dès lors une place importante dans l'administration de la Normandie. Il siégeait en qualité de bailli du roi à une assemblée que le sénéchal Robert du Neubourg tint à Caen, vers 1155, et dans laquelle se termina au

---

[1] J. 219, n° 1 du dossier *Conches*.
[2] Charte de Hugues, archevêque de Rouen, publiée à la suite de la Chronique de Robert de Torigni, t. II, p. 266.
[3] Robertson, *Materials*, t. V, p. 40.
[4] Robert de Torigni, t. I, p. 361, et la charte citée dans mon édition de cet auteur, t. II, p. 285.
[5] N° 165 de notre Recueil.
[6] Robert de Torigni, t. II, p. 31.
[7] *Ibid.*, t. II, p. 133 et 134.
[8] N°˚ 45*, 56* et 63* de notre Recueil.

profit des moines de Savigni un procès portant sur la propriété des dîmes de Thaon[1].

Il assista aussi à une autre assise de Caen où étaient réunis en 1157 plusieurs des barons des quatre comtés de la Basse Normandie : « In assisa apud Cadomum, ...in plenaria curia regis, utpose in assisa ubi erant barones quatuor comitatuum Baiocasini, Constantini, Oximini, Abrincatini... Guillelmus Johannis[2]. »

Le roi, dans les premières années de son règne, lui confia des missions qui, à son défaut, devaient être remplies par le sénéchal de la province[3].

Un peu plus tard, il procéda avec Henri, évêque de Bayeux, à la reconnaissance légale de certaines coutumes d'Isigni et de Neuilli :

Precepto Henrici, regis Anglorum, recognita fuit consuetudo de Isigneio et de Nuilleio, coram Henrico, episcopo Baiocensi et Guillelmo Filio Johannis dapifero, per juramentum legalium hominum de visneto. (Livre noir du chapitre de Bayeux, fol. 12; édit., t. I, p. 56.)

M. Warner[4], d'après quelques passages des Pipe Rolls, a cru pouvoir fixer à 1172, au plus tard, la mort de Guillaume Fils de Jean, dont la succession ne fut définitivement réglée qu'au commencement du règne de Jean Sans-terre[5].

Il ne faut pas toutefois oublier que le nom de Guillaume Fils de Jean a été porté par plusieurs personnages, notamment par un agent du roi chargé, vers l'année 1180, de travaux assez considérables qui s'exécutaient au château de Bur[6].

Voir une longue note de M. Joseph Tardif qui, s'appuyant sur la date du règlement de la succession, place la mort de Guillaume Fils de Jean à la fin du XIIe siècle. (*Coutumiers de Normandie, Le Très ancien Cout.*, textes latins, p. 110.)

---

[1] Cartul. de Savigni, n° 219.
[2] Robert de Torigni, t. II, p. 252.
[3] « Willelmo Filio Johannis... Et nisi feceris, Robertus de Novo Burgo fieri faciat. » N°s 21 et 22 de notre Recueil.
[4] *Charters in the British Museum*, n° 72.
[5] *Rotuli Norm.*, éd. Duffus Hardy, p. 7 et 8.
[6] « Nigellus de Monbraio reddit compotum 25 librarum de remanente de mille quercubus quas Willelmus Filius Johannis emit ad edificia regis de Buro. » *Rot. Scacc. Norm.*, t. I, p. 30.

WILLELMUS.

Willelmus Filius Martini. — J'ai relevé son nom dans les Pipe Rolls des années VIII, XI, XIII, XIV, XVI, XVII et XXII du règne de Henri II (1162-1175).

En 1166-1167 le comte de Leicester lui manda de passer la mer pour se rendre auprès du roi[1].

La même année, il dut aller à Lancastre pour le service du roi avec Jean Mauduit[2]. Il avait des pouvoirs assez étendus pour faire contresigner des lettres expédiées au nom du roi. Un exemple nous en est fourni par une charte de Saint-Augustin de Cantorbéry : « Teste Johanne Malet. Per Willelmum Filium Martini. Apud Westmonasterium[3]. »

Guillaume Fils de Martin fut un des justiciers que le roi chargea en 1170 de faire des enquêtes sur l'administration de ses officiers en Angleterre[4].

Willelmus Filius Radulfi. — Il figure dans les Pipe Rolls du règne de Henri depuis l'année 1165-1166 au plus tard. Les comptes dans lesquels il est mentionné montrent qu'à partir de 1171 au plus tard il remplissait des fonctions judiciaires. De 1170 à 1178 il fut vicomte de Nottingham et de Derby[5]. En 1176 il prit une grande part à la tournée que firent dans les comtés du royaume les justiciers errants chargés de cette mission[6], et dont les résultats financiers remplissent tant de pages du Pipe Roll de l'année 1175-1176.

Voici les rubriques de plusieurs des chapitres où sont consignés les actes de Guillaume Fils de Raoul :

De placitis Willelmi Filii Radulfi et Bertram de Verdun et Willelmi Basset in curia regis. (P. 35. Wirecestres.)

---

[1] « Et Willelmo Filio Martini 2 marcas quando ivit ultra mare ad regem, per breve comitis Legrecestrie ». — *Pipe* XIII *H. II*, p. 197. — Le comte de Leicester agit ici comme représentant du roi.

[2] « Et Johanni Maleducto (*al.* Mauduit) et Willelmo Filio Martini, 106 s. et 8 d., per breve comitis Legrecestrie, quando iverunt ad Lancastram in servicio regis. » *Pipe* XIII *H. II*, p. 76.

[3] Thomas of Elmham, p. 409. Melville Madison Bigelow, *Placita Anglo-normannica* (Lond. 1869), p. 205.

[4] Gerv. Cantuar., t. I, p. 216.

[5] Stubbs, Notes sur Hoveden, t. II, p. 87.

[6] *Gesta Henrici*, t. I, p. 107.

Nova placita et nove conventiones per Hugonem de Gundevilla et Willelmum Basset et Willelmum Filium Radulfi, justicias errantes. (P. 5o. Norhantescr.)
Idem. (P. 54, Roteland.)
Idem. (P. 82, Lincolnscr.)
Placita curie per Willelmum Filium Radulfi et Bertram de Verdun et Willelmum Basset. (P. 69. Nordfolch. et Sudfolch.)

Il paraît avoir encore rendu la justice en 1178-1179 dans les comtés de Norfolk et de Suffolk[1]. Mais désigné, probablement en 1177, pour remplacer Richard, évêque de Winchester, dans la fonction de sénéchal de Normandie[2], il a consacré la dernière partie de sa vie à l'administration de la Normandie, et le détail de ses actes est consigné dans les comptes rendus à l'Échiquier en 1180, 1184, 1195 et 1198, comptes que Stapleton a si bien publiés et commentés. Pendant plus de vingt années, depuis 1170 jusqu'à la fin du règne de Richard Cœur-de-lion, il gouverna la province en qualité de grand sénéchal et de justice, double titre que lui donnent quatre pièces dont deux sont malheureusement dépourvues de dates, et la troisième datée de 1184 :

Willelmus Filius Radulfi, tunc existens justicia Normannie. (Charte originale de Guillaume Fils de Jean, Archives du Calvados, fonds de Troarn.)
Willelmo Filio Radulfi, tunc existente justicia Normannie. » (Charte originale de « Willelmus Filius Johannis de Muleres. Arch. du Calvados, pièce qui était en 1849 dans une liasse relative à Lion-sur-Mer.)
Hanc donationem primo feci apud Sanctum Wandregisilum, in plenaria assisia, coram Willelmo Filio Radulfi, senescallo et justitia Normannie, et multis justiciis, scilicet Willelmo de Mara, Seherio de Quinceio, Gorcelino Rusel... Hec donatio facta est anno ab incarnatione Domini MCLXXXIIII. (Collect. Moreau, vol. 47, fol. 157.)

En 1186 un accord fut conclu à Rouen, par-devant Guillaume Fils de Raoul, entre l'abbé de Fécamp et Hélie Fils de Bernard[3].

Il faut renoncer à indiquer, même d'un mot, les chartes de Henri II et celles de Richard Cœur-de-lion au bas desquelles se lit le nom de Guillaume Fils de Raoul.

[1] Madox, *Exchequer*, p. 57, note d
[2] Hoveden, t. II, p. 100.
[3] Cartul. de Fécamp, à la Bibl. de Rouen, fol. 81 v°.

WILLELMUS.

Un des derniers actes auquel il prit part est un accord passé à l'Échiquier de Caen en 1198 :

Noscant omnes presentes et futuri quod ego Simon Peillevé, in curia domini regis, apud Cadomum, ad Scacarium, coram Willelmo Filio Radulfi, tunc senescallo Normannie, Radulfo L'Abbé, Ricardo de Argentiis, Gauffrido de Cortona, Radulfo de Luxoviis, Gauffrido de Rappendona, Sellone de Escorche bou, Petro de Fraxino, Johanne Pigace, [et] ceteris justiciis et baronibus qui tunc ibi aderant, dedi et concessi et hac presenti carta mea confirmavi Gilleberto de Vilers, pro hominagio et servicio suo, totam illam medietatem meam quam habebam in vivario et molendino do Messoncellis[1] et quicquid ibi habebam, cum molta prefati molendini integra... Anno ab incarnatione Domini MCXCVIII[2].

A la fin du règne de Henri II, Guillaume Fils de Raoul passa pour avoir dirigé les intrigues qui amenèrent la disgrâce et la retraite d'Arnoul, évêque de Lisieux[3]. Il disparait à la fin du règne de Richard Cœur-de-lion. Son successeur Guérin Glapion était en fonctions le 26 février 1200[4].

Guillaume Fils de Raoul eut plusieurs fils. Le premier, nommé Robert, fut archidiacre de Nottingham. Il figure comme témoin dans plusieurs chartes des dernières années de Henri II. Il assistait à deux sessions de l'Échiquier tenues à Caen en 1185[5] et en 1190[6]; à cette dernière séance il se trouvait en compagnie de son père et de son oncle Henri Fils de Raoul.

Un autre fils du sénéchal, nommé Guillaume comme son père, fut un des huit chanoines d'Évreux[7].

Un assez long article est consacré à Guillaume Fils de Raoul dans l'ouvrage de Foss, *The Judges*, t. I, p. 245-247.

Willelmus Filius Renaut. — Cité dans les Pipe Rolls des années VIII, XI, XIII, XIV, XVIII et XXI du règne de Henri II (1162-1175).

---

[1] L'édition porte *Messimeell*.
[2] *Rotuli Normanniæ*, éd. Th. Duffus Hardy, vol. I, p. 6.
[3] *Arnulfi Epistolæ*, éd. Giles, p. 266 et 272.
[4] « In curia domini regis, apud Cadumum, ad Scacarium, die festo sancti Mathie apostoli, anno secundo coronationis Johannis regis Angl., coram Garino de Glappion, senescallo Normannie. » *Rotuli Norm.*, p. 6.
[5] Cartulaire de la Trinité de Caen, f. 87. Conf. Round, n° 438.
[6] Voir plus haut, p. 350.
[7] « W. filius W. Filii Radulfi, quondam senescalli Normannie. » Second cartul. du chapitre d'Évreux, p. 29.

Willelmus Filius Roberti. — Mentionné dans les Pipe Rolls de la première période du règne de Henri II, années v, vii, viii, xii, xiii, xv, xvii-xxii (1169-1176).

C'est un des justiciers dont les opérations financières sont consignées dans le Pipe Roll de la 22ᵉ année du règne de Henri II (1175-1176).

Willelmus de Glanvilla, de Glandevilla. — En janvier 1176, une assise fut tenue à Caen par « Willelmus de Glanvilla »[1].

Willelmus, Gloecestrie comes. — Guillaume, comte de Gloucester, qui avait succédé à son père Robert en 1147, mourut le 23 novembre 1183[2] et non pas en 1173, comme l'a dit Dugdale à la page 536 du tome I du *Baronage*.

Aux Archives de la Manche, dans le fonds d'Aunai, se conserve en original une charte de « W. comes Gloec. ». Les archives de l'abbaye de Fontevrault[3] renfermaient jadis une charte scellée de « Hawisa, comitissa Gloecestrie ». Madox[4] a publié du comte de Gloucester une charte où la liste des témoins renferme le nom de « Hawisa comitissa ».

Willelmus de Hastingis. — Mentionné dans les Pipe Rolls des années v, vii, viii, x-xiv du règne de Henri II (1158-1167). Il assista au concile de Clarendon en 1164[5]. Il dut venir à la cour du roi en 1166[6]. Le Rév. Eyton[7] l'indique comme dépensier du roi de 1159 à 1168.

Willelmus de Helione, Herione. — Les Pipe Rolls des années x-xxi du règne de Henri II (1163-1175) mentionnent toujours à peu près dans les mêmes termes le produit de biens qui avaient appartenu à Guillaume d'Helion et qui étaient échus au roi : « de escaetta ferie que fuit Willelmi de Heliun[8] ; — de stallagio ferie que fuit Willelmi de Heliun[9] ; — de stallagio

---

[1] Livre noir de Bayeux, n° 96 : acte relatif à l'église de Surrain.
[2] Ann. de Margan, éd. Luard, t. I, p. 17. — Ann. de Waverley, éd. Luard, t. II, p. 243. — Robert de Torigni, t. II, p. 124. — *Gesta Henrici*, t. I, p. 307 (l'auteur des *Gesta* a substitué par mégarde le nom de Robert à celui de Guillaume).
[3] Ms. latin 5480, t. I, p. 253.
[4] *Formulare anglicanum*, p. 46, n. 83.
[5] Robertson, *Materials*, t. V, p. 73.
[6] Lettre de Jean de Salisbury, *Opera*, éd. Giles, t. I, p. 219.
[7] P. 325.
[8] *Pipe x H. II*, p. 19.
[9] *Pipe xii H. II*, p. 79.

ferie que fuit Willelmi de Helium..., de firma unius domus que fuit ejusdem Willelmi[1]; — de stallagio ferie que fuit Willelmi de Heliun..., de firma unius domus que fuit ejusdem Willelmi[2] ».

L'état des revenus de « Willelmus de Helyon » dans le comté d'Essex se trouve à la p. 242 du *Liber niger Scaccarii*.

Ce seigneur fut le témoin de deux chartes de l'Impératrice Mathilde pour les religieuses de Bondeville[3] et les moines de Foucarmont[4].

Willelmus de Hostilleio. — Voir **Willelmus de Ostilleio.**

Willelmus de Humeto, Humetis, constabularius. — Il était fils de Richard du Hommet, auquel il succéda en 1179 dans la charge de connétable de Normandie. A partir de 1179 ou 1180, il est fréquemment cité dans les actes de Henri II, qui lui avait confirmé la possession de la dignité de connétable.

Le connétable Guillaume avait en 1180 la garde des châteaux de Vire et de Pontorson[5]. Il assista en 1189 au couronnement de Richard Cœur-de-lion[6]. Il passa au service de Philippe Auguste en 1204, et sa défection est considérée par l'annaliste de Waverley comme une des principales causes des désastres de Jean Sans-terre en Normandie[7]. Aussi les terres qu'il avait en Angleterre furent-elles immédiatement confisquées[8].

Des très nombreuses chartes du connétable Guillaume du Hommet qui sont dans nos archives, je citerai seulement trois ou quatre exemples qui nous font connaître les membres de sa famille :

Confirmation de l'église de Hauteville à l'abbaye de Savigni : « Ego Willelmus de Humeto, constabularius domini regis... Testibus his : Ricardo de Humeto, filio meo, Willelmo de Saie, filio meo, Gaufrido de Soniaco, Radulfo, capellano meo, Philippo Suhard, Balduino de Revers[9]. »

Charte pour les religieuses de Mortain : « Willelmus de Humeto, constabularius domini

---

[1] *Pipe* xvii *H. II*, p. 169.
[2] *Pipe* xxi *H. II*, p. 59.
[3] Cartul. de Bondeville, p. 11.
[4] Cartul. de Foucarmont, fol. 87.
[5] *Rot. Scacc. Norm.*, t. I, p. 29 et 40.
[6] *Gesta Henrici et Ricardi*, t. II, p. 80.
[7] « Rex Francorum universam Normanniam et Andegaviam ditioni sue subjugavit, seditione Willelmi de Humet, qui sub rege Johanne totius Normannie gubernaculum obtinuit. » *Annales Waverl.*, recueil de Luard, t. II.
[8] *Rot. Norm.*, éd. Th. Duffus Hardy, p. 131 et 134.
[9] Cartul. de Savigni, n° 174.

X. NOTES BIOGRAPHIQUES.

regis... Pro anima mea et anima Richardi de Humeto, patris mei, et pro anima Lucie uxoris mee, et pro animabus Engerranni et Jordanni, fratrum meorum, et pro anima Roberti, filii mei... »[1].

Donation par le connétable Guillaume du Hommet, pour le salut de sa femme Lucie, à l'abbaye d'Aunai, de la terre de Langrune, avec le consentement de ses fils Richard, Guillaume, Henri, Jourdain, Thomas et Enguerrand[2]. 1190.

Donation par le connétable Guillaume du Hommet à Guillaume Cautèle de la terre « quam Philippus de Cavigneio habuit apud Lengrone de Engelgero de Bohun, tempore quo predictus Engelgerus de Bohun tenuit Lengrone pro excambio Humeti. Testibus : Ricardo de Humeto, filio meo, Willelmo de Sagio, Henrico de Humeto, Thoma de Humeto, Engerranno de Humeto, filiis meis »[3].

Donation de différents biens faite à l'abbaye de Longues par le connétable Guillaume du Hommet, fils de Richard du Hommet et d'Agnès de Beaumont[4].

Le sceau dont Guillaume du Hommet se servait en Normandie en 1190 a été décrit par Demay[5], d'après un exemplaire des Archives du Calvados.

Henri Ellis[6] a connu un autre sceau de Guillaume. Il avait cru pouvoir constater que c'était le sceau même de Richard du Hommet, père de Guillaume, auquel on avait pu faire adapter une autre légende : ✠ SIGILLVM WILLELMI DE HUMMETIS. Il y en a un moulage en plâtre au Musée britannique, où se trouve en original un autre sceau ayant au contre-sceau l'empreinte d'une pierre antique représentant un cavalier[7].

Willelmus de Lanvaleio, Lamvaleio, Lanvalein[8]. — Guillaume de Lanvalai figure dans tous les Pipe Rolls de la série publiée de ces documents, jusqu'à l'année XXII du règne[9]. Il agit comme justicier en Angleterre pendant les deux années XXI et XXII (1174 et 1175). Il est témoin en 1157 ou 1164 d'une charte de Henri d'Ouilli que M. Warner[9] a publiée en fac-similé

---

[1] Archives nationales, fonds des religieuses de Mortain.
[2] Orig. Arch. du Calvados, fonds d'Aunai, n° 244.
[3] Orig., Arch. du Calvados, fonds d'Aunai, n° 330.
[4] Cartul. de Longues, n° 177.
[5] Inventaire des sceaux de la Normandie, p. 3, n° 15.

[6] Archæologia, t. XXXV, p. 494. Cf. Birch, Catalogue of Seals, t. II, p. 308, n° 6130.
[7] Birch, Catal. of Seals, t. II, p. 308, n° 6129.
[8] Dans plusieurs passages des premiers Pipe Rolls publiés en 1844, le nom de ce personnage est figuré en toutes lettres de Lanvalein. Voir notamment p. 17, 41, 55 et 56.
[9] Fac-similés, n° 44.

d'après l'original du Musée britannique. Il assiste en 1164 au concile de Clarendon[1].

Guillaume de Lanvalai fut un des fonctionnaires que Henri II choisit pour administrer la Bretagne pendant que cette province fut gouvernée par Geoffroi Plantegenêt. Nous avons une charte rédigée en son nom pour l'abbaye de Saint-Melaine[2], et la notice que l'évêque Étienne de Fougères a composée sur les actes de son épiscopat mentionne un achat que le prélat avait fait « in presentia Willelmi de Lanvalaio, Redonensis seneschalli »[3]. Un double témoignage nous prouve donc que Guillaume de Lanvalai a été sénéchal de Rennes du temps de l'évêque Étienne de Fougères. D'autre part, le Cartulaire de Savigni[4] contient une curieuse charte dans laquelle Robert de Lanvalai, sénéchal de Rennes, rend compte d'un accord conclu devant lui, à l'assise royale de Rennes, entre l'abbaye de Savigni, d'une part, et Guillaume Fils de Doun et Eudes de La Chapelle, d'autre part[5]. Nous savons d'ailleurs par les Pipe Rolls qu'il y a eu un Robert de Lanvalai contemporain de Guillaume. Faut-il admettre qu'il y a eu à Rennes deux sénéchaux de la même famille, Guillaume et Robert, chargés de représenter le roi d'Angleterre à Rennes?

Willelmus Longa spatha, frater regis. — Je dois entrer dans quelques détails sur un frère de Henri II, connu sous le nom de Guillaume Longueépée[6], qui est nommé dans plusieurs chartes des premières années du règne. Il fréquentait la cour et semblait appelé à de hautes destinées[7], mais il fut enlevé en 1164 par une mort prématurée, à l'âge de vingt-huit ans[8]. Il avait reçu en apanage la vicomté de Dieppe, comme on le voit par les actes sui-

[1] Robertson, *Materials*, t. V, p. 73.

[2] D. Morice, *Preuves*, t. I, p. 659.

[3] Je cite ce texte d'après D. Morice, *Preuves*, t. I, p. 672, et d'après la copie que j'en ai faite sur un manuscrit de Saint-Melaine contenant les Épîtres de S. Paul, aujourd'hui à la Bibliothèque de Rennes.

[4] Fol. 74, n° 304, n° XIII des chartes du diocèse de Rennes.

[5] « Robertus de Lanvalai, senescallus Redonensis... Clamantibus igitur monachis ad curiam domini regis, apud Reddonis (*sic*) facta est coram nobis in curia domini regis, inter predictas partes, hujus modi concordia... »

[6] Ce surnom lui est donné par l'ancien obituaire de l'église de Rouen. Voir plus loin, p. 490.

[7] Il avait été question en 1155 de conquérir l'Irlande et d'en donner le gouvernement au prince Guillaume, mais l'Impératrice Mathilde fit ajourner ce projet. Voir Robert de Torigni, t. I, p. 296.

[8] Robert de Torigni, t. I, p. 350.

vants qui témoignent de sa libéralité envers les léproseries de Rouen et de Dieppe :

H. rex Angl.... Sciatis me... confirmasse leprosis de Deppa omnia bona quecunque Mathildis Imperatrix, mater mea, et Willelmus, frater meus, eis dedit, videlicet decimam piscium omnium de Deppa qui ad vicecomitatum venerint, et masuras suas de Deppa... (Cout. de Dieppe, fol. 50 v°.)

Willelmus, frater regis Angl., vicecomiti et ballivis suis de Deppa, salutem. Sciatis me dedisse et concessisse infirmis de Monte de Rothomago XL solidos de romesinis de redditu meo de Deppa... T. Mathilde Imperatrice...[1]. (Copie moderne, Arch. nat., S 4889, n° 7.)

Guillermus, frater Henrici, regis Angl., vicecomiti suo et omnibus ballivis et ministris et hominibus suis de Dieppa, salutem... Monachi de Becco... quieti sint de passagio apud Deppam... (Cartul. d'Envermeu, p. 89.)

Guillelmus, frater Henrici regis Angl., omnibus fidelibus sancte Ecclesie et ministris suis, salutem. Sciant tam presentes quam futuri quod ego concedo Deo et Sancto Johanni de Fulcardi Monte... mansionem unam in villa Deppa... Et prohibeo ne ullus super hoc disturbet eos injuste, super decem libras forisfacture. Apud Burgum [A]chardi. (Cartul. de Foucarmont, fol. 36.)

Guill., frater [H. regis] Angl., vicec., ministris et omnibus hominibus suis de Deppa, tam presentibus quam futuris, salutem. Sciatis me dedisse... ecclesie S. Marie et S. Laurencii de Belbec... unam masuram in perreio Deppe... (Coutumier de Dieppe, fol. 56 v°.)

Willelmus, frater H. regis Angl., omnibus amicis et hominibus suis et vicecomitibus Deppe, et omnibus ministris suis, salutem. Sciatis me dedisse... Willermo Crespin, concessione Mathildis Imperatricis, matris mee, pro servicio suo, unam masuram in Deppa... sicut leprosi de Deppa suas masuras in Deppa tenent... (Coutumier de Dieppe, fol. 47.)

Le manoir de Sainte-Mère-Église en Basse Normandie [2] avait été mis à sa

---

[1] Aux droits des lépreux de Rouen se rapporte cet article du Rôle de l'année 1195 : «Leprosis de Rothomago, 40 sol. de elemosina statuta. Eisdem in excambio terre quam idem Willelmus dedit eis in Dieppa, 6 libras hoc anno pro 6000 harengis de elemosina statuta. » (Rot. Scacc. Norm., t. I, p. 235).

[2] De ce manoir Guillaume avait détaché 20 acres de terre au profit d'un veneur, et le roi avait approuvé cette concession :

«H. Dei gratia rex... Sciatis me concessisse ... R. venatori xx acras terre in veteri villa de manerio de Sancte Marie Ecclesia, quas Willelmus frater meus ei dedit pro servicio suo... » (Registre 165 du Trésor des chartes, n° 192).

disposition, et ce fut sur les revenus de ce domaine qu'il assigna une rente aux religieuses de Notre-Dame de Mortain :

W., regis Angl. frater, universis sancte matris Ecclesie filiis, salutem in Domino. Notum sit omnibus... quod ego Willelmus, regis Angl. frater, dedi annuatim ecclesie Beate Marie Moretonii... XL sol. andeg., in manerii mei redditibus quod Sancte Marie Ecclesia nominatur... Testibus : Rad. de Haia, Ric. de S. Remigio, Joh. Mala Herba, Thoma Bardul, Eudone Ernesii Filio, Rob. de Busson (Husson?), Dodone Bardul, Rob. Boquerel, mag. Stephano Filgeriensi. (Original, Arch. nat., fonds de N.-D. de Mortain.)

Il avait aussi des domaines situés en Angleterre, dans les comtés de Middlesex, de Surrey et d'Essex[1].

Il était encore seigneur de Throwley (Kent), et la charte par laquelle il en confirma le patronage à l'abbaye de Saint-Bertin[2] mérite d'être citée textuellement, parce que les formules en sont empruntées mot pour mot à une charte de Henri II :

Willelmus, frater Henrici regis Angl., archiepiscopis, episcopis, comitibus, baronibus, justiciariis, vicecomitibus et omnibus fidelibus suis Norm., Francie et Anglie, salutem.

Sciatis me confirmasse, sicut carta Henrici, fratris mei, testatur, ecclesie de Sancto Bertino ecclesiam de Trullega, cum pertinentiis suis, sicut Hamo de Trullega eam dedit illi et concessit in perpetuam elemosinam, et sicut archiepiscopus Cantuariensis eam sua carta illi confirmavit.

Quare precipio firmiter quod ecclesia de Sancto Bertino illam ecclesiam supradictam, cum pertinentiis suis, habeat bene et in pace, libere et quiete et honorifice sicut eam melius et liberius aliquis tenuit tempore Henrici avi mei.

Teste Alano de Fal[esia].
Apud Rothomagum.

Ce n'est pas d'ailleurs le seul emprunt que les clercs attachés au service de Guillaume Longue-épée aient fait à la chancellerie royale. La clause *Prohibeo ne ullus super hoc disturbet eos injuste super decem libras forisfacture*, que

---

[1] Stapleton, *Rotuli Scacc.*, t. I, p. cxx, et t. II, p. ccxv. Voir aussi la charte des religieuses de Redlingfield, publiée dans le *Calendar of Charter Rolls*, t. II, p. 309.

[2] M. l'abbé Haigneré, trouvant cette charte attribuée à Guillaume Longue-épée, comte de Salisbury, l'a classée à l'année 1221 dans son recueil des *Chartes de Saint-Bertin*, t. I, p. 268, n° 615. Il en a suspecté l'authenticité, qui n'est pas cependant douteuse.

nous venons de voir dans une charte accordée par Guillaume à l'abbaye de Foucarmont, était fréquemment employée à la chancellerie de Henri II.

A la double copie de la charte de Guillaume Longue-épée, que nous devons à Dom Charles Dewitte[1], est joint un dessin du sceau attaché à la charte : le prince y est représenté galopant à senestre sur un cheval caparaçonné d'une longue housse au bas de laquelle pendent des houppes.

Légende : ✠ WILLELMVS FRATER HENRICI ANGLIE REGIS.

Robert de Torigni a soigneusement noté[2] que Guillaume Longue-épée mourut à Rouen le 30 janvier 1164 et qu'il fut enterré dans la cathédrale, ce qu'il rappelle ailleurs[3] quand il dit que Guillaume reposait à côté des premiers ducs de Normandie et de son neveu Henri Court-mantel. A cette occasion il lui donne le titre de comte et lui adresse un mot de regret : *vir per omnia lugendus*.

L'anniversaire de la mort de ce prince se célébrait dans la cathédrale de Rouen le 31 janvier, et donnait lieu à la perception d'une rente de 10 livres assise sur la vicomté de Dieppe[4]. Jean, comte d'Eu, avait, de son côté, assuré à Guillaume Longue-épée les prières des lépreux de Jérusalem, auxquels il avait assigné une rente de 11 livres sur le produit des étaux des bouchers d'Eu[5].

Willelmus de Mala Palude. — En 1172 Guillaume de Malpalu administrait une baillie normande dont Pont-Audemer devait être le chef-lieu. Sur le Rôle des fiefs daté de cette année, elle est appelée *Ballia Gaillelmi de Mala Palude*, dénomination qu'on a remplacée après coup par les mots *Ballia Cadoci, Guillelmi Pulli*, dans le registre A de Philippe Auguste (fol. 33 v°)[6].

---

[1] Dans le tome II du Grand Cartulaire de la bibliothèque de Saint-Omer, et dans le volume 130 de la Collection Moreau, fol. 97.

[2] T. I, p. 350.

[3] T II, p. 121.

[4] « Secundo kalendas februarii, obiit Willelmus Longa spata, filius Matildis Imperatricis Romane, in cujus obitu habemus x libras in vicecomitatu Depe ». *Rec. des histor.*, t. XXIII, p. 359. — Le payement de la rente est soigneusement indiqué dans les comptes de l'Échiquier en 1180 et en 1195. *Rot. Scacc. Norm.*, t. I, p. 68 et 236 : « Canonicis S. Marie Rothom., x libras in anniversario Willelmi, fratris regis, de elemosina statuta ».

[5] Charte dont une copie est aux Archives nationales, S. 4890, n° 44.

[6] Voir mon travail sur les anciens baillis et sénéchaux, dans le *Recueil des historiens*, t. XXIV, p. 130*.

WILLELMUS.

Ce Guillaume de Malpalud ou Maupalu appartenait à une des plus importantes familles de la bourgeoisie rouennaise de la fin du xiie et du commencement du xiiie siècle. Aux archives de la Seine-Inférieure se trouve en original, dans le fonds de Bondeville, une charte de Gilbert de Rouvres, danslaquelle « Willelmus de Mala Palude, serviens regis, » est nommé comme témoin à côté de Barthélemi Fergant, maire de Rouen.

Il occupe la même place, mais sans avoir le titre de sergent du roi, à la fin d'une charte relative à l'acquisition faite par un clerc, Richard de Malpalu, d'un terrain situé dans la rue de Saint-Amand à Rouen[1].

Il a le titre de *justitia regis* dans une charte de Robert, doyen de Rouen, pour les lépreux de cette ville. — En 1186, il paya une somme de 23 livres et 6 sous et 8 deniers pour obtenir d'être sous la garde du roi en qualité de son clerc seigneurial[2]. En 1180 il rendit des comptes comme fermier de la vicomté de Roumois et de la *modiatio* de Rouen[3].

Willelmus Maledictus, Maledoctus, camerarius. — Souvent cité dans les Pipe Rolls (*ii H. II*, p. 23; *v*, p. 140; *vi*, p. 5; *viii*, p. 8; *ix*, p. 16; *x*, p. 30, etc.). — Cité dans un acte de l'Échiquier de l'année 1184[4], avec le titre de camérier.

Il mourut sous le règne de Richard Cœur-de-lion, après l'année 1195. Voir Foss, *The Judges*, t. 1, p. 271-273.

Willelmus Malet, dapifer. — Le nom de Guillaume Malet est inscrit sur les Pipe Rolls du règne de Henri II, années *ii-vi*, *viii*, *xi*, sans être suivi d'aucune qualification; années *xiii-xv* (1167-1169) avec la qualification de « dapifer ». Pour les années *xvi-xxii* (1170-1176) nous y trouvons la mention de « Gilbertus Malet, dapifer. » D'après ces constatations il semble que les chartes dans lesquelles Guillaume Malet intervient avec le titre de « dapifer » ont été expédiées entre les années 1166 et 1169.

Le Guillaume Malet des chartes de Henri II ne me semble pas pouvoir être confondu avec le Guillaume Malet cité dans les comptes et les actes du temps de Richard Cœur-de-lion et Jean Sans-terre.

---

[1] Arch. nat., S 4889, n° 6.
[2] « Ut sit in custodia et protectione regis sicut dominicus clericus suus. » *Pipe xxxi H. II*, cité par Madox, *Exchequer*, p. 330, note e.
[3] *Rot. Scacc. Norm.*, t. I, p. 77 et 98.
[4] Cité par Eyton, p. 259, d'après Madox.

Willelmus (Comes) de Mannevilla, de Mandevilla. — Guillaume de Mandeville, comte d'Essex depuis 1167, et d'Aumale depuis janvier 1180, mort en novembre 1189. Pendant les 22 dernières années il fut un des plus fidèles vassaux de son maître, qui l'honora d'une grande confiance et le chargea de missions d'une grande importance.

Je dois me borner à indiquer brièvement, en suivant pas à pas les *Gesta Henrici*, les principaux événements auxquels Guillaume de Mandeville se trouva mêlé :

En 1173, dans une escarmouche avec les troupes du roi de France, il se distingue en faisant prisonnier Enguerran de Prie. Il refuse de s'associer à la révolte des fils du roi.

En 1174, il assiste à la conclusion d'un traité avec le roi d'Écosse, et en 1175 à la réconciliation de Henri II avec ses enfants.

En 1177, il va combattre les Infidèles en Terre Sainte.

En 1179, il accompagne Philippe Auguste dans son pèlerinage au tombeau de l'archevêque de Cantorbéry.

En 1186, il fait partie d'une ambassade envoyée à Philippe Auguste.

En septembre 1189, il portait la couronne d'or aux cérémonies du couronnement de Richard Cœur-de-lion, qui venait de lui conférer la dignité de justicier d'Angleterre, pour remplacer Renouf de Glanville.

Il mourut à Rouen en novembre 1189.

Sa veuve Hadewise, qui lui avait apporté en dot le comté d'Aumale, se remaria à Guillaume de Forts.

Les fiefs de Guillaume de Mandeville étaient situés dans les environs d'Argentan, et c'est sur cette partie de sa fortune qu'il fit des fondations en faveur de l'abbaye de Silli.

Entre les chartes qu'il a fait expédier en qualité de comte d'Essex, je citerai celles qui concernent l'abbaye de Silli[1], celle de Savigni[2], et celle de Saint-Wandrille[3]. Cette dernière a pour objet la donation de l'église d'Avenelles[4] que le bienfaiteur déclare avoir faite « pro salute mea et patris mei et matris mee et fratrum meorum et domini mei regis Henrici, filii Matildis Imperatricis. » Voir *The National Biography*, t. XXXVI, p. 19.

[1] Cartulaire de Silli, fol. 9 et 9 v°.
[2] Cartulaire de Savigni, n° 255.
[3] Ms. latin 5245, p. 77.
[4] Orne, cant. Exmes, comm. Omméel.

Willelmus de Mara. — En 1180, il eut à rendre compte de la ferme de Sainte-Mère-Église en Lieuvin et de diverses recettes faites dans le pays d'Auge pour le trésor royal[1]. En 1184, il tint une assise à Saint-Wandrille avec le sénéchal Guillaume Fils de Raoul[2]. Le 11 mars 1186, il fut témoin du traité conclu à Gisors, entre les rois de France et d'Angleterre, en présence de prélats et barons des deux pays, pour régler les droits dont devait jouir la reine Marguerite, sœur de Philippe Auguste, par suite de son mariage avec le jeune roi Henri, fils de Henri II[3]. La même année, il assista comme justicier royal à une assise tenue à Bayeux[4].

Willelmus Marescallus. — M. Paul Meyer, dans sa magistrale édition de l'*Histoire de Guillaume Le Maréchal*, a fait connaître dans le plus complet détail la vie et le caractère de cet illustre représentant de la chevalerie anglo-normande au temps de Henri II, de Richard Cœur-de-lion et de Jean Sans-terre.

Depuis la publication de M. Meyer il a été découvert sept chartes de ce personnage, dont six relatives au prieuré de Longueville, que Ch. de Beaurepaire a publiées en 1907 dans le *Bulletin historique et philologique* du Comité des travaux historiques[5]. La plus importante a trait à un projet relatif au perré de Dieppe, que n'ont point connu les historiens de cette ville et qui méritait d'être mis en lumière.

La septième charte est un acte de l'abbaye de Foucarmont échoué à la bibliothèque de Rouen, auquel est attaché le sceau de Guillaume Le Maréchal, et dont j'ai dû la communication au bibliothécaire M. Loriquet[6].

Notum sit universis quod ego Willelmus Marescallus, assensu et voluntate Isabel, uxoris mee, donationem quam Odardus medicus fecit ecclesie Beate Marie de Fucardi Monte, et monachis ibidem servientibus Deo, concessi ad sustentationem pauperum, et, ut eam in perpetuum libere et quiete possideant, sigilli mei munimine confirmavi, scilicet quadra-

---

[1] Stapleton, *Rot. Scacc. Norm.*, t. I, p. 94, 95 et 97.
[2] Charte de Hugues de Vaux pour l'abbaye de Lire, Collection Moreau, vol. 87, fol. 157.
[3] Original aux Archives de Maine-et-Loire, fonds de Fontevrault. Conf. Delisle, *Catal. des Actes de Phil. Aug.*, p. 469, n° 124, où elle est indûment classée à l'année 1185.
[4] Livre noir de Bayeux, fol. 66.
[5] Année 1906, p. 398 et 403.
[6] Voir la *Bibliothèque de l'École des chartes*, année 1908, p. 348.

ginta acras terre in feodo de Hainmeiis, sicut carta Odardi predicti continet, et duodecim acras in nemore et in avesna quadam adjacente eidem nemori.

Testibus his : magistro Malgerio thesaurario Normannie, Eustachio capellano, Johanne Marescallo, Johanne de Erleya, Willelmo Walerano, militibus, Willelmo de Herecuria, Osberto camerario.

Actum apud Meullers, anno incarnationis Domini millesimo centesimo nonagesimo octavo.

L'itinéraire de Guillaume Le Maréchal, dressé par M. Paul Meyer[1], se trouve dans l'ouvrage ci-dessus indiqué. On y voit que Le Maréchal passa toute l'année 1198 dans la Haute Normandie, ce qui concorde bien avec le texte de la charte de Foucarmont, qui est datée de Meulers, aujourd'hui commune de l'arrondissement de Dieppe. Meulers était un château que Le Maréchal s'engagea en 1204 à remettre entre les mains de Philippe Auguste[2].

Willelmus Martel. — Je ne suis pas certain qu'il faille rapporter toutes les mentions suivantes au Guillaume Martel qui fut témoin de chartes de Henri II.

Article du Pipe Roll de l'année xxxi de Henri Ier, p. 56.

Avril 1141. Excommunication de « Willelmus Martellus, quondam pincerna regis Henrici, tunc dapifer Stephani[3] ».

1153. Présence de Guillaume Martel à un traité conclu entre Henri, duc de Normandie, et le roi Étienne[4].

1155-1156. Mention dans le Pipe Roll de cette année : « de firma Surrie pro Willelmo Martello » (p. 10).

...(?) Cession par Guillaume Martel à Henri, abbé de Fécamp, d'une maison située dans le château de Fécamp.

Willelmus de Mastac, Pictavie senescallus. — Voir plus haut (p. 369) au nom de Fulco de Mastac.

Willelmus de Montsorel. — A un acte du Cartulaire de Bourgueil, passé

---

[1] T. I, p. xlviii.
[2] *Catalogue des actes de Philippe Auguste*, p. 186, n° 818.
[3] Rymer, t. I, part I, p. 18.
[4] Cartulaire de Fécamp, à la Bibliothèque de Rouen, fol. 46.

devant le roi Henri II en 1168, fut témoin « Willelmus de Monte Sorel senex »[1].

Willelmus, Moretonii decanus. — Voir p. 496, Will. de S. Marie Ecclesia.

Willelmus, Norwicensis episcopus, dictus Turbo. — Ce Guillaume fut nommé évêque de Norwich en 1146[2] et mourut en janvier 1173 ou 1174[3].

Willelmus de Ostilli. — Les Pipe Rolls des années IX, X et XI du règne de Henri II (1163-1165) mentionnent des sommes qui furent retirées du trésor par Guillaume d'Ostilli; la nature des dépenses qu'elles devaient servir à acquitter montre assez clairement que Guillaume d'Ostilli était préposé au service de la chambre du roi.

In camera Regis, Willelmo de Ostilli 165 l. 13 s. et 4 d., per breve regis[4]. — Pro III carr. ad opus regis, 46 s., per Willelmum de Ostilli[5]. — Et Radulfo Filio Stephani et Willelmo de Ostilli, 100 marcas, per breve regis, ad corredium ipsius[6].

Je n'oserais pas dire que ce Guillaume d'Ostilli soit le même personnage que « Willelmus de Hostilleio » qui fut témoin d'une charte de Hugues, vicomte de Châteaudun, datée de Montdoubleau le 28 janvier 1187 (n. st.)[7].

A la même famille appartenait Guillaume d'Ostilli, qui fut évêque d'Avranches au commencement du XIIIe siècle.

Willelmus Painel, Paienel, Abrincensis archidiaconus. — Guillaume Painel ne dut exercer les fonctions d'archidiacre d'Avranches qu'à la fin du règne de Henri II. Il portait ce titre en février 1200 (peut-être 1201, nouv. st.), comme le prouve une charte de l'abbaye de Savigni[8], ainsi datée : « Anno ab incarnatione Domini MCC, mense februario, apud Abrincas, in ecclesia episcopali, Gaufrido precentore, W. Paganelli et Roberto archidiaconis... ».

---

[1] Collection Housseau, vol. V, n° 1864.
[2] Gerv. Cantuar., t. I, p. 130.
[3] Rad. de Diceto, t. I, p. 354. — Jo. de Taxster, t. II, p. 153. — *Gesta Henrici*, t. I, p. 81. — Gerv. Cantuar., t. I, p. 246. — Rad. de Diceto, t. I, p. 354.
[4] *Pipe* IX *H. II*, p. 57.
[5] *Pipe* X *H. II*, p. 30.
[6] *Pipe* XI *H. II*, p. 42.
[7] Célestin Port, *Cartul. de Saint-Jean d'Angers*, p. IX, n° VIII.
[8] Cartul. de Savigni, n° 137.

Willelmus Patricius. — Guillaume Patric et ses fils prirent parti contre Henri II en 1173 [1]. Guillaume Patric et son fils Guillaume moururent en 1174 [2].

La forme Patric est celle qu'on trouve non seulement dans la Chronique de Robert de Torigni, mais aussi dans les Rôles de l'Échiquier de Normandie [3].

Willelmus de Rolmare. — Guillaume de Roumare, témoin de chartes de Henri II, doit être Guillaume de Roumare, IIIe du nom, qui mourut en 1198 [4], et qui avait eu la garde du château de Neufmarché [5] en 1184. Il est ainsi désigné sur le Rôle des « Feoda baillie Rothomagensis » du temps de Henri II : « Guillelmus de Romara, servicium xii militum ad custodiam de Novo Mercato, et, si dux eum alibi mandabit, ibit cum tribus vel cum quatuor militibus [6]. »

Willelmus Rufus. — Il est inscrit sur les Pipe Rolls des années xix, xx et xxii du règne de Henri II (1172-1176), comme ayant rendu la justice dans plusieurs comtés de l'Angleterre; ce qui est d'ailleurs rapporté par l'auteur des *Gesta Henrici* [7]. Il fut témoin du testament de Henri II en 1182 [8].

Willelmus de Sancte Marie Ecclesia. — La place que Guillaume de Sainte-Mère-Église tient dans l'histoire d'Angleterre m'autorise à reproduire ici un résumé de la notice que je lui ai consacrée en 1907 dans l'*Annuaire de la Manche*. Je l'abrégerai, tout en la complétant à l'aide de renseignements qui m'avaient échappé. Elle ne fera pas double emploi avec l'article beaucoup plus développé que Mrs. Tout a publié en 1900 dans *The Dictionary of National biography* [9].

Guillaume de Sainte-Mère-Église avait tiré son nom de la localité du Cotentin à laquelle appartenait sa famille. Ce qui l'établit, c'est que sa mère et

---

[1] Rad. de Diceto, t. I, p. 371. — Robert de Torigni, t. II, 42-44.
[2] Robert de Torigni, t. II, p. 48.
[3] « De Engerr. Patric, 2 s. et 6 d., de remanente finis sui pro terra patris sui ». *Rot. Scacc. Norm.*, t. I, p. 54.
[4] *Ibid.*, t. II, p. clix.
[5] *Ibid.*, t. I, p. 113.
[6] *Recueil des histor.*, t. XXIII, p. 694 J.
[7] T. I, p. 108.
[8] Gerv. Cantuar., t. I, p. 298.
[9] Tome LXI, p. 364-367.

lui jouissaient en 1195 d'une pension viagère mise à la charge du domaine ducal de Sainte-Mère-Église, comme l'atteste un article du compte rendu cette année par le fermier de Sainte-Mère-Église, article qui est conçu dans les termes suivants [1] : « Willelmo de Sancte Marie Ecclesia, in vita sua et matris sue, 35 libras XII solidos. »

Les ducs de Normandie possédaient deux domaines du même nom : Sainte-Mère-Église, dont le territoire est aujourd'hui compris dans la commune de Saint-Pierre-du-Châtel (arrondissement de Pont-Audemer), et Sainte-Mère-Église en Cotentin, aujourd'hui bourg de l'arrondissement de Valognes. C'est à cette dernière localité que le nom de Guillaume de Sainte-Mère-Église avait été emprunté.

Le manoir de Sainte-Mère-Église en Cotentin avait été compris dans l'apanage de Guillaume Longue-épée, frère du roi Henri II.

La rente viagère que Guillaume de Sainte-Mère-Église et sa mère touchaient sur le domaine venait sans doute d'une concession de Guillaume Longue-épée, ou de Henri II, à qui le domaine avait fait retour après le décès de Guillaume Longue-épée.

Guillaume de Sainte-Mère-Église avait reçu l'éducation qui était donnée aux jeunes gens destinés à la cléricature. Il se fit remarquer par son aptitude à remplir les fonctions auxquelles cette éducation préparait les jeunes gens, et le roi, mis au courant de ses heureuses aptitudes, l'attacha de bonne heure à son service. Il ne tarda pas à devenir clerc de la Chambre, et à se trouver habituellement en contact avec le roi et les personnages de la cour, tels que Robert de Torigni, abbé du Mont-Saint-Michel, qui donna au jeune clerc de la Chambre une pension de trois marcs d'argent sur une église du diocèse de Winchester, dont le patronage appartenait à l'abbaye du Mont-Saint-Michel [2].

Entre les années 1180 et 1183 Henri II récompensa les services de Guillaume de Sainte-Mère-Église en lui faisant donner une cure tout à fait voisine de son pays d'origine. A deux lieues environ de Sainte-Mère-Église, se trouve la paroisse de Saint-Côme [3], dans laquelle s'était établie une petite colonie de

---

[1] *Rotuli Scaccarii Normanniæ*, éd. Stapleton, t. I, p. 276.

[2] Charte de Richard, évêque de Winchester publiée dans mon édition de Robert de Torigni, t. II, p. 308.

[3] Manche, cant. de Carentan.

moines de la célèbre abbaye de Cluni. L'abbé était patron de la paroisse et en percevait les dîmes. L'église de Saint-Côme étant devenue vacante, Guillaume de Sainte-Mère-Église pria son maître d'intervenir auprès de l'abbé de Cluni pour lui faire obtenir un bénéfice dont il comptait bien toucher les émoluments sans s'astreindre à la résidence. Cette candidature, chaudement appuyée par le roi, fut agréée sans difficulté. L'abbé de Cluni n'avait rien à refuser au roi qui venait de lui prêter une somme de 1,000 marcs d'argent, et un contrat fut conclu pour assurer à Guillaume la jouissance viagère de l'église de Saint-Côme, moyennant une pension annuelle de 30 livres en monnaie angevine, alors la monnaie courante de la Normandie.

Le contrat ne nous est point parvenu; mais nous possédons une charte par laquelle les conditions nous en sont connues. Le roi fit parvenir à l'abbé de Cluni une lettre[1] dans laquelle il déclare que, sur sa demande, l'abbé Thibaud et le couvent de Cluni avaient concédé leur église de Saint-Côme en Cotentin à Guillaume de Sainte-Mère-Église, clerc de sa Chambre, pour en jouir sa vie durant, à condition de leur payer annuellement une pension de 30 livres. Le roi reconnaissait que la concession de l'église était un acte absolument gracieux et qu'on ne pourrait jamais l'invoquer comme précédent à l'appui d'une prétention du duc de Normandie.

Ce fut apparemment dans les mêmes conditions que Guillaume de Sainte-Mère-Église obtint un bénéfice anglais, la cure de Harewood, dans le Yorkshire [2].

Guillaume accompagnait le roi dans ses incessants voyages en Angleterre, en Normandie, en Touraine, en Anjou et dans le Maine. Sa souscription se lit au bas de nombreuses chartes royales expédiées de Westminster, de Guildford, de Clarendon, de Rouen, d'Arques, de Montfort, de Domfront, de Chinon, de Mayet et de Bellon.

Il dut traverser la mer en 1187 pour venir d'Angleterre en France. Il assista à une conférence qui eut lieu, probablement en 1188, à Alençon, entre le roi et le légat Bobo, cardinal diacre de Saint-Ange.

Sur la fin de son règne, probablement en 1188[3] Henri II assura à Guil-

---

[1] N° 451 de notre Recueil.
[2] *Rotuli curiæ regis*, t. II, p. 222, cités dans *The National Biography*.
[3] Voir ce qui est dit plus haut, p. 383, à l'article de *Henricus, decanus Moretonii*, mort en 1188.

WILLELMUS.

laume la jouissance d'un bénéfice plus important que les cures, dont il ne touchait qu'en partie les revenus : le décanat de la collégiale de Mortain lui fut attribué et nous avons un certain nombre d'actes de Henri II et de Richard Cœur-de-lion au bas desquels se lit la souscription de *Willelmus de Sancte Marie Ecclesia*.

Toujours fidèle à son maître, Guillaume de Sainte-Mère-Église ne le quitta pas dans sa dernière maladie en Touraine, au mois de juillet 1189. C'est lui qui, peu de jours avant la mort du roi, expédia une lettre pour inviter le chapitre de Cantorbéry à s'entendre avec l'archevêque pour mettre un terme à un différend qui affligeait depuis un certain temps l'Église d'Angleterre.

Guillaume de Sainte-Mère-Église ne vit pas son crédit diminuer sous le règne de Richard Cœur-de-lion. Il eut alors le titre de protonotaire du roi, et il alla, en cette qualité, rendre visite au prisonnier de l'Empereur, très peu de temps avant la conclusion du traité qui mit fin à cette inique captivité. La visite est mentionnée dans la lettre que, de Haguenau, Richard écrivit à sa mère, le 19 avril 1193.

Jean Sans-terre était à peine monté sur le trône, que Guillaume fut élu évêque de Londres. Sacré le 23 mai 1199 dans une chapelle de Westminster, il assistait quatre jours après au couronnement du roi.

Parmi les premiers actes du nouveau roi, je dois citer une charte du 15 décembre 1199, par laquelle il confirma à Guillaume de Sainte-Mère-Église le don que Richard de Vernon lui avait fait de la Haie de Morville, près de Valognes [1].

Guillaume possédait toute la confiance de Jean Sans-terre, qui le chargea d'une importante mission en Allemagne auprès de l'Empereur : au moment de son départ (27 mars 1204), il reçut trois lettres de crédit, dont le montant s'élevait en total à 500 marcs [2].

---

[1] « Sciatis nos concessisse et presenti carta nostra confirmasse Willelmo de Sancte Marie Ecclesia et heredibus suis totam haiam de Morevilla, quam habet de dono Ricardi de Vernone et heredibus suis...; reddendo predicto Ricardo et heredibus suis annuatim xxx solidos andegavensis moncte ad festum sancti Michaelis pro omni servicio, ita quod idem Willelmus poterit inde facere heredem suum quem voluerit... » *Rotuli chartarum*, p. 64, col. 1.

[2] *Rotuli litterarum patentium*, p. 40, col. 1.

Guillaume continua à avoir des rapports avec les provinces françaises restées sous le gouvernement de Jean Sans-terre; en 1204 et 1207, il se fit autoriser à envoyer outre-mer des nefs qui devaient lui rapporter du vin et du blé; mais je ne vois pas qu'il ait entretenu des relations avec la Normandie, sinon peut-être pour toucher les produits de l'église de Saint-Côme [1].

Il joua un rôle considérable dans les troubles religieux et politiques qui désolèrent une grande partie du règne de Jean Sans-terre. En 1208, après que l'interdit eut été jeté sur l'Angleterre, il se rendit à la cour pontificale, et il fut un des prélats qu'Innocent III chargea de faire publier en Angleterre l'excommunication du roi Jean. Il revint en 1213 dans le royaume, où il prononça la sentence d'absolution du roi, le 20 juillet.

La réconciliation ne l'empêcha pas de prendre parti pour les barons révoltés. Il fit cause commune avec eux, pour obtenir de Jean Sans-terre l'octroi de la grande charte, qui est restée le fondement des libertés de l'Angleterre.

La position qu'il avait prise ne laissait pas de l'embarrasser. Il renonça à la vie publique le 20 janvier 1221, en résignant son évêché. Il mourut le 27 mars 1224.

Guillaume de Sainte-Mère-Église avait attiré en Angletrrre un de ses compatriotes, peut-être un de ses parents, Pierre de Sainte-Mère-Église, qui, devenu trésorier de l'église de Londres, voulut être un bienfaiteur de l'abbaye de Blanchelande, à laquelle il abandonna la jouissance d'une partie des dîmes de Carquebu, paroisse voisine de Sainte-Mère-Église [2].

Peut-être aussi était-il parent de son homonyme, Guillaume de Sainte-Mère-Église, qui fut évêque d'Avranches de 1236 à 1255 [3].

Willelmus de Sancto Johanne. — Guillaume de Saint-Jean, seigneur de Saint-Jean-le-Thomas dans l'Avranchin, bienfaiteur des abbayes du Mont-

---

[1] *Rotuli litt. pat.*, p. 19, c. 1, et p. 38, c. 1.
[2] «Ego Petrus de Sancte Marie Ecclesia, thesaurarius Londonensis...; in parochia de Querquebu...» Copie aux Archives de la Manche.

[3] Annales du Mont-St-Michel (Rob. de Torigni, t. II, p. 230). — «Mag. W. de S. M. Ecc., vir admodum litteratus et timens Deum.» (Obit. de Ste-Geneviève, *Gallia christ.*, t. XI, col. 485.)

Saint-Michel, de Savigni et de la Luzerne, fut un des principaux officiers du roi en Normandie. Robert de Torigni[1], en le citant comme un des plus notables courtisans du jeune roi Henri, fils de Henri II, réunis à Bur pour la fête de Noël 1171, le qualifie de « Normannie procurator ». Il est en effet mentionné comme « justicia regis », en compagnie de Guillaume de Courci, dans une charte de l'abbaye de Saint-Étienne de Caen, de l'année 1171[2]. Il exploita la ferme de la vicomté de Coutances pendant une quarantaine d'années, de 1160 environ jusqu'en 1203[3]. Il figure dans plusieurs chartes datées de 1165[4]. Il épousa Olive, fille d'Étienne, comte de Penthièvre, veuve de Henri, seigneur de Fougères[5]. Dans une charte datée de Lion-sur-Mer en 1185, il fait intervenir « Godehot » sa seconde femme[6].

Willelmus de Solariis, de Soliis, de Solers. — Guillaume de Soliers était à l'assise de Caen en 1176[7]. En 1180 et 1184, il était garde du château de Moulins, ou fermier de la prévôté de Moulins et Bons Moulins[8]. Il fut le fondateur de l'abbaye de Cordillon[9], et donna à l'abbaye de Saint-Sauveur une église située dans le diocèse de Winchester[10].

Vers l'année 1198, Guillaume de Soliers dut épouser la sœur de Raoul Taisson[11]. Cette dame vivait encore en 1217, date à laquelle « Matillidis de Soliers, filia Jordani Taisson » donna aux religieuses de Cordillon une rente sur son moulin de Tréauville[12].

[1] T. II, p. 31.
[2] Archives du Calvados, n° 44-198 du fonds de Saint-Étienne.
[3] *Rot. Scacc. Norm.*, t. I, p. 12 et 218; t. II, p. 295 et 515.
[4] Robert de Torigni, t. II, p. 275-280.
[5] Cartul. de Savigni, n° 37, 38 et 69. — Dans une charte publiée par Madox (*Formul.*, p. 185, n° 306), Olive est ainsi mentionnée : « domina Oliva, filia Stephani comitis Britannie, uxor supradicti Willelmi de Sancto Johanne ».
[6] *Ibid.*, p. 107.
[7] Livre noir de Bayeux, n° 94.
[8] *Rot. Scacc. Norm.*, t. I, p. 57 et 98. — Fragment du rôle de 1184, t. XLVI, publié ci-dessus, p. 344.
[9] *Gallia christ.*, t. XI, instr., col. 93.
[10] « Notum sit... quod Willelmus de Solariis dedit abbacie Sancti Salvatoris de Constantino... ecclesiam Sancte Marie d'Alingeham..., maxime pro anima consulis Ricardi, avunculi sui. His testibus : Jordano Taisson... Facta est hec carta anno Domini M°C°LX°... » Une déchirure du parchemin a fait disparaître la fin de la date. Original aux Archives de la Manche.
[11] *Rotuli Scaccarii Normanniæ*, t. II, p. 342.
[12] Cartulaire de Cordillon, fol. 1 v°.

Willelmus de Stutevilla. — En 1174 et 1177, Henri II confia à Guillaume d'Estouteville la garde de châteaux situés en Angleterre[1]. Il paraît avoir eu à s'occuper de l'approvisionnement du château de Dangu en 1184 [2]. A une charte de Hugues Chauvel sont témoins les trois frères Guillaume, Nicolas et Richard d'Estouteville [3]. M. Warner [4] a publié le fac-similé d'une charte de Henri II pour Guillaume d'Estouteville; à ce propos il donne de curieux détails sur ce seigneur, et fixe à l'année 1175 la date de la charte précitée qu'il a publiée d'après l'original du Musée britannique.

Guillaume d'Estouteville mourut en 1203 [5].

Willelmus, Susexiæ comes. Voir Willelmus de Albineio, p. 471.

Willelmus de Tancarvilla, camerarius. — Je ne citerai qu'un petit nombre de textes pour servir de jalons à la chronologie de la vie de ce grand seigneur, dont le nom revient si souvent dans les chartes des abbayes normandes.

En 1166 il accompagna Henri II au siège de Fougères [6].

Après la mort de Patrice de Salisbury, il fut envoyé en Poitou avec les pouvoirs les plus étendus [7]. « Il se révolta contre Henri II en 1173 [8].

Gautier Map a raconté la façon dont Guillaume de Tancarville revendiqua les prérogatives attachées à la charge de grand chambrier (*Summus ex feudo regis camerarius*). Le courage et la magnificence de ce baron éveillèrent l'envie de beaucoup de courtisans qui le desservirent auprès du roi Henri II. Pour mettre un terme à ces menées, il se rendit à la cour solennelle que le roi tenait à Caen pour les fêtes de Noël 1182, et comme il arrivait au moment où un chambrier donnait à laver au roi et aux princes, il s'empara des bassins d'argent préparés pour la cérémonie et les réclama en sa qualité de grand chambrier. Le lendemain il soutint ses droits, et invoqua, à l'appui de

---

[1] *Gesta Henr.*, t. I, p. 69 et 160.

[2] « Willelmus de Stultevilla debet 16 l. 16 s. pro 11 modiis frumenti de munitione castri de Dangu. » *Rot. Scacc. Norm.*, t. I, p. 117.

[3] Orig., Arch. de la Seine-Inf., fonds de Valmont.

[4] *Fac-similes of charters in the British Museum*, n° 56.

[5] Foss, *The Judges*, t. I, p. 419.

[6] Rob. de Torigni, t. II, p. 297, 298. : « Guill. Chamberlencus de Tancharvilla, apud Fulgerias in castris regis. »

[7] Gautier Map, *De Nugis curial.*, V, VI, éd. Wright, p. 234.

[8] Rad. de Diceto, t. I, p. 371. — Rob. de Torigni, t. II, p. 39.

sa réclamation, les bassins que son père, en pareille circonstance, s'était appropriés du temps de Henri Ier et qu'il avait déposés dans l'abbaye de Saint-Georges et dans le prieuré de Sainte-Barbe [1].

Isabelle, femme de Guillaume de Tancarville, prit, du vivant de son mari, l'habit religieux dans l'abbaye de Montivilliers [2].

Willelmus Torel. — Mentionné dans les premiers Pipe Rolls [3]. Il était à la cour du roi à Westminster le 1er mai 1182 [4]. Il mourut au commencement du règne de Richard Cœur-de-lion [5].

Willelmus de Traci. — Plusieurs fois cité dans le rôle de l'Échiquier normand de l'année 1180 [6].

Willelmus Trentegeruns. — Une charte de Henri, duc de Normandie, de l'année 1150 ou 1151, se termine par la souscription de « Willelmus Trentegeruns, tunc temporis vicecomes de Rothomago [7] ». Je me borne à enregistrer ce nom sans essayer de définir quelle place ce vicomte occupait dans la hiérarchie administrative de la capitale de la Normandie. Il était probablement fermier de la vicomté de Rouen.

Willelmus Troussebout. — Arnoul, évêque de Lisieux, sur la présentation de « Willelmus Trossebot », conféra l'église de Neuville-sur-Authou à Guillaume, clerc, fils dudit Guillaume [8].

Willelmus de Vol, Vou, Voo. — En 1174-1175 il passa d'Angleterre en Normandie aux frais du roi [9].

---

[1] Gautier Map, *De Nugis curialium*, V, vi, éd. Wright, p. 232-235.

[2] « Ego Willelmus camerarius de Tancarvilla... concedo duos homines meos justa [forestam] Julie Bone, quietos et immunes a passagio et theloneo et moltura et omni causa, ecclesie et conventui Sancte Marie Monasterii Villaris, quando Isabel cameraria, uxor mea, habitum religionis ibidem suscepit... » Original, Archives de la Seine-Inférieure.

[3] *Pipe* iv *H. II*, p. 144. — *Pipe* v *H. II*, p. 49.

[4] Warner, *Fac-similés of Charters in the British Museum*, n° 63.

[5] Foss, *The Judges*, t. I, p. 312.

[6] *Rot. Scacc. Norm.*, t. II, p. 296, 299, etc.

[7] N° 16* de notre Recueil.

[8] Fragments du Cartul. du Bec, aux Arch. de l'Eure, n° 5 du *Titulus de Novilla*.

[9] « In liberatione trium navium ad opus

Willelmus de Vernone. — Deux seigneurs de ce nom figurent sur la liste des témoins des chartes de Henri II.

Le premier a dû disparaître au commencement du règne (vers 1160?). Nous avons sa souscription au bas d'une charte octroyée à l'abbaye de Lessai par Geoffroi, duc de Normandie et comte d'Anjou [1]. On la trouve de même au bas de deux chartes de Henri, duc de Normandie, l'une datée de 1147 pour l'abbaye de Saint-Ouen [2], l'autre, sans date, pour les citoyens de Rouen [3]. Il assista à l'assise de Carentan en 1155 [4]. Les très importantes donations qu'il fit à l'abbaye de Montebourg dans la Basse Normandie sont longuement énumérées dans une charte de Henri II [5], où sont rappelés les noms du père et du fils du donateur : « Ex dono Ricardi de Reviers et Willelmi de Vernone, filii ejus, quicquid ad eos pertinebat in ecclesia de Reviers... Ex dono Willelmi de Vernone quicquid ad eum pertinebat in ecclesiis Sancti Georgii de Nigelli Humo et de Columbeio et de Golevilla... Ex dono ejusdem Willelmi de Vernone et Ricardi, filii ejus, decimam molendinorum et piscariarum suarum de Nigelli Humo et de Columbeio... » J'attribue à ce Guillaume de Vernon une charte dont l'original est aux Archives nationales et qui a pour objet la donation aux religieuses de Mortain d'une maison sise à Barneville [6].

Guillaume de Vernon, deuxième du nom, souscrivit la grande charte, datée de Caen, que le roi octroya a l'abbaye de Montebourg, du temps où Gautier de Coutances était archidiacre d'Oxford, c'est-à-dire avant l'année 1183; il y est appelé « Willelmus de Vernone junior [7] ».

En 1175, le roi paya le voyage de la nef qui servit à faire passer Guillaume de Vernon d'Angleterre en Normandie [8]. En 1180 Guillaume est mentionné deux fois dans le grand rôle de l'Échiquier de Normandie [9].

Willelmi de Humetis et Hamonis Pincerne et Willelmi de Vou, 100 solidos. » *Pipe* xxi *H. II*, p. 200.

[1] Original mutilé aux Archives de la Manche.

[2] Copie du xv⁰ siècle, ms. latin 12777, p. 125.

[3] Ms. français 5350, p. 67.

[4] Rob. de Torigni, t. II, p. 241.

[3] Notre Recueil, n° 411.

[4] Fonds de Mortain. La date de cette charte doit être comprise entre 1140 et 1153.

[7] N° 394 de notre Recueil.

[8] *Pipe* xxi *H. II*, p. 201 : « In liberatione navis quam Willelmus de Vernon et filius ejus habuerunt, 40 sol. ».

[9] *Rot. Scacc. Norm.*, t. I, p. 3 et 32.

WILLELMUS.

et la seconde mention a trait aux forêts que ce seigneur possédait dans la presqu'île du Cotentin : « Willelmus de Vernone habet per regem forestam de Bernewast, et forestam de Blanchevilla, et forestam de Rabeio, et haiam de Teil et haiam de Grosso Bruolio et Bretefest, et Putot, et Hailescouf... »

La table qui suit ne renvoie pas aux différents exemplaires manuscrits ou imprimés des documents contenus dans le recueil dont nous publions l'Introduction. Pour le moment, il nous a paru suffire d'indiquer le dépôt où se trouve l'original qui est parvenu jusqu'à nous, ou, à défaut de l'original, l'exemplaire qui s'en rapproche davantage et qui servira de base principale à l'établissement du texte. L'énumération, le classement et l'appréciation des différents exemplaires ne peuvent guère être séparés de l'édition. Il m'a donc paru suffire, pour le moment, de dresser cette liste sommaire des documents, qui entreront dans le Recueil des actes de Henri II, roi d'Angleterre et duc de Normandie.

TABLE

DES PIÈCES COMPRISES

DANS

LE RECUEIL DES ACTES DE HENRI II,

ROI D'ANGLETERRE ET DUC DE NORMANDIE [1].

SECTION PRÉLIMINAIRE (N°s 1*-84*).

ACTES ANTÉRIEURS À L'AVÈNEMENT DU ROI HENRI II, C'EST-À-DIRE À L'ANNÉE 1154.

....1063 [2].
Charte de Guillaume, duc de Normandie, pour Saint-Julien de Tours. — Voir plus haut, p. 183.

....1100-1135.
Charte de Henri Ier, roi d'Angleterre, pour les chanoines de la Trinité de Londres. — Voir plus haut, p. 180 note.

....1100-1135.
Charte du même pour l'abbaye de Saint-Évroul, vidimée par Henri II. — Voir plus haut, p. 184.

....1100-1135.
Charte du même pour l'église de Saint-Paul-hors-Rouen. — Voir plus haut, p. 183.

....1103-1135.
Charte du même pour l'abbaye de Saint-Valeri. — Voir plus haut, p. 189.

....1103-1135.
Autre charte du même pour Saint-Valeri. — Voir plus haut, p. 189.

....1136 et années suivantes.
Chartes du roi Étienne, relatives à la Normandie. — Voir plus haut, p. 116-120.

....1137.
Charte de Hugues, archevêque de Rouen, pour le prieuré de Sainte-Barbe-en-Auge. — Voir plus haut, p. 116.

1*[3]. 1138. — Carrouge.
Apposition de la croix de Henri, encore enfant, au bas d'une charte de Geoffroi le Bel relative au vinage de Saumur.
Livre d'argent et Livre rouge de Saint-Florent. — Voir plus haut, p. 120.

....1144.
Charte d'Ulger, évêque d'Angers, donnant au comte Geoffroi le Bel le titre de duc de Normandie. — Voir plus haut, p. 135.

2*. Vers 1144. — **Angers et Tours.**
Accord conclu entre les moines de S. Julien de Tours et ceux de la Trinité de Vendôme, notifié par le comte d'Anjou Geoffroi à Henri, son fils aîné.
Copie par Gaignières, d'après l'original : ms. latin 5419 de la Bibl. Nat., p. 101.

---

[1] Primitivement l'ordre chronologique avait été aussi rigoureusement établi qu'il semblait possible; cet ordre a dû être modifié en quelques endroits par suite de renseignements nouveaux qui ont permis de modifier les dates extrêmes de la période pendant laquelle certains personnages ont pu servir de témoins.

[2] Les articles dépourvus, au commencement, de n^{os} d'ordre, relatifs à des actes qui ne se rapportent pas directement à Henri Plantegenêt ou Henri II, ne seront pas publiés dans notre Recueil; ils seront cités dans l'Introduction et au cours de l'ouvrage, avec renvoi aux pages de l'Introduction.

[3] Les pièces suivantes, depuis le n° 1* jusqu'au n° 10*, sont antérieures à la reconnaissance de Henri Plantegenêt comme duc de Normandie, année 1150.

....1145.
Notice du cartulaire de Saint-Laud d'Angers, dans laquelle le comte Geoffroi le Bel est dit avoir la jouissance du duché de Normandie. — Voir plus haut, p. 135.

....Avant et après 1147.
Chartes de l'Impératrice Mathilde, principalement pendant son séjour en Angleterre, sous le règne du roi Étienne. — Voir plus haut, p. 140-143.

3*. 1147?
Reconnaissance des droits de l'abbaye de Saint-Ouen de Rouen, par Henri, fils du duc et comte Geoffroi.
Copie du xv° siècle : ms. latin 12777 de la Bibl. Nat., p. 125.

....1147-1151.
Sept mandements de Geoffroi le Bel, duc de Normandie et comte d'Anjou, tirés du Livre noir de l'église de Bayeux. — Voir plus haut, p. 137 et 138.

3* A. 1146.
Donation à l'abbaye du Bec de l'église de Saint-Imer par Geoffroi le Bel.
Cartul. de Saint-Ymer, éd. Bréard, p. 7.

4*. Vers 1150. — **Argentan.**
Charte de Henri, fils du duc et comte Geoffroi, pour l'abbaye d'Almenèches.
Cartul. de Normandie, fol. 35.

....28 octobre 1150. — **Loudun.**
Charte de Geoffroi le Bel, comte d'Anjou et du Maine, pour l'église du Mans. — Voir plus haut, p. 138.

...1144-1150. — **Rouen.**
Charte de Geoffroi le Bel, duc de Normandie et comte d'Anjou, pour les lépreux de Rouen. — Voir plus haut, p. 136.

5*. Vers 1150. — **Devizes.**
Charte de Henri, fils du duc et comte, pour l'abbaye de Quarr.
Monast. angl., t. V, p. 317 et 504.

6*. 1146-1150. — **Rouen.**
Charte de Henri, associé à son père, pour l'abbaye de Fécamp.
Original : Arch. de la Seine-Inférieure. — Atlas, pl. I.

7*. Avant 1150, peut-être avant 1147. — **Devizes.**
Charte de Henri, comte d'Anjou, associé à sa mère, pour le connétable Onfroi de Bohon.
W. de G. Birch, Fasciculus of the charters of Mathildis, d'après une pièce du Record Office.

8*. Avant 1150.
Charte de Henri, fils du duc de Normandie, pour les moines de Kingeswode.
Monast. angl., t. V, p. 428.

9*. Avant 1150. — **Argentan.**
Confirmation octroyée à l'abbaye de Saint-Wandrille, par le duc Geoffroi, avec le consentement de son fils Henri.
Cartul. de S. Wandrille, fol. 309 v°.

10*. Avant 1150.
Présence du prince Henri à l'expédition d'une charte de sa mère pour l'abbaye de Saint-Nicolas d'Angers.
Monast. angl., t. VI, part II, p. 1104.

11*(1). 1150-1151. — **Rouen.**
Charte du duc Henri, associé à sa mère, pour les lépreux de Beaulieu de Chartres.
Original : Arch. d'Eure-et-Loir, G. 2984. — Voir plus haut, p. 126. — Atlas, planche I.

12*. 1150-1151. — **Le Bec.**
Assentiment donné par le duc Henri à la donation d'un domaine anglais fait à l'abbaye du Bec, par Mathilde de Wallengford.
Compilation de D. Benigne Thibault, ms. latin 12884, II, p. 39.

13*. 1150-1151. — **Falaise.**
Charte du duc Henri pour l'hôpital de Falaise.
Copie du xv° siècle : Arch. du Calvados.

---

(1) Les pièces 11*-19* appartiennent à la période pendant laquelle Henri Plantegenêt portait officiellement le titre de duc de Normandie.

TABLE DES PIÈCES COMPRISES DANS LE RECUEIL.

14*. 1151. — **Mortain.**
Pour l'abbaye de Savigni.
Cartul. de Savigni, n° 409.

15*. 1150-1151. — **Rouen.**
Privilèges accordés aux citoyens de Rouen.
Différents vidimus et inspeximus aux Arch. municipales de Rouen.

16*. 1150-1151. — **Rouen.**
Donation d'une maison à Notre-Dame-du-Pré à Rouen.
Original : Arch. de la Seine-Inférieure. — PHOTOGRAPHIE.

17*. 1150-1151. — **Rouen.**
Pour la gilde des cordonniers de Rouen.
Vidimus : Reg. 102 du Trésor des chartes, n° 317.

17* A. Avant septembre 1151. — **Saint-Lô.**
Charte du duc et comte Geoffroi, au sujet des droits que, dans une assise tenue à Valognes, l'évêque de Coutances avait été reconnu posséder sur les églises de Cherbourg et de Tourlaville[1].
Cartul. de l'église de Coutances, charte 286.

17* B. Avant septembre 1151. — **Saumur.**
Confirmation par le duc et comte Geoffroi de la donation que Guillaume d'Orval avait faite du moulin de Sainte-Oportune à l'abbaye de Lessai.
Original : Arch. de la Manche. — PHOTOGRAPHIE.

18*. 1151.
Confirmation de la charte du 11 juin 1151 par laquelle Geoffroi le Bel avait aboli les mauvaises coutumes de Montreuil Bellai.

Copie de l'original par Gaignières : ms. latin 17126, p. 175.

19*. 1151. — **Le Mans.**
Franchise accordée aux pelletiers du Mans par le duc Henri après l'enterrement de son père.
Nécrologe de la cathédrale du Mans, éd. de Busson et Ledru, p. 237.

20*.[2] Novembre 1151. — **Bayeux.**
Charte de protection pour l'abbaye de Savigni.
Cartul. de Savigni, n° 565. — Voir plus haut, p. 122 et 282.

21*. 1151. — **Baugé.**
Confirmation d'une rente donnée par Geoffroi le Bel aux religieuses de Fontaine-Saint-Martin.
Original : Arch. de la Sarthe. — PHOTOGRAPHIE.

22*. 1152. — **Fontevrault.**
Charte d'Aliénor, comtesse de Poitou, pour l'abbaye de Fontevrault.
Original, jadis communiqué par M. Hucher. — Publié ci-dessus, p. 127 note.

....1152.
Charte de la duchesse Aliénor pour l'abbaye de Saint-Maixent. — Voir plus haut, p. 123.

23*. 1152. — **Amboise.**
Présence de Henri à une charte de son frère Geoffroi, relative aux églises de Baugé.
Original : Arch. de Maine-et-Loire, fonds de Saint-Serge.

24*. 1er janvier 1152. — **Baugé.**
Déclaration faite par Enjubaud, archevêque de Tours, au duc Henri, des dommages causés par Geoffroi le Bel aux moines de Saint-Florent.
Livre d'argent de Saint-Florent, fol. 72.

---

[1] Le copiste du Cartulaire de Coutances a laissé en blanc la place de l'initiale du nom du prince qui a fait expédier cette charte, et des auteurs, tels que M. Round, supposant que l'initiale omise devait être la lettre H, ont attribué cette charte à Henri Plantegenêt ; mais elle est bien de Geoffroi, comme l'atteste une charte de Philippe Auguste copiée au même endroit, sous le n° 288, et qui est indiquée sous le n° 1099, dans le *Catalogue des actes de Philippe Auguste*.

[2] Les n°s 20*-52* appartiennent à la période pendant laquelle le titre officiel de Henri Plantegenêt était duc de Normandie et comte d'Anjou, depuis septembre 1151 jusqu'à Pâques 1154.

25*. 1152. — **Angers.**
Restitution par le duc Henri, aux moines de Saint-Florent, d'une terre que Geoffroi le Bel leur avait enlevée.
Original : Arch. de Maine-et-Loire. — Photographie.

26*. 1152.
Charte du duc Henri relative aux maisons de l'abbaye de Fontevrault, situées à Saumur, dont Geoffroi le Bel s'était emparé.
Copie venue de Gaignières, d'après l'original : ms. latin 5480, t. I, p. 72.

27*. 1152. — **Amboise.**
Confirmation par le duc Henri et par ses frères de la donation des églises de Baugé faite à l'abbaye de Saint-Serge par les sires de Beaupréau.
Original : Arch. de Maine-et-Loire, H. 497.
— Atlas, planche II.

27* A. 1152. — **Amboise.**
Autre charte relative à la même donation; pièce rédigée au nom de Geoffroi, fils de Geoffroi le Bel, et au bas de laquelle ledit Geoffroi a mis son signe. L'acte est daté de 1152.
Original : Arch. de Maine-et-Loire. — Photographie.

28*. 1151-1153. — **Argentan.**
Charte de franchise pour l'abbaye de Fontenai.
Original : Arch. du Calvados. — Atlas, planche II.

29*. 1151-1153. — **Château-du-Loir.**
Charte de protection pour l'abbaye de Savigni.
Cartul. de Savigni, n° 564.

30*. 1151-1153. — **Domfront.**
Touchant une dîme adjugée à l'abbaye de Savigni.
Original : Arch. nat., L. 968.

31*. 1151-1153. — **Falaise.**
Confirmation des biens de l'église de Bayeux.
Livre noir de l'église de Bayeux, n° 14.

32*. 1151-1153. — **Lisieux.**
Ordre de faire reconnaître les biens du prieuré de Saint-Ymer.
Cartul. de Saint-Ymer, p. 12, n° vi.

33*. 1151-1153.
Charte de Henri, associé à sa mère l'Impératrice Mathilde, pour les lépreux de Beaulieu de Chartres.
Original : Arch. d'Eure-et-Loir, G. 2984.

34*. 1151-1153. — **Rouen.**
Concession de 30 acres de terre à l'abbaye de Mortemer.
Cartul. de Mortemer, p. 47.

35*. 1151-1153. — **Rouen.**
Donation à l'abbaye de Mortemer des essaims de la forêt de Lions.
Cartul. de Mortemer, p. 48.

36*. 1151-1153. — **Rouen.**
Donation de 10 acres de terre à l'abbaye de Mortemer.
Cartul. de Mortemer, p. 53.

37*. 1151-1153. — **Rouen.**
Reconnaissance d'une terre de la forêt d'Aliermont appartenant au chanoine de la prébende d'Angerville.
Cartul. de l'archevêque Philippe d'Alençon, fol. 349.

38*. 1151-1153. — **Rouen.**
Donation à Roscelin Fils de Clarembond, d'une dépendance de la forêt de Roumare.
Cartul. de Saint-Georges, fol. 62.

39*. 1151-1153. — **Rouen.**
Autorisation donnée à G. Mauclerc de bâtir une maison à l'aitre de Notre-Dame de Rouen.
Cartul. de l'église de Rouen, n° 180.

40*. 1151-1153. — **Rouen.**
Confirmation des biens de l'abbaye de Fontenai.
Copie moderne dans un recueil de Le Brasseur : ms. 2192 de la Bibliothèque de Rouen, p. 101.

41*. 1151-1153. — **Rouen.**
Interdiction du marché de Crèvecœur.
Livre noir du chapitre de Bayeux, n° 40.

TABLE DES PIÈCES COMPRISES DANS LE RECUEIL.

42* et 43*. 1151-1153.
Deux mandements adressés au duc et comte Henri[1], par G[aleran], comte de Meulan, et R[enaud] de Saint-Valeri, touchant les droits respectifs des évêques de Bayeux et de Lisieux, sur l'église de Cheffreville.
Livre noir du chapitre de Bayeux, n°s 88 *bis* et 89.

43* A. 1151-1153. — **Rouen.**
Charte du duc et comte Henri, associé à sa mère l'Impératrice Mathilde, pour les lépreux de Beaulieu de Chartres.
Original : Arch. d'Eure-et-Loir. — Voir plus haut, p. 126.

44*. 1151-1153. — **Tours.**
Confirmation de la rente que Renaud de Saint-Valeri avait donnée à l'abbaye de Fontevrault sur les revenus du port de Dieppe.
Original : Arch. de Maine-et-Loire. — Photographie.

44* A. 1153.
Mention de la principauté du duc Henri dans une charte de Hugues, archevêque de Rouen, pour l'abbaye de Savigni.
Original : Arch. de la Manche. — Photographie. — Voir plus haut, p. 116.

45*. 1153-1154. — **Bristol.**
Restitution des biens de Robert, fils de Robert, comte de Leicester.
Original : Trésor des chartes, J. 219, n° 1. — Atlas, planche III.

46*. 1153-1154. — **Bristol.**
Confirmation de donations faites à l'abbaye du Bec par Robert de Chandos.
Inspeximus : Calendar of Charter Rolls, t. II, p. 362.

47*. 1153-1154. — **Bristol.**
Pour l'église de Saint-Augustin de Bristol.
Monast. angl., t. VI, part I, p. 366.

48*. 1153-1154. — **Devizes.**
Concession de domaines normands à Renouf, comte de Chester.

(1) Ou peut-être Geoffroi (1150-1151).
(2) Voir plus haut, p. 185.

Original : British Museum. — Fac-similé gravé.

49*. 1153-1154. — **Evesham.**
Pour l'abbaye de Flexeley.
Monast. angl., t. V, p. 590.

50*. 1153-1154. — **Gloucester.**
Pour les religieux de Radmore.
Monast. angl., t. V, p. 447.

51* et 52*. — 1153-1154.
Deux chartes pour Saint-Pierre de Gloucester.
Cartul. S. Petri Glouc., t. I, p. 332; — et t. I, p. 259, et t. II, p. 72.

53* et 53* A(2). 1153-1154.
Deux autres chartes pour la même abbaye.
Ibid., t. I, p. 241; — et t. II, p. 182.

54*. 1153-1154.
Pour Joscelin, frère de la reine Adelise.
Indiqué dans le Peerage de Collins, t. II, p. 230.

55*. 1153-1154. — **Coventry.**
Pour l'abbaye de Redmore.
Monast. anglic., t. V, p. 447.

56*. 1153-1154. — **Dudley.**
Pour l'église de Wolverhampton.
Monast. anglic., t. VI, part III, p. 1446.

57*. 1153-1154? — **Gloucester.**
Pour l'abbaye de Gloucester.
Cartul. S. Petri Glouc., t. II, p. 34.

58*. 1153-1154.
Pour l'abbaye de Bitlesden.
Original : British Museum, Harley, 84. C, 3. — Photographie.

59*. 1153-1154. — **Warwick.**
Pour l'église de Saint-Ceadda.
Inspeximus : Calendar of Charter Rolls, t. II, p. 346.

60*. 1153-1154. — **Westminster.**
Pour l'abbaye de Cluni, touchant le domaine de Letcombe.

Original et exemplaire contemporain, Bibl. Nat., Collection de Bourgogne, vol. 80, n°ˢ 247 et 248.

61ᵉ. 6 novembre 1153. — Westminster.
Traité entre le roi Étienne et le duc Henri.
Rymer, t. I, part 1, p. 18.

62*. 1154. — Caen.
Pour l'abbaye d'Ardenne.
Cartul. d'Ardenne, fol. 281 v°.

63*. 1154. — Caen.
Pour l'abbaye d'Aunai.
Original : Arch. de la Manche.

64*. 1154. — Caen.
Pour Guillaume d'Harcourt, trésorier de Bayeux.
Livre noir du chapitre de Bayeux, n° 13.

65*. 1154. — Fontevrault.
Confirmation d'une donation faite à l'abbaye de Fontevrault par Jean Le Consul.
Copie venue de Gaignières : ms. latin 5480, t. I, p. 109.

66* et 67*. 1154. — Le Lierru.
Double exemplaire d'une charte de franchise accordée à l'abbaye de Lire.
Originaux : Arch. de l'Eure. — PHOTOGRAPHIES.

68*. 1154. — Le Lierru.
Confirmation des biens de l'abbaye de Lire.
Vidimus de 1422 : Arch. de l'Eure. (Indication de M. Benet.)

69*. 1154. — Le Mans.
Donation à l'abbaye de Tiron d'une rente sur le trésor de Winchester.
Cartul. de Tiron, fol. 188.

70*. 1154. — Lisieux.
Mandement aux barons et justiciers du Bessin, en faveur de l'évêque de Bayeux.
Livre noir du chapitre de Bayeux, n° 15.

71*. 1154. — Rouen.
Mandement pour l'abbaye de Fécamp, au sujet de la dîme de la forêt.
Original : Arch. de la Seine-Inférieure. — ATLAS, planche III.

72*. 1154. — Rouen.
Touchant la maison de Conan, trésorier de l'église de Bayeux.
Original : Arch. du Calvados. — PHOTOGRAPHIE.

73*. 1154.
Confirmation des biens des religieuses de Haute-Bruyère.
Texte défectueux : Lebeurier, Notice sur la commune d'Acquigny, p. 88.

74*. 1154.
Confirmation des biens de l'abbaye de Troarn.
Monast. anglic., t. VI, part II, p. 1105.

75*. 1154. — Périgueux.
Mandement pour l'abbaye de Notre-Dame de Saintes.
Cartul. de N.-D. de Saintes, éd. Grasilier, p. 37, n° 30.

76*. 21 mai 1154. — Fontevrault.
Confirmation des donations faites à l'abbaye de Fontevrault par les comtes d'Anjou.
A la fin d'une pancarte originale de l'abbaye. Arch. nat., L. 1603. — Voir plus haut, p. 132.

77*. 1154. — Torigni.
Confirmation de l'engagement de la terre de Douvre consenti en faveur du chapitre de Bayeux.
Livre noir du chapitre de Bayeux, n°ˢ 7 et 26. — Voir plus haut, p. 63.

78*. 21 septembre 1154.
Acte de Geoffroi de Loroux pour le monastère de Fontaine-le-Comte, mentionnant le prince Henri comme jouissant du duché de Guyenne.
Cité par Richard, Hist. des comtes de Poitou, t. II, p. 110.

79*. Vers 1154.
Record, fait dans la cour du duc, de la reconnaissance des droits de l'abbaye du Roncerai sur le bois du Latai.
Cartul. du Roncerai, p. 122, n° CLXXXIV.

80*. 1154. — Barfleur.
Notice des conditions dans lesquelles le duc

TABLE DES PIÈCES COMPRISES DANS LE RECUEIL. 513

Henri, se préparant à passer en Angleterre, maintint l'abbaye du Roncerai dans la jouissance de ses droits sur le bois du Latai.
Cartul. du Roncerai, p. 123, n° CLXXXV.

81*. 1154. — Barfleur.
Charte de protection pour l'abbaye de Savigni.
Cartul. de Savigni, n° 821.

82*. Vers 1154. — Rouen.
Notice de la donation de l'église de «Sumlinges», qui, à la demande du duc Henri, fut faite aux templiers, par Philippe, évêque de Bayeux.
Monast. anglic., t. VI, part II, p. 820. (D'après le Cartul. des Templiers et des Hospitaliers d'Angleterre, ms. Cottonien, Nero. E. 6, fol. 143.)

83*. 1154. — Rouen.
Double charte du même évêque de Bayeux, relative à cette donation, qui avait été faite à Rouen, en présence du roi Henri, n'ayant pas encore à ce moment le titre de roi.
Texte défectueux du même cartulaire, communiqué par M. le marquis d'Albon.

84*. Vers 1154. — Le Pré, à Rouen.
Lettre close de l'Impératrice Mathilde au connétable de Cherbourg pour l'abbaye de cette ville.
Original : Arch. de la Manche. — ATLAS; planche I. — Voir plus haut, p. 143.

ACTES DU RÈGNE DE HENRI II.
(1154-1189.)

1. 1154. — Fécamp.
Notice d'une donation de terre faite aux lépreux de Rouen par l'abbé de Fécamp, sur la demande du roi Henri.
Original : Arch. nat., S. 4889, n° 4.

....1155 et années suivantes jusqu'en 1167.
Diverses chartes de l'Impératrice Mathilde.
Voir plus haut, p. 142-144, 169 et 287.

2. 1155. — Bridgenorth.
Concession d'un droit de garenne à l'abbaye de Jumièges.
Inspeximus : Calendar of Charter Rolls, t. III, p. 382.

2 A. 1155-1158. — Bridgenorth.
Exemption de droits de tonlieu dans les ports d'Angleterre et de Normandie pour l'abbaye de Tintern.
Inspeximus : Calendar of Charter Rolls, t. III, p. 88.

3. 1155. — Bridgenorth.
Concession de l'église de Throwley à l'abbaye de Saint-Bertin.
Cartul. de S. Bertin, à la Biblioth. de Boulogne, n° 348.

4. 1155-1158. — Londres.
Concession à l'archevêque de Rouen du manoir de Kilham en échange de revenus à Gisors.
Original : Arch. de la Seine-Inférieure. — ATLAS, planche IV.

4 A. 1155-1158. — Northampton.
Pour l'abbaye de Bordesley.
Original : British Museum, Addit., 6039. — ATLAS, planche V.

5. 1155-1158. — Northampton.
Concession du manoir de Bentworth à Hugues, archevêque de Rouen.
Original : Arch. de la Seine-Inférieure. — ATLAS, planche IV.

5 A. 1155-1158. — Oxford.
Concession du «ministerium esneccæ regiæ» à Guillaume et Nicolas fils de Roger et à d'autres.
Original : British Museum, Campb., XXIX. 9. — PHOTOGRAPHIE.

6. 1155-1158. — Westminster.
Pour Henri, abbé de Fécamp.
Original : Arch. de la Seine-Inférieure. — ATLAS, planche IV.
Voir plus haut, p. 286.

514 TABLE DES PIÈCES COMPRISES DANS LE RECUEIL.

7. 1155-1158. — **Westminster.**
Pour Henri, abbé de Fécamp.
Original : La Bénédictine de Fécamp. — Atlas, planche V.

7 *bis* et *ter* ..... [1].

8. 1155-1158. — **Westminster.**
Pour Henri, abbé de Fécamp.
Original : Arch. de la Seine-Inférieure. — Photographie.

9. 1155-1158. — **Northampton.**
Concession du domaine de Ledecombe à l'abbaye de Cluni.
Exemplaire du temps : Collection de Bourgogne, vol. 80, n° 251. — Photographie.

10. Septembre 1155.
Pour les biens et les privilèges des Hospitaliers de Jérusalem en Angleterre.
Ancien exemplaire : Cartæ antiquæ, CC. 12. — Photographie.

11. 1155. — **Winchester.**
Grande charte du prieuré de Longueville.
Original : Arch. de la Seine-Inférieure. — Atlas, planche VI.

12. 1151-1158. — **Winchester.**
Donation de 40 livres à Saint-Julien du Mans.
Livre blanc de l'église du Mans, p. 5, n° VII.

13. 1151-1156.
Donation du manoir de Clère à l'église de Rouen.
Cartul. de l'église de Rouen, n° 208.

14. 1156. — **Saint-Omer.**
Donation d'une terre à l'hôpital de Saint-Inglevert.
Inspeximus : Calendar of Charter Rolls, t. II, p. 295.

15. 1156. — **Mirebeau.**
Ordre de faire jouir de la lieue de Cambremer l'évêque de Bayeux.
Livre noir du chapitre de Bayeux, n° 12.

16. 1156. — **Mirebeau.**
Ordre de faire reconnaître les forêts de l'évêque de Bayeux.
Livre noir du chapitre de Bayeux, n° 36.

17. 1156. — **Chinon.**
Sauvegarde pour l'abbaye d'Aunai.
Copie moderne : Bibl. Nat., ms. latin 10063, fol. 136, d'après une pièce des Arch. du Calvados.

18. 1156. — **Chinon.**
Concession de terres à Henri d'Oxford.
Inspeximus : Cartæ antiquæ, D. n° 42. Voir plus haut, p. 65.

19. 1156. — **Chinon.**
Concession de quatre manoirs à l'abbaye de Certes.
Inspeximus : Cartæ antiquæ, D, n° 16. — Photographie.

20. 1156 ? — **Baugé.**
Franchise reconnue à l'abbaye du Roncerai, dans la cour du roi à Angers.
Cartul. du Roncerai, VI, 24.

21. 1156. — **Limoges.**
Reconnaissance des maisons de Caen qui devaient le cens à l'évêque de Bayeux.
Livre noir du chapitre de Bayeux, n° 27. Voir plus haut, p. 65.

22-23. 1156. — **Limoges.**
Reconnaissance du droit de moute dû à l'évêque de Bayeux.
Livre noir de l'église de Bayeux, n° 28. Voir plus haut, p. 65.

24. 1156. — **Bordeaux.**
Maintien de l'immunité accordée par Guillaume, comte de Poitou, aux églises de Sablonceaux et de Fontaine-le-Comte.
Vidimus de 1320 communiqué par A. Richard. Voir plus haut, p. 17 note

.... 1154-1156.
Charte de Robert du Neubourg, justicier de Normandie, pour l'abbaye de Savigni.
Voir plus haut, p. 446 note

---

[1] Les pièces notées 7 *bis* et 7 *ter* sur la planche V auraient dû recevoir les cotes 4 A et 436 A. Voir les notices de ces numéros.

TABLE DES PIÈCES COMPRISES DANS LE RECUEIL. 515

24 A. .... Voir la notice 63 A.

24 B. 1151-1156.
Concession de la « villa de Dukebi » à Sehier de Quenci.
Inspeximus : Cartæ antiquæ, K. n° 10. — PHOTOGRAPHIE.

25. 1155-1157.
Confirmation des biens de l'abbaye d'Ardenne.
Vidimus de 1316 : Arch. du Calvados.

26. 1155-1157. — Worcester.
Confirmation des biens de l'abbaye de Troarn.
Vidimus de saint Louis : Arch. de Calvados.

27. 1155-1157. — Worcester.
Affranchissement des droits de tonlieu pour l'abbaye de Troarn.
Original : Arch. du Calvados. — PHOTOGRAPHIE.

.... 1157 ? — **Saint Edmunds bury.**
Pour les Templiers d'Angleterre.
Cartul. des Templiers d'Angleterre, ms. Nero. E. vi. du fonds cottonien. Voir plus haut, p. 276.

28. 1157 ?
Confirmation des biens de l'abbaye de Blanchelande.
Copie authentique de 1671 : Arch. de la Manche. — Voir plus haut, p. 295.

29. 1157.
Confirmation des biens de l'hôpital de Saint-Jean de Falaise.
Ancien exemplaire: Arch. du Calvados. Voir plus haut, p. 295. — PHOTOGRAPHIE.

30. 1157. — **Moutons.**
Sauvegarde pour l'abbaye de Savigni.
Cartul. de Savigni, n° 568. Voir plus haut, p. 30.

30 A. 1157. — **Domfront.**
Confirmation des biens de l'abbaye de Savigni.
Cartul. de Savigni, n° 569. Voir plus haut, p. 122, 279.

30 B. 1157 ? — **Domfront.**
Charte pour l'abbaye d'Eynsham.
Monast. anglic., t. III, p. 20.

30 C. 1156 ou 1157.
Donation à Notre-Dame de Gouffer (abbaye de Silli).
Registre E de Philippe Auguste, fol. 153 v°.

31 et 31 *bis*. 1157. — **Mortain.**
Affranchissement du droit de tonlieu pour l'abbaye du Mont-Saint-Michel.
Original et copie contemporaine : Arch. de la Manche. — ATLAS, planche VIII. Voir plus haut, p. 277, 278.

32. Vers 1157.
Ordre de rembourser un droit de tonlieu payé par l'abbaye du Mont-Saint-Michel.
Cartul. du Mont-Saint-Michel, fol. 114 v°.

33. 1157. — **Barfleur.**
Franchises du prieuré de Châteaux-l'Ermitage.
Copie d'un registre de la Chambre des comptes, Bibl. Nat., ms. latin 9067, fol. 253 v°.

34. 1157. — **Barfleur.**
Droits d'usage de l'évêque de Bayeux dans la forêt de Vernai et du droit de moute à Bayeux.
Livre noir du chapitre de Bayeux, n° 35.

35. 1157 ou 1163. — **Barfleur.**
Confirmation des biens de l'abbaye de Hambie.
Indiqué dans *Neustria pia*, p. 822.

....1155-1158.
Charte de Guérin Fils de Geroud pour les moines de Marmoutier établis à Perrières.
Voir p. 469 note.

36. 1155-1158. — **Cantorbéry.**
Confirmation des biens anglais de l'abbaye de Saint-Jean-d'Angeli.
Inspeximus : Cartæ antiquæ, X, 18. — PHOTOGRAPHIE.

37. 1155-1158. — **Cantorbéry.**
Concession d'un manoir anglais à Marie,

fille du roi Étienne, et à ses religieuses [de Saint-Sulpice de Rennes].
Copie de 1598 : Arch. d'Ille-et-Vilaine.

38. 1155-1158. — **Lincoln.**
Exemption des droits de tonlieu accordée aux religieux de Saint-Laurent [de Revesby] dans les ports d'Angleterre et de Normandie.
Sixth Report of the Royal Commission, p. 235.

39. 1155-1158. — **Niweham.**
Ordre de mettre l'abbaye de Fécamp en saisine d'une terre donnée par Nicolas de Criel.
Original : Arch. de la Seine-Inférieure. — Photographie.

40. 1155-1158. — **Northampton.**
Confirmation des biens anglais de l'église d'Évreux.
Premier cartul. du chapitre d'Évreux, fol. 16.

40 bis. 1156-1158. — **Northampton.**
Sauvegarde pour l'abbaye de Bordesley.
Original : British Museum, Addit. 6039. — Atlas, planche V, n° 7 ter.

41. 1155-1158. — **Reading.**
Donation à l'église de Rouen de la moitié de l'église de Kilon.
Inspeximus de 1275 : Arch. de la Seine-Inférieure.

42. 1155-1158. — **Reading.**
Donation à l'archevêque de Rouen de la moitié de l'église de Kilon.
Inspeximus de 1275 : Arch. de la Seine-Inférieure.

43. 1155-1158. — **Salisbury.**
Pour les moines de Saint-Remi de Reims, établis en Angleterre.
Cité par le Rév. Eyton d'après les Rot. Pat., 6 Ed. III.

44. 1155-1158. — **Salisbury.**
Donation de l'île d'Erm aux chanoines de Cherbourg.
Placita de quo waranto, p. 828. — Voir plus haut, p. 17 note, 286.

44 A. 1155-1158. — **Westminster.**
Confirmation des biens reconnus apparte-
nir à l'église d'Ély par des barons du temps de Guillaume le Conquérant, notamment par Geoffroi, évêque de Coutances.
Original : Ely charter, n° 10. — Photographie du Rev. Salter.

45. 1155-1158, — **Westminster.**
Affranchissement des droits de tonlieu accordé aux moines de Saint-Ouen.
Vidimus de Charles V : Reg. 100 du Trésor des chartes, n° 104.

46. 1155-1158. — **Westminster.**
Concession à l'abbaye de Saint-Sauveur-le-Vicomte d'un moulin situé en Angleterre.
Cartul. de Saint-Sauveur, n° 2.

47. 1155-1158. — **Westminster.**
Franchises en Angleterre accordées aux moines de Préaux.
Cartul. de Préaux, n° 63.

48. 1155-1158. — **Westminster.**
Confirmation des biens de l'abbaye de Saint-Florent de Saumur.
Original : Oxford, Magdalen College, Sele charter, 67. — Photographie du Rev. Salter.

. . . . 1158, au plus tard. — **Westminster.**
Pour l'abbaye de Bermondsey. — Voir plus haut, p. 87.

49, 50, 51. 1155-1158. — **Westminster.**
Confirmation des biens de l'abbaye de Lire.
Deux exemplaires originaux ou contemporains aux Archives de l'Eure, et fragment d'un troisième dans un ms. de la Bibliothèque d'Évreux. — Photographies des n° 49 et 50.

52-55. 1155-1158. — **Westminster.**
Quatre chartes relatives aux coutumes et franchises de manoirs anglais de l'abbaye de la Trinité de Caen.
Copie d'inspeximus : Bibl. Nat., ms. latin 10077, fol. 91 et 92, dérivant probablement des « Cartæ antiquæ ».

55 A. 1155-1158. — **Worcester.**
Autorisation de fonder à Westwood un monastère de l'ordre de Fontevrault.
Inspeximus : Calendar of Charter Rolls, t. II, p. 320.

TABLE DES PIÈCES COMPRISES DANS LE RECUEIL.

56. 1155-1158. — **Windsor.**
Autorisation de commercer à Londres accordée aux bourgeois de Saint-Omer.
Original : Archives municipales de Saint-Omer.

57. 1155-1158. — **Woodstock.**
Maintien de l'évêque de Bayeux dans la jouissance des coutumes de la banlieue de Cambremer.
Livre noir du chapitre de Bayeux, n° 32.

57 A. 1155-1158. — **Woodstock.**
Donation de l'église de Banwell aux chanoines de Briweton.
Inspeximus de 1314 : Calendar of Charter Rolls, t. III, p. 270.

58. 1155-1158. — **York.**
Confirmation générale des biens du prieuré du Plessis-Grimoult.
Original : Collection Stapleton, au château de Carlton. — Voir plus haut, p. 306.

58 A. 1155-1158. — **York.**
Exemption des droits de tonlieu dans les ports d'Angleterre et de Normandie accordée aux religieux de Woburn.
Inspeximus de 1315 : Calendar of Charter Rolls, t. III, p. 286.

58 B. 1155-1158. — **York.**
Exemption des droits de tonlieu dans les ports d'Angleterre et de Normandie accordée aux moines de Louth-Park.
Inspeximus de 1314 : Calendar of Charter Rolls, t. III, p. 268.

59. 1155-1158. — **Clarendon.**
Charte de franchise pour l'abbaye de Saint-Georges de Baucherville.
Cartul. de Saint-Georges, fol. 63.

60. Vers 1158. — **Oxford.**
Abandon à Bernard, abbé de Saint-Évroul, des prétentions que Guillaume Mancel avait eues sur des biens de cette abbaye.
Inspeximus : Cartæ antiquæ, W. 21. — PHOTOGRAPHIE. — Voir plus haut, p. 17 note et 286.

61. 1158. — **Brockenhurst.**
Maintien de l'abbé de Saumur dans la jouissance de la terre « de Espacis ».
Livre d'argent de Saint-Florent, fol. 48; Livre rouge, fol. 24 v°.

62. 1158. — **Brockenhurst.**
Maintien des moines de Saint-Florent dans la saisine de pâturages qui leur avait été adjugée dans la cour du roi en présence de Joslein de Tours.
Livre d'argent de Saint-Florent, fol. 47 v°; Livre rouge, fol. 24 v°.

63. 1158. — **Brockenhurst.**
Ordre de faire rendre aux moines de Jumièges les serfs qui s'étaient soustraits au service de leurs maîtres.
Cartul. en papier de Jumièges, fol. 35 v°.
— Voir plus haut, p. 17 note.

63 A. 1158? — **Southampton.**
Charte pour les pauvres de Montjou établis « apud Avrincas ».
Original : Oxford, New College, PHOTOGRAPHIE n° 24 du Rev. Salter. — ATLAS, planche VII.

63 B. 1156 ou 1158. — **Douvres.**
Donation de l'église de Eylingeham au prieuré de Saint-Léonard de Stanley.
Original : Bibliothèque Bodléienne, Gloucestershire Charter, n° 20. — PHOTOGRAPHIE de Salter, n° 29.

63 C. 1156 ou 1158. — **Douvres.**
Donation du domaine de « Wateberga » à Foulque Fils de Guérin.
Original : Oxford, All Souls College, n° 1. — PHOTOGRAPHIE de Rev. Salter, n° 28.

64. 1158? — **Saint-Jame.**
Concession des églises de Pontorson aux moines du Mont-Saint-Michel.
Original : Arch. de la Manche. — PHOTOGRAPHIE.

64 A. 1156-1158. — **Pont-Audemer.**
Don de l'office d'huissier de l'Échiquier à Roger de Warenguefort.

518 TABLE DES PIÈCES COMPRISES DANS LE RECUEIL.

Inspeximus : Cartæ antiquæ, I, 25. — PHOTOGRAPHIE.

65. 1158. — **Orléans.**
Reconnaissance de ce que le roi d'Angleterre, en qualité de comte d'Anjou, a la garde de l'abbaye de Saint-Julien de Tours, et de ce que, en vertu de son titre de sénéchal, il doit servir le roi de France.
Copie ajoutée en 1288 dans les registres E et F de Philippe Auguste.

66. 1158. — **Chéci.**
Donation du « predium Paludense » aux moines de Notre-Dame de Luçon.
Arcere, Hist. de La Rochelle, t. II, p. 635.

66 A. 1158.
Hommage fait au roi de France et engagement à s'entendre avec Thibaud, comte de Blois.
Recueil des Historiens, t. XVI, p. 16, d'après un recueil épistolaire de l'abbaye de Saint-Victor.

67. 1156-1159. — **Argentan.**
Confirmation des biens de l'abbaye de Bernai.
Vidimus : Reg. 114 du Trésor des chartes, n° 413.

68. 1156-1159. — **Argentan.**
Confirmation des biens des religieuses de La Chaise-Dieu.
Copie moderne d'un vidimus de 1279 : Arch. de l'Eure. — Voir plus haut, p. 287.

69. 1156-1159. — **Argentan.**
Franchises accordées aux bourgeois de Domfront.
Vidimus : Reg. 62 du Trésor des chartes, n° 121.

70. 1156-1159. — **Argentan.**
Reconnaissance du cierge que Jean, comte de Pontieu, doit annuellement à l'église d'Évreux.
Premier et second cartul. de l'église d'Évreux, n° 185.

70 A. 1156-1159. — **Argentan.**
Ordre de laisser les moines de Lire en jouissance des dîmes de « Brunleigia ».

Copie dans la collection de dom Le Noir, vol. 23, p. 481; d'après un cartulaire de la Bibliothèque du collège de Clermont.

71. 1156-1159. — **Bayeux.**
Confirmation des biens de l'abbaye de Mortemer.
Cartul. de Mortemer, p. 27.

72. 1156-1159. — **Bayeux.**
Franchise du droit de tonlieu accordée à l'abbaye de Mortemer.
Cartul. de l'abbaye de Mortemer, p. 59.

72 A. 1156-1159. — **Bayeux.**
Ordre de ramener les moulins de Cantorbéry à la hauteur qu'ils avaient du temps de Henri Ier.
Original : Arch. de l'église de Cantorbéry, C. 29. — PHOTOGRAPHIE du Rev. Salter, n° 35.

73. 1156-1159. — **Domfront.**
Confirmation des biens de l'abbaye d'Aunai.
Copie de l'année 1655 : Arch. de la Manche.

74. 1156-1159. — **Caen.**
Ordre de maintenir l'abbaye de Saint-Étienne de Caen dans la jouissance de ses biens à Rouen, à Avranches, à Dive et à Caen.
Original : Arch. du Calvados. — ATLAS, planche VII.

75. 1156-1159. — **Domfront.**
Notification des franchises de l'abbaye de Savigni aux officiers des ports d'Angleterre et de Normandie.
Cartul. de Savigni, n° 567.

76. 1156-1159. — **La Flèche.**
Confirmation des biens des lépreux de La Flèche.
Copie moderne : Arch. de la Sarthe.

77. 1156-1159. — **La Flèche.**
Confirmation d'un accord entre les chanoines de Saint-Julien du Mans et Herbert Béranger.
Livre blanc de l'église du Mans, p. 3, n° IV.

TABLE DES PIÈCES COMPRISES DANS LE RECUEIL. 519

78. 1156-1159. — **Le Mans.**
Confirmation d'une rente de 15 marcs d'argent donnée par Henri Ier aux moines de Tiron.
Original : Winchester College, Hamble, n° 2. — Photographie du Rev. Salter, n° 114.

79. 1156-1159. — **Rouen.**
Droit du prieur de Perrières sur la dîme d'Epanai.
Copie d'après l'original : Collection Moreau, vol. 67, fol. 150.

80. 1156-1159. — **Rouen.**
Concession à l'abbaye de Saint-Georges de terrains dans les forêts de Fécamp et de Roumare.
Cartul. de Saint-Georges, fol. 62 v°.

80 A. 1156-1159. — **Rouen.**
Donation de 40 acres de terre essartées aux chanoines de Merton.
Inspeximus : Cartæ antiquæ, OO. 8. — Photographie.

80 B et C. 1156-1159. — **Rouen.**
Deux chartes pour les moines de Woburn.
Inspeximus : Calendar of Charter Rolls, t. III, p. 286 et 287.

81. 1156-1159. — **Rouen.**
Concession à Roscelin Fils de Claremboud d'un terrain dans l'oraille de la forêt de Roumare.
Cartul. de Saint-Georges, fol. 63 v°.

81 A. 1156-1159. — **Rouen.**
Pour l'abbaye de Reading.
Inspeximus : Calendar of Charter Rolls, t. III, p. 279.

82. Vers 1156-1159.
Confirmation de la donation que Mathilde l'Impératrice avait faite à Roscelin Fils de Claremboud d'un terrain sur le galet de Dieppe.
Coutumier de Dieppe, fol. 56.

83. 1156-1159. — **Saumur.**
Reconnaissance des droits des moines de Saint-Aubin de Méron, contrairement aux prétentions de Berlai Fils de Giraud.
Copie de Gaignières, d'après l'original ; Bibl. Nat., ms. latin 17126, p. 181.

84. 1156-1159. — **Valognes.**
Établissement d'une foire à Picauville au profit de l'abbaye de Blanchelande.
Vidimus : Trésor des chartes, reg. 75, n° 207. — Voir plus haut, p. 294.
(On y a frauduleusement ajouté cette date ; l'année 29 du règne, c'est-à-dire 1182-1183.)

85. 1156-1159.
Reconnaissance des droits de l'abbaye de Fécamp sur le port de cette ville.
Cartul. de Fécamp, Ms. de la Biblioth. de Rouen, n° 12.

86. 1156-1159.
Accord entre l'abbaye de Fécamp et les hommes de Veules.
Cartul. de Fécamp, à la Biblioth. de Rouen, n° 30.

87. 1156-1159.
Accord entre l'abbaye de Saint-Étienne de Caen et Jourdain « de Veeris ».
Analyse dans un ms. de la Bibliothèque Sainte-Geneviève, publiée en 1905 par Étienne Deville, p. 42.

88. 1156-1159. — **Le Mans.**
Concession des églises d'Illiers à Notre-Dame de Chartres et à Saint-Père de Chartres.
Livre des Privilèges de l'église de Chartres, fol. 19 d'un exemplaire, et p. 45 de l'autre.

89. 25 mars 1159.
Accord entre l'abbaye de Fécamp et Mathieu de Graville.
Copie d'après l'original : Collection Moreau, vol. 69, fol. 1.

90. 1159. — **Chinon.**
Donation de la moitié d'une foire de Saumur à l'abbaye de Saint-Florent.
Livre d'argent de Saint-Florent, fol. 53 ; Livre rouge, fol. 24.

91. 1159. — **Le Mans.**
Charte de fondation de la maison de Monnais.
Cartulaire du prieuré de Monnais, fol. 1.
Acte faux. — Voir plus haut, p. 297.

92. 1159. — **Melle.**
Accord entre le trésorier et le chapitre de Saint-Hilaire de Poitiers.
Analyse dans la Collection de Dom Fonteneau : publiée par Redet, Documents pour l'histoire de Saint-Hilaire de Poitiers, t. I, p. 160 note.

93. 1159. — **Poitiers.**
Donation aux religieuses de Notre-Dame de Saintes.
Cartul. de N.-D. de Saintes, éd. Grasilier, p. 34, n° 27.

94. 1159. — **Saintes.**
Concession à « Herbertus Rufus », sergent du roi.
Cartæ antiquæ, P. 33.

94 A. 1159. — **Auvillars.**
Pour l'évêque de Rochester.
Cartæ antiquæ, F. 2. — PHOTOGRAPHIE.

94 B. 1159. — **Villemur.**
Don aux Templiers du « lacus supra Flietam, juxta Castellum Bainardi ».
Cartul. des Templiers et Hospitaliers d'Angleterre; ms. Cottonien, Nero, E. VI. — Voir plus haut, p. 68 et 276.

95. 1159. — **Tours.**
Accord entre les abbayes de Saint-Julien de Tours et de la Trinité de Vendôme, au sujet des chapelles de La Châtre.
Original communiqué par M. Hucher en 1871.

95 A. Avril 1159.
Restitution aux religieuses du Roncerai des revenus de Seiches et de Mathefelon.
Cartul. du Roncerai, p. 95 et 96.

.... Vers 1159.
Charte de la reine Aliénor pour le chapitre de Saint-Hilaire de Poitiers.
Voir plus haut, p. 353.

96. 1156-1160. — **Rouen.**
Remise à l'abbaye de Saint-André de Gouffer d'une redevance due à la vicomté d'Argentan pour la graverie de Montgaroult.
Cartul. de Saint-André de Gouffer, n° 71.

96 A. 1158-1159. — **Rouen.**
Charte de fondation de l'abbaye cistercienne de Bordesley.
Original : British Museum, Cotton, III, f. 176. — PHOTOGRAPHIE.

97. 1156-1160. — **Rouen.**
Donation à l'Impératrice de la chapellenie de Valognes, et du domaine de Neuville, membre du domaine de Sainte-Mère-Église, pour servir de dotation à l'abbaye de Notre-Dame-du-Vœu, près Cherbourg.
Vidimus de 1396 : Arch. de la Manche, H. 1956. — Voir plus haut, p. 17 note, 287.

98. 6 avril 1160. — **Chinon.**
Accord entre les abbés de Montierneuf et de Bourgueil au sujet de l'église de Migné.
Vidimus de 1305, communiqué par M. A. Richard. — Voir plus haut, p. 98 note, 287.

98 A. 1160.
Accord entre deux chapelains du Roncerai et l'abbesse et le sacristain de cette église.
Cartul. du Roncerai, rôle V, n° 56.

99. 1160. — **Lions.**
Vidimus et confirmation d'une charte de Guillaume le Conquérant, datée de Bonneville en 1063, pour l'abbaye de Saint-Julien de Tours.
Copie d'un vidimus de 1295 : Bibl. Nat., ms. latin 5443, p. 49. — Voir plus haut, p. 17.

100. 1160. — **Rouen.**
Charte de Hugues, archevêque de Rouen, touchant l'accord conclu, en présence du roi, au sujet des églises de Pontorson.
Original : Arch. de la Manche.

.... Vers 1160.
Jugement rendu pour l'église Saint-Nicolas d'Angers du temps de Goslein, sénéchal d'Anjou.
Voir plus haut, p. 378.

.... Vers 1160.
Charte de Pierre de Saint-Hilaire pour le prieuré de Saint-Martin de Sacei.
Voir plus haut, p. 414.

TABLE DES PIÈCES COMPRISES DANS LE RECUEIL. 521

100 A. 1160. — **Rouen.**
Lettre au pape pour l'assurer du dévouement du roi.
Recueil des Historiens, t. XV, p. 763, d'après Tenglegel, Vetera Monumenta, p. 411.

100 B. Mai 1160.
Traité conclu avec Louis VII, roi de France.
Lyttelton, History of the life of king Henry the Second, t. IV, p. 203.

100 C. 1156-1161. — **Le Mans.**
Pour Raoul de Caen, clerc du roi.
Original : Arch. de l'église de Lincoln. — PHOTOGRAPHIE du Rev. Salter, 37.

101. 1156-1161. — **Argentan.**
Exemption du droit de tonlieu pour l'abbaye de Fontenai.
Du Monstier, Neustria pia, p. 80.

101 A. 1156-1161. — **Argentan.**
Donation du manoir de Lenton à Richard Talbot.
Cartæ antiquæ, T. 11. — PHOTOGRAPHIE.

101 B. — 1156-1161. — **Argentan.**
Lettre à Thibaud, archevêque de Cantorbéry, et à Gautier, évêque de Rochester, pour l'église de la Trinité de Cantorbéry.
Original : Arch. de l'église de Cantorbéry, 71. — PHOTOGRAPHIE du Rev. Salter, n° 36.

102. 1156-1161. — **Argentan.**
Charte de protection pour l'abbaye de La Roue.
Cartul. de La Roue, fol. 15, n° 21. — PHOTOGRAPHIE de l'abbé Angot.

103. 1156-1161. — **Argentan.**
Concession de terre à l'abbaye de Silli et au fondateur « Drogo ».
Original : Arch. du Calvados.

104. 1156-1161. — **Argentan.**
Confirmation des églises de Montgaroult et de Sarceaux à l'abbaye de Saint-André de Gouffer.
Cartul. de Saint-André de Gouffer, n° 67.

105. 1156-1161. — **Argentan.**
Confirmation des donations faites à l'abbaye de La Luzerne.
Cartul. de La Luzerne, éd. Dubosc, p. 3.

106. 1156-1161. — **Bayeux.**
Confirmation des donations faites aux lépreux de Dieppe par l'Impératrice Mathilde et par Guillaume Longue-épée.
Coutumier de Dieppe, fol. 50 v°.

107. 1156-1161 ?
Franchise de droits de tonlieu accordée à une masure de Dieppe, tenue des lépreux de cette ville.
Coutumier de Dieppe, fol. 50 v°.

107 A. 1156-1161 ?
Ordre de protéger les quêteurs des lépreux de Dieppe.
Copie de 1766 aux Arch. de Dieppe d'après les Rôles de Henri VI.

108. 1156-1161. — **Bayeux.**
Confirmation de donation de domaines anglais à Saint-Étienne de Caen.
Original : Arch. du Calvados. — ATLAS, planche IX. — Voir plus haut, p. 288.

109. 1156-1161. — **Bonneville-sur-Touque.**
Confirmation des biens d'Osbert Fils de Roger de Cailli.
Original : Trésor des chartes, Rouen, I, n° 1, J. 212.

110. 1156-1161. — **Caen.**
Confirmation des biens de Saint-Étienne de Caen.
Cartul. de Normandie, fol. 18 v°.

111 A et 111 B. 1156-1161. — **Caen.**
Double exemplaire de la très grande charte de confirmation des biens de Saint-Étienne de Caen.
Double original aux Arch. du Calvados. — PHOTOGRAPHIES. — Voir plus haut, p. 288.

112. 1156-1161. — **Caen.**
Sauvegarde pour l'abbaye de L'Estrée.
Cartul. de l'abbaye de L'Estrée.

113. 1156-1161[1]. — **Carentan.**
Confirmation des donations faites aux lépreux de Bolleville.
Cartul. de la léproserie de Bolleville, fol. 9.

114. 1156-1161. — **Domfront.**
Sauvegarde de l'abbaye de Savigni.
Original : Arch. nat., L. 968.

114 A. 1156-1161. — **Paci.**
Pour la Trinité de Chichester.
Calendar of the Charter Rolls, t. I, p. 31.

114 B. 1156-1161. — **Lions.**
Pour les chanoines de Herting.
Ms. Cottonien, Vespasian, E. XXIII, fol. 1. b.

114 C. 1156-1161. — **Lions.**
Pour Guillaume, boulanger (pistor) de l'archevêque de Cantorbéry.
Madox, Formulare, p. 44, n° LXXX.

114 D. Vers 1161. — **Rouen.**
Annulation des aliénations indûment faites par les abbés de Saint-Valeri.
Original : Oxford, New College. — PHOTOGRAPHIE.

114 E. Vers 1161. — **Rouen.**
Confirmation de donation faite à l'abbaye de Beaubec par Hugues Talbot.
Original : Harley, III, B. 48. — PHOTOGRAPHIE.

115. 1156-1161. — **Rouen.**
Confirmation des biens de Sainte-Barbe-en-Auge.
Original : Arch. du Calvados. — ATLAS, planche X.

115 A. Vers 1161.
Pour le prieuré de Boire, dépendance de Marmoutier.
Copie d'après l'original : Collection Moreau, vol. 80, fol. 178.

116. 1155-1161.
Restitution de l'église de Fay à la chapelle de Saint-Pierre-de-la-Cour, à la suite de démarches de Henri II.

Fragment du Cartul. de Saint-Pierre-de-La-Cour au Mans, p. 21 et 22, dans Arch. histor. du Maine, t. IV, p. 23 et 27.

116 A. 1155-1161. — **Le Mans.**
Pour la prébende de maître Raoul de Caen, clerc du roi, dans l'église de Lincoln.
Original : Arch. de l'église de Lincoln. — PHOTOGRAPHIE du Rev. Salter, n° 37.

117. 1156-1161. — **Le Neubourg.**
Sauvegarde pour les religieuses de L'Estrée.
Cartul. de l'Estrée, fol. 12, n° 17.

118. 1156-1161. — **Lions.**
Accord entre Philippe, évêque de Bayeux, et Philippe de Colombières, au sujet de la mort de Béatrice, nièce de l'évêque.
Livre noir du chapitre de Bayeux, n°ˢ 33 et 436.

119. 1156-1161. — **Rouen.**
Confirmation de la commune d'Eu.
Cartul. du comté d'Eu, fol. 1 v°. — Voir plus haut, p. 255.

120. 1156-1161. — **Rouen.**
Donation à Anselme Le Parquier de 30 acres de terre dans la forêt de Roumare.
Original : Château du Parquet, en 1848.

121. 1156-1161. — **Rouen.**
Concession au même de droits d'usage dans les forêts de Rouvrai et de Roumare.
Vidimus de Charles V en juin 1364 : Bibl. Nat., Chartes royales, t. VI, n° 15.

122. 1156-1161. — **Rouen.**
Pour les libertés et coutumes de la prébende de Philippe, chanoine de Bayeux.
Livre noir du chapitre de Bayeux, fol. 8 v°, n° 4.

123. 1156-1161. — **Rouen.**
Exemption des droits de tonlieu accordée aux moines de Foucarmont.
Cartul. de Foucarmont, fol. 35 v°. — Voir plus haut, p. 123.

124. 1156-1161. — **Rouen.**
Confirmation des biens de la même abbaye.

---

[1] Ou peut-être 1156-1159.

TABLE DES PIÈCES COMPRISES DANS LE RECUEIL. 523

Original : Arch. de la Seine-Inférieure. — Atlas, planche XI.

124 A. 1154-1161. — **Rouen.**
Pour les chanoines de Saint-Barthélemi de Londres.
Calendar of Charter Rolls, t. II, p. 370.

125. 1156-1161. — **Rouen.**
Don à Raoul Waspail de 300 acres de terre dans la forêt de Roumare.
Ancienne version française : Livre des jurés de Saint-Ouen, fol. 4 v°.

125 B. 1156-1161. — **Rouen.**
Concession d'un marché à l'évêque de Lincoln.
Original : Arch. de la cathédrale de Lincoln. — Photographie du Rev. Salter, n° 38.

125 C. 1156-1161. — **Rouen.**
Concession à l'église de Lincoln de maisons acquises des Templiers de Londres.
Original : *Ibid.* — Photographie du Rev. Salter, n° 35.

125 D. 1156-1161. — **Rouen.**
Pour l'abbaye d'Eynsham.
Original : *Ibid.* — Photographie du Rev. Salter, n° 39.

126. 1156-1161. — **Rouen.**
Protection pour Notre-Dame-du-Pré de Leicester.
Copie du XIIIᵉ siècle : Cartæ antiquæ, X. 19. — Photographie.

127. 1156-1161. — **Rouen.**
Donation à l'abbaye de Silli d'une rente sur les moulins d'Argentan.
Cartul. de Silli, fol. 25 v°.

128. 1156-1161. — **Saumur.**
Notification que le prieuré de Fontcher appartient à l'abbaye de Marmoutier.
Copie d'après l'original : Ms. latin 12879, fol. 145.

129. 1156-1161. — **Valognes.**
Jouissance de l'église de Basing garantie à Gervais de Chichester.
Original : Arch. de la Manche. — Atlas, planche XI.

129 A. 1156-1161. — **Valognes.**
Pour le prieur et les moines de Cantorbéry.
Original : Arch. de l'église de Cantorbéry. — Photographie du Rev. Salter, n° 41.

130. 1156-1161. — «**Apud Vasinias**»?
Jouissance de l'église de Benoitville assurée aux moines de Montebourg.
Cartul. de Montebourg, n° 22.

131. 1156-1161.
Concession de l'église de Planquerei au prieuré du Plessis-Grimoult.
Cartul. du Plessis, t. III, nᵒˢ 1364, 1365.

132. 1156-1161.
Confirmation des biens des lépreux de Saint-Gilles de Pont-Audemer.
Cartul. de Saint-Gilles de Pont-Audemer, fol. 9 v°.

133. 1156-1161.
Concession à l'abbaye de Saint-Sauveur de franchises et de droits d'usage, avec un moulin sur l'Ouve.
Cartul. de l'abbaye de Saint-Sauveur, n° 4.

133 A. 1156-1161.
Concession analogue à la précédente, avec des articles s'appliquant particulièrement au prieuré de Saint-Pierre-de-La-Lutumière.
Ibid., n° 3.

133 B. 1161.
Lettre pour approuver l'élection de Pierre Bernard comme prieur de l'ordre de Grammont.
(Pièce dont l'authenticité est douteuse.)
Martène, Thesaurus anecdot., t. I, p. 455.

133 C. 1161.
Notice de l'abbaye du Roncerai, datée de l'année de la prise du château de Chaumont.
Cartul. du Roncerai, Rôle V, pièce 98; édit., p. 201, n° CCCXX.

134. 1156-1162. — **Argentan.**
Maintenue de Nicolas, prieur du Plessis, en jouissance de l'aumône de «Malestrea».
Cartul. du Plessis, t. I, n° 567 *bis*.

135. 1156-1162? — **Argentan.**
Ordre de ne pas troubler les moines de Marsai dans la jouissance de leurs terres.

66.

Version française : Cartul. de l'abb. de Cerisi, p. 648 et 649.

136. 1156-1162. — **Etrépagny.**
Reconnaissance des droits de l'abbaye de Préaux sur l'emplacement de la cuisine du comte Gautier Giffard, à Rouen.
Cartul. de Préaux, n° 62.

137. Vers 1162.
Confirmation des biens de l'abbaye de Haute-Bruyère en Angleterre et en Normandie.
Lebeurier, Notice historique sur la commune d'Acquigny, p. 88.

138. Vers 1162. — **Lions.**
Exemption des droits de tonlieu pour les moines de Saint-Évroul.
Inspeximus d'Édouard II : Monasticon angl., t. VI, part II, p. 1079.

139. 1156-1162. — **Montfort.**
Charges des métiers et sergenteries de Baudri Fils de Gilbert.
Registre E de Phil. Aug., fol. 244.

140. 1156-1162. — **Rouen.**
Addition de 5 marcs à la rente de 15 marcs que l'abbaye de Tiron prenait sur le trésor d'Angleterre.
Cartul. de Tiron, p. 103, n° 183.

141. Vers 1162. — **Rouen.**
Accord au sujet de l'église du Sap, entre l'abbaye de S. Évroul et Robert, comte de Gloucester.
Cartul. de Saint-Évroul, t. I, n°s 24 et 426.

142. 1159-1162. — **Argentan.**
Donation de la métairie de Mahéru à l'abbaye de la Trappe. (Acte faux.)
Vidimus : Arch. de l'Orne.

143. Vers 1162. — **Angers.**
Convention entre l'abbaye de Fontevrault et les hommes d'Angers, au sujet des coutumes du Pont-de-Cé.
Extrait d'après l'original : ms. latin 5480, de la Bibl. Nat., t. I, p. 404.

144. 1162. — **Domfront.**
Confirmation d'un accord conclu entre l'abbaye de Savigni et Payen de Saint-Brice, au sujet du prieuré de Virei.
Original : Arch. nat., K. 24, n° 8¹. — Atlas, planche XII. — Voir plus haut, p. 280.

145. 1162. — **Fécamp.**
Donation du domaine des Hogues faite à Henri, abbé de Fécamp.
Original : à la Bénédictine de Fécamp. — Photographie.

146. 1162. — **Lisieux.**
Sauvegarde pour les fidèles qui doivent venir à l'assemblée de Fécamp.
Copie d'après l'original : Collection Moreau, vol. 67, fol. 108.

147. 1162. — **Lillebonne.**
Sauvegarde pour ceux qui viendront à Fécamp à l'occasion de l'élévation du corps du comte Richard.
Copie d'après l'original : Collection Moreau, vol. 67, fol. 149.

147 A. Vers 1162. — **Rouen.**
Pour les chanoines de Saint-Denis, près Southampton.
Inspeximus de 1317 : Calendar of Charter Rolls, t. III, p. 337.

147 B. Vers 1162. — **Andeli?**
Confirmation des biens de l'abbaye de Newhouse.
Original : British Museum, Harley, 43, C. 18. — Atlas, pl. XXX.

148. 1162. — **Saumur.**
Établissement des coutumes du pont de Saumur.
Livre rouge de Saint-Florent, fol. 24. — Voir plus haut, p. 289.

149. 1162 ou 1163. — **Chinon.**
Lettre à Thomas, archevêque de Cantorbéry, pour l'abbaye de Saint-Pierre de Gand.
Cartæ antiquæ, T. 19.

150. Vers 1162. — **Rouen.**
Concession d'un droit de foire à l'église de Lincoln.
Original : Arch. de l'église de Lincoln. — Photographie du Rev. Salter, n° 45.

TABLE DES PIÈCES COMPRISES DANS LE RECUEIL. 525

151. Décembre 1162. — **Barfleur.**
Maintenue de l'évêque de Bayeux en possession de la banlieue de Cambremer.
Livre noir du chapitre de Bayeux, n° 9.

151 A. Décembre 1162 ou mai 1165. — **Barfleur.**
Maintien de l'abbaye de Montebourg en possession de la dîme de Denneville.
Cartul. de Montebourg, n° 20.

.... Vers 1163.
Charte de Rotrou, évêque d'Évreux, ancien justicier de Normandie, pour le prieuré de Vesli. — Voir plus haut, p. 455.

152. 23 mars 1163. — **Douvres.**
Traité avec Thierri, comte de Flandre.
Rymer, nouv. édit., t. I, part 1, p. 22 et 23.

152 A. Vers 1163. — **Lincoln.**
Pour Raoul de Caen, chanoine de Lincoln.
Original : Archives de l'église de Lincoln. — Photographie du Rev. Salter, n° 42.

152 B. Vers 1163. — **Londres.**
Pour le même.
Original : *Ibid.* — Photographie du Rev. Salter, n° 43.

153. Vers 1163. — **Westminster.**
Confirmation des biens de l'abbaye de Saint-Valeri.
Original : Oxford, New College. — Photographie du Rev. Salter, n° 46. — Voir plus haut, p. 290.

154. 1162 ou 1163. — **Rochester.**
Maintenue des religieux de S. Bertin en possession de l'église de Throweley.
Copie d'après l'original : Collection Moreau, vol. 74, fol. 92.

155. 1163 ? — **Berkhammpstead.**
Confirmation de l'église de Havering aux frères de S. Bernard de Montjou.
Original : Oxford, New College. — Photographie du Rev. Salter, n° 49.

.... Avant 1164.
Plusieurs chartes de Guillaume Longue-épée, frère de Henri II. — Voir plus haut, p. 488.

.... 1164.
Charte de Guillaume, comte d'Arundel, pour l'abbaye de Lessai. — Voir plus haut, p. 470.

156. 1164 ? — **Westminster.**
Donation du manoir de Leighton à l'abbaye de Fontevrault.
Extrait d'après l'original : Ms. latin 5480, t. I, p. 270, avec dix témoins. — Voir plus haut, p. 262.

157. 1164 ? — **Westminster.**
Autre exemplaire original : Archives de Maine-et-Loire. Avec trois témoins. — Atlas, planche XIII.

157 A. 1164. — **Northampton.**
Lettre au roi Louis pour le prier de ne pas recevoir l'archevêque de Cantorbéry dans ses États.
Recueil des Historiens, t. XVI, p. 407, d'après le Recueil épistolaire de S. Victor.

157 B. 1164. — **Windsor.**
Lettre au même pour réclamer des hommes du comte d'Auvergne indûment arrêtés.
Ibid., t. XVI, p. 110, d'après le même recueil.

157 C. 1164 ou 1165. — **Woodstock.**
Lettre au même au sujet de ces mêmes hommes qui avaient été rendus au roi d'Angleterre.
Ibid., t. XVI, p. 111 d'après le même recueil.

157 D. Vers 1165. — **Bridgenorth.**
Franchise de l'abbaye de Newminster dans les ports d'Angleterre et de Normandie.
Inspeximus : Calendar of Charter Rolls, t. II, p. 168.

158. 1165. — **Blancmoutier.**
Rente sur le domaine de Meulan donnée par le comte de Meulan aux moines de Préaux.
Cartulaire de Préaux, n° 343.

158 A. 1165. — **Blancmoutier.**
Exemption de contribuer à l'aide de l'ost de Galles accordée aux religieuses de Fontevrault.
Original : British Museum, addit. 47391.
— Photographie.

158 B. 1165.
Somme allouée aux ambassadeurs du roi de France.
Pipe Roll, 1164-1165, p. 68.

159. Vers 1165. — **Fordingbridge.**
Sauvegarde pour les domaines anglais de l'abbaye de Saint-Sauveur.
Cartul. de Saint-Sauveur, n° 10.

.... Vers 1165.
Deux chartes de Rotrou, ancien justicier de la Normandie. — Voir plus haut, p. 454 et 456.

.... 13 janvier 1165.
Charte de Guillaume et de Richard de Vernon, pour l'abbaye de Montebourg. — Voir plus haut, p. 437.

159 A. 1165.
Lettre aux cardinaux pour repousser les reproches d'hostilité au Saint-Siège.
Recueil des Historiens, t. XV, p. 845, d'après le Recueil épistolaire de saint Thomas.

.... Avant 1166.
Charte de Galeran, comte de Meulan, pour l'abbaye du Bec. — Voir plus haut, p. 466, note.

159 B. 1163-1166. — **Notingham.**
Concession d'un droit de foire aux religieuses de Eaton, de l'ordre de Fontevrault.
Original : British Museum, Addit., 48489. — Photographie.

160. 1156-1166.
Concession d'une foire aux lépreux de Saint-Gilles-de-Pont-Audemer.
Cartul. de Saint-Gilles de Pont-Audemer, fol. 17 v°.

161. 1156-1166.
Concession de l'église « de Lussis » à la léproserie de Pont-Audemer.
Ibid., fol. 22.

161 A. 1166. — **Rouen.**
Confirmation des biens et des franchises des chanoines du Vœu à Cherbourg.
Copie notariée de 1694 : Archives de la Manche.

161 B. 1166. — **Le Mans.**
Levée de deniers pour les besoins de la Terre Sainte.
Gervais de Cantorbéry, édit. Stubbs, t. I, p. 198. — Voir plus haut, p. 289.

162. 13 juillet 1166. — **Fougères.**
Accord entre l'abbé du Mont-Saint-Michel et Ruallon de Genest, au sujet de la prévôté de Genest.
Original : Archives de la Manche. — Photographie. — Voir plus haut, p. 45.

163. 14 juillet 1166. — **Fougères.**
Abandon de la prestation due à l'abbaye du Mont-Saint-Michel pour les travaux au donjon de Gavrai.
Cartul. du Mont-Saint-Michel, fol. 122 v°.

164. 31 juillet 1166. — **Angers.**
Translation du corps de saint Brieuc.
Copie moderne : Ms. latin 5446, p. 59.

165. 1166. — **Thouars.**
Maintenue de l'abbaye de Redon dans la jouissance de ses biens à Guérande.
Dom Morice, Preuves, t. I, p. 657.

166. 1166. — **Thouars.**
Reconnaissance des coutumes du Pont-de-Cé.
Original : Archives de Maine-et-Loire. — Atlas, pl. VIII.

166 A. 1166.
Lettre à Alexandre III pour se plaindre de l'appui donné à l'archevêque de Cantorbéry.
Recueil des Historiens, t. XVI, p. 256, d'après le ms. latin 5372 de la Bibl. Nat.

166 B. 1166.
Lettre à Renaud, archevêque schismatique de Cologne.
Ibid., t. XVI, p. 255.

166 C. Vers 1166. — **Angers.**
Notice des droits reconnus à l'abbaye de Saint-Aubin, sur une vigne des environs de La Flèche.
Original : dans une collection particulière en 1853.

TABLE DES PIÈCES COMPRISES DANS LE RECUEIL. 527

.... 1166 ?
Accord entre les Templiers et les religieuses de Bermondsei. — Voir plus haut, p. 276.

.... Avant 1167.
Charte du sénéchal Guillaume de Courci pour le prieuré de Perrières. — Voir plus haut, p. 476.

167. Vers 1167 ? — **Le Pré à Rouen.**
Accord entre l'abbaye de Saint-Georges et Raoul Fils d'Étienne, au sujet du bois de « Rispevilla ».
Copie de D. Le Noir, d'après l'original. Collection Moreau, vol. 73, fol. 168.

168. Avant 1167. — **Le Pré à Rouen.**
Donation de la terre de « Garimpré » à l'abbaye de Foucarmont.
Cartul. de Foucarmont, fol. 35 v°.

169, 170. Avant 1167. — **Rouen.**
Confirmation des biens et franchises de l'abbaye du Vœu près Cherbourg, à la demande de l'Impératrice Mathilde.
Vidimus de 1278. — Archives de la Manche. — PHOTOGRAPHIE. — Voir plus haut, p. 287.

171. 1167. — **Angers.**
Accord entre les moines de Saint-Aubin et les frères Mathieu et Guichard de La Jaille.
Copie de Gaignières : Ms. latin 17126, p. 109. — Voir plus haut, p. 284.

172. 1167. — **Angers.**
Autre texte de cet accord.
Copie moderne : Cabinet des titres, dossier Chourses. — Voir plus haut, p. 284.

173. Avant 1168, probablement 1167. — **Surgères.**
Coutumes et franchises de Pontorson.
Vidimus de 1366 : Reg. 97 du Trésor des Chartes, n° 555.

174. 1168 ?? — **Beaufort.**
Autorisation de jouir de deux prébendes accordée à Thomas, prieur de Loches.
Fragments de chroniques de Loches : Collection de D. Housseau, vol. XI, n°ˢ 6145-6148.

175. Vers 1168. — **Mortain.**
Confirmation des biens et des franchises des religieuses de Mortain.
Original : Archives nat., K. 25, n° 3¹.

176. 1168. — **Saint-Thuriau.**
Domaine anglais donné par le comte Conan à Robert de Basoges.
Copie du xiv° siècle : Ms. latin 9071, pièce 1.

177. 1168. — **Saint-Thuriau.**
Domaine anglais donné par le comte Conan à Alain Le Roux.
Copie du xiv° siècle : même pièce.

177 A. 1168. — **Guingamp.**
Domaine anglais donné par le comte Conan à Notre-Dame de Kerkestade.
Original : British Museum, Harley, 43, C. 25. — PHOTOGRAPHIE.

178. Avant 1168. — **Tours.**
Accord entre les chanoines de Saint-Martin de Tours et les chanoines de Saint-Martin d'Angers.
Original : Archives de Maine-et-Loire. — ATLAS, planche XIII.

179. Vers 1168. — **Valognes.**
Donation de l'église de Ravenoville à l'abbaye de Blanchelande.
Original : Archives de la Manche. — PHOTOGRAPHIE.

180. 1167 ou 1168. — **Chinon.**
Lettre à l'abbé de Cîteaux pour se plaindre de l'abbé de Cercamp.
Recueil des Historiens, t. XVI, p. 309, d'après le Recueil épistolaire de l'archevêque de Cantorbéry.

.... Vers 1168.
Charte de la reine Aliénor pour l'anniversaire de Patrice, comte de Salisbury, dans l'église de Saint-Hilaire de Poitiers. — Voir plus haut, p. 411.

180 A. 1168.
Lettre à l'archevêque de Sens avec lequel le roi offre d'avoir un entretien.
Recueil des Historiens, t. XVI, p. 329,

d'après le Recueil épistolaire de l'archevêque de Cantorbéry.

180 B. Vers 1168.
Notice d'une reconnaissance faite par ordre du Roi au sujet des droits de l'abbaye de Marmoutier sur le pressorage de Boire.
Copie d'après l'original : Ms. latin 5441, t. II, p. 448.

180 C. Vers 1169. — **Tours.**
Rente sur le domaine de Compton donnée à l'abbaye de Fontevrault par Guillaume de Saint-Jean.
Original : Archives de Maine-et-Loire. — PHOTOGRAPHIE. — Voir plus haut, p. 49.

180 D. 29 mai 1169.
Accord entre les abbayes de Fontevrault et de Bourgueil au sujet de la terre de « Lotgis ».
Original : Archives de Maine-et-Loire. — ATLAS, pl. XIV. — Voir plus haut, p. 42.

181. 1169. — **Argentan.**
Concession d'un domaine anglais à Anselme Candavène.
Pérard, Recueil servant à l'histoire de Bourgogne, p. 255.

181 A. 1169. — **Saint-Macaire en Gascogne.**
Lettre à Gilbert, évêque de Londres, au sujet de l'excommunication lancée contre ce prélat par l'archevêque de Cantorbéry.
Recueil des Historiens, t. XVI, p. 341, d'après le Recueil épistolaire de l'archevêque de Cantorbéry.

181 B. 1169. — **S. Macaire.**
Lettre à Alexandre III pour se plaindre de l'archevêque de Cantorbéry.
Ibid., t. XVI, p. 346, d'après le même Recueil.

181 C. 1169.
Lettre à Guillaume, archevêque de Sens, au sujet des excommunications lancées à l'occasion des affaires de l'archevêque de Cantorbéry.
Ibid., t. XVI, p. 372, d'après le même Recueil.

181 D. 1169.
Renaud, archidiacre de Salisbury, et Richard Barré, accrédités auprès du pape.
Ibid., t. XVI, p. 374, d'après le même Recueil.

181 E. 1169.
Lettre aux abbés de l'ordre de Citeaux, au sujet d'une conférence avec les légats du Saint Siège.
Ibid., t. XVI, p. 378, d'après le même Recueil.

181 F. 1170. — **Gloucester.**
Lettre à Barthélemi, évêque d'Exeter, pour lui annoncer le pardon de ceux qui s'étaient éloignés de l'Angleterre à cause des affaires de l'archevêque de Cantorbéry.
Ibid., t. XVI, p. 487, d'après le Recueil épistolaire de Jean de Salisbury.

181 G. 1170. — **Westminster.**
Lettre à Rotrou, archevêque de Rouen, pour lui annoncer qu'il a résolu de l'entendre avec les envoyés du pape.
Ibid., t. XVI, p. 411, d'après le Recueil épistolaire de l'archevêque de Cantorbéry.

181 H. Vers 1170. — **Woodstock.**
Ordre donné à Conan, comte de Richemont, de laisser le connétable Ruaud posséder une terre qui lui avait été concédée par Étienne, aïeul dudit Conan.
Original : Westminster abbey, XLI, 1. — Voir ci-dessus, p. 362, note. — PHOTOGRAPHIE du Rev. Salter, n° 55.

181 I. 1170. — **Chinon.**
Lettre du Roi à son fils Henri pour lui annoncer qu'il a fait sa paix avec le pape.
Robertson, Materials, t. VII, p. 346.

181 J. 1170.
Lettre à Alexandre III pour se plaindre de l'archevêque de Cantorbéry.
Ibid., t. VII, p. 418.

181 K. Novembre 1170. — **Loches.**
Lettre à l'archevêque de Cantorbéry pour s'excuser de ne pouvoir pas aller à Rouen, à sa rencontre, par suite des nouvelles qu'il avait

TABLE DES PIÈCES COMPRISES DANS LE RECUEIL.

reçues des préparatifs du roi de France en vue d'une expédition en Auvergne.
Recueil des Historiens, t. XVI, p. 459, d'après le Recueil épistolaire de l'archevêque de Cantorbéry.

182. Vers 1170. — **Argentan.**
Donations faites à l'abbaye de Perseigne par Guillaume, comte de Pontieu.
Vidimus de 1424 : Archives de la Sarthe.

183. Vers 1170. — **Argentan.**
Concession de l'église de Saint-Léonard à l'abbaye de Silli.
Original : Archives de l'Orne. — Photographie.

.... Vers 1170.
Charte d'Eude Fils d'Erneis, pour l'abbaye de Jumièges. — Voir plus haut, p. 367.

.... Vers 1170.
Charte de Gilbert Foliot, neveu de Gilbert, évêque de Londres, pour l'abbaye de Cerisi. — Voir plus haut, p. 370, note.

.... Vers 1170.
Charte de Jourdain Taisson, pour l'abbaye de Saint-Sauveur. — Voir plus haut, p. 401.

.... Vers 1170.
Charte de Guillaume de Soliers, pour l'abbaye de Saint-Sauveur. — Voir plus haut, p. 501, note.

.... Vers 1170.
Charte de Renaud de Saint-Valeri, pour l'abbaye de Saint-Évroul. — Voir plus haut, p. 421.

184. 1170. — **Chinon.**
Donation faite à Saint-Georges de Bohon par Enjuger de Bohon et l'abbé de Marmoutier.
Copie d'après l'original : Ms. latin 5441, t. II, p. 29.

184 A. Vers 1170. — **La Flèche.**
Accord entre « Michael de Sancta Maria de Bosco et Henr. de Hueceio ».
Original : Arch. nat., L. 975.

184 B. Vers 1170. — **La Flèche.**
Pour l'abbaye de Bordesley.
Madox, Formulare, p. 43, n° LXXVIII.

184 C. Vers 1170.
Notice d'un jugement rendu par le Roi au sujet d'un cens sur une maison tenue du prieuré de La Réole.
Cartulaire de La Réole, p. 66, tome V des Archives historiques de la Gironde.

185. Novembre 1170. — **Châtillon-en-Berri.**
Donation de Baugerais aux Frères établis dans ce lieu.
Original vendu à Paris en 1894.

186. 1170. — **La Motte de Ger.**
Exemption de coutumes accordée à l'abbaye de Lonlai.
Copie moderne : Bibl. nat., ms. latin 10071, fol. 193.

187. 1170. — **Ger.**
Droits de l'abbaye de Savigni sur des églises des diocèses d'Avranches et de Coutances.
Cartul. de Savigni, n° 566.

188. Novembre 1170. — **Cherbourg.**
Maintenue de l'abbaye de Montebourg en jouissance de sa franchise des droits de tonlieu.
Original : Archives de la Manche. — Photographie.

.... 1170-1180.
Treize chartes du roi Henri Court-mantel, et de son père. — Voir plus haut, p. 253-265.

189. 1171. — **Varreville.**
Donation du manoir « de Uvelai » à l'abbaye de Montebourg par Alice de Reviers.
Cartulaire de Montebourg, n° 28. — Voir plus haut, p. 254.

190. 1171. — **Valognes.**
Transaction entre l'abbaye de Troarn et Jean, comte de Pontieu.
Original : Archives du Calvados.

190 A. 1171 ? — **Valognes.**
Mission donnée en Irlande à Guillaume Fils d'Audelin.
Rymer, dernière édit., t. I, part I, p. 36.

530 TABLE DES PIÈCES COMPRISES DANS LE RECUEIL.

190 B. 1171. — **Valognes.**
Concession de terre en Angleterre à Richard de Lucé.
Ancienne copie : Cartæ antiquæ, II, 11.

191. 1171 ? — **Argentan.**
Confirmation des biens et des franchises de l'abbaye de Saint-Sauveur.
Cartul. de Saint-Sauveur, n° 5.

191 A et B. 1171.
Notice et charte de Rotrou, archevêque de Rouen, touchant l'accord conclu entre Guillaume d'Aboville et l'abbaye de Saint-Étienne de Caen, touchant l'église de Bretteville-l'Orgueilleuse.
Exemplaires originaux ou contemporains : Archives du Calvados.

191 C. 1171.
Lettre de regrets adressée au pape pour le meurtre de l'archevêque de Cantorbéry.
Recueil des Historiens, t. XVI, p. 430, d'après le Thesaurus de Martène.

192. Avant 1172-3.
Donation de terre faite à l'abbaye de Cerisi par Enjuger de Bohon et Roger Fils de Jean de Saint-Marcouf.
Version française : Cartulaire de Cerisi, p. 522.

193. Avant 1172-3. — **Bur.**
Exemption des droits de tonlieu pour l'abbaye de Cerisi.
Original : Oxford, Collège de la Reine. — Photographie, dans le supplément de la Collection du Rev. H. Salter, n° 118.

194. Avant 1172-3.
Sauvegarde pour les moines de Saint-Laurent d'Envermeu.
Extrait : Recueil de Dom Jouvelin, ms. latin 13905, fol. 50 v°.

195. Avant 1172-3.
Donation de 20 livres de rente aux moines de Fécamp en échange de terrains dans la forêt de Bonneville-sur-Touque.
Cartul. de Fécamp, Bibl. de Rouen, n° 181.

196. Avant 1172-3.
Pour le douaire de Milesend de Gournai, à Gaillefontaine.
The Record of the House of Gournay, p. 215.

197. Avant 1172-3.
Confirmation des biens de l'abbaye de Montebourg en Angleterre et en Normandie.
Cartul. de Montebourg, n° 142.

198. Avant 1172-3.
Exemption de droits de coutumes accordée à Raoul Le Veel (Vitulus), sergent du roi à Bayonne.
Copie de 1225 dans le Registre E de Philippe Auguste, fol. 249 v°.

199. Avant 1172-3.
Don à Gautier Le Changeur du change et de l'orfèvrerie de la châtellenie d'Arques et de Dieppe.
Coutumier de Dieppe, fol. 55 v°.

200. Avant 1172-3.
Don à Gautier Cochie d'une masure sur le perré de Dieppe.
Ibid., fol. 43.

201. Avant 1172-3. — **Chester.**
Donation d'un moulin et de l'église de Saint-Hélier à l'abbaye de Saint-Hélier de Jersey.
Copie du xv° siècle : Archives de la Manche.

201 A. Avant 1172-3. — **Chester.**
Charruée de terre vendue par Jourdain de Barneville à la même abbaye.
Inspeximus : Calendar of Charter Rolls, t. I, p. 211.

202. Avant 1172-3. — **Clarendon.**
Confirmation des biens et des franchises de l'abbaye de Beaubec.
Coutumier de Dieppe, fol. 58.

202 A. Avant 1172-3. — **Brockenhurst.**
Ordre aux agents du roi en Angleterre de faire rendre aux moines de Jumièges les hommes de cette abbaye qui avaient abandonné leurs terres depuis la mort de Henri Ier.

TABLE DES PIÈCES COMPRISES DANS LE RECUEIL. 531

Inspeximus de 1318 : Calendar of Charter Rolls, t. III, p. 382.

203. Avant 1172-3. — **Northampton.**
Pour les tenures des moines de Barnestaple, dépendance de Saint-Martin-des-Champs.
Original : Arch. nat., K. 25, n° 39.

203 A. Avant 1172-3. — **Northampton.**
Exemption des droits de tonlieu pour les moines de Tiron.
Original : Winchester College. — Photographie du Rev. Salter, n° 115.

204. Avant 1172-3. — **Westminster.**
Maintien de l'abbaye de Montebourg en jouissance de ses biens et franchises.
Cartul. de Montebourg, n° 18.

205. Avant 1172-3. — **Westminster.**
Confirmation des biens de Notre-Dame de Corneilles.
Madox, Formulare, p. 8, n° 16, d'après un inspeximus.

206. Avant 1172-3. — **Winchester.**
Protection pour l'abbaye de Montebourg.
Cartul. de Montebourg, n° 25. — Voir plus haut, p. 13.

207. Avant 1172-3. — **Angers.**
Franchise pour quatre hommes du fournil des religieuses de Fontevrault à Loudun.
Cartul. de Fontevrault, fol. 24 v°.

208. Avant 1172-3. — **Argentan.**
Donation d'une terre à Roger de Flamanville.
Copie du XIII° siècle : Cartæ antiquæ, Y, n° 23. — Photographie.

209. Avant 1172-3. — **Argentan.**
Protection pour les hommes et les biens de l'abbaye de Lire.
Original : Archives de l'Eure. — Photographie.

209 A. Avant 1172-3. — **Argentan.**
Pour les moines de Ferley, ordre de Cluni.
Ancienne copie : Cartæ antiquæ, M. 26. — Photographie.

210. Avant 1172-3. — **Argentan.**
Rente de 40 sous donnée à l'abbaye de Saint-Wandrille par Guillaume « de Calcia ».

Cartul. de Saint-Wandrille, T. I. xx, fol. 311 v°.

211. Avant 1172-3. — **Bayeux.**
Ordre à Guillaume Patri de faire reconnaître à quoi il est tenu envers l'évêque de Bayeux.
Livre noir du chapitre de Bayeux, n° 10.

212. Avant 1172-3. — **Bayeux.**
Pour le tourneur des religieuses de Mortain dans la forêt du roi.
Copie : Arch. nat., fonds de l'abbaye de Mortain.

212 A. Avant 1172-3. — **Bayeux.**
Pour Guillaume de La Chambre, sergent de Néel, évêque d'Ély.
Original : Ély Charter, 11. — Photographie du Rev. Salter, n° 73.

213. Avant 1172-3. — **Bonneville-sur-Touque.**
Pour le sommier dû à l'ost du roi par les hommes de la gilde des marchands de Fécamp.
Cartul. de l'abb. de Fécamp, à la Bibl. de Rouen, n° 42.

214. Avant 1172-3. — **Bur.**
Mise des chanoines d'Équeurdreville en saisine du « Fay d'Otteville ».
Vidimus de 1441 : Arch. de la Manche, fonds de l'abbaye de Cherbourg.

215. Avant 1172-3. — **Bur.**
Pour les dîmes que les religieux de Cerisi prenaient dans les forêts et les vicomtés du roi.
Version française : Cartul. de Cerisi, p. 727 et 852.

216. Avant 1172-3. — **Caen.**
Pour les droits d'usage de l'abbaye de Montebourg dans la forêt dudit lieu.
Cartul. de Montebourg, n° 26.

217. Avant 1172-3. — **Caen.**
Pour une rente sur la dîme de Langrune donnée aux religieuses de Mortain par Roger Bacon.
Ancienne copie : Arch. nat., fonds de Mortain.

218. Avant 1172-3. — Caen.
Maintenue de l'abbaye de Troarn en jouissance de l'aumône de Presles.
Cartul. de Troarn, ms. latin 10086 de la Bibl. Nat., fol. 61 v°.

218 A et B. Avant 1172-3. — Caen.
Rente de sel à livrer aux religieux de Troarn sur le produit des salines de Varaville et de Sallenelles.
Original : Arch. du Calvados. — Atlas, planche XV.

219. Avant 1172-3. — Cherbourg.
Maintenue de l'abbaye de Saint-Étienne de Caen en jouissance de sa franchise de droits de tonlieu.
Copie du xv° siècle : Ms. 322 de la Bibliothèque de Caen.

220. Avant 1172-3. — Chinon.
Donation à l'abbaye de Fontevrault de ce que le roi avait « in insula de Chozé que vocatur Lenges ».
Original : Arch. de Maine-et-Loire. — Atlas, planche XV.

221. Avant 1172-3. — Eu.
Donation par Bernard et Renaud de Saint-Valeri à l'abbaye de Bertaucourt, de biens situés en Angleterre.
Copie moderne : Collection de Dom Grenier, vol. 93, fol. 55 v°.

221 A. Avant 1172-3. — Falaise.
Maintenue de l'abbaye de Ramsey en possession de sa terre « de Hunleveshyd ».
Inspeximus : Calendar of Charter Rolls, t. II, p. 104.

222. Avant 1172-3. — La Flèche.
Donation du « furnillum de Viariis », que Jean Consul avait donné à l'abbaye de Fontevrault.
Original : Arch. de Maine-et-Loire. — Atlas, planche XVI.

223, 224. Avant 1172-3. — Le Mans.
Donation faite au chapitre de Saint-Julien du Mans, pour l'indemniser de l'abandon du Bourg de l'Évêque, qu'on avait pris pour construire le château du roi. — Acte adressé aux agents et féaux du roi dans le Maine, et attesté par six témoins.
Livre blanc de l'église du Mans, p. 11 et 307.

225. Avant 1172-3. — Le Mans.
Autre acte relatif à la même affaire, adressé aux agents et féaux du roi dans le Maine et l'Anjou, et attesté par deux témoins.
Ibid., p. 10.

226. Avant 1172-3. — Le Mans.
Donation d'une rente de 20 livres en monnaie du Mans, affectée à l'entretien de deux chapelains dans la cathédrale du Mans.
Ibid., p. 5.

227. Avant 1172-3. — Le Mans.
Donation d'une terre sise « apud Rosseium » aux chanoines de la chapelle de Saint-Pierre de La Cour au Mans.
Mauvaise copie moderne : Arch. de la Sarthe.

228. Avant 1172-3. — Le Vaudreuil.
Exemption de droits de tonlieu reconnue aux moines de Lire.
Original : Arch. de l'Eure. — Atlas, planche XV.

228 A. Avant 1172-3. — Le Vaudreuil.
Donation de 100 acres de terre à Hugues de Hameslap.
Copie du xiii° siècle. Cartæ antiquæ, N. 24 ou 27. — Photographie.

229. Avant 1172-3. — Le Vaudreuil.
Donation à Gervais « de Willis » de la « villa de Reines, que est de constabularia ».
Original : British Museum, Addit., 15777. — Photographie.

230. Avant 1172-3. — Lions.
Concession d'un droit de garenne à l'abbaye de Fécamp.
Original : à la Bénédictine de Fécamp. — Atlas, planche XVI.

231. Avant 1172-3. — Lions.
Maintien de l'abbaye de Lonlai en jouissance de ses franchises et coutumes.
Mauvaise copie moderne : Ms. latin 10071, fol. 192 v°.

232. Avant 1172-3. — Lions.
Ordre aux officiers de l'Hiémois de maintenir une terre de Saint-Père de Chartres exempte de droits de graverie.
Original : Ms. latin 9221, n° 12. — PHOTOGRAPHIE.

232 A. Avant 1172-3. — Lions.
Sauvegarde pour les lépreuses de Bradley.
Inspeximus : Calendar of Charter Rolls, t. II, p. 327.

233. Avant 1172-3. — Loudun.
Donation à l'abbaye de Fontevrault de terrains propres à faire des prés.
Original : Arch. de Maine-et-Loire. — PHOTOGRAPHIE.

234. Avant 1172-3. — Montebourg.
Sauvegarde pour l'abbaye de Montebourg.
Cartul. de l'abbaye de Montebourg, n° 27.

235. Avant 1172-3. — Moutons.
Franchise et protection pour les religieuses de Moutons.
Copies dérivant d'un vidimus de 1310 : Arch. de la Manche.

236. Avant 1172-3. — Poitiers.
Charte de protection pour les chanoines de Brieton, avec confirmation de leurs biens, notamment de l'église de Lion-sur-Mer.
Original : Arch. du Calvados. — PHOTOGRAPHIE.

237. Avant 1172-3. — Rouen.
Engagement de la terre de Rucqueville à l'évêque de Bayeux par Alice de Vaudri.
Livre noir du chapitre de Bayeux, n° 30.

238. Avant 1172-3. — Rouen.
Donation à l'abbaye de Beaubec d'un ténement près de Saint-Lo de Rouen pour y recevoir des pauvres.
Vidimus de 1433 : Arch. de la Seine-Inférieure. (Copie communiquée par M. Benet en 1881.)

239. Avant 1172-3. — Rouen.
Exemption des droits de tonlieu pour l'abbaye de L'Estrée.
Cartul. de l'abbaye de L'Estrée, n° 16.

240. Avant 1172-3. — Rouen.
Ordre aux baillis de Montfort de laisser l'abbaye de Saint-Georges en jouissance de son port « de Mollocroste ».
Original : Arch. de la Seine-Inférieure. — PHOTOGRAPHIE.

241. Avant 1172-3. — Rouen.
Ordre aux prévôts d'Etretat de laisser l'abbaye de Saint-Georges jouir de la franchise de sa nef.
Cartul. de Saint-Georges, fol. 63 v°.

242. Avant 1172-3. — Rouen.
Ordre de laisser l'abbaye de Saint-Georges jouir de son domaine de Lambertville.
Cartul. de Saint-Georges, fol. 63 v°.

242 A. Avant 1172-3. — Rouen.
Annulation des ventes de domaines de l'abbaye de Saint-Valeri faites inconsidérément.
Original : Oxford, New College. — ATLAS, planche VII, n. 107 A.

242 B. Avant 1172-3. — Rouen.
Droits de « soca, sacca », etc., concédés à l'abbaye de Saint-Valeri.
Copie de D. Rupert de Bournonville, d'après un cartulaire : Ms. latin 12704, fol. 161 v°.

243. Avant 1172-3. — Rouen.
Franchise du droit de tonlieu pour l'abbaye du Val-Notre-Dame près Pontoise.
Vidimus de 1310 : Arch. nat., K. 27, n° 8 bis.

244. Avant 1172-3. — Les Prés de Saint-Florent.
Concession de privilèges aux hommes établis sur les tursies de la Loire.
Livre rouge de Saint-Florent, fol. 95. — Voir plus haut, p. 289.

245. Avant 1172-3. — Saint-Lô.
Maintenue des chanoines de Saint-Lô dans la jouissance de l'église de Saint-Ouen sur Vire.
Original : Arch. de la Manche. — PHOTOGRAPHIE.

534 TABLE DES PIÈCES COMPRISES DANS LE RECUEIL.

246. Avant 1172-3. — **Saumur.**
Confirmation de la terre « de Gaina » à l'abbaye de Fontevrault.
Cartul. de Fontevrault, fol. 24 v°.

246 A. Avant 1172. — **Silli.**
Franchise pour les chanoines de Montjou.
Original : Oxford, New College. — Photographie du Rev. Salter, n° 75.

247. Avant 1172-3. — **Valognes.**
Exemption de droit de tonlieu et jouissance du panage dans la forêt du Cotentin accordées à l'abbaye de Montebourg.
Cartul. de Montebourg, p. 13, n° 24.

248. Avant 1172-3. — **Valognes.**
Interdiction à Richard « de Briecuria » de construire un moulin à Morsalines.
Cartul. de Montebourg, n° 21.

249. Avant 1172-3. — **Valognes.**
Donation des églises de Beaumont et de Herqueville aux chanoines de Notre-Dame du Vœu à Cherbourg.
Original : Arch. de la Manche. — Photographie.

250. 1159-1172-3. — **Argentan.**
Donation à la chapelle de Tous-les-Saints d'Ailli.
Original mutilé : Arch. du Calvados, fonds de Saint-Pierre-sur-Dive. — Photographie.

251. 1159-1172-3. — **Argentan.**
Donation de la métairie de Maheru à l'abbaye de La Trappe.
Original : Arch. de l'Orne. — Photographie.
— Voir plus haut, p. 303.

252.
Texte falsifié de la même charte.
Copie d'un vidimus : Arch. de l'Orne. — Voir plus haut, p. 303.

252 A. 1159-1172-3. — **Verneuil.**
Rente de 10 livres monnaie de Rouen, assignée à la Madeleine de Beaulieu près Chartres sur la vicomté de Rouen.
Vidimus de 1469 : Arch. d'Eure-et-Loir, G. 2989.

252 B. 1159-1172-3. — **Séez.**
Franchise accordée aux hommes de Beauvoir au Maine.
Vidimus de 1368 : Registre 99 du Trésor des chartes, n° 586.

252 C. Avant 1172-3 (vers 1170). — **Beauvoir-au-Maine.**
Donation du hundred de Ongar à Richard de Lucé.
Original : British Museum, Cotton, XI, 5. — Photographie.

252 D. Avant 1172-3 (vers 1170?). — **Beauvoir-au-Maine.**
Donation faite aux Templiers de la « decima Salvagie que est in parrochia Tesci ».
Copie de 1628 : Arch. de la Vienne, fonds de Malte, H. 116. (Communication du marquis d'Albon.)

253. 1162-1172-3. — **Angers.**
Donation de la « Mota de Conturniaco » à l'église de Notre-Dame de Loches.
Copie d'après un cartulaire : Collection de D. Houssean, vol. V, n° 1845.

253 A. 1162-1172-3. — **Breteuil.**
Charte de protection pour les moines de la Trinité de Cantorbéry.
Original : Arch. de l'église de Cantorbéry. — Photographie du Rev. Salter, n° 78.

253 B. Avant 1172-3. — **Verneuil.**
Ordre de faire reconnaître les aliénations indûment faites dans les manoirs de l'église de Cantorbéry.
Original : Arch. de l'église de Cantorbéry. — Photographie du Rev. Salter, n° 77.

253 C. Avant 1172-3. — **Tinchebrai.**
Ordre de faire reconnaître si les chanoines de Lincoln avaient la saisine d'une terre au moment de la mort de Henri Ier.
Original : Arch. de l'église de Lincoln. — Photographie du Rev. Salter, n° 76.

254. 1163-1172-3. — **Clarendon.**
Charte de sauvegarde pour l'abbaye de Fécamp, adressée aux officiers de Sussex.
Copie d'après l'original : Collection Moreau, vol. 67, fol. 146.

TABLE DES PIÈCES COMPRISES DANS LE RECUEIL.

255. 1163-1172-3. — **Reading.**
Accord entre Rualen de Genest et l'abbaye du Mont-Saint-Michel au sujet de la prévôté de Genest.
Original : Arch. de la Manche. — PHOTOGRAPHIE.

256. 1163-1172-3. — **Westminster.**
Donation de l'église de Bentworth à Rotrou, archevêque de Rouen.
Cartul. de l'église de Rouen, n° 15.

257. 1163-1172-3. — **Worcester.**
Donation de l'église de Lion-sur-Mer aux chanoines de Briweton.
Original : Arch. du Calvados. — PHOTOGRAPHIE.

257 A. 1163-1172-3. — **Rouen.**
Exemption des droits de tonlieu pour les chanoines de Briweton.
Inspeximus de 1314 : Calendar of Charter Rolls, t. III, p. 270, n. 2.

258. 1163-1172-3.
Concession à Guillaume Crespin d'une masure sise à Dieppe, près de Saint-Jacques.
Coutumier de Dieppe, fol. 50.

259. 1164-1172-3.
Concession de l'église d'Aurigni à la cathédrale de Coutances.
Cartul. de l'église de Coutances, n° 285.

259 A. 1164-1172-3. — **Silli.**
Charte de franchise pour les chanoines de Montjou.
Original : Oxford New College. — PHOTOGRAPHIE du Rev. Salter, n° 75.

260. 1165-1172-3. — **Argentan.**
Concession des coutumes de Breteuil aux hommes de Condé.
Premier et second cartul. de l'église d'Évreux, n° 192.

261. 1170-1172-3. — **Argentan.**
Donation de l'église d'Ivrande aux chanoines du Plessis.
Cartul. du prieuré du Plessis, t. II, n° 849.
— Voir plus haut, p. 306.

262.
Rédaction amplifiée de la même charte.
Ibid., n° 850. — Voir plus haut, p. 308.

263. 1165-1172-3. — **Argentan.**
Sauvegarde pour l'abbaye de Saint-André de Gouffer.
Cartul. de Saint-André, n° 68.

264. 1165-1172-3. — **Argentan.**
Donations faites à la même abbaye par Guillaume, comte de Pontieu.
Original : Arch. du Calvados. — PHOTOGRAPHIE.

265. 1165-1172-3. — **Argentan.**
Sauvegarde pour l'abbaye de Saint-Martin de Séez.
Livre rouge de Saint-Martin de Séez, p. 31.

266. 1165-1172-3. — **Bonneville-sur-Touque.**
Exemption du droit de tonlieu pour les bourgeois du roi demeurant à Verneuil.
Coutumier de Dieppe, fol. 63.

267. 1165-1172-3. — **Bur.**
Exemption de droits de tonlieu pour les religieux de Blanchelande.
Original : Arch. de la Manche, H. 125. — PHOTOGRAPHIE.

268. 1165-1172-3. — **Bur.**
Droits de l'abbaye de Cerisi sur l'église de Saint-Laurent-sur-Mer.
Version française : Cartul. de Cerisi, p. 561.

269. 1165-1172-3. — **Bur.**
Concession d'un droit de foire à l'abbaye de Cerisi.
Version française : *Ibid.*, p. 559.

270. 1165-1172-3. — **Bur.**
Conditions du mariage de Haimon le Bouteiller, avec Agnès, fille de Geoffroi, fils de Mabille.
Cartul. de Normandie, fol. 44 v°.

271. 1165-1172-3. — **Caen.**
Concession d'un droit de foire à l'abbaye de Saint-Étienne de Caen.
Copie venue de Gaignières : Ms. latin 17135, p. 52.

536 TABLE DES PIÈCES COMPRISES DANS LE RECUEIL.

272. 1165-1172-3. — **Caen.**
Accord entre l'évêque de Bayeux et Roger et Helie Suhard au sujet de l'église de Feugerolles.
Livre noir du chapitre de Bayeux, n° 143.

273. 1165-1172-3. — **Caen.**
Dimes de Bloville et de Carquebu données par Guillaume d'Angerville à l'abbaye de Blanchelande.
Vidimus de 1309 : Arch. de la Manche.

274. 1165-1172-3. — **Falaise.**
Donation à l'église de Bayeux des églises de Gavrai, Mesnil-Amand et Ver.
Livre noir du chapitre de Bayeux, n° 20.

275. 1165-1172-3. — **Le Mans.**
Donation de la dîme « de Valle Flamberti », faite par Fouque Painel aux religieuses de Saint-Julien du Pré.
Vidimus : Reg. 69 du Trésor des chartes, n° 280.

276. 1165-1172-3. — **Quevilli.**
Donation de la terre de Bretteville-l'Orgueilleuse à l'abbaye de Saint-Étienne de Caen par Hugues, comte de Chester.
Original mutilé : Arch. du Calvados. — Photographie.

277. 1165-1172-3. — **Rouen.**
Maintenue des moines de Foucarmont en jouissance de leurs biens et du payement des fermages d'après les conditions usitées lors de la conclusion des baux.
Cartul. de Foucarmont, fol. 35 v°.

278. 1165-1172-3. — **Rouen.**
Confirmation de la donation de la terre que l'Impératrice Mathilde avait achetée pour fonder l'abbaye de La Noë.
Original appartenant à M. Vierroy en 1906.

279. 1165-1172-3. — **Rouen.**
Donation aux lépreux du Mont-aux-Malades d'une terre dépendant de la forêt de Lillebonne.
Original mutilé : Arch. de la Seine-Inférieure. — Voir plus haut, p. 257.

280. 1165-1172-3. — **Rouen.**
Donation aux lépreux du Mont-aux-Malades de l'église de Saint-Sauveur de Nointot.
Vidimus de 1296 : Arch. de la Seine-Inférieure.

281. 1165-1172-3. — **Rouen.**
Église de « Saltewoda » affermée par les moines de Saint-Philbert.
Analyse par D. Jouvelin : Ms. latin 13905, fol. 96 v°.

282. 1165-1172-3. — **Rouen.**
Confirmation des biens et privilèges de l'abbaye de Conches.
Copie du xvii° siècle : Ms. latin 13816, fol. 461.

283. 1165-1172-3. — **Saumur.**
Protection des biens de l'abbaye de Fontevrault.
Cartul. de Fontevrault, fol. 26 v°.

284. 1165-1172-3. — **Verneuil.**
Confirmation des biens possédés en Normandie par l'abbaye de Saint-Père de Chartres.
Original : Ms. latin 9221, n° 11. — Atlas, planche XVII.

285. 1166-1172-3. — **Montfort-sur-Risle.**
Assignation de rente aux religieux de Préaux sur les étaux de Pont-Audemer pour l'anniversaire de Waleran, comte de Meulan.
Cartul. de Préaux, fol. 29 v°.

285 A. 1169-1172-3. — **Montfort.**
Exemption de droits de tonlieu pour l'abbaye de Cercamp.
Original : Arch. du Pas-de-Calais. — Atlas, planche XVII.

286. 1167-1172-3. — **Bur.**
Confirmation de l'église de Vateville à l'abbaye de Cherbourg.
Original : Arch. de la Manche. — Photographie.

287. 1167-1172-3. — **Chinon.**
Confirmation à l'abbaye de Fontevrault du vinage d'Angers et de Saumur.

TABLE DES PIÈCES COMPRISES DANS LE RECUEIL.

Copie d'après l'original : Ms. latin 5480, t. I, p. 84. — Voir plus haut, p. 291.

288.
Texte de la même charte arrangé au XVI° siècle.
Copie : Arch. de Maine-et-Loire. — Voir plus haut, p. 291.

289. 1167-1172-3. — **Rouen.**
Confirmation des biens de l'abbaye du Bec situés en Angleterre.
Inspeximus de 1333 : Ms. latin 9211, n° 106.

290. 1168-1172-3. — **Mortain.**
Droit de foire concédé à l'abbaye du Tronchet.
Copie moderne : Ms. français 22319, p. 238.

291. 1170-1172-3. — **Argentan.**
Donation par Guillaume de Mortagne de l'église de Saint-Martin-du-Bec aux chanoines de Rouen.
Original : Arch. de la Seine-Inférieure. — Photographie.

292. 1170-1172-3. — **Chinon.**
Donation du manoir de Ledecombe à l'abbaye de Cluni.
Original : Collection de Bourgogne, vol. 81, n° 260. — Atlas, planche XVIII.

293. 1170-1172-3. — **Quevilli.**
Donation de l'église de Beuseville aux lépreux du Mont-aux-Malades.
Vidimus de 1296 : Arch. nat., S. 4889, n° 8.

294. 1171-1172-3. — **Pontorson.**
Franchises accordées dans l'Avranchin aux bourgeois de Pontorson.
Vidimus de 1366 : Registre 97 du Trésor des chartes, n° 555.

295. Vers 1172. — **Saint-Lô.**
Accord entre l'abbé du Mont-Saint-Michel et Guillaume de Saint-Jean, au sujet de l'administration de la forêt de Bivoie.
Original : Arch. de la Manche. — Voir plus haut, p. 256.

296. 1172. — **Le Mans.**
Privilèges accordés à l'abbaye de Loc Maria.
Exemplaire contemporain : Arch. du Finistère.

...12 mars 1172.
Charte de Richard, évêque de Coutances, pour le prieuré de Bohon. — Voir plus haut, p. 21.

297. Mai 1172. — **Caen.**
Accord entre Enjuger de Bohon, Enguerran de Champrond et les moines de Marmoutier établis à Bohon, au sujet de l'église de Saint-Pierre de La Chapelle-Enjuger.
Copie d'après l'original : Ms. latin 5441, t. II, p. 29. — Voir plus haut, p. 24.

297 A. 1172. Entre le 22 et le 30 mai.
Lettre du roi relative à son absolution pour la part de responsabilité encourue à l'occasion du meurtre de l'archevêque de Cantorbéry.
Recueil des Historiens, t. XVI, p. 487, d'après le Recueil épistolaire de Jean de Salisbury. — Voir plus haut, p. 19.

297 B. 1172, après le 22 mai.
Grâce accordée à ceux qui avaient dû sortir de l'Angleterre pour avoir soutenu l'archevêque de Cantorbéry.
Ibid., p. 487, d'après le même Recueil.

297 C. 27 septembre 1172.
Procès-verbal de l'amende honorable à laquelle le roi avait dû se soumettre.
Roger de Hoveden, t. II, p. 35.

297 D. 1173, commencement de l'année.
Lettre pour prescrire l'élection de Richard, archidiacre de Poitiers, à l'évêché de Winchester.
Insérée dans un mémoire adressé au pape par Henri Court-mantel - Recueil des Historiens, t. XVI, p. 645.

297 E. 1173, commencement de l'année. — **Argentan.**
Confirmation de la donation que l'archidiacre Geoffroi Ridel avait faite à Robert de l'Ile pour le mariage dudit Robert avec Gallienne, cousine de l'archidiacre.

CHARTES ET DIPLÔMES. — IV.

538 TABLE DES PIÈCES COMPRISES DANS LE RECUEIL.

Copie du xiii° siècle : Cartæ antiquæ, P. 10.
— Voir plus haut, p. 26. — PHOTOGRAPHIE.

298. 1173.
Traité avec Humbert, comte de Maurienne.
Gesta Henrici, t. I, p. 36.

299. 1173? — Saint-Macaire-en-Gascogne.
Donation aux Templiers de l'église Saint-Clément-des-Danois à Londres.
Copie du xv° siècle : British Museum, Cotton, E. 6, fol. 52 v°.

300. 1173? — Fontevrault.
Donation à l'abbaye de Fontevrault d'une part du minage de Saumur.
Copie de l'original : ms. latin 5480, t. J, p. 75. — Voir plus haut, p. 27.

301. 1173?
Texte de la même charte arrangé au xvi° siècle.
Copie moderne : Arch. de Maine-et-Loire, Minage de Saumur.

301 A. 1173, commencement de l'année.
Lettre du Roi à Alexandre III demandant l'appui du pontife contre ses fils révoltés.
Recueil des Historiens, t. XVI, p. 649, d'après le Recueil épistolaire de Pierre de Blois.

301 B. 1173 ou 1174? — Stokes?
Confirmation des biens des frères de Saint-Bernard de Montjou. Acte visé dans une charte de Henri Court-mantel.
Original : Oxford, New College. — PHOTOGRAPHIE XX du recueil du Rev. Salter.

302. Juillet 1173 ou 1174. — Stokes.
Donation de la chapellenie de Blythe à Gautier de Coutances, clerc du roi.
Cartul. de l'église de Rouen, n° 152. — Voir plus haut, p. 28 et 258.

.... Juillet 1173 ou 1174. — Windsor.
Sauvegarde pour l'abbaye de Reading.
British Museum, Additional charter, 19592.
— PHOTOGRAPHIE. — Publiée plus haut, p. 29.

302 A. Vers 1173. — Domfront.
Sauvegarde pour l'abbaye de Ramsey.
Original : British Museum, Addit., n° 33647.
— PHOTOGRAPHIE.

303. 1173 ou 1174. — Caen.
Confirmation au connétable Richard du Hommet des manoirs anglais de ce seigneur.
Vidimus de 1347 : Arch. du Calvados. — Voir plus haut, p. 30.

304-305. 1174. — Saintes.
Confirmation des possessions de l'abbaye de Notre-Dame de Saintes.
Cartul. de Notre-Dame de Saintes, n° 83.

306. Vers 1174. — Caen.
Vidimus d'une charte de Henri I° pour les religieuses de Saint-Paul-hors-Rouen.
Registre E de Philippe Auguste, fol. 154.
— Voir plus haut, p. 183 et 322.

307. 30 septembre 1174. — Falaise.
Traité entre le roi et ses fils.
Exemplaire contemporain : British Museum, Cotton, VII, 12. — PHOTOGRAPHIE.

307 A. 1174.
Notification de ce traité aux sujets du roi.
Raoul de Dicet, t. I, p. 394.

308. 1174. — Falaise.
Traité avec le roi d'Écosse (ratifié à York le 10 août 1175).
Gesta Henrici, t. I, p. 96.

308 A. 8 décembre 1174. — Valognes.
Autre exemplaire, daté de Valognes, le jour que le roi d'Écosse fit hommage à Henri II.
Hearne, Liber niger Scaccarii, éd. 1774, p. 36.

309. 1172-3-1175. — Bur.
Achat par Jean Fils de Luc d'une maison sise à Rouen.
Premier cartul. du chapitre d'Évreux, n° 203.

310. 1172-3-1175. — Caen.
Confirmation aux moines de Savigni du fief de Robert de Fontenai sis à Thaon.
Cartul. de Savigni, n° 232.

TABLE DES PIÈCES COMPRISES DANS LE RECUEIL.

311. 1172-3-1175. — **Caen.**
Donation du domaine de Grangère aux religieuses de Notre-Dame de Mortain.
Original : Arch. nat., L. 971.

312. 1172-3-1175. — **Caen.**
Confirmation aux moines de Saint-Martin de Tours d'un pré acquis par échange des frères de Grammont.
Original vendu à Paris en 1888.

313. 1172-3-1175. — **Caen.**
Concession de la moitié du marché de Villedieu aux religieuses de Notre-Dame de Lisieux.
Original : Arch. du Calvados. — Atlas, planche XIX.

314. 1172-3-1175. — **Chinon.**
Confirmation à l'abbaye de Lire de biens situés en Angleterre, Hinchley, etc.
Monast. anglic., t. VI, part II, p. 1030, d'après une copie ancienne (Cartæ antiquæ, II, n° 3).

315. 1172-3-1175. — **Le Mans.**
Confirmation de différents biens de l'abbaye de Beaubec.
Coutumier de Dieppe, fol. 53.

316. 1172-3-1175. — **Le Vaudreuil.**
Droits d'usage de l'abbaye du Bec dans les forêts de Rouvrai et de Bort.
Original : Arch. de la Seine-Inférieure. — Atlas, planche XIX.

317. 1172-3-1175. — **Pont-Audemer.**
Donation de terre par Roger de L'Épervier à l'église Saint-Sanson d'Etréville, dépendant de l'abbaye de Préaux.
Cartul. de Préaux, fol. 28 v°.

318. 1172-3-1175. — **Quevilli.**
Maison située sur le perré de Dieppe donnée à l'abbaye de Beaubec par Guillaume, frère du roi.
Coutumier de Dieppe, fol. 57.

319. 1172-3-1175. — **Quevilli.**
Confirmation des biens et franchises de l'abbaye du Bec.
Double exemplaire original; l'un au British Museum (Topham charter, n° 10). — Photographie. — L'autre à la Bodléienne, Douce, n° VI.

320. 1172-3-1175. — **Rouen.**
Concession aux moines du Valasse de 230 acres de terre dans la forêt du Valasse.
Cartul. du Valasse, t. II, fol. 114 °.

321. 1172-3-1175. — **Tours.**
Exemption du droit de fourrage pour les religieux de Grais.
Vidimus de 1331 : Registre 66 du Trésor des chartes, n° 766.

322. 1172-3-1175. — **Valognes.**
Sauvegarde pour les chanoines de Coutances.
Cartul. du chapitre de Coutances, n° 287.

323. 1172-3-1175. — **Valognes.**
Remise à l'abbaye de Blanchelande d'un service de chevalier dû pour le manoir de Cammeringham.
Inspeximus de 1317 : Calendar of Charter Rolls, t. III, p. 362.

324. 1172-3-1175.
Concession à l'abbaye de Saint-Hélier de Jersey d'une charruée de terre donnée par Jourdain de Barneville.
Confirmation de Henri III : Arch. de la Manche. — Photographie.

325. 1174 ou 1175.
Confirmation des franchises accordées à l'abbaye de Préaux par Robert, comte de Meulan.
Cartul. de Préaux, fol. 28.

.... Vers 1175.
Charte du chambrier Guillaume de Tancarville pour les Templiers.
Voir plus haut, p. 503 note.

326. 1175, 1ᵉʳ avril. — **Bur.**
Hommage fait au roi par son fils Henri. Acte qui fut publié à Westminster le 30 mai.
Rad. de Diceto, t. I, p. 398.

327. 1175. — **Bur.**
Confirmation du gage que Gautier de Saint-Valeri avait sur la maison de Geroud Manclerc à Rouen.

Cartul. de l'église de Rouen, n°⁸ 171 et 172.

328. 1175. — **Valognes.**
Accord entre l'abbaye du Mont-Saint-Michel et Guillaume du Hommet au sujet de l'aumône de « Fucherevilla ».
Cartul. du Mont-Saint-Michel, fol. 124 v°.

329. 1175, avril. — **Cherbourg.**
Sauvegarde pour l'abbaye de Montebourg.
Cartul. de l'abbaye de Montebourg, n° 23.
— Voir plus haut, p. 13.

..... 23 juin 1175.
Charte de Gautier de Saint-Valeri, pour une maison sise à Rouen. — Voir plus haut, p. 51 note.

330. 1175. — **Barfleur.**
Confirmation à Hugues Fils d'Osbert, d'une terre que lui avait donnée Henri, évêque de Bayeux.
Cartul. du prieuré du Plessis, t. III, n° 1435.

331. 1175. — **Feckenham.**
Ordre au maire de Rouen de laisser Gautier de Saint-Valeri faire une construction sur le terrain que lui avaient engagé les fils de Geroud Manclerc.
Cartul. de l'église de Rouen, n° 184.

331 A. 1172-3-1175. — **Stamford.**
Franchise des droits de tonlieu pour les lépreux de Jérusalem.
Copie du xiii° siècle : Cartæ antiquæ, KK. 15. — Photographie.

332. 1174 ou 1175. — **Westminster.**
Donations faites à l'abbaye de l'Ile-Dieu par Renand de Pavilli, etc.
Original : Arch. de l'Eure. — Photographie.

332 A. Vers 1175. — **Westminster.**
Confirmation des biens et des franchises de l'abbaye de Saint-Valeri.
Original : Oxford, New College. — Atlas, planche IX.

332 B. Vers 1175. — **Westminster.**
Confirmation du domaine de Takesley à l'abbaye de Saint-Valeri.

Original : Oxford, New College. — Atlas, planche IX.

333. Octobre 1175. — **Windsor.**
Accord entre Henri II et le roi de Connaught.
Gesta Henrici, t. I, p. 102.

334. 1175. — **Woodstock.**
Sauvegarde pour les marchands de Cologne.
Lappenberg, Urkundliche Geschichte des Hansischen Stahlhofes zu London, Urkunden, p. 4.

335. 1175? — **Woodstock.**
Exemption de droits de tonlieu pour l'abbaye d'Aunai.
Ancienne copie : Arch. du Calvados.

336. 1175? — **Woodstock.**
Sauvegarde pour l'abbaye d'Aunai.
Original : Arch. du Calvados. — Photographie.

336 A. 1175? — **Apud Sanctum Laudunum.**
Charte pour les bourgeois de Dublin.
Indiqué par Eyton, d'après Lyttelton, IV, appendix (2).

337. 1175. — **Ludgershall.**
Confirmation des donations faites au Mont-Saint-Michel par les ducs Richard II, Robert, Guillaume le Conquérant et Henri Ier.
Vidimus de 1296 et de 1298 : Arch. de la Manche. — Photographie.

337 A. Vers 1175. — **Westminster.**
Confirmation des biens de l'abbaye de Saint-Valeri.
Original : Oxford, New College. — Photographie, n° 93 du Rev. Salter. — Voir plus haut, p. 290.

338. Vers 1175. — **Winchester.**
Sauvegarde pour le Mont-Saint-Michel.
Original : Arch. de la Manche. — Photographie.

339.
Exemplaire de la même charte avec la mention des agents des ports dans l'adresse.
Copie moderne, d'origine inconnue.

TABLE DES PIÈCES COMPRISES DANS LE RECUEIL.   541

340. 1175-1176. — **Northampton.**
Donation du manoir de Letcombe à l'abbaye de Cluni.
Inspeximus de Henri III en double exemplaire : Collection de Bourgogne, vol. 81, n°ˢ 318 et 319.

....1176.
Accord entre les chanoines d'Osenai et « Ingrea ». — Voir plus haut, p. 6 note et p. 40.

....janvier 1176.
Assise de Caen tenue par Richard, évêque de Winchester, et autres, touchant les églises de Surrain et de Thaon réclamées par le doyen de Bayeux. — Voir plus haut, p. 347.

....21 avril 1177.
Pour les libertés de l'église de Cantorbéry. — Voir plus haut, p. 86 et 266.

....Avant juin 1177.
Accord entre Gautier de Saint-Valeri et les enfants de Geroud Mauclerc, arrêté en présence de Barthélemi, maire de Rouen. — Voir plus haut, p. 55 et 358.

....Vers 1177.
Lettre de Bernard de Saint-Valeri au maire et aux pairs de Rouen. — Voir plus haut, p. 358.

341. Mars 1177.
Règlement des difficultés existant entre les rois de Castille et de Navarre.
Gesta Henrici, t. I, p. 151.

341 A. 1177. — **Winchester.**
Remplacement d'environ trente religieuses d'Ambresbury par des religieuses de l'ordre de Fontevrault.
Inspeximus : Calendar of Charter Rolls, t. II, p. 157.

342. 1172-3-1177, probablement 1177. — **Angers.**
Confirmation aux religieuses de Fontevrault du Pont-de-Cé et des coutumes de Brissac.
Double exemplaire original : l'un aux Arch. nat., J. 184; l'autre aux Arch. de Maine-et-Loire. — ATLAS, planche XX.

343. 1172-3-1177. — **Argentan.**
Confirmation de la gilde des tanneurs de Rouen.
Copie d'un registre de la Chambre des comptes : ms. latin 9067, fol. 154.

344. 1177. — **Le Mans.**
Donation de l'église de Malleville à Richard de Malpalu, clerc de maitre Gautier de Coutances.
Cartul. de Jumièges, n. 228.

345. 1177, 21 septembre. — **Ivri.**
Traité avec le roi de France.
Gesta Henrici, t. I, p. 191.

345 A. 1177. — **Verneuil.**
Ordonnance portant que, dans les provinces françaises, les sujets de Henri II ne pouvaient pas être obligés à cautionner leurs seigneurs.
Gesta Henrici, t. I, p. 194.

346. 1172-3-1178. — **Angers.**
Confirmation des biens de l'église de Saint-Laud-d'Angers.
Original mutilé : Bibliothèque d'Angers, ms. 757.

346 A. 1172-3-1178. — **Bur.**
Concession du domaine de « Uppletona juxta Nordhantonam » à Robert Fils de Sawin, de Northampton.
Original : British Museum, Addit., 22486. — PHOTOGRAPHIE.

347. 1172-3-1178. — **Caen.**
Confirmation des biens de l'abbaye de Saint-Évroul.
Cartul. de Saint-Évroul, t. I, n° 21. — Voir plus haut, p. 316.

348. 1172-3-1178. — **Caen.**
Confirmation des biens de l'abbaye de Saint-Sauveur situés en Angleterre.
Monast. anglic., t. VI, part II, p. 1105, d'après un inspeximus.

349. 1172-3-1178. — **Cherbourg.**
Confirmation des biens de l'abbaye de Saint-Sauveur.
Original en mauvais état : Arch. de la Manche. — PHOTOGRAPHIE. — Voir plus haut, p. 322.

350. Vers 1178. — **Chinon.**
Donation à l'abbaye de Fontevrault, par Payen de Mange, du tiers du minage de Saumur. — Voir plus haut, p. 293.
Copie d'après l'original : ms. latin 5480, t. II, p. 49.

350 A. Texte de cette charte arrangé au xvi° siècle.
Copie : Arch. de Maine-et-Loire. — Voir plus haut, p. 293.

351. 1172-3-1178. — **Gisors.**
Donation de 3 marcs d'argent sur le domaine de Crompton faite à l'abbaye de Fontevrault par Guillaume de Saint-Jean.
Original mutilé : Arch. de Maine-et-Loire. — Photographie. — Voir plus haut, p. 264.

352. 1172-3-1178. — **Le Mans.**
Franchises et coutumes des bourgeois de La Rochelle.
Copies modernes : Mss. français 16906-16908 et 18970.

353. 1172-3-1178. — **Le Mans.**
Échange de terrains entre les chanoines de Saint-Martin de Tours et les Bons Hommes de Grammont.
Original : Arch. d'Indre-et-Loire.

354. 1172-3-1178. — **Quevilli.**
Concession des coutumes de Verneuil aux hommes de l'évêque d'Évreux établis à Condé.
Premier cartul. du chapitre d'Évreux, n° 186.

354 A. 1172-3-1178. — **Quevilli.**
Pour l'abbaye de Boxley, dépendance de l'abbaye de Clairvaux.
Copie du xiii° siècle : Cartæ antiquæ, C 1. — Photographie.

355. 1172-3-1178. — **Quevilli.**
Concession aux Templiers de la maison de Sainte-Vaubourg.
Original : Arch. nat., S. 5198, n° 1. — Photographie.

356. 1172-3-1178. — **Quevilli.**
Concession d'un droit de foire aux lépreux du Mont-aux-Malades.
Original : Arch. de la Seine-Inférieure. — Photographie.

357. 1172-3-1178. — **Quevilli.**
Sauvegarde pour le prieuré de Saint-Martin de Sigi.
Original : Arch. de la Seine-Inférieure. — Photographie.

358. 1172-3-1178. — **Rouen.**
Confirmation des libertés et des franchises de la ville de Rouen.
Copie d'après l'original : Bibl. nat., ms. français, 5350, p. 11.

359. 1172-3-1178. — **Rouen.**
Confirmation des biens de l'abbaye de Jumièges.
Original : Arch. de la Seine-Inférieure.

360. 1172-3-1178. — **Rouen.**
Exemption de droits de tonlieu pour l'abbaye de Jumièges.
Original : Arch. de la Seine-Inférieure. — Photographie.

361. 1172-3-1178. — **Rouen.**
Confirmation des biens de l'abbaye du Valasse.
Original : Arch. de la Seine-Inférieure. — Photographie.

362-363. 1172-3-1178. — **Séez.**
Confirmation des biens et franchises de l'abbaye de Saint-Évroul.
Cartul. de Saint-Évroul, t. I, n° 22. — Voir plus haut, p. 317.

364. 1172-3-1178.
Confirmation des biens et franchises de l'abbaye de la Trinité et Sainte-Catherine-du-Mont de Rouen.
Inspeximus : Calendar of Charter Rolls, t. II, p. 302.

365. 1172-3-1178.
Confirmation des biens donnés aux moines du Bec établis dans l'église du Pré à Rouen.
Registre E de Philippe Auguste, fol. 154 et vidimus aux Arch. de la Seine-Inférieure.

366. 1172-3-1178.
Accord entre l'abbaye de Fécamp et Simon de Tournebu au sujet des églises du Vaudreuil.

TABLE DES PIÈCES COMPRISES DANS LE RECUEIL. 543

Original : Arch. de la Seine-Inférieure. — PHOTOGRAPHIE.

367. Vers 1178.
Envoi à l'abbaye de Cluni d'une somme de 1,000 marcs.
Cartul. D de Cluni.

367 A. Vers 1178. — **Rouen.**
Confirmation du don fait par le connétable Richard du Hommet à Roger Barré.
Copie du xiii° siècle : Cartæ antiquæ, OO. 21. — PHOTOGRAPHIE.

368. 1178, 19 mars. — **Le Bec.**
Donation à l'abbaye du Bec d'une rente de 100 livres sur la vicomté de Rouen, à l'occasion de la dédicace de l'église.
Copie moderne : ms. latin 12884, part. II, p. 115.

368 A. 1178, avant le 15 juillet.
Par lettre datée de Vincennes, le roi de France Louis VII prend sous sa garde les possessions françaises de son frère Henri, roi d'Angleterre pendant le séjour de ce prince en Angleterre.
Gesta Henrici, t. I, p. 198.

.... 1178, au plus tard.
Sentence prononcée pour l'abbaye de Marmoutier par le sénéchal Étienne de Marzai.
Voir plus haut, p. 461.

369. 1178. Donation aux chanoines de Bourges de 100 livres à prendre chaque année sur la garde de la fille de Raoul de Déols.
Cartul. du chapitre de Bourges, p. 63.

.... Vers 1178. — **Winchester.**
Remplacement des chanoines séculiers par des chanoines réguliers dans l'église de Waltham. — Voir plus haut, p. 265.

370. 1172-3-1179. — **Northampton.**
Sauvegarde pour les citoyens de Cologne.
Lappenberg, Urkundliche Geschichte des Hansischen Stahlhofes zu London, Urkunden, p. 3, n° 2, d'après un cartulaire.

371. 1172-3-1179. — **Northampton.**
Autorisation donnée aux hommes de Cologne de vendre leur vin à Londres au même prix que le vin français.
Ibid., p. 4, n° 3.

372. 1175-1179. — **Northampton.**
Charte pour les frères de Grammont établis à Bois-Rahier.
Vidimus : Trésor des chartes, reg. 198, n° 56.

373. 1172-3-1179. — **Westminster.**
Remise d'une somme de 2 marcs d'argent demandée aux hommes des Hospitaliers dans le comté d'Essex.
Copie du xiii° siècle : Cartæ antiquæ, CC. 13. — PHOTOGRAPHIE.

374. 1172-3-1179. — **Westminster.**
Confirmation des donations faites aux lépreux de Saint-Lazare de Jérusalem.
Copie de l'année 1352 : Arch. nat., K, 26, n° 21 A.

374 A. 1172-3-1179. — **Westminster.**
Accord entre l'évêque d'Ély et les Templiers, en présence de Geoffroi, comte de Bretagne. — Acte de 1176. Voir plus loin, p. 557.
Original : Ely Charter. — PHOTOGRAPHIE n° 95 de Salter.

375. 1175-1179. — **Winchester.**
Confirmation des donations que les ancêtres du comte Conan avaient faites du domaine de « Wat » à l'abbaye du Mont-Saint-Michel.
Original : Arch. de la Manche. — PHOTOGRAPHIE.

376. 1179 (?). — **Winchester.**
Donation de terre que Robert de Fai avait faite à Guillaume de Mandeville.
Cartul. de Silli, fol. 26.

377. Vers 1180. — **Caen.**
Confirmation de la charge de connétable à Guillaume du Hommet.
Original endommagé : Arch. du Calvados. — PHOTOGRAPHIE.

378. 28 juin 1180. — **Entre Gisors et Trie.**
Traité entre Philippe Auguste et Henri II.
Gesta Henrici, t. I, p. 247.

544 TABLE DES PIÈCES COMPRISES DANS LE RECUEIL.

379. Vers 1180. — **Valognes.**
Accord entre l'abbaye de Savigni et Geoffroi de Montfort, au sujet des églises de Quettreville et Gouville.
Original : Arch. de la Manche. — Photographie.

379 A. Vers 1180.
Confirmation des biens de l'abbaye de Hambie.
Original mutilé : Arch. de la Manche. — Photographie.

.... Vers 1180.
Charte de Hugues de Périers pour la construction à Périers d'une chapelle en bois. — Voir plus haut, p. 393.

.... Vers 1180.
Deux actes passés devant le maire et l'archevêque de Rouen pour la vente d'une maison à Gautier de Coutances. — Voir plus haut, p. 348.

.... Vers 1180.
Charte du chancelier Raoul, du justicier Guillaume de Malpalu et du maire Barthélemi, pour la vente d'une maison faite à Gautier de Coutances par Hawise, femme de Bernard Comin. — Voir plus haut, p. 100, note.

379 B. Vers 1180.
Requête de Guillaume Fils de Jean, « de Westona », en faveur des chanoines de Briweton, pour l'église de Manneville et la chapelle de Sainte-Ergoueffe.
Original : Arch. du Calvados.

379 C. Vers 1180. — **Chinon.**
Pour les chanoines de Sweinesby.
Monast. anglic., t. VI, part II, p. 920, d'après un inspeximus.

379 D. Vers 1180.
Lettre d'Étienne, sénéchal d'Anjou, à l'évêque de Bath et à Renouf de Glanville, en faveur du prieur de Mayenne, conformément à un mandement du roi.
Copie d'un bénédictin (d'après les archives de Marmoutier), ms. latin, 12679, fol. 177 v°.

380. Vers 1180.
Deux chartes émanées, l'une de Guillaume, évêque du Mans, l'autre de Hugues de Courterne, neveu de Guillaume de Traci, l'un des meurtriers de l'archevêque de Cantorbéry. Elles font connaître les démarches du roi Henri II et celles d'Alain de Traci, frère du meurtrier, qui aboutirent à faire affecter, par l'évêque du Mans, à l'église d'Ivrande des biens que Guillaume de Traci avait destinés à doter une léproserie « apud Coysmas ».
Cartul. du prieuré du Plessis, nos 880 et 881.

380 A. 1172-3-1181. — **Saumur.**
Donation à l'abbaye de Savigni de l'église de Bennington.
Original : Arch. nat., L, 968, n° 219. — Atlas, planche XXI.

381. 1177-1181. — **Cherbourg.**
Concession à Geoffroi, orfèvre du roi à Caen, d'étaux devant l'église de Saint-Pierre de Darnetal.
Cartul. de Normandie, fol. 9.

382. 1177-1181. — **Tours.**
Confirmation à la cathédrale de Chartres des églises que Richard, marquis de Normandie, lui avait données dans l'Évrecin et le Lieuvin.
Original : ms. lat. 2231 des nouv. acq. — Atlas, planche XXI.

383. 1180-1181. — **Argentan.**
Confirmation à Jean Fils de Luc, clerc du roi, d'un terrain sis à Rouen, acheté de Robert « Citharista ».
Premier cartul. du chapitre d'Évreux, n° 201.

384. 1181 ou 1186. — **Valognes.**
Sauvegarde pour l'abbaye de Montebourg.
Cartul. de Montebourg, n° 19.

385. 1181 ou 1186. — **Valognes.**
Sauvegarde pour l'abbaye de Saint-Sauveur.
Cartul. de Saint-Sauveur, n° 28.

386. 1181 ou 1186. — **Valognes.**
Sauvegarde pour l'abbaye du Mont-Saint-Michel.
Original : Arch. de la Manche. — Photographie.

TABLE DES PIÈCES COMPRISES DANS LE RECUEIL.

387. 1175-1181. — **Valognes.**
Maintenue de l'abbaye de Saint-Wandrille dans la jouissance des biens qu'elle possédait à la veille du passage du roi en Angleterre.
Cartul. de Saint-Wandrille, fol. 309 v°.

....1181.
Charte de Bernard de Saint-Valeri pour l'abbaye de Fontevrault. — Voir plus haut, p. 358 note.

....Décembre 1181?.
Charte du roi pour l'abbaye de Stratford. — Voir plus haut, p. 60.

388. 1175-1181. — **Westminster.**
Donation des églises d'Ivri à l'abbaye d'Ivri.
Original : Archives de l'Eure. — Photographie.

389-390. 1169-1182.
Attestation que le Roi a accordé sa sauvegarde à l'abbaye de Charroux.
Copie d'après le cartul. de Charroux : Collection de D. Fonteneau, t. IV, p. 223.

391. 1172-3-1182. — **Bur.**
Sauvegarde pour le prieuré du Plessis.
Original : Archives du Calvados. — Atlas, planche XXII.

392. 1172-3-1182. — **Caen.**
Sauvegarde pour l'hôpital de la Madeleine de Rouen.
Original : Arch. des hospices de Rouen.

393. 1172-3-1182. — **Caen.**
Échange entre l'église de Winchester et l'abbaye de Corneilles.
Inspeximus de 1317 : Calendar of Charter Rolls, t. III, p. 355.

394. 1172-3-1182. — **Caen.**
Confirmation des biens de l'abbaye de Montebourg.
Cartul. de Montebourg, n° 16.

395. 1172-3-1182. — **Caen.**
Sauvegarde pour l'abbaye du Valasse.
Original : Arch. de la Seine-Inférieure. — Photographie.

396. 1172-3-1182. — **Cherbourg.**
Sauvegarde pour l'abbaye de Notre-Dame-du-Vœu (Le Valasse).
Original : Arch. de la Seine-Inférieure. — Photographie.

397. 1172-3-1182. — **Chinon.**
Donation à l'abbaye de Fontevrault de 100 livres de rente sur les revenus d'Angers et de Loudun.
Vidimus de 1314 : Trésor des chartes, J. 184, n° 4.

398. 1172-3-1182. — **Chinon.**
Concession à l'abbaye de Marmoutier du manoir « de Torvertone ».
Inspeximus de 1237 : Arch. d'Indre-et-Loire.

399. 1172-3-1182. — **Le Mans.**
Confirmation des biens des frères de Grammont établis à Bersai.
Cartul. de La Haie aux Bons-Hommes, fol. 232. — Voir plus haut, p. 298.

400. 1172-1182. — **Quevilli.**
Confirmation de la donation de 20 acres de terre dépendant du manoir de Sainte-Mère-Église, faite par Guillaume Longue-épée à Raoul Le Veneur.
Vidimus de 1411 : Trésor des Chartes, reg. 165, n° 192.

401. 1178.-1182. — **Rouen.**
Autorisation donnée aux moines de Saint-Georges de défricher leur terre de « Huchelay ».
Copie venue de Gaignières : ms. lat. 5423 A, p. 44.

402. 1172-3-1182. — **Rouen.**
Donation que Hugues de Semur avait faite à Saint-Pierre de La Couture d'une terre située « ad Ponval ».
Cartul. de La Couture du Mans, fol. 13 v°.

403. 1172-3-1182. — **Tours.**
Confirmation des biens que l'abbaye de Saint-Victor de Paris possédait en Normandie.
Original : Arch. nat., L. 888 A, n° 21. — Atlas, planche XXII.

CHARTES ET DIPLÔMES. — IV.

404. 1180-1182. — [Cherbourg(?)].
Donation de la dîme de Langrune à l'abbaye de Hambie par Philippe de Colombières.
Original : Arch. de la Manche. — Photographie.

405. 1172-3-1182. — Valognes.
Donation de terre située à Loucelles, faite par Hugues Le Vilain à l'abbaye de Saint-Étienne de Caen.
Original : Collection de Stapleton à Carlton.

406. 1172-3-1182.
Donation de l'église de Mosles faite à l'abbaye de Cerisi, par Guillaume Guernon.
Version française : Cartul. de Cerisi, p. 42.

407. 1172-3-1182. — Northampton.
Exemption des droits de tonlieu pour les lépreux de Saint-Lazare de Jérusalem.
Copie de 1352 : Arch. nat., K. 26, n° 21 A.

408. 1172-3-1182. — Westminster.
Confirmation à l'église de Rouen de la pâture de Londinières.
Cartul. de l'église de Rouen, n° 52.

409. 1174-1182. — Windsor.
Sauvegarde pour l'abbaye de Savigni.
Cartul. de Savigni, n° 590.

410. 1174-1182. — Winchester.
Franchise de l'abbaye de Vendôme.
Cartul. saintongeois de la Trinité de Vendôme, par Metais, p. 110, n° 67.

411. 1173-1182 — Valognes.
Exemption des droits de tonlieu pour l'abbaye de Montebourg.
Cartul. de Montebourg, n° 17.

412. 1177-1182. — Bur.
Accord entre le chapitre de Bayeux et Robert d'Isigni, au sujet de la dîme d'Isigni.
Livre noir du chapitre de Bayeux, n° 11.

413. 1177-1182. — Domfront.
Confirmation des biens de l'abbaye de Savigni.
Cartul. de Savigni, n° 582. — Voir plus haut, p. 326.

414. Texte interpolé et falsifié de cette charte.

Vidimus original de Charles IV, Biblioth. de Rouen, Collection Leber, n° 103 des chartes de Savigni. — Voir plus haut, p. 326.

415. 1177-1182. — Le Bec.
Confirmation à l'abbaye de Foucarmont de deux maisons sises à Dieppe.
Cartul. de Foucarmont, fol. 35.

416. 1177-1182. Lillebonne.
Confirmation des biens de l'abbaye de Saint-Georges.
Cartul. de Saint-Georges, fol. 66.

417. 1177-1182. Lillebonne.
Exemption des droits de tonlieu pour l'abbaye de Saint-Georges.
Cartul. de Saint-Georges, fol. 62 v°.

418. 1177-1182. — Lillebonne.
Confirmation des biens et des franchises de l'abbaye de Saint-Victor-en-Caux.
Vidimus de Charles IV : Reg. 61 du Trésor des chartes, n° 404.

419. 1177-1182. — Séez.
Confirmation des biens et des franchises du prieuré de Grais.
Vidimus de 1331 : Reg. 66 du Trésor des chartes, n° 766.

420. 1177-1182. — Valognes.
Donation de la moitié de l'église de Saint-Hilaire de Petiteville à l'abbaye de Longues.
Cartul. de Longues, n° 4.

421. 1178-1182. — Angers.
Confirmation des biens et des franchises des Frères de Grammont établis à La Haie d'Angers.
Cartul. de La Haie aux Bons-Hommes, fol. 1. — Voir plus haut, p. 298.

422. 1179-1182. — Cherbourg.
Confirmation des biens de l'église Saint-Lô de Rouen.
Original : Arch. de la Seine-Inférieure. — Photographie.

423. 1179-1182. — Chinon.
Confirmation d'une rente donnée à l'abbaye de Notre-Dame de Turpenai.
Copie d'après un cartulaire : Collection de D. Housseau, vol. V, n° 1709.

TABLE DES PIÈCES COMPRISES DANS LE RECUEIL. 547

424. 1179-1182. — **Valognes.**
Fondation de l'Hôtel-Dieu d'Angers.
Copie de l'année 1265 : Arch. de Maine-et-Loire.

425. 1179-1182. — **Valognes.**
Fondation de l'Hôtel-Dieu du Mans.
Vidimus : Registre 66 du Trésor des chartes, n° 687.

426. 1179-1182.
Confirmation de la terre « de Thedrigia et de Heuseta » à l'église Saint-Maurice d'Angers.
Madox, Formulare anglicanum, p. 47, n° 85 d'après l'original.

427. 1179-1182. — **Alençon.**
Sauvegarde pour l'abbaye de Saint-Amand de Rouen.
Cartul. de Saint-Amand de Rouen, fol. 9 v°.

428. 1180-1182. — **Argentan.**
Confirmation des biens de l'abbaye de Saint-Martin d'Aumale.
Vidimus de Philippe de Valois : Registre 65. J, du Trésor des chartes, n° 282.

429. 1180-1182 — **Le Mans.**
Dotation de l'Hôtel-Dieu d'Angers.
Original : Arch. de Maine-et-Loire. — Photographie.

430. 1180-1182. — **Le Mans.**
Donation au même Hôtel-Dieu du « Boscus Deserte sub Rupe Forti ».
Original : Arch. de Maine-et-Loire. — Atlas, planche XXIII.

431. 1180-1182 (peut-être 1180). — **Windsor.**
Confirmation à maître Gautier de Coutances de la maison de Raoul Fils d'Étienne, au-dessus du Grand pont à Rouen.
Cartul. de l'église de Rouen, n°° 87 et 168. — Voir plus haut, p. 268-270.

431 A. 1182? — **Northampton.**
Accord entre Richard du Pec et les chanoines du Vœu de Cherbourg au sujet de la terre d'Arreville.
Original : Arch. de la Manche. — Photographie.

432. 1181-1182. — **Bur.**
Donation de l'église d'Ivrande au prieuré du Plessis.
Cartul. du Plessis, t. II, n° 853. — Voir plus haut, p. 309.

432 A. Vers 1182.
Donation de l'église de La Cambe au prieuré du Plessis.
Ibid., t. III, n° 1383.

433. Vers 1182. — **Chinon.**
Donation à l'abbaye de Fontevrault des droits de Guillaume de Mauge sur le minage et l'eau de Saumur.
Copie moderne : Arch. de Maine-et-Loire, Minage de Saumur, fol. 3. — Voir plus haut, p. 293.

433 A. Texte de la même charte, arrangé au XVIe siècle.
Ibid., fol. 4. — Voir plus haut, p. 293.

434. Vers 1182. — **Rouen.**
Donation faite à l'abbaye de Saint-Étienne de Caen par Robert de La Haie et Hugues Maubenc.
Extrait par Gaignières : ms. latin 17135, p. 9.

435. Vers 1182. — **Clarendon.**
Sauvegarde pour Jean, évêque d'Évreux.
Premier cartul. de l'Église d'Évreux, n° 202.

436. Vers 1182. — **Windsor.**
Sauvegarde pour l'abbaye de Savigni.
Cartul. de Savigni, n° 590.

436 A. Vers 1182. — **Windsor.**
Pour l'abbaye de Reading.
Original, British Museum, Addit. 19592. — Atlas, planche V.

437. 1182. — **Waltham.**
Testament de Henri II.
Gervais de Cantorbéry, t. I, p. 298.

438. 1182. — **Compiègne.**
Recommandation pour les quêteurs de Saint-Corneille de Compiègne.
Copie par D. Grenier, d'après l'original : Collection Moreau, vol. 84, fol. 134.

....1182.

Accord entre le prieur de Rochester et Guillaume Fils de Raoul de Wi. — Voir plus haut, p. 41.

439. 1182.

Lettre à Richard, évêque de Winchester, au sujet des rapports des rois de France et d'Angleterre avec le comte et certains barons de Flandre.

Rad. de Diceto, t. II, p. 11.

440, 441, 442. 1182. — Chinon.

Trois chartes, dont deux émanées de Henri II et une d'Albert, évêque de Saint-Malo, touchant la cession du prieuré de Lehon, que les religieux de Saint-Magloire de Paris firent à l'abbaye de Marmoutier.

Copies de Dom Martene et de D. Housseau : Bibl. nat., ms. lat. 12879, fol. 174 v° et 176; Collection de D. Housseau, vol. V, n°ˢ 1957 et 1960.

443. 28 septembre 1182. — Chinon.

Accord entre l'abbaye de Fontevrault et Guillaume de Montsoreau.

Copie d'après l'original : ms. latin 5480, t. I, p. 421.

444. 1182? — Gorron.

Confirmation de la rente donnée à l'abbaye de Savigni sur le domaine de Pont-Audemer par Isabelle, fille du comte de Meulan.

Original : Arch. nat., L. 968. — Atlas, planche XXIV.

445. 1182. — Gorron.

Confirmation d'une donation faite à Henri du Marais par Gérard, prieur de Norwich.

Ancienne copie : Cartæ antiquæ, S, n° 15. Photographie.

445 A. 20 janvier 1183. — Caen.

Accord entre l'abbesse de Caen et Robert Fils de Richard de Scroton, conçu en la cour du Roi.

Cartul. de la Trinité de Caen, fol. 14.

445 B. 8 mars 1183. — Poitiers.

Accord entre l'archevêque de Cantorbéry et l'abbé de Saint-Augustin.

Ms. 238 du Collège Gonville et Caius, cité dans le Catalogue de James, t. I, p. 285.

446. 1172-3-1183. — Quevilli.

Confirmation des biens donnés à l'abbaye du Bec et au prieuré de Saint-Philbert.

Extrait par D. Jouvelin : ms. latin 13905, fol. 96 v°.

447. 1172-3-1183. — Quevilli.

Ordre aux baillis d'Arques et de Drincourt de maintenir les chanoines de Rouen en jouissance de leurs biens.

Cartul. de l'église de Rouen, n° 40.

448. 1172-3-1183. — Rouen.

Confirmation de 100 acres de terre aux religieuses de Bondeville.

Original : Arch. de la Seine-Inférieure. — Atlas, planche XXIV.

449. 1177-1183. — Neufchâtel (Drincourt).

Donation faite aux religieuses de Saint-Saens (Sancta Maria Supremi Campi) par la comtesse Isabelle de Pembroke.

Original : Arch. de la Seine-Inférieure. — Photographie.

449 A. Vers 1183. — Neufchâtel.

Concession faite à l'église de Saint-Jacques de Bristol, lieu de sépulture de Robert, comte de Gloucester.

Deux copies du xiiiᵉ siècle : Cartæ antiquæ, K. 30 et O O. 10. — Photographie.

449 B. 1179-1183. — Angers.

Sauvegarde pour la maison des Bons-Hommes de Brouzeau.

Bulletin de la Société archéol. et histor. du Limousin, t. LVI, p. 423. — Voir plus haut, p. 298.

450. 1179-1183. — Caen.

Confirmation des biens de l'abbaye de la Trinité de Caen.

Original : Arch. du Calvados. — Photographie. — Voir plus haut, p. 271.

....1183.

Charte de Hascoul de Subligni et d'Iseud de Dol. — Voir plus haut, p. 381.

TABLE DES PIÈCES COMPRISES DANS LE RECUEIL. 549

....1183.
Assise de la cour du roi saisie d'une affaire de l'abbesse de Caen. — Voir plus haut, p. 349.

451. 1183. — **Neufchâtel.**
Lettre de non-préjudice relative au droit de nommer à l'église de Saint-Côme qui appartient à l'abbé de Cluni.
Copie d'après l'original : Collection Moreau, vol. 67, fol. 144.

451 A. 1184?
Concession de manoirs à Baudoin de Béthune.
Ancienne copie en mauvais état : Cartæ antiquæ, EE. 27. — PHOTOGRAPHIE.

....1184.
Fragment du Grand Rôle de l'Échiquier de Normandie. — ATLAS, planche XXIX. — Voir plus haut, p. 334.

452, 453. 1181-1184. — **Selvi.**
Confirmation des biens de l'abbaye de Valmont.
Édition fragmentaire : Du Monstier, Neustria pia, p. 871.

454. 1172-3-1185. — **Falaise.**
Donation faite par l'évêque de Bayeux d'une partie du bois de Montpinchon au prieur du Plessis.
Cartul. du Plessis, t. I, n° 18.

455. 1172-3-1185.
Franchise aux hommes des Frères de La Bellière établis à Argentan, Falaise, Caen, etc.
Cartul. de Normandie, fol. 40. — Voir plus haut, p. 298.

456. 1172-3-1185. — **Argentan.**
Ordre de maintenir les « divisie et divisiones » des Bons-Hommes de La Bellière.
Ibid., fol. 40 v°.

457. 1177-1185. — **Angers.**
Charte adressée par le roi à Foulque, son chanoine d'Angers, pour la chapellenie de Saint-Laud d'Angers.
Exemplaire du XIIᵉ siècle : Ms. 680 (757) de la Bibliothèque d'Angers. — Voir plus haut, p. 318.

458. 1177-1185. — **Angers.**
Charte analogue, mentionnant la présence des fils du Roi, Richard et Geoffroi.
Copie de 1610 : Arch. de Maine-et-Loire, G. 1003. — Voir plus haut, p. 319.

458 A. 1179-1185. — **Argentan.**
Donations faites à l'église de Saint-Pierre de Bath.
Inspeximus de 1324 : Calendar of Charter Rolls, t. III, p. 471.

459. 1181-1185. — **Argentan.**
Donation de patronages d'églises à l'abbaye de Montmorel par Jean de Subligni.
Original : Arch. de la Manche.

460. 10 avril 1185. — **Douvres.**
Accord entre Richard, évêque de Winchester, et les Hospitaliers de Saint-Jean de Jérusalem pour l'église de Sainte-Croix-hors-Winchester.
Original : British Museum, Harley, 43, I. 38. — PHOTOGRAPHIE.

460 A. Vers 1185. — **Northampton.**
Don aux lépreux de Saint-Lazare de Jérusalem de 40 marcs d'argent sur l'Échiquier.
Copie du XIIIᵉ siècle : Cartæ antiquæ, C. n° 5. — PHOTOGRAPHIE.

....Vers 1185.
Charte de Bernard Chalon, neveu d'Étienne de Tours, pour l'abbaye de Savigni. — Voir plus haut, p. 357.

....Vers 1185.
État des droits du roi dans la vicomté d'Avranches. — Voir plus haut, p. 345.

....Vers 1185.
Charte de Foulque de Matha pour l'église de La Sauve. — Voir plus haut, p. 309.

461. 1185.
Reconnaissance des droits de l'abbesse de Caen sur l'église de Carpiquet.
Cartul. de la Trinité de Caen, fol. 87 v°.

461 A. 1185. — **Mayet.**
Accord entre l'abbaye de Vendôme et Bouchard, comte de Vendôme.
Metais : Cartul. de la Trinité de Vendôme,

t. II, p. 445, d'après plusieurs mss de l'abbaye de Vendôme à la Bibl. nat.

462, 463, 464. 1185.
Trois actes relatifs à la reconnaissance des droits de l'abbaye de Fécamp sur l'église d'Étretat.
Cartul. de Fécamp, de la Bibl. de Rouen, n°ˢ 15, 50 et 9.

464 A. Vers 1185. — **Saint-Pierre-sur-Dive.**
Union des abbayes de Saint-Hélier de Jersey et de Notre-Dame de Cherbourg.
Original : Arch. de la Manche. — Photographie.

465, 465 A. 1185. — **Ivri.**
Deux chartes, l'une du roi, l'autre de Renaud, évêque de Chartres, touchant un accord entre l'abbaye de Marmoutier et Simon d'Anet, au sujet du prieuré de Croth.
Extraits d'après les originaux : ms. latin 5441, t. I, p. 93 et 94.

465 B. Vers 1185. — **Domfront.**
Sauvegarde pour les lépreux de Beaulieu de Chartres.
Vidimus de 1469 : Arch. d'Eure-et-Loir.

465 C. 1185. — **Alençon.**
Donation faite par la reine Aliénor à l'abbaye de Fontevrault d'une rente de 100 livres sur le minage de Poitiers.
Copie d'après l'original : ms. latin 5480, t. I, p. 487.

466. 11 mars 1186. — **Gisors.**
Traité conclu entre Philippe Auguste et Marguerite de France, veuve du roi Henri Court-mantel, au sujet du douaire de cette princesse.
Original : Arch. de Maine-et-Loire. — Atlas, planche XXV.

467. 1186? — **Barfleur.**
Exemption de droit de tonlieu et d'autres coutumes accordée à Alain de Périers.

Vidimus de 1328 : Registre 65. B, du Trésor des Chartes, n° 73.

468. 1186? — **Barfleur.**
Sauvegarde pour l'abbaye de Saint-Sauveur.
Cartul. de Saint-Sauveur, n° 7.

469. 1186? — **Barfleur.**
Donations faites aux lépreux de Bolleville par Richard de La Haie et Guillaume d'Écausseville.
Cartul. de la léproserie de Bolleville, fol. 2 v°.

469 A. 1186 ou 1188. — **Woodstock.**
Donation d'un manoir anglais à l'abbaye de Stanley, en considération de la mère du roi, l'Impératrice Mathilde, et de Gilbert, jadis abbé de Cîteaux.
Original : Record Office, Ancient Deed, A. 6685. — Photographie.

470. Vers 1186?
Confirmation à l'abbaye de La Couture du Mans d'un manoir anglais donné par Payen de Sourches.
Cartul. de La Couture, fol. 17 v°.

471. 1180-1187.
Confirmation des coutumes dont jouissaient les moines de Saint-Pierre de La Couture.
Ibid., col. 9 v°.

472. 1187. — **Hesdin.**
Exemption du droit de tonlieu pour les religieux de l'abbaye cistercienne des Dunes.
A. de But, Cronica abbatum monasterii de Dunis, p. 151, d'après l'original.

472 A. Vers 1187. — **Neufchâtel.**
Donation faite à Geoffroi Ballard par l'abbé de Ramsey.
Original : British Museum. Addit., 34019. — Photographie.

.... Après 1187.
Charte de Renouf, comte de Chester et de Lincoln pour l'abbaye de Savigni. — Voir plus haut, p. 423, note [1].

---

[1] Dans la note se trouve citée une charte de Clémence de Fougères, seconde femme du comte Renouf. Cette charte est postérieure de quelques années à celle de Renouf; elle a été faite après que le second mariage du comte avait été rompu.

473. 1172-1188. — **Feckenham.**
Sauvegarde pour l'abbaye de Fécamp.
Copie d'après l'original : Collection Moreau, vol. 67, fol. 145.

474. 1177-1188. — **Guildfort.**
Donation aux lépreux du Mont-aux-Malades de 6,000 harengs sur la prévôté de Dieppe.
Coutumier de Dieppe, fol. 64 v°.

475. 1176-1188. — **Marlborough.**
Donations faites à l'abbaye de Foucarmont par Gilbert Le Mire, Guillaume Torel et Odard Le Mire.
Original : Arch. de la Seine-Inférieure. — Photographie.

476. 1176-1188. — **Marlborough.**
Sauvegarde pour les chanoines de Briweton.
Original : Arch. du Calvados. — Photographie.

477. 1176-1188. — **Westminster.**
Confirmation du manoir de Cambrigeham à l'abbaye de Blanchelande.
Inspeximus de 1317. : Calendar of Charter Rolls, t. III, p. 363.

478. 1176-1188. — **Westminster.**
Ordre de payer 25 livres aux frères de la Chartreuse.
Madox, The History of the Exchequer, p. 268.

479. 1176-1188. — **Westminster.**
Charte pour Alexandre de Barentin, bouteiller du roi.
Madox, Formulare, p. 48, n° CXXXVI; d'après l'original.

480. 1179-1188. — **Geddington.**
Pour l'abbaye de Saint-Wandrille, touchant l'église d'Ecclesfield.
Cartul. de Saint-Wandrille, fol. 305 v°, d'après un vidimus de 1245.

481. 1181-1188. — **Winchester.**
Sauvegarde pour l'abbaye et les prieurs de Cluni.
Cartul. D de Cluni. (A la p. 117 de la copie de Baluze, ms. latin 5459.)

.... 1188. — **Clarendon.**
Accord entre l'abbaye de Ramsey et Geoffroi Pecché. — Voir plus haut, p. 10 et 11.

481 A et B. 1185-1188. — **Bur.**
Pour les religieux de Montjou établis à Havering.
Deux exemplaires, avec attaches du sceau différentes : Oxford, New College. — Photographies du Rev. Salter, n°° 106 et 107.

482. 1185-1188. — **Bur.**
Confirmation de la donation de l'église de Berville donnée à Hugues de Nonant, élu de Chester.
Copie moderne : Recueil de Le Brasseur, ms. 2191 de la Bibliothèque de Rouen.

483. 1185-1188. — **Caen.**
Confirmation des biens de l'abbaye de Préaux.
Cartul. de Préaux, n° 55.

484. 1185-1188. — **Caen.**
Droits d'usage de l'abbaye de Préaux dans la forêt de Brotonne.
Cartul. de Préaux, fol. 29.

485. 1185-1188. — **Caen.**
Donation par Alain Le Bouteiller à l'abbaye de Préaux d'une rente sur les étaux de Pont-Audemer.
Cartul. de Préaux, n° 352.

486. 1185-1188. — **Cherbourg.**
Charte de fondation de la maison de lépreuses à Quevilli.
Copie moderne : Bibl. Nat., ms. latin 10057, fol. 223 v°.

487. 1185-1188. — **Cherbourg.**
Confirmation des biens de l'abbaye de Lessai.
Original : Arch. de la Manche.

488. 1188 (?). — **Alençon.**
Concession du prieuré de Coventry à Hugues de Nonant.
Registre de Lichfield, cité par le Rev. Eyton, p. 284.

552 TABLE DES PIÈCES COMPRISES DANS LE RECUEIL.

489. 1185-1189. — Angers.
Accord entre l'abbaye de Cormeri et le prieuré de Grais.
Vidimus de 1331 : Registre 66 du Trésor des chartes, n° 766.

490. 1185-1189. — Angers.
Donation aux chartreux du Liget des droits que le roi avait sur Thomas Raier de Beaulieu.
Cartul. du Liget, fol. 124 v°.

491. 1185-1189. — Argentan.
Maintenue des frères de Grammont dans la jouissance de leurs revenus et de leurs aumônes.
Cartul. de Normandie, fol. 40 v°.

492. 1185-1189. — Arques.
Sauvegarde pour les lépreux du Mont-aux-Malades.
Vidimus du xv° siècle : Bibl. nat., ms. français 26476, n° 1.

493. 1185-1189. — Arques.
Sauvegarde pour les chanoines de Notre-Dame d'Eu.
Cartul. du comté d'Eu, fol. 42.

494. 1185-1189. — Bonneville.
Ordre au connétable de Cherbourg de faire jouir les chanoines de Notre-Dame-du-Vœu d'une maison que « Preisia » leur avait donnée.
Original : Arch. de la Manche. — Photographie.

495. 1185-1189. — Bur.
Prébendes établies par Guillaume le Conquérant dans l'église Saint-Nicolas de Bayeux.
Cartul. de Saint-Nicolas de La Chênée, fol. 1.

496. 1185-1189. — Bur.
Ordre à Richard de Roloz de faire jouir les moines de Cerisi de la terre de Créances que leur avait donnée Richard Fils de Robert, de Gavrai.
Version française : Cartul. de Cerisi, p. 561.

497. 1185-1189 (peut-être 1186 ou 1188). — Bur.
Confirmation à l'abbaye de Longues de la terre de Poupeville.
Original : Arch. du Calvados. — Atlas, planche XXVI.

498. 1185-1189 (peut-être 1186 ou 1188) — Caen.
Maintenue des moines de Troarn en jouissance des biens qu'ils possédaient lors du dernier passage du roi en Angleterre.
Original : Arch. du Calvados.

499. 1185-1189. — Caen.
Sauvegarde pour l'abbaye de Lire.
Original : Arch. de l'Eure. — Atlas, planche XXVI.

500. 1185-1189. — Caen.
Accord entre l'abbaye de Saint-Sauveur et Thomas de Groville au sujet de l'église de Flamanville, alors appelée Direte.
Original : Arch. de la Manche. — Atlas, planche XXVI.

501. 1185-1189. — Caen.
Sauvegarde pour l'abbaye de Saint-Sauveur.
Original mutilé : Arch. de la Manche. — Photographie.

502. 1172-3-1189. — Cherbourg.
Donation des églises de Saint-Martin et de Saint-Médard de Goué à l'abbaye de Saint-Sauveur par Roger de Monneville.
Cartul. de Saint-Sauveur, n° 7.

503. 1172-3-1189. — Chinon.
Sauvegarde pour les moines de Robertsbridge.
Copie du xiii° siècle : Cartæ antiquæ, S. 25. — Photographie.

504 et 504 A. 1181-1189. — Chinon.
Concession de terres à Gautier, huissier de la chambre du roi.
Deux chartes copiées au xiii° siècle : Cartæ antiquæ, DD. 8 et 9. — Photographies.

505. 1188-1189. — Chinon.
Donation faite par Robert « de Blodio » aux religieuses de Fontevrault établies aux Loges.
Original : Arch. de Maine-et-Loire. — Photographie.

506. 1172-3-1189. — Domfront.
Ordre de faire jouir les moines de Loulai de leurs coutumes, droits et libertés.
Copie moderne : Bibl. Nat., ms. latin 10071, fol. 193.

TABLE DES PIÈCES COMPRISES DANS LE RECUEIL.

507. 1172-3-1189. — **Domfront.**
Donation de l'église de Sourdeval faite à l'abbaye de Savigni par Rualen de Sourdeval.
Original : Arch. nat., L. 976.

508. 1172-3-1189 ?. — **Evron.**
Exemption de droits pour les acquisitions que les moines d'Évron feront à la foire de Montmartin.
Copie moderne : ms. latin 17124, p. 185.
— Voir plus haut, p. 271.

509. 1172-3-1189. — «Gumbovilla».
Franchise de plaits pour la terre de Robert Marmion.
Cartul. de Fontenai-le-Marmion, fol. 1.

510. 1188-1189. — **Le Mans.**
Fondation de l'anniversaire de Henri, comte d'Eu, dans l'abbaye de Foucarmont.
Original : Arch. de la Seine-Inférieure. — ATLAS, planche XXVII.

511. 1172-3-1189. — **Le Mans.**
Confirmation de la «divisa comitis Giffardi» aux moines de Sainte-Foi de Longueville.
Original : Arch. de la Seine-Inférieure. — ATLAS, planche XXVII.

512. 1172-3-1189. — **Lions.**
Exemption de droits de tonlieu pour les moines de Clairvaux.
Original : Arch. de l'Aube.

513. 1172-3-1189. — **Lions.**
Sauvegarde pour l'hôpital de la Madeleine de Rouen.
Copie : Arch. municipales de Rouen.

514. 1172-3-1189. — **Montfort.**
Concession du métier de la paneterie à Odoin de Malpalu.
Copie de l'année 1323 : Registre 62 du Trésor des chartes, n° 368.

514 A. 1172-3-1189. — **Quevilli.**
Exemption du droit de péage, accordé aux chanoines de Bedford.
Inspeximus de 1317 : Calendar of Charter Rolls, t. III, p. 358.

515. 1172-3-1189. — **Rouen.**
Confirmation des biens de l'abbaye de Cormeilles.
Cartul. de Normandie, fol. 2.

516. 1172-3-1189. — **Nonancour.**
Donation de l'honneur du Pin faite à Hugues de Laci par Robert, comte de Meulan.
Cartul. de Normandie, fol. 49 v° et 59 v°.

517. 1172-3-1189.
Donation à Richard Le Chapelain et à Eveline sa fille d'une masure sise à Dieppe.
Coutumier de Dieppe, fol. 44 v°.

518. 1172-3-1189.
Exemption du droit de tonlieu accordée à l'abbaye de La Noë.
Copie insérée en 1881 dans la thèse de M. Bénet, à l'École des Chartes.

519. 1172-3-1189.
Sauvegarde pour l'abbaye de Cerisi.
Version française : Cartul. de Cerisi, p. 726.

520. 1172-3-1189.
Défense aux officiers de Pontorson d'exiger des hommes de l'abbaye du Mont-Saint-Michel d'autres coutumes que celles qui étaient en usage au temps de Henri Ier.
Copie du XVIIIe siècle : ms. français 18949, p. 452.

521. 1172-3-1189.
Emplacement sur le galet de Dieppe donné à Alain Polart, sergent du sénéchal Auvrai de Saint-Martin.
Coutumier de Dieppe, fol. 60.

522. 1172-3-1189.
Vidimus par Henri II d'une charte de Henri Ier pour l'abbaye de Saint-Évroul.
Cartul. de Saint-Évroul, t. I, n° 20.

523. 1172-3-1189.
Confirmation des biens des chanoines de Saint-Lo de Bourg-Achard.
Copie d'après un cartulaire : Collection Moreau, vol. 84, fol. 197.

554   TABLE DES PIÈCES COMPRISES DANS LE RECUEIL.

524. 1172-3-1189.
Concession aux moines de Longues d'un droit de foire à Pontyouf.
Cartul. de l'abbaye de Longues, n° 21.

525. 1172-3-1189.
Donation aux lépreux de Pont-Audemer de la dîme des revenus de la châtellenie de Sainte-Mère-Église.
Cartul. de Saint-Gilles de Pont-Audemer, fol. 13.

526. 1172-3-1189.
Donation par le comte Gautier Giffart à l'abbaye du Valasse de sel à prendre sur le grenier de Leure.
Cartul. du Valasse, t. I, fol. 251 v°.

527. 1172-3-1189.
Donation à Gautier, l'orfèvre du roi à Arques, d'une masure sise à Dieppe.
Coutumier de Dieppe, fol. 46 v°.

528. 1172-3-1189.
Franchises de l'abbaye de Saint-Sauveur en Normandie et en Angleterre, avec exemption du droit de pontage à Southampton.
Cartul. de Saint-Sauveur, n° 8.

529. 1177-1189. — **Beaulieu près Loches.**
Donation à l'abbaye de Loroux du domaine de Baugerais pour y fonder une abbaye.
Original : British Museum, Addit. 11213.
— Photographie.

530. 1177-1189. — **Bur.**
Donation de l'église Saint-Martin de Garsale faite à l'abbaye de Saint-Étienne de Caen par Guillaume de Garsale.
Original : Arch. du Calvados. — Photographie.

531. 1177-1189. — **Bur.**
Franchise des hommes de Havering dépendant des chanoines de Montjou.
Original : Oxford, New College. Photographie du Rev. Salter, n° 109.

532. 1177-1189. — **Bur.**
Exemption du droit de tonlieu pour les lépreux de Bellencombre.
Coutumier de Dieppe, fol. 60 v°.

533. 1177-1189. — **Tours.**
Confirmation des biens de l'abbaye de Valmont.
Copie envoyée, en 1892, par le comte d'Estaintot au Comité des travaux historiques.

534. 1177-1189. — **Tours.**
Donation à l'abbaye de Valmont d'églises dépendant de la forêt de Lillebonne.
Original : Arch. de la Seine-Inférieure. — Photographie.

535. 1187-1189.
Fondation de la maison des Frères de Grammont dans le parc de Rouen. Acte faux.
Vidimus de 1383 : Trésor des chartes, registre 122, n° 374. — Voir plus haut, p. 535.

536. 1177-1189.
Autre acte faux, pour la même maison, daté du 3 juillet l'an II du règne.
Vidimus du roi Henri V : Arch. nat., Q. 1383. — Voir plus haut, p. 296.

537. 1178-1189. — **Chinon.**
Donation du domaine de « Pomerium Acre » aux Bons-Hommes de Grammont.
Copie de l'année 1332 : Collection de Bastard, n° 2, nouv. acq. franç. 3637.

538. 1178-1189.
Arbitrage pour terminer un différend entre le roi et son cousin Raoul, évêque d'Angers.
Copie : ms. latin 17126, p. 341.

539. 1179-1189. — **Bur.**
Ordre donné à Guillaume du Hommet de maintenir les moines de Saint-Wandrille en jouissance d'une dîme indiquée dans une charte dudit baron.
Cartul. de Saint-Wandrille : R. I. XIX, fol. 297 v°.

540. 1179-1189. — **La Flèche.**
Abolition des mauvaises coutumes établies dans la terre de l'abbaye de Charroux par Audebert, comte de La Marche.
Copie d'après un cartulaire : Collection de Dom Fonteneau, vol. IV, p. 239.

541. 1179-1189. — **Tinchebrai.**
Charte fausse pour l'abbaye de Lonlai.

TABLE DES PIÈCES COMPRISES DANS LE RECUEIL.

A. du Monstier, *Neustria pia*, n° 426. — Voir plus haut, p. 310.

542, 543. 1179-1189. — **Valognes.**
Confirmation des biens de l'abbaye de Saint-Lo en Cotentin.
Vidimus de 1310 : Trésor des chartes, registre 47, n° 13.

544. 1181-1189. — **Cherbourg.**
Donations faites à l'abbaye de Lessai par Richard de La Haie.
Original : Arch. de la Manche. — Photographie.

545. 1181-1189. — **Gisors.**
Sauvegarde pour l'abbaye des Vaux de Sernai, ou Cernay.
Original : Arch. de Seine-et-Oise.

546. 1181-1189. — **Le Mans.**
Accord conclu entre le chapitre du Mans et Guillaume de Coimes au sujet de l'église « de Uncinis ».
Livre blanc de l'église du Mans, n° 495.

547. 1181-1189. — **Le Mans.**
Confirmation des biens de la chartreuse du Liget.
Cartul. du Liget, fol. 123.

548. 1181-1189. — **Mortain.**
Confirmation des biens de l'abbaye d'Aunai.
Copies modernes : Arch. de la Manche.

548 A. 1181-1189. — **Le Neubourg.**
Donation par l'abbé de Marmoutier à Paulin de Liedes de la terre de Liedes, tenue de l'église de la Trinité d'York.
Original : British Museum, Campb., XXXIX. — Photographie.

549. 1181-1189. — **Neufmarché.**
Confirmation des biens de l'abbaye Notre-Dame d'Eu.
Cartul. du comté d'Eu, fol. 38 v°. — Voir plus haut, p. 290.

550. 1181-1189. — **Valognes.**
Concession d'un droit de foire aux lépreux de Saint-Blaise dans les landes de Bivoie.
Vidimus de 1320 : Trésor des chartes, registre 60, n° 76.

551. 1181-1189. — **Beauvoir.**
Exemption des droits de tonlieu accordée à l'abbaye d'Ourscamp.
Peigné Delacourt, Cartulaire d'Ourscamp, n° 516.

552. 1181-1189. — **Montfort.**
Confirmation des biens de l'abbaye du Bec.
Plusieurs copies très défectueuses : ms. latin 13905 et autres recueils venus de l'abbaye du Bec. — Inspeximus : Monasticon Anglic., t. VI, part II, p. 1067; A. du Monstier, *Neustria pia*, p. 481.

553. 1181-1189. — **Rouen.**
Confirmation des biens de l'abbaye de Bondeville.
Cartul. de Bondeville, p. 39.

554. 1182-1189. — **Rouen.**
Confirmation des biens de l'abbaye de Barberi.
Vidimus de 1277 : Collection de Stapleton au château de Carlton, n° 150.

555. 1183-1189. — **Rouen.**
Confirmation à la Madeleine de Rouen de la moitié des dîmes de la prévôté de Valognes et des dîmes des trois métiers de la forêt de Brix.
Mauvaise copie : Bibliothèque de Valognes, Mémoires de Mangon.

556. 1185-1189. — **Angers.**
Donation de l'église de Saint-Lambert-sur-Dive faite par Robert de Clopel à l'abbaye de Silli.
Cartul. de Silli, fol. 25 v°.

557. 1185-1189. — **Argentan.**
Confirmation des biens du prieuré de Sigi.
Copie de 1328 : Arch. de la Seine-Inférieure.

558. 1185-1189. — **Argentan.**
Confirmation des biens de l'abbaye de Foucarmont.
Copie d'après l'original : ms. latin 1245 des nouv. acq., fol. 144.

559. 1185-1189 ?. — **Arques.**
Donation d'une partie de forêt faite à l'abbaye de Notre-Dame d'Eu par Henri, comte d'Eu.
Cartul. du comté d'Eu, fol. 46 v°.

556   TABLE DES PIÈCES COMPRISES DANS LE RECUEIL.

560. 1185-1189. — **Bur.**
Confirmation des biens du prieuré de Sainte-Barbe-en-Auge.
Original : Arch. du Calvados. — Photographie.

561. 1185-1189. — **Bur.**
Confirmation des biens de l'abbaye de Longues.
Cartul. de Longues, n° 17.

562. 1185-1189. — **Caen.**
Donation de l'église de Sainte-Marguerite-du-Theil à l'abbaye de Notre-Dame-du-Vœu de Cherbourg.
Original : Arch. de la Manche, H. 1955. — Photographie.

562 A. 1185-1189. — **Cherbourg.**
Pour l'église de Sainte-Marie-Madeleine de Farleigh, de l'ordre de Cluni.
Ancienne copie : Cartæ antiquæ, M. 27. — Photographie.

563. 1185-1189. — **Domfront.**
Rente sur le fief de Verrières à Angers donnée par « Hubertus Simia » à l'abbaye de Savigni.
Original : Arch. de Maine-et-Loire. — Photographie.

564. 1185-1189. — **Le Mans.**
Rente de froment sur le domaine de Cresseron donnée à l'abbaye de Savigni par Pérnelle veuve de Robert Fils de Pierre.
Cartul. de Savigni, n° 573.

565. 1185-1189. — **Rouen.**
Accord entre l'archevêque de Rouen et l'abbé de Fécamp, au sujet d'excommuniés accueillis dans l'église de « Avisons mons ».
Cartul. de l'église de Rouen, n°⁸ 73 et 201.

566. 1185-1189. — **Valognes.**
Donation des églises de Barfleur et de Gatteville faite à l'abbaye de Notre-Dame-du-Vœu lors de la dédicace de cette abbaye.
Original ou copie contemporaine : Arch. de la Manche, M. 1961. — Photographie.

567. 1187. — **Balon.**
Confirmation des biens de l'abbaye de Perseigne.
Vidimus de 1424 : Arch. de la Sarthe, H. 927, suivant Round, n° 1025.

568. 1188-1189. — **Le Mans.**
Confirmation des biens du prieuré de Longueville.
Original : Arch. de la Seine-Inférieure.

.... 1182.
Charte de Geoffroi, élu archevêque d'York, pour la chapellenie de Blythe. — Voir plus haut, p. 105.

569. ......
Prétendue charte des libertés de la Normandie. — Pièce apocryphe.
Brussel, Usage des fiefs, t. II, Appendice, p. I-VI, d'après le Livre de Saint-Just. — Voir à la page 557 la note additionnelle.

ACTES POSTÉRIEURS À LA MORT DE HENRI II (1189-1323).

.... Juillet ou août 1189. — **Barfleur.**
Charte de Richard, seigneur d'Angleterre, pour Gérard de Canville. — Voir plus haut, p. 198.

.... 4 décembre 1189. — **Cantorbéry.**
Mandement du roi Richard pour l'abbaye de Marmoutier. — Voir plus haut, p. 62, note.

.... 1190.
Charte de Jean, Fils de Jean, Fils de Guillaume, comte de Pontieu, pour l'abbaye de Troarn. — Voir plus haut, p. 349.

.... Après 1190.
Charte de Guillaume d'Aubigni, comte de Sussex, pour l'abbaye de Saint-Sauveur. — Voir plus haut, p. 472.

.... 1198.
Charte de Simon Peillevé siégeant à l'Échiquier de Caen. — Voir plus haut, p. 483.

.... 1198.
Charte de Guillaume Le Maréchal pour l'abbaye de Foucarmont. — Voir plus haut, p. 493.

TABLE DES PIÈCES COMPRISES DANS LE RECUEIL.

.... 1179-1199.
Charte de Guillaume, évêque de Coutances, pour l'abbaye de Saint-Sauveur. — Acte faux. Voir plus haut, p. 325, note.

.... 1199.
Charte du roi Jean pour Guillaume de Sainte-Mère-Église. — Voir plus haut, p. 499.

.... Fin du XII° siècle.
Charte de Robert de Lanvalai, sénéchal de Rennes, pour l'abbaye de Savigni. — Voir plus haut, p. 350.

.... 10 juin 1280.
Vidimus par Eustache, évêque de Coutances, de plusieurs chartes de l'abbaye de Montebourg. — Voir plus haut, p. 330, note.

.... Août 1323.
Vidimus par le roi Charles IV d'une fausse charte de Henri II pour l'abbaye de Savigni. — Voir plus haut, p. 328, note.
La charte falsifiée porte dans notre Recueil le n° 414, à la suite du n° 413, qui est le texte authentique.

Note additionnelle à l'article 374 A de la p. 543, col 2. — M. le marquis d'Albon a bien voulu nous signaler une pièce qui nous autorise à placer sous l'année 1176 l'acte confirmatif de l'accord conclu entre l'évêque d'Ely et les Templiers. En effet, l'acte rélatif à la conclusion de l'accord est du 29 août 1176, suivant la charte publiée dans le *Monasticon anglicanum*, t. I, p. 484.

Note additionnelle à l'article 569, de la p. 556, col 2. — En indiquant, à cet endroit et à la page 312 de l'Introduction, le Livre de Saint-Just, comme la source à laquelle Brussel a puisé la prétendue charte des Libertés de la Normandie, j'aurais dû rappeler qu'en 1863, j'avais signalé (*Bibliothèque de l'École des chartes*, t. XXIV, p. 216) l'existence de deux copies de cette même charte dans deux Coutumiers de Normandie, les mss. latins 11033 et 11034 de la Bibliothèque nationale, tous deux du XIV° siècle. L'un d'eux, le n° 11033, est ainsi daté : «Explicit iste liber; anno Domini M°CCC°LXV°, a manu Thome Juhel clerici perfectus fuit die jovis ante festum sancti Petri.» C'est donc au plus tard dans la première moitié du XIV° siècle que la charte des Libertés de la Normandie fut fabriquée par le faussaire qui en calqua les dispositions sur la charte des Libertés de l'Angleterre, promulguée par Henri III, le 11 février 1227. La copie de la fausse charte de Henri II, qui se trouve au fol. 13 v° du second manuscrit, le n° 11034, avait été indiquée en 1845, à la page 149 du tome XV des *Mémoires de la Société des antiquaires de Normandie*, par Léchaudé d'Anisy, sous le titre de «Franchises et libertés concédées aux Normauds par Henri II». Léchaudé en avait même reproduit textuellement la première partie, en remplaçant les clauses finales par ces mots : «Suivent les concessions faites par le même prince à la ville de Londres, ainsi qu'aux autres villes et bourgs d'Angleterre». — M. Joseph Tardif (*Coutumiers de Normandie*, t. II, p. xx) a cité, en 1896, la fausse charte de Henri II d'après les mss. latins 4654 et 11034 de la Bibliothèque nationale.

INDEX

DES ÉTABLISSEMENTS, DES PERSONNAGES ET DES SUJETS

AUXQUELS SE RAPPORTENT PRINCIPALEMENT

LES CHARTES DU RECUEIL.

Ailly (Tous les Saints d'), 250.
Alain Le Roux, 177.
—— de Périers, 467.
—— Polard, 521.
Alexandre III, pape, 100 A, 159 A, 166 A, 181 B, 181 D, 181 E, 181 I, 181 J, 181 K, 191 C, 301 A.
—— de Barentin, 479.
Alfonse, roi de Castille, 341.
Ambresbury, 341 A.
Angers. La cathédrale, 426.
—— Saint-Aubin, 83, 166 C, 171, 172.
—— Saint-Laud, ou Lô, 348, 457, 458, p. 135.
—— Saint-Martin, 178.
—— Saint-Nicolas, 10*; p. 378.
—— Saint-Serge, 27*.
—— La Haie aux Bons-Hommes, 421.
—— Hôtel-Dieu, 424, 429, 430.
Angerville (Prébende d'), 37*.
Anselme Candavène, 181.
—— Le Parquier, 120, 121.
Ardenne, 62*; 25.
Aumale (Saint-Martin d'), 428.
Aunai, 63*; 17, 73, 335, 336, 548.
Avranches (Vicomté d'), p. 345.
Barberi, 554.
Barnestaple, 203.
Bath (Saint-Pierre de), 458 A.
Baucherville. *Voir* Saint-Georges.
Baudoin de Béthune, 451 A.
Baudri Fils de Gilbert, 139.
Baugerais, 185.
Bayeux. Évêque et église, 31*, 41*, 42*, 43*, 64*, 70*, 72*, 77*; 15, 16, 21, 22, 23, 34,

57, 118, 122, 151, 211, 237, 272, 274, 412; p. 347.
—— Saint-Nicolas de la Chênée, 495.
Beaubec, 114 E, 202, 238, 315, 318.
Beaulieu. *Voir* Chartres.
Beauvoir-au-Maine, 252 B.
Bedford, 514.
Bellencombre, 532.
Bermondsey, p. 87 et p. 276.
Bernai, 67.
Bernard de Saint-Valeri, p. 358.
Bersai, 399.
Bertaucourt, 221.
Bidlesden, 58*.
Blanchelande, 28, 84, 267, 273, 323, 477.
Blythe, p. 105.
Bohon, p. 21.
Boire, 115 A.
Bois-Rahier, 372.
Bolleville, 113, 469.
Bondeville, 448, 553.
Bordesley, 4 A, 40 *bis*, 96 A, 184 B.
Bosley, 354 A.
Bourg Achard (Saint-Lô de), 528.
Bourges, le chapitre, 369.
Bourgueil, 98, 182 D.
Bradley, 232 A.
Brieuc (Saint-), 164.
Bristol, Saint-Augustin, 47*.
—— Saint-Jacques, 449 A.
Briweton, 57 A, 236, 257, 257 A, 379 B, 476.
Brouzeau, 449 B.
Caen. Saint-Étienne, 74, 87, 108, 110, 111 A, 111 B, 191 A, 191 B, 219, 271, 276, 405, 434, 530.

INDEX DES SUJETS DES CHARTES.

Caen. La Trinité, 49, 50, 51, 445 A, 450, 461; p. 349.
Cantorbéry, l'Église, 72 A, 101 B, 129 A, 445 B, 253 A, 253 B; p. 60 et 266.
Cautionner les seigneurs (Abolition de l'obligation de), 345 A.
Cercamp, 255 A.
Cerisi, 135, 192, 193, 215, 268, 269, 406, 496, 519.
Certes, 19.
Charroux, 389, 390, 540.
Chartres. Église cathédrale, 88, 382.
—— Saint-Père, 88, 232.
—— léproserie de Beaulieu, 11*, 43* A; 33, 252 A, 465 B.
Châteaux-l'Ermitage, 33.
Cherbourg, Notre-Dame-du-Vœu, 84*; 44, 97, 169, 170, 249, 286, 431 A, 464 A, 494, 562, 566; p. 141, 142, 143.
Chichester, la Trinité, 114 A.
Citeaux, 181 E.
Clairvaux, 354 A, 512.
Cluni, 60*; 9, 292, 340, 367, 451 A, 481.
Cologne, 334, 370, 371.
Compiègne, Saint-Corneille, 438.
Conan, comte de Bretagne, 177, 177 A.
——, comte de Richemont, 181 H.
Conches, 282.
Condé-sur-Iton, 260, 354.
Connaught (Le roi de), 333.
Corneilles, 205, 393, 515.
Cormeri, 489.
Coutances, 17* A; 259, 322.
Coventry, 488.
Croth, 465, 465 A.
Dieppe, lépreux, 106, 107 A.
Domfront, bourgeois, 69.
Dublin, 336 A.
Dunes (Les), 472.
Échiquier, Grand rôle, p. 334.
Ély, église, 44 A, 374 A.
Enjuger de Bohon, 184.
Envermeu, 194.
Equeurdreville, 214.
Esneccæ ministerium, 5 A.
Étienne, sénéchal d'Anjou, 380 A.
Étienne de Marzai, p. 461.

Étreville (Saint-Sanson d'), 317.
Eu, commune, 119.
—— Notre-Dame, 493, 549, 559.
Évreux, église, 40, 70.
Evron, 508.
Eynsham, 30 B, 126 D.
Falaise, hôpital Saint-Jean, 13*; 29.
Farleigh, 562 A.
Fécamp, abbaye, 6*, 71*; 1, 7, 8, 39, 85, 86, 89, 145, 146, 147; 195, 230, 254, 366, 462, 463, 464, 565.
—— Gilde, 209 A.
Flandre (Barons de), 439.
Flexcley, 49*.
Fontaine-le-Comte, 78*; 24.
Fontcher, 128.
Fontenai, abbaye, 28*, 40*; 101.
Fontevrault, 22*, 26*, 44*, 65*, 76*; 55 A, 143, 156, 157, 158 A, 207, 220, 222, 233, 246, 283, 287, 288, 300, 301, 341, 342, 350, 350 A, 351, 397, 433, 433 A, 443, 465 C, 505; p. 358.
Foucarmont, 123, 124, 168, 277, 415, 475, 510; p. 493.
Foulque Fils de Guérin, 63 C.
—— de Matha, p. 309.
Gand (Saint-Pierre de), 149.
Gautier Cochie, 200.
—— de Coutances, 302, 431; p. 100.
——, huissier de la chambre du roi, 504, 504 A.
—— Le Changeur, 199.
—— orfèvre du roi à Arques, 527.
—— de Saint-Valeri, 331; p. 51.
Geoffroi, orfèvre du roi à Caen, 381.
Gérard de Canville, p. 198.
Geroud Mauclerc, 38*; 327; p. 55, 58.
Gervais de Chichester, clerc du chancelier, 129.
—— de Willis, 229.
Gilbert, évêque de Londres, 181 A.
Gloucester (Saint-Pierre de), 51*, 52*, 53*, 53* A, 57*.
Grais, 321, 419, 489.
Grammont ou Grandmont, 91, 133 B, 359, 372, 399, 421, 449 B, 455, 491, 535, 536, 537.
Guillaume le Conquérant, roi d'Angleterre, 99.

Guillaume, boulanger de l'archevêque de Cantorbéry, 114 C.
—— Crespin, 258.
—— roi d'Écosse, 308, 308 A.
—— Fils d'Audelin, 190 A.
—— d'Harcourt, 64*.
—— du Hommet, 377.
—— de La Chambre, 212 A.
—— de Mandeville, 376.
—— de Sainte-Mère-Église, p. 499.
——, archevêque de Sens, 181 C.
—— de Tancarville, p. 503.
Haimon Le Bouteiller (Pincerna), 270.
Hambrie, 35, 379 A, 404.
Haute-Bruyère, 73*, 137.
Henri Court-mantel, roi d'Angleterre, 181 I, 297 B, 101 B, 326. — Le même et ses frères, 307, 307 A.
—— de Hueceio, 184 A.
—— du Marais, 445.
—— d'Oxford, 18.
Herbert Le Roux, 94.
Herting, 114.B.
Hospitaliers, 10, 173, 460.
Hugues Fils d'Osbert, 330.
—— de Hameslap, 228 A.
—— de Laci, 516.
—— de Nonant, élu de Chester, 482.
——, archevêque de Rouen, 100.
Humbert, comte de Maurienne, 298.
Ivrande, 380.
Ivri, 388.
Jean, évêque d'Évreux, 431.
Jean Fils de Luc, 309, 383.
Jersey (Saint-Hélier de), 201, 324, 464 A.
Jérusalem. *Voir* Hospitaliers.
—— (Saint-Lazare de), 331, 374, 407, 460 A.
Joscelin, frère de la reine, 54*.
Jumièges, 2, 63. 202 A, 344, 359, 360.
Kerkestade (Notre-Dame de), 177 A.
Kingeswode, 8*.
La Bellière, 455.
La Chaise-Dieu, 68.
La Chartreuse, 478.
La Flèche, lépreux, 76.
La Lutumière, 133 A.
La Luzerne, 105.

La Noë, 278, 518.
La Réole, 184 C.
La Rochelle, 352.
La Roue, 102.
La Sauve, p. 309.
La Trappe, 142, 251, 252.
Le Bec, 12*, 86*; 289, 316, 319, 364, 368, 446, 552; p. 466.
Leicester, Notre-Dame-du-Pré, 126.
Le Liget, 490, 547.
Le Mans. La cathédrale, 12, 77, 223, 224, 225, 226, 546; p. 138.
—— La Couture, 402, 471.
—— Saint-Pierre-de-la-Cour, 116, 227.
—— Hôtel-Dieu, 425.
—— Pelletiers, 19*.
Le Mont-Saint-Michel, 31, 31 *bis*, 32, 64, 162, 163, 255, 295, 328, 337, 338, 339, 386, 520.
Le Mont-aux-Malades, 1, 279, 280, 293, 356, 474, 492; p. 136.
Le Plessis-Grimoult, 58, 131, 261, 262, 380, 391, 432, 432 A, 454.
Le Pont-de-Cé, 166.
Le Pré. *Voir* Rouen.
Le Roncerai, 79*, 80*; 20, 95 A, 98 A, 133 C.
Les Dunes, 472.
Lessai, 17* B; 487, 544; p. 470.
L'Estrée, 112, 117, 239.
Les Vaux-de-Sernai, *ou* Cernai, 545.
Le Tronchet, 290.
Le Val-Notre-Dame, 243.
Le Valasse, 320, 361, 395, 396, 526.
L'Ile-Dieu, 332.
Lincoln, l'église, 125 B, 125 C, 150. *Voir* Raoul de Caen.
Lire, 66*, 67*, 68*; 49, 50, 51, 70 A, 228, 314, 499.
Lisieux (Notre-Dame de), 313.
Loches (Notre-Dame de), 239.
Loc Maria, 296.
Loire (Turcies de la), 244.
Londres. Saint-Barthélemi, 124.
—— La Trinité, p. 180.
Longues, 420, 497, 524, 561.
Longueville (Sainte-Foi de), 11, 511, 568.
Lonlai, 186, 231, 506, 541.
Loroux, 529.

INDEX DES SUJETS DES CHARTES.

Louis VII, roi de France, 65, 66 A, 100 B, 157 A, 157 B, 157 C, 181 K, 345.
Louth Park, 58 B.
Luçon (Notre-Dame de), 66.
Marmoutier, 115 A, 184, 297, 380 A, 398, 440, 548 A; p. 21, 62, 461, 469.
Marsai, 135.
Mayenne, prieuré, 380 A.
Méron (Saint-Aubin de), 83.
Merton, 80 A.
Michel de Sainte-Marie-au-Bois, 184 A.
Milesend de Gournai, 196.
Monnais, 91.
Montebourg, 130, 151 A, 188, 197, 204, 206, 216, 234, 247, 248, 329, 384, 394, 411; p. 437.
Montierneuf, 98.
Montjou (Saint-Bernard de), 68 A, 155, 246 A, 259 A, 481 A, 481 B, 531.
Montmorel, 459.
Montreail Bellai, 18*.
Mortain (Notre-Dame de), 175, 212, 217, 311.
Mortemer, 34*, 35*, 36*, 71, 72.
Moutons, 235.
Newhouse, 147 B.
Newminster, 157 D.
Normandie (libertés de la), 569, et p. 567.
Odoin de Malpalu, 514.
Onfroi de Bohon, 7*.
Osenai, p. 6 et 40.
Ourscamp, 551.
Paris. Saint-Martin-des-Champs, 203.
—— Saint-Victor, 403.
Périers, chapelle, p. 393.
Perrières, prieuré, 79; p. 469. 476.
Perseigne, 182, 567.
Philippe Auguste, 378, 466.
Pierre de Saint-Hilaire, p. 414.
Poitiers, Saint-Hilaire, 92.
« Pomerium acre »; 537.
Pont-Audemer (Saint-Gilles de), 132, 160, 161, 525.
Pontorson, 173, 294.
Préaux, 47, 136, 158, 285, 325, 483, 484, 485.
Quarr, abbaye, 5*.
Quevilli, lépreuses, 486.

Radmore, 50*, 55*.
Ramsey, 221 A, 302 A.
Raoul, évêque d'Angers, 538.
—— de Caen, 100 C, 116 A, 152 A, 152 B.
—— Le Veel, 198.
—— Le Veneur, 400.
—— Waspail, 125.
Reading, 81 A, 436 A; p. 29.
Redon, 165.
Reims. Saint-Remi, 43.
Renaud, évêque de Chartres, 465 A.
——, archevêque de Cologne, 166 B.
——, archidiacre de Salisbury, 181 D.
Rennes (Saint-Sulpice de), 37.
Renouf, comte de Chester, 45*.
Revesby (Saint-Laurent de), 38.
Richard Barré, 181 D.
—— « de Brie curia », 248.
—— du Hommet, 303.
—— Le Chapelain, 517.
—— de Lucé, 190 D, 252 C.
—— de Malpalu, 344.
—— Talbot, 101 A.
——, évêque de Winchester, 297 D.
Robert Fils de Sawin' de Northampton, 346 A.
—— de Lanvalai, p. 350.
—— Fils de Robert, comte de Leicester, 45*.
—— de L'Isle, 397 E.
—— Marmion, 509.
Robertsbridge, 502.
Rochester. L'évêque, 94 A.
—— le prieur, p. 41.
Roger de Flamanville, 208.
—— de Warengefort, 64 A.
Roscelin Fils de Claremboud, 38*, 81, 82.
Rotrou, archevêque de Rouen, 181 G, 191 A, 191 B, 256.
Rouen. L'archevêque et le chapitre, 37*; 4, 5, 13, 41, 42, 408, 447, 565.
—— Saint-Amand, 427.
—— Saint-Ouen, 3*; 45.
—— Saint-Lô, 432.
—— Saint-Paul hors la ville, 306.
—— Notre-Dame-du-Pré, 16*; 365.
—— La Trinité et Sainte-Catherine du Mont, 364.
—— La Madeleine, 392, 513, 555.

CHARTES ET DIPLÔMES. — IV.

Rouen. Les Bonshommes de Grammont, 535, 536.
— Libertés de la ville, 358. — Les citoyens, 15*.
— Tanneurs, 348.
— Cordonniers, 17*.
— Lépreux. *Voir* Le Mont-aux-Malades.
Sablonceaux, 24.
Sacey (Saint-Martin de), p. 414.
Saint-André-de-Goufer, 96, 104, 263, 264.
Saint-Bertin, 3, 154.
Saint-Blaise, 550.
Saint-Céadda, 52*.
Saint-Évroul, 60, 138, 141, 347, 362, 363, 522; p. 184.
Saint-Florent, 1*, 25*; 48, 61, 62, 90, 148.
Saint-Georges-de-Baucherville, ou Boscherville, 80, 240, 241, 242, 401, 416, 417.
Saint-Imer, 3* A, 32*.
Saint-Inglevert, 14.
Saint-Jean-d'Angéli, 30.
Saint-Julien-du-Pré, 275.
Saint-Lambert-sur-Dive, 556.
Saint-Lô en Basse-Normandie, 245, 542, 543.
Saint-Lô de Rouen, 422.
Saint-Martin du Bec, 291.
Saint-Omer, 56.
Saint-Paul hors Rouen, p. 184.
Saint-Père de Chartres, 284.
Saint-Philbert, 261, 446.
Saint-Saens, «Sancta Maria Supremi campi», 449.
Saint-Sauveur-le-Vicomte, 46, 133, 133 A, 159, 191, 348, 349, 385, 468, 500, 501, 502; p. 472.
Saint-Valeri, 114 D, 165, 242 A, 242 B, 332 A, 332 B, 337 A; p. 189.
Saint-Victor-en-Caux, 418.
Saint-Wandrille, 9*; 210, 387, 480, 539.
Sainte-Barbe-en-Auge, 115, 560; p. 116.
Sainte-Vaubourg, 355.

Saintes (Notre-Dame de), 75*; 93, 304, 305.
Sanche, roi de Navarre, 341.
Savigni, 14*, 20*, 29*, 30*, 44*A, 81*; 30, 30 A, 75, 114, 144, 187, 310, 379, 380 A, 409, 413, 414, 436, 444, 473, 507, 563, 564; p. 328, 350.
Séez (Saint-Martin de), 265.
Sehier de Quenci, 34 B.
Sigi (Saint-Martin de), 357, 557.
Silli, ou Notre-Dame de Goufer, 30 C, 103, 127, 183.
Southampton (Saint-Denis près), 147 A.
Stanley (Saint-Léonard de), 63 B, 469 A.
Stratford, p. 60.
Sweinesby, 379 C.
Templiers, 94 B, 254 D, 299, 355, 374 A; p. 276.
Terre-Sainte, 161 B.
Thibaud, comte de Blois, 66 A.
Thomas, archevêque de Cantorbéry, 157 A, 166 A, 181 A, 181 B, 181 C, 181 F, 181 G, 181 J, 181 K, 191 C, 297 A, 297 B, 297 C.
Thomas, prieur de Loches, 174.
Tintern, 2 A.
Tiron, 69*; 78, 140, 203 A.
Tours. Saint-Julien, 3*; 65, 95, 99.
— Saint-Martin, 178, 312, 353.
Troarn, 74*; 26, 27, 190, 218, 218 A, 498; p. 349.
Turpenai (Notre-Dame de), 423.
Valmont, 452, 453, 533, 534.
Vendôme (La Trinité de), 3*; 95, 410, 461 A.
Verneuil, 266.
Vesly (prieuré de), p. 455.
Waltham, p. 265.
Westwood, 55 A.
Winchester, église, 393.
— (Sainte-Croix, hors), 460 A.
Woburn, 58 A, 86 B, 86 C.
Wolverhampton, 56*.

INDEX

DES PERSONNAGES AUTRES QUE HENRI II
DE QUI CERTAINES CHARTES SONT ÉMANÉES.

Albert, évêque de Saint-Malo, 442.
Aliénor de Guyenne, 22*, 465 C; p. 123.
Barthélemi, maire de Rouen, p. 100.
Bernard Chalon, p. 357.
—— de Saint-Valeri, 358.
Charles IV, roi de France, p. 328.
Enjubaud, archevêque de Tours, 24*.
Étienne, roi d'Angleterre, 61; p. 116-120.
Eude Fils d'Erneis, p. 367.
Eustache, évêque de Coutances, p. 330.
Galeran, comte de Meulan, 42*; p. 466.
Geoffroi, comte d'Anjou et duc de Normandie, 9*, 17*A, 17*B, 18*; p. 137, 138.
——, frère de Henri II, 23*, 27*A.
—— de Loroux, 78*.
——, archevêque d'York, p. 105.
Gilbert Foliot, p. 370.
—— évêque de Londres, 181 A; p. 370.
Guillaume, comte d'Arundel, p. 470.
—— d'Aubigni, comte de Sussex, p. 472.
—— de Courci, p. 476.
——, évêque de Coutances, p. 325.
—— Fils de Jean de Westona, 379'B.
—— Le Maréchal, p. 193.
—— Longue-épée, p. 488.
—— de Malpalu, p. 100.
——, évêque du Mans, 380.
——, duc de Normandie, 99.

Guillaume de Soliers, p. 501.
Hascoul de Subligni, p. 381.
Hawise, femme de Bernard Comin, p. 100.
Henri Ier, roi d'Angleterre, p. 160, 180, 183, 184, 189.
Henri Court-mantel, roi d'Angleterre, p. 253-265.
Hugues de Courterue, 380.
—— de Périers, p. 393.
——, archevêque de Rouen, 44*A; p. 116.
Jean Sans-terre, roi d'Angleterre, p. 499.
—— Fils de Jean, fils de Guillaume, comte de Pontieu, p. 349.
Jourdain Taisson, p. 401.
Louis (Saint), roi de France, 26.
Marguerite, reine d'Angleterre, 466.
Mathilde l'Impératrice, 3*, 10*, 11*, 33*, 43* A, 84*; p. 140-143.
Philippe Auguste, roi de France, 466.
——, évêque de Bayeux, 82*, 83*, 84*.
Raoul de Wanneville, p. 100.
Renaud de Saint-Valeri, 43*; p. 421.
Richard Cœur-de-lion, p. 62 et 198.
——, évêque de Coutances, p. 21.
Robert du Neubourg, p. 446.
Rotrou, évêque d'Évreux, p. 454-456.
Simon Peillevé, p. 483.
Ulger, évêque d'Angers, p. 135.

INDEX

DES LIEUX D'OÙ LES ACTES SONT DATÉS.

Alençon, 427, 465 C, 488.
Amboise, 23°, 27°. 27° A.
Andeli ? 147 B.
Angers, 2°, 25°; 143, 164, 166 C, 171, 172, 207, 253, 342, 346, 421, 449 B, 457, 458, 489, 490, 556.
Argentan, 4°, 9°, 28°; 67, 68, 69, 70, 70 A, 101, 101 A, 101.B, 102, 103, 104, 105, 134, 135, 142, 181, 182, 183, 191, 208, 209, 209 A, 210, 250, 251, 252, 260, 261, 262, 263, 264, 265, 291, 297 E, 343, 383, 428, 456, 458 A, 459, 491, 558.
Arques, 493, 559.
Auvillars, 94 A.
Balon, 567.
Barfleur, 80°, 81°; 33, 34, 35, 151, 330, 467, 468, 469.
Baugé, 21°, 24°; 20.
Bayeux, 20°, 71, 72, 72 A, 106, 108, 211, 212, 212 A.
Beaufort, 174.
Beaulieu près Loches, 529.
Beauvoir au Maine, 252 C, 252 D.
Berkimmpstead, 155.
Blancmoutier, 158, 158 A.
Bonne-Nouvelle à Rouen, 167, 168.
Bonneville-sur-Touque, 109, 213, 266, 494.
Bordeaux, 24.
Breteuil, 253 A.
Bridgenorth, 2, 2 A, 3, 157 D.
Bristol, 45°, 46°, 47°.
Brockenhurst, 62, 63.
Bur, 214, 215, 267, 268, 269, 270, 286, 309, 326, 327, 346 A, 391, 412, 432, 481 A, 481 B, 482, 495, 496, 497, 530, 531, 532, 539, 560, 561.
Caen, 62°, 63°, 64°; 74, 110, 111 A, 111 B, 112, 217, 218, 218 A, 271, 272, 273, 297, 303, 306, 310, 311, 312, 313, 347, 348, 377, 392, 393, 394, 395, 450, 483, 484, 485, 499, 500, 501, 562.
Cantorbéry, 36, 37.
Carentan, 113.
Carrouge, 1°.
Château-du-Loir, 29°.
Chéci, 66.
Cherbourg, 188, 219, 329, 349, 381, 396, 404, 422, 486, 487, 502, 544, 562 A.
Chester, 201, 201 A.
Chinon, 17, 18, 19, 90, 98, 149, 180, 181I, 184, 220, 287, 288, 292, 314, 350, 350 A, 379 C, 397, 398, 423, 433, 440, 441, 442, 443, 503, 504, 504 A, 505, 537.
Clarendon, 59, 202, 254, 435; p. 10 et 11.
Compiègne, 438.
Coventry, 55°.
Devizes, 5°, 7°, 48°.
Domfront, 30°; 30 A, 30 B, 73, 75, 114, 144, 302 A, 413, 414, 465 B, 506, 507, 563.
Douvres, 63 B, 63 C, 152, 460.
Dudley, 56°.
Étrepagni, 136.
Eu, 221.
Évesham, 49°.
Évron, 508.
Falaise, 13°, 31°; 221 A, 274, 307, 308, 454.
Fécamp, 1, 145.
Feckenham, 331, 473.
Fontevrault, 22°, 65°, 76°; 300, 301.
Fordingbridge, 159.
Fougères, 162, 163.
Geddington, 480.
Ger, 187. — La Motte du Ger, 186.
Gisors, 351, 465 C, 466, 545. — Entre Gisors et Trie, 378.

INDEX DES DATES DE LIEU.   565

Gloucester, 50*, 57*; 181 F.
Gorron, 444, 445.
Guildfort, 474.
Guingamp, 177 A.
« Gumbovilla », 509.
Hesdin, 472.
Ivri, 345, 465, 465 A.
La Flèche, 76, 77, 184 A, 184 B, 540.
Le Bec, 12*, 415.
Le Lierru, 66*, 67*, 68*.
Le Mans, 19*, 69*; 78, 88, 91, 100 C, 116 A, 223, 224, 225, 226, 227, 275, 296, 315, 344, 352, 353, 399, 429, 430, 510, 511, 546, 547, 564, 568.
Le Neubourg, 117, 548 A.
Le Pré à Rouen, 167, 168.
Le Vaudreuil, 228, 229, 316.
Lillebonne, 147, 416, 417, 418.
Limoges, 21, 22, 23.
Lincoln, 38, 152 A.
Lions, 99, 114 B, 114 C, 118, 138, 230, 231, 232, 232 A, 512, 513.
Lisieux, 32*, 70*; 146.
Loches, 181 K.
Londres, 4, 152 B.
Loudun, p. 138.
Ludgershall, 337.
Marlborough, 475, 476.
Mayet, 461 A.
Melle, 92.
Mirebeau, 15, 16.
Montebourg, 234.
Montfort-sur-Risle, 139, 285, 286, 514, 552.
Mortain, 14*; 175, 290, 548.
Moutons, 30, 235.
Neufchâtel (Drincourt), 449, 449 A, 451, 472 A.
Neufmarché, 549.
Niweham, 39.
Nonancour, 516.
Northampton, 4 A, 5, 9, 40, 40 bis, 157 A, 203, 203 A, 340, 370, 371, 372, 407, 431 A, 460 A.
Notingham, 159 B.
Orléans, 65.
Oxford, 5 A, 60.
Paci, 114 A.

Périgueux, 75*.
Poitiers, 93, 236, 445 B.
Pont-Audemer, 64 A, 317.
Pontorson, 294.
Quevilli, 276, 293, 318, 319, 354, 354 A, 355, 356, 357, 400, 447, 514 A.
Reading, 41, 42, 255.
Rochester, 154.
Rouen, 6*, 11*, 15*, 16*, 17*, 34*, 35*, 36*, 37*, 38*, 39*, 40*, 41*, 43* A, 71*, 72*, 82*, 83*; 79. 80, 80 A, 80 B, 80 C, 81, 81 A, 96. 96 A, 97, 100, 100 A, 114 D, 114 E, 115, 119, 120, 121, 122, 123, 124, 124 A. 125 B, 125 C, 125 D, 126, 127, 140, 141, 147 A, 150, 161 A, 169, 170, 237, 238, 239, 240, 241, 242, 242 A, 242 B, 243, 257 A, 277, 278, 279, 280, 281, 282, 289, 320, 358, 359, 360, 364, 367 A, 401, 402, 434, 515, 555, 565.
—— Le Pré (Bonne Nouvelle), 167, 168.
Saint-Edmundsbury, p. 276.
Saint-Florent (Les Prés), 244.
Saint-Jame, 64.
Saint-Lô, 17* A, 245, 295.
Saint-Macaire en Gascogne, 299, 181 A, 181 B.
Saint-Omer, 14.
Saint-Pierre-sur-Dive, 464 A.
Saint-Thuriau, 176, 177.
Saintes, 94, 304, 305.
Salisbury, 43, 44.
« Sanctus Laudunus », 336 A.
Saumur, 17* B, 83, 128, 148, 246, 283, 380 A.
Séez, 252 B, 362, 419.
Selvi, 452, 453.
Silli, 259 A, 246 A, 259 A.
Southampton, 68 A.
Stamford, 331 A.
Stokes, 301 B, 302.
Surgères, 173.
Thouars, 165, 166.
Tinchebrai, 253 C, 541.
Torigni, 77*.
Tours, 2*, 44*; 95, 178, 180 C, 321, 382, 403, 533, 534.
Valognes, 84, 129, 129 A, 179, 190, 190 A,

190 B, 247, 248, 249, 308 A, 322, 323, 328, 379, 384, 385, 386, 387, 405, 411, 420, 424, 425, 542, 543, 550, 566.
« Vasinie », 130.
Verneuil, 252 A, 258 B, 284, 345 A.
Villemur, 94 B.
Waltham, 437.
Warwick, 59*.
Westminster, 60*, 61*; 7, 8, 44 A, 45, 46, 47, 48, 49, 50, 51, 52, 53, 54, 55, 151 G, 153, 156, 157, 181 G, 204, 205, 256, 332, 332 A, 332 B, 337 A, 373, 374, 374 A. 388, 408, 477, 478, 479; p. 87.
Winchester, 11, 12, 206, 338, 339, 341 A, 375, 376, 410, 481; p. 265.
Windsor, 56, 157 B, 333, 409, 431, 436, 436 A; p. 29.
Woodstock, 57, 57 A, 157 C, 334, 335, 336, 467 A.
Worcester, 26, 27, 55 A, 257.
York, 58. 58 A, 58 B.

TABLE[1]

DES PIÈCES REPRODUITES DANS L'ALBUM DES PHOTOTYPIES

JOINT À L'INTRODUCTION.

PLANCHE I.   N° 6*, abbaye de Fécamp. — Acte de Geoffroi le Bel.
               N° 11*, léproserie de Beaulieu de Chartres. — Acte de l'Impératrice Mathilde.
               N° 84*, prieuré du Pré à Rouen. — Acte de l'Impératrice.

PLANCHE II.   N° 27*, abbaye de Saint-Serge d'Angers.
               N° 28*, abbaye de Fontenai, diocèse de Bayeux.

PLANCHE III. N° 45*, Robert fils de Robert, comte de Leicester.
               N° 71*, abbaye de Fécamp.

PLANCHE IV. N° 4, archevêque de Rouen.
               N° 5, église de Rouen.
               N° 6, abbaye de Fécamp.

PLANCHE V.   N° 7, abbaye de Fécamp.
               N° 7 *bis* (= 436 A), abbaye de Reading.
               N° 7 *ter* (= 4 A), abbaye de Bordesley.

PLANCHE VI. N° 11, prieuré de Longueville.

PLANCHE VII. N° 24 A (= 63 A), Saint-Bernard de Montjou.
               N° 74, Saint-Étienne de Caen.
               N° 107 A, abbaye de Saint-Valeri.

PLANCHE VIII. N°* 31 et 31 *bis*, le Mont-Saint-Michel.
               N° 166, Fontevrault.

PLANCHE IX. N° 108, Saint-Étienne de Caen.
               N° 333 A et B, abbaye de Saint-Valeri.

PLANCHE X.   N° 115, prieuré de Sainte-Barbe en Auge.

PLANCHE XI. N° 124, abbaye de Foucarmont.
               N° 129, Gervais de Chichester.

PLANCHE XII. N° 144, abbaye de Savigni.

[1] Les sujets sont indiqués par les noms des établissements ou des personnages auxquels les actes se rapportent. Sauf avis contraire, tous les actes sont émanés de Henri II.

568 TABLE DES PIÈCES REPRODUITES DANS L'ALBUM.

Planche XIII.	N° 157, Fontevrault.
	N° 118, Saint-Martin d'Angers et Saint-Martin de Tours.
Planche XIV.	N° 180 D, Fontevrault et Bourgueil.
Planche XV.	N° 118 A et B, abbaye de Troarn.
	N° 220, Fontevrault.
	N° 228, abbaye de Lire.
Planche XVI.	N° 22, Fontevrault.
	N° 230, abbaye de Fécamp.
Planche XVII.	N° 284, Saint-Père de Chartres.
	N° 285 A, abbaye de Cercamp.
Planche XVIII.	N° 292, Cluni.
	N° 311, abbaye de Notre-Dame de Mortain.
Planche XIX.	N° 313, abbaye de Notre-Dame de Lisieux.
	N° 316, abbaye du Bec.
Planche XX.	N° 342, Fontevrault.
Planche XXI.	N° 380 A, abbaye de Savigni.
	N° 382, cathédrale de Chartres.
Planche XXII.	N° 391, prieuré du Plessis-Grimoult.
	N° 403, Saint-Victor de Paris.
Planche XXIII.	N° 430, hôpital d'Angers.
Planche XXIV.	N° 444, abbaye de Savigni.
	N° 448, abbaye de Bondeville.
Planche XXV.	N° 466, traité entre Philippe Auguste et Marguerite, veuve de Henri Court-mantel.
Planche XXVI.	N° 497, abbaye de Longues.
	N° 499, abbaye de Lire.
	N° 500, abbaye de Saint-Sauveur-le-Vicomte.
Planche XXVII.	N° 510, abbaye de Foucarmont.
	N° 511, prieuré de Longueville.
Planche XXVIII.	Trois chartes du roi associé Henri Court-mantel, savoir :
	[I] pour les frères de Saint-Bernard de Montjou.
	[II] pour la cathédrale de Cantorbéry.
	[III] pour les frères du Mont-aux-Malades de Rouen.
Planche XXIX.	Fragment du Grand Rôle de l'Échiquier de Normandie, en 1184.
Planche XXX.	Deux privilèges de Henri II pour l'abbaye de Newhouse, écrits en dehors de la chancellerie.

TABLE.

AVANT-PROPOS, p. i à iv.

BIBLIOGRAPHIE. — I. Manuscrits, p. v à xiii.

II. Imprimés, p. xiii à xxiii.

I. — Importance des souscriptions des actes de Henri II pour établir la chronologie de ces actes, p. 1 à 38.

La chancellerie de Henri II, p. 1 à 9. - Absence de toute date chronologique dans les actes de Henri II, p. 9 à 12. - Indice chronologique fourni par la formule de suscription, p. 12. - Changement du protocole de la chancellerie au milieu du règne, p. 16 à 20. - La date du changement du protocole fixée entre mai 1172 et mai 1173, p. 20 à 31. - Ressources fournies par les formules de suscription pour dater les actes de Henri II, p. 31 à 38.

II. — Documents auxiliaires servant à préciser la date des actes de Henri II, p. 39 à 87.

Diverses pièces d'archives. - Cirographes, p. 39 à 57. - Les Pipe Rolls, p. 57 à 59. - Les listes de témoins, p. 59 à 61. - Itinéraire du roi et mentions d'événements à date certaine, p. 61 à 81. - Notes d'archivistes ou de religieux servant à préciser la date d'actes royaux, p. 81 à 87.

III. — Les chanceliers de Henri II. p. 88 à 113.

Thomas Becket (1155-1162), p. 89 à 90. - Collaborateurs de Thomas Becket, p. 91 à 92. - Geoffroi Ridel (1162-1173), p. 92 à 96. - Collaborateurs de Geoffroi Ridel, notamment Étienne de Fougères, p. 96 à 99. - Raoul de Wanneville (1173-1182), p. 99 à 103. - Geoffroi, fils du roi (1182-1189), p. 103, 105 à 113.

IV. — Diplomatique du duché de Normandie, depuis la mort de Henri Ier jusqu'à l'avènement de Henri II au trône d'Angleterre (1135-1154), p. 114 à 144.

Actes normands du roi Étienne (1135-1154), p. 115 à 120. - Actes de Henri Plantagenêt, avant son avènement au trône d'Angleterre (1133-1154), p. 120 à 134. - Actes de Geoffroi le Bel (1144-1151), p. 135 à 139. - Actes de Mathilde l'Impératrice, p. 139 à 144.

V. — Observations sur les actes de Henri II en général, p. 145 à 195.

Différents genres d'actes, p. 145. - Caractères extrinsèques, p. 146 à 149. - Emploi de formes françaises pour les noms d'hommes, p. 150. - Caractères intrinsèques; emploi rigoureux de formules protocolaires, p. 151. - Chartes de concession ou de confirmation, p. 151 à 157. - Chartes d'homologation, p. 157. - Recommandations pour la prompte exécution des ordres du roi, p. 158 à 162. - Réserve de cas dont le roi ou le sénéchal doit seul connaître, p. 162 à 164. - Mandements administratifs ou judiciaires, p. 164 à 165. - Brefs d'ordonnancement, p. 165 à 169. - Brefs de régence, p. 169. Régences de l'Impératrice Mathilde, p. 169; de la reine Aliénor, p. 171; de Robert, comte de Leicester, p. 174; de Richard de Lucé, p. 175; de Renouf de Glanville, p. 175. - Lettres missives, p. 177. - Chartes expédiées en multiples exemplaires, p. 180 à 182. - Chartes vidimées, p. 182. - Chartes renouvelées ou innovées, p. 185 à 193. - Minutes, copies ou états des actes expédiés, p. 193 à 195.

570   TABLE.

VI. — Observations sur les parties protocolaires des actes, p. 196 à 247.

Début des actes, p. 196. – Titre donné au roi dans la suscription, p. 197 à 206. – L'adresse, p. 207 à 221. – Le salut, les formules de courtoisie, l'emploi du pluriel, p. 221. – Clauses finales. Annonce du sceau, p. 224. – Liste des témoins; formule « Teste me ipso », p. 225. – Post scriptum, p. 230. – Date, p. 230. – Sceau, p. 234. – Emploi du sceau pour approuver une pièce dans laquelle l'intervention du roi n'était pas indiquée, p. 238. – Les particularités protocolaires des actes de Henri II déjà observées dans les actes des prédécesseurs de ce roi, p. 240 à 247.

VII. — Actes du roi associé Henri Court-mantel, fils de Henri II, p. 248 à 274.

Caractère de l'association purement nominale ne conférant aucun droit d'initiative au jeune prince, p. 246. Protestation de Henri Court-mantel, p. 251. – Différences du titre qu'il emploie, p. 252. – Il doit se borner à délivrer des actes calqués sur ceux de son père, p. 253 à 272. – Sceau de Henri Court-mantel, p. 273.

VIII. — Observations sur des anomalies de chartes authentiques, p. 276 à 293.

Anomalies imputables à des copistes, notamment aux rédacteurs de cartulaires, qui ne se conformaient pas aux règles du protocole, p. 275. – Anomalies de chartes écrites hors de la chancellerie, p. 278. – Anomalie d'acte royal, servant de procès-verbal d'accord, p. 283. – Anomalies de chartes diverses, p. 286. – Chartes de Fontevrault ayant subi des altérations au XVIe siècle, p. 291.

IX. — Examen de chartes fausses, falsifiées ou fort suspectes, p. 294 à 331.

Liste alphabétique des établissements auxquels ces chartes se rapportent : Blanchelande, p. 294, 295. – Saint-Jean de Falaise, p. 295, 296. – Ordre de Grammont, p. 296 à 303. – La Trappe, p. 303 à 306. – Le Plessis Grimoult, p. 306 à 316. – Lonlai, p. 310 à 312. – Le duché de Normandie, p. 312 à 316. – Saint-Évroul, p. 316, 317. – Saint-Julien de Tours, p. 317. – Saint-Laud d'Angers, p. 318 à 322. – Saint-Paul hors Rouen, p. 322. – Saint-Sauveur-le-Vicomte, p. 322 à 325. – Savigni, p. 326 à 329. – Prétendue charte de Montebourg, qui n'a pas existé, p. 329 à 331. – Chartes faussement attribuées à Henri II, p. 331.

X. — Documents et notes sur les principaux témoins et sur certains personnages cités dans les chartes de Henri II, p. 332 à 505.

Documents, p. 332 à 350. — Fragment du Grand Rôle de l'Échiquier découvert en 1851 aux Archives nationales, p. 334. – État de la vicomté d'Avranches à la fin du règne de Henri II, p. 345. – Assise tenue à Caen en 1176, p. 347. – Double acte de vente reçu simultanément par la juridiction communale et la juridiction ecclésiastique de Rouen, vers 1180, p. 348. – Assise plénière de la cour du roi en 1183, p. 349. – Acte passé en 1190 à l'Échiquier de Caen, p. 349. – Accord conclu à la cour du roi à Rennes vers la fin du XIIe siècle, p. 350.

Notes biographiques, suivant l'ordre alphabétique, p. 351 à 505.

Table des pièces comprises dans le Recueil des Actes de Henri II, p. 507 à 557.

Index des établissements, des personnages et des sujets auxquels se rapportent principalement les chartes du Recueil, p. 558 à 562.

Index des personnages autres que Henri II de qui certaines chartes sont émanées, p. 563.

Index des lieux d'où les chartes sont datées, p. 564.

Table des pièces reproduites dans l'album de phototypies joint à l'Introduction, p. 567 et 568.

www.ingramcontent.com/pod-product-compliance
Lightning Source LLC
Chambersburg PA
CBHW050418240426
43661CB00055B/2188

SOCIÉTÉ DE GÉOGRAPHIE DE LYON

CONGRÈS NATIONAL

DES

SOCIÉTÉS FRANÇAISES DE GÉOGRAPHIE

4ᵉ SESSION — LYON — 1881

Président : M. Ferdinand De LESSEPS

COMPTE-RENDU DES SÉANCES

LYON
SECRÉTARIAT DE LA SOCIÉTÉ DE GÉOGRAPHIE
6, RUE DE L'HOPITAL, 6
DÉPOT CHEZ H. GEORG, LIBRAIRE-ÉDITEUR, RUE DE LA RÉPUBLIQUE, 65

1882

CONGRÈS NATIONAL

DES

SOCIÉTÉS FRANÇAISES DE GÉOGRAPHIE

4ᵉ SESSION — LYON — 1881

SOCIÉTÉ DE GÉOGRAPHIE DE LYON

CONGRÈS NATIONAL

DES

SOCIÉTÉS FRANÇAISES DE GÉOGRAPHIE

4ᵉ SESSION — LYON — 1881

Président : M. Ferdinand de LESSEPS

COMPTE-RENDU DES SÉANCES

LYON

SECRÉTARIAT DE LA SOCIÉTÉ DE GÉOGRAPHIE

6, RUE DE L'HOPITAL, 6

DÉPOT CHEZ H. GEORG, LIBRAIRE-ÉDITEUR, RUE DE LA RÉPUBLIQUE, 65

1882

SOCIÉTÉ DE GÉOGRAPHIE DE LYON

CONGRÈS NATIONAL
DES
SOCIÉTÉS FRANÇAISES DE GÉOGRAPHIE

4ᵉ SESSION

LYON — 1881

La Société de géographie de Lyon avait eu l'honneur d'être désignée, au Congrès de Nancy, pour organiser, en 1881, la 4ᵉ session du Congrès national annuel des Sociétés françaises de géographie. Les Congrès antérieurs avaient été présidés par le président de la Société de géographie de la ville où ils se tenaient. Cette année, par exception, la Société de géographie de Lyon, en vertu de son droit d'aînesse, et d'accord avec les Sociétés-sœurs, a cru devoir offrir la présidence du Congrès à la Société de Paris, la plus ancienne de toutes. Cet hommage rendu à la Société-mère prouve l'esprit de confraternité qui règne entre toutes les Sociétés françaises de géographie, agissant dans une indépendance absolue, mais marchant toujours d'accord vers le but commun, le progrès des sciences géographiques en France.

M. le vice-amiral de la Roncière le Noury avait accepté cette présidence. Une mort imprévue l'ayant enlevé à la science, c'est l'illustre et sympathique créateur des canaux de Suez et de Panama qui l'a remplacé dans la présidence de la Société de Paris et dans celle du Congrès.

M. le Dr Gailleton, maire de Lyon, représentait la cité comme président d'honneur.

Nous ne reviendrons pas sur l'utilité des Congrès. Tout a été dit à ce sujet. Une décision importante survivra à celui de 1881. Sur la proposition de la Société de géographie de Lyon, une entente s'est établie pour la constitution d'un grand prix, qui sera décerné, tous les quatre ans, au nom de toutes les Sociétés françaises de géographie, à l'œuvre qui aura rendu le plus de services à la science géographique. Les savants et les explorateurs rechercheront avec empressement cette récompense solennelle.

Le mouvement géographique qui s'accentue de plus en plus dans notre pays, et qui s'affirme par les Congrès, est soutenu non-seulement par l'opinion publique, mais aussi par le gouvernement qui l'encourage par tous les moyens dont il dispose.

Le *Journal Officiel* consacre chaque semaine un article à la géographie et apprécie les travaux des Sociétés de province. Le gouvernement s'était fait représenter officiellement au Congrès de Lyon par des délégués de la plupart des ministères, savoir :

Ministère de l'instruction publique.	M. Levasseur, membre de l'Institut.
Ministère de l'intérieur..........	M. Anthoine, ingénieur, directeur du service de la carte de France.
Ministère de la guerre..........	M. Rouby, l.-colonel d'état-major.
Ministère de la marine..........	M. de Bizemont, capitaine de frégate.
Ministère des travaux publics....	M. Delocre, ingénieur en chef des ponts et chaussées.
Gouvernement de l'Algérie.......	M. Titre, chef d'escadron d'état-major en retraite.
Gouvernement du Sénégal.......	M. Delor, conseiller général à Saint-Louis.

A Lyon, le maire de la ville avait accepté la présidence d'honneur. En outre, toutes les Sociétés savantes, littéraires, médicales et même financières, avaient tenu à s'unir à la Société de géographie pour accueillir les membres du Congrès, à l'exemple de ce qui s'est fait à Paris, où vingt-deux Sociétés se sont jointes à la Société de géographie pour recevoir et fêter le célèbre voyageur Nordenskiold.

Une exposition géographique était annexée au Congrès. Plus de deux mille personnes l'ont visitée. Nous en donnons plus loin le compte-rendu.

Les fêtes sont un accessoire obligé d'un Congrès. Elles ne pouvaient être nombreuses à Lyon, car la ville possède assez de monuments et de curiosités à visiter pour occuper les étrangers.

La municipalité s'était chargée de recevoir le Congrès dans les salons de l'Hôtel de Ville, le jour de la clôture (1). De son côté la Société de géographie de Lyon a pensé qu'il convenait de mettre ses hôtes en présence, avant le commencement des travaux, pour donner l'occasion aux uns de se revoir, aux autres de se connaître. En conséquence, le 6 septembre, à midi, le Président réunissait dans un banquet de soixante-dix couverts les délégués des ministères et des Sociétés, les principaux membres du Congrès et les autorités de la ville. M. de Lesseps présidait cette réunion, empreinte de la plus franche cordialité. Au dessert, M. L. Desgrand, président de la Société de géographie de Lyon, souhaite en ces termes la bienvenue à M. de Lesseps et à ses invités :

« Monsieur le Président,

« Nous sommes en famille. Permettez-nous donc de vous
« dire, dans la simple effusion de nos cœurs, combien nous
« apprécions l'affection que vous nous avez toujours témoignée,
« les hauts enseignements que nous donne votre vie et la valeur
« que nous attachons aux instruments de travail que vous avez
« créés pour le bien de tous.

« L'affection ! ne nous en donnez-nous pas en ce moment
« même une preuve éclatante ? N'abandonnez-vous pas vos
« importants travaux pour vous rendre au milieu de nous et

---

(1) Cette fête n'a pas eu lieu.

« assurer ainsi, par la popularité et la célébrité de votre nom,
« la réussite du quatrième Congrès national de géographie ?

« Les bons exemples ! qui donc, Monsieur le Président, a pu
« établir d'une manière aussi irrécusable et aussi pratique que
« vous, ce que peut le génie, appuyé sur la science qui féconde,
« et sur l'esprit de dévouement, qui double les forces de l'homme
« en lui rappelant la grandeur et l'élévation du but assigné à
« ses œuvres ?

« Quant à ces admirables instruments de travail, ces canaux de
« Suez et de Panama, dont vous nous avez déjà mis un en mains,
« que n'aurais-je pas à en dire ! quel profit, surtout, nos fils ne
« doivent-ils pas en retirer, s'ils savent élever leur instruction
« et leur éducation au niveau qu'exige l'usage d'outils aussi
« puissants !

« Permettez-nous donc, Monsieur le Président, de vous pré-
« senter ce toast comme l'expression incomplète mais sincère
« de notre admiration, de notre affection et de notre profonde
« reconnaissance. »

Après une réponse affectueuse de M. de Lesseps, M. le maire de Lyon porte un toast au Président de la République, et M. le colonel Wauvermans au Roi des Belges, fondateur de l'Association internationale africaine. M. le préfet du Rhône répond à M. le colonel Wauvermans ; M. Levasseur prononce quelques paroles, et enfin M. J.-V. Barbier, secrétaire général de la Société de géographie de l'Est, rappelle les services rendus à la science par M. H. Bionne, dont tout le monde déplore la mort prématurée.

Sur l'invitation de M. E. Guimet, l'assemblée se rend ensuite au magnifique musée japonais-chinois que notre savant collègue a fondé à Lyon, et dont il a voulu faire lui-même les honneurs aux membres du Congrès.

Nous sommes heureux, en terminant, d'acquitter un devoir en remerciant, au nom de la Société de géographie de Lyon, les savants qui nous ont fait l'honneur d'assister au Congrès. Nous exprimons aussi nos sentiments de reconnaissance aux diverses Sociétés libres de Lyon qui se sont unies à nous pour recevoir nos illustres hôtes.

PROCÈS-VERBAUX DES SÉANCES

SÉANCE D'OUVERTURE — 6 SEPTEMBRE

Présidence de M. de Lesseps

La séance est ouverte à 10 heures 1/2, dans la grande salle de la bibliothèque de la ville. Prennent place sur l'estrade d'honneur MM. de Lesseps, président du Congrès ; docteur Gailleton, maire de Lyon, président d'honneur ; Louis Desgrand, président de la Société de géographie de Lyon ; général Carteret-Trécourt, gouverneur militaire de Lyon ; Oustry, préfet du Rhône ; les délégués des ministères, des Sociétés de géographie et les représentants des Sociétés savantes de Lyon.

M. le Maire de la ville ouvre la séance, en souhaitant la bienvenue aux membres du Congrès national de géographie. Après avoir fait remarquer les progrès croissants que la science de la géographie a faits depuis quelques années à Lyon ; après avoir cité plusieurs notabilités scientifiques lyonnaises qui ont payé de leur personne et de leur fortune leur tribut à la science géographique, M. le docteur Gailleton termine en ces termes :

« Messieurs les membres du Congrès,

« En choisissant Lyon pour tenir les assises de vos délibéra-
« tions, vous donnerez un nouvel essor à ces études. Je vous
« remercie donc encore d'être venus, de tous les points de la
« France, nous apporter le fruit de vos travaux.
« Vous donnez ainsi, Messieurs, l'exemple de ce travail utile
« et scientifique, qui, pénétrant chaque jour plus profondément
« dans le pays, nous prépare des générations nouvelles, fortes
« et patriotiques... »

M. Louis Desgrand, président de la Société de géographie de Lyon, prend ensuite la parole.

Mesdames, Messieurs, chers et honorés Collègues,

L'an dernier, à Nancy, vous avez bien voulu désigner Lyon comme siége du quatrième Congrès provincial de géographie ; vous nous avez, en même temps, confié la tâche de préparer, de réunir et d'organiser les éléments nécessaires à cette importante manifestation de votre sollicitude pour les progrès de la science qui nous est chère.

Le moment de déposer nos pouvoirs entre les mains de l'illustre Président du Congrès, est donc arrivé. Avant de le faire, permettez-nous, cependant, de vous développer les idées qui ont présidé à l'accomplissement de notre mandat.

Vous le savez, Messieurs, en 1821, Paris possédait déjà sa Société de géographie. Depuis lors, chaque pays a tenu à honneur de doter sa capitale d'une de ces puissantes sources d'instruction.

Mais c'est de Lyon qu'est sortie en 1873 l'idée de la fondation de Sociétés provinciales. Tout annonce que cette pensée répondait aux besoins de l'époque, puisque huit ans à peine après la constitution de la première de ces Sociétés, nous avons pu en inviter vingt-deux à participer aux travaux du Congrès.

C'est une preuve incontestable qu'on a compris, en France, l'indispensable nécessité de multiplier et de diversifier les efforts, si l'on veut faire pénétrer partout et dans tous les esprits, la lumière géographique.

Mais devait-on oublier pour cela, que la communauté de vue et le principe d'unité conduisent seuls au progrès réel et durable ?

Vos mandataires ne l'ont pas pensé, et c'est à l'unanimité qu'ils ont décidé que le Congrès de 1881 devrait témoigner, tout à la fois, de l'esprit de parfaite confraternité qui anime les associations de province à l'égard de leur sœur aînée, et de leur inébranlable résolution de travailler le plus énergiquement possible à la vulgarisation, aussi bien qu'au progrès scientifique de la géographie.

C'est dans cet ordre d'idées, et pour les symboliser dans un nom, que nous avions cru devoir, tout d'abord, offrir la présidence du Congrès au vaillant et vénérable amiral de la Roncière le Noury.

Placé, comme il l'était, à la tête de la Société de géographie de Paris, promoteur de l'idée du Congrès de Panama, ami passionné de la science ; tout semblait se réunir dans sa personnalité et nous l'indiquer comme destiné à diriger avec l'autorité et la compétence indispensables les savantes discussions qui ne peuvent manquer de se produire au milieu de nous.

Aussi, dès notre première ouverture, l'Amiral comprit, approuva et promit de donner son concours le plus énergique à nos pensées d'union et de vulgarisation.

Quant à la présidence, il objecta son grand âge, son état de santé et l'incertitude de l'unanimité de vos adhésions. Il la voulait absolue.

Hélas! Messieurs, à peine avions-nous eu le temps de surmonter toutes les difficultés et de nous réjouir de l'acceptation définitive de l'Amiral, qu'une dépêche venait nous jeter dans le trouble : une sérieuse aggravation était survenue dans son état. Bientôt, nous apprenions qu'une mort prématurée venait d'enlever notre vénéré Président à l'affection des siens, à l'estime de ses collègues, et priver notre pays d'un de ses plus vaillants et de ses plus fidèles serviteurs.

Pour nous, Messieurs, pour nous qui avions espéré le voir donner, ici même, une nouvelle preuve de sa supériorité et de son dévouement, il ne nous reste plus qu'à pleurer sa perte, à nous imprégner de son esprit et à conserver sa mémoire, grâce au précieux souvenir que sa famille a bien voulu nous envoyer.

Messieurs, chers et honorés Collègues, il nous eût été impossible de combler le vide qui venait de se former à notre tête, si, grâce à Dieu, la France n'abondait en hommes de cœur et de génie.

Nous perdions, il est vrai, le Promoteur de l'idée du Congrès de Panama, mais ne pouvions-nous pas espérer que celui qui venait d'achever l'œuvre du Suez et qui entreprenait déjà, sans prendre le moindre repos, l'exécution de la pensée de Christophe Colomb, ne pouvions-nous espérer, dis-je, que le créateur de cette géographie qui rapproche les continents et civilise leurs habitants, voudrait bien consentir à reprendre et à compléter l'œuvre du vaillant Amiral ?

Poser cette question, c'était la résoudre, pour nous du moins. Ainsi que nous l'avions dit dans une autre circonstance, ne l'avions-nous pas entendu déclarer « *que le général qui a gagné une première bataille ne peut refuser d'en livrer une seconde ?* »

Aussi, fut-ce sans surprise, mais avec la plus vive satisfaction, que nous entendîmes sa réponse : « *Vous me demandez de succéder à mon excellent collègue et ami le brave de La Roncière, eh bien oui ! j'y consens ; comptez sur moi, comme vous comptiez sur lui.* »

Restait à réaliser nos idées de vulgarisation, c'est-à-dire à profiter de la réunion du Congrès et des précieux enseignements qui doivent en ressortir, pour imprimer dans notre région la plus forte impulsion possible au travail géographique : il n'est pas, à notre époque, une seule industrie qui n'ait intérêt à y recourir.

Pour cela, Messieurs, nous n'avions qu'à interroger nos souvenirs et à marcher dans la voie tracée. Comme à Nancy, donc, nous avons cru devoir organiser un concours scolaire et une exposition d'objets géographiques.

L'étendue du concours a été limitée aux ressorts académiques de Lyon et de Grenoble. Grâce au remarquable empressement de MM. les recteurs, tout ce que leur administration compte d'institutions officielles ou libres, d'écoles primaires, secondaires, supérieures, spéciales, d'élèves, de professeurs, de simples particuliers, tout ce qui, en un mot, de près ou de loin, s'intéresse aux choses géographiques, a été invité, par leurs soins obligeants, à envoyer quelques-uns de leurs travaux à ce tournoi régional.

Tous ont été, en même temps, prévenus qu'un jury pris dans votre sein serait appelé à juger leurs œuvres, et à décerner aux plus méritants les nombreuses médailles, mentions ou autres récompenses que nous avons pu mettre à sa disposition.

Nous avons introduit quelques éléments nouveaux dans les galeries de l'exposition. Nous devions nous attendre à ce que de nombreux instituteurs, leurs élèves et leurs familles viendraient les parcourir. Il nous a donc paru utile d'y réunir quelques-uns des instruments qui servent le plus généralement aux études et aux travaux géographiques. En en vulgarisant ainsi la connaissance, nous espérons faire naître dans les esprits la pensée de les utiliser plus largement dans la pratique.

Les profondes et laborieuses recherches de la science tourneraient ainsi au profit de tous.

C'est dans le même ordre d'idées que nous avons engagé MM. les ingénieurs, auteurs de travaux publics, à nous en confier les plans, pour peu qu'ils fussent en état de revêtir une expression géographique.

Tout nous commandait de marcher dans cette voie. L'intérêt de notre ville, qui réclame si vivement des fournitures d'eaux plus abondantes et plus régulières. Les besoins de notre industrie qui sollicitent depuis si longtemps l'amélioration du cours du Rhône et la possibilité pour nos bateaux à vapeur d'arriver, sans rompre charge, dans le port de Marseille. A un point de vue plus élevé, plus général, n'est-ce pas aussi travailler au relèvement du niveau scientifique que de fournir à tous, l'occasion de connaître et d'apprécier les difficultés que présentent et les connaissances qu'exigent les entreprises internationales? Ne se lient-elles pas aussi très intimement à la prospérité intérieure et à l'influence extérieure d'une nation, quand elles atteignent les proportions qu'a su leur donner notre illustre Président?

Messieurs et chers collègues! nous vivons à une époque de cosmopolitisme des plus accentués. Les populations des divers continents cherchent à se voir, à se connaître, ainsi qu'à échanger leurs produits et leurs idées.

Bateaux à vapeur, chemins de fer, télégraphes, canaux maritimes, facilitent ces tendances. Les connaissances géographiques ont tout à gagner à ce mouvement. Notre intérêt est de le propager.

Votre Comité a donc pensé qu'il serait utile d'organiser une conférence dont le but serait de nous faire connaître les particularités les plus remarquables de chaque pays.

M. Merritt, professeur à l'école supérieure du commerce de notre ville, a bien voulu se charger de nous faire faire ce voyage autour du monde.

Nous osons espérer que vous vous y rendrez nombreux. On comprendra mieux, ainsi, que le complément d'une forte éducation, à notre époque, ne se limite plus au classique Tour de France ou même d'Europe. Il importe aux jeunes gens de l'avenir de se familiariser avec les choses et les hommes du monde entier.

Je termine par la partie la plus agréable de ma tâche.

Vous vous le rappelez, Messieurs ! lorsque le hardi et savant navigateur Nordenskiold vint à Paris, de nombreuses associations libres ou officielles de la capitale vinrent se grouper autour de la Société de géographie de Paris. Leur but était, en cela, de concourir à l'éclat et surtout à la cordiale réception de l'homme qui venait d'établir, en fait, qu'il est possible de communiquer avec l'extrême Orient, à travers les glaces de la mer Polaire.

Aucune ville n'est plus sensible que la nôtre aux pensées généreuses ; aussi, Messieurs et honorés collègues, à peine l'annonce de votre arrivée au milieu de nous était-elle répandue, à peine le Comité organisateur avait-il pu dire un mot de l'œuvre de dévouement et de science que vous veniez accomplir à Lyon, que tous nos concitoyens ont tenu à honneur de témoigner de leur empressement, en imitant l'initiative de la capitale.

C'est Monsieur le Maire qui a bien voulu, tout à la fois, accepter la présidence d'honneur, vous souhaiter une heureuse bienvenue et vous offrir la preuve que les nobles et vieilles traditions de l'hospitalité française ne se sont pas perdues à Lyon.

C'est l'industrie lyonnaise et son commerce, représentés par leurs syndics, MM. Arlès-Dufour et Lamy, qui ont spontanément offert à notre œuvre un concours dont vous ne tarderez pas à connaître la touchante expression.

C'est l'administration de l'école supérieure de commerce qui a mis son hôtel à la disposition du comité, pour y organiser l'Exposition. Un de ses principaux fonctionnaires, M. Sénil, aidé du concours de notre collègue, M. Ganeval, s'est en même temps dévoué à la tâche aussi délicate que difficile de classer avec méthode et impartialité les nombreuses richesses géographiques que vous trouverez réunies dans nos galeries. Ce sont les ministères, c'est la Chambre de commerce, le Conseil général la Municipalité lyonnaise, ce sont les Sociétés savantes, les syndicats, les grandes institutions financières, les chefs de commerce et d'industrie, les simples particuliers, tous, enfin, qui, sous une forme ou sous une autre, ont tenu à témoigner de leurs sympathies pour l'œuvre du Comité.

Merci donc à tous, merci de nous avoir ainsi soutenus et encouragés. Cet empressement a doublé nos forces ; il nous crée, il est vrai, une très-grosse dette de reconnaissance.

Nous ne pourrons jamais l'acquitter en entier. Mais, peut-être, réussirons-nous à nous libérer d'une partie, en réunissant nos modestes efforts à ceux de tous ces hommes de science et de dévouement qui ont bien voulu répondre à notre appel.

En conséquence, les membres du Comité d'organisation ont l'honneur de déposer leurs pouvoirs entre les mains de M. le Président, et de procéder à l'ouverture du 4e Congrès provincial de géographie.

M. F. de Lesseps prononce ensuite le discours suivant :

Messieurs,

En m'appelant à présider notre Congrès, la Société géographique de Lyon a voulu rendre hommage à la doyenne de toutes les Sociétés de géographie, celle de Paris, qui lui en est profondément reconnaissante. Mais ce n'est pas sans tristesse que je suis venu occuper un fauteuil où devait prendre place mon regretté prédécesseur l'Amiral La Roncière le Noury. Je pense à ses sentiments de joie et de légitime fierté en face de cette brillante assemblée, réunie au nom de la science qu'il aimait, et dont il aurait ici caractérisé l'importance dans son langage toujours si élevé.

Pour ceux d'entre vous que l'antiquité eût appelés « des philosophes, » il aurait discrètement indiqué ce qu'ils savent si bien, la profondeur des lois soumises à leurs études; il aurait en même temps proclamé la haute portée pratique de leurs travaux. Les explorateurs, ces âmes vaillantes qui affrontent les premiers dangers des terres inconnues, il les aurait remerciés avec autorité, lui qui savait, par sa longue carrière de marin, ce que vaut le courage et ce que peut le dévouement. A ceux qui ne sont ni des adeptes spéciaux de la géographie, ni des voyageurs, il aurait dit que leur concours éclairé est indispensable aux uns comme aux autres, et qu'en le leur accordant ils travaillent aussi à l'honneur de notre pays. Avec nous tous, il se serait félicité du chemin parcouru, et, sans crainte de décourager notre persévérance, il nous aurait montré le chemin qui reste à parcourir encore. C'est en nous inspirant de ces hautes vues, que nous devons continuer l'œuvre à laquelle l'amiral de la Roncière le Noury a si largement contribué. Ce sera lui rendre le plus noble des hommages.

Lyon, qui s'est faite opulente en tissant pour l'Occident les soies de l'Orient, et en habillant une partie du monde de ses somptueuses étoffes ; Lyon, qui s'est toujours efforcée d'ajouter la richesse intellectuelle à la richesse commerciale, a pris hardiment l'initiative de décentraliser le mouvement géographique de la France, concentré dans la capitale ; c'est à Lyon qu'est née, en 1874, la première Société de géographie des départements. Je suis certain d'être l'interprète de votre pensée à tous, en remerciant publiquement ici l'honorable M. Desgrand qui n'a pas cessé, pendant neuf années, de présider à la vie de cette Société dont il avait été le fondateur; en remerciant aussi ceux qui furent ses collaborateurs dévoués, et, en particulier, le chanoine Christophe, vice-président, et le lieutenant-colonel Debize, secrétaire général de la Société lyonnaise de géographie.

Vous vous étonneriez à bon droit qu'il ne fût rien dit ici de l'exposition organisée par vos soins à l'école de commerce. Elle atteste l'empressement qui a répondu à votre appel, et présente un ensemble vraiment digne d'attention, soit par ses documents sur la topographie régionale, soit par les essais qui marquent le progrès scolaire dans la voie de la géographie.

Votre laborieuse association a prospéré; elle a rendu de réels services, dont le moindre n'a pas été d'entraîner la fondation d'autres Sociétés géographiques sur notre territoire français, en deçà et au delà de la Méditerranée.

Nous sommes heureux de voir ces Sociétés représentées ici comme elles l'avaient été dans nos précédentes réunions annuelles à Paris, à Montpellier, à Nancy. Le nord de la France avec ses dix groupes géographiques confédérés autour de Douai, Alger avec sa jeune Société, nous viennent pour la première fois.

Ces réunions des Sociétés françaises de géographie ont leur importance: elles affirment, en l'activant et le propageant, un mouvement utile, nécessaire à notre pays. Certes les jeunes générations qui s'élèvent autour de nous ne méritent déjà plus le reproche d'ignorance en géographie, qu'on a si complaisamment adressé à leurs devancières. Quant à moi, je vous l'avoue, j'avais fait mes études dans un des grands collèges de Paris, un des meilleurs. Eh bien! quand je me suis présenté à mon baccalauréat, nous étions quatre: le Recteur nous mit sous les yeux une carte et nous demanda où se trouvait le nord, le midi, l'est et l'ouest... aucun de nous ne sut le dire!

Il est vrai que j'ai terminé plus tard mes études géographiques d'une façon heureuse pour moi.

Nous voyons, d'autre part, s'éveiller de plus en plus l'intérêt pour les lointaines contrées. Nos Sociétés peuvent se rendre le témoignage qu'elles ont contribué à ces résultats. Il convient aussi de déclarer hautement que notre Parlement, toujours attentif à suivre, quand elles sont pratiques et sages, les suggestions de l'opinion, a doté avec une libéralité inusitée jusqu'à ce jour, et qui ne s'arrêtera pas, le chapitre du budget de l'instruction publique relatif aux missions et voyages. On ignore généralement trop les résultats de ces libéralités si éclairées, si bien placées. M. Georges Perrin, qui est en même temps un orateur de premier ordre et un député fort influent, nous a procuré par son crédit des sommes importantes pour subvenir aux frais de nos explorations : ces sommes nous ont aidé pour une large part à fonder ces stations florissantes dont je vous parlerai tout à l'heure.

D'autres, au cours du Congrès, vous donneront là-dessus des détails dans lesquels je ne saurais entrer. Ils vous montreront les périls, les fatigues, les souffrances, mais aussi les succès de nos voyageurs. Ils vous rappelleront le docteur Crevaux, puis M. Charles Wiener, descendant avec une vitesse vertigineuse, sur de chétives embarcations, les fleuves de l'Amérique du Sud, semés de dangers imprévus ; ils vous signaleront les fouilles curieuses par lesquelles M. Charnay suit, au Mexique, les traces de la civilisation aztèque; ils vous montreront, aux îles du grand archipel Indien, MM. Brau de Saint-Pol Lias et de la Croix, le docteur Rück, M. Alfred Marche, et surtout les docteurs Montano et Rey, tous occupés, sans souci du fanatisme indigène ou des fièvres plus redoutables encore, à recueillir des informations d'une haute valeur pour l'étude physique de ces magnifiques contrées. Plus près de nous, aux confins du Caucase et de l'Arménie, voici un enfant de cette ville, M. Chantre, qui va demander à l'étude du sol des révélations sur le passé le plus reculé de sa contrée, tandis que M. de Sarzec nous revient chargé de trésors qui éclairciront l'histoire de la géographie ancienne de la Mésopotamie. Vous accompagnerez le docteur G. Pouchet dans ses études sur la faune d'un fiord de l'extrême Europe septentrionale ; dans les eaux du golfe de Gascogne et de la Méditerranée, nous trouverons l'aviso le *Travailleur*, monté par une élite de savants, sous la conduite de M. Alphonse Milne-Edwards, digne héritier d'un des grands noms de la science française. Le *Travailleur* accomplit ces curieuses investigations sous-marines, qui sont appelées à transformer quelque jour la géographie physique du globe. Vous entendrez surtout beaucoup parler de cette Afrique, sur laquelle l'attention est aujourd'hui éveillée à tant de titres. Là vous trouverez nos stations scientifiques et hospitalières françaises établies l'une à l'Est, sur la route des Grands lacs, l'autre à l'Ouest, dans la région du haut Ogôoué et du Congo ; vous applaudirez le capitaine Bloyet, qui, établi à la première de ces stations, y recueille avec conscience des renseignements précis sur la contrée environnante ; vous applaudirez aussi à ce hardi de Brazza qui, après avoir fondé notre seconde station, est allé porter, jusque sur le Congo, le drapeau scientifique de la France. Souhaitons sincèrement que ces stations facilitent aux voyageurs, sans exception de nationalité, l'accomplissement de leur rude tâche, mais souhaitons par-dessus tout qu'elles servent de point de départ à des explorateurs français. Rendons hommage une fois de plus au souverain d'un pays voisin, S. M. le roi des Belges, dont la généreuse initiative, en fondant le Comité international africain, a imprimé une si active impulsion aux explorations dans l'Afrique équatoriale.

En d'autres régions de l'immense Afrique, vous trouverez M. Georges Revoil, qui vous parlera lui-même des résultats de son exploration du pays Çomali. Vous saluerez le retour de la mission du courageux capitaine Gallieni à Ségou Sikoro, puis l'expédition que le lieutenant-colonel Borgnis Desbordes, accompagné du commandant Derrien et de sa brigade géographique, a conduite sur le haut Sénégal, pour y étudier l'établissement d'une voie ferrée du Sénégal au Niger, c'est-à-dire au cœur du continent.

Enfin le Congrès ne saurait oublier que, soit en Tunisie, soit dans l'extrême sud algérien, nos colonnes, tout en accomplissant noblement leur devoir, recueillent des éléments qui compléteront la carte encore indécise de ces contrées. Hélas! tant de résultats ont été chèrement achetés ! C'est le cœur serré que je dois rappeler ici le désastre de la mission du colonel Flatters vous demandant d'accorder l'hommage solennel d'un souvenir d'admiration et de profond regret à ces généreuses victimes de la science. Leur œuvre sera reprise, elle sera achevée, nous en avons la certitude, et nous y devons aider de tous nos moyens.

N'oublions pas notre colonie de Cochinchine, où les successeurs du docteur Harmand, MM. Perusset, Neiss, Septans et d'autres, vont étudier, sur leur territoire, des indigènes dont nous nous ferons des amis, en en faisant des hommes libres. Là, nous avons une France orientale, dont les gouverneurs ont rapidement fait un bel et riche empire colonial.

Mais, Messieurs, je ne saurais retenir plus longtemps votre attention. Permettez-moi, toutefois, encore quelques considérations générales sur le but auquel doivent tendre nos communs efforts. Nos Sociétés, vous le savez, ont un rôle multiple : elles doivent centraliser, aussi nombreux que possible, les éléments à l'aide desquels la géographie avance peu à peu dans la connaissance des grandes lois de la physique terrestre ; elles doivent étudier l'influence de ces phénomènes sur les destinées de l'humanité ; elles doivent s'employer activement à la diffusion de notre science et faciliter à l'enseignement la recherche des informations les plus récentes comme les plus exactes. Mais leur devoir est encore — et c'est là-dessus que j'insisterai — de démontrer, sans relâche, à l'opinion publique, le danger pour une nation de se désintéresser de la connaissance du reste du monde, et la nécessité d'avoir des jours largement ouverts sur l'horizon. J'ai employé, il y a quelques instants, l'expression de « lointaines contrées » ; à vrai dire, elle n'a plus la même portée qu'autrefois; grâce à de puissants moyens de circulation qui n'ont pas dit encore leur dernier mot, l'homme a singulièrement réduit l'étendue de sa demeure. D'ici à quelques années, va s'ouvrir une voie nouvelle qui donnera à la grande navigation un essor dont il est impossible de mesurer aujourd'hui la portée.

Que nos hommes de science ne se lassent point d'étudier les régions sur lesquelles l'activité commerciale de la France doit prendre position pour ne pas se voir neutralisée ; qu'ils ne se lassent point de les signaler à l'attention publique. De son côté, que celle-ci ne se détourne pas des pays situés à quelques jours ou à quelques semaines de nous, comme des planètes dont l'existence ne doit intéresser que les astronomes et quelques esprits originaux. Telle contrée, tel peuple, hier encore indifférents, peuvent demain, qu'il s'agisse de politique ou de commerce, exercer une profonde influence sur les événements, aussi rapides aujourd'hui que les communications. Par l'union de leurs lumières et de leurs efforts, par l'écho de leur voix, nos Sociétés de géographie exerceront à cet égard une féconde influence. Qu'elles rivalisent donc d'activité pour réunir et pour répandre des informations ; qu'elles encouragent ces travaux d'érudition critique où la géographie française a conquis de si beaux titres ; qu'elles encouragent aussi ces œuvres de généralisation élevée, comme la savante étude que l'un des vôtres, le professeur Berlioux, a consacrée au Jura. Qu'elles s'unissent pour demander aux grandes administrations, à notre public si intelligent et si plein de patriotisme, les moyens d'envoyer au loin des explorateurs qui reviennent les mains pleines de données utiles à la science, au commerce, à l'industrie. Ces explorateurs, il ne faut pas se borner à leur décerner les palmes du triomphe ou du martyre ; il faut les encourager, les soutenir, car ils vont faire la guerre à l'inconnu qui les tue souvent. Dans le champ de la géographie, comme en bien d'autres, la tâche est immense encore, soit pour les penseurs, soit pour les combattants. Nos Sociétés se sont donné pour mission d'encourager les uns et les autres : elles n'y failliront pas, et tous vous voudrez les aider, car leur œuvre est inspirée par l'ardent désir de contribuer à la prospérité et à la grandeur de notre France bien-aimée.

Messieurs, je ne veux pas vous quitter sans vous rappeler, sans vous dire quelques mots des nouvelles créations dont M. Desgrand, l'honorable président, vous a parlé tout à l'heure, de la vapeur et de l'électricité, que j'appellerai les ailes de la géographie, car elles rapprochent les distances et ont fait prendre une immense extension à nos connaissances géographiques. Et ici, je dois vous rappeler que c'est à Lyon que l'on doit l'application de la vapeur à la navigation.

C'est un homme resté longtemps inconnu, Claude Jouffroy, qui a fait les premiers essais de la navigation à vapeur sur le Doubs. Ces essais ne donnèrent pas, il est vrai, des résultats satisfaisants, parce que Jouffroy avait construit son bateau avec l'aide d'un mauvais chaudronnier de village, qui n'avait jamais construit de bateau de sa vie ; j'ai fait un rapport à ce sujet et j'ai retrouvé une pièce faite par un notaire de Lyon, constatant qu'en 1783, un bateau à vapeur avait été lancé sur la Saône, qu'il avait remontée jusqu'à l'Ile-Barbe ; ce document ajoute que Claude Jouffroy a fait seize jours de navigation sur son bateau.

C'est donc à Lyon qu'ont été faits les premiers essais de navigation à vapeur, il appartient donc à Lyon d'ériger une statue à cet homme de bien. La ville de Besançon, où est né Claude Jouffroy, a voté des fonds et a ouvert une souscription publique pour l'érection de la statue de ce grand homme. Lyon ne voudra pas rester en arrière, la ville de Lyon voudra concourir à l'érection de cette statue, car elle se rappellera de 1783, et du premier essai de navigation à vapeur sur la Saône. Car la France a proclamé cette priorité d'invention et l'a attribuée, avec justice, à Claude Jouffroy.

Longtemps on a attribué à Fulton l'honneur de cette découverte. Fulton, qui est venu cinquante ans après Claude Jouffroy, connaissait parfaitement les découvertes et les expériences de ce savant, et a rendu hommage à sa mémoire. Il écrivait à un M. Mongolfier de Lyon, qu'il ne voulait plus lancer des bateaux sur les ruisseaux, mais bien sur les grands cours d'eau de l'Amérique, qu'il avait fait l'essai du bateau qui avait fonctionné à Lyon en 1783, et que l'avantage était resté à ce dernier. C'est ainsi que Fulton a confirmé l'antériorité de la découverte de Claude Jouffroy.

Il est donc juste que Lyon rende hommage à cet homme de génie. Claude Jouffroy était Franc-Comtois, il est vrai ; mais c'est ici qu'il a fait ses premiers travaux. C'est à Lyon qu'il s'était marié et que sa famille a habité.

Une de ses arrière-petites-filles, qui habite Paris, demande l'érection de sa statue et est tous les jours aux portes de l'Académie, pour solliciter l'ouverture de la souscription.

Je viens de faire quelques digressions en dehors du programme officiel, mais nous sommes ici en famille et vous le permettrez.

Lorsque les applaudissements qui ont accueilli la fin de ce discours ont cessé de se faire entendre, M. Levasseur, délégué de M. le Ministre de l'Instruction publique se lève et prononce l'allocution suivante :

Messieurs, Mesdames,

Je ne me lève pas pour faire un discours. Comme délégué de la Société de géographie de Paris et de la Société de géographie commerciale, je m'associe de tous mes vœux aux efforts faits pour l'avancement de la géographie. Cette Société dont j'étais secrétaire général, il y a dix ans, est maintenant bien vivante et le succès a justifié tous ses efforts. Je ne veux pas vous raconter son histoire, mais je tiens à vous rappeler un seul trait de l'origine de l'union de toutes ces Sociétés de géographie qui sont répandues maintenant dans toute la France. Toutes ont pris naissance après les malheurs de 70-71 : alors, nous avons formé une réunion de savants, sous le nom d'Association pour l'avancement des sciences, afin de grouper tous les savants isolés dans toutes les parties de la

France. Le Congrès de Bordeaux a commencé en 1873 et c'est alors que furent fondées la Société de géographie commerciale de Bordeaux et celle de Lyon, et c'est grâce à ces associations qu'a eu lieu la diffusion de la science. Je n'ai plus rien à ajouter, les orateurs qui m'ont précédé ont épuisé le sujet. Avant de terminer, je vais vous faire une communication comme délégué de M. le Ministre de l'Instruction publique ; j'ai à vous lire un mot : j'aime mieux vous lire que de dire. Je passe le commencement de la lettre : vous verrez par cette lecture que le Gouvernement est animé d'un esprit libéral et aime à encourager la géographie (1).

M. Arlès-Dufour prend ensuite la parole en ces termes :

La Chambre syndicale des fabricants de soie de Lyon, a l'honneur de vous souhaiter la bienvenue. Elle espérait vous offrir aujourd'hui, comme un témoignage, comme une preuve d'immense admiration, votre portrait tissé en soie. Un accident arrivé au métier nous prive de ce plaisir ; mais comme vous nous avez promis de revenir, nous espérons pouvoir le faire à ce moment.

M. Debize, secrétaire général de la Société, suspend la séance en ces termes.

Messieurs,

La séance est suspendue. Les membres du Congrès vont procéder à l'organisation du bureau, et le bureau une fois constitué, le Congrès reprendra la marche de ses travaux et étudiera les diverses questions à l'ordre du jour.

La séance est suspendue

(1) M. Levasseur lit une lettre dans laquelle le Ministre de l'Instruction publique exprime toute sa sympathie pour le Congrès et annonce qu'il accorde une allocation de 1,500 francs à la Société de géographie de Lyon, pour concourir aux frais du Congrès et de l'exposition.

La séance est reprise au bout de cinq minutes.

M. Debize proclame ainsi le résultat des délibérations des membres du Congrès :

Messieurs,

On va nommer quatre vice-présidents. Voici ceux qui ont été proposés :

>MM. Levasseur.
>Rabaud.
>Maunoir.
>E. Guimet.

comme secrétaire général :

>M. le colonel Debize.

L'Assemblée ratifie ces votes. La séance est levée à midi.

PREMIÈRE SÉANCE — 7 SEPTEMBRE MATIN

La séance est ouverte à 9 heures, sous la présidence de M. Maunoir, secrétaire général de la Société de Géographie de Paris, assisté de

MM. Levasseur, de la Société de Paris, vice-président ;
    Breittmayer, de la Société de Marseille, vice-président ;
    le colonel Rouby, délégué du ministère de la guerre ;
    J.-V. Barbier, de la Société de l'Est ;
    L. Delavaud, de la Société de Rochefort ;
    Perroud, de la Société de l'Union du Nord.

Au début de la séance, le colonel Debize, secrétaire général du Congrès, donne lecture d'une lettre de M. Meurand, président de la Société de Géographie commerciale de Paris, qui s'excuse de ne pouvoir assister aux séances et envoie au Congrès l'expression de ses sympathies.

Le Président donne ensuite la parole à chacun des délégués des Sociétés françaises qui viennent rendre compte des travaux de leur Société respective.

SOCIÉTÉ DE GÉOGRAPHIE COMMERCIALE DE PARIS

M. GAUTHIOT, Secrétaire général.

Mesdames, Messieurs,

Je ne veux pas revenir sur l'histoire connue des progrès qu'a fait faire à la science la Société de Géographie de Paris ; vous les connaissez. Je me bornerai à dire que l'essor nouveau donné en France à la Géographie, est dû à cette Société. Les Sociétés de Géographie ont contribué dans ces dernières années à développer la science géographique ; notre but, à nous, ne tend pas tout à fait à ce résultat, mais nous prenons ces progrès, pour les appliquer à l'industrie et au commerce. Aussi, nous avons favorisé, autant qu'il a été en notre pouvoir, la diffusion des rapports des voyageurs et la publication des notes envoyées de toutes les parties du monde, et tout cela pour en faire profiter le commerce et l'industrie.

Nous avons fait, dans cette voie, de réels progrès par des moyens simples et faciles.

Nous avons divisé nos séances en deux parties : les séances dites de section, dans lesquelles les membres émettent leurs avis dans de simples questions sur le sujet mis en discussion. Dans ces séances, des hommes compétents, des négociants intéressés émettent leurs idées, qui souvent, ensuite, sont exposées sous forme de discours dans l'Assemblée générale. Toutes ces discussions, toutes, sans exception, sont insérées dans notre bulletin, qui est l'ouvrage personnel de chaque membre. Nul travail qui n'y soit inscrit, et nous avons de cette façon des documents très-originaux et très-intéressants pour l'histoire et les progrès de la géographie.

On viendra très-probablement vous dire, dans le cours du Congrès, sur certains points de la géographie, les mêmes choses que j'aurais à vous dire. Aussi je renonce à vous donner des explications que vous entendrez par des voix plus autorisées et plus savantes que la mienne.

Je constate que la Société de Géographie commerciale de Paris a toujours continué à marcher dans la voie qu'elle s'était tracée, et à donner des résultats qui vont toujours grandissant.

SOCIÉTÉ DE GÉOGRAPHIE DE LYON

M. DEBIZE. Secrétaire général.

Messieurs,

La tâche principale de notre Société, pendant l'année qui vient de s'écouler, a été la préparation du Congrès qui nous réunit aujourd'hui. Suivant l'usage, nous y avons joint une exposition, sorte de concours géographique auquel nous avons convié les instituteurs et les élèves des académies de Lyon et de Grenoble. Nous nous sommes proposé ce résultat, qu'après avoir visité les galeries de l'exposition, assisté aux séances du Congrès ou entendu les conférences, chacun fût amené à se dire : *C'est fini, le classique tour de France a fait son temps, il nous faut maintenant le voyage autour du monde.*

Mais l'organisation du Congrès n'a pas détourné notre attention des occupations ordinaires.

La *réforme du timbre des lettres* est finie dans notre pays. Il nous reste à la porter à l'étranger. C'est alors seulement qu'elle produira tout son effet. Le prochain Congrès postal sera saisi de la question.

Nos premières *plaques géographiques* ont été placées dans des chefs-lieux de commune. La libéralité du Conseil général et un minime sacrifice de la part des municipalités locales ont facilité cette nouvelle amélioration. Comme elle aide puissamment à la diffusion de la science, nous avons offert à l'administration départementale d'en apposer dans les cent communes qui, les premières, en feraient la demande. Nous espérons les donner cette année.

Le cours de *géographie historique et militaire* et celui de *géographie physique et commerciale* se poursuivent dans des conditions satisfaisantes. C'est un résultat que nous devons tout à la fois à l'intérêt qu'ils excitent et au zèle ainsi qu'à l'habileté des professeurs, M. le docteur Ch. Perrin et M. Coumes. L'introduction en Europe des chemins de fer et la création de nouveaux engins de guerre ont déterminé une révolution stratégique qui impose de nouvelles études. Un cours de géographie militaire ne pouvait y rester étranger. L'historique des dernières guerres et les conséquences géographiques qui en découlent, fournissent à M. Perrin l'aliment principal de son cours.

On comprend l'intérêt de ce sujet à une époque où nous sommes tous appelés à concourir à la défense du territoire. M. le Gouverneur militaire de Lyon a bien voulu encourager les efforts du professeur et les nôtres en consentant à faire partie du comité d'action de notre Société.

Dans son cours, M. Coumes étudie les productions aussi variées qu'importantes de nos départements. Il insiste surtout sur l'aliment journalier qu'elles fournissent à nos rapports internationaux. C'est de leur développement que dépend la prospérité de notre exportation et de notre importation. Sur la demande du professeur, nous offrirons pour le prochain exercice, aux dames qui suivent son cours, des récompenses distinctes.

Nos *séances mensuelles* et nos *conférences publiques* augmentent en nombre et en intérêt. Les voyageurs lyonnais commencent à y prendre une part plus accentuée. Plusieurs hésitent encore à se produire à notre tribune.

S'il leur faut un nouvel encouragement, nous nous permettrons de leur dire que les explorateurs anglais laissent rarement à des étrangers le soin, ou peut-être même le devoir, de communiquer à la Société de Géographie de Londres les renseignements qu'ils ont recueillis ; leurs informations, reproduites dans le bulletin, contribuent puissamment aux progrès commerciaux et scientifiques de nos voisins.

La première distribution de nos médailles aura lieu à l'occasion de ce Congrès. L'exécution du coin qui sert à les frapper, fait honneur à notre concitoyen M. Fabisch qui en a fourni la composition, et à M. Poncet qui l'a gravé. Nous en sommes d'autant plus heureux qu'une médaille se conserve dans le sein des familles. Elle y perpétue le souvenir des solennités à l'occasion desquelles elle a été décernée. Le stimulant qu'elle produit vers le grand, le beau et le bon, est donc de beaucoup supérieur à une allocation financière, qui disparaît sans laisser de traces.

Le nombre de nos sociétaires s'élève ; soixante-dix nouveaux membres ont pris place cette année dans nos rangs ; malheureusement nous en avons perdu dix, par suite de décès, changements de résidence ou démissions.

Le goût des connaissances géographiques prend, d'année en année, une extension nouvelle à Lyon. Il ne pouvait en être autrement dans une ville dont la principale industrie a nécessairement besoin, pour ses débouchés comme pour ses approvisionnements, de se familiariser avec les hommes et les choses de l'étranger. Les correspondants que nous avons dans les pays lointains nous permettent de donner souvent des informations utiles à nos concitoyens, ainsi que nous l'avons fait récemment à propos d'une transformation commerciale importante qui se prépare au Japon et en Chine.

J'espère, Messieurs, au prochain Congrès, vous donner de nouvelles preuves de la prospérité de notre Société, qui entre dans la dixième année de son existence.

SOCIÉTÉ DE GÉOGRAPHIE DE MARSEILLE

M. RABAUD

Mesdames et Messieurs,

Je dois au départ de notre Président, M. Rabaud, l'honneur de vous parler aujourd'hui de la Société de géographie de Marseille et de vous dire ce qu'elle a fait cette année. Le bulletin qu'elle publie m'en facilite la tâche, je ne vous en rappellerai du reste que les principales phases.

Peu de temps après le Congrès de Nancy, le 6 novembre, elle remettait dans une grande séance les médailles commémoratives au promoteur et aux voyageurs de l'expédition qui a amené la découverte des sources du Niger, à M. Verminck et à MM. Zweifel et Moustier. A cette même séance assistaient MM. Aimé Olivier et le docteur Bayol, qui nous ont fait chacun à une autre date un récit de leurs périlleuses et émouvantes aventures.

Les réunions de cette année n'ont pas fait défaut et ont présenté un grand intérêt ; elles montrent toute l'activité que met la Société de géographie de Marseille à se montrer digne de son Président d'honneur, M. Ferdinand de Lesseps, qui, lui aussi, y a apporté son précieux concours dans la conférence qu'il nous a faite le 16 mars sur le percement de l'Isthme de Panama.

Dans le même bulletin qui relate cette conférence, vous trouverez encore celle du docteur Lenz à peu de jours de distance ; puis celle de M. Coillard, missionnaire protestant au pays des Banyais et au Lambèze.

Enfin, il y a un mois, nous assistions au retour de notre cher collègue M. Revoil, dont vous entendrez avec le plus grand intérêt le récit de voyage au pays çomali. Vous avez pu déjà examiner avec curiosité, à votre belle exposition, le gourgi qu'il y a disposé.

Le cours de géographie populaire, établi par les soins de notre Société, est toujours très-fréquenté et les auditeurs n'y manquent pas. M. Duman, professeur d'histoire au Lycée, y étudie cette année les grandes voies fluviales de l'Europe. Ce qui caractérise surtout ces leçons, c'est que la carte sur le tableau noir n'est point faite à l'avance : le professeur la trace à la craie au fur et à mesure qu'il en parle. Il y a là un moyen de procéder qui donne pour l'auditeur les meilleurs résultats.

Dans une ville comme la nôtre, qui a tant de sympathie pour la nation grecque, le percement futur de l'Isthme de Corinthe ne pouvait passer inaperçu, M. de Lesseps y mêlant aussi l'autorité de son nom. C'est vous dire, Messieurs, en finissant, que notre port suit aussi avec intérêt tout ce qui, comme l'ouverture prochaine de la ligne d'Australie, et la création dont on parle d'une école de voyages, peut contribuer à l'extension des connaissances géographiques.

SOCIÉTÉ DE GÉOGRAPHIE COMMERCIALE DE BORDEAUX

M. A. MAILLEFERT

« Mesdames, Messieurs,

« La Société de Géographie commerciale de Bordeaux m'a fait l'honneur de me déléguer au Congrès de Lyon, qui est l'une des premières fondées en France après celle de Paris, la mère de toutes les Sociétés de Géographie. Pouvait-il en être autrement ? Bordeaux, par sa situation, a toujours joué et jouera toujours un rôle important dans le mouvement géographique. La

Société de Géographie de Bordeaux vient immédiatement après celle de Lyon, qui ne l'a prédédée que de deux mois. Le but qu'elle s'est proposé est essentiellement patriotique et civilisateur : elle a voulu resserrer l'alliance entre la Géographie et le Commerce, faire profiter l'un des découvertes de l'autre. Ce but, elle l'a poursuivi avec la plus louable persévérance depuis plus de huit années, et nous pouvons dire qu'elle est déjà arrivée au succès, grâce à l'initiative si dévouée et si féconde de M. Foncin, qui, non content d'avoir été le créateur de notre Société à Bordeaux, vient d'organiser avec tant de succès l'union géographique du Nord de la France.

« Par la publication bi-mensuelle du *Bulletin*, devenu des plus intéressants grâce à la direction si intelligente de notre savant collègue, M. Labroue, professeur agrégé d'histoire et de géographie, l'influence bienfaisante de Bordeaux s'étend rapidement aux environs. Dans presque toutes les villes de la région se sont fondées des sections, qui sont les filles directes de la Société de Bordeaux, correspondant régulièrement avec elle, et travaillant courageusement à remplir le même programme.

Les villes de Bergerac, Périgueux, Agen, Mont-de-Marsan, La Rochelle, Blaye, Tarbes sont entrées depuis longtemps dans le mouvement et voient augmenter chaque jour le nombre des membres de la Société, qui s'élève actuellement à plus de 1,600. Les nouvelles sections sont en voie de formation à La Réole, à Castelsarrasin, et à Sainte-Foy-la-Grande. Par suite du mouvement intellectuel de cette dernière ville, patrie d'Elisée et d'Onésime Reclus, je ne doute pas de la prospérité rapide de cette nouvelle section.

« Oui, Mesdames et Messieurs, à Bordeaux dans toutes les sections, on travaille avec courage et persévérance. Partout des cours, des conférences sont organisées; on y voit affluer un nombre de plus en plus considérable d'auditeurs avides de s'instruire. Comment rappeler ici les conférences de M. Pascal Duprat sur le canal des Landes, de Mlle Fraser (Tasma) sur l'Australie et du capitaine Galliéni sur l'exploration du haut Niger ? Comment oublier la magnifique ovation faite à ce dernier et à ses braves compagnons, MM. Piétri, Valière et Tautain ?

« Parmi les sections de la Société, Bergerac a pris un vigoureux essor. Là nous avons un collègue, un savant géographe, M. Rigaud, qui fait tous ses efforts pour divulguer les connaissances géographiques. Ses œuvres sont connues et le jury de l'Exposition lui a décerné une haute récompense. Depuis un an, M. Rigaud a répandu dans le département de la Dordogne plus de 50,000 cartes géographiques dont il est l'auteur, et cela à titre purement gratuit. «

« Des conférences intéressantes sur la Tunisie ou l'Algérie ont été organisées ; elles sont suivies par un nombre toujours croissant d'auditeurs. Ces conférences se sont étendues aux villes environnantes, et elles ont attiré à notre Société de nombreux adhérents

« La Société de Géographie commerciale de Bordeaux, sachant qu'elle trouvera dans les instituteurs primaires d'utiles et dévoués auxiliaires, fait de sérieux sacrifices pour encourager le progrès de l'enseignement géographique dans les écoles : elle a établi des concours et des prix. Maîtres et élèves font les plus louables efforts. Aussi, cette année même, par suite de l'émulation, cette source si féconde de succès, les résultats du concours ont dépassé nos espérances et il a fallu se montrer plus large dans la distribution des récompenses.

« A Agen, tout les efforts de la section ont porté cette année sur la grande et patriotique entreprise du canal interocéanique. Le projet de notre honorable collègue, M. Laurent, accepté par la section centrale de Bordeaux et par le Conseil général de Lot-et-Garonne, a fait le sujet d'une conférence publique qui va être imprimée en brochure et répandue le plus possible. En outre, la Société a fait circuler des pétitions dans tous les Conseils municipaux de la région, et de nombreuses adhésions lui arrivent chaque jour. J'ai la conviction que, si le Congrès veut bien émettre un vœu favorable à cette magnifique conception, la question du canal interocéanique aura fait un pas immense, et sera vraiment entrée dans le domaine public.

« Il est un autre projet en faveur duquel je serais heureux de voir le Congrès émettre un vœu. Je veux parler du canal de jonction de la Garonne à la Loire. Ce projet date de 1838. Il est dû à l'ingénieur Brisson. D'après le tracé Brisson, le canal part de Libourne et suit les vallées de la Dordogne, du Chavanon, de la Sioule et de la Bèbre ; il vient aboutir à Diou, près Digoin, sur le canal latéral à la Loire. Vous le voyez, ce tracé relierait Bordeaux avec le bassin supérieur de la Loire, avec nos départements de l'Est et du Sud-Est, et avec l'Alsace-Lorraine, l'Allemagne centrale et la Suisse. L'itinéraire du tracé lui fait traverser des centres agricoles, commerciaux et industriels importants, et d'autres destinés, par la voie navigable, à le devenir davantage. Mais c'est surtout au point de vue du *trafic international* que nous venons nous placer pour comprendre l'importance de ce projet.

« Le Conseil général de la Gironde l'a parfaitement compris, et dans la session d'avril dernier, il a émis le vœu que les études sur ce projet soient activement faites. Oui, Messieurs, si cette grande idée pouvait être mise à exécution, Bordeaux, une ville française, la vieille capitale de l'Aquitaine, disputerait aux grands ports d'Anvers et de Rotterdam les marchés d'Alsace-Lorraine, de la Suisse et de l'Allemagne ; c'est donc une démarche toute patriotique que je ne me permets de vous demander d'entreprendre, et cette démarche, soyez-en bien persuadés, sera d'un grand poids pour l'avenir de notre chère patrie.

« Excusez-moi, Mesdames et Messieurs, de vous avoir fait un exposé si long. Je ne vous ai encore pas dit toute ma pensée qui se résume dans ces mots : Travaillons, unissons nos efforts et espérons dans l'avenir de notre chère France ! »

SOCIÉTÉ DE GÉOGRAPHIE DE L'EST

M. J.-V. BARBIER, Secrétaire général.

Messieurs,

Depuis le Congrès de l'an dernier à Nancy, où vous avez vu la Société de géographie de l'Est à l'œuvre, elle n'a fait que croître et elle a recueilli comme premier et plus important succès une nouvelle section et un nouvel appoint par la création d'une section Meusienne ; un homme de bonne volonté s'est présenté, et au commencement de cette année la section était créée. Nous sommes placés, comme vous le savez, à la porte de deux pays.

Nous sommes tout près de la frontière, et si nous ne sommes pas une Société bien connue, nous sommes une Société militante et vulgarisatrice, composée de 850 membres effectifs environ, cherchant par tous les moyens possibles à répandre la géographie.

Nous avons d'abord cherché à pénétrer dans l'enseignement de l'école, et pour cela nous avons admis des instituteurs comme membres de la Société avec une cotisation réduite, et par ce moyen un certain nombre d'instituteurs sont venus vers nous.

Il y a là une question d'une grande importance; vous le savez, Messieurs, une grande solidarité existe entre tous les membres de l'enseignement ; nous croyons donc que le moyen que nous avons employé est le seul qui puisse nous donner des résultats pratiques pour la diffusion de la géographie. Et, sachez-le bien, plusieurs de ces instituteurs nous ont fourni des travaux très-originaux. L'un d'entre eux, qui malgré sa science et son savoir est toujours simple instituteur de village, mais qui n'en a pas moins été comblé des honneurs académiques, officier de l'instruction publique, a fait sur la géographie de la Lorraine un travail très-original, qui servira d'exemple à plus d'un de ses collègues, en leur montrant qu'ils peuvent aussi fournir leur appoint à la géographie du pays.

Comme géographie de la France, un grand travail vous est offert sur la géographie géologique des frontières militaires de la France.

On voit déjà de quelle importance sera la publication de ce travail au point de vue de nos frontières.

Et puisque je parle de ces ouvrages ayant rapport à la géographie, je vous dirai quelques mots d'un travail qui m'est personnel et qui m'a été inspiré par mon honorable collègue, un membre de Congrès, M. Maunoir.

Il avait exprimé l'idée qu'un travail géographique fût entrepris dans lequel seraient compulsés et notés, à l'aide de recherches minutieuses faites un peu partout, les titres et les noms des ouvrages ayant rapport à la géographie de chaque pays. J'ai essayé d'accomplir ce travail ; jé ne dis pas que j'ai fait une œuvre parfaite, mais au moins j'ai fait acte de bonne volonté. Je me suis livré à des recherches, et je suis arrivé à un résultat inattendu. Je crois qu'il serait utile que toutes les Sociétés, la Société de Lyon, la Société de Bordeaux, etc... fissent dans leur région ce que j'ai fait dans la nôtre. On réunirait ainsi des documents précieux qui pourraient servir à l'histoire de la géographie. Voilà pourquoi j'ai fait d'une œuvre personnelle l'œuvre de la Société de Géographie de l'Est qui n'a cessé de me donner son appui.

Nous ne sommes pas, il est vrai, sur le passage des grands voyageurs, mais nous en avons eu un qui jette un grand éclat sur notre pays, c'est M. le docteur Crevaux, qu'on n'a pas seulement salué à son arrivée, mais auquel nous avons réservé un véritable triomphe !

Voilà l'œuvre que nous avons poursuivie et que nous poursuivons tous les jours avec un succès légitime et toujours grandissant.

SOCIÉTÉ DE GÉOGRAPHIE DE ROCHEFORT

M. LOUIS DELAVAUD

Messieurs,

La Société de Géographie de Rochefort avait délégué, pour la représenter au Congrès, son Président, M. Charles Delavaud, et son secrétaire général, M. Bourru. Des circonstances indépendantes de leur volonté ne leur ont point permis de se rendre à Lyon, et c'est à leur absence que je dois l'honneur de venir vous rendre compte de nos travaux.

Pour ne point abuser de votre attention, je tâcherai d'être le plus bref possible, imitant l'exemple que m'ont donné mes collègues.

Notre but est de fournir des documents tout spécialement à l'étude de la région de l'ouest, et des colonies avec lesquelles notre port se trouve en relations.

Parmi les travaux consacrés à la géographie locale, je citerai seulement (1) le plan que nous avons formé d'un ouvrage où Rochefort et son arrondissement seront considérés aux divers point de vue de la géographie, de la statistique agricole, industrielle, commerciale, judiciaire, intellectuelle,

(1) Outre des notes de M. l'ingénieur de Polony sur la Charente maritime ; de M. Charles Delavaud, sur l'hydrologie ; de M. Boissellier, sur la géologie de la Charente-Inférieure.

médicale. Chaque ordre de question sera traité par un auteur recommandé par ses travaux antérieurs et sa compétence sur ce point particulier. Cet ouvrage sera accompagné de gravures, de plans, etc.

Un de nos collaborateurs dévoués, M. le capitaine Favre, a dressé une carte très-complète des environs de Rochefort dans un rayon de 20 kil. Une réduction de cette carte accompagne nos notices.

Suivant l'exemple qui nous est donné par la Société de Géographie de l'Est, nous voulons publier sur les géographes nos compatriotes des notices biographiques et bibliographiques, accompagnées de documents inédits. Trois d'entre elles nous ont déjà été données (1). Elles seront suivies de plusieurs qui sont en préparation. Le Congrès entendra la lecture de l'une d'elles, rédigée d'après des pièces inédites conservées dans les archives de Rochefort, très-riches en documents, sur le Canada et les Antilles.

Plusieurs de nos collègues revenus récemment des colonies nous ont raconté leurs voyages. M. le capitaine Favre a publié son panorama de Saïgon, couronné l'an dernier au Congrès de Nancy, et il vient de nous envoyer un plan en relief de la Guadeloupe ; cette dernière colonie a été l'objet d'une étude de M. le capitaine Bouïnais, qui en a dressé la carte. M. le docteur Hercouet, au moment de l'annexion de Tahiti, nous a envoyé une étude très-remarquable sur cette colonie. A peine de retour en France, M. le capitaine Gallieni est venu nous raconter son expédition, et dans quelques jours vous pourrez lire dans notre *Bulletin* la relation complète qu'il a bien voulu nous donner.

Ce *Bulletin*, qui chaque année devient considérable, a pu avoir, au mois d'avril dernier, la primeur de la relation du troisième voyage de notre vaillant collègue, le docteur Crevaux.

Un vétéran des grandes expéditions scientifiques du siècle, M. le médecin en chef Lesson, nous a promis, outre de riches collections, qui viendront augmenter notre musée naissant, de très-importants documents sur l'Océanie, que lui et son illustre frère connaissent si bien.

De nombreuses communications nous ont été faites sur la Cochinchine et le Tongkin par MM. Lapeyrère, Schneider, Favre, Silvestre, Thèze, Bartet de Villemereuil, Maget ; le *Bulletin* publie régulièrement l'analyse sommaire des principaux ouvrages parus sur notre magnifique colonie d'extrême Orient.

A ces travaux lus en séance j'ajoute quelques mémoires relatifs aux îles Marquises, à la Guyane, à la géographie médicale, au cours probable de l'Ouellé, aux traditions néo-zélandaises, au voyage de Godin, Bouguer et la

---

(1) *Claude Masse*, par M. de Richemond ; — *Garcie Ferrande*, par M. Louis Delavaud ; — *Le Moyne d'Iberville*, par M. Jardin.

Condamine au Pérou (1), les lettres de nos correspondants, parmi lesquelles celles de M. Desgodins (2), les comptes-rendus d'ouvrages, etc.

Mais nous n'avons pas voulu rester confinés dans le lieu ordinaire de nos séances; nous avons voulu en quelque sorte faire notre entrée dans le monde : nous avons inauguré des conférences et des séances publiques où nous avons reçu solennellement M. Gallieni et où nous avons entendu parler successivement des canaux de Suez et de Panama, de la fabrication et des usages du papier japonais, des rapports de la géographie et de la botanique, et enfin des richesses du Tongking, notre future colonie (3).

Le nombre de nos membres s'est accru, grâce au dévouement et à l'activité des membres de notre bureau et au patronage de notre Président d'honneur, M. le vice-amiral de Jonquières. Nous avons aujourd'hui plus de ressources et d'autorité que nous n'en avions il y a un an, quand nous nous présentions pour la première fois devant vous ; mais nous avons toujours le même zèle qui ne se ralentira point, je l'espère. Nous ne sommes pas restés inactifs et nous avons pu obtenir quelques résultats : aussi, je crois que je puis, en terminant et en vous remerciant de votre bienveillant accueil, exprimer la ferme confiance que votre appui, qui nous a soutenus dans le passé, ne nous fera point défaut dans l'avenir.

M. Levasseur, délégué de M. le Ministre de l'instruction publique, a la parole.

Mesdames, Messieurs,

Je ne rendrai pas compte des travaux de la Société de Paris, vous les connaissez tous. Il n'y a qu'une seule œuvre sur laquelle je veux appeler votre attention.

Il y a en face de moi le représentant de la Société de géographie de Belgique. Je veux vous rappeler qu'il y a dix ans a eu lieu une grande entreprise dont l'honneur revient à la Belgique, et particulièrement à la ville d'Anvers. Vous devez vous rappeler qu'en 1871, c'est dans cette ville qu'a été tenu le premier grand Congrès international de géographie.

Quatre ans après, c'est-à-dire en 1874, la Société de Bruxelles a remis ses pouvoirs entre les mains de la Société de géographie de Paris, qui a eu

---

(1) Par MM. Jardin, Burot, Bourru, Bartet, Fraser, Louis Delavaud.
(2) De M. Charles Babot sur la Norwége, de M. le docteur Bayol, de M. le capitaine Silvestre, etc.
(3) Par MM. Ritt, Savatier, Parat, Maget.

l'honneur d'organiser la 2ᵉ session du grand Congrès international. En ce moment, la Société de Paris se prépare à faire la transmission de ses pouvoirs à la Société de géographie de Venise, où doit avoir lieu la 3ᵉ grande session du Congrès de géographie.

C'est donc une œuvre patriotique qu'elle fera en remettant ses pouvoirs à la Société d'Italie. C'est sur cette œuvre que j'ai voulu appeler votre attention, puisqu'elle est d'un intérêt direct avec le Congrès auquel nous assistons.

M. Maunoir prend la parole en ces termes:

Je demande la permission d'ajouter quelques paroles sur les travaux dont on vous a entretenus tout à l'heure ; M. Barbier nous a parlé du docteur Crevaux et nous a dit que les cahiers de ce voyageur avaient été remis à la Société de géographie par l'intermédiaire du Ministère de l'instruction publique pour les faire dépouiller et publier. Or, en faisant ce travail, on est arrivé à produire une œuvre très-complète sur le docteur Crevaux, qu'on va également faire publier en travail spécial.

On a pu aussi déterminer de nombreuses positions dans la géographie de l'Afrique. Ainsi M. H. Verdier en a relevé 2.500, et on pourrait en calculer davantage d'après les indications des explorateurs.

Un autre géographe, M. Jakson, a consulté également tous les ouvrages de géographie.

Toutes les personnes qui voudraient savoir les titres des ouvrages ayant paru sur tel ou tel pays, trouveraient réunis en un seul faisceau tous les documents qui s'y rapportent.

Enfin, nous allons avoir un livre intitulé le Guide hygiénique du voyageur en Afrique. Ce travail avait été préparé par la Société de Médecine de Paris, qui l'a donné à la Société de géographie de Paris pour le terminer et le compléter. Il sera prochainement publié.

La parole est à M. le colonel Vauvermans, délégué de la Société de Géographie d'Anvers.

Messieurs,

Je suis un peu surpris de l'honneur que vous me faites.

Je voudrais pouvoir parler des travaux de la Société de Géographie de Belgique, mais ses œuvres sont très-modestes et nous sommes en période d'organisation, car nous sommes fondés depuis quelques années seulement et nous n'avons pas l'ensemble que vous possédez. Nous n'avons pas reçu de voyageurs célèbres, mais nous avons accueilli avec joie les explorateurs qui ont passé dans notre pays ; et nous avons donné toute notre aide aux explorateurs de l'Afrique, et quelques-uns de nous ont payé leur tribut à ce climat.

Nous poursuivons toujours ce travail.

Je vous signalerai une de ces œuvres qui me paraît fort importante, et dont, je dois le dire, l'idée nous a été inspirée par la Société de géographie de Lyon, lors de sa fondation

Son Président nous avait gracieusement donné communication d'une brochure dans laquelle on préconisait comme moyen de vulgarisation de la géographie, de la répandre autant que possible dans les usages ordinaires de la vie, dans les indications de chemin de fer, et dans les indications du pays, etc. Nous, nous avons cherché autre chose ; nous possédons à Anvers un monument très-ancien, où les habitants ont l'habitude de se réunir pour les usages ordinaires de la vie, c'est la Bourse. On avait à décorer ce monument de peintures et de décorations.

La Société de géographie d'Anvers a proposé de les décorer de cartes géographiques.

Nous avons fait représenter les mers avec les voies de communications. De cette façon, les négociants venus à la Bourse peuvent connaître la route que devront suivre leurs bateaux.

On avait eu soin de rapporter une carte à une échelle précise, de manière que les distances fussent graduées. Il aurait été plus naturel de les représenter sous la projection de Mercator, mais elle a le défaut de déformer les terres et mer, surtout vers le pôle. La projection de Flamsteed a été adoptée, et il en est résulté une carte universelle, composée d'environ 40 cartes qui ont été inaugurées le 15 du mois dernier. Je voudrais pouvoir ici vous présenter une de ces cartes, malheureusement elle n'est pas en ma possession, parce qu'on l'a envoyée au congrès de Venise. Voici en quelques mots quel en était l'état général : D'abord, une carte spéciale d'Anvers, avec l'indication des bassins qui sont très-considérables.

Il y en a déjà sept ou huit, nous allons en construire quatre ou cinq, ce sera donc, comme vous voyez, une véritable géographie.

Après la carte d'Anvers, il y a une carte spéciale des mers qui bordent les côtes de la Belgique. Cette carte contient l'indication des routes de terre et de mer. Le cours des grands fleuves de l'Escaut et du Rhin, nos voies de communication avec l'Allemagne, comme voies de terre, et enfin l'indication de nos communications avec l'Univers, puis la carte d'Europe, de la Baltique à la Méditerranée, puis des autres régions.

Telle a été, Messieurs, l'œuvre de la Société de géographie d'Anvers. Je crois qu'elle mérite l'attention du Congrès. C'est un moyen de vulgarisation géographique, bien placé pour parler aux yeux de tous.

Certainement, je ne recommanderai pas cette œuvre à chaque pays, mais je crois qu'on peut l'établir suivant les habitudes de chaque région. Ainsi, par exemple, à Lyon, une carte maritime ne serait d'aucune utilité.

Je ne comprends cependant cette carte de vulgarisation qu'à la condition qu'elle ait un caractère artistique.

Il ne faut pas une carte qui soit chargée d'un grand nombre d'indications, il faut réserver cela pour les atlas, mais il faut que ces cartes fassent tableaux, je crois que la Société d'Anvers a complètement réussi.

On avait proposé de peindre les panneaux en grisaille; nous, qui n'étions pas artistes, cependant, nous avons proposé des cartes.

Les artistes se sont fort récriés; cependant nous sommes arrivés à produire des décorations qui ont fait oublier pour toujours ces grisailles.

Quand on a vu notre œuvre, tout le monde a applaudi, et l'opinion s'est tournée en notre faveur, c'est là un point que nous ne devons pas oublier. Il faut toujours, pour avoir du succès, unir l'art avec la science.

Voilà le rapport que je puis vous rendre des travaux de la Société de géographie d'Anvers.

M. le Président. — Je remercie M. Vauvermans des renseignements qu'il vient de nous donner. Je le prie d'être l'interprète de nos remerciements auprès de la Société de géographie d'Anvers.

M. Vauvermans. — Je ne manquerai pas de rapporter cette réponse à la Société d'Anvers.

La parole est à M. Loiseau, délégué de la nouvelle Société de Bourg.

Mesdames, Messieurs,

Nous avons fondé notre Société à Bourg au mois de juin, dans la pensée que notre exemple serait suivi dans tous nos départements; nous avons agi ainsi pour étudier à fond notre département, et nous désirons que les autres nous imitent.

Notre Société, toute jeune, elle compte 130 membres, est placée sous le patronage de M. Robin, membre de l'Institut. Dans quelque temps nous espérons pouvoir faire imprimer des bulletins que nous enverrons à toutes les Sociétés pour les rendre juges de nos travaux.

Notre œuvre comportera de grands développements, et comprendra la géographie préhistorique et industrielle de notre département.

Voici les quelques détails que j'avais à vous donner.

M. le Président. — Nous faisons des vœux pour le succès de cette jeune Société.

Je tiens à faire remarquer à M. Vauvermans qu'à la suite du Congrès de Nancy, une demande a été déposée au Conseil municipal, pour le prix de laisser décorer certains panneaux placés dans les places publiques avec des cartes de géographie.

Cette demande a été accueillie favorablement, mais par les formalités du rouage administratif nous n'avons pu recevoir encore la réponse.

Nous remercions M. Vauvermans de ce qu'il nous a donné des encouragements pour le succès de cette œuvre.

La parole est à M. Gauthiot.

Mesdames, Messieurs,

J'espérais voir ici, ce matin, le délégué d'une Société géographique, qui avait à vous faire une communication.

Je fais allusion à la Société de géographie de Dijon, jeune Société établie depuis peu, et qui compte 120 à 130 membres. Elle a déjà beaucoup d'adhérents dans les environs de Dijon et rend de très-grands services.

C'est la maladie de l'un des délégués, M. Gaffarel, qui l'a empêché de faire cette communication. Le Président de la Société de Dijon est M. Muteau, président de la Cour d'appel, fondateur de la Société. Mes conclusions tendent à vous faire connaître cette Société, qui est désireuse de s'unir à la vôtre.

La parole est à M. le commandant Poulot, délégué de la Société de Bordeaux.

M. le commandeur Poulot propose une entente entre toutes les Sociétés de géographie, pour centraliser leurs travaux et les rendre plus profitables à la science. Ne pourraient-elles pas, dit-il, au lieu d'éparpiller leurs efforts, se partager l'étude des grandes questions géographiques ? Une se chargerait des questions d'enseignement, une autre, du transaharien, des colonies, etc. Chaque société organiserait, à cet effet, une commission permanente, et, pendant ce temps, les questions à l'ordre du jour suivraient leur cours habituel et le travail général ne souffrirait pas de ce travail particulier.

M. Desgrand :

Mesdames, Messieurs,

La Société de géographie de Bordeaux vient de vous saisir d'un projet très-important.

Je ne viens pas combattre cette proposition, car l'esprit d'association domine parmi nous, et toutes les Sociétés désirent établir entre elles l'union la plus parfaite. Mais la Société de géographie de Lyon a proposé d'établir un prix quinquennal et a nommé une Commission pour examiner le projet. Cette Commission est chargée de réaliser pratiquement ce que la Société de Bordeaux propose en principe. Les motifs peuvent différer, mais le but est le même : c'est de trouver le moyen de réunir les Sociétés sans nuire à leur individualité personnelle. Les deux propositions étant identiques, je vous propose le renvoi de la proposition de la Société de Bordeaux à la Commission du prix quinquennal. On arriverait de cette manière à une solution plus prompte.

M. Chambeyron :

La proposition de la Société de Bordeaux me paraît s'accorder avec celles qui ont pour but de créer un centre commun.

La Société de Bordeaux émet le vœu d'une généralisation au point de vue théorique. Je crois que le Congrès des Sociétés françaises devrait s'occuper des mesures à prendre pour résoudre au plus vite cette grande question qui intéresse les Sociétés de géographie au point de vue de l'union.

M. Desgrand :

Je ferai remarquer à l'orateur que ma proposition n'exclut pas le côté pratique de cette idée. Je demande le renvoi à la Commission quinquennale, qui examinera le projet le meilleur pour arriver à la solution désirée.

La proposition de M. Desgrand, mise aux voix, est adoptée, et en conséquence le vœu de la Société de Bordeaux est renvoyé à la Commission du prix quinquennal.

L'ordre du jour appelle la communication de M. Barbier, secrétaire général de la Société de géographie de l'Est :

Messieurs,

Je prends la parole pour répondre au désir de la Société de géographie de Lyon, qui m'a invité à donner des explications sur les cartes de mon projet d'Atlas. Je me suis décidé à vous entretenir et à vous en dire quelques mots, non pour me faire une réclame personnelle, mais dans un but de vulgarisation. On a dit, certainement avec quelque raison, que l'un des maux de la science, ce sont les demi-savants. Il est assurément un plus grand mal encore à mon avis, c'est de ne rien savoir du tout ; mais en prenant l'argument pour ce qu'il est, je crois que le demi-savoir qui se consacre à la vulgarisation de la science, loin d'être dangereux, devient utile, et, en ce qui me concerne, je compte trop d'amis parmi les savants qui m'entourent, pour n'être pas assuré de votre indulgence.

Avant d'entrer en matière, Messieurs, permettez-moi de vous rappeler quelques faits qui remontent à l'époque de la guerre. Il est de notoriété qu'à ce moment-là, nous ne savions rien en géographie ; nous nous sommes évidemment exagéré le mal, mais ce qu'il y a de bien certain, c'est qu'il n'y avait pas assez de savants chez nous. On s'est demandé d'où était venue cette ignorance, et l'on a compris que la faute devait en être attribuée en partie au manque de cartes, d'Atlas. et surtout de bons Atlas. Et encore maintenant, si l'on feuillette un de ces Atlas, j'entends les Atlas universels, on s'aperçoit qu'ils laissent fort à désirer ; c'est pour remédier à leur insuffisance que je me suis fait le propagateur d'une idée géographique, que je crois digne d'être connue.

Il importait de s'occuper *à priori* de la question de vulgarisation, en faisant un ouvrage assez complet pour qu'on n'y pût rien retrancher, car dans la majeure partie de tous nos Atlas, on doit le reconnaître, aucune idée mathématique, définie, méthodique n'a présidé à leur confection.

On a fait des Atlas universels ou soi-disant tels ; mais ils sont ainsi conçus qu'il vous est possible d'en ôter quelques cartes sans qu'ils soient sensiblement moins universels, et vous pouvez leur en ajouter plusieurs, et beaucoup encore, sans qu'on puisse les tenir pour absolument complets ; c'est-à-dire qu'ils ont été faits sans régularité et sans règles.

J'ai donc pensé qu'en établissant un Atlas suivant une idée homogène, auquel on ne pût rien retrancher sans détruire l'harmonie du tout, j'éviterais ainsi à la fois et les lacunes et les doubles emplois de tous les Atlas construits jusqu'à ce jour. — Tel a été mon but.

Au point de vue où je me suis placé, j'ai d'abord pensé qu'un Atlas devait être la reproduction fidèle du terrain, ou mieux encore un véritable portrait de la terre. Pour arriver à mon but, j'ai établi une carte, suivant un système de projection reposant sur une donnée régulière, et j'ai développé la terre dans un cadre dont on ne pouvait la sortir sans créer de lacunes ou sans faire de doubles emplois. Vous savez qu'en représentant sur une carte la configuration de la terre, vous ne pouvez le faire exactement qu'à l'aide d'une déchirure ou d'une déformation. J'avais donc à choisir entre deux maux ; naturellement j'ai été amené à choisir le moindre. Or, dans la projection, comme je l'ai indiquée, il fallait que je puisse reproduire exactement les surfaces et la comparaison juste des étendues. Pour mieux exprimer ma pensée, je me servirai d'une comparaison peut-être un peu vulgaire. Vous connaissez les miroirs concaves et convexes dans lesquels la figure se mire, ce n'est pourtant plus votre portrait, quoique ce soit la représentation mathématique de vos traits, d'après la projection rationnelle et suivant la courbure du miroir. Donc la représentation mathématique est vraie, mais la ressemblance y est-t-elle ?

Pour remédier à ce défaut, j'ai été obligé d'adopter la déchirure, mais je l'ai adoptée d'une façon raisonnée, pour qu'elle ne vienne pas découper les grands accidents du terrain d'une façon incohérente, les grandes divisions physiques du globe s'accommodant mal de découpures rectilignes.

Je me rappelle, puisque nous parlons des projections diverses et des projections mathématiques, une observation du savant M. Abadie, que j'ai consulté, comme j'ai consulté des membres distingués de ce Congrès. Il me cita la difficulté qu'il éprouva un jour avec un officier d'état-major de se rendre compte de la formule mathématique qui avait servi à dresser une carte sur laquelle ils voulaient déterminer des distances exactes. Si donc, pour des cartes spéciales, ces projections ont leur raison d'être, mais si, par contre, elles offrent des difficultés d'emploi à des savants spéciaux, on peut se dire qu'elles sont inintelligibles à la masse.

C'est ainsi que j'ai été amené à chercher un moyen de vulgarisation en adoptant une projection à la portée de tous, et à produire un Atlas qui donne la ressemblance aussi exacte que possible des terres avec la rectitude des angles, des méridiens et des longitudes. J'ai adopté pour cela la projection conique, que recommandait dans un de ses plus importants ouvrages (la *Géographie universelle*) M. Malte-Brun, comme plus favorable à maintenir les configurations terrestres.

J'ai donc adopté la configuration conique, mais je l'ai faite par fragments successifs, comme vous pouvez le voir par ce tableau que voici. La division de la terre, par sections sphériques de 20 en 20 degrés, donne autant de sections coniques correspondantes. Les dites sections coniques présentent avec les sections sphériques une différence qui se traduit par celle qui existe entre le cosinus de 10° avec le rayon et, sans m'étendre sur ce sujet, je puis dire qu'elle n'est pas de plus d'un soixantième.

Il en est résulté que chacune de ces zones, assez bizarres d'aspect, n'en forme pas moins une partie segmentaire de la surface terrestre et toutes entre elles la reconstituent entièrement. Mais laissant de côté les développements que j'ai donnés ailleurs, je veux surtout aujourd'hui répondre aux objections qui ont été faites à mon système, et c'est sur quoi je suis obligé d'insister.

Lorsque, dans une première brochure qui date de 1878, je posai les bases de ce système et que je le soumis à l'examen des hommes compétents, on me fit remarquer que de l'uniformité d'échelle il résultait que les régions sans importance seraient représentées avec des dimensions aussi considérables que les grandes régions.

A cette objection je réponds : Y a-t-il bien maintenant des régions qui ne présentent pas un grand intérêt ? Je crois qu'elles sont fort rares ! ainsi, par exemple, pour les déserts de l'Afrique, quand on aura tracé l'itinéraire de tous les voyageurs qui ont exploré le Sahara, et quelle carte plus instructive que celle-là ! vous verrez qu'il y aura juste la place nécessaire pour écrire tous ces noms. Mais j'ai dit aussi, je crois, à M. Levasseur, qui me posait la question, lorsque j'eus l'honneur de présenter mon projet à la Société de Paris : Mon Atlas comprend 78 cartes, auxquelles rien ne peut être retranché sans enlever une partie de la terre : seulement, rien n'empêchera de construire 12 à 15 cartes à une échelle multiple ou dans des proportions décimales en rapport avec les cartes primitives.

J'aurai ainsi un Atlas de cent cartes environ, qui ne sera pas plus considérable que les grands Atlas répandus dans le commerce.

Si j'ai mis tant d'ardeur, de ténacité à soutenir mon projet, c'est parce qu'il y a là une question de patriotisme, car vous savez combien les Atlas allemands sont répandus en France avec une grande profusion, entre autres l'Atlas de Stieler, et on m'a annoncé, je ne sais si je ne me trompe ou si on m'a trompé, qu'un éditeur français faisait faire, à Gotha, une édition française de cet Atlas allemand.

C'est une nouvelle invasion qui menace la France, et nous ne devons pas souffrir que les Allemands viennent aujourd'hui nous enseigner la géographie.

J'en suis arrivé maintenant à répondre à une objection du savant M. Himly. Avec cette échelle uniforme, me disait-il un jour, avec votre système, vous mettez la géographie dans un lit de Procruste, vous découpez les régions suivant une méthode inexorable.

Veuillez me permettre, lui dis-je, de retourner la proposition contre vous ; n'est-ce pas vous qui mettez la géographie dans un lit de Procruste quand vous renfermez même l'Europe dans le même cadre que l'Asie, à une échelle qui ne dépend que de votre caprice ou des limites de votre format ?

Ceci est un résultat inévitable de la multiplicité d'échelles que vous employez, de sorte qu'il n'est pas possible de se faire une idée exacte des étendues comparatives du territoire.

M. P. Vidal de la Blache prenait la question sous une autre face.

Vous avez dû éprouver, me dit-il, une grande difficulté à répartir les divisions et à éviter que les grands accidents physiques ne fussent pas déchiquetés de façon à détruire leur harmonie, car, a-t-il ajouté, on ne peut séparer ce que la nature a uni. Il m'a rendu cette justice que j'étais sorti de cette difficulté de la façon la plus heureuse, et vous avez pu voir, sur les tableaux que j'ai fait figurer à l'Exposition de la Société de géographie, que j'étais parvenu à conserver aux grands accidents de terrain leur homogénéité, et cela sans détruire jamais la configuration physique.

Là est donc, selon moi, la véritable solution de la question d'un Atlas rationnel, méthodique et véritablement universel. C'est tout ce que je voulais vous en dire. Et maintenant, Messieurs, vous êtes mes juges.

Sur la gracieuse invitation de M. le Président, M̠ᶫᶫᵉ Kleinhans monte à la tribune et prononce les paroles suivantes :

Mesdames, Messieurs,

La Société pour l'étude des questions de l'enseignement secondaire, que j'ai l'honneur de représenter ici, ne s'occupe pas seulement, il est vrai, de géographie, mais je dois vous dire que cette science n'a pas été négligée par nous et a tenu une large part dans le programme des classes de jeunes filles.

C'est pourquoi je viens demander une petite place dans la réunion des Sociétés françaises de géographie. Notre jeune Société, qui compte deux ans à peine d'existence, compte déjà un assez grand nombre de membres, et a prospéré rapidement parce qu'elle répondait à un besoin de notre époque. Ce succès est dû en grande partie au zèle des fondateurs et à celui de son secrétaire, M. Pigeonneau, que vous connaissez tous. Nous sommes tous réunis dans une constante préoccupation pour lutter contre la routine. Mais pour que notre œuvre soit profitable, il faut qu'elle fasse partie du domaine public. Pour atteindre le but que nous poursuivons, nous appelons à notre aide tous ceux qui s'occupent des diverses questions scolaires, si délicates pour l'avenir. Espérons que notre appel sera entendu, et que tous les professeurs et les personnes étrangères à l'enseignement se rallieront à notre œuvre.

En terminant, permettez-moi de remercier les Sociétés de géographie, et en particulier celle de Lyon, de l'accueil bienveillant qu'elles m'ont fait.

Je demanderai à M. le Président la permission de déposer sur son bureau quelques bulletins de notre œuvre ; il pourra voir, en les examinant, que la géographie n'a pas été négligée dans notre programme.

M. Marius Moyret, propriétaire-gérant du *Textile lyonnais*, donne lecture du projet de canal-aqueduc des Cévennes à Paris, en passant par Lyon.

De même qu'un chemin de fer prend et laisse des voyageurs aux stations de sa route, ce canal-aqueduc, qui aurait son origine aux sources de l'Hérault, capterait des eaux sur son passage et, en outre, en distribuerait aux localités qui en sont privées. Après le percement de l'isthme de Suez et de celui de Panama, ce projet, dit M. Moyret, est des plus ordinaires. De quoi s'agit-il, après tout ? De barrages à établir pour emmagasiner trois à quatre cents millions de mètres cubes d'eau, et d'une rigole traversant la France, grâce à d'heureuses dispositions orographiques.

Ce n'est qu'une affaire de millions, deux à trois cents au plus ; mais qu'importe le coût si les recettes sont proportionnées ?

M. Moyret a foi dans la réussite de son projet, et en recommande l'étude à l'Assemblée.

M. Desgrand répond en ces termes à l'orateur :

Je voudrais être ingénieur, pour répondre comme il faut à notre savant ingénieur. Une chose m'a frappé dans son rapport. Vous savez qu'une demande a été faite par le Languedoc pour prendre de l'eau dans le Rhône, et saigner notre fleuve.

Un projet sérieux a été étudié, et sera mis prochainement à exécution.

Comment se fait-il qu'on nous propose d'amener à Lyon l'eau du Gard et de l'Hérault, tandis que le midi s'empare de notre fleuve ?

Il me semblerait plus simple et plus naturel de laisser au Languedoc le Gard et l'Hérault, et de garder le Rhône chez nous.

La parole est à M. le colonel Vauvermans.

Mesdames, Messieurs,

La question des eaux a une telle importance pour la région lyonnaise, que je dois vous donner quelques renseignements, peu connus en France, sur des faits qui se sont passés à Anvers. Il est incontestable que le cours du Rhône a une grande importance au point de vue de la géographie locale.

Bruxelles a établi un système des eaux considérable. Ce système est cependant insuffisant et, pour arriver à cette solution, on a cherché à amener des cours d'eau des environs de la ville et en faisant ces études on est arrivé à reconnaître une foule de cours d'eau qui forment une véritable géographie souterraine dans les environs de cette ville. Je crois qu'il y a là toute une étude à faire de la géographie souterraine. J'appelle toute l'attention des Sociétés françaises sur les faits que je viens d'énoncer. Je rappellerai à ce sujet les travaux qui ont été accomplis en Afrique par un de nos camarades.

Je vous dirai qu'à Anvers on a cherché également à établir un système de canal. Vous savez qu'Anvers est bâti sur une couche de terrain d'alluvions qui a plusieurs bords sur le galet marin. Qu'est-il arrivé ? C'est qu'en cherchant un cours d'eau dans ces terrains d'alluvions sur une petite montagne voisine, appelée à Anvers *la montagne*, on a découvert une eau chargée de matières putrescibles et en fermentation. Pour remédier à cet inconvénient, on a établi à la Baleine, près d'Anvers, une usine pour la purifier d'une manière ingénieuse. On fait d'abord passer l'eau dans un premier bassin de décantation, puis ensuite sur un filtre au fond duquel se trouve un produit du fer qui se trouve partout, provenant des usines d'acide sulfurique, et qui ressemble à de la mousse de platine où vont se déposer les matières organiques. Quand l'eau sort de ce récipient, elle est chargée d'oxyde de fer qui se change en carbonate de fer insoluble au contact de l'air. Après ces opérations, une machine à pression refoule jusqu'à Anvers cette eau, qui est très-bonne et qui est de l'eau très-pure, pour les usages de l'industrie et du commerce.

Cette nouvelle méthode de purification est digne, je crois, d'attirer l'attention du Congrès, et je crois qu'elle a été appliquée à Anvers pour la première fois.

M. Moyret. — L'objection qui m'a été faite par le premier orateur est celle qui me touche le plus.

L'agriculture ne pourrait pas payer l'arrosage plus de 2 fr. le mètre. Je n'ai pas confiance à l'arrosage des terres du Midi ; les paysans signent bien le contrat ; mais quand le canal est fait, on ne trouve plus personne à qui parler, c'est toujours l'oncle ou le grand-père qui ont apposé leur signature au bas de l'acte.

Enfin la raison capitale qui milite en faveur de mon projet, c'est le peu de capital à employer ; il économise encore par la suppression des barrages, inutiles dans mon projet, ce qui m'intéresse au plus haut point. C'est une question capitale pour moi.

M. Delocre, ingénieur des ponts et chaussées :

La question est trop technique pour être étudiée en séance ; il faut le faire à tête reposée. Quant à moi, je ne vois pas les avantages de ce projet. Ce canal est une entreprise gigantesque, mais ce ne sera pas un travail rémunérateur. Une personne très-compétente à ce sujet me disait que le seul travail rémunérateur c'était la distribution des eaux potables dans une ville.

Or, le projet ne porte pas cela, puisque M. Moyret vous donnerait l'eau pour rien. Ce serait une entreprise très-chère, car le canal de la Loire a coûté quelque chose comme 100 millions de francs.

M. Moyret. — La dépense est fort exagérée ; on n'arrivera jamais à ce chiffre, puisqu'un canal qui traverserait la France tout entière ne coûterait pas 150 millions. Comme eau industrielle, elle deviendra l'une des premières comme force motrice. Vous avez un exemple de cette solution à Allevard ; on établirait des chevaux-vapeur à Annonay pour les pâtes à papier, et la force serait de 5000 chevaux-vapeur à Rive-de-Gier.

Le Président. — Cette discussion est close.

La séance est levée à 11 heures 1/4.

SÉANCE DU 7 SEPTEMBRE (SOIR)

Présidence de M. GAUTHIOT, *secrétaire général de la Société de géographie commerciale de Paris*

La séance est ouverte à 2 heures.

Prennent place au bureau :

MM. le chanoine CHRISTOPHE, vice-président de la Société de géographie de Lyon.
    le colonel VAUVERMANS, président de la Société de géographie d'Anvers.
    ANTHOINE, ingénieur, délégué du ministère de l'intérieur.
    le commandant POULOT, délégué de la Société de géographie de Bordeaux.
    CHANTRE, sous-directeur du Muséum.
    REVOIL, explorateur.
    SENIL, directeur de l'exposition.

M. le chanoine Christophe monte à la tribune.

Mesdames, Messieurs,

Je vais vous donner lecture d'une étude que j'ai faite sur Lyon et le cours historique du Rhône. J'ai laissé aux hommes compétents le soin de traiter la question au point de vue commercial et ethnographique, mais, en ma qualité de vieil historien, je me suis renfermé dans un cadre plus modeste et j'ai traité le Rhône au point de vue des souvenirs qui se rattachent à son cours. (Ce rapport est publié au chapitre des communications.)

M. le Président. — Messieurs, vous me permettrez, en votre nom, de remercier M. le chanoine Christophe de cette intéressante monographie historique du cours du Rhône. (Applaudissements.)

La parole est à M. Desjardins pour un rapport sur la Vie de Dupleix, du regretté M. Bionne. Ce rapport est inséré au chapitre *Communications.*

M. Gauthiot a la parole.

Mesdames, Messieurs,

J'ai connu Bionne, et ceux qui comme nous ont connu notre ami, n'ont pas entendu sans émotion l'honorable M. Desjardins qui vient d'en parler avec tant de sympathie. Aussi, c'est avec un sentiment de véritable tristesse que je viens, avec mon ami Harmand, joindre mes regrets à tous ceux qu'a emportés avec lui l'homme actif et généreux, le patriote sincère, le soldat dévoué qui a été l'ami intime et le compagnon de l'homme qui illustre le plus la France, M. de Lesseps.

M. Desgrand. — Je viens rendre, à mon tour, hommage à cet homme de bien et de grand talent. La Société de géographie de Lyon avait fondé un prix de 500 fr. pour un concours sur la vie de Dupleix. Cet honneur revenait à notre regretté M. Bionne, que la mort vient de nous ravir si cruellement. La Société est heureuse de donner une marque de sympathie à la famille de M. Bionne en lui faisant remettre le prix.

M. Gauthiot. — Avant de donner la parole à M. le docteur Harmand, je vais la donner à M. le colonel Debize pour la lecture d'une correspondance.

M. Debize. — Notre collègue M. le docteur Harmand, va nous parler de l'Annam et du Tonkin. Notre Société de géographie s'était préoccupée de la grande question du Tonkin et avait reçu de notre correspondant M. de Kerkaradec, consul de France à Hanoï, une lettre dont je vais vous lire quelques lignes. Je commence par les paragraphes où il s'agit de l'Annam et du Tonkin.

« La véritable, la seule richesse du Yunnan est sa production
« métallique, dans laquelle le cuivre entre pour la plus grosse
« part. — Un ouvrage chinois, intitulé « Traité des minerais et
« des mines du Yunnan, » écrit vers 1850, et dont une traduction
« a été publiée avec des notes par Francis Garnier, nous donne à
« ce sujet des renseignements précieux. L'auteur y évalue d'abord
« la production annuelle du cuivre à 12 ou 13 millions de livres
« chinoises, soit à peu près sept millions et demi de kilogram-
« mes. Un peu plus loin cependant, il nous apprend que l'impôt
« fourni à l'Etat s'élève à cinq millions et demi de kilogrammes,
« et M. Garnier dit dans une note que, d'après les renseignements

« qu'il a recueillis, le chiffre réel de la production totale est dou-
« ble de celui de l'impôt ; il le fixe par suite à onze millions de
« kilogrammes. Si nous acceptons le chiffre de M. Garnier, la
« province aurait donc donné en 1850 pour quinze à vingt millions
« de cuivre, valeur en francs. C'était avant la révolte des maho-
« métans. Cette révolte a depuis lors désorganisé le Yunnan
« pendant plus de quinze ans ; il est donc peu probable que le
« rendement de 1850 ait augmenté.

« Quinze à vingt millions de francs, tel est donc le chiffre ap-
« proximatif de la production du cuivre au Yunnan. La somme
« est considérable ; malheureusement le cuivre ne peut quant à
« présent alimenter de notre côté le mouvement commercial,
« parce que l'exportation n'en est pas libre. La province du Yun-
« nan devant approvisionner non-seulement la capitale, mais une
« grande partie de l'Empire, du métal nécessaire à la fabrication
« des sapèques, les mines sont entre les mains du Gouvernement.
« Celui-ci fournit les fonds nécessaires à leur exploitation, en se
« réservant le droit d'acheter leurs produits à un taux fixé. De-
« puis la fin des troubles, ce règlement est observé exactement,
« et il ne descend pas de cuivre aujourd'hui par la voie du fleuve
« Rouge.

« Restent donc les autres métaux : l'or, l'argent le zinc, le
« plomb, l'étain. Les métaux précieux paraissent exister sur un
« très-grand nombre de points ; mais pour des raisons diverses,
« probablement surtout par suite du manque de connaissances
« techniques suffisantes, on ne trouve pas que l'exploitation en
« soit très-profitable. L'or ne se recueille à présent qu'en propor-
« tion insignifiante ; et bien que l'argent donne de meilleurs ré-
« sultats, la plupart des mines jadis ouvertes ont été peu à peu
« abandonnées.

« Au contraire, les mines de plomb, de zinc et d'étain sont
« activement exploitées. Nous manquons de renseignements sur
« la production des deux premiers de ces métaux, dont les gise-
« ments les plus importants se trouvent dans le nord du Yunnan ;
« mais il nous a été donné de visiter en 1877 les célèbres mines
« d'étain de Ko Kicou, situées à quelques lieues seulement dans
« le N.-O. de Mang-Hao. D'après M. Garnier, on n'en exploite pas
« d'autres dans la province. Leur production annuelle représen-
« tait à cette époque une valeur certainement inférieure à trois

« millions de francs, et la moitié seulement du métal recueilli
« prenait la route du Tong-King ; l'autre moitié passait au See-
« Tchuen. On est d'accord dans le pays pour dire que si le par-
« cours du fleuve Rouge était plus réellement libre, la totalité
« de l'étain serait expédiée par cette voie. D'autre part, il est
« constant que le produit des mines augmente maintenant cha-
« que année, et il est permis d'espérer qu'il finira par remonter
« au chiffre des temps de grande prospérité, cinq millions de kilo-
« grammes. Ce serait sur place une valeur de six ou sept millions,
« qui en vaudraient dix à la côte de Chine ; le triple à peu près
« de la production d'aujourd'hui.

« En résumé, s'il est vrai que la richesse minière du Yunnan
« est extrême, il n'est pas moins vrai que dans la pratique le
« cuivre, qui forme la base de la production métallique, n'est
« pas vendu à l'extérieur ; que la route du Tong-King n'est pas
« très-avantageuse pour le plomb, le zinc, dont les gisements
« sont en général trop éloignés de la frontière annamite ; et que
« l'étain recueilli près de cette frontière semble devoir rester
« l'élément principal, ou plutôt l'élément presque unique du
« commerce d'exportation par la voie nouvelle. Si la production
« de ce métal triple, elle pourra représenter tout au plus une
« valeur de dix millions ; le thé, l'opium blanc, qui se consom-
« ment en Annam, les produits divers d'exportation, viendront
« ajouter à cette somme quelques centaines de mille francs.

« Comme conclusion de ce qui précède, il faudrait donc admet-
« tre que dans des conditions relativement favorables, dans des
« conditions de prospérité où l'on est loin de se trouver encore,
« le mouvement des échanges par la voie du fleuve Rouge, attein-
« drait à peine une vingtaine de millions. D'ici à plusieurs
« années, il dépasserait difficilement la moitié de ce chiffre.

« Il n'est guère permis d'espérer que le gouvernement chinois,
« auquel le cuivre du Yunnan est nécessaire pour la fabrication
« des sapèques, consente d'ici longtemps à modifier le régime
« spécial auquel il a soumis l'exploitation de ce métal. L'expor-
« tation du cuivre fût-elle laissée absolument libre, que le trafic
« doublerait, triplerait tout au plus d'importance. — Il ne faut
« pas oublier que les mines les plus riches sont dans le nord de
« la province, et qu'une partie de leurs produits se dirigera tou-
« jours naturellement vers le See-Tchuen.

« Quelques personnes ont émis l'opinion que le mouvement
« serait grossi dans de fortes proportions par les exportations du
« Laos et du Thibet. Ce sont là, nous le craignons, de pures
« illusions. Pour le Thibet, pays pauvre d'ailleurs et mal peuplé,
« la route établie qui mène au fleuve Bleu sera toujours plus
« directe, partant plus avantageuse. Les caravanes du Thibet
« vont actuellement par Ta-Tsien-Lou rejoindre le Yang-Tse à
« Tchong-Kin, grande ville située à 1100 kilomètres au-dessus
« de Han-Kéou. L'Angleterre y entretient maintenant un agent
« consulaire. Quant au Laos, le Mékong est la voie naturelle
« par laquelle ses produits semblent devoir s'acheminer vers la
« côte ; nous savons cependant que le peu de commerce qui se
« fait dans le pays est détourné sur Bangkok.

« Des publications récentes évaluent à un chiffre très-élevé la
« valeur des échanges qui se feront par la voie du fleuve Rouge,
« dès que sa navigation sera convenablement assurée ; les auteurs
« semblent baser leurs calculs sur l'importance du transit. Nous
« croyons aussi que lorsque le Tong-King aura vu s'améliorer
« le triste régime auquel il est soumis, il se produira de ce côté
« un courant d'affaires très-considérable ; mais nous ne pensons
« pas que le commerce du Yunnan en forme l'élément principal.
« Quelles que soient les richesses cachées que renferme son sol,
« le Yunnan, province chinoise, ne verra pas de longtemps chan-
« ger son régime économique ; et si sa production disponible est
« à peu près telle que nous l'avons montrée, elle ne saurait four-
« nir qu'un appoint au commerce général du Tong-King, que
« par contre nous croyons susceptible d'un très-grand dévelop-
« pement. »

E. DE KERGARADEC.

Ceci était écrit en 1880. Dans sa lettre du 1er juillet 1881, notre correspondant atténue ce qu'il y a un peu d'absolu dans sa première lettre...

« Il ne peut y avoir aucun inconvénient à publier en tout ou
« en partie les renseignements contenus dans le « rapport sur le
« commerce de Haiphong, » ce travail ayant été imprimé par
« ordre du gouvernement de la Cochinchine française. Les quel-
« ques pages que je vous envoie sur le commerce du Yunnan n'ont

« pas été publiées en entier, mais j'ai pensé bien faire en vous en-
« voyant le rapport complet, vous priant seulement de faire ce
« qu'on a fait à Saigon, c'est-à-dire d'atténuer ce que je dis
« dans l'avant-dernier paragraphe, au sujet des *illusions* que se
« font les personnes qui croient que les marchandises de la
« Chine intérieure, du Laos et du Thibet, viendront s'écouler
« par le fleuve Rouge.

« Ce travail ne devait pas d'abord être publié, mais était des-
« tiné seulement à mettre le ministère en garde contre les exa-
« gérations vraiment trop fortes qui avaient été faites du com-
« merce du Yunnan. J'ai montré le revers de la médaille, et il
« est bien possible que j'aie été en cette occasion un peu pessi-
« miste. Cependant je me suis attaché à donner des chiffres, et
« les chiffres ont toujours leur éloquence propre, quelle que soit
« l'appréciation dont on les accompagne.

« En définitive, je suis arrivé à cette conviction qu'en ce pays
« c'est le Tongking lui-même qui nous fournira de grandes res-
« sources, et non pas le commerce du Yunnan. Celui-ci, de même
« que celui de la province limitrophe du Kouang-si, viendra
« fournir un appoint au mouvement qui se produira, mais seu-
« lement un appoint. La question *mines* n'a pas encore été étudiée
« sérieusement; mais nous savons que, s'il y a des mines au
« Yunnan, il y en a aussi au Tongking, dans les districts frontiè-
« res qui sont de même formation que les montagnes de la pro-
« vince chinoise. Ces mines-là pourront assurément être exploi-
« tées plus facilement et avec plus de profit que celles qui sont
« sur le territoire du Yunnan, car nous pourrons y protéger les
« travailleurs quand le pays sera ouvert au commerce européen.
« J'ai néanmoins laissé les mines de côté dans l'évaluation que
« j'ai cherché à faire des ressources du pays, parce que cette
« question n'a pas été étudiée, ainsi que je viens de le dire tout
« à l'heure.

« Vous avez eu la bonté de me dire que vous aviez lu dans le
« temps « mon rapport sur la reconnaissance du fleuve Rouge, »
« publié en 1877 dans la *Revue maritime et coloniale*. J'ai donc
« peu de chose à ajouter sur cette question de la navigation du
« fleuve, si ce n'est que rien depuis quatre ans n'a pu me faire
« modifier l'appréciation que j'ai émise à cette époque. L'an
« dernier, la canonnière de guerre la « Massue, » dont le tirant

« d'eau n'est que 1ᵐ 80, a essayé de remonter le fleuve le plus
« haut possible, en choisissant le moment le plus favorable,
« celui des crues du mois de juillet. Elle a été arrêtée au premier
« rapide sérieux, celui de O ga, non par le manque d'eau, mais
« par la violence du courant. Sans doute des vapeurs d'une
« construction spéciale, munis d'une forte machine, pourront
« remonter au Yunnan à la rigueur. C'est mathématique, puis-
« qu'il reste 70 ou 80 centimètres aux plus basses eaux, et qu'à
« l'époque des crues une hausse de 7 à 8 mètres quelquefois, vient
« s'ajouter au chiffre de l'étiage. Mais le fleuve est si rapide, les
« roches si mal placées, que la navigation sera toujours très-
« dangereuse. Elle le sera plus encore en descendant qu'en mon-
« tant, parce qu'en descendant la vitesse qu'il faudra conserver
« pour bien gouverner viendra s'ajouter à celle donnée par le
« courant, et que dans ces conditions le moindre échouage sur
« un fond dur occasionnera la perte du bâtiment.

« Si réellement un grand commerce se faisait par le fleuve
« Rouge, on serait, à mon avis, amené à construire un chemin de
« fer allant de la frontière jusqu'à la mer. La distance n'est pas
« bien grande, et le terrain n'offre pas de difficultés sérieuses.

« Agréez, Monsieur le Secrétaire général, l'expression de mes
« sentiments respectueux. »

C. DE KERGARADEC.

Je tenais à vous faire cette communication avant que M. le docteur Harmand prenne la parole pour nous parler de ce pays qu'il connaît si bien. Vous savez tous quelle part glorieuse il a prise aux exploits de l'infortuné Francis Garnier et de M. Dupuis. (Applaudissements.)

Le Président. — Nous avons parmi nous le frère d'un missionnaire infatigable dans ses explorations, M. l'abbé Desgodins ; je le prie de prendre place au bureau. M. le docteur Harmand a la parole.

M. le docteur Harmand :

Mesdames, Messieurs,

Avant d'entrer dans le cœur de mon sujet, je demanderai la permission de répondre à la lettre de M. de Kerkaradec, dont on vient de vous donner lecture. Dans ces rapports, il a été fait allusion à l'œuvre de Dupuis. Depuis cette époque on a fait de grands progrès, nous avons obtenu des modifications non-seulement dans la région à laquelle on fait allusion, mais encore dans tout le pays.

Et, au reste, dans un dernier ouvrage paru dans la *Revue coloniale*, M. de Kerkaradec a modifié sensiblement ses appréciations sur le commerce de l'Annam, sur lequel il dit : « Nous connaissons fort peu les choses de ce pays, mais nous pouvons concevoir dès à présent de brillantes espérances. »

Dans un travail fort intéressant, MM. Garnier et Reichoffer, qui ont fait un long voyage d'exploration dans le Mé-Kong, disent qu'il s'y trouve des mines de cuivre et de fer très-faciles à exploiter. Le gouvernement chinois l'a si bien compris, qu'il a fait tous ses efforts pour essayer d'avoir l'adhésion du souverain du pays, afin de pouvoir exporter par cette voie toutes les richesses qu'on trouve dans ce pays, car il y a là des mines de houille, de charbon, d'argent et d'or.

Dupuis, dans un livre qu'il a publié il y a quatre ans, sur cette immense région qu'il a habitée et parcourue en tous sens, dit qu'entre les cantons chinois et annamites il a trouvé, principalement sur les bords du fleuve Jaune, de vastes forêts vierges habitées par des populations sauvages.

Pour donner une idée de la richesse de ce pays, Dupuis raconte qu'un jour il a vu venir au marché une femme sauvage avec un sac plein de poudre d'or sur ses épaules. Cette femme alla jouer et perdit ce trésor en quelques instants ; elle retourna ensuite dans son pays comme si de rien n'était. On peut donc être certain que les bords du fleuve Jaune renferment de nombreuses richesses minérales qu'on peut facilement exploiter.

Je suis d'accord avec M. de Kerkaradec lorsqu'il dit que le Tonkin renferme une population très-dense et très-active.

Il est de mode maintenant de porter toute notre attention sur l'Afrique ! Il y a là certainement un bien vaste champ pour développer notre énergie et notre vitalité, mais nous avons à l'extrémité du vieux monde une autre région où une vaste carrière nous est ouverte.

C'est en 1867 que la France a planté là un petit jalon qui ne demande qu'à s'agrandir, et pour cela il ne faut pas croire qu'il y ait besoin de la force militaire. La tâche est moins glorieuse, mais elle est plus facile et plus profitable.

Vous avez tous entendu parler de l'expédition Garnier, expédition sur laquelle on avait fondé de grandes espérances ! C'était là une de ces belles explorations à la Fernand Cortez, qui malheureusement n'a pas eu tout le retentissement qu'elle méritait. La mort de son chef, venue trop rapidement, hélas ! a fait faire le silence autour d'elle, mais je suis persuadé que d'ici à quelques années l'on verra quelle grande entreprise Garnier avait commencée lorsqu'il est tombé sous les coups de la mort. Les résultats obtenus à cette époque ont été très-grands cependant et ont jeté un jour nouveau sur la Chine, le Tonkin et la Cochinchine. On a porté les yeux sur notre colonie du Mé-Kong et on a proposé différents moyens pour étendre notre puissance commerciale dans le pays. Tous ceux qui se sont occupés de cette grave question ont été unanimes à reconnaître que le pays était riche et que notre colonie actuelle ne pourrait que prendre une extension profitable à la France. Mais l'accord cesse lorsqu'on veut savoir de quelle façon il faut agir et ce qu'il faut faire pour agrandir nos possessions dans le Tonkin, agrandissement reconnu nécessaire par tous. Pour les uns, notre extension aurait un territoire restreint, notre domination se bornerait aux rives du fleuve dans la partie comprise entre le delta. D'autres jugent nécessaire la possession du Tonkin. D'autres enfin voudraient voir établir notre protectorat au Tonkin, qui serait érigé en royaume indépendant sous le gouvernement de l'ancienne dynastie royale.

Enfin, d'autres voudraient voir notre protectorat étendu à toute la région de l'Annam qui est comprise entre la mer de Chine et la chaîne des montagnes. En ce qui concerne la partie centrale, les Annamites ne considèrent pas la limite de leur pays comme formée par la grande chaîne de montagnes, ils disent que c'est à la rive gauche du grand fleuve le Mé-Kong et un jour prochain où la conquête s'étendra dans le nord, lorsque la loi se sera substituée à l'ancienne famille royale du pays, nous aurons à faire une nouvelle œuvre coloniale.

Maintenant, il est d'autres hommes, et ceux-là ont vécu dans la Cochinchine et connaissent au moins les choses dont ils parlent, ont étudié le passé et pensent à l'avenir, qui sont convaincus qu'il n'y a qu'une seule solution possible : la domination française du pays de l'Annam tout entier.

Au moyen de ce procédé, on arriverait peu à peu à la complète domination de l'Annam, du Tonkin et du Cambodge, et cela sans cruauté aucune, par la force même des choses; on aura à choisir le moment que l'on voudra dans un pays doté d'une organisation semblable à celle dont jouit le royaume de l'Annam. (Applaudissements.)

Mesdames, Messieurs,

Il est une loi historique bien démontrée, c'est celle-ci : lorsqu'un peuple civilisé vient s'implanter dans une nation à laquelle il communique sa civilisation, il ne peut plus reculer, c'est comme une robe de Nessus qu'il attache à sa peau et dont il ne peut plus se séparer. Cherchez dans l'histoire ancienne ou moderne et vous ne trouverez pas une seule exception à cette règle.

Dès qu'une nation civilisée a inculqué ses principes à un autre pays, son action civilisatrice s'étend et rayonne tout autour d'elle, et il arrive un moment où *ipso facto* elle est dans la nécessité d'étendre ses limites. C'est cette même chose qui est arrivée dans l'Algérie et dans l'Indo-Chine. La Cochinchine elle-même nous fournira une nouvelle démonstration à l'appui de cette loi.]

En 1858 et en 1859, lorsque nous avons cru devoir intervenir dans l'Indo-Chine, nous n'avions pas du tout l'intention de créer une colonie, nous obéissions seulement à une certaine idée politique et humanitaire.

C'était une véritable question intéressant la mer de Chine et surtout les Espagnols qui avaient créé cette colonie rivale des Philippines et de Manille, ces deux perles de l'Océan..... mais nous n'avons pas à traiter ici cette question.

Il est certain que Napoléon III n'avait pas cherché à donner de l'extension à notre colonisation, mais il est une chose certaine, c'est que notre colonie de basse Cochinchine a été fondée d'après la loi universelle dont nous avons parlé tout à l'heure. En effet, nous ne songions pas à coloniser la basse Cochinchine, mais à faire une simple démonstration. Dès que nos flottes françaises furent arrivées dans la baie de Tourane, on mit aussitôt tout en œuvre pour aller s'emparer de la ville de Saïgon, qui est le véritable grenier des Annamites. L'amiral Rigault de Genouilly occupa la citadelle de Mandouré et de Saïgon, où la masse des Annamites nous entourait de toutes parts.

Il faut se reporter à la journée de Tua, où nous nous sommes emparés de la ville de Saïgon, que nous avons été obligés de garder forcément.

Nous avons repoussé peu à peu les Annamites et nous nous sommes emparés ainsi d'une nouvelle province, et ce fut alors qu'un homme qui ne péchait pas par trop d'audace, ni par un excès de précipitation, l'amiral de la Grandière, fut obligé d'annexer deux nouvelles provinces. Et c'est en 1863 que cette annexion fut complète et que notre nation établit son protectorat sur le royaume de Cambodge.

On se souvient des difficultés, des soulèvements qui eurent lieu à cette époque ; les mêmes difficultés ne tarderont pas à se reproduire si on ne prend pas quelques mesures pour assurer l'avenir de notre colonie. Il faut à tout prix donner de la sécurité aux nouveaux colons. On conçoit aisément que des hommes qui consacrent leurs travaux et leur avenir pour établir une industrie dans un pays, ne viennent s'y établir que s'ils sont certains d'une sécurité complète.

Notre colonie est entourée de villages habités par des populations sauvages, qui sont sous la domination nominale des Annamites, et l'on conçoit qu'il est bien difficile d'éviter un soulèvement. Cet état de choses est capable de nuire à nos colons, leur ôtant ainsi toute sécurité, tant que nous n'aurons pas fait entrer ces populations dans le courant de la civilisation.

Je vous ferai remarquer que nous avons affaire ici à une population comme celle de Tua, qui est sous la domination immédiate de la secte des

Mandarins qu'on appelle les Lettrés, et qui nous détestent profondément parce qu'ils savent que notre civilisation ne tarderait pas à les faire disparaître ; aussi essaient-ils d'arrêter notre courant colonisateur, comprenant bien que c'est la seule manière pour eux de garder leur autorité. Sans doute, ce ne sont pas des ennemis très-redoutables, mais ces hommes ont acquis sur les populations, par un semblant d'érudition, une somme de pouvoir considérable, et ils rachètent par la ruse et la duplicité ce qu'ils perdent en courage. Néanmoins, on peut les mettre facilement à la porte.

Personne n'imaginera sans doute que Garnier a pu réussir à accomplir son expédition avec les seuls éléments dont il disposait. Il est certain que si nous n'avions trouvé un secours constant et efficace chez les indigènes, nous n'aurions jamais pu faire ce que nous sommes parvenus à accomplir.

Il faut savoir que les Annamites sont excessivement bien constitués, soit comme race, au point de vue anthropologique, soit comme organisation, au point de vue politique.

Il y a entre les Annamites et les Tonkinois une rivalité politique évidente. Les Annamites soutiennent la famille royale de leur pays, c'est-à-dire des Hué, tandis que les Tonkinois regrettent la domination des Lés. Il y a donc là un élément constant de division, et par conséquent un premier élément de force pour nous, car tous sont partagés pour défendre leur famille royale.

Nous avons un appui considérable dans l'élément chrétien qui est en très-grand nombre, puisqu'au Tonkin on compte 35 à 40 mille catholiques. Ils sont à même de nous rendre de grands services et nous doivent de la reconnaissance, puisque nous sommes allés les soutenir. L'élément chrétien est donc assez puissant.

A l'heure actuelle, des dissensions existent entre les Annamites et les Tonkinois, et il faut bien se garder de faire cesser cet état de choses. C'est la mise en pratique du fameux : *Divide ut imperes.*

Je passe maintenant à la proposition qui consiste à occuper les rives du fleuve Rouge jusqu'au Delta.

La proposition a été faite à la Chambre des députés, à mots couverts, il est vrai, permettez-moi de vous dire qu'elle démontre une ignorance complète du caractère annamite.

On ne voit que le caractère politique de la situation, et, au reste, le corps électoral, trop peu éclairé sur notre colonie, a refusé de se prononcer.

L'occupation restreinte du pays nous coûterait aussi cher que son occupation complète. Il nous faudrait faire la même dépense, et les choses se passeraient identiquement comme en 1867 et 1868. Et par la loi dont je vous ai parlé tout à l'heure, nos limites s'étendraient infailliblement. Je suppose que nous occupions les rives du fleuve Rouge, avant six mois nous aurons la guerre, non-seulement avec le Tonkin, mais avec les Chinois.

Sans doute le protectorat du Tonkin serait une solution meilleure, mais c'est une solution impossible et qui nous mettrait dans une position telle, que nos colonies seraient séparées et ne pourraient avoir de communication que par la mer de la Chine. Vous pouvez voir, en effet, en examinant la carte, qu'elle serait séparée par une petite bande de terre, qui ne nous appartiendrait pas. Et nous serions obligés fatalement d'entrer en communication par la mer, et d'entretenir inutilement une flotte.

Joignez à cela que la population de cette bande de terre serait toujours excitée contre nous, par les mandarins.

Nous serions donc obligés de doubler le cap de l'Annam, et les rois du pays auraient le droit de nous demander compte de notre présence ; il me semble donc que le protectorat ne peut pas être appliqué dans ce royaume.

Des personnes voudraient arriver à ce but par voie diplomatique : c'est une illusion. Depuis le traité de 1874, nous avons le droit de suivre le fleuve Rouge, et cependant son cours nous est fermé. Ces conditions avaient été faites en 1874, lors du traité ; nous avons fourni au roi de Hué des bateaux en mauvais état, il est vrai, qui sont maintenant tombés au fond de l'eau, et mille fusils à tabatières, qui sont maintenant hors de service.

Nous avons exécuté toutes les conditions du traité. Le roi du pays ne l'a pas fait.

Et, ici, je poserai en règle générale qu'il ne faut pas faire de traité avec les Orientaux, il faut leur faire exécuter les conditions séance tenante, si l'on veut obtenir un résultat. Ces populations sont incapables d'exécuter un traité : d'abord, elles ne le veulent pas, et en supposant qu'elles le voudraient, elles sont tellement faibles, qu'elles ne peuvent pas le faire. Un traité avec les Asiatiques n'est que comminatoire et nous serons toujours leurs dupes, à moins de les faire signer le couteau sous la gorge.

Nous avons avec les Annamites un traité dont l'existence paraît absolument inconnue et qui n'a de nom dans aucune langue. Il faut donc forcer Tu Duc à accepter notre domination. Ce serait ici le cas de vous parler du projet que j'ai présenté à la Société d'études coloniales.

Mais je suis obligé d'abréger ; mon idée se résume en ceci, c'est mon *delenda Carthago* ; il faut prendre l'empire d'Annam. C'est là la question urgente.

En 1874, on a décidé la création d'un consulat sur la terre annamite afin d'ôter ainsi tout prétexte de compétition.

Les autres nations ont réclamé pour avoir également un consul, mais fort heureusement, jusqu'à présent, elles n'en ont pas obtenu. Il faut donc se hâter d'agir, car il y a de nombreuses considérations politiques qui nous poussent à hâter notre développement dans cette colonie, et il est urgent de prendre une décision rapide.

Mais je n'insiste pas sur ce côté politique, dont ne doit pas s'occuper un Congrès de géographie.

Je vous demande la permission d'étudier le côté matériel de la question, et d'examiner quels seraient les obstacles que nous rencontrerions dans ce pays au point de vue commercial et industriel. Tout d'abord, notre colonisation rencontrerait moins d'obstacles au Tonkin qu'au Sénégal.

On a dit que nous n'étions pas colonisateurs, l'histoire ancienne et moderne nous prouve qu'il n'y a pas de peuple au monde plus colonisateur que nous: c'est intimement là notre caractère, et je crois que M. Desjardins a mal expliqué la pensée de M. Bionne en disant que notre regretté ami pensait que nous manquions de persévérance, M. Bionne a toujours fermement soutenu que nous étions très-propres à fonder et à faire prospérer des colonies.

Mais nous avons à signaler, il faut bien l'avouer, comme obstacle à notre développement extérieur, notre système de centralisation administrative. Je crois que nous n'aurons de colonies que le jour où un système de réforme sera adopté, et que nous aurons un ministère des colonies qui s'occupera spécialement de tous les efforts de nos colons et des explorateurs.

On a allégué notre lente multiplication ; il est certain que nous n'avons pas assez d'enfants pour les envoyer au dehors et leur faire fonder une colonie dans des pays inhabités ; cela, il est vrai, dépend absolument de nous, et il est certain que nous restreignons volontairement le nombre de nos enfants ; mais ce sujet n'est pas ici en cause, et je n'ai pas à le traiter. Cependant, si nous sommes incapables de créer une colonie de toutes pièces, et du reste la place est prise partout, car il reste fort peu d'endroits à peupler, nous pouvons assurément coloniser d'une autre façon ; il y a d'autres colonies, qui diffèrent des colonies véritables par leur seule manière d'exister, comme celles du Sénégal, des Indes anglaises, de la Cochinchine, etc. Dans la possession de cette région, l'élément européen doit compter surtout sur les indigènes, qui sont très-bons pour les travaux publics et pour tous les emplois subalternes du rouage administratif. Ce sont les indigènes qui seront chargés de produire la matière première, et les Européens qui auront la haute surveillance.

La colonie marchera admirablement de cette manière et nous dominerons ainsi un pays riche, habité par une population dense, sans esprit militaire, il est vrai, mais laborieuse, et pouvant donner de bons matelots.

Il n'y a pas de pays plus favorable à notre développement que le royaume d'Annam.

La population est de 15 millions d'habitants et appartient à une race très-laborieuse. Le peuple est actif, la famille très-respectée, et le développement de la population s'accroît de jour en jour. La liberté commerciale a une grande extension et l'organisation politique du pays ne laisse absolument rien à désirer.

Les rouages administratifs fonctionnent pour ainsi dire mécaniquement, et du côté des défenses militaires le pays a été très-bien servi par la nature pour cela, et nous pourrons lever une grande quantité de troupes indigènes qui se battent bien, sont disciplinées et ne font jamais défection.

Ils nous reconnaissent pour leurs maîtres incontestables et, par là même, vous êtes leurs maîtres incontestés.

Pour vous citer un exemple typique, je vais vous dire qu'avec VINGT de mes matelots, que j'avais avec moi lorsque je suis débarqué, je suis parvenu sans efforts à réunir une armée de douze mille hommes qui se sont parfaitement conduits pendant toute l'expédition, et ne m'ont jamais fait défection. Et pour cela, j'avais employé un moyen bien simple et peu cher. Le gouvernement paye ses soldats 2 francs par mois, je les payai un petit peu plus cher, et je leur donnai une ration de riz, qui ne me coûtait rien, puisque je l'avais pris dans le pays. (Applaudissements.)

La machine administrative est si bien constituée, que tout marche seul. Ainsi dans l'Annam, il y a un service de poste fait par des courriers, appelé trains. Le jour même où nous avons pris possession du pays, les trains ont fait le service pour les Français, comme ils le faisaient pour le roi d'Annam ; il n'y en a pas un seul qui ait fait défection. La même chose s'est passée en 1867, lorsque l'amiral de la Grandière a pris possession du gouvernement. Cela s'est fait sans la moindre secousse et sans la moindre difficulté, rien n'a été changé dans le service ; on a seulement remplacé le drapeau du roi d'Annam par notre drapeau national, et l'administration de Chaudoc et de Ving-Long a marché comme elle marche aujourd'hui. (Applaudissements.)

Mais je ne veux pourtant pas qu'on puisse croire que je prône un système d'esclavage pour ces populations, ou un système militaire comme celui établi en Algérie.

Je crois que lorsqu'un peuple civilisateur s'impose à une race inférieure, il contracte l'obligation de la relever, et doit, pour sa justification, transformer le niveau intellectuel, et s'efforcer d'améliorer l'ordre social du pays.

M. le Président. — Vu le peu de temps qui nous reste, je prierai l'orateur d'abréger le plus qu'il lui sera possible.

M. le docteur Harmand :

Je résume donc les quelques considérations que j'avais encore à faire valoir relativement à la Basse-Cochinchine, en disant que la seule solution possible, c'est la domination du pays d'Annam tout entier.

Je vais céder ma place à un autre.

M. Desjardins. — Je voudrais répondre deux mots à M. le docteur Harmand, sur l'observation qu'il vient de faire; je crois qu'il n'a pas bien compris ce que j'ai voulu dire, cela provient probablement de ce que je me suis mal expliqué, mais je comprends le caractère français exactement comme lui, et je crois avoir été l'interprète fidèle de M. Bionne. Je serais désolé de n'avoir pas répondu à un homme d'un talent pareil au vôtre.

M. le Président. — Tout le monde a compris lorsque, tout à l'heure, j'ai arrêté M. Harmand, que cette pensée m'avait été dictée par le désir de faire passer à la tribune un autre orateur, pressés que nous sommes par le temps très-court dont nous disposons, et non pas par le désir de cesser d'entendre M. Harmand, qui sait si bien nous dire et nous détailler la situation de la Basse-Cochinchine.

Je dois le remercier publiquement des aperçus nouveaux qu'il vient de nous donner sur l'avenir de cette belle province. M. le docteur est en même temps un homme savant, un homme dévoué, un soldat distingué et un de mes amis, ce dont je m'honore; je le remercie encore une fois de la conférence qu'il vient de nous faire.

M. le docteur Combet a la parole :

Mesdames, Messieurs,

Si, malgré mon insuffisance oratoire, ne pouvant point ajouter à mon nom le titre d'ingénieur, j'ose me présenter devant vous, pour soutenir mes idées et mon projet de jonction du Rhône au port de la Joliette, au moyen d'un canal maritime, direct, le long et parallèlement au littoral ; si devant les hommes éminents et pratiques qui forment ce Congrès scientifique, je n'ai pas craint de venir appeler l'attention des corps élus et du gouvernement sur l'exécution de ce projet que je défends depuis des années, c'est que, Messieurs, ma conviction profonde est qu'en exécutant ce projet, on donnerait une influence énorme, non-seulement aux grands intérêts commerciaux de Lyon et de Marseille, mais aussi à toute la région du sud-est, je devrais dire de la France entière.

C'est ce qu'a compris, sans doute, la *Société de géographie de Lyon*, et dans un sentiment de patriotisme qui l'honore et dont je suis heureux de pouvoir la remercier ici publiquement, elle a bien voulu m'accorder une hospitalité toute bienveillante, toute sympathique — dont je me garderai d'abuser cependant.

Messieurs, la France, pour développer sa richesse intérieure, se moraliser par le travail et reprendre à jamais le premier rang dans le monde de la civilisation, a besoin de continuer, d'étendre même, le programme civilisateur de l'honorable M. de Freycinet, trop tôt éloigné du ministère des travaux publics.

Notre réseau de chemins de fer doit être achevé, en même temps qu'il faut à tout prix organiser, créer la grande navigation intérieure.

La Société de géographie de Lyon, composée d'hommes éminents dans la science et les arts, patriotes avant tout, a très-bien compris qu'en face de cette vieille Europe monarchique, regardant avec une colère jalouse la jeune France républicaine, se relevant chaque jour davantage des désastres de l'empire, elle a compris, dis-je, qu'il était nécessaire d'agiter cette grande question de la reconstitution de nos voies navigables que, par une coupable imprévoyance, tous les gouvernements qui se sont succédé depuis cinquante ans, ont complètement laissé tomber en désuétude.

Au percement du Saint-Gothard, aux grands projets de canalisation de l'Elbe, de l'Oder, du Danube, du Rhin, etc., etc., destinés tous à relier avec le Saint-Gothard, l'extrême nord avec l'extrême midi, et ayant pour but de faire passer l'immense transit des mers du Nord et de la Baltique au travers de l'Europe pour aller dans la Méditerranée, sans toucher le sol français, en présence de tels projets menaçant notre avenir, je suis de ceux qui pensent, Messieurs, que toute hésitation serait coupable, et que l'heure est venue d'organiser fortement, grandement, notre navigation intérieure et de créer du Havre à Marseille un grand canal central, mettant en communication à peu près directe, l'Océan avec la Méditerranée.

Plus prévoyante que nous, et, en fait de grands travaux d'intérêt public, moins disposée à la négation que nous le sommes généralement, l'Allemagne, je l'ai dit, Messieurs, et l'on ne saurait trop le répéter, s'apprête, à l'heure qu'il est, avec la canalisation de l'Elbe et de l'Oder, à faire de Berlin un port de mer. Avec ces immenses canaux, dont les projets sont à l'étude, avec le Saint-Gothard qui s'achève, elle poursuit le but visible pour tous ceux qui savent voir et comprendre, la spoliation à son profit de tout le commerce de la Hollande, de la Belgique, de la Suisse et de l'Italie, et la ruine absolue de tous nos ports méditerranéens.

Au point de vue agricole, commercial, industriel, les projets, déjà en voie d'exécution, amèneraient infailliblement des désastres pour notre pays si nous ne savions y opposer un remède.

Il importe donc, à l'heure où nous sommes, de regarder le danger en face, de le bien voir et de le comprendre, afin d'aviser sans retard à l'éviter. — Le seul moyen de le conjurer, d'annihiler tous les projets de la coalition financière de l'Europe monarchique, c'est, Messieurs, d'utiliser du Havre ou de Nantes à Marseille, les grands cours d'eau dont la France a été si richement dotée par la nature. C'est, tout en reconstituant notre réseau com et de chemins de fer, d'ouvrir, dans le centre même du pays, à la batellerie marchande des canaux larges et profonds. C'est d'assurer, par tous les moyens possibles, le développement des voies fluviales ; c'est de faciliter à la batellerie marchande — par la création du CANAL GRAND CENTRAL de Nantes à Marseille, un transit direct, facile, économique, du nord au midi, de l'est à l'ouest, et VICE VERSA, projet grand central que j'ai eu l'honneur de proposer aux Chambres des députés, et de défendre dans la presse parisienne, celle de la province m'ayant refusé son concours.

Il faut, si nous voulons lutter avantageusement contre la concurrence, qui s'organise contre nous, que les marchandises venant des mers du Nord, de la Baltique et de l'Océan puissent traverser la France et arriver dans la Méditerranée sans transbordement, ni rompre charge.

C'est, enfin, par l'exécution de ces immenses travaux de la paix, dont la conséquence serait la régénération de notre beau et grand pays, c'est, dis-je, de relier d'une façon directe l'Océan à la Méditerranée et de faire de Lyon notre chère ville natale, non un port de mer comme je l'ai demandé, mais un beau et vaste port fluvial, rappelant pour l'importance commerciale Londres ou Glascow !

Ces idées qui, mises à exécution, créeraient pour la France une somme de prospérité considérable ; ces idées que quelques-uns seront tentés peut-être de taxer de folies, ont cependant trouvé un écho dans le sein de la Société de géographie, et dans l'esprit si sympathique de son éminent Président.

Aussi, Messieurs, lorsque nous eûmes l'honneur, M. Louis Niel, président du comité des intérêts méridionaux, et moi, d'être reçus, au mois de mars dernier, par la Société de géographie, avec le projet qui figure à l'exposition et qui est mon projet modifié par le comité de Marseille, nous nous sommes vus, l'un et l'autre, accueillis avec une bienveillance toute sympathique de la part de son Président, de son Secrétaire et des membres présents.

Encore une fois, au nom du progrès qu'elle défend, de l'émulation qu'elle fait naître pour la science, que la Société de géographie de Lyon reçoive mes sincères et chaleureux remerciements, auxquels s'associeront tous les hommes de progrès et de science.

J'arrive maintenant, Messieurs, au point spécial de cette modeste conférence, c'est-à-dire au projet de canal maritime direct du Rhône à Marseille, projet que je soutiens depuis longtemps déjà devant tous les corps élus, et qui consiste à canaliser la mer le long du littoral, à partir du port Saint-Louis au port de Bouc, et du port de Bouc au port de la Joliette, au moyen d'une jetée établie le long et parallèlement au littoral, sur les parties dont la profondeur d'eau ne dépasserait pas QUATRE MÈTRES. Dans les parties du littoral où les profondeurs varient entre six, douze et vingt mètres, le canal serait creusé dans le rocher du littoral, à une profondeur MAXIMUM de TROIS MÈTRES SUR TRENTE-CINQ MÈTRES DE LARGEUR.

Nous l'avons dit, Messieurs, et tout le monde le proclame avec nous, le grand, l'unique obstacle apporté au développement du commerce entre Marseille et Lyon, par la voie fluviale, tient essentiellement à l'impossibilité dans laquelle se trouve la batellerie du Rhône d'aller prendre charge à Marseille et de pouvoir, dans un temps limité et toujours égal, apporter et remporter les marchandises que l'industrie ou le commerce lui confient.

Les défenseurs à outrance des chemins de fer ont dit : mais à quoi bon la batellerie, puisque les chemins de fer peuvent suffire, et au delà ?

C'est une erreur manifeste. Les chemins de fer ne suffisent point aujourd'hui à écouler le stock des marchandises qui arrivent à Marseille, et parce que ces mêmes chemins de fer ne suffisent point à l'écoulement de ce stock, les arrivages diminuent en proportion, et Marseille, avec ce système de chemin de fer à outrance, voit chaque jour diminuer son importance commerciale ; diminution qui ira grandissant avec le percement du Saint-Gothard et les canalisations de l'Elbe et de l'Oder, si, n'écoutant pas le cri d'alarme, on ne se décide rapidement à utiliser nos grandes voies navigables et à mettre en communication l'Océan et la Méditerranée, au moyen de la grande canalisation des fleuves et rivières.

La réorganisation des voies fluviales au point de vue de l'amélioration du sort du plus grand nombre, est également à considérer, attendu que le jour où un service de batellerie quelconque sera organisé, on aura un abaissement de soixante à soixante-quinze pour cent dans le transport. Ce qui obligera indubitablement les chemins de fer à réduire leur tarif.

La nécessité de réunir Lyon à Marseille par la voie fluviale ne pouvant être contestée et les avantages qui en résulteraient pour les deux cités n'ayant pas besoin d'être démontrés, quel projet doit-on mettre en exécution ?

Un premier projet a, depuis 1857, été émis par M. Bonnardel : celui d'un canal par terre, partant d'Arles, se dirigeant vers Marseille par Bouc, les Martigues, et pénétrant non loin du port de la Joliette par un tunnel de huit mille mètres. Ce projet, qu'on a évalué à soixante-cinq millions, en coûterait incontestablement quatre ou cinq fois plus !

En effet, ne calculant que le percement du tunnel, dont la section ne peut être moindre de trente-six mètres d'ouverture sur environ vingt mètres de hauteur, de façon à ce que deux bateaux à vapeur du Rhône puissent se croiser à l'aller et au retour, *il ne serait pas possible de songer à exécuter un tunnel dans lequel un seul bateau pourrait passer ; car, ce serait alors une immense duperie, qui tuerait pour jamais toute navigation entre*

Lyon et Marseille ! Un tel tunnel dont on sera forcé de faire un revêtement en maçonnerie sur tout son parcours — soit huit mille mètres, disons 7,400 mètres pour être tout à fait exact — en prenant pour base les chiffres du Saint-Gothard que j'ai sous les yeux, dépasserait en moyenne le chiffre de DEUX CENTS MILLIONS ! D'après les calculs d'un homme sérieux et pratique, M. H. Peut, il va plus loin que moi, et démontre qu'un tunnel, dans les conditions ci-dessus expliquées, permettant à deux bateaux à vapeur de se croiser — et je le répète, on ne peut comprendre le tunnel autrement — la dépense de ce tunnel dépasserait la somme énorme de DEUX CENT VINGT-HUIT MILLIONS !...

Mais admettons que ce dernier chiffre soit exagéré, et qu'on ne dépasse point pour le tunnel la somme de deux cents millions — que l'on atteindra, cela est certain. Ce projet devrait être abandonné :

1° Parce que la dépense est trop considérable et que, jointe à celle que nécessitera l'exécution de 72 kilomètres de canal du tunnel à Arles qui est estimée quarante millions, on atteindrait le chiffre énorme de TROIS CENT VINGT-HUIT MILLIONS ! Alors que la jetée coûtera à peine le QUART de cette somme.

2° Parce qu'un tunnel, qui se comprend pour un chemin de fer, est ce qu'il y a de plus défectueux pour la navigation — je devrais dire de plus dangereux.

3° Enfin, parce qu'un tel projet n'apporterait aucune amélioration à la situation actuelle, au point de vue du commerce et des échanges par la voie fluviale entre Marseille, les villes du bassin du Rhône, Lyon et au delà. Un deuxième projet reste.

Celui-là n'est peut-être pas exempt de certaines difficultés d'exécution ; mais ces difficultés ne sont point insurmontables pour la science, et, dans tous les cas, ce projet doit être très-sérieusement étudié, car il est le seul capable de rendre à la navigation, comme aux intérêts des deux grandes cités, de Lyon et de Marseille, les services immenses que ne lui rendra jamais, dans aucune mesure, le canal projeté avec un tunnel sous la Nerthe.

Ce projet, c'est *la canalisation même* de la mer le long du littoral à partir du golfe de Fos, jusqu'au port de la Joliette, en suivant les sinuosités du littoral, et en ouvrant, dans certains parages, le canal dans les pointes de rochers ou des plages avançant dans la mer.

Une digue de protection contre la mer pourrait être établie, à l'embouchure du Rhône, se prolongerait de quatre à cinq kilomètres un peu en avant du golfe de Fos ; de façon à former avec la jetée projetée une passe assez large pour l'entrée des navires dans le golfe de Fos. Passe protégée et éclairée par une ou deux *tours-phares* au besoin.

Les bateaux à vapeur qui viennent de Lyon auraient donc deux routes — aussi courtes, aussi faciles l'une que l'autre pour arriver directement à

Marseille, — le canal Saint-Louis, le golfe de Fos et le canal projeté le long du littoral, ou bien suivre le Rhône jusqu'à son embouchure, et continuer leur route par le canal du littoral, jusqu'au port de la Joliette où ces bateaux iraient prendre charge.

Insister pour démontrer l'importance de ce canal maritime le long et parallèlement au littoral serait inutile. Il suffit, selon moi, de jeter les yeux sur la carte et les plans annexés, pour comprendre immédiatement que, voulant relier le Rhône à Marseille, les intérêts de Marseille à ceux de Lyon, on ne peut l'obtenir qu'avec ce projet, qui seul répond à tous les besoins.

On a objecté les fureurs de la mer et ses effets redoutables venant battre la jetée proposée. A ce sujet des hommes spéciaux, des marins ont été consultés. Ils ont été unanimes à reconnaître qu'aujourd'hui, avec les progrès de la science, les efforts des flots furieux pouvaient être annihilés, si, dans les parties les moins profondes du littoral, on a soin d'établir un bon pilotage qui, se liant alors avec les enrochements des parties très-profondes, faits au moyen d'agglomérés en chaux hydraulique, formerait une résistance telle, que les plus forts coups de mer ne pourraient rien contre une jetée ainsi établie à cinquante ou quatre-vingts mètres de la côte. On peut même affirmer que, par le plus mauvais temps, la navigation dans ce canal serait possible pour nos bateaux à vapeur du Rhône, et qu'il ne saurait y avoir d'interruption dans le service.

Donc, de ce côté, toutes les objections contre le projet tombent : la jetée en mer, parallèlement établie au littoral, est une œuvre facilement exécutable, pouvant braver la fureur des flots, et assurer d'une façon définitive, constante et régulière, la navigation à ciel ouvert, de Marseille à l'embouchure du Rhône ou du canal Saint-Louis, et de ces deux points à Lyon.

Par cette voie, si bien indiquée par la nature, une tonne de marchandise pourra être transportée du port de la Joliette au Rhône — solution de continuité qui existe aujourd'hui — en moins de *trois heures* et pour le prix de 40 à *cinquante centimes*.

Par le canal projeté par terre, avec le tunnel à grande section sous la Nerthe, il faudra un parcours de *cinq jours* et une dépense qui ne saurait être moindre de *deux* ou *trois francs!!*....

Nous défions les hommes spéciaux et sincères de nous démentir ; ces chiffres sont rigoureusement exacts.

Ajoutons, pour terminer, qu'avec le canal de Marseille par terre, les transports ne pourraient avoir lieu qu'au moyen de bateaux de 250 à 300 tonneaux au plus, dont l'emploi serait relativement plus cher, et qui seraient impossibles pour la navigation sur le Rhône. De là, dépenses considérables qui viendraient augmenter encore le prix du transport.

Avec la construction de la jetée, nul besoin de changer le matériel. Les bateaux à vapeur les *Gladiateurs*, comme ceux de la *Compagnie générale* de Lyon, aussi bien que les *Hirondelles* faisant le service de Chambéry, pourront venir directement de Lyon toucher au port de la Joliette, et cela en quatorze ou quinze heures à la descente de Lyon à Marseille.

N'est-ce pas le plus beau résultat que l'on puisse rêver, au point de vue de la navigation fluviale ?

Je conclus, donc, que non-seulement les intérêts de Lyon et de Marseille, mais les intérêts français ont droit d'exiger de la part des représentants du suffrage universel :

1° Que la navigation du Rhône soit complètement sauvegardée contre tous projets quelconques d'irrigation pouvant altérer son étiage, comme celui de M. Aristide Dumont ;

2° Que le canal et le port St-Louis soient utilisés et entretenus ;

3° Qu'une jetée soit établie le long et parallèlement à soixante ou quatre-vingts mètres du littoral, depuis le golfe de Fos, jusqu'au port de la Joliette, de façon à former un canal maritime, à l'abri des coups de mer et permettant aux bateaux à vapeur du Rhône d'aller, par tous les temps, du port de la Joliette au Rhône. Ce qui viendrait assurer un service commercial, fluvial, constant et régulier entre Lyon et Marseille, et abaisser, dans une notable proportion, le prix du transport des marchandises de première nécessité ;

4° Enfin, qu'une large communication soit établie entre le port de Bouc et l'étang de Berre, pour former, dans cette partie de la Méditerranée, un port de refuge pour la marine de guerre ; ce qui servirait à constituer dans cette partie du territoire de la République Française, cet ensemble admirable, qu'on ne trouve nulle part en Europe, savoir :

Un port de commerce maritime : Marseille.

Un port de commerce fluvial : Saint-Louis.

Un port de refuge, des arsenaux et des chantiers de marine militaire : Berre !

En présence du percement du St-Gothard et des autres projets immenses de l'Europe, tous destinés à isoler le commerce français, il est du devoir des représentants du suffrage universel de la nation, de ne rien négliger pour ramener le travail, l'industrie et le commerce dans cette France démocratique, que l'Europe cherche par tous les moyens, sinon à anéantir, du moins, à annihiler !

Si l'opinion de M. Fournier devait triompher, si le système de la jetée devait être abandonné, à cause de la crainte du déferlement des vagues sur cette jetée pendant les jours de tempête, je soutiens que le projet de tunnel devrait être encore repoussé ! Nous croyons l'opinion de l'honorable M. Fournier mal fondée ; nous sommes convaincus qu'avec la jetée construite le long du littoral, nos bateaux à vapeur pourraient circuler en tous temps — même les jours de tempête — de Saint-Louis à Marseille. Mais ce ne serait pas la première fois que ce qui est vrai, que ce qui est juste et rationnel serait condamné !... Rappelons-nous Galilée !

Eh bien, dans cette hypothèse même j'affirme, Messieurs, qu'il reste encore un moyen de sauver notre navigation, notre commerce et notre industrie du désastre certain que préparent les auteurs du canal de Marseille à Arles avec leur tunnel de HUIT KILOMÈTRES.

Ce moyen, c'est le creusement d'un large canal à ciel-ouvert, partant du port de Bouc, au port de la Joliette, en passant par *Ponteau*, *Saint-Pierre*, *Saint-Julien* près de *Château-Neuf*, *Ensuès* et *Saint-André*. — Ce canal, de quarante mètres de largeur sur vingt-huit à trente mètres de longueur, diminuerait le parcours de *dix kilomètres* avec la jetée, et réduirait la dépense de *dix à quinze millions*.

A ce nouveau tracé, qui enlève toutes les objections faites au sujet de la jetée, on m'a objecté la hauteur des rochers dans certaines parties et la nature des falaises.

Ayant l'honneur de parler devant un Congrès dont la présidence d'honneur appartient à M. de Lesseps, ce grand perceur d'Isthmes ! l'argument ne peut avoir aucune valeur et j'y puis répondre victorieusement.

En effet, la falaise qui longe les bords de la Méditerranée, du port de la Joliette au port de Bouc, est d'une nature friable, et si elle convient peu pour le percement d'un tunnel à grande section, elle sert admirablement, quand il s'agit d'ouvrir une large tranchée.

Eh bien ! à ceux qui ne veulent point de la jetée, mais qui veulent cependant sauvegarder les grands intérêts français et assurer une communication constante de la batellerie marchande avec le Rhône et Marseille, nous disons : Repoussez avec énergie toute idée de canalisation du Rhône d'Arles à Marseille avec le tunnel de huit kilomètres sous la Nerthe.

Acceptez notre projet de jetée, projet facilement exécutable, quoi qu'on en ait pu dire.

Mais si vous deviez le repousser, acceptez alors notre variante, creusez du port de Bouc au port de la Joliette une vaste tranchée de QUARANTE mètres de largeur, sur une profondeur maximum de TROIS MÈTRES d'eau ; contournez le golfe de Fos, du port de Bouc au port Saint-Louis, au moyen d'une jetée, telle que l'a indiquée le comité des intérêts médicaux, et vous aurez ainsi simplifié la grande question de la navigation fluviale directe, sans solution de continuité, de Lyon à Marseille.

De plus, on aura par ce deuxième moyen économisé les finances de l'Etat et, avec une dépense de moins de SOIXANTE MILLIONS, résolu définitivement la navigation directe entre Lyon et Marseille, et la distance entre ces deux grandes cités par voie fluviale, ne sera plus que de QUATORZE HEURES ! à la descente.

En ayant l'honneur d'émettre cet avis devant une assemblée composée d'hommes aussi éminents dans la science, je ne crains pas de défier toutes critiques et d'affirmer que si mon projet de jetée le long et parallèlement au littoral, offre quelques difficultés, celui d'un canal creusé à travers le littoral, n'en offre absolument aucune ; j'affirme, Messieurs, qu'il peut être exécuté rapidement avec une économie considérable et un parcours de moins de dix kilomètres que par la jetée.

Mais l'avantage qui ressort de mes deux projets, c'est que l'un et l'autre suppriment et tunnel et barrages ! C'est qu'ils utilisent, l'un et l'autre, le golfe de Fos et le port Saint-Louis, pour lesquels on a dépensé des millions. C'est qu'enfin, nous faisons toujours de la grande navigation à ciel ouvert, la seule qu'il soit possible de faire, si l'on veut obtenir des résultats sérieux au point de vue de l'augmentation du transit par voie fluviale et l'abaissement du prix des transports.

Tels sont, Messieurs, et tracés à grands traits, les avantages que j'espère et je crois que Lyon, Marseille et une grande partie de la France retireraient, avec l'exécution d'un canal maritime, direct, du Rhône à Marseille.

C'est dans le but d'arriver à reconstituer notre commerce et notre industrie, que j'ai eu l'honneur de présenter mon projet de jetée le long du littoral, que je considère comme le meilleur et le seul pratique.

Si j'ai proposé une variante — un canal à ciel ouvert creusé dans le littoral — c'est que je veux éviter l'exécution du tunnel sous la Nerthe qui, selon moi, ruinerait définitivement et pour jamais la navigation entre Lyon et Marseille !

Je serai heureux, Messieurs, si, grâce à votre sympathique et patriotique concours, une solution favorable était donnée à cette importante et NATIONALE question !

La Société de géographie de Lyon, en le faisant, aura puissamment aidé au relèvement de notre patrie et travaillé à notre revanche contre l'Allemagne !

Revanche, non par la force brutale de la guerre et le crime odieux de la conquête, par la victoire qui ne fait couler ni une larme, ni une goutte de sang, qui ne fait ni veuve, ni orphelin. Mais la revanche par la paix qui féconde, par le travail qui moralise, par la science qui affranchit de toutes servitudes et par la liberté qui régénère le monde !

Dr Louis COMBET.

M. A. Breittmayer a la parole.

Messieurs, je demande la parole pour quelques minutes seulement, pour vous signaler un autre projet, très-remarquable, concernant le Rhône.

Ce projet consiste à bifurquer le Rhône à Beaucaire, qui est le centre le plus important; de là le fleuve envoie ses eaux d'un côté à Cette, par le canal d'Aigues-Mortes, de l'autre à Marseille, par l'étang de Berre.

Il y a deux ans, l'ingénieur Simonin a dit dans une conférence qu'il fallait amener le Rhône à Marseille, afin de répandre la richesse dans le pays. Le moyen le plus facile, c'est la ligne droite, qui est indiquée par le magnifique étang de Berre.

Un homme très-compétent en cette matière a appuyé cette idée dans un intéressant article de la *Revue des Deux-Mondes*.

Dans ce projet, on utilise jusqu'à l'étang de Berre le canal d'Arles à Bouc, et on coupe la montagne de Septèmes par un tunnel de sept kilomètres, en ligne droite, et qui est assez bien conçu pour tenir tête à toutes les objections.

Le système du tunnel a, du reste, été approuvé par M. de Lesseps, dont la largeur de vue a mené à bien toutes ses entreprises.

Ce projet a été préconisé par M. Bonnardel, qui s'occupe depuis cinquante ans de la navigation du Rhône et qui a une grande compétence dans cette question.

Voilà tout ce que j'avais à vous dire.

A la suite de cette communication, M. Chanliaux réclame vivement, contre M. Combet, la priorité de l'idée de son canal; il en a, dit-il, étudié et publié le projet dans son journal « *la Gaule*. »

M. Combet répond qu'il s'occupe depuis longtemps de la question de la navigation du Rhône, et affirme sur l'honneur qu'il n'a jamais eu connaissance du projet de M. Chanliaux.

M. le Président : Je demande pardon de prendre la parole dans ce débat, mais je crois qu'on doit le clore, en se basant sur ce simple fait qu'il est impossible d'obtenir une solution d'une assemblée qui n'a pu étudier ces projets d'une manière approfondie. Je remercie ces messieurs des renseignements qu'ils ont donnés au Congrès.

La parole est à M. Desjardins.

Mesdames, Messieurs,

Je remplace M. Guimet, qui a été forcé de s'absenter avant la fin de la séance ; il m'a chargé de faire connaître au Congrès, et je ne suis que son interprète, que son grand-père, qui était ingénieur à Marseille, avait déjà cherché dans le siècle dernier à améliorer le cours du Rhône. Dans une de ses brochures, il est question d'un nouveau cours du Rhône par Marseille.

Cette question revient à l'ordre du jour. Aujourd'hui, on ne se contente plus du magnifique port de la Joliette, mais on songe à reprendre ce projet. Je m'empresse de faire remarquer que le grand-père de M. Guimet était un ingénieur habile ; son père a inventé le bleu d'outremer ; quant à M. Guimet, c'est l'homme si distingué et si sympathique que nous connaissons tous. J'ai cru intéressant de mettre ces documents rétrospectifs sous vos yeux.

Le Président. — Nous remercions M. Desjardins de sa communication.

La séance est levée à 5 heures 1/4.

SÉANCE DU 8 SEPTEMBRE (MATIN)

Présidence de M. le commandant POULOT, *de la Société de géographie de Bordeaux.*

Siégent au bureau :

MM. DE BIZEMONT, capitaine de frégate, délégué du ministère de la marine.

PICTET, de la Société de Lyon.

Mlle KLEINHANS, de la Société des études pour l'enseignement secondaire.

MM. DELOCRE, ingénieur en chef, délégué du ministère des travaux publics.

DE LUZE, sous-préfet, délégué de la Société de géographie commerciale de Paris.

MAILLEFERT, de la Société de Bordeaux.

M. le colonel Vauvermans a la parole.

Mesdames, Messieurs,

Je viens vous dire quelques mots sur le monument dont je vous ai entretenus hier, et je vais vous donner des détails supplémentaires sur les cartes dont nous avons décoré la Bourse.

J'ai apporté ici deux photographies, l'une du bâtiment lui-même et l'autre de la carte d'Anvers fort réduite en photographie. Cette carte est placée, comme vous le savez, dans la Bourse, où les négociants se réunissent tous les jours pour leurs affaires. Nous n'avons pas surchargé la carte de noms, mais nous les avons écrits en lettres très-grosses, de cinq centimètres de hauteur.

C'est à ce moment qu'une difficulté est venue nous embarrasser : en Belgique, on parle deux langues et par conséquent on prononce les noms géographiques en flamand dans la partie flamande et en français dans la partie française.

Et c'est là que nous avons été embarrassés. Comment faire pour dresser une carte, ni française ni flamande ? Nous nous sommes vus dans la nécessité d'adopter l'orthographe du pays, et afin d'éviter toute confusion nous avons ajouté à la carte un sommaire indiquant les autres noms.

Je crois qu'il serait utile que le Congrès cherche une solution à cet état de choses qui peut amener une confusion regrettable dans la géographie. On pourrait faire un vœu pour que la question soit mise à l'étude d'une manière sérieuse, et que des Commissions soient nommées dans chaque Société pour discuter le projet et proposer une solution.

De cette façon la question pourrait être traitée d'une façon sérieuse au Congrès prochain et on arriverait peut-être à un bon résultat.

A Lyon, cette question a été soulevée par hasard, mais dans le Congrès prochain, elle pourra être traitée avec fruit.

Vous me permettrez, Messieurs, d'appeler encore votre attention sur une question qui s'est reproduite à tous les Congrès. Elle s'est produite à Anvers, à Paris, au Congrès commercial de Paris, à Nancy, et c'est la question du méridien unique, qui a une très-grande importance. On s'est arrêté à la solution la plus sage, proposée au Congrès d'Anvers, et c'est, je crois, M. Levasseur qui l'a résolue de la manière la plus pratique.

Cette question menace de se reproduire dans tous les Congrès, parce que tout le monde en reconnait l'importance. On n'est pas arrivé à la traiter parce qu'on ne l'avait pas assez étudiée. Je demanderai donc que chaque délégué soulève cette question dans sa Société respective, afin qu'on l'étudie sérieusement et qu'on la prépare suffisamment pour pouvoir présenter des observations au Congrès prochain.

Je vous demande pardon de m'être permis de présenter ces observations, mais vous avez bien voulu m'admettre dans votre Congrès et je crois avoir répondu au vœu de toutes les Sociétés françaises qui cherchent à faire progresser la géographie (applaudissements).

M. le Président. — J'ai l'honneur de remercier M. Vauvermans de sa communication.

M. Barbier. — Je tiens à faire remarquer que les vues de M. le colonel Vauvermans ont déjà été posées par la Société de Bordeaux, qui a émis un vœu tendant jusqu'à un certain point à combler ces *desiderata*. La chose a une très-grande importance et la question reviendra sans nul doute au Congrès de Venise. Là nous serons plus nombreux, il y aura des délégués de toutes les nations, et on discutera certainement sur ce point. Peut-être alors pourra-t-on prendre aussi des mesures pour faire progresser l'étude de la question du Méridien unique, mais, pour ma part, j'avoue que c'est très-difficile à trouver.

La parole est à M. Hurbin-Lefebvre :

Mesdames, Messieurs,

Ce n'est pas une communication que je viens vous faire, ni un programme d'études que je viens vous soumettre. C'est plutôt une proposition à mettre dans le programme des questions à examiner et à étudier. C'est la question du choix d'une unité d'itinéraire, qui est actuellement le kilomètre. On a maintenant introduit le système métrique un peu partout et je dois reconnaître qu'il présente certainement de grands avantages. Cependant un homme dont je suis heureux de vous citer le nom, M. Molinari, rédacteur au *Journal des Débats*, qui s'occupe spécialement des questions économiques, a fait un article humouristique sur l'introduction exagérée du système métrique dans nos mœurs.

Ainsi, la pièce d'or de 20 francs, qui pourtant se rattache au système métrique, représente cette somme comme valeur, mais non pas comme poids. Pour les mois on avait inventé les décadis qui terminaient une période de dix jours et les sans-culottis qui arrivaient à la fin du mois.

Il faut convenir, Messieurs, qu'au lieu de rattacher toutes les mesures au système métrique, on devrait les rattacher à une mesure qui ne changerait jamais.

Les Allemands ont pris le mille géographique, 15 mille géographiques équivalent à un degré équatorial, et ils ont fait preuve de jugement, puisque le degré du Méridien varie constamment. Au lieu donc de prendre le Méridien, pourquoi ne pas prendre l'équateur, dont les degrés sont connus et qui nous permettra de conserver les anciennes appellations, puisque nous aurons 15 milles géographiques ou 60 milles marins ? Nous reviendrions donc à nos anciennes lieues, qui sont encore en usage dans nos relations quotidiennes.

Je crois qu'il y aurait intérêt à adopter cette résolution afin d'avoir une commune mesure entre tous les pays, entre toutes les provinces qui conserveraient leurs anciennes lieues et accepteraient franchement le mille géographique, qui n'est pas d'importation allemande puisque c'est une unité géographique.

Il ne m'appartient pas de me prononcer sur une chose aussi grave, mais je prierai le Congrès et les savants qui sont réunis ici de s'occuper de ce point et de formuler un vœu pour arriver à prendre comme unité de distance le degré équatorial et de l'adapter au mille et à la lieue, à la place du kilomètre. J'ai cru devoir appeler l'attention du Congrès sur cette question qui me paraît bonne, et je prie ses membres de vouloir bien l'étudier jusqu'à l'heure où le gouvernement en permettra l'étude à des hommes compétents.

La parole est à M. Brouchoud.

Ce travail est inséré au chapitre *Communications*.

La parole est à M. Barbier.

Je demande la parole pour une motion d'ordre.

Il vient de vous être proposé un vœu ; il me semble qu'il est régulier et je demande que les applaudissements ne confirment en rien le vote décisif du Congrès.

Le vœu viendra en discussion au jour fixé pour cela, et on verra si on l'adoptera ou si on le rejettera. Cela a été réglé ainsi.

M. Brouchoud répond : Puisque je pourrai formuler des vœux, j'en apporterai un qui a une importance pratique très-considérable. Vous avez remarqué dans les écoles des cartes tracées sur le mur. Elles sont généralement très-mal faites. Ainsi j'ai remarqué dans une commune où j'étais allé pour le Comice agricole, à Saint-Laurent-de-Mure, que dans la salle d'école il y avait une carte qui était faite de manière à ce que l'élève qui la regardait fût tout à fait désorienté.

En effet, la ville de Vienne était placée d'un côté tout à fait opposé à la situation qu'elle devait occuper réellement, et l'enfant qui consultait la carte ne se reconnaissait plus dans les localités. Je crois donc qu'il y a lieu de faire un vœu à ce sujet.

— Le Président. — Monsieur Brouchoud, vous pourrez présenter votre vœu à la séance des vœux.

M. Levasseur, de l'Institut, fait ensuite un savant exposé des recherches entreprises pour aller au pôle et pour trouver le passage nord-ouest. Voir au chapitre *Communications*.

La parole est à M. Arlès-Dufour.

Mesdames, Messieurs,

Après de longues et fréquentes absences, rentré à Lyon avant-hier, le temps matériel m'a manqué pour préparer un travail complet.

Mon but sera néanmoins atteint si l'exposé que je vais avoir l'honneur de vous soumettre me permet de rencontrer parmi vous des adhérents pour la fondation d'une œuvre certainement utile et patriotique.

De 1843 à 1846, j'ai suivi les cours de l'Ecole de Commerce de Leipzig. La géographie commerciale tenait déjà à cette époque une large place dans l'enseignement non-seulement de cette école spéciale, mais des principales écoles de l'Allemagne et de la Suisse.

Grâce à cette étude, à celle des langues vivantes et de la comptabilité si négligées chez nous pendant trente ans, le commerce d'exportation français s'est vu forcé de recruter son personnel principalement dans ces deux pays.

Depuis la guerre de 1871, peu d'Allemands mais un grand nombre de Suisses occupent encore les principaux postes dans nos comptoirs.

Incontestablement de louables efforts ont été faits pour remédier à cette situation anormale.

Des écoles de commerce ont été créées dans les principales villes de France. Elles commencent à produire des sujets capables ; malheureusement les plus distingués appartiennent à des familles peu fortunées. — En France, les jeunes gens qui ont de la fortune en perspective ont peu le goût des affaires et suivent de préférence d'autres carrières.

Cependant la théorie ne suffit pas ; pour devenir de bons négociants, les Suisses et les Allemands, en sortant des écoles, consentent à travailler à l'étranger, soit gratuitement, soit en se contentant de très-modiques rétributions, à la condition de ne pas se lier pour un temps très-long.

Ils vont ainsi de pays en pays, étudiant les affaires, acquérant des connaissances variées et de l'expérience, et finissent par devenir de bons négociants qui, établis sur tous les points du globe, y développent les relations avec leur mère patrie.

La pratique si utile n'est cependant que le complément nécessaire d'une instruction première indispensable et qui, manquant à nos nationaux qui vont chercher fortune à l'étranger, fait que, quoique souvent plus intelligents, aussi actifs et aussi laborieux que les Allemands et les Suisses, ils n'arrivent pas à devenir des négociants aussi complets. Ces causes d'infériorité tendent à disparaître.

Comme je l'ai dit, les écoles de commerce commencent à produire des sujets capables mais appartenant pour la majorité à des familles peu fortunées, et qui, ne pouvant s'imposer les sacrifices nécessaires, vont souvent, en vue d'un modique salaire immédiat, se placer dans des banques ou dans des maisons de 2e ordre où il n'y a pas d'avenir pour eux.

Telle est, messieurs, la situation au point de vue du personnel ; cherchons à l'établir au point de vue des affaires en elles-mêmes.

Tout en restant au-dessous de la vérité, on peut affirmer que les 2/3 des produits français exportés passent par l'intermédiaire de maisons anglaises. — Nos exportations se composent principalement d'articles de modes dont la variété est infinie. Une facture de 10,000 l. s. se compose de quelques lignes ; une facture d'articles de Paris se montant à 10,000 fr. a souvent 5 et 6 pages. Aussi les Anglais, qui savent que « time is money, » ne se chargent de nos articles qu'en les majorant de 20, 25, souvent 50 %.

L'intermédiaire anglais offre d'autres inconvénients. Prenons par exemple l'Australie. Presque sans exception les maisons australiennes ont des correspondants ou des agents en Angleterre ; nous sommes forcés de vendre nos produits à ces intermédiaires qui, tout en prélevant de très-belles commissions, nous règlent à 6 et souvent à 9 mois, sous le prétexte que ces marchandises vont à une destination lointaine.

Les banques anglaises avancent au départ 3/4 % de la valeur de ces marchandises aux expéditeurs, ils se constituent ainsi un véritable capital.

C'est à des pratiques aussi anti-commerciales que sont dus les sinistres si fréquents dans le shippingtrade anglais et parmi les maisons établies en Australie.

Quand nous, Français, voulons nous passer de cet intermédiaire onéreux, quand nous traitons directement avec la Havane, le Mexique, le Brésil, la Plata, nous nous trouvons généralement à de grandes distances, liés avec des maisons de diverses nationalités. Il nous est fort difficile de nous renseigner sur le crédit qu'elles méritent, de suivre leurs opérations ; aussi, malgré des taux de commission élevés, quoiqu'en traitant à forfait des majorations égales, souvent même supérieures à celles prélevées par les Anglais, cite-t-on peu de fortunes acquises en France par ce genre d'affaires. — La somme des faillites absorbe souvent au bout d'un certain nombre d'années plus que les bénéfices acquis.

Les considérations qui précèdent m'ont amené à chercher à provoquer la fondation d'une Société d'exportation française.

Son objet le plus immédiat serait de prêter aux jeunes gens recommandables, désireux de s'expatrier, les sommes nécessaires pour compléter leur instruction commerciale et de leur faciliter l'accès de maisons bien posées à l'étranger. — De provoquer ensuite, en utilisant le personnel ainsi formé, en tenant compte des aptitudes de chacun, des connaissances spéciales acquises, des capitaux dont ils pourront disposer, de provoquer, dis-je, sur les principaux marchés de l'étranger la création de maisons françaises commanditées par la Société en question.

Des inspecteurs seraient chargés de vérifier les écritures, de s'assurer de la bonne marche des affaires dans chaque maison, de chercher à développer les relations entre ces diverses maisons et de fournir à tous les négociants français en relation avec les maisons ainsi créées, tous les renseignements devant leur permettre de travailler avec elles avec sécurité et par suite à des conditions modérées.

Une Société analogue fut fondée en Suisse vers 1860, par M. Fierz, de Zurich. Elle parvint en peu d'années à créer des maisons à Londres, Manchester, New-York, à la Plata, en Turquie, en Syrie, aux Indes, en Chine et au Japon.

L'insuccès n'a été que relatif. Il a été dû à l'insuffisance du capital, limité à 5 millions de francs, qui n'a pas permis de confier à chaque maison la somme de capitaux nécessaires pour assurer leur bonne marche. Il en est résulté que celles bien organisées n'ont pas tardé à trouver, en dehors de la Société, les ressources nécessaires et s'en sont retirées. Quelques-unes, mal dirigées, ont laissé de la perte.

Néanmoins, cette Société a contribué à développer l'exportation des produits suisses. En profitant de l'expérience faite, en ne cherchant pas à créer trop et trop vite, en tenant compte que nous pouvons attendre de nos nationaux auxquels nous aurions mis le pied à l'étrier une plus grande somme de reconnaissance, en admettant même qu'ils n'abandonnent leur poste que s'ils trouvaient dans des maisons françaises des avantages plus grands, le but que nous poursuivons n'en serait pas moins atteint.

N'est-il pas triste de constater qu'en Angleterre où les maisons allemandes et suisses fourmillent, on compte à peine quelques maisons françaises ?

Aux Etats-Unis, aux Indes, en Chine, en Japon, en Australie, à côté de nombreuses maisons allemandes et suisses, nous ne sommes représentés que par quelques maisons sur ces importants marchés.

M. Dietz-Monin, vice-président de la Chambre de commerce de Paris,

M. Yelard, président des Chambres syndicales réunies de Paris,

M. Koechlin-Schwartz, maire du 8me arrondissement, et quelques autres amis qui occupent de hautes situations dans le commerce et l'industrie française, ont bien voulu me promettre leur concours.

Nous avons pensé qu'il était utile, avant de provoquer la fondation en question, d'en faire comprendre le but et l'utilité. Nous avons l'intention d'organiser à cet effet des conférences dans les principaux centres commerciaux du pays.

Je me mets à l'entière disposition de ceux d'entre vous, Messieurs, qui voudront bien s'intéresser à notre projet, et leur fournirai les explications qu'un exposé trop rapide peut rendre nécessaires.

Messieurs,

Développons le plus possible l'instruction, mais préoccupons-nous aussi d'aider les jeunes hommes intelligents, instruits, désirant aller à l'étranger, afin que le commerce français soit partout dignement représenté.

M. Gauthiot a la parole.

Je voudrais ajouter deux mots à ce que vient de vous dire l'honorable M. Arlès-Dufour sur une grande question qui intéresse le commerce à un si haut point.

Je m'associe pleinement au vœu de M. Arlès-Dufour sur la création d'une Chambre d'exportation qui présenterait un caractère suffisant d'honorabilité. Mais je voudrais dire que la question a déjà été étudiée et examinée. En ma qualité de secrétaire de la Société commerciale de Paris, qui s'est occupée sérieusement de cette importante question, je me permets de faire observer à M. Arlès-Dufour que la création d'une agence d'exportation équivaudrait à la création d'une Chambre de commerce française à l'étranger. On espérait trouver dans ces Chambres de commerce le moyen de suppléer à une fonction qui existe chez les autres nations et qu'on ne trouve pas chez nous.

Les Consuls des autres nations ont pour mission de s'occuper beaucoup du commerce et ont par conséquent d'autres fonctions que les Consuls de France. Les Consuls étrangers s'occupent de tout ce qui peut contribuer au développement du pays au point de vue commercial et industriel, tandis que les nôtres se cantonnent exclusivement dans leurs fonctions administratives. Je ne veux pas critiquer ici ce système de Consulat, mais nous devons chercher un moyen d'étendre notre développement commercial à l'étranger. Il me semble que la question devra être étudiée par des hommes compétents, afin qu'une réglementation nouvelle soit appliquée à nos Consulats. Ne pourrait-on pas ajouter à chaque Consulat un homme compétent, un élève lauréat d'une de nos Chambres de commerce, qui serait chargé de donner aux maisons françaises tous les renseignements dont elles pourraient avoir besoin ? Cette idée avait été présentée à notre Société, mais elle n'a pas été acceptée et n'a pas obtenu l'assentiment général. D'autres collègues ont préconisé la création d'une Chambre de commerce à l'étranger. Ce sont ces deux idées que je veux soumettre à M. Arlès-Dufour. Je ne veux pas dire, certainement, qu'une Chambre de commerce à l'étranger pourrait rendre les mêmes services qu'on attend d'une Société d'exportation française. On a proposé également une idée à laquelle M. Maunoir n'est pas étranger, la création d'une Chambre syndicale à l'étranger ; cette idée a été également appuyée par plusieurs de nos collègues.

Je ferai donc une simple question à M. Arlès-Dufour qui a proposé la Société d'exportation française ; ne croit-il pas qu'il vaut mieux réunir toutes ces idées et les grouper ? On les grouperait et on les étudierait pour arriver à la solution reconnue la meilleure. C'est une simple question que je pose. En terminant permettez-moi de vous dire que M. Kœchlin Schwartz, dont vous avez cité le nom, fait partie de notre Société ; nous serions heureux de recevoir parmi nous un homme tel que vous, Monsieur. (Applaudissements.)

La parole est à M. Desgrand.

Mesdames, Messieurs,

Je dois vous dire que la question des Chambres de commerce françaises a été produite pour la première fois à la Société d'Economie politique de Lyon, par un de nos collègues, qui, je le crois même, est présent ici, M. Coint-Bavarot.

Dans une des dernières conférences que l'excellent M. Bionne était venu faire ici, à Lyon, il nous avait fait connaître la création de plusieurs Chambres de commerce françaises en Amérique, à New-York entre autres. Tout le monde s'est occupé de l'exportation française et de la création des maisons françaises à l'étranger. On a cherché les moyens les plus propres pour arriver à ce résultat.

M. Arlès-Dufour cherche à faire naître cet élan commercial par la Société d'exportation française. M. Arlès-Dufour est un peu cosmopolite, mais pour envoyer une famille à l'étranger, dans un but commercial, il faut que le succès soit bien démontré pour qu'on puisse décider une famille à aller se livrer au commerce à l'étranger.

Car ceci est un fait constant, nous avons l'habitude de vivre chez nous, il est probable que c'est parce que nous nous y trouvons bien ; peu de familles veulent aller à l'étranger, et il faudrait que nous nous trouvions moins bien pour nous décider à nous expatrier. N'allez pas penser que je veuille contester l'importance de l'œuvre de M. Arlès-Dufour, j'appuie ses efforts de tout mon cœur et je lui souhaite un grand succès. (Applaudissements.)

M. Gauthiot. — Je remercie M. le Président de m'avoir rappelé que M. Coint-Bavarot était l'auteur d'un projet de création des Chambres de commerce françaises à l'étranger. Je me souviens, en effet, en avoir eu connaissance au Congrès de Nancy.

M. Arlès-Dufour. — Je vous ai parlé des Chambres de commerce de New-York sans passer en revue les autres pays ; mais voyez partout, dans les pays étrangers, ce qu'est le commerce de France, comparé à celui des autres nations. On ne peut pas établir de comparaison. En Chine, nous avons au plus trois ou quatre maisons françaises ; au Japon, nous en avons deux, dans les Indes également. Les nations étrangères en possèdent des quantités.

Pour augmenter nos maisons il nous faut trouver des jeunes gens capables et habiles qui aient le désir d'arriver, il y en a beaucoup de ceux-là ; malheureusement les ressources leur manquent pour fonder des maisons à l'étranger. Je crois qu'il y a là une grande œuvre à faire. J'ai un exemple frappant à vous citer. Il y a à Lyon une Société d'enseignement professionnel qui est fréquentée par 700 élèves. Je suis plus spécialement chargé des examens des cours de langue étrangère. J'avais remarqué dans mes cours du soir un jeune homme appartenant à une famille d'ouvriers ; il arrivait après son travail de la journée et suivait attentivement les leçons. Il passa de bons examens, et comme il savait parler l'anglais, on lui offrit une petite place à Londres. Comme il était peu fortuné, il vint me trouver et naturellement je mis ma bourse à sa disposition et il partit.

J'ai revu au bout de deux ans ce jeune homme, sorti de la classe ouvrière ; et comme je lui offrais une place à l'étranger, il a refusé en me disant qu'à Londres il gagnait 180 à 200 livres, à peu près 5000 fr. Dans beaucoup de cas, ces jeunes gens qui sortent de nos écoles ont peu de capitaux, ils cherchent des places à l'étranger, mais n'en trouvent pas et sont obligés d'entrer dans des magasins de nouveautés, à la Ville de Lyon et aux Deux-Passages. Comme vous le voyez, Messieurs, il y a là une grande œuvre à faire.

Je voudrais qu'on fasse comme en Allemagne, il y a là-bas des Sociétés d'encouragement, qui envoient en France, en Angleterre, aux Etats-Unis, des jeunes gens capables en les aidant pendant toute leur route. De cette façon ces jeunes hommes connaissent les langues, apprennent la manière de traiter les affaires et font ensuite d'excellents négociants. Cette Société d'encouragement manque en France, c'est pourquoi nous avons si peu de Français à l'étranger. Il nous faut, outre l'instruction commerciale, une Société d'encouragement pour les jeunes gens capables.

Je crois que voilà le point de vue pratique de cette question, je crois que nous avons beaucoup à faire sous ce rapport. Il y aurait également des services à demander aux agents consulaires, mais la question est trop délicate et ne pourrait pas aboutir aujourd'hui.

M. Gauthiot. — Je crois qu'il faudrait chercher un moyen de faire avancer rapidement la question. Il faut que chacun s'y prête de son côté. Pour que le Congrès puisse l'appuyer dans la mesure de ses moyens, il est nécessaire que M. Arlès-Dufour dépose un vœu en faveur de cette Société.

La séance est levée à 11 heures 1/2.

SÉANCE DU 8 SEPTEMBRE (SOIR)

Présidence de M. A. BREITTMAYER, *de la Société de géographie de Marseille.*

La séance est ouverte à 2 heures.

Siégent au bureau :

MM. Ducarre, Desjardins, Soleillet, Oberkampff, Titre, Loiseau.

M. Maillefer a la parole.

La Société de Bordeaux m'a chargé de vous soumettre un vœu relatif à la prononciation des noms géographiques.

Nous tenions à vous présenter ce vœu d'une manière officielle afin d'obtenir une autorité complète en matière géographique, sur la prononciation des mots que je vous ai cités. Il faudrait avoir un dictionnaire géographique qu'on puisse invoquer et qui fasse autorité en matière de prononciation des noms géographiques, comme l'Académie a fait pour la langue française. Il appartient au Congrès de géographie de faire dans sa sphère ce que l'Académie a fait dans la sienne. Telle est, Messieurs, la proposition que la Société de Bordeaux m'a chargé de vous soumettre.

M. le Président. — Votre question sera renvoyée à la séance des vœux de samedi, où elle sera étudiée.

M. Gauthiot. — Il serait nécessaire qu'on réunît à la proposition non-seulement les mots français, mais encore les noms étrangers, anglais, allemands, etc., et la suppression de certains noms communs qui sont à la suite des noms de lieux étrangers, ce qui fait une répétition ; je voudrais, en un mot, que la question s'élargisse et s'étende à la terminologie géographique.

Quant à présenter ce vœu le jour de la discussion des vœux, je crois que la question est assez importante pour qu'elle ne puisse pas attendre ; car le jour des vœux nous avons déjà beaucoup d'autres questions, ce qui chargerait énormément cette séance.

Le Président. — L'ordre du jour appelle une proposition de M. Lucy, et je crois qu'il n'y a pas nécessité de présenter aujourd'hui la question au Congrès.

M. Gauthiot. — Je vous répète que je n'insiste pas pour la discussion immédiate, mais je propose un vœu qui sera mis à l'ordre du jour dans la séance des vœux.

M. Debize. — Monsieur le Président, la question sera renvoyée à la Commission des vœux, car nous n'avons plus qu'un jour avant cette séance.

M. Gros. — Il me semble qu'on pourrait faire une chose bien simple pour examiner la question, ce serait de reprendre la question avec la Commission des vœux.

L'idée de la Société de Bordeaux était excellente, mais nous venons de toucher à une question bien plus importante, celle de fixer la prononciation des noms géographiques de toutes langues. On pourrait mettre cette dernière proposition à l'ordre du jour pour la reprendre ensuite le jour des vœux.

Je demande si cette idée-là peut convenir au Congrès, et c'est la seule que j'appuie.

M. Debize. — Je crois qu'il serait fort difficile de mettre cette question à l'ordre du jour.

La question de la Société de Bordeaux sera reportée à la séance des vœux, et l'on pourra alors l'étudier complètement.

M. Gros. — Il faut qu'on formule un vœu à cet égard, et on l'enverra avec celui de la Société de Bordeaux à la Commission des vœux.

M. le Président. — Je ne crois pas qu'il soit possible de se prononcer tout de suite sur une question aussi grave que celle de la Société de Bordeaux.

Mais il y a un arrangement possible, puisque l'Assemblée est saisie de la question, c'est qu'elle l'étudie et qu'elle vienne la discuter le jour de la séance des vœux.

M. Debize. — Nous sommes tellement chargés, que nous ne pouvons pas changer l'ordre du jour. Par conséquent la question viendra samedi et je prierai les membres du Congrès de vouloir bien transmettre leurs vœux au Secrétariat.

M. Vauvermans. — J'appuierai la discussion immédiate. On vient de soulever une question excessivement importante, qu'il est difficile, il me semble, de traiter en une seule séance. Je crois qu'il est important, pour que des résultats soient obtenus, qu'on ne traite pas la question dans la limite d'un vœu. La Société de Paris a déjà étudié cette question grave, sans pouvoir la résoudre. Il y a là quelque chose d'important à faire : sans vouloir se renfermer dans la prononciation des mots français, il faut l'étendre aux mots étrangers ; c'est pour cela que je demanderai que la proposition soit acceptée par tous.

M. Debize. — C'est pour cela que nous examinerons très-sérieusement la question samedi prochain, de manière que nous puissions arriver à l'élucider de la façon la plus avantageuse.

M. Lucy a la parole.

Mesdames, Messieurs,

Je viens vous parler d'un travail absolument nouveau et dont je m'occupe depuis plusieurs années. Mon étude répond à un des plus grands besoins de la marine marchande, qui souvent, par des circonstances et par des faits qu'elle ne connait pas, passe près d'une terre sans s'y arrêter. Les capitaines de navires ne connaissent pas les coutumes et les droits d'entrée dans certains ports. Il y avait là une grande tâche à faire. Il fallait réunir dans un seul livre des indications précises, afin que les capitaines pussent connaître la largeur des ports, leur sécurité et leur droit d'entrée.

Il y a bien quelques livres sur ce sujet, mais ils coûtent très-cher. Il y en a un, américain, qui coûte 125 francs, et il est impossible à un capitaine et même à un armateur de posséder un volume pareil à son bord. Aussi voilà pourquoi le capitaine refuse souvent de prendre du fret.

Afin de répandre mon livre le plus possible, je le ferai traduire, en allemand, en italien, en anglais et en russe. Ce sera un petit volume d'une forme très-commode, que chaque capitaine aura à son bord et dans lequel il trouvera tous les renseignements qui lui seront nécessaires. De toutes parts me sont venues des adhésions pour mon livre dont j'ai déjà écrit une grande partie. Je tiens à rendre hommage à la Société de Bordeaux qui a fait remettre aux capitaines de vaisseaux des questionnaires très-bien faits, dont la plupart me sont déjà revenus et m'ont grandement servi pour mon ouvrage. Je vous ai dit que mon livre serait d'un prix très-peu élevé. Il sera d'un usage tout pratique et renfermera tous les documents dont les capitaines pourront avoir besoin. Je crois qu'en faisant mon travail, j'aurai facilité la tâche du marin et j'aurai travaillé dans l'intérêt de la navigation.

Pour arriver à mon but, je n'ai fait un livre ni très-gros ni très-grand. J'ai fait faire un annuaire de grandeur moyenne, et pour cela je me suis servi de l'idée de M. Émile de Girardin, c'est-à-dire des annonces.

Je dois dire que je n'ai admis aucune annonce étrangère à la marine. Pour éviter la confusion, j'ai adopté une formule unique, afin que le capitaine voie d'un seul coup d'œil l'exposition du commerce, comme les voies de communication. Car il y a certains ports qui sont très-préjudiciables à la marine. Mon livre prévient les armateurs des dangers qu'ils pourraient avoir à craindre.

Je crois donc que cet ouvrage est appelé à rendre quelques services. Ce n'est donc pas seulement aux capitaines de vaisseaux et aux armateurs que j'ai cru devoir le présenter, mais j'ai cru devoir le faire connaître au Congrès de géographie, comme intéressant la cause de la géographie tout entière, parce qu'à côté des renseignements commerciaux, il y aura des renseignements géographiques qui feront faire un pas à la géographie au point de vue pratique et utile.

Si le Congrès approuve mon œuvre, ce sera un grand plaisir pour moi.

M. le Président. — Je remercie M. Lucy de son intéressante communication. Il y a là une question de vitalité du pays et M. Lucy a raison de dire qu'il contribuera à notre avancement géographique (applaudissements).

M. Delor, délégué du Sénégal, a la parole.

La lecture de M. Delor sur le Sénégal est insérée au chapitre *Communications*.

M. Soleillet. — Messieurs, je ne supposais pas devoir prendre la parole aujourd'hui, mais on a bien voulu parler de moi dans des termes trop flatteurs pour que je ne vous dise pas quelques mots des renseignements précis que j'ai recueillis. J'avais en effet rapporté des documents que j'ai déposés au ministère de la Marine. Vous trouverez au reste le récit de mon voyage dans un volume que je vais faire publier dans quelque temps. J'ai été occupé par des études sur le chemin de fer transaharien, et je n'ai pas encore pu collationner mes notes de voyage. Or voilà ce que je disais dans ces notes de voyage, qu'on n'a malheureusement pas écoutées ; il est très-facile d'aller à Sekouro ; tout le long de ma route, j'ai été traité très-bien et il y a là un grand débouché pour le commerce. On n'a pas su profiter de la situation. Il y avait là un chemin tout ouvert pour le commerce, mais on a délaissé ce point de vue, pour construire un chemin de fer purement politique. On a adopté la station de Kita, qui est purement stratégique, au lieu de suivre la voie commerciale que j'avais tracée. D'après des renseignements très-sûrs, le pays n'est pas dépourvu de tout, comme on a essayé de le dire, mais est bien le plus riche qu'on puisse rencontrer.

Les habitants sont très-doux et aucune difficulté ne peut s'élever de leur côté. En effet, y a-t-il un exemple plus concluant que celui d'un homme qui a pu se promener dans le pays pendant dix ans, sans jamais avoir été volé par les indigènes, ni inquiété par personne ? Au lieu de suivre la grande route pour aller dans le Niger, on a préféré s'engager dans les montagnes et faire une route très-difficile, sans se conformer aux renseignements que j'avais recueillis.

M. Delor pense que nous pouvons maintenant étendre notre expansion dans le Niger. Moi qui ai étudié spécialement ce pays, je suis certain que, pour arriver à notre développement, il ne faut pas rester cantonné ; c'est l'idée au reste du chemin de fer transsaharien. La France n'arrivera à se développer en Afrique et ne ne profitera de ses deux colonies, de l'Algérie et du Sénégal, que lorsqu'elle aura réuni ses deux colonies par la voie ferrée du haut Niger. L'idée du chemin de fer est à continuer; certainement l'on rencontrera des difficultés, mais cette voie ferrée est la seule manière de donner du développement à nos colonies.

Aujourd'hui, les événements d'Algérie ont fait détourner les yeux du chemin de fer transsaharien. On a déjà fait néanmoins de nombreux sacrifices pour cette voie ferrée. Tout le monde se souvient du sacrifice de la Mission Flatters dont les succès étaient déjà grands. Il y a eu mort d'homme, mais un germe généreux a été semé sur la terre d'Afrique, la civilisation française a déjà fait des progrès dans ce pays, et il ne faut pas laisser sans résultat les études faites au moyen d'une souscription de la France entière. — En terminant, je le répète, il faut ouvrir à tout prix le haut Niger. Nous avons à faire là-bas une œuvre grande et libérale : nous devons ouvrir l'Afrique par la civilisation, nous devons apporter aux indigènes la liberté, qui est toujours une bonne chose et profite toujours aux nations. (Applaudissements.)

M. Lucy a la parole.

Monsieur le Président, j'aurais voulu donner lecture des épreuves de mon livre que je voulais faire distribuer, mais qui ne sont pas arrivées ; je viens d'en retrouver une dans mon portefeuille, et je demande la permission de la lire. C'est pour indiquer dans quel esprit mon ouvrage est conçu, comment est rédigé mon petit dictionnaire.

BANGKOK. Asie. (*Royaume de Siam.*) Long. 98°8'49" E. Lat. 13°45'28" N. — Environ 300,000 habitants, — Peuvent entrer les navires dont le tirant d'eau ne dépasse pas 3ᵐ,60 à 3ᵐ,90 ; dans les fortes marées, 4ᵐ,20 ; des navires de 15 à 1.800 tonnes sont arrivés jusqu'à Bangkok. — La monnaie est le tical, valant 0,60 piastre mexicaine, cours fixe. La piastre mexicaine, à l'exclusion de toute autre monnaie, est aussi usitée (la piastre mexicaine vaut 4 fr. 60 c.). L'étalon de poids et mesures est le picul (61 kilogr.) — Langue siamoise. — Les pilotes étant pour la plupart Européens, on peut avoir en eux toute confiance ; ils ont un beau cutter portant pavillon rouge et blanc (raies horizontales), stationné un peu à gauche du mouillage de la barre ; 20 fr. par 30 cent. à l'entrée, autant à la sortie. Il n'y a pas de pratiques. Puissants remorqueurs que l'on utilise presque toujours et qui prennent les navires en dehors de la barre ; le prix moyen varie de 100 à 150 piastres mexicaines, suivant le tonnage du navire et la distance dans l'intérieur de la ville où il est dirigé. Il n'y a pas lieu de se faire touer à bras. — Les fonds ne varient, ni dans le port, ni en rade. — Sémaphore récemment construit. Il n'y a ni signaux de marée, ni canots de sauvetage. — Aucun danger en cas de naufrage ; pas de pirates à redouter. — Il y a une barre à 30 milles de Bangkok, sur laquelle il n'y a que 90 cent. d'eau à marée basse. En approchant de la barre du S. au N. E., il est nécessaire, quand on arrive à l'entrée du golfe, de se réserver de l'espace, vu le courant très-violent qui porte à l'O. On franchit facilement la barre pendant les grandes marées, sauf entre février et septembre. La remonte à la voile de l'estuaire ne présente aucun danger pendant la mousson de N. E. La mer marne de 1 m. à $1^m,50$ en mortes eaux, et de $3^m,30$ à $4^m,20$ en grandes marées. Dans la rade et dans le port, le fond de vase et de sable est d'une bonne tenue et l'échouage est sans danger, mais les navires portant des canons ou des munitions de guerre doivent les décharger sur des allèges, à Paknam, à 3 milles de l'embouchure du Meïnam. Bouées indicatrices. Profondeur de l'eau en rade variable selon la saison. Pour mouiller en rade, les navires n'ont besoin que d'ancres à jet. Etat de la mer généralement bon, sauf par la mousson de S. O. On mouille en rade à 3 milles de l'entrée de la rivière de Paknam. Dans le port, on s'amarre soit bord à quai, vis-à-vis les établissements des consignataires, soit au milieu du fleuve, où le chargement et le déchargement s'effectuent au moyen de barques. Il n'y a pas de coups de vents à craindre. — Formalités : patente de santé et manifeste. — Il est interdit de jeter le lest dans le lit du fleuve et dans la rade partout où il n'y a pas une profondeur de 7 brasses. — Le déchargement par allèges en dehors de la barre, aux frais de l'affréteur. — La marchandise doit être déchargée suivant les termes de la charte partie. Pas de peseurs jurés. Les opérations de chargement et de déchargement s'effectuent rapidement et avec facilité, généralement à forfait et au moyen de grues à bras. La journée des ouvriers se paie 2 fr. par homme, de 6 h. du matin à 6 h. du soir. — Wharfs bien aménagés. Allèges et barques que l'on se procure à volonté ; le prix du transport du riz par lorcha de 300 ton. est de 5 cents mexicains par picul (61 kilogr.). — Service d'incendie mal organisé. — Marchandises d'exportation embarquées suivant conventions. Jour de planche suivant charte partie. — Vu la diversité des produits, on se procure le fret de retour en toute saison. — Importations : cotonnades blanches, grises, rouges, rouges foncées, articles de Paris de toutes espèces, machines à vapeur pour steamers; opium (régi par une ferme qui importe seule). — Exportations : riz (environ 80 à 90,000 ton. annuellement), sucre, poivre, bois de teck, sésame, gomme-gutte, gomme-laque, cardamone, bois de safran, sel, coton, poisson salé (environ 10.000 ton. par an), soie du Laos, tabac (petites quantités), cornes et peaux de buffles, ivoire, défenses d'éléphant, bois de rose. L'exportation de Bangkok se porte principalement vers la Chine, Singapour, Batavia, l'Angleterre et la France. — L'arrimage se fait au moyen de contrats passés avec des compradores chinois. On se procure facilement et à bon marché des bois de fardage. — Lest inutile, les navires partant toujours avec des marchandises et arrivant généralement sur lest à Bangkok. Délestage à forfait. — Très-beau dock où se font toutes les réparations en bois, en fer, en cuivre ou en zinc. — Charbons de toute nature, que l'on se procure chez les commerçants européens. — Vivres de toute nature, en abondance et à bon marché : riz, 1 fr. 85 c. les 50 kilogr. ; porc, 30 c. le kilogr. ; poulet, 30 c. ; canard, 70 c. la pièce. La chasse et la pêche n'offrent aucune ressource, parce qu'il est défendu de tirer des coups de fusil en rivière. On n'a à craindre aucun animal malfaisant, ni dans les eaux, ni à terre. — Eau gratis et de bonne qualité ; les capitaines la font pomper par leur équipage dans le Meïnam. — Objets de première nécessité facilement et à bon compte. — Magasins bien installés. Bangkok est un port franc ; pas de droits de port ni de tonnage ; droits de phare insignifiants. On embarque un agent de la douane à qui on donne la nourriture pour tout paiement. — Pas de droits de visite de santé, ni de droits de quarantaine ; jusqu'à ce jour aucun navire n'ayant été soumis à la quarantaine à son arrivée à Bangkok. État sanitaire généralement bon ; cependant les Européens ont à craindre les dysenteries et les fièvres. Pas d'hôpital ; les matelots malades sont traités chez les médecins européens. — Sécurité à terre absolue et désertions impossibles, l'autorité prêtant tout concours aux consuls. — On recrute facilement un équipage malais ou chinois, quand les navires doivent faire un long séjour dans les mers de Chine. — Affaires au comptant. Courtiers de marchandises chinois, payés par le vendeur. Courtiers d'affrétement ; courtage, 2 1/2 % sur charte partie. Pas de courtiers d'assurances. Il y a plusieurs compagnies d'assurances (incendie et maritimes.) Commission des consignataires de 2 1/2 à 5 % suivant la nature des produits. — Change, 3 fr. 9 3/4 par dollar mexicain de 4 fr. 60 ; traite à 4 mois de vue. Pas d'interprètes. — Consulats : Allemagne, Etats-Unis, France, Grande-Bretagne, Italie, Pays-Bas, Portugal. — Justice sommaire et arbitraire, qui ne s'applique qu'aux indigènes. — Juridiction appartenant aux consuls sur les nationaux, suivant les lois particulières de chaque nation. La cause est toujours jugée par le tribunal du demandeur. Cour internationale siamoise, instituée à l'effet de juger les différends entre étrangers et indigènes. — Ni bureau de poste, ni télégraphe ; les consuls se chargent, à titre gracieux, de la réception et de l'expédition des correspondances.

<p style="text-align:center">(Avec le concours de M. S<small>AINT</small>-C<small>YR</small>-J<small>ULLIEN</small>,
✲✲, <i>consul d'Italie, à Bangkok.</i>)</p>

A<small>H</small>-<small>SENG</small>	Comprador.
F<small>O</small>-<small>TCHIN</small>	Charpentier.
R<small>EMY</small>	Charbon.
M<small>ARCHAND</small>	Wharf et alléges.
D<small>ICKSON</small>	Docteur en médecine.
D<small>A</small> S<small>ILVA</small> G<small>OMEZ</small>	Guide-interprète.

M. Titre a la parole. Voir au chapitre *Communications*.

M. le Président. — M. Ganneval va nous lire un travail de M. Peillon sur la projection des cartes géographiques, travail que nous n'avons pu entendre ce matin.

M. Ganneval. — Je vais donner lecture d'un court travail de notre collègue et ami M. Peillon, pour l'exposition du plan qu'il a adopté pour dresser les cartes que nous avons pu voir dans les bâtiments de l'école de commerce.

Construction des Cartes géographiques

Messieurs,

Les Congrès sont les *grands jours*, où la science s'arrête pour mesurer les progrès qu'elle a accomplis, et dresser l'itinéraire de son avenir.

N'est-ce pas l'heure favorable, pour ceux qui enseignent, de noter quelques réformes à faire dans cet avenir ?

La géographie est une science qui a besoin, pour progresser, de l'aide et du secours de deux autres sciences : les mathématiques et la géologie.

La géométrie descriptive est cette branche des mathématiques qui nous fournit les méthodes si nombreuses de projections du globe, c'est à l'aide de ses méthodes que nous parvenons à développer la surface de la terre, et à construire les cartes géographiques.

Cette science, qui pendant longtemps n'a été enseignée que dans les hautes écoles de l'Etat, s'enseigne aujourd'hui dans les écoles primaires du degré supérieur.

Dans les nombreux cours où les auditeurs avides de science se pressent chaque soir, il en est dans lesquels on enseigne les applications de la géométrie descriptive. Les méthodes perfectionnées d'enseignement, le talent des maîtres, ont bien vite raison de l'ignorance des élèves, et au bout de quelques leçons on peut juger, par les travaux accomplis, des progrès réalisés.

Pourquoi la construction des cartes géographiques ne figure-t-elle pas parmi les applications de la géométrie descriptive ?

Pourquoi ne fait-on exécuter aux élèves le dessin d'un objet qu'après leur avoir expliqué la méthode des projections qui sert à le représenter, alors qu'à ces mêmes élèves on fait dessiner des cartes géographiques sans leur avoir développé les principes exacts de leur construction ?

Cette contradiction dans l'enseignement peut-elle s'expliquer ? Non, on ne peut que plaider les circonstances atténuantes en faveur des maîtres qui se rendent coupables de cette inexplicable singularité. Un des grands arguments invoqués, et on peut l'avouer avec peine, c'est que les traités élémentaires sur la construction des cartes géographiques font défaut. La véritable cause aussi tient au mauvais enseignement de la géographie, enseignement qui consiste, pour beaucoup de maîtres, en une énumération fastidieuse de noms et de faits. Aujourd'hui que l'enseignement du dessin a acquis un tel développement que dans la dernière école on enseigne à l'enfant les éléments de la perspective, ne doit-on pas exiger que les méthodes de construction des cartes géographiques, qui ne sont que des applications de cet art de la perspective, soient enseignées ?

Que résultera-t-il de cet enseignement ? C'est que l'élève, en se rendant compte de la construction de la carte, reconnaîtra le caractère scientifique et exact de cette géographie que trop souvent il considère comme une simple énumération de noms. La carte géographique ne sera plus entre ses mains une image aux multiples couleurs, elle reprendra son rôle de figure géométrique, de chose exacte que l'on ne trace pas à l'aventure.

Une des principales objections que j'ai soulevées, c'est le choix des méthodes de représentation. Elles sont nombreuses, les unes et les autres sont bonnes, mais elles ne sont pas toutes applicables au même pays.

Trois méthodes seules doivent être enseignées, et elles sont largement suffisantes pour les travaux scolaires. Ces méthodes sont, pour les planisphères : 1° celle des projections orthogonales sur le méridien et l'équateur ; 2° celle des projections stéréographiques ; 3° celle du développement conique s'enseignera pour toutes les autres cartes générales ou particulières.

Quelles sont donc les difficultés de l'enseignement de chacune de ces méthodes, je ne les vois point.

— Pour la première que faut-il ? Deux anneaux en fil de fer et une feuille de papier. Voilà pour le matériel.

— Quant aux connaissances mathématiques, elles se résument en la définition géométrique de la projection d'un point.

— Quel est donc le maçon, le charpentier, qui, à toute heure de la journée, ne projette pas un point de son mur ou de sa charpente ? La projection d'un point du globe sur une feuille tendue sur l'équateur ou un méridien est-elle plus difficile ? Quel est donc l'élève qui ne saisira pas la projection d'un méridien ou d'un cercle parallèle ?

La routine est là, on a jusqu'à ce jour commencé les études géographiques sans chercher à comprendre ce qu'était une carte, et l'on continuera longtemps encore. La construction des cartes tient, diront beaucoup de maîtres, à la géodésie, à l'astronomie. Non, la construction des cartes tient à des principes très-simples et très-faciles à enseigner, mais il faut vouloir étudier ces principes d'abord et les enseigner ensuite.

Pour la seconde méthode, celle des projections stéréographiques, les cercles et la feuille de papier serviront. On ajoutera un fil figurant le rayon visuel perçant le tableau.

— Quelles sont les connaissances nécessaires ? La définition de la perspective d'un point, et ce principe que l'on peut vérifier, c'est que la perspective d'un cercle est un cercle.

Voilà le bagage scientifique que doit avoir celui qui veut construire une planisphère stéréographiquement.

J'arrive au développement conique. Ce mot seul n'est-il pas fait pour effrayer ?

Un cône en papier, une boule sur laquelle on pourra tracer un parallèle enduit d'une couleur, pour figurer sur le cône enveloppe le cercle de contact. Voilà le matériel.

— Savoir que tous les points d'une circonférence sont à égale distance du centre, connaître ce que c'est qu'un degré, voilà pour les hautes connaissances mathématiques.

— Dans ce développement, l'insuffisance du compas pour tracer les méridiens et les parallèles apparaîtra de suite, on sera obligé de recourir au système des coordonnées.

Plus de matériel alors, ce seront les murs de l'école et le plancher qui serviront de méridiens, et d'axe des x et des y. Un objet quelconque placé dans la salle d'école sera rattaché géographiquement à l'origine et la méthode des coordonnés sera expliquée et comprise à la fois.

Je ne saurais passer sous silence un fait qui vient à l'appui de mes assertions relatives à l'enseignement des méthodes exactes. Cette année j'ai fait, dans une institution de jeunes personnes, dresser une carte de France par la méthode des coordonnées. Dire la joie de ces jeunes filles en voyant se dessiner le contour de la France, avec ses baies, ses caps, l'embouchure des rivières, est difficile pour moi. Une carte de France, dressée exactement sans le secours du papier à calquer, et d'une dimension déterminée d'avance, était un fait sans pareil dans le pensionnat. Pour la géographie de l'Europe qui a suivi, il a fallu se procurer la *Connaissance des temps* et dresser des croquis par coordonnées, sans cela l'étude était incomplète, et les figures géographiques inexactes n'offraient aucun intérêt.

Voilà, Messieurs, l'influence des méthodes exactes sur l'esprit des élèves. Le vrai, cette passion qui réside au fond de l'âme humaine, asservit notre intelligence, et nous ne pouvons plus échapper à ses exigences, dès que nous lui avons montré que nous pouvions les satisfaire.

En résumé, Messieurs, nous constaterons qu'aujourd'hui, les méthodes exactes pour la construction des cartes géographiques, peuvent être enseignées partout, et que l'on ne saurait trop faire pour aider au développement de cet enseignement. De l'application de ces méthodes naîtra un nouvel essor dans les études géographiques, essor qui les placera au rang qu'elles doivent occuper dans les connaissances qui forment le fonds d'une instruction solide et étendue.

Ces notions, enseignées au début de toute étude un peu sérieuse de la géographie, prépareront l'esprit à cette rigueur et à cette exactitude qui doivent présider à cette étude.

La géographie d'un pays, c'est-à-dire l'exposé de son existence politique, commerciale et matérielle, se lit sur les traits qui dessinent sa configuration et ceux qui fixent sa position sur la carte du monde.

Cette lecture ne sera-t-elle pas plus fructueuse et plus facile, lorsque nous connaîtrons mieux les lois qui régissent les tracés de cette configuration et de cette position sur la carte de l'univers ?

H. PEILLON.

La séance est levée à 4 heures 1/2.

SÉANCE DU 9 SEPTEMBRE MATIN

Présidence de M. V. BARBIER, de la Société de géographie de l'Est.

Siégent au bureau :

MM. Levasseur, de Bizemont, Titre, de Rogemont, Poulot.

La parole est à M. Merritt.

Mesdames, Messieurs,

Vous savez que le monde savant tout entier s'est très-occupé il y a quelque temps du projet d'une mer intérieure en Afrique. Le projet avait été proposé par le capitaine Roudaire ; dans notre Société particulièrement on s'en est beaucoup occupé, et sur le rapport du capitaine Baudot, il a été reconnu impraticable.

D'un autre côté, la préoccupation de la France s'est portée sur l'avenir de notre colonie algérienne, et sur l'extension des moyens de locomotion dans ce pays.

Nous avons bien des chemins de fer ; on en établira d'autres, mais ces voies ferrées coûtent trop cher, et en outre ne peuvent pas rendre les services que rendent les canaux en amenant la fertilité et la richesse dans une certaine zone. C'est en songeant à cela que j'ai été amené, non pas à un projet de mer intérieure, mais à un projet de mer qui serait profitable à une grande partie du pays. Je veux parler des chotts.

Voici une carte du dépôt de la guerre dressée par notre honorable collègue M. Titre.

Vous avez ici la reproduction la plus exacte de la position des chotts. Vous pouvez vous rendre compte de la facilité que nous aurions de faire un canal qui les traverserait, et M. Titre a abondé dans mon sens. On peut donc arriver facilement à la réalisation de ce canal, qui sera pour ainsi dire un véritable fleuve.

Je n'entrerai pas dans les détails techniques de la question, je veux seulement soumettre mon idée aux délégués de chaque Société, afin que, rentrés chez eux, ils soumettent la question à leur Société, qui nommera une commission chargée de l'étudier au point de vue technique et pratique, et prendra une décision soit pour lui donner une adhésion, soit pour prononcer sa condamnation.

En effet, depuis le chott El-Hodna jusqu'au chott Ell-Mehaïa, le parcours est de cinq ou six cents kilomètres ; vous pouvez remarquer que ces chotts sont presque tous les uns à la suite des autres, et n'ont pour ainsi dire aucune solution de continuité entre eux. Je ne vous parle pas de la question technique ; vous le voyez, nous avons à franchir plusieurs petits cours d'eau, puis un petit chott, qui nous mène dans deux grands, et nous voici arrivés au dernier chott, terme de notre voyage.

Dans le but de nous entretenir de cette canalisation, j'avais prié un de mes amis qui habite l'Afrique de me relever le plan de ces chotts ; il me l'a envoyé effectivement, je l'ai mis de côté très-soigneusement, si bien que je n'ai pas pu le retrouver quand j'en ai eu besoin.

Je saisis donc le Congrès de cette question. J'émets le vœu que cette question de canalisation des chotts soit adoptée par les déléguées, qui la transmettront ensuite à leur Société : une commission sera nommée par chacune d'elles et examinera le projet, qui fera l'objet d'un rapport pour ou contre.

La parole est à M. Desgrand.

Mesdames, Messieurs,

Je n'ai rien à ajouter au vœu de M. Merritt, mais je dois rectifier dans une certaine mesure quelques-unes de ses assertions. M. Merritt a cru devoir dire que la Société de géographie de Lyon s'était prononcée sur la question des chotts. M. Baudot a présenté, en effet, un rapport concluant au rejet du projet de mer intérieure. La Société de géographie de Lyon n'a pas cru devoir prendre une décision dans une question de cette importance. Elle a écouté avec beaucoup d'intérêt les objections fournies par le capitaine Baudot, mais elle n'a pas cru devoir se prononcer, et la question est restée tout entière dans la Société.

M. Renaud a la parole.

Je viens m'élever contre le vœu que l'on va mettre aux voix. Messieurs, la canalisation des chotts est une question qui ne me paraît pas conforme aux indications et aux études pratiques du pays. Vous savez que l'Algérie se divise en trois zones. Vous avez dans la première zone le Tell algérien, où la civilisation est presque exclusivement cantonnée. Dans la seconde zone se trouvent les chotts, où nous n'avons pour ainsi dire qu'un embryon de colonisation, qui ne paraît pas être appelé à se développer de longtemps, car les chotts ne sont pas de nature à pouvoir favoriser le développement de notre colonie. Il serait oiseux, je crois, que la commission des vœux s'occupe d'un canal improductif et inutile. Il n'y a là rien qui soit susceptible d'exploitation, et la région des Hauts-Plateaux n'est pas suffisamment étudiée pour qu'on puisse se prononcer. Sur le peu qu'on connaît des Hauts-Plateaux, les avis sont très-partagés, et, pour le moment, cette région n'est pas nécessaire au développement de notre colonisation. La canalisation des chotts est un projet qui fait véritablement rire tous ceux qui connaissent l'Algérie. En effet, cette région des chotts est tout à fait inculte et, vu l'élévation des Hauts-Plateaux, le forage d'un canal est très-difficile. Au reste, ce n'est pas de ce côté que doit se porter notre préoccupation : nous n'occupons qu'une très-petite partie du Tell, et c'est seulement de ce côté que notre développement doit prendre de l'extension. Nous avons beaucoup à faire dans le pays, nous avons des chemins de fer à construire, des écoles à élever... et il me semble que ce n'est pas le moment d'émettre un nouveau projet qui ne pourrait pas servir pour l'heure présente. A quoi servirait de saisir une Commission d'un projet qui ne pourrait être utilisé d'une façon pratique que dans 50 ou 60 ans d'ici ? Il faut que la France s'occupe d'abord de faire la topographie complète du pays, et l'on verra ce que nous pouvons faire. Pour moi il me paraît sensé que nous travaillions à notre extension dans le Tell, qui touche de tout un côté à la mer et qui peut certainement nous être bien plus utile que les Hauts-Plateaux. Je crois donc que le projet de M. Merritt doit être rejeté, car, en outre, son projet me paraît purement stratégique.

M. Merritt a la parole.

Un mot pour présenter quelques observations. Je crois que ma question a été mal comprise par M. Renaud. Je n'ai pas proposé la discussion immédiate de la question, mais j'ai déclaré que ma proposition est assez sérieuse pour qu'on s'en occupe dans les Sociétés. Il y a en outre certains points où je ne suis pas d'accord avec l'honorable préopinant, et je m'empresse de dire que c'est mon opinion personnelle.

On a prononcé le mot *stratégique*. Voilà l'utilité, ce n'est pas seulement sur le bord de la mer qu'il faut établir des défenses. Avec mon projet, nous aurons un parcours de 5 à 600 kilomètres où nous pourrons établir des postes militaires. L'action des postes se manifestera bientôt dans le pays, dans lequel elles établiront la tranquillité et donneront aux Européens une assez grande confiance pour venir régénérer l'Algérie. Voilà 50 ans qu'on s'occupe de cette question et on n'est pas encore arrivé à amener la tranquillité dans ce pays. Nous avons très-peu d'Européens en Algérie, et cela se comprend, à cause du peu de sécurité. Il faut que tout le monde s'occupe de cette grande question, afin que l'on arrive à d'autres résultats que ceux auxquels on a abouti jusqu'à ce jour. Je crois que les rouages administratifs ne suffisent pas, il faut la force militaire dans notre malheureuse Algérie.

Je ne demande pas la discussion immédiate de mon projet, mais je demande que les délégués de chaque Société portent la question dans leurs Sociétés respectives.

M. Renaud. — Je n'ai qu'un mot à répondre à M. Merritt. A propos de sa question il a repris toute la situation de la malheureuse Algérie. Pas si malheureuse cependant qu'il veut bien nous le dire. Nous sommes ici en France, mais il faut savoir comment les choses se passent là-bas. Il y a en Algérie deux zones de colonisation qui ne sont pas menacées à l'heure qu'il est : ce sont les zones de colonisation qui existent dans le Tell. On a voulu rappeler les événements qui se passent dans certaines régions, mais on peut dire que la question n'est pas sérieuse de près. Je persiste à demander le rejet du vœu proposé, en donnant pour raison qu'il est inutile de mettre à l'étude un projet qui ne servirait à rien, et qui ne peut résister devant aucune des objections qu'on lui oppose. En outre, le projet du canal est impraticable et l'on voit qu'il est proposé par quelqu'un qui ne connaît pas l'Algérie. Si vous parliez en Algérie d'un canal dans les Hauts-Plateaux, sur cent Algériens, quatre-vingt-dix-neuf souriraient. Pendant l'été ces chotts sont presque complètement desséchés, et je me demande où l'on prendrait l'eau pour ce canal.

M. Merritt. — Il y aura un niveau constant de cinquante centimètres de profondeur.

M. Renaud. — Vous verrez ce que l'évaporation en enlèvera. Je persiste donc à dire que la question ne peut être étudiée telle qu'elle est. Quand on voudra s'en occuper, il faudra tâcher de préparer un autre travail.

M. Soleillet. — Lorsque j'ai voyagé dans les chotts pendant l'été, j'ai toujours remarqué qu'ils contenaient de l'eau salée.

M. le Président. — En conséquence, nous allons mettre aux voix la proposition Merritt, pour le renvoi à l'étude des Sociétés de géographie.

Le Congrès vote le rejet de la proposition Merritt.

La parole est à M. Pagnon pour un voyage au Caucase.
Voir au chapitre *Communications*.

M. le Président. — Je remercie M. Pagnon de son intéressante communication.

La parole est à M. Séguin. Voir au chapitre *Communications*.

M. Levasseur. — Un mot seulement. M. Séguin ne nous a lu que quelques fragments de son remarquable travail. Je demande que son mémoire tout entier soit imprimé dans le compte-rendu du Congrès.

La parole est à M. Chantre, *Voyage au Caucase*.
Voir au chapitre *Communications*.

Le Président. — La parole est à M. G. Renaud.

M. G. Renaud :

Messieurs,

Je viens vous parler d'un de mes collaborateurs, M. le docteur Philippe Rey, qui m'a prié de vous présenter trois mémoires sur lesquels je n'ai qu'un mot à vous dire. Le docteur Philippe Rey est un des plus brillants médecins de la dernière promotion, et il a entrepris à ses frais un voyage dans le Sud du Brésil. Il a remonté le Rio Doce, est allé chez les Botocoudos, où il s'est livré à des études anthropologiques et a rapporté un certain nombre de mensurations de crânes.

Ce jeune explorateur a réuni ces renseignements dans une brochure que je dépose sur le bureau du Congrès. Le docteur Philippe Rey s'est attaché à étudier les Botocoudos, parce qu'ils sont une race caractéristique du Brésil, et sont exposés à disparaître complètement dans un certain nombre d'années, au contact de la civilisation européenne.

M. Rey a donc fait des observations sur ces tribus, que cependant la civilisation européenne aurait dû respecter. On a objecté que les Botocoudos ne pouvaient être assimilés. Il est une chose que la politique européenne devrait faire, ce serait de s'attacher à conserver ces races indigènes. A l'égard des colons, certainement, ils sont disposés à employer la force contre les indigènes du voisinage, parce qu'ils causent des préjudices à l'agriculture.

Cependant il me semble qu'on ne doit pas sacrifier à l'intérêt du moment l'avenir de la colonisation européenne. Lors de l'implantation d'une race sur un sol nouveau, il me semble qu'il est dans ses intérêts politiques d'assimiler cette race nouvelle à celle du pays qui offre beaucoup plus de résistance. Il faut donc conserver ces races indigènes, et pour cela faire des efforts considérables.

L'étude du docteur Rey a été accueillie avec un grand succès par la Faculté de médecine. Le docteur Rey a profité de son voyage au Brésil pour publier un autre mémoire sur l'esclavage au Brésil. L'esclavage au Brésil est aboli depuis la loi de 1871 ; tous les enfants d'esclaves naissent libres, et des dispositions spéciales permettent aux esclaves de se racheter. Malgré ces dispositions, on n'est pas encore arrivé à la suppression de l'esclavage ; il y a 130,000 esclaves au Brésil. Espérons que la civilisation permettra bientôt à la loi de produire tous ses effets au Brésil.

Le docteur Rey complète ses observations par la géographie du bassin du Rio Doce, qu'il a remonté dans tout son parcours.

NOTES SUR LA GÉOGRAPHIE ET L'ETHNOLOGIE DU BASSIN DU RIO DOCE (BRÉSIL)

Le Rio Doce prend naissance sur le plateau de la Mantiqueira, dans la province de Minas Géraës. Une de ses origines, le ruisseau

Riberao do Carmo, passe à Ouro preto, capitale de la province, et à l'évêché de Marianna.

C'est après avoir reçu le Rio Piracicoba et le Rio S. Antonio que le Rio Doce devient un fleuve important. De ce point à son embouchure dans l'Océan, son parcours serait d'environ 600 kilomètres. Il se dirige d'abord vers le nord, fait une grande courbe en tournant vers le sud-est, et à 50 lieues environ de son embouchure, il suit la direction ouest-est, en formant de nombreux méandres. Dans cette partie de son trajet, il est dans la province de Spiritu Santo.

A son origine, le Rio Doce, de même que ses premiers affluents, coule à travers une région montagneuse des plus intéressantes au point de vue géologique et minéralogique, mais pauvre en végétation. C'est la région des mines d'or, des mines de fer, des gisements de diamants, richesses exploitées sur quelques rares points et par des procédés généralement très-primitifs. En certains endroits, des déchirures de terrain, des tas de cailloux indiquent les fouilles des premiers chercheurs d'or.

Le Rio Doce pénètre ensuite dans la zone des forêts. Jusqu'au petit hameau de la Figueira, on rencontre, de loin en loin, un arroial ou village, quelques habitations isolées dont la population, en grande partie nègre ou mulâtre libre, se livre à la culture du café, de la canne à sucre, du maïs, du manioc, et engraisse des porcs avec des ignames. Deux lieues plus loin, le Sunuky-assù, principal affluent de la rive gauche, forme la limite d'une vaste région couverte de forêts vierges, qui s'étend vers le Rio Mucury et la Serra dos Aymorès. C'est là le terrain, encore peu connu, de quelques tribus de Botocudos sauvages et où j'ai recueilli les observations exposées dans mon étude sur cette intéressante peuplade.

En mai 1878, j'arrivai à la catachèse de Poaya, par la picada ou sentier qui la relie au village de Pessanka, et qui franchit le Rio Sunuky-assù à l'endroit où il forme une chute remarquable. Après avoir visité les tribus voisines de la catachèse, je gagnai le Rio Doce, au hameau de la Figueira, où je parvins après cinq jours de marche, par un sentier qu'il fallait le plus souvent frayer avec le *facao*, ou couteau destiné à cet ouvrage.

A la Figueira, je louai une pirogue, quatre rameurs et un pilote : ceux-là nègres et mulâtres, celui-ci un des rares Botocudos qui aient atteint un certain degré de civilisation. Du reste je le soupçonne issu d'un croisement.

Il fallut quatre jours d'une navigation rendue souvent très-périlleuse par de nombreux rapides, pour atteindre le hameau du Guandù, sur la rive droite, au confluent de la rivière de ce nom. Dans ce trajet, le Rio Doce reçoit, outre le Sussuky-assù, plusieurs affluents dont les principaux sont le Rio dos Larangeiras. Sur ces bords campe une tribu de Botocudos, la plus rapprochée du fleuve — plus loin, sur la rive droite, le Rio Cuiété et le Rio Manhu-assù; un petit affluent de ce dernier passe à la catachèse d'Etueto, destinée à réunir quelques Indiens Purys, seuls survivants d'une peuplade autrefois puissante et rivale des Botocudos.

En quelques endroits, le fleuve semble disparaître sous un amoncellement de rochers, se mariant entre eux par des passages étroits; d'autres fois ces rochers sont à fleur d'eau, à peine indiqués par quelques rides à sa surface. Deux rapides les plus dangereux portent les noms bien significatifs de Cachocira das mortès (chute des morts) et cachocira do inferno (chute de l'enfer). Il faut toute l'expérience et tout le sang-froid du pilote pour ne pas être brisé ou englouti. Cependant, ces passages franchis, le fleuve coule avec calme entre les majestueuses forêts de la rive et les îles boisées, quelquefois assez étendues, où nous abordions pour passer la nuit.

La rive gauche est généralement peu accidentée, la rive droite au contraire est parcourue par un cordon montagneux qui paraît venir de la chaîne maritime; sur quelques points ces montagnes ne laissent qu'une étroite bande entre elles et le fleuve; elles sont boisées, excepté quelques sommets élevés, comme la Serra de Onça (montagne du Jaguar), où j'ai trouvé les singuliers dessins présentés déjà à la Société d'anthropologie.

Le dernier obstacle se trouve près du hameau du Guandù. C'est un amoncellement de roches que les canots ne peuvent franchir, si ce n'est au moment des crûes. Cet obstacle est dû au soulèvement du lit du fleuve par la chaîne côtière; ainsi qu'il arrive pour la plupart des fleuves brésiliens, le Rio San Francisco par exemple, qui à 10 lieues de son embouchure forme une si belle chute. Au-dessous de ce dernier obstacle le Rio Doce est encaissé dans un lit assez étroit et profond; depuis le Porto de Souza jusqu'à l'océan la navigation serait possible pour des embarcations plus sérieuses que les pirogues de la Figueira.

Cette question de la navigation du Rio Doce n'est pas sans préoccuper le gouvernement brésilien. Ce serait là une voie de communication entre les deux provinces Minos Geraes et Spiritu Santo, et surtout de Minos Geraes avec le littoral. Il n'est pas douteux que cette région, dans un avenir plus ou moins rapproché, attirera les agriculteurs en quête de forêts pour de nouvelles plantations. La présence de certaines essences dénote la convenance du terrain pour la culture du café. Mais avant de livrer ces forêts à la hache et au feu, il y a une foule de productions végétales à utiliser : des bois de construction les plus estimés, le palissandre y est très-abondant, un grand nombre de végétaux précieux pour la médecine, tels que : les copayers, les papayers, l'Anda Gomesii, le myrospermum erytroxilum, la salsepareille, l'ipécacuanha, le Joborandi, la vanille, et une foule d'autres fournissant des matières colorantes. Il est probable que cette région est également riche en métaux précieux. On trouve de l'or dans les sables de ses nombreux cours d'eau.

Le fleuve et ses principaux affluents sont extrêmement poissonneux et les forêts donnent asile à toute la faune des forêts brésiliennes, depuis le jaguar jusqu'au ouistiti, et depuis le hocco jusqu'à l'oiseau-mouche.

Je demanderai que le Congrès accueille favorablement les travaux et les communications du docteur Rey, qui est allé de son propre mouvement faire un voyage d'exploration et étudier les peuples du Brésil. Cette initiative privée est trop rare en France, et toutes les fois qu'on la rencontre, il faut l'encourager par des marques de sympathie.

M. Gauthiot. — Je ne m'attendais pas à entendre parler d'une question qui n'était pas au programme. Mais je tiens à relever certaines expressions sur l'influence de nos races françaises sur les races indigènes. M. Renaud a-t-il voulu faire comprendre qu'on devrait conserver à tout prix ces races indigènes, qu'il ne fallait nullement les détruire, même lorsqu'elles nous étaient nuisibles, ou qu'il fallait simplement chercher à transformer ces races indigènes ? Voilà ce que j'ai cru entendre et c'est contre cela que je viens protester.

M. Renaud. — On vient de soulever une grosse question sur la communication qui vient d'être faite. M. Gauthiot vient de

protester contre mes observations. Je vous ferai remarquer, Messieurs, qu'il y a là une question de politique et d'humanité. Si je demande l'assimilation, ce n'est que pour le croisement des races, et la possibilité pour nous, par conséquent, de pouvoir résister au climat du pays que nous colonisons. Il y a des races indigènes qu'on ne peut pas choisir pour ce but. Il y en a qu'il n'est pas possible d'assimiler, comme les Arabes, par exemple, mais au Brésil il n'y a pas cette impossibilité qu'on trouve chez les Kabyles et les Berbères.

M. Gauthiot. — Je ne veux pas engager de discussion, mais je tiens à me réserver le droit de penser que nous n'avons pas besoin du tout de défendre des indigènes destinés à périr.

M. Barbier, président, invite MM. les délégués de chaque Société à se réunir à l'issue de la séance de ce soir pour statuer sur la Société qui sera chargée, en 1882, de recevoir la prochaine réunion des Sociétés de France.

M. Gauthiot. — Je viens vous faire une communication qui intéresse les membres du Congrès. L'entreprise des rapides du Rhône a mis gracieusement son paquebot à la disposition des membres du Congrès qui voudraient faire un voyage sur le Rhône. Je tiens à constater la bonne volonté de l'entreprise, et les membres qui sont destinés à partir pourront profiter de cette offre.

M. le Président. — Nous adressons nos remerciments à la Compagnie des Rapides du Rhône.

La séance est levée à 11 heures 1/4.

SÉANCE DU 9 SEPTEMBRE (SOIR)

Présidence de M. SÉVÈNE, *président de la Chambre de commerce de Lyon.*

Siégent au bureau :

MM. le colonel WAUVERMANS.
      L^t-colonel ROUBY.
      POITOU, principal du Collège de Vienne.
      RAVOT, de la Société de Rochefort.
      LOISEAU, de la Société de Bourg.
      GAUTHIOT, Société de géographie commerciale de Paris.

La séance est ouverte à 2 heures 1/4.

M. le Président. — La parole a été demandée par M. Gauthiot et par M. Renaud pour une rectification.
Je donne la parole à M. Gauthiot.

M. Gauthiot. — Permettez-moi de rectifier ce que vous avez appelé une rectification. Je ne veux rien rectifier, je viens expliquer les paroles que j'ai dites, et que, à cause du développement que je leur ai donné, on pourrait avoir mal comprises. J'avais pris la parole à propos d'une phrase du rapport de notre collègue qui disait qu'on devait conserver les races indigènes dans les pays que nous colonisions. Je suis parti de cette phrase pour exprimer cette idée que l'on devait repousser les populations qui étaient inaptes à être civilisées.

Mais j'ai bien entendu dire qu'il fallait conserver au contraire les indigènes que leurs qualités et leur nature physique rendaient propres à la colonisation.

J'ai élevé la voix en pensant que, dans une assemblée, toutes les opinions avaient le droit de se produire ; que c'était le droit des membres du Congrès, et que nous devons non-seulement approuver les délibérations et les projets, mais encore émettre notre avis. J'avais donc pris la parole pour déclarer que, pour moi, à mon avis personnel, les Français n'ont pas le devoir de se constituer en conservateurs des races destinées à périr un jour ou l'autre et impossibles à civiliser. Permettez-moi de vous dire que je ne suis pas sanguinaire et que je n'ai demandé la tête de personne. On m'a demandé la mienne à un moment donné, je l'ai refusée, et je reconnais à tout le monde le droit de faire la même chose. Je n'ai donc pas demandé la tête des indigènes ; au contraire, j'ai demandé la conservation des races qui peuvent se développer à notre contact.

M. le Président. — J'invite M. Gauthiot à prendre place au bureau comme assesseur.

M. Renaud a la parole. — C'est une simple observation, une simple proposition que je viens faire à l'assemblée, afin de lui demander son sentiment. C'est pour éviter qu'il s'élève au milieu de nous un élément de division et de discorde. L'ordre du jour porte une communication intitulée : *Influences des croyances religieuses sur le développement économique*. Je viens demander à l'assemblée de vouloir bien faire enlever de l'ordre du jour cette communication, qui n'a pas de rapport avec la géographie. Et comme ici il y a des personnes de différentes opinions, cette lecture pourrait jeter une certaine division au milieu de nous.

M. Desgrand. — Je crois que M. Renaud se trompe sur la portée de mon travail. Il n'y a là qu'une question théorique et économique, celle de savoir si les diverses religions peuvent concourir au développement des nations et dans quelle mesure elles le peuvent. Il n'y a pas là matière à une objection. Je crois que, au contraire, c'est une question qui prendra une grande place dans les études économiques. C'est la continuation des idées du baron Le Play, qui a fait faire un grand progrès à l'économie. C'est une annexe à l'économique politique, et puisqu'on étudie le travail de l'homme, on peut aussi étudier sa religion. Il n'y a pas là une question religieuse, et M. Renaud se trompe sur ce point.

M. Renaud. — J'estime qu'en ce moment la continuation des idées de Le Play peut amener une discussion qui pourrait prendre un caractère d'aigreur. Cette question ne touche pas à la géographie, pour laquelle les membres du Congrès ont été réunis. Je renouvelle ma proposition et je persiste énergiquement dans mon projet pour que ce travail soit rayé de l'ordre du jour.

M. Desgrand. — Je regrette de ne pouvoir adhérer à la demande de M. Renaud, mais il y a là une question qui intéresse à un très-haut point la science géographique.

M. le Président. — L'ordre du jour est réglé, il ne me semble pas convenable, puisque la Commission a mis ce travail à l'ordre du jour, de refuser d'entendre un homme comme M. le Président de la Société de géographie de Lyon.

Je ne crois pas que sa communication puisse donner lieu à aucune discussion religieuse, et je pense qu'aucun incident ne peut être soulevé par des hommes réunis dans le but que nous poursuivons.

Je dois ajouter que si M. Le Play était ici, et qu'il voulût monter à la tribune, il est évident que nous ne pourrions l'empêcher de venir présenter ses idées.

Je ne crois donc pas qu'il y ait lieu d'enlever la question de l'ordre du jour.

M. Ganeval. — Je demande la permission d'appuyer la parole de notre Président. Je ne viens pas ici comme professeur, mais je viens émettre l'avis d'un homme qui a l'habitude de l'enseignement de la géographie.

Au point du vue de la géographie économique que va traiter M. Desgrand, je dois vous dire qu'il n'est guère de cours de géographie où je n'aie été obligé de mêler la religion.

L'incident est clos. On décide qu'on ne rayera pas de l'ordre du jour le travail de M. Desgrand.

La parole est à M. Ducarre.

Mesdames,

Je viens apporter à cette tribune une communication très-importante. Le cadre immense de mon travail m'a condamné, pour faire face aux exigences du temps, à vous faire une lecture restreinte. Vous voudrez bien l'écouter, Mesdames, sans trop d'impatience, vous souvenant que vous êtes en cause dans tous les passages. C'est à vos aïeux que l'Europe et Lyon doivent la soie, vous continuez leur œuvre et vous assurez le succès de cet admirable textile. C'est grâce à votre concours qu'il est arrivé à la place d'honneur qu'il mérite.

Ce travail est inséré au chapitre *Communications*.

M. le Président. — Je rends justice au rapport qu'on vient de nous lire, et je remercie M. Ducarre de cette intéressante communication.

M. Chanliaux. — M. Ducarre a dit, je crois, que la soie n'était pas connue dans les temps anciens. En Égypte, on a trouvé un morceau d'étoffe de soie autour d'une momie, ainsi qu'un écheveau de soie dans un autre sarcophage.

La parole est à M. L. Desgrand.

Mesdames, Messieurs,

Au moment de prendre la parole, je suis effrayé de la gravité et de la nouveauté du sujet que je viens soumettre au Congrès. Aussi ma pensée est-elle simplement d'ouvrir un premier sillon que de plus habiles et de plus compétents trouveront peut-être utile d'approfondir et de pousser plus avant.

L'influence des religions sur le développement économique de certains peuples a été étudiée par quelques économistes et voyageurs. Notre collègue M. Guimet s'en est occupé dernièrement à son passage au Japon et en Chine. Mais je ne sache pas que personne ait eu la pensée d'étudier l'influence d'ensemble que les six grands courants religieux qui se partagent le 1.400,000,000 d'âmes qui existent dans le monde, peuvent exercer sur le progrès économique de chaque nation.

Si notre concitoyen Ozanam eût vécu, nul doute qu'il eût fait de ce sujet l'une des plus belles parties du cours de philosophie commerciale qu'il ambitionnait de créer à la Faculté des lettres de Lyon.

C'est la lecture de sa correspondance qui m'a inspiré la pensée d'utiliser, si possible, une longue suite d'observations sur ce sujet. Je sens, en abordant cette thèse, combien elle est au-dessus des forces d'un simple commerçant, et combien elle eût gagné à vos yeux si le célèbre professeur eût pu vous la présenter avec la magie de son style.

Permettez-moi donc de compter sur toute votre indulgence et de me borner, vu le peu de temps accordé à chaque orateur, à vous donner un simple résumé d'ensemble.

Le travail de M. Desgrand est inséré au chapitre *Communications*.

M. le Président. — La parole est à M. Delavaud, pour la lecture de son rapport. Je prierai l'orateur de se résumer et de ne nous donner que la quintessence de son travail.

M. Delevaud. — Je crois répondre au sentiment de l'assemblée en cédant mon tour de parole à M. Maunoir.

M. le Président. — C'est au tour de M. de Rozemond. Je demanderai au Congrès si les deux communications de M. Delavaud ne doivent pas figurer dans le compte-rendu du Congrès ou si elles doivent rester simplement à l'état de programme.

M. Delavaud aurait pu les compléter en quelques mots.

M. Delavaud. — Je crois que les communications de M. Maunoir et de M. Soleillet sont plus intéressantes que les miennes et je renonce complètement à mon tour de parole ; je déposerai mon manuscrit sur le bureau de M. le Secrétaire général.

M. de Rozemond lit ensuite un mémoire sur une mâchoire humaine fossile trouvée à Nice.

M. Maunoir lit un rapport sur les voyageurs français.

Ces deux travaux sont insérés au chapitre *Communications*.

M. Soleillet a la parole.

Mesdames, Messieurs,

La question dont je viens vous entretenir est une des plus importantes qu'on puisse soulever au point de vue humain. Je la traiterai très-rapidement, car je crois qu'on a l'intention de lever la séance à cinq heures, et je n'ai plus que dix minutes.

Depuis que je suis revenu du Soudan, après un séjour de 4 mois à Ségou-Sekoro, j'ai, à diverses reprises, appelé l'attention sur une question suivant moi vitale de l'Afrique et de l'Europe, sur la condition des esclaves dans l'Afrique occidentale. Actuellement l'Europe tout entière a le désir, désir légitime qui s'est changé en nécessité, d'ouvrir largement l'Afrique à la civilisation, au commerce et à l'échange avec cette contrée. Or la chose n'est possible, soit au point de vue de la civilisation, soit au point de vue du commerce et de l'industrie, qu'autant que la question de l'esclavage sera connue et résolue. Il y a là une question humanitaire et économique.

Au point de vue économique, il reste à savoir si l'esclave produit plus de travail qu'il ne consomme ou s'il produit moins et consomme moins que l'homme libre. Je suis resté pendant 10 ans dans ces pays et j'ai pu voir que le produit égale à peu près la consommation, mais on peut accepter ceci comme axiome, c'est que le travail de l'homme libre est bien plus considérable que celui de l'esclave.

Au point de vue humanitaire, il est un fait qui frappe les personnes qui restent quelque temps en Afrique; d'abord l'esclavage n'est pas régulier et les esclaves sont divisés en plusieurs catégories. Et moi-même, lorsque je suis allé au milieu des populations noires, j'ai d'abord été frappé de leurs conditions. Ils mangeaient avec leurs familles, et leurs enfants allaient s'amuser avec les enfants des villages voisins. J'ai été surpris de ces conditions et je suis arrivé à me dire : voilà des gens heureux, quoiqu'ils soient captifs, ils n'ont pas l'air misérable du tout et paraissent très-satisfaits.

Voilà l'état des choses tel qu'on l'aperçoit en l'examinant superficiellement, mais en l'approfondissant, on est bien vite détrompé.

D'abord quand on étudie la question, on voit qu'une lourde captivité pèse sur eux. Dans le nord de l'Afrique, dans la Sénégambie où les captifs sont en grand nombre, ils sont regardés comme des choses. Il faut bien retenir ceci : le captif a l'air d'être une personne, mais en réalité c'est une chose qui remplit telle ou telle fonction, suivant la classe à laquelle il appartient.

Il y a 4 classes de captifs en Afrique.

La première contient les captifs de la couronne qu'on trouve en grand nombre dans les Etats nègres, dans le Bambara. Ce sont des choses qui forment pour ainsi dire l'aristocratie des captifs. Ils remplissent toutes les fonctions de l'Etat, sauf la justice qui est réservée aux hommes libres. Lorsqu'on voit la situation de ces captifs, ils paraissent très-heureux, ils sont respectés, jouissent d'une certaine autorité ; mais quand un chef captif, qui représente toujours un objet et une chose, veut s'asseoir devant un mendiant libre, il est obligé de lui en demander l'autorisation. Ce ne sont donc pas des personnes, ce sont des choses pouvant être déplacées selon la volonté de leurs maîtres, qui en font ce qu'il leur plaît.

La deuxième classe comprend les domestiques, qui sont dans une situation relativement agréable. Ces captifs, qui appartiennent à des familles, vivent avec leurs maîtres, sont souvent chargés de l'éducation des enfants, des travaux du ménage, sont quelquefois chefs de famille, sont admis dans l'intimité de leurs maîtres, mais n'en sont pas moins des choses dépendant complètement de sa volonté.

La troisième classe contient les captifs de l'agriculture, c'est la classe la plus nombreuse. Dans la situation ordinaire ces captifs représentent quelque chose comme les serfs de la glèbe du moyen-âge, ce sont eux qui sont chargés des gros travaux. Ils sont propriétaires, peuvent posséder, amasser, mais tout ce qui leur appartient peut leur être enlevé selon le bon plaisir de leurs maîtres. Ils font partie intégrante de la propriété et se vendent généralement avec elle.

À côté de ces trois classes, je vais vous en signaler une autre qui est plongée dans un état complet d'abrutissement et que je nommerai les captifs-monnaie. Ce sont les plus malheureux et les plus dégradés. Ceux-là sont véritablement des choses, on les emploie à tout. Sur les routes ils servent pour le transport des marchandises. On les accouple et on les fait travailler suivant la volonté de leurs maîtres. Ces captifs font l'objet d'un commerce actif et ne jouissent d'aucun privilège. On les envoie de tous côtés suivant la volonté de leurs maîtres. Ils n'ont aucune espèce de vie, ce sont des choses qui, au lieu d'être traitées comme des êtres humains, sont traitées comme des bêtes de somme, ils n'ont aucun sens moral. Ils deviennent monnaie et dans le Soudan on apprécie certaines choses d'un prix élevé par des captifs. On ne dira jamais d'un objet qu'il vaut tant de cauries, mais on dira qu'il vaut tant de captifs.

Ces gens ont perdu tout instinct et ne sont que des choses ayant une valeur plus ou moins considérable. Je veux vous donner une idée de l'état d'abrutissement de ces populations en vous racontant une anecdote de mon séjour à Segou-Sekoro.

J'avais l'habitude d'aller me promener en curieux dans le marché aux esclaves : c'est une chose très-intéressante qu'un marché dans l'Afrique centrale. Un soir, me promenant, j'aperçus une jeune femme accroupie au pied d'un baobab. Elle portait un enfant sur le bras gauche, tandis que de la main droite elle prenait des cucabites, sortes d'amandes, dont elle cassait les coquilles et qu'elle mangeait ensuite. Un acheteur, étant arrivé, remarqua l'enfant, fit ses prix avec le marchand et l'emporta. Pendant tout ce temps la physionomie de la femme n'avait pas bronché, le seul changement qui se fût opéré en elle était celui-ci : au lieu de casser les amandes d'une seule main, elle les épluchait avec les deux mains.

Il fallait que l'état d'abrutissement de cette femme fût bien grand pour qu'elle n'eût plus même l'instinct maternel, pour qu'elle eût perdu aussi tout sentiment moral.

Il est incontestable qu'il y a là un être devenu inférieur par une longue captivité.

Vous voyez donc quel intérêt présente la question de l'esclavage en Afrique. Les captifs sont très-nombreux dans le Soudan, et sont dans un état d'infériorité très-grand. Ce n'est pas parce qu'ils ont la peau noire qu'ils sont ainsi. Cela ne signifie rien, il y a des hommes partout, qu'ils soient noirs ou blancs, mais ce sont des captifs. Mettez des Européens dans la situation de ces gens-là, pendant deux ou trois générations, et vous aurez non plus des hommes jaunes ou noirs, mais des captifs.

Tâchons donc d'attirer à nous ces captifs, tournons leurs efforts vers le travail libre, mettons-les en contact avec les Européens et remplaçons partout le travail esclave par le travail libre, et alors cessera cette chose qui déshonore l'humanité, qui règne en maîtresse en Afrique et dans d'autres régions, hélas ! et qu'on appelle l'esclavage.

Il n'y a que cette possibilité d'agrandir notre influence en Afrique. Il faut relever les captifs d'Afrique par la liberté, qui seule peut produire ce résultat. Et alors nous aurons jeté dans ce pays si riche, les germes de la civilisation occidentale.

La séance est levée à 5 heures 1/2.

SÉANCE DU 10 SEPTEMBRE (MATIN)

La séance est ouverte à 9 heures 1/4 (matin).

Présidence de M. L. DELAVAUD, *de la Société de géographie de Rochefort.*

Siègent au bureau :

MM. E. LEVASSEUR, de l'Institut.
Colonel ROUBY.
ANTHOINE.
DE BIZEMONT.
BARBIER.
GAUTHIOT.

M. Debize a la parole pour la lecture de la correspondance.

Messieurs, la Société de géographie de Paris nous a offert cinq volumes et le fils de M. de Malte-Brun nous a offert toute la collection de sa Géographie illustrée de la France. Le Congrès remercie de ces dons. Je vais donner lecture des vœux.

1° VŒU PRÉSENTÉ PAR MM. MERRITT ET GANEVAL.

Le Congrès des Sociétés de géographie de France émet le vœu que dans tous les établissements d'éducation, publics et privés, les surveillants, chargés de conduire les élèves à la promenade, les habituent à s'orienter et à indiquer la direction où se trouve tel ou tel pays.

M. Merritt. — Il me reste à dire que cette méthode d'enseignement se pratique aux Etats-Unis; lorsque les petits enfants sont dans une chambre, on leur demande la position du soleil et ils répondent en le montrant du doigt : c'est là.

Ce vœu est adopté.

1º Vœu présenté par M. de Luze.

Terminologie géographique.

M. de Luze, délégué de la Société de géographie commerciale de Paris, émet les vœux suivants :

1º Supprimer dans nos atlas tous les *termes* géographiques étrangers, ainsi que toutes les abréviations qui ont la même origine, et leur substituer partout le terme correspondant en français.

2º Maintenir au contraire, mais placés entre parenthèses, ceux qui sont accompagnés d'un qualificatif quelconque, et les faire précéder de leur traduction en français.

3º Conserver exactement, sans les traduire, tous les noms de ville qui ont une étymologie.

4º Supprimer tous les noms de ville francisés ou, tout au moins, écrire à côté, entre parenthèses, le nom original tel qu'on le prononce dans le pays.

5º Adopter l'orthographe française pour tous les noms et termes géographiques des pays où l'on ne fait pas usage de l'alphabet latin et les transcrire de façon à figurer la prononciation véritable aussi exactement que possible.

M. Barbier. — Ce vœu ne pourrait-il pas être l'objet d'une rédaction plus simple ?

M. de Luze. — La question est assez complexe, et tous les termes de mon vœu s'enchaînent pour ainsi dire ensemble. Cependant je vais me résumer. Ainsi on voit quelquefois sur certaines cartes des expressions allemandes mises à la place du terme géographique français. Il y a également des cartes françaises, représentant l'Orient, où l'on trouve un véritable pléonasme très-fréquent, dans lequel, par exemple, le nom chinois du fleuve est précédé du mot fleuve en français et d'un mot chinois voulant dire la même chose. J'ai relevé un certain nombre de ces mots. Ces phénomènes se retrouvent à peu près pour toutes les régions. D'un autre côté les cartes d'Etat-Major emploient ces termes étrangers. Il suffirait, pour faire disparaître cet inconvénient, de mettre entre parenthèses, à côté du qualificatif étranger, la traduction française, comme les Allemands l'ont déjà fait du reste pour leur pays ; nous aurions ainsi un Atlas de géographie française qui rendrait les plus grands services à l'enseignement primaire. Voici, Messieurs, quel est l'objet de mon vœu.

M. Barbier. — Il me semble qu'on pourrait faire une rectification sur la rédaction de ce vœu. Je demande qu'on ne traduise pas les noms qui n'ont pas d'étymologie.

M. de Luze. — La modification que je propose concerne les cartes géographiques. Ainsi pour Kara-Sou (rivière noire), il est évident que je demande la traduction, mais je ne voudrais pas qu'à la place de Neufchâtel, mot francisé, on mît Neuenburg, nom de pays, avec Neufchâtel entre parenthèses.

Car, alors, mon but serait dépassé. Je serais heureux de voir rétablir les noms de villes francisés, en mettant entre parenthèses la prononciation du pays. Un savant géographe, M. Levasseur, a déjà employé ce système, en dressant ses dernières cartes. C'est, au reste, une transaction adoptée par tous les cartographes allemands. Il y a une dernière proposition : adopter l'orthographe française pour tous les noms où l'on n'emploie pas l'alphabet latin, et les transcrire de façon à avoir la prononciation véritable, aussi exactement que possible. Ainsi, pour les noms arabes, on emploiera ce système, en tâchant de se rapprocher des noms véritables. Voici pour les noms des pays où l'on ne fait pas usage des caractères latins. Il est évident que je n'ai pas songé à proposer des modifications pour l'orthographe allemande ou anglaise. Mais il est une erreur qu'il faut éviter. Certains cartographes ont mis sur leurs cartes les noms anglais ou allemands de telle ou telle ville étrangère. Il y a là une source de confusion regrettable. Je ne veux pas parler plus longtemps sur cette question, qui intéresse à un haut point le Congrès de géographie français. Toutes ces réformes, qui sont très-désirables, tendent toutes à la vulgarisation et au progrès de la science géographique.

M. Merritt. — Il me semble qu'il serait plus clair de dire que la géographie ayant des noms communs et des noms propres, il convient de traduire les noms communs et de maintenir les noms propres géographiques.

M. Debize donne de nouveau lecture du vœu, dont les différents paragraphes sont adoptés.

3º Vœu présenté par la Société de Géographie de Bordeaux.

Que les Sociétés de géographie de France, réunies au Congrès de Lyon, fixent la prononciation douteuse de certains noms de villes françaises et de quelques autres mots géographiques.

Rien n'a été fait dans ce sens, d'une manière officielle, aucune autorité compétente n'a encore établi une règle définitive pour la prononciation de certains noms.

Ainsi l'on dit et nous ne citons que quelques exemples :

Béfort	ou	Belfort	Alpes cottiennes	ou	Cossiennes
Blaie	ou	Blaye	Tar	ou	Tarn
Alai	ou	Alaiss	Hérau	ou	Hérault
Aiz	ou	Aix	Tuni	ou	Tunis
Hendaye	ou	Hendaie	Madri ou Madrid	ou	Madris
Oléron	ou	Olron	Brussel	ou	Brouxel
Sedan	ou	Sédan	Dou	ou	Doubs
Lens	ou	Lan	Enghien	on	Engain
Doullens	ou	Doullan	Guize	ou	Guise
Ausserre	ou	Auxerre			

Il serait bon que ceux qui sont appelés à enseigner la prononciation de ces noms propres et d'une foule d'autres, puissent invoquer une autorité en pareille matière.

Il appartient à un Congrès de Géographie de faire pour la prononciation des noms géographiques ce que l'Académie a fait pour la prononciation des mots français.

M. Barbier. — Il me semble, pour prendre un terme de comparaison, que c'est là un vœu platonique pour les réformes à émettre. Mais il faudrait que la question ne soit pas spéciale. Je n'ai point d'autres observations à faire.

M. de Luze. — Il est certain que le Congrès ne pourrait se livrer à une discussion sur chacun des noms, mais ce travail, qui intéresse la langue au point de vue géographique, pourrait être fait par des Commissions nommées pour cela. La Société de Bordeaux ne demande pas la discussion, mais vous demande d'émettre un avis favorable sur cette question.

M. Merritt. — C'est dans cet ordre d'idées que je demanderai au commandant Poulot de poser cette question de la manière suivante :

Puisque la Société de Bordeaux a pris l'initiative de cette question, ne pourrait-elle pas faire dresser un dictionnaire géographique, une sorte de vocabulaire dont elle enverrait un spécimen à chaque Société de géographie de France ?

M. Poulot. — On pourrait demander à chaque Société de géographie de faire dans sa circonscription le même travail que la Société de Bordeaux. Tous ces travaux distincts se centraliseraient à Paris, par exemple. Je demande que le Congrès de géographie prenne cette idée en considération.

M. de Luze. — Il serait urgent qu'on se prononce ; ainsi doit-on dire : Olron ou Oléron ?

M. Poulot. — Je demande que le Congrès reconnaisse l'opportunité de la question.

Je sais bien qu'il y a là une question théorique, et que nous n'empêcherons pas les habitants des provinces du Midi de dire Als pour Arles, et Bouces-du-Rhône pour Bouches-du-Rhône, mais il est nécessaire d'avoir un dictionnaire géographique donnant la prononciation exacte.

Je demande au Congrès de mettre le vœu à l'étude et d'indiquer d'une manière quelconque que la proposition soit représentée au Congrès suivant.

M. Merritt. — Je propose l'amendement suivant :

M. Merritt propose que le Congrès charge la Société de Bordeaux de faire rédiger un vocabulaire dont les épreuves seraient soumises aux autres Sociétés de France au Congrès de 1882.

M. Poulot. — J'accepte l'amendement de M. Merritt.

M. Verne. — On recommande de tenir compte de la prononciation locale, mais il y a certains noms que l'on prononce de plusieurs manières différentes. Ainsi, dans la ville que je représente, on dit Bour, au lieu de Bourg, comme on le prononce dans le reste du pays. Autrefois on disait Bor.

Il me semble que, dans la rédaction de ce dictionnaire, on devrait tenir compte de l'étymologie historique et non pas de la prononciation locale.

M. Merritt. — Cette proposition est d'accord avec celle qui a été faite, et à ce propos un souvenir vient de me traverser l'esprit. Autrefois il y avait une très-grande différence entre la prononciation de l'Angleterre et de l'Ecosse. Si bien que, quoique parlant la même langue, un Anglais ne comprenait pas un Ecossais. Cet état de choses n'existe plus aujourd'hui ; ce résultat a été obtenu par la facilité des communications, par les rapports fréquents des deux peuples au moyen des chemins de fer.

On a pris l'habitude d'aller en Ecosse et les deux langues sont devenues compréhensibles pour tout le monde.

Il en sera de même en France, la prononciation locale disparaîtra complètement.

La proposition Merritt est adoptée.

4° Vœu présenté par M. Gros, de la Société de géographie de Paris.

Le Congrès national des Sociétés françaises de géographie émet le vœu que des ponts soient créés afin de relier les deux rives du Rhône dans la partie de ce fleuve comprise entre Lyon et Loyette, et de faciliter ainsi les relations entre les habitants des départements de l'Ain et de l'Isère.

M. Delocre. — Cette question ne concerne pas la géographie, et je crois qu'il n'y a pas lieu de s'en occuper pour le moment.

M. Gros. — Je crois que, au contraire, la question est très-géographique, car mon projet constitue un moyen de communication d'un pays à l'autre. Il fait partie de la géographie commerciale, dont la Société de géographie de Paris s'occupe tout particulièrement.

Je ferai remarquer que la chose intéresse la géographie locale, puisqu'il s'agit d'un grand fleuve comme le Rhône, sur lequel il n'y a pas un seul pont sur un parcours de 50 kilomètres. L'établissement de ce pont développera les moyens de communication du pays, et fera faire un très-grand pas à la géographie commerciale : c'est une question d'intérêt général.

M. Desgrand. — Il est certain que la géographie est une science à laquelle nous consacrons tous nos efforts, mais elle a des intérêts trop multiples pour que nous portions notre attention sur une question particulière.

Il nous faut traiter des questions que nous connaissons, afin que nos vœux aient un caractère d'autorité qui les fasse accepter. Nous ne devons pas nous occuper des affaires locales. Que M. Gros présente son vœu au Conseil municipal ou au Conseil d'arrondissement, mais un Congrès de géographie n'a pas l'autorité voulue pour rendre un jugement sur ce vœu.

M. Gros. — Je persiste dans la proposition de mon vœu qui m'a été demandé par des délégués des Conseils municipaux qui, sachant que j'étais au Congrès, sont venus me prier de présenter en leur nom ce vœu au Congrès. Cela n'engage en rien, c'est un vœu purement platonique. Si ce vœu est refusé, les populations diront que la Société de géographie ne fait rien pour leur être agréable.

M. Delocre. — Je crois qu'on doit rejeter ce vœu, attendu que le pont est construit sur deux routes nationales et peut donner lieu à diverses situations.

C'est ainsi que, s'il est placé entre deux localités, il peut être construit, par l'État, entre deux départements par le Conseil départemental. Il vaut bien mieux que ce soient les Conseils locaux qui émettent le vœu. La construction ne me paraît pas très-nécessaire puisque l'Assemblée a voté un chemin de fer entre Serezia et Montluel. Il y aura là un chemin de fer qui équivaudra à une grande route.

Le vœu de M. Gros n'est pas adopté.

5° Vœu présenté par M. Chanliaux.

L'importance du Rhône (fleuve), sous les rapports historique, géographique et commercial, pour la France, Lyon et Marseille en particulier, demande qu'il n'y soit pas pris un centimètre cube d'eau pour l'irrigation, et que non-seulement il n'en soit point dérivé, mais qu'on en augmente le volume pour les besoins de la navigation ; demande, en outre, qu'on ne touche pas à son ampleur de cours d'eau naturel, par conséquent, qu'on n'exécute aucun travail de canalisation qui le retienne, mais qu'on le cure simplement et qu'on élève ses bords.

Ce vœu est rejeté pour les mêmes motifs que celui de M. Gros.

M. Debize donne lecture de la lettre suivante de M. Saint-Pol-Lias, voyageur bien connu, qui s'excuse de n'avoir pu assister au Congrès et lui soumet deux vœux :

6° Vœux présentés par M. Brau de Saint-Pol-Lias.

Monsieur le Président,

Je suis forcé, par des motifs de santé, de renoncer, au dernier moment, à prendre part au Congrès de Lyon, auquel je devais représenter, comme l'un de ses délégués, la Société de géographie commerciale de Paris ; et je viens vous prier, ainsi que mes collègues du bureau et du Congrès, d'agréer mes excuses, avec l'expression de mes vifs regrets.

Si j'avais pu prendre part à ses séances, j'aurais demandé à y communiquer les résultats de la dernière exploration que nous venons de faire pendant un an et demi, avec mon ami M. l'ingénieur de la Croix, dans le pays d'Atjeh et le pays Battak (Sumatra), et dans l'intérieur de la presqu'île Malaise : quelques-uns des objets que nous en avons rapportés figurent à l'exposition de Lyon ; quelques autres ont été envoyés par le muséum à l'Exposition de Venise.

J'aurais aussi remercié chaleureusement la plupart des Sociétés françaises de géographie qui se sont associées à la Société de géographie commerciale de Paris, pour prêter leur appui à une pétition relative à la fondation d'une « Société française de colonisation, » pétition que j'avais déposée à la Chambre des députés avant mon départ. Cette pétition a eu le meilleur succès qu'elle pût avoir, puisqu'elle a été prise en considération et renvoyée, par un vote de la Chambre, au ministre compétent. M. le Ministre de la marine m'a fait l'honneur de m'écrire dernièrement à ce sujet. Le résultat dût-il se borner à ce fait, pour le moment, je n'en aurais pas moins la conscience et ceux qui m'ont prêté leur bienveillant appui peuvent avoir la satisfaction, d'avoir fait œuvre bonne et utile, car nous avons contribué à appeler, une fois de plus, l'attention publique sur cette vérité, qui a, dans notre illustre Président de la Société de géographie de Paris, son plus puissant défenseur, à savoir que nous devons porter nos regards au delà de nos frontières, non-seulement pour étudier les nouveaux pays si intéressants qui s'ouvrent à la civilisation, mais encore pour prendre notre part de la conquête commerciale et industrielle que les peuples civilisés poursuivent, aujourd'hui, si activement sur toute la surface du globe.

Mais je dois attendre une nouvelle occasion pour reprendre ces questions. Je ne puis dans cette lettre, et si vous daignez me prêter, Monsieur le Président, votre obligeante intervention, que soumettre au Congrès les deux propositions suivantes, qui n'y trouveront pas d'opposition, j'en ai la confiance :

La première est relative à un progrès déjà réalisé dans les gares de chemin de fer, grâce à l'initiative de la Société de géographie de Paris, si je ne me trompe, et qu'il serait plus désirable encore de voir réaliser à bord des transports de l'Etat, des grands paquebots, de tous les navires destinés à porter des passagers. Les salles d'attente des gares présentent aujourd'hui, aux voyageurs, qui n'y séjournent que quelques minutes, les cartes murales des lignes qu'ils vont parcourir. A bord, où les passagers sont parfois installés pour un temps si long! ils ne trouvent rien de ce genre. Pendant les grandes traversées où les jours et les semaines s'écoulent sans incidents, sans courriers, sans nouvelles, toujours si monotones, rien n'intéresse plus vivement pourtant — j'ai pu le constater encore en revenant dernièrement de Singapour à Toulon — que de connaître la voie qu'on suit, de savoir quelle terre on aperçoit à l'horizon, quelles sont les petites îles qu'on voit émerger de l'eau sur le passage du navire. Et le progrès à réaliser n'entraînerait qu'une dépense insignifiante ; il produirait même parfois une économie, car on remplacerait avantageusement, par de simples cartes peintes sur panneaux unis, les riches panneaux des carrés des passagers, qui présentent souvent des chefs-d'œuvre d'ébénisterie, sans cesser d'être, à l'œil, aussi ennuyeux.

La deuxième question n'a aucune relation avec celle qui précède :

Les quelques journaux que je pouvais me procurer à Atjeh, m'y ont porté une nouvelle qui m'a vivement touché dans mon sentiment national : c'est la fondation, au Japon, d'une Société pour la propagation de la langue française dans ce pays.

Propager une langue c'est répandre l'esprit du peuple qui la parle, augmenter les sympathies qu'il peut inspirer et l'influence qu'il exerce. On sait quelle importance on a attachée aux langues, dans la politique des nationalités, à notre époque. La Société que je viens de nommer n'a rien de politique, mais elle n'en est pas moins faite pour inspirer les sympathies de notre nation, et c'est surtout au Congrès national des Sociétés françaises de géographie qu'il appartient, à mon avis, de les lui exprimer.

J'ai donc l'honneur de vous demander, Monsieur le Président, de vouloir bien soumettre au vote du Congrès les deux propositions suivantes, dont la formule pourrait être modifiée à votre gré :

« 1° Que des démarches soient faites auprès du ministre de la
« marine et des Compagnies des grands paquebots, à l'effet d'ob-
« tenir qu'une carte routière, aussi détaillée que possible, indi-
« quant le trajet du navire, soit affichée dans tous les carrés
« des passagers, sur les transports de l'Etat et les paquebots.

« 2° Que chacune des Sociétés réunies au Congrès, soit invitée
« à chercher, dans sa bibliothèque, des *doubles* de livres, cartes
« ou brochures en langue française, pour les offrir, comme té-
« moignage de sympathie, à la Société japonaise qui s'est donné
« la tâche de propager notre langue dans l'extrême Orient. »

Ces dons devraient être adressés :

« A M. *le Secrétaire* de la *Société Japonaise pour la propagation de la langue française au Japon*, n° 6, Sarougakon-tcho Ilchomé, quartier de Kanda, à Tokio (Japon). »

Veuillez agréer, Monsieur le Président, l'hommage de mes sentiments respectueux et dévoués.

X. Brau de Saint-Pol Lias.

1, avenue des Gobelins, Paris.

M. Barbier. — J'ai cru comprendre qu'on demandait que des cartes soient peintes en clair sur les panneaux des paquebots.

Cela serait très-nécessaire sur les paquebots de l'Etat qui font des voyages dans diverses parties du globe. On pourrait sur ces paquebots mettre une carte qui représenterait le trajet que l'on ferait. Je ne vois pas l'utilité de cette mesure sur les paquebots du commerce, qui font toujours le même voyage.

M. Poulot. — Ne pourrait-on pas avoir des cartes mobiles qui se succèderaient sur les panneaux? Ne pourrait-on pas arranger le vœu de cette manière?

M. Debize. — M. Saint-Pol de Lias demande que son vœu s'applique aux paquebots de messageries et aux autres.

M. de Bizemont. — Il y a toujours dans les longs voyages des cartes placées sur une table dans la cabine des voyageurs et où tous les jours on marque les points parcourus. Si l'on pouvait obtenir de tous les armateurs d'avoir dans tous les salons un atlas très-complet, cela suffira largement aux besoins du bord, c'est plus pratique que les peintures murales.

M. Desgrand. — La question des cartes murales est très-importante. La Société de géographie de Lyon s'était déjà occupée de cette étude et l'avait transmise à la Compagnie du chemin de fer de Lyon, en la priant d'examiner si elle ne pouvait pas mettre des cartes murales dans les salles d'attente. On nous a répondu qu'il n'y avait pas de place parce que les murs étaient occupés par des affiches. Je dois dire que dans certaines localités ces cartes existent. Il y a de belles cartes murales dans certaines salles d'attente.

M. Lucy. — Je viens appuyer les observations de M. le délégué du Ministre de la Marine, car, en outre des inconvénients signalés par lui, les panneaux sont trop bas et on ne pourrait pas voir suffisamment ces cartes. Je crois qu'un atlas vaut mieux.

M. Debize lit de nouveau le vœu de M. Saint-Pol de Lias.

M. Levasseur. — Je ne pense pas qu'il y ait beaucoup de paquebots dépourvus de cartes. Ainsi, sur un paquebot de la Compagnie Transatlantique, à mon retour d'Amérique, il y a quelques années, j'ai vu un cadre de bois, renfermant une carte maritime, suspendu dans l'escalier des cabines. A midi on mettait le point du jour et les voyageurs se réunissaient autour de ce cadre. Chacun disait : aujourd'hui nous avons fait tant de route, etc.

Je crois qu'un atlas déposé dans chaque navire est suffisant, et comme les cartes de marine ne coûtent que 2 francs, on pourra se les procurer facilement.

M. Merritt. — J'insiste pour l'adoption des atlas.

Ce vœu est adopté.

Sur le second vœu M. Merritt dit : Je demande, pour rendre le vœu plus pratique, que la Société de Paris soit chargée de centraliser les dons, afin de ne faire qu'une seule expédition et d'éviter ainsi les frais de port.

Cette proposition est adoptée.

7° Vœu présenté par M. Arlès-Dufour.

Le Congrès émet un vœu favorable à la création par l'initiative privée d'une Société d'exportation française ayant un double but :

1° Faciliter aux jeunes gens sortant des écoles de commerce leur apprentissage à l'étranger ;

2° Augmenter le nombre, actuellement si restreint, des maisons françaises sur les principaux marchés du monde, en associant et commanditant les jeunes gens reconnus capables.

M. Desgrand. — Je crois que le vœu de M. Arlès-Dufour a besoin de commentaires. M. Arlès-Dufour a appelé le Congrès à se prononcer sur la question de la création de maisons d'exportation. Mais je me demande si cette association sera patronnée par l'Etat ou par l'initiative privée. Je n'ai pas d'objections à faire si c'est par l'initiative privée. Je suis très-heureux que cette initiative envoie et dirige les jeunes gens à l'étranger, mais il ne faut pas que le gouvernement puisse les diriger à sa volonté. On a vu les inconvénients de ce système.

Il y a quelques années le gouvernement avait pris l'initiative de la création d'une Compagnie des Indes. On consulta les Chambres syndicales, qui refusèrent leur concours, parce qu'elles prévoyaient ce qui arriverait, que le gouvernement s'emparerait de tout le commerce et créerait une concurrence insupportable à l'initiative privée.

Je demande donc à M. Arlès-Dufour s'il ne voit pas d'inconvénient à ce que j'ajoute cette condition à son vœu. (Lecture nouvelle du vœu.)

M. Arlès-Dufour. — Il était parfaitement dans ma pensée d'avoir recours à l'initiative privée et non pas au gouvernement. J'ai même l'intention de faire des conférences dans le centre de la France, afin de trouver des actionnaires pour la fondation de cette Société. Je me rallie complètement à la demande de M. Desgrand. Je n'ai pas besoin de développer ma pensée, car il me faudrait répéter ce que j'ai dit hier. Mais comme je l'ai dit aussi, pour faire un civet il faut un lièvre. Nous nous occuperons plus tard des réformes à apporter dans les Consulats, quand nous aurons des maisons françaises à l'étranger ; alors nous pourrons faire la demande pour la réorganisation des Consulats.

J'entre dans les idées de M. Desgrand, mais ce serait une grande illusion de vouloir que nos agents consulaires se mettent en relations directes avec nos nationaux pour nous envoyer ensuite des renseignements. Il est certain qu'il arrivera un moment où ces agents pourront fournir des renseignements commerciaux et les services que leur demanderait le commerce, mais à l'heure actuelle, on trouve des hommes très-capables en droit, mais complètement étrangers au commerce. Ils ne peuvent donc nous rendre aucun service. En ayant des maisons françaises nous aurons des hommes capables de nous rendre tous les services que nous leur demanderons. J'ajouterai donc à mon vœu : par l'initiative privée.

M. Varinard. — Je demande la parole pour présenter quelques observations. J'ai vu avec intérêt la marche qu'a prise le Congrès, dans l'étude de la question. Je ne demande pas l'intervention du gouvernement, car dans toutes choses je vois avec plaisir l'initiative individuelle substituée à celle du gouvernement.

Je suis partisan de la création des maisons d'exportation et des moyens de développer cette exportation.

Nous nous sommes laissé dépasser par les nations voisines, mais je demande, conjointement avec M. Arlès-Dufour et M. Desgrand, que le gouvernement apporte des modifications profondes dans l'organisation des Consulats.

Les Consuls étrangers connaissent tous les besoins des commerçants, tandis que les Consuls français se font remarquer par une méconnaissance complète des intérêts commerciaux.

Ils ne sont d'aucune utilité, à ce point de vue, pour la mère patrie. Il faudrait qu'ils s'intéressent à la question, mais ils ne le peuvent pas, n'étant pas au courant des intérêts commerciaux. J'ai été longtemps chargé de diriger des Chambres syndicales. Quand je m'adressais aux Consuls, ils me répondaient en dehors de la question, parce qu'ils ne la comprenaient pas.

C'est une réforme qu'il est urgent de faire. Il y a là tout un remaniement à faire. Il faudrait créer des bureaux commerciaux dans les Consulats français, qui seraient dirigés par un licencié en droit qui connaîtrait les affaires, et qui, s'il ne connaissait pas le commerce au point de vue technique, connaîtrait les besoins commerciaux, la question des échanges, et rendrait des services à l'industrie de la mère patrie, en attendant que les Sociétés d'exportation soient organisées. Voilà ce que je voulais dire. C'était démontrer l'inutilité des Consuls et leur incompétence, en matière commerciale.

Il y a autre chose à modifier, ce sont les rapports du ministère du commerce avec les corps de commerce. Les Consuls font des rapports très-bien faits, quelquefois, sur l'industrie du pays dans lequel ils sont en exercice. Ces rapports sont envoyés au Ministère, qui les garde fort longtemps dans ses cartons, les envoie à l'imprimerie qui les garde encore six mois, et enfin les envoie aux Chambres de commerce, qui les renferment dans leurs cartons, d'où ils ne sortent plus, et, cependant, certains de ces rapports sont très-bien faits. Il faudrait que le Ministère fasse imprimer ces rapports tout de suite et les envoie aux Chambres de commerce, qui pourraient alors s'en servir.

M. le Président. — Je crois que ce vœu s'éloigne de la question posée. Le projet de M. Varinard forme un vœu distinct.

M. Debize donne lecture du vœu de M. Arlès-Dufour et ajoute :

En réponse aux paroles de M. le Président, je prierai M. Varinard, qui vient de développer une idée excellente, de nous la donner sous forme de vœu distinct de celui de M. Arlès-Dufour.

M. Varinard. — C'était pour réfuter certaines erreurs.

M. Debize. — Il faut que le vœu soit formulé en trois ou quatre lignes.

M. Varinard. — J'abrégerai, je vais faire connaître mon vœu relatif aux Consulats, mais j'avais voulu réfuter certaines erreurs. Il faudrait prendre un peu modèle sur les Consuls étrangers, qui sont tous négociants et qui ne s'occupent pas spécialement d'administration comme les Consuls français.

M. le Président. — Le bureau vous prie de rédiger votre vœu en quelques lignes. Votre proposition viendra alors en discussion.

Le vœu de M. Arlès-Dufour est adopté.

Le colonel Debize lit la lettre suivante de M. Joseph Miot, de la Société de Paris, qui se rapporte au vœu de M. Arlès-Dufour :

8° Vœu pour la nomination d'une Commission pour l'étude d'un projet de factoreries.

J'ai eu l'avantage d'entendre l'exposé que M. Arlès-Dufour a fait d'*une Société française d'exportation.*

On ne saurait mettre en doute les immenses avantages que le commerce et l'industrie de notre pays retireraient de cette institution, mais je ne la crois pas immédiatement réalisable : la presse, ce grand levier de notre époque, ne l'a pas encore assez préconisée. Un essai de cette nature fut tenté en 1868 par la « Société pour favoriser le commerce et l'industrie. » Le capital de l'entreprise, dénommée « Société d'exportation et d'importation, » porté à 60 millions, demandés par voie de souscription, ne put être réalisé, c'est à peine si le public offrit 4 millions. L'affaire fut annulée.

On pourrait, à mon avis, atteindre le but que M. Arlès-Dufour se propose, mais il faudrait commencer par créer des factoreries dans tous les pays où la France entretient des Consuls.

Ces factoreries seraient gérées par des lauréats des écoles de commerce. Elles comprendraient une exposition permanente des produits des adhérents, elles communiqueraient les tarifs, prospectus et tous les documents pouvant renseigner utilement les acheteurs. Comme elles opèreraient pour une collectivité, la quote part à payer par chaque intéressé serait minime et pourrait néanmoins assurer une large rémunération à la « Compagnie générale des Factoreries françaises, » qui serait facilement fondée. Un capital de 200,000 fr. (qui permettrait l'émission d'actions de 100 fr.) serait suffisant au début.

Après la réussite des opérations de cette compagnie, opérations bien simples et qui seraient comprises de suite par le public intéressé, on possèderait tous les éléments pour passer alors à la fondation, sur une vaste échelle, *d'une Société française d'exportation et d'importation.*

Quoi qu'il en soit, le projet émis par M. Arlès-Dufour est surtout inspiré par la philanthropie et le patriotisme ; il doit rester à l'ordre du jour pour être ardemment soutenu par les amis du progrès.

Joseph MIOT,

Voyageur de commerce ;

Membre de la Société de géographie commerciale de Paris ;
» » des voyageurs de commerce ;
» » des volontaires de 1870-71.

3, *Impasse Compars,*
PARIS.

La parole est à M. Desgrand pour un vœu à émettre.

9° Vœu présenté par M. Louis Desgrand.

Créer en France un institut de hautes études commerciales, formant suite aux écoles supérieures de commerce, leur servant de point de mire, et jouant vis-à-vis d'elles le rôle que les Facultés jouent vis-à-vis des Lycées.

Messieurs,

Le vœu dont je viens vous demander l'adoption se lie intimement à l'histoire de nos écoles supérieures de commerce, à leur fonctionnement et surtout à leur marche progressive.

C'est vers la fin de 1869 que la Société nationale d'éducation de notre ville soumit à la Chambre de commerce la pensée, étudiée par une de ses Commissions, de fonder à Lyon une école supérieure de commerce sur les bases libérales de la loi de 1865 et sur les données des établissements analogues de Mulhouse et Anvers.

Les malheurs de 1870 et 1871 retardèrent l'exécution du projet jusqu'en 1873, où l'école s'ouvrit de la façon la plus heureuse sous le patronage de la Chambre de commerce, avec le concours de la population, qui souscrivit en quelques jours un capital de 1,400,000 fr. M. le docteur Penot, qui, par son habile et expérimentée direction, avait si grandement contribué au succès de l'école de Mulhouse, voulut bien se charger de présider à l'organisation de la création lyonnaise et, la plus grande partie de son personnel l'ayant suivi, la réussite fut complète et immédiate.

La plupart de nos grandes villes ont tenu à honneur de donner ainsi à ceux de leurs jeunes gens qui se destinent aux carrières économiques la possibilité de trouver chez eux un enseignement dont le développement des relations internationales affirme chaque jour de plus en plus l'indispensable nécessité.

L'enseignement commercial supérieur est donc formé en France, et il fonctionne d'autant mieux que, grâce à la loi de liberté de 1865, il a pu s'appuyer sur le concours d'hommes spéciaux, connaissant les besoins intellectuels des commerçants de l'avenir aussi bien que les meilleures méthodes pédagogiques propres à les inculquer dans les esprits.

Aussi les services rendus par le nouvel enseignement se traduisent-ils chez nous, et sans doute ailleurs, par la diminution croissante du nombre d'employés étrangers. La pépinière qui sort annuellement des écoles supérieures de commerce, les remplace au grand avantage des familles qui trouvent ainsi des occupations lucratives, honorables et pleines d'avenir pour leurs enfants.

Mais tout progrès révèle vite de nouveaux besoins ; quelques services que rende l'enseignement commercial dans son état actuel, on ne peut se dissimuler cependant qu'il est bien loin d'être complet : s'il donne une instruction et une éducation à peu près suffisantes aux jeunes gens qui cherchent avant tout à satisfaire le plus tôt possible aux nécessités de la vie, il est loin d'en être de même pour ceux qui, moins pressés, veulent compléter leur capital d'instruction, sachant bien que l'avenir leur compensera largement les sacrifices du présent. Une plus grande somme de connaissances leur permettra en effet de rendre plus de services et d'occuper, par suite, des postes plus avancés, ou des fonctions plus lucratives.

C'est dans cet ordre d'idées qu'à deux reprises différentes j'ai présenté au Congrès provincial des orientalistes, dans ses sessions de 1875 à Saint-Etienne et de 1876 à Marseille, un vœu tendant à la constitution en France d'un institut de hautes études commerciales.

En 1878 la Société nationale d'éducation de Lyon, qui avait pris une part si remarquable à la création de l'école supérieure de commerce de Lyon, s'émut de l'idée contenue dans le vœu recommandé à l'attention publique par les Congrès dont je viens de vous parler.

Une Commission d'enquête fut constituée par ses soins. Les renseignements recueillis de nombreux déposants furent consignées dans un mémoire dont les conclusions tendaient à ce que les Chambres de commerce de Paris, de Lyon et de Marseille voulussent bien se réunir pour aviser ensemble aux moyens de créer en France, dans la capitale ou en province, l'institut des hautes études commerciales. La Société d'éducation indiquait en outre, dans ce document, les principaux cours à introduire dans le programme du nouvel enseignement. Il devait, d'après elle, servir de point de mire aux écoles actuelles, en leur rendant le même service que les Facultés rendront aux Lycées.

On aurait ainsi pu donner aux diplômés des écoles actuelles la possibilité de gagner un titre supérieur et fournir en même temps aux aspirants aux carrières consulaires, diplomatiques, administratives et de haute finance la possibilité d'acquérir les connaissances économiques qu'on ne peut espérer de trouver dans les écoles supérieures actuelles.

Ces écoles ne peuvent, en général, donner plus de deux années d'enseignement ; quelques jeunes gens par exception demanderaient seuls à continuer ; ce serait insuffisant pour permettre de continuer avec fruit un institut dans chaque école de province ; mais cette clientelle réunie justifierait on ne peut mieux, au contraire, la création centrale dont il s'agit.

Le troisième Congrès provincial des orientalistes s'étant réuni à Lyon en 1878, je comptais y porter de nouveau le vœu en question. Mais j'appris alors par M. Cottenet, secrétaire de la Chambre de commerce de Paris, que le principe de la création de l'Institut avait été adopté par cette assemblée. Je me bornai donc à communiquer au Congrès la bonne nouvelle.

La satisfaction qu'avaient éprouvée tous les amis du progrès économique fut malheureusement de courte durée. Bientôt, en effet, ils apprirent qu'en fondant une *école de hautes études commerciales*, la Chambre de commerce de Paris avait bien à peu près pris le *mot*, mais pas du tout le *fond* de l'enseignement demandé.

Il résulte en effet de l'examen des programmes, connus aujourd'hui, de la nouvelle école de Paris que le niveau de l'enseignement ne dépasse pas, si même il l'atteint, la portée de celui de Lyon.

Force m'est donc recommander de nouveau à votre attention le vœu de créer en France *un institut de hautes études commerciales formant suite aux écoles supérieures de commerce, leur servant de point de mire et jouant vis-à-vis d'elle le rôle que les Facultés jouent vis-à-vis des Lycées.*

M. Merritt, professeur à l'école supérieure de commerce de Lyon. — Je crois que tous les amis du progrès commercial en France approuveront la pensée de M. Desgrand et qu'elle rendra de grands services à notre expansion économique, mais il faudra indiquer au gouvernement le côté pratique de cette création.

On a dit et redit que les consuls n'étaient pas des hommes de commerce ou possédant des connaissances économiques en harmonie avec leurs relations. Je demande donc, comme amendement au vœu, *que les consuls, autant que faire se pourra, devront être choisis parmi les futurs lauréats de l'institut à créer.*

M. Desgrand approuve le fond de la pensée de M. Merritt, mais il estime qu'il convient de l'ajourner, en se bornant pour le moment au plus pressé, au plus nécessaire, qui est de demander la création de l'institut de hautes études dans toute l'étendue du mot et la portée qu'il a indiquée.

M. Levasseur, *membre de l'institut, délégué du ministère de l'Instruction publique.* — Je remarque qu'on a émis des idées et propositions diverses tendant toutes au même but : *création d'un nouvel instrument d'enseignement économique.*

Vous savez, ajoute M. Levasseur, que cet enseignement a fait de grands progrès en France. Vous avez à Lyon l'homme qui a été le directeur de la première école commerciale, M. le docteur A. Penot. C'est lui qui, avec l'aide de M. Siegfried, fonda l'école de commerce de Mulhouse, c'est celle qui a servi de modèle à toutes les créations ultérieures, on a ainsi répondu aux besoins du commerce. On vous a parlé d'une école de commerce fondée par la Chambre de Paris et on a prétendu qu'elle ne répondait pas aux espérances qu'on en avait conçues. Bien que j'aie été consulté à ce sujet, je ne connais pas assez les programmes pour en préciser la portée; mais je ferai remarquer que l'école n'ouvrira qu'en octobre. On peut donc espérer que les programmes ne sont que provisoires et qu'on pourra les mettre en harmonie avec les exigences du nouvel enseignement à créer.

Il ne serait donc pas juste de décourager la Chambre de commerce de Paris, qui a déjà rendu de si grands services à l'enseignement, en jetant une sorte de discrédit sur une école qui n'existe pas encore.

Je propose donc d'ajouter au vœu une *phrase de reconnaissance pour les services déjà rendus par les écoles existantes.*

M. Desgrand fait observer qu'il n'a jamais entendu méconnaître les services rendus par l'enseignement des écoles actuelles, il en appelle pour cela aux paroles qu'il a prononcées à l'appui de son vœu.

Mais, ajoute l'orateur, c'est précisément parce que ces écoles ont rendu de grands services, c'est précisément parce qu'elles se sont multipliées, qu'il importe de fournir à l'élite des jeunes gens qui y reçoivent un enseignement appréciable certainement mais incomplet pour nombre de carrières, la possibilité d'aller plus loin et de conquérir des titres de docteurs ès-commerce comme on gagne des titres de licenciés ou docteurs en droit.

Or, je le regrette, l'école fondée par la Chambre de commerce de Paris ne répond pas à ce but. Ses programmes viennent d'être publiés. C'est à peine si le niveau égale celui de l'école lyonnaise ; peut-on espérer qu'ils soient transformés dans le sens indiqué par M. Levasseur ? Rien ne le fait pressentir. La pensée de la Chambre paraît être, au contraire, de donner à Paris une école qui réponde seulement aux besoins du commerce de la capitale ; ce qui le prouve, c'est qu'elle n'a pas cru devoir suivre la voie indiquée par la Société d'éducation de Lyon, demandant que les Chambres de commerce des ports maritimes et principales villes de l'intérieur fussent consultées sur les programmes : on leur aurait ainsi donné un caractère d'utilité générale et internationale beaucoup plus accentuée.

M. Levasseur, sans méconnaître le mérite de la rédaction de M. Desgrand, en trouve cependant la forme un peu agressive ; il croit aussi pouvoir affirmer une fois de plus que l'école de Paris peut se transformer et remplir par de nouveaux programmes le but recherché.

Il propose donc la rédaction suivante :

Le Congrès national des sociétés françaises de géographie,
Considérant que le progrès géographique est solidaire du progrès économique ;
Considérant que, dans son état actuel, l'enseignement commercial, bien que de fondation récente, rend déjà d'importants services, mais qu'il aurait besoin d'être complété, en vue surtout de répondre aux besoins des carrières consulaires, diplomatiques et des grandes entreprises internationales,
Emet le vœu que l'école de hautes études commerciales, qui vient de se fonder à Paris sous le patronage de la Chambre de commerce, soit transformée ou complétée, de manière à rendre aux écoles supérieures, actuellement existantes, les mêmes services que les Facultés rendent aux Lycées.

M. Desgrand n'ayant l'intention d'attaquer personne et confiant dans l'espoir exprimé par M. Levasseur de voir le but réalisé par l'école de Paris, ce qui est l'essentiel, déclare se rallier à la rédaction proposée par l'honorable membre de l'Institut.

Le Congrès adopte.

Ci-joint les deux lettres échangées entre la Société de géographie de Lyon et le Ministre du commerce, à l'occasion du vœu de M. Desgrand, adopté par le Congrès :

Monsieur le Ministre,

Le Congrès national des Sociétés françaises de géographie, qui s'est réuni à Lyon en 1881, a chargé notre Société de veiller à l'exécution des décisions qu'il a prises.
Nous avons, en conséquence, l'honneur de vous transmettre ci-inclus le texte du vœu qu'il a formulé, en vue d'aider au développement de l'enseignement commercial.
Comme vous le savez, la plupart de nos grandes villes ont fondé, depuis 1872, des *Ecoles supérieures de commerce*. Le Congrès a hautement

reconnu les excellents résultats qu'ont déjà donnés ces établissements, généralement soutenus ou patronnés par les Chambres de commerce.

Grâce à ces efforts de l'initiative privée, le niveau intellectuel des jeunes gens qui se destinent aux carrières économiques s'est sensiblement relevé, et nos maisons de commerce n'ont plus besoin de recourir à l'étranger pour se procurer un personnel suffisant de jeunes travailleurs instruits.

Mais si les besoins les plus urgents du commerce et de l'industrie sont ainsi satisfaits, il faut bien reconnaître que nous manquons d'un enseignement assez élevé et assez complet pour initier les jeunes gens aux connaissances qu'exigent les carrières *consulaire, administrative, diplomatique*, et même les grandes entreprises d'intérêt international.

Le nouvel enseignement que la Chambre de commerce de Paris doit inaugurer prochainement, sous le nom d'*Ecoles de hautes études commerciales*, n'a pas par lui-même, en fait, un programme plus élevé que celui des écoles supérieures de province.

Un de nos éminents collègues, M. Berlioux, professeur à la Faculté de notre ville, a dit avec raison : *De nos jours le commerce est devenu une science.* Il faut donc que les jeunes gens qui s'y destinent puissent obtenir, comme pour les carrières libérales, des grades équivalant à ceux de *licencié, docteur*, etc.

C'est pénétré de ces idées, déjà exprimées par le Congrès des orientalistes en 1874-1875, par la Société d'éducation de notre ville, à la suite d'une sérieuse enquête, et par MM. de St-Vallier et Decazes au sein du Sénat, que le Congrès national a pensé que le moment était venu de doter notre pays de ce nouvel et important organe d'enseignement.

En même temps, et sur la demande de M. Levasseur, membre de l'Institut et délégué de l'Instruction publique, le Congrès a indiqué un moyen aussi simple que décisif, de réaliser le plus promptement possible cette importante amélioration de l'enseignement.

Il suffirait en effet d'ajouter à l'école des hautes études commerciales que vient de créer la Chambre de commerce de Paris, une division où seraient reçus l'élite des diplômés des écoles supérieures de commerce et ceux qui, après concours, seraient reconnus capables d'aborder les études spéciales que le Congrès a visées.

Une institution de ce genre a été fondée à Venise par le gouvernement italien ; elle y rend déjà d'importants services, surtout au point de vue des postes consulaires.

Permettez-nous d'ajouter, Monsieur le Ministre, que le Congrès, en indiquant le moyen spécialement recommandé dans le texte, n'a pas eu la pensée de le considérer comme exclusif. Son seul but est de signaler à l'attention du gouvernement la lacune, vraiment regrettable, qu'il s'agit de combler. Nous espérons que votre haute intervention y mettra fin.

Veuillez agréer, Monsieur le Ministre, l'expression de notre respectueuse considération.

Le Président,
Louis DESGRAND.

Le Secrétaire général,
DEBIZE,
L-Colonel d'état-major, en retraite.

Messieurs,

J'ai reçu, avec la lettre que vous m'avez fait l'honneur de m'adresser le 29 novembre, communication d'un vœu exprimé par le Congrès national des Sociétés françaises de géographie, qui s'est réuni à Lyon, en 1881. En vue d'aider au développement de l'enseignement commercial, le Congrès a émis le vœu que l'Ecole des hautes études commerciales que vient de fonder la Chambre de commerce de Paris, soit tranformée ou complétée de manière à rendre aux Ecoles supérieures de commerce actuellement existantes les mêmes services que les Facultés rendent aux Lycées, vous me demandez d'intervenir dans ce but.

L'enseignement commercial a droit à toute la sollicitude du gouvernement et je ne puis voir, en ce qui me concerne, qu'avec une vive sympathie tous les progrès qui sont de nature à élever de plus en plus le niveau des études pour donner aux jeunes gens qui se destinent aux grandes affaires commerciales et aux carrières qui s'y rattachent, la large instruction qui est aujourd'hui nécessaire, c'est à ce besoin que répond la création de l'Ecole des hautes études commerciales, et tout mon intérêt est acquis à cette institution nouvelle.

Mais je dois vous faire observer, Messieurs, que cette Ecole ne relève pas de l'Etat. Elle est administrée librement par la Chambre de commerce de Paris, à qui il appartient de lui donner l'impulsion et d'établir ses programmes.

En fondant l'Ecole des hautes études commerciales, la Chambre de commerce a montré qu'elle avait compris les nécessités du commerce de nos jours, et qu'elle était disposée à ne rien négliger de ce qui dépendait d'elle pour y donner satisfaction, en donnant aux études commerciales toute l'ampleur qu'elles comportent ; on doit s'en rapporter à elle pour la réalisation de ce but élevé.

Je ne puis donc que vous engager à adresser votre communication à la Chambre de commerce de Paris, qui ne saurait manquer d'examiner avec grande attention le vœu émis par le Congrès.

Recevez, Messieurs, l'assurance de ma considération très-distinguée.

Le Ministre du Commerce et des Colonies,
A. ROUVIER.

10° Vœu présenté par M. Varinard.

Le Congrès émet le vœu que, dans chaque consulat français, un bureau soit fondé pour s'occuper exclusivement des affaires commerciales : répression de la contrefaçon, usurpation des raisons sociales et des récompenses honorifiques, poursuites contre les banqueroutiers et faillis, etc....

A la tête de ce bureau commercial serait placé un élève diplômé des écoles supérieures de commerce, rompu aux affaires judiciaires et connaissant les besoins du commerce et de l'industrie, qui relèverait du consul et correspondrait avec les Chambres de commerce et les Chambres syndicales.

M. Merritt. — Je demanderai la suppression du mot : licencié en droit. Dans les écoles de commerce, ou plutôt, pour parler d'une école que je connais bien, à l'Ecole supérieure de commerce de Lyon, les jeunes gens apprennent assez le droit commercial pour pouvoir traiter toutes les difficultés qui pourraient s'élever sans le secours d'un licencié en droit.

Un licencié en droit c'est un avocat ; et, certainement, ce n'est pas un avocat qui pourrait traiter les questions de commerce pas plus qu'un médecin si vous l'envoyez dans les pays étrangers. Voilà pourquoi je demande la suppression du mot : licencié en droit.

M. Varinard. — Je n'insiste pas sur le mot licencié en droit, pourvu que l'envoyé connaisse le droit.

M. Desgrand. — Il suffira qu'il soit muni d'un diplôme émanant d'une école supérieure de commerce.

Le vœu est adopté avec les modifications proposées par MM. Merritt et Desgrand.

11° Vœu présenté par M. le docteur Combet.

Dans le but d'augmenter la richesse et la prospérité de la France ; de seconder les efforts de la science en ouvrant des routes nouvelles à travers les continents.

Le Congrès émet le vœu que le gouvernement français mette à l'étude les meilleurs projets, destinés à reconstituer la navigation intérieure de la France, et, par l'utilisation et l'amélioration des grands cours d'eau, facilite à la batellerie, un transit direct de l'Océan à la Méditerranée.

M. Delocre. — Le gouvernement a déjà entrepris des études dans ce but. Je ferai observer que le vœu de M. Combet ne rentre pas dans les questions qui doivent être traitées par une Société géographique. Je crois qu'en général la géographie est très-peu intéressée à ces questions. C'est un projet industriel. C'est une voie fluviale qui a pour but de compléter le réseau des chemins de fer.

M. Combet. — C'est un vœu intéressant très-profondément la géographie, car il a pour but d'établir une correspondance fluviale de Marseille à Lyon au moyen d'un large canal sans écluse et sans tunnel. Si le vœu est admis par le Congrès et envoyé au gouvernement avec les études déjà faites, on aura la solution d'une grande question et nous aurons un nouveau débouché avec l'Orient.

Le vœu de M. Combet n'est pas adopté.

11° Vœux présentés par la Société académique Indo-Chinoise de France

1° Que le consul de France à Bang-Kok soit élevé au rang de ministre résident, qui est celui du représentant de l'Angleterre.

2° Que le Consulat de France à Bang-Kok prenne sous sa protection et fasse inscrire à sa chancellerie tous les chrétiens qui lui demanderont cette faveur. Par ce moyen il étendra rapidement son influence. Les chrétiens, qui pour la plupart sont Annamites, Khmers ou Chinois, sont préparés par les conseils des missionnaires français à accepter notre protectorat.

3° Que la France envoie des agents consulaires vice-consuls ou consuls à Mandalay (Birmanie), à Bhamo (Haute-Birmanie), à Vakhoi (golfe du Tong-Kin), à Hoïhow (Ile d'Hainan) et dans les autres ports ouverts de l'extrême Orient où il y a des agents anglais.

4° Que des agents consulaires, vice-consuls ou consuls soient nommés à Batta-Bong (Cambodge siamois), à Chantaboun (golfe de Siam), à Luang-Prabang (Laos siamois), à Laokay (Haut fleuve Rouge) et à Yunân-Sên (Yunan) ou à Ta-ly, bas Yunan.

5° Que la France fasse étudier le plus rapidement possible la création d'une ligne ferrée à voie étroite de Phom-Puenh aux frontières du Laos birman.

6° Que la France fasse étudier le tracé d'un chemin de fer à voie étroite latéral du fleuve Rouge de Hâ-Noi à Mang-Hao.

7° Que la France organise une nouvelle exploration archéologique aux ruines de l'ancien Cambodge, pour faire suite aux travaux de la Grée, Francis Garnier et Delaporte, composée d'archéologues et d'orientalistes, avec un personnel suffisant de dessinateurs, de photographes et d'auxiliaires de tous genres, et qu'imitant l'exemple que lui donnent les Pays-Bas avec la magnifique publication qu'ils ont consacrée au temple de Bôro-Bôudour, elle consacre à son tour des publications analogues aux principaux monuments Khmers. Les inscriptions devront soigneusement être relevées ; les bas-reliefs devront être reproduits; les plus remarquables morceaux d'architecture devront être dessinés et photographiés ; des fouilles devront être organisées ; les matériaux employés, leur appareillage, le mode de construction des murs et des voûtes, et des procédés décoratifs devront être soigneusement étudiés ; une monographie très-complète devra être consacrée à chaque monument ; les ruines signalées et qui n'ont pas été encore visitées, comme celles de la province cambodgienne de Photisat et de la province annamite de Binh-Thuan.

8° Qu'un voyageur français soit chargé de l'exploration géographique du Laos birman et de la recherche d'une voie commerciale entre l'Iraouaddy et le Më-Kong au point le plus rapproché du fleuve Rouge (travaux topographiques, détermination de longitudes et de latitudes, recherches ethnographiques, archéologiques et économiques).

9° Qu'un voyageur français soit chargé d'une mission scientifique et économique ayant pour objet spécial l'étude de l'état actuel de l'agriculture, de l'industrie et du commerce dans les vallées de l'Iraouaddy et de la Salouën.

10° Considérant l'insuffisance des notions historiques et littéraires que nous possédons sur les peuples Indo-Chinois et les nombreuses lacunes qui existent dans les collections des manuscrits orientaux de la Bibliothèque nationale, — que les agents français de tout ordre, les missionnaires, commerçants, les industriels soient invités à réunir pour le compte de l'Etat le plus grand nombre possible de manuscrits indigènes.

11° Considérant la nécessité absolue de faire prévaloir notre influence dans les vallées du Mé-Kong, de la Mé-Nam et de l'Iraouaddy et de développer par tous les moyens nos relations avec les habitants de ces régions, étant donné que la connaissance de la langue d'un pays est le premier instrument de toute transaction, — qu'une chaire de cambodgien, qu'une chaire de siamois et qu'une chaire de birman soient créées à l'école des langues orientales vivantes.

12° Qu'il soit créé dans les principales villes industrielles et les principaux ports commerciaux de la France des cours du soir, publics et gratuits, des langues parlées dans nos colonies et dans les pays avec lesquels nous sommes en relations commerciales.

M. Merritt. — Il me semble que le vœu commence par une accusation. Je crois que le Congrès de géographie, qui marche toujours en avant, n'a pas à se prononcer sur ce qui n'existe plus, mais doit voir l'avenir.

On s'occupe beaucoup des Consulats, et il faut bien le reconnaître, dans cette question de Consuls ou Consulats, on cherche la petite bête, sans voir le sens général du Consulat.

Il ne faut pas par certaines paroles attaquer le gouvernement, qui a fait faire de grands progrès et s'est occupé très-libéralement du commerce. Si l'institution du Consulat est mauvaise, c'est une chose arrêtée et contre laquelle on ne peut pas réagir pour le moment. Je vous propose donc de rejeter ce vœu, ou tout au moins d'en atténuer la partie qui touche au gouvernement.

M. Ganeval. — Je pense qu'il serait peu parlementaire, dans une note adressée au Gouvernement, de faire mention de ces choses-là. Il vaut mieux que nous émettions le vœu, et que la chose se fasse.

M. Delocre. — Nous ne sommes pas en Cochinchine, et nous

ne pouvons pas juger de la situation des travaux publics à exécuter. Il me semble que nous ne devons pas faire pour les colonies ce que nous avons rejeté pour la France.

M. Soleillet. — Je crois qu'il peut y avoir intérêt à appeler l'attention du Gouvernement sur des choses nouvelles. Dans l'espèce, ces choses sont intéressantes.

Je déclare que, pour ma part, il me paraît intéressant que la Société de géographie s'occupe des chemins de fer à exécuter dans ce pays, afin d'appeler l'attention du Gouvernement qui s'occupe de nos colonies, et il y a une chose bien certaine, c'est que, pour conserver au vœu son autorité, il faut savoir le restreindre, afin que l'attention du Gouvernement soit frappée par un seul objet.

M. Dunand. — Je n'ai qu'à ajouter en réponse à M. Soleillet, que M. le Maire de Saïgon a fait une conférence à ce sujet dans la salle de la Société de géographie.

M. Soleillet. — J'étais probablement dans les colonies à ce moment-là.

M. Combet. — Nous sommes dans des conditions identiques à celles relatives aux canaux français ; si on ne s'occupe pas des canaux français, on ne doit pas le faire pour le fleuve Rouge.

M. Chanliaux. — C'est pour cela que, quand on a demandé l'amélioration du Rhône, on l'a refusée.

M. Debize. — La Société de géographie a le devoir de s'occuper des colonies et d'en développer la richesse.

M. le Maire de Saïgon est venu faire une conférence dans laquelle il a expliqué qu'il fallait donner un grand développement à ce pays. Il est certain que, tout en s'occupant de la France, on peut s'occuper d'autres pays.

Nous avons le droit et le devoir de nous intéresser à nos colonies.

M. Dunand. — Pour le chemin de fer du fleuve Rouge, il n'appartient pas à la France de juger cette question. Ce devoir incombe aux conseillers locaux.

M. Debize donne une nouvelle lecture du vœu.

M. Maunoir. — En réponse à ce vœu, je dirai que M. le Ministre s'est occupé des explorations dans la Cochinchine et le Tonkin. Il me semble donc que ce vœu fait double emploi.

Le vœu est adopté.

M. Soleillet. — Je signale que nous venons de voter trois vœux en un seul. Il me semble qu'en agissant ainsi, nous diminuons notre autorité.

Si nous émettons un seul vœu il aura de l'autorité ; deux, il en aura moins, et au delà, ils n'en auront plus aucune.

M. Dunand. — Mais ce premier vœu est distinct.

M. Soleillet. — Mais il y en a d'autres qu'on va vous lire. Et sur les explorations à faire, je vous en proposerai d'aussi utiles, deux cents en Afrique, et sept cents en France.

Le vœu suivant est adopté, ainsi que tous les autres qui sont adoptés successivement.

M. Lucy. — Il y a dans les propositions de la société Indo-Chinoise des vœux du Congrès de géographie et du Congrès des orientalistes. Pour ce qui concerne le chemin de fer, cela nous regarde jusqu'à un certain point, mais pour la langue du pays, il me paraît bien suffisant qu'il y ait un cours à Paris, à l'Ecole des langues orientales. Il y a peu de personnes qui vont dans ces pays et généralement on apprend la langue dans le pays même. Je ne crois donc pas qu'il soit utile d'émettre ce vœu.

La dernière partie du vœu est rejetée.

12° Vœu présenté par M. le docteur Harmand.

Le Congrès émet le vœu que le gouvernement favorise l'extension de la puissance française au Tonkin.

M. l'abbé Lesserteur, directeur des Missions-Etrangères à Paris. — Si on annexe la France au Tonkin, on commettra premièrement une injustice, deuxièmement on ira contre le vote de la Chambre et du Sénat.

Si vous me le permettez, je vous démontrerai ces deux propositions.

M. l'abbé a la parole.

Mesdames, Messieurs,

Quoiqu'il ne convienne pas de se recommander soi-même, je vous dirai que mon titre à réclamer votre bienveillante attention, c'est d'être resté huit ans au Tonkin, d'avoir étudié avec soin les mœurs du royaume d'Annam et d'avoir suivi, jour par jour, la face politique du gouvernement de l'Annam.

L'argumentation du docteur Harmand se résume en ceci : Pour étendre notre empire colonial en Cochinchine, il faut annexer l'Annam et le Tonkin à la France, ce que nous pourrons faire sans rencontrer de difficultés sérieuses.

Je regrette que M. le docteur Harmand ne soit point ici pour répondre à mes arguments. La mise à exécution de son projet est très-facile, il suffit en effet de quelques hommes pour s'emparer de ce pays ; mais là n'est pas la question.

Je ne contesterai pas non plus que nous retirerions des profits considérables de l'occupation du Tonkin. Là n'est pas encore la question, le véritable terrain où l'on doit la poser est celui-ci : Pouvons-nous, légitimement, nous emparer du Tonkin ? Eh bien, non ! nous ne le pouvons pas. Depuis 1875 il existe un traité entre la France et l'Annam, traité qui règle la situation entre ces deux pays.

Les conditions du traité ont été exécutées des deux côtés. La France a livré cinq bateaux à vapeur, en mauvais état, on vous l'a dit, des canons et mille fusils à aiguille.

En revanche, nous avons un représentant officiel de notre pays à la Cour de Hué ; nous avons trois consuls, avec une garde de cent hommes sur divers points. Le fleuve Rouge a été complètement ouvert aux Européens, et le traité a été religieusement exécuté par le roi de l'Annam. Le gouvernement français a également exécuté les conditions, quoique, d'après M. le docteur Harmand, il ait livré cinq bateaux à vapeur en mauvais état de conservation, et mille fusils à tabatières qui ne valent plus rien. Quoi qu'il en soit, le roi d'Annam a exécuté les conditions.

Nous avons, comme je vous l'ai dit, un représentant officiel à Hué ; trois consuls avec des soldats dans des stations désignées et le fleuve Rouge est ouvert au commerce européen. On vous a dit qu'il y avait du danger, ce qui n'est pas, et on vous a objecté qu'il y avait peu de maisons françaises établies dans ce pays ; on a cherché à en faire tomber la faute sur le roi de

Tonkin. La Cochinchine est française et nous avons des maisons françaises à Saïgon ; et pourtant on sait que dans l'Annam les mandarins nous sont opposés.

Oui, nous dit-on, il y a sur les bords du fleuve Rouge des Chinois et des sauvages qui empêchent de remonter le fleuve. On peut alléguer, pour justifier cette assertion, qu'à une certaine époque elle avait quelque ombre d'autorité. Mais à l'heure qu'il est c'est complètement inexact.

Pour répondre à l'allégation de M. Harmand, je vais vous citer, d'après le gouverneur, Le Mire de Villiers, le rapport officiel d'un officier de marine, M. Gadévo, commandant d'une canonnière, qui a remonté le fleuve Rouge sans être inquiété nullement et n'a rencontré que quelques misérables individus qui vivaient dans des huttes grossières. Si M. le docteur Harmand était ici, je lui raconterais que cet officier, avec deux serviteurs annamites, a remonté le fleuve Rouge jusqu'au Tonkin sans rencontrer aucune difficulté. Il y avait là quelques petites peuplades qui n'avaient jamais vu d'Européens et je demanderai à M. le docteur Harmand si les difficultés suscitées par les indigènes sont susceptibles d'arrêter des Européens résolus. Le fleuve Rouge a donc été ouvert au commerce par le gouvernement annamite. Désormais on doit convenir que le traité de 1875 a été très-bien exécuté et qu'il l'est toujours.

Tout le monde a dû voir dans les déclarations faites à la Chambre des députés par le Ministre de la marine qu'il y avait une demande de crédit de 2.500.000 fr. pour notre escadre au Tonkin.

On a déclaré que le gouvernement n'avait pas l'intention d'annexer le Tonkin. Grâce à cette déclaration, la Chambre a voté le crédit demandé, et c'est à l'unanimité moins deux voix, que le Sénat a ratifié le vote. Je demande donc au Congrès de ne pas donner suite à ce vœu, car ce serait aller contre le vote de la Chambre et du Sénat.

M. le Président. — Je crois être l'interprète du sentiment de tous en remerciant l'orateur de cette intéressante communication. M. l'abbé Lesserteur a soulevé deux objections : il a dit que l'annexion du Tonkin serait une chose injuste, ensuite il a soulevé une question politique.

Ces questions ne rentrent pas dans le domaine d'un Congrès de géographie, et je demanderai au Congrès s'il veut bien les discuter ou les laisser de côté.

M. Barbier. — Nous ne sommes pas forcés d'émettre un vœu favorable, mais il nous faut prendre une décision, puisque nous avons mis ce vœu à l'ordre du jour.

M. Debize lit la nouvelle rédaction du vœu sur le Meï-Kong.

Le Congrès émet le vœu que des explorations soient faites dans l'Indo-Chine, spécialement entre l'Iraouady, le Mékong et le fleuve Rouge.

Que les explorateurs soient invités à recueillir pour le compte de l'Etat le plus grand nombre possible de manuscrits indigènes.

M. l'abbé Lesserteur. — Je demande pourquoi on ajoute : pour le compte de l'Etat ; est-ce que l'Etat en a pris l'initiative ?

M. Debize. — Ceci a pour but d'engager l'Etat à envoyer des explorateurs. Les manuscrits qui arriveront seront pour l'Etat, puisque c'est lui qui se chargera de l'exploration.

M. l'abbé Lesserteur. — Cette explication me suffit.

M. Desgrand. — La Société de géographie ne pouvait pas moins faire pour les explorations.

Le vœu est adopté, avec sa nouvelle rédaction.

L'ordre du jour est épuisé.

La séance est levée à 11 heures 3/4.

SÉANCE DU 10 SEPTEMBRE (SOIR)

Clôture du Congrès

Présidence de M. L. DESGRAND, président de la Société de géographie de Lyon.

Siégent au bureau :

M. le général CARTERET-TRÉCOURT, gouverneur militaire de Lyon, les principales autorités de la ville et les délégués des ministères et des Sociétés savantes.

La séance est ouverte à 2 heures 1/4.

M. Desgrand. — J'ai été appelé par un hasard malheureux à présider cette réunion ; c'était à M. Guimet que cet honneur appartenait et c'était justice que notre intelligent et savant collègue, qui a créé ce monument, ce musée qu'il met si généreusement à la disposition de tous, vînt s'asseoir à la présidence. Mais malheureusement une affaire importante l'a retenu loin de nous.

Avant d'ouvrir la séance, je vais prier M. Levasseur de passer au bureau, ainsi que MM. les délégués des ministres et les délégués des Sociétés. Nous allons passer à l'ordre du jour après une communication des délégués des Sociétés.

J'ai une bonne nouvelle à vous annoncer. Comme vous le savez, toutes les Sociétés cherchaient le moyen de réaliser entre elles un certain lien de fédération.

Après avoir longtemps discuté sur les meilleurs moyens, on est parvenu à réaliser la question et on lui a donné un caractère pratique en la présentant sous forme de prix à décerner tous les quatre ans, par les Sociétés françaises, en faveur de l'œuvre qui aura fait progresser le plus largement la science géographique.

C'était une pensée nouvelle que de faire décerner un prix par quinze Sociétés ; il y avait beaucoup de difficultés à résoudre.

Cependant notre Commission s'est réunie tous les jours et même plusieurs fois par jour et les difficultés ont été levées, avec réserve de la part des délégués des dix Sociétés de faire approuver leur conduite par les Sociétés. Ce protocole *ad referendum* a été signé hier soir, et à moins de décisions contraires, on peut considérer que c'est un gage d'union entre toutes les Sociétés.

Cette question si touchante en elle-même resserrera les liens de fraternité qui unissent déjà toutes les Sociétés ; ce sera une sorte de décentralisation, qui ne nuira pas, au reste, à notre union avec la Société de Paris. Ce sera un des meilleurs résultats obtenus par le Congrès de Lyon.

M. Debize donne communication d'une lettre de M. le Préfet, qui s'excuse de ne pouvoir assister à la séance.

La parole est à M. Levasseur, pour un rapport sur l'exposition.

Mesdames, Messieurs,

Je me suis cru obligé, avant de quitter Lyon, de vous dire quelques mots des travaux si bien interprétés que j'ai rencontrés dans votre exposition.

Il ne m'appartient pas de vous en parler en détail, et de vous introduire dans cette exposition, mais je veux vous dire l'impression que j'ai reçue en voyant l'exposition qu'a si bien organisée la Société de Lyon, dans l'Ecole de commerce.

Je remercie ici la direction de l'Ecole de commerce et la Société de géographie. Cette exposition est une œuvre qui sera utile à Lyon. Je ne veux pas passer en revue tous les objets exposés, mais je veux vous dire un mot des sources auxquelles la géographie puise tous les jours et dont vous avez des spécimens à l'Exposition.

Parmi les sources de la géographie, il en est une tout d'abord, l'unique, la première source de l'œuvre cartographique. C'est l'œuvre de l'état-major.

Il ne faut jamais l'oublier. L'Exposition de l'état-major vous montre non-seulement des cartes très-bien faites, mais une carte au $\frac{1}{80000}$, qui prouve l'énergie avec laquelle le dépôt de la guerre ne cesse de mettre ces cartes à la portée des différents besoins des pays, à mesure qu'ils les expriment.

Nous avons vu à côté une carte au $\frac{1}{500000}$ et une carte au $\frac{1}{50000}$ dont le ministère de la guerre a dirigé l'exécution. Nous aurons dans un avenir prochain, au moyen des courbes et par tous les moyens nouveaux de chromolithographie dont nous disposons maintenant, une carte de France au $\frac{1}{50000}$. Nous avons pu voir à l'exposition la première feuille de ce magnifique travail qui comprendra également l'Algérie. A côté de cette feuille il y a une carte du massif des Alpes au $\frac{1}{320000}$ qui est une mine inépuisable de recherches au point de vue orographique et topographique. Il y a également, comme chef-d'œuvre d'exécution, une carte de Nancy au $\frac{1}{200000}$. Il y a certainement quelques erreurs dans ces cartes de l'état-major, mais on s'occupe activement de les reviser, on fait de grandes recherches pour la carte de l'Algérie et on tâche autant que possible de faire une œuvre parfaite.

Je le répète, il faut rendre hommage hautement à ce gigantesque travail de l'état-major. Et je parle comme fonctionnaire, ces services sont dus à la bonne volonté et au dévouement sans bornes des hommes chargés de ce service. Je vous citerai seulement MM. les colonels Bugnot et Rouby.

Ces travaux ont été la source première des études géographiques qui dérivent toutes de là. Mais parmi ces cartes qui en dérivent il en est qui sont encore des sources par la nouveauté des vues et le tracé des moyens de communication. Je vous citerai dans cet ordre le remarquable travail commencé par M. le Ministre de l'intérieur. Je vous citerai la carte au $\frac{1}{100000}$, et, puisqu'il faut donner un mot propre, je citerai M. Anthoine, auquel son service doit tout ce qui a été fait et ce qui se fera dans l'avenir.

C'est également une source qu'on peut ajouter à celle que j'ai citée, tant pour les procédés d'exécution que pour les tracés et les sources de renseignements qui constituent de véritables cartes originales. J'aurais voulu voir figurer à l'Exposition une troisième carte du ministère des travaux publics à l'échelle du $\frac{1}{300000}$, qui est très-remarquable sous le rapport des voies de communication, des canaux, et qui est très-profitable à l'industrie, dont le ministère des travaux publics a la haute surveillance.

Cette carte donnera, sous une forme nouvelle, une idée nouvelle de la France. Si cette carte n'est pas à l'Exposition, nous y trouvons les travaux d'un homme de la même administration, M. Chesson, dont l'album de gravures, de cartes, représente les forces de la France. M. Chesson, qui est un homme très-remarquable, a su faire une œuvre originale. Quoique je ne veuille pas faire une énumération de tous les noms propres, je veux, en examinant le service des ministères, vous parler de M. de Rochas, commandant du génie, qui s'est véritablement distingué. Au reste, on n'a pas attendu jusqu'à ce jour pour reconnaître le talent de M. de Rochas. Il est juste d'ajouter qu'il y a beaucoup d'hommes remarquables dans ce service.

Il y a encore une autre source à laquelle la géographie peut puiser, c'est dans les œuvres des découvreurs qui donnent une idée nouvelle de la géodésie et de la topographie des pays inconnus. Toutes les ressources de la science sont employées par ceux que l'on a appelés les pionniers de la science. Les voyageurs sont chargés de nous faire connaître aujourd'hui ce que la géodésie ne nous fera connaître que dans des siècles plus reculés. Nous avons ici beaucoup de ces sources qui vous font voir tous les travaux des voyageurs. Celui que je veux vous citer en premier lieu c'est M. Revoil qui, grâce à son courage et à sa persévérance, a accompli une mission dont les résultats ont été excellents. Je vous citerai ensuite M. Brau de Saint-Pol-Lias, M. Seguin, M. Coillard, M. Chantre, qui vient d'accomplir un voyage utile pour la géographie et l'ethnographie ; je n'ai pas besoin de vous faire l'éloge de M. Chantre, qui est trop connu à Lyon pour que je puisse rien ajouter à sa réputation.

Je veux vous citer encore un élève sorti d'une école de Lyon, M. Pagnon, que nous avons eu le plaisir d'entendre dans la lecture de son travail.

Je suis heureux, à cette occasion, de faire l'éloge de l'Ecole de commerce de Lyon, qui a su produire des jeunes gens qui rendent de si grands services à la science et à l'industrie (applaudissements).

Il est une troisième source, c'est celle de la géographie locale. Nous avons vu à l'Exposition des travaux très-complets et très-remarquables. De grands efforts ont été faits pour répandre la science géographique de ce côté. Parmi les cartes exposées nous avons celle d'un homme bien connu à Lyon, M. Gonnet, qui a su produire un travail très-remarquable ; voici le savant M. Vermorel, qui a pu reconstruire, par l'archéologie et l'histoire, le plan de Lyon au XIVe siècle.

C'est une œuvre utile que d'avoir pu reconstruire les maisons et la disposition des rues du vieux Lyon. C'est avec des œuvres de ce genre qu'on facilite la vulgarisation de la science géographique et cartographique à différents degrés. Cette œuvre de notre collègue est digne d'éloges et rendra de grands services pour l'histoire du passé.

J'ai constaté également une grande émulation parmi les maîtres. J'ai visité avec un grand intérêt la partie pédagogique de l'Exposition et j'ai trouvé des cartes très-bien faites par les maîtres et les élèves. J'ai été agréablement surpris de voir que dans différents départements, notamment dans l'Isère et dans le Rhône, l'enseignement géographique a pris un grand développement, grâce au zèle des professeurs et des maîtres. Le système employé généralement pour l'instruction géographique est celui de la géographie faite d'un point déterminé et s'étendant peu à peu à toute la France. J'ai visité il y dix ans les écoles et je puis constater qu'il y a un mouvement considérable maintenant vers la science géographique.

Je vous citerai en première ligne M. Heilmann, que j'ai eu le plaisir de visiter et qui a inauguré dans son école un système d'instruction à partir du lieu où l'on habite, au moyen d'un système très-ingénieux. Ce système est très-bon, mais il ne faudrait pas l'exagérer, car il pourrait dégénérer. Il est certain qu'il est très-utile de faire passer les élèves du connu à l'inconnu, et de leur mettre ensuite le monde sous les yeux, ce qui est l'idée première de la science géographique. Il y avait donc de très-grands progrès à accomplir, et ces progrès ont été accomplis par le zèle et l'activité persévérante de la Société de géographie de Lyon. Il n'est personne qui n'ait pu se rendre compte des efforts faits par cette Société, qui a si bien organisé le Congrès et l'Exposition. Je tiens ici à rendre un témoignage à la Société de géographie de Lyon, qui a tout fait pour la science géographique ; grâce à elle, il a été fondé à Lyon une école remarquable de géographie.

M. Desgrand. — Je crois être votre interprète, Messieurs, en remerciant M. Levasseur des éloges peut-être trop flatteurs qu'il vient de faire à notre exposition. Qu'il reçoive ici les remerciments de la Société de géographie de Lyon, pour les hommages flatteurs qu'il vient de donner à notre Société et à son école.

M. le général Carteret-Trécourt, gouverneur militaire de Lyon. — Je n'avais pas l'intention de prendre la parole, mais en entendant les paroles de M. Levasseur, j'ai cru devoir me lever pour lui exprimer ma gratitude et celle de mes officiers pour les éloges dont il vient de combler le département de la guerre et l'état-major, qui cherchent de toutes leurs forces à faire progresser la science géographique. Le travail de l'état-major est poursuivi avec un courage et une persévérance qui ont produit de grands résultats. Il y a certainement quelques erreurs de commises à tous les points de vue, mais le résultat général a été merveilleux. Vous avez entendu M. Levasseur, je n'ai rien à ajouter à ce qu'il a bien voulu vous dire, que mes remerciments à ses éloges. (Applaudissements.)

M. Levasseur. — Je n'ai fait que m'acquitter d'une dette de reconnaissance pour le zèle si connu de l'état-major, qui devait avoir la première place dans notre Congrès.

M. Ganeval a la parole pour lire le rapport du jury de l'Exposition et les récompenses.

Ce rapport est inséré au chapitre de l'Exposition.

M. Desgrand. — Mesdames, Messieurs, il est de notre devoir à tous de donner nos remerciments à tous les ministères qui nous ont fourni des travaux très-complets, et dont les succès ont récompensé les efforts toujours constants et dévoués. Je me rappelle que, lors de ma première distribution de prix, le lauréat s'appelait Achille, et le distributeur nous disait : Travaillez comme Achille, et vous réussirez comme Achille.

Moi je vous dirai : Travaillons tous comme Achille, et nous réussirons comme Achille.

J'adresse des remerciments à MM. les Présidents du jury, qui ont accompli avec beaucoup de succès leur tâche difficile, si pénible et si délicate. Je dois adresser également des remerciments spéciaux à M. Ganeval (applaudissements), qui s'est occupé avec tant d'ardeur de l'organisation de notre Congrès et de notre Exposition.

Je remercie M. le Directeur de l'Exposition, M. le Directeur de l'Ecole de commerce et l'Administration de l'Ecole, qui ont mis à notre disposition un local si bien approprié. (Applaudissements.) Je n'ai plus qu'un mot à dire en terminant.

Mesdames, Messieurs, chers et honorés collègues,

En m'appelant à l'insigne honneur de présider notre dernière réunion, mes collègues m'ont fourni l'occasion vivement désirée d'adresser à tous les membres du Congrès l'expression d'une reconnaissance que je ne saurai jamais rendre aussi vive que je la ressens.

Messieurs, l'œuvre du 4e Congrès provincial de géographie est terminée. L'opinion publique la jugera. Il ne nous appartient pas de devancer son arrêt. Je ne crois cependant pas me tromper en disant qu'il reconnaîtra les services que rendent nos réunions périodiques ; il en recommandera, je n'en doute pas, la continuation et l'amélioration progressive. Elles ont, en effet, le grand mérite de fortifier le principe de décentralisation et fournissent l'occasion naturelle de réaliser les vœux que nous formons si souvent d'une union plus intime entre nous.

Nous venons de faire, comme vous le savez, un premier pas dans cette voie. La constitution d'un prix à décerner tous les 4 ans au nom des Sociétés françaises de géographie, restera comme l'un des meilleurs résultats du Congrès national de 1881.

Merci donc, Messieurs, chers et honorés collègues, merci pour le précieux concours que vous nous avez si généreusement fourni en apportant au Congrès de si remarquables travaux. Merci tout d'abord au grand Français, à l'illustre fondateur des canaux de Suez et de Panama, d'avoir bien voulu présider à nos premiers efforts. Merci à S. M. le roi des Belges de ses sympathies pour notre œuvre et du choix de M. le colonel Wauwermans pour nous les exprimer.

Merci à MM. les délégués des ministères, des Sociétés de géographie nos sœurs. Merci aux autorités départementales et municipales, à la Chambre de commerce de Lyon, aux membres de la presse, à tous enfin, pour leur active participation à nos travaux.

Mais merci encore plus particulièrement à ces explorateurs qui, à peine de retour en France, ou à la veille de s'exposer à de nouvelles épreuves, n'ont pas craint de venir à Lyon nous apporter de précieux enseignements et concourir avec tant d'empressement au succès de notre Exposition.

Mais pourquoi faut-il que nous voyions arriver si promptement le terme d'une si heureuse, si productive, si fraternelle collaboration ? Pourquoi faut-il que nous ne puissions ni nous plaindre de votre départ ni même vous demander de prolonger votre séjour au milieu de nous ?

Ah ! messieurs et chers collègues, au risque d'offenser votre modestie, je n'hésite pas à le dire, c'est que vous êtes des hommes de dévouement, c'est que vous ne vous rendez pas, vous volez là où vous appellent les intérêts de la France et de la science qui nous est chère.

Ils étaient hier ici, ils seront demain à Venise, l'an prochain, à pareil jour, ils seront à Bordeaux, nous sommes sûrs de vous y trouver. Ainsi donc, chers et honorés collègues, au revoir, et une dernière fois merci.

L'année prochaine, à pareille époque, la Société de géographie de Bordeaux recevra tous les membres qui se rendront au cinquième Congrès provincial.

La dernière séance du Congrès de géographie de 1881 est levée.

COMMUNICATIONS

RAPPORT SUR LE PRIX DUPLEIX

LE LIVRE DE M. BIONNE
PAR M. DESJARDINS

Un malheur irréparable, une de ces catastrophes soudaines et imprévues qui anéantissent en un instant les espérances les plus fondées, devait attrister cette belle réunion en jetant sur elle un voile funèbre. Un de ces hommes actifs, laborieux et de la plus haute intelligence, que la science géographique comptait parmi ses membres les plus distingués, le compagnon, que dis-je, l'ami de notre illustre Président M. de Lesseps, celui qu'il avait jugé digne d'être associé à ses plus grandes entreprises, ces œuvres colossales qui sont l'honneur de notre époque et formeront dans l'avenir un des titres de gloire les plus purs qu'ait mérités notre pays, Henri Bionne n'est plus. Jeune encore et plein d'avenir, il a succombé aux atteintes d'un mal dont il portait peut-être le germe en lui, mais qui n'a éclaté qu'à son retour de Panama, lorsqu'il rentrait en France après avoir porté sur les rives lointaines de l'Amérique les instructions de M. de Lesseps. Rien n'a pu conjurer la vivacité d'une violente attaque de la maladie, elle est restée victorieuse d'une constitution qui paraissait robuste et des soins dont notre confrère a été entouré. Lorsqu'il venait encore une fois de transmettre au loin les ordres du maître, de celui qui renouvelle l'entreprise gigantesque de réunir deux océans;

victime de la science, c'est au champ d'honneur que la vie l'a abandonné.

Si Henri Bionne a péri en nous donnant l'exemple du dévouement absolu à l'œuvre entreprise, si sa mort a été un de ces événements fatals que rien ne peut conjurer, elle doit rester comme un enseignement pour nous qui lui survivons. C'est à nous de reconnaître aujourd'hui ce qu'il y eut de grand et de noble dans son existence si bien remplie, en élevant bien haut la gloire de celui qui jusqu'à sa dernière heure a soutenu vaillant et ferme l'honneur du drapeau, après avoir poussé jusqu'au péril même de la vie, l'accomplissement des devoirs qu'il avait acceptés.

Chargé par la Société de géographie de Lyon d'examiner, pour lui en faire un rapport, le livre que M. Bionne a publié depuis peu de temps à la mémoire de Dupleix, le grand citoyen que la France a eu la gloire de voir à la tête de ses colonies des Indes au siècle dernier, nous avons éprouvé un vide immense lorsqu'après avoir préparé les bases de notre compte-rendu, nous apprîmes que l'auteur ne serait plus là pour recevoir les éloges les plus mérités. Par ses recherches laborieuses et savantes, animées du souffle d'un ardent patriotisme, Bionne a fait un livre qui restera comme le monument le plus complet des efforts que la France a tentés à une époque qui ne manque pas de grandeur, pour développer sa puissance.

Notre découragement fut profond quand nous acquîmes la certitude que l'auteur ne pourrait pas recueillir les suffrages dont il était si digne, et avec eux cette récompense que la Société de géographie, qui avait mis au concours l'étude de la vie de Dupleix et de la géographie de l'Inde, se faisait un véritable honneur de lui accorder. Le prix qu'a si bien mérité l'historien de Dupleix ne devait plus être décerné qu'à sa mémoire, et il nous fallait étouffer les sentiments de sympathie que nous eussions été si heureux de lui témoigner.

Mais nous devons taire l'expression de nos regrets et faire apprécier ici, le mieux qu'il nous sera possible, les mérites d'un livre qui joint à la sûreté des jugements rendus une appréciation exacte des caractères et des faits, et qui donne sur une époque de notre histoire nationale qui est encore assez rapprochée de nous, des renseignements précis et d'une incontestable utilité, en nous confirmant cette loi, facile à reconnaître dans l'étude des affaires humaines, c'est que, quelles que soient les institutions, elles ne sont productives qu'en raison de la valeur des hommes qui sont appelés à les diriger.

Mais le livre de M. Bionne, qui se rattache par tant de liens à ce qui fait le fond de nos travaux, doit être mis dans tous ses détails sous les yeux du congrès, et il est temps de le faire connaître dans ses divers développements.

Deux grandes figures prennent dans cette histoire de Dupleix toute leur valeur. C'est d'abord celle de Colbert, qui a su préparer par son génie la grandeur coloniale de la France, puis celle de Dupleix lui-même, qui dans les Indes occidentales l'a fécondée de tout son talent d'administrateur et d'une intelligence si pleine de ressources qu'il put lutter longtemps, au milieu des conditions les plus défavorables, contre la puissance naissante des Anglais dans le même pays.

L'auteur commence par un tableau de la France à la mort de Louis XIV ; il explique que, lorsque Colbert avait pris la direction des affaires après Mazarin, il avait, par une de ces inspirations qui n'arrivent qu'aux hommes de sa trempe, su créer au dehors et au profit du pays un dérivatif puissant à l'activité des cadets de famille que les guerres de la Fronde et les luttes intestines avaient mise en mouvement.

Il dirigea vers nos colonies en formation les ambitions de ces hommes énergiques et bien trempés qui étaient décidés à conquérir la puissance et la fortune. A cet effet, il obtint du roi que la noblesse pût commercer sans déroger. Les cadets ne faillirent pas à cette ouverture qui leur était faite, ils se répandirent partout et surent si bien se défendre contre toute agression qui s'opposait à l'agrandissement du domaine colonial, qu'ils donnèrent naissance à ce dicton qui courait en Amérique parmi les Anglais, *qu'il valait mieux avoir affaire à deux diables qu'à un seul habitant français.*

Telle fut la véritable origine de notre puissance coloniale, et lorsque Colbert s'éteignit, elle était dans son complet épanouissement. Notre domination s'étendait alors sur des territoires immenses. En Amérique nous possédions deux provinces considérables, le Canada et la Louisiane, tandis qu'alors les comptoirs de l'Angleterre n'occupaient qu'une bande de territoire le long de l'Atlantique, et en Asie nous avions deux importantes possessions, Chandernagor et Pondichéry, où Dupleix devait créer un vaste empire au profit de la mère patrie.

Mais, à cette époque de pouvoir absolu, il est remarquable que l'autorité centrale ait compris qu'il fallait laisser à chaque État son indépendance d'allures, et que dans sa politique générale la mère patrie devait être un aide et non une entrave. Sous le nom de conseil supérieur, chaque colonie possédait de véritables assemblées législatives qui avaient pouvoir d'administrer les affaires du pays avec un gouverneur au sommet, représentant l'autorité de la métropole, et au-dessus le gouvernement royal, qui devenait l'arbitre suprême.

Malheureusement à partir de Louis XV les tendances d'une centralisation toujours de plus en plus prépondérante se firent jour; on voulut tout régler du cabinet de Versailles, on enleva toute initiative aux conseils coloniaux, et bientôt une irrémédiable décadence, suivie de la perte de la plus grande partie de nos colonies, vint montrer au pays ce que peuvent amener de ruines l'infatuation et l'abus des systèmes préconçus.

Joseph-François Dupleix est né le 1ᵉʳ janvier 1697 à Landrecies, dans le Hainaut français, que le traité de Nimègue nous avait donné et où son père était fermier général. Quelques prodigalités de jeunesse décidèrent son père à le faire embarquer à l'âge de dix-huit ans, en qualité d'enseigne, sur un navire de Saint-Malo; il accomplit divers voyages aux Indes et en Amérique qui le préparèrent au rôle que la destinée lui réservait. Esprit fin et observateur, il put ainsi dans ses courses lointaines étudier nos colonies, et dans les longues heures passées entre le ciel et la terre réfléchir aux problèmes que soulevait leur développement. Il dut rêver déjà à cette époque de donner un empire à son pays à une des extrémités du monde, et dans cette terre de l'Inde où la densité de la population assure au commerce des débouchés certains, il a dû exprimer sans doute à cet égard quelques idées, puisque la Compagnie des Indes, dont son père était un des directeurs, n'hésita pas à le nommer en 1720, malgré sa jeunesse, commissaire des guerres et membre du conseil supérieur à Pondichéry.

Chargé dès l'année suivante par le gouverneur général, M. Lenoir, de la correspondance générale et de la rédaction des dépêches adressées dans toutes les parties du monde, il étudia avec soin la politique des États indiens et acquit bientôt une sérieuse autorité. Son premier soin fut d'engager la Compagnie à développer ses intérêts commerciaux, qui étaient bornés alors à des échanges entre les produits de la métropole et les comptoirs. Avec La Bourdonnais il se mit à pratiquer le grand cabotage d'Inde en Inde et fit des comptoirs les mieux situés des marchés importants où affluaient les productions de toute une région et où la métropole rencontrait pour son commerce un bien plus vaste aliment.

La Compagnie qu'il enrichissait, ne tarda pas à lui confier la direction du comptoir de Chandernagor, et plus tard le commandement, lorsqu'elle eut reconnu en lui l'homme supérieur capable de lui procurer la richesse qu'elle convoitait.

Durant dix années, de 1730 à 1740, Dupleix fit de la simple bourgade de Chandernagor un port maritime important, donnait 15 navires à sa marine, en frétait 72 avec l'aide de ses parents et de ses amis, les envoyait sillonner toutes les mers de l'Asie, et créait ainsi un centre commercial pour toutes les côtes indiennes et les contrées environnantes. Bientôt les ventes de la Compagnie des Indes, qui n'atteignaient pas 6,600,000 livres en 1726, dépassèrent 20,000,000 de livres, l'influence française était dominante au Bengale et la chétive bourgade de Chandernagor était devenue une importante cité aux riches magasins et aux deux mille maisons, qui avaient remplacé les masures primitives.

En 1740, pour reconnaître ses services, la Compagnie appela Dupleix au gouvernement de Pondichéry et de ses dépendances, ainsi qu'à la présidence du conseil supérieur ; ce fut sa dernière étape avant d'obtenir les pouvoirs extraordinaires qu'il désirait pour accomplir les projets qu'il avait accusés.

Avec le coup d'œil du génie, Dupleix avait compris les côtés faibles du grand empire mogol : sous les dehors d'une énorme puissance, il sut voir que l'énergie vitale des populations européennes, transportée dans le milieu stationnaire des sociétés asiatiques, pouvait arriver à leur domination, en intervenant à temps parmi des compétitions rivales, en s'établissant comme arbitre et en jetant à propos, au milieu de leurs débats, le poids d'une intelligente activité.

C'est ici qu'avec une persévérance admirable, dont M. Bionne suit tous les développements, Dupleix assura son influence sur tous les princes indiens qu'il avait à sa portée, de manière à la faire servir au plus grand avantage des intérêts qui lui avaient été confiés. Son mariage avec une femme supérieure, Jeanne Albert de Castro, qui comprit ses grandes idées et les seconda de tout son pouvoir, servie par sa connaissance parfaite des idiomes de l'Inde, donna un nouvel essor à ses tentatives et l'aida puissamment dans ses projets.

Le 23 octobre 1742 Dupleix était appelé au gouvernement général de toutes les possessions de la France sur la presqu'île indienne, avec plein pouvoir d'agir sans le contrôle du conseil supérieur de la colonie, et de ne rendre compte de ses actes qu'aux directeurs et aux ministres. A ce moment s'écroulait, sous les faibles successeurs d'Aureng-Zeib, l'immense empire mogol dont la puissance avait fini par englober la majeure partie de l'Indoustan : de tous côtés les chefs cherchaient à s'affranchir. Dupleix profita adroitement de ces tendances pour ruiner la puissance de l'Angleterre, maîtresse à Calcutta, Madras et Bombay, au profit de la France et de sa Compagnie. Ce qu'il déploya alors d'intelligence supérieure, d'initiative féconde malgré le manque de secours et le peu de bon vouloir de la Compagnie, est merveilleux, et on reste écrasé en présence des révélations de M. Bionne pour tout ce qu'un seul homme a pu obtenir en magnifiques résultats.

Il ne nous appartient pas de suivre l'historien de Dupleix dans les luttes et dans les triomphes dont il fait connaître en détail toutes les péripéties. Après avoir fait apprécier les causes de rivalité des Anglais et des Français dans l'Inde, mis en présence Dupleix et La Bourdonnais réunissant leurs efforts dans un but commun, la politique de Dupleix, les victoires des Français et enfin la création au profit de notre pays du grand empire de l'Inde, il termine cette première période de la vie du gouverneur de l'Inde par le récit des solennités fastueuses et dignes de l'Orient qui couronnèrent les succès prodigieux dus à ses efforts persévérants.

A ce moment le drapeau de notre pays couvrait la moitié de la presqu'île indoustanique et son influence rayonnait jusqu'à la cour de Delhi, dont l'empereur avait demandé la belle-fille de Dupleix en mariage. Cependant, aux yeux d'un ministère incapable et qui abandonnait alors le Canada aux menaces de l'Angleterre, Dupleix était allé trop loin dans le développement de nos conquêtes indiennes, et on a peine à croire que, dans cette occurrence, le gouvernement de la France prit le parti des Anglais. Ceux-ci étaient fortement inquiets de nos succès et de notre prépondérance, et ils ne cessaient de faire agir leurs agents diplomatiques pour arrêter dans son élan victorieux le grand homme contre lequel ils avaient à lutter.

Au faîte de la puissance qu'il avait créée, Dupleix se vit entouré de difficultés, soit de la part de la Compagnie qui recevait à cet égard des instructions du gouvernement central, soit du gouvernement lui-même. Après avoir raconté les exploits de Decan de Bussi, un des capitaines qui secondèrent le mieux Dupleix, M. Bionne nous fait connaître les projets de ce dernier sur l'Indo-Chine, ses négociations avec les Anglais, et enfin son rappel en France.

C'est là une triste et lamentable histoire, et qui démontre que les plus signalés services, le plus pur dévouement et le patriotisme le plus élevé ne peuvent mettre à l'abri d'une disgrâce, quelque injuste et intempestive qu'elle soit, les hommes qui ont servi leur pays de la manière la plus honorable et la plus dévouée. D'absurdes calomnies, d'injustes préventions suffirent pour altérer l'auréole de gloire que Dupleix avait méritée ; le 21 juin 1755 il rentrait à Lorient, remplacé par Godeheu comme gouverneur général ; avec lui s'écroulait le vaste empire qu'il avait donné à la France, et l'acte le plus ignominieux d'abandon, sans exemple dans l'histoire moderne, était consommé par un gouvernement incapable et corrompu.

Rentré dans sa patrie après 34 ans d'absence, lui qui débordait de chaleur et de patriotisme, Dupleix ne pouvait être ni connu ni compris par ces gouvernants sceptiques et amoureux du repos à tout prix, ne cherchant que le plaisir ou adonnés aux petites intrigues ; bien dignes, en un mot, de représenter une société avilie par le bien-être. Dépouillé par la Compagnie des Indes qui, pour prix des richesses qu'il lui avait fait recueillir, lui refusa ce qu'elle lui devait, un des plus grands citoyens du siècle, Dupleix, mourait le 11 novembre 1763 dans une maison de la rue Neuve-des-Capucines, à Paris, en proie à la plus profonde misère et dénué de ressources, à ce point que de sa main déjà glacée il écrivait, quelques heures avant sa mort, ces lignes désespérées : « J'ai sacrifié
« ma jeunesse, ma fortune, ma vie à combler d'honneurs et de

« richesses ma nation en Asie... De malheureux amis, de trop
« faibles parents, des citoyens vertueux consacrent tous leurs
« biens pour faire réussir mes projets... ils sont maintenant dans
« la misère. Je me soumets à toutes les formes judiciaires ; je
« demande comme le dernier des créanciers ce qui m'est dû. Mes
« services sont des fables, ma demande est ridicule ; je suis har-
« celé comme le plus vil des hommes... Je suis dans la plus dé-
« plorable indigence. Le peu de bien qui me reste est saisi, j'ai
« été obligé d'obtenir des arrêts de surséance pour n'être pas
« traîné en prison. »

Voilà l'homme, ajoute M. Bionne, dont la France ingrate a longtemps oublié la mémoire. Il s'est écoulé un siècle avant que, dans sa justice tardive, on se souvînt du gouverneur de génie qu'elle avait possédé dans les Indes, et qu'on lui élevât une statue, tristement placée à Pondichéry, autrefois le point de mire de l'Indoustan, la ville capitale où Dupleix donnait l'investiture aux souverains indiens, maintenant pauvre débris de notre grandeur coloniale déchue et tombée.

Les deux volumes qui forment l'histoire de Dupleix et dans lesquels nous avons puisé, à la suite de M. Bionne, les faits que nous venons de résumer rapidement, sont écrits d'un style clair et vif qui n'exclut pas l'élégance. Partout l'historien cite les sources où il a recueilli les éléments de son travail, et il accompagne son ouvrage de notes et de citations qui ne laissent aucun fait dans l'ombre, en répandant la lumière la plus vive en même temps qu'en rendant la justice qui lui est due à la mémoire d'une des plus intéressantes figures de notre vie nationale.

Mais l'auteur ne se borne pas à faire l'histoire de son héros, il en tire des conséquences et un enseignement, et voici comment il termine. En le citant textuellement c'est encore un hommage que nous rendrons à Henri Bionne en même temps que nous ferons mieux connaître son caractère et son talent d'écrivain.

Après avoir fait remarquer que c'est aux affaires de l'Asie que l'empire moscovite a dû certains changements actuels, en sa faveur, de la politique traditionnelle anglaise vis-à-vis de la Porte, il ajoute que la France ne pourrait rencontrer dans cette voie que l'antagonisme de l'Angleterre, mais qu'une politique hardie et intelligente pourrait le combattre. « N'oublions pas, dit M. Bionne,
« et ici nous lui laissons la parole, que sans expansion extérieure,

« sans marine nombreuse, sans colonies importantes, à notre
« époque, un pays replié sur lui-même se rapetisse bientôt et
« joue, dans le monde moderne agrandi, un rôle effacé.

« Qu'on ne vienne pas dire que ces destinées sont impossibles,
« parce que nous ne sommes pas des colonisateurs; le passé pro-
« teste contre cette calomnie répandue par nous-mêmes. Avec
« une bonne impulsion, le génie de notre race se plie à tout, il
« est capable des plus grandes choses; admirablement résumé
« en celui qu'à juste titre on a nommé le *Grand Français*, ne le
« voyons-nous pas changer l'économie du monde, accomplir à la
« suite de M. de Lesseps des œuvres impérissables, que les autres
« peuples osaient à peine rêver? Oui, la France peut et doit re-
« prendre son ancienne splendeur coloniale et maritime, il lui
« faut dans ce but une politique à larges vues, suivie avec intel-
« ligence et ténacité, une instruction appropriée aux besoins de
« l'époque, une féconde impulsion, le développement de l'initia-
« tive individuelle, et pour tout cela : la liberté. »

Nous pourrions clore ici le compte-rendu trop sommaire de l'ouvrage d'Henri Bionne avec les belles paroles que nous venons de citer; il nous semble cependant que nous devons faire ressortir l'enseignement qu'il en faut tirer.

Nous avons vu à quelle hauteur Dupleix avait élevé la puissance coloniale de la France, et cela nous démontre clairement, comme l'a dit Henri Bionne, que ce n'est pas l'aptitude colonisatrice qui fait défaut à nos concitoyens. Au Canada comme aux Indes autrefois, en Afrique aujourd'hui, ils ont donné des preuves nombreuses de leur souplesse à s'assimiler les coutumes des milieux nouveaux dans lesquels ils se trouvaient, et les usages des peuples auxquels ils étaient mêlés, mais il faut savoir le reconnaître, il manque aux Français cette ténacité qui résiste aux mauvais jours. Avouons-le, les simples déceptions nous paralysent, et à plus forte raison les désastres. Ceux-ci, qui pourraient être conjurés avec quelque persévérance, nous atterrent et nous précipitent dans le plus complet découragement. Notre race nerveuse et impressionnable se hâte trop vite dans ses appréciations, et ses jugements ne sont pas toujours suffisamment appuyés par le raisonnement. C'est cette facilité ou pour mieux dire cette mobilité d'impressions qui la rend injuste pour ceux qui la servent; elle pourrait faire excuser dans une certaine mesure l'ingratitude dont les contemporains ont abreuvé Dupleix, s'il était possible d'oublier qu'avec lui c'est la France elle-même que l'on a sacrifiée.

Quel triste parallèle à faire à son sujet avec nos voisins d'outre-Manche, qui, beaucoup moins souples que nous-mêmes, mais patients et tenaces, assez patriotes surtout pour ne pas décourager et même pour cacher les fautes des hommes d'élite qu'ils emploient, sont parvenus à fonder leur grand empire des Indes sur les ruines du nôtre, profitant de toutes nos erreurs et sachant utiliser les moindres circonstances à leur profit !

C'est ainsi que trop souvent nous avons sacrifié nos richesses et plus encore la jeunesse du pays à l'avantage de nations moins bien douées que la nôtre, mais qui avaient su, arrivant à la dernière heure, augmenter leur pouvoir avec nos dépouilles. Sachons voir nos défauts en face, sachons surtout les combattre résolûment : l'avenir de nos colonies, celui de la France sont à ce prix.

ANCIEN COURS HISTORIQUE DU RHONE

PAR M. LE CHANOINE CHRISTOPHE

Il y a dans le Rhône, pour ainsi dire, deux fleuves distincts. Le premier est celui qui part de la source et aboutit au lac Léman ; le second est celui qui sort du lac Léman et court se déverser dans le golfe du Lion. Il n'est personne qui ne connaisse ce Rhône-là, qui n'ait suivi sa course, tantôt furibonde, quand il s'engouffre dans des abîmes où il semble vouloir se perdre, tantôt majestueux, lorsque, échappé de ses gorges et se déployant à découvert, il promène ses ondes à travers des pays moins accidentés, mais sans rien perdre toutefois de ses indépendantes allures et de son impatience des obstacles. Il n'est personne qui ne l'ait admiré, successivement grandi par l'adjonction de puissants tributaires, jusqu'à devenir le rival des grands fleuves de l'Europe, puis se partageant à la fin en deux courants, comme le Nil, pour former, comme lui, un Delta qui oblige la mer à reculer son rivage. Dans un chapitre du premier volume de ses belles études sur la Provence et le Languedoc, M. Charles Lanthéric explique de quelle manière le Rhône a fait disparaître peu à peu les lagunes, éloigné Arles de la mer, et créé, par ses atterrissements, la vaste plaine qui sépare les bras puissants de son estuaire.

Ce n'est pas sans orgueil que l'archéologie signale l'illustration des villes dont le Rhône baigne, en passant, les murailles. Quel autre cours d'eau en a de plus nombreuses et de plus brillantes ! C'est d'abord Lyon qui a succédé au vieux *Lugdunum* romain, la cité aimée d'Auguste, la mère des empereurs, la métropole des Gaules. C'est ensuite Vienne, cette capitale des Allobroges, qui mérita le nom de Belle, à cause de la magnificence de ses monuments, et fut longtemps la rivale de la cité de Plancus. C'est Orange, cette autre ville romaine, qui peut montrer encore aux curieux son vieux théâtre et son arc de triomphe, émule de ceux de Rome. C'est Avignon, qui eut la gloire d'être, pendant les deux tiers d'un siècle, le centre de la chrétienté. C'est Arles, avec son vaste amphithéâtre, Arles, qui fut, dans les temps reculés, une ville maritime, qui servit de siége au gouvernement des Gaules, lors de la décadence du haut empire, devint ensuite la capitale de la monarchie des Wisigoths, puis, du royaume d'Arles; ville morte aujourd'hui, il est vrai, mais qui conserve dans sa tombe la majesté de sa grandeur passée.

L'érudition, à son tour, indique la place que le Rhône occupe dans l'histoire. Fleuve barbare d'abord, il sort de son obscurité lorsque les Phocéens viennent s'établir à Marseille. Alors, son rôle est de servir de véhicule à la civilisation grecque pour se répandre dans les Gaules. Rôle pacifique et bienfaisant! Nous le voyons ensuite opposer une barrière à la puissance envahissante de Rome que les Alpes n'avaient pu arrêter; puis, quand cette barrière a été franchie, prenant une importance marchande qui ne fera que grandir, à mesure que notre pays deviendra gallo-romain.

Il est des noms tellement identifiés avec la célébrité qu'ils en laissent l'empreinte partout où ceux qui les portent posent le pied. Jamais on n'oubliera qu'Annibal traversa le Rhône, bien que le point où s'est effectué ce passage soit ignoré. On ne sait pas mieux l'endroit où Marius extermina les Cimbres, et, pourtant, le souvenir de cette victoire joint à celui de son auteur retentit, à chaque pas, depuis les Alpines jusqu'au golfe de Fos.

Pendant la période de l'empire, le Rhône vit s'agiter des fortunes diverses. Vitellius, en route pour détrôner Galba, y amena les légions de la Germanie; Albin et Sévère vidèrent leur querelle tout près de ses rives; Gratien fut, dit-on, immolé en le traversant (1). A diverses reprises, ses eaux roulèrent à la mer

---

(1) Socrat. hist., lib. V, c. xi.

des débris de plus d'un genre. Au vᵉ et au vıᵉ siècle il fut témoin des sanglantes luttes des Goths, des Burgondes, des Franks et des Lombards. Si, plus tard, les Sarrazins l'humilièrent par leurs ravages, il contempla, en revanche, les exploits des Karlovingiens qui le vengèrent de ces dévastations. Des événements plus obscurs succédèrent à ces exploits. Notre fleuve devint séparateur en divisant le royaume frank et l'empire germanique. Mais, c'est à dater de cette époque de transition que l'histoire du Rhône commence à devenir française. Pour nous Lyonnais, cette histoire se lie à celle du négoce et de l'industrie de notre grande cité. Disons-le hardiment, le Rhône a été la fortune de Lyon. Aujourd'hui que l'homme semble vouloir substituer les voies de son génie à celles de la nature, nous ne saurions l'oublier sans devenir ingrats envers le fleuve auquel nous devons vingt siècles de prospérité.

La partie du Rhône qui remonte du lac Léman à la source du fleuve, n'a point, à beaucoup près, l'importance et l'éclat de celle-ci. Aussi, malgré l'intérêt que lui prêtent les beautés naturelles qui s'y rattachent, a-t-elle été assez longtemps ignorée. La merveilleuse plaque d'azur qui, de Genève, s'étend jusqu'à Villeneuve, avec son cadre de verdure, de somptueux villages et de riches villas, s'impose tellement à l'imagination qu'elle fait oublier le courant qui la produit. Il y a peu d'années encore, le Rhône qui descend du Valais n'était guère connu que de ce petit nombre de touristes qui ne craignent pas d'affronter les hautes régions de la Suisse. Les anciens n'en eurent qu'une idée confuse. Il faut bien le dire, les anciens, si épris d'ailleurs des grandes choses, paraissent n'avoir ressenti aucun goût pour les hautes montagnes. Ces cimes qui se perdent dans les nues, ces rochers abruptes, tantôt élancés en pyramide ou arrondis en dôme, tantôt découpés en brèches, en dents, en aiguilles, ces neiges éternelles, ces glaciers semblables aux vagues d'une mer irritée, en un mot, ces bizarres et gigantesques scènes de la nature qui nous font tressaillir et nous passionnent nous autres modernes, ne renfermaient point d'attrait pour eux.

Polybe et Tite-Live, deux historiens célèbres, nous ont, il est vrai, transmis une description des Alpes, à l'occasion de l'expédition d'Annibal, mais uniquement pour éclairer un grand fait militaire. Ce qu'ils disent de ces montagnes ne sort point des traits généraux et peut également convenir à tous les lieux de la chaîne par où aurait pu passer une armée. Nous ne sachons pas que d'autres auteurs, jusqu'à Ammien Marcellin, aient parlé des Alpes pour en relever des particularités curieuses, pour en faire ressortir la grandeur et le pittoresque. Au reste, dans l'antiquité, rien ne favorisait l'exploration de ces régions escarpées; peu de voies de communication, point de guides pour diriger le voyageur dans les mauvais pas, point d'hôtelleries pour le recueillir. Ajoutez à cela des habitants aussi sauvages que la nature, jaloux à l'excès de leur indépendance, et souffrant impatiemment qu'un indiscret regard se permît d'en violer l'asile.

Il ne faut donc pas s'étonner si les anciens ne fournissent, sur les sources des fleuves alpestres, et sur le Rhône en particulier, que des notions vagues et incertaines. C'est au point que quelques-uns ont cru que le Rhône devait son origine au lac Léman. Le vers suivant du poëte Ausone exprime nettement cette erreur :

Qua rapitur præceps Rhodanus, genitore Lemano.

La manière dont parle César donnerait à penser que l'auteur des commentaires partageait cette opinion : *A lacu Lemano*, dit-il, *qui in flumen Rhodanum influit* (1). Ou cette phrase ne dit rien, ou bien elle signifie que le Rhône n'était que le dégorgeoir du lac. Les anciens, qui ne sont point dans cette erreur, ou se trompent d'une autre manière, ou ne fournissent aucune lumière. Ainsi, Pomponius Méla (2) dit que le Rhône commence à peu de distance de l'Ister et du Rhin : *Rhodanus ab Istri Rhenique fontibus surgit*. Ce rapprochement des sources du Rhône et du Rhin de celles du Danube, qui sont bien loin de là, dans la forêt Noire, montre que Pomponius Méla ignorait complètement l'origine de ces trois fleuves. A son tour, Polybe place la source du Rhône au-dessus du golfe Adriatique, du côté du couchant, dans la partie des Alpes qui regarde le septentrion (3). Autant aurait valu dire que le Rhône prenait sa source en Europe. Moins embrouillé que Polybe, Strabon est également vague quand il écrit que le Rhône

---

(1) Lib. I, c. VIII.
(2) Lib. II, c. V.
(3) Lib. III, p. 277.

descend avec impétuosité des Alpes (1). Il faut savoir gré à Pline d'avoir dit que les sources du Rhône et du Rhin sont voisines, et, qu'aux sources du Rhône, dans la même partie des Alpes, sont les *Viberi*, tribu des *Lepontii* (2). Ce qui est exact.

Pour avoir une notice un peu précise sur le cours du haut Rhône, il faut recourir à l'historien du ive siècle, Ammien Marcellin. Nous l'avons cité dans notre travail sur cet auteur. Toutefois, longtemps avant lui, un poëte, Silius Italicus, avait signalé la naissance du Rhône par un mot aussi vrai qu'il est poétique : « Du sommet des Alpes et d'un rocher de glace s'élance le Rhône : »

> Aggeribus caput alpinis et rupe nivali
> Prosilit...... Rhodanus.

Peu d'auteurs modernes, jusqu'à notre siècle, se sont exercés sur les Alpes ; car c'est seulement de nos jours que s'est produit le grand et noble mouvement qui emporte les curieux vers les hautes montagnes. Mais, parmi ce petit nombre, il y en a un qui mérite d'être signalé, même à notre époque. Cet auteur est Josias Simler, pasteur à Zurich, dans la dernière moitié du xviie siècle, lequel nous a laissé, sur les Alpes et sur le Valais en particulier, un petit volume de commentaires, écrit en latin, avec cette élégance de style dont on avait alors le secret. Dans cet opuscule, Simler passe en revue les écrivains tant anciens que modernes qui se sont occupés des sources du Rhône. Malheureusement, malgré le soin qu'il paraît avoir apporté à la rédaction de son livre, Simler tombe dans le défaut de ceux qui citent de mémoire. Parfois, ses témoignages manquent d'exactitude et font éprouver de fâcheuses déceptions aux lecteurs qui veulent remonter aux lieux indiqués. A part ce défaut, l'ouvrage est instructif. L'auteur avait vu de ses yeux les endroits dont il parle ; et il ne faudrait qu'une langue plus jeune, une forme moins didactique, et des impressions plus chaudes, pour en faire un ouvrage très-agréable à la lecture.

Il résulte des recherches de Simler que, si les anciens sont vagues sur les sources du Rhône, ceux qui sont venus après eux sont peu d'accord sur celles qu'on doit lui assigner. Il en est qui

(1) Lib. IV, p. 129.
(2) Lib. III, c. xxiv.

font cet honneur à un petit torrent auquel Simler donne le nom latin d'*Elmius*. D'autres assurent que la Visp est le vrai Rhône. Enfin, quelques-uns, poussant jusqu'au Saint-Bernard, voient le Rhône dans la Drance. Ces trois opinions ne méritent pas d'être réfutées. Ce qui ne le mérite pas davantage, c'est le sentiment de Simler lui-même qui met, sur le compte de Polybe, cette triple origine de notre fleuve : *Ad omnes hos fontes respexit Polybius, qui Rhodanum tribus fontibus oriri scribitur* (1). Nous avons eu beau parcourir Polybe, nous n'y avons pas trouvé la moindre trace d'une telle assertion. Quant à Simler, rendons-lui justice, il ne doute pas que le Rhône ne sorte du glacier de la Furka : *Non vena aliqua aut fonte e terra scaturiente, sed ex nivibus et glacie inveterata* (2). Cette glace vieillie, *glacie inveterata*, n'a point sans doute le relief du rocher de glace, *rupe nivali*, du poëte latin, mais elle dit la même chose.

Aujourd'hui, toute incertitude a disparu, car des milliers de voyageurs peuvent constater, chaque année, que notre fier enfant des Alpes a son berceau dans un glacier. Ce glacier, un des plus beaux et des plus imposants de la Suisse, est situé entre le Galenstock à l'est, et les pointes du Gelmerhorn et du Gesterhorn à l'ouest, et descend en éventail au fond d'une sorte d'entonnoir, produit par la Furka d'un côté et le Grimsel de l'autre ; ou plutôt il semble s'y précipiter, comme une vaste nappe d'eau, mais qu'une gelée soudaine aurait surprise dans l'élan de sa chute et fixée aux aspérités du rocher. C'est le spectacle que présente aux regards cette projection amphithéàtrale de blocs cristallisés sous toutes les formes. Et il y a dans l'éternelle immobilité de ce mouvement apparent quelque chose de féerique qui ressemble à la photographie. Au bas du glacier et sur le côté gauche, s'ouvre une grotte. C'est de là que s'échappe le Rhône. D'abord, en le voyant couler sur le plateau légèrement déclive qui s'étend de la base du glacier au bord de la vallée, vous diriez un ruisseau paisible, auquel il ne manque que l'encadrement d'une nature moins sauvage, pour en faire la poétique *Lympha fugax* d'Horace. Dans sa trompeuse placidité, le fier enfant des Alpes ressemble à ce lionceau que des gentillesses félines font paraître bénin. Mais

---

(1) Lib. p. 37.
(2) Lib. I, p. 39.

suivez-le un instant, ce lionceau ne tarde pas à devenir lion. Grossi par les nombreuses cascades qui tombent à droite et à gauche, il bondit avec fureur, secoue avec violence sa crinière d'écume et pousse des rugissements que la répercussion des échos d'alentour rend plus assourdissants. C'est bien alors qu'il justifie les noms d'impétueux, de rapide, de violent, sous lesquels les anciens l'ont désigné (1). Si parfois il roule ses ondes avec moins de fougue, on dirait qu'il s'endort un instant, comme pour reprendre haleine, afin de recommencer, avec une nouvelle force, sa course vertigineuse et retentissante. Tantôt, il rase un des versants de la vallée, en serrant et dévorant sa base. Tantôt, cédant à une humeur vagabonde, il se déploie en serpent, et se porte vers l'autre versant, pour revenir bientôt au premier, en décrivant de capricieux et redoutables zigzags. Ne vous étonnez donc pas si, depuis des siècles, sillonnée par ce courant impitoyable, la vallée, à l'exception de quelques oasis, offre l'aspect d'une terre ravagée, et présente, çà et là, des entassements de masses éboulées qui retracent, par leur désordre, une image du chaos. On dirait que les Titans s'y sont donné rendez-vous pour répéter la scène de leur fabuleuse et gigantesque bataille. Disons-le pourtant, la plus grande part de ces bouleversements géologiques semblerait devoir être imputée à des causes souterraines dont l'activité remonterait à des époques antérieures à l'histoire et dont le temps n'a point encore éteint l'énergie. D'où il suit que, si destructeur que puisse être le Rhône de sa nature, il ne faudrait pas l'accuser seul de ces effets désastreux.

Pour en revenir aux singularités de son cours, c'est le plus souvent le versant de droite que le Rhône affectionne et dont il suit les ondulations. Ce qui l'oblige à décrire une forte courbe vers Martigny. Mais, à partir de cet endroit, il court, sans s'écarter d'une manière trop notable de la ligne droite, jusqu'au Léman. La plaine plate et marécageuse qu'il traverse, en approchant du lac, est visiblement le résultat de ses alluvions, dont le progrès continu tend, chaque année, à rétrécir le réservoir que la Providence l'a chargé de remplir.

Dans notre travail sur la géographie d'Ammien Marcellin, nous avons signalé cette erreur des anciens, que le fleuve, gar-

(1) Velox, celer, præceps, ferox.

dant l'impétuosité qu'il a puisée aux montagnes, coupait en deux le lac sans y mêler ses eaux. La vérité est que ce phénomène ne se produit point, et que la couleur ardoisée du fleuve ne tarde pas à s'effacer dans l'azur du Léman.

A partir du glacier de la Furka jusqu'au lac, le Rhône, indépendamment des nombreuses ravines qui contribuent à le gonfler, dans la saison chaude, reçoit plusieurs tributaires qui lui apportent chacun un notable volume d'eau. Les plus considérables lui arrivent sur sa rive gauche. Notons-les : la Saltine, *Saltina*, qui descend du Simplon et joint le fleuve à Brigue ; la Visp, *Vispa*, qui prend sa source au glacier de Gorner et opère sa jonction à Viège ; la Tourtemagne, qui fait la sienne au village de ce nom ; la Borgne, *Bornus*, qui rencontre le fleuve un peu avant Sion ; la Drance, *Dransa*, qui s'y mêle à Martigny ; enfin, le Trient et la Sallanche, qui le grossissent à Vernaïas.

Les affluents de la rive droite sont : la Dala, qui vient de la Gemmi ; la Sionne, *Sitta*, qui baigne les murs de Sion ; la Morge, *Morsa*, qui passe entre Sion et Ardon ; la Lizerne, qui descend d'Ardon. Bex fournit ensuite l'Avançon, Aigle, la Grande eau.

Simler attribue à la vallée du Rhône, depuis la source du fleuve jusqu'au lac, une longueur d'environ cent mille pas : *vallis ipsa in longitudinem fere centum millia passuum habet* (1). C'est de l'ancien mille romain qu'il s'agit ici. Quelle est, relativement à nos mesures françaises, la valeur du mille romain ? Dans notre travail sur Ammien Marcellin, nous avions suivi le calcul de d'Anville ; il nous semble préférable ici d'adopter l'évaluation de Walcknaer, qui porte à 1581 mètres les mille pas romains. D'après cette évaluation, la longueur de la vallée serait donc, selon Simler, de 158 kil. 100 m.

Il serait difficile, même avec nos voies nouvelles, d'opposer à ce calcul hypothétique plus de précision. A la vérité, on connaît par le chemin de fer que la distance de Villeneuve à Brigue est de 116 kil. Mais la voie ferrée ainsi que la plaine finissent à Brigue, et avec elles s'arrête aussi l'exactitude. De Brigue au glacier de la Furka, il n'y a plus qu'une route montueuse, décrivant de trop nombreux lacets pour pouvoir indiquer la distance réelle qui sépare ces deux points. Force serait donc de recourir à des conjec-

(1) Lib. I, p. 14 et 15.

tures qui n'aboutiraient qu'à une vague approximation. Nous croyons inutile d'aborder ce travail. Il nous suffira de dire qu'en toute hypothèse, il n'est guère possible d'évaluer au-dessous ou au-dessus de 40 kil. la longueur de la ligne directe qui relie Brigue au glacier, ce qui, ajouté aux 116 kil. connus de Villeneuve à Brigue, donne une somme totale de 156 kil., calcul qui ne s'écarterait guère de celui de Simler.

Depuis longtemps, les habitants de la vallée du Rhône ont emprunté leur nom à la dénomination de leur canton et s'appellent Valaisans. Mais, dans l'antiquité et les premiers temps du moyen-âge, ils formaient quatre peuples distincts, sous des noms divers, savoir : les *Viberi*, tribu des *Lepontii*, selon Pline ; les *Seduni*, les *Veragri* et les *Nantuates* ou *Antuates*. Les *Viberi*, laissant aux *Lepontii* le massif du St-Gothard ainsi que les vallées qui en dépendent, occupaient le massif de la Furka et la région qui s'étend depuis le glacier du Rhône jusqu'au village de Viège. Celui de Brigue, selon Simler, en garde encore dans son nom même, comme un vestige. *Briger vulgo quasi Viberigus dictus* (1). Les villages les plus remarquables de cette tribu sont Oberwald, situé à 1800 mètres d'altitude, Ulrick, près duquel, dans le XIIe siècle, le célèbre Bertold IV, duc de Zaringen, essuya une insigne défaite de la part des Valaisans (2), Munster et Biel, où l'on voit encore le vieux château des comtes de Blandra ; enfin, Brigue, au pied du Simplon, et Viège, la clef des vallées de Saas et de Zermath.

A Viège finissent les *Viberi* et commencent les *Seduni*, pour s'arrêter à la rivière de Morge. Viège fut d'abord le siége des comtes de Visp, famille d'un grand renom parmi les *Seduni*, puis les comtes de Blandra lui succédèrent après son extinction en 1365. Au-dessous de Viège et du côté opposé, on remarque encore *Rarogne*, nom mal sonnant pour une oreille française, mais célèbre par ses barons dont le vieux manoir, transformé en église, domine encore cette partie de la vallée. Ensuite apparaît Louèche, *Leucia*, qui étale, sur le flanc de la montagne, ses vieilles et sévères constructions. Les bains bien connus de ce nom sont situés plus loin dans une gorge, au pied de la Gemmi : très-fréquentés

---

(1) Lib. I, p. 35.
(2) Siml. Lib. I, p. 42. Guilliman., de reb. Helvet. Lib. II, c. xv.

aujourd'hui, ils l'étaient déjà du temps de Simler, lequel en fait une description qui n'a point vieilli.

Si l'on descend de Louèche du côté de la Dala, l'on arrive à Sierre, en latin *Sidera*. Cette petite ville brillait déjà au xviie siècle par l'élégance et la propreté, elle se fait remarquer présentement par la magnificence de ses hôtels et la richesse de ses maisons particulières. Nous voici à Sion, *Sedunum*, la capitale du Valais et qui l'était des *Seduni*. Bâtie en amphithéâtre sur le flanc d'un énorme rocher bifurqué, Sion déploie un aspect pittoresque. La pointe la plus élevée des deux sommets porte le château du Tourbillon, dont les vastes murailles et les créneaux en ruine semblent encore menacer la vallée. L'autre, moins élevée et qu'on appelle la *Majoria*, est couronnée par une vieille église dédiée à sainte Catherine, très-imposante à voir, plus curieuse encore à visiter (1).

Quoique le Simplon rappelle le nom romain de Sempronius, c'est à Sion que se montrent les premiers souvenirs des maîtres du monde. Les restes de fortification qui occupent, avec l'église de Sainte-Catherine, le sommet de la Majoria, seraient, dit-on, le fait d'un Romain nommé Valerius. Mais ce n'est là qu'une légende. Ce qui est plus authentique, c'est une inscription gravée sur une pierre de marbre, en l'honneur d'Auguste, patron des *Seduni*, et que l'on voit à côté de la grande porte de la cathédrale. Voici cette inscription :

```
            P. CÆSARI DIVI I
          VGVSTO. COS. XI. IMPXIII
         RIBVNICIA POTESTATE XV
              PATRI PATRIÆ
              TIFICI MAXIMO
              AS SEDVNORVM
                PATRONO
```

Mutilé par le temps, le texte de cette inscription a été rétabli, par Simler et Guillemain, de la manière suivante :

```
           IMP. CÆSARI DIVI IVLI F
          AVGVSTO COS. XI. IMP. XIII
         TRIBVNICIA POTESTATE XVI
               PATRI PATRIÆ
              PONTIFICI MAXIMO
              CIVITAS SEDVNORVM
                 PATRONO
```

(1) Simler, liber I, p. 69, 70, 71.

« A son protecteur l'empereur Auguste, fils du divin Jules César, père de la patrie, souverain pontife, onze fois consul, dans la treizième année de son règne, la seizième de sa puissance tribunitienne, la cité des *Seduni* reconnaissante. »

On sait qu'avant Auguste, les nombreuses populations répandues dans les Alpes, sous des noms divers, bien qu'englobées dans l'empire, vivaient de fait dans une indépendance à peu près complète. Ce prince, voulant mettre fin à cette situation anormale, envoya contre ces peuples plusieurs généraux qui les soumirent. Pline nous a conservé l'inscription qu'Auguste fit graver pour perpétuer la mémoire de son triomphe. Elle renferme les noms de quarante-huit peuples. Les *Viberi*, les *Lepontii*, les *Seduni*, les *Veragri*, les *Nantuates* figurent dans cette pompeuse nomenclature. Il faut supposer que le résultat de ces diverses expéditions fut promptement obtenu, que non-seulement ces peuples en souffrirent peu, mais que plusieurs d'entre eux allèrent au-devant des conquérants, et reçurent, en échange de leur soumission spontanée, des priviléges administratifs, le *Jus italicum*, par exemple, comme Pline le donne à entendre. Ce qui expliquerait le témoignage de gratitude exprimé dans l'inscription sédunoise. Nous sommes d'autant plus autorisé à le présumer, que l'inscription d'Auguste porte la date de l'an XIV de son règne et de sa puissance tribunitienne le XVIIe, tandis que celle de *Sedunum* est de l'année précédente. Le témoignage de reconnaissance s'applique donc au lendemain même de la conquête.

Sous le régime féodal, les *Seduni* eurent leur part dans les nombreuses guerres qui armaient, les unes contre les autres, sans profit pour aucune d'elles, les diverses tribus d'un même peuple, ainsi que l'attestent les débris de forteresses éparpillés sur les buttes de la vallée (1). Heureusement depuis longtemps ces populations ne connaissent que la guerre de leur terrible fleuve contre la nature.

En traversant la Morge, *Morsa*, on quitte le territoire des *Seduni* et l'on passe sur celui des *Veragri*. Ardon à droite et Saxon à gauche, offrent seuls quelque intérêt, le premier par ses vi-

---

(1) In Sedunis vero multi nobiles habitarunt... quorum dirutæ arces passim visuntur; hos cum viciois assidua bella gessisse, dum fines proferre student, verisimile est. Simler, lib. 1, pag. 33.

gnobles, le second par ses bains. Mais Martigny-la-ville, qu'on rencontre non loin du coude décrit par le Rhône, appelle l'attention de l'archéologue et de l'historien.

Martigny-la-ville a succédé à l'*Octodurus* de César, à l'*Octodurum* de la carte et de l'Itinéraire, mais il n'en occupe pas la place. César décrit la position d'*Octodurus*. « Ce bourg, vicus, dit-il, est situé dans une vallée suivie d'une plaine peu étendue ; des montagnes élevées l'environnent de tous côtés ; une rivière la divise en deux parties (1). » *Qui vicus, positus in valle, non magna adjecta planitie, altissimis montibus continetur.... quum in duas partes divideretur.*

Rien, dans cette notice, qui se rapporte à Martigny-la-ville. D'abord celui-ci n'est point dans une vallée, il est au contraire bâti à l'endroit le plus évasé de la plaine dont parle César ; ensuite, la rivière, qui est la Drance, ne le partage pas ; elle coule à une certaine distance, à l'ouest, le long du pied de la montagne. Viennent enfin les mesures itinéraires qui ne sauraient convenir à la position de notre Martigny relativement à d'autres localités.

La table de Peutinger, l'Itinéraire d'Antonin et les actes de St-Maurice dans Ruinart s'accordent à fixer la distance, entre *Tarnadas* et *Octodurus*, à XII mille romains, soit 18 kil. 972 mètres. On sait que St-Maurice a remplacé *Tarnadas*. Or, la distance, par le chemin de fer de St-Maurice à Martigny, qui n'a aucune raison d'être plus courte que celle de la voie romaine, n'est que de 16 kilomètres. Soit une différence de deux kilomètres 972 mètres. Il est donc évident qu'il faut chercher la position d'*Octodurus* relativement à *Tarnadas* ailleurs qu'à Martigny-la-ville. Sans doute il n'y a pas lieu d'insister trop sur les 972 mètres dont on peut sacrifier la moitié, attendu que les points occupés par les bornes milliaires sont inconnus. Mais il restera toujours une différence de deux mille cinq cents mètres qui s'opposera à l'admission de l'hypothèse d'un *Octodurus* à Martigny-la-ville. Il faut donc remonter la plaine, depuis cet endroit jusqu'à l'entrée de l'étroite vallée par où la Drance s'échappe pour traverser le haut de la plaine et rejoindre le pied de la montagne à l'opposite. Sans recourir aux mesures précises, on est en droit de dire, lorsqu'on l'a parcourue à pied, que cette distance répond à peu près aux

(1) Lib. III, c. I.

deux mille cinq cents mètres de différence et complète la somme des douze milles de la carte et de l'Itinéraire. Du reste, il est aisé de vérifier à l'entrée de la gorge les particularités de l'*Octodurus* de César : 1° la vallée environnée de hautes montagnes ; 2° le partage du bourg (*vicus*) par la Drance ; 3° le commencement de la plaine peu étendue, *non magna adjecta planitie*.

Déjà, à l'époque de César, *Octodurus* jouissait d'une certaine importance, non peut-être à raison du nombre de ses habitants, mais à cause de la position qu'il occupait au pied du massif pennin, au sommet duquel existait déjà un passage fréquenté, qui servait de communication entre l'Italie et la Gaule. Et il fallait bien qu'un réel intérêt se rattachât à cet endroit pour attirer l'attention du conquérant de la Gaule. En effet les commentaires nous apprennent que, dans un de ces intervalles de repos que l'hiver imposait alors à la guerre, César, partant pour l'Italie, envoya Servius Galba, l'aïeul de l'empereur de ce nom, avec la douzième légion et une partie de la cavalerie, chez les *Nantuates*, les *Veragri* et les *Seduni*. Son dessein était de dégager le passage du mont pennin que les marchands ne pouvaient traverser sans danger et sans payer des droits onéreux. César permit à son lieutenant d'y prendre ses quartiers d'hiver, s'il le jugeait à propos. Ici se place un émouvant épisode de la guerre des Gaules qui appartient tout entier à l'histoire de la vallée du Rhône.

Galba, après quelques combats heureux, la prise de plusieurs forteresses qui amenèrent une soumission garantie par des otages, laissa deux cohortes chez les Nantuates, pour les tenir en bride, puis avec le reste de la légion il vint établir ses quartiers d'hiver à *Octodurus*. Là, effectivement, Galba avait entre les mains la clef du passage pennin. Nous avons dit que la Drance divisait le bourg gaulois en deux parties. Galba en abandonna une aux habitants et réserva l'autre à ses cohortes, il s'y fortifia d'un fossé et d'un retranchement.

Plusieurs jours s'étaient déjà écoulés, et Galba s'occupait à faire des approvisionnements lorsque tout à coup il apprend par ses éclaireurs que la partie du bourg concédée aux Gaulois a été évacuée pendant la nuit et qu'une multitude de *Seduni* et de *Veragri* occupaient les montagnes voisines. Ce projet subit de renouveler la guerre avait été inspiré aux Gaulois, d'un côté, par le désir d'annuler un traité de paix qu'ils regrettaient et de recouvrer leurs otages, de l'autre, par l'espoir d'accabler sous le nombre une légion affaiblie par l'absence de deux cohortes et le départ de plusieurs détachements envoyés au loin pour escorter des convois.

A cette nouvelle, Galba, qui n'avait ni achevé ses retranchements, ni suffisamment pourvu aux subsistances, ne prévoyant point une attaque, se hâte de convoquer un conseil de guerre. Le péril était aussi menaçant qu'inattendu. Les hauteurs couvertes d'ennemis en armes, nul secours à espérer, plus de moyens de pourvoir aux vivres, toutes les voies interceptées. Une perplexité pleine de trouble s'empara des esprits. Plusieurs désespérant du salut, si l'on s'obstinait à rester, voulaient qu'on abandonnât les bagages, et qu'on essayât de se faire jour, du côté par lequel on était venu. Le plus grand nombre, toutefois, fut d'avis de réserver ce parti pour l'extrémité, de tenter la fortune des armes et de défendre le camp.

Cette résolution venait à peine d'être prise qu'éclatait l'attaque des barbares. A un signal donné, tous se précipitent et lancent sur le camp une grêle de projectiles divers. En possession de toutes leurs forces, les légionnaires opposent d'abord la plus vigoureuse résistance, frappant à coup sûr et secourant à propos les endroits faibles. Mais l'ennemi, beaucoup plus nombreux, pouvait remplacer par des troupes fraîches celles qui étaient fatiguées du combat, tandis que, du côté des Romains, les mêmes soldats se voyaient obligés de faire face à tout et partout. Personne ne pouvait se retirer pour reprendre haleine ; les blessés étaient contraints de garder leur poste.

Cette lutte inégale durait depuis plus de six heures, les forces des Romains s'épuisaient avec leurs munitions, la résistance devenait plus faible à mesure que l'attaque se montrait plus pressante. Déjà l'ennemi forçait le retranchement, déjà il comblait le fossé. Le péril était imminent. Dans cette extrémité, Publius Sextus Baculus, centurion primipilaire, et Caius Volusenus, tribun des soldats, deux officiers de la plus haute distinction, accourent auprès de Galba et déclarent qu'ils ne voient plus de salut que dans une vigoureuse sortie. Incontinent, les centurions sont convoqués; on ordonne aux soldats de suspendre un instant le combat, de se borner à parer les coups et de respirer un peu ; puis, au signal donné, de se précipiter hors des retranchements et de n'attendre le salut que de leur valeur.

Cet ordre s'exécute, puis, le moment venu, les quatre portes du camp s'ouvrent brusquement, et les légionnaires, en colonnes serrées, fondent sur les barbares. Ceux-ci, rassemblés à la hâte et sans discipline, n'étaient forts que par le nombre. Pris au dépourvu, ils ne peuvent soutenir cette charge furieuse qui les étonne. Le combat change de face ; ceux qui s'étaient flattés de s'emparer du camp sont enveloppés et taillés en pièces. Plus du tiers (1) jonchent le sol, le reste disparaît par la fuite dans les montagnes.

Cette multitude dispersée et les armes enlevées, les Romains rentrent dans leurs retranchements. Toutefois, malgré cette éclatante victoire, Galba craignit de s'exposer à d'autres dangers, et le lendemain même il incendia le bourg ; puis, se repliant sur les cohortes laissées chez les Nantuates, il alla, sans être inquiété, prendre ses quartiers d'hiver dans le pays des Allobroges (2).

Cependant, il faut bien admettre qu'*Octodurus*, anéanti par Galba, n'avait pas tardé à sortir de ses ruines, car il nous apparaît bientôt, sous Auguste, plus florissant qu'auparavant, avec le titre de ville et les priviléges du *Latium* (3). Ce n'est plus le bourg, le *vicus Octodurus*, mais l'*oppidum Octodurum* ou *Octodorum*. C'est avec cette variante que nous le trouvons dans la carte et l'Itinéraire (4). Simler a relevé, à l'angle de l'église paroissiale de son temps, un fragment d'inscription où figurent le nom d'Auguste et peut-être la fin de celui de Tibère. Ce qui permettrait de présumer que cette pierre faisait partie d'un monument commémoratif de quelque concession dont le nouvel *Oppidum* avait à s'applaudir. Le

---

(1) César dit que les Gaulois étaient au nombre de trente mille. Cela est inadmissible. César, qui n'était point sur les lieux, a dû commettre cette exagération d'après le rapport de Galba, auquel l'impression du danger qu'il venait de courir n'avait pas permis de comprendre que deux petites populations telles que celles des *Seduni* et des *Veragri* étaient incapables de mettre sur pied un si grand nombre d'hommes.

(2) Lib. III, c. I, II, III, IV, V, VI.

(3) Pline, lib. III, c. XXIV.

(4) Voir ces deux documents, ainsi que les *acta* de Saint-Maurice, dans Ruinart.

temps a peu respecté les souvenirs des maîtres du monde à *Octodurum*. A part ce fragment et un autre qui appartient à la dernière moitié du iv° siècle, l'archéologie n'a plus rien à recueillir. On cite bien, comme reste romain, le donjon de la Bathia, construit sur l'angle de la montagne au point où elle se retourne du côté de la vallée du Rhône, mais il n'y a, à cet égard, aucune preuve sérieuse.

L'Italie et la Gaule ayant été reliées par la voie romaine passant au *Summo Pennino*, *Octodurum* devint le rendez-vous des armées qui passaient de l'un de ces pays à l'autre. La plupart de ces mouvements guerriers, soit sous l'Empire, soit dans la première période du moyen-âge, n'ont laissé aucune trace historique proprement dite. Mais nous devons rappeler ici celui de Maximien Hercule.

Vers la fin du iii° siècle, en 296, ce collègue de Dioclétien descend à la tête d'une puissante armée, du haut des Alpes Pennines, dans la vallée du Rhône. Il trouve *Octodurum* en pleine prospérité et il s'y arrête. Les actes de Saint-Maurice, dans Ruinart, donnent à entendre que cette halte de l'empereur fut occasionnée par la fatigue qu'il avait éprouvée, en traversant les montagnes, et qu'elle fut d'une certaine durée. Pendant le séjour du prince dans la capitale des *Veragri*, les légions occupèrent la plaine adjacente à la vallée de l'*Oppidum*. Une seule, la XXII°, alla prendre ses cantonnements plus loin, à *Acaunus* ou *Agaunum*. Comme les actes de Saint-Maurice marquent XII milles entre *Agaunum* et *Octodurum*, et, que d'autre part, l'Itinéraire et la carte donnent cette même distance entre *Octodurum* et *Tarnadas*, on doit en conclure que *Tarnadas* et *Agaunum* ne sont qu'une même localité. Le premier est le lieu de la station, le second, celui de l'endroit même. *Agaunum* est le nom latinisé d'*Am Gaudi*. Or, dans le langage celtique, le mot *Am Gaudi* signifie *ad rupes*, *ad saxa* (1). L'inspection des lieux suffit pour justifier l'étymologie ; dans l'endroit se dresse un énorme rocher, au travers duquel le Rhône s'est ouvert de force un passage par où il s'échappe avec une rapidité et un fracas faits pour donner le vertige. L'entrée de la vallée serait impossible, si l'on n'avait pas jeté, sur le précipice, un pont qui relie les deux berges du fleuve. Nous avions cru

---

(1) Simler, lib. I, p. 88. — Guillimanus, de rebus Helvet. Lib. IV, c. 1.

d'abord que le pont actuel était le même que celui de l'antique station romaine. Mais un doute est venu malheureusement depuis ébranler notre foi. Naguère, une porte fermait ce pont, et l'on ne pouvait entrer dans la vallée ou en sortir que par cette unique issue (1).

Le passage de Maximien Hercule à *Octodurum* sera à jamais fameux par un de ces exemples d'atrocité païenne que l'orgueil du césarisme divinisé s'est chargé de rendre vraisemblables. En descendant dans la vallée du Rhône avec une puissante armée, l'empereur allait combattre les Bagaudes dont la révolte agitait la Gaule. Pendant le loisir de son repos, il lui vint en pensée de mettre son expédition sous la protection des dieux de l'Empire, par un sacrifice solennel. Nous avons dit que la XXIIe légion avait porté ses cantonnements à *Agaunum*. On lui envoya l'ordre de revenir sur ses pas et de rejoindre l'armée afin d'assister à la fête religieuse qui devait s'accomplir à *Octodurum*. Cette légion, qui était tout entière composée de soldats chrétiens, refusa, son commandant Maurice en tête, de prendre part à un acte idolâtrique qui outrageait sa foi. Rien ne put ébranler la détermination de ces hommes invinciblement attachés à leur religion, et Maximien en ordonna le massacre. On voit encore, à une courte distance d'*Agaunum*, le lieu où cette incroyable boucherie fut accomplie. La piété chrétienne y a élevé une chapelle commémorative qui en a consacré la tradition. Elle a fait plus en inspirant de bonne heure l'idée de bâtir à *Agaunum* même un édifice destiné à la prière. Le P. Mabillon a prouvé que cet essai de monastère existait avant l'année 515, un siècle après l'événement. Sigismond, roi des Burgondes, restaura cet édifice, l'agrandit et le dota (2). Il a survécu aux révolutions et subsiste encore dans un état florissant. Toute une ville s'est groupée autour de ses murailles. Cette ville fut d'abord l'antique *Tarnadas*. Au ve siècle *Tarnadas* avait été déjà effacé par *Agaunum*. Mais depuis longtemps *Agaunum* lui-même a disparu, et la cité ne retient plus aujourd'hui que le nom de Saint-Maurice, qui rappelle à la fois et l'opprobre de la tyrannie et l'immortel honneur de la liberté religieuse.

Aux approches de l'embouchure du Rhône dans le lac, la carte

---

(1) Siml., lib. I, p. 87.
(2) Voir les *acta* et les notes dans D. Ruinart.

de Peutinger note une station à laquelle elle donne le nom de *Penno Lucos*, l'itinéraire d'Antonin, celui de *Penne Locos*. D'Anville insinue que ce lieu, situé dans la vallée pennine, pourrait bien avoir été consacré au dieu *Penne* (1). Amédée Thierry, dans son histoire de la Gaule sous l'administration romaine, pense au contraire que *Penne Lucos* veut dire *tête du lac* (2). Ces deux interprétations peuvent se soutenir. Où était *Penne Lucos* ? Quelques érudits pensent qu'il occupait la place de Villeneuve. Mais le contrôle des distances anciennes par les distances modernes ne corrobore pas cette opinion. D'Anville, qui signale la difficulté, parle, à son tour, d'un petit endroit existant sous le nom de *Penne*, que les anciennes cartes indiquent sur la direction de la voie, et qui, par l'identité de la dénomination, s'impose à l'attention. Il est vrai que ce lieu, actuellement assez éloigné du lac, n'en marquerait plus la tête, mais cette circonstance ne soulèverait pas une objection trop sérieuse. Pendant le long espace de seize siècles, les alluvions du Rhône ont dû modifier la topographie entre Villeneuve et le Bouveret, et augmenter cet espace de toute la conquête que les atterrissements ont faite sur les eaux, comme il est facile de s'en convaincre par l'échancrure que le lac a subie dans cette partie de son bassin. Toutefois, imitant l'exemple de notre maître d'Anville, nous ne voulons pas nous prononcer.

Cette question de topographie à part, l'érudition n'a plus rien à recueillir dans la portion de la vallée située entre Saint-Maurice et le lac. Le fleuve lui-même n'a plus d'accident qui mérite de fixer la curiosité. Lui, auparavant si bruyant et si terrible, il semble s'écouler avec une sorte de nonchalance vers le lac, où ses eaux vont devenir aussi limpides et calmes qu'elles étaient bourbeuses et tourmentées.

(1) Notice de l'ancienne Gaule.
(2) Tome III, ch. 1 et 10. — Voir l'étymologie de *Penne Locos* dans le lexique celtique de Boxhorn.

LYON VILLE DE LA SOIE

ÉTUDE GÉOGRAPHIQUE ET ÉCONOMIQUE

PAR N. DUCARRE

Messieurs,

La Société de géographie de Lyon avait à présenter au Congrès de 1881 la grande et industrieuse cité qu'il honore de sa présence.

Nous avons dû chercher à quelle page il convenait d'ouvrir, devant lui, son histoire de vingt siècles.

Lyon a été successivement : oppidum gaulois avant notre ère, — Lugdunum romain au premier siècle, — capitale burgonde au cinquième, — cité impériale au huitième, — épiscopale au dixième, — ville libre et municipale au treizième. Lyon est ville française depuis le quatorzième siècle. Le quinzième en a fait la cité de la soie.

Identifiée depuis quatre cents ans à la merveilleuse industrie qui a porté son nom aux extrémités du monde, notre ville est riche de sa prospérité ; elle est anxieuse dans ses jours difficiles, elle souffre de ses revers.

Cette solidarité persistante ne saurait être fortuite ; il faut admettre que la fabrication des tissus de soie correspond aux aptitudes et au goût inné des travailleurs de notre région. A lui seul, ce titre nous recommanderait l'industrie de la soie comme sujet d'étude. — Nous allons vous en entretenir un instant.

Un résumé technique de ses procédés et de ses moyens d'action exigerait un narrateur plus expérimenté ; je préfère rechercher devant vous quel chemin ce magnifique textile a parcouru pour arriver à Lyon et y acquérir un droit de cité depuis longtemps incontesté.

Cet ordre d'idées touche de près à la science qui nous réunit dans cette enceinte. C'est presque une étude géographique que je vais risquer devant les maîtres dont je réclame la bienveillante attention.

J'en emprunterai les éléments aux ouvrages lyonnais sur la matière, aux documents publiés par notre Chambre de commerce, à la monographie de la Condition des soies de Lyon, de M. Adrien Perret, et surtout à l'histoire de la soie de notre éminent compatriote Ernest Pariset, qui m'y a gracieusement autorisé.

A votre tour, messieurs, permettez-moi une sorte d'introduction à cette étude.

Dans sa lutte pour l'existence, l'homme doit pourvoir à trois nécessités premières et absolues. Il doit trouver, pour lui et les siens, l'aliment, le vêtement et l'habitation. Cette obligation existait déjà aux premiers jours des temps sans histoire; mais les moyens d'y pourvoir étaient rudimentaires.

Dans la caverne qui lui servait d'abri, l'homme avait pour aliment la chair des animaux abattus par sa hache ou sa flèche de silex. Cette chair était rôtie et grillée sur les cailloux du foyer. Voilà ce que racontent aux archéologues les débris trouvés dans le sol des stations préhistoriques. Leurs habitants étaient vêtus des peaux de ces animaux. Ce qu'il a fallu de temps et d'intelligence appliquée pour assouplir ces peaux par le tannage, ou encore pour y ajouter les grossiers tissus de laine ou de chanvre, dont on trouve les vestiges dans quelques stations lacustres? on ne le saura jamais.

Veut-on une saisissante antithèse, une étourdissante preuve de la marche de l'humanité dans la voie du progrès ? Il faut passer sans transition du réduit de troglodyte que nous venons d'indiquer, dans une de nos riches salles à manger modernes.

Ses lambris sont dorés, la pendule de sa cheminée de marbre ou d'onyx est un bronze d'art. Des glaces autrement grandes que celle qu'envia, dit-on, le grand roi (1), reflètent les lumières des lustres et des torchères.

---

(1) Une glace de 45 centimètres de haut, vue par Louis XIV au château de Vaux, fut, dit-on, une des causes de sa colère et de la disgrâce du surintendant Fouquet, en 1661.

Sur la table, recouverte d'une nappe de lin éblouissante de blancheur, les porcelaines et les cristaux attendent les chefs-d'œuvre de l'art culinaire et les vins généreux.

La toilette des convives est au diapason de ces magnificences, cependant ses éléments sont ceux des anciens jours.

Les peaux d'animaux sont de riches fourrures laissées au vestiaire ou pénètrent dans la salle sous forme de gants et de chaussures, le linge est encore de chanvre, de lin ou de coton. La laine fournit toujours le drap des habits et les moelleux tapis du parquet. Inutile d'ajouter que l'industrie moderne a obtenu de ces textiles d'admirables tissus. Ils ne suffisent cependant pas aux exigences de la toilette des dames. Pour accompagner les reflets nacrés des perles et les feux du diamant, il faut l'éclat du satin et les splendeurs du velours. Le satin et le velours sont tissés avec un fil qui s'appelle la soie. La soie qui fournit aussi les tentures des panneaux, les draperies des portières, les rideaux des fenêtres et la garniture des meubles.

D'où vient la soie ? A quelle date faut-il fixer son emploi dans l'industrie du vêtement et spécialement par l'industrie lyonnaise ?

Ces questions précisent le sujet que nous abordons devant vous.

Les hypogées de la vallée du Nil ont gardé intacts les objets usuels et les œuvres d'art de la civilisation égyptienne.

Les chercheurs ont ouvert les sarcophages des Pharaons et des grands-prêtres. Leurs momies reposaient sous des masques d'or, dans leurs suaires de laine ou leurs bandelettes de lin et de coton. On n'y a pas trouvé de vêtement de soie (1).

Les livres sacrés décrivent minutieusement les cérémonies et les ornements des temples. Ils mentionnent le fin lin, la laine pourpre, le byssus, enrichis de lames d'or ou de pierres précieuses. Ils ne disent rien de la soie.

Les Perses de Darius et de Xercès, battus par les Grecs à Marathon en 490 avant notre ère, aux Thermopyles en 480, à Platée en 479, laissèrent des milliers de morts sur ces champs de bataille. Leurs luxueuses robes médiques n'étaient pas en soie.

---

(1) On a trouvé deux échantillons de tissu et un écheveau de soie dans un tombeau de la VIe dynastie, mais on y a également trouvé des porcelaines de Chine incontestablement plus récentes que les tombeaux eux-mêmes. Un échantillon de soie de Chine peut être arrivé en Egypte comme objet de curiosité. On n'en a pas fait des vêtements dans ce pays avant les derniers Ptolémées.

Hérodote et Eschyle, qui ont célébré ces victoires, auraient certainement mentionné ce fait. Pas plus que l'Egypte, l'Assyrie n'a connu la soie.

L'armée d'Alexandre revint, en 325, des bords de l'Indus et de l'Hydaspe chargée des dépouilles de l'Inde ; elle n'en rapporta pas des tissus de soie.

En l'an 56 avant notre ère, dit l'historien Florus (1), les légions de Crassus rencontrèrent sur les bords de l'Euphrate l'armée des Parthes, dont les étendards étaient en soie brodée d'or. (*Signa auro sericisque vibrantia.*) Telle est la première mention certaine du tissu sérique (de la soie), jusque-là absolument inconnu en Occident. On peut donc dater du commencement de notre ère son arrivée sur les marchés d'Europe.

La conquête de la Syrie et le pillage de ses riches cités en amenèrent à Rome une quantité telle que, suivant Dion Cassius, dix ans plus tard, en l'année 46, aux jeux donnés par Jules César le velum du cirque était en soie !

Mais le tissu sérique était lourd et fabriqué dans le goût oriental. Pline et Lucain nous apprennent que les dames romaines et celles d'Alexandrie parfilaient ce tissu, et avec le fil ainsi obtenu exécutaient à l'aiguille des tissus légers et transparents. L'auteur de la *Pharsale* nous montre Cléopâtre légèrement vêtue d'une gaze de soie obtenue à l'aide de ce procédé (2).

Cette transformation était des plus ingénieuses ; mais, pour constituer une industrie, il fallait la matière première : le fil de soie lui-même.

Où était le pays des Sères, la contrée qui produisait cette substance extraordinaire ?

A cette date et longtemps plus tard, l'extrême Orient était aussi inconnu aux Européens que le sont encore pour nous l'intérieur de l'Afrique et les régions polaires.

Les ethnographes divisent les habitants de l'ancien monde en trois grandes variétés : *caucasique*, *mongole* et *éthiopienne*. Ils as-

---

(1) Florus. *Epitom. rer. roman.*, lib. III, cap. II (cité par Pariset).

(2) *Candida Sidonio perlucent pectora filo*
Quod nitidis arcus compressum pectine serum
Solvit et extenso laxavit stamina velo.
Lucain, Pharsal., Carm. X (cité par Pariset).

signent à la première, pour lieu d'origine, les plateaux de l'Iran et la presqu'île de l'Inde.

L'étude des langues, qui ramène à un même point de départ le sanscrit, le zend et le celtique, a permis de remonter à cette source des peuples aryens, nos ancêtres.

La comparaison des méthodes industrielles, qu'on retrouve chez toutes les nations européennes, à peine modifiées suivant les temps ou les milieux, confirme cette communauté d'origine et de point de départ.

Il est impossible d'établir ces rapprochements entre nos ancêtres aryens et ce groupe remarquable de la race mongole qu'on appelle la famille sinique ou les Chinois.

Isolée à l'extrémité orientale de l'Asie, dont elle est séparée par l'Himalaya, le plateau de l'Asie centrale, le désert de Cobi et surtout un parti pris de s'isoler que semble symboliser sa grande muraille, la Chine n'a rien emprunté, à la civilisation aryenne, rien échangé avec elle.

La Chine industrielle a été en quelque sorte révélée aux Lyonnais par la mission de Isidore Hedde en 1846 ; nous pouvons l'étudier aujourd'hui dans les galeries du musée oriental que M. Emile Guimet vient de créer dans notre ville et qu'il ouvre libéralement à ses concitoyens.

Cette contrée de quatre millions de kilomètres carrés compte trois cents millions d'habitants ; sa période historique commence vingt-cinq siècles avant notre ère. Tout y est autonome : langage, écriture, mœurs, coutumes, arts industriels, etc.

On attribue à la race mongole le caractère moral de rester immobile, après avoir atteint un certain degré de civilisation ; l'étude des arts industriels chinois semble justifier cette imputation.

Longtemps avant les Européens, la Chine a réduit les minerais, allié les métaux, trouvé l'imprimerie, la poudre à canon, le papier appliqué à une infinité d'usages, etc. En toutes ces choses, l'Occident devancé a pris d'éclatantes revanches. Seuls, deux produits sont incontestablement d'origine chinoise : la porcelaine et la soie.

Les Etrusques, les Grecs, l'Italie et la France de la Renaissance nous ont laissé des chefs-d'œuvre de céramique et de faïence ; ils n'ont pas soupçonné l'emploi du kaolin, matière première de la porcelaine.

On sait quel parti les tisseurs de Babylone, de Tyr et de Beryte ont tiré de la laine, du lin et du coton, sans voir autre chose dans le mûrier qu'un arbre à fruit et dans son bombyx qu'un parasite bon à détruire.

Vingt siècles avant notre ère, les Chinois avaient trouvé le moyen d'en obtenir la soie, que la conquête de la Syrie révélait pour la première fois aux Romains, maîtres du monde occidental.

Deux voies pouvaient conduire au pays des Sères ceux qui allaient y chercher la soie. Celle de terre était pratiquée par des caravanes analogues à celles qui traversent le Sahara africain. Cette route partait de l'Euphrate, limite de l'empire romain. Les noms de ses grandes stations sont célèbres dans l'histoire du monde antique : Babylone, point de départ ; Ecbatane en Assyrie, le défilé des portes Caspiennes, Rhagès en Médie, Alexandrie (aujourd'hui Hérat), dans l'Aria, Bactres et Samarcande en Bactriane. Elle entrait dans l'Asie centrale par le défilé du Hoschan ou de la Tour-de-Pierre, traversait la Petite-Boukarie et le désert de Cobi pour arriver à la frontière septentrionale de la Chine. Cette frontière était fermée ; les arrivants ne pouvaient y trafiquer que dans une ville spéciale : Kan-tcheou, que les Occidentaux appelleront *Sera Metropolis*, la ville de la soie.

Cette route, qui sera un jour celle d'Attila et de ses Hioung-nou, avait été ouverte au 1er siècle de notre ère par une invasion chinoise qui vint jusqu'à la mer Caspienne et s'y arrêta, parce que les pêcheurs du rivage affirmèrent au chef chinois Pan-tchao qu'il fallait trois ans pour la traverser et qu'à l'autre rive il trouverait les armées d'une puissante nation appelée les Romains. Les envahisseurs rebroussèrent chemin en remontant l'Oxus jusqu'en Bactriane et portèrent à l'extrême Orient la première notion de l'existence du monde romain.

Cette route de terre était longue et périlleuse, elle laissait le voyageur à la merci des nations qu'elle traversait. On en chercha une meilleure.

Depuis longtemps les villes de Phénicie et d'Egypte avaient des relations maritimes avec l'Inde ; elles recevaient les produits de cette riche contrée par le golfe Persique et la mer Rouge.

Les navires arabes traversaient la mer Erythrée (aujourd'hui mer d'Oman) jusqu'aux bouches de l'Indus, ou encore, doublant la pointe de Taprobane (aujourd'hui Ceylan), allaient jusqu'au détroit de Malacca. Ils y rencontraient des traficants malais qui leur vendaient les tissus sériques.

Les navigateurs de l'Erythrée ont pris longtemps le détroit de Malacca pour l'embouchure d'un grand fleuve comme l'Indus ; leurs correspondants avaient intérêt à les entretenir dans leur erreur et à exagérer les dangers de cette prétendue navigation fluviale ; mais, comme ils n'apportaient que des tissus et ne pouvaient livrer le fil de soie que réclamait le marché occidental, on se décida à franchir la prétendue embouchure, les navires d'Occident pénétrèrent dans la mer de Chine ; ils arrivèrent à *Thinæ* (aujourd'hui Canton), qui devint et reste encore la *Sera Metropolis* du sud de la Chine.

Caravanes et navires apporteront désormais de ces deux marchés les fils de soie réclamés par cette impérieuse souveraine qui s'appelle la Mode.

Grande fut la déception de ceux qui espéraient deviner, à l'aspect des fils de soie, la nature de cette substance inconnue. Méfiante et ombrageuse, la Chine n'avait laissé sortir que des soies moulinées, décreusées, prêtes à teindre ou à servir au tissage. Grâce à cette précaution, la Chine restera cinq cents ans maîtresse du marché de la soie en Occident.

A Rome, le fil de soie se payait quarante fois plus cher que de nos jours (1) ; il valait jusqu'à 5,000 fr. le kilogramme.

L'engouement pour ce tissu était tel qu'en l'an XVI de notre ère, le sénat romain rendit un décret qui défendait aux hommes de se déshonorer en portant des vêtements de soie ! Ce décret resta lettre morte : Tibère avait refusé de le sanctionner.

« Loin de moi la folie d'acheter du fil de soie au poids de l'or, » répondait en 270 Aurélien à l'impératrice, qui lui demandait un manteau de soie pourpre. Il est vrai que cet empereur en trouvait à de meilleures conditions. Vainqueur de Palmyre, il imposait à la reine Zénobie l'obligation de livrer au trésor romain les métaux précieux et les tissus de soie de ce riche entrepôt de l'Orient. (*Gemmas, argentum, aurum sericicumque in œrarium romanum conferas.*)

---

(1) E. Pariset, *Histoire de la soie*, vol. 1er, page 140.

La soie, devenue la plus haute expression du luxe dans le vêtement, était aussi une des valeurs des Trésors publics. Lorsque Rome, longtemps victorieuse, subira, à son tour, en 410, les conditions d'Alaric vainqueur, Rome devra ajouter à l'or de sa rançon quatre mille tuniques de soie.

En l'an 330, les destinées de la Rome impériale étaient accomplies. Constantin transportait le siége de l'empire à Byzance, qui s'appellera Constantinople. Le luxe de la cour y devint bientôt oriental, c'est-à-dire excessif. La consommation de la soie y tenait le premier rang. Pour y satisfaire, on créa à Byzance des gynécées ou manufactures impériales, dotées de priviléges ruineux pour les ateliers libres de tissage de soie. Mais la Sérique gardait le monopole de la matière première ; les Persans, plus rapprochés d'elle que l'empire, l'obtenaient à de meilleures conditions. La guerre avec les Parthes arrêtait souvent les caravanes et menaçait les ateliers de l'Asie-Mineure de chômages ruineux.

A ces inquiétudes venait s'ajouter une grave question d'ordre économique, déjà entrevue au premier siècle, mais flagrante au cinquième. Privés de moyens d'échange, les Romains étaient forcés de payer en espèces les achats faits en Chine ou dans l'Inde par leurs intermédiaires, juifs, grecs ou arabes. Au premier siècle, Pline évaluait à cent millions de sesterces l'exportation annuelle du numéraire pour l'Inde et la Chine (1), soit vingt-six millions de francs, qui en vaudraient aujourd'hui cent cinquante.

L'Orient producteur absorbait lentement les trésors des maîtres du monde occidental. Montesquieu voit dans cette exportation non interrompue pendant quatre siècles, la grande raison de la hausse successive de la valeur des monnaies chez les Romains (2).

Au sixième siècle, la question devient d'ordre public ; il y avait urgence à produire sur place une matière première qu'on allait acheter au loin et en dehors des conditions normales de l'échange.

Mais la Chine restait muette comme un sphynx, elle ne livrait

---

(1) Pline, *Hist. nat.*, lib. XII.
(2) Montesquieu, *Esprit des lois*, liv. XXI, chapitre 14.

pas son secret. Ses règlements de douanes portaient que le trafic devait se faire dans les deux villes autorisées, sans qu'un seul mot fût échangé (*nullo commercio linguæ*) (1). Toutes les tentatives pour se renseigner sur l'origine du fil de soie avaient échoué, lorsqu'en 552, deux moines persans, attachés aux missions du nord de l'Inde, vinrent offrir à l'empereur Justinien d'aller en Chine et d'en rapporter les indications nécessaires à la culture et à la production de la soie.

Cette offre fut acceptée, et, avant la fin de l'année, les moines étaient de retour, apportant avec les indications promises, des graines de vers à soie soustraites aux investigations des Chinois, dans leurs cannes de bambou.

Cette version de Procope a une variante qu'autorise le peu de temps consacré à cette mission en Chine, et la facilité avec laquelle on aurait fait passer la frontière à une substance dont l'exportation était interdite sous peine de mort. Elle est rapportée d'après Klaproth, dans l'histoire de Kothan, par Abel de Rémusat.

Les rois de cette contrée de la petite Boukharie, profitant de leurs relations avec les empereurs de la Chine, leur avaient souvent, mais en vain, demandé des graines de vers à soie. Au IVe siècle de notre ère, un roi de ce pays allait épouser une princesse chinoise, il la fit prévenir qu'il n'y avait pas de soie dans le pays qu'elle allait habiter. Elle devait donc en apporter des graines si elle voulait des tissus de soie pour s'habiller.

Au moyen-âge, les princesses d'Europe apportaient des provinces en dot, la princesse chinoise cacha des graines de vers à soie dans sa coiffure, elle passa la frontière, protégée par les immunités de son rang contre les investigations de la douane et apporta la précieuse semence à sa nouvelle patrie. C'est à Khotan que les envoyés de Justinien l'auraient trouvée deux siècles plus tard.

Le service rendu par les envoyés de 552 n'en était pas moins important. L'Occident apprenait par eux que le fil de soie était le produit d'un insecte, d'une chenille qui se nourrit des feuilles du mûrier. Cet insecte va s'appeler chez nous : le *ver à soie*, ou en histoire naturelle, *bombyx mori*. Arrivé au terme de sa croissance

---

(1) Pline, *Hist. nat.*, liv. VI.

et au moment de passer à l'état de chrysalide pour devenir papillon, il s'enferme dans une coque ovoïde ou cocon. Cette enveloppe, entièrment fermée, est construite par le bombyx avec un fil de soie qu'il secrète par la bouche et distribue autour de lui en couches successives et superposées, agglutinées à l'aide de la gomme résine dont ce fil est imprégné.

Ce cocon, détrempé dans l'eau bouillante, laisse bientôt échapper l'extrémité extérieure du fil continu dont il est formé ; on peut facilement le saisir, le dérouler, le recueillir sur un dévidoir, et on a le fil de soie si longtemps cherché.

Ces renseignements furent confirmés par l'éclosion des graines qu'avaient apportées les moines ; on en obtint, en 553, le premier écheveau de soie indigène.

La mission de 552 dotait l'Asie-Mineure et l'Europe d'un nouvel élément de richesse agricole et industrielle.

En cherchant le végétal qui devait nourrir l'insecte apporté de Chine, on constata, non sans surprise, que, depuis des siècles, on avait l'un et l'autre sous la main. Le mûrier, connu des Grecs et des Romains comme arbre à fruit, était originaire du Caucase, il y avait son parasite, le bombyx à cocon jaune d'où sont venues nos races européennes (le cocon de Chine est blanc).

Une impératrice chinoise avait trouvé le moyen de dévider le cocon vingt-cinq siècles avant notre ère. Ses compatriotes ont gardé son nom en le donnant à l'une de leurs constellations. L'idée d'utiliser le cocon indigène du Caucase, de l'Arménie et de la Perse n'avait germé dans aucun cerveau européen.

Longtemps méconnue, cette source de richesse fut vite exploitée, et la production séricicole de l'Asie-Mineure remplaça bientôt la soie qu'on demandait à l'extrême Orient.

Il a fallu six cents ans pour amener la culture de la soie de la frontière chinoise aux rives du Bosphore. Il faudra dix siècles pour l'acclimater dans la vallée du Rhône.

Nous allons noter à grands traits les principales étapes de cette nouvelle pérégrination.

L'Europe occidentale des temps mérovingiens n'était pas assez riche pour porter des vêtements de soie; quelques pièces de ces nouveaux tissus venus d'Orient suffisaient à la décoration de ses temples et au luxe de ses palais. Les trésors de nos cathédrales et les manuscrits du temps en ont conservé les spécimens (1). La culture et le tissage de la soie n'avaient aucun motif de quitter l'Asie-Mineure, lorsqu'un fait inattendu vint les déplacer.

Les habitants de la péninsule arabique que nous avons trouvés convoyeurs de caravanes ou caboteurs de la mer Erythrée, vivaient en tribus éparses, sans cohésion, sans force et sans rôle sérieux dans l'histoire de leur temps, lorsqu'un événement fortuit les mit au premier plan, en leur donnant pour force et pour moyen d'action l'unité politique et religieuse.

En l'an 612, un des leurs, le chamelier Mohamed, s'annonça envoyé de Dieu et prêcha l'Islam (2) à ses compatriotes. Le 26 juillet 622, il est obligé de fuir de la Mecque à Médine. De ce jour datera l'hégire (ère des musulmans). Vainqueur en 630, Mahomet revient à la Mecque, s'empare de la Kaaba, dont il détruit les idoles. Il y proclame le Coran et appelle les fidèles à la guerre sainte.

Deux ans plus tard (la dixième année de l'hégire) l'Arabie entière était soumise à l'Islam ; le Prophète mourait en léguant aux califes ses successeurs, la mission de faire la conquête du monde.

L'Orient romain est envahi; Bysance, protégée par la chaîne du Taurus, échappe à cette première étreinte de l'Islam, mais elle y perd, avec l'Asie-Mineure, sa production et son industrie de la soie, qui se réfugient en Grèce et dans l'Archipel. La Perse est conquise, puis la Bactriane et la Boukharie. L'étendard du prophète flotte sur Kasghar et sur Khotan, en 707 il est sur les bords de l'Indus, l'Inde entière le subira à son tour.

La marche des Arabes vers l'Occident est aussi audacieuse : en 640, Omar fait la conquête de l'Egypte ; en 711, les armées de l'Islam arrivent en Espagne, après avoir soumis tout le nord de l'Afrique, jusqu'aux colonnes d'Hercule.

Il y a plus de terre à l'occident, les Arabes tentent de revenir en Orient en traversant la France. Charles Martel les arrête et les écrase en 722, à la bataille de Tours.

---

(1) On cite, comme spécimens remarquables, le linceul de St-Germain d'Auxerre ; les reliquaires du Mans et de Chinon, le trésor d'Aix-la-Chapelle, etc.

On garantissait les lettres ornées et enluminées des manuscrits, à l'aide de morceaux de soie intercalés entre les feuillets. Cette précaution nous a conservé de magnifiques collections des tissus de soie des premiers siècles de notre ère.

(2) Islam, mot arabe qui signifie : *Résignation à la volonté de Dieu*.

L'œuvre du cimeterre est terminée, celle de la civilisation arabe commence, elle va durer cinq cents ans. Bagdad, Alexandrie et Cordoue vont devenir trois grands foyers de science, d'art et de luxe. A ce moment la soie reprend son rôle ; les Arabes ont relevé cette industrie en Perse et dans l'Asie Mineure.

Le mûrier est planté sur toute la côte d'Afrique, à Sousse, à Gabès, puis en Sicile et en Espagne. Une colonie d'Arabes syriens apporte la filature et le tissage en Andalousie : l'Espagne produit la soie, avant l'Italie et la France.

Les croisades familiarisent l'Occident avec la soie ; mais son emploi reste le même. En 1098, à la prise d'Antioche par les croisés, la soie trouvée dans la capitale de Syrie est expressément réservée pour les ornements et les *toiles* d'autel.

En 1140, le Normand Roger de Sicile est en guerre avec les Grecs ; à la suite d'une expédition heureuse, il ramène des captifs qui apportent l'industrie du tissage de la soie dans son île.

Malgré Charybde et Scylla, le détroit de Messine est facile à franchir, l'industrie de la soie arrive en Italie ; Lucques et Florence font du tissage, les marins de Venise et de Gênes préfèrent importer les tissus d'Orient.

Au xe siècle, la production de la soie était arabe ; italienne au xive, elle sera bientôt française.

Avignon et le Comtat-Venaissin appartenaient au pape depuis 1383 ; la cour de Rome y apporta la culture du mûrier et la fabrication des tissus connus sous le nom de florences d'Avignon.

A cette époque, le marché et les foires de Lyon étaient célèbres ; on y trouvait les soieries d'Avignon qui remontaient par la vallée du Rhône, celles d'Italie venues par le Piémont, et enfin les riches tissus d'Orient qu'y apportaient les Levantins.

Lyon, marché de soieries, allait devenir un grand centre de production de ce genre de tissus. C'est encore un événement politique considérable qui va déterminer ce mouvement.

Le 29 mai 1453, Constantinople tombe au pouvoir des Turcs. Ce fut le dernier jour de l'empire romain d'Orient. Ce qui échappa à la ruine de la grande cité et au massacre de ses habitants vint se réfugier en Italie et y apporta les éléments de la Renaissance.

Une partie de ses tisseurs de riches étoffes va à Moscou, où se fabriquent encore les ornements du rite grec ; l'autre vient exercer sa profession à Venise, Milan, Sienne, Bologne, Lucques.

Florence et Gênes. Ces villes enverront sur le marché de Lyon les riches tissus qu'on y apportait jusque-là d'Orient.

En 1140, Roger de Sicile capturait, à la manière antique, les tisseurs grecs qui devaient apporter leur industrie dans son île. En 1466, Louis XI, et après lui Charles VIII et François Ier appellent en France les ouvriers tisseurs italiens, par des édits portant récompenses, immunités et priviléges. Ces appels arrivaient à l'heure des révolutions italiennes. Les partis vaincus émigrent à Lyon, ils y apportent leurs richesses, leurs aptitudes financières, commerciales et industrielles.

Les monuments, les rues et les chroniques de notre ville ont gardé les noms notables de cet exode.

Un tableau de Bonirote, placé dans notre galerie des peintres lyonnais, rappelle les débuts de notre grande industrie. Il représente une séance du conseil des échevins de notre ville, examinant des tissus de soie que deux personnages déroulent sous leurs yeux. Le tableau porte en outre cette légende :

« Barthélemy Naris et Etienne Turchetti, de Cherusco en Pié-
« mont, obtiennent des conseillers échevins de Lyon une somme
« d'argent et l'autorisation de monter des métiers de soie riches
« à Lyon, en 1536. »

L'histoire ajoute que le consulat s'engagea à donner à Turquet, en cinq ans, cinq cents écus d'or, à la seule condition que la fabrication ne serait pas interrompue. L'entreprise réussit à ce point, qu'en 1553 la soierie lyonnaise occupait déjà douze mille personnes.

Le tissage des étoffes de soie était organisé et florissant, il fallait lui assurer la matière première de son industrie.

En 1551, sous Henri II, la culture du mûrier et l'éducation du ver à soie étaient déjà signalés aux agriculteurs français comme une nouvelle source de revenus (1). Sous Henri IV, les efforts de Sully et d'Olivier de Serres les vulgarisent dans les régions de notre pays situées au-dessous du 46e degré de latitude.

On a coutume d'exprimer le revenu de cette culture en kilogrammes de cocons (il faut 12 kilogr. de cocons pour obtenir

---

(1) La déclaration de Henri II du 14 juillet 1551 : « En vue d'amplifier l'art de la soie pour la décoration du royaume, » régla la plantation en tous lieux des arbres destinés à la nourriture des vers à soie.

1 kilogr. de soie filée). Les premiers chiffres généraux recueillis à cet égard ne remontent qu'au milieu du xviii° siècle.

A cette époque la France produisait 6 millions 600 mille kilogr. de cocons qui, à 2 fr. 50 l'un, représentaient une valeur de 17 millions de francs.

Les chiffres de la période révolutionnaire et des guerres de l'Empire manquent. Vers 1825, ils s'élèvent à 12 millions de kilogr., estimés 45 millions de francs. De 1840 à 1845, la production est de 18 millions de kilogr., elle distribue à 180,000 familles d'éleveurs, une somme annuelle de 70 millions de fr.

Le maximum du rendement de la culture de la soie est atteint en 1853 ; il est de 26 millions de kilogr. de cocons, d'une valeur de 120 millions de francs.

La maladie du ver à soie éclate en 1856. Les chiffres suivants accusent l'intensité de ses ravages. Le chiffre de la récolte de 1856 descend à 7 millions 500 mille kilogr. ; 1866 en donne 18 millions ; il n'est que de 8 millions en 1869. Ce chiffre remonte à 12 millions en 1877, pour redescendre au-dessous de 7 millions en 1880.

L'industrie du tissage français s'adresse à l'étranger, mais l'Europe est presque aussi maltraitée que la France. Le commerce des soies de l'extrême Orient prend une importance qui rappelle celle des premiers jours de cette industrie.

En 1842, la sériciculture française fournissait 85 % des soies manufacturées à Lyon, on en demandait seulement 15 % à l'étranger. En 1877, la proportion est exactement inverse, la culture française n'en fournit plus que 15 % (1), il faut en demander 85 % à l'importation.

Les marchés européens reçoivent annuellement 9 millions de kilogrammes de soie filée, dont 5 millions de soie asiatique et 4 millions de soie d'Europe (2). La France est inscrite pour six

---

(1) Adrien Perret. Monographie de la Condition des soies, page 90.
(2) Natalis Rondot. L'industrie des soies à l'Exposition de Vienne en 1873 donne le tableau suivant :

Soies grèges présentées sur les marchés d'Europe.

Soies d'Europe en kilogr.	Récolte de 1872	Récolte de 1873
Italie	3.125.000	2.336.000
France	637.000	549.000
Espagne et Portugal	180.000	135.000
Turquie d'Europe et Grèce	40.000	107.000
Ensemble	3.982.000	3.127.000

cent mille kilogrammes dans la provenance d'Europe ; elle en avait produit deux millions cinq cent mille en 1853, c'est-à-dire l'équivalent de la consommation de la fabrique lyonnaise, qui serait de plus de deux millions trois cent mille kilogrammes de soie ouvrée, à l'aide desquels elle produit pour 420 millions de francs de tissus soyeux (1).

La maladie du ver à soie, en frappant une culture nationale qui date de plus de trois siècles, nous a ramenés aux conditions économiques du monde romain. Elle nous condamne à acheter chaque année, à une contrée qui ne fait pas d'échanges, pour cent millions de soie que notre pays produisait il y a vingt-cinq ans. Les sériciculteurs et les économistes se demandent avec anxiété si on peut compter sur un prompt retour vers ces temps prospères.

Les résultats de la récolte de 1881 permettent de l'espérer.

Après la sériciculture française, il faut mentionner la grande industrie dont Lyon est le foyer principal, celle qui transforme la soie en tissu. Elle occupe 350,000 ouvriers et crée chaque année pour 500 millions de valeurs. Sans vouloir étudier ses procédés techniques, il convient de les indiquer.

Le fil obtenu en dévidant le cocon ne va pas directement au métier à tisser. Il faut auparavant le mouliner, c'est-à-dire lui donner la grosseur et la torsion convenables, le décreuser en lui enlevant la gomme qui agglutinait les fils sous forme de cocon, et enfin le blanchir ou le teindre. A ce moment, il est prêt pour le tissage.

Le métier à tisser la soie est bien connu ; une série de fils tendus parallèlement sur un même plan constitue la *chaîne* ; une disposition du métier permet de lever et d'abaisser alternativement les fils pairs ou impairs. La navette, lancée entre les fils levés et les autres, y entraîne un fil de trame. Ce fil, frappé par

Soies d'Asie.	Année 1872	Année 1873
Chine.	3.390.000	3.080.000
Japon.	721.000	700.000
Inde.	574.000	486.000
Turquie d'Asie.	185.000	250.000
Perse, Koraçan et Turquie d'Asie.	220.000	444.000
Ensemble.	5.090.000	4.960.000

(1) Adrien Perret. Monograph. Cond. Soies. page 101.

le peigne du battant, est serré contre le précédent ; le suivant viendra l'y rejoindre, et les fils de chaîne ainsi enlacés passent à l'état de tissu.

En faisant varier le nombre et l'alternance des fils de chaîne soulevés, on obtient des tissus croisés, sergés, des satins, des armures, une infinité de façonnés, ou encore des dessins rendus plus visibles par l'emploi de couleurs ou de nuances différentes.

En remontant aux origines, on trouve que, dans le métier babylonien, la chaîne était verticale ; la trame y était insérée par une longue aiguille et frappée à l'aide d'une règle en bois. Le métier égyptien avait sa chaîne horizontale ; l'aiguille y était remplacée par la navette, et la règle par le peigne. Il fut bientôt préféré à l'autre, si l'on en croit le poète latin :

*... Victa est
Pectine niliaco, jam Babylonis acus.*

L'aiguille babylonienne a été vaincue par le peigne égyptien (1). Tel est encore le principe du métier à tisser moderne. Une visite à la galerie des métiers de l'Ecole de commerce, qui a prêté ses salles à l'exposition du Congrès de géographie, vaudra infiniment mieux qu'une plus longue description.

La pièce d'étoffe de soie terminée doit passer chez l'apprêteur avant d'être livrée au commerce ou à la consommation.

La teinture et l'apprêt constituent deux grandes industries lyonnaises ; leurs immenses usines et leur puissant outillage apportent un concours indispensable à notre fabrique de soieries.

On trouve inscrit sur les rôles d'impôt de notre ville, à la date de 1469 : maître Guichard, *tainturier de soye*.

La déclaration de 1581, qui constitue les *tainturiers* de notre ville en corporation, est ainsi motivée : « Il n'y a ville en ce « royaume à qui Dieu ait imparty autant de grâce qu'à la ville « de Lyon pour faire réussir vivement la soie en toutes sortes de « couleurs (2). »

Cette industrie, si bien « impartye », occupe aujourd'hui près de 5,000 ouvriers et fait pour 22 millions de teinture par an.

---

(1) Martial, lib. XIV, epig. 150. (Cité par Pariset.)
(2) La Fabrique lyonnaise des soieries, son passé, son présent, publié par la Chambre de commerce en 1873, pages 11 et 39.

Nos apprêteurs trouveront aussi un de leurs ancêtres dans la galerie des peintres lyonnais. Une grande toile, signée Chatigny, et intitulée : « Les célébrités lyonnaises » réunit les grandes figures de notre histoire locale. Dans cette pléiade on trouve le groupe de la soie. A côté de Naris et de Turquet, voici Jacquard et Octavio Mey.

Le premier déroule les cartons percés, qui, grâce à lui, remplissent automatiquement la lente et rude fonction des tireurs de lacs dans la fabrication des étoffes de soie façonnées.

Plus ancien et plus oublié, bien qu'une rue de notre ville porte son nom, Octavio Mey a trouvé, au XVII° siècle, un procédé pour lustrer les étoffes de soie. Cette découverte a sa légende, la voici : En 1656, Octavio Mey, fabricant d'étoffes de soies blanches, cherchait vainement le moyen de donner à ses tissus le lustre, l'éclat et le brillant qui leur manquaient. Dans un de ces moments de lassitude et de découragement que connaissent les industriels aux prises avec les difficultés à vaincre, il y réfléchissait en mâchonnant un échantillon de son tissu qu'il jette ensuite sur son bureau.

Le lendemain, il le retrouve, le déplie et constate, à sa grande surprise, qu'il a le lustre, le brillant et l'éclat si longtemps cherchés. En appliquant à son étoffe les mucosités de la salive, la chaleur de la bouche et la pression des dents, Octavio Mey avait fortuitement trouvé les principes de l'apprêt, qui sont encore aujourd'hui les mucilages, les gommes, la dextrine, les plateaux presseurs, les cylindres chauds et les tambours à vapeur.

Comparé à l'outillage moderne de la teinture et de l'apprêt, le métier à tisser la soie accuse une immobilité relative. A coup sûr, le métier actuel n'est pas celui d'Anthoine le *tissutier*, qui, suivant les registres de taxes, habitait à Fourvières en 1446. Le métier de 1536 de Guillaume Naris a reçu de nombreux perfectionnements de détail, mais son principe, ses dispositions générales, son mode de fonctionner sont restés les mêmes. Le nombre des métiers a considérablement augmenté dans la région lyonnaise (1), mais la production journalière de chacun d'eux a peu varié.

(1) Le rapport de M. Natalis Rondot, déjà cité, donne la progression suivante, page 96 :
1685 : 10.000 métiers, réduits à 2.000 par la révocation de l'édit de Nantes ;

La situation de la fabrique lyonnaise ainsi outillée est appréciée en ces termes dans le rapport de M. Natalis Rondot (1) :

« Cette industrie qui a tant d'exigences et dans laquelle le succès n'est acquis qu'au prix d'un travail personnel constant, la France l'a faite en quelque sorte sienne il y a trois siècles...
« La fabrique lyonnaise, prise dans son ensemble, est encore la première. A l'Exposition de Vienne, sa supériorité a été éclatante. Mais l'acclamation s'est faite sur sa supériorité présente et, qu'on le sache bien, on n'a pas jugé que, dans les dernières années, la fabrique lyonnaise eût fait les progrès qu'on attendait d'elle. Qu'on le sache bien, on a cru surprendre en elle une sorte d'impuissance à conformer, par exemple, la qualité et les prix, même pour les étoffes qui lui sont propres, aux besoins nouveaux de la consommation.

« L'Allemagne et la Suisse lui ont enlevé la vente d'une notable partie des étoffes à bon marché. Les Anglais poursuivent avec vigueur la fabrication d'articles qu'ils se sont rendus familiers. L'Italie, l'Autriche, la Russie n'ont pas moins de persévérance. Les Etats-Unis même ont pris place parmi nos concurrents...

« Il y a donc un danger réel, et l'heure n'est pas passée où il ne soit plus possible de le conjurer. La fabrique lyonnaise ne saurait oublier le sort des fabriques byzantines et italiennes, si proches héritières des traditions antiques. L'histoire lui a appris avec quelles armes elles ont été successivement vaincues.
« Ces armes n'ont jamais été mieux trempées qu'elles ne le sont aujourd'hui ; la fabrique lyonnaise sait les manier et s'en servira encore avec résolution. »

1787 : 18,000 métiers, réduits à 2 500 par la Révolution française ;
1812 : 12,000 métiers ;
1820 : 20,000 métiers ;
1827 : 27,000 métiers ;
1837 : 40,000 métiers ;
1848 : 50,000 métiers ;
1873 : 120,000 métiers ; dont 30,000 à Lyon et 90,000 dans la région.
Ces métiers occupent 180,000 ouvriers ; ils consomment 2.200,000 kilogr. de soie ouvrée et produisent pour 460 millions de tissus.
5 à 6,000 de ces métiers sont mécaniques.

(1) Rapport de M. Natalis Rondot, publié par la Chambre de commerce (Pitrat, imprimeur à Lyon, 1853). Conclusions, pages 209 et suivantes.

L'auteur de ces rudes avertissements les fait suivre d'un tableau des prix à façon dont voici un extrait :

« Un drap de France noir, en 55 centimètres de large et 62 « portées, qui se vend à Lyon 4 fr. 50 le mètre et 4 fr. 20 à Zu-« rich, coûte de façon : tissage à la main à Lyon, 70 c. ; à la « campagne, 60 c. ; en Suisse, 50 c. Le même article tissé à la « mécanique coûte, à Zurich, 22 c. le mètre. »

Faut-il en conclure que le tissage lyonnais, menacé par les concurrents des pays où le bon marché de la vie assure le bas prix de la main-d'œuvre, l'est encore davantage par le tissage mécanique ?

Sous peine de rester incomplète, une étude sur la soie doit aborder cette grave question économique sous les deux aspects que nous venons d'indiquer.

La concurrence des bas salaires pourrait être combattue par une réduction des dépenses habituelles. Hâtons-nous de reconnaître que cette réforme, déjà héroïque pour un individu ou pour une famille, n'est possible pour une nation que sous la pression d'événements que nous ne souhaitons pas à notre pays.

Nos tisseurs espéraient arrêter la concurrence des salaires étrangers à l'aide d'une fédération ouvrière établissant des tarifs uniformes pour toutes les nations. Cette tentative dont ils auraient été les dupes et les victimes, a complètement échoué.

Ils ont acclamé plus d'un programme politique destiné à diminuer leurs charges, en réduisant le chiffre énorme du budget français. Depuis dix ans ce chiffre augmente de 50 millions par année (1).

Ces panacées écartées, un seul remède reste à l'horizon ; la supériorité des produits et leur production plus rapide.

Un mot maintenant de la lutte entre le travail à la main et le travail mécanique.

Le travail à la main est d'origine orientale, il garde sa raison d'être dans toutes les contrées où le temps a peu de valeur, parce que le climat et les habitudes y assurent la vie à bon marché.

---

(1) Le budget voté en 1869, pour 1870, était de 1 milliard 650 millions de francs, les conséquences de la guerre y ont ajouté 600 millions par année, son chiffre de 1882 devrait être de deux milliards 250 millions.

Le budget voté pour 1882 s'élève à deux milliards 851 millions. C'est une augmentation de 600 millions en douze ans, soit 50 millions par année.

Dans ce mode, la production est lente, mais l'artisan, souvent doublé d'un artiste, ajoute à ses outils traditionnels une habileté et des tours de main qui se traduisent en beaux produits, quelquefois en chefs-d'œuvre.

Le travail mécanique s'impose à l'Occident parce qu'il faut y produire vite et beaucoup pour satisfaire aux difficultés plus grandes de l'existence. La production à la main des objets nécessaires à la vie serait plus coûteuse et aggraverait encore la situation.

L'outil-machine produit vite et à bas prix les objets de grande consommation pour lesquels on n'exige ni le fini, ni la beauté des articles de luxe.

L'ouvrier dirige, alimente et surveille sa machine, mais sans pouvoir modifier à son gré le champ d'évolution pour lequel elle est réglée. L'action de l'habileté professionnelle et du tour de main est ici diminuée et va jusqu'à disparaître dans certains cas.

Le métier à tisser la soie est resté oriental en pays d'Occident. Le tisseur est à la fois son conducteur et son moteur; il l'anime et le dirige à son gré. Sa marche se traduit par un bruit bien connu de ceux qui visitent les quartiers de notre ville affectés au tissage.

Chacune de ces bruyantes pulsations accuse la mise en place d'un nouveau fil de trame destiné à transformer la chaîne en tissu. Il faut, pour chacun d'eux, fouler la marche, lancer la navette et faire mouvoir le battant.

Ces mouvements exécutés à bras d'homme, ne peuvent se produire qu'un certain nombre de fois par minute et par heure. Leur produit journalier se traduit par quatre ou cinq mètres de tissu. Le métier mécanique à tisser le coton en donne vingt-cinq !

Le tissage de la soie serait donc bientôt dévolu aux contrées des salaires à bon marché ou aux métiers mécaniques, sans l'habileté et le tour de main de nos tisseurs, qu'on n'improvise pas et que la machine n'a pas encore remplacés.

En sera-t-il longtemps ainsi ? Loin de le penser, les aînés de notre industrie cherchent depuis longtemps à appliquer l'accélération du travail mécanique au tissage de la soie, en lui conservant la supériorité que le travail à la main lui a assurée jusqu'à ce jour.

Cette préoccupation n'est pas récente, on la trouve dans une circulaire ministérielle de floréal an X (1802). A cette date, Chaptal, ministre de l'intérieur, prescrivait aux préfets des départements manufacturiers de provoquer l'envoi d'ouvriers tisseurs pour suivre les essais qu'il faisait exécuter à Passy, près de Paris. Il s'agissait du procédé de tissage *à la navette volante* ou *au bouton*, apporté en France par l'Anglais Bawens. Ce procédé, aujourd'hui adopté par nos tisseurs, diminue la fatigue de l'ouvrier et augmente sa production des deux cinquièmes (1).

Trois ans plus tard, le 22 germinal an XIII (1805), Jacquard exposait, à Lyon, sa mécanique qui a révolutionné le tissage du façonné : vient ensuite le battant-brocheur de Meynier ; la construction des métiers pour moteur hydraulique, etc., enfin les tentatives actuelles de distribution de force motrice à domicile, permettant de conserver, avec le fractionnement actuel des ateliers, la supériorité du tisseur travaillant chez lui et en famille.

La grande armée lyonnaise des travailleurs de la soie se compose de fabricants, mécaniciens, dessinateurs, metteurs en carte, teinturiers, tisseurs, apprêteurs, etc.

Ce faisceau industriel, unique au monde, lutte avec énergie pour garder une supériorité qui lui est vivement disputée. Il a pour armes une habileté et des traditions professionnelles sans rivales. Quand il aura ajouté à la supériorité acquise dans le travail à la main la rapidité de la production mécanique, il aura assuré pour longtemps encore à notre cité un titre qu'elle porte dignement depuis trois siècles, celui de : *Lyon Ville de la soie*.

N. Ducarre.

---

(1) Bezon. Dict. des tissus. Vol. Ier, page 13.

COUP D'ŒIL

SUR

L'INDUSTRIE AUX ÉTATS-UNIS

PAR M. AUGUSTIN SEGUIN

Messieurs,

On a bien voulu me demander de vous dire quelques mots, au point de vue industriel, sur le voyage que je viens de faire en Amérique. Je le fais volontiers, en vous priant toutefois d'excuser le décousu de renseignements pris un peu rapidement dans mes notes de voyage.

Nous venions de débarquer aux Etats-Unis; nous avions à peine parcouru, mon compagnon de voyage et moi, les quais de New-York et les principales artères de la grande cité, qu'une première réflexion se présentait à notre esprit et résumait ainsi nos impressions des premières heures : « *Voilà un peuple qui sait admirablement proportionner les moyens au but à remplir.* »

C'était la vérité; et, pendant tout le cours de notre voyage, elle nous a été démontrée comme l'un des traits distinctifs du caractère de ce grand peuple.

Vous me permettrez de vous faire parcourir ses lignes de chemin de fer, de vous mettre en face de ses grands ouvrages d'art; vous voudrez bien entrer avec moi dans ses principales manufactures, visiter quelques-uns de ses grands centres industriels; et vous serez frappés, je suis sûr, de trouver chez les Américains, d'une part, la simplicité et l'esprit d'économie lorsque le but à remplir est simple, le résultat incertain; d'autre part, une hardiesse et une largeur de vues extrêmes, quand l'œuvre est importante, ou qu'il faut lutter contre les difficultés naturelles d'un pays où tout est grandiose et gigantesque.

Les institutions américaines et les mœurs ont puissamment contribué, on doit le dire, au remarquable développement de leurs facultés naturelles. Aux Etats-Unis, la liberté individuelle n'est jamais entravée, et le contrôle autre que celui de l'opinion publique, n'existe pas. Il en résulte que la trop grande simplicité des moyens employés met quelquefois en jeu la vie humaine; mais on s'en soucie peu au point de vue général; vous êtes toujours prévenu d'un danger; à vous d'y prendre garde.

D'un autre côté, cet esprit d'initiative, pour ainsi dire sans limite et sans frein, expose la fortune publique à bien des mécomptes; mais on en prend son parti plus facilement qu'en France. Un homme entreprenant qui se ruine, retrouvera facilement le crédit et la confiance, s'il a fait preuve de loyauté et d'initiative; très-souvent il se relèvera. Je ne parle pas des faiseurs, il y en a malheureusement plus qu'ailleurs. Mais, en somme, il est certain que l'industrie américaine est dans un état de prospérité remarquable.

Ne croyez pas cependant qu'elle soit le fruit hâtif d'une protection à outrance et qu'elle ne puisse pas encore se mesurer avec la concurrence étrangère.

La main-d'œuvre, il est vrai, est élevée; mais combien l'Américain est ingénieux pour la diminuer et la supprimer presque partout! En outre, la Californie, qui prend un essor agricole si puissant, contribuera bientôt à faire baisser le prix de toutes choses sur le continent. Son œuvre est déjà commencée; et je crains que, d'ici à peu d'années, au double point de vue agricole et industriel, les Américains ne nous prouvent la puissance supérieure d'un pays où la nature a tout mis à la disposition d'un peuple si énergique.

L'étranger qui arrive à New-York, est de suite frappé par la multitude des moyens de transport : au milieu de l'Hudson un mouvement incroyable de bateaux à vapeur se croisant en tous sens; dans les rues, des voitures, des omnibus, des tramways allant et venant de tous côtés — au-dessus de la tête, des trains passant à chaque minute avec la rapidité de l'éclair. Je n'exagère rien; le chemin de fer aérien forme en effet une double ceinture dans les rues de la ville; et les trains, marchant avec une rapidité de 40 à 50 kilomètres à l'heure, se suivent à trois ou quatre minutes d'intervalle : 12 à 15 secondes d'arrêt à chaque station ; à peine le temps d'entrer ou de sortir, et vous êtes emporté d'un bout de la ville à l'autre.

Construit, soit au-dessus des trottoirs, soit même au milieu de la rue, tantôt à 6 ou 8 mètres d'élévation, tantôt à 20 ou 30 mètres, le chemin de fer aérien est d'une extrême commodité pour les gens pressés, c'est-à-dire, pour tout le monde en Amérique. Il est devenu aussi indispensable que le téléphone, établi maintenant chez tous les commerçants, dans tous les lieux publics et entre la plupart des grandes villes.

Cet enchevêtrement de constructions métalliques est une grande gêne pour les voisins. Songez donc ! voir passer sous ses fenêtres presque un train par minute; mais l'intérêt général est là et personne ne s'en plaint. Il fallait aller vite et l'aspect de la ville a été sacrifié. — On a même oublié l'harmonie pour ne penser qu'à la stricte solidité: en quelques endroits c'est vraiment un peu château-branlant : aussi, lorsque les freins à air comprimé arrêtent presque subitement les convois lancés à toute vitesse, l'intensité des vibrations est telle qu'on serait tenté de s'inquiéter, mais ce genre d'émotion est fréquent aux Etats-Unis. L'entreprise, incertaine au début, a pleinement réussi ; elle eût probablement échoué, si l'on eût mis dans la construction le moindre luxe, en dehors du strict équilibre des matériaux.

Parcourons maintenant quelques-unes des voies ferrées de cet immense réseau américain qui atteint 140,000 kilomètres. Suivons, par exemple, la ligne du Pacifique qui, partant d'Omaha, traverse la *prairie*, l'énorme massif des montagnes Rocheuses et de la Sierra-Nevada, et va rejoindre San-Francisco à 3,000 kilomètres.

Quelle hardiesse il a fallu aux initiateurs de cette grande entreprise! A ce moment, en effet, la Californie était loin de son développement actuel ; et, à part deux ou trois stations : Cheyenne, Ogden et la ville du lac Salé, il n'y avait rien jusqu'à Sacramento.

Il fallait surtout construire à bas prix. Pour assurer l'avenir, la Compagnie avait demandé au gouvernement la concession d'une bande de terrain de plusieurs kilomètres sur chaque côté de la ligne: elle recueille actuellement les fruits de cette sage prévoyance, et tout ce qu'elle a dépensé pour coloniser, lui est justement rendu par le bénéfice de son immense trafic.

On est étonné du nombre relativement grand des stations dans le désert de la prairie : c'est que la Compagnie a voulu créer de nombreux petits centres. Chaque année, ces centres prospèrent et reçoivent la vie par le chemin de fer dont ils font la fortune. Dans beaucoup de stations, il y a 20 habitants et même moins ; mais, partout, un bureau télégraphique, un bureau de poste et une banque engagent les émigrants à s'arrêter pour coloniser. C'est l'état embryonnaire ; mais tout croît si vite là-bas !

Un esprit d'économie bien entendu a présidé à la construction de la ligne du Pacifique. On a utilisé tout ce qui se trouvait sur place. Les ponts, les viaducs, les accessoires étaient tous en bois, aussi simples que possible. Les rails n'étaient pas lourds, mais, vu l'abondance des bois, les traverses ont été considérablement rapprochées, pour donner plus de stabilité à la voie et ne pas mettre de ballast. Aujourd'hui que tout a prospéré, la voie est bien établie ; partout des ponts métalliques remplacent les anciens, et rien n'est négligé pour créer une ligne de premier ordre : on a su, pour réussir, aller progressivement.

Si nous quittons les grandes lignes pour suivre quelques-uns des petits chemins de fer à voie étroite, celui, par exemple, qui, partant de Ogden, remonte déjà à 600 kilom. dans le Nord, vers Virginia-City et le Parc national de la Yellowstone ; ou bien, celui qui, de Colfax, conduit aux mines d'or de Nevada-City, nous constaterons qu'une économie plus stricte encore a présidé à leur construction : les rails pèsent à peine 22 kilog., les traverses sont également très-rapprochées ; les ponts, les viaducs sont en bois, tout en ayant 200 mètres de longueur, sur 35 mètres de hauteur.

En beaucoup d'endroits, la voie est simplement posée sur les rochers éboulés, qui bordent les torrents, ou soutenue par des troncs d'arbres encore debout ; malgré cela, la stabilité est suffisante, à condition toutefois de ralentir la marche des trains, à certains endroits.

On dira peut-être que cette manière de construire est trop sommaire ; mais il faut considérer que ces petites lignes remplacent les routes et sont comme les branches des grandes artères qui vont porter jusqu'aux points les plus éloignés la civilisation et la vie. Les accidents y sont certainement moins nombreux que sur les chemins à peine tracés, où les diligences versent à chaque instant.

Et quelle différence pour la rapidité et la facilité des transports ! Ces chemins de fer seraient impossibles, si l'on n'apportait pas dans leur construction, ainsi que dans leur exploitation, la plus stricte économie; si, en un mot, on ne proportionnait pas exactement les moyens au but à atteindre.

Il y a quelques années, on accusait les Américains de construire des voies d'une solidité douteuse et de laisser souvent des trains entiers dans le fond des ravins. C'était peut-être vrai au lendemain de la guerre de sécession, alors qu'il fallait rétablir en quelques mois les voies ferrées à moitié détruites ; mais, aujourd'hui, tout s'est transformé, les Américains sont entrés largement dans la voie du progrès; leurs lignes ont une stabilité remarquable, les matériaux en sont choisis avec un soin minutieux et leur exploitation est très-bien faite. Nous avons parcouru plus de 20,000 kilomètres sur les réseaux des Etats-Unis, sans avoir eu un seul accident ni même un seul retard : ce qui fait l'éloge de la régularité du service et de l'excellence des voies.

La vitesse des trains varie de 40 à 60 kilomètres par heure ; mais elle devient supérieure en cas de concurrence : la douceur du roulement est telle que j'ai pu lire, dessiner et écrire mes notes de voyage pendant tous nos trajets. Il faut dire que le matériel est beaucoup plus perfectionné que le nôtre : ainsi ces grandes voitures de 20 mètres de longueur, portées sur deux chariots parfaitement supendus, ont une flexibilité et une stabilité parfaites.

En dehors des voitures destinées aux émigrants, qui, comme confortable, rappellent à peu près nos voitures de 3me classe, on sait qu'il n'y a qu'une classe aux Etats-Unis : des premières parfaitement installées, et, comme complément, des places de luxe ou de sleepings-car, indispensables pour les longs trajets. La taxe supplémentaire n'est pas très-élevée : 15 francs par 24 heures, moyennant quoi, on a, le jour, deux places entières, une table pour écrire, un nègre à son service ; et la nuit, un bon lit, avec cabinet de toilette, etc. Ce n'est certes pas trop cher.

Sur le Pacifique, le tarif ordinaire est au contraire assez élevé, 25 centimes par kilomètre, mais dans l'Est, où de nombreuses compagnies se font concurrence, il s'abaisse souvent à 5 ou 6 centimes.

On n'a pas idée de ce qu'est la circulation sur certaines lignes : ainsi sur le New-York Central, qui se dirige vers le Canada, il y a quatre voies, dont deux pour les voyageurs, deux pour les marchandises, et les trains se succèdent presque sans intervalle.

En général, pour toutes les directions, on a toujours le choix entre trois ou quatre lignes.

Le système des billets est établi d'une façon très-libérale ; on en trouve partout, non-seulement aux stations, mais dans une foule d'agences, dans presque tous les hôtels et pour toutes les directions.

Si vous le demandez, l'itinéraire n'a pas une durée fixée à l'avance : vous pouvez vous arrêter partout et réclamer vos bagages à n'importe quel moment.

Les billets à grand parcours constituent généralement une sorte de contrat avec l'agent qui les délivre, il vous remet sa signature et vous demande la vôtre.

L'enregistrement et la délivrance des bagages se font très-simplement à l'aide de deux jetons ou chèques en cuivre numérotés, dont l'un est mis à votre malle et l'autre reste entre vos mains. Il n'y a presque pas d'erreurs et l'on évite ainsi toute écriture, toute comptabilité.

Après avoir brièvement parlé des chemins de fer et de leur exploitation, j'ajouterai quelques mots à propos des immenses travaux d'art qu'ils ont nécessités ; en particulier des ponts, dont la construction est des plus remarquables. C'est là que le génie inventif, l'esprit pratique et simplificateur du Yankee a pris son plus large essor et a montré le plus de hardiesse.

Devant des fleuves comme le Missouri, le Mississipi, l'Ohio, qui ont souvent près de deux kilomètres de largeur, on comprend que l'initiative de l'ingénieur ait été mise à l'épreuve. Il fallait comme conditions principales que les portées fussent grandes ; ces fleuves charriant non-seulement des glaces, mais des îlots entiers d'arbres déracinés, enchevêtrés les uns dans les autres. La hardiesse n'a pas manqué : car les portées vont jusqu'à 170 mètres, et le pont de Louisville sur l'Ohio a 1,700 mètres de longueur, en onze travées. Quelques-uns dépassent même deux kilomètres.

Comme aspect général, ces ponts ressemblent peu aux nôtres ; la résistance des matériaux y est envisagée d'une façon beaucoup plus variée. Il y a peu pour le coup d'œil et l'élégance des lignes, mais ce qui est bien équilibré comme résistance ne présente-t-il pas toujours à l'œil une certaine harmonie ?

La forme qui domine dans les ponts américains et que nous n'employons pas, vu son peu de grâce, est celle de la ferme dite

Polonceau renversée, c'est-à-dire, une semelle travaillant en compression et appuyée sur un poinçon tubulaire en fer. Ce poinçon a souvent 20 à 25 mètres de hauteur ; il est aidé par deux, quatre, huit et jusqu'à 16 poinçons secondaires, réunis par des bielles de même grosseur accouplées deux à deux, trois à trois et ainsi de suite. Rien de plus simple pour le montage qu'une semblable combinaison.

Il y a bien d'autres formes encore ; je ne m'arrêterai à aucune ; je dirai seulement que tout a été étudié pour obtenir la plus grande simplicité et la plus grande légèreté possible. Les calculs sont peu compliqués, basés sur des tracés géographiques et des tableaux pratiques donnés par l'expérience ; mais rien n'est laissé à l'incertain.

A ce sujet nous avons vu dans la grande usine de Phénixville, près de Philadelphie, un pont modèle de 10 mètres de portée qui a été éprouvé dans l'usine même et sur la demande du constructeur, à raison de 32 kilogrammes par millimètre carré de section, c'est-à-dire, bien près du point de rupture du fer ; aussi, le montre-t-il avec un juste orgueil. Dans cette même usine, nous avons constaté avec quel soin méticuleux sont faites toutes les pièces entrant dans la construction d'un pont, afin d'obtenir toute sécurité comme résistance et un montage facile.

On peut dire qu'en fait de travaux d'art, lorsque le calcul lui en a démontré la possibilité, l'Américain ose tout. Ainsi, quelle hardiesse il a fallu pour lancer sur le Niagara le grand pont suspendu de 280 mètres de portée, constamment sillonné par de nombreux trains ! Et cet autre pont, suspendu aussi, de 428 mètres, au-devant même des chutes, si aérien, qu'il ressemble de loin à un fil voltigeant dans les airs ! Enfin ce pont géant de près d'un kilomètre de portée, entre New-York et Brooklin, comment a-t-on osé l'entreprendre ? Et, cependant, dans peu de mois ce beau travail sera terminé. Les deux grandes tours de 100 mètres de hauteur sont debout, les fondations sont faites et une grue à vapeur circule déjà entre les deux rives sur des câbles provisoires, pour tisser les câbles monstres qui doivent supporter le tablier.

Il y a certes bien des échelons entre cette œuvre imposante et les simples et ingénieux petits ponts composés de planches clouées, formant un arc de cercle auquel un tablier est suspendu par des fils de fer. Mais, dans un cas comme dans l'autre, c'est toujours le même esprit qu'on retrouve, simple quand il faut être simple ; grandiose et majestueux, quand il s'agit d'une œuvre d'utilité publique, comme celle de faire communiquer deux villes aussi importantes que New-York et Brooklin, séparées par un bras de mer.

Je poursuivrai, Messieurs, en vous citant quelques-unes des principales usines que nous avons visitées, et où nous avons toujours retrouvé le même esprit de pondération et de sagesse.

Chicago appelle l'attention par l'immense développement de son commere et de son industrie.

Détroit, par ses fabriques de wagons.

Holyoke par ses papeteries et ses filatures.

Springfield par ses manufactures d'armes et de machines à coudre.

Boston par son horlogerie.

Providence par ses ateliers de construction et ses fabriques de vis.

Philadelphie par ses constructions de locomotives et de machines en tous genres.

Phénixville par ses laminoirs et ses ponts.

Pittsburg par ses fonderies et aciéries.

Altoona par les ateliers de la Compagnie Pensylvanienne de chemins de fer.

Toutes ces usines nous ont émerveillé par l'activité qui y règne et par la nouveauté des procédés qu'on y emploie. Mon intention n'est cependant pas de vous parler avec détails de chacune d'elles, mais seulement de faire ressortir la conclusion que je vous ai signalée en commençant.

En effet, autant l'Américain applique des solutions pour ainsi dire enfantines, quand il est en face d'un problème simple, autant il est ingénieux, perspicace, hardi, travailleur infatigable, quand il faut trouver une solution mécanique importante, aller vite, économiser du temps et de la main-d'œuvre, et finalement gagner de l'argent ; car c'est là son but. Mais aussi quels prodiges de mécanique il réalise ! Loin de suivre les chemins battus, de tenir pour acquis ce que d'autres ont déjà élaboré, il en fait, pour ainsi dire, table rase ; et, cherchant de nouveau avec les seules forces de son génie inventif, il rajeunit, en quelque sorte, toutes les questions qu'il aborde ; c'est la marque d'un peuple neuf et sans préjugés.

Entrez, par exemple, dans les ateliers de Corliss à Providence, et voyez quelques-unes des solutions mécaniques adoptées par lui dans plusieurs grandes machines.

Vous serez frappé de leur simplicité. Au point de vue technique, ce n'est peut-être pas correctement mécanique ; mais l'organe remplit parfaitement son rôle ; que faut-il de plus ?

Voyez MM. Porter et Allen, à Philadelphie ; ils ont repris récemment l'étude et la construction des machines à vapeur à grande vitesse ; mais cette étude a été faite avec tant de soins, l'exécution en est si parfaite que ces machines sont aujourd'hui sans rivales. Leur système semblait cependant condamné.

Je pourrais citer vingt exemples semblables, notamment chez MM. Brown et Sharps, constructeurs à Providence, ou chez M. Wilhiam Sellers, le célèbre fabricant de machines-outils de Philadelphie.

Quant à la perfection de l'outillage employé, à l'incroyable rapidité de production, on est vraiment émerveillé.

Dans les usines de la Compagnie Pensylvanienne à Altoona, quelle simplicité dans la construction des wagons à marchandises ! Peu de pièces ouvragées, pas de formes compliquées, rien pour l'œil, tout pour l'utilité ; ce qui n'empêche pas le wagon de faire un excellent service ; il coûte cependant un tiers de moins que les nôtres.

Il n'en est pas de même des voitures à voyageurs : pour celles-ci, tout est fait avec recherche, parfois même avec un luxe de mauvais goût, par suite de la trop grande profusion d'ornements en bronze ciselé et argenté, etc. Aussi le prix de revient s'en ressent-il, car une voiture à voyageurs coûte 25 à 30 mille francs, presque le double des nôtres. Quant aux sleepings-cars ou wagons-lits, ils atteignent, pour 25 voyageurs, 50 ou 60 mille francs, J'ajouterai qu'ils pèsent 35,000 kilog., exagération aussi grande dans le poids mort que dans le prix. A ce point de vue, les Américains ont des progrès à faire.

Les locomotives construites dans les ateliers d'Altoona sont parfaites d'exécution, et je ne citerai qu'un fait, pour montrer les progrès accomplis en peu d'années. Les locomotives construites en 1865, aux Etats-Unis, coûtaient 75,000 à 90,000 francs : les mêmes machines coûtent aujourd'hui 30 à 35 mille francs.

Je ne m'arrêterai pas davantage à Altoona et je passerai sous silence la visite des immenses ateliers de locomotives de Baldwin à Philadelphie. Je dirai seulement qu'en fait d'inventions, les Américains font toutes les tentatives sans jamais se décourager et qu'ils savent au besoin les appliquer avec une rapidité incroyable. Ainsi, le nouveau système de freins à vide ou à air comprimé, qui commence seulement à se répandre en France, est depuis longtemps déjà d'un usage général aux Etats-Unis.

J'ai cité Chicago comme ville commerçante et industrielle ; tout le monde a entendu parler de la prodigieuse activité qui y règne. En dehors de son parc et des villas qui l'environnent, elle est absolument laide ; mais, quelle énergie dans cette population qui, après le terrible incendie de 1876, où 20,000 maisons furent brûlées en une nuit, se remit à l'œuvre et, en quelques mois, reconstruisit une ville nouvelle ! Elle n'a pas cessé de prospérer depuis et compte aujourd'hui 500,000 habitants. En 1845, elle en comptait à peine 20,000.

Il faut dire que Chicago a une situation commerciale admirable. Aux portes mêmes de « *la Prairie* » et des contrées agricoles de l'Ouest ; desservie par le chemin de fer du Pacifique et par le vaste réseau de voies ferrées dont elle forme le centre, elle est, pour ainsi dire, l'entrepôt d'une partie des Etats-Unis. Placée sur les bords du lac Michigan et par conséquent en relation avec les autres grands lacs et l'Océan par le fleuve Saint-Laurent, elle peut non-seulement recueillir dans ses vastes docks tous les produits qui lui arrivent, mais en expédier directement dans l'univers entier. Aussi, son commerce est-il prodigieux.

Rien de plus curieux que ces immenses greniers appelés Elévateurs et dans lesquels le grain, déchargé directement des wagons dans les caves, puis, aspiré par de puissantes machines dans les étages supérieurs, est dirigé dans plusieurs bateaux à la fois ; on peut ainsi faire en quelques minutes un chargement qui par tout autre moyen exigerait plusieurs jours.

Le « Stock-Yards, » ou dépôt de bestiaux, est encore un établissement colossal, où 15,000 personnes sont employées ; c'est une véritable ville. De tous les points des Etats-Unis arrivent d'interminables trains d'animaux qui y sont classés, catalogués et mis dans des parcs à claire-voie en attendant qu'ils soient tués, dépecés, salés et expédiés non-seulement sur le continent américain, mais dans tout l'Univers. 300,000 têtes de bétail sont là rassemblées.

Chaque jour on procède à la tuerie : pour les porcs et les moutons, on les abat à l'aide d'un couteau mécanique. Quant aux bœufs, c'est une balle qui leur donne la mort ; ils se dirigent par interminables files dans des couloirs, au bout desquels se trouve une trappe fatale.

Pour donner quelques chiffres, je dirai seulement qu'on tue jusqu'à 22,000 porcs et 10,000 bœufs par jour ; le reste à l'avenant. — Rien de plus curieux, mais rien de plus répugnant que la visite de cet établissement.

Je vous citerai encore un exemple remarquable d'activité et d'initiative :

Il y a quelques années, Holyoke, près de Springfield, dans le Massachusset, n'était qu'une petite ville, à peu près sans industrie, mais sur les bords d'une rivière importante, le Connecticut.

Qu'ont fait les Américains, à ce moment tributaires de l'étranger pour les filatures et les papeteries ? Ils ont eu l'idée de barrer complètement la rivière sur 1,200 mètres de large et de créer une force hydraulique de 32,000 chevaux.

La compagnie qui avait entrepris cette grande œuvre acheta tous les terrains où le niveau permettait d'établir une usine, et vendit la force motrice très-bon marché aux premiers industriels.

Aujourd'hui, elle profite largement de cette situation unique ; et, grâce à son audacieuse idée, Holyoke est devenue en peu d'années une ville de 25 à 30,000 habitants, avec trente papeteries et une quinzaine de filatures ou ateliers de tissage que nous avons visités. Je laisse à d'autres plus autorisés que moi le soin d'en faire l'éloge.

Qui n'a entendu parler des fabriques d'armes de Springfield, où le gouvernement des Etats-Unis a établi sa principale manufacture ? Accompagnés du maire de la ville, nous avons été présentés au général directeur, qui nous a reçus avec une complaisance sans égale. Quelle admirable précision dans toutes ces pièces ! Ayant dirigé moi-même une grande fabrication d'armes pendant la guerre, je connaissais la difficulté d'obtenir des pièces absolument identiques ; or, là-bas, l'ouvrier qui monte les fusils n'a comme outil qu'un tournevis, et toute pièce qui n'entre pas exactement à sa place est immédiatement mise de côté. La manufacture peut produire 1,500 fusils par jour et leur prix de revient est à peu près le même que le nôtre : environ 70 francs.

A part la manufacture nationale d'armes, Springfield possède encore bien des usines ; en particulier les fabriques de machines à coudre remarquables ; mais j'abrége.

Arrêtons-nous encore à la grande fabrique d'horlogerie de Woltham, aux environs de Boston. C'est là surtout que la précision mécanique est portée à son dernier degré de perfection. Le résultat obtenu est le même qu'à Springfield ; le montage des montres se fait sans retouches, aussi l'usine en fabrique-t-elle 800 par jour ; le prix de revient en est très-minime et on les exporte dans tout l'univers.

A Providence, trois usines ont particulièrement attiré notre attention : celle de Corliss, dont j'ai déjà parlé au point de vue mécanique, mais là ce qui nous a frappés, c'est surtout Corliss lui-même. Il est le vrai type du Yankee, ce vieillard actif et énergique ; malgré ses 75 ans et sa chevelure blanche, comme il s'échauffe et s'enflamme lorsqu'il décrit ses inventions ou parle de ses nouveaux projets !

L'usine de MM. Brown et Sharps est remarquable par l'ordre et la tenue qui y règnent. Les ateliers sont de véritables salons d'une propreté parfaite. Les ouvriers ont à leur disposition un vestiaire, des cabinets de toilette, des salles de bains, etc. Nous ne pouvions y croire, et en même temps nous admirions le travail qui sort de ces ateliers, le soin apporté par chaque homme dans la tenue de ses outils, son air attentif et réfléchi.

Ne vous étonnez pas, nous dit M. Sharps ; beaucoup de nos ouvriers ont inventé ou perfectionné les outils dont ils se servent et sont associés avec moi pour l'exploitation des brevets. Doit-on s'étonner que l'ouvrier américain arrive à tant produire, dans de pareilles conditions ?

La fabrique de vis de la Compagnie américaine est des plus intéressantes par la suppression presque complète de la main-d'œuvre. Les machines y font tout. Dans quelques-unes des grandes salles où se fabriquent les vis, 200 machines fonctionnent absolument seules, dirigées par trois ou quatre femmes.

Ces machines ont de véritables bras, munis de doigts qui vont chercher le morceau de fil de fer, le transportent d'opération en opération jusqu'à ce que la vis soit achevée et jetée dans un sac :

c'est le dernier effort pour la suppression de l'intervention humaine. Chaque machine produit 18,000 vis par jour et l'usine en produit journellement 7 millions. Aussi, personne ne peut lutter avec elle comme prix de revient.

Abordons enfin une dernière contrée, la Pensylvanie : la région des charbons, des huiles minérales et des mines de fer. Voilà Pitssburg, la ville par excellence du fer et de l'acier, véritable fournaise où le soleil arrive rarement à percer l'épais nuage de fumée qui couvre toute la cité.

Là, encore, il y aurait beaucoup à dire, mais bornons-nous à citer la grande fonderie d'acier de « *Bessemer*, » station voisine de Pitssburg. Quel incroyable développement en peu de mois! On ne se douterait pas, en voyant ces gigantesques usines, qu'il y a un an à peine, les Américains ont été obligés de demander à l'Europe une fourniture importante de rails ? Mais ils en ont été humiliés et ils ont su aller vite.

A Bessemer, nous avons vu, en effet, trois hauts-fourneaux, récemment construits, fabriquant chacun 170 tonnes de fonte par 24 heures, presque le double de ce que produisent les nôtres. Il est vrai que le minerai employé contient jusqu'à 90 % de fer et que la houille est très-pure.

Quant aux convertisseurs « *Bessemer* » et aux laminoirs, ils produisent 500 tonnes de rails d'acier par jour et il y a un grand nombre d'usines aussi importantes dans cette seule vallée. Les lingots d'acier sont enfournés, défournés, transportés par des presses hydrauliques et dirigés de même sous des laminoirs : deux ou trois hommes font tout marcher à l'aide de quelques robinets. La main-d'œuvre est réduite autant qu'il est possible ; mais comme cette main-d'œuvre est très-chère, le prix de revient du rail est encore à peu près le même que chez nous.

Comme trait saillant dans le service des hauts-fourneaux, le wagonnet, à la sortie des mines, est disposé sur des trucks spéciaux, conduit directement à l'usine, aspiré par des tubes pneumatiques, et déversé enfin dans le haut-fourneau sans manutention aucune.

Nous avons vu fonctionner, dans l'usine dont nous parlons, le fameux disque sans dents, dont les revues industrielles ont tant parlé, qui coupe le fer sans le toucher. On pourrait croire à une mystification. C'est pourtant la réalité. Ce disque coupe à froid, et presque sans usure, 500 rails par jour; simplement en tournant devant la pièce à couper avec la vitesse prodigieuse de 7,200 tours par minute. Il est probable que, dans cet étrange phénomène, les molécules en mouvement doivent atteindre leur limite de cohésion et mettre alors en liberté, au profit du fer à couper, la force centrifuge d'abord employée à rompre l'équilibre du disque.

Il n'y a aucun contact, mais simplement travail transmis de molécule à molécule. C'est, du moins, ainsi que je m'explique un résultat aussi surprenant.

J'en ai assez dit, Messieurs, et je m'arrête. Vous me trouverez peut-être bien enthousiaste de l'industrie américaine. Ne croyez pas cependant que je l'admire sans restrictions. Cette industrie est bien jeune encore ; les Américains vont un peu vite et il est possible que l'avenir leur réserve bien des crises ; mais ils ont, pour y résister, une grande énergie et une grande vitalité.

Je trouverais sans doute bien des choses à critiquer, si je rappelais tous mes souvenirs et si j'abordais des questions étrangères à leur industrie et à leur caractère d'ingénieur. Mais, à tous les points de vue, l'étude de ce peuple est profitable et nous oublions peut-être trop que leur industrie marche à pas de géant. Est-ce à dire qu'elle soit déjà supérieure à la nôtre ? Il serait téméraire de l'affirmer.

Chaque peuple a son caractère, ses instincts, ses tendances spéciales, et nous ne pouvons pas plus changer nos mœurs et nos habitudes, qu'implanter chez nous les choses de leur pays ; mais il y a certainement intérêt à étudier de près cette nation si jeune et si féconde, à nous approprier quelques-unes de ses qualités, à profiter de ses hardiesses.

Pourtant, Messieurs, il me sied mal de vous parler de la hardiesse des Américains, d'admirer la grandeur de leurs conceptions en face de l'homme de génie qui préside ce congrès; seul en effet, contre tous, il a osé affirmer la possibilité de la plus grande des tentatives humaines et l'a menée à bonne fin. Maintenant encore, non content de son auréole de célébrité, il nous donne de nouveau l'exemple, en allant renouveler le prodige du canal de Suez par la création du canal de Panama.

EXPLORATION DANS LE KURDISTAN ET L'ARMÉNIE

PAR M. ERNEST CHANTRE

SOUS-DIRECTEUR DU MUSÉUM DE LYON

Monsieur Ernest Chantre, de retour depuis deux jours de son long et pénible voyage dans l'Asie occidentale, donne un aperçu rapide de l'itinéraire qu'il a suivi et des principaux résultats qu'il a obtenus.

MESDAMES, MESSIEURS,

« L'exploration que je viens de faire dans les régions du Mont Ararat et du Caucase avait un but purement scientifique : je me proposais de poursuivre les recherches anthropologiques que j'avais entreprises dans un précédent voyage, et de faire un certain nombre d'observations zoologiques.

« Monsieur le Ministre de l'Instruction publique avait bien voulu, à cet effet, me charger d'une nouvelle mission qui devait me faciliter l'accès de ces contrées rarement visitées par les Européens.

« Je ne me dissimulai point qu'une telle mission comportait tout un programme, difficile à remplir, à travers un pays à demi sauvage, hérissé d'obstacles de toute nature et dans un laps de temps relativement très-court.

« Le désir de répondre à la confiance qui m'était accordée me fit entreprendre ce voyage de près de cinq mois, et malgré toutes les difficultés de locomotion et de communication avec ces peuples fanatiques et farouches, j'ai été assez heureux pour réunir un faisceau de notes et de documents géologiques, anthropologiques, archéologiques et ethnographiques.

« Je dois dire ici que j'ai été puissamment secondé par mes deux compagnons de voyage, M. le capitaine Barry, qui a bien voulu se charger de la partie topographique et photographique, et M. Donat Motte, préparateur naturaliste.

« A notre départ de Marseille, le 29 mars 1881, nous pensions aborder à Alexandrette, mais l'impossibilité de trouver là les éléments nécessaires pour former notre caravane nous força à débarquer à Beyrouth.

« Nous avons traversé, de Beyrouth à Igdir, première station russe, une grande partie de la Syrie septentrionale, de la haute Mésopotamie et du nord du Kurdistan. Nous atteignons le massif de l'Ararat par son versant occidental et de là, traversant l'Arménie russe, nous parvenons au Caucase, après 92 jours de marche, par des chemins souvent impraticables et des sentiers escarpés à travers des montagnes rocheuses et dénudées ou des marécages des plus dangereux.

« Toutes les stations de notre voyage ont été marquées par des études et des observations spéciales. Nous avons rapporté des vues photographiques des plus beaux sites, des principaux monuments, ainsi que des types des diverses populations que nous avons rencontrées.

« A Antioche, où nous nous rendons par la belle vallée de l'Oronte, riche en ruines romaines du ive siècle, et d'innombrables tumulus ou tertres de vigie, nous sommes très-bien accueillis par M. Merel, notre vice-consul. C'est là que je commence mes observations céphalométriques ; elles portent sur les Ansarhiés, montagnards qui présentent quelques rapports avec les Kurdes, que je dois étudier plus spécialement. C'est dans cette ville aussi que je fais mes premières récoltes zoologiques.

« A Alep, grâce à l'obligeance des docteurs Cozzoni et Isaac Bey, je puis aborder l'étude d'un grand nombre de Kurdes et de Bedouins de Mésopotamie, temporairement entassés dans les hôpitaux de la ville.

« Sur notre parcours entre Alep et l'Euphrate, j'ai eu la bonne fortune de découvrir trois stations de l'âge de la pierre présentant les types du Moustier.

« De Bviedjick, sur les bords de l'Euphrate, à Orfa, guidé par M. Martin, vice-consul de France dans cette ville, je continue mes observations et mes collections de poissons et d'oiseaux.

« Quatre jours à Orfa nous permettent de préparer un grand nombre d'animaux, de recueillir de nouveaux documents ethnographiques et de compléter nos collections de haches et de pendeloques en pierre recueillies chemin faisant depuis Antioche, et enfin de faire provision de certains poissons curieux, cyprins légendaires, qui pullulent dans le lac sacré de la mosquée d'Abraham et sont l'objet de la vénération publique.

« M. Martin nous mène visiter ses exploitations agricoles, situées à quatre heures de marche au sud-est d'Orfa, et nous pouvons voir de près cette population mixte de Kurdes et de Bédouins, qui, attachée au sol, est devenue presque sédentaire.

« D'Orfa à Diarbekir, nous campons dans deux villages, Sowerek et Karabagach, qui sont habités par des Kurdes de la tribu de Zazas de mauvaise réputation.

« A Diarbekir, ancienne forteresse dominant le Tigre, il m'est donné d'observer quelques individus de cette même tribu des Zazas et d'en photographier plusieurs ; j'ai recueilli également, dans cette ville, une collection de crânes que l'on attribue à des Kurdes.

« Six jours de marche nous séparaient de Bitlis. Nous atteignons cette ville, après avoir traversé le pittoresque village d'Hazu, de nombreux marais et le célèbre défilé de Bitlis. Les quelques études céphalométriques que j'ai pu faire sur la population arménienne jacobite de ces contrées, nous la montrent complètement différente des peuples voisins.

« Bitlis, ville intéressante par sa position pittoresque, est habitée en grande partie par des chrétiens ; les Arméniens y sont attirés par le commerce de la soie, et on y voit aussi de nombreux Kurdes de différentes tribus. Nous avons pu continuer nos études sur quelques individus de ces tribus, malgré un accueil peu sympathique des autorités locales.

« Par les hauts plateaux nous arrivons à Tadwan, sur le bord du lac Van, que nous côtoyons au sud, en passant par des villages arméniens, jusqu'à la ville de Van.

« A Van, nous faisons une riche moisson zoologique et ethnographique, et grâce à l'obligeance de M. Gaillard, chef du service télégraphique international, je puis augmenter mes observations céphalométriques sur des Kurdes des montagnes voisines et sur des Arméniens.

« Les autorités de Van, peu bienveillantes à notre égard, l'auraient peut-être été moins encore sans la protection de M. Camsaragan, consul de Russie, à qui je dois d'être parvenu à traverser sain et sauf les tribus kurdes des régions presque inaccessibles de l'Ararat.

« Les eaux du lac Van, ainsi que celles de presque tous les lacs de ces pays volcaniques, sont très-sulfatées, aussi ni dans le lac ni sur ses bords ne rencontrons-nous aucun vestige organique végétal ou animal. Ce n'est que dans les affluents du lac que nous avons pu recueillir des poissons, et c'est sur les marécages qui l'avoisinent que nous avons pu tuer quelques beaux oiseaux.

« Nous ne quittons Van qu'après avoir visité l'acropole des *Topra-Kale*, ruine assyrienne très-curieuse, et recueilli des notes ethnographiques importantes et des renseignements sur la distribution des Kurdes dans les régions de l'Ararat.

« Artchagh, village sur la route vers l'Ararat, attire notre curiosité par la quantité formidable de corbeaux qui y pullulent et qui, comme les poissons de la mosquée d'Abraham, sont un objet de vénération pour ces peuples.

« La bienveillance de M. Camsaragan va jusqu'à nous procurer un guide dans la personne de M. Artim, jeune Arménien de ses amis, pour nous diriger dans les vallées désertes et les contre-forts de l'Ararat qu'il a mainte fois parcourus et où il est connu. Ce n'est que grâce à la présence de notre intelligent et vigoureux compagnon qu'il nous a été donné d'être présenté au fameux Mousahara, chef des Kurdes Eydéranly, ainsi qu'à sa famille.

« L'hospitalité que nous avons reçue de cet indépendant montagnard nous a permis d'étudier dans ses détails le caractère de ces Kurdes, que l'on dit si terribles.

« Dès ce moment les incidents de route se succèdent sans cesse. Nous arrivons cependant sans danger à Bayazid, par la fertile et superbe plaine d'Abaga, et par des cols basaltiques et nus.

« Bayazid, avec ses fortifications détruites dans les dernières guerres, est admirablement bien située au pied de l'Ararat ; sa population se compose de Kurdes de la tribu des Seilanly et d'Arméniens.

« Nous remarquons que la déformation artificielle du crâne, commune à tous les peuples de ces contrées, est ici plus sensible et plus fréquente que partout ailleurs.

« A Bayazid nous devions nous séparer de la caravane de nos bons Libanais, mais, vu l'impossibilité de trouver des moyens de transport, elle est obligée de nous suivre jusqu'a Igdir, premier village russe. Ici les Perecladnaja, ou voitures de poste, charrettes abominables, vont remplacer nos montures.

« Nous arrivons à Igdir par des chemins offrant les paysages les plus variés et nous y recevons les honneurs d'un peloton de Cosaques. Une fois la frontière russe dépassée, nous n'avons plus d'attaque à redouter. La vigoureuse escorte de braves Tartars succède à celle des Kurdes ou des poltrons zapetiers turcs.

« Le massif de l'Ararat va disparaître à nos regards ; encore une étape à Echimiadzine, où nous avons la bonne fortune de pouvoir admirer les immenses richesses archéologiques du monastère arménien ; une autre étape à Erivan. où nous nous séparons avec regret de l'aimable M. Martin. Après avoir fait ici plusieurs acquisitions d'objets ethnographiques et zoologiques nous partons pour Tiflis, où nous arrivons bientôt et où il nous est enfin permis de nous reposer.

« Avec la civilisation moderne je retrouve avec plaisir, dans la capitale du Caucase, quelques-unes des personnes avec lesquelles j'avais lié connaissance lors de mon voyage de 1879, entre autres M. Bayern, savant archéologue à Tiflis, qui a bien voulu, durant son séjour au Caucase, m'accompagner dans toutes les fouilles et recherches que j'ai faites.

« Afin de mettre à profit le temps qui nous reste, nous partons chacun dans trois directions diférentes : M. le capitaine Barry se dispose à faire une tournée dans le Daghestan pour visiter les lieux rendus célèbres par la longue guerre soutenue par Schamyl contre les Russes, et dont il nous rapportera des collections et des photographies, et j'envoie mon préparateur, M. Motte, faire des collections de la faune terrestre et aquatique des bords et des eaux du lac Gokcha, tandis que je me prépare à partir pour entreprendre des fouilles en Ossethie et dans les nécropoles de la Transcaucasie.

« Retenu quelques jours à Wladikawkaz par le mauvais temps, j'en profite pour prendre des mensurations sur des montagnards Kabardiens, Kewsours, Tchitschens, etc.

« La tâche est rude, mais, grâce à la complaisance de M. le colonel Kasimir Olfscheski, directeur des routes de l'Ossethie, je puis arriver facilement à Koban et faire ouvrir des tranchées dans cette intéressante nécropole située au pied du mont Kasbek. Huit jours de fouilles mettent à découvert dix-huit tombeaux et je puis constater la disposition, près des squelettes, des objets qu'ils contiennent.

« Mon séjour à Koban me permet d'étudier cette race intéressante des Ossethes, d'origine iranienne, et de me livrer à des observations céphalométriques sur un grand nombre d'entre eux. J'ai rapporté aussi de l'Ossethie quelques crânes dont plusieurs remontent au moyen-âge et d'autres au siècle dernier : ce sont les premiers documents anthropologiques rapportés de chez ces peuples encore demi-sauvages et très-superstitieux.

« La métropole de Marienfeld, bien que d'une époque plus récente que celle de Koban et de Utskheth, offre un grand intérêt : j'en rapporte trois squelettes et neuf crânes dont quelques-uns sont déformés.

« Rentré à Tiflis, j'y retrouve mes collaborateurs de retour de leurs excursions et satisfaits de leurs récoltes.

« Après différentes visites aux Musées caucasiens et de nouvelles études céphalométriques sur des types nouveaux que je rencontre surtout à l'hôpital et à la prison de Tiflis, nous partons pour Poti sur la mer Noire, d'où nous devions nous embarquer pour Constantinople. Un séjour d'une semaine dans ce marécage pestilentiel m'a permis d'étudier un certain nombre de montagnards caucasiens de diverses races et une série de Lazes de Bathoum.

« Enfin le 12 août je dis adieu à la Russie pour rentrer définitivement en France avec notre précieux trésor scientifique.

« Les résultats scientifiques que j'ai obtenus dans ce voyage sont considérables et ont dépassé de beaucoup mes espérances.

« J'ai relevé des mensurations céphalométriques sur près de 400 individus appartenant principalement à trois groupes de populations encore peu connus : les Kurdes, les Ossethes et les Lazes.

« Les Kurdes, qui ont quelques rapports avec les Persans, n'habitent pas seulement le Kurdistan, on les trouve dans la Syrie septentrionale, le nord de la Mésopotamie et l'Arménie.

« Les Ossethes, que l'on rapproche aussi des Persans, sont relégués au fond des hautes vallées glacées du mont Kasbek.

« Les Lazes, enfin, habitent une partie de l'Arménie et particulièrement la région de Batoum sur la mer Noire, dont l'origine est encore très-discutée.

« Mes observations céphalométriques ont porté en outre sur les Arméniens, les Grouziens, les Tcherkess et les Tchitschens. J'ai rapporté plus de 150 portraits anthropologiques de ces divers peuples et plusieurs centaines d'objets ethnographiques.

« Quant à mes investigations archéologiques, elles ont été dirigées, comme dans mon premier voyage, sur les nécropoles du Caucase et principalement sur celle de l'Ossethie ; j'en ai rapporté des documents fort précieux et tout à fait nouveaux.

« Mes récoltes zoologiques se composent de deux mille objets parmi lesquels on remarque surtout des oiseaux et des poissons recueillis dans les contrées les plus désertes et les moins fréquentées des naturalistes.

« En ce qui concerne la géologie et la botanique, j'ai obtenu des collections très-considérables venant des régions de l'Ararat et du Caucase.

« Ces précieux matériaux d'étude sont encore en route pour la plus grande partie, et j'ai tout lieu d'espérer qu'ils arriveront en bon port. Ils permettront, sinon d'élucider les problèmes scientifiques qui se dressent autour de nos origines ethniques, du moins de contribuer à leur solution.

M. DESGRAND. — Comme les Kurdes sont très-rapprochés des Arméniens, pratiquent-ils la même religion que ces populations ? Sont-ils chrétiens ?

M. CHANTRE. — Les Kurdes vivent en effet côte à côte avec les Arméniens, mais ils ne sont pas chrétiens.

Ils ne sont pas plus mahométans, quoique quelques-uns d'entre eux suivent comme les Persans le culte d'Ali.

Un grand nombre ont conservé les principes de Zoroastre et sont appelés *satrappes* dans le pays. Beaucoup enfin sont *yesids*, c'est-à-dire adorateurs du diable, de même que les Kisslbachs, leurs voisins.

J'ai recueilli sur ces diverses sectes religieuses des renseignements fort curieux.

M. DESGRAND. — On peut donc considérer que les Arméniens ont conservé la religion chrétienne et les Kurdes la religion mahométane, ainsi que les branches qui en dérivent.

M. Revoil. — Je demanderai à M. Chantre si les haches en pierre qu'il a rapportées ont été trouvées dans les tumulus, ou à côté, et quelle était la forme affectée par les tumulus, enfin si les haches en pierre étaient en silex grossier. Je tiens à poser cette question, parce que ces ustensiles ont varié avec les différentes races sémito-caucasiennes et qu'on a trouvé des haches appartenant à des âges différents. Je voudrais savoir s'il n'y a pas quelques rapprochements à faire avec celles que j'ai recueillies sur les côtes de l'Afrique et les tumulus que j'ai découverts et qui appartiennent à la race macédonique.

M. Chantre. — J'ai vu un grand nombre de tumulus, mais je n'ai pu en fouiller aucun.

Quant aux haches, je ne les ai pas recueillies moi-même. Elles sont faites de roches serpentineuses et sont identiques à celles que l'on trouve en Europe.

Ces haches remontent à l'époque des dolmens, c'est-à-dire à l'époque néolithique. Sur certains points nous avons trouvé des couteaux et des racloirs en silex taillés grossièrement du type mousterien déjà très-anciens.

Dans la région de l'Euphrate et non loin d'Alep nous avons trouvé, dans des escarpements et au milieu de cendres et de charbons, quelques pointes de flèches en silex grossièrement taillé, de la forme de celles que M. Lortet a découvertes dans les environs de Tyr.

Quant aux tumulus, ce sont des tertres ronds recouverts de terre.

Depuis Balbeck on trouve un certain nombre de ces tertres, ils ont 40 mètres au moins d'élévation et on n'en connaît pas l'usage. Il est probable qu'à une date fort peu éloignée, à l'époque du moyen-âge encore, ils ont pu servir pour des signaux au moyen de grands feux qu'on allumait à leur sommet. Ces tertres devaient servir aux mêmes usages que les tours rondes qu'on voit encore sur les bords de la Saône. Quelques-uns de ces tumulus recouvrent peut-être des sépultures, comme dans certains pays; mais on n'en a aucune preuve.

LE PREMIER EXPLORATEUR DU HAUT-COMO

(Côte occidentale d'Afrique)

PAR E. RÉVÉREND DU MESNIL (1)

La notice suivante vient à l'appui du croquis hydrographique de la rivière Como *qui figurait à l'exposition de géographie sous le n° 518 du catalogue dressé par M. Ganeval.*

Ce n'est proprement qu'un extrait de lettres de famille, écrites sans recherche de style ni parade de science, et n'ayant d'autre but que de rappeler le souvenir du modeste enseigne de vaisseau, qui écrivit cette naïve correspondance, sans songer qu'elle dût avoir quelque jour l'honneur de la publicité de ce Congrès national de géographie.

Nous espérons qu'on voudra bien nous pardonner cette indiscrétion, car elle est un acte de réparation pour la mémoire du jeune officier français qui, le premier, osa explorer cette rivière inconnue, demeurée, jusqu'à lui, l'effroi des Européens, rétrogradant toujours devant le cannibalisme de ses riverains.

Il est à présumer que le célèbre voyageur Livingstone n'osa aborder ces contrées inhospitalières, car ses voyages à la côte occidentale (1840-1846) ne dépassèrent pas au nord le pays d'Angola, bien au-dessous de notre rivière Como.

(1) Voir la carte à la fin du volume.

Le vice-amiral Fleuriot de Langle, qu'une mort récente vient de ravir à la science géographique, a publié, en 1872, dans le journal des voyages le *Tour du monde*, une très-savante relation de ses croisières en 1868 à la côte occidentale d'Afrique : nous n'en extrairons qu'un court passage qui a trait au sujet qui nous occupe :

« L'hydrographie et l'hydrologie du Gabon (1) ont été, ainsi que son orographie, l'objet d'études sérieuses depuis les trente dernières années. Son principal affluent, *le Como*, se bifurque à soixante milles de son embouchure ; l'une de ses branches retient le nom de Como, la seconde prend celui de Boqué. Une chaîne de montagnes rocailleuses faisant suite à la Sierra de Cristal recèle les sources de ces rivières ; les gens du Gabon lui ont donné le nom caractéristique de *Anenga n'pala, la carafe d'eau*. Les différentes arêtes de cette chaîne donnent naissance à des vallées servant de passage aux tribus qui se sont successivement abattues sur les rivages du Gabon.

« Il s'est formé, aux dépens de cette chaîne, des atterrissements qui ont comblé le fond du golfe. Le Maga, le Yambi, le Rhemboé serpentent au milieu de ces alluvions qui sont couvertes de forêts inextricables.

« *Nous avons longtemps entretenu un stationnaire dans le haut Como, exploré par les officiers qui commandaient ce ponton.* »

Cette dernière énonciation d'un fait historique important est fort brève, ce nous semble : M. Fleuriot de Langle a-t-il ignoré ce qu'il a fallu de courage et d'énergie à l'un de ces officiers pour parcourir le premier cette vaste rivière Como jusqu'alors

---

(1) On sait que la côte du Gabon est l'espace de terrain compris entre la côte de Calebar et le Congo, au fond du golfe de Guinée : ce petit pays, qui regarde l'île Fernando-Po au septentrion et l'île Saint-Thomas au midi, est compris entre l'Équateur et le 4e degré de latitude nord, entre le 6e et le 10e degré de longitude orientale du méridien de Paris.

Le grand globe terrestre de la bibliothèque de Lyon (1701), que la Société de géographie a publié en atlas, place la rivière du Gabon dans le royaume de Biassara : ce globe n'est pour l'Afrique que la copie de la carte de Mercator ou de son continuateur Josse Hondt, qui la grava en 1636.

M. Meifred rapporte, dans son *Histoire de la Guillotière*, p. 33, qu'un religieux du tiers-ordre de Saint-François, dit *Picpus*, le P. Grégoire (Henri Marchand), né à Lyon le 20 avril 1675 est l'auteur des « deux fameux globes de six pieds de diamètre, très-cès, fabriqués et peints par ce religieux. » Ils furent transportés à la Bibliothèque de Lyon en 1790.

inexplorée et nouer des rapports amicaux avec la grande peuplade anthropophage des *Fans*, plus connue sous le nom de *Pahouins*, qui habitait depuis peu ses rives inhospitalières ?

M. le capitaine de vaisseau Protêt, qui avait alors, sur la frégate *la Jeanne d'Arc*, son pavillon de commandant de la division navale des côtes d'Afrique, avait mieux apprécié les efforts tentés et les résultats obtenus par l'enseigne de vaisseau Révérend du Mesnil ; le 5 juin 1857, il lui écrivait ce qui suit :

« J'ai lu avec beaucoup d'intérêt votre rapport du 21 mars sur
« le voyage que vous avez fait dans la rivière Como ; je me pro-
« pose d'en envoyer copie à Son Excellence le Ministre de la Ma-
« rine ; je suis convaincu qu'il sera favorablement jugé... »

Le 20 avril 1858, le Ministre répondait :

« Monsieur le Commandant,

« ..... Vous voudrez bien également exprimer à M. l'enseigne
« de vaisseau du Mesnil ma satisfaction particulière pour le
« concours intelligent et dévoué qu'il a prêté à l'exécution de *vos*
« *projets* pour l'exploration de la rivière du Gabon et l'établisse-
« ment du poste de *l'Oise*. Je fais prendre note au dossier de ce
« jeune officier du témoignage dont il a été l'objet de votre part
« à cette occasion.

« *L'Amiral. Ministre de la Marine et des Colonies,*
« HAMELIN. »

Cette dépêche suffit à constater les mérier de celui qu'elle désignait d'une manière si flatteuse.

Disons quelques mots de ses brillants débuts.

M. Révérend du Mesnil, Laurent-*Adrien*, naquit le 24 juin 1834 : il n'avait donc que 24 ans lorsqu'il obtenait un si bel éloge de son concours intelligent et dévoué. C'est qu'il n'était pas, nous pouvons le dire avec orgueil, nous qui sommes son frère, le premier venu dans la marine de l'Etat. A la suite d'une simple année de préparation, à Brest, à l'école du Lycée Joinville, il subissait son examen en août 1850, s'y faisait remarquer d'une manière toute particulière et obtenait le numéro premier au concours de toute la France pour l'école Navale. Deux ans après, il sortait deuxième du vaisseau-école *le Borda*, puis s'embarquait le 1ᵉʳ octobre 1852 sur la frégate *la Forte*, comme aspirant de seconde classe, pour un voyage de circumnavigation. Au milieu de cette grande pérégrination, la guerre de Crimée le surprenait au Japon : la frégate prenait bientôt part, à l'extrême Orient, au combat naval de Petropolowski, au Kamschatka, le 31 août 1854. M. Révérend du Mesnil y était sérieusement blessé dans des circonstances qui méritent d'être rapportées : il commandait à l'arrière une batterie de sept pièces lorsqu'au plus fort de la canonnade, il veut rectifier le tir d'une pièce mal pointée ; n'écoutant que son courage et bravant les obus russes qui font alors furie sur le pont, il se penche sur le dos du canonnier : un éclat vient couper en deux l'homme qui est sous lui et le blesse gravement à la cuisse ; il n'en continue pas moins son service jusqu'à la fin.

Le brevet d'aspirant de première classe fut, le 1ᵉʳ septembre, la récompense immédiate de cette belle conduite : un an après, jour pour jour, il était fait enseigne de vaisseau.

C'est en cette qualité qu'il partait le 1ᵉʳ septembre 1855 sur le brick *le Victor* pour la campagne des côtes occidentales d'Afrique : il y était bientôt désigné comme second sur la corvette *l'Oise*, et, lorsque le lieutenant de vaisseau qui la commandait fut contraint de rentrer en France pour cause de santé, il fut nommé pour le remplacer. « J'ai cru juste, lui écrivait le chef « de la division navale, de vous désigner *pour commander l'Oise* « *et pour diriger le service de la marine* au Gabon, puisque, depuis « cinq mois, vous remplissez le service pénible de second. »

L'une des premières préoccupations du nouveau commandant de l'*Oise* fut de pouvoir explorer la rivière Como, où il pressentait que l'établissement d'un poste français serait utile à notre commerce national ; il exécuta bientôt ce périlleux projet *avec une initiative* et un courage qui furent couronnés de succès.

Nous n'avons pas le rapport officiel qu'il dressa à cette occasion et qui fut envoyé à Paris, au Ministre de la Marine, mais nous avons pieusement conservé les lettres intéressantes qu'il nous écrivit ; nous en publions les passages qui concernent plus particulièrement cette exploration.

EXTRAITS DE LA CORRESPONDANCE DE M. A. RÉVÉREND DU MESNIL.

A bord de l'*Oise*, le 15 octobre 1856.
Station des côtes occidentales d'Afrique.

« ... Nous voici enfin arrivés au Gabon : c'est un établissement français, une colonie naissante sur laquelle je vais te donner des détails.

« La rade du Gabon, longue d'environ quinze à dix-huit lieues et large de trois, est un immense estuaire ou boyau dans lequel se déversent une foule de ruisseaux et aussi trois ou quatre grandes rivières venant de l'Afrique centrale (1) ; de cette configuration de terrain il résulte que toutes ces rivières, tous ces ruisseaux peuvent être remontés en pirogues, les communications avec un grand nombre de populations y sont plus faciles que partout ailleurs.

« Il y a cinq ou six ans, un comptoir fut établi au Gabon, on se fit céder par les principaux chefs noirs du terrain sur lequel on établit une petite garnison de soldats noirs avec un gouverneur. Aujourd'hui, l'établissement a beaucoup prospéré, des routes ont été créées, cinq ou six grands armateurs du Havre et de Bordeaux y ont établi des maisons et le commerce y a pris un assez grand développement.

« Nous ne sommes pas tout à fait à six lieues de l'équateur : tu dois penser qu'il fait ici très-chaud, mais cette chaleur ne se fait réellement sentir qu'environ deux heures dans la journée ; le matin, la brise de terre, le soir, la brise du large donnent une très-grande fraîcheur. Les côtes sont couvertes partout de la végétation ordinaire d'entre les tropiques, c'est-à-dire que ce sont des broussailles presque partout impénétrables, et çà et là des

---

(1) MM. Gavard et Perier, qui ont publié un abrégé des grands voyages de Livingstone, émettent cette opinion (p. 90), qui explique le grand nombre de rivières qui s'écoulent du centre vers la mer sur toutes les côtes de ce continent : « Ces plaines centrales de l'Afrique du sud ont dû, d'après des hypothèses sérieuses, être primitivement une immense mer intérieure qui, à la suite des soulèvements volcaniques, ou grâce à des fissures énormes, s'est desséchée peu à peu par un écoulement naturel. Les lacs situés au milieu du continent ne seraient donc que les restes de cette mer primitive. » — Paris, Delagrave, 1880.

arbres gigantesques (1), reliés par des lianes qui atteignent quelquefois en grosseur la taille de la cuisse d'un homme. Il ne faut donc songer, pour les promenades et pour la chasse, à n'aller que dans les sentiers frayés par les noirs ou dans les herbes qui recouvrent de distance en distance d'immenses plaines.

« La population noire du Gabon n'habite absolument que le bord de la mer, ce sont les *Mpongoués* : ce sont des gens bien faits, ayant d'assez beaux traits et très-doux ; ils sont très-hospitaliers. Ils vivent du courtage entre les blancs et les nations du centre, portant dans l'intérieur nos produits, et rapportant, en échange, ceux du pays, l'ébène, l'ivoire, le bois rouge, le caoutchouc, la gomme, la cire, etc.

« La première peuplade que l'on rencontre ensuite, en allant dans les terres, est celle des *Boulous* : ce sont eux qui travaillent le bois rouge destiné à la teinture et qui forme le fond des chargements de tous les navires venant ici.

« Ensuite, on trouve les *Pahouins*, nation tout à fait de l'intérieur de l'Afrique, à peine connue il y a trois ans, qui se trouvait alors à cinquante lieues du Gabon, et qui, empiétant successivement, n'en est plus qu'à douze ou quinze lieues. C'est un peuple beaucoup plus avancé que les autres et très-guerrier. Ils savent faire de jolies armes et l'on prétend que le fer qu'ils emploient, est extrait du minerai qu'ils recueillent eux-mêmes. Ils ont, au lieu d'arcs, des arbalètes, avec des flèches empoisonnées ; bien que cette arme-là soit très-difficile à trouver, j'ai pu m'en procurer une ; c'est un morceau de bois d'environ quatre pieds de longueur, sur lequel est un arc pouvant avoir une corde de deux pieds ; une fois la corde tendue, on pose la flèche sur une rainure disposée à cet effet, et, par une détente fort ingénieuse, on fait partir le coup. L'arc est tellement dur à tendre que, pour y parvenir, je suis obligé de contre-tenir avec le pied sur l'arc et d'employer toute ma force pour l'étendre avec mes deux mains ; à vingt-cinq pas, une de ces flèches (2) entre d'un pouce de pro-

---

(1) M. de Langle mentionne les dimensions colossales qu'atteignent certains arbres. « Il n'est pas rare, dit-il, d'en trouver qui ont un diamètre de sept mètres. » (P. 260.) — Livingstone parle d'un baobab qui mesurait 23 mètres de circonférence. (*David Livingstone*, par P. Chaix, p. 37.)

(2) Le vice-amiral Fleuriot de Langle, qui a voulu connaître le genre de poison dans lequel ces flèches sont trempées, n'a pu y parvenir. « Les Africains, dit-il, con-

fondeur dans un morceau de bois. En fait de lances et de poignards, il en vient une très-grande variété et je me propose de les collectionner à mesure que j'en aurai l'occasion.

« Quant à la partie féminine, rien n'est plus drôle au premier aspect qu'une Gabonaise avec son accoutrement ; figure-toi un morceau d'étoffe enroulé autour des reins, liant les seins et laissant toute la poitrine à découvert (ce qui permet de ne pas commettre les grossières erreurs dans lesquelles peuvent faire tomber nos corsets d'Europe), puis autour des jambes une suite d'anneaux en gros fil de laiton montant de la cheville au genou, et, sur la tête, les cheveux disposés de manière à simuler parfaitement un casque romain : il faut réellement s'habituer à ce costume, car c'est d'une originalité sans pareille.

« La polygamie existe ici dans toute l'acception du mot, c'est le grand luxe et je connais un chef qui a trente-sept femmes ; une chose fort singulière, c'est que, entre eux, ils en sont fort jaloux et qu'ils les donnent très-volontiers aux blancs. Du reste, parmi les jeunes négresses, il en est qui sont fort jolies, admirablement faites et avec des seins modelés de façon à faire envie à plus d'une jeune fille blanche.

« Au Gabon, ce sont les femmes qui s'occupent des soins du ménage, elles font la cuisine et cultivent la terre pour le manioc qui forme la base de la nourriture des populations.

« Les hommes vont dans des pirogues faire leur commerce d'échange pour les diverses marchandises et vont à la pêche avec des éperviers ; ces éperviers sont faits en fils d'ananas que les femmes extraient des feuilles de cette plante et font entre leurs doigts : ce fil est très-souple et brillant ; aussi fort que la soie, il convient parfaitement pour l'objet auquel ils l'emploient.

« Le pays est fort beau, partout on trouve une végétation très-vigoureuse, et tous les produits des pays chauds, avec les légumes d'Europe, viennent dans les jardins qu'on a créés.

« Le commerce consiste d'abord en ivoire, il s'en rapporte ici une quantité immense, ce qui indique dans l'intérieur la présence

---

servent très-mystérieusement le secret de leurs poisons ; les initiés de la plus haute volée connaissent seuls les contre-poisons. J'ai vu quelques ciguës, quelques racines dont ils extraient le poison qui enduit leurs flèches ; les femmes roulent dans leurs mains cette substance, qui se coagule après que la réduction a été opérée au feu. »

d'un nombre énorme d'éléphants (1) : aussi ai-je rencontré, chez le même négociant, un dépôt de défenses composé seulement depuis six mois, où il y en avait environ quatre cents de toutes tailles; parmi ces défenses, j'en ai vu qui pesaient jusqu'à cent livres ; une pareille pièce a près de six pieds de long et se paie ici plus de quinze cents francs.

« On m'a affirmé qu'on trouve les pachydermes à dix lieues et j'aurais déjà été à même d'assister à leur chasse si j'avais voulu ; seulement, comme une pareille expédition entraîne de très-grandes fatigues et des fièvres, que, depuis, j'ai pensé que rien n'était moins sûr que de voir des éléphants, j'ai refusé d'y aller ; ce sera pour plus tard.

« Il existe ici un animal assez singulier que l'on n'a encore trouvé qu'au Gabon et il y a quelques mois seulement (2) : c'est un énorme singe que les noirs nomment le Gina. Ce singe, tout différent de l'orang-outang, atteint la taille de six pieds et est d'une force fabuleuse. Il est tout noir avec le visage velu. Il attaque l'homme et lui brise les membres sans la moindre difficulté ; pour le tuer, on le laisse arriver à bout portant, il saisit alors le bout du canon du fusil pour le broyer entre ses dents, c'est l'instant choisi pour l'abattre. Il y en a ici deux vivants, en bas âge ; aucun n'a pu parvenir encore vivant en France... Outre ces animaux, il y a encore beaucoup de tigres, mais qui, quoique de grande taille, n'attaquent jamais l'homme, des antilopes, des gazelles que l'on chasse fort difficilement, et une variété infinie de singes...

« 19 décembre 1865. »

« Mon commandant est constamment malade depuis six ans qu'il est ici, il va rentrer en France, je vais me trouver *commandant provisoire* de l'*Oise :* je compte en profiter pour tenter quelques incursions à l'intérieur.

---

(1) La carte de Hondt cite les éléphants du royaume de Congo; le texte qui l'accompagne est plus explicite : *Elephantum imprimis hic maximus proventus, miræ magnitudinis, quorum dentes* cc *libres pendunt.* (P. 320.) *Deux cents livres* d'ivoire dans les dents de ces pachydermes ! on conçoit que la chasse des éléphants puisse être fructueuse.

(2) Ce singe est dessiné sur la carte de Hondt comme existant surtout dans la contrée équatoriale qu'il nomme le royaume de Bramas, au-dessus de l'Anzicane, *cujus populi sunt anthropophagi.*

« Nous venons de traverser une période de deux mois qui s'est passée en pluie et orages continuels ; ces orages sont d'une violence extraordinaire, ils durent des nuits entières pendant lesquelles il tonne avec un fracas tel qu'il empêche tout sommeil. Nous allons maintenant entrer dans ce que l'on nomme la petite saison sèche ; le temps est généralement beau et, bien que nous ne soyons qu'à six lieues seulement de l'équateur, la chaleur est bien moins forte que dans la plupart des pays chauds ; en outre, il y a presque toujours une brise bienfaisante qui vient rafraîchir l'air...

« Ici, on a les lettres régulièrement tous les mois, le paquebot anglais les apporte à Fernando-Po, à 60 lieues d'ici, et des goëlettes expédiées tous les mois entretiennent la correspondance avec le Gabon. »

« 1er février 1857. »

« ... J'ai été aujourd'hui solennellement reconnu comme capitaine de l'*Oise*... C'est une ancienne corvette de charge, armée de deux canons de 20 et ayant soixante-dix hommes d'équipage dont la moitié sont noirs. Pour le logement, on y est aussi bien que possible, la batterie est vaste et bien aérée, mes appartements, au nombre de quatre, sous la dunette, donnent tout le confortable désirable.

« Me voilà appelé à faire de la diplomatie, car les difficultés avec les noirs sont assez communes et peut-être faudra-t-il quelque jour aller foudroyer quelques villages avec les embarcations armées en guerre.

« En fait de chasse dans ce pays où foisonne le gibier de toutes sortes, je te dirai que je n'y vais que fort peu : le terrain est trop boisé et si inextricable qu'il faudrait, comme les noirs, se glisser dans les broussailles qui restent impénétrables pour nous. J'en ferai cependant une de quelques jours, celle du gina dont je t'ai déjà parlé... Il y a deux mois j'ai vu un de ces animaux récemment tué, il avait six pieds de long, ses membres étaient doubles de ceux d'un homme ordinaire. Il suffit d'aller à trois ou quatre lieues pour en rencontrer ; ils ne redoutent nullement la présence de l'homme qu'ils attaquent, mais ne mangent pas, car ils sont frugivores.

« Mais la chasse que maintenant je me promets bien de voir est celle de l'éléphant. Il faut aller à quinze ou vingt lieues dans la rivière du Gabon ; c'est une course de cinq à six jours à faire dans une embarcation.

« La manière de chasser ces animaux paraît bien surprenante au premier abord, néanmoins je t'en donne les détails tels que je les tiens, depuis trois jours, d'un missionnaire qui a assisté à l'une de ces chasses, à treize lieues d'ici.

« Ils vont par troupeaux généralement de cinquante à soixante. Lorsqu'on reconnaît qu'une bande a couché dans un endroit à proximité, avis en est immédiatement donné à toutes les populations d'alentour, et aussitôt après on forme un grand cordon d'hommes qui enveloppe les animaux : alors chacun se met à l'œuvre pour faire une palissade qui devra les enfermer. Si les éléphants veulent aller d'un côté, les gens placés là font des feux et poussent de grands cris qui les font fuir dans la direction opposée. Pendant plus de huit journées, on reste ainsi travaillant nuit et jour à consolider l'enceinte, qui prend généralement un quart de lieu de terrain. Durant ce temps les éléphants commencent à épuiser le feuillage des arbres qui leur sert de nourriture. L'enceinte faite, on les laisse manger encore ce qui reste ; ils s'affaiblissent bientôt par le manque de pâture. On cherche alors des endroits sur les grands arbres d'où l'on puisse tirer à coup sûr.

« Le missionnaire m'a raconté une chose qui paraît réellement incroyable ; il m'a dit avoir vu l'un de ces animaux pris par la faim s'approcher d'un arbre d'un pied et demi de diamètre, le saisir entre ses deux défenses, enrouler sa trompe à l'entour et, par des secousses réitérées, l'arracher, le jeter par terre et manger les feuilles placées à l'extrémité. Il paraît qu'ils broutent fort tranquillement, prenant avec leur trompe feuilles par feuille pour les porter dans la bouche.

« Cependant, l'enceinte étant parfaitement consolidée, au bout d'une quinzaine de jours de préparatifs, on se met à tirer sur tous les éléphants successivement, et tous sont tués avant qu'on songe à les dépouiller.

« Dans les chasses où ce missionnaire était, on en avait, m'a-t-il dit, tué plus de cinquante ; deux ou trois seulement étaient parvenus à s'échapper.

« Il y a aussi une très-grande variété d'animaux, ainsi beaucoup d'hippopotames, qui atteignent jusqu'à la taille d'un bœuf; leurs dents donnent le plus bel ivoire qui existe : il sert à la confection des dentiers postiches. Ces dents sont grosses presque comme le bras et recourbées en demi-cercle ; j'en possède une paire qui pèse cinq livres : ce sont, je crois, les plus grosses qu'on puisse rencontrer.....

« Je cherche à ramasser quelques curiosité, mais ici il y en a peu, excepté cependant les armes (1) des peuples de l'intérieur. La plus curieuse de ces armes, je crois te l'avoir déjà dit, est une arbalète qui part avec une détente, et sert à lancer avec une précision remarquable, de petites flèches empoisonnées. J'ai aussi des haches des Pahouins qui décèlent beaucoup de goût.

« 1er avril 1857.

« ... Je t'ai parlé déjà de ces fameuses peuplades des Pahouins réputées tellement sauvages et féroces, que depuis cinq ans qu'une expédition armée avait été faite chez eux, aucun blanc n'avait voulu s'y hasarder ; j'avais un vif désir d'aller chez elles et je l'ai mis à exécution.

« Le 4 mars dernier, je suis parti avec un canot de l'*Oise*. J'avais avec moi, en fait de blancs, le chirurgien et le commissaire du bord, et douze noirs, en tout quinze personnes : sur ces noirs était notre cuisinier et un guide parlant très-bien la langue des peuples que nous allions visiter. Pour servir au besoin de défense, j'avais pris des fusils et deux espingoles ou petits canons en bronze du calibre de 1 ; j'emportais pour huit jours de vivres pour mes hommes, comptant rester cinq jours en expédition.

« Le soir du premier jour, le canot entrait dans la rivière Como, rivière principale du Gabon que nous devions remonter, et cette nuit, comme les suivantes, le canot mouillait au milieu de l'eau, avec des toits bien disposés pour garantir de la pluie, qui, à cette époque, ne manque guère de tomber chaque nuit.

---

(1) Nous avons produit à l'exposition deux panoplies de ces armes empoisonnées sous le n° 517 ; nous n'avons pas besoin d'insister sur leur rareté et la difficulté de les obtenir, la correspondance que nous citons en fait suffisamment foi.

« En entrant dans la rivière, on rencontre quatre populations successives, différant par le langage et les mœurs. Ce sont d'abord les Pongoès ou Gabonnais, puis les Boulous, les Bakalais et enfin les Pahouins qui, venus assez récemment du centre de l'Afrique, sont bien distincts les uns des autres. C'est jusque chez ces derniers que j'ai fait mon expédition, remontant la rivière jusqu'à environ cinquante lieues d'ici. Ces Pahouins sont bien certainement les peuples les plus curieux que j'aie encore vus ; ils sont toujours très-grands et bien proportionnés, et avec des traits d'un type tout particulier. Ils ne portent pas d'étoffes européennes, mais des pagnes d'écorce rouge qui, relevant par derrière (1) sur le dos, y produisent l'effet d'un éventail ; les femmes sont presques nues, n'ayant en fait de vêtements qu'une petite bande d'étoffe horizontale, large de trois doigts, suspendue à une ceinture de corde.

« Dans presque tous les villages, bien que voyant des blancs pour la première fois, les habitants ne laissaient paraître aucune crainte : hommes, femmes et enfants nous entouraient, faisant paraître les meilleures dispositions à notre égard.

« Nous sommes descendus à terre sans armes, pensant qu'il valait beaucoup mieux ne laisser voir aucune défiance que d'emporter des armes qui n'eussent pas été d'un grand secours contre tant de gens armés. Car ils portent un long poignard suspendu à l'épaule gauche et ont à la main un fusil ou une poignée de longues zagayes.

« Les villages sont très-régulièrement bâtis, ils se composent de deux longues rangées de maisons semblables, se tenant toutes; à l'extrémité est une maison plus grande, servant de lieu de réunion pour les hommes : c'est là qu'on reçoit les visiteurs.

« Dans cette maison se trouve la *forge* du village, composée d'un soufflet très-primitif, mis en mouvement avec deux baguettes; un conduit de terre cuite reçoit l'air et le porte jusqu'au centre du charbon de bois qu'ils emploient. Avec un instrument aussi imparfait j'ai vu fondre de très-gros morceaux de minerai de fer (2), avec lequel ils font des ouvrages d'un fini et d'une délicatesse surprenants.

---

(1) « Cet appendice, dit M. Fleuriot de Langle, a pu être l'origine des contes célèbres sur *l'homme à queue.* » P. 271.

(2) L'art de fabriquer le fer est connu des Africains de temps immémorial. Le souf-

« Au Gabon, il est admis que les Pahouins sont cannibales et cependant je dois avouer que je n'ai rien vu qui pût faire admettre pareille chose. Où ils n'ont pas été prévenus, nous avons été très-bien reçus ; au reste, j'avais, tu le sais, emmené un très-bon guide et interprète, c'est un matelot noir de l'*Oise* qui, autrefois esclave pahouin et vendu depuis à des Gabonnais, connaît très-bien la rivière et parle couramment toutes les langues qui y sont usitées.

« Mon plus grand désir était d'assister à une chasse à l'éléphant, chasse dans laquelle on tue plus de quarante de ces animaux ; malheureusement, aucune occasion ne s'est présentée (1) et force m'a été de revenir sans voir aucun éléphant. D'après les renseignements que j'ai pris, il paraît qu'on les a tant pourchassés, qu'il n'y en a plus actuellement que loin des bords de la rivière.

« Je suis resté sept jours et demi dans mon voyage, et l'important c'est que, pendant tout ce temps, personne de mon monde n'a été malade : c'est un très-grand point dans un pays (2) comme celui-ci.

---

flet qui sert à l'affinage sur les côtes occidentales et au Soudan, consiste en deux peaux hermétiquement cousues, venant se réunir à la tuyère qui active la combustion ; c'est un enfant ou adulte qui le manœuvre des deux mains, afin d'établir la continuité du courant d'air ; le charbon est invariablement tiré des forêts voisines. — Les marteaux, d'après Livingstone, sont formés d'une grosse pierre enlacée d'une courroie découpée dans une écorce très-solide, et qui, de chaque côté, présente une boucle par laquelle la pierre est soulevée. Deux morceaux d'écorce représentent la pince, et un bloc de pierre, enfoncé dans le sol, constitue l'enclume. Le soufflet est fait de deux peaux de chèvres, munies d'un tuyau d'argile et manœuvrées chacune au moyen d'un bâton fixé au milieu de la partie supérieure. Avec ce simple outillage, l'ouvrier exécute des travaux extrêmement délicats... Quand on interroge les indigènes, ils répondent que c'est l'Etre Suprême qui leur a enseigné à fondre ou à forger le fer.

(1) M. Fleuriot de Langle ne fut pas plus heureux, voici comment il raconte cette déception : « Pendant une visite que je faisais dans la rivière du Rhemboë, on vint m'avertir que l'on avait reconnu une troupe de quarante éléphants à deux heures du fleuve ; c'était une bonne fortune, je me préparais à suivre le messager, quand un second envoyé tout essoufflé vint nous apprendre que les éléphants avaient pris la fuite. »

(2) Aer, dit Jondt, nostris corporibus noxius est, tum ob cœli intemperiem, tum propter pluvias quæ putredinem pariunt et vermes. — P. 321.

Il suffit de lire le récit des voyages de Livingstone pour se convaincre de la fréquence des fièvres dans ces contrées, et des conséquences presque toujours mortelles pour les gens qui ne sont pas parfaitement acclimatés.

« 18 juillet 1857.

« Je suis toujours commandant de l'*Oise* ; j'attends mon chef de division M. Protêt, dans l'espoir d'être remplacé.

« Je t'ai parlé de mon excursion lointaine et fort aventureuse dans la rivière Como, qui a toujours été un véritable épouvantail pour les Européens. J'en ai fait un rapport : une lettre officielle, que je viens de recevoir à ce sujet, et on ne peut plus flatteuse pour moi et M. Protêt, m'annonce qu'il va envoyer copie au Ministre.

« Dans quelques jours, je fais une nouvelle expédition avec un canot et une baleinière ; j'emporte quinze jours de vivres et le personnel montera à 18 hommes dont trois blancs, et le reste se composant de matelots, l'interprète et le cuisinier, noirs fournis par mon équipage.

« Mon intention est de faire un croquis de la rivière avec des sondes, ayant été chargé de ce travail par le commandant de la division, qui, lors de son inspection, veut remonter la rivière sur un vapeur jusqu'à une centaine de lieues si c'est possible, dans des contrées tout à fait inconnues, au moyen de ma baleinière qui cale fort peu d'eau.

« Tu penses bien que je ne partirai pas pour une telle expédition chez des peuplades guerrières et cannibales, sans avoir toutes les armes nécessaires ; le canot, comme dans ma première expédition, aura constamment des espingoles chargées à mitraille, et la baleinière, lorsqu'elle sera seule, aura des carabines à tige.

« C'est dans trois jours que je pars pour ce voyage. Je tâcherai de me procurer le plus possible de curiosités : on ne peut guère avoir que des armes du pays, arbalètes avec flèches empoisonnées, haches de guerre, poignards, grossiers instruments de musique. Bien entendu, chez ces peuples à l'état primitif, l'argent ne passe pas ; les marchés se font avec des marchandises : chez les Pahouins, c'est avec du tabac en feuilles et des perles blanches en émail ; de même que, dans le golfe de Benin, le commerce se fait avec de petites coquilles blanches à raison de 3000 pour cinq francs.

« ..... Je suis bien heureux de me porter bien ; il y a si peu de monde dans ce cas ! sur quarante blancs venus, il y a un an, à bord de l'*Oise*, il y en a déjà quatre de morts et plus de dix renvoyés comme très-gravement malades : à Grand-Bassan, cette année, en un mois, il est mort vingt-six blancs sur trente...

« 17 août 1857.

« ... Je suis arrivé, il y a déjà huit jours, de mon excursion dans la rivière Como, le plus grand des cours d'eau qui se jettent dans la rade du Gabon. Mon absence a été de dix jours. Je suis revenu sans aucun accident, après avoir remonté la rivière aussi loin que possible et en avoir fait une *carte marine* avec les profondeurs d'eau (1) et les dangers signalés...

« J'ai reconnu que les Pahouins, qui habitent le fond de la rivière, sont anthropophages (2) au point que, non contents de manger leurs ennemis tués ou faits prisonniers, ils agissent de même à l'égard de ceux des leurs qui meurent, soit de blessures, soit de maladie.

« Quand on arrive devant leurs villages, on est toujours reçu dans un appareil des plus belliqueux, les hommes sont sur la rive disposés à empêcher le débarquement, armés de poignards, de zagayes ou de fusils...

« Lorsque M. Protêt viendra, je dois aller le conduire sur un vapeur dans la rivière Como, et peut-être alors pourrons-nous voir une chasse à l'éléphant...

« 21 octobre 1857.

« Depuis longtemps, je me berçais du doux espoir de rentrer en France pour vous voir tous, mais voilà toutes mes espérances bouleversées et passées à l'état de chimères ; me voici cloué au Gabon pour une année encore, et ce, de mon propre consentement. Mon commandant de station, M. Protêt, est arrivé au Gabon le 5 octobre ; il m'a fait de grands éloges sur la manière dont je m'étais acquitté de mon commandement de l'*Oise*, et principale-

---

(1) Cette carte accompagne la présente notice ; voyez la planche.
(2) Hondt, sur sa carte, constatait déjà que ces peuples, qu'il nomme Rramas ou Anricanas, sont anthropophages.

ment de mes excursions dans la rivière Como, je te l'ai dit, tout à fait inexplorée jusqu'ici. A la vérité, je m'étais donné un mal inouï pour aller sonder tout le parcours et faire faire la carte de ce cours d'eau ; ma carte a été envoyée au Ministère....

« Sur ces entrefaites, l'idée est venue à M. Protêt d'utiliser l'*Oise*, vieux bâtiment depuis longtemps au Gabon, et *d'en faire un poste avancé,* une sorte de citadelle flottante à dix-huit lieues dans la rivière Como. Pour réaliser cette idée, il fallait la donner à commander à un officier au fait de la politique du pays, ayant la connaissance des mœurs des populations et en même temps donnant des garanties de santé : M. Protêt a jugé que, seul, je réunissais ces conditions, et, m'ayant fait appeler, il m'a demandé si je consentais à garder mon commandement pour un an. Je l'avouerai que, tout d'abord, sa proposition m'a contrarié ! mais m'ayant dit qu'il me conseillait fort d'accepter dans mon intérêt, car après je passerais lieutenant de vaisseau, je m'y suis décidé : pardonne-le-moi, l'ambition m'a tourné la tête !

« En conséquence, dans un mois, je me dirige avec mon immense navire, qui pour la grandeur est comme une frégate, vers le fond de la rivière ; une toiture de chaume à la mode du pays couvrira le navire de bout en bout et je serai fort tranquille, trop tranquille peut-être ! J'aurai avec moi un chirurgien, M. Leblanc, jeune homme fort bien, douze matelots blancs et douze noirs. Mes moyens de défense seront deux canons en bronze et un nombreux arsenal de mousqueterie.

« Comme bien-être physique, je serai fort bien, le pays est sain, il n'y a pas de moustiques ; toutes les choses de la vie sont à vil prix et en grande quantité...

« Mon bâtiment sera relié au Gabon par une canonnière à vapeur qui va y rester constamment et établira des communications fréquentes : je ne suis donc pas si isolé que tu pourrais le croire. Pour me dédommager, quand je ne ferai pas de politique avec les naturels, je collectionnerai les curiosités de ce pays entièrement neuf.

« Rivière Como. Neugue-Neugue.
« A bord de l'*Oise*, le 14 janvier 1858.

« Depuis deux jours je suis à mon poste, sans accident aucun, à dix-huit lieues de tout établissement français.

« Pendant sa présence sur la rade du Gabon, le chef de la division navale, M. Protêt, était allé visiter la rivière Como sur l'aviso à vapeur l'*Aigle*, de 200 chevaux, commandé par un capitaine de frégate : j'étais du voyage comme pilote et tout s'est passé le mieux du monde ; aussi M. Protêt avait décidé que l'*Aigle* donnerait la remorque à l'*Oise* pour la conduire à destination : je pilotais encore dans cette circonstance, et l'opération, quoique fort délicate, de remorquer au loin, au milieu des bancs, une pareille masse calant beaucoup d'eau, s'est passée sans le moindre encombre.

« L'opération terminée, l'*Aigle* s'en retournait au Gabon ayant un noir comme pilote, lorsque, passant près d'une des rives, il s'est jeté sur une roche presque à fleur d'eau : les moyens employés tout d'abord pour relever le bâtiment, ont été infructueux, et resté à mer basse, suspendu sur des têtes de roches aiguës, il n'a pas tardé à faire une quantité d'eau énorme. En rivière, dans une eau calme et tranquille, on n'était pas exposé à perdre des hommes, mais on désespère actuellement de sauver la coque et la machine. Pour le moment, on s'occupe de retirer le plus de matériel possible, qu'on dépose à bord de l'*Oise*. Je suis tout encombré d'objets de toute nature, mais j'ai peur surtout d'avoir beaucoup de malades, par suite du travail excessif que nécessite le sauvetage que l'on opère sur le navire naufragé. »

« Sierra-Leone.
« Frégate *la Jeanne d'Arc*, le 19 octobre 1858.

« Me voilà enfin, après un séjour de plus de deux ans, au Gabon, sur le chemin de la France ! à Sierra-Leone, c'est-à-dire à quelques jours de traversée de Gorée, d'où je dois effectuer mon retour. Il y a déjà deux mois et demi que j'ai quitté le Gabon et, depuis ce temps, je suis allé en beaucoup d'endroits de la côte africaine, etc. »

CONCLUSION.

Nous ne pousserons pas plus loin ces extrait, ce serait sortir du sujet qui nous occupe.

Avant de rentrer en France, M. Révérend du Mesnil dut prendre part à l'expédition du Sherboro et de la Casamance (Sénégal), où il fit preuve d'un tel courage, qu'âgé seulement de vingt-cinq ans, il a reçu la croix de la Légion d'honneur. La lettre de nomination portait ce qui suit :

« Paris, le 19 mars 1859.

« Je vous annonce avec satisfaction cette récompense de votre belle conduite dans l'expédition de la Casamance.

L'Amiral Ministre de la Marine,
HAMELIN.

Quelques mois après, notre jeune chevalier partait pour la Chine sur la *Persévérante*, et, simple enseigne, y obtenait de commander l'aviso à vapeur l'*Ondine* en station locale à Canton, puis il partageait les périls des expéditions contre les rebelles chinois et, plus heureux que l'amiral Protêt, qui trouvait glorieusement la mort devant Péhio, il trouvait le moyen de s'y distinguer et de vivre encore pour son pays. Le 26 juillet 1862, il obtenait le brevet de lieutenant de vaisseau, que le Ministre voulait bien lui transmettre comme il suit :

« Paris, le 6 août 1862.

« Cet avancement est la récompense de vos services courageux et dévoués dans les opérations de guerre qui ont eu lieu en Chine ; j'ai mis de l'intérêt à vous les faire obtenir. »

Le Ministre Secrétaire d'État de la Marine et des Colonies,
DE CHASSELOUP-LAUBAT.

Le 8 février 1868, le lieutenant de vaisseau du Mesnil recevait la médaille d'or instituée par l'empereur de Chine en faveur des Français qui s'étaient distingués dans les opérations contre les rebelles, et notamment à la prise de Pehio.

Rentré ensuite en France, il embarquait successivement sur la *Renommée*, sur le *Donawerth*, sur le *Redoutable*, et enfin sur le *Solférino*.

Il se proposait enfin, après de si laborieux services, de passer quelque temps de repos dans sa famille lorsqu'une rougeole maligne l'enleva le 17 janvier 1865, à Toulon même, à l'amour des siens qui étaient fiers de lui, et à la France qui n'eut jamais, on l'a vu, officier plus dévoué, et, pourquoi ne le dirions-nous pas ? serviteur plus distingué !

Nous nous résumerons en disant de lui avec le chantre d'Énée :

Vixit et quem dederat cursum Fortuna, peregit !

COMMUNICATION DE M. E. DELOR

DÉLÉGUÉ DU SÉNÉGAL

Mesdames, Messieurs,

L'idée d'étendre notre domination et notre commerce jusqu'au cœur même du Soudan tentait depuis longtemps les hommes d'initiative et de patriotisme. En effet, M. le général Faidherbe écrivait le 7 août 1863, à Mage, l'intrépide explorateur :

« Il nous faudrait créer une ligne de postes distants d'une trentaine de lieues entre Médine et Bamakou ou tout autre point du Haut-Niger, qui paraîtra convenable pour établir un centre commercial sur le fleuve. »

Le but de l'éminent général est bien nettement indiqué, mais il ne put en commencer la réalisation, occupé qu'il fut par la soumission des Maures du Cayor, du Toro et par les opérations multiples qui ont illustré son nom. Ensuite arriva l'année néfaste, la guerre de 1870 qui nous força de restreindre les dépenses et eut de sensibles contre-coups jusque dans notre colonie africaine.

Mais dès que nos finances furent rétablies et qu'il eut été prouvé que la France sortait de ces épreuves plus belle et plus forte que jamais, un réveil eut lieu et les projets du général Faidherbe furent repris. D'une seule traite, nous poussâmes de cent kilomètres en avant et allâmes planter notre drapeau à Bafoulabé, aux sources mêmes du Sénégal, au confluent du Bakhoy et du Bafing. Ce fait important eut lieu en novembre 1879, et nous apprîmes immédiatement à nos dépens ce que vaut, comme navigabilité, cette partie du haut Sénégal. Il n'y a que chutes, bancs de roches, rapides, tellement bien qu'une bonne partie des matériaux de construction ne put arriver à destination. Au lieu d'une véritable forteresse, nous dûmes nous contenter d'un poste retranché et palissadé, pouvant recevoir le choc des indigènes du voisinage, mais ne donnant aucune idée de notre science des constructions. Sans aucun doute les difficultés que j'ai l'honneur de vous signaler ont été pour beaucoup dans les décisions du gouvernement au sujet des chemins de fer du haut Sénégal. Et, en effet, quel commerce peut-on faire là où les marchandises n'arrivent qu'au prix d'innombrables sacrifices ?

Notre mouvement sur Bafoulabé fit naître quelques complications politiques que vous comprendrez facilement. Nous rencontrâmes une fois de plus l'opposition des Toucouleurs avec laquelle il fallut compter. On entend par Toucouleurs un mélange des Peuls avec leurs captifs ou voisins de race noire. Quant aux Peuls, ce sont des individus d'un brun rougeâtre, aux cheveux presque plats et aux traits européens, qui habitent, de temps immémorial, le Fouta, le Boumdou et le Fouta-Dialon.

La puissance des Toucouleurs ne date que de 1850 environ : elle a été fondée par le célèbre musulman El Hadji Omar, le plus redoutable des ennemis du général Faidherbe. Parti du Cayor en 1847, ce prophète s'enfonce dans l'intérieur de la Sénégambie, s'y crée des alliés ou des sujets, nous assiège à Médine en 1857, déclare la guerre au roi de Ségou, le bat, le détrône et fait son entrée dans sa capitale le 10 mars 1861. Son empire rayonnait au loin dans la direction de Tombouctou ; dans le nord-ouest, il était établi jusqu'à Nioro, ville forte très-importante ; dans l'ouest, il confinait avec notre poste de Médine ; dans le sud-ouest la ville fortifiée de Mourgoula était gardée par ses soldats. A la mort de ce roi-prophète, survenue en 1864, son empire se divise en trois fractions : Ahmadou, son fils aîné, règne à sa place et est encore sur le trône. Il a comme lieutenants :

1° Bassirou, son frère, qui gouverne le Diomboko, le Diafounou et le Natiaga, il réside à Koumakary ; 2° Mountaga, son autre frère, qui administre le Kaarta, et a Nioro pour capitale ; 3° Tidiani, son cousin, qui est chef du Macina. L'unité ne se maintient qu'à grand'peine et tout fait prévoir qu'à la mort d'Ahmadou, l'empire se démembrera.

Malgré cette division, Ahmadou a conservé une grande influence morale sur ses frères et sur son cousin, et il a lié des relations de la plus grande intimité avec les Toucouleurs du Fouta et surtout avec Abdoul-Boubakar, l'habile chef du Bosséa. En nous voyant avancer sur Bafoulabé et nous rapprocher de la place forte de Mourgoula, le sultan de Ségou fut piqué au vif et s'opposa sourdement à notre marche vers le Niger. Il excita tout le Fouta contre nous et engagea Abdoul-Boubakar à nous barrer le passage, lui promettant de le soutenir.

Alors, le gouverneur du Sénégal conçut la pensée d'envoyer jusqu'à Ségou une mission chargée de prendre Ahmadou par l'intérêt et de lui proposer notre alliance. La tâche était délicate : on se souvenait encore des dangers sans nombre courus par Mage et Quentin et de leur dure captivité à Ségou-Sikoro. D'un autre côté, M. Paul Soleillet, l'intrépide et infatigable voyageur africain, venait à peine de rentrer à Saint-Louis et avait pu fournir des renseignements précis sur les intentions d'Ahmadou qui, pendant plusieurs mois, l'avait gardé près de lui et traité avec la plus grande bienveillance.

Des hommes dévoués répondirent à l'appel de M. Brière de l'Isle et la mission du Haut-Niger fut facilement constituée. Elle avait à sa tête le capitaine Galliéni dont le nom est connu de nous tous, et se composait en outre de MM. Piétri, lieutenant d'artillerie ; Vallière, lieutenant d'infanterie de marine, et Tautain, médecin de la marine. M. Bayol, médecin de 1re classe, accompagnait aussi la mission ; il devait être laissé à Bamakou, sur le Niger, comme représentant du gouvernement français. Une cinquantaine d'indigènes servaient d'escorte, de guides et d'interprètes. La mission quitta Saint-Louis le 29 janvier 1880 ; elle arriva sans difficultés jusque dans le Bélédougou. Là, elle fut attaquée à Dio, village situé à 40 kilomètres du Niger. Nos braves Sénégalais firent des prodiges de valeur, tuèrent une cinquantaine d'hommes à l'ennemi et se tirèrent d'affaire en ne lui abandonnant que leurs bagages. MM. Galliéni, Piétri, Vallière et Tautain se jetèrent sur la rive droite du Niger et poursuivirent leur route sur Ségou. Le docteur Bayol revint à Saint-Louis pour faire part de l'incident ; il lui était du reste impossible de s'installer à Bamakou, si près des tribus hostiles auxquelles la mission du Haut-Niger n'avait échappé que par miracle.

Vers la fin de mai 1880, M. Galliéni et ses trois compagnons arrivaient dans les faubourgs de Ségou. L'ombrageux sultan leur interdisait l'entrée de sa capitale et les reléguait dans le village de Nango, situé à quelques lieues.

Alors commença le long supplice d'une captivité. Que de fois les hardis voyageurs crurent leur dernier jour venu ! Que de fois ils se seraient découragés s'ils n'avaient eu dans le cœur ce fier amour du pays qui fait qu'on s'oublie soi-même pour ne penser qu'à son devoir ! Pendant d'interminables mois, ils n'ont pu donner signe de vie ni recevoir les encouragements que nous leur envoyions de Saint-Louis.

Essayer de gagner le sultan de Ségou était une tentative utile, mais il fallait en même temps faire le levé du terrain que nous voulions occuper. Le gouvernement fit grandement les choses et organisa la mission topographique à la tête de laquelle fut mis un véritable savant, le chef d'escadron Derrien, déjà connu par ses travaux en Algérie et en Espagne. Une douzaine d'officiers de toutes armes lui furent adjoints, et cette cohorte d'hommes dévoués s'achemina vers le Haut-Fleuve. Le départ eut lieu de Saint-Louis, le 11 novembre 1880, par l'aviso le *Cygne*. Les topographes explorèrent très-succinctement le terrain situé entre Kayes et Bafoulabé, déjà parcouru par M. l'ingénieur Carrey. Ils avaient l'ordre de porter tous leurs efforts entre Bafoulabé et le Niger.

Par suite des susceptibilités que cette exploration fit naître chez les Toucouleurs, la mission topographique borna ses travaux au territoire compris entre Bafoulabé et Kita. On craignait, en allant plus loin, de mécontenter le sultan de Ségou et de causer la perte de la mission Galliéni. La campagne est donc restée inachevée ; mais vu la précision des travaux exécutés, nous pouvons considérer ce qui a été fait comme un grand succès. Aucune nation n'a recueilli dans le Soudan des données d'une exactitude aussi parfaite. J'ai apporté avec moi le croquis topographique des environs de Kita et le plan du fort que nous y construisons. Ces primeurs géographiques figurent à votre exposition grâce aux bienveillantes dispositions de MM. les membres du Comité d'organisation, que je ne saurais assez remercier dans cette circonstance.

En même temps que la mission topographique Derrien, une

expédition beaucoup plus importante encore quittait le chef-lieu de la colonie : elle avait pour but la création d'un nouveau centre français entre Bafoulabé et le Niger. Kita fut le lieu choisi à cause de sa salubrité relative, des facilités de défense et de l'abondance des matériaux de construction.

Un lieutenant-colonel d'artillerie de marine, M. Borgnis-Desbordes, homme jeune, énergique et d'une remarquable intelligence, fut pourvu du commandement de cette expédition. Il avait sous ses ordres de 700 à 800 hommes dont le quart, au plus, étaient Européens. Dans ce nombre on comptait 100 ouvriers européens et autant d'ouvriers noirs, des conducteurs de chameaux, de mulets, d'ânes, etc., etc. Enfin un matériel considérable comprenant des outils et des armes, des munitions, des harnachements, des vivres, des cadeaux pour les indigènes, fut envoyé à la hâte de Paris ou réuni à Saint-Louis. Le tout fut embarqué le 11 novembre 1880 sur une véritable flottille, comprenant le *Badibou*, l'*Archimède*, le *Castor*, le *Dakar*, le *Cygne* et le *Laprade*. Ces vapeurs devaient porter les troupes et le matériel aussi loin que le permettrait la hauteur des eaux du Sénégal, qui commencent à baisser à cette époque. Cette situation commande une très-grande prudence ; car un bateau qui s'échoue est obligé d'attendre l'année suivante pour se renflouer. Aucun de ces bâtiments ne put dépasser Matam, et nos pauvres troupes durent continuer leur voyage dans des chalands, bateaux plats peu confortables que l'on tira à la cordelle.

Le 27 décembre, tous les détachements étaient enfin réunis à Médine et se préparaient au départ. On ne peut se faire une idée des difficultés que présenta l'organisation du convoi. Le pays à traverser est pauvre, il ne produit rien de ce qui est nécessaire à l'Européen pour conserver ses forces dans ce climat épuisant. Lorsqu'il faut emporter avec soi, outre un outillage énorme, du biscuit, du vin, du café, des médicaments pour des centaines d'hommes et pour des mois entiers ; lorsqu'il faut créer en pays sauvage un centre d'approvisionnement, construire une forteresse et établir en même temps des lignes télégraphiques ; lorsque la voiture ne peut être employée et qu'il faut tout transporter à dos de bêtes, les opérations deviennent excessivement compliquées. C'est ainsi qu'outre les mules amenées de Saint-Louis, le colonel Desbordes dut se procurer 1,200 ânes et répartir son matériel sur cette nuée de bêtes de somme.

Pendant l'organisation de ce convoi unique dans les annales sénégalaises, nos Européens, fatigués déjà par le voyage à la cordelle, étaient décimés par la fièvre typhoïde. Mais les officiers, élevant leur dévouement à la hauteur des circonstances, ranimèrent le moral de nos soldats qui commençaient à se décourager. Le 9 janvier dernier, la colonne expéditionnaire quittait le foyer d'infection où elle avait été trop longtemps retenue et s'enfonçait dans ce Soudan, objet des rêves de la France. Le 17, elle arrivait à Bafoulabé. Le passage du Rafing est hérissé d'obstacles : il ne put se faire qu'avec des pirogues et dura quatre jours entiers. La marche ne fut reprise que le 22 au soir : huit jours après, elle traversait le Bakhoy, au gué de Toukôto. Enfin, le 7 février, elle était au terme de sa pénible marche et campait près de Makan Diambougou, le plus grand centre de population du pays de Kita. L'emplacement du fort était immédiatement choisi.

Mais l'heure des travaux paisibles n'avait pas encore sonné : il y avait dans le voisinage une place forte indigène du nom de Goubanko, d'où partit une résistance ouverte à nos projets. Les jeunes gens de ce village firent décider qu'on interdirait toute communication avec la colonne française, qu'on lui résisterait les armes à la main, et conformément aux habitudes de ces sauvages populations, le chef fit hisser sur un des plus beaux arbres de la plaine, un poulet au cou duquel était suspendue une pierre, en faisant savoir au colonel Desbordes que tout Français dépassant l'arbre aurait le même sort que le poulet. L'ordre d'attaquer Goubanko répondit à ces provocations, et le 11 février, à sept heures du matin, 300 des nôtres se présentaient devant le tata, ou fort de la place, qu'ils enlevaient en quelques heures, non sans des pertes sérieuses.

Ce brillant fait d'armes eut des conséquences heureuses. Les noirs, fiers de leur tata, le considéraient comme imprenable, depuis que l'Almany de Mourgoula l'avait vainement assiégé, pendant trois mois entiers. En le voyant tomber devant une poignée de soldats blancs, ils prirent nos armes en haute estime. Le sultan de Ségou ne tarda pas à être avisé de la victoire des Français, et il conçut les plus vives craintes pour sa place forte de Mourgoula, distante de Kita de quelques journées de marche seulement. Ses allures changèrent à vue d'œil : le capitaine Galliéni et ses compagnons se virent mieux traiter. Les négociations entreprises avec Ahmadou aboutirent.

Le lendemain du combat de Goubanko, les soldats redeviennent ouvriers, et, avec un acharnement inouï, commencèrent ce fort de Kita, qui est actuellement le plus beau qui existe en Sénégambie. Quel entrain ! Comme on tire parti des moindres ressources ! Les affûts des canons sont transformés en voitures pour le transport des matériaux ; d'énormes pièces de bois sont débitées avec des outils insignifiants ; un jour le fer vient à manquer, on déferre les chevaux et les mules. Qui dira, maintenant, avec les esprits chagrins, que les Français sont incapables de ces durs labeurs inséparables de tout commencement de colonisation ? Où trouver plus de courage, de persévérance et d'audace ?

Le mois de mars amena avec lui les plus cruelles épreuves. Nous avions, à cette époque, dans le Fouta, une brigade télégraphique chargée de relier nos postes de Saldé et Matam. Cette ligne traverse le Fouta, pays qui fut de tout temps difficile à gouverner. Les amertumes de toutes sortes dont nos télégraphistes furent abreuvés amenèrent le Gouverneur à les appuyer par une colonne expéditionnaire qui partit de Saint-Louis, le 11 février 1881, sous le commandement de M. le chef de bataillon Pons. Abdoul-Boubakar, le chef du Bosséa, employa une tactique qui lui est familière et qui rend bien difficiles les opérations contre lui. Il laissa la colonne Pons s'enfoncer dans le pays, la tourna et vint tomber sur ses derrières pour lui enlever son convoi de vivres. Le 8 mars, 1500 Toucouleurs se ruèrent à l'improviste sur nos approvisionnements gardés seulement par 120 hommes. Il fallut un combat héroïque où les spahis se firent hacher pour sauver les vivres et en même temps la colonne Pons qui eût péri de misère, en cas de succès de l'attaque. Cette affaire, dite de N'dir-Bogan, mérite de vivre longtemps dans nos souvenirs.

Battu sur terre, Abdoul-Boubakar voulut prendre sa revanche sur l'eau et barra le fleuve à nos courriers, à nos commerçants, à nos approvisionnements. La colonie se trouva divisée en deux parties complètement isolées l'une de l'autre : Bakel, Médine, Bafoulabé, Kita, ne reçurent plus même une lettre, et lorsque le fort de Kita fut achevé, on ne put y faire parvenir les vivres envoyés de Saint-Louis pour nourrir sa garnison pendant l'hivernage. Or, une fois le mois de mai arrivé, il n'y a plus de communications possibles pour les convois entre Bafoulabé et Kita.

Il faut d'avance accumuler des provisions pour neuf mois, ou bien le personnel européen, réduit à se nourrir de mil, est perdu comme santé et incapable de tout effort.

Nous passâmes au Sénégal par de cruelles angoisses. Trois fois une flottille se mit en route pour le Haut-Fleuve, trois fois elle fut arrêtée par les Toucouleurs à quelques kilomètres au-dessus de Saldé. Nous eûmes un moment la crainte d'être obligés de faire sauter Kita, préférant le détruire plutôt que de l'abandonner aux noirs de Makan-Diambougou.

A cette époque le gouvernement du Sénégal fut pris par M. le capitaine de vaisseau de Lanneau. Il trouva la colonie dans une situation excessivement tendue, qu'il envisagea avec un calme parfait. Dès les premiers jours, il sut inspirer une entière confiance à la population de Saint-Louis, qui lui fit savoir qu'elle comptait absolument sur lui pour ramener la tranquillité dont le pays avait tant besoin. C'est alors qu'il résolut de mettre en ligne cette force morale et ce dévouement des indigènes, et que sous son impulsion et celle des conseillers généraux se forma une députation des principaux noirs de Saint-Louis, hommes connaissant parfaitement les habitudes des gens du Fouta, et aptes à réussir dans la mission de paix qui allait leur être confiée. Un officier de mérite, M. le capitaine Rémy, directeur des affaires politiques, fut mis à la tête de cette délégation qui partit de Saint-Louis le 27 avril 1881, bien décidée à avoir raison de l'orgueilleux chef de Bosséa. Huit jours après les délégués étaient auprès d'Abdoul-Boubakar, lui représentant que s'il refusait la paix, il n'aurait plus affaire, comme à N'dir-Bogan, à une poignée de Français, mais que tout Saint-Louis monterait contre lui, qu'un flot de noirs se déverserait dans le Fouta et ne le quitterait qu'après en avoir fait un désert. L'attitude énergique de M. Rémy et de nos braves noirs, leur conviction inébranlable, la nouveauté de leur démarche émurent profondément Abdoul Boubakar qui finit par signer la paix. Un soupir de soulagement parcourut la colonie tout entière. Kita, Bafoulabé furent sauvés ; la population indigène de Saint-Louis, qui tire du Fouta la plus grande partie du mil nécessaire à sa nourriture, n'eut plus à redouter la famine ; le commerce put enfin reprendre ses opérations, non sans avoir souffert de nombreux pillages et éprouvé des dommages importants.

Tout se tient au Sénégal et l'heureuse solution des difficultés du Fouta vint éclairer, comme par magie, notre horizon sénégalais, gros de menaces pendant plusieurs mois. En mai et juin, tous nos compatriotes, si longtemps compromis dans le Haut-Fleuve, revinrent ayant achevé leur œuvre. Le fort de Kita fut laissé par le colonel Desbordes, parfaitement approvisionné et en état de défier tous les efforts des noirs du voisinage. La mission Galliéni fut mise en liberté par le sultan de Ségou et nous rapporta un traité qui nous assure en principe le droit exclusif de trafic sur tout le Niger. Un envoyé du roi de Ségou, nommé Boubakar Saada, l'un des principaux officiers de la Cour, accompagnait M. Galliéni à Saint-Louis pour y suivre la ratification de ce traité. La mission topographique rentra avec une riche moisson de documents; la colonne Pons put être rappelée et pendant plusieurs jours notre chef-lieu fut en fêtes. Nous préludâmes ainsi aux ovations et aux triomphes que la métropole n'a pas ménagés à nos intrépides pionniers.

La première campagne dans la direction du Niger est donc un succès, et nous pouvons espérer que la seconde l'égalera. Vous n'ignorez pas le haut intérêt que M. l'amiral Cloué, ministre de la marine et des colonies, porte à nos œuvres sénégalaises. Ses discours devant le parlement ont produit une vive impression dans notre colonie. La manière dont il a jugé le traité du sultan de Ségou, le tact dont il a fait preuve en refusant les armes et les munitions demandées en trop grande quantité, nous démontrent que nos affaires sont en bonnes mains et que nous pouvons regarder l'avenir avec confiance.

De même que le colonel Desbordes a pu planter notre pavillon à Kita et l'y installer solidement pendant une seule saison sèche, nous pensons que l'on pourra, pendant le même laps de temps, établir un nouveau poste entre Kita et le Niger. La distance augmentant, la difficulté des transports sera encore plus considérable que pendant la campagne 1880-81. L'administration devra donc porter toute sa sollicitude vers cette importante question, et se rappeler que sur 1,200 ânes achetés par le colonel Borgnis-Desbordes, 800 étaient morts de fatigue à la fin de la campagne.

Il est probable qu'il suffira de un ou deux postes entre Kita et le Niger pour assurer notre souveraineté dans le pays. En effet, il ne faut point perdre de vue que la domination des Toucouleurs est fort loin d'être agréable aux Bambaras et à toutes les peuplades autochthones du Fadougou, du Bélédougou et du Fouladougou. Trouvant chez nous une protection efficace contre les exigences de Ségou, les populations conquises par El Hadji Omar seront portées à nous bien voir. Déjà de nombreux groupes habitant cette partie du Soudan ont signé des conventions les plaçant sous notre protectorat. Plusieurs chefs ont même envoyé leurs fils à Saint-Louis faire acte de soumission au Gouverneur.

Le jour où nous serons sur le Niger, nous verrons quelle conduite tiendra envers nous le roi Ahmadou, et nous agirons en conséquence. Nous ne lui demanderons d'autre faveur que celle de nous laisser commercer librement avec ses sujets et de permettre à nos vapeurs de naviguer sur le Niger, entre Bamakou et Bouroum, point où le fleuve est barré par des chutes et des rapides : nos bâtiments s'arrêteraient donc à quelques lieues de Tombouctou et le bassin qu'ils desserviraient n'aurait pas moins de 1,200 kilomètres de longueur.

Je n'irai pas vous dire, avec les hommes d'exagération, que le Soudan est un pays plantureux, abondant en richesses de toutes sortes. Non, en Afrique, les affaires sont très-difficiles. L'exportation des pays que nous allons atteindre sera longtemps faible, mais je crois que les importations progresseront très-rapidement. On peut supposer que nous entrerons en relations avec plusieurs millions de consommateurs dont nous connaissons à peu près les besoins par les rapports que nos comptoirs du haut Sénégal entretiennent avec eux depuis plusieurs années. Or, si nous examinons l'excès de nos productions françaises, la rareté de plus en plus grande des débouchés, nous sommes portés à croire qu'en excluant nos concurrents du Niger, nous arriverons naturellement à augmenter d'une façon considérable le chiffre de nos affaires ; actuellement nous ne commerçons pas, dans toute la Sénégambie, avec plus d'un million d'âmes et nous y écoulons, cependant, chaque année, pour quinze millions de produits fabriqués en Europe.

Vous savez que, hardi dans ses projets, le gouvernement de la République veut relier le Sénégal au Niger par un chemin de fer qui est en voie d'exécution. La ligne commence sur le Sénégal, à Kayes, que nos vapeurs peuvent atteindre pendant trois mois de l'année. A l'heure où nous sommes ici réunis, le matériel s'achemine activement de Saint-Louis vers Kayes. Malgré les chaleurs, les pluies et les tornades, nos ouvriers travaillent sans relâche. Des constructions s'élèvent : ce sont maintenant des magasins et des ateliers, plus tard ce seront les gares pour voyageurs et pour marchandises. Le Parlement nous a ouvert des crédits pour construire le tronçon de Bayes à Bafoulabé, long de 100 et quelques kilomètres. Les pessimistes ont crié à l'impossible : on a dit que la voie sera sous l'eau pendant trois mois de l'année ; mais les travaux si minutieux de la mission topographique ont réduit à néant ces allégations et donné gain de cause au tracé du ministre de la marine.

Je n'ai de réserve à faire que pour le point d'aboutissement de la voie ferrée sur le Niger. On a choisi Bamakou ; mais au Sénégal, nous pensons qu'il serait préférable de l'installer à Banabougou, à 50 kilomètres en aval. Ce déplacement serait justifié par l'existence d'obstacles à la navigation entre Bamakou et Banabougou. Pendant la saison des basses eaux, le passage est presque impossible. Il vaut beaucoup mieux perdre 50 kilomètres sur 1,200, plutôt que d'être paralysés pendant plusieurs mois de l'année. Il va sans dire que le déplacement de la tête de ligne entraînerait celui du poste militaire à créer sur le Niger.

Tout en poussant les travaux avec entrain et diligence, le gouvernement poursuit les explorations. M. le docteur Bayol qui était à Dio, avec la mission Galliéni, est parti du Rio-Nunez pour le Niger, en mai 1881. Aux dernières nouvelles, il était à Timbo, en bonne santé, et se disposait à explorer le Fouta-Dialon pour se diriger ensuite sur Bakel par la vallée de la Falémé. Partout il passera des conventions avec des peuplades indigènes, choses qui lui seront rendues faciles par les rapports amicaux déjà établis tout récemment par M. Olivier Pastre, de Marseille.

Je puis également vous annoncer le départ très-prochain de M. le colonel Borgnis-Desbordes qui, malgré l'épidémie de fièvre jaune qui décime nos malheureux compatriotes, se rend au Sénégal accompagné de plusieurs officiers, pour mener à bonne fin l'œuvre qu'il a si vaillamment commencée.

En terminant, permettez-moi de vous dire que les travaux entrepris au Sénégal nous paraissent le maximum de ce qui peut être fait pour favoriser notre commerce dans le Soudan. Nous sommes persuadés que la ligne du Sénégal au Niger suffira, pendant fort longtemps, au besoin d'activité et de commerce de ces régions.

J'ai fait ressortir, plus haut, combien le concours bienveillant, pacifique et libéral de notre regretté gouverneur, M. de Lanneau, nous avait été précieux : aussi je considère comme un devoir de rendre à sa mémoire vénérée un hommage public, au nom de tous les Sénégalais.

Le ministre vient de désigner, pour succéder à M. le contre-amiral de Lanneau, un homme universellement aimé et connu au Sénégal, le colonel Canard. Avec son expérience des affaires d'un pays où il a fait toute sa carrière, jouissant auprès des indigène d'une réputation méritée de bravoure, de justice et de fermeté, le nouveau gouverneur, je crois pouvoir l'affirmer, assurera à notre colonie le maintien d'une paix dont nous avons le plus grand besoin pour nos transactions commerciales.

Je vous remercie vivement, Mesdames et Messieurs, de l'attention que vous avez portée à ma communication qui a pour but de vous rappeler les grands travaux entrepris en Afrique par le gouvernement de la République : heureux si j'ai pu vous convaincre que nous luttons au Sénégal pour implanter, jusqu'au centre du Soudan, le commerce et l'influence de la patrie, et apporter à ces populations arriérées la civilisation et le progrès qui accompagnent partout le drapeau de la France.

E. DELOR,

Membre de la Société de Géographie commerciale de Bordeaux.
Conseiller général du Sénégal, délégué de la Compagnie du Sénégal et dépendances.

COMMUNICATION DE M. DE ROSEMONT

SUR UNE MACHOIRE FOSSILE TROUVÉE A NICE

MESSIEURS,

Le temps qui nous presse ne me permet pas de vous donner tous les détails que j'aurais désiré sur le fossile humain exposé dans les vitrines de notre belle Exposition. Forcé de me résumer brièvement, vous me dispenserez de fournir ici la preuve de mes assertions. Du reste, ce que je passerai sous silence a été dit ailleurs, notamment à l'Académie des sciences de Paris, par MM. de Quatrefages et E. Desor. Mes assertions sans preuve sont donc, par le fait, signées des noms de deux de nos plus savants naturalistes.

Les mémoires de ces deux messieurs sont très-précis dans leurs expressions. Le fossile humain de Nice appartient à la race dite de *Cromagnon* et a été recueilli dans un *terrain diluvien*, il est alluvionné, ainsi que les matériaux au milieu desquels il gisait. Ainsi donc le maxillaire a appartenu à un homme contemporain du Déluge, à une victime de la grande inondation.

MM. de Quatrefages et Desor ne se prononcent pas sur la cause ayant déterminé le grand torrent diluvien. Mais les mots *terrain et torrent diluvien* éliminent forcément tout autre agent que la pluie comme cause déterminante. Qui dit torrent dit produit de la pluie et quelquefois de la fonte des glaces. A Nice, il ne peut être question de glace.

M. Desor, qui vint en ce pays en 1878, y chercha tout d'abord des traces glaciaires ; il publia à cet égard, en 1879, un mémoire dans le bulletin de la *Société niçoise des sciences naturelles et historiques* ; mais, en 1880, dans le bulletin de la même Société, il en publia un autre sur les *deltas torrentiels*. Dans ce dernier, il rejeta vers l'amont, à une cote d'altitude indéterminée, les moraines et alluvions glaciaires vainement cherchées sur la côte de Nice et dans le delta du Var.

Si la théorie glaciaire n'explique pas le terrain erratique de la côte de Nice, nous pouvons affirmer qu'elle ne l'explique pas mieux dans les plaines lyonnaises. On aura beau faire, cette théorie du grand glacier, morte ailleurs, ne revivra pas à Lyon. Assurément la théorie de l'extension des glaciers est un phénomène nullement contestable dans les hautes montagnes ; mais la présence de glaciers dans les plaines basses de la France est une autre affaire.

Si on avait étudié les environs de Lyon, non en descendant des Alpes où règnent les glaciers, mais en remontant la vallée, en venant du bas Rhône, là où la mer stationna longtemps sur des plaines immergées et là où abondent les alluvions des deltas, assurément on aurait donné du remplissage de nos plaines lyonnaises une tout autre explication, et personne habitué à étudier les terrains torrentiels, n'aurait pris pour une moraine le remplissage du Dauphiné et de la Bresse, ni les terrains erratiques de la plaine du Beaujolais, comme, par exemple, les deltas de la Vaunouse et de l'Ardière.

La théorie glaciaire, telle qu'on nous la présente dans le bassin du Rhône, cadre mal avec ce qu'on observe dans le bassin du Pô, et un géologue de la valeur de Stopani ne tient pas, sur le versant est des Alpes, le langage que nous tiennent les géologues du versant ouest.

En résumé, le phénomène erratique, dans le Rhône et ailleurs, est un phénomène qui n'est pas simple et qu'aucune *théorie unique* ne peut expliquer. La théorie des deltas, qui nous oblige à tenir compte de l'oscillation de la contrée, de l'immersion et de l'émersion d'un même lieu, à des époques successives, pendant les périodes tertiaire et quaternaire, qui nous oblige à mesurer les variations de la précipitation de la pluie dans nos contrées, nous permet d'embrasser, avec la simplicité des agents mis en œuvre, la complexité des éléments reconnus dans le terrain erratique.

Qui dit delta dit phénomène pluviaire, car un delta est produit par des eaux douces coulant à la surface du sol, et ces eaux sont toujours le résultat d'une chute de pluie.

La théorie pluviaire, d'abord exposée dans un livre publié à Nice en 1873, fut développée à Lyon au Congrès de l'*Association française pour l'avancement des sciences*. Elle y fut très-mal accueillie. Le mot pluviaire, qui en est le trait saillant, ne fut point goûté des géologues. L'étude des variations dans la chute de la pluie reconstitue, en effet, un phénomène si semblable au déluge de Moïse que le côté scientifique fut éclipsé par le côté religieux, et que le plus dédaigneux silence accueillit la théorie nouvelle. Pourtant, comme la théorie pluviaire reposait sur de solides bases scientifiques, elle triompha de ce mauvais vouloir. Au bout d'un certain temps, l'auteur s'aperçut que le livre exposant cette théorie se vendait (il est épuisé depuis longtemps), que la période pluviaire était enfin acceptée dans les pages du bulletin de la Société géologique, et surtout qu'un savant qui n'était pas clérical, Littré, avait inséré le mot dans son dictionnaire de la langue française.

A bien examiner les choses à présent que la bataille est gagnée, pourquoi ne pas convenir que le texte de Moïse apporte à la théorie pluviaire un appoint qui manque à toutes les autres théories géologiques ? Si les glaciéristes avaient un petit texte à faire valoir, comme ils en useraient en vainqueurs ! Mais les textes ne leur sont point favorables. Le renne, au dire de César, vivait en Germanie, alors que les Romains faisaient la conquête de la Gaule. Du texte de César on ne dit rien, mais on s'étend complaisamment sur un mot du Zend-Avesta, faisant une allusion lointaine à ce qui peut ressembler à la période glaciaire, mais à la condition d'en changer complètement le caractère, et de la réduire à être un phénomène historique, une phase de la *période diluvienne*.

La théorie glaciaire, qui ne rend pas mieux qu'une autre compte du transport des blocs anguleux, est radicalement insuffisante en présence de tous les autres phénomènes du terrain erratique, notamment de l'expansion régulière de ce terrain dans les plaines du Dauphiné et de la Bresse, de la disposition des strates et surtout des ravinements qui sillonnent la formation dans les plaines. Ces ravinements sont les grands lits de nos rivières, ces immenses chenaux où coulent le Rhône, l'Isère, etc. Enfin ils ne rendent pas compte du tout de la grande dénivellation de la plaine dauphinoise en face du plateau bressan, du grand lit de la Saône, etc.

Le glacier, aussi étendu qu'on peut le souhaiter, est impuissant à fournir l'eau débitée par les grands cours d'eau ; voici pourquoi. Des calculs assez plausibles nous prouvent que les grands torrents diluviens ont débité une masse d'eau représentée au moins par une tranche d'eau d'un mètre, tombant en 24 heures, et plusieurs jours de suite, dans le bassin hydrographique du fleuve. Or la glace ne peut fournir une pareille masse d'eau. Les observations les plus précises, celles de Gastaldi, entre autres, n'ont jamais donné, dans les jours les plus chauds et les plus longs, que la disparition d'une tranche de six centimètres de glace. Six centimètres, c'est à peu près le vingtième de la quantité d'eau qu'il nous faut ; et pour avoir les dix-neuf autres vingtièmes, il faudrait multiplier par vingt la puissance calorique de l'atmosphère. Les glaciéristes oseront-ils le faire?

Je sais bien qu'ils ont déjà réalisé un véritable tour de force en nous expliquant qu'extension du glacier ne veut pas dire grand refroidissement climatérique, mais seulement augmentation de l'humidité et léger abaissement de température. Ils ont donné cette explication pour ne pas heurter de front les exigences de la paléontologie végétale et animale, qui n'admet pas le refroidissement glaciaire. L'obligation de trouver les grandes eaux diluviennes qui ont ravagé nos continents va-t-elle amener nos glaciéristes à nous présenter la fin de la période de froid comme un immense échauffement de notre atmosphère???

Si les directeurs de notre exposition ont admis le fossile de Nice dans leurs vitrines et s'il m'a été donné de vous en parler, c'est moins pour développer devant vous le côté géologique de la question que pour provoquer de votre part les recherches géographiques qui aideront à compléter les renseignements que nous avons déjà sur les phénomènes diluviens ; je prends le mot dans son sens exclusivement scientifique.

Les eaux diluviennes ont laissé sur la terre de grandes traces de leur passage, des érosions, des alluvions, et dans la mémoire des hommes, de profonds souvenirs. Ces traces et ces souvenirs existent-ils partout? Vous pouvez, Messieurs, le constater aisément et nous apprendre quelles contrées a frappées le phénomène, quelles races il a décimées ou détruites. Les caractères ostéologiques du fossile de Nice indiquent comme frappée du déluge une race humaine qui ne vit plus qu'aux antipodes de l'Europe. La chose vaut la peine d'être vérifiée. Marchons hardiment dans nos recherches scientifiques ; nous sommes assuré qu'aucune découverte de la science ne viendra démentir un seul des dogmes de notre foi.

VOYAGE AU CAUCASE

PAR PIERRE PAGNON

MESDAMES et MESSIEURS,

On m'a fait l'honneur de me demander de présenter au Congrès de géographie quelques pages que j'avais écrites, en vue de ma famille et de mes amis, sur un voyage au Caucase. J'ai accepté, surtout parce qu'il m'a semblé qu'il convenait que les travaux des anciens élèves de l'Ecole supérieure de commerce de Lyon fussent représentés dans cette solennité ; et je viens, simplement, vous dire quelques mots sur ce que j'ai vu dans le Caucase oriental, que mes affaires m'ont appelé à habiter pendant près d'une année.

Il ne m'appartenait point de faire de la géographie pure, ni de répéter ce que des plumes autorisées ont déjà décrit dans de nombreux ouvrages sur cet intéressant pays.

C'est surtout la physionomie des diverses races qui l'occupent, leurs mœurs intimes, leur religion, leur alimentation, leur musique, leurs costumes, leurs nombreuses industries que ma position spéciale de commerçant m'a permis d'étudier de près, et c'est à leur qualité d'avoir été prises sur nature que mes observations doivent leur modeste intérêt.

Beaucoup ont voyagé dans le Caucase ; peu sont entrés en contact suivi avec sa population.

Ce que le Caucase a d'intéressant, c'est que sa position en fait un point de contact entre les mœurs et la civilisation de l'Europe du XIXe siècle et celles de la vieille Asie.

Loin des villes, vers la Caspienne, dans le Karaberch, ces dernières gardent encore leur puissante originalité, mais au fur et à mesure qu'on se rapproche de Tiflis, l'Orient disparaît.

Il y a là, Messieurs, une lutte entre les deux courants, qu'il est curieux de suivre pas à pas, parce qu'elle provoque une infinité de modifications et de mélanges d'usages dans le pays de transition.

Qui n'a pas été frappé de ce phénomène à Constantinople, à Smyrne, dans les Echelles du Levant! Là l'Orient vrai est déjà en déroute.

Je me suis donc attaché à mettre en relief les particularités de cet intéressant confluent au Caucase, et à montrer, si vous me permettez de continuer la métaphore, que le fleuve qui en dérive a recueilli les défauts de chacun des cours d'eau qui l'ont formé.

C'est ainsi qu'à un point de vue spécial la nouvelle industrie de ces pays n'est plus empreinte du goût qui distingue les produits de la pure Asie, et il n'y a encore, dans les bazars de notre industrie d'Europe, que l'article bon marché, celui qui tue les autres dans les pays neufs ; on y voit le tapis de Perse teint aux couleurs d'aniline et le revolver à 16 francs des fabriques de Liége.

Je dois ajouter que notre civilisation rencontre dans ces pays un obstacle, bien difficile à surmonter, dans la mauvaise foi de certaines parties de la population.

L'Orient est exploité dans toutes ses contrées de transition par un certain nombre de peuples qui, par leur religion, semblent devoir nous servir d'avant-garde et de trait d'union — et qui, tout au contraire, entravent les efforts que la vieille et loyale Europe fait de leur côté.

C'est contre ces peuples que notre commerce vient user sa droiture. Les Levantins, Messieurs, qu'ils soient Grecs, Juifs ou Arméniens, sont pour nous, de ce côté du monde, une barrière dont nous viendrons difficilement à bout. Mais il m'est impossible, Messieurs, de m'étendre longuement devant vous sur les détails de cette étude ; et devant choisir, pour vous en donner lecture, un passage de mon livre, j'ai pris le récit des fêtes sauvages du Tcharcé, auxquelles peu de voyageurs ont assisté. Il vous donnera une idée de ce qu'est resté le fanatisme musulman, sur lequel les récents événements d'Afrique sont destinés à jeter une nouvelle lumière.

La fête du Tcharcé est célébrée, par tous les musulmans de la secte d'Ali, en l'honneur de l'anniversaire du martyre des deux grands imams (prophètes) Hussein et Hassein, les 14/26 janvier de chaque année.

Je ne raconterai pas ici l'historique de ce martyre, mais seulement la façon dont cette fête se célèbre à Schoucha, où ces cérémonies ont gardé un caractère particulier de solennité barbare.

En ce moment, avant de commencer cette narration, les souvenirs m'arrivent en foule et, de notre Lyon, je me surprends presque à me demander si je n'ai pas rêvé ces épouvantables fêtes, et s'il est possible qu'en un point du monde, sur les frontières d'un grand empire, la barbarie soit encore poussée aussi loin.

C'est bien cependant l'entière vérité que je vais dire.

Les fêtes du Tcharcé durent huit jours, en mémoire de la semaine de souffrances qui précéda la mort des imams Hussein et Hassein.

Pendant les huit premiers jours, qui sont comme la préparation du neuvième, la gaîté quitte les toits musulmans, le peuple se réunit dans les mosquées et les mollahs y viennent tour à tour chanter sur un ton lamentable l'histoire des saints prophètes.

A ces récits, les hommes et les femmes éclatent en sanglots et crient : « Tcharcé, Vaxé, Allah ! aie pitié de nous, aie pitié des hommes qui maltraitèrent ainsi tes envoyés ! » Les croyants cheminent dans les rues tristes et silencieux ; on mépriserait à jamais celui qui oserait rire pendant ce temps de douleur.

Dans les maisons on apprête les sabres ; au caravansérail on orne une grande salle de tentures noires ; c'est là qu'on se réunira, le grand jour, pour entendre le récit de la mort des prophètes. On y prépare le café qu'on fera boire aux fidèles assemblés et les « kalianns » que tous fumeront en frères.

Le soir, vers neuf heures, les hommes de chaque quartier se réunissent et, précédés d'un joueur de « barabann, » d'un enfant armé de cymbales de cuivre qui sautent comme des démons, d'un porteur de torche, ils se dirigent vers le lieu du rendez-vous général. La plupart ont la tête et les pieds nus, leur poitrine est découverte — chacun porte à la main gauche un long bâton de cornouiller. Ils se donnent le bras, mais ne marchent pas de front ; ils se déplacent latéralement par une sorte de mouvement saccadé, faisant un saut en avant, puis un saut en arrière, tout en appuyant à droite.

Il y a à Schoucha près de cent quartiers, si quartier est le mot propre, et chaque bande est composée de quinze à vingt individus, mais lorsque tout ce monde est réuni, c'est une armée, une armée de sauvages croyants.

La procession s'ébranle et comme un serpent de feu se déploie dans les diverses parties de la ville. Le spectacle est alors grandiose ; le bruit des tambours et des cymbales, la fumeuse clarté des torches, les hurlements de chaque bande qui se confondent en un formidable cri, produisent un effet que je n'oublierai jamais. — Quelques fanatiques surexcités se dépouillent de leurs habits et vont ainsi, pendant deux ou trois heures, exposer leurs bustes suants au froid d'une nuit de janvier. — Çà et là des hommes arrosent de pétrole noir les torches prêtes à s'éteindre. En certains endroits, la procession se repliant sur elle-même, des hommes de quartiers différents se trouvent en présence ; ils brandissent alors leurs gourdins, les entre-choquent ; il arrive même parfois qu'ils se jettent comme des forcenés les uns sur les autres, plutôt, je crois, pour vider des querelles particulières que pour célébrer la mémoire des imams. Toujours est-il que quelques-uns en reviennent grièvement blessés, et que certains même n'en reviennent pas. — Dans ces rixes la police est impuissante à rétablir l'ordre. — J'ai vu une nuit le « priestoff, » escorté de quatre Cosaques, isolés au milieu de cette foule surexcitée, trembler de peur ; ce n'est pas en effet une mission agréable. — Une fois ils voulurent empêcher deux quartiers d'en venir aux mains : les deux quartiers le rossèrent bel et bien et lui firent promettre qu'il n'en dirait rien, ce qu'il fit ponctuellement.

Les Arméniens, gens prudents, s'aventurent rarement dans ces foules musulmanes, et j'ai connu beaucoup de chrétiens instruits à Schoucha qui n'avaient jamais assisté aux fêtes du Tcharcé.

Au matin du neuvième jour je montai à cheval et, accompagné de mon ami Mir Ibrahim qui avait les yeux pleins de vraies larmes, je me dirigeai vers le « Meïdan. »

La neige tombait à petits flocons et j'avais presque froid sous ma « schouble » de Chiraz et mon « papak » fourré.

Toute la population chiite, triste et grave, se pressait dans les rues; les femmes étaient pour ce grand jour mêlées avec les hommes, et tant était grande leur douleur qu'elles songeaient à peine à se voiler; de tous les côtés, des marchands vendaient en plein vent du calicot et chaque homme devant figurer dans la procession funèbre en achetait une pièce de sa hauteur qu'il fixait comme un tablier. Presque tous portaient des sabres nus dont le tranchant brillait, fraîchement aiguisé.

Vers 10 heures le grand mollah commença les prières à haute voix, il chantait les prières des imams...

Des hurlements de douleur éclatèrent alors.

Ici, lecteur, du courage.

Et à travers les flocons de neige, je vis mille sabres s'élever et s'abaisser par trois fois. Les malheureux fanatiques se frappaient au-dessus du front, et chaque coup laissait une entaille d'où le sang coulait sur la face, sur la barbe, sur les grands tabliers blancs. Je sentis un nuage passer sur mes yeux. Tout ce monde autour de moi chantait des chants de mort.

Je vis bientôt la terrible procession s'ébranler et, sur deux rangs, escortés par la foule désolée, les mille balafrés allèrent promener dans la ville leurs faces et leurs tabliers couverts de sang figé. Des hommes allaient de l'un à l'autre, portant des pots où l'on avait exprimé du jus de grenade, et à l'aide d'une cuiller faisaient boire à chacun un peu du liquide fortifiant. Le liquide et la cuiller devenaient rouges...

Tcharcé! Vaxé!

Quand tous les balafrés eurent passé, je vis un groupe compacte que la foule semblait entourer plus particulièrement, ils passèrent à deux pas de moi et je me crus le jouet d'un rêve quand j'aperçus leurs torses nus couverts de sang et de blessures. Ces fanatiques avaient fixé dans leurs chairs de lourds cadenas, ils y avaient accroché des miroirs pliants, des balles, ils avaient enfoncé dans leurs joues, dans leurs dos, dans leurs poitrines de petits bâtons pointus auxquels étaient suspendues de lourdes chaînes; celui-là avait planté un kandjar dans chacun de ses seins, cet autre avait passé dans la chair de ses flancs de longs canons de fusil.

Ces malheureux, dont plusieurs avaient quinze ans, se soutenaient mutuellement et ils chantaient, pour se donner des forces, sur un rhythme lugubre.

A chaque mesure, ils faisaient un bond en avant, et à chaque bond leurs plaies s'agrandissaient. Tous les assistants se pressaient sur leur passage et admiraient le courage de ces martyrs.

Un groupe d'hommes portaient sur leurs épaules un enfant de dix ans environ qui, demi-nu, se frappait le dos avec des chaînes. La peau était devenue violacée et à chaque coup se zébrait de raies rouges.

A la suite des martyrs venait une procession d'un tout autre genre, après le lugubre venait le grotesque.

Un Tartare portait sur sa tête un plateau sur lequel, me dit-on, se trouvait le *fac simile* des cadeaux de noce des imams.

Quatre autres portaient un brancard surmonté d'une tente à draperies rouges simulant la tente de Hussein, devant laquelle se trouvait accroupi un enfant de 5 ans qui, passant en souriant la main dans ses longs cheveux, représentait un des enfants du prophète s'arrachant les cheveux dans son désespoir.

Ceux-là étaient chargés d'une civière sur laquelle était un mannequin figurant le cadavre de Hassein. Puis venait un guerrier armé de la cotte de mailles, du casque, des brassards, des gantelets, de la hachette des vieux Sarrasins; superbe armure en vérité : il montait un beau cheval caparaçonné d'or. C'était Yezid, l'ennemi des imams.

Puis venait un grand pavois sur lequel avaient peine à se tenir quatre personnages, armés de gigantesques parasols, qui faisaient un singulier effet sous cette neige. L'un d'eux portait un vieux chapeau de soie déformé, un autre était coiffé d'un casque prussien sans pointe, le tout accompagné de costumes inimaginables.

Que représentait cette allégorie ? Mir Ibrahim ne sut pas me le dire d'une façon précise. J'ai cru comprendre qu'elle figurait le conseil de guerre dans lequel fut décidée la mort des imams. Le « monsieur » en chapeau haut était un Français qui, dit la tradition, conseillait au roi Chim d'user de clémence. Mir Ibrahim me félicita chaudement d'appartenir à un peuple qui professait si courageusement le respect dû à la religion musulmane.

Derrière ce pavois s'avançaient gravement, le croiriez-vous, lecteur ? un tambour et trois trompettes de la garnison russe qui jouaient une marche funèbre. Puis venaient de fameux chanteurs persans et une caravane d'ânes portant dans de grands paniers de jolis enfants, les fils et filles des imams.

A leur suite la foule se précipitait.

Dès que mon cheval fut dégagé, je dis adieu à mon guide qui pleurait silencieusement, et d'un galop, le cœur navré, je rentrai dans ma chambre où je restai, brisé, jusqu'au soir, ne sachant qui je devais plaindre davantage, le peuple assez fanatique pour conserver de pareilles coutumes ou le gouvernement assez faible pour les tolérer.

D'ordinaire la procession se rend sous les murs de la ville, près du cimetière musulman où fut égorgé jadis le superbe Ibrahim-Khan, et là a lieu une dernière pantomime où Yezid et les malheureux qui ont accepté de représenter les assassins des imams passent souvent un mauvais quart d'heure.

J'appris le lendemain que la neige avait empêché l'exécution de cette partie du programme. On eût dit en France que le mauvais temps avait enlevé à la fête son éclat accoutumé.

Je ne manquai pas de m'informer de ce que deviennent les martyrs du Tcharcé. Les balafrés sont vite guéris, ils appliquent sur leurs blessures des emplâtres de jaunes d'œufs salés, et on les voit le lendemain vaquer à leurs occupations un bandeau sur le front. Les martyrs proprement dits se rétablissent moins promptement. Quelques-uns en meurent.

Mais j'ai trop abusé, Mesdames et Messieurs, de votre bienveillante attention : le temps est ici trop précieux pour que j'en prenne une plus large part, et je termine en remerciant le Congrès de la place qu'il a bien voulu m'autoriser à prendre à sa tribune.

LES FRANÇAIS

DANS LA BAIE D'HUDSON EN 1695

PAR M. EDÉLESTAN JARDIN

INSPECTEUR DES SERVICES ADMINISTRATIFS ET FINANCIERS DE LA MARINE

Ce n'est pas seulement pendant ce siècle que les navigateurs ont fait des efforts, quelquefois surhumains, pour chercher à passer de l'Océan Atlantique dans le Grand Océan, en longeant les côtes nord de l'Amérique. Dès la fin du xve siècle et surtout dans les premières années du xviie, cette idée travaillait les nations maritimes et plus particulièrement l'Angleterre.

En 1467, Jean Cabot partait de Bristol pour chercher un passage aux grandes Indes par le nord de l'Amérique ; en 1576, Martin Frobisher proposait un voyage pour la découverte de ce passage par le N.-O. ; en 1607, un des marins les plus célèbres et les plus audacieux, Henry Hudson, quittait l'Angleterre pour tenter cette entreprise, et faisait connaître à l'ancien monde toute une partie de la côte d'Amérique jusqu'alors inconnue.

Si ses projets ne se sont pas réalisés, il n'en a pas moins rendu un immense service à la géographie en découvrant l'immense golfe connu sous le nom de baie ou mer d'Hudson, dont la dimension est de plusieurs degrés, et qui ne communique avec la mer Polaire que par une ouverture relativement étroite, puisqu'elle n'a guère que six lieues de largeur (1).

---

(1) Voir à ce sujet une carte dressée par Louis Joliet en 1674, avec une étude de M. Gravier (Paris, Maisonneuve, 1880) faisant connaître la découverte de plusieurs nations dans la Nouvelle-France, en l'année 1673 et 1674. Cette carte comprend l'Amérique septentrionale depuis le détroit d'Hudson jusqu'au golfe du Mexique, et depuis le golfe St-Laurent jusqu'à la Californie. Elle est dédiée à M. le comte de

Nous ne ferons qu'indiquer les noms des navigateurs qui suivirent les traces de Hudson ; c'est sir Thomas Button en 1611, James Hall en 1612, le capitaine Gibbons, en 1614, Fotherby en 1614-1616, Lux Fox, appelé aussi Fox du N.-O., en 1630, l'Espagnol Bernada, en 1640. Ce dernier, parti des côtes occidentales de l'Amérique du Nord, aurait pénétré jusqu'à un isthme séparant les mers orientale et occidentale, près de la baie de Baffin, et, du haut d'une montagne, aurait vu les deux mers.

Dans ces climats désolés, où le pâle soleil de l'été ne réchauffe pas assez la terre pour lui permettre de produire autre chose qu'un maigre gazon et quelques lichens rabougris, les habitants demandent à la chasse et à la pêche leurs moyens d'existence. Les phoques, les baleines, les oiseaux de mer leur fournissent à la fois l'aliment et le chauffage. Ils trouvent aussi leurs vêtements et leur nourriture dans les animaux qu'une chasse opiniâtre n'a point encore fait disparaître.

La plupart de ces quadrupèdes sont pourvus d'une riche fourrure, d'un pelage soyeux ou d'une peau fine et souple. Il suffit de citer la martre, l'hermine, le castor, la loutre, le renard blanc, argenté, bleu et noir, l'ours, le daim, le cerf, le caribou, etc., pour comprendre quel parti le traficant européen peut retirer de ses relations avec les indigènes.

Depuis plusieurs années, la France avait fondé des établissements au Canada et l'importante ville de Québec ; elle favorisait les entreprises particulières ayant pour but le commerce des pelleteries dans ces froides régions. Mais nos voisins les Anglais savaient, aussi bien que nous, quelles ressources immenses on pouvait retirer de ce trafic avec les indigènes, et ne voyaient pas sans envie nos relations s'étendre et nos commerçants s'enrichir. En guerre avec la France, ils nous avaient enlevé ce territoire en 1629, mais pour bien peu de temps. Cependant après de nombreuses alternatives de succès et de revers, qu'il n'y a pas lieu de raconter ici, ils finirent par le prendre complètement en 1759.

Deux Français, Médard Chouart des Groseillers et Pierre-Esprit

---

Frontenac, conseiller du Roy en ses conseils, gouverneur et lieutenant général pour S. M. en Canada, Acadie, Isle Terre Neuve et autres pays de la nouvelle France. La baie de Hudson y est représentée sous la forme d'un triangle.

de Radison, de Québec, connaissant, par les récits des sauvages avec lesquels ils trafiquaient, quel avantage le commerce français pouvait retirer d'un établissement dans la mer d'Hudson, obtinrent des secours du gouvernement du Canada et s'emparèrent des forts que les Anglais avaient déjà élevés sur la côte, pour protéger leur commerce. Ils élevèrent encore le fort Charles en 1663, et quelques comptoirs sur les bords inhospitaliers de cette mer intérieure (1).

Leurs affaires prirent une bonne tournure ; le succès de leur entreprise étant connu au Canada, un gentilhomme français, d'Herville, établi dans cette colonie, homme entreprenant et audacieux, ne voulut point leur laisser, à eux seuls, les avantages que pouvait procurer le commerce des pelleteries.

Le Moyne d'Herville, fils de Charles Le Moyne de Longueil, gentilhomme canadien, naquit à Montréal en 1662. Imbu des idées aventureuses de ses compatriotes normands, il manifesta de bonne heure son désir de s'opposer aux entreprises des Anglais dans le nord de l'Amérique, fut chargé, en 1686, avec deux de ses frères, sous les ordres du chevalier de Troyes, d'expulser les Anglais de la baie d'Hudson et de construire des forts pour assurer la sécurité du commerce ; il livra à ses ennemis nés de fréquents combats et prit plusieurs de leurs navires.

Ces divers succès l'ayant mis en relief, il fut nommé, en 1690, commandant général de nos possessions dans l'Hudson et vint en France pour exposer la situation de nos nationaux. La cour, qui favorisait ces idées, l'accueillit avec empressement, et lui donna ordre de prendre le fort Bourbon, le principal des postes de la côte, afin de maintenir la prépondérance de la France dans ce pays.

On avait constaté en effet que les fourrures qui en provenaient étaient plus belles peut-être que celles qu'on rapportait du Ca-

---

(1) *Une lettre de Talon*, intendant du Canada, adressée à Colbert le 10 novembre 1670 et reproduite par Margry (t. 1er, p. 83, 85), parle du voyage de des Groseillers, qui, avec deux vaisseaux, est allé du Canada à la baie d'Hudson. Le capitaine Pousset, de Dieppe, offre de descendre le long de la côte jusqu'au détroit de Magellan et de revenir par la baie d'Hudson et le détroit de Davis pour découvrir ces deux routes de la Chine.

Consulter aussi Sainte-Croix, *Histoire des progrès de la puissance navale de l'Angleterre*. (T. 2, p. 93.)

nada, qu'elles étaient moins demandées sur place et que, faute d'acquéreurs, elles étaient vendues par les naturels à des prix de beaucoup inférieurs à celles du Canada et à leur valeur réelle.

On pouvait alors se procurer dix peaux de castor pour un fusil, six peaux pour un vêtement ou une livre de tabac, cinq pour un jupon, deux pour une livre de poudre ou de verroteries, une hache ou huit couteaux, ou quatre livres de plomb, une demi-livre de poudre et le reste à l'avenant ; les articles de bimbeloterie, miroirs, peignes, couverts, ustensiles de cuisine et eau-de-vie servaient encore avantageusement d'objets de trafic.

Il est inutile, je pense, de dire que l'on trompait autant que possible les naturels sur la qualité et le poids des objets de trafic. Aussi les bénéfices étaient considérables, puisque certaines peaux étaient vendues à la Rochelle jusqu'à six livres tournois, somme fort élevée alors. Les prix actuels sont encore supérieurs.

Mais revenons à d'Herville ; ce gentilhomme, désireux de s'attirer l'appui du Roi, lui présente une requête dans laquelle il lui expose le but et les motifs de l'entreprise qu'il médite, et fait valoir tout l'intérêt que son pays aurait à faire le commerce exclusif des pelleteries dans la baie d'Hudson.

Louis XIV, alors à l'apogée de sa gloire (1694), ne voit dans ce projet qu'une nouvelle occasion de montrer sa puissance jusque dans les régions glacées du nouveau monde. Son ministre, le chancelier Louis Phelypeaux, comte de Pont-Chartrain (1), le seconde dans ses vues ambitieuses, et, d'après son avis, le Roi accorde à d'Herville, avec le grade de capitaine de frégate légère, deux frégates, le *Poli* et la *Charente*, munies d'hommes, de vivres, de matériel, en un mot, de tout ce qui est nécessaire pour mener à bonne fin cette entreprise qui se présente sous les couleurs les plus favorables. Un contrat d'engagement fut passé entre le ministre et le gentilhomme. Cet acte nous a paru assez curieux pour être reproduit à la suite de cette note :

Articles et conditions que le Roy a accordé (2) au sr d'Herville. capitaine de frégate légère pour l'entreprise de la baye d'Hudson.

---

(1) Il y a eu deux ministres de la marine du nom de Phelypeaux comte de Pont-Chartrain : le premier, Louis, chancelier, a été ministre du 7 novembre 1690 au 6 septembre 1699, et le second, Jérôme, du 6 septembre 1699 au 1er septembre 1715.

(2) Nous copions textuellement le manuscrit.

Sa Majesté lui a accordé deux frégates de 20 à 30 canons, équipées de leurs agrès, aparaux, canons, armes et généralement de tout ce qui est nécessaire pour leur armement. Le s' d'Herville en renvoyera une à la fin de cette année (1694) s'il est possible, sinon, il pourra les garder toutes deux jusqu'à la fin de l'année prochaine.

Elle luy a accordé aussy deux petits mortiers de fonte avec leurs munitions, ustancilles, trois cens cinquante bombes et les munitions nécessaires pour ses marins, deux canons de six livres de balle; douze grapins à glace, douze fers de pioche, quatre cregs (crics), deux varins (vérins), deux poulies de calliornes, garnies de leurs cordages, cinq cens livres de balles de mousquet, trois cens livres de postes, huit mil clous de planches, huit barils de goldron (goudron) et douze de bray. Le tout sera embarqué sur lesd. frégattes par les soins de l'intendant de Rochefort (1).

Le dit s' d'Herville payera les officiers, matelots et soldats des avances de ce voyage, et fournira les vivres nécessaires pour la nourriture pendant le tans qu'il durera, il mettra soixante-dix hommes sur l'une de ses frégattes et trente sur l'autre, et il luy sera permis d'embarquer des marchandises pour le compte des particuliers, du fret desquelles il profitera.

Il yra droict à Québec, et il y prendra eau à six vingts hommes que Sa Majesté donnera ordre au s' Comte de Pontenac de luy remettre. Il nourrira en ? eau à six vingt hommes et il s'accommodera avec eux pour la part qu'ils devront avoir dans ce qui proviendra de cette entreprise, aux conditions qu'il fera avec eux de gré à gré.

Sa Majesté leur a accordé toutes les pelleteries et autres marchandises qui se trouveroient dans les forts dont il se rendra maistre, pour estre distribuées suivant les conditions qu'il aura faites avec ceux qui auront contribué à cette entreprise.

En cas que ce qui en proviendra monte au delà du double du fonds fait par cette compagnie, il sera pris sur le surplus ce qui sera deub aux équipages de ces frégattes au désarmement, et le reste sera partagé comme ci-dessus, mais s'il n'y a pas de quoi doubler cette avance, Sa Majesté se charge de pourvoir à leur payement.

(1) Michel Bégon, né en 1638, mort le 14 mars 1710.

Il sera embarqué sur ces frégattes un homme de la part de Sa Majesté auquel le dit sʳ d'Herville donnera connoissance de toute la dépense qu'il fera pour cette entreprise, et de tous les effets qui en proviendront, à cause de l'intérêt que Sa Majesté prend pour le payement de ces équipages.

Mais en cas que les Anglois eussent destruit toutes leurs marchandises, avant la prise des forts, de manière que led. sʳ d'Herville et sa compagnie n'y pussent faire aucun profict, Sa Majesté leur a accordé la joüissance du commerce qui sera fait dans la baye d'Hudson, à l'exclusion de tous autres, jusqu'au mois de juillet mil six cens quatre-vingt dix-sept, s'il ne trouve pas assès d'effets pour les indemniser n'y doubler leurs avances.

Après le temps accordé ou aussitost après la prise des forts, s'il s'y trouve assez de marchandises pour dédommager par un profit du double, ceux qui auront fait les avances, comme il est expliqué ci-dessus, la compagnie qu'on a appelée cy devant de la baye du Nord ou d'Hudson, rentrera en possession de ce commerce, et luy appartiendront les forts, magazins, canons, armes et munitions, et généralement tout ce qui sera pour la deffense desdits forts.

Pour cet effet, Sa Majesté donnera ordre audit comte de Frontenac et au sʳ de Champigny, d'assembler les intéressés en la dᵉ compagnie avant le départ dudit sʳ d'Herville de Québec, pour prendre avec eux des mesures et des assurances pour rentrer dans la possession desdits forts, les munir d'homes, de vivres et munitions pour leur deffance et conservation dans les cas ci-dessus, et pour le temps convenable, pour en décharger ledit sʳ d'Herville.

Sy les dits intéressés ne se trouvoient point en vollonté ou en pouvoir de reprendre la possession desdits forts, de les soustenir n'y d'en faire et maintenir le commerce, Sa Majesté a accordé en ce cas audit sʳ d'Herville et sa compagnie la joüissance desdits forts et du commerce de ladite baye suivant les offres qu'il a fait de les soustenir aux mesmes conditions dont ladᵉ compagnie en a joüy, dont il luy sera expédié les déclarations et actes nécessaires après la conqueste.

Fait à Versailles le xvɪɪ avril 1694, signé Louis, et plus bas, Phelypeaux.

Collationné à l'original qui a resté entre mes mains, à Rochefort, le 18 novembre 1665, signé d'Herville.

Collationné sur la copie le xxvii novembre 1695, signé...

D'Herville partit de Rochefort sur le vaisseau le *Poli*, accompagné de son frère de Sérigny, qui commandait la *Salamandre*, et se rendit à Québec, ville fondée en 1608 par Samuel Champlain, sur le fleuve St-Laurent, et qui devint bientôt la capitale des positions françaises dans l'Amérique du Nord. Il y renouvela ses provisions, prit les 120 hommes stipulés au contrat, et après s'être entendu avec les membres de la Compagnie, il se rendit dans la baie but de son expédition. Quelques forts, occupés par les Anglais, tombèrent en son pouvoir, et il noua des relations avec les indigènes, qui connaissaient déjà le chemin de la plage et devenaient de plus en plus désireux de se procurer les objets d'échange que les Européens offraient à leurs convoitises.

D'Herville avait plusieurs frères. L'un d'eux, Le Moyne de Sérigny, qui l'avait accompagné dans son expédition de la baie, fut chargé de rendre compte au Roi du résultat de l'affaire. Il vint en France en 1696 et obtint deux nouveaux bâtiments, l'*Envieux* et le *Profond*, destinés plus spécialement à porter des secours aux comptoirs de l'Hudson, et deux autres, le *Wesp* et le *Dragon*, chargés de ravitailler Terre-Neuve, le Canada et les deux premiers bâtiments. C'est ce que l'on voit par une lettre du ministre Phelypeaux, comte de Pontchartrain, à l'intendance de Rochefort, en date du 4 avril 1696. Le Roi avait hâte de voir partir cette flottille (lettre du 16 mai 1696).

Des considérations particulières firent donner au sieur de la Grange le commandement du *Wesp*, qui avait d'abord été confié à Sérigny (lettre du 28 mars) et les sieurs de Falaise et de Ganes prirent passage sur l'*Envieux* et le *Profond*, avec 60 soldats, pour se rendre au Canada.

La lettre ci-dessus indiquée, du 4 avril 1696, fait mention de quelques difficultés entre le ministre et d'Herville, au sujet des comptes des marchandises, et d'après une note de l'intendant Bégon, il s'agissait d'objets achetés par d'Herville en France, et qu'il voulait compter au prix de Québec, comme s'il les avait achetés dans cette dernière ville, prix évidemment beaucoup plus élevé. Trois autres lettres des 18 et 26 avril 1696 traitent de la même question, que nous n'avons pas à développer ici.

Les affaires de notre héros dans la baie marchent au gré de ses désirs : le 5 septembre 1697, il livre un combat aux Anglais ; avec un seul navire, le *Pélican*, il lutte contre trois en prend un, coule l'autre et met le troisième en fuite. Il s'empare du fort Nelson et, huit jours après, il occupe le fort Bourbon. Il offre alors, et le Roi, en son conseil, le 30 avril 1698, accepte la proposition, de « se charger des apointements et solde des officiers et
« Canadiens restés au fort Bourbon, dans la baie d'Hudson, de-
« puis juin 1697, jusqu'à leur retour à Québec, moyennant l'aban-
« don des effets pris sur les Anglais et existant dans le fort
« Bourbon, les débris du vaisseau l'*Hudsonbaye*, avec les pel-
« leteries en provenant, et la liberté de faire la traite des castors
« et autres pelleteries dans ladite baye d'Hudson, jusqu'à l'ar-
« rivée des vaisseaux d'Europe l'année prochaine 1699, la quan-
« tité de dix milliers de poudre, et les magasins de Rochefort, sa
« permission de charger sur les vaisseaux que Sa Majesté envoye
« en ce pays les marchandises de traite en allant, et les pelle-
« teries en revenant. »

Les marins et soldats n'étaient pas payés aussi régulièrement qu'ils le sont maintenant, surtout dans un pays où l'administion devait laisser beaucoup à désirer. Quant aux magasins de Rochefort, cet abandon est plutôt l'autorisation de pouvoir y déposer les approvisionnements, en attendant leur embarquement, et les caisses de pelleteries au retour.

Il sera peut-être intéressant et curieux de connaître le style et l'orthographe du sieur d'Herville, de cet aventurier à la fois aussi brave soldat qu'intrépide marin. Voici la copie textuelle d'une lettre qu'il écrivait d'Ardillières, le 4 septembre 1704, au ministre de la marine (1) :

Monsieur,

M. de Landros (2) me vient d'envoyer un ordre et un mémoire par lequel il me marque de vous mander ce que je pense sur

---

(1) Ardillières est une commune à 15 kilomètres de Rochefort. Le frère de d'Herville, de Sérigny, a possédé la terre de Loire, près de cette ville. Cette lettre est aux archives de l'Arsenal. Une autre lettre de d'Herville, citée par Margry, III, 622, appartient à Mme de Montraffet, château de Carquebec près Rouen.

(2) Riche commerçant de la Rochelle.

le dépar d'un vesseaux pour Cannadas dans sete seson. Je ne croy pas que sela se puisse faire par la reson que le vesseaux ne pouroit partir des rades de la Rochelle plus tôt que le douze ou le quinse, que le mois de setembre et auctobre les veans sont pour lordinere du causté de sorouest et ouest, que aux aproche de Cannadas depuis le grand banc et la rivière en auctobre lessent de veans de nord est dest et ouest quy sont les plus propre pour monter sete rivière sont tous fort pluvieux à ne pas voer un car de lieu devant soy, ce quy fait quil est difficile a se servir de ses bons veans la dans sete seson, surtout quand sest un capitaine quy ne se pilote pas soy même..... Il faudroit que se fust un bon navire de bouline comandé par un capitaine qui connaisse bien la riviere quy fut hardy pour se servir des veans propre quoyque brumeux en trois jours il peut allé de l'antrez de la riviere à Quebec. Je le sait etant parti du detroit de Belleisle le 27ᵉ octobre me randant a Quebec le 30 a 7 heure du matin. Je ne croy pas avec tout sela que lon doivent asarde de faire partir un navire à presan pour se voyage (1) ne connaissant personne qui connaisse bien sete riviere pour faire le voyage dans sete seson. Nous n'avons pas encore de pilote qui se connaisse a presan dans ses pais quun nomme Couillandos quy est a la Rochelle quy ne va plus sur mer depuis quelque annee.....

Si vous soite monsieur mordonner quelque chose pour Parry (Paris) je partirai le 8ᵉ du mois. Je suis avec un tres grand respect, monsieur, vostre tres humble et tres aubeissant serviteur,

D'Herville.

D'Herville, rentré en France après l'expédition dont on vient de parler, tourna ses vues vers une autre partie de l'Amérique du Nord. Nous ne le suivrons pas dans sa nouvelle expédition du Mississipi, dans le but d'aller à la découverte de la *mer de l'Ouest*, et nous passerons sous silence les luttes qu'il soutint encore là contre les Anglais. Ce brave navigateur, nommé chevalier de Saint-Louis en 1699 et capitaine de vaisseau en 1702, mourut

---

(1) Tel était l'avis de M. Allaire du Baignon, juge de l'amirauté de la Rochelle, et celui de plusieurs négociants de cette ville, qu'on ne pouvait aller aisément à Québec en septembre et octobre.

de la fièvre jaune à la Havane, le 9 juillet 1706, sur le vaisseau le *Juste* qu'il commandait.

Son frère de Sérigny était devenu gouverneur général de la Louisiane; son autre frère de Bienville avait fondé la Nouvelle-Orléans. Louis XIV, pour récompenser cette famille, qui avait tant fait pour la gloire de la France, érigea pour elle en baronnie la terre de Longueil au Canada, en 1700.

Une des branches du Mississipi porte encore, paraît-il, le nom d'Herville.

LE PASSAGE NORD-OUEST

PAR M. E. LEVASSEUR

MEMBRE DE L'INSTITUT

Mesdames, Messieurs,

Je ne veux pas faire une conférence. Je me propose seulement, pour répondre à l'invitation qui m'a été faite par plusieurs membres du Congrès, de vous dire quelques mots de l'état d'une des questions importantes de l'histoire des découvertes du Globe : la question des voyages dans les régions polaires.

Je ne prendrai même qu'un point de la question : celui du passage nord-ouest.

Vous savez l'intérêt particulier qui s'attachait à la découverte de ce passage. Entre l'Europe et l'Orient il y avait un commerce important ; pendant tout le moyen-âge, les marchandises de l'Inde venaient de l'est à l'ouest par terre ou par la mer Rouge jusque dans les ports de la Méditerranée ou de la mer Noire et de la mer d'Azof, où les navires vénitiens et génois venaient les chercher : il était entre les mains des musulmans,

Les navigateurs européens s'efforcèrent d'atteindre directement l'ouest, soit en contournant l'Afrique par le sud, soit en naviguant directement vers l'ouest, comme le fit Colomb, soit en tournant par le nord-est l'ancien continent, ce que vient de faire, il y a trois ans seulement, Nordenskjœld, soit, après la découverte de l'Amérique, en tournant ce nouveau continent par le sud-ouest, comme le fit Magellan dès 1513, ou par le nord-ouest, ainsi que nous allons l'expliquer.

Les Portugais avaient donné une première solution du problème en tournant l'Afrique au sud du Cap de Bonne-Espérance. Christophe Colomb espérait, en naviguant directement vers l'ouest, trouver une autre solution : il découvrit un monde nouveau. Mais ce monde interposait une barrière entre l'Europe et l'Asie orientale. Les marins continuèrent donc à chercher. Vingt-sept ans après la découverte de Colomb, Magellan franchit le détroit qui porte son nom et ouvrit une route vers l'ouest. Mais cette route était bien longue et le commerce continua à préférer la voie du Cap de Bonne-Espérance.

En regardant un globe, il est facile de voir que, s'il existait un passage, soit à l'est par le nord de l'ancien continent, soit à l'ouest, par le nord du nouveau continent, ce passage était pour les marines européennes beaucoup plus court. Les marins s'ingénièrent à se frayer une de ces deux routes, malgré l'obstacle que les glaces polaires leur opposaient, les uns du côté de l'est, les autres du côté de l'ouest.

Ce sont les voyages vers le nord-ouest, c'est-à-dire par le nord du continent américain, dont je dois vous entretenir.

Je ne parlerai pas des navigateurs scandinaves qui, à la fin du x* siècle, étaient parvenus au Groenland et avaient fondé une colonie qui a disparu entièrement vers le xive siècle. Il suffit même, pour abréger, de rappeler les noms de Sébastien Cabot, qui, en 1497, arrivait jusque vers le cercle polaire, du Portugais Cortaréal, qui s'aventura dans les mêmes parages et disparut, de l'Anglais Frobisher qui, de 1576 à 1578, fit trois voyages consécutifs pour trouver le passage nord-ouest, d'un autre Anglais, John Davis, qui, avec trois petits bâtiments, découvrit le détroit qui porte son nom et s'avança au nord jusqu'à la hauteur du 73e parallèle, ou d'Hudson, un des noms les plus illustres dans l'histoire de la navigation polaire.

C'est en 1610 que ce hardi navigateur accomplit le dernier voyage dans lequel il trouva la mort, après avoir découvert le détroit qui porte son nom et l'entrée de la baie d'Hudson.

Six ans après (1616), Baffin poussa la reconnaissance de ces mers au nord du détroit de Davis, et arriva dans la mer qui porte son nom. Arrêté par les glaces, il chercha par le nord-est de l'Europe la route de la Chine.

Ni les uns ni les autres des navigateurs de cette époque ne

trouvèrent cette route, car ce n'était pas le désir désintéressé des découvertes scientifiques, c'était un intérêt commercial qui poussait les navigateurs du xvi° et du xvii° siecle. Ils comptaient trouver vers les riches contrées de l'Orient une route plus courte que celle du Cap de Bonne-Espérance. Les Anglais auraient été le peuple qui, par sa position géographique, en aurait le plus profité : c'est pourquoi ils sont les plus ardents dans cette navigation.

Baffin, parvenu à l'extrémité de la baie de Melville, donna au détroit qu'il venait de découvrir le nom de Smith, un de ses protecteurs, nom que la géographie a conservé.

On douta longtemps de la véracité des découvertes de Baffin, et on abandonna un genre de recherches qui n'avait abouti qu'à des déceptions.

Cependant, après la longue guerre maritime qui avait duré presque sans interruption pendant vingt-deux ans, de 1792 à 1814, les Anglais reprirent le chemin des terres polaires, quelque peu au point de vue scientifique, mais beaucoup encore dans un but commercial.

En 1818, John Ross partit avec deux navires, l'*Isabelle* et l'*Alexandre*, ayant pour lieutenant Parry.

Il revit les mers qu'avait traversées Baffin, et dès lors les découvertes du marin du xvii° siècle ne furent plus révoquées en doute. John Ross retourna plus tard, monté sur un navire qu'un riche marchand de Londres, Félix Booth, avait équipé à ses frais ; il s'obstina à chercher le passage nord-ouest sans parvenir à percer l'infranchissable barrière de glaces ; il eut du moins le bonheur de découvrir le pôle magnétique, c'est-à-dire le point où l'aiguille aimantée prenait à cette époque la direction verticale, et il laissa à la presqu'île la plus septentrionale du continent américain le nom de ce généreux protecteur ; mais, pour rentrer en Europe, il fut réduit, après quatre années d'attente, à abandonner son navire pris dans les glaces.

Ce n'est pas à lui, c'est à son ancien lieutenant Parry que revient l'honneur d'avoir résolu sinon le problème entier, du moins la plus difficile partie du problème du passage nord-ouest.

On sait que, vers la fin du xviii° siècle, Cook, dans son dernier voyage, avait passé de l'Océan pacifique à l'Océan glacial par le détroit de Behring et s'était avancé jusqu'au cap des Glaces, sur la côte américaine. Entre ce cap et la mer de Baffin existait-il une terre s'élevant jusqu'au pôle, ou y avait-il un chenal maritime et ce chenal était-il praticable ? Telle était la question. L'amirauté avait promis une forte récompense aux marins du navire qui dépasserait dans ces régions le 110ᵉ méridien en naviguant vers l'ouest.

Parry avait deux petits bâtiments, l'*Hécla*, jaugeant 366 tonneaux, et le *Greper*, jangeant 180 tonneaux.

Arrivé dans la baie de Melville, il fit voile vers l'ouest. On était au milieu de l'année 1819 : la glace avait obstrué tous les débouchés ; le brouillard était intense et l'on avançait avec une grande difficulté la sonde à la main. Parry pénétra dans le détroit de Lancastre, qu'avait vu Baffin sans y entrer ; il franchit l'entrée du Prince Régent, et découvrit le détroit de Barrow, qu'il appela ainsi du nom d'un de ses protecteurs. Puis il poussa vers l'ouest, à l'aide d'un bon vent. Il parvint au delà des détroits, dans une mer ouverte alors et sans glaces, qu'il nomma bassin de Melville. Il dépassa même le 110ᵉ degré de longitude.

Le problème était presque résolu, il voulait arriver au sud de l'île Barigne, mais il fut arrêté par une barrière de glace infranchissable. Il eut beau employer tous ses efforts pour la briser, il dut revenir sur ses pas, et fut enfermé dans les glaces où il passa l'hiver de 1819 à 1820.

Ce lieu conserve le nom de Winter Harbour que le navigateur anglais lui a donné.

Par une bonne fortune aussi inespérée que la première, l'année suivante les glaces se fondirent et l'explorateur put continuer sa route. Parry parvint à franchir de nouveau les détroits de Barrow et de Lancastre, et put revenir de ce magnifique voyage, le plus difficile qu'on eût accompli jusque-là dans les mers polaires ; je ne parle pas des autres voyages, dans lesquels Parry montra toujours la même intrépidité, sans avoir toujours le même bonheur.

L'ardeur des Anglais s'était ralentie et les années s'écoulaient sans que la solution du problème fît de grands progrès. Cependant d'importantes reconnaissances étaient faites par terre : Dease, Simpson, Richardson, Back, Franklin parcouraient les déserts glacés du territoire du Mackensie et de la baie d'Hudson, étudiaient la côte, découvraient des détroits et supportaient les plus rudes privations dans ces régions qui sont au nombre des plus désolées et des plus inhospitalières de la terre.

Le plus illustre d'entre ces voyageurs, Franklin, trouvant, en 1845, un accueil plus facile qu'auparavant auprès de l'amirauté, proposa de diriger une nouvelle expédition maritime : « Mylord, disait-il, je n'ai encore que 59 ans. » Il obtint en effet deux navires et partit, mais on n'eut plus de nouvelles de lui depuis le jour où, après une relâche, il quitta la baie de Disco et s'engagea dans la région inconnue.

Qu'était devenu Franklin ? L'Angleterre et le monde tout entier s'émurent, et de nombreuses expéditions scientifiques se formèrent pour aller à sa recherche.

C'est grâce à ces expéditions qu'a été résolue la question du passage nord-ouest. En 1850-1851, Austin, accompagné d'Ommancy et de Sherard Osborn, scrutait ces parages avec quatre navires, *Resolute, Assistance, Intrepid* et *Pioneer*. En 1851-1852 Kennedy découvrait le détroit qu'il ne traversait pas, mais auquel il donnait le nom d'un officier français, son compagnon, le lieutenant Bellot. En 1852-1854, Belcher, avec les quatre navires de l'expédition d'Austin, revenait dans les mêmes parages, et un de ses lieutenants, Kellett, avec *Resolute* et *Intrepid*, s'avançait presque jusqu'au point où était parvenu Parry en 1819 et hivernait lui-même dans le voisinage, près de la petite île Dealy.

Kellet et Mac Clintock se distinguaient par de grandes expéditions en traineau qui ont beaucoup ajouté à la connaissance géographique du grand archipel Parry.

Pendant que ces explorations avaient lieu de l'est à l'ouest par la mer de Baffin, l'Angleterre envoyait d'autres navires par le détroit de Behring pour explorer l'Océan glacial dans la direction de l'ouest à l'est.

Collinson s'avança dans un long et difficile voyage de 1850 à 1854, à travers les détroits qui séparent la côte de l'Amérique de l'archipel polaire jusqu'à l'île de Gateshead ; il avait dépassé, sans le savoir, le point où Franklin, lui, était mort en 1847 et où ses deux navires avaient été ensuite abandonnés par les équipages. Collinson et Franklin avaient donc, par deux navigations dirigées en sens contraire, qui s'étaient croisées à leurs extrémités, découvert un passage nord-ouest, celui du sud ; mais un même navire ne l'avait pas traversé tout entier et il n'a jamais été franchi depuis ce temps.

Un autre navigateur, Mac-Clure, monté sur l'*Investigator*, se rendit également par le détroit de Bering dans l'Océan glacial et fit route vers l'est. Mac-Clure était un homme énergique et rude. Il s'avança dans le détroit du Prince de Galles, où il passa un premier hiver. N'étant pas parvenu pendant l'été à forcer la barrière de glace pour poursuivre sa route au nord-est vers Winter Harbour, dont il n'était pas très-éloigné, il revint en arrière, contourna par les côtes méridionales et occidentales l'île de Bathurst ; et s'avança, par le détroit auquel on a justement donné le nom de détroit de Mac-Clure, au nord de cette même île Bathurst, il se rapprochait par une autre route de Winter Harbour; mais il fut arrêté encore par les glaces dans la baie de la Merci de Dieu. Il y resta tout l'hiver, espérant que les glaces fondraient et qu'un passage s'ouvrirait devant lui.

L'été vint, mais les glaces ne s'ouvrirent pas. Mac-Clure s'obstina et resta un deuxième hiver en cet endroit : c'était son troisième hivernage.

Le printemps vint de nouveau ; les glaces ne s'ouvrirent pas davantage, Mac-Clure restait à son poste.

La température était si basse que l'on n'avait jamais ressenti un froid pareil, et l'on admire la force de caractère de cet homme qui s'obtinait à ne pas céder devant les obstacles et les rigueurs de la nature. Il se proposa enfin de faire deux ou trois bandes de son équipage : l'une irait à travers les glaces rejoindre les comptoirs de la baie d'Hudson ; l'autre se dirigerait vers la mer de Baffin et attendrait le retour de quelque baleinier qui les accueillerait ; quant à lui, avec quelques hommes il resterait, ayant des rations de vivres pour deux ans, et il attendrait.

Le printemps était venu ; le soleil se levait, un soleil pâle, qui s'élevait de peu au-dessus de l'horizon et perçait à peine la brume. Mac-Clure revenait lentement avec son lieutenant d'ensevelir un de ses hommes mort du scorbut.

Depuis qu'il était à la baie de la Merci, Mac-Clure avait fait des excursions en traineau ; dans une de ces excursions, il avait été jusqu'à Winter Harbour, traversant tout le détroit glacé et s'assurant que c'était bien un détroit faisant suite à ceux que Parry avait autrefois découverts. Il avait même laissé à Winter Harbour une relation de son voyage et de l'état actuel de son navire, qu'il avait enfermée dans une bouteille et déposée sous un amas de pierres.

Mac-Clure revenait donc tout triste et silencieux de l'enterrement lorsqu'il aperçut de loin une forme humaine, à travers le brouillard.

C'est peut-être, pensa-t-il, un matelot de l'*Investigator* qui se sera vêtu de son costume de voyage ; car le départ des deux bandes était prochain.

Au bout de quelques minutes, la forme approcha, et grand fut l'étonnement de Mac-Clure lorsqu'il aperçut un nègre : or, il n'y avait pas de nègre dans son équipage. Il pouvait croire à une apparition fantastique : Au nom du Seigneur, qui êtes-vous ? s'écria-t-il.

L'ombre répondit : « Je suis le lieutenant Pin, du navire le *Resolute*, qui est en ce moment à l'île Dealy. Je viens pour porter secours à Mac-Clure et aux marins de l'*Investigator*. »

La vision fut bientôt expliquée. C'était l'expédition du capitaine Kellett qui avait hiverné à l'île Dealy, et qui de cette île avait, dans ses excursions en traîneau, visité l'emplacement de Winter Harbourg et y avait trouvé la relation de Mac-Clure.

Kellett avait envoyé aussitôt un de ses officiers porter des provisions à l'équipage en détresse et intimait à Mac-Clure l'ordre d'abandonner son navire et de revenir en traîneau rejoindre l'expédition de Belcher. Mac-Clure s'obstinait encore, mais il dut céder devant l'ordre écrit qui lui fut montré et qui émanait de son supérieur.

Le passage nord-ouest était encore une fois trouvé : celui-ci était le passage central par les détroits qui sont entre les îles de l'Archipel polaire. Deux navires n'y avaient pas croisé leurs routes, comme pour le passage méridional, puisque Mac-Clure, en venant de l'ouest, ne s'était pas avancé jusqu'au point où avait hiverné Parry en venant de l'est ; mais on avait la certitude que l'espace d'environ 220 kilomètres qui séparait la baie de la Merci de Winter Harbour, et que l'on avait plusieurs fois traversé en traîneaux, était bien la suite du détroit.

On n'avait plus d'espoir de dégager le *Resolute* et l'*Intrepid*, l'*Assistance* et le *Pioneer* des glaces qui les avaient emprisonnés.

Le commandant Belcher donna l'ordre de les abandonner et les équipages allèrent rejoindre d'autres navires qui les attendaient en station à l'entrée du détroit de Lancastre.

On retrouva plus tard un des quatre navires abandonnés que le courant avait porté jusque dans le détroit de Davis.

L'Amirauté anglaise jugea sévèrement la conduite de l'amiral Belcher qui avait abandonné ses vaisseaux, mais elle donna de grands éloges à Kellett et à Mac-Clure qui avaient déployé une si remarquable énergie.

Vous voyez comment on a découvert le double passage nord-ouest, c'est une découverte très-importante au point de vue géographique, mais sans valeur au point de vue économique, parce que le passage est absolument impraticable, et que ceux mêmes qui l'ont découvert n'ont point pu le franchir tout entier.

Mais la science n'en doit pas moins être reconnaissante pour les hommes qui ont exposé leur vie et enduré tant de souffrances pour étendre jusque sur ces régions les connaissances humaines, et elle doit perpétuer le souvenir des noms d'Hudson, de Baffin, de Ross, de Parry, de Franklin, de Kellett, de Mac-Clintock, de Mac-Clure et de Collinson. Peut-être ne trouverez-vous pas superflu que nous ayons consacré un petite partie de notre temps à rappeler ce souvenir au Congrès de Lyon.

L'HISTOIRE ÉCLAIRÉE PAR LA GÉOGRAPHIE

PAR M. C. BROUCHOUD,

Avocat à la Cour d'appel, docteur en droit,
Secrétaire de la Société de topographie historique de Lyon.

C'est au point de vue de l'histoire des familles que je tiens à faire ressortir l'utilité des connaissances géographiques, car ce n'est pas avancer quelque chose de nouveau que de dire, par exemple, qu'il faut connaître à fond la géographie de la Gaule pour pouvoir disserter avec quelque autorité sur le passage des Alpes par Annibal, ou sur les campagnes de César.

Si nous nous reportons, en effet, à l'époque où la population était beaucoup moins considérable qu'elle ne l'est aujourd'hui, on peut admettre comme une règle générale qu'à part les familles qui habitaient les villes, lorsque s'est introduit l'usage des nom, toutes ont emprunté ou donné au sol leur dénomination. Puis elles ont quitté le champ qui les avait vu naître, pour aller s'établir ailleurs, et porter quelquefois bien loin du lieu de leur origine, leur nom patronymique. D'autres s'y sont éteintes ou, faute de descendance mâle, n'y ont pas laissé de souvenirs.

Telle a été la destinée de presque toutes les familles, que leur nom soit resté obscur ou qu'il ait acquis quelque célébrité! Il ne saurait donc être indifférent, pour l'histoire en général, de suivre ces déplacements, parce qu'ils ont eu pour cause, à peu d'exceptions près, des faits politiques, sociaux ou économiques. Mais comment découvrir le point de départ, le berceau de ces émigrants? C'est ici qu'apparaît l'utilité des notions géographiques.

Il existe près de Bourgoin (Isère), dans l'arrondissement de Vienne, une commune du nom de Maubec. Elle a été le siége d'une des quatre grandes baronnies du Dauphiné. Son histoire a été sommairement écrite par feu M. Fochier, qui était avocat à

Bourgoin; avant lui, Guy-Allard, Valbonnais, Salvaing de Boissieu en avaient parlé ; mais aucun de ces historiens n'a pu remonter plus haut que l'année 1290 (Valbonnais, *Histoire des Dauphins*, t. 2, p. 51 à 54.) Guy-Allard parle bien d'un sceau d'un Aymon de Bocsozel, seigneur de Maubec, appendu à un acte de 1276 (Guy-Allard, *Histoire généalogique des familles de Maubec*, etc.), et d'un hommage que cet Aymon de Bossozet aurait fait, en qualité de seigneur de Maubec, au comte de Savoie en 1239. (Ibid.) Il prétend bien également (*Dictionnaire historique* publié par M. Gariel, v° Maubec) qu'un Aimon de Bocsozel était devenu seigneur de Maubec, vers 1202, par son mariage avec l'héritière de la première famille de Maubec, mais il ne donne aucunes preuves à l'appui de son affirmation et il déclare ignorer complètement le nom patronymique de cette héritière qui aurait apporté le fief de Maubec dans la famille de Bocsozel.

Quelle était cette première famille de Maubec ? était-elle autochthone ? Sinon, d'où venait-elle ?

Le titre le plus ancien concernant la seigneurie de Maubec, qu'il nous ait été possible de découvrir, est de l'année 1267 : c'est un pouvoir donné par le couvent d'Ainay de Lyon à noble homme *Egidius de Boczozello, dominus de Malbec, miles* qui avait vendu audit couvent tous les droits qu'il possédait dans la paroisse de Saint-Priest en Vellein (1), de racheter ces droits dans un délai de dix ans. (Archives du département du Rhône. Fonds d'Ainay, arm. 2 vol. 24 n° 5, *bis*.) Ce document est d'une date trop récente pour jeter quelque lumière sur la question posée ; il est d'ailleurs postérieur à la prise de possession du fief de Maubec par la famille Bocsozel.

Prenant pour guide de mes recherches les cartes les plus détaillées de la France, celles de Cassini et de l'Etat-Major, ainsi que les plans des communes, anciens terriers et les cartulaires, j'y ai relevé le nom de Maubec toutes les fois que je l'ai rencontré soit comme nom de commune, soit comme nom de lieu-dit, ou enfin comme nom de famille.

Ces investigations m'ont donné les résultats suivants :

---

(1) Le nom de Vellein paraît avoir été donné autrefois à tout le territoire que recouvraient les eaux du Rhône quand elles coulaient librement sans rencontre d'autres obstacles que les hauteurs qui dominent aujourd'hui la vallée du Rhône. Le nom de Vellein n'a été conservé qu'à la commune de Vaulx.

Outre la commune de Maubec (Isère), il y en a une du même nom dans l'arrondissement de Castel-Sarrazin (Tarn-et Garonne); une autre dans l'arrondissement de Pau (Basses-Pyrénées), et une dernière dans l'arrondissement d'Avignon (Vaucluse).

Quant aux lieux-dits désignés sous le nom de Maubec, ils sont assez nombreux, car on en trouve un sur la commune de Montélimart, à l'endroit même où est le couvent des Trappistines; un à Ecoutoux près de Thiers (Puy-de-Dôme); un à Chanos, près de Mercurol (Drôme); un à Charly (Rhône); un à la Tronche près de Grenoble et un à Uzerche (Haute-Vienne).

Les cartulaires font mention de trois familles de Maubec; une dans le Dauphiné, une dans le Gévaudan et une troisième en Provence.

Le Maubec de Charly tire son nom de Planelli de la Valette, seigneur de Charly qui était devenu en 1746 acquéreur de la terre de Maubec en Dauphiné. Suivant un usage assez commun à cette époque, il donna le nom de ce fief à une dépendance de sa terre de Charly. Je n'ai donc pas à m'y arrêter. Pour des motifs à peu près analogues, j'ai dû négliger toutes les autres localités du même nom, à l'exception du Maubec de Vaucluse, que j'ai trouvé mentionné au XIIIe siècle dans un acte de foi et hommage prêté par Pierre de Claret au Recteur du Comtat. Déjà à cette époque cette terre n'était donc plus entre les mains de la famille de Maubec, dont elle portait le nom; son origine remonte par conséquent à une époque plus reculée.

Mais en tenant compte de la situation géographique de Maubec et des données fournies par les cartulaires, il n'est pas téméraire de supposer que celui de Vaucluse et celui de l'Isère ont une origine commune.

Et d'abord il est bien certain que le nom de Maubec, *Malibecci*, *Malobecco*, donné au fief du Dauphiné, ne lui vient pas de la configuration du sol. *Beccum*, *Becco* avaient en basse latinité, d'après Forcellini, le même sens que *Rostrum*, qui veut dire bec, pointe. Or si les étymologistes modernes ont pu voir la justification de cette dénomination dans la situation topographique du château que la Révolution de 1789 a fait disparaître et, qui en effet, s'avançait en pointe sur la combe de Bion, leur conjecture est sans valeur, appliquée au vieux manoir féodal de Maubec qui était, à l'origine, élevé sur le tertre ou monticule connu aujourd'hui encore sous le nom de Mont-Léopard.

Cette observation démontre en même temps que le fief de Maubec a tiré son nom de celui de la famille qui l'a créé.

Waroquier, dans son *Etat de la noblesse en* 1782, a cité une famille de Malbec possessionnée depuis plusieurs siècles en Gévaudan (département de la Lozère) et qui prétendait remonter à un Pierre de Malbec, lequel aurait, du consentement de Raymond de Malbec, fait donation en 1187, à l'abbaye de Chambon, d'un hameau appelé *Roquet*, et de deux petites habitations. Je n'ai pu retrouver ce hameau sur la carte, mais il n'en est pas moins facile de fixer la situation de cette abbaye. Il ne s'agit pas de celle qui dépendait du diocèse de Poitiers, puisque sa fondation n'a eu lieu que vers l'année 1212, mais de l'abbaye de Chambon située dans le diocèse de Viviers (Ardèche), fondée en l'an 1152.

Si maintenant nous recherchons dans les cartulaires du midi de la France, parmi les noms de personnes, celui de Maubec ou Malbec, nous le trouvons mentionné pour la première fois dans le cartulaire de l'abbaye de Saint-Victor de Marseille.

Deux chartes, l'une de l'an 1028 et l'autre de l'an 1032, contiennent des donations à cette abbaye par *Isnardus Malbeccus*. Dans le deuxième, où sa femme a figuré conjointement avec lui, il est dénommé *Isnardus Malbeccus de Tollun*. En 1066 un Pontius Malbec a figuré parmi les témoins d'une autre donation faite à la même abbaye. Isnard Malbec devait être un des grands tenanciers de cette région, car une charte de 1050 donne ses domaines comme limite à deux champs, l'un situé *apud Olmedom* et l'autre appelé *campus longus*, lesquels ont fait l'objet d'une nouvelle donation à l'abbaye de Saint-Victor.

En se dépouillant, vers le milieu du xie siècle, d'une partie de ses biens au profit d'un établissement religieux, Isnard Malbec paraît avoir été entraîné dans le grand mouvement des croisades qui contribua sans doute à faire de lui un homme de guerre. Bien que Roger, dans son ouvrage intitulé : « *La noblesse de France aux croisades*, » n'ait cité aucun chevalier de Maubec parmi les croisés, tout porte à croire cependant qu'Isnard Malbec ou un des siens fit partie de la deuxième croisade et qu'il parvint même, par sa valeur, à se créer en Terre Sainte un petit fief, puisque nous trouvons dans la chronique d'Emon (1), écrite vers l'an

---

(1) *Monumenta germ. hist. Scriptorum*, XXIII.

1275, qu'un roi tartare, pendant une invasion en Palestine, surprit le château de Malbec avec d'autres, situés près du Jourdain.

A la faveur de ces événements, une branche de la famille de Maubec, de Toulon, se vit transformée par une vocation guerrière qui la poussa à rechercher en France une existence indépendante. C'est ainsi que le fondateur du fief de Maubec aura jeté ses vues sur les confins des seigneuries des sires de la Tour-du-Pin, des dauphins de Viennois et des comtes de Savoie. Ainsi isolé, il devait porter à ses voisins moins d'ombrage et même leur paraître un utile vassal pour la défense de leurs possessions éloignées.

La baronnie de Maubec (Isère) devait bien avoir cette noble origine, puisque les Etats de Dauphiné n'ont jamais pu se prononcer sur les prétentions rivales de sires de Maubec et de Bressieu, qui se disputaient le troisième rang des baronnies du Dauphiné. Or, la famille de Bressieu possédait depuis un temps immémorial la baronnie de ce nom, dans la même province.

La branche de Maubec qui vint se fixer en Dauphiné dut, suivant l'usage, emmener avec elle des gens de son pays d'origine, pour former la nouvelle Communauté soumise à sa domination.

Ainsi s'explique la ressemblance de plusieurs noms de famille que nous retrouvons en Provence et à Maubec.

Une autre preuve de l'origine méridionale de la famille de Maubec du Dauphiné paraît résulter des données que nous fournit l'ancienne charte d'affranchissement de la baronnie. On sait que ces chartes étaient de véritables contrats intervenus entre un seigneur et les habitants qui consentaient à fixer leur demeure autour de son château : ceux-ci lui promettaient des redevances, ils devaient lui rendre certains services et, en retour, le seigneur leur promettait sa protection et leur garantissait certains droits appelés *franchises* ou *priviléges*. M. Rivoire de la Bâtie, dans son *Armorial du Dauphiné*, affirme que les premiers barons de Maubec étaient issus des seigneurs de Tullins parce que, d'après la copie de la charte de Maubec datée de 1291 qu'il a eue entre les mains, Aymond de Becsozel, seigneur de Maubec, qui l'a octroyée, n'aurait fait que confirmer celle que Guigues de *Tullins* aurait précédemment accordée aux habitants de cette terre. Nous n'avons pu découvrir l'original de cette charte, mais notre conviction est que le mot *Tullins* est une traduction vicieuse ou une lecture erronée du mot *Tollon* qui indique le lieu d'origine du donateur de l'abbaye de Saint-Victor. Tullins s'écrivait au moyen-âge *Tollini* ou *Tollino*. (V. la montre des troupes de Dauphiné les 5 et 6 novembre 1368 à Grenoble, t. 17e des Mémoires de la Société de statistique de l'Isère, p. 169.)

Le lion léopardé qui se voit sur d'anciens sceaux des seigneurs de Maubec ne peut être attribué à la maison de Tullins dont les armes sont inconnues, si cette attribution n'est justifiée que par un texte sujet à critique.

De tout ce qui précède il faut conclure que si la géographie peut très-utilement venir en aide à l'histoire, ce ne peut être toutefois qu'à la condition que les données géographiques seront exactes. La plus scrupuleuse attention doit donc présider à la lecture des cartes et à leur exécution.

Nous sommes bien loin malheureusement de trouver cette perfection si désirable, dans notre grande carte de la France et dans nos cartes départementales.

En voici la preuve :

Le Conseil général du Rhône fait exécuter en ce moment la carte du département. Frappé des erreurs qui fourmillent sur l'ancienne carte cantonale, qui était cependant la reproduction de la carte du dépôt de la guerre, il a chargé une commission spéciale de la révision des noms de lieux qui doivent y être gravés. Je me garderai bien d'énumérer ici toutes les corrections qui ont été proposées. Quelques exemples pris au hasard suffiront à en faire connaître l'importance et la nécessité.

Il y a au nord de la route nationale de Lyon à Chambéry par Grenoble, à la montée des Sables, une vieille grange appelée *Domenas*, que les chevaliers de Saint-Jean-de-Jérusalem possédaient. La carte porte *Aubenas*.

Au Grand-Camp il y a une caserne bien connue sous le nom de *la Doye*. Le cartographe a écrit ce mot de manière à en bien reproduire la prononciation : la *Doua*. Or, il doit être écrit par un *y* et un *e* muet à la fin et il signifie, dans le vieux langage de la localité, une fontaine. Dans la carte de l'état-major on lit : la Douai.

Ailleurs nous rencontrons une localité qui doit s'appeler *Badane*, désinence féminine du vieux mot *Badan* que nous trouvons dans le cartulaire de Savigny. Le géographe a cru bien faire en donnant un sens vulgaire à ce nom et il a écrit en toutes lettres et avec tous les accents *Bât d'âne*.

Ce n'est pas tout : fréquemment des localités sont désignées, surtout dans les campagnes, par le nom des objets qui s'y trouvent ou qui les avoisinent. C'est ainsi qu'on dit vers le four, vers le port, vers le puits, etc. Quand les employés du cadastre ont demandé aux paysans le nom de ces localités, ceux-ci leur ont répondu en patois. C'est en patois que nous retrouvons ces mots écrits sur la carte où abondent les *vé lo four*, vers *lo puits*, vers *lo port*, etc., etc.

Mais je veux, pour en finir avec ces citations, emprunter à mes notes sur Maubec le plus frappant exemple des erreurs de ce genre.

Le premier château de Maubec, ai-je dit, a été construit sur un mamelon appelé le mont Léopard. Ce point culminant de la commune de Maubec doit son nom à l'usage suivi pendant le moyen-âge d'arborer sur la tour du château, dans certaines circonstances, la bannière du seigneur. Celle des sires de Maubec portait un léopard ou un lion léopardé. Quand l'agent préposé à la confection du cadastre a demandé aux habitants du pays le nom de ce monticule, ceux-ci lui ont répondu en patois : c'est le *mount liepas* (mount pour mont et liepas pour léopard). L'employé a cherché à comprendre le sens de cette réponse, et comme il s'est aperçu qu'à la base du mamelon il y avait quelques traces d'humidité, il a pensé que le nom qui lui avait été donné devait indiquer cette particularité du sol. C'est ainsi que de mont-léopard il a fait *Mouille l'as* en conjuguant le verbe *mouiller*.

Il appartient au Congrès national des Sociétés françaises de géographie d'exprimer un vœu pressant pour que l'exemple du Conseil général du département du Rhône soit partout suivi, afin de faire disparaître de la carte de France de pareilles incorrections.

Mais il n'y a pas que les érudits qui soient intéressés à la révision des noms de lieux gravés sur nos cartes, cette mesure n'est pas moins nécessaire au point de vue plus général de l'enseignement de la géographie.

Et sous ce dernier rapport, il serait à désirer que les enfants des écoles primaires fussent plus intelligemment guidés dans l'étude de cette science.

Il existe, dans les campagnes, quelques écoles pourvues de cartes murales. Mais celles-ci ont été disposées de telle manière que, tandis que les enfants devraient, à l'inspection d'une carte, voir exactement dans quelle direction se trouvent le chef-lieu du département, ou celui de l'arrondissement, ou celui du canton, il leur faut faire un effort d'intelligence pour appliquer par la pensée, sur le terrain, la carte qu'ils ont sous les yeux, de telle sorte que si, en dehors de l'école, ils veulent de nouveau s'orienter, il leur faut en imagination se reporter dans leur salle de classe et se livrer à un nouvel effort d'intelligence et de mémoire.

Ne serait-il pas à désirer qu'en outre des cartes particulières tracées ou posées contre les murs, il y en ait une plus générale dessinée sur le plafond de la salle et disposée suivant l'orientation des pays et des localités ? La situation géographique de chaque point de la France ou du globe se graverait plus exactement dans la mémoire des enfants, et comme l'endroit de la commune occupé par le bâtiment scolaire leur est bien connu, celui-ci serait un point de repère constamment présent à leur esprit pour leur faciliter l'étude de la géographie.

On pourrait aller plus loin encore dans cet ordre d'idées.

La lecture des cartes topographiques offre toujours quelques difficultés aux enfants, pour lesquels c'est une occupation un peu abstraite et aride ; il faut leur rendre ce travail attrayant et facile.

Ne serait-il pas désirable que chaque école eût une carte de la commune au 10/1000 avec courbes de niveau ? L'enfant, qui connaît très-bien tous les accidents de terrain de sa commune, se rendra facilement compte de l'aspect de chacun de ces accidents sur la carte ; il verra comment ils y sont représentés, et comme la méthode est la même pour figurer le nivellement de toute la France, il apprendra par la lecture de la carte de sa commune à lire toutes les cartes topographiques.

C'est un instrument d'instruction qui pourrait aujourd'hui s'exécuter à très-bon marché. Le gouvernement ne refuserait certainement pas d'aider, par une subvention, les communes à entrer dans cette voie. Le concours du dépôt de la guerre réduirait à très-peu de frais la dépense à faire pour l'exécution de ce travail, puisqu'il a dans ses cartons les courbes de niveau de toute la France.

COMMUNICATIONS ENVOYÉES AU CONGRÈS

PAR LES CONSULS FRANÇAIS

NOTE SUR LE COMMERCE D'ALEP

PAR M. CH. DESTRÉES,

CONSUL DE FRANCE

Alep, le 12 avril 1881.

Les relations commerciales de cette province avec la France sont très-étendues. Les produits bruts de ma circonscription, tels que céréales, laines, graines oléagineuses, cotons, peaux, galles, cire, etc., etc., sont, en grande partie, exportés en France et principalement à Marseille. La valeur de ces exportations par navires français est de 9 à 10 millions de francs par an. Les importations des ports de France en manufactures de coton, de laine et de soie, en denrées coloniales, métaux, cuirs ouvrés, soies grèges, articles de Paris, etc., etc., sont évaluées à environ 13 millions.

En ce qui concerne les manufactures de coton, l'Angleterre, qui les fournit à meilleur marché, bien qu'inférieures en qualité, tient incontestablement le premier rang. Mais, pour les articles de luxe, le bon goût français et le fini de notre industrie nous créent une position exceptionnellement prépondérante.

Le nord de la Syrie a été visité quelquefois par des voyageurs et des missionnaires français, anglais, russes et allemands, et étudié au point de vue scientifique et archéologique. Tout récemment, un missionnaire du ministère de l'Instruction publique,

M. Léon Cahun, y a fait quelques recherches anthropologiques. Je ne sache pas toutefois que cette partie de l'Empire ottoman ait été étudiée avec soin au point de vue géographique, industriel et commercial. Cette étude à faire serait cependant très-intéressante, en même temps qu'elle serait fertile en résultats. Les meilleures cartes que nous possédions sont pleines d'erreurs grossières dont quelques-unes ont été relevées en passant par M. Cahun. — Alep possède une industrie qui mérite d'être étudiée et le commerce ne pourrait que gagner si l'on connaissait d'une manière plus approfondie les ressources qu'offrent le sol et les aptitudes des habitants.

De nombreux et importants Comptoirs français étaient autrefois établis à Alep : il en reste bien peu aujourd'hui. Cette décadence de l'élément français doit être, selon moi, attribuée au regrettable système adopté par nos négociants et nos industriels de confier leurs intérêts à des maisons étrangères : italiennes, allemandes ou indigènes, sans distinction. C'est ainsi que divers établissements étrangers se sont élevés et ont prospéré avec nos capitaux sur les ruines des nôtres. Les Messageries maritimes, qui sont pourtant une entreprise éminemment nationale, sont représentées à Alep par une maison italienne. Dans un pays où l'influence d'une colonie se mesure à la fortune et à la position commerciale de ses membres, de telles tendances cosmopolites présentent des inconvénients réels, en ce sens que les entreprises françaises contribuent à rehausser, au grand détriment du nôtre, le prestige de colonies rivales.

On ne saurait trop réagir contre ces errements et je suis convaincu que si les industriels et les négociants de la mère-patrie, s'inspirant mieux des intérêts politiques de la France, confiaient à leurs compatriotes le soin de leurs affaires, le commerce français serait prépondérant à Alep et que notre influence s'en accroîtrait d'autant.

Il y a également sur les populations de cette contrée un autre puissant moyen d'action qui avait été négligé jusqu'à ce jour, mais que le gouvernement de la République se dispose à employer. Je veux parler de l'appui et du développement à donner aux établissements religieux français en vue de l'éducation de la jeunesse. Les sympathies du peuple syrien pour notre pays sont incontestables et profondément enracinées. Nous n'avons donc qu'à les entretenir et à prendre garde que d'autres nations, mieux avisées que nous ne le serions alors nous-mêmes, ne parviennent avec le temps à nous les ravir.

Veuillez agréer, Monsieur le Président, les assurances de ma très-haute considération.

Ch. DESTRÉES.

NOTE SUR LE COMMERCE DE TAURIS

PAR M. BERNAY
CONSUL DE FRANCE

Tauris, le 4 juin 1881.

On peut voir, par l'importance des chiffres cités dans les tableaux ci-joints du mouvement commercial de Tauris, que cette ville est le principal marché et centre d'approvisionnement de la Perse, car les ports de la Caspienne ou du golfe Persique sont peu fréquentés par les commerçants européens, et c'est surtout par ici que passent les produits français, particulièrement les soies de Lyon, les draps de Sedan, etc., etc.

Tout porte à croire que ces chiffres seront dépassés cette année, car il n'y a plus à redouter, comme l'année dernière, la famine et l'invasion des Kurdes.

Le peu de marchandises françaises qui pénètre en Perse y est généralement estimé et il y aurait ici un débouché assez important pour nos produits, s'ils y étaient moins rares et, par conséquent, plus connus.

Le transport des marchandises de Marseille à Poti, Tiflis et Tauris est un peu cher en raison des prix élevés demandés au Caucase; un colis de 120 kilog. coûte de 100 à 125 fr. par cette voie, tandis que par Trébizonde, Erzeroum et Tauris les prix de transport sont à meilleur compte. Malheureusement cette route n'est pas sûre, et tant que la Turquie n'aura pas mis le holà au brigandage des Kurdes, les marchandises devront passer par le Caucase. Cette dernière route est, du reste, plus rapide, depuis surtout que les bateaux de la Cie Paquet font un service régulier entre Marseille et Poti.

Tableau des Importations de Tauris de Mai 1879 à Mai 1880.

NATURE DES MARCHANDISES	Nombre des colis importés par des négociants étrangers.	Nombre des colis importés par des négociants indigènes.	TOTAL des colis.	VALEUR en milliers de francs.	PROVENANCES ordre des pays d'après l'importance de l'importation.	VALEUR DÉTAILLÉE.		
Indiennes	14.267	18.104	32.371	24.265.000	Angleterre.	Mètre.	fr. c. » 50	à	fr. c. 1 10
Cotons blancs écrus	6.189	8.690	14.879	6.070.000	Angleterre.	»	» 25	»	» 65
Draps	124	342	466	928.000	Autriche, Allemagne.	»	9	»	18 »
Tissus en laine et demi-laine	144	235	379	390.000	Angl., France, Autr., Allemagne	»	1 50	»	9 »
Mousselines	312	426	738	292.000	France, Suisse, Angleterre.	»	» 20	»	» 40
Soieries et velours	8	97	105	628.000	France, Allemagne, Autriche.	»	2 10	»	24 »
Fils	216	238	454	157.000	Angleterre.	Caisse.	350	»	» »
Sucres	8.224	30.825	39.049	5.394.000	France, Hollande, Russie.	Kilogr.	1 20	»	2 20
Thé	2.144	2.704	4.818	1.887.000	Angleterre, Hollande.	»	3 75	»	12 50
Café et épices		1.243	1.243	245.000	Arabie, Indes.	»	1 30	»	3 50
Liqueurs, vins, tabac	284		284	86.000	France, Russie, Turquie.	Bouteille.	3	»	12 »
Drogues, soufre, etc.	88	469	557	123.000	Turquie.	Caisse.	220	»	» »
Bougies	346	528	874	413.000	Russie, France.	Kilogr.	2 25	»	3 10
Papiers et pap. à cigarettes	15	848	863	119.000	France, Autriche, Italie, Russie.	Rame.	6	»	25 »
Cristaux	152	356	508	225.000	Autriche, France, Angleterre.	Caisse.	450	»	» »
Verreries et vitres	21	1.594	1.615	280.000	Russie, Autriche.	»	175	»	» »
Porcelaines	36	222	258	89.000	Angleterre, France, Autriche.	»	350	»	» »
Passementeries (or et métal)	2	14	16	52.000	Allemagne, Autriche, France.	Mètre.	» 10	»	» 35
Armes		48	48	4.000	Angleterre, Belgique.	Pièce.	25	»	400 »
Quincailleries	104	580	684	297.000	Allemag., France, Angl., Autr.	Caisse.	435	»	» »
Aciers	144		144	49.000	Russie.	Kilogr.	» 60	»	1 40
Fers		1.131	1.131	121.000	Russie.				
Fer-blanc		532	532	69.000	Russie, Angleterre.	Caisse.	130	»	» »
Étain		814	814	90.000	Russie, Angleterre.	»	110	»	» »
Allumettes	184	1.628	1.812	197.000	Autriche, Italie.	»	110	»	» »
Meubles et divers	408	394	802	262.000	France et autres pays.	»	325	»	» »
TOTAL	33.298	72.006	105.304	39.442.000					

Tableau des Exportations de Tauris de Mai 1879 à Mai 1880.

NATURE DES MARCHANDISES.	COLIS exportés par des négociants étrangers.	COLIS exportés par des négociants indigènes.	TOTAUX.	VALEUR en milliers de francs.	DESTINATIONS.	VALEUR DÉTAILLÉE.				
						fr.	c.	à	fr.	c.
Fruits secs..........	18.048	9.278	27.326	11.765.000	Russie, Europe.	»	30	»	2	50
Epices	1.020	928	1.948	338.000	Russie, Europe.	1	30	»	3	50
Riz	446	2.274	2.720	447.000	Russie, Europe.	»	22	»	2	60
Tombakou (tabac)..	234	14.079	14.313	930.000	Turquie.	»	90	»	2	70
Cotons imprimés.....	1.424	828	2.252	1.421.000	Russie.	»	35	»	»	80
Cotons blancs.......	2.676	2.621	5.297	2.294.000	Russie.	»	20	»	»	45
Tapis...............	627	688	1.315	975.000	Europe, Amérique.	20	»	»	45	»
Soieries............		44	44	191.000	Europe, Turquie.	3	»	»	6	»
Cuirs...............	494	398	892	154.000	Russie, Turquie.	1	»	»	2	20
Laines..............	409	386	795	48.000	Europe.	1	»	»	2	20
Cotons..............	216	329	545	17.000	Europe.	»	70	»	1	»
Drogues............	702	2.492	2.894	498.000	Turquie, Russie.	180	»	»	»	»
Soies...............		1.284	1.284	2.221.000	France.	30	»	»	66	»
Frisons.............	58		58	26.000	France.	4	75	»	12	»
Schals..............	52	482	534	693.000	Turquie, Europe.	40	»	»	1200	»
Fourrures	28		28	11.000	Russie, Allemagne.	2	»	»	20	»
Peaux...............	620	396	1.016	134.000	Russie, Europe.					
Garances et semences....	1.822		1.822	97.000	Europe.	50	»	»	»	»
	28.876	36.207	65.083	21.960.000						

LE COMMERCE DU PORT DE HAIPHONG

PAR M. DE KERGARADEC,
CONSUL DE FRANCE

D'après les états dressés par la douane mixte franco-annamite, les importations du port d'Haïphong, en 1880, s'élèvent à 5,467,315 fr. 15 cent., et les exportations, à 7,507,528 fr. 26 cent., soit au total 12,964,838 fr. 40 cent. Mais ce chiffre est loin de représenter la valeur réelle des échanges opérés. Pour favoriser l'établissement du commerce extérieur, dont les commencements ont été très-difficiles, la douane a sagement mis de côté, au début, les préoccupations fiscales, acceptant le plus souvent sans observations les déclarations qui lui étaient faites; et actuellement, encore, le droit officiel de 5 p. 100 *ad valorem* est liquidé sur des prix de base sensiblement inférieurs à la vérité, de sorte que, pour arriver à une évaluation à peu près juste, il faudrait tout d'abord augmenter de 25 p. 100 les données ci-dessus. Si, à la somme ainsi obtenue, nous ajoutons 2 millions de francs de numéraire importé et 1,500,000 francs pour l'opium que le traité de commerce laisse en dehors de l'action de la douane mixte, nous arrivons au chiffre de 20 millions de francs, qui représente le mouvement total du port en 1880.

Ce résultat est notablement supérieur à celui à celui de 1879, année de véritable disette, pendant laquelle l'exportation des grains a été sévèrement interdite; mais nous pouvons remarquer, par contre, que les chiffres fournis par la douane sont un peu plus faibles qu'en 1878, et égalent tout au plus ceux de 1877. Le commerce de Haïphong fait donc en définitive peu de progrès. Cela tient à ce qu'aucune amélioration n'a été apportée au mauvais régime économique du pays. Bien que la récolte de 1880 ait été excellente, l'exportation du riz n'a été autorisée que pour quatre provinces, et pendant trois mois à peine; les obstacles qui s'opposent au développement du commerce du Yunnam sont toujours les mêmes, et rien n'est changé non plus aux difficultés que les douanes intérieures apportent à la libre circulation des marchandises dans les provinces.

IMPORTATIONS.

L'importation peut se détailler ainsi qu'il suit :

Cotons anglais, filés ou tissus. .	34 p. 100	de la valeur totale.
Opium.	21 p. 100	—
Médecines chinoises.	11 p. 100	—
Tabac chinois (préparé)	9 p. 100	—
Thé.	5 p. 100	—
Marchandises diverses.	20 p. 100	—
	100	

Les filés de coton figurent aux états de douane pour une somme de 1,704,220 francs. Ils entrent en balles régulières de 400 livres anglaises ou trois piculs, et, suivant la finesse du fil, on détermine leur qualité en leur donnant trois types valeur : 38 à 42, 28 à 32, 16 à 24. Ces chiffres expriment le nombre d'écheveaux contenus par paquet, et le chiffre le plus fort désigne le fil le plus ténu. La qualité la plus demandée au Tonquin est la première (38 à 42) ; les Annamites tiennent beaucoup à la finesse du fil, et des essais d'importation du coton filé de Bombay n'ont pas réussi, la qualité en étant plus grossière. Sur 4,500 balles environ, 3,000 ont été vendues à Hanoï et 1,500 à Nam-dinh.

Les tissus de coton (cotton piece goods) sont portés pour 541,526 fr. 33 cent. Ce sont surtout des cotonnades rouges (turkey red shirtings) et des cotonnades écrues, principalement grey T. cloths, pesant 6 livres anglaises à la pièce. Viennent ensuite les grey shirtings de 8 livres 3/4, 8 livres et 7 livres ; puis les autres espèces de cotonnades ; White shirtings, drills, etc., mais en beaucoup moindre quantité.

Tissus et filés sortent des fabriques anglaises, et sont expédiés de Hong-kong.

L'opium ne figure pour aucun chiffre aux comptes de douane, le traité de 1874 ayant laissé cet article soumis à la réglementation spéciale et aux droits établis par le gouvernement annamite. Les vapeurs venant de Hong-kong en ont apporté cette année environ 500 caisses représentant une valeur d'environ 1,500,000 francs. La seule qualité introduite est le Bénarès. Le droit d'entrée est perçu par un fermier, à raison de dix ligatures par boule, soit à peu près 400 francs par caisse. Des fermiers spéciaux sont ensuite investis, dans chaque province, du privilége exclusif pour préparer et débiter l'opium, mais leurs bénéfices sont beaucoup diminués par la contrebande. Le revenu net que l'ensemble des fermes donne au gouvernement annamite ne dépasse pas 600,000 francs.

En dehors de l'opium de l'Inde, il se consomme au Tonquin une certaine quantité d'opium du Yunnam, qui arrive à Hanoï sous la forme de briques rectangulaires, pesant en moyenne 4 catties, ou 2 kilogr. 400. La quantité importée paraît être d'environ 10 à 12,000 kilogrammes, et le prix est inférieur à celui du Bénarès le plus commun. Un échantillon de cet opium a donné à l'analyse 6,95 p. 100 de morphine et 8,85 p. 100 de narcotine ou sel de Derosne.

Les médecines chinoises viennent au troisième rang sur la liste des importations, avec une valeur déclarée de 780,000 francs. Les indigènes en font un usage constant. Nous ne disposons pas des moyens nécessaires pour reconnaître et classer ces diverses drogues, qui sont probablement identiques à celles que consomment les Annamites de notre colonie.

Le tabac chinois figure pour 582,000 francs. Nous avons dit plus haut que la valeur admise par le service des douanes était généralement trop faible ; il en est surtout ainsi pour le tabac, qui constitue le principal article de transit à destination du Yunnam, et pour lequel on a dû se montrer facile au début, sous peine d'arrêter complètement un commerce que les bandes établies à la frontière soumettent à des droits aussi exorbitants qu'illégaux. La valeur réelle du tabac chinois, introduit à Haïphong en 1880, atteint certainement 750,000 francs et peut-être 800,000 francs. Ce tabac, haché très-fin et spécialement préparé pour la pipe à eau, vient de Canton et de Swatow.

Nous avons déjà dit qu'il était presque entièrement destiné au Yunnam. La quantité importée a presque doublé depuis trois ans ; c'est le seul article qui présente une augmentation pareille.

Le thé de Chine ne figure à l'entrée que pour 545,000 francs. Il suffit de rapprocher ce chiffre de celui de 1,860,000 francs, auquel se monte l'importation de la même denrée dans notre colonie de Cochinchine, pour se faire une idée du peu d'aisance relative de la population tonquinoise. Les indigènes, cependant, aiment beaucoup le thé de Chine, mais ils n'en font usage que les jours de fêtes ou pour recevoir des hôtes ; en temps ordinaire, ils boivent une décoction de thé du pays, de qualité inférieure, qu'ils appellent thé frais ou thé de Hué. Cette boisson passe pour plus saine et moins échauffante que l'infusion du produit chinois. Quelques Européens la trouvent agréable.

Le Yunnam envoie aussi à Hanoï quelques milliers de kilogrammes de thé noir, qui a été pressé dans des moules et entre sous forme de galettes. Le goût de ce thé est médiocre, mais on lui attribue des qualités stomachiques. Son prix est très-inférieur à celui du bon thé de Chine.

Les articles que nous venons d'énumérer : cotons, opium, médecines, tabac et thé, forment à eux cinq les quatre cinquièmes de l'importation. Les produits divers qui constituent le dernier cinquième sont, par ordre d'importance : le papier chinois, les sacs en paille (destinés à loger le riz d'exportation), les tissus de soie de Chine, le cuivre en feuilles ou en saumons, les joss-sticks, les lainages, les allumettes, etc., etc.

Le cuivre vient du Japon. On s'en sert pour les ustensiles de ménage et pour la fabrication des sapèques. Une fonderie établie à Hanoï fabrique annuellement pour une centaine de mille francs de sapèques en bronze, qui sont envoyés à Hué. Chaque sapèque vaut six pièces de zinc ordinaire ; cette monnaie a donc à peu près la valeur d'un de nos centimes.

On importe aussi une certaine quantité de vieux fer, qui est d'une défaite facile.

Les tissus de soie de Chine ne sont employés que par les indigènes très-riches ; et la consommation de cet article paraît diminuer d'année en année.

Les lainages, draperies, etc., ne figurent au relevé des douanes que pour un chiffre très-minime : 52,000 francs environ. Les Annamites en consomment très-peu, et se contentent de ouater, pour l'hiver, leurs vêtements de soie ou de coton. On importe cependant des couvertures et une certaine quantité de lainages légers de l'espèce dite *long ells*, pour les vêtements d'uniforme des soldats attachés à la garde des mandarins. Il entre aussi, pour l'usage des Chinois, quelques balles de *spanish stripes*, draps légers et flanelles.

Nous mentionnerons encore les sacs en paille destinés au logement des riz d'exportation. On n'a pas l'habitude de les tresser dans le pays ; ils viennent de Canton, et leur prix sur le marché de Haïphong est assez élevé. Les sacs fabriqués dans notre colonie de Cochinchine, où cette industrie est bien établie, devraient être d'une défaite avantageuse, mais on ne trouve pas leur tissu assez serré.

La balance des entrées et des sorties se fait avec du numéraire importé, qui consiste surtout en sapèques de zinc venus de Saigon. On s'en sert pour les achats de riz dans l'intérieur, quand l'exportation des grains est autorisée.

Si nous laissons de côté les approvisionnements pour compte de l'Etat, les marchandises venant de Hong-kong, opium compris, comptent pour 97 ou 98 p. 100 dans les importations du port de Haïphong. Le cabotage avec les ports annamites de la côte représente cette année 2 p. 100, et les envois de Saigon un 1/2 pour 100 seulement du mouvement total.

EXPORTATIONS.

Les exportations pour 1880 se répartissent à peu près ainsi qu'il suit :

Riz	39 p. 100
Soie grège et tissus de soie.	21 p. 100
Etain	16 p. 100
Huile à laquer.	6 p. 100
Produits divers	18 p. 100
	100

Les riz du Tonquin sont très-estimés sur le marché de Hong-kong, où ils atteignent le prix des meilleurs grains de Siam : 2 piastres 20 cents et 2 piastres 40 cents le picul. Leur préparation est plus complète que celle des riz cargo de Saigon, où ils seraient classés comme riz blancs.

Pendant le dernier trimestre de 1880, 500,000 piculs ont été expédiés à Hong-kong en vertu d'une autorisation temporaire de la cour de Hué, qui montre la plus grande répugnance à permettre l'exportation. Les expéditions auraient été beaucoup plus fortes si les délais accordés par le gouvernement annamite l'avaient été tout d'abord pour trois mois ; mais on a commencé par fixer à deux mois la période d'ouverture, qu'on a prolongée ensuite d'un mois au dernier moment, de sorte que le commerce n'a pu engager d'opérations régulières. L'autorisation était d'ailleurs restreinte à quatre provinces : Hanoï, Haiduong, Nam-dinh et Ninh-binh.

Il est certain que le Tonquin pourrait, dans les bonnes années, exporter une quantité de riz considérable. La surface des rizières atteint probablement 1,500,000 hectares, et la récolte moyenne 30 millions de piculs. En temps ordinaire, le surplus ne peut être bien fort, puisque la population à nourrir est estimée à 8 millions d'âmes, et le plus souvent à 10 ; mais, dans une année heureuse, où la production peut monter à 40 millions de piculs, il reste certainement un excédant que les indigènes auraient intérêt à vendre au dehors. Cependant, le gouvernement de Hué les en empêche, sous prétexte de maintenir les subsistances à bon marché. Les autorisations d'exporter qui ont été données depuis cinq ans à titre temporaire ne l'ont été que sur nos instances, et jamais sans difficulté.

La soie grège figure aux comptes de douane pour la somme de 466,722 francs. Cette soie est mal dévidée, le fil n'est pas d'une grosseur égale. Un essai de filature se fait en ce moment à Hanoï avec des ouvriers venus de Canton.

Les tissus de soie exportés sont expédiés à Saigon, et représentent une valeur importante, plus de 1,100,000 francs. C'est principalement le genre d'étoffe dit *lành*, espèce de satin noir avec lequel on fait les pantalons de femmes. Viennent ensuite les tissus clairs, appelés *vân* et *xuyên*. Avec la passementerie, les objets brodés, les boîtes laquées et les incrustations, l'exportation pour Saigon atteint 1,200,000 francs.

L'étain vient entièrement du Yunnam. La valeur de 1 million 173,637 francs comptée par la douane est certainement beaucoup trop faible et peut être augmentée d'un bon tiers ; encore le prix de ce métal ne sera-t-il calculé ainsi qu'à 100 francs le picul. Il est donc descendu cette année du Yunnam pour plus de 1,600,000 francs d'étain. C'est un peu moins qu'en 1879, et beaucoup moins qu'en 1878, où la valeur déclarée à la sortie approchait de 2 millions. D'après les renseignements que j'ai pu recueillir, cependant, le produit des mines ne diminue pas et tend plutôt à augmenter, mais les exactions commises à la frontière par les Drapeaux noirs ne permettent pas au commerce de se développer.

Le commerce de *l'oléo-résine*, désigné par le nom d'huile à laquer, s'accroît chaque année dans une proportion sensible. Il en est sorti pour plus de 450,000 francs en 1880 Ce produit est récolté dans les provinces au-dessus de Hà-nôi : Son-tây, Hung-hoa, Tuyên-quang. etc.

Le riz, la soie, l'étain et l'huile à laquer constituent plus des quatre cinquièmes de l'exportation. Parmi les divers articles classés sous le nom de *produits divers*, qui forment le dernier cinquième, nous citerons le *cu-nao* ou faux gambier, l'huile de badiane ou d'anis étoilé, les drogues à l'état brut et les incrustations.

Le *cu-nao* ou *faux gambier* est un tubercule dont les Chinois retirent une peinture brune très-solide, analogue à celle qu'on extrait du gambier. On le trouve à l'état sauvage dans la région montagneuse et boisée qui s'étend entre Hà-nôi et la frontière de Chine. C'est, avec le riz, le seul produit encombrant à la sortie d'Haïphong. Il en a été expédié, en 1880, environ 2,400 tonnes à destination de Hong-kong. La valeur sur place est de 100 francs la tonne.

L'huile de badiane est extraite de l'anis étoilé (*Illicium anisatum*) qu'on récolte dans le Haut-Tonquin. La quantité déclarée à la sortie, en 1880, n'a pas dépassé 3,000 kilog. Ce produit est d'un prix très-élevé, environ 16 francs le kilogramme, et mérite une attention particulière. Peu de pays, en effet, produisent l'arbre à badiane, qui ne vient guère que dans quelques rares districts du Kouang-si et du Yunnam, au Japon et aux Philippines.

Les états de la douane ne mentionnent que l'huile ou essence de badiane, et ne parlent pas de la badiane qui sort à l'état de graines sèches. Ces expéditions ont lieu cependant, mais le produit est classé parmi les *drogues et médecines diverses* déclarées par le commerce.

Les incrustations de nacre sur bois dur, fabriquées au Tonquin, sont suffisamment connues. Cette industrie n'occupait jusqu'à présent qu'un petit nombre d'ouvriers, tous établis à Hà-nôi ou à Nam-dinh. Elle a pris depuis trois ans une extension notable, un peu aux dépens de la qualité des objets fabriqués.

Les marchandises envoyées à Hong-kong représent 79 p. 100, les expéditions pour Saigon 16 p. 100 et le cabotage 5 p. 100

seulement de la valeur totale des expéditions. Les produits du Yunnam y entrent pour 16 p. 100.

COMMERCE DU YUNNAM. — Le tableau suivant fera connaître sur quelles marchandises a principalement porté ce commerce pendant le cours de l'année 1880. Les estimations de valeurs sont faites d'après le cours de la place de Hà-noi.

TABLEAU des principales marchandises expédiées de Hà-nôi à destination du Yunnam pendant l'année 1881.

NATURE DES MARCHANDISES	VALEUR EN FRANCS	OBSERVATIONS
Sel marin	fr. 100.000	Sel du Tonquin.
Tabac	750.000	Tabac préparé pour la pipe à eau, d'un usage général au Yunnam. Provient de Canton et de Fokien.
Coton brut	83.000	La plus grande partie vient du Tonquin méridional.
Coton filé	143.000	De provenance anglaise.
Tissus de coton	150.000	
Lainages	34.000	De provenance anglaise et allemande
Mercerie	9.000	Aigui les, boutons de cuivre, etc.
Médecines chinoises	12.000	Viennent de Canton toutes préparées.
Allumettes	13 000	Allumettes suédoises.
Papier	35.000	Papier de couleur, fabriqué à Canton.
Poissons conservés et produits alimentaires	13.000	Crevettes sèches, poisson salé, fruits secs, viandes salées.
Poivre	6 000	Vient de Singapore par Hong-kong.
Bois de santal	8.000	Vient par Hong-kong.
Noix d'arec	5.000	Viennent de Tourane.
Marchandises diverses	8.000	Quincaillerie, porcelaine, lampes à fumer l'opium, etc.
Total	1.369.000	

Les marchandises européennes entrent dans ce chiffre pour 350,000 francs environ ; ce sont : des cotons anglais, tissus ou filés, quelques lainages de provenance anglaise ou allemande, des allumettes, des aiguilles, des boutons de cuivre doré, etc.

MARCHANDISES arrivées à Hà-nói, provenant du Yunnam, pendant l'année 1880.

NATURE DES MARCHANDISES	VALEUR EN FRANCS	OBSERVATIONS
Étain	fr. 1.600.000	Quelques milliers de kilogrammes consommés au Tonquin. Le reste s'envoie à Hong kong.
Opium	450.000	Consommé au Tonquin.
Thé	60.000	Idem.
Droguerie	20.000	S'exporte à Canton.
Faux gambier	30.000	Ce faux gambier ou cu-nao entre pour plus de 2 00 00 fr. dans l'exportation générale du Tonquin. Une certaine partie vient des forêts situées en territoire chinois entre Mang-hao et Lao kay.
Total	2.160.000	

La différence entre les entrées et les sorties, valeur à Hà-noi, représente les droits à payer, les frais de transport et le bénéfice des expéditeurs. Le mouvement total du transit peut être évalué approximativement à 4 millions.

Si nous comparons les chiffres donnés par les tableaux ci-dessus à ceux de l'année précédente, nous remarquons un accroissement notable de marchandises européennes, portant principalement sur les cotons tissus ou filés ; à la sortie, une diminution sur l'étain, compensée par une très-forte augmentation sur l'opium, qui vient au Tonquin faire concurrence à l'opium de l'Inde. L'ensemble des résultats obtenus présente une légère amélioration par rapport à l'exercice 1879; mais il paraît évident que le commerce du Yunnam ne saurait prendre une extension considérable sous le régime actuel, au moins tant que les Drapeaux noirs continueront leurs exactions à la frontière.

Mouvement du port. — Pendant le cours l'année 1880, il est entré ou sorti 253 navires européens, avec une jauge générale de 114,197 tonneaux, et 505 jonques chinoises, avec une jauge de 9,616 tonneaux ; soit un mouvement total de 123,813 tonneaux.

Ce chiffre dépasse de 4,500 tonnes celui de l'année précédente.

L'augmentation provient de ce qu'on a exporté les riz librement pendant le 4ᵉ trimestre de 1880, tandis que la sortie des céréales a été prohibée durant toute l'année 1879.

Presque tous les navires européens qui ont fréquenté le port étaient des vapeurs. Leur jauge moyenne était de 450 tonneaux, les navires d'un grand tirant d'eau ne pouvant passer la barre de Cura-Câm, sur laquelle il n'y a guère que 5 mèt. 50 cent. à marée haute.

Si l'on recherche dans quelles proportions les divers pavillons ont pris part au mouvement maritime, on trouve que le pavillon anglais couvre 35 p. 100 du tonnage total; le pavillon américain 20 p. 100; le pavillon chinois, 25, 5 p. 100, par ses vapeurs seulement, sans compter les jonques; le pavillon allemand, 11 p. 100; le pavillon hollandais, 5,5 p. 100; le pavillon français, 5 p. 100.

Les mouvements sous pavillon anglais ont beaucoup diminué depuis deux ans. Nous avons, par contre, à noter l'apparition des vapeurs naviguant sous pavillon chinois. Presque tous appartiennent à la puissante compagnie qui s'est formée en Chine sous le patronage du gouvernement: *The Chinese merchants steam navigation company*. Ces navires sont en général beaux et bien construits. Ils sont commandés par des capitaines européens, anglais pour la plupart, qui se louent beaucoup de leurs relations avec les armateurs chinois.

La navigation française tient, jusqu'à présent, une trop faible place; encore ne l'occupe-t-elle que grâce aux voyages du vapeur subventionné par l'Administration de la Cochinchine française. On ne saurait s'en étonner d'ailleurs, puisque les navires à voiles ne sont pas jugés avantageux pour les voyages du Tonquin, et qu'il n'y a pas de vapeurs français dans les mers de Chine.

Les jonques chinoises que nous voyons à Haïphong jaugent en moyenne 45 à 60 tonneaux, et viennent presque toutes du port voisin de Pak-hoi. Leur nombre a beaucoup diminué depuis trois ans, et on peut prévoir l'époque où elles seront complètement remplacées par les vapeurs.

Le mouvement de navigation se fait presque exclusivement avec Hong-kong. Hors la période d'exportation des riz, où les navires sont entièrement chargés au Tonquin et se rendent alors sans relâche à leur destination, les navires venant de Hong-kong ou y retournant passent à Hoi-how, dans l'île d'Haïnam, et à Pak-hoi. Ils trouvent généralement à compléter leurs chargements dans un de ces deux ports, ou bien ils y embarquent des passagers.

L'entrée de la rivière est marquée par un feu fixe, très-bien placé sur la petite île de Hòn-dâu, mais dont la portée est beaucoup trop faible. La lanterne qui sert depuis cinq ans est celle d'un simple feu de port, et il sera nécessaire de la remplacer à bref délai. Le balisage des passes devrait être en même temps complété par un bateau-feu mouillé sur la barre intérieure. Cette installation permettrait aux navires de monter la nuit quand la marée est favorable ; elle n'occasionnerait pas de grands frais, et les journées qu'elle ferait gagner se compteraient à la fin de l'année. Dans l'état actuel des choses, un bâtiment pourrait se perdre à l'époque des typhons, parce qu'il n'aura pu franchir la barre de nuit.

Haïphong n'est, à proprement parler, qu'un port de transbordement où les chargements de navires sont mis sur des bateaux de rivière, et réciproquement. Les véritables entrepôts sont les villes de Hà-nôi et de Nam-dinh. C'est là que sont établies les maisons de commerce, dont les négociants de Haïphong sont les commissionnaires et les agents ; c'est de là que les marchandises sont distribuées dans l'intérieur du pays. De ces deux entrepôts, Hà-nôi est de beaucoup le plus important.

Les transports, entre Haïphong et Hà-nôi, se font au moyen de jonques ou de vapeurs de rivière. Le nombre des jonques est assez restreint. Ce mode de transport offre d'ailleurs un grand désavantage, parce que les bateaux sont fréquemment l'objet d'exactions ou d'avanies de la part des douanes intérieures. Les négociants du pays se servent donc volontiers de petits vapeurs qui font maintenant sur le fleuve un service à peu près régulier. Leur mouvement pour 1880 est d'environ 15,000 tonnes.

Il est à croire que si ces vapeurs étaient mieux appropriés à leur navigation spéciale, ils ne tarderaient pas à être chargés de la totalité des transports, qui montent aujourd'hui à 60 ou 70,000 tonnes. Mais leur tirant d'eau est en général beaucoup trop fort, et ils sont arrêtés plusieurs jours chaque mois pendant la saison des basses eaux. Le bâtiment le plus convenable pour le service du fleuve serait probablement un vapeur à roues, qui pourrait être aisément construit pour porter 80 ou 100 tonnes de marchandises et 60 ou 80 passagers indigènes, tout en étant maintenu à 3 pieds de tirant d'eau. Un bateau de ce genre irait à Hà-nôi en tout temps et en toute saison, sans s'arrêter. Il passerait habituellement par le Cù'a-Trai, allongeant ainsi son trajet de quelques milles pour éviter le canal trop étroit du Sông-Tam-Bac.

20 millions de francs, dont 4 millions pour le transit du Yunnam, telle est en résumé la valeur des marchandises entrées ou sorties par le port de Haïphong. Ce chiffre représente au moins les quatre cinquièmes du commerce général du Tonquin, les affaires qui se font par les petits ports situés plus au sud, le Tràly, par exemple, et le Cù'a-Dai, étant relativement de peu d'importance. Mentionnons cependant l'exportation du poisson salé qui se fait à Càt-bà, où plus de 800 jonques chinoises viennent pêcher chaque année pendant toute une saison.

Nous avons dit plus haut que le résultat obtenu n'était pas supérieur à celui des bonnes années précédentes, 1877 et 1878; que le commerce faisait en somme peu de progrès, et que la faute en était à un régime économique déplorable. Il est permis de croire que la situation ne s'améliorera que lentement, tant que, les conditions resteront les mêmes. Quel serait maintenant le développement auquel on pourrait s'attendre si ces conditions étaient tout autres, dans l'hypothèse, par exemple, où le pays deviendrait français?

Nous ne pouvons mieux faire, assurément, que de nous baser, pour cet intéressant calcul, sur les résultats obtenus dans la Cochinchine française. Les Annamites du Tonquin ont, à peu de chose près, les mêmes goûts, les mêmes besoins et les mêmes habitudes que ceux de notre colonie; ils consomment les mêmes denrées et les mêmes objets fabriqués. N'est-il pas probable que s'ils étaient arrivés au même degré d'aisance, ils prendraient ces produits divers en quantités, non pas égales, mais proportionnelles au chiffre de la population? Or, le Tonquin est cinq fois plus peuplé que la Basse-Cochinchine, si nous prenons à cet égard les évaluations les plus modérées, et la statistique officielle nous apprend que les marchandises introduites à Saigon, pour l'usage exclusif des indigènes, représentent une valeur de 30 millions de francs. C'est donc à 150 millions qu'il faudrait évaluer les importations du Tonquin, s'il était au même point que nos établissements des six provinces.

Le pays serait-il capable de fournir une exportation équivalente ? Nous n'en doutons pas. Evidemment, le Tonquin ne saurait exporter, dès à présent, autant de riz que la Cochinchine ; le nombre des habitants à nourrir est trop considérable. Cependant, la production laisse déjà, dans les bonnes années, un excédant qui se chiffre par millions de piculs, excédant que les propriétaires sont obligés de vendre à vil prix, parce que la sortie des grains est interdite ; n'est-il pas clair que cette production augmenterait nécessairement sous un régime de liberté ? Il ne manque pas, d'ailleurs, de terres incultes à défricher, et les rizières du Delta elles-mêmes ne sont pas arrivées en général à leur maximum de rendement, si l'on en juge par les résultats obtenus dans quelques districts où la culture est soignée. En un mot, le Tonquin pourrait donner en céréales une exportation supérieure en quantité, et très-supérieure comme valeur, à celle de la Basse-Cochinchine, puisqu'il y a dans les produits une différence de qualité bien constatée.

Mais le riz est loin d'être ici le seul article d'exportation. La production de la soie est susceptible d'une extension presque indéfinie ; celle du sucre se traduit déjà par un chiffre respectable, et paraît appelée à un grand avenir, car les terres rouges de l'intérieur sont éminemment propres à la culture de la canne ; nous avons déjà signalé d'autre part l'huile à laquer, la badiane ; le tabac est excellent, moins chargé de nicotine que celui de Saigon, et rappelle celui des Philippines ; l'abaca ou chanvre de Manille vient avec la plus grand facilité ; enfin, il n'est pas douteux que des mines de charbon ne puissent être exploitées à proximité de la côte. Nous ne mentionnerons que pour mémoire les gisements métalliques sur lesquels on ne possède pas encore des données suffisantes. Quant au transit du Yunnam, le développement dont il est susceptible est diversement apprécié ; mais on ne peut refuser d'admettre qu'en tout état de cause, il fournira au commerce général un appoint d'une importance réelle, surtout si le marché d'échanges établi à la frontière peut être mis en communication avec la mer, soit par une ligne de bateaux à vapeur, soit par un chemin de fer qui suivrait la vallée du fleuve.

Ainsi, nous prévoyons pour le Tonquin une consommation

annuelle de 150 millions et une exportation au moins équivalente, c'est-à-dire un mouvement commercial de plus de 300 millions, qui passerait entièrement par le port d'Haïphong. D'après les statistiques publiées en 1880 par les douanes chinoises, la valeur totale des échanges est à Shang-haï, de 380 millions; à Hankow, de 250 millions; à Canton, de 190 millions, et ces chiffres n'augmentent plus que très-lentement. Si nos prévisions sont justes, Haïphong pourrait donc prendre entre nos mains une importance qui le classerait immédiatement après Shang-haï.

Mais si des événements semblent devoir survenir tôt ou tard, qui soustrairaient entièrement le Tonquin au joug de la cour de Hué et à l'administration de ses mandarins, il est possible aussi qu'un pareil changement ne se produise que dans un temps plus ou moins éloigné. Nous sommes donc amenés à rechercher quelles modifications il conviendrait d'apporter tout d'abord au traité de commerce qui régit aujourd'hui nos affaires avec l'Annam.

1° La plus importante des dispositions à introduire dans une convention nouvelle serait, à notre avis, celle qui établirait la suppression radicale et complète des barrières ou douanes intérieures établies dans chaque province. Sous prétexte de percevoir un impôt de circulation, ou plutôt un octroi provincial, ces douanes entravent toutes les opérations commerciales; elles empêchent les marchandises étrangères de se répandre dans l'intérieur du pays; elles empêchent surtout les produits du Tonquin de parvenir librement au port d'embarquement, c'est-à-dire que ces produits y arrivent quelquefois grevés de charges si lourdes que leur exportation n'est plus avantageuse.

2° En ce qui concerne la dispersion de la bande des Drapeaux noirs établie à la frontière du Yunnam, il n'est pas besoin d'introduire une disposition spéciale, ce qui se passe actuellement étant absolument contraire au traité. Mais on pourrait stipuler l'ouverture au commerce européen du marché de Lao-kay, où serait établi un bureau de douane chargé de percevoir des droits à l'entrée sur le territoire annamite, conformément au paragraphe 10 de l'article 2 du traité du 31 août 1874.

3° La place de Nam-dinh ne le cède en importance commerciale qu'à celle de Hà-nôi, et dans ces deux villes se font toutes les affaires du pays. Nam-dinh devrait également être ouvert aux Européens.

4° L'application du droit *ad valorem*, établi par le traité, donne lieu à des contestations ou à des fraudes. Il y aurait avantage à établir un tarif de droits spécifiques, calculé à raison de 5 p. 100 du prix ordinaire des marchandises. C'est ainsi qu'on a procédé en Chine : le traité de Tien-tsin (27 juin 1858) fixait à 5 p. 100, d'une façon générale, les droits sur le commerce étranger ; on a calculé sur cette base un tarif général qui été adopté par convention spéciale du mois de novembre suivant.

5° Les ressources du pays sont encore si peu développées, qu'on ne voudra pas sans doute imposer dès à présent, au gouvernement annamite, la liberté complète et absolue du commerce des grains ; il conviendrait cependant de rechercher le moyen d'améliorer l'état de choses actuel, qui laisse à l'arbitraire une place trop grande. On stipulerait, par exemple, que la circulation du riz est toujours permise à l'intérieur, et que l'exportation n'en peut être interdite que lorsque le prix moyen des principaux marchés, Hà-nôi et Nam-dinh, dépasse une limite fixée. Ce système n'est pas nouveau, ni parfait ; mais il constituerait, à défaut d'autres, un véritable progrès.

6° Nous proposerions, en dernier lieu, l'introduction d'une clause relative aux monopoles, visant principalement les concessions de mines : ces concessions seraient, autant que possible, réservées à nos nationaux et ne pourraient être données, dans tous les cas, que d'accord avec l'autorité française.

Haiphong, le 15 mars 1881.

C. DE KERGARADEC.

DE L'INFLUENCE DES RELIGIONS

SUR LE

DÉVELOPPEMENT ÉCONOMIQUE DES PEUPLES

Par M. Louis DESGRAND

La communication faite par M. Desgrand, dans la séance du 9 septembre, et autorisée par décision unanime du bureau (voir page 101), est extraite d'un ouvrage que l'auteur prépare sous ce titre.

Le peu de temps accordé à l'orateur ne lui ayant pas permis de développer son sujet, nous en donnons ci-après un résumé.

Le géographe qui a étudié la famille humaine au point de vue économique, ne saurait méconnaître la corrélation qui existe entre la valeur des croyances religieuses et le développement du travail. Apprécier les divergences entre les diverses religions, l'influence favorable ou défavorable qu'elles exercent sur la marche du travail, tel a été le but de l'étude de M. L. Desgrand.

On ne saurait en méconnaître l'importance et l'opportunité. Tout ce qui agit sur le moral du travailleur affecte nécessairement aussi la qualité et la somme du travail produit. A ce point de vue, les croyances dans lesquelles un peuple a été élevé doivent avoir sur sa destinée une haute influence qu'il convient d'étudier, d'autant plus que les problèmes économiques ont pris, à notre époque, un caractère d'internationalité si prononcé qu'ils sont devenus l'une des principales préoccupations des gouvernements.

Six grands courants religieux se partagent le monde civilisé : le *Brahmanisme*, le *Boudhisme*, la *Religion officielle en Chine*, le *Mahomé-*

tisme, le *Judaïsme* et le *Christianisme*. Une statistique autorisée en fait connaître l'importance relative (1).

270 millions d'êtres, plus ou moins ignorants ou dégradés, attachés à toutes sortes de superstitions, restent en dehors de ces courants. On n'a pas cru devoir les comprendre dans ce travail, car on ne peut les considérer comme nations civilisées. Leur état notoire d'infériorité sociale et économique eût cependant pu venir à l'appui de la théorie soutenue.

Dans l'ensemble de cette étude, M. Desgrand n'a pu s'occuper que très-imparfaitement des anciennes religions de l'Egypte, de la Grèce, de Rome. Elles n'ont pas, en effet, laissé de corps de doctrines écrites. Il a seulement pu constater que toutes admettaient l'existence de Dieu et une vie future.

I

Le Brahmanisme.

D'après les doctrines brahmaniques, l'Hindou est une émanation directe de la divinité. Selon qu'il procède d'une partie plus ou moins noble de son corps, il est irrévocablement rivé à l'une des quatre castes qui forment, aux Indes, l'organisme social. Quelles que soient ses aptitudes, quelques efforts qu'il fasse, l'Hindou né dans une classe inférieure ne pourra passer à la classe supérieure. La loi civile enchérit encore sur cet ordre de choses, immuable puisqu'il est divin, en attribuant à la caste sacerdotale le droit exclusif de possession.

Il suit de là que le stimulant de l'intérêt, que l'aiguillon de la concurrence, que l'emploi si productif des spécialités ne peuvent s'exercer que dans l'étroite limite de la caste. Si l'on ajoute à ces causes d'infériorité les obstacles que la croyance à la métempsycose crée à l'agriculture, on comprendra sans peine pourquoi les sectateurs de Brahma sont restés stationnaires depuis des siècles. Paralysé dans son initiative, l'Hindou n'a tiré aucun parti de la fertilité de son sol et de la beauté de son climat. On ne peut cependant attribuer à ces dons naturels cette paresse qui

---

(1) Voir le tableau ci-après donnant le classement de la population du globe par religions.

la caractérise puisque le Parsi, originaire de la Perse, qui vit avec lui depuis plus de 1,200 ans, mais qui suit la religion de Zoroastre, se distingue, au contraire, par ses aptitudes économiques et se fait apprécier, par ce fait, dans tous les grands centres commerciaux du monde.

II

Le Boudhisme.

Le Boudhisme a opéré une puissante réaction contre l'esprit de caste. Çakiamouny, fondateur de cette religion, a reconnu que l'homme naissait libre et devait jouir sans entraves des bénéfices de son initiative. Mais bien loin de stimuler et de développer le goût du travail, les croyances boudhiques le détruisent dans sa source.

D'après cette doctrine, en effet, l'Etre suprême ne nous envoie sur la terre que pour souffrir, et nous serons condamnés à de nouvelles existences jusqu'à ce que nous soyons devenus assez parfaits pour rester insensibles et indifférents aux choses de la vie matérielle. Toutes les manifestations des sens, les moindres besoins, les simples désirs mêmes sont considérés comme des douleurs. La perfection, c'est de les éviter. Nous obtenons alors de ne plus rentrer dans la vie terrestre, nous passons à l'état de *Nirvana*, sorte d'insensibilité, d'anéantissement si profond qu'aux yeux de beaucoup de théologiens, il est l'équivalent du néant.

Sous l'influence de pareilles doctrines, les populations en arrivent vite à l'abandon de tout travail pénible. Un instinct naturel leur fait déjà préférer le repos à l'effort. Que sera-ce si l'enseignement religieux les prédispose à une vie contemplative plutôt qu'active, si on leur dit que le mérite consiste à s'affranchir de la peine et que l'idéal de l'homme c'est le repos absolu ?

De là l'extension de la vie cénobitique sous la forme de lamaseries. Aux yeux d'un fervent boudhiste, le travail ne doit pas être considéré comme l'instrument d'œuvres méritoires pour notre but final, ni même comme un moyen de réaliser un bien-être désirable, mais tout au plus comme une suprême ressource, à laquelle on ne doit recourir qu'en cas d'absolue nécessité.

Le Brahmanisme, en créant des obstacles au développement de l'initiative individuelle, le Boudhisme, en réduisant à l'extrême les besoins de la vie, expliquent l'état d'infériorité économique que l'on constate chez les peuples pratiquant ces cultes.

III

La Religion officielle en Chine.

Si le mysticisme domine dans les croyances boudhiques, les tendances de la religion officielle en Chine sont conçues dans un sens absolument opposé. Les préoccupations d'ordre matériel y dominent à ce point que M. le baron Hubner, le savant diplomate voyageur, n'a pas craint d'écrire que *tous les lettrés étaient athées* et que la doctrine de Confucius était responsable de cette aberration.

Mais c'est là une erreur. Le philosophe chinois n'a pas eu la prétention de fonder une religion. Ayant reconnu que la vérité primitive s'était altérée dans la marche des populations d'Occident en Orient, il eut la gloire de proclamer qu'elle reviendrait en Chine par la même voie et de consacrer sa vie à en chercher les éléments épars, à les réunir en corps de doctrine et à les enseigner à l'aide de nombreux disciples dans toute l'étendue de l'Empire, en s'attachant de préférence à en imprégner l'âme des gouvernants, bien convaincu que leur exemple entraînerait les sujets.

Or on a retrouvé dans le fond de l'œuvre de Confucius quelques-uns des traits essentiels de la doctrine biblique, entre autres le Dieu créateur, qu'il désigne sous le nom de Seigneur du Ciel. Tout homme lui doit obéissance, respect et crainte. L'Empereur est son fils ; celui-ci doit aimer ses sujets comme ses enfants ; ces derniers le vénèrent comme leur père et, dans la vie sociale, pères et enfants sont tenus aux mêmes devoirs les uns vis-à-vis des autres. Les 400 millions de Chinois forment ainsi une grande famille qui rappelle les coutumes patriarcales et réalise, en quelque sorte, d'une manière pratique le principe dominant du Judaïsme et du Christianisme, l'amour du prochain.

La doctrine de Confucius n'est donc pas l'athéisme. Mais on

ne peut disconvenir qu'elle s'appuie sur la raison de l'homme et sur le témoignage des sens bien plus que sur le spiritualisme. Le culte pratique des ancêtres, les images, remplacent l'adoration de la Divinité, qui n'apparaît qu'à titre d'abstraction. On comprend dès lors que le Chinois n'a pu recevoir, depuis des siècles, qu'une éducation parfaitement uniforme, technique et professionnelle, comme on dit de nos jours, mais absolument dénuée d'idéal et d'esprit de progrès. Le modèle manquait aux directeurs et aux professeurs de l'enseignement. En ne le basant que sur le côté positiviste des choses, en n'admettant que ce qu'on peut voir, sentir et toucher, en ne demandant rien, ou à peu près rien, à l'idéal, à l'infini, l'enseignement chinois ne pouvait que rester dans la routine et être impuissant à élever les générations vers les régions du beau, du grand, du sublime.

C'est ainsi que l'éducation religieuse et intellectuelle a fait du Chinois, depuis plus de cinquante siècles, un bon père de famille, un excellent travailleur local, imitant ce qu'il voit, mais ne pensant jamais à rechercher le mieux. Il a fallu que d'autres peuples, animés de cet esprit d'initiative, sans lequel tout progrès est impossible, vinssent chercher ce qu'il a de trop et apporter ce qui lui manque pour qu'on commence à soupçonner en Chine qu'il est temps d'étudier les moyens de prendre, dans l'ensemble de la civilisation humaine, une place plus en harmonie avec le nombre et les qualités naturelles de ses habitants. On sait qu'ils forment près du tiers de la population totale du globe.

IV

Le Mahométisme.

Quelques mots suffisent à caractériser le Mahométisme. Le fatalisme, règle absolue des rapports de Dieu avec sa créature ; le principe d'autorité poussé jusqu'à l'admission des droits de l'homme sur la personne et sur le travail de son semblable ; la violence, la guerre à l'infidèle, ouvertement conseillée comme le seul moyen efficace de répondre aux ardeurs d'un prosélytisme passionné, devoir de tout bon musulman ; tels sont les caractères distinctifs d'une religion qui a failli subjuguer l'Europe.

On comprend ce que peut valoir, en principe, un régime qui nie ainsi la liberté d'initiative de l'homme; d'un régime où les produits du travail ne dépendent pas de l'effort de l'ouvrier, mais d'une volonté contre laquelle il ne peut rien. Les travaux d'intétérêt public, aussi bien que ceux d'ordre privé, d'agriculture, d'industrie et de commerce, sont, en général, considérés par le musulman comme au-dessous de sa dignité. Aussi voit-on la stérilité économique se produire partout où règne le croissant. C'est la conséquence logique des principes de la religion de Mahomet.

V

Judaïsme et Christianisme.

La religion juive et la religion chrétienne ont une origine identique. Leur Dieu est le même. Toutes deux s'appuient sur ce grand principe de la loi : *aimer Dieu par-dessus toutes choses et son prochain comme soi-même.* C'est sur l'interprétation à donner à cette loi fondamentale, sur son exécution plus ou moins large, plus ou moins complète, que s'est produite la division qui sépare encore aujourd'hui deux religions qui reconnaissent cependant le même Dieu.

Dans leurs rapports économiques entre eux et avec les nations étrangères, les juifs avaient cru pouvoir agir dans un sens d'égalité haineuse, *œil pour œil, dent pour dent.* A l'aide de cette maxime, ils s'étaient attiré des richesses, une force sociale et une habileté qui les plaçaient haut dans l'échelle de la civilisation. Mais ils s'étaient en même temps détournés des voies de Dieu. En donnant ainsi, dans leur direction journalière, une trop large place aux calculs matériels, leur esprit s'était alourdi au point de perdre de vue les intérêts supérieurs de la vie éternelle.

Lors donc que le Christ parut, annonçant qu'il était venu dans le monde pour le racheter et lui ouvrir les portes de l'éternité, la majorité du peuple juif, voyant que cet homme ne parlait pas de rendre aux juifs leurs forces et leurs splendeurs passées, ne comprit rien à sa doctrine d'amour, d'esprit de sacrifice et de dévouement, se refusa à voir en lui le Rédempteur promis et le laissa condamner à mort et crucifier. Une minorité, cependant, ouvrit les yeux, reconnut le Christ annoncé par les Ecritures et se rallia de cœur et d'âme à sa doctrine.

Or ce maigre filet, si faible qu'il fût à l'origine, est devenu le plus puissant des six grands courants religieux qui se partagent le monde. Ni la jalouse hostilité des juifs, ni les sanglantes persécutions des empereurs romains n'ont pu arrêter ou retarder sa marche. Franchissant toutes les barrières, s'en servant même, il a traversé les mers, s'est répandu sur tous les continents et finira par pénétrer dans leurs parties les plus reculées.

Comment en douter, lorsqu'on pense que les nations chrétiennes comptent aujourd'hui 283 millions de travailleurs qui, sous une forme ou sous l'autre, de près ou de loin, contribuent tous à la diffusion de l'idée et des œuvres chrétiennes dans le monde ? Telle est leur puissance au point de vue économique, objet spécial de cette étude, que leurs partisans emploient à eux seuls une flotte marchande de 27 millions de tonnes, sur les 29 que compte l'ensemble des marines du monde commercial (1). Une armée de cent mille de leurs travailleurs de toutes classes, de toutes professions, commerçants, industriels, missionnaires, hommes de science ou de loisir, est ainsi en constant mouvement dans toutes les directions, tandis que c'est à peine si l'Asie et l'Afrique nous envoient de temps en temps quelques rares visiteurs.

VI

Conclusion.

En présence de tels résultats, on se demande naturellement comment le sceptre de la civilisation économique a passé ainsi d'Asie en Europe ; comment le travail de populations réputées barbares, ignorantes et qui l'étaient, en effet, à l'apparition du Christ, dépasse maintenant dans de si larges proportions l'œuvre de peuples considérés, alors, comme les plus instruits et les plus intelligents.

Or il résulte clairement des investigations de l'auteur que c'est à la suppression des obstacles opposés à l'initiative et à la li-

---

(1) Voir ci-après la statistique des marines marchandes.

berté des travailleurs, ainsi qu'à la supériorité des stimulants à l'aide desquels le Christianisme aiguillonne l'indolence naturelle de l'homme, qu'il faut attribuer la cause de ce changement.

Restrictions et barrières de toutes sortes, voilà, en effet, ce qui domine dans les religions asiatiques.

Chez le *Brahmane* : priviléges de castes ; amoindrissement du principe d'émulation et de concurrence ; entraves au libre épanouissement des vocations et des spécialités.

Dans les pays *boudhiques* : anéantissement des sources du travail par la croyance à l'obligation de la douleur en cette vie et à l'insensibilité absolue à la mort ; condamnation de toutes préoccupations matérielles.

En Chine, avec la *religion de Confucius* et le culte des ancêtres, officiellement et rigoureusement imposé par l'Etat, appauvrissement de tout esprit d'initiative et prédominance de la routine, résultat infaillible d'un enseignement uniforme et systématiquement basé sur les faits d'ordre sensible.

En pays *mahométan* : glorification de la violence et du fanatisme ; suppression absolue de l'autonomie humaine et, par suite, de toute velléité d'efforts en vue d'un travail dont les résultats ne dépendent en rien de nous.

Dans le *Christianisme*, au contraire, non-seulement rien ne gêne le travailleur, mais tout se réunit pour l'encourager et lui venir en aide. La loi primordiale de charité que le chrétien doit exécuter dans son plein, en accomplissant les actes dans un sens d'utilité générale autant que personnelle, bien loin d'affaiblir le travailleur, lui apporte, tout en respectant sa position individuelle, la force que donne le principe de collectivité, comparé à la faiblesse qu'entraîne l'isolement. Le fort y trouve la satisfaction de penser que son œuvre pourra servir à moins avantagés que lui. Le faible se sent rassuré et encouragé à l'idée qu'il peut compter sur un appui si le besoin s'en fait sentir. Pour les uns et les autres, c'est un stimulant à l'épargne et à la capitalisation, afin de se mettre en mesure de contribuer de son mieux à l'avantage de tous.

On le voit, le Christianisme imprime à nos actes une direction d'ensemble ; il rapproche, réunit, associe et, par suite, fortifie ses adhérents. Bien loin de distinguer entre les deux problèmes de la vie, la matière et l'esprit, et de favoriser l'un de préférence à l'autre, il s'efforce d'en former un tout solidaire. Le travail que nous faisons, pour trouver l'heureuse solution du premier, tourne ainsi au profit du second, but final de notre existence. En termes plus clairs et plus simples, la fortune matérielle que le chrétien acquiert peut et doit l'aider à la conquête des richesses impérissables.

On comprend, dès lors, comment le Christianisme développe dans l'âme de l'homme une force d'initiative, une ardeur au travail et des aspirations vers le progrès qui triomphent de tous les obstacles. Ainsi s'explique pourquoi cette minorité du peuple juif qui a suivi le Christ, en adoptant sa large interprétation du principe de charité, est devenue une majorité de 283 millions; pourquoi, aussi, elle a pu, dans un espace de temps relativement court, rendre à la femme sa dignité, réformer dans un sens de liberté et d'équité les anciennes conditions de travail basées sur l'esclavage, et opérer ce significatif déplacement de la civilisation que Montesquieu a déjà signalé.

Deux conclusions se dégagent donc de l'étude de M. Louis Desgrand. La première, c'est que les religions exercent évidemment une influence considérable sur le développement économique des peuples.

La seconde, c'est que cette influence est d'autant plus puissante et attractive que la doctrine enseignée s'appuie plus fermement sur le principe de dévouement et de sacrifice.

POPULATION DU GLOBE

CLASSEMENT PAR RELIGION

Population totale. (Die Bewolkerung der Erde, 1881). . . . 1456 millions.

Chrétiens.   Millions.

Catholiques (Almanach de Gotha, 1881)	200	
Protestants (bulletin mensuel de la Church Missionary de Londres)	116	383
Schismatiques (Russes, Grecs, Arméniens, Coptes) (statistique russe de 1876)	67	

Boudhistes.

Thibet, Ceylan, Birmanie . . . . environ.	175	
Chinois . . . . »	150	355
Hindous et Japonais . . . . »	30	

Brahmanistes (Hindous) 140
Religion de Confucius, en Chine.
Sintoïsme au Japon et en Corée. } 213
Musulmans (Asie, Afrique) 150
Juifs sur tous les points du globe 8
Païens ou non classés 207

1456 millions.

MARINE MARCHANDE AU 1ᵉʳ JANVIER 1882

NAVIRES AU-DESSUS DE 50 TONNEAUX

D'après la statistique de M. Kiaert, Suédois
(*Economiste français* du 3 juin 1881).

Note. — Dans le calcul du tonnage, chaque tonne de navire à vapeur est comptée comme l'équivalent de trois tonnes de navire à voile.

Pays chrétiens.

Grande-Bretagne et Irlande	11.696.793 tonnes.
Etats-Unis	3.700.663
Norwége	1.539.275
Allemagne	1.442.269
France	1 418.312
Amérique anglaise (Canada) et Australie	1.366.278
Italie	1.069.310
Suède	628.275
Espagne	600.794
Pays-Bas	467.186
Russie d'Europe	434.482
Autriche	358.745
Océanie anglaise	351.891
Danemark	327.638
Finlande	266.763
Asie anglaise	238.275
Grèce	229.916
Belgique	136.474
Océanie néerlandaise	114.639
Portugal	103.810
Amérique espagnole	99.875
Hongrie	75.874
Asie espagnole (Philippines)	52.594
Total	27.147.450

Pays non chrétiens.

Turquie environ.	1.000.000
Chine	2.000.000
Japon	272.673
Total	3.272.673

ÉTUDE D'OROGRAPHIE GÉNÉRALE

OU

DES GRANDS TRAITS DU RELIEF TERRESTRE

Par M. TITRE,

Chef d'escadron d'Etat-major en retraite,
Membre de la Société de Géographie d'Alger.

« Sont-ce là de simples coïncidences ? ou ne faut-il pas y
« voir plutôt l'effet d'une loi dans la distribution des terres ?
« Il est difficile de mettre en doute l'existence de cette loi ;
« mais on ne saurait donner la raison de l'ordonnance
« régulière des terres émergées, aussi longtemps que la
« structure profonde du corps planétaire ne sera pas
« connue. C'est de la distribution des masses intérieures
« que doivent dépendre surtout les formes de cette pelli-
« cule extérieure sur laquelle se déroule l'histoire des na-
« tions. »
(*Nouvelle Géographie universelle* d'Elisée Reclus, 6ᵉ v., p. 29)

« Quelque conjecturale qu'en soit la cause, un phéno-
« mène immense a sillonné ces contrées, ses effets s'ob-
« servent jusque sur l'Amérique du nord ; l'agent actif
« a dû être une grande masse d'eau partie des régions po-
« laires et marchant du nord au sud, en charriant des gla-
« ces dans sa course. Cette inondation, qui s'est étendue
« depuis le Groënland jusqu'aux monts Ourals, a dû passer
« sur la Russie, la Pologne et l'Allemagne, et y déposer les
« blocs erratiques. »
(Rapport de M. Durocher à l'Institut sur les blocs
erratiques de l'Europe septentrionale, à l'Institut,
en 1839.)

Alger, le 25 mars 1882.

Mon Colonel,

Vous m'avez demandé quelques explications écrites pour l'intelligence de plusieurs essais cartographiques que j'ai présentés, l'année
dernière, à la Société de géographie de Paris et aux Congrès géographiques de Lyon et de Venise. En voici cinquante pages ! C'est

beaucoup (que le lecteur me pardonne) pour des œuvres qui n'ont que peu de chance d'être jamais reproduites ou publiées, mais c'est encore peu si l'on considère l'importance du fait géographique qu'elles tendent à mettre en lumière, et la difficulté d'en démontrer la réelle existence. Si mes cartes venaient à être publiées, ces pages aideraient à les lire. A leur tour, elles parleraient mieux que toutes mes explications ; au moins serviraient-elles à les faire mieux comprendre.

Croyez, mon colonel, à mes sentiments de respectueuse amitié.

CH. TITRE,
Chef d'escadron d'état-major retraité.

A Monsieur le colonel Debize, secrétaire général de la Société de géographie de Lyon, quai de Retz, 25.

L'océan recouvre presque les quatre cinquièmes de la terre. L'intersection de la surface régulière de cette enveloppe aqueuse avec celle du noyau solide est le premier trait géographique. Limitée par ce trait, la partie émergée du noyau est la seule accessible à nos regards et la seule relativement stable. Elle est le domaine naturel de l'homme. De sa forme totale, non pas seulement de ses contours, dépendent la distribution des eaux et la direction des courants atmosphériques à sa superficie. Cette forme est donc, avec la chaleur solaire, la cause première de tous nos biens et de tous nos maux. Sa description dans les livres, sa représentation dans les cartes font l'objet de ce qu'on appelle en géographie l'*étude du relief*. Le relief est donc pour le géographe, dans l'étude des différentes parties de notre globe, l'élément le plus important à connaître. Par sa forme complexe, il est pour le topographe le plus long à étudier, pour le cartographe le plus difficile à bien peindre.

Hélas ! si restreinte que soit son étendue, par rapport à celle de la surface totale du globe, ce relief ne sera pas de longtemps exactement connu, et ce n'est encore que dans une partie très-minime de celle des terres émergées, qu'il a été étudié avec soin.

et figuré sur le papier avec détails, avec quelque précision, et une exactitude approchée. En l'état actuel de nos acquisitions, pour la connaissance du relief des continents, toute étude d'orographie, qui en embrasse un tout entier, même celui de l'Europe, ne peut être qu'un essai ; car, outre qu'elle comprend de nombreuses parties où le géomètre n'a pas passé, et où presque rien n'a été précisé graphiquement, il règne encore, même pour les contrées les mieux connues, pour celles qui ont été le plus minutieusement étudiées, et dont les cartes ont été le mieux dessinées, une grande incertitude sur les formes générales des montagnes et sur le caractère véritable de leurs traits d'ensemble.

Que de cartes de France tapissent nos murailles qui, pour le dessin du relief, ne se ressemblent pas entre elles ! La France est cependant le pays le plus analytiquement étudié, le plus exactement connu, et le plus soigneusement dessiné. Le grand travail de l'état-major français, malgré ses nombreuses imperfections, passe, à bon droit, pour l'œuvre la plus régulièrement suivie et la plus belle de la topographie moderne.

C'est que, pour être saisie d'un coup d'œil, l'image d'une contrée doit être très-réduite, et qu'il y a, dans la pratique, une difficulté presque insurmontable à faire passer, tout en restant conforme à la vérité dans l'expression de la forme, d'une très-grande à une très-petite échelle, des dessins topographiques détaillés.

En effet, ces dessins se composent de deux parties bien distinctes : la planimétrie et le figuré du relief.

La première, ainsi appelée parce que toutes les lignes ou points qui s'y trouvent, quelle que soit leur hauteur ou leur inclinaison à la surface du terrain, sont rapportées par projection géométrique sur une surface plane, se compose de tous les traits que les eaux et l'homme ont imprimés à la superficie du sol, et dont le réseau la recouvre et l'embrasse tout entière.

Le relief figuré par des lignes courbes ou par des hachures en est la seconde.

S'il est relativement facile de rapporter complètement la première, à quelque échelle que ce soit, avec la plus stricte exactitude, il est loin d'en être de même pour la seconde.

En effet, le topographe, pour parvenir au figuré à la fois détaillé et exact d'un terrain de peu d'étendue, dont les formes

soient reproduites avec fidélité, a procédé de la manière suivante :
Il a recherché à sa surface tous les points qui sont à une même élévation au-dessus du niveau de la mer. Il les a réunis sur la feuille qui porte déjà sa planimétrie, par une ligne courbe représentant l'intersection de la surface du sol avec le plan horizontal de même altitudes qui les contient tous. Il a répété cette opération à toutes les altitudes qui diffèrent entre elles d'une quantité constante, dite *équidistance* et choisie suivant le degré d'accidentation de son terrain. Il a obtenu ainsi une série de lignes courbes, qui en parcourent le levé dans toutes ses parties. Moins l'équidistance est grande, plus les courbes se rapprochent, tout en conservant entre elles, aux différentes parties de leur parcours, un écartement proportionnel à l'inclinaison générale de la portion de surface qu'elles limitent. De leur rapprochement ou écartement variables résultent, sur la rétine de l'œil, des effets de teintes dont l'intensité varie en proportion de la pente. Le relief apparaît comme si la lumière tombait du zénith sur le plan de projection ; et, pour un terrain de petite étendue, l'effet est aussi frappant que juste, si les courbes linéaires, suffisamment nombreuses, sont d'une grosseur uniforme et tracées avec correction.

Par la méthode des hachures on produit un effet analogue, plus saisissant encore, quoique jamais aussi juste, à cause de la difficulté d'exécution.

Les hachures sont des traits droits ou infléchis, faits à la plume, d'une courbe, dite *de niveau*, à sa voisine, normalement à chacune d'elles. On en recouvre toute la surface comprise entre deux courbes successives ; on varie leur grosseur et leur écartement suivant l'éloignement respectif des courbes elles-mêmes ; elles sont plus grosses et plus rapprochées quand celles-ci se rapprochent, plus fines et plus écartées quand leurs courbes directrices s'écartent. Après qu'on les a tracées, on efface les courbes, quelquefois même on les conserve. Leur rapprochement varié produit, comme celui des courbes seules, une teinte, et l'effet est le même. Plus les courbes directrices sont rapprochées, plus les hachures grossissent et se resserrent, plus la teinte est nourrie pour ainsi dire, et plus le dessin est modelé.

On est même allé, dans la pratique, avant de tracer les hachures sur le papier, jusqu'à le couvrir, dans les intervalles des courbes, d'une teinte lavée, d'intensité proportionnelle à celle que l'on présumait devoir résulter des hachures ou des courbes. Mais à mesure que le sentiment artistique tend à se substituer aux méthodes mathématiques, le figuré perd en justesse ce qu'il semble gagner en beauté.

On pourrait croire qu'une étude ainsi faite, répétée successivement par le même topographe, ou, comme il arrive à cause de l'immensité du travail, exécutée simultanément par un grand nombre, sur toutes les parties de territoire d'une grande contrée, suivant des règles invariables, devrait donner, par la juxtaposition de tous les fragments, une figure à la fois exacte et claire du relief de la contrée tout entière.

Il n'en est rien. S'agit-il de documents dessinés par le procédé des hachures, on n'arriverait, par la juxtaposition, qu'à une figure disparate presque chaotique de la forme totale, en supposant qu'on pût disposer d'une surface plane assez grande pour assembler, à leur propre échelle, des documents forcément très-nombreux.

A cause de la diversité d'accidentation des territoires qu'ils représentent, des défauts inhérents à chacun d'eux, provenant de la manière différente de voir, de sentir et de rendre de leurs nombreux auteurs, à cause de la tendance naturelle de chacun d'eux à s'écarter plus ou moins des règles admises et du diapason calculé, afin d'embellir son dessin chacun à sa manière et tous aux dépens de la vérité, ces documents n'arrivent pas à l'homogénéité qu'il leur faudrait avoir pour qu'ils pussent vivre harmonieusement côte à côte.

La méthode des courbes, qui semblerait pouvoir mener plus sûrement à ce but, n'est presque pas meilleure pour le faire atteindre. A cause de la diversité d'accidentation des différentes parties d'une grande contrée, il n'est pas bon d'observer partout la même *équidistance*. Pendant que dans les pays de montagnes les courbes, aux pentes fortes, se toucheraient, se superposeraient et graphiquement feraient tache, elles seraient insuffisantes dans les parties légèrement ondulées, pour en modeler toutes les formes. On est obligé de changer d'équidistance, selon les terrains, et la juxtaposition des différents dessins devient impossible. L'essaie-t-on ? l'harmonie générale en est forcément rompue.

Que l'on songe maintenant aux causes de déformation, même de confusion qui naîtront, pour le figuré d'ensemble, de la nécessité de faire traduire à nouveau les formes arrêtées du terrain, si, avant d'assembler tous les documents, on les fait réduire par des dessinateurs différents et nombreux, afin de restreindre l'image totale à des dimensions qui permettent de l'embrasser facilement d'un coup d'œil. Pour chaque document cette traduction est pleine de dangers. Plus la réduction est forte, plus il faut éliminer de détails et moins le dessinateur est conduit dans ce travail par des règles certaines, pour le choix comme pour le *figurer* de ce qu'il doit conserver. Si, de plus, on est obligé, comme il arrive quand il s'agit de passer d'une échelle très-grande à une très-petite, de faire exécuter plusieurs réductions successives du même document par des dessinateurs différents, chaque passage altère de plus en plus la vérité.

D'un autre côté, le relief à peindre devient de plus en plus léger. Les découpures ou les entaillements de ses formes deviennent de plus en plus délicats. Les courbes, sans confusion, n'en sauraient plus suivre toutes les sinuosités ni les brisures. Elles peuvent encore moins être rapportées en assez grand nombre pour continuer à faire teinte et surtout à peindre par elles-mêmes. Là où le relief est vigoureux, leur emploi produit la confusion ; il mène au *vague* là où sa forme n'est plus que légèrement mouvementée. Est-il étonnant que dans ces altérations successives du figuré de détail, certains traits caractéristiques de la forme générale aient pu complètement disparaître ? Quel topographe a pu voir d'assez haut pour s'en occuper ? Quel dessinateur a pu être assez pénétrant pour les deviner ? Ils ne pouvaient ressortir que du juste assemblage des détails consciencieusement dessinés, et tous ces détails sont maintenant perdus ou défigurés. Leur existence et leurs relations d'ensemble, loin d'apparaître avec plus d'évidence, par la concentration de tant de documents si laborieusement acquis, si exactement étudiés, si mathématiquement établis, sont perdues pour le géographe et le géologue.

La réduction des documents hachurés est bien plus périlleuse encore. N'ayant plus la courbe pour guide, le dessinateur substitue des formes imaginaires aux véritables qu'il ne peut connaître. Il se forge un genre de dessin, qui plaira au vulgaire, mais qui n'a plus rien de mathématique. Il s'efforce à peindre d'ensemble, avec différents effets lumineux, une forme qu'il ne peut concevoir. Pût-il d'ailleurs concevoir la forme si délicate et si variée qu'il doit représenter, sa plume à ces échelles réduites est un instrument trop grossier pour peindre un relief devenu si léger.

En somme, si les courbes sont devenues insuffisantes pour exprimer complètement le relief, les hachures, aux petites échelles, le figurent complètement.

La juxtaposition de tous les documents ainsi réduits devient une œuvre collective, manquant fatalement d'unité, de proportion et de vérité. Quelque art, quelque talent personnels que ses auteurs aient apportés à son exécution, une carte ainsi faite, même sans superposition d'écritures, ne conservera plus rien, quant à l'expression du relief, de la véritable physionomie générale, si tant est qu'il existe, pour les continents, une forme d'ensemble ayant des traits généraux.

Cependant, au risque d'en faire de mauvaises, on a fait et on fait chaque jour des cartes d'échelle fort réduite et de dimensions étendues où l'on synthétise le relief d'une façon ou d'une autre. Pour les contrées civilisées, ces sortes de cartes ont même précédé celles qui ont pu, dans la suite, être plus savamment étudiées. Elles les précèdent encore pour tous les pays où le géomètre n'a pas pénétré.

C'est qu'elles répondent à un besoin universel, et sont presque une nécessité. L'administrateur les demande pour ses délimitations, l'ingénieur pour ses avant-projets préparant l'étude définitive des longues voies de communication, le militaire pour ses plans de campagne, tout le monde pour apprendre la géographie. Elles sont indispensables à l'écrivain géographe, pour les descriptions synthétiques ; le géologue, sans les consulter, n'est pas en droit de conclure sur les origines du relief. Enfin, le météréologue y doit peut-être chercher, pour la contrée qu'elles figurent, la cause principale de la direction des vents dominants.

Il est évident, d'ailleurs, qu'elles ne satisferont à ces différents besoins, qu'à la condition d'être vraies dans l'expression des formes générales qu'elles peuvent seulement figurer.

L'esprit humain avoue difficilement son impuissance. Tant qu'il n'a pas trouvé, il ne peut s'empêcher de s'efforcer d'atteindre à la vérité. Il ne nous est pas plus possible que permis de nous résigner, et c'est une nécessité de notre intelligence autant qu'un besoin matériel, de découvrir, ici comme en tout le reste, la vérité par l'induction, si nous n'y pouvons être conduits par des observations directes.

Tout au moins avons-nous quelquefois ici un élément qui nous est conservé avec exactitude. Partout où le géomètre a fait des cadastres, la planimétrie a été arrêtée avec une juste précision, et beaucoup de détails. Par la juxtaposition des levés, elle se complète et s'éclaircit ; elle ne s'altère point par la réduction. Tout dessinateur habile, même quand il n'aurait aucune notion de topographie, peut la rapporter à toutes les échelles, et presque avec tous ses détails. Le réseau des cours d'eau et de toutes leurs origines en est la partie la plus importante pour le géographe. Lié intimement à la forme sur laquelle coulent les eaux, ne recèle-il pas cette loi d'induction dont nous avons un si grand besoin ?

Frappé des difficultés que je viens d'exposer, et chargé pour la première fois, en 1871, d'établir une carte d'ensemble des environs d'Alger, comprenant une surface bien restreinte encore d'environ 20,000 kilomètres carrés, dans la région presque la plus accidentée de l'Atlas, je voulus la dessiner moi-même. Je passai deux années à traduire, à l'échelle du 200,000^e, avec le soin le plus scrupuleux, et au moyen de hachures, tous les documents détaillés que je pouvais avoir à ma disposition. Mais en me livrant à ce pénible et ingrat labeur, j'étais obligé de m'avouer à moi-même que mon œuvre était défectueuse, et quoiqu'elle eût plu à ceux qui m'en avaient chargé et m'eût même valu leurs éloges, j'eus l'idée de la recommencer à nouveau, mais avec un autre procédé de dessin. Sur une épreuve photographique de mon travail minute dont les traits hachurés devaient s'effacer à la longue par l'action de la lumière, mais qui, pendant la durée du nouveau travail, devaient me servir de guide, je passais deux nouvelles années à faire une retouche de mon œuvre pour en mieux proportionner les détails et les mieux généraliser, en les équilibrant mieux.

Je voulais, à l'instar de ce que j'avais vu dans certaines cartes allemandes, substituer des teintes coloriées et plus délicatement fondues aux teintes noires et quelque peu grossières de mes hachures en observant les règles suivantes : Toutes les faces ou portions de faces horizontales du relief de mon terrain seraient chacune uniformément teintée. Celles occupées par les eaux seraient bleues, les autres vertes, mais toutes seraient d'une intensité inversement proportionnelle à leurs élévations respectives. Les faces ou portions de faces inclinées sur les premières seraient teintées en bistre, et l'intensité de la teinte, variant suivant la pente, serait partout proportionnée à son inclinaison. Dans la pratique, au moins pour les cartes à échelles déjà réduites, toutes les faces inclinées du terrain se ramènent facilement, sans erreur sensible, à trois pentes principales (fig. 2). Quarante et une figures coloriées avaient été intercalées dans le texte manuscrit et me paraissaient indispensables pour son intelligence. Une circonstance de force majeure en a malheureusement arrêté la reproduction au moment de mettre sous presse. Elles sont toujours placées dans le même ordre et raccordées entre elles; de sorte que trois tons différents, plus ou moins fondus sur leurs bords communs et l'inférieur fondu avec le vert de la plaine, suffisent à les rendre. C'est de leurs longueurs relatives, comme de leur répétition par étage, que dépendent les variations des profils. Les arêtes aiguës, les extrémités des pointes, considérées comme éléments infiniment petits de surfaces horizontales, seraient figurées par des lignes ou des points verts, pâles jusqu'au blanc, suivant leurs altitudes.

Ainsi, les plaines les plus basses se trouveraient être les plus teintées, et, au milieu d'elles, les bas-fonds marécageux arriveraient au vert le plus intense, sans toutefois dépasser, à moins qu'ils ne fussent réellement à un niveau inférieur, l'intensité du bleu de la mer riveraine. Tous les plateaux de même altitude se reconnaîtraient immédiatement au même ton, et les supérieurs se détacheraient sur les inférieurs avec une vigueur d'éclat proportionnée à leur différence de niveau. Seul le point culminant du relief total devrait se trouver absolument blanc.

D'après ces conventions aussi, tout ce que le touriste voit de loin, dans le paysage qui s'offre à ses regards, s'étager si pittoresquement en face de lui, et qu'il appelle montagne, serait teinté en bistre et nettement distingué de ce qu'il nomme plaine ou plateau, dont il ne soupçonne souvent l'existence qu'après s'être élevé à sa hauteur et s'en être approché.

Au fond, sauf les quelques modifications apportées pour tenir compte autant que possible, dans les tons du dessin, des effets d'une espèce de perspective aérienne, et modeler ainsi avec plus de perfection les plus légères ondulations du relief, je restais fidèle à la convention adoptée par le dépôt de guerre, pour le dessin de la carte de France, à celle qui consiste à admettre que la lumière partant de l'infini tombe verticalement sur le plan de projection. Elle est, il me semble, préférable à toutes celles qui admettent une inclinaison quelconque du rayon lumineux sur ce plan. Je dirai plus. Je crois qu'elle est la seule bonne, parce que seule elle peut conduire le dessinateur, avec sûreté, à l'expression vraie et juste de la forme.

Je demande à m'expliquer sur ce point.

L'effet produit sur la rétine de notre œil par des teintes posées sur une surface blanche, ne peut nous donner l'illusion du relief qu'à la condition que ces teintes simuleront exactement celles qui résultent de la distribution de la lumière sur les différentes parties du corps que le peintre a voulu représenter. Dans le dessin de ronde-bosse, on tient compte de l'incidence de la lumière directe et de celle de la lumière réfléchie; il en résulte des clairs, des ombres dégradées, des ombres plates, des ombres portées et des reflets, disposés sur l'image selon la direction de la lumière éclairante et la forme du corps.

Pour l'expression du relief terrestre, dont la base, assise sur le plan de projection, est toujours plus large que les parties surélevées, on peut supprimer les ombres portées et les reflets en adoptant l'incidence verticale de la lumière éclairante, et chaque face est éclairée proportionnellement au cosinus de l'angle qu'elle fait avec l'horizon. Ainsi aucune ne se trouve noyée dans l'ombre portée par un autre. On peut donner *à priori*, sans être obligé de concevoir la forme du relief dans son ensemble, le ton qui convient à chaque élément de sa surface. Ceci est une considération majeure, puisque le topographe le plus expérimenté n'arrive, pour ainsi dire, jamais sur le terrain et que très-difficilement au cabinet, à la conception de cette forme avant de l'avoir dessinée. De plus on n'a point à se préoccuper des reflets.

Il est vrai que certaine école croit pouvoir, avec un éclairage incliné, supprimer les reflets et les ombres portées. Mais on ne viole pas impunément les lois naturelles. L'effet produit par ce procédé irrégulier est plus brillant que vrai. S'il frappe l'œil, il le trompe d'autant et, d'ailleurs, le dessinateur reste sans diapason pour donner aux différentes faces les tons différents qui leur doivent convenir.

On reproche à l'éclairage zénithal de ne point produire assez d'effet, il faut lui tenir compte de ce qu'il est mathématique dans son emploi, et ne permet pas au dessinateur de substituer, à son insu, une forme de convention brillamment rendue, à la forme véritable ; car que m'importe, à moi, le bel effet d'un portrait, si le peintre n'a pas rendu la physionomie de celui dont il avait mission de me fixer pour toujours les traits bien-aimés ?

Que les amis de l'effet dans le dessin, comme du vrai dans l'expression de la forme du relief, veuillent bien se souvenir qu'à l'échelle de $\frac{1}{1000000}$ —, par exemple, le Mont-Blanc, point culminant du relief européen, ne doit sembler se détacher du plan de projection que de 5 millimètres ; que tous les autres y doivent paraître à leurs hauteurs respectives, si l'on veut exprimer la physionomie vraie de l'ensemble, et qu'enfin, à cette échelle, la carte d'Europe occupe encore 24 m. c. de surface !

Pour appliquer ces conventions à l'étude qui me préoccupait, je commençai par déterminer sur l'épreuve photographique (parfaitement tendue sur un carton) qui me servait à la fois de papier et de guide pour mon nouveau travail, la limite entre les surfaces horizontales et les surfaces inclinées. Je pus fixer de suite, par des teintes, la relation d'altitude de toutes les plaines, depuis la grande plaine de la Metidja, jusqu'aux plus minimes éléments de plateau qui se trouvent souvent aux cols et terminent parfois les sommets les plus élevés. Aucun de ces éléments ne passerait inaperçu, et cela peut être plus important qu'on ne pense.

Ainsi, tous les topographes distinguent deux sortes de cols bien nettement caractérisés. Les premiers, dans une crête étroite et dentelée comme une scie, séparent entre elles les différentes aiguilles rocheuses. Ils sont plus ou moins profonds, presque toujours élevés, généralement étroits et peu longs. C'est un accident, pour ainsi dire fortuit, de la crête dont les morceaux, en s'écroulant peut-être, ont laissé béante cette grande échancrure. Les seconds, toujours plus bas, fort larges, sont de petites plaines reliées par des pentes douces aux hauteurs qui les avoisinent ou aux ravins qui y prennent leurs faibles origines.

C'est là que sont les larges nevés ou champs de neige, dans les grandes altitudes, ou les plus beaux pâturages à des hauteurs moins grandes. Sous les premiers sont ordinairement pratiqués les tunnels des voies artificielles importantes. Les seconds servent plus communément de passages à niveau, et sont les plus faciles communications naturelles des bassins entre eux. Ils se reconnaissent, sur les cartes topographiques, au figuré ci-contre (fig. 3,): 4 ravines, $\alpha\rho, \gamma\rho', \epsilon\rho, \delta\rho'$, descendent symétriquement, deux à deux, de deux crêtes parallèles, $\alpha\gamma$ et $\epsilon\delta$, vers le fond de la gouttière qui sépare ces dernières, et, réunies deux à deux coulent au fond de cette gouttière, dans deux directions diamétralement opposées.

J'avais à rechercher les cols de cette deuxième sorte, pour en teinter les surfaces en vert. J'eus bientôt remarqué qu'ils obéissent à une loi dans leur distribution sur un relief étendu. D'un bout à l'autre du terrain dont j'avais entrepris l'étude, un certain nombre de ces grandes ouvertures se correspondaient de façon que toutes leurs projections se trouvaient sur une même ligne d'une courbure allongée et correcte (fig. 4). Un certain nombre d'autres se trouvaient réunies le long d'une autre courbe analogue et d'une allure harmonique à celle de la première. Toutes, enfin, se trouvaient placées de la même manière sur des lignes dont la sinuosité générale était *une*.

L'idée me vint de faire une coupe longitudinale du terrain suivant celle sur laquelle j'avais le plus grand nombre de cotes de niveau (fig. 5 et 6). Je reconnus que dans le sens vertical, en ne tenant pas compte des encoches, quelquefois profondes, dues à l'encaissement des torrents rencontrés, cette ligne n'affectait qu'une ondulation très-légère, n'avait que peu ou point de pente générale, en sorte qu'on eût pu conclure approximativement, par interpolation, la hauteur d'un des cols de celles de ses deux voisins et de sa distance à chacun d'eux.

Sur ces lignes se trouvaient aussi placées, à peu près, les projections des principaux points de confluence des bassins séparés par ces cols. Dans l'intervalle de deux courbes voisines se trouvaient des crêts, des éléments de crêts, des sommets accentués, dont les points culminants, réunis entre ux, formaient aussi une courbe assez régulière courant dans la même direction avec une sinuosité à peu près similaire.

Ce fut pour moi comme une révélation. Si le fait pouvait se vérifier et se confirmer, sur toute l'étendue de l'Algérie, il pourrait être riche de conséquences. J'apportai dès lors le plus grand soin à suivre ces lignes là où elles étaient nettement indiquées, et je m'attachai surtout à observer leurs points de coïncidence les plus fréquemment répétés, avec le trait hydrographique de la planimétrie, dont j'avais le réseau bien complet sous les yeux, et avec lequel elles avaient évidemment de nombreux rapports. J'espérais arriver à préciser et à définir la relation constante que je pressentais exister entre les grands traits du relief de la chaîne dont mon travail devait représenter une assez bonne portion, et certains points, certaines inflexions, certaines directions fréquentes des cours d'eau.

Tout réseau hydrographique, en effet, ainsi que je l'ai déjà avancé, est intimement lié à la forme du relief sur lequel coulent les eaux. Tout le monde le sent. Tous les topographes l'ont pu observer analytiquement en faisant leurs études de détail sur le terrain. Il est, dans toutes ses inflexions, ses directions, la conséquence directe, mécanique, d'une forme primitive qu'il modifie constamment, tout en modifiant lui-même ses allures.

S'il est détaillé, complet, exact, on en peut presque déduire logiquement cette forme, pour peu qu'on possède quelques-unes des altitudes de ses points principaux.

Par leur action dissolvante, érosive, déplaçante, incessante, universelle, les eaux tombées en pluies ou en neiges, usent, rayent, déchiquettent, il est vrai, la superficie de la forme primitive, depuis qu'elle est émergée ou à mesure qu'elle semble émerger des ondes. Ici elles en comblent les cuvettes, là elles y ont creusé de profondes vallées, même de profonds affouillements sans issues, surtout quand elles marchaient en leur état solide ; elles les ont ensuite remplis. Plus loin elles se sont étalées en larges nappes dans ses bas-fonds, et bientôt les abandonnant par l'issue qu'elles se sont ouverte, y ont laissé des dépôts qui en surélèvent la surface. Mais il est évident que, si grand que soit le travail accompli, cet agent ne peut être considéré, même avec le secours de tant d'autres qui l'ont aidé dans son œuvre continue de destruction ou de transformation séculaire, comme la cause primitive de ces grandes formes, de ces grands massifs où les plateaux étendus aussi bien que les arêtes alongées se succèdent en longs enchaînements, suivant des alignements presque réguliers et immensément étendus, dont les cartes les plus grossières nous constatent l'existence.

Les traits de la forme primitive doivent exister encore, quoique profondément modifiés. On doit pouvoir les retrouver, quoiqu'ils aient été effacés en beaucoup d'endroits par ceux qu'y ont burinés postérieurement les eaux, et les grandes directions des thalwegs doivent être un indice plus ou moins précis, mais certain, de ce que ces traits étaient à leur origine. Si l'œuvre de destruction, déjà aujourd'hui, paraît n'avoir laissé que des ruines, ces ruines, quelque grandes qu'elles nous paraissent, ne sont que superficielles. Elles-mêmes doivent témoigner des traits grandioses et primordiaux dont nous ne pouvons saisir la direction ou l'étendue, ni embrasser l'ensemble sur le terrain.

Donc, si notre petitesse nous expose à nous perdre dans les nombreux ravins, si nos impressions locales tendent à nous faire prendre pour des formes primordiales les plus simples accidents du relief terrestre, s'il nous faut un guide supérieur à toutes les impressions, pour nous faire distinguer ce qui reste de la forme primitive d'avec les traits postérieurement gravés par les eaux ou les autres agents, et savoir au cabinet mettre en œuvre toutes nos études analytiques, afin de dessiner avec vérité les grandes formes dans nos cartes d'ensemble, nous devons le chercher dans le trait hydrographique qui devient à la fois plus serré et plus exact par la réduction. Supposons que sur ses inflexions et ses directions on puisse baser une loi d'induction, son application sera d'autant plus sûre que l'image devra être plus petite.

En admettant cette hypothèse, il est naturel de rapporter à l'échelle du travail d'étude, la planimétrie des cours d'eau avec la plus scrupuleuse exactitude. On ne devra pas craindre de l'avoir trop serrée. Toutes leurs ramifications même les plus extrêmes devront être conservées. Les inflexions les plus minimes des thalwegs ne sauraient être trop minutieusement respectées. Rien de cette partie purement géométrique des documents ne pourra être volontairement négligé, puisque tout peut être une indication précise des formes de détails et même des traits caractéristiques de la forme primitive qu'il s'agit de retrouver et de reproduire dans une étude synthétique.

Loin de nuire à la clarté, cette profusion l'augmente, si l'on a soin de donner à chaque élément sa force relative. Les plus faibles, comme les plus inutiles, disparaîtront d'eux-mêmes sous le dessin du relief, après avoir guidé le dessinateur dans son exécution.

Dans ces idées, tout en méditant, et en faisant mes recherches, j'avais repassé légèrement et minutieusement, à l'encre bleue, pour le mieux distinguer, tout le trait hydrographique du dessin que j'avais sous les yeux. Il était le résultat de la réduction de cadastres levés au $2,000^e$. Le réseau en était aussi complet qu'exact, et tellement serré, que dans les parties les plus accidentées du terrain le papier semblait couvert d'une teinte bleue.

En le considérant avec attention, je voyais s'y répéter une figure dont j'avais déjà, dans mon premier travail, remarqué l'originalité autant que la fréquence. Je voyais aussi qu'en dessinant le relief qui lui correspondait, conformément aux études détaillées et aux cotes d'altitude que j'avais eues à ma disposition, j'étais arrivé, pour chacune d'elles, à une expression de forme constamment analogue, quelquefois identique, toujours originale.

J'ai pu m'assurer depuis, en faisant d'autres études, que sa fréquence n'est point particulière à la région qui m'occupait ; qu'on la retrouve dans le trait hydrographique de tous les pays montagneux, et que c'est dans les régions supérieures des chaînes, pourvu qu'elles ne soient point envahies par les neiges, qu'on en trouve les types les plus parfaits.

Cette figure me semble assez importante pour que j'en décrive avec soin tous les caractères.

Elle se dessine en un quadrilatère allongé sensiblement parallélogramme, A B C D. (fig. 7.)

Hydrographiquement, elle se compose :

1° De deux thalwegs C R et C'R de pentes inverses et prenant leurs origines aux deux points C et C', d'altitudes peu différentes. Leur direction générale est la même que celle des grands côtés A B et C D de la figure, ils se réunissent en un point R qui est placé un peu en dehors de la ligne C C'. De leur réunion se forme un thalweg unique qui prend une direction perpendiculaire à la leur et passe par le point G.

2° D'une série de petites ravines qui viennent aboutir aux deux thalwegs, presque perpendiculairement à leur direction générale, mais s'infléchissant un peu dans le sens de leur pente, pour arriver aux points de jonction.

3° D'un lac, ou d'une petite plaine d'alluvion, M H M'H', de forme allongée, sur le parcours de l'un des deux thalwegs, plus souvent autour de leur point de rencontre.

Orographiquement :

1° A B et C D sont deux arêtes, plus ou moins régulières, plus ou moins accentuées, plus ou moins indentées, de directions à peu près parallèles.

2° A B a ses points culminants entre ses extrémités, C D y a ses points surbaissés, et c'est à son point le plus bas, qu'est le point G du thalweg de réunion.

3° Les points C et C' sont deux cols larges et plats appartenant à la deuxième catégorie déjà décrite.

4° Le point G a toujours le caractère d'une porte, d'un clus, d'un kreneg, ainsi que l'appellent les Arabes. C'est une entaille plus ou moins profonde, plus ou moins large, à parois abruptes très-redressées sinon verticales, ayant un profil approché de celui ci-contre (fig. 8) :

5° Une coupe suivant A C ou B D, donne à peu près la figure symétrique déterminée par la courbe A H c H' C de ce profil ci-contre.

On y retrouve, dans le même ordre (fig. 9), les trois pentes principales auxquelles on peut partout, quand il ne s'agit que d'études réduites, ramener toutes les inclinaisons des différentes faces du relief ; savoir (fig. 9) :

1° En haut, la pente d'arrachement ou d'érosion, abrupte, mais plus ou moins, selon les roches, et variant de 70 à 80 degrés centigrades ;

2° La pente d'éboulement des terres, à peu près de 45° ;

3° Les pentes de raccord, généralement décroissantes et très-douces, reliant la deuxième au plan horizontal qui forme le fond du profil.

L'ensemble de ces trois pentes, comme chacun a pu l'observer, forme le profil que j'appellerai *profil d'érosion*. Il caractérise les traces laissées par un courant, grand ou petit, soit sur les rives qu'il a érodées et le sol qu'il a traversé, soit sur les bancs qu'il a primitivement déposés, mais en dernier lieu, coupés ou arrachés, dans sa dernière dérivation.

6° Un profil en PP', aussi rapproché que possible de la porte G, présente une forme analogue, mais un peu modifiée (fig. 10) :

Le point P' est plus bas que C ou C'; la courbe totale du profil est plus profonde, mais la partie H H' est presque horizontale.

La pente d'arrachement a presque disparu en P'. Une encoche R figure la coupe du thalweg de collection.

7° Un profil en long de C en C', ne donne qu'une inflexion assez légère dans laquelle la partie m, m' est sensiblement horizontale (fig. 11).

C et C' diffèrent peu d'altitude, je l'ai déjà dit.

Géologiquement :

On a la même nature de terrain, ancien ou moderne, en C qu'en C'; la plaine dont les fonds H H' et m m' des deux profils, indiquent l'existence, est de terrain alluvionnaire. La roche des deux crêtes parallèles est d'un âge généralement très-ancien.

L'origine du relief auquel correspond cette figure si fréquente de la planimétrie, pourrait, il me semble, s'expliquer naturellement comme il suit :

L'eau tombée sur une surface inclinée du sol, non absorbée par lui (fig. 13), continue à obéir à l'action de la pesanteur, tend à se rapprocher du centre de gravité de la terre, et arrêtée par le versant, coule à sa surface, suivant la ligne de plus grande pente, c'est-à-dire normalement à une horizontale de cette surface, et notamment à la crête, si une crête horizontale ou à peu près telle, en est la limite supérieure.

La projection de tons les ravins qui y prennent naissance est perpendiculaire, dans le trait planimétrique, à la projection de cette crête.

Il faut un obstacle pour produire une déviation de cette direction première, et tout coude accentué de la projection d'un des ravins tracés sur un versant indique que l'eau, dont il est la trace, a rencontré un versant C D c R d'inclinaison inverse dont la ligne d'intersection c R. avec le premier, sera la ligne de collection des eaux de tous les ravins nés sur les deux versants (fig. 14).

Ainsi collectées sur cette ligne d'intersection C R, toutes les eaux coulent, suivant sa direction et sa pente, aussi loin qu'il y a pente ou force acquise.

Que deux autres faces viennent faire suite aux deux premières avec une intersection R c' ayant une pente inverse ; un autre thalweg de collection se forme de la même manière, ses eaux coulent à la rencontre des premières et forment avec elles un lac allongé au fond de la cuvette comprise entre les quatre faces mères (fig. 15).

L'eau du lac, avec le temps, monte jusqu'au niveau du plus bas des deux points C et C', origines des deux pentes opposées des deux intersections, et s'échappe (fig. 15) ensuite par ce point, s'il n'existe pas dans une des deux arêtes longitudinales un point surbaissé par lequel elle aura pu s'échapper déjà.

Dans le premier cas, les deux thalwegs collecteurs (fig. 14), n'en font plus qu'un seul, dont le cours se prolonge entre les deux versants, s'ils continuent eux-mêmes à se prolonger ; le point C' d'échappement s'érode et s'abaisse petit à petit; le lac baisse, mais il dure longtemps.

Dans le second (fig. 16 et 17), l'eau tend, par son action, à pratiquer dans l'arête du versant le moins élevé, au point le plus bas, G, une entaille dont la profondeur, avec le temps, s'accroît jusqu'à ce que le niveau de son fond ait dépassé le niveau de celui du lac.

Comme l'eau s'échappe d'abord par-dessus une crête presque horizontale en nappe large et peu profonde, l'entaille qu'elle pratique commence par être relativement large; mais à mesure qu'elle s'y encaisse, elle tend à rétrécir sa sortie en l'approfondissant (fig. 18); l'entaille prend un profil plus étroit et, finalement, devient le *clus* qui, s'il est profond, affecte le profil ci-joint, qui est celui de toutes les gorges (fig. 18).

Le lac s'est évidé complètement, à sa place est restée une plaine alluvionnaire, témoignant de son ancienne existence comme de sa forme approchée (fig. 19).

Mais cette plaine elle-même, tend à se modifier. Aussitôt après l'évidement du lac, les thalwegs collecteurs et leurs ravines affluentes ont commencé à buriner sa surface. Leur action, d'abord sur l'épaisseur du terrain alluvionnaire, au point et tout autour du point de confluence, puis sur le sous-sol, simultanément avec l'abaissement successif du clus d'échappement, a fini par produire, avec le temps, pour chacun d'eux, un encaissement considérable (fig. 20). La plaine s'est découpée en fragments profondément séparés. Difficilement l'observateur superficiel parviendrait à deviner sur le terrain sa physionomie primitive. Le géologue seul peut, avec de l'attention, recoudre par la pensée tous ces morceaux, dont les couches sont pareilles ;

car ce ne sont plus que des croupes aux dos élevés, séparées par de profonds torrents, convergeant tous au point R ou pour mieux dire au point G, puisqu'ils ont, à la longue, rongé tout le terrain qui séparait ces deux points. La figure de l'ensemble finit par prendre l'aspect d'une cuvette profondément ravinée qui rappelle la forme des cirques pyrénéens (fig. 21).

Si l'arête inférieure, dans laquelle se pratique le clus d'échappement, limite à sa partie supérieure un troisième versant dont le pied est beaucoup plus bas que le fond du lac ou de la plaine qui lui a succédé, le clus d'échappement est suivi d'une chute, tout au moins d'un rapide, qui tend, d'ailleurs, à s'atténuer de plus en plus.

Si la cuvette est assez élevée pour que l'eau du ciel y tombe en neiges, celles-ci glissent sur les quatre faces, remplissent la cuvette ; puis la poussée des neiges supérieures constamment alimentées par de nouvelles chutes, force la masse glaciaire inférieure à s'épancher par le point à peu près le plus surbaissé de la crête inférieure. Elle y pratique, avec le temps, une ouverture d'une forme analogue, qui ne se montre, bien entendu, qu'après la disparition du glacier.

Dans les deux cas il est évident que cette figure serait l'indice d'une forme primitive antérieure à l'action des eaux de pluies et des autres agents destructeurs, et qu'il serait possible de s'en faire une idée.

Cette action séculaire des eaux de pluies, sur une forme primitive, explique, qu'il me soit permis de le dire en passant, bien des formes de détail, sur l'origine desquelles les géologues se seraient peut-être quelquefois trompés.

Ainsi, il existe en bien des contrées, dans le désert algérien, par exemple, des débris d'anciens plateaux en grande partie disparus, témoin d'anciens diluvia ou passages de grandes eaux, que les Arabes appellent *gours*, au singulier *gara* (fig. 22). C'est un entablement presque horizontal, de forme ronde ou ovale, en tout cas de forme aux angles émoussés, limité tout autour par les pentes du profil d'érosion que j'ai déjà décrit.

Or, aucun plateau n'étant absolument plat, aucun élément de plateau ne l'est non plus. Il s'y trouve toujours un certain affaissement, soit dans l'intérieur, soit sur le bord de sa surface. Les eaux tendent à s'y amasser, tout au moins à s'y diriger et à se déverser par le point le plus bas. Il s'y forme une encoche. A mesure qu'elle s'approfondit, les ravines primitivement légères, qui y faisaient converger les eaux, s'encaissent et creusent en amont d'elle une espèce d'entonnoir à parois largement ouvertes d'un côté. Le gara, s'il était rond (fig. 24), ressemble alors, à s'y méprendre, au cratère d'un ancien volcan. Le soi-disant volcan éteint de Djebel Ghurian, situé au sud de Tripoli, visité par Owerbeck, le compagnon géologue du docteur Barth, et cité dans la relation de leur fameux voyage, pourrait bien n'être qu'un gara élevé, détérioré, avec le temps, par les eaux. Owerbeck n'avoue-t-il pas qu'il n'y a trouvé aucuns débris volcaniques ? Que de volcans éteints pourraient bien n'avoir que pareille origine !

Quand plusieurs figures types se suivent bout à bout, ce qui est fréquent, la répétition de l'élément de crête A B en forme une continue, interrompue çà ou là par un clus. La répétition de C D en forme une pareille. Toutes les deux courent de compagnie, dans la même direction, sans toutefois conserver entre elles un parallélisme absolu (fig. 22).

Les points R' c', R c... ainsi que les terres alluvionnaires de chaque cuvette forment une troisième ligne, s'intercalant à peu près régulièrement entre elles.

Dans ce cas la forme primitive, dont il est facile de démêler ce qui existe encore, d'avec ce qui doit être attribué aux modifications qu'y ont apportées les eaux, devait être comme une longue gouttière au fond légèrement ondulé, courant à la partie supérieure d'une chaîne. Elle s'approfondissait aux endroits où sont maintenant les cuvettes, les cirques, ou les restes de terres alluvionnaires. Elle se relevait aux seuils cc' qui en marquent encore le niveau et l'inclinaison générale. Tel le lit du Rhône, dont j'ai vu le magnifique plan nivelé à l'exposition géographique du Congrès de Lyon, suit une pente générale, mais s'évide çà et là, sur son parcours, d'une façon pour ainsi dire rhythmée, en longues cuvettes séparées par des seuils larges et plats, suivant le fil régulièrement allongé de ses eaux.

Les deux bords, variables dans leurs indentations comme dans leur épaisseur, étaient des crêtes continues. Les clus et quelques modifications secondaires apportées avec le temps, par les agents destructeurs, sont les seuls changements qu'elles aient éprouvés.

Les portes d'échappement pratiquées à travers l'un ou l'autre bord, selon la position relative des bas-fonds et l'élévation réciproque des deux crêtes, à chaque endroit de leur parcours, laissent passer maintenant des cours d'eau qui, partis d'un seuil de séparation presqu'insensible, s'en vont pourtant, à travers des gorges affreuses, rejoindre les vallées de grands fleuves aboutissant quelquefois aux rivages opposés d'un même continent. On en peut voir de beaux exemples sur les plateaux de la Cordilière des Andes, aux origines communes des affluents de l'Amazone et des torrents qui se précipitent dans l'océan Pacifique.

Examinons maintenant les variations que peut subir la figure type, afin de la reconnaître dans tous les cas, et de pouvoir remonter, dans chacun d'eux, à la variété de la forme dont elle est sortie.

Tout d'abord remarquons que, puisque le clus se pratique au point le plus bas des deux bords, il peut prendre toutes les positions sur la projection des deux arêtes A B et C D. La longueur réciproque des deux thalwegs de collection est variable. L'un peut tenir presque toute la longueur comprise entre les deux cols c et c', et l'autre n'être qu'embryonnaire (fig. 26). La figure peut déjà, de ce chef, éprouver une série de variations ; mais elle en éprouve une infinité d'autres.

En effet :

1° Là où les deux crêtes A B et C D sont à peu près régulières et de force égale, la ligne médiane des cols et thalwegs de collection se maintient à égale distance des deux crêtes (fig. 27).

2° Là où elles sont irrégulières de force et de hauteur, la ligne des thalwegs a des inflexions : elle se rapproche alternativement de chacune d'elles en ses points faibles et s'en éloigne en ses points forts (fig. 28).

3° Si l'une est, dans sa hauteur moyenne, sensiblement plus basse que l'autre, la ligne médiane des thalwegs en reste logiquement plus rapprochée (fig. 29).

4° Quand la gouttière est profonde, enfermée entre deux crêtes élevées et rapprochées, sans terrain plan intermédiaire, les petites ravines arrivent à angle droit sur les thalwegs médians (fig. 30).

5° Quand au contraire la gouttière, très-large, court entre deux crêtes peu élevées, reliées par un terrain presque plat, les ravines se sont infléchies et n'arrivent qu'obliquement aux thalwegs de collection, dans le sens de leur pente réciproque (fig. 31).

6° Si une gouttière large a l'une de ses deux crêtes très-vigoureuse par rapport à l'autre (fig. 32), les ravines originaires de la première se sont encaissées en descendant la grande pente, ont dévié peu à peu, puis se sont réunies deux à deux, trois à trois, par l'effet même de leur encaissement, à l'endroit où la pente s'adoucit, et leurs thalwegs de réunion se rendent en obliquant vers les deux thalwegs de collection dont la ligne s'est rapprochée de la crête inférieure.

7° Plus l'un des bords d'une gouttière est faible, moins les cuvettes peuvent avoir de longueur. Les clus d'échappement sont nombreux. Les figures types multipliées perdent alors de leur longueur, passent de la forme du rectangle à celle du carré, bientôt même à celle d'un rectangle très-allongé dans un sens perpendiculaire au premier (fig. 33).

8° D'autre part, plus les cuvettes sont étendues en longueur et en largeur, plus les thalwegs de collection sont considérables, plus leur action travaille et use la crête inférieure, plus le coude c R G s'émousse et s'arrondit en même temps que la porte d'échappement s'élargit au détriment de la longueur du tronçon de crête, compris entre les deux clus successifs (fig. 33).

Ces écarts de la figure type ont dû se multiplier plus encore si, dans la forme primitive, deux gouttières (fig. 33), avec une arête commune, ont pu être étagées l'une au-dessous de l'autre. Dans l'inférieure, les échappements n'ont plus eu lieu que d'un seul côté, celui qui est posé dans la crête commune. Celle-ci, déjà percée de un ou plusieurs clus, laisse passer les déversements de la gouttière supérieure qui viennent tomber de toute leur force d'impulsion sur l'autre paroi de l'inférieure et en multiplient ou élargissent les ruptures.

Que sera-ce si deux gouttières peuvent être étagées (fig. 34) sur une troisième ou trois sur une quatrième (fig. 35)? La figure type, dont il devra cependant rester encore des indices, aura subi des milliers de variations et même de déformations (fig. 1).

Mais en même temps que cette sorte de complication, due à l'étagement des gouttières, se sera introduite dans la figure type, il aura dû s'en introduire simultanément une autre : la force d'impulsion des torrents s'accroît à mesure qu'ils descendent et grossissent, à mesure aussi que leurs clus élargis les modèrent moins. Leur action érosive s'accroît dans la même proportion. Ils tendent à s'encaisser de plus en plus. Alors deux ou plusieurs clus étagés sont réunis (fig. 35) par une longue et profonde gorge dont les murailles (fig. 1) elles-mêmes deviennent des versants générateurs de ravins.

La projection de ces derniers complique encore le dessin de la figure type.

Outre cela l'angle R tend à s'amincir de plus en plus, le clus à s'élargir comme à confondre ses parois avec celles de la gorge, et il ne reste (fig. 1) plus dans le grand thalwey venant des hautes gouttières de la chaîne qu'une petite flexion comme indice de la forme typique.

Les deux thalwegs collecteurs ont presque disparu, quoique le point de confluence soit encore indiqué. Mais les deux cols c C et c' occupent toujours leurs positions symétriques, et deux hauteurs, placées à droite et à gauche du torrent, en aval de la flexion, témoignent en même temps de l'existence primitive de la crête inférieure et de la place qu'occupe le clus G dans la gorge.

Enfin, si l'arête intermédiaire entre deux gouttières immédiates venait à mourir, si ces deux gouttières s'aiguillaient en une seule, qu'il me soit permis d'employer cette métaphore, on en serait encore averti par une variation caractéristique de la figure type : l'un des deux thalwegs de collection aurait en cet endroit une double origine (fig. 36).

Ainsi cette figure, dont la répétition prolongée dans une même direction indiquerait comme une longue gouttière, comme un évidement longitudinal, assez régulier, de la forme primitive, est susceptible de varier à l'infini ; mais ses caractères principaux ne disparaissent jamais complètement. On en peut toujours retrouver au moins quelques-uns, partout où il y a eu évidement ou gouttière.

Il me reste une remarque à faire. A mesure que les figures se rétrécissent dans le sens de la grande direction des crêtes et s'allongent dans celui qui lui est perpendiculaire, ce qui arriverait en même temps que les étages s'abaisseraient et que les cluses ou gorges s'élargiraient, les tronçons des crêtes primitives deviennent de plus en plus courts. Ils tendent à se réduire au volume comme à la forme d'une pyramide, si la crête, dont ils sont les restes, était accentuée ; ce ne sont plus que des mamelons, si elle était faible. De plus, l'encaissement progressif des torrents (fig. 1) s'étant ajouté à celui des cluses élargies, il ne reste plus, entre deux torrents voisins, du soubassement de la gouttière primitive, qu'un tronçon terminé (fig. 37), par une élévation arrondie ou pointue à chacune de ses deux extrémités, ayant la silhouette d'une selle, car il a conservé intact le profil de la figure en A c C ou en B c' D (fig. 37), déjà décrit.

Tous les tronçons de toutes les gouttières étagées, compris entre deux torrents voisins, forment ensemble une longue croupe diversement accidentée d'aiguilles et de mamelons qui sont séparés par de beaux cols gracieusement évidés, dont la silhouette totale a bien la physionomie de celle qui caractérise les croupes des grandes chaînes de montagnes (fig. 38).

Ces croupes perpendiculaires à la direction des chaînes, au moins dans leurs éléments, car elles sont quelquefois de directions brisées, qui présentent un aspect si grandiose, pourraient bien avoir égaré pendant longtemps les géographes dans le dessin comme dans la description synthétique des chaînes de montagnes.

Qu'on songe aux arrachements des avalanches, soit de neige, soit de rochers et de pierres, et aux autres causes nombreuses de dénudation qui ne cessent de modifier, en les agrandissant, les gorges et les clus burinés, pendant les périodes séculaires, par l'eau des torrents, dans le soubassement des gouttières de la forme primitive, et l'on ne s'étonnera plus que celle-ci soit devenue méconnaissable.

Mais, quoique le torrent, souvent même le glacier, en dégringolant de gouttière en gouttière, à travers des crêtes de plus en plus faibles, détruise de plus en plus ses plis caractéristiques et s'encaisse (fig. 1) de façon à ce que les clus se confondent avec les parois de la gorge, on voit que les aiguilles, les mamelons et les cols des deux croupes qui l'avoisinent sont restés là exposés à toutes les injures du temps, comme des jalons destinés à conserver la direction des traits primordiaux.

Arrivé à la plaine, un torrent, après avoir traversé sa dernière barrière, perd encore assez vite sa rapidité torrentielle ; il dépose bientôt plus qu'il n'arrache. Divers causes modifient sa dernière direction. Ici, après avoir rempli un bas-fond de ses apports, il trace son cours sur la superficie du sol qu'il a créé ; il commence à y former des méandres. Plus loin, il traverse un terrain qu'il n'a point fait ; il est obligé de modifier son cours suivant la force qui lui reste et les ondulations du plateau qu'il traverse ; mais chacun de ses plis répond alors à un relèvement ou une dépression du sol. Si plusieurs torrents ainsi échappés d'une même chaîne affectent tous des plis qui se correspondent suivant des lignes étendues, on peut voir sur les plateaux qui avoisinent les berges de leur sol, bien plus, on peut constater par des cotes de niveau, certains renflements prolongés, certaines lignes de seuils d'altitude à peu près égale, qui ont encore le caractère des traits primitifs.

Les gouttières sont alors si légèrement évidées qu'elles ne sont plus que de larges stries dont les concordances du réseau hydrographique, plus évidemment encore que celles des hauteurs, accusent l'existence ancienne.

En effet on peut voir qu'en amont de chaque grand coude, la sole d'alluvion qui avoisine tout grand cours d'eau s'élargit et témoigne, par son élargissement, de la dépression qui existait en cet endroit, comme elle indique, par son étendue, le grand axe de la cuvette primitive ; on voit que la nappe d'eau s'y est étalée, en s'élevant au niveau de l'obstacle subséquent, avant de le franchir. On voit bien que le fleuve s'est jeté sur un relèvement du terrain d'une direction transversale à celle de son cours. Son lit en cet endroit est tracé sur la limite extrême de la sole élargie. Il coule alors dans le sens de l'obstacle qu'il côtoie ; l'escarpement de la berge de ce côté indique l'action continue qu'y exercent encore ses eaux, en même temps qu'il montre la direction du relèvement du sol. On peut voir, en même temps, qu'en aval du même coude, la plaine d'alluvion s'est de beaucoup rétrécie, que les deux berges y sont également hautes et abruptes, que les ondulations de leurs silhouettes respectives se correspondent. Tout témoigne du travail accompli, en cet endroit, par le fleuve, pour pratiquer sa trouée à travers le renflement antérieurement prolongé de la plaine ou du plateau qu'il traverse.

Que cette plaine ou ce plateau soit enfermée entre deux chaînes, ainsi que l'est la basse Suisse, entre les Alpes et le Jura, tous les cours d'eau nés de la plus haute seront venus, après avoir marqué, par la coïncidence de leurs coudes, l'ancien sillonnement général du plateau, se butter contre la seconde. Ne pouvant la franchir, ils se seront infléchis à la rencontre de ses premiers relèvements, auront glissé tous simultanément dans son sens général, et bientôt n'auront plus formé qu'un thalweg unique de collection avec ceux qui de leur côté descendent de cette seconde chaîne. Tous réunis auront coulé suivant le sillon le plus bas du plateau.

La sinuosité s'en trouve-t-elle être de direction harmonique avec celle de tous les autres, on est en droit de présumer, sans trop de hardiesse, que le plateau tout entier est, lui aussi, le fond d'une gouttière immense et pour ainsi dire composite. La figure type réapparaît avec ses caractères généraux. Mais elle s'étend alors, en longueur (fig. 1) et en largeur : elle embrasse des provinces entières. Ses ravines perpendiculaires sont de grands torrents. Ses thalwegs de collection longitudinaux contiennent les eaux de deux grands fleuves dont la réunion parvient à forcer la grande barrière, en son point le plus faible, comme ont fait entre Waldshut et Bâle, l'Aar et le Rhin réunis, en profitant de la faiblesse des lignes jurassiques en ce point, et laissant en amont de leur trouée une plaine de dépôts alluvionnaires, qui témoigne comme de leur hésitation à marcher plus loin.

Supposons maintenant qu'il puisse exister un massif de montagne régulièrement allongé, ayant un profil transversal à peu près semblable, par toute sa longueur, composé comme celui de la figure ci-contre (fig. 1) d'une série d'évidements divers, diversement étagée les uns au-dessus des autres, et traçons pour l'un des versants, à côté du rabattement de la portion de profil qui y correspond, la projection horizontale rectiligne du réseau de ses arêtes légèrement mais diversement ondulées dans le sens vertical.

Traçons ensuite à l'encre bleue, pour bien le distinguer, et conformément aux principes résultant de l'analyse précédente, un réseau hydrographique qui y corresponde.

On voit que, s'il peut prendre mille physionomies différentes, suivant les variations de hauteur des lignes d'arêtes ou de fonds de gouttières, pour une même projection horizontale de ces lignes, toutes au moins auront un caractère commun et constant : chaque cours du réseau, pris individuellement, n'obéit dans toute son étendue, depuis la crête supérieure jusqu'à la médiane de la plaine la plus basse, qu'à deux directions alternatives et réciproquement perpendiculaires, dont l'une sera celle du mouvement général de la chaîne ; qu'il est toujours coudé à angle droit en passant de l'une à l'autre ; que, quoique souvent et fortement émoussés, les coudes restent toujours reconnaissables, puisqu'ils sont en même temps des points de confluence. Pris tous ensemble, ils marchent alternativement comme des soldats à l'exercice, de front, perpendiculairement à la direction de la chaîne, à la file, parallèlement à elle.

Si toutes les gouttières sont inclinées longitudinalement dans le même sens, tous les éléments d'un même cours d'eau, réunis par les arrondissements des coudes, formeront une déviation générale du côté de la pente. Tous les congénères de ce cours d'eau en formant une parallèle, pour la même cause, la déviation générale est commune à tous.

On pourrait donc, si l'on avait sous les yeux un réseau hydrographique, né d'un relief aussi régulier, arrêter immédiatement et *a priori* les grands traits de sa forme.

En effet, bon nombre de figures types non détériorées existeraient à la partie supérieure ; les points d'origine des ravins, par leur réunion, donneraient la position des arêtes ; les cols plats et les points de confluence, joints par des éléments de cours d'eau, se correspondant sur une même ligne, indiqueraient les fonds de gouttières ; l'intersection des arêtes, avec les éléments de cours d'eau perpendiculaires à la direction générale, donnerait la position des clus. Les grandes gorges seraient indiquées de longueur et de largeur par la projection des petits ravines nées sur leurs versants abruptes ; la profondeur d'une gouttière, comme l'élévation de ses bords et la pente de ses versants, résulteraient de la différence des cotes des crêtes de celles des seuils ou des plaines d'alluvion, emplacement ordinaire des villages, fermes et autres lieux d'habitation ; la profondeur des gorges et la pente de leurs versants seraient la conséquence de quelques cotes placées sur le parcours des grands torrents.

Il y aurait même surabondance d'indications, et si l'un des grands traits pouvait être indécis, il serait établi avec une approximation plus que suffisante par la loi de concordance générale.

Enfin les déviations générales et simultanées des grands cours d'eau dans un sens indiqueraient encore l'abaissement progressif de la chaîne dans ce sens, concurremment avec les cotes d'altitudes.

La devination des formes ne serait pas plus difficile pour un mouvement général curviligne ; s'il était convexe, les cours d'eau descendant normalement aux courbes, divergeraient un peu et finalement pourraient se collecter en des fleuves de directions opposées, comme le font les affluents supérieurs du Rhin et du Rhône ; ils convergeraient et se collecteraient en un seul fleuve, comme le font ceux du Pô, s'il était concave.

Si ces trois allures du mouvement général se trouvaient combinées, le réseau hydrographique l'indiquerait par ses combinaisons correspondantes.

J'ai supposé jusqu'ici que toutes les lignes conserveraient un parallélisme relatif, sinon absolu. Mais on a vu que si une arête intermédiaire venait à mourir insensiblement, les deux gouttières prolongées se réuniraient pour n'en former qu'une seule et qu'on en serait averti par une variété toute particulière de la figure type (fig. 36).

Eclairées par ces observations, mes recherches devenaient plus faciles. J'avais déjà noté une certaine quantité de figures types régulières, j'en pus constater un plus grand nombre de types modifiés qui ne m'avaient point frappé d'abord. J'en trouvais des séries avec les modifications présumées, à mesure que je considérais mieux mon réseau. Je pouvais compléter les lignes de crêtes et de cols que j'avais commencé de tracer. Je pouvais même compléter leur réseau, de celles qui m'avaient échappé dès l'abord. Leur harmonie mutuelle apparaissait avec une évidence croissante. Les coudes des oueds et les points de confluence se trouvaient toujours à peu près placés sur la ligne des cols. Je me rendais facilement compte qu'ils l'eussent été exactement, si les angles des coudes ne s'étaient émoussés avec le temps. Les clus ou krenegs se trouvaient bien sur celles des arêtes, conformément à mes prévisions. Dès lors je crus entrevoir l'origine de ce caractère constant affecté par les coupes orographiques transversales, toutes composées (fig. 39) d'évidements rhythmiques, dont chacun n'est qu'un fragment plus ou moins complet du *profil d'érosion*, coupé par deux autres, qui n'ont laissé aussi d'eux-mêmes que des fragments, parce qu'ils semblent avoir été coupés de la même façon.

Si je ne me berçais d'une trop hâtive et trop séduisante espérance, j'entrevoyais, en même temps, la cause de ce mouvement général curviligne dont l'existence est si frappante dans le relief algérien, qu'elle m'avait apparu depuis longtemps dans mes excursions topographiques et qu'elle ressortait déjà de mon étude première avec une grande évidence. Selon les inflexions de ce mouvement, les oueds convergent ou divergent et obéissent alternativement aux deux directions normale et parallèle à la direction générale de la chaîne de l'Atlas.

Quoi qu'il en fût, la méthode à suivre devenait dès lors facile et simple. Je pouvais, comme on le fait avec les autres genres de dessin, peindre d'abord par grandes masses et n'ajouter ensuite les détails de la forme qu'après en avoir saisi et arrêté l'ensemble. En appliquant sur les surfaces de projection des gouttières, proportionnellement aux altitudes et aux pentes, sans me préoccuper de détails, des teintes vertes ou bistrées, plates ou fondues, au moyen des crayons de couleur qui me permettaient de revenir indéfiniment sur chacune d'elles afin d'en mesurer scrupuleusement la valeur à l'effet qu'elle devait mathématiquement produire, j'arrivais aussi sûrement que nettement à exprimer la physionomie de la forme générale.

La photographie sur laquelle j'appliquais les teintes, tout en m'empêchant de m'égarer et me permettant de vérifier mes principes d'induction, me laissait apprécier directement le travail de détérioration accompli sur la forme primitive par l'action torrentielle, et je crois qu'on le pourrait définir en disant que les torrents entaillent les versants sur lesquels ils passent, et s'y encaissent proportionnellement à l'étendue du bassin supérieur, à l'altitude de ses plus hautes cuvettes et aux pentes traversées, sauf la part à faire au temps et à la nature de la roche qu'ils érodent.

Le dessin détaillé de ces détériorations pouvait, avec le procédé (fig. 35) des teintes non transparentes, se superposer facilement sur le premier, et mettre, à la place de la partie disparue de la forme primitive, le figuré de celle qu'y ont sculptée les eaux pour l'amener à la forme actuelle.

J'ai pu conserver ainsi, avec le plus scrupuleux respect, de mon premier travail tout le trait hydrographique et toutes les particularités du relief indiquées dans les documents détaillés ; mais j'ai pu en même temps tenir mieux compte que je n'avais fait d'abord, de leurs proportions et de leurs relations, produire, il me le semble au moins, une expression plus vraie de la forme dont j'avais entrepris l'étude, et démontrer qu'elle a vraiment, dans son ensemble, un grand caractère d'unité et de régularité.

C'est un des travaux que j'ai eu l'honneur d'exposer à Venise et que j'eusse voulu soumettre au Congrès, alors qu'il n'avait point subi de frottements, ni les altérations du temps.

Terminé en 1875, il avait attiré l'attention de quelques membres influents du conseil général d'Alger ; sur leur proposition on y vota les fonds nécessaires à sa reproduction par la chromolithographie et sa publication. Le ministre de la guerre d'alors n'accorda pas son autorisation et refusa plus tard de la faire publier par les soins et sur les fonds du dépôt de la guerre. Pourquoi ? Je l'ignore, et n'ai garde de lui en vouloir ; il ne peut être personnellement responsable d'une affaire de si minime importance. Mais, si j'ai dû me résigner, avec un chagrin que tout le monde comprendra, à garder par-devers moi un travail qui m'avait coûté tant de peines, je regrette encore en ce moment de ne pouvoir le mettre entre les mains de mes lecteurs ; cela serait bien utile à la clarté de ma démonstration.

Passons.

Une deuxième étude faite à la même échelle, sur une surface presqu'aussi grande, entre la frontière marocaine et l'embouchure de la Taffna, dans des conditions de planimétrie analogues, et suivant la même méthode, fit ressortir l'existence d'un mouvement général similaire de même direction. Après ces deux résultats, il était naturel de se demander et bien intéressant de rechercher si cette espèce de tempérament d'une partie importante, quoique relativement petite, de l'Algérie était partout celui de la chaîne de l'Atlas, dans sa grande étendue.

J'entrepris immédiatement l'étude entière du relief de l'Algérie. J'en avais à ma disposition tous les documents existants. Afin de mesurer le travail à mes forces, je pris pour base de ma nouvelle étude la carte planimétrique qui venait de paraître. Par une scrupuleuse défiance de moi-même, car je craignais de me laisser tromper par le mirage d'une idée systématique, je ne voulus pas en compléter personnellement le réseau hydrographique et j'en chargeai M. Bila, mon plus habile dessinateur, dont le talent cartographique est bien connu des Algériens. Les plus minutieux détails, réduits par le pantographe, y furent reportés avec le plus grand soin. Il y ajouta toutes les stations et recoupements géodésiques déterminés à cette époque, toutes les projections de crêtes et de sommets, toutes les cotes de niveau exactes ou approximatives que je pus me procurer. Pour la recherche que je me proposais de faire, aucun détail de planimétrie n'était à négliger. Les contours des plaines étendues, les routes, les sentiers arabes, qui se conforment si bien au relief du terrain, furent placés avec autant d'exactitude que possible. Les krenegs, les gorges, les ponts, les barrages, les cascades, les habitations, les marchés arabes, les marabouts, tout fut rapporté, car tout, de près ou de loin, tient à la forme, et en est un indice pour le topographe expérimenté. Le figuré des cours d'eaux et ravines en était si complet et si serré, qu'aux endroits fort accidentés le papier en paraissait teinté de bleu, de même que dans le premier travail.

C'est sur ce réseau dont je n'ai rien abandonné, que j'ai dessiné, en appliquant ma méthode, le relief de l'Algérie que j'ai eu l'honneur de présenter à la Société de géographie de Paris et dernièrement au Congrès de Venise. Me permettrai-je d'assurer que, maintes et maintes fois, j'ai été averti par mes principes d'induction, de certaines erreurs échappées à mon dessinateur dans l'exécution du trait, et que j'ai préjugé avec une grande approximation de l'altitude de certains cols, dont j'ai pu dans la suite me procurer et vérifier les cotes de niveau ?

Après ce troisième travail, il m'était constaté, sans qu'il me restât trop de doute, que le mouvement harmonique des crêtes et des lignes d'évidement est *un* pour toute la partie algérienne de la chaîne. Il me paraissait être partout, dans son épaisseur comme dans toute sa longueur, aussi nettement caractérisé que dans les deux portions dont j'avais fait une étude plus détaillée.

Il semblerait même s'étendre, avec ce caractère, à la chaîne entière de l'Atlas, depuis le cap Bon, qui fait face à la Sicile, jusqu'à la pointe du cap Blanc, sur l'Océan, ou jusqu'à l'extrémité méridionale de la chaîne de l'Adrar, si j'ose en juger par la physionomie générale du réseau hydrographique, aussi peu serré que précis, des pays qui nous avoisinent. C'est ce que j'ai indiqué dans une quatrième étude intitulée : les grands traits du Sahara.

Ce mouvement n'est pas, comme on l'a dit du soi-disant *axe de soulèvement* de l'Atlas, rectiligne et parallèle à la direction générale de la côte.

Il est courbe dans ses éléments et sinueux dans son ensemble. Ses lignes d'évidements les moins rompues ou le plus régulièrement étendues, sont des courbes ondulées dans le sens vertical et longuement sinueuses dans celui de leur projection horizontale. La plus grande, qui passe par les Zahrers Gharbi et Chergui, peut être considérée comme la directrice de toutes les autres. Elle coupe le rivage méditerranéen au cap Roux, et forme avec les différents méridiens qu'elle traverse un angle variable de 60 à 70 g. Toutes les lignes, de crêtes comme de cols, font avec le rivage un angle plus ou moins aigu. Les grandes arêtes, en aboutissant à la mer, s'y avancent en cap et en abritent les ports ; les gouttières les plus profondes s'y terminent aux golfes. Les indentations de la côte marine sont en correspondance manifeste avec les traits caractéristiques du relief continental qui les avoisine.

J'ai pris, sur une toile transparente, un calque du réseau complet de ces lignes. Il paraît être en grand, ce qu'est en petit, celui des traces, tantôt délicates et légères, tantôt accentuées, laissées par un torrent après son passage, ou sur le sol qu'il a parcouru suivant son premier cours, ou sur les sables, graviers et galets qu'il avait d'abord déposés et roulés, suivant le fil de ses dérivations successives. Il semblerait que cette chaîne de l'Atlas, qui dans son ensemble se dessine en langues ou bourrelets de terrain, allongés suivant des axes harmoniques, chevauchant dans un sens unique, reliés entre eux, comme doivent l'être, dans leurs soubassements les sériations d'îles des grands fleuves ou de certains rivages marins, séparés par des lignes de bas-fonds et de seuils si étendues et si correctes, ayant des versants si régulièrement évidés, soit due à l'action unique et simultanée d'une mer en mouvement dont les flots tumultueux n'auraient fait que passer et dont le niveau se serait, après différentes oscillations, assez rapidement abaissé.

Outre le mouvement général et pour ainsi dire supérieur, la

disposition du trait hydrographique indique aussi, en maints endroits et particulièrement aux enfoncements terrestres qui correspondent aux golfes, un mouvement inférieur différent et comme sécant du premier. Ses lignes les plus basses sont presque parallèles à la côte actuelle ; mais elles perdent de ce parallélisme à mesure qu'elle s'en éloignent et s'étagent, comme si la mer, après avoir érodé, à un niveau plus élevé, le massif primitif, s'était abaissée au niveau de la Méditerranée d'aujourd'hui, par retraits répétés laissant à nu, après chaque retrait, l'étage qu'elle venait d'éroder.

Ce fait est plus particulièrement apparent à l'endroit où les arêtes supérieures des Aurès sont nettement coupées par le bassin des schotts tunisiens, sur lesquels les travaux d'un officier aussi modeste que savant, aussi persévérant que dévoué, ont attiré l'attention des géographes.

M. le commandant Roudaire nous a démontré que ces schotts occupent, fort au-dessous du niveau de la mer, une série de grandes cuvettes qu'il croit pouvoir réunir entre elles et à la mer, afin de les ramener à leur état primitif et en rendre le bassin général à la navigation pour le plus grand bien de la belle annexe africaine de notre patrie bien-aimée.

Toutes les crêtes A C. B C' D C" du mouvement supérieur se terminent en caps C C' C" sur le pourtour du bassin desséché, suivant (fig. 40) une ligne C I C' I' C" I", qui, vue d'en bas, paraît être une longue crête. Des lignes de relèvements très-légers, E F H L, et d'autres lignes de seuils très-bas, c c c c, et très-plats, ondulent la plaine parallèlement à cette crête apparente. Les thalwegs de collection des gouttières supérieures y ont une inflexion particulière I, I', I" (fig. 41). Ils s'en échappent par une gorge profonde, et avec une pente rapide, puis pour gagner les schotts, suivent une direction normale à celle des ondulations curvilignes de la plaine, marquant leur passage, à chacune d'elles, par une légère déviation, g. g. g.

Cependant, si consciensieusement qu'eussent été faits ces essais, dont j'avais dessiné à la loupe les minutieux détails, si concordants que m'en pussent paraître les résultats, je devais hésiter le plus longtemps possible à admettre les conclusions qui semblaient en découler, à cause de leur portée scientifique. Au moins devais-je attendre, avant d'oser les formuler, que j'eusse fait de ma méthode une application plus sérieuse encore, dégagée de tout entraînement systématique, et sur un réseau hydrographique irréprochable, aussi serré, aussi complet qu'exact dans toute l'étendue de la contrée étudiée. La théorie des soulèvements du sol, chaotiques ou régulièrement lents, pour en expliquer les rugosités, est encore trop universellement admise en géologie, par les hommes éminents qui ont fait de cette science l'objet spécial de leurs nombreuses, positives autant qu'ardentes recherches, pour que je pusse oser, moi chétif, venir la contredire à la suite d'études quelque peu incertaines. Je ne pouvais me dissimuler que le réseau hydrographique de notre colonie, dans les régions des hauts plateaux et plus loin, en dehors de ce que nous appelons Tell, ne sera, de longtemps, ni complètement ni exactement levé. Il laisse actuellement trop à désirer pour que j'osasse en faire la base de déductions absolues.

Je songeai donc à entreprendre une étude raisonnée du relief de la France, par l'application des mêmes principes et l'emploi du même procédé de dessin. Je voulais la faire à la fois assez petite pour qu'elle pût être embrassée d'ensemble et assez grande pour que les détails en pussent être contrôlés par un plus grand nombre de lecteurs.

Pour éviter le travail considérable de la réduction d'une planimétrie aussi étendue, pour éviter en même temps qu'on n'eût le droit de penser, ainsi qu'on a osé me le dire de ma carte de l'Algérie, que j'avais fait marcher le trait dans le sens de mes préjugés, je me promis de la faire directement, par l'application successive de teintes de moins en moins transparentes, sur un exemplaire de la carte au 500,000^e que publie en ce moment le dépôt des fortifications. Mais elle n'est point encore complètement publiée.

Provisoirement je me mis à suivre les traits les plus apparents du relief, sur un calque de celle au 1,500,000^e du Stielers-Hand-Atlas, et à les tracer avec des crayons de couleur, comme pour me préparer à mon étude définitive.

Les cartes de ce grand ouvrage ont une réputation méritée. Elles ont été dressées avec un soin minutieux. Elles sont maintenues au courant des acquisitions faites, chaque jour, avec une rapidité croissante, dans toutes les parties du globe. La carte de France y est supérieurement traitée, rien n'y manque, et les linéaments les plus fins y sont d'une précision et d'une exactitude remarquables. Le réseau des cours d'eau y est aussi complet que l'a pu comporter l'échelle. Celui des chemins de fer et d'autres voies de communications dans la partie montagneuse, y est rapporté avec fidélité, même en ses plus légères inflexions. On y sent l'estime des cartographes teutons, grands connaisseurs, pour la belle œuvre de l'état-major français, et le soin qu'ils ont mis à vulgariser chez leurs compatriotes la connaissance exacte de notre sol, des grandes voies qui le sillonnent et y pénètrent comme de toutes les ouvertures naturelles qu'il présente à leur stratégie.

A mesure que je travaillais, m'aidant d'ailleurs des cartes du dépôt de la guerre pour me rendre compte des détails du nivellement, je voyais se révéler les concordances nombreuses et précises et se développer l'harmonie générale. Pas un pli de ruisseau, pas une inflexion de route, pas un accident accentué du relief, pas un clus, pas une gorge, pas un col, pas une arête qui ne contribuât à former un des traits étendus dont l'ensemble accuse l'unité des grands mouvements de la forme totale.

Heureux d'avoir trouvé un canevas si concis et si parfait pour faire mes premières recherches, je ne pouvais me lasser de travailler à mon étude provisoire, et finalement je la poussai aussi loin que me le permit l'échelle de la carte. Je mis à ce travail plus de temps que je n'avais d'abord l'intention de lui en consacrer, et pour n'en pas perdre le fruit, je le voulus finir.

C'est la 5ᵉ étude, elle a été présentée à la Société de géographie de Paris et exposée au Congrès de Venise.

Sauf les massifs volcaniques du centre, qui ne troublent d'ailleurs l'harmonie des traits qu'à la partie la plus élevée de leurs surfaces, tout le relief de la Gaule, de la Méditerranée à la mer du Nord, des Alpes à l'Océan, est soumis à une ordonnance générale dont tous les points planimétriques géométriquement déterminés concourent avec un ensemble parfait à faire retrouver les grandes lignes.

On m'a répété qu'en faisant cette étude, j'avais obéi sans vouloir me l'avouer à moi-même, à une idée préconçue. Mais les concordances que j'ai indiquées sont si évidentes, les traits que j'ai fait ressortir et que j'ai précisés existent si réellement que si je pouvais recommencer, à plusieurs reprises, la même étude sur un même canevas, je serais sûr de les retracer tous, dans le même ordre, avec la même précision. Et, d'ailleurs, qu'on y réfléchisse bien, sans y mettre plus de parti que je n'en ai mis moi-même, est-il possible d'encadrer, dans un réseau planimétrique aussi compliqué, aussi serré, aussi géométrique que l'est celui de la carte de France, dont chaque particularité est si intimement liée au relief véritable, une forme fictive régulière et préconçue, conforme à la fois aux tracés résultant des études si positives de tant d'ingénieurs et à la loi naturelle d'écoulement des eaux, sans en contrarier aucun détail ?

Après ce nouvel essai, ma conviction est devenue plus complète et plus profonde. Malgré les bases apparemment solides de l'échafaudage de déductions, d'où est sortie la théorie contraire, je ne puis attribuer le relief que j'ai étudié qu'à l'action des eaux océaniques toujours en mouvement dans leur vastes cuves, s'y déplaçant constamment avec lenteur, et quelquefois, peut-être, dans les périodes écoulées de la vie planétaire, brusquement déplacées de leurs anciens domaines. A la suite d'un savant mathématicien, M. Adhemar, dont les déductions n'ont été victorieusement combattues par personne, ni même repoussées par toutes les autorités de la science géologique, j'inclinerais à chercher dans les lois cosmiques des causes de déplacements, lents ou brusques, continus ou périodiques, du centre de gravité de la terre, en même temps que de son axe de rotation, entraînant à leur suite ceux des océans, qui, après ces graves évolutions, auraient bien pu laisser quelques traces de leur séjour, même de leur départ, sur les territoires hauts ou bas qu'ils abandonnaient, et des ravages qu'ils n'auraient pas manqué d'exercer, en les drainant comme en les couvrant de leurs vases, sur les vieux continents qu'ils n'envahissaient qu'en partie. Mon esprit se refuse, en tout cas, à reconnaître dans l'action de forces souterraines s'exerçant du centre à la surface, dont l'existence ne nous est manifestée directement que par quelques volcans clair-semés, boutons cutanés de la terre, par quelques trépidations fort circonscrites ou par des oscillations lentes du sol encore aussi mal définies qu'imparfaitement démontrées, une cause qui puisse être en rapport avec une ordonnance de formes extérieures si majestueuse et si régulière.

D'ailleurs, quoi qu'il en soit des causes originelles de la distribution des rugosités à la surface de notre globe, je puis bien laisser le soin d'en décider à ceux qui, par leurs études spéciales, sont le plus autorisés à le faire. Avant de se prononcer sur la solution d'un pareil problème, on ne saurait user de trop prudentes hésitations, trop varier ni multiplier les recherches. Chacun peut y avoir sa bonne part, et je n'ai entrepris pour la mienne, afin d'éclairer les recherches des autres, que d'attirer leur attention sur la véritable physionomie extérieure de ces rugosités dans la minime portion de surface terrestre où il soit donné à l'homme de les voir. Ma tâche n'est déjà que trop lourde. Quoique j'aie passé ma vie entière à en parcourir quelques-unes et à m'efforcer de les bien décrire, il serait naïf d'ajouter que je sens depuis longtemps mon insuffisance.

Dès lors, cependant, il était aussi naturel qu'il devenait intéressant, de rechercher dans des études plus synthétiques encore, avec une méthode que je crois bonne, en dépit des routiniers de la hachure et des courbes, en m'éclairant de principes d'induction qui me semblaient éprouvés, si cette belle ordonnance dont j'avais à peu près constaté le caractère d'unité pour le relief de quelques parcelles de continent, régissait la forme d'un continent tout entier.

C'est dans ce but que, malgré le peu de documents et même leur manque presque complet pour certaines régions, j'ai tenté l'étude très-réduite de l'Amérique du Sud, le continent désigné comme le type de tous les autres dans l'admirable compendium géographique d'Elisée Reclus. Elle est faite directement sur un exemplaire de la carte au 14,500,000^e du Stielers-Hand-Atlas.

A ce degré de réduction le trait planimétrique des pays qui nous sont le moins connus, est presque suffisamment serré et d'une exactitude encore assez approchée. J'ai fait disparaître sous mes teintes le dessin hachuré et les écritures de cette carte, ne respectant, mais scrupuleusement, que le trait. Aucune étude sérieuse de relief ne peut supporter la superposition d'écritures, et d'ailleurs on les retrouvera toujours sur un autre exemplaire. Quant au dessin orographique que j'ai substitué à celui du dessinateur allemand, ai-je besoin de le répéter? ce ne peut être qu'un essai. Quel que soit le résultat obtenu, il est condamné à rester encore longtemps hypothétique, mais je ne doute pas, dût-on m'accuser d'immodestie, que je n'aie approché plus que mon prédécesseur de la ressemblance, dans l'expression générale des figures continentales dont j'ai essayé de faire les croquis.

L'étude du continent mystérieux ne pouvait être tentée qu'à une échelle plus réduite encore. Avec celle du Sahara occidental, que des projets de chemins de fer gigantesques, auxquels il ne faut pas encore renoncer, avaient mis à la mode, elle a été faite dans des conditions analogues. Elle est basée sur la jolie réduction au 20,000,000° du même atlas. Je n'ai pu m'aider, bien entendu, sur de grands espaces, que de quelques documents imparfaits, mais j'ai consulté tous ceux que j'ai pu me procurer avec l'intérêt tout particulier qu'ils excitent, avec tout le respect qu'ils méritent. Au prix de quelles souffrances ils ont été achetés! Que d'héroïques chercheurs, pour nous les donner, ont trouvé leur tombeau sur cette terre si peu connue! Par quel dévouement, sans cesse renaissant, d'autres cherchent à les étendre! Saluons, en passant, avec une admiration égale à notre reconnaissance, les hommes courageux qui en acceptent la mission.

Pourquoi n'ai-je pas commencé ces essais de synthèse, par l'étude de l'Europe? Après celle de la France, l'idée s'en présentait naturellement, l'Europe est le continent qui nous est le plus analytiquement connu. Le résultat eût été plus certain et, par suite, plus probant.

C'est que les traits en sont beaucoup plus complexes. Les presqu'îles y abondent. Que le niveau de la mer s'élève de 200 mètres, ce n'est plus qu'un nombreux archipel. Encadré dans les nombreuses découpures qu'y ont pratiquées les mers, son relief surélevé est forcément plus morcelé. L'Europe est un assemblage de petits continents, au moins est-il celui dont il est le plus difficile de saisir la forme générale. D'ailleurs, à cause même de la connaissance plus détaillée que nous avons des contrées dont il se compose, il était nécessaire d'en faire précéder l'étude synthétique de celle de chacune d'elles.

Je viens de l'essayer et je soumettrai ce travail au prochain Congrès national, en même temps qu'un essai sur le relief de l'Asie, complétant l'étude générale des grands traits de l'ancien continent.

Ch. TITRE.

CONFÉRENCES

Deux conférences, avec projections, ont été offertes aux membres du Congrès, dans le vaste amphithéâtre de la Faculté des sciences. Un nombreux public, comprenant les notabilités de la ville, y assistait et a témoigné de sa satisfaction par de fréquents applaudissements.

M. *Ch. Stuart Merritt*, professeur à l'Ecole supérieure de commerce, a fait un brillant résumé de l'histoire de tous les peuples, au moyen de leurs monuments. L'époque préhistorique des dolmens, l'Egypte des pharaons, l'Inde boudhique, la Grèce et l'Italie, et enfin les peuples modernes, jusqu'à la jeune Amérique, ont été successivement présentés à l'auditoire par des vues photographiques des principaux monuments qui les caractérisent.

Dans un langage spirituel et élevé M. Merritt, à l'occasion de ces projections, traçait à grands traits la description de chaque pays, l'histoire de chaque peuple.

Nous regrettons de ne pouvoir reproduire ici ces hautes considérations, qui ont vivement intéressé l'assemblée, mais qui ne peuvent être séparées des tableaux qui les ont motivées.

M. *Georges Revoil*, le vaillant explorateur du *pays des Aromates*, a raconté au Congrès le voyage qu'il vient d'accomplir dans l'intérieur du territoire des Çomalis, Afrique orientale. Il a parcouru, pour la première fois, la vallée du *Darror*, limitée par les monts Karkar, qu'il n'a pu franchir à cause de l'hostilité des habitants. Il a rapporté de nombreuses photographies des Medjourtins, des Dolbohanti et des Warsanguéli, et surtout une série remarquable des différents types d'indigènes. Les tumulus qu'il a fouillés lui ont livré des trésors de poteries et des bijoux qui attestent que ce pays a eu jadis des rapports très-intimes avec les Grecs, et même avec les anciens Egyptiens. Son fidèle serviteur çomali, *Farah*, assistait à la séance et paraissait fier de l'attention dont il était l'objet.

M. Georges Revoil ayant publié récemment, dans un magnifique volume, le récit de son exploration, nous y renvoyons le lecteur, qui appréciera mieux ainsi que par une froide analyse les dangers surmontés et les résultats scientifiques obtenus par notre intelligent et sympathique voyageur.

PROJET PRÉSENTÉ PAR LA SOCIÉTÉ DE GÉOGRAPHIE DE LYON

CONSTITUTION D'UN PRIX

A DÉCERNER SOLENNELLEMENT

PAR LES SOCIÉTÉS FRANÇAISES DE GÉOGRAPHIE

AVANT-PROJET DE RÈGLEMENT

Art. 1er. — Les Sociétés de géographie de France fondent un prix périodique à décerner en leur nom dans le but d'encourager le progrès géographique.

Art. 2. — Ce prix sera décerné tous les cinq ans, dans la ville où se réunira un Congrès périodique.

Art. 3. — Le prix sera attribué à l'œuvre qui aura le plus fait progresser la science géographique, soit émanant de l'initiative de l'auteur, soit présentée sur un sujet mis au concours.

Les Français seront seuls admis à concourir.

Art. 4. — Ce prix sera de dix mille francs ; il pourra être divisé ou même réservé en tout ou en partie.

Art. 5. — Chaque Société contribuera à la formation de cette somme proportionnellement à ses revenus annuels.

Art. 6. — Dans le courant de l'année de la réunion périodique, la Société de la ville où aura lieu cette réunion, sera chargée de concentrer le montant des cotisations affectées au prix.

Art. 7. — Dans le courant du mois de janvier de l'année où aura lieu le Congrès, chaque Société adressera à celle de la ville où il se réunira, les demandes qu'elle aura reçues ou les propositions qu'elle croira devoir présenter concernant le prix à décerner.

Art. 8. — Cette Société présentera, réunies dans un travail d'ensemble, les communications qu'elle aura ainsi reçues ; elle adressera ce travail, sans formuler de conclusion, à chacune des autres Sociétés, avant le 1er mars.

Art. 9. — Le prix sera décerné par un Jury composé d'un ou de deux délégués de chaque Société. Toutefois, chacune des Sociétés, pour le vote, n'aura droit qu'à une voix.

Art. 10. — Le Jury nommera lui-même son Président et son Secrétaire.

Lyon, janvier 1881.

La Société de Géographie de Lyon.

Pour copie conforme :

Le Secrétaire général,
DEBIZE.

PROCÈS-VERBAUX

DES SÉANCES DE LA COMMISSION DES DÉLÉGUÉS DES SOCIÉTÉS FRANÇAISES DE GÉOGRAPHIE, RÉUNIE POUR EXAMINER UNE PROPOSITION DE LA SOCIÉTÉ DE LYON, AYANT POUR BUT LA CONSTITUTION D'UN PRIX A DÉCERNER SOLENNELLEMENT POUR RÉCOMPENSER UNE ŒUVRE GÉOGRAPHIQUE IMPORTANTE.

RÉUNION DU 7 SEPTEMBRE 1881

Assistent à la réunion MM. LEVASSEUR, MAUNOIR et HARMAND, délégués de la Société de géographie de Paris ; DESGRAND, président de la Société de géographie de Lyon ; POULOT et MAILLEFER, délégués de la Société de Bordeaux ; GAUTHIOT, secrétaire général de la Société de géographie commerciale de Paris, BREITTMAYER, délégué de la Société de Marseille ; DELAVAUD, délégué de la Société de Rochefort ; BARBIER, secrétaire général de la Société de Nancy ; PERROUD, secrétaire général de l'Union géographique du Nord.

M. Desgrand est nommé président de la Commission, M. Delavaud, secrétaire.

M. Barbier fait observer qu'on pourrait examiner une question plus générale que celle du prix quinquennal. Il faudrait décider d'abord s'il y a lieu d'établir un lien fédératif entre toutes les Sociétés de géographie de France. M. Perroud demande la disjonction des deux questions.

M. Maunoir, appuyant cette proposition, dit que les Sociétés peuvent, sans être unies, faire un acte en commun. La création du prix quinquennal n'impliquerait pas un lien fédératif.

M. Gauthiot, répondant à une observation de M. Barbier remarque que l'engagement pris par les Sociétés ne serait pas perpétuel.

M. Barbier remarque que les Sociétés absentes ne sont pas engagées par le vote des délégués présents.

M. Levasseur répond que la Commission ne fait pas un acte législatif, mais un vœu à soumettre aux Sociétés. La délibération a pour objet la rédaction de ce vœu, dont le vote n'impliquera aucune obligation pour les Sociétés, qui auront ensuite à l'examiner.

M. Barbier demande que la proposition de M. Levasseur, ainsi formulée, soit mise aux voix.

La proposition est adoptée à l'unanimité.

On passe à la discussion de l'article 1er.

ART. 1er. — *Les Sociétés de géographie de France fondent un prix périodique à décerner en leur nom, dans le but d'encourager le progrès géographique.*

M. Gauthiot demande quelles idées ont engagé la Société de Lyon à proposer la fondation de ce prix.

M. Desgrand répond que l'on a voulu donner ainsi plus d'intérêt et d'efficacité aux réunions des Sociétés et créer un prix qui, par son importance, produirait plus de résultats que les autres récompenses.

M. Levasseur, sans s'opposer au vote de l'article 1er, dit qu'il devrait être discuté le dernier, puisque le vote n'aurait nulle valeur si les autres articles étaient rejetés ; c'est-à-dire si les délégués, en examinant les détails du projet, ne trouvaient point des moyens convenables pour le décerner.

M. Desgrand répond qu'en votant l'article 1er, les délégués ne feront qu'une chose : affirmer le désir d'établir ce prix.

Sous ces réserves, l'article 1er est voté.

On passe à l'article 2 :

ART. 2. — *Ce prix sera décerné tous les cinq ans dans la ville où se tiendra un Congrès périodique.*

MM. Gauthiot et Maunoir observent que le vote de cet article n'entraînerait pas la suppression des Congrès annuels des Sociétés de géographie.

La Commission approuve ces réserves.

M. Maunoir trouve trop longue la période de cinq ans.

M. Gauthiot, appuyant cette observation, dit que ce terme serait trop long, surtout s'il s'agit de récompenser un travail présenté sur un sujet mis au concours. Aucun géographe ne travaillera cinq ans pour obtenir le prix.

M. Desgrand répond que la valeur du prix sera d'autant plus grande que la période sera plus longue.

M. Barbier demande que la période ne soit pas trop courte : dans un espace de temps trop limité, il ne se produirait pas d'œuvre d'une importance capitale. Il propose le terme de quatre ans.

M. Levasseur appuie cette proposition ; en adoptant le terme de trois ou de cinq ans, on semblerait repousser d'avance la proposition qui peut être faite de n'avoir de Congrès que tous les deux ans. La proposition est acceptée.

RÉUNION DU 8 SEPTEMBRE 1881

M. Gauthiot trouve difficile d'appliquer l'article 3, il faudrait déterminer de quelle nature serait l'œuvre couronnée ; il est impossible de comparer le mérite d'une exploration, d'un livre et d'un atlas.

M. Levasseur fait remarquer que, d'après le projet, on pourrait récompenser une œuvre quelconque, par exemple, une grande œuvre telle que l'exécution de la carte géologique de France ou le percement d'un isthme.

M. Barbier observe que le prix n'est pas seulement une récompense, mais aussi un encouragement matériel.

M. Desgrand répond que, si l'on décernait le prix à une grande entreprise gouvernementale, telle que la carte géologique de France, l'on pourrait, au lieu de lui donner 10,000 francs, lui accorder une grande médaille d'or.

M. Levasseur rappelle que l'Institut a été forcé de spécialiser le prix de 100,000 francs fondé pour récompenser l'œuvre qui aurait fait le plus d'honneur à l'esprit humain. Il a été transformé au prix biennal décerné successivement par les cinq classes de l'Institut.

M. Barbier propose de donner alternativement le prix à des œuvres de diverses catégories.

M. Desgrand serait d'avis d'indiquer quatre ans d'avance la catégorie qui serait récompensée.

M. Maunoir fait observer qu'il pourrait arriver que, pendant les quatre ans où le concours serait ouvert, il se produisît une œuvre d'une importance assez grande pour qu'il semblât singulier de ne point la récompenser.

M. Barbier insiste pour qu'on détermine d'avance quelle sera la catégorie où sera choisie l'œuvre récompensée.

M. Gauthiot présente la proposition suivante qui est adoptée : *Le prix sera accordé à l'œuvre qui aura le plus fait progresser la science géographique, que ce soit un voyage de découverte, un livre géographique, une œuvre de cartographie ou une œuvre de géographie appliquée.*

Il observe qu'on laisse ainsi une très-grande liberté d'appréciation au jury qui devra pourtant, autant que possible, récompenser successivement des œuvres prises dans les diverses catégories.

M. Levasseur dit qu'on pourrait ajouter une cinquième catégorie qui comprendrait les sujets mis au concours.

RÉUNION DU 9 SEPTEMBRE 1881

La Commission décide qu'on écartera du programme un sujet mis au concours. Une discussion s'engage sur la rédaction de la formule écartant du concours les étrangers. M. Gauthiot demande le maintien de la phrase du projet. M. Levasseur pense que l'exclusion sera moins dure si l'on ajoute au 1er paragraphe les mots : l'œuvre française.

M. Poulot propose de dire : *l'œuvre d'un Français qui aura le plus fait progresser la science géographique.* Cette proposition est adoptée.

L'on passe à la discussion de l'article 5.

M. Gauthiot propose que chaque Société prenne la somme de 0 fr. 10 sur la cotisation de chacun de ses membres.

M. Barbier fait remarquer qu'il n'y aurait pas ainsi d'égalité, que la proportion doit être conservée.

M. Maunoir propose de constituer le capital du prix qui, ainsi, ne serait pas soumis aux fluctuations que peut éprouver le nombre des membres.

M. Gauthiot répond que l'on fait perdre au prix un de ses caractères, qui est de faire contribuer chaque membre. Il propose de décider que *chaque Société donne chaque année 1 °/₀ des cotisations de ses membres.*

Cette proposition est adoptée.

Il est décidé que le chiffre sera fixé quand les Sociétés auront dit quelle somme elles doivent fournir d'après le principe de la proposition précédente.

M. Barbier propose, par amendement à l'article 4, que dans certains cas, c'est-à-dire *lorsqu'il s'agit de récompenser une œuvre de spéculation déjà riche par elle-même, le prix soit transformé en une médaille d'or.*

La réunion s'ajourne à 5 heures 1/2 du soir.
La séance est reprise à 5 heures 1/2 du soir.
La Commission adopte l'article 6 amendé.

Dans le courant de l'année où le prix devra être décerné, la Société de la ville où aura lieu le Congrès sera chargée de concentrer le montant des cotisations affectées au prix.

L'article 7 est modifié ainsi qu'il suit, sur la demande de MM. Barbier, Breittmayer et Delavaud.

Les demandes et les propositions relatives à ce prix devront, dans le courant du mois de janvier, être adressées à la Société de la ville où aura lieu le Congrès.

Sur l'article 8 M. Gauthiot fait remarquer les inconvénients que pourrait présenter la rédaction du travail d'ensemble demandé par le projet. L'article est adopté après modification.

Cette Société transmettra purement et simplement à chacune des autres Sociétés, avant le 1ᵉʳ mars, copie des demandes et propositions qu'elle aura reçues.

L'article 9 est adopté sans modifications.

Le prix sera décerné par un jury composé d'un ou de deux délégués de chaque Société. Toutefois, chacune des Sociétés, pour le vote, n'aura droit qu'à une voix.

Sur la demande de M. Desgrand, l'addition suivante est adoptée :

En cas de partage de voix, la voix du président du jury sera prépondérante.

L'article 10 est adopté sans discussion.

Le *jury nommera lui-même son président et son secrétaire.*

L'ensemble du projet est ensuite adopté.

La Commission, passant à l'examen du projet d'union entre toutes les Sociétés de géographie de France, présenté par la Société de Bordeaux, est unanime à penser que cette proposition ne peut pas encore être discutée d'une manière utile et approfondie.

Elle prie la Société de Bordeaux de vouloir bien rédiger les principaux articles d'un projet destiné à être discuté par les délégués au prochain Congrès.

Les délégués de la Société de Bordeaux demandent que ce Congrès ait lieu à Bordeaux. M. Delavaud, après avoir exposé les raisons qui semblent militer en faveur du choix de Rochefort, déclare qu'il n'a pourtant pas de mission pour proposer le choix de cette ville, et que d'ailleurs, aurait-il cette mission, il croirait, en abandonnant sa proposition, répondre aux sentiments de reconnaissance que conserve la Société de Rochefort pour celle de Bordeaux.

La Société de Bordeaux est chargée à l'unanimité d'organiser le cinquième Congrès national de géographie.

La Commission se sépare à 6 heures 3/4.

Le Secrétaire de la Commission,
L. DELAVAUD,
Délégué de la Société de géographie de Rochefort.

Lyon, le 10 septembre 1881.

LIBELLÉ DU PRIX QUATERNAIRE

PROJET DE RÈGLEMENT

ARTICLE 1er. — Les Sociétés de géographie de France fondent un prix périodique à décerner en leur nom dans le but d'encourager le progrès géographique.

Article 2. — Ce prix sera décerné tous les quatre ans dans la ville où se réunira un Congrès périodique.

Article 3. — Le prix sera attribué à l'œuvre d'un Français qui aura le plus fait progresser la science géographique, que ce soit un voyage de découverte, un livre géographique, une œuvre de cartographie ou une œuvre de géographie appliquée.

Article 4. — Le prix sera de...... Il pourra être divisé ou réservé en tout ou en partie. Dans le cas où il reviendrait à une œuvre ou à une entreprise qui ne pourrait ou ne voudrait pas profiter de la somme y affectée, il lui serait délivré une médaille d'or et la somme pourrait être décernée dans la même année à une autre œuvre.

Article 5. — Chaque Société contribuera à la formation de cette somme à raison de 1 % de la cotisation annuelle de ses membres.

Article 6. — Dans le courant de l'année où le prix devra être décerné, la Société de la ville où aura lieu le Congrès sera chargée de concentrer le montant des cotisations affectées au prix.

Article 7. — Les demandes et les propositions relatives à ce prix devront être adressées dans le courant du mois de janvier à la Société de la ville où aura lieu cette réunion.

Article 8. — Cette Société transmettra purement et simplement à chacune des autres Sociétés, avant le 1er mars, copie des demandes et propositions qu'elle aura reçues.

Article 9. — Le prix sera décerné par un jury composé d'un ou de deux délégués de chaque Société. Toutefois chacune des Sociétés, pour le vote, n'aura droit qu'à une voix. En cas de partage, la voix du président du jury sera prépondérante.

Article 10. — Le jury nommera lui-même son président et son secrétaire.

Lyon, le 9 septembre 1881.

L'EXPOSITION

RAPPORT DE M. SENIL

Directeur de l'Exposition,
Membre de la Société de Géographie de Lyon.

Le 25 août, à 10 heures du matin, a eu lieu l'inauguration de l'Exposition de géographie installée dans les bâtiments de l'Ecole supérieure de commerce, rue de la Charité, 34. M. le général Carteret-Trécourt, gouverneur militaire de Lyon, M. Clavel, adjoint au maire, M. le général Arnoux, commandant la place, M. l'ingénieur en chef Delocre et beaucoup d'autres notabilités civiles et militaires témoignaient, par leur présence, de l'intérêt qu'ils portaient à une œuvre toute dévouée à la science.

Ces messieurs ont été reçus à leur arrivée par M. Desgrand, président de la Société de géographie, entouré de plusieurs membres du bureau. Dans une courte allocution, le Président a remercié les autorités, les Sociétés savantes ou commerciales et les simples particuliers, d'avoir bien voulu venir en aide à la Société dans cette circonstance. Après une réponse de M. Clavel représentant le maire empêché, tout le monde s'est répandu dans les salles, pendant que la musique du 140e de ligne exécutait les meilleurs morceaux de son répertoire.

Le visiteur pénètre d'abord dans la cour d'entrée de l'Exposition, ornée de plantes exotiques prêtées gracieusement par l'Administration du parc de la Tête-d'Or. Ces plantes sont groupées par régions : Amérique septentrionale, Amérique méridionale, Asie, Afrique, Océanie.

Des portières donnent accès dans le grand vestibule, où sont disposés des plans en relief et de grandes cartes ; le centre est occupé par le plan relief du département du Rhône dressé par M. l'ingénieur Anselmier, sur l'ordre du Conseil général. A gauche nous voyons le beau relief de Grenoble et de ses environs, œuvre du capitaine Rangé, du 4e de génie, et en face la carte des vallées vaudoises du commandant de Rochas : ces trois travaux ont valu la médaille d'or à leurs auteurs. Plusieurs grandes cartes et plans en relief du canal de l'isthme de Panama figurent aussi dans ce vestibule.

La salle du milieu du rez-de-chaussée est réservée aux envois des ministres de la guerre, de la marine, des travaux publics et de l'intérieur, qui ont exposé de vrais chefs-d'œuvre. Des cartes en relief, une grande quantité de sphères géographiques et d'appareils cosmographiques occupent le centre ; cette collection est surtout rendue intéressante par les reliefs de grande valeur présentés par l'éditeur Delagrave ; ils sont l'œuvre de Mlle Kleinhans, officier d'instruction publique, bien connue dans le monde géographique. La salle de gauche renferme une collection très-intéressante d'anciens ouvrages de géographie, de vieilles gravures, de vieux plans de Lyon et du département du Rhône ; cette exposition rétrospective est particulièrement enrichie par les nombreux ouvrages que M. Vingtrinier, bibliothécaire de la ville, a mis à la disposition de la Société ; on y voit aussi plusieurs anciennes cartes prêtées par M. Jacquet, conservateur des bibliothèques populaires de Lyon. Nous trouvons exceptionnellement dans cette pièce quelques travaux de particuliers, qui ont valu de hautes récompenses à leurs auteurs : ce sont ceux de M. Pagnon, ancien élève de l'Ecole supérieure de commerce, sur son voyage au Caucase, de M. Vermorel, qui expose des plans topographiques et historiques de la ville de Lyon en 1350, etc., etc. La salle de droite est tapissée de grandes cartes de l'Afrique, de l'Europe centrale, et d'une vingtaine de feuilles de l'Atlas uni-projectionnel de M. J.-V. Barbier, secrétaire général de la Société de géographie de l'Est, qui a obtenu pour ces belles œuvres la plus haute récompense. On y voit encore deux grandes panoplies formées d'armes indiennes et malaises très-curieuses, provenant de la collection de MM. Errington de la Croix et Brau de Saint-Pol-Lias. Le musée Guimet a aussi fourni son contingent de précieuses richesses consistant en manuscrits et peintures de grande valeur, parfaitement disposés par les soins intelligents de M. de Milloüé, conservateur du musée. De superbes photographies sont étalées sur plusieurs tables ; elles retracent aux yeux du visiteur le long voyage que M. Chantre a fait au Caucase ; ces photographies tirent leur plus grande valeur de leur confection pendant le voyage même : le jury a récompensé cet explorateur par un diplôme d'honneur. Quelques autres ouvrages de particuliers figurent dans cette pièce; nous citerons celui de M. Metzger — *Lyon scientifique* — auquel nous nous intéressons d'autant plus qu'il est une des rares publications de Lyon qui contribuent à la diffusion des connaissances géographiques.

Les murs des escaliers et corridors conduisant au premier étage sont couverts, dans toute leur hauteur, de cartes d'éditeurs et de particuliers. Fidèle à ses traditions, la maison Delagrave a fourni la plus belle partie de cette exposition murale ; nous voyons aussi, au haut de cet escalier, une très-grande et intéressante carte de la région du 14e corps d'armée.

Les cinq salles de l'étage auquel cet escalier conduit contiennent : la première, les expositions de plusieurs Sociétés françaises de géographie : Bergerac, Bordeaux, Lyon, Marseille, Montpellier, Paris, Rochefort, Rouen ; celle de la Société de Lyon consiste principalement en cartes séricicoles couronnées en concours public. Le club Alpin de Paris a envoyé quelques cartes exposées dans la même pièce. La seconde salle du premier est en grande partie occupée par la collection de M. l'ingénieur Seguin, directeur des chantiers de la Buire : au centre se trouve une tente garnie d'un matériel complet de route, et tout autour, de très-grands tableaux, des photographies, livres, costumes, cartes se rapportant aux régions de l'Amérique septentrionale, que cet explorateur a parcourues en compagnie de M. Luquet. Deux panoplies d'armes de peuples de l'Afrique occidentale, les Pahouins, et une carte de ces régions sont aussi exposées dans cette salle par M. Révérend du Mesnil. On y remarque encore la belle panoplie d'armes asiatiques de M. Orsel, celle de M. Coillard, formée d'ustensiles en usage chez les peuplades de l'Afrique tropicale et méridionale, ainsi qu'un album de photographies de ces régions parcourues par ce missionnaire ; enfin quelques tableaux et cartes du musée Guimet ornent une partie des murs. La salle voisine est réservée surtout aux envois des différentes missions, qui ont apporté leur contingent d'objets rares et précieux : missions catholiques, anglaises, étrangères de la rue du Bac, de la Propagation de la foi. M. le docteur Dor, exposant de la première heure, présente, à côté de ces richesses, ses remarquables collections de cartes, photographies et ouvrages de géographie ancienne et moderne. M. Débiton, ancien élève de l'Ecole de commerce, nous a fourni de nombreux échantillons de minéraux du bassin houiller de la Loire ; ils figurent au-dessous d'une carte de ces bassins, qu'il a dressée avec la plus grande exactitude. M. Cornu, élève de la même Ecole, a aussi exposé une belle carte du Mexique, des étoffes, pierres précieuses, minéraux de ce pays, et une collection de charmantes figurines mexicaines donnant une idée des costumes nationaux. Enfin tout le haut de cette pièce est orné de photographies de l'Egypte ancienne provenant de la collection de M. Orsel. Les 4e et 5e salles ont été réservées aux cartes et aux travaux des élèves de l'Ecole supérieure de commerce et de tissage de Lyon ; c'est à la bonne exécution des nombreuses cartes géographiques, à laquelle a présidé M. Ganeval, son intelligent et savant professeur, qu'est due la haute distinction dont l'Ecole a été dotée.

La cour intérieure, couverte d'arbustes et de fleurs, est occupée dans le milieu par une grande hutte ou gourgui çomalis ; on y voit un nègre de ces contrées à peu près sauvages ; à côté, sous un long portique, des cartes, photographies, armes et objets à différents usages, dont se servent les habitants de la côte méridionale du golfe d'Aden. C'est à M. Georges Revoil, qui a parcouru ces régions presque inconnues jusqu'à ce jour, que l'Exposition doit cette intéressante exhibition. Le jury a décerné un diplôme d'honneur à ce sympathique explorateur.

Un second bâtiment est rempli au rez-de-chaussée de travaux de maîtres et d'élèves. — Instruction primaire et secondaire. — Les départements de l'Ain, de l'Ardèche, des Hautes-Alpes, de Saône-et-Loire, de l'Isère, de la Drôme et du Rhône sont surtout représentés par leurs lycées, collèges, institutions privées et publiques, écoles de filles et de garçons. Nous ne citerons pas ici les noms des lauréats de cette catégorie ; le rapport sur les récompenses les donnant au complet. Nous croyons, à ce sujet devoir remercier Messieurs les membres du jury, ainsi que leur honorable président, M. Gauthiot, l'éminent secrétaire de la

Société commerciale de Paris, de nous avoir appelé à l'honneur d'assister à leurs séances ; nous avons pu constater ainsi que les récompenses n'ont été distribuées qu'après mûre délibération.

Les deux salles du premier étage de ce même bâtiment renferment : l'une, l'exposition du matériel de l'instruction géographique complète des Frères de la doctrine chrétienne, des travaux des Touristes lyonnais, des Volontaires du Rhône, quelques cartes de l'éditeur Ehrard, le plan d'un projet de prolongement de la rue de la République à Lyon, etc., etc. Dans l'autre salle se trouvent les travaux de M. l'ingénieur Jacquet sur la navigation du Rhône, des projets se rapportant à des questions d'eaux pour la ville de Lyon par MM. Prunier, Villard et Michaud, ainsi qu'un projet de M. Niel et de M. le docteur Louis Combet sur le complément de la navigation intérieure de Marseille au Rhône. Nous voyons encore dans cette pièce les trois cartes de M. Peillon, professeur au Lycée de Lyon, dressées d'après le vœu du Conseil général ; l'exécution parfaite de ce travail a valu à son auteur une des plus hautes récompenses qu'ait décernées le jury.

L'Ecole de commerce a bien voulu laisser aux visiteurs de l'Exposition la facilité de parcourir ses ateliers de tissage, qui, divisés en trois sections, sont installés chacun à un étage d'un bâtiment touchant celui dont nous venons de parler.

Le public a pu visiter aussi le musée de l'Ecole, renfermant environ deux mille échantillons de marchandises de toutes provenances.

Bien que nous ne devions mentionner ici que ce qui est du domaine de la géographie, nous croyons pouvoir dire cependant, puisque le public n'a cessé de témoigner de l'intérêt et de la satisfaction qu'il éprouvait à s'arrêter dans un coin bien reculé de l'Exposition, que les cahiers de comptabilité des élèves de la section de commerce de l'Ecole et les belles étoffes fabriquées par ceux de la section de tissage, qui y étaient étalées, ont fait un ensemble de travaux regardés avec raison comme une preuve de l'habile direction donnée à l'enseignement par M. le docteur Penot et du savoir des professeurs chargés de cet enseignement.

Le 25 août, jour de l'inauguration, tout est en place : les ballots, les caisses d'emballage vides ont disparu des salles et des cours ; le catalogue est remis aux autorités et aux nombreux visiteurs qui viennent parcourir l'Exposition.

Les exposants avaient été invités à expédier du 15 au 31 juillet les objets qu'ils désiraient voir figurer à l'Exposition ; mais, sur les instances de plusieurs personnes, le dernier délai pour la réception des colis a été reporté au 15 août.

L'Exposition ne devait rester ouverte que jusqu'au 12 septembre ; sur la demande de nombreux visiteurs, elle n'a fermé ses portes que le 17. L'entrée en était gratuite le dimanche ; le vendredi on payait 1 franc, les autres jours de la semaine 50 centimes. Le nombre des visiteurs entrés gratuitement le dimanche ou avec cartes dans la semaine, a été de 14,760, celui des vendredis a été de 555, celui des jours à 50 centimes de 4,281. Le nombre total des entrées gratuites et payantes a donc été de près de 20,000 pendant les 24 jours où l'Exposition est restée ouverte.

Si, par suite de la rentrée des élèves de l'Ecole de commerce, l'Exposition n'avait pas été obligée de clore aussitôt, nul doute que le nombre des visiteurs ne se fût maintenu au chiffre élevé qu'il avait atteint les derniers jours, beaucoup de personnes, qui rentraient des eaux ou de la campagne, ayant témoigné le regret de n'avoir pu admirer les richesses géographiques qui étaient étalées dans nos bâtiments.

Ajoutons que, du jour où l'Exposition a ouvert ses portes jusqu'au moment encore où elle allait les fermer, grand nombre de personnes, ne s'attendant pas à y trouver d'aussi belles et nombreuses collections de toute espèce, sont venues solliciter la faveur d'exposer des objets qu'elles eussent vivement désiré voir figurer en aussi bonne compagnie. Toute demande de cette nature a dû être refusée, la place faisant complètement défaut.

Rappelons encore que le Président de la Société de géographie, dans son discours, qui a précédé la distribution des récompenses, a remercié, au nom de la Société de géographie, les membres du Conseil d'administration de l'Ecole de commerce, ainsi que son honorable Directeur, de la large hospitalité qu'ils ont bien voulu accorder à l'Exposition dans les vastes bâtiments et dépendances de l'Ecole.

L'Exposition de géographie de Lyon, sans être complète, était assez riche cependant pour intéresser et instruire ; elle a dû dans tous les cas offrir beaucoup d'attrait au public, puisque vingt mille personnes sont venues la visiter. Nous ajouterons que, dans la crainte de paraître trop long dans notre rapport, nous avons passé sous silence beaucoup d'œuvres qui y figuraient et qui mériteraient une mention spéciale.

Nous croyons, en terminant, devoir signaler l'empressement qu'ont toujours mis Messieurs les rédacteurs des journaux de Lyon, à accorder une place dans les colonnes de leurs feuilles, aux articles que nous leur adressions concernant l'Exposition. Nous les prions d'en recevoir ici l'expression de notre gratitude.

Lyon, le 10 novembre 1881.

Le Directeur de l'Exposition,
SENIL.

LES LIVRES A L'EXPOSITION

Par M. Aimé VINGTRINIER

Bibliothécaire de la Ville.

Une Exposition aussi importante et aussi belle que celle de Lyon devait, à côté des travaux graphiques si nombreux, des instruments, ustensiles, outils, armes de chasse et de guerre destinés à faire connaître la civilisation des divers peuples, offrir aux visiteurs un certain nombre d'ouvrages relatifs à la noble science que nous cultivons. Outre les livres élémentaires, consacrés aux études modernes, destinés aux écoles et publiés par des maisons connues de l'Europe entière, un salon avait été consacré aux livres précieux, rares ou savants, que les bibliophiles et les érudits avaient mis à notre disposition. Il fallait bien que les pères de la Géographie fussent de la fête, eux qui avaient assisté à sa naissance et qui lui avaient fait faire ses premiers pas.

Sans les rappeler tous, voici ceux qui nous ont plus particulièrement frappé :

Une COLLECTION précieuse DE MANUSCRITS chinois, japonais, indiens, civils ou religieux, tirés de ce musée Guimet, célèbre dès sa naissance, et qui fera vivre la mémoire de son fondateur.

Quelques-uns de ces manuscrits sont écrits sur feuilles d'ivoire ou de palmier ; un d'eux sur feuillet d'or.

507 PORTULAN VÉNITIEN du XIVe siècle, composé de neuf planches sur vélin, collés sur bois, représentant l'Adriatique ; l'Océan de Dortrecht au Finistère d'Espagne ; l'Océan avec la Méditerranée d'Arles à Bayonne ; la Méditerranée de Tarragone au canal d'Otrante ; la Méditerranée centrale ; la Méliterranée orientale ; la mer Noire ; deux autres servent à l'étude du ciel.

Les angles de chaque page portent de charmantes figures de saints d'un goût essentiellement byzantin. Elles ont été infailliblement inspirées par les travaux de l'église de Saint-Marc.

508 Un autre PORTULAN, de moindre dimension, plus simple, moins élégant et qui paraît plus ancien ; il n'offre que quatre cartes marines représentant l'Adriatique et la Méditerranée centrale avec *Veniexa*, le Lido, Malamoco et Chioggia, dont le nom est écrit, suivant la douce prononciation vénitienne, *Kiozia* ; la Méditerranée orientale et la Mer Noire jusqu'à Sevastopoli ; la Méditerranée occidentale avec Naples, la France et l'Espagne de Brest à l'Ebre ; enfin la Baltique, la mer du Nord et les îles Britanniques. Aux angles de chaque page sont peints avec naïveté des dragons, des sphinx, les emblèmes des quatre Évangélistes et des caricatures grimaçantes.

Quatre PORTULANS reliés, manuscrits : l'Archipel et la Barbarie ; Africa ; la Méditerranée entre l'Espagne et la Sardaigne ; la Méditerranée entière. In-fol.

509 DESCRIPTION ABRÉGÉE DE TOUT LE PAYS D'ITALIE. Manuscrit du XIVe siècle, in-4, sur vélin ; belle carte coloriée, représentant l'Italie et ses îles.

494 ATLAS DE SIX CARTES coloriées et enluminées, avec explications. Petit in-fol., demi-rel. mar. rouge. Manuscrit sur vélin, du XVIe siècle, d'une exécution soignée et d'une belle et rare conservation.

634 Voyage au Caucase, par Pierre Pagnon. 1876-1877, in-4, demi-rel. dos et coins mar. vert.

Manuscrit curieux, multitude de dessins à la plume et de photographies, vues et portraits. Volume continuellement assiégé par la foule.

Club alpin français, section de l'Isère. Album n° 1. Oisans, Pelvoux.

Curieux voyage à travers une des plus belles contrées du Dauphiné.

Exposition universelle de Paris, 1878. Club Alpin français, sous-section de Briançon. Album pittoresque des Alpes briançonnaises. Cent deux vues, par A. Grand. In-4.

Très-consulté par les visiteurs.

257 Voyage dans les pampas de la République argentine, par le docteur Armaignac. In-4. Manuscrit.

493 En Asie a vol d'oiseau. Leçons de géographie en vers, par M. F.-Auguste A., à Saint-Bonnet-le-Château. 10 mai 1881. In-4.

Essai audacieux, idée peu commune que nous nous garderions bien de décourager. Qui sait?

Claudii Pthoemaei (sic) (Ptolemæi) Alexandrini liber geographiæ cum tabulis et universali figura et cum (Brunet dit *una*) additione locorum quæ a recentioribus reperta sunt. Diligenti cura emendatus et impressus (cum annotationibus Sylvani Eboliensis). A la fin : *Venetiis*, per Jacobum Pentium (sic) (Brunet dit *Petrum*) de Leucho. Anno Domini 1511, die vigesima mensis Martii. In-fol. Nombreuses cartes gravées sur bois.

Précieux incunable cité par Brunet.

503 Isolario di Benedetto Bordone nel qual si ragiona di tutte l'isole del mondo. Con il breve del papa e privilegio della illustrissima signoria di Venetia come en quelli appare. 1534. A la fin : Impresse in *Vinegia* per Nicolo d'Aristotile, detto Zoppino. 1534. In-4, cartes gravées sur bois, couv. parch.

La première édition de ce curieux ouvrage est de *Venise* 1528 ; une troisième est de 1547.

Benoît Bordoni, littérateur, peintre et géographe, était plus à même que tout autre de donner un puissant intérêt à son livre par son imagination d'artiste, son talent d'écrivain et son habileté comme graveur.

S'il eut gloire et succès de son vivant, il eut après sa mort un autre genre de célébrité si, comme on le croit généralement, il fut le père du grand et orgueilleux Jules-César Scaliger.

492 PRIMO VOLUME et seconda editione delle navigationi et viaggi in molti luoghi (par Fracastor), sans nom. In *Venetia*, nella stamperia di Giunti, 1554. In-4. Couv. parch.

CIVITATES ORBIS TERRARUM. Georgius Bruin. *Coloniæ Agrippinæ*, 1572-1618, in-fol. bas. Six tomes en trois volumes, cartes, planches et figures admirablement gravées.
Édition très-recherchée.

Théâtre des Cités du monde, par Georges Bruyn, de Coulogne. *Bruxelles*, 1574, in-fol. Reliure parchemin gaufré, deux volumes, cartes, planches et figures.
Traduction de l'ouvrage précédent, mais moins estimée des amateurs.

Il ne faut point confondre ce Bruin, archidiacre de Dormund, avec un autre Bruyn, plus célèbre, qui, né à la Haye en 1652, s'illustra comme peintre et comme voyageur.

Comme peintre, il était élève de Lotti et il eût éclipsé son maître, si le goût des aventures ne l'eût enlevé à ses pinceaux pour le pousser vers les contrées les plus lointaines. Il n'en eut pas moins, comme artiste, une brillante réputation.

« Quant à Corneille de Bruyn, dit M. Descamps, dans sa *Vie des peintres flamands, allemands et hollandais*, Paris, tome troisième, in-8, ce fameux voyageur fut en même temps peintre, naturaliste et antiquaire. On aurait dit qu'il ne voyageait que pour peindre et qu'il ne peignit que pour voyager, car, quand il avait fait une bonne collection de dessins, il venait les mettre en ordre et les publier dans sa patrie, à la Haye, et le succès de ses ouvrages l'engageait à entreprendre de nouveaux voyages. »

Il passa, en effet, une partie de sa vie à parcourir le monde, particulièrement l'Asie, et il fut un des premiers, sinon le premier de tous, à faire connaître la contrée des Samoïèdes, peuples et pays.

Bruyn fut, après sa mort, victime d'une de ces coquilles colossales qui font le désespoir des écrivains, la joie des lecteurs et dont il eût été le premier à rire avec éclat si elle eût passé sous ses yeux. Dans un éloge qu'on fit de cet homme célèbre, on imprima que, dans le cours de ses nombreux voyages, il avait dessiné une foule de *mouvements* et relevé une quantité d'*interruptions*. Cette assertion hardie jeta les lecteurs dans l'angoisse et l'auteur de la biographie dans la consternation. Il fallut apprendre à l'Europe savante que ce dernier avait simplement écrit des *monuments* et des *inscriptions*.

Voir les *Mémoires de Trévoux*, juillet 1761, page 1830.

Le George Bruin, auteur du *Théâtre des cités du monde*, que nous avons sous les yeux, mourut doyen de la cathédrale de Cologne au commencement du XVII° siècle. Nous ne savons la date précise ni de sa naissance ni de sa mort.

502 Théatre de l'univers, par Abraham Ortelius, revu 1587. — — A la fin : *A Anvers*, de l'imprimerie de Christofle Plantin. In-fol., cuir gaufré, coins, clous et fermoirs cuivre.

On prétend que le *Theatrum Orbis terrarum*, d'Ortelius, Anvers, 1570, in-fol., dont celui-ci n'est que la traduction, fut le premier *Atlas* connu. Quoi qu'il en soit, le savant géographe n'eut à se plaindre ni du sort ni de la fortune ; il eut l'estime générale et Philippe II, d'Espagne, le combla de ses faveurs.

500 Epitome du Theatre du monde, d'Abraham Ortelius. A Anvers, *de l'imprimerie plantinienne*, pour Philippe Galle, 1590, in-8 oblong à l'italienne, couverture parchemin, cartes nombreuses.

497 Atlas de Mercator. *Amstelodami,* sumptibus et typis æneis Judoci Hondii. In-fol. Veau marbré.

On connaît le trait sublime de Mercator qui ne voulut mettre en vente son *Atlas* que lorsque toutes les cartes géographiques de son ami et rival Ortelius eurent été vendues.

505 Le Theatre du monde ou nouvel atlas, contenant les cartes et descriptions de tous les pays de la terre, mis en lumière par Guillaume et Jean Blaeu. *Amsterdam*, 1621-1638. In-fol. Trois vol. Continué par Jean Janson. *Amsterdam*, 1646, in-fol., deux vol., planches et cartes.

Novus orbis, sive descriptio Indiæ occidentalis, auctore Antonio de Herrera. *Amstelodami*, apul Michaelem Colonium ou Colinum, bibliopolam. 1622, in-4. Cartes. Bas.

Cet ouvrage, bien connu des bibliophiles, a été traduit de l'espagnol en latin, en anglais et en français.

Antonio de Tordesillas Herrera est auteur d'autres ouvrages historiques estimés : *Histoire générale des gestes des Castillans*, in-fol., quatre vol.; *Histoire du Portugal — des affaires de France*, etc.

Le très-devot voyage de Jerusalem, avec les figures des Lieux Saints. Faict et descript par Jean Zvallart. En *Anvers*, chez

Guillaume van Tongheren, 1626, in-4, couv. parch., gravures taille-douce.

Traduction de l'ouvrage rare et précieux intitulé : Devotissimo viaggio di Gierusalemme, fatto et descritto da Giovanni Zuallardo, l'anno 1586. *Roma*, Zanetti, 1587, in-4, fig.

Zuallart, voyageur et littérateur, était né à Ath, dans le Hainaut. Il a laissé une description estimée de sa ville natale.

334 Atlas minor von Gerardo Mercatore. Amstelodami, ex officina Joannis Jansonii. 1631, in-fol.

Il était nécessaire qu'auprès de Ptolémée on vît paraître le célèbre ami de Charles-Quint. On lui reprocha de n'être pas d'une orthodoxie parfaite ; aujourd'hui on ne se souvient que de sa science.

Histoire de la navigation de Jean-Hugues Linschot, Hollandois, aux Indes orientales ; avec annotations de B. Paludanus. Troisième édition. *Amsterdam*, chez Evert Cloppenburgh, 1638, in-4. Cartes, planches et fig. gravées.

Jean-Hugues Van Linschooten fut un de ces hardis navigateurs hollandais qui firent tant pour la gloire et la prospérité de leur patrie. La relation de son voyage parut en 1591 et fut immédiatement traduite du hollandais en latin et en français. Après avoir vainement tenté, en 1594, d'aller aux Indes par le Nord, la Norwége, la Nouvelle-Zemble et les îles d'Oranges, il revint sans avoir pu pénétrer plus haut que le 77° 75, mais sans être convaincu de l'impossibilité du passage, qu'il voulut tenter à nouveau ; l'heureux succès de Nordenskiold prouve que Linschooten avait raison.

La postérité a reconnu d'ailleurs l'exactitude et la véracité parfaite de ses récits.

505 Flandria illustrata, sive descriptio comitatus istius per totum terrarum orbem celeberrimi... ab Antonio Sandero. Coloniæ Agrippinæ, 1641-1644. In-fol., planches et fig. gravées, deux vol.

Quoique portant le nom de *Cologne*, ce bel ouvrage a été imprimé à *Amsterdam*, chez J. Blaeu ; c'est un livre aussi estimé que rare et précieux.

On sait que le malheureux Antoine Sanders, d'un vaste savoir et jouissant de l'estime de l'Europe entière, mourut dans une extrême pauvreté, complètement ruiné par le luxe et la beauté des ouvrages qu'il publiait. Ses gravures sont des œuvres d'art d'un haut mérite. Un troisième volume avait été préparé, mais n'a pas paru.

Topographia Galliæ, Vranckryck. *Amsterdam*, 1660-1663, in-4, quatre vol. (en hollandais), planches et gravures très-belles.

L'AFRIQUE DE MARMOL, de la traduction de Nicolas Perrot, sieur d'Ablancourt. Divisée en trois volumes, et enrichie des cartes géographiques de M. Sanson. *Paris*, 1667, in-4, trois vol. bas.

Ce fut en restant huit longues années prisonnier de guerre chez les Maures, contre qui, à la suite de Charles-Quint, il avait porté les armes, que le célèbre écrivain Marmol y Carvajal apprit à connaître l'Afrique et qu'il put la décrire avec des documents qu'on n'avait pas avant lui.

503 LEGATIO BATAVICA ad magnum Tartariæ chamum Sungteium. Per Joannem Nieuhovium; latinitate donata per Georgium Hornium. *Amstelodami*, apud Jacobum Meursium, 1668. In-4, planches et fig. gravées bas.

Après avoir eu un grand retentissement et avoir eu les honneurs de la traduction en plusieurs langues, le curieux ouvrage de Jean Nieuhoff a été si vivement attaqué, à propos de détails, en tous cas, peu importants, que sa réputation en a souffert. Il est cependant toujours recherché, ne fût-ce que pour les précieuses gravures qui l'accompagnent.

AMBASSADES MÉMORABLES de la Compagnie des Indes orientales des Provinces Unies vers les empereurs du Japon, avec dédicace par Jacob Van Meurs. A *Amsterdam*, chez Jacob Van Meurs, merchand-libraire, 1680, in-4, deux tomes en un volume, fig. et planches gravées.

RELATION HISTORIQUE d'un voyage nouvellement fait au mont de Sinaï et à Jérusalem, par Morison. *Toul*, 1704, in-4, bas.

Ouvrage rare, et que les bibliophiles se disputent assez volontiers.

499 UNIVERSUS TERRARUM ORBIS scriptorum calamo delineatus... studio et labore Alphonsi Lasor a Varea. *Patavii*, 1713, typographia olim Frambotti, nunc Jo. Baptistæ Conzatti. In-folio, deux vol. cartonnés, planches gravées.

Ouvrage rare et singulier.

VOYAGE AUTOUR DU MONDE, fait dans les années 1740, 41, 42, 43 et 44, par Georges Anson. Tiré des journaux par Richard Walter. Traduit de l'anglais. *Amsterdam et Leipzig*, 1751, in-4 (Mer du Sud), cartes et figures en taille-douce.

Cette traduction, faite par Elie de Joncourt, est estimée. On sait que Richard Walter, chapelain de l'amiral Anson, à bord du *Centurion*, n'est point l'auteur de cette relation, qui est due entièrement à Benjamin Robins, né à Bath, en 1707, de parents quakers, et un des plus vastes génies de l'Angleterre. Dès son apparition, le succès de ce livre fut immense ; il fut traduit dans toutes les langues de l'Europe et valut à son auteur les plus illustres amitiés.

Hydrographie française ou recueil de cartes marines dressées... par feu M. Bellin, depuis 1737 jusqu'en 1772. Paris, s. d. (1752-1804), in-fol., deux vol.

506 Grand atlas. Quarante-cinq cartes géographiques, par d'Anville. In-fol.

495 Relation de l'ambassade anglaise envoyée, en 1795, dans le royaume d'Ava ; par le major Michel Symes ; traduite par Castera. *Paris*, 1800, in-8, trois vol. veau marb., fil., et atlas grand in-4.
Ouvrage cité par Brunet.

Description générale de la ville de Lyon et des anciennes provinces du Lyonnais et Beaujolais, par N. de Nicolay, publiée et annotée par la Société de topographie historique de Lyon, et précédée d'une notice sur N. de Nicolay, par Victor Advielle. *Lyon*, Mougin-Rusand, 1881, in-4.

Si on ne peut avoir une bibliothèque géographique complète, on est heureux du moins d'avoir pu admirer, en quelques heures, ces richesses bibliographiques venues de tous les points de la France, et que le dévouement généreux des propriétaires avait mises sous les yeux de spectateurs émerveillés. Aujourd'hui que ces trésors sont éparpillés et sont rentrés aux quatre vents du ciel, dans leurs domiciles respectifs, remercions ceux qui, sans craindre les détournements, les déchirures et tous les accidents que les livres ont à redouter, nous les avaient confiés pendant quelques mois qui ont nous paru quelques instants beaucoup trop courts.

Aimé VINGTRINIER,
Bibliothécaire de la ville de Lyon.

NOTES

SUR LE
PLAN TOPOGRAPHIQUE HISTORIQUE DE LA VILLE DE LYON
En 1350
Par M. VERMOREL

Le plan topographique de la ville de Lyon en 1350, en cours d'exécution, comprendra vingt-quatre feuilles à l'échelle de $\frac{1}{500}$ et quatre feuilles d'ensemble.

Parmi les feuilles exécutées, deux seulement ont figuré à l'Exposition de géographie comme specimen de ce grand travail que le Conseil municipal a pris sous son haut patronage, par délibération du 17 février 1880.

Sur ce plan, chaque parcelle de terrain, bâti ou non bâti, est figurée avec les confins qui lui sont assignés dans les actes terriers de l'époque. Le nom du propriétaire en 1350, pris dans les terriers, et celui du propriétaire en 1493, relevé dans le cadastre de cette date, sont généralement inscrits sur chaque immeuble avec désignation des confins, tout autant que le peu d'espace le permet.

Ce plan fait connaître, au moyen de teintes superposées, comment s'est opéré le démembrement des grandes propriétés qui ont servi à former de nouveaux quartiers. On y suit pas à pas, et sous leurs dates, les créations successives de nouvelles rues, quais, ports et places, et la suppression d'anciens chemins. En résumé, on y voit distinctement deux villes l'une sur l'autre : le Lyon de 1350 et le Lyon de nos jours, agrandi, transformé de siècle en siècle.

L'une des feuilles exposées offre un intérêt spécial ; elle éclaire plusieurs questions qui touchent aux origines de Lyon, et d'abord celle des *fossés de la Lanterne*.

D'après l'opinion commune, ces fossés formaient le lit d'un canal navigable, d'époque romaine, qui communiquait du Rhône à la Saône, en passant sur l'emplacement du Grand-

Théâtre, de l'hôtel de ville, de la place des Terreaux et des maisons à la suite. Or les documents récemment découverts par l'auteur, dans les terriers de l'abbaye Saint-Pierre et du prieuré de la Platière, montrent que ces emplacements étaient encore, en 1512, couverts de maisons et jardins. Ces immeubles sont figurés sur le plan tels qu'ils sont confinés dans les actes terriers. Il en ressort d'une manière palpable que le prétendu canal romain n'a jamais existé.

Les murailles qui formaient l'enceinte de la ville de ce côté étaient jadis précédées d'un fossé étroit qui ne dépassait guère la largeur de la rue Lafont. Comme cette défense, qui datait de 1269 (*circa*), était devenue insuffisante contre les nouveaux moyens d'attaque, on entreprit en 1512 de l'élargir en expropriant les maisons et jardins figurés sur le plan, et que l'on retrouve plus tard barrés sur les rôles d'impôts, avec cette annotation en marge : *Isti sunt quorum domus fuerunt diruptæ in fossalibus*.

Ce nouveau fossé, comme l'ancien, était à sec en temps ordinaire. Pour les remplir d'eau en cas de danger, on fit construire cette double galerie souterraine, longue de neuf kilomètres, qui avait son embouchure dans les fossés de la Lanterne et sa prise d'eau dans le Rhône à Neyron, et dont il existe encore plusieurs parties. Tel était l'objet de ce canal, qui a tant intrigué nos historiens, qui n'ont pu parvenir à découvrir sa véritable destination.

Sur cette même feuille on retrouve l'antique bourg de *Seyne*, où les Augustins vinrent s'établir en 1313. On voit quel était leur premier cloître, dont il ne reste aucun vestige, et comment il a été remplacé par les grands bâtiments devenus l'école de la Martinière et l'église paroissiale de Saint-Vincent.

Tout à côté on a fait revivre, avec ses anciennes rues, le vieux bourg des *Anges*, où les Carmes se sont établis en 1303, sur un bien petit emplacement qui s'est étendu comme une tache d'huile, qui a fini par couvrir tout ce quartier.

Enfin, pour nous borner dans le choix des précieuses indications qu'on relève dans cette feuille, on mentionnera l'emplacement de la vigne de Roland Gribaud, resté inconnu jusqu'ici, où l'on a trouvé en 1526 les fameuses *Tables de Claude* en bronze, et découvert, en 1827, le soubassement d'un édifice antique où probablement était exposée cette charte d'affranchissement des Gaulois.

L'exactitude du plan topographique historique de Lyon en 1350, pourrait rester douteuse si on ne faisait connaître, au moins sommairement, la nature et la valeur des documents qui lui servent de base et les procédés suivis pour les mettre en œuvre.

A une époque lointaine, peut-être du temps des Burgondes, le territoire tout entier de Lyon avait été partagé en plusieurs seigneuries qui appartenaient exclusivement aux églises et communautés religieuses, lesquelles, en leur qualité de seigneurs directs, percevaient sur leurs *tenanciers*, sous le titre de *cens et servis*, certaines redevances annuelles en argent et en nature, et sous le titre de *lods et milods*, des droits de *mutation* à raison de dix pour cent de sa valeur vénale lorsqu'un immeuble situé dans leur *censive* était vendu et de cinq pour cent lorsqu'il passait en d'autres mains par voie d'héritage.

A l'avénement de chaque mutation le *nouveau tenancier* était tenu de prendre l'*investiture* du seigneur direct, ce qui avait lieu en passant un *acte de reconnaissance* où il s'engageait par serment et sous l'obligation de tous ses biens à payer les *cens* et *servis* ainsi que les *lods* et *milods* auxquels l'immeuble était assujetti. Ces actes étaient reçus par notaire et consignés dans des registres spéciaux appelés *terriers*. L'immeuble y est décrit avec ses confins, son orientation, ses attaches avec tels ou tels voisins ; souvent même la longueur de la façade est indiquée ainsi que ses autres dimensions. L'acte le plus récent rappelle les noms des précédents propriétaires en remontant pour certains quartiers jusqu'à 1303, mais s'arrêtant le plus souvent aux environs de 1350.

Lors de l'abolition du régime féodal les terriers ont été mis sous séquestre par la nation. Ils sont aujourd'hui réunis aux archives du département, où ils forment une collection de plus de 500 registres.

Les renseignements contenus dans ces actes sont donc absolument certains. Il ne s'agit que de les réunir l'un à l'autre dans l'ordre que chaque immeuble occupait sur le terrain, pour en composer un plan parcellaire de la ville de Lyon en 1350.

Les procédés que l'auteur a suivis pour exécuter ce travail sont exposés à la page IV et suivantes de l'introduction de sa petite brochure sur les murs de Lyon.

Ce plan est accompagné d'un texte à part où sont consignés les documents qui n'ont pu trouver place sur les cartes, ainsi qu'il est dit à la page XV de cette même introduction.

Lyon, le 19 septembre 1881.

VERMOREL.

LES MINISTÈRES

Les divers ministères qui possèdent une organisation cartographique ont bien voulu contribuer à l'éclat de notre Exposition. Nous devons particulièrement des remerciements à M. le colonel d'état-major Rouby et à M. l'ingénieur Anthoine pour l'empressement qu'ils ont mis à nous communiquer les remarquables travaux qui s'exécutent, sous leur habile direction, aux ministères de la guerre et de l'intérieur.

Ministère de la guerre.
- Carte de Nancy au $\frac{1}{80000}$.
- Id. du département de la Seine au $\frac{1}{80000}$.
- Id. des chemins de fer français au $\frac{1}{800000}$.
- Spécimen de deux feuilles assemblées d'une carte de l'Algérie au $\frac{1}{50000}$.
- Carte de France au $\frac{1}{800000}$.
- Id. du département de la Seine au $\frac{1}{50000}$.
- Carte de Vizille au $\frac{1}{80000}$.
- Feuille n° 4 d'une carte de France en cours d'exécution au $\frac{1}{600000}$.
- Spécimen de quatre feuilles assemblées d'une carte de France en cours d'exécution au $\frac{1}{50000}$.
- Statistique médicale de l'armée française. 4 Cartes en un tableau au $\frac{1}{3000000}$.
- Carte du massif des Alpes au $\frac{1}{38000}$.

Le ministère de la guerre avait envoyé, comme exposition rétrospective, deux instruments qui ont servi aux opérations géodésiques des ingénieurs géographes, soit en France, soit en Algérie. Ce sont deux cercles répétiteurs, dont l'un servait aux opérations de premier ordre et l'autre aux opérations de deuxième ordre. La méthode de répétition étant complètement abandonnée maintenant dans la pratique de la géodésie, ces appareils n'ont plus qu'un intérêt historique, mais ils n'en constituent pas moins des instruments précieux et remarquables.

Le premier est un cercle répétiteur de Gambey, n° 2, de 13 pouces, ayant particulièrement servi aux opérations de premier ordre en France, entre les mains du colonel Bentabol, du commandant Peytier, du capitaine Servier, de 1835 à 1840.

Le second est un petit cercle de Bellet, qui a surtout été employé en Algérie, pour les premiers travaux de la triangulation qui exigeaient des instruments très-portatifs.

Ces instruments sont voués maintenant au repos dans le musée du ministère, mais ils rappellent les noms de savants officiers dont les noms font honneur à la géodésie française.

Ministère de l'intérieur.
- Carte de France à l'échelle de $\frac{1}{100000}$ dressée par le service vicinal.
- Carte routière et hydrographique du département de la Vendée.
- Carte du département de l'Aisne (Soissons).
- 2 Cartes d'assemblage (cartes de région).
- Environs de Paris, clichage sur cuivre.
- Feuilles de Châlons-sur-Marne et Fontainebleau.
- Cartes cantonales pour écoles.
- Feuilles du Havre et de Pont-Audemer.
- Carte du département de l'Aisne, Vervins.
- 4 Atlas.

Administration départementale et communale, statistique, graphique
- 1 Atlas.
- 1 Carte des élections générales.
- 1 Carte des chemins vicinaux.
- 1 Carte des chemins vicinaux.
- Impositions départementales.
- Chemins vicinaux (impôts, emprunts, prestations).
- 1 Carte des impositions communales.
- 1 Carte de la population des communes.
- 1 Carte de la densité de la population.
- 1 Carte des conseils de préfecture.
- 4 Cartes gravées sur cuivre.

Ministère des travaux publics.
- Carte des chemins de fer de la France. — Echelle $\frac{1}{1250000}$.
- Carte de la navigation intérieure de la France. — Echelle $\frac{1}{1250000}$.
- Carte des routes nationales de la France. — Echelle $\frac{1}{1350000}$. Echelle des plans de détail $\frac{1}{500000}$.
- Album de statistique graphique.

Tous les ouvrages envoyés par le Ministère des travaux publics, ont été gracieusement offerts par lui à la Société de géographie de Lyon.

Ministère de la Marine.
- Cercle hydrographique de Lorieux.
- Cercle méridien portatif de Brunner.
- Théodolite réitérateur de Brunner grand modèle.
- Boussole circulaire Emile Duchemin.
- Compas de relèvement Dumoulin Froment.
- Théodolite simple à boussole de Lorieux.
- Boussole circulaire Emile Duchemin.
- Cercle à réflexion.

RAPPORT SUR LES OPÉRATIONS DU JURY

DES RÉCOMPENSES DÉCERNÉES AUX EXPOSANTS

PRÉSENTÉ PAR

M. A. GANEVAL,

Officier d'Accadémie, Professeur de géographie,
Secrétaire du Congrès de 1881, Secrétaire-Adjoint de la Société de géographie de Lyon

Mesdames et Messieurs,

Je serais mal venu, après les éloquentes paroles que vous venez d'entendre, à vous parler de notre exposition géographique autrement que pour vous rendre compte des travaux du jury que le Congrès a chargé de juger les exposants et de décerner les récompenses qu'il croit méritées.

Que M. Levasseur veuille bien me permettre cependant de lui présenter des remerciements au nom de la Société de géographie de Lyon, qui a fait de son mieux pour mener à bien l'exposition dont elle s'est chargée, et de lui dire que le comité d'organisation de cette exposition, que son dévoué directeur, trouvent dans les éloges décernés par un juge illustre, une inappréciable récompense de leurs longs travaux.

Ici devrait commencer ma tâche de rapporteur, que je veux rendre aussi courte que possible pour n'abuser point de la patience d'un auditoire bienveillant, et pour hâter autant que je le pourrai l'heure désirée de la proclamation. Mais n'ai-je pas d'abord le devoir d'excuser auprès de vous le choix d'un rapporteur pris, contre toute attente, entre douze membres d'une grande autorité ?

Lorsque Messieurs les Jurés, après une unanimité qui m'honore et que je suis fier de vous dire, m'eurent choisi pour vous faire connaître leurs décisions, notre honorable président, M. Gauthiot, dont nous regrettons vivement le départ, voulut bien me dire avec sa bonté habituelle : « Vous avez été à la peine, il est juste que vous soyez à l'honneur. »

Certes l'honneur est grand, mais pour grand qu'il est, il ne fait qu'aviver la peine que j'éprouve à me trouver au-dessous de ma tâche. Pour être juste, je dois ajouter que cet honneur devrait revenir dans sa meilleure part à notre dévoué directeur, M. Senil, dont je n'ai été en tout ceci que le modeste collaborateur.

Pour être complet enfin dans les déclarations qui doivent précéder mon compte-rendu, j'ai à remercier M. Gauthiot des conseils éclairés qu'il m'a donnés, à rendre témoignage de l'habile direction qu'il a su imprimer à nos délibérations, et à vous dire enfin les regrets que son départ lui a causés. Sans doute il eût voulu de sa parole autorisée donner aux exposants les encouragements que méritent leurs travaux, et dire à ceux que le jury n'a pas récompensés l'effort qu'ils ont à faire pour arriver à cette récompense. Les remerciements de notre honorable président, M. Desgrand, vous ont dit tout le prix que nous avons attaché à son concours.

Je veux enfin remercier mes collègues de l'honneur qu'ils m'ont fait et, rendant à chacun ce qui doit lui revenir, déclarer que mon rapport a été singulièrement facilité par les minutieuses et judicieuses notes qu'ils m'ont fournies.

Pour rendre possible, dans le temps très-court qui nous était donné, l'examen de tous les travaux exposés, le jury, présidé par M. Gauthiot, secrétaire général de la Société de géographie commerciale de Paris, s'est fractionné en trois sections ainsi composées :

Mlle Kleinhans, de Paris.
M. Barbier, secrétaire général de la Société de géographie de l'Est.
} Pour les travaux des élèves des trois enseignements, primaire, secondaire et secondaire spécial.

MM. Gautier, avocat, Paris.
Senil, de Lyon.
Hurbin -- Lefèbvre, de Lyon.
} Pour les travaux de maîtres des trois mêmes enseignements.

MM. Maunoir, secrétaire général de la Société de géographie de Paris.
Kleinhaus, de Paris.
Commandant Poulot, de Bordeaux.
Delavaud, de Rochefort.
} Pour les travaux et expositions des particuliers.

Votre rapporteur s'est mis à la disposition de ces trois commissions pour les seconder dans des recherches que des exigences d'emplacement eussent pu rendre difficiles.

M. Rabaud, président de la Société de géographie de Marseille, a bien voulu nous assister pendant quelques instants. J'appellerai votre attention, Mesdames et Messieurs, sur les attributions qui ont été prises par chacun des membres des sections. Ces attributions ont été réparties de telle sorte que chacun de nous pouvait juger en toute indépendance, la section dans laquelle il avait à se prononcer, ayant été prise en dehors de celles dans lesquelles il aurait pu se trouver juge et partie. C'est ainsi que Mlle Kleinhans et M. Barbier, qui exposent dans la section des travaux particuliers, la première avec son éditeur, M. Delagrave, le second qui enrichit notre exposition de ses cartes magnifiques, ont été désignés pour l'examen des travaux des élèves.

Au moment de la formation du jury, notre président nous disait textuellement ceci :

« Messieurs, attachez-vous surtout aux travaux originaux, ayant une valeur personnelle. »

Cette saine manière de voir ne devait point inspirer des juges de la compétence de ceux que nous avions choisis, et je ne vous la fais connaître que pour avoir à vous dire qu'elle était en tout conforme à la leur, ainsi que le résumé de leurs travaux va en témoigner.

Dans l'exposition des travaux d'élèves, la plus nombreuse, la plus difficile à juger parce qu'il faut descendre à l'infiniment petit dans le genre, la commission spéciale a cherché avant tout ce qui caractérisait dans les cartes une conception et une exécution originales, un levé de plan au lieu d'une copie machinale, et dans les cahiers, ce qui, au lieu de devoirs dictés, révélait une méthode d'enseignement graduée et bien comprise, ou bien ce qui, comme des voyages racontés par des élèves, ou des profils à main levée, indiquait la clairvoyance du maître qui dirige des intelligences.

En transcrivant ici littéralement les notes qui m'ont été remises par cette commission, j'ajouterai que, si elle a dû reléguer au second plan ce qui ne relevait, selon elle, que du pur dessin d'imitation, elle n'en a pas moins tenu compte, dans les nuances de ses appréciations, du fini d'exécution dans les cartes, du soin et de la propreté des devoirs écrits. Il y a tel cahier qui, par la méthode de lever de plan exposé, aurait pu obtenir une des premières médailles d'argent, et qui n'a eu qu'une médaille de bronze à cause de l'extrême négligence qui se révélait dans l'ensemble.

Vous approuverez, Mesdames et Messieurs, ce jugement, car si la géographie est au premier chef une science exacte, le soin qui révèle les égards qu'on lui accorde est aussi une qualité d'exactitude.

Il faut, pour qu'une carte soit vraie, non-seulement la correction, mais encore la netteté des lignes, il faut, pour qu'une méthode soit bien indiquée, non-seulement la vérité dans l'exposé, mais aussi toute la vérité et par conséquent cette suite qui indique un enchaînement bien ordonné sans lequel tout devient confus.

Afin de caractériser l'importance que notre première commission a attachée à cette qualité d'ordre, de soin, de netteté, je consigne cette dernière observation :

Si elle a considéré le soin avec lequel les devoirs et les cartes étaient faits ou présentés, elle ne s'est nullement laissé séduire par un luxe de reliure qui parfois n'encadrait que des médiocrités.

Il résulte des travaux examinés par notre première commission et du grand nombre de récompenses qu'elle a distribués, que la géographie est en progrès dans les écoles primaires de notre région. Une mention spéciale doit être faite ici des départements de l'Ardèche, de l'Isère et du Rhône. Des cartes nombreuses et de nombreux devoirs nous ont été envoyés. En ce qui concerne le département du Rhône, je fais acte de justice en rappelant la part qui revient à notre Société de géographie de ce progrès. Cette participation n'est pas toujours reconnue de ceux qui ont profité des cours qu'elle a créés, mais il en ont profité et c'est tout ce qu'elle désirait. Je ne puis m'empêcher cependant de dire qu'on retrouve consignés tout au long les enseignements qu'elle s'est plu à répandre sans qu'une pensée de reconnaissance soit venu à l'esprit de maîtres qui en ont fait profiter leurs élèves. On trouve même chez quelques-uns cette criante injustice qu'ils attribuent à d'autres ce qu'ils lui ont pris.

En ce qui concerne nos établissements d'instruction secondaire, ils ne se sont pas présentés en assez grand nombre au concours. Deux lycées et quatre colléges seulement ont répondu à notre appel.

C'est peu, mais c'est assez pour prouver que là aussi la géographie a fait un pas considérable. Il reste encore à faire cependant pour que soit obtenue cette vérité que M. Barbier caractérisait si bien à l'une de nos séances, quand il disait des cartes qu'elles doivent être le portrait de la terre. Certes l'*alma parens* ne serait pas belle comme elle l'est, si l'on s'en rapportait au portrait que quelques expositions nous montrent. L'artiste qui doit fixer notre image sur la toile tâche toujours, sans trop nuire à la ressemblance, de flatter son sujet. Pourquoi, lorsqu'il s'agit de la terre, faisons-nous tout le contraire? Voyez ces contorsions dans la figure grimaçante. Quelles gibbosités indescriptibles ! Moins consciencieux que le peintre qui réserve les traits généraux, nous faisons la laideur et n'obtenons même pas un semblant de vérité.

Au premier rang des lycées et colléges se place le lycée de Grenoble qui n'en est pas, comme vous le savez, à son premier succès dans les tournois scientifiques.

Un établissement d'instruction supérieure, l'Ecole de commerce de Lyon, a été jugée digne de la plus haute récompense (diplôme d'honneur). Votre rapporteur doit éprouver quelque embarras à vous en parler, les travaux récompensés ayant été exécutés sous sa direction. Il doit à la vérité et à la justice de vous dire que notre Ecole, si remarquablement dirigée par M. le docteur Achille Penot et par M. Saint-Cyr Penot, a été regardée par le jury comme la très-fidèle dépositaire des traditions de l'Ecole de Mulhouse, dont elle est l'héritière.

Notre première commission a jugé dignes d'être récompensés 119 exposants.

Le nombre des exposants de cette première classe est de 184.

Ces deux chiffres, mis en présence, viennent bien à l'appui de ce que nous disions des progrès accomplis.

Le catalogue comprend dans la 2ᵉ section (travaux de maîtres), 65 exposants (des nᵒˢ 1 à 60, le nᵒ 633, les nᵒˢ 241, 242 — 249, 250).

61 d'entre eux appartiennent à l'enseignement primaire. L'enseignement secondaire et l'enseignement spécial se partagent les 4 autres.

7 de ces maîtres enseignent à Lyon, — 7 dans d'autres communes du Rhône, — 24 dans l'Ardèche, — 9 dans l'Isère, — 7 dans Saône-et-Loire, — 5 dans les Hautes-Alpes, — 3 dans l'Ain, — 1 dans la Loire, — 1 dans l'Eure.

Objets exposés.

Les objets exposés dans cette section, au nombre de 111, se divisent ainsi :

9 Reliefs, dont
- 3 Reliefs de communes.
- 5 Reliefs de régions.
- 1 Relief pour indiquer la valeur des termes géographiques

83 Cartes ou plans, dont

63 Cartes locales, savoir.
- 29 Plans de villes ou de communes.
- 16 Cartes de cantons ou d'arrondissᵗˢ.
- 17 Cartes de départements.
  - 11 de l'Ardèche.
  - 2 des H.-Alpes.
  - 2 de S.-et-Loire.
  - 1 du Rhône.
  - 1 de l'Eure.
- 1 Carte du bassin du Rhône.

11 Cartes générales, savoir.
- 6 Cartes de France.
- 3 Cartes d'Europe.
- 1 — d'Amérique méridionale.
- 1 Planisphère.

7 Cartes historiques.
De plus 1 carte de l'expédition des Khroumirs.
Et 1 tableau contenant toutes les cartes utiles à l'enseignement primaire.

3 Tableaux synoptiques manuscrits.

15 Cahiers manuscrits, savoir.
- 1 Atlas historique de la France.
- 5 Cours de géographie (modèles ou résumés).
- 4 Notices locales (notamment sur la commune, 3).
- 4 Mémoires pédagogiques discutant les méthodes ou traitant le plan d'un enseignement géographique primaire.

1 Ouvrage imprimé (géographie économique de Saône-et-Loire. 1 vol. in-12, avec cartes et vues).

Aucun de ces travaux n'a semblé être d'un ordre assez élevé pour mériter une plus haute récompense que la médaille de vermeil.

Ce qui les rend recommandables et dignes d'intérêt c'est que la plupart ont été faits dans de petites localités où les moyens d'informations et d'études manquent, où l'instituteur semble abandonné à lui-même, où par conséquent, même pour produire peu, il fait un véritable tour de force. Il a paru au jury que la difficulté vaincue devait entrer pour beaucoup dans son appréciation et qu'il devait encourager d'autant plus la bonne volonté du travailleur que ce travailleur est plus isolé, plus éloigné des centres.

Plus d'une fois le jury a éprouvé le regret que l'exposant n'ait pas fait connaître par une note explicative les sources d'informations où il a puisé, les moyens de contrôle dont il s'est servi pour obtenir ses mesures et ses proportions, enfin la part de travail personnel qui lui revient dans l'œuvre. — Ainsi devant tel plan de commune, le jury s'est trouvé fort embarrassé. Etait-ce un original? Exposait-on le plan pour le simple mérite du dessin? Ou l'exposait-on pour les difficultés et l'exactitude du levé? L'auteur avait-il lui même arpenté et figuré le terrain, ou s'était-il servi de mesures et de cartes précédemment faites par d'autres? — La décision prise pour ces cas douteux est que l'exposant devrait s'en prendre à lui de n'avoir rien expliqué et qu'il n'aurait droit qu'à la récompense destinée à une simple copie plus ou moins réussie.

Parmi les exposants, l'un est anonyme; c'est le n° 46, qui a fait son envoi de Sennecey-le-Grand. Le jury a décidé qu'on ne pouvait décerner de récompenses impersonnelles.

Ce n'est pas toujours pour leur mérite intrinsèque que les œuvres ont été récompensées. Le jury a dû tenir compte parfois de la somme du travail, de l'accumulation des efforts, et récompenser un ensemble, ou bien il a voulu encourager tel genre de travail utile trop rarement entrepris par les instituteurs, et qu'il faut leur savoir gré d'essayer.

Dans ce cas sont les plans en relief. Dans ce cas aussi sont les notices sur la localité où réside l'instituteur. Dans ce cas enfin les mémoires où ils raisonnent le plan, le caractère et la méthode de leur enseignement.

Il a fallu tenir compte aussi de ceci : c'est que leurs cartes ne sont pas toutes destinées au public savant, mais au public élève ; que la meilleure en ce cas n'est pas toujours la plus érudite, la plus surchargée de détails, ni même la plus scientifiquement exacte, mais la plus claire, celle qui sera le mieux à la portée de l'enfant. Il est des maîtres qui ont fait à cet égard les plus grands et les plus louables efforts, prenant la peine de recopier tout exprès pour leurs élèves des cartes déjà existantes, mais tantôt en élaguant le superflu, tantôt en faisant ressortir, par certains procédés de couleur ou de facture, ce qu'ils avaient à étudier principalement et à retenir. — C'est un genre de travail qui dénote à la fois patience, intelligence, dévouement, en quelque sorte le feu sacré de l'enseignement géographique. Il a paru aussi mériter récompense.

Mérite des divers ordres de travaux.

1° *Reliefs*. — Il serait à souhaiter que l'habitude du plan-relief se répandît davantage. Le jury ne demandait qu'à encourager les instituteurs primaires dans cette voie. Malheureusement peu d'essais, à peine trois ou quatre, ont été présentés par eux, et plus malheureusement encore, ces essais ne sont pas arrivés à un point où ils pourraient être satisfaisants. Les déclivités des terrains, les pentes des vallées, la proportionnalité des hauteurs n'y sont pas suffisamment observées par l'exposant. — Nous n'avons pu accorder à ces efforts naissants, qui se perfectionneront plus tard, que deux mentions honorables. (N° 2. M. Rochaix. — N° 25. M. Peyronnet.)

Il y a une supériorité très-marquée dans l'enseignement secondaire où les auteurs des reliefs ont, du moins, procédé scientifiquement :

L'un sous le n° 249, M. Lebois, professeur à l'école professionnelle de Saint-Chamond, aidé par Mme Lebois, a exposé un *relief du bassin houiller de la Loire* dont il nous présente deux exemplaires, l'un blanc, l'autre indiquant par des teintes la nature des terrains. Les mouvements du sol sont, pour plus de clarté et de précautions, accompagnés de courbes de niveau tracées par un léger filet et les hauteurs sont cotées. Cette œuvre a demandé des soins assez considérables. C'est, de l'avis du jury, le meilleur plan en relief de la section des *Maîtres*.

On lui a attribué une médaille de vermeil.

Le seul relief qui pouvait entrer en comparaison était celui des deux autres professeurs de l'enseignement spécial, M. Valois, qui, en collaboration, avec M. Bertheim son collègue à l'école professionnelle Vaucanson, de Grenoble, a exposé, sous le n° 250, le relief d'une vallée dans l'Isère. Mais ce travail, de dimensions beaucoup moindres et d'intérêt plus restreint que le précédent, n'a pas semblé mériter une aussi haute distinction. Il faut tenir cependant compte aux auteurs de ce qu'ils ont procédé par la superposition d'une infinité de courbes découpées et étagées avec un soin visible, dont témoigne un relief préparatoire qu'ils ont également exposé. — Le jury croit qu'ils ont amplement mérité une médaille de bronze.

2° *Cartes et plans*. — Parmi les cartes il y avait à distinguer : 1° celles qui semblent faites uniquement pour donner aux élèves un modèle, 2° celles qui sont conçues pour éclairer davantage l'enseignement oral, et 3° celles qui peuvent servir à un public déjà instruit.

Cartes modèles pour élèves. — Le jury est très-sobre de récompenses pour la première catégorie, où les cartes ne peuvent guère être considérées que comme des devoirs bien faits ; ce sont, par exemple, des cartes de la commune ou des cartes du département, qui semblent destinées surtout à apprendre aux enfants l'art de lire les cartes et la façon de les copier, de les colorier et d'en disposer les signes conventionnels. Tout le mérite de ces modèles est dans la propreté du lavis ou du trait. Mérite secondaire.

Dans cet ordre d'idées, nous avons pu remarquer le travail exposé sous le n° 1 par M. Beuque et intitulé *Carte pour servir à l'introduction de la géographie*. Il lui est accordé une médaille de bronze.

Une mention honorable est accordée aux n° 29 (Duserre, de la Piarre (Hautes-Alpes), au n° 37 (Desplace, de Saint-Laurent-d'Oingt, Isère), au n° 44 (Chalumeau, de Ciry-le-Noble, Saône-et-Loire), au n° 47 (Perier, de Chuzelles, Isère), au n° 32 (Robert, de la Ville, Rhône), au n° 21 (Gevaudan, de Joyeuse, Ardèche).

Dans un ordre plus élevé se présentent les travaux cartographiques faits par les maîtres pour donner à leur enseignement oral quelque chose de clair et d'original. Ceux-là simplifient, modifient ou complètent ce qui a déjà été fait. S'ils ne créent pas, ils transposent en quelque sorte. Il y a là œuvre personnelle.

Comme tels, les maîtres suivants ont paru mériter récompense :

M. Heilmann, instituteur libre de Lyon ; l'ensemble de ses travaux témoigne du zèle qui l'anime et des soins intelligents qu'il donne à l'instruction géographique de ses élèves. — Comme il est déjà, dans une autre section, récompensé d'une médaille, ici la médaille sera remplacée par une distinction qui en est l'équivalent : le portrait de M. de Lesseps.

Mlle Palle qui, sous le n° 17, expose une carte du département de l'Ardèche accompagnée en marge d'indications utiles à ses élèves, sur la coupe du sol, sur le volume d'eau débité par les rivières, le tout intelligemment figuré. — Médaille de bronze.

Des mentions honorables sont décernées à M. Merland, de Privas, pour un *tableau géographique* (n° 24), où il a groupé, rassemblées sur une seule feuille, toutes les cartes utiles pour l'enseignement primaire, depuis celle de la commune, jusqu'à celle des parties du monde.

A M. Guthans (n° 38), qui sous le titre de *Planisphère*, a fait une grande et remarquable carte murale, malheureusement tronquée au nord et à l'ouest ; en sorte que l'élève, non-seulement n'y trouverait aucune idée des régions glaciaires, mais n'y pourrait même pas voir le détroit ou la mer qui sépare l'Asie de l'Amérique septentrionale. L'élève serait même exposé au danger de croire que l'Asie au nord n'a point de côtes maritimes et passe sous le pôle, etc.— Sans cette circonstance fâcheuse aux yeux du jury, ce travail eût mérité mieux qu'une simple mention honorable.

— A M. Perier, de Chuzelles (Isère), carte d'un canton du nord (n° 47).

Cartes usuelles. — Enfin, à un ordre supérieur se rattachent des cartes tracées de telle sorte qu'elles peuvent servir tout aussi bien au public qu'aux élèves. Ce sont notamment :

Les cartes et plans de M. Griffon, n° 9. (Une carte murale du département de l'Ardèche, une carte du canton de l'Argentière, un plan de cette ville). Médaille de vermeil.

La carte routière et industrielle de l'Eure par M. Peullève, instituteur à Thuit-Simer (Eure). Carte vaste, claire, faite avec un soin minutieux (n° 58). L'exposant méritait d'autant mieux une haute distinction qu'il a de plus exposé dans la même section (et sous le même numéro 58) deux cahiers intéressants : l'un est un *Mémoire sur le département de l'Eure*, mémoire très-complet, très-détaillé, où tout est classé avec beaucoup de méthode, productions, industries, cours d'eau, flore, histoire ; c'est un travail où de patientes recherches sont accumulées et que le public consulterait avec profit. L'autre est un *specimen* de cahier géographique pour servir de modèle ou de canevas aux devoirs des élèves. — Pour l'ensemble de ces travaux, médaille de vermeil.

Sous le n° 23, M. Souchère a exposé une carte des cantons d'Annonay et de Serrières, qui peut être destinée à ses élèves mais qui a paru faite avec assez de soins et de détails pour avoir tout aussi bien sa place dans les maisons des particuliers ou des administrations. — Médaille d'argent.

A ce même titre, une médaille d'argent est également décernée aux œuvres de M. Mutelet, instituteur à Chonas (Isère), qui a exposé deux bonnes cartes communales (la carte de la commune de Saint-Etienne-de-Boulogne et la carte de Chonas). C'est clair, bien colorié, il y a du travail, du soin, et ce sont des documents.

La carte de la commune de Montreuil (n° 48) par M. Genot, de Charnay, près Châlons, est dans le même cas, c'est encore un document. — Médaille de bronze.

Médaille de bronze également à M. Paillard (n° 42), de la Chapelle-de-Guinchay, Saône-et-Loire, pour tout un ensemble de travaux parmi lesquels on a remarqué principalement la carte, assez soignée, assez claire, de la commune qu'il habite.

Enfin, mentions honorables à M. Sartre, de Viviers (n° 15), pour son plan de Viviers, qui aurait mérité beaucoup mieux s'il résultait d'une indication quelconque que c'est œuvre originale. (Voir ce qui a été dit plus haut.)

A M. Baud, de Tarare (n° 34), pour son plan général de la ville de Tarare. — Même observation.

A M. Giraul, professeur au collége de Privas (n° 242), pour ses trois petites cartes de l'Ardèche, l'une administrative, l'autre orographique, l'autre hydrographique. Ce peut être bon pour ses élèves ; ce peut être aussi très-bon pour le public.

A M. Chiron, instituteur à Bourg-Saint-Andéol, pour sa carte (n° 13) des âges géologiques ou préhistoriques dans une partie de l'Ardèche (situation desdolmens grottes, etc.). Travail surtout intéressant pour des archéologues.

Tableaux synoptiques. — En général, l'utilité pratique de ces tableaux, compliqués et d'une lecture difficile, a paru douteuse au Jury. Il n'a fait exception que pour l'œuvre simple et claire de M`lle` Augustine Mondet, de Montgenèvre (Hautes-Alpes), qui a réuni dans un cadre assez restreint, par un système de lignes verticales et horizontales, toute la géographie historique, administrative, etc., de la France, c'est-à-dire l'indication des anciennes peuplades, puis des anciennes provinces (avec la date de leur annexion), puis des départements avec leur population, leur superficie, leur chef-lieu, leurs subdivisions, etc. — Mention honorable.

Cahiers. — Une œuvre manuscrite d'une certaine supériorité est celle que M. et M`me` Gaschon ont présentée, n° 303, sous ce titre : *La géographie à l'école primaire.* — Médaille de vermeil.

Le Jury a remarqué aussi, comme témoignage d'un grand dévouement à l'enseignement de la géographie, le travail de M. Aveyron, qui a présenté une méthode (n° 40) bien raisonnée, et tout un programme, dont une autre section atteste les résultats (je fais allusion aux cahiers de deux de ses élèves, rédigés d'après cette méthode). M. Aveyron s'efforce d'enlever aux froides nomenclatures géographiques ce qu'elles ont de trop aride pour les élèves. Il est persuadé qu'un nom géographique ne se retient bien que s'il s'y rattache quelques idées. Il a donc soin constamment de frapper l'imagination des enfants, en profitant de chaque nom de fleuve, de montagne ou de ville pour donner quelques notions sur les mœurs, le commerce, les productions ou l'histoire. — Médaille d'argent.

Dans le même esprit a été fait un second mémoire analogue, qui figure à l'Exposition sous le n° 39 et qui est signé de M. Destips, de Lyon. M. Destips proteste aussi contre les sèches nomenclatures, fatigantes pour la mémoire. Il veut aussi que les notions se groupent autour des noms et considère la géographie comme indispensable pour expliquer une foule de choses, mœurs, histoire, etc. — Médaille de bronze.

Une autre discussion de méthode est présentée sous le n° 50 par M. Fortune, de Bernin, Isère. — Mention honorable.

Une autre, par M. Guillon, de Vienne, Isère, n° 56. — Mention honorable également.

Un *atlas historique de la France*, par M. Raynaud, de Privas (Ardèche), n° 8. — Mention.

Passons aux *notices locales*. Le désir du Jury est d'encourager les instituteurs à multiplier ce genre de travail, à se livrer à des recherches et à donner par écrit des indications sur ce qu'ils savent de la commune qu'ils habitent ; on peut regretter qu'il ne figure pas à l'Exposition un plus grand nombre de ces *notices locales* ; trois seulement décrivent les communes et leurs environs ; mais toutes trois, bien conçues, méthodiques et claires, méritent attention.

Une médaille de bronze est décernée à l'une d'elles (celle de M. Guyard, instituteur d'Anost (Saône-et-Loire), n° 45.

Une autre médaille de bronze à celle de M. Durand d'Agnières-en-Devoluy (Hautes-Alpes), n° 37.

Une autre médaille de bronze à la troisième notice : celle de M. Niel, instituteur à Freyssinière (Hautes-Alpes), n° 30, qui contient notamment des détails intéressants sur les Vaudois.

Enfin, comme *ouvrage imprimé*, un seul ayant été exposé et la comparaison devenant imposssible, on pouvait se demander s'il y avait lieu à distinction honorifique. Mais ce n'est la faute de l'exposant s'il est seul, et l'œuvre de M. Monnier ayant paru bonne et utile en elle-même (c'est un volume in-12, intitulé : *Géographie économique du département de Saône-et-Loire*, avec carte et vues, n° 241), il a été décidé par le Jury, désireux de provoquer pour une autre fois l'émulation des auteurs, que M. Monnier, professeur au collége de Chalon-sur-Saône, recevrait une médaille d'argent.

En ce qui touche la section des travaux particuliers, je crois ne devoir entrer dans aucune considération, qui ne ferait que confirmer l'opinion que votre propre examen a dû faire naître.

Les travaux ne sont pas nombreux, mais vous savez que ceux qui sont exposés se trouvent au-dessus de tout éloge ; vous avez tous admiré les magnifiques travaux de MM. Barbier, de Rochas, Rangé, Peillon et Anselmier. Vous vous êtes assurément arrêtés avec plaisir et profit devant les splendides collections de

MM. les voyageurs Revoil, Seguin, Erington, Brau de Saint-Paul Lias, Révérend du Menil, devant les belles photographies que M. Chantre a envoyées à notre Exposition pour en faire un des plus beaux ornements.

Donc, pour terminer, je n'ai plus qu'à présenter au nom du Jury des félicitations, au nom de la Société de géographie des remerciements à tous les exposants qui ont contribué à la réussite de cette exhibition scientifique.

A la bibliothèque de la ville, et particulièrement à son bibliothécaire, M. Vingtrinier, à qui nous devons la décoration presque entière de l'une de nos principales salles.

A M. Emile Guimet, qui a consenti à nous enrichir momentanément des réserves que contient son musée, aux ministères de la guerre, des travaux publics, de l'intérieur, de la marine, qui, malgré leurs envois au Congrès international de Venise, ont bien voulu nous faire une belle part.

Au savant docteur Dor, qui le premier nous a confié une collection géographique et photographique dont la variété et le bon choix ont dû vous frapper.

A M. Jacquet, conservateur des bibliothèques populaire, qui n'a pas seulement fourni de nombreux matériaux, mais a voulu les disposer lui-même.

A M. Orsel, à la compétence duquel nous devons la savante disposition des armes dont les panoplies ont été disposées avec science et, je puis le dire, moi qui l'ai vu à l'œuvre, avec une persévérance que n'a pu vaincre l'arrangement souvent difficile des armes en usage chez les peuplades sauvages.

Cette longue énumération de dévoûments vous explique pourquoi j'ai entrepris timidement la tâche d'être l'interprète du Jury, et pourquoi je regarde comme un honneur bien grand d'avoir eu à vous porter en son nom.

A. GANEVAL,
Secrétaire du Congrès de 1881.

Mission Scientifique de Mr Ernest Chantre
Sous-Directeur du Muséum de Lyon
dans la haute Mésopotamie, le Kurdistan et le Caucase.
Mars à Août 1881.

Société de Géographie de Lyon — Congrès de 1881

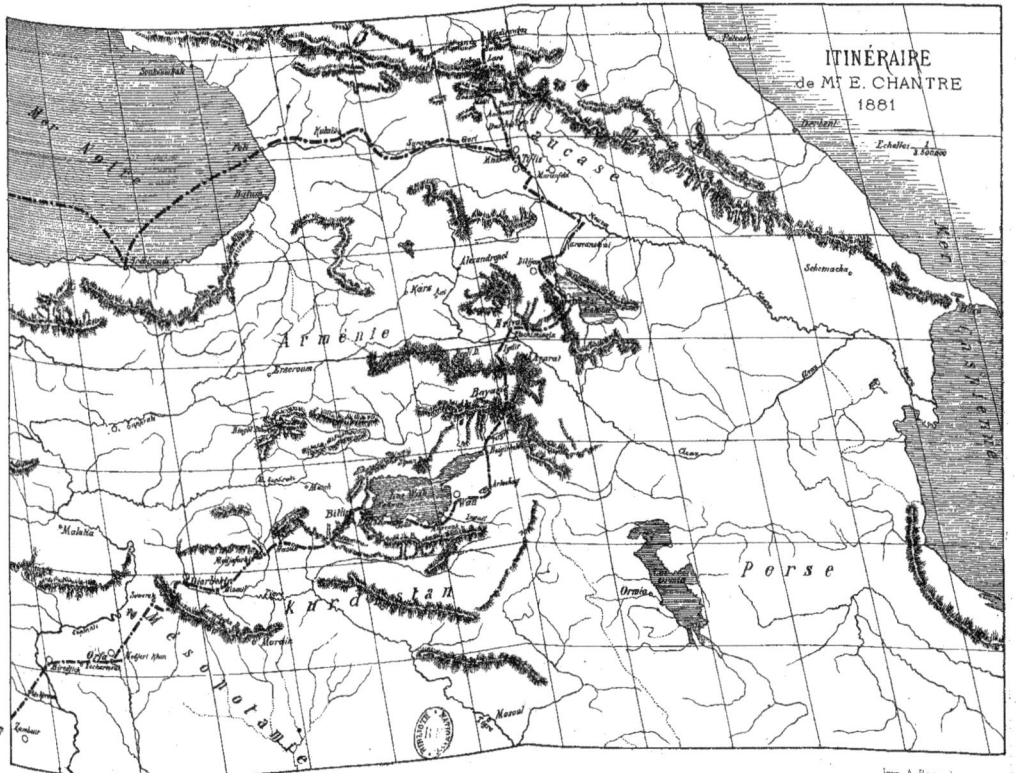

ITINÉRAIRE
de Mr E. CHANTRE
1881

Imp. A. Roux, Lyon

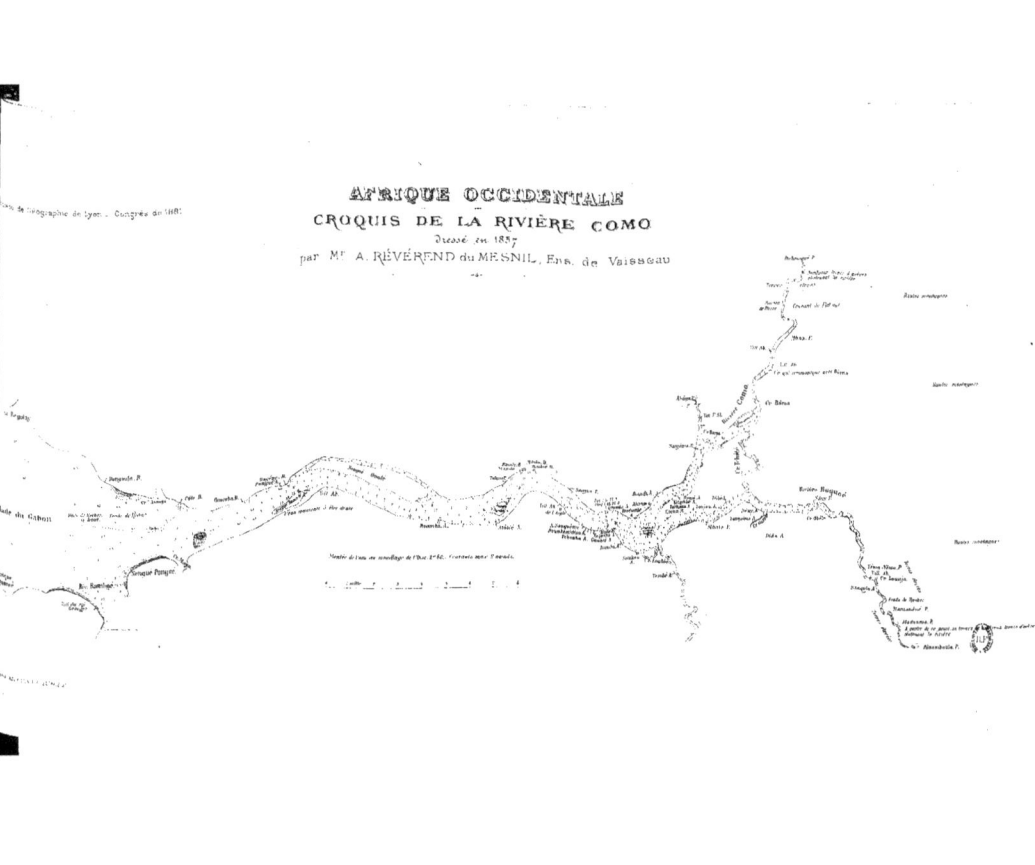

CONGRÈS NATIONAL DE GÉOGRAPHIE

4me Session. — 1881

EXPOSITION ORGANISÉE

PAR LA

SOCIÉTÉ DE GÉOGRAPHIE DE LYON

LISTE DES RÉCOMPENSES

RÉCOMPENSES	NOMS	LOCALITÉS
TRAVAUX DE MAITRES. — Enseignement primaire.		
Médaille de vermeil.	Giffon, instituteur	à Largentière.
—	Peullève, —	Thuit-Simer.
—	M. et Mme Gaschon,	Lyon.
— d'argent.	Souchère, instituteur	Joyeuse.
—	Aveyron, —	Lyon.
—	Mutelet, —	Chonas.
—	Heilmann, —	Lyon.
— de bronze.	Beuque, —	au Péron.
—	Mlle Palle, —	à Annonay.
—	Durand, —	Agnières.
—	Destips, —	Lyon.
—	Paillard, —	La Chapelle-de-Guinchay.
—	Guyard, —	Anost.
—	Genot, —	Charney, près Chalon.
Mention honorable.	Rochaix, -	Montagnieu.
—	Reynaud, —	Privas.
—	Chiron, —	Bourg-Saint-Andéol.
—	Sartre, —	Viviers.
—	Gévaudan, —	Joyeuse.
—	Merland, —	Privas.
—	Peyronnet, —	Saint-Paul-le-Jeune.
—	Duserre, —	La Piarre.
—	Niel, —	Pallons.
—	Robert, —	La Ville.
—	Baud, —	Tarare.
—	Desplace, —	Saint-Laurent-d'Oingt.
—	Guthans, —	Lyon.
—	Chalumeau, —	Ciry-le-Noble.
—	Périer, —	Chuzelles.
—	Fortune, —	Bernin.
—	Guillon, —	Vienne.
—	Mlle Mondet, —	Mongenèvre.

RÉCOMPENSES	NOMS	LOCALITÉS
TRAVAUX DE MAITRES. — Enseignement secondaire ou spécial.		
Médaille de vermeil.	M. et Mme Lebois,	à Saint-Chamond.
— d'argent.	Monnier, au Collège,	Chalon.
— de bronze.	MM. Valois et Bertheim,	Grenoble.
Mention honorable.	Giraud, au Collège,	Privas.
TRAVAUX D'ÉLÈVES. — Enseignement primaire.		
Médaille de vermeil.	Orcel,	à Pérouges.
— d'argent.	Mme Bouvier,	Grenoble.
— —	Mme Merland,	Privas.
— —	Hugentobler,	Lyon.
— —	Namasius,	Grenoble.
— —	Perier,	Chuzelles.
— —	Menetrieux,	Serrières.
— —	Vernet,	Aubenas.
— —	Fraisse,	Saint-Étienne.
— de bronze.	Ecole normale,	de Privas.
— —	Cuzin,	à St-Maurice-de-Gourdans.
— —	Dupré,	St-Laurent-du-Pape.
— —	Bruyère,	Andance.
— —	Mlle Palle,	Annonay.
— —	Mme Givaudan,	Lyon.
— —	Ecole normale,	Sainte-Egrève.
— —	Philéas,	Lyon.
— —	Gueugnout,	Demigny.
— —	Beauvoir,	Saint-Jean-de-Musols.
— —	Mlle Ligonnet,	Lyon.
— —	Mlle Potin,	Montpellier.
— —	Mme Faure,	Monplaisir.
— —	Bagnon,	Domsure.
— —	Girard,	Peyrieux.
— —	Vernet,	Aubenas.
— —	Perrier,	Annonay.
— —	Mme Raymond,	Aubenas.
— —	Bouvier,	Cuire.
— —	Religieuses, pl. St Pothin,	Lyon.
— —	Bassot,	Saint-Geoire.
— —	Bouillot,	Grenoble.
— —	Ecole de	Perreuil.
— —	Ecole de la rue des Chappes,	Saint-Étienne.
— —	Ecole de la Saulée,	Grenoble.
— —	Randet,	Seyssins.
— —	Ecole communale,	Privas.
— —	Grand,	Sainte-Marie.
— —	Ginier,	Tournon.
— —	Mme Brunel,	Annonay.
— —	Hermit,	Grenoble.
Mention honorable.	Lambert,	Serrières-de-Briord.
— —	Ecole normale,	Gap.
— —	Martin,	Saint-Laurent-du-Pape.
— —	Gagnol,	Mauves.
— —	Ecole de	Laragne.
— —	Ecole de filles,	Trescloux.

CONGRÈS NATIONAL 405

RÉCOMPENSES	NOMS	LOCALITÉS
Mention honorable.	Filéon,	à Domène.
— —	Mme Motteroz,	Lyon.
— —	Mme Chatail,	Id.
— —	Villard,	Vallons.
— —	Roy,	Grenoble.
— —	Ecole de	Biziat.
— —	Ecole de	Dompierre-sur-Chalaronne.
— —	Mlle Balloter,	Saint-Didier-de-Formans.
— —	Michel,	Saint-Julien.
— —	Grand,	Serres.
— —	Baud,	Tarare.
— —	Chalumeau,	Ciry-le-Noble.
— —	Ecole de	Ville-sur-Anjon.
— —	Baroz,	Chapelle-du-Bard.
— —	Guillon,	Vienne.
— —	Barnier,	La Côte-Saint-André.
— —	Mme Monsot,	Lyon.
— —	Bérard,	Grenoble.
— —	Pellat,	Montjey.
— —	Reynaud,	Veynes.
— —	Mme Fouret,	Touland.
— —	Roux,	Saint-Martin.
— —	Sartre,	Viviers.
— —	Ecole prim^{re}, rue de Thou,	Lyon.
— —	Charvin,	Id.
— —	Ginier,	Tournon.
— —	Mutelet,	Chonas.
— —	Fontaine,	Lyon.
— —	Souquet,	Pontcharra.
— —	Lavigne,	Brignais.
— —	Gaschon,	Lyon.
— —	Philippat,	Vienne.
— —	Lapeyre,	Mâcon.
— —	Mme Doutt,	Grenoble.
— —	Arnaud,	Saint-Maximin.
— —	Reboul,	Beaurepaire.
— —	Ruet,	Beaujeu.
— —	Bouchard,	Tarare.
— —	Giffon,	Largentière.
— —	Elie,	Lyon.
— —	Pinet,	Alix.
— —	Doucet,	Cuire.
— —	Mme Grand,	Lyon.
— —	Jeandet,	Id.
— —	Mlle Brassier,	Tarare.
— —	Ecole de	Vitry-en Charollais.
— —	Chassignol,	Marcigny.
— —	Jaillet,	Vienne.
— —	Mme Hustache,	Besse-en-Oisans.
— —	Brizard,	Chapareillan.
— —	Ecole Menon,	Grenoble.
— —	Ecole de filles, r St-Denis,	Lyon.
— —	Ecole de la r. du Tunnel,	Id.
— —	Ecole de	Sennecey-le-Grand.
— —	Genelot,	Sampigny.

RÉCOMPENSES	NOMS	LOCALITÉS
Mention honorable.	Berthier,	à Salornay-sur-Guye.
— —	Gallient,	Grenoble.
— —	École primaire supér⁰,	Id.
— —	École de	Roussillon.
— —	Le Pichat,	Vienne.
— —	Brun,	Id.
— —	Gauthier,	Grenoble.
— —	David,	Id.

TRAVAUX D'ÉLÈVES. — Enseignement secondaire ou spécial.

Diplôme d'honneur.	École supérieure de Commerce,	à Lyon.
Médaille de vermeil.	Lycée de	Grenoble.
— d'argent.	École professionnelle Vaucanson,	Grenoble.
— de bronze.	École professionnelle	Saint-Chamond.
— de bronze.	Collège de Montélimar,	Montélimar.
Mention honorable.	— de Gap,	Gap.
— —	— d'Embrun,	Embrun.
— —	— de Chalon,	Chalon-sur-Saône.

ÉDITEURS. — Matériel d'enseignement.

MM. Delagrave, à Paris. — Diplôme d'honneur.
    Ehrard,   —   —
    Lanée,   —   —
    A. Colin,   —   —
    Bertaux,   —   — Médaille de vermeil.
    Heilmann, à Lyon.   —
    Ikelner, à Paris   — Médaille d'argent.
    Naudet,   —   —
    Hans et Hermary.   —
    Frères de la Doctrine.   —
    Chavaux, de Lyon. — Mention honorable.
    Sainte-Marie Pricox.   —

TRAVAUX SPÉCIAUX.

Mlle Kleinhans.......... Diplôme d'honneur.
MM. Schrader ....   —
    Barbier............   —
    Rabaud ....   —
    C^t Titre............   —
    Missions étrangères.   —
    Missions catholiques.   —
    Chantre...........   — ⎫
    Falsan............   — ⎪
    Révoil ....   — ⎪
    Brau de St-Pol-Lias.   — ⎬ Voyageurs ayant exposé leurs ouvrages et leurs collections.
    De la Croix.......   — ⎪
    Verminck..........   — ⎪
    Zweifel...........   — ⎪
    Moustier..........   — ⎪
    Coillard ....   — ⎪
    Séguin............   — ⎭

RÉCOMPENSES	NOMS	LOCALITÉS
	MM.	
Médaille d'or.	De Rochas, chef de bataill. au 4ᵉ du génie,	à Grenoble.
— —	Peillon, professeur au Lycée,	Lyon.
— —	Anselmier, ingénieur-géographe,	Id.
— —	Rangé, capitaine au 4ᵉ du génie,	Grenoble.
— d'argent.	Debiton,	Lyon.
— —	Goudey,	Id.
— —	Le Dʳ Bourru,	Id.
— —	Le capitaine Bouinais,	»
— —	Pagnon,	Lyon.
— —	Rigaud,	Id.
— —	Raulin,	Id.
— —	Malvezin,	Id.
— de bronze.	Metzger,	Id.
— —	Vermorel,	Id.
— —	Lapeyrère,	Id.
— —	Martet,	au Creuzot.
— —	Guillot,	»
Mention honorable.	Cornu,	à Lyon.

TABLE DES MATIÈRES

	Pages.
Introduction	1
Procès-verbaux des séances	5

Communications.

Rapport sur le prix Dupleix — Le livre de M. Bionne, par M. Desjardins	145
Ancien cours historique du Rhône, par M. le chanoine Christophe	155
Lyon, ville de la soie, par M. Ducarre	173
Coup d'œil sur l'industrie aux Etats-Unis, par M. Augustin Séguin	194
Exploration dans le Kurdistan et l'Arménie, avec carte, par M. Ernest Chantre	209
Le premier explorateur du Haut-Como, avec carte, par M. Révérend du Mesnil, enseigne de vaisseau	217
Le Sénégal, par M. E. Delor	235
La mâchoire fossile de Nice, par M. de Rozemont	247
Voyage au Caucase, par M. Pagnon	253
Les Français dans la baie d'Hudson, en 1695, par M. Edélestan Jardin	261
Le passage Nord-Ouest, par M. Levasseur, de l'Institut	271
L'histoire éclairée par la géographie, par M. Brouchoud	279
Note sur le commerce d'Alep, par M. Destrées, consul	287
Note sur le commerce de Tauris, par M. Bernay, consul	289
Le commerce du port de Haiphong, par M. de Kerkaradec, consul	292
De l'influence des religions sur le développement économique des peuples, par M. Louis Desgrand	307

Etude d'orographie générale ou des grands traits du relief terrestre,
par M. Titre, chef d'escadron d'état-major, en retraite. 319
CONFÉRENCES 357
COMMISSION DES PRIX 359

Exposition.

Rapport de M. Senil. 369
  Id. M. A. Vingtrinier. 375
  Id. M. Vermorel. 383
Les ministères 386
Rapport de M. Ganeval 389
Liste des récompenses 403

Imprimerie Générale de Lyon, rue Conste. 30. — J.-E. Albert.

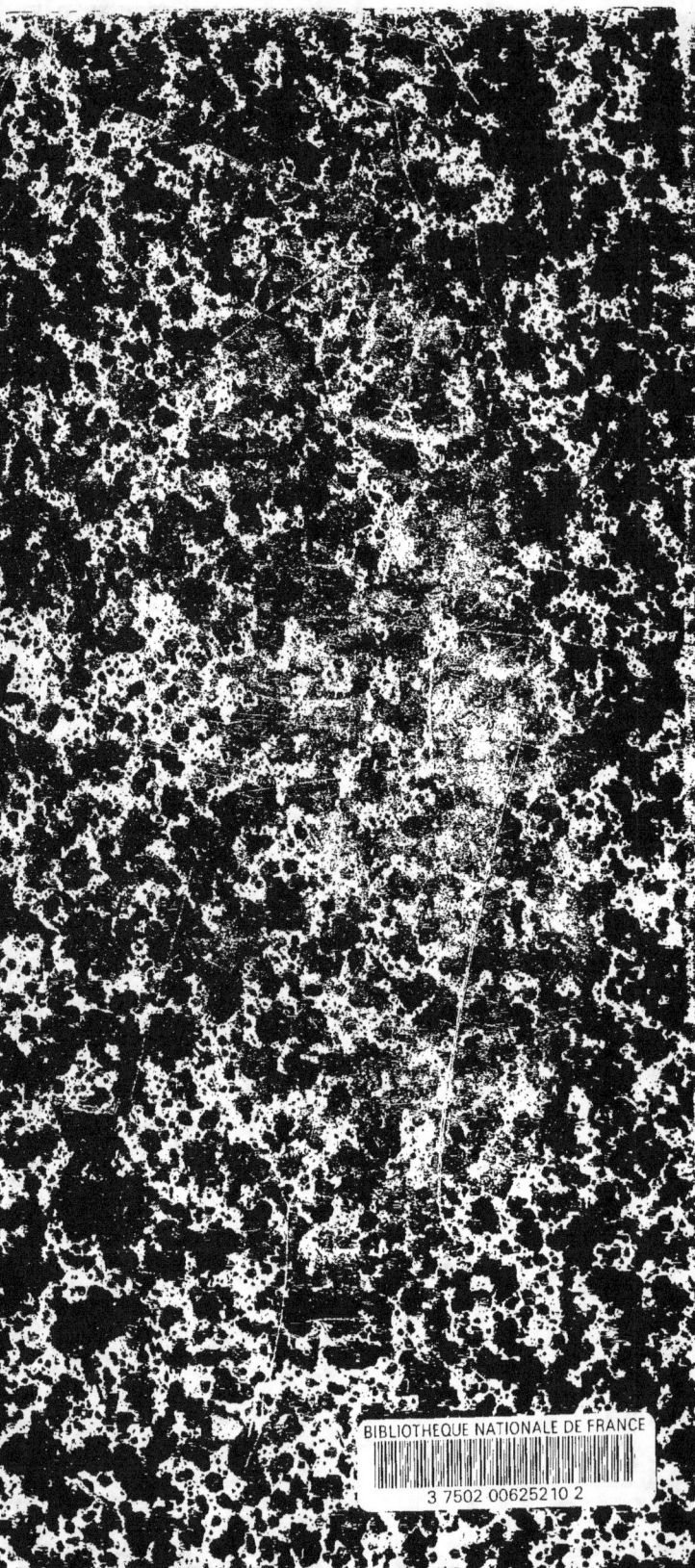

www.ingramcontent.com/pod-product-compliance
Lightning Source LLC
Chambersburg PA
CBHW060546230426
43670CB00011B/1699